Droit international public

Droit international public

13e édition

2016

Pierre-Marie Dupuy

Professeur émérite de l'Université Panthéon-Assas (Paris II),
Institut de hautes études internationales
et du développement (Genève)

Yann Kerbrat

Professeur à l'École de droit de la Sorbonne
Université Panthéon-Sorbonne (Paris I)

DALLOZ

DALLOZ

31-35 rue Froidevaux, 75685 Paris cedex 14

ISBN 978-2-247-16192-8
978-2-247-16373-1

SOMMAIRE

(Une table des matières détaillée figure à la fin de l'ouvrage)

PRÉFACE

à la treizième édition

Publiée comme les deux précédentes sous la responsabilité conjointe de deux auteurs, la 13e édition du *Précis de droit international public* est à jour au 1er juin 2016. Elle conserve l'armature ainsi que les orientations fondamentales qui avaient présidé à la rédaction des éditions antérieures. Comme auparavant, l'attention est en particulier portée aux évolutions de la pratique et de la jurisprudence internationales. Cette dernière s'est encore sensiblement étoffée depuis la douzième édition du fait notamment de l'activité soutenue des juridictions internationales, en particulier de celle des tribunaux arbitraux constitués sur le fondement de la Convention des Nations Unies sur le droit de la mer de 1982. Les décisions rendues confirment qu'en dépit de la multiplicité des organes juridictionnels qui interprètent et appliquent le droit international, celui-ci n'est pas pour autant menacé d'une « fragmentation » qu'il est pourtant devenu banal de pointer dans une partie de la doctrine. Sa cohérence et son unité ont au contraire été renforcées par ce mouvement de juridictionnalisation. En relation avec cette question, la lecture du cours général de droit international public professé par Pierre-Marie Dupuy à l'Académie de droit international de La Haye et intitulé *L'unité de l'ordre juridique international* est recommandée (*Recueil des cours*, t. 297).

Le Précis s'appuie comme par le passé sur les *Grands textes de droit international public* (Dalloz, 9e éd. totalement refondue, 2016). Chaque fois qu'un instrument juridique important est évoqué dans ce *Précis*, on y trouvera les références sous lesquelles on pourra lire son contenu dans les *Grands textes*. Symétriquement, ce dernier recueil comporte la mention des paragraphes du *Précis* dans lesquels les textes qu'il reproduit sont cités.

ABRÉVIATIONS

ACDI	*Annuaire canadien de droit international*
Add.	*Addenda (um)*
AFDI	*Annuaire français de droit international*
AIDI	*Annuaire de l'institut de droit international*
AJDA	*Actualité juridique Droit administratif*
AJIL	*American journal of international law*
AJPIL	*Austrian journal of public and international law*
Ann.	*Annuaire*
APD	*Archives de philosophie du droit*
APSR	*American political sciences review*
ASDI	*Annuaire suisse de droit international*
ASIL	*The American Society of International Law*
AV	*Archiv des völkerrechts*
BDI	Bibliothèque de droit international
BYBIL	*British year book international law*
CDE	*Cahiers de droit européen*
CDI	Commission du droit international
CE	Communautés européennes
CEDIN	Centre de droit international
Chron.	Chronique
CIJ	Cour internationale de Justice
CJCE	Cour de justice des Communautés européennes
CJUE	Cour de justice de l'Union européenne
Coll.	Collection
CPJI	Cour permanente de Justice internationale
D.	*Recueil Dalloz*
DP	*Dalloz périodique*
Dpt.	Département
EDCE	Études et documents du Conseil d'État
EJIL	*European journal of international law*
Gaz. Pal.	*Gazette du palais*
GTDIP	*Grands textes de droit international public (Dalloz)*
GYBIL	*German year book of international law*
HILJ	*Harvard international law journal*
ICLQ	*International and comparative law quarterly*
IDI	Institut de droit international
IHEI	Institut des hautes études internationales
ILR	International Law Reports

JICJ	*Journal of International Criminal Justice*
JDI	*Journal du droit international (Clunet)*
JEDI	*Journal européen de droit international*
JORF	*Journal officiel de la république française*
Libr.	Librairie
LJIL	*Leiden journal of international law*
LPA	*Les Petites Affiches*
MNP	*Martinus Nijhoff publishers*
NILR	*Netherlands international law review*
NYBIL	*Netherlands year book of international law*
RBDI	*Revue belge de droit international*
RCADI	*Recueil des cours de l'académie de droit international*
RCDIP	*Revue critique de droit international privé*
RDI	*Revue de droit international*
RDILC	*Revue de droit international et de législation comparée*
RD publ.	*Revue de droit public*
REDI	*Revista española de derecho internacional*
Rev. arb.	*Revue de l'arbitrage*
RFDA	*Revue française de droit administratif*
RFD aérien	*Revue française de droit aérien*
RFDC	*Revue française de droit constitutionnel*
RGDIP	*Revue générale de droit international public*
RID comp.	*Revue internationale de droit comparé*
RISS	*Revue internationale des sciences sociales*
Riv. DI	*Rivista di diritto internazionale*
RMC	*Revue du marché commun*
RREI	*Revue roumaine d'études internationales*
RSA	*Recueil sentences arbitrales*
RTD eur.	*Revue trimestrielle de droit européen*
RTDH	*Revue trimestrielle des droits de l'homme*
RUDH	*Revue universelle des droits de l'homme*
SFDI	Société française pour le droit international
TIDM	Tribunal international du droit de la mer
TPICE	Tribunal de première instance des Communautés européennes
TPIUE	Tribunal de première instance de l'Union européenne
UA	Union africaine
UE	Union européenne
YLJ	*Yale law journal*
ZaoRV	*Zeitschrift für ausländisches öffentliches recht und völkerrecht*

BIBLIOGRAPHIE GÉNÉRALE

Avertissement : chacun des chapitres de ce manuel comporte des indications bibliographiques à la fois sélectives et détaillées. Certaines sont directement associées au texte des chapitres par renvoi de note en bas de page ; d'autres sont rassemblées dans une rubrique spéciale, placée à la fin de chaque chapitre, et intitulée indications bibliographiques complémentaires. Destinée comme indiqué à compléter les références bibliographiques déjà citées dans le texte, cette rubrique ne comporte pas en principe de nouvelle mention des titres déjà cités. Relativement abondante en certains cas, cette sélection permet déjà d'approfondir les divers aspects de la matière traitée dans le corps du manuel.

Afin d'aider les étudiants abordant la matière pour la première fois, notamment ceux qui suivent les enseignements de droit international inscrits généralement aux programmes de licence et de master, les ouvrages les plus usuels et, pour cette catégorie de lecteurs les plus utiles, sont précédés d'un astérisque (*).

I. – Bases de données et sources bibliographiques générales

1. *Bases de données électroniques*

Dalloz : http://bu.dalloz.fr/
HeinOnline Foreign and international law resources database : http://heinonline.org/
Martinus Nijhoff Online : http://nijhoffonline.nl
Oxford Public International Law : http://opil.ouplaw.com/
Persée : www.persee.fr
Westlaw : www.westlawinternational.com/

2. *Bibliographies critiques publiées dans les revues juridiques, notamment celles de l'*AFDI*, de la* RGDIP *et du* EJIL

MAX PLANCK INSTITUTE. – *Public International Law. A Current Bibliography of Articles (Depuis 1975)*, desormais accessible par internet : www.mpil.de/en/pub/library/research-tools/documentation-of-articles/public-international-law.cfm.

ONU. – *Bibliographie mensuelle publiée par la bibliothèque des Nations Unies*, 2 parties. 1 (livres, documents officiels, publications), 2 (articles sélectionnés) (Genève, ONU/Bibliothèque, depuis 1978).

3. *Catalogues de bibliothèques sur Internet*

Quelques catalogues particulièrement utiles :
Bibliothèque du Palais de la Paix : http://www.ppl.nl/
Max-Planck-Institut für ausländisches öffentliches Recht und Völker
www.mpil.de/en/pub/library.cfm

Université de Cambridge : http://www.lib.cam.ac.uk/newton
Bibliothèque Cujas : http://bcujas-primo.univ-paris1.fr/
Université de Harvard : http://hollis.harvard.edu
Université d'Oxford : http://www.bodleian.ox.ac.uk/law
Yale Law School : http://library.law.yale.edu/

II. – Manuels et traités

Sans avoir la moindre prétention à l'exhaustivité, la liste alphabétique des ouvrages qui suivent présente un choix de titres se rapportant à l'exposé systématique de l'ensemble du droit international public, qu'il s'agisse de traités ou de manuels.

Les uns et les autres, en fonction de leur date de parution et de leur volume, sont cependant d'un intérêt inégal pour les étudiants. Certains sont anciens, voire pour quelques-uns très anciens. Ils n'ont d'attrait que pour approfondir une question et prendre surtout conscience de l'évolution du droit positif et de la doctrine depuis l'époque où ils furent écrits. Ils peuvent notamment être utiles pour la recherche de précédents anciens, et ne s'adressent par conséquent qu'à des lecteurs désireux d'approfondir leurs connaissances sur une question déterminée. Beaucoup des manuels et traités publiés avant 1930 sont aujourd'hui disponibles gratuitement sur internet en texte intégral. Les sites Gallica de la Bibliothèque nationale de France (http://gallica.bnf.fr) et Google books (http://books.google.com) sont particulièrement riches.

Certains ouvrages, qu'ils soient ou non anciens, sont très riches, tels les traités publiés en plusieurs volumes, comme par exemple ceux de Ch. Rousseau. Ils n'intéressent également le plus souvent que des étudiants déjà avancés ou désirant élargir leurs connaissances élémentaires.

Plusieurs, enfin, sont en langues étrangères et ne présentent qu'une illustration de la très riche littérature consacrée à l'étude générale du droit international parue notamment en anglais, mais aussi en italien, en allemand et en espagnol.

ALLAND (D.) – *Manuel de droit international public*, 2e éd. (Paris, PUF, coll. Droit fondamental, 2015), 281 p.

ANZILOTTI (D.). – *Corso di diritto internazionale*, 2 volumes (Padoue, Cedam, 1928). Traduction du 1er volume : *Introduction, Théorie générale*, par G. Gidel (Paris, Sirey, 1929), 534 p. Rééd., Paris, Éditions Panthéon-Assas, 1999, 535 p., Préf. de P.-M. Dupuy et Ch. Leben.

AKEHURST (M.). – *A Modern Introduction to International Law*, 6e éd. (Londres, Harper Collins Academic, 1991), 315 p.

BASSIOUNI (C.). – *Introduction to international criminal law*, 2e éd. (Leiden, Martinus Nijhoff Publishers, 2014), 1122 p.

BASTID (S.). – *Cours de droit international public* (Paris, Les cours de droit, 1976-1977), 1396 p.

BEDJAOUI (M.) (dir.). – *Le droit international : Bilan et perspectives*, 2 volumes (Paris, Pedone/Unesco, 1991), 1361 p.

(*) BROWNLIE (I.), CRAWFORD (J.). – *Brownlie's Principles of Public International Law*, 8e éd. (Oxford, Oxford University Press, 2012), 840 p.

(*) CANNIZZARO (E.), *Diritto internazionale* (Torino, G. Giappichelli, 2012), 508 p.

(*) CANAL-FORGUES (E.), RAMBAUD (P.). – *Droit international public*, 2e éd. (Paris, Flammarion, 2011), 478 p.

…EAU (D.), JUILLARD (P.). – *Droit international économique*, 5e éd. (Paris, Dalloz, …13), 802 p.

SORENSEN (M.) (dir.). - *Manual of Public International Law* (London, Melbourne, Toronto, McMillan, 1968), 930 p.

SORNARAJAH (M.). - *The International Law on Foreign Investment*, 3e éd. (Cambridge, Cambridge University Press, 2010), 554 p.

STRUPP (K.). - *Éléments du droit international public universel, européen et américain* (Paris, Les éd. internationales, 1927), 3 volumes, 877 p.

STRYDOM (H.), GEVERS (C.), RUPPEL (O.), JUMA (L.), VRANCKEN (P.), KEMP (G.), SCHOLTZ (W.), VILJOEN (F.) (dir.) - *International Law* (Oxford, Oxford University Press, 2016), 664 p.

(*) TOURME-JOUANNET (E.), *Le droit international*, coll. Que sais-je (Paris, PUF, 2013), 128 p.

TUNKIN (G.I.). - *Droit international public : problèmes théoriques* (Paris, Pedone, 1965), 251 p.

VERDROSS (A.), SIMMA (B.). - *Universelles Völkerrecht, Theorie und Praxis*, 3e éd. (Berlin, Dunker und Humblot, 1984), 956 p.

(*) VERHOEVEN (J.). - *Droit international public* (Bruxelles, Larcier, Précis de la Faculté de droit de l'université catholique de Louvain, 2000), 856 p.

VERZIJL (J.H.W.). - *International Law in Historical Perspective* (Leyden, Sijthoff ; Dordrecht, Nijhoff) 11 volumes.

Volume 1 : General Subjects, 1968, 575 p.

Volume 2 : International Persons, 1969, 606 p.

Volume 3 : State Territory.

Volume 4 : Stateless Domain, 1971, 305 p.

Volume 5 : Nationality and Other Matters Relating to Individuals, 1972, 518 p.

Volume 6 : Judicial Facts as Sources of International Rights and Obligations, 1973, 861 p.

Volume 7 : State Succession, 1974, 378 p.

Volume 8 : Inter-state Disputes and Their Settlements, 1976, 646 p.

Volume 9 : The Laws of War, 1978, 547 p.

Volume 10 : The Law of Neutrality, 1979, 328 p.

Volume 11 : The Law of Maritime Prize, 1992, 729 p.

VISSCHER (Ch. DE). - *Théories et réalités en droit international public*, 4e éd. (Paris, Pedone, 1970), 450 p.

(*) VITZTHUM VON (W.), BOTHE (M.). - *Völkerrecht*, 6e éd. (Berlin, de Gruyter, 2013), 685 p.

III. – Cours généraux de droit international public publiés dans le *Recueil des cours de l'académie de droit international de La Haye* (*RCADI*) français/anglais

Chaque année, l'Académie de droit international de La Haye donne l'occasion à un auteur confirmé de présenter ses vues sur les aspects du droit international qu'il juge les plus intéressants. La liste qui suit, présentée par ordre alphabétique, offre une sélection de cours constituant tous des exposés doctrinaux d'un grand intérêt. Leur lecture permet en particulier de se familiariser avec les différents courants de pensée qui animent la doctrine du droit international. Elle rend aussi possible, sous une forme synthétique, l'accès à la pensée d'auteurs ayant particulièrement marqué leur temps, comme par exemple H. KELSEN, G. SCELLE ou J. BASDEVANT. . Le site Internet de l'Académie est : www.hagueacademy.nl/

ABI-SAAB (G.). – *Cours général de droit international public* (1987/VII, vol. 207, p. 9-464).
BASDEVANT (J.). – *Règles générales du droit de la paix* (1936/IV, vol. 58, p. 471-692).
BOURQUIN (M.). – *Règles générales du droit de la paix* (1931/I, vol. 35).
BRIERLY (J.L.). – *Le fondement du caractère obligatoire du droit international* (1928/III, vol. 23, p. 463-552).
BRIERLY (J.L.). – *Règles générales du droit de la paix* (1936/IV, vol. 58, p. 1-242).
BROWNLIE (Î). – *International Law at the Fiftieth Anniversary of the United States* (1995, vol. 255, p. 9-227).
CARILLO SALCEDO (J.A.). – *Droit international et souveraineté des États* (1996, vol. 257, p. 35-222).
CHAUMONT (CH.). – *Cours général de droit international public* (1970/I, vol. 129, p. 333-528).
CONFORTI (B.). – *Cours général de droit international public* (1988/V, vol. 212, p. 13-210).
CRAWFORD (J.). – *Chance, ordrer, change : the course of international law* (2013, vol. 365, p. 9-390).
DOMINICÉ (Ch.). – La société internationale à la recherche de son équilibre. Cours général de droit international public (vol. 340, p. 9-392).
DUPUY (P.M.). – *L'unité de l'ordre juridique international* (2002, vol. 297, 487 p.).
DUPUY (R.-J.). – *Communauté internationale et disparité de développement* (1979/IV, vol. 165, p. 9-232).
FITZMAURICE (G.). – *The General Principles of International Law Considered from the Standpoint of the Rule of Law* (1957/II, vol. 92, p. 1-227).
FRANCK (TH.). – *Fairness in the International Legal and Institutional System, General Course of Public International Law* (*RCADI*, Tome 240, 1993-III, MNP, 1994, 498 p.).
FRIEDMANN (W.). – *General Course in Public International Law* (1969/II, vol. 127, p. 39-246).
GAJA (G.), *The protection of general interests in the international community* (2014, vol. 364, p. 9 -186).
GUGGENHEIM (P.). – *Les principes de droit international public* (1952/I, vol. 80, p. 1-189).
HENKIN (L.). – *International Law : Politics, Values and Functions* (1989/V, vol. 216, p. 9-416).
HIGGINS (R.). – *International Law and the Avoidance, Containment and Resolution of Disputes, General Course of Public International Law* (*RCADI*, Tome 230, 1991-V, MNP, 1993).
JENNINGS (R.Y.). – *General Course on Principles of International Law* (1967/II, vol. 121, p. 323-605).
JIMENEZ DE ARÉCHAGA (E.). – *International Law in the Past Third of a Century* (1978/I, vol. 159, p. 1-334).
KAMTO (M.). – *La volonté de l'état en droit international* (2004, vol. 310, 419 p.).
KELSEN (H.). – *Théorie du droit international public* (1953/III, vol. 84, p. 1-203).
KELSEN (H.). – *Théorie générale du droit international public. Problèmes choisis* (1932/IV, vol. 42, p. 117-351).
KRYLOV (M.S.). – *Les notions principales du droit des gens. La doctrine soviétique du droit international* (1947/I, vol. 70, p. 407-476).
LACHS (M.). – *The Development and General Trends of International Law in our Time* (1980/IV, vol. 169, p. 9-378).
LAUTERPACHT (H.). – *Règles générales du droit de la paix* (1937/IV, vol. 62, p. 95-422).
MAHIOU (A.) – *Le droit international ou la dialectique de la rigueur et de la flexibilité. Cours général de droit international public* (2008, vol. 337, 516 p.)

MERON (T.) - *International law in the age of human rights : general course on public international law* (2003, vol. 301, 480 p.).

MORELLI (G.). - *Cours général de droit international public* (1956/I, vol. 89, p. 437-604).

PASTOR RIDRUEJO (J.A.). - *Le droit international à la veille du vingt et unième siècle* (1998, vol. 274, 391 p.).

QUADRI (R.). - *Cours général de droit international public* (1964/III, vol. 113, p. 237-483).

REUTER (P.). - *Principes de droit international public* (1961/II, vol. 103, p. 425-656).

ROSENNE (SH.). - *The Perplexities of Modern International Law. General Course on Public International Law* (2001, vol. 290, 472 p.).

ROUSSEAU (CH.). - *Principes de droit international public* (1958/I, vol. 93, p. 369-550).

SCELLE (G.). - *Règles générales du droit de la paix* (1933/IV, vol. 46, p. 327-703).

SCHACHTER (O.). - *International Law in Theory and Practice* (1982/V, vol. 178, p. 9-396).

SCHWARZENBERGER (G.). - *The Fundamental Principles of International Law* (1955/I, vol. 87, p. 191-385).

SORENSEN (M.). - *Principes de droit international public* (1960/III, vol. 101, p. 1-254.

STRUPP (K.). - *Les règles générales du droit de la paix* (1934/I, vol. 47, p. 258-595).

SUR (S.). - *La créativité du droit international. Cours général de droit international public* (2014, vol. 363, p. 9-332).

THIERRY (H.). - *L'évolution du droit international* (1990/III, vol. 222, p. 9-186).

TOMUSCHAT (Ch.). - *International Law : Ensuring the Survival of Mankind on the Eve of a New Century* (1999, vol. 281, 438 p.).

TRINDADE (A. A. C.). - *International law for humankind : towards a new jus gentium (I) : general course on public international law* (2005, vol. 316, 430 p.).

TRINDADE, (A. A. C.). - *International law for humankind : towards a new jus gentium (II) : general course on public international law* (2005, vol. 317, 303 p.).

TUNKIN (G.L.). - *International Law in the International System* (1975/IV, vol. 147, p. 1-218).

VERDROSS (A. VON). - *Règles générales du droit international de la paix* (1929/V, vol. 30, p. 271-517).

VERHOEVEN (J.). - *Considérations sur ce qui est commun : Cours général de droit international public* (2002, vol. 334, 434 p.)

VISSCHER (CH. DE). - *Cours général de principes de droit international public* (1954/II, vol. 86, p. 445-556).

VIRALLY (M.). - *Panorama du droit international contemporain* (1983/V, vol. 183, p. 9-382).

WALDOCK (H.). - *General Course on Public International Law* (1962/II, vol. 106, p. 1-251).

WEIL (P.). - *Le droit international en quête de son identité* (1992/VI, vol. 237, p. 9-370).

ZEMANEK (K.). - *The Legal Foundations of the International System* (1997, vol. 266, p. 9-336).

IV. – Dictionnaires et encyclopédies de droit international

Les ouvrages les plus accessibles sont signalés par un astérisque.

(*) BASDEVANT (J.). - *Dictionnaire de la terminologie du droit international public* (Paris, Sirey, 1960), 755 p.

(*) BOCZEK (B.A.), BLEDSOE (R.L.). - *The International Law Dictionary* (Santa Barbara, Abc-Clio, 1987), 422 p.

BOCZEK (B.A.), *The A to Z of International Law* (Folkestone, Scarecrow Press, 2010), 528 p.

CALVO (CH.). - *Dictionnaire de droit international public et privé, 2 volumes* (Paris, Libr. Arthur Rousseau, 1885), 517 p., 374 p.

FOX (J.R.). - *Dictionary of International and Comparative Law* (Dobbs Ferry, Oceana Publications, 2003), 369 p.

FULCHIRON (H.). - *Jurisclasseur de droit international.*

GIBSON (J.S.). - *Dictionary of International Human Rights Law* (Folkestone, Scarecrow Pr., 1996), 225 p.

KDHIR (M.). - *Dictionnaire juridique de la Cour internationale de Justice*, 2e éd. (Bruxelles, Bruylant, 2000), 527 p.

KUEHL (W.F.). (dir.) - *Biographical dictionary of internationalists* (Westport, Greenwood Press, 1983), 934 p.

PAENSON (I.). - *Manual of the terminology of Public International Law (Peace) and international organizations* (Bruxelles, Bruylant, 1983), 846 p.

PAENSON (I.). - *Manuel anglais-français-espagnol-russe de la terminologie du droit international public (droit de la paix) et des organisations internationales* (Bruxelles, Bruylant, 1983), 896 p.

PAENSON (I.). - *Manuel anglais-français-espagnol-russe de la terminologie du droit des conflits armés et des organisations humanitaires internationales* (Bruxelles, Bruylant, 1989), 922 p.

PARRY (C.), GRANT (J.P.). - *Encyclopedic Dictionary of International Law* (Dobbs Ferry/New York, Oceana Publications, 1986), 564 p.

(*) SALMON (J.) (dir.). - *Dictionnaire de droit international public* (Bruxelles, Bruylant, 2001), 1198 p.

SCHLOCHAUER (H.J.) (dir.). - *Wörterbuch des Völkerrechts*, 2e éd. (Berlin, W. de Gruyter) 3 volumes.

Tome I : A-H (1960, 800 p.).

Tome II : I-Q (1961, 815 p.).

Tome III : R-Z (1962, 901 p.).

WOLFRUM (R.) (dir.). - *The Max Planck Encyclopedia of Public International Law* (Oxford, Oxford University Press, 2013), 12836 p., également disponible sur internet à l'adresse : http://opil.ouplaw.com/home/EPIL

V. – Commentaires systématiques de conventions

Les références suivantes présentent le commentaire systématique de conventions et font état de leur application, article par article. Elles ont été classées selon le domaine du droit international concerné.

1. *Droit international général*

(*) CORTEN (O.), KLEIN (P.), (dir.). - *Les conventions de Vienne sur le droit des traités : commentaire article par article* (Bruxelles, Bruylant, 2006), 3 volumes, 2965 p.

(*) COT (J.-P.), PELLET (A.), FORTEAU (M.) (dir.). - *La Charte des Nations Unies, commentaire article par article*, 3e éd. (Paris, Economica, 2005), 1571 p.

GIOVANNI (D.), GAGGIOLI (G.), HÊCHE (A.) (dir.) - *La Convention de Vienne de 1978 sur la succession d'États en matière de traités* (Bruxelles, Bruylant, 2016), 2 volumes, 2082 p.

MOORE (J.A.), PUBANTZ (J.). - *Encyclopedia of the United Nations*, 2e éd., (New York, Facts on File, 2008), 2 volumes, 686 p.

O'KEEFE (R.), TAMS (C. J.) (dir.). - *The United Nations Convention on Jurisdictional Immunities of States and Their Property, A Commentary* (Oxford, Oxford University Press, 2013), 600 p.

RICHTSTEIG (M.). - *Wiener Übereinkommen über diplomatische und konsularische Beziehungen* (Baden-Baden, Nomos, 1994), 281 p.

REINISCH (A.), BACHMAYER (P.), - *The Conventions on the Privileges and Immunities of the United Nations and its Specialized Agencies* (Oxford University Press, 2016), 930 p.

(*) SIMMA (B.), KHAN (D.-E.), NOLTE (G.), PAULUS (A.) (dir.). - *The Charter of the United Nations, a Commentary*, 3e éd. (München, Oxford University Press, 2012), 2000 p.

ZIMMERMANN (A.), OELLERS-FRAHM (K.), TOMUSCHAT (C.), TAMS (C. J.) (dir.). - *The Statute of the International Court of Justice, a commentary*, 2e éd. (Oxford, Oxford University Press, 2012), 1745 p.

2. *Par matière*

– Droits de l'homme, droit humanitaire

BURGORGUE-LARSEN (L.) - *La convention européenne des droits de l'Homme*, 2e éd (Issy-les-Moulineaux, LGDJ, 2015), 302 p.

CASSESE (A.), GAETA, (P.), JONES (J.R.W.D.). - *The Rome Statute of the International Criminal Court : A Commentary* (Oxford, Oxford University Press, 2002), 4 volumes, 2018 p.

CLAPHAM (A.), GAETA (P.), SASSOLI (M.) (dir.), *The 1949 Geneva Conventions* (Oxford University Press, 2015), 1651 p.

DECAUX (E.). - *Le Pacte international relatif aux droits civils et politiques. Commentaire article par article* (Paris, Economica, 2011), 996 p.

FERNANDEZ (J.), PACREAU (X.). - *Statut de Rome de la Cour pénale internationale. Commentaire article par article* (Paris, Pedone, 2012), 2460 p.

FREEMAN (M.A.), CHINKIN (C.), RUDOLF (B.) (dir.) - *The UN Convention on the Elimination of All Forms of Discrimination Against Women* (Oxford, Oxford University Press, 2013), 731 p.

FROWEIN (J.), PEUKERT (W.). - *Europaïsche MenschenRechtsKonvention*, EMRK-Kommentar (N.P. Engel Verlag-Kehl-Strasburg-Arlington, 1985), 604 p.

GRABENWARTER (C.) - *European Convention on Human Rights: Commentary* (Munich, Oxford, Baden-Baden, Beck, Hart, Nomos, 2014), 554 p.

JOSEPH (S.), CASTAN (M.), - *The International Covenant on Civil and Political Rights*, 3e éd. (Oxford University Press, 2013), 989 p.

KAMTO (M.) (dir.). — *La Charte africaine des droits de l'homme et des peuples et le protocole y relatif portant création de la cour africaine des droits de l'homme. Commentaire article par article* (Bruxelles, Bruylant, 2011), 1628 p.

PETTITI (L.E.), DECAUX (E.), IMBERT (P.-H.). - *La convention européenne des droits de l'homme, commentaire article par article*, 2e éd. (Paris, Economica, 1999), 1230 p.

SAUL (B.), KINLEY (D.), MOWNRAY (J.), - *The International Covenant on Economic, Social and Cultural Rights* (Oxford University Press, 2014), 1292 p.

SCHABAS (W. A.) - *The European Convention on Human Rights: a Commentary* (Oxford, New-York, Oxford University Press, 2015), 1308 p.

SCHABAS (W.). - *The International Criminal Court, A Commentary on the Rome Statute* (Oxford, Oxford University Press, 2010), 1336 p.

TRIFFTERER (O.), AMBOS (K.) (dir.) - *Commentary on the Rome Statute of the International Criminal Court*, 3e éd. (Munich, Beck, Hart publishing, Nomos, 2016), 2352 p.

– Droit international économique

SCHREUER (C.). - *The ICSID Convention : A Commentary : A Commentary on the Convention on the Settlement of Investment Disputes between States and Nationals of Other States*, 2e éd. (Cambridge, Cambridge University Press, 2009), 1524 p.

VI. – Recueils de traités et documents

Les recueils dont les titres suivent présentent des collections de textes soit généraux, essentiellement sous la forme de traités et actes émanant des organisations internationales (1), soit plus étroitement relatifs à certains domaines du droit international (2).

Les ouvrages les plus usuels, notamment en raison de leur caractère récent ou d'actualité, sont ici aussi indiqués par un astérisque (*).

1. *Généraux*

BROWNLIE (I.). - *Basic documents in International Law*, 6e éd. (Oxford, Clarendon Press, 2009), 425 p.

COLLIARD (C.A.), MANIN (A.). - *Droit international et histoire diplomatique, 3 volumes et 2 suppléments* (Paris, Montchrestien, 1970-1979).

(*) DAVID (E.), ASSCHE (C.). - *Code de droit international public*, 6e éd., (Bruxelles, Bruylant, 2016), 1353 p.

DESCAMPS (E.), RENAULT (L.). - *Recueil international des traités du XIXe siècle contenant l'ensemble du droit conventionnel entre les États et les sentences arbitrales (1801-1825)* (Paris, Libr. Arthur Rousseau, 1914), 1025 p.

DESCAMPS (Baron E.), RENAULT (L.). - *Recueil international des traités du XIXe siècle contenant l'ensemble du droit conventionnel entre les États et les sentences arbitrales (1901-1907)* (Paris, Libr. Arthur Rousseau) 7 volumes.

(*) DUPUY (P.M.), KERBRAT (Y.). - *Grands textes de droit international public* (Paris, Dalloz, 9e éd., 2016). Il s'agit du recueil de textes jumelé avec le présent *Précis* ; les textes du recueil sont indiqués dans les développements du *Précis* sous la référence *GTDIP* suivie du numéro d'ordre de l'instrument juridique concerné. À l'inverse, les références placées en tête de chacun des textes reproduits dans le recueil renvoient aux numéros des paragraphes du *Précis* dans lesquels ils sont présentés ou commentés.

(*) EVANS (M.D.). - *Blackstone's International Law Documents*, 12e éd. (Oxford, Oxford University Press, 2015), 577 p.

GONZALEZ CAMPOS (J.D.), SANCHEZ RODRIGUEZ (L.I.), SAENZ DE SANTA MARIA (M.). - *Materiales de practicas de derecho internacional público*, 3e éd. (Madrid, Éditorial Tecnos, 2002), 909 p.

HUDSON (M.O.). - *International Legislation. A Collection of the Texts of Multipartite International Instruments of General Interest (1919-1945)* (Washington, Fondation Carnegie pour la paix internationale, 1931-1950), 9 volumes.

INSTITUT DE DROIT INTERNATIONAL. - *Tableau des résolutions adoptées 1957-1991* (Paris, Pedone, 1992), 440 p.

(*) KLABBERS (J.), - *International Law Documents* (Cambridge University Press, 2016).

(*) ONU. - *Recueil des traités enregistrés par le Secrétariat des Nations Unies (Depuis 1945)*, accessible sur Internet à l'adresse http://treaties.un.org.

(*) ONU. - *État de la ratification des traités dont le Secrétariat général est dépositaire*, désormais sur internet à l'adresse http://treaties.un.org.

SOCIÉTÉ DES NATIONS. - *Recueil des traités et des engagements internationaux enregistrés par le secrétariat de la SDN (1920-1946)*.

Strupp (K.). - *Documents pour servir à l'histoire du droit des gens*, 5 volumes (Berlin, Hemmann Sack, 1923).

2. *Par matière*

– Désarmement, droit de la paix, droit de la guerre

Decaux (E.). - *Sécurité et coopération en Europe, textes officiels du processus de Helsinki* (Paris, La Documentation française, 1992), 458 p.

Fahl (G.). - *International Law of Arms Control. Loose-Leaf Commentary,* (Berlin, Berlin Verlag Arno Spitz, 1975-1988), 4 volumes.

Fahl (G.). - *Rüstungsbeschränkung durch internationale Verträge,* 2e éd. (Berlin, Berlin Verlag Arno Spitz, 1990), 452 p.

Reisman (W.M.), Antoniou (C.T.). - *The Laws of War : a Comprehensive Collection of Primary Documents on International Laws Governing Armed Conflict* (New York, Vintage Books, 1994), 448 p.

Roberts (A.), Guelff (R.). - *Documents on the Law of War,* 3e éd. (Oxford, Oxford University Press, 2002), 765 p.

Ronzitti (N.) (dir.). - *The Law of Naval Warfare. A Collection of Agreements and Documents with Commentaries* (Dordrecht, MNP, 1988), 888 p.

Schindler (D.) & Toman (J.). - *Droit des conflits armés : recueil des conventions, résolutions et autres documents* (Genève, CICR, 1996), 1470 p.

Siekmann (R.). - *Basic Documents on United Nations and Related Peace-Keeping Force,* 2e éd. (Dordrecht, MNP, 1989), 415 p.

– Droits de l'homme, droit humanitaire

Alston (P.), Goodman (R.). - *International Human Rights : the Successor to International Human Rights in Context : Law, Politics, Morals : Text and Materials* (Oxford, Oxford University Press, 2013), 1580 p.

Bettati (M.). - *Droit humanitaire, textes introduits et commentés* (Paris, éd. du Seuil, coll. Points, 2000), 282 p.

(*) Brownlie (I.), Goodwin-Gill (G.S.) - *Brownlie's Documents on Human Rights,* 6e éd. (Oxford, Oxford University Press, 2010), 1296 p.

(*) CICR. - *Manuel du mouvement international de la Croix-Rouge et du Croissant-Rouge,* 14e éd. (Genève, CICR, 2011), 961 p.

(*) CICR. - *Droit international humanitaire,* 1 CD Rom pour MS-DOS 3.1 ou Windows 3 ou 95 (Genève, CICR, 1994).

Conseil de l'Europe. - *Droits de l'homme en droit international : Textes de base,* 3e éd. (Strasbourg, Conseil de l'Europe, 2007), 737 p.

(*) David (E.), Tulkens (F.), Vandermeersch (D.). - *Code de droit international humanitaire, textes à jour au 1er janvier 2016, 7e* éd. (Bruxelles, Bruylant, 2016), 858 p.

David (E.), Weyembergh (A.). - *Code de droit international pénal, textes à jour au 1er décembre 2014,* 3e éd. (Bruxelles, Bruylant, 2015), 1019 p.

Decaux (E.), Bienvenu (N.). - *Les grands textes internationaux des droits de l'homme,* 2e éd., (Paris, La documentation française, 2016), 825 p.

Dejeant-Pons (M.), Pallemaerts (M.). - *Human Rights and the Environment : compendium of instruments and other international texts on individual and collective rights relating to the environment in the international and European framework* (Strasbourg, Conseil de l'Europe, 2002), 326 p.

FORREST MARTIN (F.) et al. – *International Human Rights Law and Practice : Cases, Treaties and Materials* (Cambridge, Kluwer, 1997), 1250 p. + Documentary Supplement, 1100 p.

GANE (C.), MACKAREL (M.). – *Human Rights and the Administration of Justice : International Instruments* (Cambridge, Kluwer, 1997), 837 p.

HANNUM (H.). – *Documents on Autonomy and Minority* (Dordrecht, MNP, 1993), 779 p.

ONU. – *Les Nations Unies et les droits de l'homme 1945-1995*, vol. VII des livres bleus des Nations Unies, 1995, 533 p.

ROLLAND (P.), TAVERNIER (P.). – *La protection internationale des droits de l'homme* (Paris, PUF, 1994, Coll. Que sais-je ? n° 2461), 128 p.

SANCHEZ RODRIGUEZ (L.I.), VEGA (J.G.). – *Derechos humanos. Textos internacionales*, 5e éd. (Madrid, Éditorial Tecnos, 2003), 709 p.)

(*) SCHUTTER (O. DE), TULKENS (F.), VAN DROOGHENBROECK (S.). – *Code de droit international des droits de l'homme, textes à jour au 1er octobre 2013*, 4e éd. (Bruxelles, Bruylant, 2014), 852 p.

UNHCR. – *Collection of International Instruments and Other Texts concerning Refugees and Displaced Persons* (Genève, UNHCR, 2007), 2 volumes, accessible en ligne à www.unhcr.org/455c71de2.pdf et www.unhcr.org/455c72b912.pdf

– Droit international économique

CHENG (CH.J.). – *Basic Documents on International Trade Law*, 4e éd. (La Haye, Kluwer Law International, 2012), 1736 p.

DAVIDSON (P.J.). – *Trading Arrangements in the Pacific Rim : ASEAN and APEC*, loose-leaf (Dobbs Ferry, Oceana, 1995, mise à jour périodique).

DENNIN (J.F.). – *Law and Practice of the World Trade Organization*, loose-leaf, 2 volumes (Dobbs Ferry Oceana, 1995, mise à jour périodique).

ICSID. – *Investment Laws of the World, Including Investment Treaties*, loose-leaf, 17 volumes (Dobbs Ferry, Occana, 1973, mise à jour périodique).

KUNIG (P.), LAU (N.), MENG (W.). – *International Economic Law, Basic Documents*, 2e éd. (Berlin, W. de Gruyter, 1993), 834 p.

PAPARINSKIS (M.). – *Basic Documents on International Investment Protection*, (Oxford, Hart Publishing, 2012), 976 p.

RAWORTH (P.), REIF (L.C.). – *The Law of the WTO* (Dobbs Ferry, Oceana, 1995), 932 p. + disquette.

SECRÉTARIAT DU GATT. – *Résultats des négociations commerciales multilatérales du cycle d'Uruguay : Textes juridiques* (Genève, GATT, 1994), 591 p.

STERN (B.). – *Un nouvel ordre économique international ? Recueil de textes et documents*, vol. 1 (Paris, Economica, 1983), 740 p.

TAMS (C.J.), TIETJE (C.) – *Documents in International Economic Law: Trade, Investment, and Finance*, (Oxford, Oxford University Press, 2012), 745 p.

WERNER (J.). – *World Trade and Arbitration Materials* (The Hague, Kluwer, 1998), 10 volumes.

– Droit de la mer, droit fluvial, droit aérien, droit de l'espace

BÖCKSTIEGEL (K.H.), BENKÖ (M.). – *Space Law : Basic Legal Documents*, Loose-Leaf, (Dordrecht, MNP, 1993, mise à jour périodique) 2 volumes.

CESARI (P. de). - *Index of multilateral treaties on the law of the sea, - Studi e documenti sul diritto internazionale del mare* (Milan, A. Giuffrè, 1985), 373 p.

CHARNEY (J.I.), ALEXANDER (L.M.). - *International Maritime Boundaries*, volumes I à III (Dordrecht, Nijhoff, 1993-1998), 2616 p.

CHARNEY (J.I.), SMITH (R.W.). - *International Maritime Boundaries*, volume IV (Dordrecht, Nijhoff, 2002), pp. 2622-3195.

COLSON (D.A.), SMITH (R.W.), *International Maritime Boundaries*, volumes V et VI (Martinus Nijhoff Publishers, 2005-2011), pp. 3200-4602.

(*) EISEMANN (P.M.). - *La Convention des Nations Unies sur le droit de la mer* (Paris, La Documentation française, Coll. Notes et Études Documentaires n° 4703-47041983, 1983), 204 p.

LATHROP (C.), - *International Maritime Boundaries*, volume VII, (Martinus Nijhoff Publishers, 2016).

LOWE (A.V.), TALMON (S.) - *The Legal Order of the Oceans: Basic Documents on Law of the Sea*, (Oxford, Hart, 2009), 1012 p.

MARTIN (P. M.). - *Les textes du droit de l'espace* (Paris, PUF, 1993, coll. Que sais-je ?, n° 2730), 125 p.

ONU - *The United Nations Treaties on Outer Space* (New York, ONU, 1984), 38 p.

ONU - *Le droit de la mer : protection et préservation du milieu marin. Répertoire d'accords internationaux* (New York, ONU/Bureau des affaires maritimes, 1990), 99 p.

QUENEUDEC (J.-P.). - *Conventions maritimes internationales* (Paris, Pedone, 1979), 815 p.

SAUL (B.), STEPHENS (T.) - *Antarctica in Internation Law* (Oxford, Hart, 2015), 1062 p.

Database de la pratique des États en matière de délimitation maritime, législation et traités : http://www.un.org/Depts/los/LEGISLATIONANDTREATIES/index.htm

– Droit des organisations internationales

CHESTERMAN (S.), JOHNSTONE (I.), MALONE (D. M.), - *Law and Practice of the United Nations*, 2e éd. (Oxford University Press, 2016), 792 p.

DAVID (E.). - *Code des organisations internationales : Textes à jour au 1e janvier 2014* (Bruxelles, Bruylant, 2014), 579 p.

KALALA (T.), BAKANDEJA WA MPUNGU (G.). - *Code des organisations internationales* (Bruxelles, Bruylant, 2008), 1946 p.

RAUSCHNING (D.), WIESBROCK (K.), LAILACH (M.). - *Key Resolutions of the United Nations General Assembly 1946-1996* (Cambridge, Cambridge University Press, 1998), 620 p.

SCHERMERS (H.G.) (dir.). - *International Organization and Integration : Annotated Basic Documents and Descriptive Directory of International Organization and Arrangements*, 2e éd. (La Haye, A.W. Sijthoff, 1982) 3 volumes.

TAYLOR (P.), DAWS (S.), ADAMCZICK-GERTEIS (U.). - *Documents on Reform of the United Nations* (Hampshire, Aldershot, 1997), 575 p.

– Règlement pacifique des différends

HABICHT (M.). - *Post War Treaties for the Pacific Settlement of International Disputes* (Cambridge, Harvard University Press/Bureau of international research, 1931), 1109 p.

ONU - *Systematic Survey of Treaties for the Pacific Settlement of International Disputes* (1928-1948) (New York, ONU, Doc. 1949/V/3).

ONU – *A Survey of Treaty Provisions for the Pacific Settlement of International Disputes* (1949-1962) (New York, ONU, Doc. 1966/V/5).

ROSENNE (S.). – *Documents relatifs à la Cour Internationale de Justice, première édition bilingue* (Dordrecht, MNP, 1991), 923 p.

SOCIÉTÉ DES NATIONS. – *SDN, arbitrage et sécurité. Étude méthodologique des conventions d'arbitrage* (Genève, SDN, Doc. 1927/C/653/M/2/6).

TAMS (C.J.), TZANAKOPOULOS (A.) – *The Settlement of International Disputes: basic documents* (Oxford, Hart, 2012), 838 p.

– Droit de l'environnement

BIRNIE (P.W.), BOYLE (A.E.). – *Basic Documents on International Law and the Environment* (Oxford, Clarendon, 1995), 688 p.

(*) BOISSON DE CHAZOURNES (L.), DESGAGNÉ (R.) MBENGUE (M. M.), ROMANO (C.). – *Protection internationale de l'environnement : Recueil d'instruments juridiques* (Paris, Pedone, 2005), 808 p.

DEJEANT-PONS (M.), PALLEMAERTS (M.). – *Droits de l'homme et environnement : recueil d'instruments et de textes internationaux concernant les droits individuels et collectifs en matière d'environnement dans le cadre international et européen* (Strasbourg, Conseil de l'Europe, 2002), 341 p.

HOHMANN (H.H.). – *Basic Documents of International Environmental Law* (Dordrecht, MNP, 1992), 3 volumes, 1884 p.

KISS (A. Ch.). – *Recueil de traités multilatéraux relatifs à la protection de l'environnement,* PNUE, Série référence 3 (Nairobi, PNUE, 1982, 543 p.). Mise à jour périodique.

PRIEUR (M.), DOUMBÉ-BILLÉ (dir.). – *Recueil francophone des traités et textes internationaux en droit de l'environnement* (Bruylant, 1998) 720 p. ou 1 CD-Rom.

ROBINSON (N.A.), HASSAN (P.), BURHENNE-GUILMIN (F.). – *Agenda 21 and the UNCED Proceedings* (Dobbs Ferry, Oceana, 1992), 6 volumes.

RUMMEL-BULSKA (I.), OSAFO (S.). – *Selected Multilateral Treaties in the Field of the Environment* (Cambridge, Grotius Publications Ltd, vol. 1, 1983 « 1933-1979 », 823 p. ; vol. 2, 1991 « 1979-1989 »), 2 volumes, 527 p.

SANDS (P.), TARASOFSKY (R.), WEISS (M.). – *Principles of International Environmental Law* (Manchester, Manchester Univ. Pr., 1995), 3 volumes.

Volume I : Frameworks, Standards and Implementation, 773 p.

Volume II : Documents *in* International Environmental Law, 1709 p.

Volume III : Documents *in* European Community Environmental Law, 838 p.

SANDS (P.), GALIZZI (P.). – *Documents in International Environmental Law,* 2e éd. (New York, Cambridge, 2004), 1150 p.

– Succession d'États

ONU – *La succession d'États en matière de traités bilatéraux,* Étude établie par le secrétariat général (extraits de conventions bilatérales) (New York, ONU/CDI).

- Accords relatifs aux traités d'extradition (Doc. A/CN.4/229, 1970, 76 p.).
- Accords relatifs aux transports aériens (Doc. A/CN.4/243, 1971, 99 p.).
- Accords relatifs aux traités de commerce (Doc. A/CN.4/243/Add.1, 1971, 123 p.).

ONU. – *Documentation concernant la succession d'États,* Étude établie par le secrétariat général (New York, ONU, Doc. A/CN.4/263, 1972, 74 p.).

VII. – Recueils de jurisprudence

Les astérisques renvoient aux ouvrages les plus accessibles.

En dehors des recueils proprement dits, une mention particulière doit être faite à la chronique de jurisprudence internationale publiée depuis l'an 2000 dans la *RGDIP* sous la responsabilité du professeur Ph. Weckel.

HACKWORTH (G.H.). - *Digest of International Law,* 8 volumes : 1940-1944 (Washington, Department of State Publication).

LAUTERPACHT (H.), puis LAUTERPACHT (E.), GREENWOOD (C.), LEE (K.)(dir.). - *International Law Reports*, 164 volumes (a succédé en 1950 à l'*Annual Digest of Public International Law Cases* réalisé depuis 1919) édité par Cambridge University Press.

WHITEMAN (M.M.). - *Digest of international law* (Washington, Department of State Publication, 1963-1970), 14 volumes.

1. *Jurisprudence de la CPJI, de la CIJ et des autres juridictions internationales permanentes*

– *Sources imprimées*

BRUNS (E.V.) (dir.). - *Répertoire des décisions de la CPJI,* Fontes juris gentium (Berlin, Carl Heymanns Verlag), 4 volumes.

1922-1930 (Série A, section l-Tome 1, 1931, 260 p).

1931-1934 (Série A, section 1-Tome 3, 1935, 108 p).

1934-1940 (Série A, section 1-Tome 4 1963, 429 p.).

BERNHARDT (R.) (dir.). - *Répertoire des décisions de la CIJ,* Fontes juris gentium (Berlin, Springer Verlag).

1947-1958 (Série A, section 1-Tome 5, 1961, 1256 p.).

1959-1975 (Série A, section 1-Tome 6, 1972, 1600 p. -2 volumes).

1976-1985 (Série A, section 1-Tome 7, 1990 386 p.).

(*) COUR INTERNATIONALE DE JUSTICE. - *Recueil des arrêts, avis consultatifs et ordonnances (1947-2014),* volume annuel (Leyden, A.W. Sijthoff/CIJ).

COUR PERMANENTE DE JUSTICE INTERNATIONALE.

Série A : Recueil des arrêts et ordonnances (1923-1931) (Leyden, A.W. Sijthoff/ Publications de la CPJI).

Série B : Recueil des avis consultatifs (1922-1931) (Leyden, A.W. Sijthoff/Publications de la CPJI)

Série A/B : Recueil des arrêts, ordonnances et avis consultatifs (1931-1939) (Leyden, A.W. Sijthoff/Publications de la CPJI).

(*) EISEMANN (P.-M.), PAZARTZIS (P.). - *La jurisprudence de la Cour internationale de Justice* (Paris, Pedone, 2008), 1007 p.

GUGGENHEIM (P.), BINDSCHEDLER-ROBERT (D.), CAFLISCH (L.). (dir.) - *Répertoire des décisions et des documents de la procédure écrite et orale de la CPJI et de la CIJ* Série I : la CPJI (1922-1945) (Genève, Libr. Droz/IUHEI), 5 volumes.

Tome I : Droit international et droit interne, (K. Marek, 1961, 1016 p. Publication n° 38).

Tome II : Les sources du droit international, (K. Marek, 1967, 1288 p. Publication n° 47).

Tome III : Les sujets du droit international, (L. Caflisch, 1973, 792 p. Publication n° 51).

Tome IV : Les compétences de l'État, (P. Haggenmacher, 1984, 1770 p. Publication n° 53).

Tome V : La responsabilité internationale-La guerre et la neutralité, (P. Haggenmacher, 1989, 1639 p. Publication n° 54).

HAMBRO (E.), ROVINE (A.). – *La jurisprudence de la Cour internationale (1922-1974)* (Leyden, A.W. Sijthoff, 1952-1976), 8 volumes.

MAREK (K.). – *Précis de la jurisprudence de la Cour internationale*, 3 volumes.

Tome 1 : *la CPJI* (La Haye, MNP/IUHEI, 1974, 1193 p.).

Tome 2.1 : *La CIJ-Première partie* (La Haye, MNP/IUHEI, 1978, 717 p.).

Tome 2.2 : *La CIJ-Deuxième partie* (La Haye, MNP/IUHEI, 1978, 704 p.).

PATEL (B.). – *The World Court Reference Guide : Judgments, Advisory Opinions and Orders of the Permanent Court of International Justice and the International Court of Justice* (1922-2000) (La Haye, Boston, Kluwer Law International, 2002), 928 p.

VERZIJL (J.N.W.). – *The jurisprudence of the world courts. A case by case commentary* (Leyden, A.W. Sijthoff), 2 volumes.

Tome 1 : *The PCIJ (1922-1940)* (1965, 600 p.).

Tome 2 : *The ICJ (1947-1965)* (1966, 594 p.).

ZICCARDI CAPALDO (G.). – *Répertoire de la jurisprudence de la Cour internationale de Justice* (1947-1992) (Dordrecht, MNP, 1995), 2 volumes.

– Sites Internet

a) La documentation de la Cour internationale de Justice (CIJ) et de la Cour permanente de Justice internationale (CPJI), y compris la jurisprudence et les conclusions, mémoires et retranscription écrite des plaidoiries des parties peuvent être consultés sur le site de la CIJ : http://www.icj-cij.org/.

b) Autres juridictions :

Cour européenne des droits de l'homme : http://www.echr.coe.int . Le service de presse de la Cour propose une compilation de ses décisions les plus importantes, par matière ou par État : http://www.echr.coe.int/Pages/home.aspx?p=press/factsheets&c=fra

Cour interaméricaine des droits de l'homme : http://www.corteidh.or.cr/

Cour africaine des droits de l'homme : http://www.african-court.org/fr/

Organe de règlement des différends de l'OMC : http://www.wto.org/french/tratop_f/dispu_f/dispu_f.htm

Cour pénale internationale : http://www.icc-cpi.int

Tribunal pénal international pour le Rwanda : http://unictr.unmict.org/

Tribunal pénal international pour l'ex-Yougoslavie : http://www.icty.org/ /

Tribunal spécial pour la Sierra-Léone : http://www.rscsl.org/

Tribunal spécial pour le Liban : http://www.stl-tsl.org/

Chambres extraordinaires au sein des tribunaux cambodgiens : http://www.eccc.gov.kh/english/default.aspx

Tribunal pénal international de Nuremberg : Université de Yale : http://avalon.law.yale.edu/subject_menus/imt.asp

Tribunal international du droit de la mer : http://www.itlos.org

2. Jurisprudence arbitrale

ARNALDEZ (J.J.), DERAINS (Y.), HASCHER (D.). – *Recueil des sentences arbitrales de la CCI*, volumes 3-6,

Tome 3 : 1991-1995 (Paris, ICC publishing, Kluwer, 1997), 672 p.

Tome 4 : 1996-2000 (Paris, ICC publishing, Kluwer, 2003), 617 p.

Tome 5 : 2001-2007 (Paris, ICC publishing, Kluwer, 2009), 844 p.

Tome 6 : 2008-2011 (Paris, ICC publishing, Kluwer, 2013), 1268 p.

BRUNS (E.V.) (dir.). - *Répertoire des décisions de la CPA (1902-1928)* Fontes juris-gentium (Série A, section 1, Tome 2) (Berlin, Carl Heymanns Verlag, 1931), 306 p.

(*) COUSSIRAT-COUSTERE (V.), EISEMANN (P.M.). - *Répertoire de la jurisprudence arbitrale internationale*, 3 volumes,

Volume 1 : 1794-1918 (Dordrecht, 1989), 546 p.

Volume 2 : 1919-1945 (Dordrecht, 1989), 872 p.

Volume 3 : 1946-1988 (Dordrecht, 1991), 2 volumes, 2031 p.

DARBY (W.E.). - *International arbitration. International tribunals*, 4e éd. (Londres, J.M. Dent & Co, 1904, 928 p.), p. 767-927 : Instances of international settlements involving the application of the principle international arbitration.

Iran-United States Claims Tribunal Reports, 1981 - (Cambridge, Cambridge Univ. Pr., 1983). Mises à jour périodiques.

GAILLARD (E.). - *La jurisprudence du CIRDI* (Paris, Pedone, 2004), 1105 p.

GAILLARD (E.). - *La jurisprudence du CIRDI*, volume 2, 2004-2008 (Paris, Pedone, 2010), 750 p.

JARWIN (J.J.), DERAINS (Y.) - *Recueil des sentences arbitrales de la CCI*, volume 1, 1974-1985 (Paris, ICC publishing, Kluwer, 1990), 580 p.

JARWIN (J.J.), DERAINS (Y.), ARNALDEZ (J.J.) - *Recueil des sentences arbitrales de la CCI*, volume 2, 1986-1990 (Paris, ICC publishing, Kluwer, 1994), 578 p.

LA FONTAINE (H.). - *Histoire sommaire et chronologique des arbitrages internationaux* (1794-1900) (RDILC, 1902, vol. IV, 84 p.).

LA FONTAINE (H.). - *Pasicrisie internationale 1794-1900*, Histoire documentaire des arbitrages internationaux (La Haye, MNP, 1997), 670 p.

LAPRADELLE (A. DE), POLITIS (N.). - *Recueil des arbitrages internationaux*, 3 volumes,

Tome 1 : 1798-1855 (Paris, Pedone, 1905, 863 p.).

Tome 2 : 1856-1872 (Paris, Pedone, 1923, 1051 p.).

Tome 3 : 1872-1875 (Paris, Les Éd. Internationales, 1954, 768 p.).

MOORE (J.B.). - *History and Digest of the International Arbitrations to wich the United States has been a Party* (Washington, Government Printing Office, 1898) 6 volumes.

Volumes 1-5 : 5240 p.

Volume 5 : p. 5085-5239 (index récapitulatif des 5 volumes).

Volume 6 : cartes n° 1-61.

(*) ONU. - *Recueil des sentences arbitrales* (Sentences rendues depuis 1898), 30 volumes. Publications des Nations Unies (Leyden, A.W. Sijthoff, 1948-s.). *Recueil des décisions des tribunaux arbitraux mixtes institués par les traités de paix.* (Paris, Librairie de la société du recueil Sirey, 1922-1930), 9 volumes.

SCOTT (J.B.). - *Les travaux de la CPA (Recueil de ses sentences accompagné de résumés des différentes controverses)*, Publication de la Dotation Carnegie pour la paix internationale (New York, Oxford University Press, 1921), 492 p.

STUYT (A.M.). - *Survey of international Arbitrations.*

1re éd. : 1794-1938 (The Hague, MNP, 1939, 479 p).

2e éd. : 1794-1970 (Leyden, A.W. Sijthoff, 1972, 572 p.).

3e éd. : 1794-1989 (Dordrecht, MNP, 1990, 658 p.).

– Sites Internet

Chambre de commerce internationale, Cour internationale d'arbitrage : http://www.iccwbo.org

Cour Permanente d'arbitrage : www.pca-cpa.org
Iran — United States Claim Tribunal : www.iusct.org/index-english.html
CIRDI : http://icsid.worldbank.org/ICSID/Index.jsp
Recueil des Sentences Arbitrales des Nations Unies : http://www.un.org/law/riaa/

VIII. – Pratiques nationales

Outre les recueils de textes relatifs aux pratiques nationales, les répertoires de la pratique nationale, qui ne sont pas constitués de textes bruts mais des commentaires y relatifs, sont nombreux ; l'on n'en trouvera ci-après qu'une illustration.

Il faut d'abord consulter les revues et périodiques qui, tels l'*Annuaire Français de Droit International* pour la France, l'*American Journal of International Law* pour les États-Unis, le *British Year Book of International Law* pour le Royaume-Uni ou la *Rivista di diritto internazionale* pour l'Italie, publient périodiquement des analyses de la pratique nationale du pays considéré.

Une place à part doit être réservée à un ouvrage préparé sous les auspices de l'American Law Institute. Il est intitulé *Restatement of the Law - Third - The Foreign Relations Law of the United Nations* (2 vol. American Law Institute Publishers, 1987) et présente des analyses juridiques très proches de celles du gouvernement américain sur les principaux aspects du droit international public.

On pourra également consulter les ouvrages suivants :

BUTLER (W.E.). - *The Russian Law of Treaties* (London, Simmons & Hills, 1997), 158 p.

GUGGENHEIM (P.) (dir.). - *Répertoire suisse de droit international public 1914-1939* (Helbing & Lichtenhahn, Éd. S.A. Bâle, 1975), 5 volumes.

KISS (A. CH.). - *Répertoire de la pratique française en matière de droit international public* (Paris, Éd. du CNRS, 1962-1972), 7 volumes.

NASH LEICH (M.) (dir.). - *Digest of United States Practice in International Law* (depuis 1978) (Washington, Office of the legal adviser, Dpt of State, 1973-s).

NASH LEICH (M.). - *Digest of United States Practice in International Law* (Washington, U.S. Government Printing Office, -1989).

8 volumes plus un volume d'index 1978-1980.

NASH LEICH (M.). - *Cumulative Digest of the United States Practice in International Law 1981-1988* (Washington, U.S. Government Printing Office, 1993-1995), 3 volumes, 3845 p.

ODA (SH.), OWADA (H.). - *The Practice of Japan in International Law*, 1961-1970 (Tokyo, Tokyo University Press, 1982), 471 p.

PARRY (C.). - *British Digest of International Law*, 8 volumes (Londres, Stevens & Sons, 1965).

PELLET (A.), MIRON (A.), - *Les grandes décisions de la jurisprudence française de droit international public*, (Paris, Dalloz, 2015), 783 p.

PICONE (P. J.), CONFORTI (B.). - *La giurisprudenza italiana di diritto internazionale publico. Repertorio 1960-1987* (Naples, Jovene Éditore, 1988, 1145 p.). Mises à jour périodiques.

RUDDY (F.S.). - *American International Law Cases 1969-1978* (Collected and edited by Dobbs Ferry/New York, Oceana Publications) 26 volumes.

VEROSTA (S.), SEIDL-HOHENVELDERN (I.). - *Die völkerrechtliche Praxis der Donaumonarchie von 1859 bis 1918* (Vienne, Verlag der österreichischen Akademie der Wissenschaften, 1996), 2 volumes, 665 p.

Beaucoup de gouvernements et leurs ministères des Affaires étrangères disposent de sites Internet, sur lesquels on pourra trouver une documentation officielle mise à jour. Ainsi en est-il du ministère français des Affaires étrangères http://www.diplomatie.gouv.fr/fr/

Il existe heureusement des listes de ces sites : World Wide Governments (http://www.gksoft.com/govt/en/) et Yale Law School (http://library.law.yale.edu/foreign).

S'agissant de la jurisprudence des tribunaux internes, peuvent être utilisés plus particulièrement :

- les volumes des *International Law Reports* (Cambridge University Press) qui, publiés régulièrement depuis 1922, contiennent la traduction en anglais des principales décisions internes intéressant le droit international ;
- la base de donnée « Oxford Reports on International Law *in* Domestic Courts », accessible par internet sur le site des publications en ligne des Oxford University Press à l'adresse : http://opil.ouplaw.com/home/oril .

IX. – Autres sites Internet

1. Généraux

Commission du droit international : http://legal.un.org/ilc/

Institut de droit international : http://justitiaetpace.org/

International Law Association : http://www.ila-hq.org/

Sixième Commission de l'Assemblée Générale de l'ONU : www.un.org/french/ga/58/sixth/index.html

Société française pour le droit international : www.sfdi.org/

International Law Reporter : http://ilreports.blogspot.com/

Multipol : www.multipol.org

2. Par matière

– Droits de l'homme et droit humanitaire

CICR : www.cicr.org/

Haut-Commissariat aux droits de l'homme : http://www.unhcr.fr/cgi-bin/texis/vtx/home

Page des Nations Unies sur les droit de l'homme (documents et liaisons à plusieurs site Internet) : http://www.ohchr.org

Université de Minnesota, Human Rights Library : www.umn.edu/humanrts/index.html/

– Droit international économique

Aléna – Accord de libre-échange nord-américain : https://www.nafta-sec-alena.org/Accueil/Bienvenue

Banque mondiale : www.banquemondiale.org/

Centre international pour le règlement des différends relatifs aux investissements : https://icsid.worldbank.org

Commission des Nations Unies pour le droit commercial international : http://www.uncitral.org/uncitral/fr/index.html

Fonds monétaire international : http://www.imf.org/external/french/index.htm

Organisation de coopération et de développement économique : http://www.oecd.org/

Organisation mondiale du commerce : www.wto.org/indexfr.htm

University of Victoria, Investment Treaty Arbitration : http://www.italaw.com/

– Droit de la mer, droit fluvial, droit aérien, droit de l'espace

Université de Berkeley, Law of the Sea Institute : https://www.law.berkeley.edu/research/institute-for-legal-research/law-of-the-sea-institute/

Bureau des Affaires juridiques des Nations Unies, Division pour les affaires Océaniques et le droit de la mer : www.un.org/Depts/los/index.htm

– Droit des organisations internationales

Chaque organisation importante dispose de son site Internet, généralement composé de ses initiales en anglais suivies d'un point, puis de org. Le site de l'ONU est : http://www.un.org/. Il permet l'accès à la documentation des Nations Unies ainsi qu'à l'adresse Internet des institutions spécialisées des Nations Unies. Tous les moteurs de recherche permettent également de les retrouver.

Pour la documentation des Nations Unies, voir le site Internet du Centre de documentation ONU : www.un.org/french/documents/index.html

Pour la pratique des organes des Nations Unies, voir le très utile Répertoire rédigé par le secrétariat ONU, désormais accessible sur Internet à l'adresse : www.un.org/law/repertory/

Les auteurs tiennent à exprimer leurs remerciements à Tuan-Arthur Ly, doctorant contractuel à l'Université Paris 1, pour l'aide qu'il leur a apportée dans la préparation de cette treizième édition.

CHAPITRE INTRODUCTIF

LA SOCIÉTÉ INTERNATIONALE ET SON DROIT

1 ***Définition*** ◊ Le droit international est constitué par l'ensemble des normes et des institutions destinées à régir la société internationale. Par opposition au droit international privé, qui s'applique également dans le cadre international mais concerne les rapports entre personnes privées, le droit international public, dont il sera question ici, même s'il entretient de multiples liens avec le droit privé, notamment dans le domaine économique, s'adresse principalement aux États, et, par extension, aux groupements fonctionnels d'un certain nombre d'entre eux, dotés de personnalité autonome, les organisations internationales intergouvernementales.

2 ***Prééminence des États*** ◊ On doit observer à l'heure actuelle une indiscutable diversification des acteurs des relations internationales (opinion publique, organisations non gouvernementales, entreprises multinationales). Cette tendance est incontestablement en train de s'accentuer. Le rôle joué par les marchés financiers à l'égard des monnaies et des économies nationales ou celui de certaines organisations non gouvernementales de protection des droits de l'homme ou de l'environnement, d'action humanitaire internationale ou d'assistance au développement, enfin, d'une façon plus générale encore, le développement accéléré du commerce mondial ont à la fois généré un phénomène très effectif et un « mythe » politico-économique : la « mondialisation » ; concept équivoque sur lequel on reviendra plus loin (v. ss 26). Il a pour effet immédiatement perceptible de fragiliser l'efficacité de l'action unilatérale mais aussi de la coopération internationale des États, même si le rôle des organisations internationales intergouvernementales va lui-même grandissant. Il serait par conséquent absurde de partir du postulat, purement idéologique au demeurant, que les divers aspects de ce phénomène complexe de « mondialisation » restent sans effet sur l'évolution du système juridique international. Il conviendra tout au contraire d'en examiner les répercussions au fur et à mesure de leur apparition. À terme, certaines d'entre elles pourront s'avérer profondes. La question, en particulier, de l'émergence non seulement de personnes physiques mais aussi des entreprises privées en tant que sujets actifs du droit international, connaît actuellement des évolutions qui méritent une attention vigilante. Le concept de « société civile internationale » est notamment utilisé par les Nations Unies, pour désigner à la fois les diverses associations ou organisations non gouvernementales qui militent pour des causes particulières ou générales mais aussi les

divers acteurs économiques au premier rang desquels les entreprises multinationales. Ces différents acteurs des relations internationales jouent en effet un rôle croissant dans l'initiative, la mise en œuvre et le contrôle de l'application des normes internationales. Les ONG conditionnent largement le fonctionnement de beaucoup d'institutions internationales intergouvernementales. Elles influent, parfois de façon déterminante, sur la formation des mentalités juridiques (« *opiniones juris* »), c'est-à-dire sur la prise de conscience par les États et leurs ressortissants des nécessités juridiques imposées par les évolutions économiques, politiques et sociales de la vie dans un monde de plus en plus transnational ou « globalisé » [1]. Il reste que, même concurrencés, les États souverains demeurent aujourd'hui les sujets primaires ou fondamentaux du droit international. Ils en sont aussi les premiers agents d'exécution. Or chaque État possède du point de vue juridique ou formel, indépendamment des disparités de puissance et de développement effectives existant entre les nations, une souveraineté *égale* à celle de ses pairs, les autres États. On ne peut donc saisir d'emblée les originalités du droit international par rapport à celles des droits internes qu'en percevant les traits propres à la société qu'il est destiné à régir, tels qu'ils se présentent à l'époque contemporaine [2].

SECTION 1. CARACTÈRES GÉNÉRAUX DE LA SOCIÉTÉ INTERNATIONALE CONTEMPORAINE

3 ***Présentation*** ◊ On peut affirmer synthétiquement que la société internationale actuelle est à la fois marquée par deux couples apparemment antagoniques de caractères : elle est, d'une part, close mais décentralisée, et, d'autre part, conflictuelle quoique délibérante.

§ 1. Une société close et décentralisée

4 ***Clôture*** ◊ À la différence de ce qui était encore le cas à la fin du XIXe siècle, toutes les terres émergées sont aujourd'hui pourvues d'un maître, si jamais elles en manquèrent un jour. Chaque parcelle de territoire est désormais placée sous la juridiction d'un État souverain. Sur Terre, tout au moins, le temps des grandes conquêtes et des espaces vierges a définitivement disparu. De plus, tous les États sont désormais voisins, et l'avancée des techniques place le territoire de chacun sous la menace des usages que les

---

1. V. H. Gherari et S. Szurek, *L'émergence de la société civile internationale. Vers la privatisation du droit international ?* Pedone, Cahiers du CEDIN Paris X, n° 18, 2003, 350 p.
2. V.R. Kolb, *Réflexions de philosophie du droit international : problèmes fondamentaux de droit international public*, Bruxelles, Bruylant, 2003, 434 p.

autres font du leur. La sécurité est ainsi nécessairement collective, comme tente déjà de l'organiser, dans le domaine politique, le chapitre VII de la Charte des Nations Unies (*GTDIP* n° 1).

Mais cette interdépendance universelle, qui est sans doute le trait le plus frappant de la société internationale du début du XXIe siècle, n'est pas seulement politique et stratégique. Elle se vérifie tout autant, en particulier, dans les domaines économique et écologique. Les États ne peuvent plus, dès lors, se contenter de coexister. Ils sont et seront de plus en plus contraints de coopérer, comme ils l'ont déjà fait de façon croissante particulièrement depuis la fin de la Seconde Guerre mondiale, notamment pour rationaliser les échanges économiques, favoriser la croissance, lutter contre les épidémies ou le terrorisme international ou bien encore pour combattre la montée difficilement réversible des pollutions de la biosphère ou les effets dévastateurs du réchauffement climatique.

D'une façon générale, la prise de conscience des nécessités de la coopération a provoqué la multiplication des organisations internationales et la diversification des tâches qui leur sont confiées. Leur nombre dépasse aujourd'hui largement les trois cents alors qu'elles n'étaient que quelques dizaines juste avant la Seconde Guerre mondiale. Aux divers niveaux universels et régionaux, elles encadrent et promeuvent la coopération internationale dont aucun domaine n'échappe désormais à leur emprise. Dans des proportions et selon des modalités variables en fonction du droit propre à chacune d'entre elles, elles conditionnent indiscutablement l'action des États dans l'ordre international, à tel point que bien des auteurs ont cru pouvoir discerner dans leur avènement les causes d'une novation majeure dans l'ordre juridique international [1].

5 ***Décentralisation*** ◊ Pour autant, les facteurs objectifs qui poussent à une solidarité accrue des différents États, ainsi appelés à ressentir de plus en plus leur commune appartenance à une véritable communauté internationale, se heurtent à la persistance omniprésente du phénomène souverain.

La souveraineté, par essence, est individualiste. Chaque État cherche à l'exercer dans sa plénitude et supporte malaisément toutes contraintes extérieures. Or le nombre des États existants a été pratiquement multiplié par quatre dans les soixante dernières années. Les pays neufs, affrontés aux difficiles exigences du développement, en butte à la puissance économique et politique des pays industrialisés, sont de ce fait au moins aussi attachés que les nations plus aguerries au respect de leurs prérogatives d'États souverains. Il en va de même des États issus de la désagrégation d'anciennes fédérations, naguère encore constituées sur la base d'une idéologie marxiste, qu'il s'agisse de l'Union soviétique ou de la Yougoslavie. Ainsi, contrairement aux prophéties marxistes ou fonctionnalistes, l'époque contemporaine n'est pas celle du dépérissement de l'État

1. V. notamment W. Friedmann, *The Changing Structure of International Law*, Stevens and sons, Londres, 1964.

mais à bien des égards celle de son renforcement. Cette multiplication des égoïsmes souverains contrebalance dans une large mesure la tendance à l'organisation active de la coopération au sein des organisations internationales. Elle perpétue l'attachement des États à certains des aspects les plus traditionnels du droit international, fondés sur le primat de leur volonté. Hormis certains ensembles régionaux, dont à vrai dire l'Europe occidentale a jusqu'ici fourni l'un des rares sinon le seul véritable exemple avec les trois Communautés européennes (CEE, CECA, Euratom) aujourd'hui fondues dans l'Union européenne, les États ne sont guère prêts à accepter des transferts de compétences au bénéfice d'une organisation commune.

Seul, peut-être, un heureux concours de circonstances, dû à l'affaiblissement des tensions entre les États-Unis et l'ex-Union soviétique a pu inciter la plus grande partie des États membres de l'ONU à faire front à l'agression de l'Irak contre le Koweit, après août 1990. Ils ont manifesté notamment ce nouvel état d'esprit en respectant les sanctions décidées par le Conseil de sécurité de l'ONU sur la base de sa résolution 661 à l'encontre de l'Irak, puis en soutenant l'action coercitive entreprise par les forces alliées sur habilitation du Conseil de sécurité. Un seul pays, l'Irak, s'est ainsi vu confronté, pour la première fois depuis la création de l'Organisation mondiale, en 1945, à la coalition active du reste de la communauté internationale parce qu'il avait enfreint une règle cardinale de l'ONU pourtant si fréquemment méprisée, l'interdiction du recours à la force dans les relations internationales (art. 2 § 4 de la Charte). Cependant, à l'exception, précisément, du cas de la sécurité collective et des pouvoirs confiés dans ce cadre au Conseil de sécurité, restés jusqu'alors la plupart du temps inemployés faute d'accord entre les « grands », la communauté internationale reste, légalement et pratiquement, dépourvue d'un organe centralisé possédant une autorité que les États seraient obligés de respecter.

Au demeurant, l'impuissance manifeste des Nations Unies à ramener la paix entre les différentes composantes de la population bosniaque ou la coupable lenteur avec laquelle elles ont réagi au génocide rwandais ont depuis lors montré les limites de l'action du Conseil de sécurité, reflet des hésitations comme des désaccords de ses membres. Lors des affaires successives du Kosovo (1999) et des suites données aux attentats meurtriers du 11 septembre 2001 sur le sol des États-Unis, le Conseil de sécurité n'a pas joué de rôle majeur dans l'engagement militaire des alliés à l'encontre, respectivement, de la Yougoslavie et de l'Afghanistan des Taliban, alliés du réseau transnational terroriste Al Qaïda. On a pu, enfin, observer la façon dont deux des membres permanents du Conseil de sécurité, les États-Unis et le Royaume-Uni, ont violé la règle cardinale pourtant posée par la Charte qu'ils avaient été les premiers à inspirer en 1945 : l'interdiction du recours à la force dans les relations internationales. Ainsi, leur intervention militaire conjointe en Irak en mars 2003 ne peut-elle être qualifiée en droit que pour ce qu'elle est : un coup de force irréconciliable avec les normes posées dans la Charte (v. ss 573).

Même si l'accroissement effectif du rôle des organisations internationales atténue quelque peu le phénomène, on doit ainsi constater que la société internationale reste décentralisée. C'est cet état de choses qui la différencie principalement des sociétés internes, caractérisées en principe tout au contraire par la subordination des citoyens à l'autorité des pouvoirs publics, l'État y ayant, selon la formule restée célèbre du sociologue Max Weber, « le monopole de la puissance légitime ».

§ 2. Une société conflictuelle et délibérante

6 ***Disparités*** ◊ La société internationale d'après 1945 a été marquée par la double volonté, manifestée dans le texte cardinal qu'est la Charte des Nations Unies, de revaloriser les fondements du droit international et d'affirmer la solidarité des États mais aussi des Peuples des Nations Unies [1].

Au XIXe siècle, le droit forgé dans le cénacle des pays ouest-européens n'avait pour objectif que d'organiser au mieux la coexistence des souverainetés. Après 1945, tout au contraire, le droit international, au nom des valeurs et d'une idéologie réputées communes à l'ensemble des Nations, veut promouvoir non seulement la paix, mais aussi la justice, tout au moins à en croire la Charte de l'ONU (*GTDIP* n° 1).

Cependant, la collectivité internationale à laquelle s'adresse cette profession de foi demeure profondément hétérogène, parce que marquée par de très considérables disparités de puissance, de développement économique et de civilisations. Successivement, la montée de la guerre froide, marquée par la désunion des Grands, grippe d'abord le système de la sécurité collective et divise le monde en blocs rivaux, également surarmés. Puis, à partir des années soixante, la revendication de développement par les nouveaux États, qui atteindra son apogée en 1974 avec l'appel à la constitution d'un « Nouvel ordre économique international » (NOEI), ajoute un axe Nord/Sud aux tensions Est/Ouest déjà existantes, avec lesquelles elle se conjugue et s'entremêle. Aujourd'hui enfin, s'il est exact que l'effondrement du communisme à l'Est au cours de l'année 1990 a pu faire croire à un retour à l'esprit de la Charte et à une réunification idéologique des uns et des autres autour des valeurs de la démocratie libérale, les événements du golfe persique sont venus rappeler que, chez beaucoup des peuples sur lesquels il étend son emprise, une certaine conception combattante de l'Islam affirme son rejet des valeurs occidentales et catalyse à son profit une bonne part du ressentiment des pays démunis à

1. Le préambule de la Charte est à cet égard exemplaire : « Nous, Peuples des Nations Unies, résolus à préserver les générations futures du fléau de la guerre [...], à proclamer à nouveau notre foi dans les droits fondamentaux de l'homme [...] à créer les conditions nécessaires au maintien de la justice [...] à favoriser le progrès social et instaurer de meilleures conditions de vie dans une liberté plus grande... ». V. J.-P. Cot et A. Pellet, *La Charte des Nations Unies, commentaire article par article*, Paris, Economica, 3e éd., 2005.

l'égard des États nantis. Dans le domaine des droits de l'homme, en particulier, la revendication d'identité culturelle contrarie en partie l'universalité proclamée des droits affirmés dans les textes internationaux ; affirmée d'abord par nombre de pays en développement au nom de leur « droit à la différence », elle réveille aujourd'hui des nationalismes que l'on croyait éteints, alors qu'ils n'étaient, en Europe centrale et orientale tout particulièrement, qu'assoupis par la chape d'un totalitarisme désormais aboli, et, d'une façon générale, les disparités génèrent les conflits.

7 ***Conflits*** ◊ La mise de la guerre « hors-la-loi », entreprise une première fois sans succès dans l'entre-deux-guerres sur la base du pacte Briand-Kellog de 1928, a en principe été consolidée par l'interdiction du recours à la force dans les relations internationales, affirmée à l'article 2 paragraphe 4 de la Charte de l'ONU, pour se voir plus tard, en 1986, reconnaître par la Cour internationale de Justice une valeur coutumière générale, dépassant même le cadre de la Charte [1]. Pourtant, on ne peut qu'observer la fréquence de l'emploi des armes, justifiée suivant les cas par l'invocation de la légitime défense ou des luttes de libération des peuples opprimés. Du fait de la possession par les deux blocs des armes de destruction massive, on doit plus à l'équilibre de la terreur qu'à la vénération des principes de la Charte d'avoir pu éviter, au plus fort de la rivalité Est/Ouest, un affrontement généralisé (V. l'importance de la crise de Cuba, pendant l'été 1962). Lorsque les confrontations ne dégénèrent pas en conflits ouverts, elles alimentent cependant les tensions entre nations et perturbent la marche des négociations comme l'essor de la coopération. Cependant, ni les unes ni les autres ne s'arrêtent jamais, et la collectivité internationale est en conclave incessant.

8 ***Délibérations et négociations permanentes*** ◊ La densification du réseau des organisations internationales, universelles et régionales, politiques et techniques, manifestation directe de la prise de conscience par les États de leur interdépendance déjà plusieurs fois soulignée, provoque à longueur d'année la rencontre et la concertation de délégations nationales au sein des divers organes de ces institutions. Constamment ou presque, les États définissent, planifient, réglementent les termes de leur coopération dans les domaines les plus variés, comme celui du commerce, des transferts de technologie, de la coopération scientifique et culturelle ; le temps n'est plus où le droit international n'était que l'instrument d'une diplomatie ramenée aux dimensions de la négociation des alliances de guerre ou des conférences de paix. Cette universalisation comme cette permanence de la négociation dépasse au demeurant largement le cadre des institutions internationales permanentes, du fait des facilités nouvelles de la rencontre directe entre chefs d'États et de gouvernements.

---

1. *Rec.* CIJ 1986. Activités militaires et paramilitaires au Nicaragua et contre celui-ci, p. 100, § 188.

C'est cependant, de longue date, la présence des forums internationaux constitués par les organes pléniers et permanents des grandes organisations internationales, au premier rang desquels l'Assemblée générale des Nations Unies, qui a permis l'instauration de la démocratie de la parole, puisque chaque État, petit ou grand, y dispose d'une voix. Ainsi qu'on le verra particulièrement en étudiant les modes contemporains de formation du droit, les conditions politiques et institutionnelles de cette constance de la négociation multilatérale, alliées à l'extrême diversification de ses objets, ont des répercussions sensibles sur la physionomie générale de l'ordre juridique international.

SECTION 2. RAPPORTS DU DROIT ET DE LA SOCIÉTÉ DANS L'ORDRE INTERNATIONAL

9 ***Présentation*** ◊ L'un des maîtres du droit international au XXe siècle, Charles de Visscher, s'est justement attaché à dénoncer l'écart existant trop souvent en doctrine entre les théories et les réalités [1]. Pour avoir une vue pertinente de la nature et du rôle effectif du droit international dans les relations internationales, il faut en effet se défier des visions idéales, même si, à l'inverse, c'est trahir une démarche scientifiquement positive que de méconnaître la réintégration déjà signalée des valeurs éthiques dans les assises du droit international de l'après-guerre. Il faut donc d'abord signaler l'écart entre les finalités idéales et les fonctions sociales de ce droit, avant d'examiner certaines des causes de cet écart, directement liées à la façon dont s'articulent le droit et la politique dans la société internationale.

§ 1. Finalités idéales et fonctions sociales du droit international

10 ***Finalités idéales*** ◊ Les premiers auteurs à s'être penchés sur le droit des gens furent des théologiens, Francisco de Vitoria (1480-1546) et Francisco Suarez (1548-1617). Héritiers spirituels d'Aristote, retransmis jusqu'à eux et interprété par Saint Thomas dans sa recherche du « Bien commun », ils illustrent le courant du droit naturel (*jus naturalis*). Initialement très puissant, ce courant reconnaît l'existence d'une communauté internationale et subordonne l'État au respect du droit naturel, voulu et dicté par Dieu. Par la suite, le droit naturel sera à la fois systématisé et laïcisé par Grotius (1583-1645) véritable fondateur de l'« École du droit de la nature et des

1. Charles de Visscher, *Théories et réalités en droit international*, Paris, Pedone, 4e éd., 1970.

gens ». Dans son « *De jure belli ac pacis* », publié en 1625 et profondément remanié en 1631, il affirme que le droit naturel « consiste dans certains principes de la droite raison » qui fournissent aux États comme aux individus les critères du bien et du mal, et doivent guider leur conduite. Le courant idéaliste que l'on vient de décrire persistera longtemps. Sans jamais totalement disparaître, il sera toutefois progressivement supplanté dans la seconde moitié du XIXe siècle par les différents rameaux du positivisme.

11 ***Les trois rameaux du positivisme*** ◊ Si tous trois ont en commun de se réclamer d'une démarche scientifique inspirée plus ou moins directement d'Auguste Comte, un seul, celui brillamment illustré notamment par Georges Scelle ou Maurice Bourquin dans l'entre-deux-guerres, partisans de l'objectivisme sociologique hérité de Durkheim, rattache au poids des contraintes sociales la subordination des États à leurs obligations internationales, dont les bénéficiaires en même temps que les véritables sujets de l'ordre juridique international sont les individus (G. Scelle).

Il prenait, ce faisant, le contre-pied du positivisme volontariste classique, animé tout particulièrement au début du XXe siècle par le professeur italien Dionizio Anzilotti. Pour ce dernier, il n'existe d'autre fondement à l'autorité de la règle de droit dans l'ordre international que la volonté de l'État. C'est ce courant qui reste aujourd'hui dominant, et ceci pour au moins deux raisons : la première est le caractère très efficace de la formalisation logique des divers éléments de la doctrine juridique à laquelle il parvient, notamment pour rationaliser et simplifier la théorie des sources du droit international et celle de la responsabilité internationale. En partie parce qu'elle repose sur certaines fictions opératoires, la doctrine positiviste fournit en effet un instrument d'analyse cohérent et rationalisé. La seconde raison de son succès tient au fait que tant dans ses présupposés que dans ses techniques d'analyse, elle fait le jeu des souverainetés, c'est-à-dire des gouvernements, naturellement soucieux de faire respecter leur liberté. Le courant positiviste volontariste, à l'inverse des naturalistes et des objectivistes, n'est pas d'abord préoccupé par l'affectation du droit à la réalisation de certains objectifs, définis par référence à une fonction sociale du droit plus ou moins idéalisée. Particulièrement nette à ses origines, cette sécularisation radicale du droit international, envisagé avant tout sous l'angle des techniques et des procédures de production normative, résiste encore aujourd'hui massivement à la prise en compte du retour à l'idéologie dans les fondements et les objectifs du droit international, tels qu'ils découlent de la lettre et de l'esprit de la Charte des Nations Unies. Ce faisant, elle participe elle-même, souvent au corps défendant des auteurs qui s'en réclament, d'une idéologie paradoxale de la neutralité du droit. Ce refus d'examiner les incidences propres à certaines des fins sociales du droit sur plusieurs de ses institutions et de ses techniques se justifie pourtant par un souci constant : celui de ne pas mêler l'analyse juridique, fondée sur une méthode et des concepts cohérents, à des considérations sociologiques ou philosophiques nécessairement plus subjectives, et jugées inconciliables avec une démarche authentiquement scientifique. Il a débouché, notamment en France, sur une sorte de positivisme empirique ou de dogmatique juridique souvent très rigoureuse même si elle reste un peu courte, principalement animée par la volonté de s'attacher à l'analyse des conduites effectives des États, en se défiant des reconstructions théoriques.

L'exigence de pureté épistémologique qui marque le volontarisme atteint son paroxysme dans une troisième branche du positivisme, celle du normativisme, fondé au début du XXe siècle par le grand juriste et philosophe du droit Hans Kelsen, dans sa « théorie pure du droit » [1]. Elle s'attache à « assurer une connaissance du droit, du droit seul, en excluant de cette connaissance tout ce qui ne se rattache pas à l'exacte notion de cet objet ». Partant de telles prémisses, le normativisme partage évidemment le souci des volontaristes de ne pas inclure dans le champ de la science juridique la prise en considération de ses finalités, idéales ou sociales, à l'inverse du sociologisme de G. Scelle. Comme ce dernier, cependant, mais par des chemins fort différents, Kelsen parvient à la disparition ou, tout au moins, à la mise en tutelle et la fonctionnalisation de la souveraineté, parce que le droit n'est qu'un complexe hiérarchisé de normes dont procèdent mais auquel demeurent également subordonnées les compétences de l'État.

12 ***Place de l'analyse des fonctions sociales du droit dans le champ de la science juridique*** ◊ Un mythe est volontiers entretenu dans la littérature académique : c'est celui du « juriste », personnage équivoque et abstrait, qu'on ne peut bien souvent identifier que par ce qu'il n'est pas, ni sociologue, ni philosophe, ni même souvent théoricien. En réalité, il existe au moins trois catégories de juristes, dont les points de vue respectifs varient nécessairement à raison du regard qu'ils sont, les uns et les autres, amenés par leurs fonctions à porter sur le droit. La distinction qui suit est d'ailleurs à prendre avec une certaine souplesse, et ne saurait déboucher sur un nouveau dogmatisme. Elle est fonctionnelle et non corporatiste.

L'un est le *juriste normateur*, qu'il soit législateur ou négociateur de contrats et de conventions, dont la fonction est de faire le droit, au sens où il crée des normes. Il doit bien sûr en savoir la technique, mais ne l'envisage et ne l'utilise spontanément que dans une optique d'efficacité. Il perçoit alors le droit comme un instrument à sa disposition pour la régulation de certains types de rapports sociaux.

L'autre est le *juriste praticien*, dont la tâche est non plus de créer mais d'*appliquer* le droit, parce qu'il est par exemple jurisconsulte, juge ou avocat. Son intérêt porte alors sur le droit tel qu'il est, dans son contenu substantiel, ses techniques et ses procédures d'application, afin d'en faire usage dans un cas ou une situation déterminés. Là s'arrêtent fonctionnellement ses préoccupations.

Une troisième catégorie de juristes, qui est celle dans laquelle se retrouvent ceux qui étudient et enseignent le droit, en l'occurrence

1. Traduction de Charles Eisenmann, rééd. Paris et Bruxelles, LGDJ et Bruylant, 1999, 367 p.

international, est celle du *spécialiste de la science juridique*. Son point de vue n'est subordonné ni à l'impératif de création, ni à celui d'application du droit. Par fonction, il n'utilise pas le droit, il cherche à le comprendre intrinsèquement. Il a pour tâche d'en analyser les instruments techniques, d'en identifier et d'en interpréter le contenu pour mieux cerner ses ressorts et ses implications. Il examine comment et pourquoi il est violé ou mis en œuvre. Sa fonction n'est pas supérieure à celle du normateur ou du praticien, elle est simplement différente, et au demeurant complémentaire. Le spécialiste de la science du droit ne se substitue pas à l'un ou l'autre mais les informe sur leur pratique. Le droit n'est pas pour lui un outil empirique mais un objet d'étude.

De ce fait, sa perspective embrasse à la fois celle du praticien (dont il est d'ailleurs souhaitable qu'il ait lui-même une expérience concrète) comme celle du normateur, mais elle les dépasse. Le droit apparaît ainsi à la fois pour lui un instrument de régulation sociale (et à ce titre, il peut être indifférent à ses finalités), un moyen pratique d'établir des liens formalisés entre partenaires ou d'apporter une solution à des situations concrètes (et, de ce point de vue, il doit en analyser rigoureusement la technique à l'aide d'une instrumentation conceptuelle appropriée), enfin un discours normatif (et alors, il doit en apprécier les origines intellectuelles comme les implications logiques). Pour acquérir une connaissance aussi exacte que possible de l'objet de son étude, le droit, il doit ainsi, lorsque c'est nécessaire, le replacer dans son contexte historique et social, comme il peut aussi être incité à mener l'analyse non seulement des procédures mais aussi des idées dont il procède. Il serait ainsi tout aussi peu scientifique de faire abstraction des finalités déclarées d'une norme pour en comprendre la dynamique que de vouloir en subordonner l'analyse à un « devoir être » du droit que l'on aurait posé *a priori*. Telle est du moins la conception d'ensemble dont procède le présent livre.

§ 2. Droit international et politique internationale [1]

13 ***Le droit, instrument de la politique internationale*** ◊ Le droit international comporte un ensemble de techniques et de procédures que les États utilisent pour donner à l'expression de leur volonté et à la satisfaction de leurs intérêts une expression formelle, dotée en principe de force obligatoire. Il est ainsi une technique de formalisation des volontés souveraines, permettant d'établir une large mesure de stabilité et de prévisibilité aux relations établies entre les États, directement ou dans le cadre des organisations internationales. Il est donc en soi normal et non

1. V. SFDI, *Droit international et relations internationales. Divergences et convergences*, Paris, Pedone, 2010, 156 p. ; S. Sur (dir.), *À quoi sert le droit international*, numéro spécial de *Questions internationales* (n° 49), mai-juin 2011.

pathologique que droit international et politique internationale entretiennent des liens étroits, puisque le premier est l'instrument de réalisation de la seconde.

La subordination du droit à la politique n'est cependant pas qu'instrumentale. Lorsqu'un État estime que la réalisation de la règle à laquelle il s'est obligé ne correspond plus à la satisfaction de son intérêt, la tendance est en effet naturelle pour lui, du fait de l'absence d'autorité supérieure, soit à en réinterpréter le contenu ou la portée au mieux de son intérêt, soit à en contester l'applicabilité à une situation donnée. Cette tentation sera d'autant plus grande que l'État en cause s'estime fort et ses partenaires dépendants. Les rapports de puissance constituent donc un facteur persistant d'affaiblissement du droit international, qu'il serait vain de nier.

14 ***Le droit, enjeu de la politique internationale*** ◊ Pourtant, à l'heure actuelle plus nettement qu'aux époques antérieures, s'affirme la conscience commune des interdépendances multiples mais aussi la référence à des valeurs communes (celles établies dans la Charte de l'ONU). Ces facteurs incitent les États à postuler l'existence d'une communauté internationale, appuyée sur le respect du droit. Cette affirmation demeure, même si les mêmes États persistent, par leurs comportements, à se laisser guider par un individualisme obstiné, qu'il serait au demeurant vain de déplorer. Cependant le poids croissant de l'opinion publique internationale, il est vrai variable suivant les sujets et les problèmes en cause, incite par ailleurs à accroître le sentiment d'obligation à l'égard de la règle de droit [1].

Celle-ci, une fois adoptée, prend dans une certaine mesure une existence propre, dont les implications politiques et techniques n'étaient pas toujours prévues par ses promoteurs : ainsi par exemple du « droit des peuples à disposer d'eux-mêmes » qui, introduit dans la Charte par les pays occidentaux à l'issue de la Seconde Guerre mondiale, a servi de fondement juridique et de légitimation aux luttes de décolonisation dont plusieurs d'entre eux ont ensuite subi directement les conséquences (v. ss 48 s.). Le droit international n'est pas seulement un instrument de formalisation des politiques étrangères mais également un facteur déterminant de leur conditionnement.

Au regard du phénomène classique de dépendance de la norme juridique à l'égard du politique, il faut donc appréhender l'autonomisation relative de celle-ci par rapport à ses auteurs, elle aussi, d'ailleurs, engendrée par une dynamique politique. En d'autres termes, l'incidence de la politique sur le droit ne doit pas seulement être perçue à l'échelon individuel, en fonction de la politique étrangère de chacun, mais aussi à l'échelle globale, celle de la collectivité étatique internationale : de ce double point de vue, le droit apparaît alors non seulement comme un instrument de la politique internationale mais aussi comme l'un de ses enjeux. Ainsi se comprend

1. V. M. Merle, Le droit international et l'opinion publique, *RCADI*, 1973, vol. I, p. 377-411.

l'importance de la « politique juridique extérieure » [1] déployée par chaque État mais aussi celle des stratégies normatives qu'à plusieurs, rassemblés par affinités politiques, ils tentent de mettre en œuvre dans le cadre des grandes négociations internationales.

Les limites intrinsèques et extrinsèques à l'efficacité du droit international ne portent cependant pas atteinte à son existence. Elles expliquent seulement, en fonction directe des traits propres à la société qu'il est destiné à régir, son originalité.

SECTION 3. EXISTENCE ET SPÉCIFICITÉ DE L'ORDRE JURIDIQUE INTERNATIONAL

§ 1. Existence

15 ***Notion*** ◊ La notion d'ordre juridique désigne un ensemble coordonné de normes, dotées de force obligatoire à l'égard de sujets déterminés, et dont la méconnaissance entraîne certaines conséquences définies. Ces différents éléments se retrouvent en droit international, mais avec des caractères spécifiques, qui interdisent qu'on l'assimile au modèle donné par les ordres juridiques internes.

16 ***Méthode*** ◊ La vérification de l'existence de l'ordre juridique international au sens défini plus haut se situe d'abord au plan formel, qui est par définition celui sur lequel se situe la notion elle-même. Mais l'appréciation de son effectivité relève quant à elle d'une observation empirique de la réalité sociale.

A. Analyse formelle

17 ***Constatations*** ◊ Trois constatations sont ici possibles :

a) En premier lieu, on doit observer qu'il existe bien dans ce droit deux catégories de normes dont la présence est inhérente à tout ordre juridique, et qu'à la suite du théoricien du droit H. Hart, on peut qualifier de *règles primaires* et de *règles secondaires* [2]. Les unes *prescrivent* des conduites aux États, concernant, par exemple, la délimitation de leurs espaces maritimes, le traitement sur leur territoire des ressortissants étrangers, ou l'utilisation de l'espace extra-atmosphérique.

1. Guy de Lacharrière, *La politique juridique extérieure*, Paris, Economica, 1983.

2. V. H.L.A. Hart, *The concept of law*, Clarendon Law Series, 5ᵉ éd. 1984, not. p. 77 s. ; l'auteur nie l'existence de cette distinction en droit international, (v. *op. cit.* p. 208 s.) mais dans un contexte et pour aboutir à des conclusions qui sont bien présentées par Ch. Leben, dans *Les sanctions privatives de droit ou de qualité dans les organisations internationales spécialisées*, Bruxelles, Bruylant, 1979, p. 76 s., et qui n'interdisent en rien qu'on lui emprunte ces deux notions.

Les autres sont au sens large des règles *procédurales*. Elles définissent les modalités « selon lesquelles les règles primaires peuvent être établies de façon certaine, introduites, abrogées, modifiées et leur violation officiellement reconnue », pour reprendre les termes de Hart lui-même... Ainsi, l'ensemble des règles relatives au droit des traités, codifiées et systématisées dans la Convention de Vienne de 1969, préparée, négociée et adoptée sous l'égide des Nations Unies, constituent-elles par excellence des règles secondaires : elles définissent précisément les conditions de l'élaboration des traités, de leur entrée en vigueur, des conditions de leur validité, de leurs effets juridiques, de leur révision, leur suspension ou leur fin. L'ensemble de ces règles secondaires ne dit rien du *contenu* des normes que les États pourront établir grâce à leur application. Elles constituent en quelque sorte la technologie contractuelle au moyen de laquelle les sujets de l'ordre juridique international pourront à leur tour faire du droit par voie d'accords.

b) La deuxième observation a trait au fait que, parmi ces règles secondaires, précisément, certaines ont pour objet de déterminer les conséquences juridiques du non-respect du droit. C'est en premier lieu le cas des règles définissant les *conditions de nullité* des actes juridiques, et en particulier des traités internationaux, conditions d'ailleurs largement analogues à celles que comporte le droit interne des obligations, et dont la richesse leur est tout à fait comparable. C'est ensuite le cas de l'ensemble des règles constituant le droit de la *responsabilité internationale*, lui aussi très élaboré, et également largement codifié aujourd'hui (v. ss 463 s.). La méconnaissance par un État des prescriptions qui lui sont faites par une norme primaire fait en particulier naître à sa charge une obligation secondaire : celle qui consiste à devoir réparer les conséquences, matérielles et juridiques, de son manquement à l'obligation initiale.

c) La troisième et dernière observation est la suivante : face au constat de la détermination persistante d'un État à ne pas remplir ses obligations à l'égard d'un autre, ce dernier est habilité à recourir de façon conditionnelle à certaines *voies d'exécution forcée*, telles les représailles non militaires ou contre-mesures. Mais il existe aussi des voies d'*exécution d'office* consistant dans la substitution d'un tiers au débiteur défaillant. Non sans quelque imperfection terminologique, on a de plus en plus tendance aujourd'hui à désigner ces deux sortes de voies sous la notion générique de « sanction ».

18 ***Conséquences*** ◊ Il résulte de ces trois constatations, distinction des règles primaires et secondaires, existence d'un système de rétribution des conduites (nullités et responsabilité), réalité de voies d'exécution, que les normes internationales ne flottent pas dans un éther ambigu, sans lien quelconque les unes avec les autres, et toutes à la merci de l'arbitraire des souverainetés. Elles sont bel et bien coordonnées entre elles, selon des règles précises et bien déterminées.

Sans doute, répondra-t-on, mais cela n'est-il pourtant pas bien fragile, si les sujets sont à même de changer par eux-mêmes et chacun pour son compte les règles du jeu lorsqu'elles entravent la réalisation des fins politiques qui leur paraissent prioritaires ? C'est ici, cependant, que l'observation de la pratique permet de constater que, si cette précarité est effectivement inhérente au système juridique formel du droit international, ce système est cependant doté d'une stabilité suffisante pour réguler ordinairement les rapports entre États.

B. Vérification empirique

19 ***Observation empirique*** ◊ L'observation empirique de la réalité des rapports internationaux autorise trois séries de remarques.

a) En comparaison du volume d'ensemble et de l'accroissement des relations juridiques internationales, les cas de violation du droit international sont relativement peu nombreux. Quotidiennement par exemple, les États concluent des accords dans les domaines les plus divers, dont le plus grand nombre n'attirera jamais l'attention parce qu'ils seront appliqués sans problème majeur. Mais au-delà, les règles pour la plupart d'origine coutumière qui garantissent les voies de leur coexistence sont également respectées pour la plupart d'entre elles.

Il est vrai que les cas de violation portent souvent sur des matières d'une importance politiquement considérable, comme en particulier l'interdiction du recours à la force ou la non-ingérence dans les affaires intérieures. Ils attirent ainsi à juste titre tout particulièrement l'attention. Un fait est cependant à constater à cet égard, c'est le soin qui est généralement mis par les États à justifier leurs conduites par référence au droit, en particulier lorsqu'elles paraissent *a priori* peu compatibles avec lui. Au-delà des habiletés diplomatiques, cet hommage du vice à la vertu manifeste la commune conviction des gouvernants que le respect du droit international constitue en principe une nécessité de la vie internationale. Le sentiment d'obligation chez les sujets d'un droit, hors de l'existence duquel il n'y a point d'ordre juridique effectif, n'est donc pas absent chez les sujets du droit international ; même si chacun d'entre eux se sent la vocation à réformer ses termes, il sait qu'il ne pourra pas, le plus souvent, y parvenir tout seul, fût-il une grande puissance. Le droit international est certes fait par les États mais par les États agissant *collectivement*. Il existe donc bien comme en droit interne une contrainte sociale, sans doute plus diffuse, mais néanmoins réelle, en faveur de l'observation du droit. La véritable faiblesse du système tiendrait plutôt au fait que la faculté d'*interpréter* le droit demeure quant à elle strictement unilatérale. De ce fait, elle permet à chaque État, dans une situation donnée, d'écarter l'application de la règle eu égard à la portée qu'il entend lui conférer ou lui refuser en fonction de ses intérêts [1].

b) La deuxième observation tirée de la pratique et manifestant l'effectivité de l'ordre juridique international se rapporte à l'*attitude des juridictions internes* à son égard. On constate qu'en particulier dans les pays ayant

---

1. V. S. Sur, *L'interprétation en droit international public*, Paris, LGDJ 1974, en partie. p. 67 s.

choisi d'organiser la relation de leur ordre juridique interne avec l'ordre international suivant le schéma moniste, c'est-à-dire en abolissant toute séparation entre ces deux ordres [1], lorsque le juge interne applique une règle de droit international, il le fait certes parce que la constitution de son pays et les lois qui organisent sa propre compétence l'y autorisent, mais aussi parce qu'il reconnaît la validité de cet ordre et des règles qu'il comporte. D'une façon générale, monistes ou dualistes, les droits internes reconnaissent l'existence de l'ordre juridique international, auquel ils sont souvent amenés à faire référence ou à renvoyer [2].

S'il est donc bien avéré que les normes de droit international sont effectivement réunies au sein d'un ordre juridique cohérent, reconnu comme tel par ses sujets, il demeure incontestable que celui-ci est beaucoup plus imparfait que les ordres juridiques internes, parce que dépourvu d'intégration organique et, en principe, de hiérarchie normative.

c) La troisième observation tient au constat de la justiciabilité, réduite mais réelle, des litiges entre États (ou, plus largement, entre sujets du droit international) : il faut entendre par là qu'en cas de différends entre deux d'entre eux mettant en cause leurs droits et intérêts respectifs, ces États ont la possibilité, à certaines conditions envisagées plus loin (v. ss 540 s.) de saisir une instance tierce, une juridiction permanente comme la Cour internationale de Justice ou un tribunal arbitral *ad hoc*, pour régler leur différend sur la base d'un droit dont ils contestent certes entre eux le contenu et la portée mais dont ils ne nient pas l'existence. Au demeurant, en dépit de la relative rareté de la jurisprudence contentieuse internationale, due au caractère inévitablement consensuel de la saisine du juge ou de l'arbitre, on constate qu'en pratique, cette jurisprudence est, d'une part, respectée par les parties aux différends et, d'autre part, considérée au minimum par les États tiers comme un facteur important d'interprétation des règles juridiques en cause (sur les rapports plus spécifiques entre la jurisprudence et les sources du droit, v. ss 359). Or la justiciabilité des différends est à juste titre considérée par plusieurs auteurs comme un critère révélateur de l'existence propre d'un ordre juridique [3].

§ 2. Originalité de l'ordre juridique international [4]

20 ***Constat*** ◊ Il résulte de la dispersion du pouvoir entre égales souverainetés et de l'absence d'autorité centrale sur les États une série de conséquences

1. Sur cette notion, V. M. Virally, Sur un pont aux ânes : les rapports entre droit international et droit interne, *in Mélanges offerts à Henri Rolin*. Problèmes de droit des Gens, Paris, Pedone, 1964, p. 488 s.

2. V. J. Combacau, Le droit international : bric-à-brac ou système, *in* Le système juridique, *APD* 1986. 90 s.

3. V. Ch. Leben, La juridiction internationale *in Droits*, n° 9, La fonction de juger, 1989. 145.

4. Les auteurs qui nient son existence, partant d'une conception trop directement héritée du modèle des droits internes, sont généralement victimes à la fois d'un idéalisme déçu, et, le plus souvent, d'une très imparfaite connaissance du contenu comme des modalités de

juridiques, qui dictent la physionomie particulière de l'ordre juridique international. Deux de ces conséquences, interdépendantes, sont en particulier de toute première importance. Il s'agit, d'une part, de l'absence de détermination objective de la légalité et, d'autre part, du caractère aléatoire des conséquences de sa violation.

21 ***Absence de détermination objective de la légalité*** ◊ Dans un arrêt resté parmi les plus célèbres, celui rendu le 7 novembre 1927 dans l'affaire du *Lotus*, la Cour permanente de Justice internationale a pris soin de réaffirmer l'un des axiomes du positivisme classique, d'après lequel « les règles de droit liant les États procèdent de la volonté de ceux-ci » [1]. Étant les seuls maîtres des normes dont ils sont les auteurs, ils en apprécient eux-mêmes la signification et la portée. Ils sont ainsi les interprètes des obligations auxquelles eux-mêmes comme leurs partenaires, les autres États, sont soumis. Ce sont eux qui se prononcent sur la légalité de leur propre conduite ou de celle des tiers à leur propre égard.

En d'autres termes, en droit international, le vieil adage selon lequel « nul n'est juge en sa propre cause » est tout simplement renversé. Chacun, tout au contraire, y est juge et partie ! Ainsi l'effectivité du droit est-elle altérée par l'affrontement fréquent de prétentions concurrentes et souvent contradictoires quant au contenu et à l'applicabilité des règles juridiques, sinon même parfois quant à l'existence de certaines d'entre elles.

Il est certes exact que des autorités extérieures aux États sont de plus en plus fréquemment sollicitées de se prononcer sur le contenu de la légalité et sur la portée des obligations souscrites. Il s'agit là de l'un des effets les plus significatifs des développements institutionnels de l'ordre juridique international. Certains organes d'organisations internationales, et, en tout premier lieu, « l'organe judiciaire principal des Nations Unies », c'est-à-dire la Cour internationale de Justice (CIJ), mise à la disposition des États pour régler leurs différends de nature juridique, sont ainsi amenés à dire le droit à la place des États.

Mais le pouvoir de toutes ces instances, et notamment celui de la CIJ, repose sur une base étroitement consensuelle. Elles ne tiennent leur autorité que de l'assentiment préalable de leurs justiciables. S'il est vrai que les arrêts de la Cour sont très généralement respectés, la juridiction internationale ne peut cependant être saisie que si les deux parties à un différend y ont, d'une manière ou d'une autre, préalablement consenti. Il en va bien sûr de même dans le cas du recours à l'arbitrage.

On doit cependant constater que, dans des cadres institutionnels établis par traité, des juridictions internationales ont été établies dont la saisine peut être effectuée par voie unilatérale par l'un ou l'autre des États

réalisation du droit international. V. en particulier R. Aron, *Paix et guerre entre les nations*, Paris, Calmann-Lévy, 8e édition, 1984, avec une nouvelle introduction, d'un intérêt particulier pour ce sujet.

1. Arrêt n° 9, *Rec.* Série A, n° 10, p. 18.

membres. Leur compétence a en effet été définie par le traité instituant l'organisation concernée. C'est notamment le cas de la Cour de justice de l'Union européenne et de l'Organe de règlement des différends de l'Organisation mondiale du commerce (OMC).

22 ***Caractère aléatoire des conséquences de la violation du droit*** ◊ Non seulement le constat de l'illicite est ordinairement subjectif mais encore ses conséquences sont, pratiquement, incertaines. Chaque État reste libre de décider des conséquences qu'il entend donner à l'atteinte portée à ce qu'il estime être ses droits dans une situation donnée ; ceci a des incidences sur la façon dont il entend les faire respecter, en décidant par exemple d'exercer ou non lui-même des « contre-mesures » (rétorsions ou représailles) à l'égard de celui de ses pairs qui lui a porté préjudice. La responsabilité internationale des États, en particulier, n'est généralement engagée que si l'État qui s'estime lésé décide de l'invoquer (v. ss 463 s.). Or l'opportunité de cette décision est elle-même fonction de considérations politiques. On voit ainsi, par ce qui n'est qu'un exemple parmi tant d'autres, l'étroitesse des liens unissant le droit à la politique dans l'ordre international.

23 ***Ordre juridique international et ordres juridiques internes*** ◊

a) Il est exact que le principal facteur d'efficacité des ordres juridiques internes tient à leur *intégration verticale*, garantie par l'autorité de l'État, seul titulaire de la puissance légitime et doté ainsi de la capacité de faire respecter les prescriptions légales.

b) Sur le plan normatif, cette structuration hiérarchique se traduit par la distinction tranchée entre deux modes de production du droit dont le premier est supérieur au second : d'une part celui, unilatéral, appartenant à la puissance publique, qui établit les règles générales et impersonnelles constituées notamment par les lois ; d'autre part, celui offert aux personnes privées, essentiellement par la voie contractuelle, dont les conditions d'utilisation sont elles-mêmes définies autoritairement par la loi.

24 ***Logique du système international et équivalences normatives*** ◊ On ne retrouve en droit international ni cette centralisation du pouvoir garant du respect de la loi ni, par voie de conséquence, la distinction hiérarchisée entre les modes de production des règles générales et des règles individualisées (celles que les sujets de droit passent entre eux à des fins particulières).

Du fait de l'égale distribution de la souveraineté (formelle) entre États, on est ici confronté à un triple phénomène d'indifférenciation ou, plus précisément, d'*équivalence* dont les deux premières manifestations affectent les normes elles-mêmes, et dont la troisième concerne ce qu'il est convenu d'appeler les sources de ces normes. La notion d'équivalence doit être ici prise dans son sens littéral, celui d'*égalité de valeur*, en l'occurrence, de valeur juridique, entre les termes de la comparaison, ce qui revient à constater entre eux une absence de hiérarchisation :

a) Équivalence des règles juridiques entre elles, que ni leur objet ni le nombre d'États qui concourent à leur formation ne saurait hiérarchiser. Ainsi la dernière Convention sur le droit de la mer, adoptée en 1982 et destinée à régir par définition dans l'ordre universel l'utilisation de tous les espaces maritimes, ne se différencie en rien quant à sa nature juridique, du plus modeste accord de commerce passé seulement entre deux États. L'une comme l'autre constituent des normes conventionnelles, justiciables pour l'essentiel du même régime juridique.

b) Équivalence des règles d'édiction des normes **et de ces normes elles-mêmes**, ou, plus largement, des règles secondaires et des règles primaires, au sens donné plus haut à ces expressions. Prenons-en un exemple : c'est un *traité international*, la Convention de Vienne sur le droit des traités (*GTDIP* n° 26), qui définit les règles applicables pour passer... des traités internationaux. Rien ne distingue, sur le plan normatif, cette convention de celles qui sont conclues par son application ; ou, si l'on préfère, et pour retrouver le parallèle avec les droits internes, cette Convention de Vienne n'a pas, en dépit de son objet éminent, de valeur constitutionnelle ou légale supérieure à celle des traités pourtant conclus conformément à ses dispositions. Alors que, dans l'ordre interne, les contrats entre particuliers sont passés conformément aux prescriptions de la loi, ici, il n'y a pas de différenciation entre le « traité des traités » et ces traités eux-mêmes. Ici en tout cas, à l'inverse de ce qui se passe en droit français par exemple, il ne peut y avoir de distinction entre la loi et le contrat, parce qu'il ne peut y avoir de distinction entre une autorité au-dessus des sujets du droit international et ces sujets eux-mêmes : tous ont également vocation à être assujettis et auteurs de ce droit singulier !

c) Équivalence des « sources » du droit international entre elles : la cause première de ce phénomène ne réside pas tant dans l'égale souveraineté des États au regard du droit que dans le fait que les normes internationales procèdent toutes, quoique à des degrés et selon des modalités diverses, examinés plus loin, de la *manifestation de volonté* de ces États souverains, qu'ils veuillent vraiment reconnaître le caractère obligatoire d'une norme ou qu'ils soient réduits à le faire par le jeu des contraintes sociales.

Il résulte logiquement de cette commune subordination que les sources non écrites, dites aussi de façon ambiguë « spontanées », du droit international général, constituées par les coutumes et les principes généraux, n'ont en principe en dépit de leur généralité ni plus ni moins de valeur que les sources de droit spécial (c'est-à-dire le droit ne liant que certains sujets de droit entre eux) établi par les traités. Ces derniers pourront, à certaines conditions que l'on examinera plus loin, modifier une coutume, du moins entre les États qu'ils lient, de même qu'une coutume formée postérieurement à l'entrée en vigueur de certains traités et portant bien sûr sur le même objet, pourra les réviser ou même les rendre caducs.

25 ***Contradiction de logiques*** ◊ Pour la doctrine classique au XXe siècle, celle du positivisme volontariste, ces trois phénomènes d'équivalence normative constituent les originalités les plus marquantes et les moins

contestables de l'ordre juridique international. Pourtant, force est de constater qu'une autre dynamique est actuellement à l'œuvre au sein de l'ordre juridique international, dont elle perturbe la logique de latéralité et d'équivalence absolue qui vient d'être décrite.

Sous l'effet de facteurs divers et hétérogènes, à la fois politiques, économiques et idéologiques, les uns et les autres liés à la prise de conscience des interdépendances signalées plus haut, l'affirmation de l'existence d'une communauté internationale, constituée autour d'un certain nombre d'intérêts communs à tous ses membres, tend depuis près d'un demi-siècle à l'affirmation de règles d'ordre public, réunies dans une catégorie bien connue des droits internes, celle du droit auquel nul ne peut déroger sous peine de remettre en cause les fondements mêmes de l'ordre social, le droit dit *impératif* ou *jus cogens*.

À l'évidence, il s'agit là d'une logique radicalement différente de celle qui précède. À la latéralité des rapports entre souverainetés rigoureusement égales, à l'équivalence normative absolue dont on rappelait plus haut les trois manifestations, elle oppose au contraire une conception hiérarchique des rapports entre les normes cardinales et les autres. D'un point de vue normatif, ceci ne peut manquer d'avoir des conséquences, notamment en matière de responsabilité. Ensuite, d'un point de vue organique, l'apparition des normes indérogeables, s'imposant aux États, ne peut manquer, à terme, de reposer le problème de l'insubordination radicale des souverainetés à toute espèce d'institution représentative des intérêts collectifs de la société internationale, d'autant plus que l'Organisation des Nations Unies en offre, quoique seulement dans le schéma idéal de la Charte et le domaine particulier du maintien de la paix, une sorte de préfiguration imparfaite. Dans bon nombre des développements qui vont suivre, on rencontrera les manifestations et les conséquences de cette contrariété entre deux logiques dont il serait naïf de croire que la seconde, celle de l'ordre hiérarchique intégré, finira par se substituer à la première, celle de la dispersion latérale du pouvoir entre égales souverainetés.

De cet affrontement indécis résulte l'intérêt fondamental qui s'attache à l'étude du droit international contemporain, dynamique à raison même de son incohérence logique.

26 ***Menaces sur l'unité de l'ordre juridique international*** ◊ L'ordre juridique international connaît un phénomène constant d'*expansion*. On veut désigner par là à la fois l'extension de son champ d'application et la complexification des techniques de sa mise en œuvre. Il en résulte un problème nouveau, celui du maintien de son unité, perçue à la fois du point de vue formel et matériel [1]. La première (unité formelle) est essentiellement liée à l'utilisation des mêmes règles secondaires, de reconnaissance, de production et de jugement, pour parler comme N. Bobbio, lui-même

1. V. P.M. Dupuy, L'unité de l'ordre juridique international, Cour général de droit international public, *RCADI*, 2002, vol. 297, 487 p.

inspiré par H. Hart. La seconde (unité matérielle) a vu le jour sur la base de la Charte des Nations Unies, qui refonde en partie l'ordre international de l'après-guerre non seulement sur des principes juridiques mais aussi sur des valeurs éthiques elles-mêmes intégrées dans des règles ainsi légalisées.

L'affirmation de cette unité matérielle du droit international ne connaît dans les faits qu'une traduction à bien des égards encore très fragmentaire ; elle est également toujours précaire, ainsi, par exemple, que l'a montré la dramatique abstention des institutions internationales et des États, notamment les plus directement concernés face à la préparation et à la perpétration du génocide au Rwanda, au cours de la dernière décennie du XXe siècle.

Cette affirmation de l'unité substantielle du droit international avait cependant connu un essor tout particulier dans les années soixante à quatre-vingt, en fonction du contexte politique caractérisant la période dite alors de la « coexistence pacifique » (entre pays socialistes, États occidentaux à économie de marché adeptes de la démocratie libérale et, enfin, pays en développement, ces trois groupes largement antagoniques cherchant précisément à affirmer les principes qui leur étaient pourtant communs). Dans le prolongement des principes de la Charte réitérés par la célèbre Déclaration sur les relations amicales entre États de 1970 (*GTDIP* n° 6), cette unité substantielle avait tenté de se constituer autour de concepts fédérateurs à forte connotation éthique ; tel est le cas de celui de « *communauté internationale* » (v. ss 409). On le trouve en particulier à l'article 53 de la Convention de Vienne sur le droit des traités (1969), à propos de la définition des « normes impératives » du droit international, véritables règles d'ordre public auxquelles aucun traité ne peut en principe déroger (v. ss 276 s.). C'est également celui du concept d'« *humanité* ». Le « patrimoine commun » qui lui a été affecté en 1970 a provoqué la nouvelle codification du droit de la mer (n° 682 s.). Cette dynamique normative est aujourd'hui très considérablement ralentie du fait de la disparition de l'émulation normative qui résultait de la coexistence pacifique entre l'Est et l'Ouest. Elle est néanmoins prolongée par les développements contemporains de la justice pénale internationale (v. ss 227 et 526-527).

Quoi qu'il en soit, plusieurs facteurs cumulatifs menacent aujourd'hui cette unité dans sa double dimension formelle et matérielle. Trois d'entre eux, de nature essentiellement technique, concernent en particulier le maintien de l'unité formelle. Le premier, déjà ancien, arrive aujourd'hui dans sa pleine maturité et connaît des développements diversifiés. C'est celui de la *multiplication des ordres juridiques partiels* constitués par les organisations internationales sur la base de leurs actes constitutifs respectifs (v. ss 139 s.). Chacune d'entre elles connaît une dynamique plus ou moins affirmée d'autonomisation. Son point d'aboutissement ultime est sans doute offert aujourd'hui par l'ordre juridique communautaire qui caractérise l'Union européenne (v. ss 44 s.). La question se pose alors de l'articulation entre ces ordres juridiques spéciaux et l'ordre juridique international général dont ils continuent pourtant à relever par bien des éléments.

Le second facteur, beaucoup plus récent, quoique lié au précédent, est caractérisé par la multiplication des juridictions internationales, non plus seulement au niveau régional mais aussi universel (v. ss 546 s.). La création des tribunaux pénaux « *ad hoc* » pour juger les crimes contre la paix et la sécurité internationale dans l'ex-Yougoslavie, au Rwanda et en Sierra Leone en est un premier témoignage (v. ss 227). Celle de la Cour pénale internationale et du Tribunal international du droit de la mer en est un autre (v. ss 527 et 546). Celle de l'instance d'appel de l'Organe de règlement des différends de l'Organisation mondiale du commerce (OMC) s'avère également très importante (v. ss 601). La question se pose alors de la garantie d'une suffisante unité d'interprétation des normes internationales appliquées par ces diverses juridictions.

Le troisième facteur technique mettant en cause l'unité de l'ordre juridique international est celui de la multiplication des systèmes spécifiques de rétribution des conduites étatiques. Il est généré notamment par les régimes de contrôle d'application de certaines normes juridiques, pas forcément toujours établies par voie conventionnelle. Leurs promoteurs comme certains commentateurs veulent y voir des « systèmes autogérés », pratiquement affranchis de toute observation des règles générales (« *self-contained regimes* ») (v. ss 509 s.). Leur présence est de plus en plus dense dans le domaine des droits de l'homme, dans celui de la protection de l'environnement, voire celui du désarmement, mais elle est très probablement appelée à s'étendre. L'existence de ces systèmes de contrôle n'est pas non plus sans liens avec les deux phénomènes précédents (développement des organisations internationales et multiplication des juridictions) et, en particulier, avec le second. En effet, de tels systèmes offrent bien souvent des modes alternatifs de règlement des différends combinant, de façon inventive, la négociation, l'assistance technique et la sanction économique, virtuelle ou rendue effective. Le régime conventionnel de protection de la couche d'ozone en présente le prototype par la suite complété par le Protocole de Kyoto (v. ss 691).

Enfin, au-delà de ces facteurs proprement techniques, une analyse juridique éclairée se doit de prendre en considération l'incidence de certains phénomènes macro-économiques et socio-politiques sur l'évolution de l'ordre juridique international. On pense tout particulièrement ici au phénomène dit, trop indistinctement, de « mondialisation ». Les médias en diffusent avec une complaisance brouillonne une mythologie fonctionnant un peu à la fin du XXe siècle puis au début du XXIe comme, à la fin du XIXe, celle du progrès dont elle constitue du reste, pour partie, un avatar. Son incidence sur le système juridique international se traduit notamment par l'accentuation d'un processus déjà ancien : celui de la concurrence exercée à l'égard de l'État, personne publique, par des partenaires le plus souvent privés, parvenant de plus en plus aisément à s'affranchir de sa tutelle. Tel est le cas des marchés financiers, des organisations non-gouvernementales, des multinationales de l'industrie, du commerce et des services mais, aussi, de la drogue et du crime. On ne saurait cependant créer l'amalgame entre tous ces acteurs. Ainsi, on verra en examinant l'évolution la plus contemporaine du droit international des investissements que certains États favorisent activement par voie multilatérale l'émergence de l'entreprise privée au rang de sujet actif du droit international par la possibilité qu'ils veulent lui donner d'actionner directement l'État hôte de l'investissement devant un arbitre international en cas de différend (v. ss 634-1). Certaines organisations non gouvernementales sont par ailleurs de plus en plus étroitement liées au fonctionnement de grandes organisations intergouvernementales à vocation universelle, comme la Banque mondiale, l'Organisation internationale du travail ou les Nations Unies elles-mêmes dont elles conditionnent partiellement l'efficacité.

La technologie des nouveaux diffuseurs instantanés de l'information (Internet en particulier) contribue largement à ce nouveau « dépassement de l'État », à la fois certain et relatif. Le phénomène manifeste à son tour les limites d'un droit (le droit international) conçu par et pour les États, par là même malhabile à contrôler des agissements que ses sujets primaires ne parviennent plus à maîtriser [1]. On perçoit par la même occasion que le droit international et l'État ont inévitablement partie liée. L'État est de plus en plus concurrencé par des acteurs privés ; pour autant, on ne saurait se passer de lui comme instance de régulation et agent d'un ordre institué internationalement, notamment pour la réalisation du maintien ou du rétablissement de la paix (v. ss 558 s.)

À l'inverse de la promotion des thèmes communautaristes des années soixante et soixante-dix déjà mentionnés plus haut, celui de la « mondialisation » ne fonctionne pas comme une promesse mais comme une fatalité. Il parait au plus grand nombre d'autant plus vain de lui résister qu'il absorbe à lui tout seul les nouveaux signes de la modernité, non sans favoriser les arrière-pensées stratégiques voire hégémoniques des super-puissances politiques et économiques. Par l'étroite imbrication des composantes économique et politique du libéralisme absolu, qui substitue la vente universelle des marchandises au projet politique collectif appuyé sur la norme juridique, une nouvelle idéologie de la subordination est propagée. Elle tend à l'absorption du droit dans l'économie dont la première puissance mondiale est du même coup tentée de normaliser unilatéralement le fonctionnement (v. ss 103 s. à propos de l'application extraterritoriale de la loi nationale américaine).

On devra donc (aussi) lire les développements essentiellement techniques qui constituent la substance de cet ouvrage en fonction de la question de savoir comment le droit international réagit à l'interaction d'autant de facteurs qui, quoiqu'ils fassent peser sur son unité des dangers certains, ne doivent pas pour autant être considérés comme inexorables [2].

---

1. V. R.-J. Dupuy, Le dédoublement du monde, *RGDIP* 1996/2, p. 313-322.

2. V. S. Sur, The State between Fragmentation and Globalization, *EJIL* 1997/3, p. 421-434 ; M. Salah et M. Mahmoud, Mondialisation et souveraineté de l'État, *JDI* 1996. 611-622, P.M. Dupuy, Fragmentation du droit international ou des perceptions qu'on en a ? Préface à l'ouvrage publié sous la direction de K.Wellens et R. Huesa Vinaixa, *L'influence des sources sur*

27 ***Conclusion : constantes et évolutions du droit international*** ◊ Aucune des limites, techniques ou politiques, existant à l'égard de l'efficacité du droit international ne porte de coup décisif à sa réalité. Il connaît au contraire, quelles que soient les vicissitudes affectant son application, un accroissement des fonctions sociales qui lui sont dévolues. *Il demeure un droit de la coexistence entre égales souverainetés, dont il contribue à ajuster les compétences respectives comme les prétentions concurrentes. Il s'affirme également comme un droit de la coopération, dans des domaines variés, en constante expansion. Il apparaît enfin comme un droit de la communauté internationale et de l'humanité, dont il a désormais à charge de protéger les intérêts sinon de garantir la survie.* Ces trois dimensions, coexistence, coopération, communauté, se retrouveront aussi tout au long de cet exposé systématique de ses caractères principaux.

28 ***Plan général de l'ouvrage*** ◊ Le droit international est ici appréhendé comme ordre juridique. On examinera dès lors classiquement, comme on le ferait à propos de tout autre ordre juridique : ses sujets (I), les modes de formation de ses normes (II), leurs conditions d'application (III), enfin, les finalités qu'il s'assigne et les domaines qu'il réglemente (IV).

29 ***Indications bibliographiques complémentaires*** ◊

Caractères généraux, théories et évolutions contemporaines du droit international :

Outre la série des cours généraux à l'Académie de droit international de La Haye mentionnée ci-dessus dans la bibliographie générale, notamment les plus récents d'entre eux, on pourra notamment consulter :

Austrian Review of International and European Law (ARIEL), vol. 8, 2003. 596 Agora : Is the Nature of the International Legal System Changing ? ; Bastid (S.), Le droit international de 1955 à 1985, (*AFDI*, 1984, p. 9-18) ; Bastid (S.), Adaptation du droit international aux relations nouvelles entre États, *Mélanges M. Virally*, (Paris, Pedone, 1991, p. 79-86) ; Ben Achour (Y.), La civilisation islamique et le droit international, (*RGDIP*, 2006/1, p. 19-38) ; Bergé (J.-S.), Forteau (M.), Niboyet (M.-L.) et Thouvenin (J.-M.) (dir.), *La fragmentation du droit applicable aux relations internationales, regards croisés d'internationalistes privatistes et publicistes* (Paris, Pedone, 2011) ; Boisson de Chazournes (L.) et Gowlland-Debbas (V.) (dir.), *L'ordre juridique international, un système en quête d'équité et universalité : liber amicorum Georges Abi-Saab*, (The Hague ; Boston : M. Nijhoff, 2001, 849 p.) ; Cassese (A.), *Le droit international dans un monde divisé*, Coll. Mondes en devenir, vol. XIX – Trad. par P. de Gasquet, (Paris, Berger-Levrault, 1986, 375 p.) ; Cassese (A.), *Violence et droit dans un monde divisé*, Coll. Perspectives internationales. Trad. par G. Bartoli, (Paris, PUF, 1990, 225 p.) ; M. Chemillier-Gendreau (M.), *Humanité et souverainetés, essai sur la fonction du droit international*, (Paris, La Découverte, 1995, 382 p.) ; Conforti (B.), Unité et fragmentation du droit international : « Glissez, mortels, n'appuyez pas », *RGDIP*, 2007/1,

---

l'unité de la fragmentation du droit international, Bruylant, 2006. V. aussi le rapport du groupe d'étude de la Commission du droit international sur la fragmentation du droit international, établi dans sa forme définitive par M. Koskenniemi (doc. ONU A/CN.4/L 682 du 13 avr. 2006), ainsi que les conclusions des travaux de ce groupe adoptées par la Commission du droit international lors de sa session de 2006.

p. 5-18 ; Corten (O.), *Le discours du droit international. Pour un positivisme critique* (Paris, Pedone, 2009, 350 p.) ; Corten (O.), *Méthodologie du droit international public*, (Bruxelles, éd. de l'Université de Bruxelles, 2009, 291 p.) ; Corten (O.), « La thèse de la déformalisation du droit international et ses limites : l'exemple de la jurisprudence de la Cour internationale de Justice », *L'Observateur des Nations Unies*, 2011-1, vol. 30, p. 75-98 ; Cot (J.-P.) Tableau de la pensée juridique américaine, (*RGDIP*, 2006/3, p. 537-596) ; Dupuy (R.-J.), *La clôture du système international, La Cité terrestre*, (Paris, PUF, Coll. Perspectives internationales, 1989, 159 p.) ; Dupuy (R.-J.), *L'Humanité dans l'imaginaire des Nations*, (Paris, Julliard, Coll. Conférences, Essais et Leçons du Collège de France, 1991, 283 p.) ; Dupuy (R.-J.) (dir.), *L'avenir du droit international dans un monde multiculturel. Colloque de La Haye*, 1983, (Dordrecht, MNP/Académie de droit international de La Haye, 1984, 510 p.) ; Fassbender (B.), Peters (A.) et Peter (S.) (dir.), *The Oxford Handbook of the History of International Law* (Oxford, OUP, 2012, 1100 p.) ; Ferrari Bravo (L.), Prospettive del diritto internazionale alla fine del secolo XX, (*RDI*, 1991/3 (3), vol. LXXIV, p. 525-533) ; Institut de droit international public et de relations internationales de Thessalonique, The Évolution of International Law Since the Foundation of the United Nations, (*Thesaurus Acroasium*, vol. XVI, 1990, 881 p.) ; Frouville (O. de, dir.), *Le cosmopolitisme juridique* (Paris, Pedone, 2015, 457 p.) ; Jouannet (E.), Universalism and Imperialism : The True-False Paradox of International Law ?, (*EJIL*, 2007/3, p. 379-407) ; Jouannet (E.), *Le droit international liberal-providence* (Bruxelles, Bruylant, 2011, 351 p.) ; Jenks (C.W.), *The common law of Mankind, The library of world affaires* n° 41 (Londres, Steven & Sons, 1968, 456 p.) ; Kennedy (D.), *Nouvelles approches du droit international*, (Paris, Pedone, 2009, 318 p.) ; Koskenniemi (M.), *From apology to utopia : the structure of international legal argument*, (Cambridge University Press, 2e éd., 2006, 704 p.) ; Kerbrat (Y.) (dir.), *Forum Shopping et concurrence des procédures contentieuses internationales* (Bruxelles, Bruylant, 2011, 310 p.) ; Koskenniemi (M.), *Fragmentation of International Law : Difficulties Arising From the Diversification and Expansion of International Law (Report of the Study Group of the International Law Commission)*, (Helsinki, Erik Castrén Institute of International Law and Human Rights, 2007, 306 p.) ; Koskenniemi (M.), *La politique du droit international* (Paris, *Pedone*, 2007, 423 p.) ; Koudriavtsev (V.N.), Droit international et problèmes globaux de l'époque (*RBDI*, 1988/2, p. 417-428) ; Lachs (M.), Law *in* the world of today, *Mélanges W. Riphagen* (Dordrecht, MNP, 1986, p. 101-112) ; Lachs (M.), Le droit international à l'aube du XXIe siècle (*RGDIP*, 1992/3 (3), vol. 96, p. 529-550 ; S. Laghmani (S.), *Histoire du droit des gens*, Pedone, 2003, 249 p. ; Lauterpacht (H.), *The Function of Law in the International Community*, (Oxford, Clarendon Press, 1933, 469 p.) ; Simma (B.), Pulkowski (D.), Of Planets and the Universe : Self Contained Regimes *in* International Law, (*JEDI/EJIL*, 2006/3, p. 483-529) ; Société française pour le droit international, *SFDI, Régionalisme et universalisme dans le droit international contemporain. Colloque de Bordeaux*, (Paris, Pedone, 1977, 364 p.) ; Sur (S.), *Les dynamiques du droit international* (Paris, Pedone, 2012, 314 p.) ; The Évolution of International Law since the Foundation of the United Nations, alonique, *Thesaurus* Acroasium, vol. XVI, 1990, 881 p. (Travaux de l'Institut de droit international public et de relations internationales) ; Steinberg, (R.H.), Zasloff (J.M.), Power and International Law, (*AJIL*, 2006/1, p. 64-87) ; Truyol y Serra (A.), *Histoire du droit international public*, (Paris, Economica, 1995, 188 p.) ; Tunkin (G.), Politique, droit et recours à la force dans le système interétatique (*RCADI*, 1990/IV ou V, vol. 223) ; Tunkin (G.), Politics, Law, and Force *in* the Interstate System, (*RCADI*, 1989/VII, vol. 219, p. 227-396) ; Verzijl (J.H.W), Heere (W.P.), Offerhaus (J.P.S.), *International Law in* Historical *Perspective*, volume XI (Dordrecht, MNP, 1992, 729 p.) ; Zemanek (K.), The Changing International System : A New Look at Collective Security and Permanent Neutrality, (*AJPIL*, 1991/(3), vol. 42, p. 277-294).

PREMIÈRE PARTIE

LES SUJETS DU DROIT INTERNATIONAL

30 ***Introduction générale*** ◊ On dit d'une entité qu'elle constitue un sujet de droit lorsqu'elle est dotée par les normes d'un ordre juridique déterminé d'un ensemble de droits et d'obligations, ainsi que des capacités nécessaires à leur exercice.

Partant de cette définition, on doit constater que les catégories de sujets du droit international demeurent en nombre extrêmement restreint. Cette qualité a été exclusivement réservée à l'État souverain jusqu'à un passé récent, à peine plus d'une soixantaine d'années, si l'on fait remonter à 1949 l'affirmation explicite de l'existence d'une personnalité juridique internationale au bénéfice de l'ONU tout d'abord, puis, par extension, de la plupart des organisations internationales [1].

Cependant, même si elle démontrait qu'à l'intérieur de l'ordre juridique international comme de tout autre, il peut y avoir des catégories de personnes juridiques différenciées, l'extension de la qualité de sujet de droit international aux organisations internationales intergouvernementales ne rompait pas encore radicalement avec le privilège étatique. Même dotées d'une identité juridique et de capacités distinctes de celles de leurs membres, les institutions internationales demeurent des groupements d'États. Une innovation de caractère authentiquement révolutionnaire

1. Avis consultatif de la CIJ sur la réparation des dommages subis au service des Nations Unies, *Rec.* 1949. 179 s.

ne pourrait être discernée que si la qualité de sujet du droit international pouvait être attribuée sans réserve à des entités d'une nature essentiellement différente de celle des États.

Il est cependant évident qu'une évolution sensible en faveur de la reconnaissance d'une certaine personnalité juridique internationale de l'individu-personne physique constitue l'un des traits majeurs du droit international contemporain. On constatera ainsi que les particuliers et spécialement les personnes physiques se sont vus reconnaître non seulement certaines libertés et certains droits, fondamentaux ou plus spécifiques, mais encore qu'elles ont reçu les moyens de se plaindre de leur violation devant certaines instances internationales. Les possibilités de saisine d'une juridiction internationale ont été progressivement élargies à l'échelle régionale : en Europe, en Amérique et, récemment, en Afrique. Plusieurs mécanismes de plainte quasi juridictionnels ont été institués à l'échelle universelle devant des comités spécifiques des Nations Unies (v. ss 218). L'affirmation progressive d'une responsabilité pénale internationale d'individus coupables de crimes comme le génocide, de violations graves des lois et coutumes applicables aux conflits armés ou de crimes contre l'humanité a, en outre, conduit à désigner l'individu comme titulaire de droits mais aussi d'obligations en droit international public (v. ss 227 et 587). L'ampleur de ce mouvement et son influence sur l'évolution générale du droit international justifient qu'on lui accorde une attention toute particulière dans le cadre de cette partie. L'affirmation des droits de la personne humaine dès l'adoption de la Charte des Nations Unies par la conférence de San Francisco en 1945 ne doit pas être traitée comme un épiphénomène, quelles que soient les vicissitudes voire les régressions que son application effective a pu connaître à ce jour. Il s'agit quoi qu'il en soit d'un phénomène normatif majeur, qui déplace vraisemblablement, fut-ce d'une manière d'abord restée imperceptible, le centre de gravité de tout le système juridique international.

Les initiateurs d'une innovation normative, surtout lorsqu'elle est d'une telle importance, ne peuvent le plus souvent pas vraiment réaliser jusqu'à quel point ni à quel rythme son introduction dans un système juridique jusque-là réfractaire fera sentir toute sa portée. La révolution des droits de l'homme, venue concurrencer l'État sur une partie de son propre terrain (la possession d'une personnalité juridique dans l'ordre international) n'a pas fini de faire sentir ses effets sur la morphologie et la dynamique du droit international. Soixante-sept ans, même en un temps où l'histoire s'accélère, sont bien peu de choses dans l'histoire de l'humanité. Le droit international et sa pratique connaîtront encore bien des cas dans lesquels les valeurs fondamentales attachées à l'affirmation des droits de la personne humaine seront, individuellement ou collectivement, négligés ou même reniés. Il demeure que le mouvement initié en 1945 ne s'arrêtera pas, ne serait-ce que parce que les États ne sont désormais plus les seuls à revendiquer son application. Les individus eux-mêmes, au sein d'associations d'ailleurs souvent hétérogènes sinon hétéroclites, à la représentativité parfois contestable, peu importe, se chargent de revendiquer l'application d'un droit auquel ils considèrent être les premiers intéressés.

La dynamique des droits de l'homme a introduit dans le droit international une tectonique des fondements du droit international. Le socle des droits fondamentaux de l'État, arrimés au culte de la souveraineté n'a sans doute nullement perdu de sa vigueur. Il ne disparaîtra tout simplement vraisemblablement jamais, et le droit international restera d'abord un droit de la coordination des souverainetés. Simplement, mais cette nuance est essentielle, le droit international classique se heurte aujourd'hui à celui des droits de la dignité de la personne humaine, manifesté notamment par la conjonction croissante des droits de l'homme et du droit humanitaire. Cette tension apporte souvent plus de commotions qu'elle ne garantit d'harmonie dans le fonctionnement du système juridique international. Cependant, vouloir masquer cette dynamique au nom d'une prétendue idéologie de la neutralité du droit serait la marque d'une faiblesse intellectuelle plus que morale ; le positivisme juridique, s'il demeure attaché à l'analyse du phénomène juridique tel qu'il est et non tel qu'on voudrait qu'il fut ou qu'il restât, doit prendre en compte cet affrontement des fondements mêmes de la discipline dont il s'assigne l'étude.

Au-delà du cas des personnes physiques, une part de la doctrine contemporaine a élargi la problématique de la diversification des types de personnalités juridiques dans l'ordre international jusqu'à prétendre que des entités de nature très hétérogène, comme certains mouvements de libération nationale, les entreprises multinationales, ou beaucoup d'organisations non gouvernementales (ONG) posséderaient également la qualité de sujets du droit international. Certaines de ces affirmations reposent en effet sur des éléments de droit positif que l'on examinera au long de cet ouvrage. D'autres, cependant, relèvent encore trop souvent de la confusion née de l'attribution d'un statut juridique embryonnaire à certaines de ces entités (v. ss 625).

Il y a lieu, en effet, de bien distinguer deux perspectives distinctes : d'une part, la façon technique dont se pose la question de la dévolution de la qualité de *sujet* du droit international ; d'autre part, la façon dont on parle des *acteurs* des relations internationales, dans un contexte à la fois politique et sociologique beaucoup plus large. La diversification de ces acteurs est manifeste et il serait vain de nier que les États ont perdu de longue date le monopole de l'action dans le contexte empirique des relations économiques et même politiques internationales. Il reste que, pour ce qui relève de l'action proprement juridique, ils demeurent dotés d'une situation privilégiée, dont ne se sont rapprochées jusqu'ici que les organisations intergouvernementales, puis, dans une bien moindre mesure et avec toutes les restrictions évoquées plus haut, les particuliers [1]. On ne doit cependant pas non plus oublier, ainsi que l'a posé la Cour

1. V. S. Sur, sur quelques tribulations de l'État dans la Société internationale, *RGDIP* 1993, p. 881-900 ; J. Salmon, Quelle place pour l'État dans le droit international d'aujourd'hui ? *RCADI*, vol. 347 (2010), p. 9-78.

internationale de Justice dans son avis de 1949 sur la réparation des dommages subis au service des Nations Unies, qu'un système juridique peut comporter une pluralité de sujets dont chacun peut être doté, sur une base le plus souvent fonctionnelle, d'une « mesure de personnalité » différente. Rien ne s'oppose, par conséquent, comme l'analyse de la théorie des sujets présente dans cet avis permet de s'en assurer, à l'idée que l'ordre juridique international voie se consolider la tendance à la diversification de ses sujets. Il demeure qu'en l'état actuel du droit positif, il convient de se concentrer sur les entités dont la qualité de sujet de droit international ne saurait faire de doute.

La présente partie sera donc simplement divisée en trois chapitres, consacrés successivement, par ordre d'extension décroissante des capacités juridiques, à l'État, aux organisations internationales (entendues comme organisations intergouvernementales) et enfin aux particuliers.

CHAPITRE 1
L'ÉTAT

31 ***Introduction générale*** [1] ◊ Parmi les différents types de sujets du droit international, l'État occupe encore et toujours une place privilégiée parce que seul, il possède la souveraineté, c'est-à-dire la plénitude des compétences susceptibles d'être dévolues à un sujet de droit international. Ainsi que le notait la Cour internationale de Justice dans son avis de 1949 sur la réparation des dommages subis au service des Nations Unies déjà cité (v. ss 30), c'est notamment ce qui différencie l'État de l'organisation internationale, laquelle ne détient que des compétences fonctionnelles, étroitement circonscrites à la réalisation de son objet et de ses buts. Cette situation privilégiée de l'État est due au fait qu'il a l'apanage de la souveraineté. État et souveraineté sont indissociables.

L'État s'identifie à la souveraineté, interne et internationale, du fait de la légitimité que lui reconnaît la population qu'il régit (et aujourd'hui, quoique dans une bien moindre mesure, de la légitimité qui lui est consentie par la communauté internationale).

32 ***Souveraineté et indépendance de l'État*** ◊ L'indépendance est à la fois la condition et le critère de la souveraineté ; une fois celle-ci reconnue à une collectivité possédant par ailleurs les attributs de l'entité étatique, examinés plus loin, la souveraineté jouera à son tour comme le garant de l'indépendance. Celle-ci constitue une situation de pur fait dont la souveraineté réalise la formalisation juridique. Réexaminons brièvement ces deux points.

a) L'indépendance est le critère de la souveraineté. Ce qui permet de dire qu'un département, une province, même un État fédéré, ou, de façon plus générale encore, toute autorité décentralisée ne possède pas la souveraineté, c'est précisément que, les unes et les autres, ces entités demeurent dans un lien de *dépendance juridique* par rapport à une autorité centrale pour la conduite de leurs relations internationales. La même chose était vraie à l'époque coloniale pour les territoires coloniaux ou les protectorats, tels ceux que la France avait établis respectivement sur la Tunisie et le Maroc à la fin du XIXe siècle et au début du XXe.

---

1. V. J.-D. Mouton, L'État selon le droit international : diversité et unité, *in L'État Souverain à l'aube du XXIe siècle*, colloque de Nancy, *SFDI*, 1993, Paris, Pedone, p. 79-106 ; Ch. Leben, L'État au sens du droit international et l'État au sens du droit interne (à propos de la théorie de la double personnalité de l'État), *Mélanges Arangio-Ruiz*, pp. 131-168 ; M. Forteau, L'État selon le droit international : une figure à géométrie variable ? *RGDIP* 2007/4, p. 737-770. V. également SFDI, *L'État dans la mondialisation (colloque de Nancy)*, 2013, Paris, Pedone, 587 p.

b) La souveraineté est le garant de l'indépendance parce que lorsqu'elle est reconnue à une entité étatique, elle emporte du même coup obligation pour les États tiers de se comporter à son égard comme ils souhaitent que leurs pairs agissent à leur propre égard. Ils doivent en particulier s'abstenir de s'immiscer aussi bien dans la conduite des relations internationales que dans celles des affaires intérieures de ce nouveau souverain.

33 ***Souveraineté et autonomie de l'État*** ◊ On a beaucoup dit en doctrine que souveraineté et existence du droit international étaient incompatibles. La position des auteurs défendant cette thèse, très marquée d'idéologie, résulte en réalité d'une perception incorrecte du jeu concomitant des souverainetés dans l'ordre international. Chacun y possède en effet la plénitude des compétences, et détient un égal intérêt à ce que les autres respectent ses propres droits. On peut donc dire que loin d'être un obstacle à la création et au développement du droit international, la souveraineté constitue, du fait de son égale diffusion entre les États, la cause première de ce droit dont on a vu plus haut qu'il a initialement été engendré par les nécessités de la coexistence entre Puissances. La réciprocité des droits et des intérêts est l'un des facteurs déterminants de la création et de l'application du droit international. C'est en effet une vision interniste d'envisager exclusivement la souveraineté comme l'absolu du pouvoir. S'il est exact qu'elle exclut en elle-même la création d'une autorité supérieure à celle des États, elle engendre en même temps les nécessités de la normalisation des conditions de leur cohabitation à l'intérieur d'une société internationale par ailleurs de plus en plus perçue comme un espace clos (v. ss 4).

Ainsi que l'affirmait la Cour permanente de Justice internationale dans son célèbre arrêt relatif à l'affaire *du Lotus* (arrêt du 7 septembre 1927, série A, n° 10) : « le droit international régit les rapports entre des États indépendants. Les règles de droit liant les États procèdent donc de la volonté de ceux-ci... Les limitations de l'indépendance des États ne se présument donc pas ». Même s'il est vrai que la société internationale contemporaine a largement dépassé le seul stade de l'organisation de la coexistence pour connaître aujourd'hui celui de la coopération, voire, en certains domaines restreints, celui de la solidarité, il demeure que la souveraineté individuelle propre à chaque État y joue un rôle tout à fait fondamental, précisément parce qu'elle garantit, au moins formellement, l'indépendance de chacun, pauvre ou riche, faible ou puissant.

34 ***Souveraineté et identité de l'État*** ◊ Toute collectivité humaine ne peut se voir reconnaître la souveraineté internationale. Seules celles d'entre elles qui sont indépendantes de toute subordination dans l'ordre international possèdent cette qualité. Mais l'appréciation de cette indépendance ne concerne de toute façon que des collectivités *organisées*, à l'intérieur d'un *espace donné*. C'est ce que l'on désigne généralement par la théorie des trois *éléments constitutifs de l'État* dont l'existence juridique suppose effectivement la réunion d'une population, d'un territoire et d'un

gouvernement. À l'égard des caractères de chacun de ces trois éléments, le droit international manifeste une large mesure d'indifférence :

- indifférence du droit, tout d'abord, à l'égard du *nombre* d'individus constituant la population ; aucun seuil quantitatif n'est fixé et l'on voit coexister des États de quelques milliers de ressortissants, comme la principauté de Monaco dont la souveraineté ne fait très généralement pas de doute, et des pays à la population gigantesque comme la Chine populaire, ou l'Inde.

- indifférence du droit, ensuite, aux *dimensions* ou à la structure, continue ou discontinue, du territoire. C'est ainsi qu'antérieurement à la création du Bangladesh, en 1971, le Pakistan voyait son territoire divisé en deux portions, séparées par le territoire de l'Inde.

- indifférence traditionnelle du droit, enfin, à l'égard de la *forme politique ou constitutionnelle* du gouvernement. Cette indifférence a été érigée en principe dans les dernières décennies ainsi que l'atteste en particulier la résolution 2625 (XXV) de l'Assemblée générale des Nations Unies (déclaration relative aux principes du droit international touchant les relations amicales et la coopération entre États) aux termes de laquelle : « tout État a le droit inaliénable de choisir son système politique, économique, social et culturel sans aucune forme d'ingérence de la part d'un autre État » (*GTDIP*, n° 6). Cependant l'évolution contemporaine invite à nuancer ce constat d'indifférence du droit à la forme gouvernementale. En effet, l'affirmation de plus en plus nette du caractère obligatoire de la protection des droits de l'homme implique l'organisation d'un certain type de rapports entre gouvernants et gouvernés et présente ainsi une incidence sensible sur l'organisation du pouvoir interne comme sur son exercice [1].

35 ***Rapports réciproques des trois éléments constitutifs de l'État*** ◊ Leur conjonction est nécessaire à sa formation : un gouvernement ne saurait prétendre engager, du fait de sa seule formation, la création d'un État lorsqu'il n'exerce pas effectivement son autorité à l'égard d'une population sise sur le territoire qu'il prétend régir. Ces conditions de la formation des États seront présentées dans la première Section. C'est ainsi notamment que les gouvernements en exil, comme le gouvernement polonais pendant la Seconde Guerre mondiale, ne sauraient, dans leurs relations internationales, représenter légalement l'État dont ils se prévalent ; ceci parce que précisément, ils ne possèdent pas l'effective maîtrise des compétences souveraines [2]. Parce qu'il constitue l'assise de la souveraineté, le territoire sera examiné dans la deuxième Section.

Cependant, la souveraineté se déploie sur l'espace assigné à son exercice par la mise en œuvre d'un certain nombre de compétences réglementées

1. V. ss 203 s., et J.-Y. Morin, Institution internationale et droits de l'homme : vers de nouvelles exigences de légitimité de l'État, *in* SFDI, *Colloque de Nancy*, *op. cit.*, p. 233-300.

2. Une exception a été faite pour le gouvernement du Koweït pendant la durée de l'occupation illégale de son territoire par l'Irak entre août 1990 et févr. 1991, la communauté internationale entendant manifester par là qu'elle ne reconnaissait pas une annexion accomplie par la force et sans le consentement des populations concernées.

par le droit international, dont la réunion confère à l'État qui les possède la personnalité internationale ; compétence et personnalité constituent ainsi les attributs de la souveraineté, étudiés dans la Section trois.

Pour autant, la souveraineté, pour être par nature insubordonnée, puisqu'elle est l'expression juridique d'une indépendance de fait, n'en est pas moins soumise à certaines *limites légales* dont le nombre et l'ampleur ont crû, à l'époque contemporaine, sous l'effet d'un certain nombre de causes à la fois matérielles et normatives. Ces limites à l'exercice de la souveraineté constitueront l'objet de la Section quatre.

SECTION 1. L'ACQUISITION DE LA SOUVERAINETÉ : FORMATION ET RECONNAISSANCE DE L'ÉTAT

36 ***Caractère factuel de la formation des États*** ◊ L'État n'est définitivement constitué que lorsqu'il est devenu indépendant. Or l'accession à l'indépendance d'une collectivité nouvelle est essentiellement une donnée de fait (§ 1). Le droit international ne pèse sur le processus que lorsqu'est en cause le droit des peuples à disposer d'eux-mêmes (§ 2).

§ 1. L'accession à l'indépendance [1]

37 ***Plan*** ◊ Les circonstances qui conduisent à l'indépendance d'une collectivité étatique présentent une grande hétérogénéité (A), qui contraste avec l'invariabilité des conditions juridiques de son accession à la souveraineté (B).

A. Le processus d'accession à l'indépendance

38 ***Diversité du phénomène*** ◊ Le processus par lequel une collectivité parvient à l'indépendance résulte de circonstances qui diffèrent d'une situation à une autre. Sa durée est, ainsi, extrêmement variable : il peut s'étaler sur plusieurs siècles comme ne prendre que quelques années. Le phénomène peut concerner des territoires immenses (les États-Unis d'Amérique, par exemple) comme très exigus (Andorre, Monaco ou le Liechtenstein). Il peut toucher une population importante ou une poignée d'hommes.

39 ***Modalités d'accession à l'indépendance*** ◊ Malgré cette diversité, on peut distinguer quatre modes d'accession à l'indépendance d'une collectivité étatique. Le premier est celui de la création d'un État sur un territoire sans maître. Il ne présente aujourd'hui qu'un intérêt historique puisque

1. V. J. Crawford. *The Creation of States in International Law*, Oxford, OUP, 2e éd., 2006, 942 p.

toutes les terres, vivables comme invivables, sont désormais placées sous la juridiction d'un État souverain (v. ss 4). Les trois autres sont la fusion d'États, la scission et la sécession.

a) La fusion d'États se produit lorsque deux ou plusieurs États se regroupent pour donner naissance à une entité unique nouvelle. En ce cas, les anciens États disparaissent au profit du nouveau. C'est ce qui s'est produit en 1787, lors de la création des États-Unis d'Amérique, réalisée par la fusion des treize États devenus indépendants onze ans auparavant. Plus récemment, la Tanzanie est née de l'union en 1964 du Tanganyika et de Zanzibar ; la République yéménite est le produit de la réunification en 1990 de la République arabe du Yémen et de la République démocratique et populaire du Yémen [1].

b) La scission caractérise le phénomène inverse d'un État qui disparaît pour donner naissance à deux ou plusieurs entités étatiques nouvelles. De telles dislocations sont peu fréquentes en pratique. Elles s'inscrivent toujours dans un contexte politique particulier. La partition de l'Allemagne en 1949 entre la République fédérale à l'Ouest et la République démocratique à l'Est, peut être vue, ainsi, comme un épiphénomène de la Guerre froide qui a opposé le bloc occidental et le bloc socialiste jusqu'à la chute du Mur de Berlin. La disparition de la République fédérale socialiste de Yougoslavie doit beaucoup au refus de la communauté internationale de considérer la Serbie-Monténégro comme étant simple continuateur de l'ancienne RFSY, en réaction à l'attitude belliqueuse du gouvernement de Belgrade et à sa participation à des violations massives du droit humanitaire en Bosnie-Herzégovine [2].

c) La sécession désigne l'hypothèse, en pratique la plus fréquente, dans laquelle une partie de la population d'un État décide de dissocier une partie du territoire étatique pour former un nouvel État. La sécession se distingue de la scission par le fait que l'ancien État survit à la création de la ou des collectivités étatiques nouvelles. Elle est le mode de création des États décolonisés. Elle caractérise, aussi, l'accession à l'indépendance des États issus de l'éclatement de l'URSS, à l'exception de la Russie, bien entendu, mais aussi des États baltes (Estonie, Lituanie et Lettonie), lesquels ont été considérés comme une survivance des anciens États annexés par l'Union soviétique en 1939 [3]. Dans la période récente, le processus au terme duquel est née, le 9 juillet 2011, la nouvelle République du Sud-Soudan est également une sécession.

B. Les conditions juridiques de l'indépendance

40 ***Conditions objectives de l'indépendance*** ◊ La formation de l'État est un simple fait, ou, plutôt, la conjonction de trois faits distincts, dont le

1. V. R. Goy, La réunification du Yémen, *AFDI*, vol. 36, 1990, p. 249-265.
2. V. l'avis n° 1 de la Conférence pour la paix en Yougoslavie en date du 29 nov. 1991.
3. V. M. Koskenniemi et M. Lehto, Succession d'États de l'ex-URSS, avec examen particulier des relations avec la Finlande, *AFDI*, vol. 38, 1992, p. 179-219.

constat relève en principe de la seule observation de la réalité. Ces faits sont cependant des faits d'une nature particulière. Il s'agit en effet de « faits juridiques », c'est-à-dire de faits à la réalisation desquels le droit attache des conséquences déterminées. C'est de la réunion concrète des trois éléments (population, territoire, gouvernement) que naît la création d'un sujet nouveau dans l'ordre juridique international, le nouvel État.

La réunion de ces trois éléments est nécessaire ; une simple déclaration d'indépendance n'est pas suffisante pour établir l'existence d'un nouvel État [1]. Elle est dans le même temps auto-suffisante. Il n'est en effet nul besoin d'une procédure formalisée de constatation par un organe tiers, pas plus que n'est indispensable l'émission d'un acte juridique fondateur, émanant d'une instance légale internationale. Pas besoin non plus de procédure de déclaration ou d'enregistrement. Ces actes peuvent cependant parfois exister, par exemple au cas où la naissance du nouvel État résulte d'un accord de dévolution [2].

41 ***Objectivité et subjectivité de l'existence des États*** ◊ Si la réunion de ces trois éléments (territoire, population et gouvernement) paraît indispensable, en pratique elle ne suffit pas toujours à établir de manière incontestable l'existence d'un État. Considérée de manière objective, la naissance d'une nouvelle collectivité étatique est principalement une donnée de fait : une collectivité est indépendante quand elle s'est émancipée de l'État qui l'assujettissait. Cette situation peut dans certains cas être constatée objectivement : soit parce que l'ancien État a disparu (ce qui correspond aux hypothèses de scission et de fusion vues précédemment), soit parce que le principal intéressé, l'État « ancien », a accepté qu'une partie de sa population se détache de lui et a conclu un accord en ce sens avec elle (cas des anciennes colonies françaises d'Afrique noire), soit, encore, parce que l'indépendance est le résultat d'un processus conduit par la communauté internationale avec l'assentiment de l'ancien État (ce qui s'est produit au Timor oriental, devenu indépendant en 2002). Dans toutes ces hypothèses, l'indépendance de la nouvelle collectivité s'impose à l'évidence et il n'y a aucune raison pour qu'un État tiers la refuse.

La plupart du temps, le processus se déroule toutefois moins clairement, car la création du nouvel État résulte d'une sécession qui est refusée, au moins un temps, par l'ancien État – c'est ce qui s'est passé pour l'Algérie, le Cambodge ou, plus récemment, pour le Kosovo – ou refusé par une partie des

1. V. CIJ, avis consultatif du 22 juill. 2010, *Conformité au droit international de la déclaration unilatérale d'indépendance relative au Kosovo*, § 51 et 79. V. les obs. de C. Crepet D'Aigremont (*AFDI*, 2010. 229-247) et Th. Margueritte (*L'Observateur des Nations Unies*, 2010-1, p. 257-276) ; M. Arcari et L. Balmond (dir.), *Questions de droit international autour de l'avis consultatif de la Cour internationale de Justice sur le Kosovo* (Milan, Giuffrè, 236 p.).

2. Dans son avis n° 1 du 29 nov. 1991 déjà mentionné, la Commission d'arbitrage de la Conférence pour la paix en Yougoslavie a rappelé que l'existence ou la disparition de l'État est une question de fait, de même que la forme de l'organisation politique interne et les dispositions constitutionnelles, même si leur prise en considération est cependant utile pour déterminer l'emprise du Gouvernement sur la population et sur le territoire.

membres de la communauté internationale – l'exemple d'Israël, que certains États arabes ne reconnaissent toujours pas, en atteste. Le cas de la Palestine mêle les deux situations puisque, quoique reconnue par près d'une centaine d'États, admise comme nouveau membre de l'Unesco en novembre 2011 et comme « État observateur » à l'ONU en novembre 2012 [1], sa qualité d'État reste refusée par nombre d'autres États dont le principal intéressé, Israël, ou les États-Unis. Dans ces hypothèses, il existe une incertitude que l'observation des effectivités ne permet pas de lever complètement : des actes sont accomplis tant par la ou les autorités sécessionnistes que par les autorités de l'ancien État. Il faut souvent attendre la fin des conflits et des tensions pour savoir si la nouvelle entité est ou non indépendante.

Pendant ces périodes de confusion, il n'est pas rare que certains États tiers choisissent de « reconnaître » la nouvelle entité comme étant un nouvel État. La République fédérale d'Allemagne a, ainsi, été fortement critiquée par ses partenaires européens pour avoir, dès le 19 décembre 1991, fait connaître son intention de reconnaître la Croatie et la Slovénie ; les autres États de la Communauté européenne ont suivi quelques jours plus tard. Plus récemment, plusieurs États, dont les États-Unis, la France, l'Allemagne et le Royaume-Uni, ont reconnu l'indépendance du Kosovo malgré l'opposition de la Serbie, mais aussi de la Russie et de la Chine. La Cour a, depuis, été sollicitée par l'Assemblée générale des Nations Unies pour donner un avis consultatif sur la licéité internationale de la déclaration unilatérale d'indépendance des institutions provisoires d'administration autonome du Kosovo. Dans son avis précité du 22 juillet 2010, la CIJ a conclu à l'absence de règles de droit international général encadrant les déclarations d'indépendance et n'a pas jugé nécessaire, par ailleurs, de se prononcer sur les conditions juridiques de la reconnaissance d'État. Le problème reste donc entier. Or, il est d'actualité pour une autre situation très conflictuelle qui met aux prises la Géorgie et les républiques séparatistes d'Abkhazie et d'Ossétie du Sud. Fortes du soutien de la Fédération de Russie, intervenue militairement en août 2008, celles-ci se sont également déclarées indépendantes et ont été immédiatement reconnues par le Kremlin. Ce geste a été dénoncé par la Géorgie comme une forme d'annexion de ces territoires par la Russie ; il a été condamné unanimement par les chancelleries occidentales [2].

Ces reconnaissances ont-elles un effet sur le processus d'indépendance ? C'est ce qu'il convient de déterminer.

42 ***Définition et formes de la reconnaissance*** [3] ◇

a) Définition : d'une façon générale, la reconnaissance, en droit international, consiste dans l'expression unilatérale de la volonté d'un État de reconnaître comme valide et opposable à son égard un fait ou une

1. Résolution 67/19 de l'Assemblée générale des Nations Unies (doc. Onu A/67/L.28).

2. V. O. Corten, Déclarations unilatérales d'indépendance et reconnaissance prématurées : du Kosovo à l'Ossétie du Sud et à l'Abkhazie, *RGDIP*, 2008. 721-759.

3. V. J. Verhoeven, *La reconnaissance internationale dans la pratique contemporaine*, Paris, Pedone, 1975, 861 p.

situation juridique donnés. La reconnaissance d'État est donc l'acte par lequel un État admet qu'une entité tierce déterminée réunit bien, à raison des éléments qui la composent sinon des modalités de sa formation, les conditions nécessaires à la possession de la personnalité juridique plénière dans l'ordre international. Elle ne doit pas être confondue avec la reconnaissance de gouvernement, qui sera étudiée ultérieurement (v. ss 47)

b) Formes : La reconnaissance peut prendre des formes variées. Le droit international n'est guère formaliste en la matière.

– Reconnaissances explicites et implicites : la reconnaissance peut résulter d'un acte unilatéral exprès et solennel ou simplement découler du comportement des organes d'un État qui agissent alors à l'égard des autorités de l'État reconnu comme ils le font à l'égard de tous les autres États. Ainsi, la passation d'un accord international ou l'acceptation d'établir sur le territoire national une mission diplomatique comprenant ceux du nouvel État, ou même simplement d'une mission commerciale, sont généralement interprétées par les tribunaux internes comme valant reconnaissance.

– Reconnaissances « *de jure* » et reconnaissances « *de facto* ». Cette distinction ne recoupe pas nécessairement celle qui précède. La reconnaissance « *de jure* » est définitive et produit la totalité des effets de la reconnaissance. La seconde (reconnaissance « *de facto* ») est en revanche provisoire et révocable ; elle comporte des effets limités, souvent opérée pour aider une entité déterminée à se constituer en État sans pour autant préjuger définitivement de l'issue du processus en cours. Ainsi les États-Unis reconnurent-ils *de facto* l'État d'Israël moins de douze jours après sa formation, de même que dans un passé plus récent (1991) certains États reconnurent la Lituanie et les deux autres États baltes avant même que leur indépendance soit consolidée. Il en est actuellement de même pour la Palestine (v. ss 41). On constate une nouvelle fois l'importance des considérations d'opportunité politique dans la pratique de la reconnaissance d'État.

– Reconnaissances individuelles et reconnaissances collectives : la reconnaissance est généralement accomplie individuellement, par chaque État qui entend y procéder. Cependant, comme le montre l'exemple donné par les États membres de la Communauté européenne à l'égard notamment des États issus de la dislocation de la Fédération Socialiste de Yougoslavie, des reconnaissances peuvent être opérées conjointement par une collectivité d'États. L'admission d'un nouvel État au sein d'une organisation internationale traduit le fait de sa reconnaissance par la majorité qui s'est prononcée en faveur de son admission. Les États de la minorité seront alors tenus, dans le cadre des liens exigés par leur qualité de membres, de prendre acte de l'existence du nouvel État membre sans pour autant qu'on puisse leur imposer d'en faire autant hors de ce contexte institutionnel. Le Timor-Leste a, ainsi, été admis comme membre de l'ONU en septembre 2002, quatre mois seulement après son accession à l'indépendance sous l'égide de l'Organisation ; le Soudan du Sud a déclaré son indépendance le 9 juillet 2011 et a été admis comme nouvel État Membre par l'Assemblée générale des Nations Unies le 14 juillet, soit cinq jours plus tard.

43 *Effets de la reconnaissance* ◇

a) Stérilité du débat doctrinal classique : un vieux débat a agité d'autant plus longtemps la doctrine qu'il reposait, comme souvent, sur un problème mal posé. Celui de savoir si la reconnaissance d'un État par un autre était constitutive ou seulement déclarative de l'existence de l'État reconnu. Pour les partisans de la première thèse, l'entité prétendant à la qualité d'État n'en devient vraiment un que sous l'effet de la reconnaissance des tiers ; pour ceux du second courant d'opinions, au contraire, la reconnaissance n'a pour effet que de constater la création du nouvel État avec pour seule conséquence l'opposabilité de son existence à l'État reconnaissant.

b) Effet déclaratif et constitutif de la reconnaissance : En fait, ces deux thèses n'envisagent chacune la réalité que d'un point de vue partiel. La reconnaissance est à la fois déclarative, en ce qui concerne l'existence de l'État, et constitutive, pour ce qui se rapporte à l'opposabilité de cette existence à l'État reconnaissant. Revenons-y brièvement : elle est déclarative, et ceci résulte clairement du caractère objectif des conditions de formation de l'État déjà analysées plus haut. Celui-ci existera évidemment même si les tiers ne le reconnaissent pas, à partir du moment où il réunira les trois éléments constitutifs (territoire, population, gouvernement). À l'inverse, ce n'est pas parce qu'un État aura été reconnu, même par un grand nombre de pays, qu'il existera pour autant effectivement.

Constitutive, la reconnaissance l'est cependant aussi, puisque l'auteur de la reconnaissance ne peut plus ensuite contester la réalité du nouvel État. Il doit donc traiter la collectivité concernée comme un État souverain et ne peut plus lui refuser aucun des droits que le droit international attribue à un tel État. Lorsque l'existence objective de l'État est incertaine, la reconnaissance confère, pour ces raisons, une existence au moins subjective à la nouvelle collectivité. C'est ainsi que, par exemple, se fondant sur l'existence d'une reconnaissance de fait par la France, la Cour de cassation française considère qu'il convient de reconnaître à Taïwan une immunité de juridiction propre aux États, quoique l'existence de cet État soit par ailleurs contestée dans la communauté internationale [1].

La reconnaissance est, en outre, nécessaire à l'établissement de relations juridiques actives entre les deux États, celui qui l'établit et celui qui en bénéficie. Il est évident qu'un État a besoin des autres pour pouvoir agir juridiquement dans le cadre international.

On constate cependant, et c'est là que la théorie constitutive classique marque toute sa faiblesse, que même à l'égard d'un État tiers non reconnu,

---

1. Civ. 1re, 19 mars 2014, *Stategic technologies c. Procurement Bureau of the Republic of China Ministry of National Defence* (n° 11-20312), repr. *in RGDIP* 2015. 276, note B. Tranchant.

tout État est tenu de respecter un certain nombre d'obligations (notamment respect de l'intégrité territoriale, non-ingérence dans les affaires intérieures, non-intervention).

44 ***Caractère discrétionnaire de la reconnaissance*** ◊ En dépit du caractère objectif des conditions de formation du nouvel État évoquées ci-dessus, les autres États ne sont pas obligés de le reconnaître. Cela signifie en particulier qu'ils peuvent s'abstenir d'avoir à son égard un comportement actif consistant dans l'établissement de relations juridiques, manifesté par exemple par l'échange d'ambassadeurs, la conclusion de traités ou, d'une façon plus générale, l'organisation de leur coopération avec lui. Ainsi que l'indiquait l'Institut de droit international en 1936, dans sa résolution de Bruxelles [1] il n'existe pas en droit international classique d'obligation de reconnaissance.

La subordination discrétionnaire de la reconnaissance d'un État à de pures considérations d'opportunité politique, liées au contexte des relations internationales à un moment donné, a été illustrée récemment par les hésitations occidentales à l'égard de la reconnaissance de la Lituanie, consécutivement à sa proclamation unilatérale d'indépendance. En fait, tant qu'ils craignaient de gêner la politique du président Gorbatchev par une reconnaissance intempestive, les États occidentaux, et particulièrement les États-Unis, la France et la Grande-Bretagne se réfugièrent derrière l'exigence d'effectivité du gouvernement, selon eux encore insuffisamment satisfaite, pour différer la reconnaissance de cet État ; ceci en dépit du fait qu'ils n'avaient jamais reconnu l'annexion des États baltes par l'Union soviétique en 1940 du fait de l'application du Pacte Molotov-Ribbentrop (déclaration du ministre Roland Dumas du 12 mars 1991). Cependant, après la tentative avortée de putsch en Union soviétique durant l'été de la même année et l'affaiblissement définitif de la position personnelle de M. Gorbatchev, la déclaration unilatérale d'indépendance de l'Estonie et de la Lettonie, venant ainsi rejoindre la Lituanie dans sa volonté d'émancipation, fut rapidement suivie d'une reconnaissance des trois États baltes par les États occidentaux. Ceux de la Communauté européenne, notamment, l'effectuèrent par une déclaration commune le 27 août 1991. Ils prirent cependant soin, pour sauvegarder la cohérence de leur attitude avec leur position de principe, de parler seulement de rétablissement des relations diplomatiques avec les trois États, censés n'avoir jamais disparu, même après leur annexion par l'URSS [2].

45 ***Portée du caractère discrétionnaire de la reconnaissance d'État*** ◊ Valable aussi pour la reconnaissance de gouvernement, elle signifie notamment deux choses.

1. *Ann. IDI* 1936, II, p. 305.
2. V. R. Kherad, La reconnaissance internationale des États baltes, *RGDIP* 1992/4, p. 843 s. ; R. Rich and D. Turk, Symposium : Recent Developments *in* the Practice of State Recognition, *EJIL* 1993/1, p. 36 s.

a) En premier lieu, on ne retrouve pas dans le droit de la reconnaissance la dualité établie ailleurs entre le caractère discrétionnaire de la compétence étatique interne et le conditionnement de l'opposabilité internationale des effets de son exercice [1]. Ici, en particulier, la reconnaissance produira les effets que l'on a envisagés un peu plus haut indépendamment de la question de savoir si l'État reconnu exerce effectivement sa souveraineté sur le territoire et la population qu'il prétend contrôler. Ainsi des liens divers ont-ils été établis entre l'État sahraoui et un certain nombre d'États notamment africains à une époque et dans des conditions où l'on pouvait objectivement douter de l'effectivité du nouvel État.

Il s'agissait là d'un cas de *reconnaissance prématurée*, comme l'étaient objectivement celles, au demeurant nombreuses, dont a pu bénéficier « l'État palestinien » proclamé par la Déclaration d'Alger du 15 novembre 1988, ou comme le sont aujourd'hui les reconnaissances contestées des républiques géorgiennes d'Abkhazie et d'Ossétie du Sud (v. ss 41). Dans la réalité des relations internationales, le but de telles reconnaissances est délibérément politique : leurs auteurs affirment l'existence d'une réalité qu'ils savent illusoire en espérant par là contribuer à la rendre effective [2]. Ces reconnaissances manifestent qu'en pratique, le droit international n'exige pas de seuil minimal d'effectivité. Pour être prématurées, de telles reconnaissances n'en sont pas pour autant attentatoires au droit, tant du moins qu'elles n'aboutissent pas à consolider des situations internationalement illicites (v. ss 46).

b) En second lieu, le caractère discrétionnaire de la reconnaissance n'a longtemps connu aucune limite et il demeure encore très étendu. Pour autant, quoique dans une mesure encore difficile à cerner en pratique, il est certain que la liberté quasi absolue dont disposèrent longtemps les États pour procéder à des reconnaissances recule aujourd'hui devant l'attachement plus souvent manifesté par un nombre croissant d'entre eux au respect de certaines obligations par ailleurs bien établies en droit international contemporain. Or ces obligations font en principe peser sur tout membre de la communauté internationale certains devoirs de « non-reconnaissance ».

46 ***Remises en cause contemporaines du caractère totalement discrétionnaire de la reconnaissance*** ◊ Elles sont elles-mêmes à constater dans deux directions.

La première est une conséquence directe du caractère désormais fondamental du principe d'interdiction du recours à la force dans les affaires internationales, tel qu'il découle des dispositions de l'article 2 paragraphe 4 de la Charte des Nations Unies *par ailleurs reconnu déclaratoire d'une règle coutumière*. Elle consiste à interdire les reconnaissances de nouvelles situations territoriales acquises par la force armée.

1. Au contraire par ex. de la dévolution de nationalité ou de la détermination des lignes de base relatives au tracé de la mer territoriale.

2. V. notamment H. Ruiz Fabri, Genèse et disparition de l'État à l'époque contemporaine, *AFDI* 1992. 164-167 ; J. Salmon, Reconnaissance d'État, *RBDI* 1992/1, p. 226-239.

La seconde semble s'affirmer comme l'une des conséquences de la tentative de réunification idéologique des États membres de la communauté internationale, notamment les pays de l'Europe occidentale et orientale dans le cadre de la Conférence sur la sécurité et la coopération en Europe (CSCE) puis de l'Organisation du même nom (OSCE). Elle subordonne la reconnaissance des nouveaux États à l'engagement préalable fait par leurs responsables de respecter un certain nombre de principes, notamment relatifs aux droits de l'homme et des minorités. Réexaminons brièvement ces deux tendances :

a) Interdiction de la reconnaissance des situations acquises par l'usage de la force armée : dans le passé, certaines tentatives avaient déjà été faites pour conditionner la reconnaissance par le respect de certains principes. Ainsi en 1931, en vertu de la « doctrine Stimson », du nom du Secrétaire d'État américain qui l'avait formulée, le gouvernement des États-Unis avait indiqué au gouvernement japonais qu'il ne saurait reconnaître l'annexion du Mandchoukouo, acquise en contradiction avec les engagements souscrits au titre du Pacte Briand-Kellog de 1928 (« mise de la guerre hors-la-loi »). Ce refus avait par la suite reçu l'aval de l'Assemblée de la SDN.

Un mouvement analogue s'est reproduit avec encore plus d'ampleur dans le cadre des Nations Unies. Ainsi qu'il est dit notamment dans la « Déclaration relative aux principes du droit international touchant les relations amicales et la coopération entre États, conformément à la Charte des Nations Unies » [1] dont la Cour internationale de Justice a souligné l'importance pour l'identification de certaines règles importantes de droit international général, « nulle acquisition territoriale obtenue par la menace ou l'emploi de la force ne sera reconnue comme légale ». Cette tendance est également manifeste dans l'avis consultatif donné par la CIJ sur les « conséquences juridiques pour les États de la présence continue de l'Afrique du Sud en Namibie (Sud-Ouest Africain) nonobstant la résolution 276 (1970) du Conseil de sécurité » [2].

L'*opinio juris* ainsi émise en faveur de l'obligation de non-reconnaissance repose comme on l'a dit sur le caractère éminent conféré au principe du non-recours à la force. Mais elle est également fondée sur les traits à bien des égards identiques dont bénéficie le droit des peuples à disposer d'eux-mêmes dans le droit international contemporain (v. ss 48). Cette opinion a reçu le puissant renfort d'une pratique récente particulièrement unanime au sein de la communauté internationale.

Ainsi, les États membres de l'ONU ont-ils massivement obéi à la demande qui leur était faite par la résolution 662 du Conseil de sécurité de ne pas reconnaître l'annexion forcée du Koweït par l'Irak [3]. De même, la Déclaration des chefs d'État et de gouvernement réunis dans le cadre du Conseil de l'Atlantique de Rome, les 7 et 8 novembre 1991 exclut-elle toute

1. AG ONU, Res. 2625-XXV (*GTDIP* n° 6).
2. *Rec.* CIJ 1971. 121, 55 et 58 § 133-2.
3. Texte *in RGDIP* 1990/3, p. 835.

reconnaissance d'une modification unilatérale de frontières imposée par la force [1]. La CEE, le Conseil de sécurité et la CSCE ont adopté la même position dans le contexte des suites à donner à la dislocation de l'ancienne Yougoslavie [2]. Pour sa part, la Cour européenne des droits de l'homme, dans son second arrêt consacré à l'affaire *Loizidou*, du 18 décembre 1996, a fait usage de la pratique de l'ONU en matière de non-reconnaissance. Elle s'est appuyée sur la déclaration d'invalidité et l'invitation de non-reconnaissance adressée aux États membres par le Conseil de sécurité dans sa résolution 541 (1983) à l'encontre de la « République turque de Chypre du Nord ». Constatant que cette résolution avait été effectivement respectée par tous ses destinataires à l'exception de la Turquie, elle a conclu à l'invalidité des actes pris par ce pseudo-État, dont en particulier la décision d'expropriation frappant les biens de la requérante, Madame Loizidou [3].

C'est donc à juste titre qu'on a pu voir dans ces pratiques récentes une confirmation contemporaine de l'intégration de la règle jadis énoncée par la doctrine Stimson dans le droit international positif [4]. La pratique ultérieure le confirme. L'Assemblée générale des Nations Unies s'est ainsi implicitement référée à cette doctrine dans sa résolution 68/262 du 27 mars 2014, lorsque, après avoir dénoncé la nullité du référendum d'autodétermination organisé en Crimée sous la pression de la menace du recours à la force de la Russie (v. ss. 51), elle a demandé à tous les États et organisations internationales de ne reconnaître aucune modification du statut de la République autonome de Crimée et de s'abstenir de tout acte qui pourrait être interprété comme une telle reconnaissance.

b) Subordination de la reconnaissance au respect de l'état de droit, de la démocratie et des droits de l'homme et des minorités : le processus de désagrégation de la Fédération de Yougoslavie à partir de l'été 1991 a fourni l'occasion d'une pratique susceptible d'élargir à terme en droit international le principe de la conditionnalité de la reconnaissance d'États. Les ministres des Affaires étrangères des Douze ont en effet adopté le 16 décembre 1991 à Bruxelles deux déclarations dont la première est relative à la reconnaissance des nouveaux États et la seconde porte plus spécifiquement sur le cas des républiques issues de l'ancienne Fédération de Yougoslavie (*GTDIP* n° 8).

Dans sa Déclaration sur la reconnaissance des États, le Conseil des ministres indique notamment que les États candidats à une reconnaissance de la part de la Communauté européenne et de ses États membres doivent : 1) respecter les dispositions des Nations Unies et de l'Acte final d'Helsinki ayant trait à l'état de droit, à la démocratie et aux droits de l'homme ; 2) garantir les droits des groupes ethniques et nationaux ainsi

1. Texte *in Revue de l'OTAN*, 1991, n° 6, p. 23.
2. V. M. Weller, The International Response to the Dissolution of the Socialist Federal Republic of Yougoslavia, *AJIL*, 1992. 374 s.
3. V. G. Cohen-Jonathan, L'affaire *Loizidou* devant la Cour européenne des droits de l'homme. Quelques observations, *RGDIP* 1998/1, p. 123-144.
4. V. J. Verhoeven, La reconnaissance internationale : déclin ou renouveau ? *AFDI*, 1993, p. 14.

que des minorités ; 3) respecter l'inviolabilité de toutes les frontières, lesquelles ne pourront être modifiées que par des moyens pacifiques et par commun accord ; 4) reprendre à leur compte les engagements précédemment souscrits qui concernent le désarmement et la non-prolifération nucléaire ainsi que la sécurité et la stabilité régionales.

La Commission d'arbitrage, présidée par M. R. Badinter dans le cadre de la Conférence pour la paix en Yougoslavie, qui s'était prononcée positivement sur la question de savoir si ce pays était rentré dans une phase de désagrégation a ensuite indiqué cas par cas, en fonction des réponses qui lui avaient été fournies par les républiques concernées quant au respect de ces obligations, si les conditions étaient réunies pour effectuer les reconnaissances concernées. C'est ainsi qu'elle adoptait une série d'avis le 11 janvier 1992, dont plusieurs (n°s 4 à 7 et 10) portaient sur la reconnaissance internationale par la Communauté européenne et ses États membres de la Bosnie-Herzégovine, de la Macédoine, de la Croatie et de la Slovénie. À l'exception de la Macédoine, ces États ont ensuite effectivement bénéficié de la reconnaissance communautaire et de celles des États membres, non sans que la Croatie ait dû encore préciser le contenu de ses engagements en matière de protection des minorités, de même que sa volonté de favoriser les efforts de solution de la crise yougoslave dans le cadre communautaire et dans celui des Nations Unies [1].

On est certes ainsi en présence d'une pratique dont il est encore trop tôt pour discerner la pérennité, en particulier au-delà du cadre européen. Si elle devait se confirmer et gagner en extension, elle amorcerait quoi qu'il en soit une évolution très sensible des traits classiques du droit international de la reconnaissance, marqué en principe comme on l'a vu par son caractère à la fois discrétionnaire et purement unilatéral. Or, dans l'exemple yougoslave qui précède, on est frappé en premier lieu par la conditionnalité multiple des reconnaissances et par le fait que, sans perdre leur caractère formel d'actes unilatéraux, elles s'inscrivent *lato sensu* dans un contexte contractuel, la reconnaissance venant rétribuer positivement la satisfaction préalable des conditions prescrites par les États potentiellement reconnaissants [2].

En dépassant le cadre spécifique de la reconnaissance d'État, on peut alors faire une remarque plus générale, touchant aux relations entre la non-reconnaissance et le droit international de la responsabilité (v. ss 463 et s). Dans la perspective qui vient d'être décrite à propos de la

1. V. A. Pellet, Note sur la commission d'arbitrage de la Conférence européenne pour la paix en Yougoslavie, *AFDI* 1991. 329 s., spécial. p. 343-348 ; R. Kherad, La reconnaissance des États issus de la dissolution de la République socialiste fédérative de Yougoslavie par les membres de l'Union européenne, *RGDIP* 1997/3, p. 663-694.

2. Comparer avec le commentaire de J. Charpentier, *RGDIP* 1992/2, p. 369 s. V. J.-Y. Morin, Organisations internationales et droits de l'homme : vers de nouvelles exigences de légitimité de l'État, Colloque *SFDI* de Nancy, Paris, Pedone, 1994, p. 233-300. Comparer Th. Franck, The Emerging Right to Democratic Governance, *AJIL*, 1992, vol. 86, p. 46-91 ; J. Verhoeven (*AFDI* 1993) *op. cit.*, p. 22-23 et 26-28.

non-reconnaissance des situations acquises par la force ou non conformes à certains principes dits de « légitimité démocratique » « *la reconnaissance d'une situation territoriale donnée s'affranchirait du respect de l'effectivité pour devenir subordonnée au contrôle de la légalité des conditions de sa création* » (cependant v. ss 62). Considérée en elle-même, une telle règle, devenue conditionnelle, aboutit à modifier le sens sinon la nature même de la reconnaissance : institution traditionnellement discrétionnaire, utilisée classiquement à des fins prioritairement politiques, elle tend tout au contraire à devenir en certains cas l'instrument juridique d'une sanction dont le maniement, rendu rigide, obéit alors à l'application d'une obligation internationale de non-reconnaissance des situations en cause.

Ce conditionnement de la reconnaissance, même si la constance de sa pratique est exposée à bien des aléas politiques, n'est au demeurant pas absolument nouveau. Relevant la positivité de la doctrine Stimson, Sir Hersch Lauterpacht l'avait déjà signalé en 1947 [1]. Il sera néanmoins confirmé et même élargi dans l'avenir si certaines tendances normatives, logiquement impliquées par la nature des obligations concernées, se consolident en pratique ; d'après elles, la non-reconnaissance apparaîtrait comme la sanction minimale due par les membres de la communauté internationale à l'égard de l'État auteur d'un acte contraire au droit impératif (*jus cogens*, v. ss 275-278) catégorie normative regroupant les normes essentielles pour la survie de la communauté internationale dont font notamment partie le principe du non-recours à la force et l'obligation de respecter le droit des peuples à disposer d'eux-mêmes). Dans un cadre institutionnel, on peut sans doute admettre avec une large part de la doctrine qu'une obligation de non-reconnaissance découle d'ores et déjà pour les États membres des Nations Unies à l'égard des situations attentatoires aux principes fondamentaux sur lesquels est fondée la Charte de l'ONU (égalité souveraine, non-recours à la force, respect des droits des peuples et des libertés fondamentales) ainsi qu'incite en particulier à le penser l'avis sur la Namibie précité [2].

Quoiqu'elle n'y trouve aucun renfort, une telle conclusion n'a pas non plus été fondamentalement remise en cause par l'arrêt que la CIJ a rendu en 1995 dans l'affaire du *Timor oriental*. S'étant en effet déclarée incompétente, la Cour n'a en effet pas pris position au fond sur la légalité de la reconnaissance « *de jure* » par l'Australie de l'intégration du Timor oriental, territoire pourtant non-autonome légalement placé sous administration portugaise, dans le territoire indonésien ; ceci en dépit des conditions particulièrement violentes et meurtrières dans lesquelles cette acquisition a été effectuée et cette occupation maintenue par l'Indonésie jusqu'à l'indépendance de l'île et la création de la République du Timor Leste le 20 mai 2002.

1. H. Lauterpacht, *Recognition in International Law*, Cambridge University Press, 1947, p. 435.
2. V. A. Cassese, *Self-Determination of Peoples and the Recent Break-up of USSR and Yougoslavia*, *in* R.S. MacDonald (Eddir.), *Essays in Honour of Wang TiejaTieya*, Dordrecht, MNP, 1994, p. 140 s. ; R. Mullerson, mêmes références, p. 582 s.

On doit cependant constater l'ambiguïté certaine de la formulation de l'arrêt sur ce point ; la position qu'il exprime est au demeurant dépourvue de toute motivation. Au paragraphe 31, réfutant les thèses du Portugal, la Cour déclare en effet, sans autre explication : « l'argumentation du Portugal [...] repose sur le postulat que les résolutions de l'Organisation des Nations Unies, et en particulier celles du Conseil de sécurité, peuvent être lues comme imposant aux États l'obligation de ne reconnaître à l'Indonésie aucune autorité à l'égard du Territoire et de ne traiter, en ce qui concerne ce dernier, qu'avec le Portugal. La Cour n'est cependant pas convaincue que lesdites résolutions soient allées aussi loin » [1]. En fonction du contexte général de l'arrêt, il n'est toutefois pas impossible d'interpréter ce passage en considérant que le défaut de conviction de la Cour s'adresse moins à l'obligation faite aux États membres de l'ONU de ne pas reconnaître une situation créée par la force qu'à l'affirmation éventuelle par les résolutions onusiennes du caractère exclusif de la compétence territoriale du Portugal à l'égard du Timor oriental (dont il avait reçu la charge en qualité de puissance administrante) (v. ss 62).

Quoi qu'il en soit, et d'une façon plus générale, l'incohérence manifeste de la pratique étatique et l'inconstance de bien des membres des Nations Unies à l'égard des principes de la Charte incitent à rappeler la persistance de considérations essentiellement politiques à l'origine des reconnaissances d'État ou des actes qui leur sont assimilables (reconnaissances d'acquisitions territoriales par un État, notamment). On ne saurait oublier trop vite la distance qui continue à séparer la logique normative de sa réalisation effective par les conduites étatiques ; dans son essence, la reconnaissance demeure rebelle au conditionnement juridique autant que sa pratique est réfractaire à la systématisation doctrinale.

47 *Reconnaissance d'État et reconnaissance de gouvernement* ◇

a) Ressemblances : comme la reconnaissance d'État, la reconnaissance de gouvernement obéit de la part des États qui l'exercent à des mobiles politiques. La pratique offre en particulier des exemples nombreux de positions qui, sous couvert d'être énoncées sous la forme de « doctrines » (doctrine Wilson, doctrine Tobar, doctrine Hallstein) sont en réalité des prises de position politiques subordonnant la reconnaissance des nouveaux gouvernements à des conditions de légitimité dont la détermination comme l'appréciation demeure très subjective (par exemple respect des fondements et des formes démocratiques du pouvoir par le nouveau gouvernement).

Par ailleurs, quant à ses modalités d'expression, la reconnaissance de gouvernement peut obéir à des modalités largement analogues à celles de la reconnaissance d'État et revêtir la forme d'une reconnaissance explicite résultant d'une déclaration officielle des autorités de l'État reconnaissant ou prendre la forme d'une simple reconnaissance de fait, induite par le

1. Arrêt du 30 juin 1995, § 31.

comportement des organes de l'État à l'égard du nouveau gouvernement du pays tiers avec lequel ils acceptent d'entretenir des relations.

b) Différences entre les deux reconnaissances : pour autant, d'un point de vue strictement juridique, reconnaissance d'État et reconnaissance de gouvernement doivent être clairement distinguées. La première confronte les États potentiellement reconnaissants à la question de la naissance d'un nouvel État dont il s'agit de savoir s'il existe effectivement ou non. Dans le cas de la reconnaissance de gouvernement, au contraire, l'État existait par définition antérieurement à la naissance du nouveau gouvernement, que celui-ci ait ou non succédé au précédent par voie révolutionnaire. Ce qui est en cause est en réalité l'appréciation de la réalité et, éventuellement, de la légalité du contrôle exercé par le nouveau gouvernement sur le territoire et la population concernés. La conduite la plus conforme au respect de la règle de non-ingérence dans les affaires intérieures d'un État consiste pour un État tiers à ne subordonner sa reconnaissance qu'à la seule exigence de l'effectivité des pouvoirs du gouvernement considéré, ce qui constitue d'ailleurs la position classique défendue en principe par la France. Cette attitude a fait dire à certains observateurs, d'une façon peut-être un peu imprudente, que « la reconnaissance de gouvernement est bien ainsi en voie d'éradication » [1]. Toujours est-il que sa pratique, même déclinante, demeure subordonnée à des considérations d'opportunité politique la rendant rebelle à toute systématisation doctrinale.

Certains gouvernements, largement dépourvus d'effectivité, ont été reconnus de longue date par un assez grand nombre d'États, comme par exemple celui de la République palestinienne par une certaine proportion des membres de l'OUA ; à l'inverse, d'autres, pourtant effectifs, demeurent ignorés, comme ce fut le cas du gouvernement de Pékin durant les années cinquante, de la part des États occidentaux, qui préféraient s'en tenir à la fiction d'après laquelle le seul gouvernement légitime de la Chine était celui de la Chine dite nationaliste, qui n'était pourtant effectif que sur l'île de Taïwan.

En elle-même dépourvue d'effets juridiques, la reconnaissance de gouvernement, comme la reconnaissance d'État, peut néanmoins contribuer à consolider l'autorité d'un pouvoir encore chancelant.

§ 2. Le droit des peuples à disposer d'eux-mêmes [2]

48 ***Paradoxe du droit des peuples à disposer d'eux-mêmes*** ◊ Le droit des peuples à disposer d'eux-mêmes est aujourd'hui généralement considéré comme l'un des principes fondamentaux du droit international au

1. J. Verhoeven, *op. cit.*, *AFDI* 1993. 16.

2. V. A. Cassese, commentaire de l'article 1, paragraphe 2 de la Charte ONU *in* J.-P. Cot et A. Pellet édit., *La Charte des Nations Unies, commentaire article par article*, 2e éd., Paris, Economica, 1991, p. 39-55 ; M. Bedjaoui, commentaire de l'article 73 de la Charte ONU, *ibid.*, p. 1067-1083. A. Cassese, *Self-determination of Peoples, A legal reappraisal*, Cambridge Univ. Press, 1995, 382 p. ; T. Christakis, *Le droit à l'autodétermination en dehors des situations de*

même titre que la règle d'interdiction du recours à la force ou celle de règlement pacifique des différends ; c'est dire que beaucoup n'hésitent pas à y voir une norme impérative du droit international *(jus cogens)*.

Cependant, beaucoup d'imprécisions ou des ambiguïtés considérables demeurent tant en ce qui concerne la détermination exacte de ses titulaires (qu'est-ce, au regard du droit international, qu'un « *peuple* » ?), que de son contenu.

On constatera, qui plus est, que les conditions historiques dans lesquelles le droit des peuples à disposer d'eux-mêmes a été appliqué dans le cadre des Nations Unies à partir du milieu des années cinquante l'ont en pratique ramené à l'exercice du droit à la décolonisation. Or, le processus historique d'indépendance des peuples anciennement soumis à une domination coloniale est aujourd'hui pratiquement parvenu à son terme, à quelques exceptions près. Le principe fait néanmoins partie intégrante du droit positif, ce qui pose un certain nombre de questions difficiles, à la fois politiques et juridiques.

On observe en effet aujourd'hui que des États eux-mêmes issus de la décolonisation s'opposent très souvent aux revendications d'indépendance émises par certaines catégories de leur population, notamment au motif du caractère intangible des frontières léguées par l'ancien colonisateur ; instrument déterminant de la promotion des nouveaux États, la cause « des Peuples » serait-elle à son tour leur victime ?

A. Le peuple, instrument de la promotion de l'État

49 ***Origines et évolution du principe*** ◊ C'est la Révolution française qui la première affirme nettement le droit des peuples à disposer d'eux-mêmes. Son héritage direct sera réalisé par l'affirmation du principe des nationalités dont on sait le rôle éminent qu'il joua dans la formation des nations européennes au XIXe siècle (unité de l'Italie et de l'Allemagne en particulier). À la fin du XXe siècle, les grandes puissances exclurent cependant explicitement que le droit des peuples puisse être doté d'une portée universelle et s'appliquer notamment aux peuples qu'elles s'étaient alors attachées à placer sous leur domination coloniale.

À l'issue du premier conflit mondial, les quatorze points énoncés par le président Wilson, sans contenir expressément l'expression de droit des peuples, préconisaient cependant un « arrangement libre dans un esprit large et absolument impartial de toutes les revendications coloniales ». Le Pacte de la SDN ne comportait cependant quant à lui aucune obligation précise et l'on sait que les conditions dans lesquelles il conçut l'institution du mandat portent la marque d'une conception très européocentrique de la civilisation.

---

décolonisation, Paris, La documentation française, 1999, 676 p. ; M. Kohen, Sur quelques vicissitudes du droit des peuples à disposer d'eux-mêmes, *in Droit du pouvoir, pouvoir du droit, Mélanges offerts à Jean Salmon*, Bruxelles, Bruylant, 2007, p. 961-981.

La Charte des Nations Unies, quant à elle, comporte des dispositions beaucoup plus explicites et cependant non dépourvues d'ambiguïté (*GTDIP* n° 1). D'une part, en effet, l'article 1er, paragraphe 2, énonce que l'un des buts des Nations Unies est de « développer entre les Nations des relations amicales fondées sur le respect du principe de l'égalité des droits des peuples et de leur droit à disposer d'eux-mêmes... ». Le droit des peuples est également mentionné à l'article 55. Mais, d'autre part, les chapitres 11, 12 et 13 de la Charte organisent le régime des territoires non autonomes et celui de la tutelle qui établissent l'autorité de puissances administrantes sur des territoires encore très proches du statut colonial.

Ce sont cependant les résolutions de l'Assemblée générale qui ont développé le droit des peuples à disposer d'eux-mêmes en l'appliquant spécifiquement à la décolonisation. À cet égard, le texte fondamental est constitué par la résolution 1514 (XV) intitulée « déclaration sur l'octroi de l'indépendance aux peuples et aux pays coloniaux » (*GTDIP* n° 5). Dans ses avis de 1971 et 1975 respectivement relatifs à la Namibie et au Sahara occidental, la CIJ a vu à juste titre dans cette résolution comme dans la résolution 1541 (XV), destinée à la compléter, des étapes importantes de l'évolution du droit à l'autodétermination des peuples sous domination étrangère [1]. De plus, les deux Pactes des Nations Unies sur les droits de l'homme de 1966, couvrant tant les droits économiques, sociaux et culturels que les droits civils et politiques, comportent un article premier identique, consacrant le droit de tous les peuples à disposer d'eux-mêmes. Enfin, la résolution 2625 (XXV), déclaration relative aux principes du droit international touchant les relations amicales et la coopération entre les États (*GTDIP* n° 6), a encore solennellement réaffirmé les règles énoncées dans les résolutions précédentes touchant à la fois l'affirmation du principe et certaines de ses applications. Le droit à l'autodétermination, composante politique du droit des peuples, se double d'une composante économique, le *droit des peuples sur leurs ressources naturelles*, affirmé en 1962 par la Résolution 1803 (XVII) de l'Assemblée générale (*GTDIP* n° 57). Ce texte et le principe qu'il énonce furent largement invoqués ultérieurement par bien des États en développement comme base légale de leur droit à nationaliser les investissements privés étrangers réalisés dans l'exploitation desdites ressources et la jurisprudence arbitrale internationale relative aux investissements y a vu à juste titre l'expression d'une *opinio juris* devenue rapidement la base d'une pratique coutumière (v. ss 627).

L'ensemble de ces résolutions, maintes fois évoquées en pratique par la suite, constitue des textes sans doute en eux-mêmes dépourvus de portée obligatoire mais dont la portée politique éminente a contribué de façon déterminante au développement du droit international coutumier. C'est la raison pour laquelle on doit considérer pour l'essentiel leur contenu comme significatif de l'état actuel du droit positif.

1. *Rec.* 1971. 33 et 1975. 32.

Dans son arrêt sur le *Timor oriental*, la Cour internationale de Justice a consenti à reconnaître le caractère opposable à tous (droit « *erga omnes* ») du droit des peuples à disposer d'eux-mêmes ; elle a de même à nouveau rappelé qu'il « s'agit là d'un des principes essentiels du droit international contemporain » (arrêt du 30 juin 1995, § 29). Elle s'est cependant bornée à cette affirmation générale en s'interdisant d'envisager au fond le point de savoir si l'Australie avait elle-même méconnu ce droit en concluant avec l'Indonésie un traité d'exploitation des ressources naturelles sous-marines du Timor oriental (ressources sur lesquelles le peuple du Timor oriental possède en principe des droits souverains en vertu de la dimension économique du droit des peuples évoquée ci-dessus) ; elle a en effet considéré que l'examen de cette question était indissociable de celui de la violation du même droit par l'Indonésie. Or cet État n'avait pas consenti à la juridiction de la Cour, l'affaire était donc irrecevable (v. ss 553).

50 ***Contenu du droit des peuples à disposer d'eux-mêmes*** ◊ Les résolutions précitées et notamment le paragraphe 2 de la résolution 2625 (XXV) prennent soin de resituer le principe du droit des peuples par rapport aux autres règles fondamentales de la Charte des Nations Unies, en particulier la promotion de la paix et de la sécurité, les droits fondamentaux de l'homme et la coopération mondiale. On peut, à travers le texte de ces résolutions, tenter d'appréhender plus précisément le contenu du droit des peuples à la fois dans la personne de ses titulaires et dans les obligations qui en résultent pour les États existants.

a) En matière de décolonisation, la libre détermination de soi-même affirmée au paragraphe 2 de la résolution 1514 suppose pour le peuple non autonome ou sous tutelle à la fois le droit de parvenir à l'indépendance et celui de déterminer librement son statut politique ainsi que les conditions de son développement économique, social et culturel.

Quant aux voies d'accès à l'indépendance, elles n'excluent pas le recours à la force armée et les Nations Unies ont reconnu à plusieurs reprises la légitimité des luttes de libération nationale y compris lorsqu'elles impliquent le recours par ce peuple à la force armée. La résolution 2625 va même plus loin, puisqu'elle précise que ces peuples sont en droit de chercher et de recevoir un appui conformément aux buts et principes de la Charte. La résolution 1541 (XV) indique pour sa part les différentes manières pour un territoire non autonome d'atteindre la pleine autonomie. Il peut notamment : a) devenir un État indépendant et souverain ; b) s'associer librement à un État indépendant ; c) s'intégrer à un État indépendant. Les modalités de l'expression du libre choix des populations concernées sont généralement celles du référendum, encore que dans l'avis de 1975 précité, la CIJ ait admis qu'il ne s'agit pas là d'un recours obligatoire [1].

b) Les obligations des États sont notamment énoncées dans la résolution 2625. Elles concernent à la fois tous les États (et pas seulement les

1. *Rec.* 1975. 33, § 59.

États membres des Nations Unies) et tous les peuples (c'est-à-dire également ceux qui ne sont pas placés sous domination coloniale).

Ainsi, les puissances administrantes doivent mettre rapidement fin au colonialisme en tenant dûment compte de la volonté exprimée des peuples intéressés mais *tous* les États ont par ailleurs le devoir de favoriser la libre accession des peuples sous domination coloniale à l'indépendance. En pratique, on a pu constater que la reconnaissance de la légitimité des luttes de libération nationale a paru pouvoir autoriser certaines pratiques dérogatoires à des règles importantes du droit international, en particulier celle de l'interdiction du recours à la force, de même que les principes de non-intervention et de non-ingérence examinés plus haut (v. ss 117 s.).

Dans le même contexte, la reconnaissance internationale des mouvements de libération nationale a joué dans plus d'un cas un rôle déterminant dans l'issue favorable des luttes de décolonisation. Elle s'est opérée à la fois par les initiatives individuelles d'un certain nombre d'États, au premier rang desquels les États socialistes, et par l'attribution à certains mouvements de libération nationale d'un statut d'observateur auprès de l'ONU et de certaines institutions spécialisées. Ce fut le cas de l'Organisation de libération de la Palestine (OLP), avant qu'il soit donné à la Palestine [1]. Auparavant, ce statut avait été conféré au mouvement de libération de la Namibie (SWAPO) avant l'indépendance de ce territoire, acquise définitivement en 1990 (v. ss 94).

51 ***Droit à l'autodétermination et minorités nationales*** ◊ les événements consécutifs au démembrement de l'ex-URSS et de la fédération socialiste de Yougoslavie ont cruellement mis en valeur les difficultés de détermination d'un statut international pour les minorités ethniques, religieuses, culturelles et linguistiques. Quoiqu'il ne s'agisse là que d'une indication de tendance, on relèvera que la Commission d'arbitrage constituée dans le cadre de la Conférence européenne pour la paix en Yougoslavie (v. ss 539) a envisagé des solutions intéressantes, notamment dans les trois premiers avis qu'elle a émis [2]. Ils témoignent en effet d'une conception nouvelle du contenu des droits propres à certains peuples minoritaires. Le droit à l'indépendance resterait l'apanage des peuples soumis à domination coloniale, cependant que les peuples minoritaires se verraient reconnaître le droit à l'identité culturelle ainsi qu'à un ensemble de droits collectifs (v. ss 211). Cette dissociation du droit des peuples et du principe d'autodétermination, hors les cas de domination coloniale, paraîtra généralement inspirée par le bon sens si l'on veut éviter les phénomènes de pullulement étatique dans les régions précitées, avec la multiplication des risques d'affrontement qui en résultent. Elle a reçu la caution du Secrétaire général des Nations Unies dans son « Agenda pour la paix » proposé aux États membres le 17 juin 1992 [3] et complété depuis. Mais elle

1. V. doc. ONU, A/inf/62/6 du 31 janv. 2008.
2. *RGDIP* 1992/1.
3. Doc. ONU A/47/277.

est aujourd'hui de nouveau contestée, au nom cette fois d'un prétendu droit à la « sécession-remède » dont certains conseils se sont fait l'écho lors de la procédure engagée par l'Assemblée générale des Nations Unies devant la Cour internationale de Justice relativement à la question de la *conformité au droit international de la déclaration unilatérale d'indépendance du Kosovo*. La Cour n'a pas jugé nécessaire de se prononcer sur ce point dans son avis du 22 juillet 2010 [1]. L'examen de la pratique suffit, toutefois, à considérer que cette idée n'est pas fondée. Il apparaît, en effet, qu'en dehors du contexte des territoires non autonomes ou de celui des peuples soumis à la subjugation, à la domination ou à l'exploitation étrangère, le droit international n'oblige pas les États à accorder l'indépendance à une partie de la population qui en fait la demande. Si le champ d'application du droit à l'autodétermination externe s'est un peu élargi au cours des décennies 1970-1980 pour, progressivement, englober les populations de territoires placés sous occupation étrangère, ainsi que pour permettre l'indépendance de peuples victimes d'apartheid, il ne s'est jamais étendu au point de bénéficier à toute minorité désireuse d'indépendance. Le droit international n'interdit, toutefois, pas non plus de telles revendications ; le principe de l'intégrité territoriale, en particulier, ne s'oppose pas aux velléités d'indépendance d'un peuple. Sa portée étant strictement « limitée à la sphère des relations interétatiques » [2], il n'est tout simplement pas applicable dans les rapports des États avec leur propre population.

C'est à l'aune de ces principes qu'il convient, par exemple, d'apprécier la situation en Ukraine depuis le début de l'année 2014 et, en particulier, la proclamation d'indépendance de la Crimée. Cette dernière, intégrée à l'Ukraine à une époque où elle était une république soviétique, n'est dans aucune des situations couvertes par le droit à l'autodétermination externe. À la différence du Timor oriental, ou du Soudan du Sud, elle n'a jamais constitué une colonie. Sans doute peut-on déplorer en Ukraine des violations de certains droits reconnus aux minorités par le droit international ; elles n'en font pas un argument pertinent pour l'invocation du droit à l'autodétermination. Elles ne justifient pas d'avantage les violations répétées par la Russie du principe de non-intervention dans cette région.

B. L'État, instrument de la subjugation des peuples ?

52 ***Évolution historique*** ◊ La première conséquence fut que dans les premiers temps qui suivirent la création des nouveaux États issus de la décolonisation, au tout début des années 1960, ces derniers s'attachèrent à établir le lien direct existant entre réalisation de l'indépendance politique, à laquelle ils venaient de parvenir et promotion de l'indépendance

1. Avis préc., § 82-83.
2. *Ibid.*, § 80.

économique à laquelle ils avaient droit, comme implication directe et naturelle du droit des peuples. C'est ainsi que le principe de la souveraineté sur les ressources naturelles et le droit des peuples à disposer de celle-ci s'inscrivent très directement dans la continuité de la revendication de l'indépendance politique articulée immédiatement auparavant – v. résolution 1515 (XV) et surtout résolution 1803 (XVII) (*GTDIP*, n° 5 et 57). Le lien logique entre droit à la décolonisation et droit du développement était ainsi clairement affirmé.

Dans l'ordre interne, les nouveaux États étaient cependant confrontés non seulement au problème majeur du développement économique mais également, dans bien des cas, à celui de la constitution d'une unité nationale que les luttes de libération n'avaient pas toujours suffi à réaliser. Le paradoxe est que le caractère souvent arbitraire des découpages territoriaux légués par la colonisation est directement à l'origine de la faiblesse de l'unité nationale mais qu'en même temps, en remettant en cause ces frontières, on risquait de multiplier les cas dans lesquels une partie de la population du nouvel État chercherait à faire sécession [1].

53 ***Principe de l'intangibilité des frontières issues de la colonisation et droit des peuples à disposer d'eux-mêmes*** ◊ Le principe de l'intangibilité des frontières héritées de la colonisation s'explique précisément par la volonté d'éviter l'éclatement des nouveaux États. Une Chambre de la Cour internationale de Justice l'a désigné comme « un principe général logiquement lié au phénomène de l'accession à l'indépendance où qu'il se manifeste » [2]. Ainsi que le précise le même arrêt : « son but évident est d'éviter que l'indépendance et la stabilité des nouveaux États ne soient mises en danger par des luttes fratricides nées de la contestation des frontières à la suite du retrait de la puissance administrante ».

On comprend ainsi pourquoi les résolutions pertinentes des Nations Unies et en particulier la résolution 2625, insistent concurremment sur l'obligation de respecter l'intangibilité des frontières. Dans l'ordre régional, la résolution du Caire, adoptée par la Conférence des chefs d'État et des gouvernements africains dans le cadre de l'OUA, fit de même dès sa première session en 1961 (résolution AGH/RES.16-I-). C'est explicitement sur la base de ce principe que les différentes tentatives de sécession ayant eu lieu après la décolonisation à l'intérieur des nouveaux États, ont pour la plupart été vigoureusement réprimées par ces derniers.

Le passé récent a par ailleurs démontré que les États issus de la décolonisation n'ont plus le monopole de la confrontation à ce type de problèmes, ainsi qu'en témoigne l'évolution d'États fédéraux d'Europe de l'Est comme l'ex-URSS, l'ex-fédération yougoslave ou plus récemment de l'Ukraine.

1. V. A. N'Kolombua, L'ambivalence des relations entre le droit des peuples à disposer d'eux-mêmes et l'intégrité territoriale des États en droit international contemporain, *in Mélanges offerts à Ch. Chaumont*, Paris, Pedone, 1984, p. 433 s.
2. Affaire du différend frontalier *Burkina-Faso c/ République du Mali*, arrêt du 22 déc. 1986, *Rec.* 1986, § 20.

C'est alors qu'apparaît l'ambiguïté fondamentale du droit des peuples à disposer d'eux-mêmes ; elle tient à l'absence de critères objectifs permettant de déterminer avec certitude ses titulaires.

54 ***Critères et modalités d'identification d'un peuple*** ◊ Précisément parce que le droit des peuples est destiné à s'exercer à l'encontre d'un État dont l'un d'entre eux conteste le plus souvent à son égard l'autorité, la notion de peuple est irréductible à celle de population, au sens classique du droit international, mais également à celle de minorité (v. ss 50 et 211). Traditionnellement, on s'accorde à distinguer deux types de critères d'identification, l'un objectif, constitué par la réunion d'éléments ethniques, culturels, linguistiques et géographiques, l'autre, subjectif, caractérisé par le constat, au sein d'une population donnée, d'un vouloir vivre collectif, lequel devrait déboucher sur l'expression de ce que le professeur Charles Chaumont appelle le droit des peuples à « témoigner d'eux-mêmes ».

Or, la pratique va dans un tout autre sens. La reconnaissance par la collectivité internationale d'un peuple titulaire du droit à l'autodétermination se fait le plus communément par l'intermédiaire d'un vote exprimé au sein de l'organe plénier des institutions universelles ou régionales à vocation politique dont au premier chef, pour la première catégorie, l'Assemblée générale des Nations Unies elle-même (dont, au demeurant, l'extension considérable des compétences en matière de décolonisation ne fait en pratique pas de doute) et, pour la seconde, les différentes organisations régionales dont l'Organisation de l'Unité africaine (OUA). La détermination d'un titulaire du droit à l'autodétermination ne se fait pas en pratique par l'autoélection mais par la désignation effectuée par un organe tiers. Il s'agit typiquement d'un cas dans lequel l'appréciation de la légalité est subordonnée à un jugement fondé sur la légitimité de son exercice.

Cette solution, qui fut généralement satisfaisante pendant l'essentiel de la phase historique de décolonisation, aboutit parfois à des résultats plus contestables. On est ainsi parvenu à critiquer le choix opéré par une population pourtant consultée dans des conditions parfaitement conformes à la pratique désormais usuelle du référendum. C'est spécifiquement le cas pour l'île de Mayotte où, par trois fois, la population a manifesté sans équivoque sa volonté de rester française en refusant d'être intégrée à la République des Comores [1]. Les jugements portés par l'Assemblée générale à l'égard du résultat de ces consultations furent extrêmement sévères puisqu'elle y vit une « violation de l'unité nationale, de l'intégrité territoriale et de la souveraineté de la République indépendante des Comores » (résolution 31/4 du 21 octobre 1976).

On notera cependant que dans d'autres hypothèses, comme en particulier celle du peuple kurde réclamant avec constance depuis des temps reculés son indépendance à l'égard des quatre États sur le territoire desquels il

1. Le 22 déc. 1974, le 8 févr. 1976 et le 11 avr. 1976. V. Jean Charpentier, Compte rendu à l'*AFDI*, 1975. 1066 ; 1976. 966 et 1977.

est dispersé (Iran, Irak, Syrie et Turquie), le principe de l'intégri to-riale est invoqué indépendamment de celui de l'*uti possidetis juris* 'il ne s'agit pas, à titre principal, d'une situation héritée de la colonis

55 ***Conclusion*** ◊ Le rôle de juriste n'est pas de porter un jugement de sur les conditions dans lesquelles est pratiqué un droit mais sur l'été exacte de sa positivité, c'est-à-dire de son application effective dar droit international contemporain. Il résulte des observations qui p cèdent qu'on peut, dès lors, très certainement affirmer l'existence d'u droit à la décolonisation des peuples placés sous domination coloniale o assimilés. Ce droit résulte non pas des résolutions précitées des Nations Unies mais des conditions dans lesquelles la pratique subséquente a donné corps aux principes, aux règles et aux notions que celles-ci énoncent. La lettre comme la logique des textes internationaux consacrant le droit des peuples conduisent tout autant à constater que tous les peuples manifestant clairement leur volonté d'indépendance peuvent revendiquer l'application à leur bénéfice du droit à l'autodétermination. C'est notamment le cas du peuple palestinien dans les territoires occupés par Israël.

Dans ce contexte où l'application du droit est largement conditionnée par la politique, on a cependant vu l'importance que pouvait jouer la reconnaissance de la légitimité du mouvement qui mène la lutte de libération nationale ; dans certaines hypothèses, comme celle du Sahara Occidental ou de la Palestine, les États tiers sont même appelés à prendre position face aux proclamations d'indépendance émanant de ces mouvements. La question est alors celle de savoir si les classiques éléments constitutifs de l'État (territoire, population et exercice effectif de l'autorité par un gouvernement) sont en pratique réunis (v. ss 43 s.).

SECTION 2. L'ASSISE SPATIALE DE LA SOUVERAINETÉ : LE TERRITOIRE

§ 1. Identité du territoire

56 ***Territoire et souveraineté*** ◊ Le territoire, « marqueur de souveraineté », constitue la base matérielle sur laquelle le *gouvernement* peut exercer son autorité. Il est également directement lié à la *population*, qu'il stabilise à l'intérieur de ses limites ; c'est ainsi qu'à l'époque contemporaine, l'idée d'un État nomade est définitivement abolie même si elle a antérieurement existé dans certaines régions du monde, ainsi que le reconnut la CIJ dans l'avis relatif au Sahara occidental [1]. Quoi qu'il en soit, en dépit du caractère essentiel du territoire pour l'État, on ne saurait accréditer la théorie,

1. *Rec.* 1975. 39, § 80-81.

rattaché à un État déterminé d'un espace qui, jusque-là était dit « *sans maître* », ou « *terra nullius* ». Le titre dérivé, au contraire, résulte toujours du transfert d'une portion de territoire d'un État à un autre. Les règles gouvernant ces deux modes d'acquisition territoriale seront examinées tour à tour.

A. Acquisition du titre originaire

59 ***Évolution historique*** ◊ De tout temps, les États ont été animés d'une « obsession territoriale » (Georges Scelle). Afin d'accroître leur pouvoir, ils ont perpétuellement désiré élargir les zones sur lesquelles ils pouvaient l'exercer. Le droit international a été profondément marqué par l'expansionnisme des puissances occidentales tel qu'il s'est manifesté à partir de l'époque des « grandes découvertes » (XVe-XVIe siècles) ou plus encore à l'époque de l'expansion coloniale au XIXe siècle et au début du XXe siècle. La notion de « *territoire sans maître* », qu'ils ont ainsi forgée, manifestait souvent en pratique une négation des droits des populations indigènes comme de l'identité étatique des formes d'organisation sociale rencontrées par les diverses vagues de colonisateurs.

Au cours des âges, les idées ont varié et les procédés juridiques ont considérablement évolué. On sait ainsi que l'intervention du Saint-Siège fut déterminante au XVe siècle pour l'attribution à l'Espagne et au Portugal des territoires situés de part et d'autre d'une ligne parfaitement arbitraire tracée par le Pape Alexandre VI en 1493 dans la bulle *inter coetera*. À partir du XVIe siècle, on s'efforça de construire des règles gouvernant l'acquisition de la souveraineté sur les territoires réputés sans maître. Une conception exerça une grande influence à cette époque, celle de la *priorité de la découverte*. Puis Grotius et ses successeurs devaient, au XVIIe siècle, appliquer à l'acquisition du territoire les deux éléments psychologique et matériel dont le droit romain, considéré à l'époque comme la Raison écrite, faisait dépendre l'acquisition de la propriété : l'*animus* ou intention d'acquérir, et le *corpus*, ou réalisation de cette volonté par une prise de possession matérielle. Parallèlement, Grotius développait l'idée qu'il existe des *espaces non appropriables* par les souverainetés, au premier rang desquels la haute mer, laissée à la liberté de navigation de tous, idée qui, par la suite, sera également appliquée à d'autres espaces, dits internationalisés (v. ss 670 s.).

C'est cependant à la fin du XIXe siècle, au moment où la concurrence des États ouest-européens dans la conquête coloniale atteignait son paroxysme, que la conférence de Berlin adopta par l'Acte général du 26 février 1885 des règles marquant encore aujourd'hui le droit positif, quoiqu'elles n'aient alors visé que le continent africain. Deux conditions étaient exigées : d'une part, une condition de fond, l'*effectivité* ou exigence d'une occupation matérielle (installation sur place par l'État occupant d'une autorité suffisante pour assurer l'ordre et la liberté commerciale), d'autre part, une condition de forme, la *notification* ou mesure de publicité adressée aux autres puissances et concernant l'identité exacte du territoire ainsi occupé.

60 ***État du droit positif*** ◊ Le droit international contemporain insiste d'abord sur l'effectivité de l'occupation comme condition de la constitution du titre territorial. En d'autres termes, un État ne peut prétendre à la possession d'un tel titre que s'il déploie dans la réalité des faits l'exercice exclusif des compétences souveraines à l'intérieur dudit territoire. Cet exercice doit se traduire non seulement par l'édiction de règles et de normes obligatoires, mais aussi par leur application effective.

a) Les conditions réelles de l'administration d'un territoire ont cependant été jugées de façon *relative* par la jurisprudence, laquelle a toujours pris en considération les caractères physiques de l'espace considéré. C'est ainsi que, pour établir le titre du Danemark contre les prétentions ultérieures de la Norvège, dans l'affaire du *Groenland oriental*, la Cour permanente de Justice internationale, dans son arrêt du 5 avril 1933 (série A/B, n° 53) ou le tribunal arbitral dans l'affaire franco-mexicaine de *l'Île de Clipperton* (28 janvier 1931, *RSA* II, p. 1105) ont considéré qu'un exercice même épisodique de la souveraineté pouvait suffire à soutenir la prétention au titre eu égard à l'inhospitalité des lieux concernés. De la même manière, s'agissant de l'exercice de la souveraineté sur des îlots de très petite dimension et dépourvus de population permanente, la CIJ a observé en 2002, dans son arrêt du 17 novembre entre l'Indonésie et la Malaisie à propos de la souveraineté sur Pulau Ligitan et Pulau Sipadan, « les effectivités sont généralement peu nombreuses » (§ 134) [1]. Il arrive même qu'elles soient inexistantes, comme l'a montré la situation de l'île Pedra Branca/Pulau Batu Puteh, revendiquée tant par l'Indonésie que par la Malaisie. Dans ce cas, il peut être tenu compte de la situation géographique des terres et des effectivités à proximité de celles-ci. La Cour internationale de Justice a jugé, ainsi, dans son arrêt du 23 mai 2008, que le fait que l'île se trouvait dans un détroit qui faisait globalement partie du domaine territorial du Sultanat de Johor et que cette possession n'ait jamais été contestée par aucune autre puissance de la région étaient déterminants pour établir le titre originaire. Elle a considéré, en outre, que le titre était confirmé en l'espèce par la nature des liens d'allégeance qui existaient entre le Sultanat et « le peuple de la mer » qui se livrait à diverses activités comme la pêche et la piraterie dans les eaux du détroit [2]. À l'inverse, les exigences de la Cour internationale de Justice, dans l'affaire des *Îles Minquiers et Ecréhous* (arrêt du 17 novembre 1953, *Rec.* 47) quant à la démonstration des actes de souveraineté par l'une et l'autre partie avaient été beaucoup plus considérables, eu égard à l'accessibilité aisée des territoires concernés.

b) Il a cependant été souligné qu'on assistait en certains cas à un assouplissement de l'exigence d'effectivité, du fait de certains facteurs,

---

1. V. Ph. Weckel, Chronique de jurisprudence internationale, *RGDIP* 2003/1, p. 179. D. Perrin, Titre conventionnel et effectivités : l'affaire de la Souveraineté sur Pulau Ligitan et Pulau Sipadan (*Indonésie c/ Malaisie*), *AFDI* 2002. 322-342.

2. *Souveraineté sur Pedra Branca c/ Pulau Batu Puteh, Midlle Rocks et South Ledge (Malaisie c/ Singapour)*, § 46-80.

idéologiques en particulier. C'est ainsi que la Déclaration des Nations Unies sur l'octroi de l'indépendance aux territoires placés sous domination coloniale (res. AG ONU 1514/XV-*GTDIP* n° 5) affirme que « le manque de préparation dans les domaines politique, économique, social... ne doit pas être pris comme prétexte pour retarder l'indépendance ». Son application trop littérale a parfois conduit la communauté internationale à favoriser la constitution de « quasi-États » dont l'existence relèverait plus de la fiction juridique que de la réalité effective [1].

La pratique récente indique cependant que lorsque des cas limites d'un autre type se présentent, ceux de dilution de l'État par suite de graves troubles intérieurs, la communauté internationale, notamment par l'intermédiaire du Conseil de sécurité de l'ONU ne cherche qu'à rétablir le plus tôt possible une autorité effective sur le territoire concerné ; cela, fût-ce au prix de l'exercice momentané par les Nations Unies ou, sur son autorisation, par certains de ses États membres d'une mission de service public humanitaire international : ainsi de l'opération autorisée par la résolution 794 du Conseil de sécurité en Somalie pour assurer la sécurité des opérations de secours ; cet exemple, au demeurant rare, témoigne pourtant moins d'une crise généralisée de l'État-Nation qu'elle n'illustre l'attachement de la communauté internationale à l'idée que tout territoire doit être placé sous une autorité effective, dont le titulaire ordinaire ne saurait précisément être qu'un État souverain, dont les gouvernants sont à désigner par les populations concernées.

61 ***Occupation et contiguïté*** ◊ La question s'est posée de savoir si la cession effective d'une partie seulement d'un vaste territoire conférait un titre sur les espaces contigus à cette partie sans que l'effectivité de l'occupation y soit exercée avec la même constance. Cette théorie avait connu une faveur particulière avec le système des zones *d'hinterland* d'après lequel les puissances coloniales s'étaient mutuellement reconnues des zones d'influence par voie d'accord, d'ailleurs non opposables aux États tiers à ces traités.

L'idée de contiguïté est également à l'origine des prétentions à l'annexion formulées par les États les plus voisins des deux pôles. En ce qui concerne l'Arctique, essentiellement constitué de glaces, le Canada tout d'abord, puis d'autres États concernés, telle l'Union soviétique ou même la Norvège, ont revendiqué, au titre de la contiguïté, les terres comprises dans un triangle ayant pour base leur littoral respectif et pour sommet le Pôle Nord alors que les côtés de ces angles seraient constitués par les méridiens passant aux extrémités est et ouest de ces littoraux. Ces revendications n'ont cependant pas été admises par les autres États concernés.

À l'autre extrémité de la planète, la zone antarctique est au contraire principalement continentale. Sans s'appuyer sur la doctrine des secteurs,

1. V. J. Verhoeven, l'État et l'ordre juridique international, *RGDIP* 1978/3, p. 752 et J.-D. Mouton, L'État selon le droit international : diversité et unité, *in L'État souverain à l'aube du XXIe siècle, op. cit.*, p. 81-88.

différents États, tels la France, la Grande-Bretagne, les États-Unis, le Chili ou l'Argentine, ont revendiqué les uns et les autres certains secteurs de l'Antarctique comme relevant de leur compétence territoriale. Ces prétentions ont cependant été suspendues depuis l'entrée en vigueur du traité sur l'Antarctique, signé à Washington le 1er décembre 1959 (*GTDIP* n° 64).

Les revendications territoriales fondées sur la notion de contiguïté doivent être distinguées de celles qui s'appuient sur la notion de continuité. C'est elle qui, en particulier, a justifié la proclamation du Président des États-Unis, Harry Truman, concernant la revendication des droits d'exploitation sur les ressources naturelles du sol et du sous-sol du plateau continental (28 septembre 1945). La Cour internationale de Justice, dans son arrêt relatif au *Plateau continental de la Mer du Nord*, devait ultérieurement confirmer le bien-fondé de la théorie du prolongement naturel, justifiant la possession par l'État riverain de droits d'exploration et d'exploitation sur le plateau continental défini par elle comme « une zone prolongeant physiquement le territoire de la plupart des États maritimes par cette espèce de socle qui a appelé en premier lieu l'attention des géographes et hydrographes puis celle des juristes » [1]. Par ailleurs, la Convention de Genève de 1958 sur le plateau continental indique bien à son article 2, paragraphe 3, que les droits de l'État riverain sur son plateau sont indépendants de l'occupation effective ou fictive aussi bien que de toute proclamation expresse. Il y a donc là une dérogation explicite au principe de l'occupation effective comme condition de l'acquisition du titre territorial originaire.

D'une façon plus générale, on peut dire que les espaces maritimes situés dans l'adjacence immédiate des côtes, telles les eaux intérieures et la mer territoriale, sont rattachés au territoire sur la base de la logique de la continuité. Il en va de même en ce qui concerne les zones ultérieures, zones contiguës et zones économiques exclusives, sur lesquelles l'État côtier n'exerce cependant que des droits d'exploration et d'exploitation (v. ss 653 et 659).

62 ***Comportement unilatéral de l'État revendiquant et acquiescement des États tiers*** ◊ Tout acte de possession attestant la volonté d'un État de se comporter comme l'autorité souveraine à l'égard d'un espace déterminé peut en principe provoquer les *réactions* des États tiers, soit qu'ils se considèrent comme compétents à l'égard du même espace, soit qu'ils le perçoivent comme insusceptible d'appropriation nationale. À défaut de telles contestations émanant des tiers, on considère généralement qu'ils ont acquiescé à la revendication territoriale de l'État prétendant détenir sur l'espace considéré un titre juridiquement valable. C'est en particulier ce qui permit à la Cour internationale de Justice de désigner comme opposables à la Grande-Bretagne les décrets de délimitation des eaux territoriales pris par la Norvège en 1869 [2]. Du comportement des parties peut également découler un changement de souveraineté. Le droit

1. *Rec.* 1969. 51, paragraphe 95.
2. Affaire des *Pêcheries*, *Rec.* 1951. 116 s.

international n'impose à cet égard aucune forme particulière, comme l'a souligné la Cour internationale de Justice dans son arrêt du 23 mai 2008, *Souveraineté sur Pedra Branca c/ Pulau Batu Puteh, Midlle Rocks et South Ledge* ; seules importent les intentions des États concernés [1]. Le transfert du titre territorial peut résulter, ainsi, de l'absence de réaction de celui qui détenait la souveraineté face au comportement d'autre État agissant à titre de souverain ou face à des manifestations concrètes de l'exercice de la souveraineté territoriale de la part de cet autre État [2]. Ces manifestations doivent toutefois être claires et dépourvues d'ambiguïté [3].

Une question particulièrement importante parce qu'elle renseigne sur le poids réservé par le droit international contemporain à la pesée des faits confrontée à l'irrespect du droit est la suivante : une acquisition territoriale illicite parce qu'issue de l'usage de la force (souvent accompagnée de violations graves des droits de l'homme, des peuples et du droit humanitaire) peut-elle néanmoins, au-delà d'une période dont la durée reste au demeurant indéterminée, se voir dotée d'une opposabilité aux tiers à raison de l'effectivité du pouvoir exercé par l'occupant sur le territoire conquis de force ? En d'autres termes, dans de telles situations, l'effectivité finit-elle par primer l'illégalité ? L'arrêt rendu par la CIJ dans l'affaire du *Timor oriental* s'avère à cet égard très ambigu et ne contribue en tout cas nullement à dissiper les incertitudes entretenues par l'observation de la pratique étatique. À son paragraphe 32, en effet, elle paraît bien s'appuyer sur le consentement tacite des États tiers à l'annexion violente par l'Indonésie du Timor oriental pour suggérer que l'occupant de fait n'est pas nécessairement dépourvu en droit de la compétence de passer des traités pour le compte du Timor oriental, quand bien même ce dernier continuerait à être considéré comme un territoire non autonome placé légalement sous l'autorité d'un autre État. Dans son arrêt du 13 décembre 1999, relatif à l'attribution de l'*Île de Kasikili c/ Sedudu* entre le Bostwana et la Namibie, la Cour internationale de Justice a cependant pris, en fonction des données de l'espèce, ses distances avec la doctrine de la prescription acquisitive sur laquelle s'appuyaient pourtant l'une et l'autre parties. Elle a en tout cas souligné que l'acquisition ne peut résulter pour un État que du consentement des autres pays susceptibles d'être intéressés. Or, en l'occurrence, l'occupation temporaire de l'île par une tribu ne traduisait pas forcément, compte tenu des pratiques locales, une volonté d'acquisition territoriale (§ 98 de l'arrêt).

L'important arrêt rendu par la Cour internationale de Justice le 10 octobre 2002 entre le Cameroun et le Nigeria à propos du différend qui les opposait relativement à leur frontière terrestre et maritime permet de constater la nette primauté accordée au titre juridique dont peut se prévaloir l'un des deux pays sur les effectivités invoquées par l'autre [4]. Elle a

1. Arrêt préc., § 120.
2. *Ibid.*, § 121.
3. *Ibid.*, § 122.
4. V. P. d'Argent, Des frontières et des peuples : l'affaire de la Frontière terrestre et maritime entre le Cameroun et le Nigéria, arrêt sur le fond, *AFDI* 2002. 281-321.

préféré reconnaître la validité du titre camerounais qui s'appuyait sur des traités antérieurs et postérieurs à la période coloniale aux effectivités que le Nigeria invoquait, ayant progressivement occupé la presqu'île de Bakassi et y avoir déployé un ensemble d'activités dont certaines généralement reconnues comme constituant l'expression de la souveraineté (création d'écoles et d'équipements sanitaires notamment). La Cour rejette ainsi clairement la théorie de la consolidation historique d'un titre qui prétendrait se fonder sur des effectivités contraires à la souveraineté que confère le titre fondé sur un instrument juridique internationalement valide [1]. Cette décision manifeste la constance d'une position de la Cour, déjà exprimée par l'une de ses chambres en 1985 dans l'affaire du *Différend frontalier opposant le Burkina Faso au Mali*, selon laquelle, en présence d'un conflit entre titre juridique et effectivités, il y a lieu de préférer le titre [2]. Cette cohérence de pensée n'a pas été troublée par la sentence allant en sens contraire qu'avait rendue, quelques mois avant l'arrêt d'octobre 2002, une instance arbitrale, la Commission du tracé de la frontière entre l'Érythrée et l'Éthiopie. Dans ce cas, la Commission n'avait pas hésité à modifier le tracé de la frontière fixée par voie conventionnelle en tenant compte de l'exercice effectif par l'autre partie de certaines compétences souveraines [3] sur une zone particulièrement contestée.

Un autre arrêt de la Cour internationale de Justice, intervenu le 17 décembre 2002, opposait l'Indonésie à la Malaisie à propos de la possession des deux îlots inhabités de Pulau Ligitan et Pulau Sipadan [4]. Étant donné la très faible superficie des îlots et leur peu d'importance jusqu'au développement récent de l'industrie touristique de la pêche sous-marine, aucun des deux États en litige n'avait pu convaincre la Cour de l'existence à son bénéfice d'un titre juridique fiable. C'est donc faute de mieux que la CIJ s'est résignée à attribuer l'île à celui des deux États qui, à défaut de

1. Cette théorie trouvait son inspiration dans une affaire à bien des égards très particulière, celle de l'affaire des *Pêcheries* (1951) entre la Norvège et le Royaume-Uni. Mais elle concernait l'opposabilité de la détermination *unilatérale* par l'État riverain des lignes de base droite servant à calculer la largueur de sa mer territoriale, non le cas d'un titre conventionnel, par définition établi entre les deux États concernés ou leurs prédécesseurs. Sur la théorie de la consolidation historique du titre par acquiescement des tiers à une action unilatérale, v. la construction doctrinale de Charles de Visscher, *Les effectivités du droit international public*, Paris, Pedone, 1967, notamment p. 108.

2. Sauf à constater qu'une absence totale de réaction de la part du possesseur du titre à l'égard des actions effectives de l'autre (construction d'équipements publics, levée de l'impôt, administration de la justice ou exercice de pouvoirs de police sur la population) manifesterait sans équivoque possible de la part du premier un net acquiescement à l'abandon de sa souveraineté sur l'espace en litige. V. *Cameroun c/ Nigeria*, 10 oct. 2002, au § 223 qui confirme l'attitude très restrictive avec laquelle la juridiction est prête à reconnaître les signes d'un acquiescement. V. *Différend frontalier terrestre, insulaire et maritime, El Salvador c/ Honduras*, CIJ *Rec.* 1992. 408-409, § 80.

3. Telles l'organisation d'élections ou le paiement de fonctionnaires locaux. Les arbitres livrent cependant peu d'indications sur les motifs de leur décision ; on aurait tendance à penser qu'elle restera sans grand écho, au moins sur ce point. V. Chronique de jurisprudence internationale, *RGDIP* 2002/3, p. 702.

4. V. D. Perrin, Titre conventionnel et effectivités : l'affaire de la Souveraineté sur Pulau Ligitan et Pulau Sipadan, *AFDI* 2002. 322-343.

titre formel, pouvait se prévaloir des rares manifestations d'effectivité, qui étaient cependant les plus démonstratives de la volonté d'agir « à titre de souverain ». Ce fut en l'occurrence la Malaisie qui l'emporta, pour avoir pris les dispositions administratives et réglementaires les plus convaincantes en vue de la protection des sites contre les excès de l'exploitation touristique. Cet arrêt ne contredit cependant pas celui que la Cour avait rendu un peu plus tôt, puisque, ici, il n'y a pas eu de conflit entre titre et effectivités mais seulement comparaison entre effectivités concurrentes. Au contraire, la Cour internationale de Justice a eu l'occasion de souligner depuis, que « si une effectivité peut permettre d'interpréter un titre juridique obscur ou ambigu, elle ne saurait contredire le titre applicable » [1], et de conforter ainsi la règle de prévalence du titre sur les effectivités.

B. Acquisition du titre dérivé

63 ***Modes conventionnels*** ◊ Il s'agit de situations qui, à l'inverse des précédentes, visent des cas dans lesquels il y a eu substitution au cours du temps d'une souveraineté à une autre. S'agissant donc de l'acquisition d'un titre territorial sur un espace qui appartenait antérieurement à un autre État, les procédés ordinaires d'acquisition présentent un caractère conventionnel. C'est en particulier le cas pour la cession, opération par laquelle un État renonce en faveur d'un autre aux droits et titres qu'il possédait jusque-là sur un territoire donné. Des clauses de cession se rencontrent souvent dans les traités de paix comme le Traité de Francfort du 10 mai 1871 (cession de l'Alsace-Lorraine à l'Allemagne par la France) ; Traité de Versailles du 28 juin 1919 (restitution de l'Alsace-Lorraine à la France par l'Allemagne, article 51) ; Traité de Paris du 10 février 1947 avec l'Italie (cession à la France des villes de Tende et de La Brigue aux termes de l'article 2). Dans le passé, à une époque où les conceptions prévalant à l'égard de la nature du territoire étaient encore largement patrimoniales, ces cessions affectaient fréquemment la forme d'une vente. Ainsi, la France vendit-elle la Louisiane aux États-Unis par le Traité du 3 mai 1803 pour 60 millions de francs. Les États-Unis acquirent de la même manière l'Alaska de la Russie aux termes du Traité du 30 mars 1867 pour 7 200 000 dollars. Inversement, la pratique peut donner lieu à des fusions conventionnelles, telle celle qui a été opérée entre Tanganyika et Zanzibar en 1964 pour créer la Tanzanie, ou celle opérée entre l'ancienne République Démocratique Allemande et la République Fédérale d'Allemagne, par le traité du 31 août 1990 [2].

À l'époque contemporaine, les transferts de territoires sont difficilement imaginables sans consultation des populations intéressées. Le droit des peuples à disposer d'eux-mêmes, proclamé dans la Charte des Nations

1. *Différend frontalier (Burkina Faso / Niger)*, arrêt du 16 avril 2013, § 78.
2. Texte *in RGDIP* 1991. 188 ; V. Ph. Bretton, Les problèmes juridiques internationaux posés par l'unification de l'Allemagne, *RGDIP* 1991, n° 3, p. 671-720 ; Ch. Schricke, L'unification allemande, *AFDI* 1990. 47-88.

Unies et réitéré ultérieurement à plusieurs reprises par l'Assemblée générale de cette organisation, interdit en effet que l'on transfère la souveraineté sur un territoire sans l'agrément des populations intéressées. La situation des territoires inhabités et inhabitables est différente. Pour ceux-ci, la Cour internationale de Justice a souligné, dans son arrêt du 23 mai 2008, *Souveraineté sur Pedra Branca c/ Pulau Batu Puteh, Midlle Rocks et South Ledge* qu'un transfert de souveraineté peut résulter soit d'un traité, soit d'un accord tacite découlant du comportement des parties (v. ss 62). Elle l'a confirmé en 2013 à propos des aspaces maritimes [1].

64 ***Modes non conventionnels*** ◊ Tant que le recours à la force et, plus largement, à la compétence de guerre n'était pas interdit par le droit international, la conquête était l'un des modes d'acquisition les plus pratiqués. La Cour permanente de Justice internationale, dans l'affaire du *Groenland oriental*, avait eu l'occasion de la définir en indiquant : « la conquête n'agit comme une cause provoquant la perte de la souveraineté que lorsqu'il y a guerre entre deux États et que, à la suite de la défaite de l'un d'eux, la souveraineté sur le territoire passe de l'État vaincu à l'État victorieux » (Série A/B n° 53, p. 47). Lorsque la conquête conduit à l'annexion intégrale du territoire de l'État vaincu, on parle alors traditionnellement de « *debellatio* », situation dont il a été fortement contesté qu'elle se soit réalisée lors de l'occupation intégrale du territoire du Troisième Reich à la suite de sa défaite face aux Alliés.

À l'époque contemporaine, l'interdiction générale du recours à la force déjà énoncée par le pacte Briand-Kellog de 1928 et réaffirmée par l'article 2, paragraphe 4, de la Charte des Nations Unies, interdit toute acquisition territoriale par la conquête militaire. Ceci a été encore confirmé dans la résolution 2625 relative aux principes du droit international touchant les relations amicales entre les États d'après laquelle : « nulle acquisition territoriale obtenue par la menace et l'emploi de la force ne sera reconnue comme légale ». C'est ce qui explique en particulier que les annexions de territoire revendiquées par Israël à l'égard de la Cisjordanie soient constamment déclarées illégales par les Nations Unies, qu'il s'agisse de l'occupation elle-même (résolution 242 du Conseil de Sécurité, 1967), de Jérusalem ou de la politique de colonisation en Cisjordanie (résolutions de l'Assemblée générale et du Conseil). La série des résolutions par lesquelles le Conseil de sécurité a par ailleurs condamné l'annexion du Koweït par l'Irak, comprenant notamment la décision de recourir à des sanctions économiques [2] et celle d'autoriser les États membres « à user de tous les moyens nécessaires » pour contraindre l'Irak à évacuer le territoire usurpé en août 1990 [3] confirme de la façon la plus éclatante l'attachement de la communauté internationale à la règle précitée. Encore aujourd'hui, cependant, il n'est pas exclu que, sous la pression des faits, les États condamnant initialement

1. *Différend maritime (Pérou c/ Chili)*, arrêt du 27 janvier 2014, § 103 s.
2. Res. 661.
3. Res. 678.

une annexion déclarée illégitime n'en viennent au bout d'un certain temps à reconnaître l'effectivité de l'occupation exercée par l'État annexant. On retrouvera plus loin, au titre de la délimitation des territoires et non plus de l'acquisition du titre juridique de souveraineté possédé par un État à leur égard, la règle de l'*uti possidetis juris* (v. ss 69). Elle a en effet été initialement constituée à propos de la transmission des frontières héritées de la colonisation. On doit cependant noter ici que la même règle est parfois aussi susceptible de jouer à l'égard de la transmission du titre de souveraineté et non pas seulement de la délimitation du territoire concerné. Acquisition d'un territoire et identification de ses frontières sont au demeurant souvent liées en pratique. Quel que soit le mode d'acquisition du titre territorial, il convient en effet de préciser l'étendue exacte de l'espace qu'il concerne. C'est l'objet de la délimitation.

§ 3. Délimitation du territoire

A. La frontière [1]

65 ***Définition*** ◇ « L'État est une corporation sédentaire à base territoriale » (Maurice Hauriou, *Principes de droit public*, Paris 1916, p. 334). Cette formule caractérise bien la conception moderne du territoire marqué par sa stabilité, laquelle implique la détermination exacte du champ d'application spatiale de la souveraineté. « Définir un territoire est définir ses frontières », ainsi que la Cour internationale de Justice l'a affirmé dans son arrêt du 3 février 1994 relatif au *Différend territorial entre la Libye et le Tchad* [2]. La définition du territoire nécessite, plus précisément, que soient fixées les frontières *terrestres*, dont l'objet est, comme l'a précisé l'arrêt du 3 février 2009, rendu en l'affaire de la *Délimitation maritime en Mer noire (Roumanie c/ Ukraine)*, de fixer « les limites territoriales de la souveraineté de l'État » [3]. Cette ligne concerne le territoire terrestre de l'État, mais aussi sa mer territoriale, qui fait partie de son territoire (v. ss 57). La frontière maritime, qui sépare le plateau continental et les zones économiques exclusives des États dont les côtes sont adjacentes ou se font face, définit seulement les limites de zones « dans lesquelles les États côtiers détiennent, en vertu du droit international, certains droits souverains à des fins précises » [4].

La frontière moderne peut être ainsi caractérisée comme « la ligne d'arrêt des compétences étatiques ». Quels que soient les procédés techniques

1. V. *SFDI*, *La frontière*, colloque Poitiers, Paris, Pedone, 1980 ; Ch. de Visscher, *Problèmes de confins en droit international public*, Paris, Pedone, 1969 ; D. Bardonnet, Les frontières terrestres et la relativité de leur tracé, *RCADI*, t. 153 ; L. Caflisch, Les frontières, limites et délimitations territoriales, *RCADI*, t. 368. ; SFDI, *Droit des frontières internationales*, Paris, Pedone, 2016.
2. *Rec.* CIJ 1994. 20 § 36.
3. § 217.
4. *Ibid.*

auxquels on recourt pour tracer la ligne frontière, qu'il s'agisse par exemple de la ligne du *thalweg* ou de la *ligne des crêtes*, on peut dire que les frontières reconnues par le droit ne sont pas naturelles, mais résultent de la conjonction de l'histoire et de la géographie. Ceci explique que chaque situation frontalière soit fortement individualisée. Il serait donc vain de tenter ici une classification des unes et des autres. Les frontières résultent la plupart du temps de compromis conventionnels négociés entre les États limitrophes sur la base de considérations essentiellement politiques [1].

66 ***Détermination de la frontière*** ◊ Elle consiste à choisir l'emplacement de la frontière et à préciser l'étendue spatiale du pouvoir étatique. C'est la *délimitation*. À cette étape, s'ajoute, pour la détermination de la ligne de partage des territoires terrestre seulement, une opération matérielle et technique de vérification et de concrétisation sur le terrain de la limite préalablement fixée. C'est la *démarcation*. Ces deux opérations sont complémentaires ; néanmoins la délimitation est prépondérante, en ce sens que c'est d'elle que résulte le tracé de la ligne divisoire que les opérations de démarcation, quand bien même elles résulteraient des travaux d'une commission mixte, n'auraient pas le pouvoir de modifier. Dans l'arrêt du 10 octobre 2002 précité, entre le Cameroun et le Nigeria, la CIJ a eu l'occasion de le redire nettement [2]. La pratique a cependant révélé qu'il pouvait y avoir des cas dans lesquels la démarcation s'était en certains endroits distinguée de la délimitation du fait d'obstacles matériels rencontrés sur le terrain. Il peut alors résulter de cette distorsion certains problèmes juridiques souvent difficiles.

Les affaires relatives au contentieux territorial, fort nombreuses, ont souvent donné lieu à la production de cartes contradictoires par les parties en présence, figurant les unes et les autres un tracé distinct de la même frontière entre deux territoires donnés. Dans une affaire jugée en 1986 par une chambre de la Cour internationale de Justice, à propos d'un différend frontalier survenu entre le Mali et le Burkina Faso, celle-ci a eu l'occasion de confirmer la solution très généralement retenue par la jurisprudence antérieure. Les cartes ne sauraient en elles-mêmes avoir valeur probatoire du titre territorial, sauf si, annexées à l'accord de délimitation dont elles constituent l'illustration, elles expriment directement la volonté commune des deux parties [3]. Cette solution a été confirmée par la CIJ dans l'affaire

1. V. la sentence rendue dans l'affaire du *Canal de Beagle* à propos du traité de limites du 23 juill. 1881 entre l'Argentine et le Chili, *ILR*, vol. 52, p. 131, § 16.

2. « Comme la Cour a eu l'occasion de le relever précédemment dans l'affaire du Différend territorial (*Jamahiriya arabe libyenne/Tchad*) (CIJ *Rec.* 1994, p. 28, § 56), « la délimitation d'une frontière consiste en sa « définition », tandis que la démarcation d'une frontière, qui suppose la délimitation préalable de celle-ci, consiste en son abornement sur le terrain » (arrêt du 10 oct. 2002, § 83).

3. Arrêt du 22 déc. 1986, *Rec.* 1986, § 54 s. Dans son arrêt rendu le 15 juin 1962, en l'affaire du *Temple de Preah Vihear*, si la Cour internationale de Justice a reconnu l'opposabilité du tracé de la frontière portée sur la carte à la Thaïlande, c'est en raison du comportement de celle-ci qui témoignait de son acceptation de la ligne frontière ainsi représentée.

opposant le Botswana à la Namibie, à propos de la possession de l'*Île de Kasikili c/ Sedudu*, dans son arrêt du 13 décembre 1999 (§ 81 s.) ; elle l'a également été dans l'arrêt d'octobre 2002 entre le Cameroun et le Nigeria.

B. Modalités de la délimitation

67 ***Caractères généraux de la délimitation*** ◊ La délimitation du territoire d'un État doit être à la fois complète et définitive. Ceci répond au caractère avant tout linéaire de la frontière moderne, comme l'a rappelé le tribunal arbitral dans l'affaire du *Lac Lanoux* [1] en rejetant la thèse de la « frontière zone » soutenue alors par l'Espagne. La stabilité et le caractère définitif de la frontière sont souvent rapportés à la préoccupation fondamentale de *sécurité juridique* qui anime l'ordre international comme tous les autres ordres juridiques [2]. La délimitation peut être opérée de trois façons distinctes, par voie unilatérale, par accord entre les États concernés, ou par intervention, sollicitée par ces mêmes États, du juge ou de l'arbitre internationaux.

68 ***Délimitation unilatérale et délimitation conventionnelle*** ◊

a) La délimitation unilatérale concerne la séparation du territoire national d'avec un espace international. Elle convient tout particulièrement aux espaces maritimes relevant de la juridiction de l'État côtier (eaux intérieures et mers territoriales, de même que plateau continental et zone économique exclusive). La délimitation de tels espaces relève en effet de la compétence *exclusive* de l'État territorial. Cependant, elle a toujours un aspect international et, ainsi que l'a dit par exemple la Cour internationale de Justice à propos des espaces maritimes : « elle ne saurait dépendre de la seule volonté de l'État riverain telle qu'elle s'exprime dans son droit interne. S'il est vrai que l'acte de délimitation est nécessairement un acte unilatéral parce que l'État riverain a seule qualité pour y procéder, en revanche, la validité de la délimitation à l'égard des États tiers relève du droit international » [3]. L'espace aérien suit latéralement les contours de l'espace terrestre et maritime (jusques et y compris la mer territoriale) ; il ne possède cependant pas de limite supérieure permettant de déterminer à quelle altitude on le quitte pour pénétrer dans un autre espace internationalisé, l'espace extra-atmosphérique.

b) La délimitation conventionnelle résulte d'un accord entre les deux souverains territoriaux limitrophes pour séparer leurs territoires respectifs, terrestres ou maritimes. (Pour avoir fait l'objet d'une élaboration

1. Sentence du 16 nov. 1957, *RSA*, vol. XII, p. 307, § 12.
2. Elle a été particulièrement affirmée par la Cour Permanente d'Arbitrage dans sa sentence du 23 oct. 1909 dans l'affaire de *Grisbadarna* : « dans le droit des gens, c'est un principe bien établi qu'il faut s'abstenir autant que possible de modifier l'état de choses existant de fait et depuis longtemps. » (*RSA*, vol. XI, p. 161). V. également CPJI, arrêt du 5 avr. 1933, affaire du *Groenland oriental*, Série A/B n° 53.
3. Arrêt du 18 déc. 1951, affaire des *Pêcheries*, *Rec.* 1951. 132.

particulière, notamment dans la jurisprudence, la délimitation maritime sera examinée ultérieurement, v. ss 648, 652 et 656-657). On s'accorde généralement à reconnaître que les traités ainsi conclus présentent un caractère *objectif*, c'est-à-dire qu'ils sont opposables à *tous* les États tiers. Il ne s'agit pas là d'une exception au principe de l'effet relatif des traités, mais d'une conséquence logique du caractère exclusif des compétences possédées par chacun pour négocier un tel accord.

69 ***Liberté de choix et principe de l'uti possidetis juris*** ◊ Les États ont le choix de retenir des données naturelles, telles qu'une ligne de thalweg, une ligne de crêtes ou la configuration des côtes. Mais ils peuvent également convenir d'une frontière entièrement artificielle. En Amérique latine, les États nouveaux ont, dès la proclamation de leur indépendance au début du XIXe siècle, adopté le principe de l'*uti possidetis juris*, en retenant comme frontières les limites administratives établies par le colonisateur. Longtemps considérée comme une règle d'application régionale, l'*uti possidetis* a été désignée dans l'affaire précitée du différend frontalier entre le Burkina Faso et le Mali comme : « un principe général logiquement lié au phénomène de l'accession à l'indépendance où qu'il se manifeste » [1]. Il a, en outre, trouvé application, en 2005, dans une autre affaire de délimitation territoriale entre deux anciennes colonies françaises de l'AOF, le Bénin et le Niger, tranchée par une Chambre de la Cour [2]. Par ailleurs, l'acte constitutif de l'Union africaine, organisation régionale des États africains succédant à l'OUA, adopté le 11 juillet 2000 à Lomé, réitère la généralité de la règle de l'*uti possidetis*. Le titre territorial doit être ainsi identifié par référence à la date de l'indépendance ; c'est elle qui constitue ce qu'on appelle la *date critique* au regard de laquelle les revendications concurrentes doivent être examinées, compte tenu du droit qui prévalait jusque-là durant la période coloniale. On peut ainsi constater l'« instantané territorial » tel qu'il existait au moment même de l'indépendance. Cette conception du principe a également fait l'objet d'une réitération, par référence à l'arrêt *Burkina Faso c/ Mali*, dans l'affaire jugée en 2005 entre Bénin et Niger [3]. Le titre territorial est ainsi défini par référence au droit colonial pertinent ; toutefois cette référence au droit colonial résulte elle-même d'une règle de droit international, constituée par le principe de *l'uti possidetis juris* lui-même [4]. Ce dernier vaut pour les délimitations administratives internes à l'ancien territoire colonial et pour celles qui résultent d'un accord passé antérieurement entre l'ancienne métropole et un autre État. L'arrêt rendu par la CIJ entre la Libye et le Tchad le 3 février 1994 à propos de leur différend territorial portant sur la bande d'Aozou précise

---

1. CIJ, *Rec.* 1986, § 20.
2. *Rec.* CIJ 2005, arrêt du 12 juill. 2005, § 23. V. A. Norodom, *AFDI* 2005. 185-204. Dans cette affaire, les parties s'étaient toutefois entendues pour que leur différend soit réglé conformément à ce principe.
3. *Ibid.* § 25.
4. V. Ph. Weckel, Chronique de jurisprudence internationale, *RGDIP* 2005/4, p. 941.

cependant qu'il est inutile de recourir au principe de l'*uti possidetis* dès lors que la délimitation frontalière est indiscutablement établie par voie conventionnelle [1]. La validité de l'*uti possidetis* a également été affirmée à l'égard des populations serbes de Croatie et de Bosnie-Herzégovine par la Commission d'arbitrage instituée dans le cadre de la Conférence pour la paix en Yougoslavie présidée par Lord Carrington [2]. L'arrêt rendu par une Chambre de la Cour internationale de Justice le 11 septembre 1992 dans l'affaire du *Différend frontalier, insulaire et maritime entre le Honduras et le Salvador* avait confirmé le caractère de principe général du droit international qui s'attache à l'*uti possidetis juris*, tout en relativisant sinon sa portée du moins ses conditions d'application ; c'est notamment le cas au regard de la notion de « date critique » à partir de laquelle (ou desquelles, puisque la Chambre en admet plusieurs) doit être examiné le legs colonial [3]. Cela l'a conduit à ne pas exclure par principe la prise en compte de l'effectivité de l'occupation, même en contradiction avec la réalité du titre juridique possédé par l'une des parties à l'égard du territoire contesté ; de même a-t-elle pris acte de l'acquiescement post-colonial de l'un des deux États aux prétentions territoriales de l'autre ; cela au risque de mettre à mal la distinction classique entre l'*uti possidetis juris* et l'*uti possidetis de facto* [4]. Dans la même affaire, la Chambre de la Cour retient que l'*uti possidetis juris* peut, en principe, s'appliquer aux possessions territoriales situées au large des côtes et aux espaces maritimes [5]. Quoiqu'ayant effectivement revêtu une importance toute particulière dans les conditions d'accès à l'indépendance des nouveaux États, le principe de l'*uti possidetis* ne peut cependant pas être assimilé à une norme impérative de droit international général ; s'ils le désirent, deux États ayant hérité des frontières léguées par leur prédécesseur peuvent librement décider d'en modifier le tracé d'un commun accord.

Dans plusieurs affaires mettant en cause l'applicabilité de l'*uti possidetis juris*, on a pu en tout cas constater qu'il était souvent malaisé de déterminer sur la base du droit colonial concerné quel était celui des deux États ayant hérité d'un titre territorial indiscutable. En particulier, dans les deux affaires africaines consécutives à l'indépendance d'anciens territoires de l'Afrique Occidentale française (AOF), (Burkina-Faso/Mali et Bénin/Niger) la puissance anciennement coloniale était chez elle pendant sa domination aussi bien d'un côté que de l'autre de la frontière ; le juge international a alors été amené à consulter les effectivités coloniales, c'est-à-dire la façon dont les autorités administratives françaises avaient non seulement réparti mais surtout fait effectivement exercer les compétences de gestion des territoires contestés entre leurs différentes

1. *Rec.* CIJ 1994. 38-40. V. M. Kohen, *RGDIP*, 1995/2, p. 301-334.
2. Avis n° 2, 11 janv. 1992, texte *in RGDIP*, 1992/1, p. 267.
3. *Rec.* 1992. 401, § 67.
4. V. commentaire M.G. Kohen, *in RGDIP*, 1993/4, p. 939.
5. CIJ, arrêt du 11 sept. 1992, § 333 et 386.

circonscriptions [1]. Toutefois, cette recherche n'est pas non plus toujours éclairante. Tel était notamment le cas dans l'affaire du différend frontalier entre le Bénin et le Niger [2]. On le voit, la relation entre titre et effectivités pourra varier d'une affaire à une autre en fonction de la solidité et de la clarté du titre. Le principe est que le titre prévaut toujours sur les effectivités, qu'il s'agisse de celles qui remontent à l'époque coloniale ou de celles intervenues postérieurement aux indépendances. Ce n'est qu'en cas de fragilité des fondements du titre ou de difficultés rencontrées dans l'apport de la preuve de son existence [3] que le recours aux effectivités pourra devenir déterminant [4]. On en trouve une illustration dans l'arrêt du 8 octobre 2007 en l'affaire du *Différend territorial et maritime entre le Nicaragua et le Honduras* dans la mer des Caraïbes à propos des petites îles et cayes situées dans la région concernée, au nord du quinzième parallèle. La Cour constate que l'on ne peut se référer à l'*uti possidetis* pour ce qui concerne l'attribution des îles entre les deux parties faute pour elles d'avoir apporté la preuve que la Couronne d'Espagne avait jadis procédé à une telle attribution [5] ; toutefois, elle parvient à la conclusion, en comparant les manifestations respectives des preuves de l'intention ou de la volonté d'agir en qualité de souverain (effectivités post-coloniales) qu'elles appartiennent bel et bien au Honduras [6].

70 ***Délimitation juridictionnelle*** ◊ Lorsqu'aucun accord n'a pu être trouvé sur une ligne de délimitation des espaces maritimes d'États dont les côtes sont adjacentes ou se font face, le différend peut être soumis à une juridiction internationale. Les juges pourront fixer eux-mêmes la frontière maritime en s'appuyant, à cette fin, sur les règles de droit international général codifiées dans la Convention de 1982 sur le droit de la mer (v. ss 652 et 657). En revanche, hormis les hypothèses d'application de la règle de l'*uti possidetis juris*, un juge ou un arbitre international ne saurait, à moins d'être investi du pouvoir de statuer *ex aequo et bono*, procéder à une délimitation *de novo* du territoire terrestre de deux États. Il ne trouverait dans le droit international général, aucune règle supplétive qui lui permettrait

1. V. arrêt *Burkina Faso c/ Mali* (1986), § 63 ; arrêt *Bénin c/ Niger*, 12 juill. 2005, § 47 ou, plus récemment *Burkina Faso/Niger*, 16 avr. 2013.
2. Arrêt du 12 juill. 2005, § 72-73.
3. Par exemple lorsque aucune des deux parties au litige ne peut produire un document colonial du type « arrêté général » français ou « cedula real » espagnole attestant l'appartenance du territoire contesté à telle ou telle circonscription territoriale ou à tel ou tel État durant la période coloniale. V. G. Distefano, *L'ordre international entre légalité et effectivité. Le titre juridique dans le contentieux territorial*, Pedone/IUHEI, 2002. 136 s.
4. Les diverses situations susceptibles d'exister entre titre et effectivités ont été efficacement synthétisées dès l'arrêt intervenu dans l'affaire du *Différend frontalier entre le Burkina-Faso et le Mali* de 1986, § 63.
5. § 158 : « L'*uti possidetis* présuppose que les autorités coloniales centrales aient procédé à une délimitation territoriale entre les provinces concernées. Ainsi, pour que le principe de l'*uti possidetis juris* puisse être appliqué, il doit au préalable être démontré que la Couronne espagnole les avait attribuées à l'une ou l'autre de ses provinces coloniales ».
6. *Ibid.* § 227.

de trancher le différend territorial sur la base du droit. En cas d'échec des négociations en vue de la détermination d'une frontière entre deux États voisins et de saisine d'un juge international ou à un arbitre [1], celui-ci devra ainsi faire reposer sa décision sur un titre territorial préexistant, « c'est-à-dire un document auquel le droit international confère une valeur juridique intrinsèque aux fins de l'établissement des droits territoriaux », comme l'a défini en 1986 la Chambre de la Cour internationale dans l'affaire *Burkina Faso c/ Mali* [2]. En pratique, de telles affaires posent toujours la question de l'*apport de la preuve du titre territorial*. Pour l'établir, les arbitres ou les juges sont généralement amenés à se référer à trois types de sources. D'une part, les actes juridiques internationaux, et en particulier les accords relatifs à la délimitation qu'ils devront interpréter ; d'autre part, les comportements actifs et passifs de chacun des deux États concernés, l'un et l'autre devant apporter le plus grand nombre de témoignages possibles de l'exercice des compétences souveraines à l'intérieur du territoire revendiqué, ou, à défaut, de la non-reconnaissance de la légalité des prétentions ou des actes de souveraineté allégués par l'autre Partie ; enfin, les comportements des États tiers, selon qu'ils confirment le caractère paisible de l'occupation d'un territoire par un des deux États, ou qu'au contraire ils ont manifesté une opposition plus ou moins marquée à son égard.

§ 4. Mutations territoriales et succession d'États [3]

71 ***Position du problème*** ◊ Les mutations territoriales sont le plus souvent apparues par vagues au XXe siècle : après la première guerre mondiale et le démantèlement des Empires turc et austro-hongrois ; puis, à partir des années cinquante, avec le mouvement de décolonisation affectant successivement les empires britannique, français et portugais ; enfin, à la faveur de la dislocation de l'Union soviétique et de la République fédérative socialiste de Yougoslavie (fin 1991) et de la disparition de la Tchécoslovaquie (31 décembre 1992) [4]. Toutes les mutations territoriales n'entraînent pas nécessairement *succession*, c'est-à-dire substitution d'une autorité étatique à une autre à l'égard d'un territoire et d'une population donnés. Dans certains cas, il y a simplement *continuation* d'un État en dépit des changements très substantiels affectant ses éléments constitutifs [5].

1. Il s'agit de la situation la plus courante dans les faits. V. P. Tavernier, Les différends frontaliers terrestres dans la jurisprudence de la CIJ, *AFDI* 2001. 137-150.
2. Préc., § 54.
3. V. B. Stern, La succession d'États, *RCADI* 1996, vol. 262, 435 p. ; P.M. Eisemann et M. Koskenniemi, *La succession d'États : la codification à l'épreuve des faits*, MNP, 2000, 1012 p.
4. V. J. Malenovsky, Problèmes juridiques liés à la partition de la Tchécoslovaquie, *AFDI* 1993. 305-336.
5. V. *Dissolution, continuation et succession en Europe de l'Est*, colloque CEDIN n° 9, Paris, Montchrestien, 1994, sous la direction de G. Burdeau et B. Stern 406 p., en particulier les interventions de R. Müllerson et B. Stern ; M. Sahovic, La reconnaissance mutuelle entre les Républiques de l'ex-Yougoslavie, *AFDI* 1996. 228-233.

Les mutations étatiques susceptibles d'intervenir sont diverses : a) *réunion* de plusieurs États en un seul comme ce fut le cas de la République démocratique allemande et de la République fédérale d'Allemagne le 3 octobre 1990 ; b) création d'un nouvel État, comme à la suite de la plupart des décolonisations ; c) *scissions ou dislocations* d'États, respectivement illustrées par la création de l'Érythrée issue de l'Éthiopie (27 avril 1993) [1] ou par l'apparition des différentes républiques anciennement réunies dans l'ancienne Yougoslavie (disloquée en 1991). Dans aucun de ces cas, il n'y a pas eu disparition des composantes étatiques (population, territoire, gouvernement) mais seulement réorganisation de chacune d'entre elles selon un agencement nouveau.

La plupart de ces mutations interviennent dans un contexte politique complexe. Les problèmes techniques posés par la substitution d'un ordre juridique à un autre sont le plus souvent abordés sans esprit de système, dans un sens généralement pragmatique. La question proprement juridique de savoir dans quelle mesure l'État successeur hérite des droits et des obligations de l'État prédécesseur ne reçoit dès lors pas de réponse de principe. Ni le principe de la table rase, favorisé par les États issus de la décolonisation parce qu'il les affranchissait des obligations de la puissance coloniale, ni celui de la continuité absolue (transfert intégral des obligations du prédécesseur au successeur) ne trouvent d'application sans partage. Les problèmes de succession font en effet le plus souvent l'objet d'ajustements spécifiques, décidés par voie conventionnelle entre le prédécesseur et le successeur, ou, le cas échéant, le successeur et les autres États intéressés. Il est donc extrêmement difficile de dégager des règles générales, applicables à toutes les situations.

L'organe de codification du droit international aux Nations Unies, la CDI, s'est cependant attaqué à partir de 1967 à la tâche ingrate de codifier les règles applicables en la matière. Ses travaux, commencés en 1967, ont abouti à l'adoption de deux conventions distinctes. La première a été signée à Vienne le 22 août 1978. Elle porte sur la succession en matière de *traités* [2]. La seconde a soulevé beaucoup plus de difficultés, en raison notamment de l'affrontement très net des thèses défendues, d'une part, par les pays en développement, dont la majorité est issue de la décolonisation et possède ainsi une expérience plus récente et parfois douloureuse des problèmes posés par la succession d'États, et, d'autre part, celles que soutiennent plus traditionnellement les pays occidentaux. On est finalement parvenu à l'adoption, toujours à Vienne, d'une nouvelle convention, le 8 avril 1983. Seul le premier de ces deux traités est en vigueur. En outre, l'un comme l'autre ayant été conçu sans doute trop étroitement à partir des situations issues de la décolonisation, la question persiste de savoir quel est le décalage qui existe entre les règles codifiées et la coutume

1. V. R. Goy, L'indépendance de l'Érythrée, *AFDI* 1993. 337-356.
2. P. Pazartis, *La succession d'États aux traités multilatéraux à la lumière des mutations territoriales récentes*, Paris, Pedone, 2002, 240 p.

internationale. Les événements consécutifs à la dissolution de l'ancienne République fédérative de Yougoslavie et à celle de l'ex-URSS ont fourni des renseignements utiles sur la pratique internationale la plus contemporaine en la matière [1].

– S'agissant du cas yougoslave, la Commission d'arbitrage instituée dans le cadre de la Conférence pour la paix en Yougoslavie [2] a eu l'occasion, dans son avis n° 9 du 4 juillet 1992, de se prononcer sur les règles relatives à la succession d'États entre la République fédérative de Yougoslavie et les nouveaux États issus de sa dissolution. Elle a indiqué prudemment que « dans leurs négociations à cette fin, ces États doivent s'efforcer d'arriver à un résultat équitable en se fondant sur les principes dont s'inspirent les Conventions de Vienne de 1978 et de 1983 et sur les règles pertinentes du droit international coutumier », en tenant pleinement compte de « l'égalité de droits et de devoirs entre les États au regard du droit international ».

– En ce qui concerne la succession de l'ex-URSS, trois cas au moins doivent être distingués : a) En premier lieu, celui des États baltes (Estonie, Lituanie, Lettonie) dont l'intégration à l'URSS avait été acquise en 1940 par cette dernière en violation du droit international (pacte secret germano-soviétique) ; leur disparition n'ayant jamais été totalement admise par le reste de la communauté internationale, ils ont été considérés comme continuateurs des trois États existants avant 1940 plus que successeurs de l'URSS, même si un certain nombre de problèmes de succession, notamment aux dettes et aux traités ont dû faire l'objet de règlements spécifiques. b) La Fédération de Russie a quant à elle été considérée par tous les États succédant à l'URSS comme par les autres comme continuant directement la personne de l'ancienne Union soviétique ; on en retrouve le témoignage au sein des organisations internationales, et, plus spécialement, du Conseil de sécurité des Nations Unies dont elle est restée membre permanent sans aucune procédure particulière. c) Les autres républiques, dans la mesure où elles n'étaient pas déjà des sujets de droit international (ce qui était le cas pour l'Ukraine et la Biélorussie) sont quant à elles de véritables successeurs de l'URSS. Les principes de la succession ont été jetés par la Déclaration d'Alma-Ata du 21 décembre 1991, adoptée par le Conseil des Chefs d'État de la Communauté des États Indépendants. Organisme international de coopération regroupant la Fédération de Russie et les autres États de l'ancienne URSS moins les pays baltes, la CEI a été créée par l'accord de Minsk du 13 décembre 1991 [3]. La règle générale adoptée dans la déclaration d'Alma-Ata consiste dans le maintien par tous les États successeurs de liens juridiques internationaux engageant antérieurement l'Union soviétique.

1. V. M. Bothe et Ch. Schmidt, sur quelques questions de succession posées par la dissolution de l'URSS et celle de la Yougoslavie, *RGDIP* 1992/4, p. 811-842.
2. V. ss 539.
3. V. S.A. Voitovich, The Commonwealth of Independent States : An Emerging Institutional Model, *JEDI* 1993, n° 3, p. 403-418.

Trois enseignements peuvent être notamment tirés des expériences d'Europe de l'Est : a) Le premier concerne la continuation d'État. Il démonte qu'en la matière, la prétention à la continuation d'un État au-delà des mutations qui l'affectent n'a de chance de réussir qu'avec l'assentiment des États tiers. Ces derniers l'ont encouragée dans le cas Union soviétique/Russie, parce que les intérêts politiques, stratégiques et juridiques de tous l'exigeaient. En revanche, l'aspiration de la nouvelle Yougoslavie (ne regroupant en réalité que la Serbie et le Monténégro) à continuer l'existence de la République socialiste fédérative de Yougoslavie s'est heurtée au refus des États tiers, qui n'ont voulu voir dans cette situation qu'un cas de succession d'États, ainsi qu'il a du reste été confirmé par la Commission d'arbitrage précitée [1] ; b) Le second enseignement concerne le sort des deux conventions des Nations Unies en la matière. Elles sont apparues largement déphasées par rapport à la pratique récente ; de plus, on est loin de pouvoir considérer qu'elles soient généralement déclaratoires de coutumes internationales en la matière et leur entrée en vigueur paraît improbable. Pour autant, elles ont très souvent servi d'utiles points de repère, pour inspirer ou, à tout le moins, aider à définir la pratique des États, qu'elle choisisse de s'écarter de leurs dispositions ou de s'en inspirer directement. La rédaction des avis de la Commission d'arbitrage pour l'ancienne Yougoslavie précitée est à cet égard topique. Ces conclusions ont été confirmées par plusieurs études systématiques de cette pratique récente, soumise à des analyses particulièrement nombreuses et détaillées [2]. c) Ce même organe a eu également l'occasion de dégager l'un des rares principes généraux applicables en matières de succession : celui de parvenir, par voie d'accord et de concertation, à un résultat « équitable entre les États intéressés à la succession » [3].

72 ***Mutation révolutionnaire et succession de gouvernements*** ◊ Un problème spécifique qu'il convient de distinguer de la matière ici traitée concerne la question suivante : à la suite de changements politiques majeurs, souvent liés à des événements révolutionnaires, le nouveau gouvernement d'un État préexistant doit-il succéder aux droits et obligations de son prédécesseur ? La réponse est positive, en vertu de l'application du principe de la *continuité de l'État* nécessaire à la sécurité juridique des relations internationales. Ainsi, même issu d'une révolution, le nouveau gouvernement d'un même État se doit-il en principe de respecter les engagements internationaux contractés par les autorités antérieures [4].

---

1. Avis 9 et 10 ; v. *AFDI* 1992. 230.
2. V., en particulier, P.M. Eisemann, Bilan de recherches, La succession d'États : la codification à l'épreuve des faits, Académie de droit international de La Haye, Centre d'études et de recherches, MNP, 1996. 17-88, partic. p. 85-88 ; M. Koskenniemi, *ibid.* p. 89-169 ; V. Degan, La succession d'États en matière de traités et les États nouveaux (issus de l'ex-Yougoslavie), *AFDI* 1996. 206-228 ; A. Kolliopoulos, L'accord du 29 juin 2001 portant sur des questions de succession entre États issus de la dissolution de l'ex-Yougoslavie, *AFDI* 2001. 163-185.
3. V. avis n° 13, commentaire A. Pellet, *AFDI* 1993. 296.
4. V. la sentence rendue dans l'affaire *Tinoco, Grande-Bretagne c/ Costa Rica*, 18 oct. 1923, *RSA*, vol. I, p. 369.

D'une façon plus générale, la substitution d'un État à un autre dans la responsabilité des relations internationales d'un territoire pose fondamentalement *trois* ordres de question. En premier lieu, la succession affecte directement la condition des particuliers sis sur ce territoire. En second lieu, elle a une incidence directe sur le droit public interne applicable dans le territoire concerné. Enfin, la succession d'États a un certain nombre d'incidences sur l'ordonnancement juridique international, particulièrement sur la relation du nouvel État avec les autres.

A. Succession d'États et condition des particuliers [1]

73 ***Expression de la volonté des populations concernées*** ◊ En cas de mutation territoriale, l'État successeur donne en principe sa nationalité aux habitants du territoire faisant l'objet de la succession. Cependant, dans l'intérêt des populations concernées, deux institutions ont été établies, l'une collective, le *plébiscite*, l'autre individuelle, le *droit d'option*.

Le premier consiste dans la consultation de toute une collectivité sur l'autorité dont elle souhaite relever, les habitants du territoire cédé étant ainsi appelés à se prononcer pour savoir s'ils acceptent ou non l'annexion. Ses premières applications commencèrent avec la Révolution française lors de l'annexion par la France du Comtat Venaissin et d'Avignon (1791), de la Savoie, de Mulhouse, du Hainaut et de la Rhénanie (1792). Il fut fréquemment pratiqué au milieu du XIXe siècle, en relation avec l'application du principe des nationalités de même que, à la suite du premier conflit mondial, en application de plusieurs clauses du Traité de Versailles. L'institution devait par la suite prendre la forme du référendum d'autodétermination, considéré notamment par les Nations Unies comme le moyen le plus direct d'expression du droit des peuples à disposer d'eux-mêmes ; tel fut le cas de celui du 22 décembre 1974 organisé par la France à l'égard du territoire des Comores, dont les populations se sont prononcées pour l'indépendance, à l'exception de celle de l'Île de Mayotte.

Le droit d'option se présente, quant à lui, comme la faculté concédée aux habitants du territoire transmis de choisir dans un délai déterminé entre la nationalité de l'État prédécesseur et celle de l'État successeur. Des applications fréquentes en ont été faites par les traités de paix consécutifs aux deux conflits mondiaux. Il a également été ménagé par les accords d'Évian, organisant en 1962 l'accession de l'Algérie à l'indépendance. Mais le problème le plus difficile qui s'est posé, dans ce cas comme dans la plupart des autres, est celui du respect des *droits acquis* par les particuliers, en application des règles du droit interne de l'État prédécesseur.

1. C. Économides, Les effets de la succession d'États sur la nationalité des personnes physiques, *RGDIP* 1999/3, p. 577-599.

74 ***Le problème des droits acquis*** ◊ Il s'agit d'une des difficultés majeures engendrées par les mutations territoriales et produites par la coexistence de deux ordres juridiques successifs. En effet, dès qu'il y a changement de souveraineté, l'ordre juridique nouveau s'applique immédiatement. Quelle limite le droit international pose-t-il alors à l'exercice des compétences de l'État nouveau à l'égard des droits des particuliers ? Une distinction doit être faite entre les *droits publics* acquis avant le changement de souveraineté (droit à la nationalité, droit électoral, droit des fonctionnaires aux pensions de retraite, droits sociaux) lesquels échappent à la règle du respect et ne sont donc pas opposables à l'État successeur, et les *droits privés*, que le changement de souveraineté laisse en principe intacts. Sont ainsi protégés tous les droits de propriété corporelle et incorporelle régulièrement dévolus à une personne physique ou morale et susceptibles d'évaluation pécuniaire : droits personnels d'origine contractuelle et droits réels proprement dits. La règle a notamment été affirmée par la CPJI dans l'affaire des intérêts allemands en Haute Silésie polonaise [1] ainsi qu'à propos de l'expropriation de l'usine de Chorzow par la Pologne, affaire dans laquelle la Cour a jugé que la méconnaissance par un État du principe des droits acquis était de nature à engager sa responsabilité internationale [2].

Un problème particulier se pose pour les concessions, en raison de leur nature mixte, puisqu'elles présentent à la fois un caractère de droit public au regard de l'autorité concédante, et un caractère de droit privé à l'égard du concessionnaire. La Cour permanente de Justice internationale a étendu aux contrats de concessions du service public le principe du respect des droits acquis, notamment dans l'affaire *Mavrommatis* [3]. Parvenus à l'indépendance, les pays en développement devaient vigoureusement critiquer ce principe, à la fois parce qu'il méconnaîtrait la règle fondamentale du consensualisme, en vertu de laquelle on ne saurait imposer à un contractant une obligation à laquelle il n'a pas lui-même consenti, et parce qu'elle paraît difficilement compatible avec la maîtrise des leviers de l'économie nationale dans beaucoup de ces pays, où les sociétés privées étrangères ont acquis des intérêts concernant parfois des pans entiers de l'économie nationale. C'est la raison pour laquelle le rapporteur spécial de la CDI avait préconisé la thèse d'après laquelle l'État successeur n'est pas lié par les droits acquis reconnus par l'État prédécesseur et ne peut être obligé de les respecter que s'il les avait librement acceptés.

Sans admettre cette thèse dans ses développements les plus extrêmes, la pratique manifeste que l'on s'accorde en tout cas aujourd'hui à reconnaître le droit de tout État à la nationalisation des biens privés étrangers,

---

1. Arrêt du 25 mai 1926, série A n° 7, p. 20-21.
2. Arrêt du 26 juill. 1927, série A n° 9, p. 27-28.
3. Arrêt du 26 mars 1925, série A n° 5, p. 46-47. Solution confirmée dans l'affaire franco-hellénique des phares, série A/B n° 62, p. 25 et sentence arbitrale du 24 juill. 1956, *RSA*, vol. XII, p. 155-257.

du moins pour des motifs d'intérêt public [1]. Ce droit est cependant assorti d'une obligation, celle d'indemnisations adéquates « conformément aux règles en vigueur dans l'État qui prend ces mesures dans l'exercice de sa souveraineté et en conformité du droit international » [2].

La situation actuelle du droit international positif en la matière présente quoi qu'il en soit une certaine marge d'incertitude : d'une part, en effet, le principe des droits acquis y a manifestement cédé largement du terrain devant l'affirmation de la souveraineté de chaque peuple et de chaque État sur ses richesses et ses ressources naturelles. D'autre part, cependant, les pays en développement, à la suite notamment des nombreuses difficultés contentieuses causées par la vague des nationalisations de biens étrangers, particulièrement au cours de la décennie des années soixante-dix, sont amenés à revenir à des vues plus pragmatiques. Ceci vaut notamment en ce qui concerne les conditions du *calcul des indemnisations* dues en cas d'expropriation des biens privés étrangers, dont le fondement juridique se trouve précisément dans la remise en cause des droits acquis antérieurement.

B. Succession d'États et droits publics internes

75 ***Succession au domaine public*** ◊ La pratique internationale confirme que l'État nouveau succède aux biens publics de l'État démembré. Le principe fut affirmé par la CPJI [3]. La Convention de Vienne du 8 avril 1983 admet, aux articles 10 et 11, le passage sans compensation à l'État successeur des biens d'État de l'État prédécesseur, dont on a encore vu une illustration à l'article 21 du traité du 31 août 1990 relatif à l'établissement de l'unité allemande. Encore convient-il de distinguer suivant les diverses catégories de biens affectés par la mutation territoriale :

a) en ce qui concerne les dépendances du domaine public, la pratique internationale admet la succession de l'État nouveau aux biens de l'État prédécesseur. La question s'est surtout posée lors des règlements territoriaux de 1919. D'après les dispositions des traités de paix [4], les États alliés auxquels étaient transférés des territoires appartenant antérieurement à l'une des puissances vaincues acquéraient tous les biens et propriétés d'État situés sur le territoire cédé [5] ;

b) le transfert des archives, bien que leur caractère public ne soit pas niable, a suscité parfois des complications. Il a cependant toujours été admis que la propriété des archives conservées par l'administration locale

1. Différentes sentences arbitrales vont en ce sens, dont en particulier celle rendue dans l'affaire *Texaco*, *JDI* 1977. 370.

2. Résolution 1 803-XVII de l'AGNU, *GTDIP* n° 57.

3. Arrêt du 15 déc. 1933 dans l'affaire de l'*Université Peter Pazmany* entre la Hongrie et la Tchécoslovaquie et la Cour y a même vu le principe de droit commun de la succession d'État à État.

4. Art. 256 du Traité de Versailles, art. 208 du Traité de Saint-Germain.

5. V. V. Degan, Continuation et succession en matière de biens d'État et d'équipements collectifs, *in* Colloque CEDIN n° 9, *op. cit.*, p. 273-303.

suit le sort du territoire et est ainsi transférée avec celui-ci à l'État annexant. L'article 23 de la Convention de Vienne du 8 avril 1983 consacre le principe du transfert sans compensation des archives d'État à l'État successeur.

D'une façon générale, cette convention ne prétend qu'à établir des règles de caractère supplétif, se contentant de fixer quelques directives que les accords particuliers conclus entre les États intéressés pourront préciser et détailler cas par cas dans le double respect de la souveraineté permanente de chaque peuple sur ses richesses et ressources naturelles (art. 15, § 4), et, en ce qui concerne les archives d'État, du droit des peuples au développement, à l'information sur leur histoire et à leur patrimoine culturel (art. 28, § 7). L'un des traits caractéristique de cette convention est la volonté de protéger l'État nouvellement indépendant, qu'elle affirme en droit de revendiquer un sort plus favorable que les autres États successeurs.

76 ***Succession aux dettes publiques*** ◊ Cette question se pose dans des hypothèses très variées, rendues complexes par la diversité des intérêts en présence. Dans le cas de disparition complète d'un État, il y a lieu de concilier les intérêts des créanciers de l'État disparu, porteur des titres de la dette, ceux des contribuables habitant le territoire annexé et ceux des contribuables habitant le territoire annexant. Si le démembrement se produit au profit de plusieurs États annexants, le problème se complique puisqu'il y a à déterminer la portion de dette à mettre à la charge des contribuables de chacun des États copartageants avec ou sans solidarité.

Dans le cas d'annexion partielle, le même problème se pose mais à une échelle plus réduite, sous forme d'une répartition des charges à opérer entre les deux États en présence. En l'absence de dispositions conventionnelles telles que celles qui figuraient par exemple dans le Traité de Francfort de 1871 concernant la cession de l'Alsace-Lorraine à l'Allemagne, on distingue les dettes d'État et les dettes publiques. Les dettes d'État sont celles qui ont été contractées dans l'intérêt général de la collectivité installée sur le territoire ayant fait l'objet de la succession. Il est admis que l'État successeur prend à sa charge une partie de la dette publique générale alors qu'il assume l'intégralité des dettes localisées, c'est-à-dire celles qui ont été contractées dans l'intérêt exclusif du territoire cédé. Pour sa part, l'article 23 du traité précité relatif à l'unité allemande (1990) (v. ss 63) confie la gestion de la dette totale du budget national de la RDA à un patrimoine spécial, placé sous la responsabilité du ministre fédéral des Finances.

La convention de codification de 1983 confirme le caractère nettement progressiste des solutions qu'elle consacre. En effet, ses articles 37 à 41 établissent une dualité de normes, suivant que la succession concerne ou non des États nouvellement indépendants. La règle générale est bien celle de la transmission de la dette publique à l'État successeur « dans une proportion équitable compte tenu notamment des biens, droits et intérêts qui passent à l'État successeur en relation avec cette dette d'État ». Mais, en ce qui concerne les États issus de la décolonisation « aucune dette d'État de l'État prédécesseur ne passe à l'État nouvellement indépendant » (art. 38) sauf accord exprès de celui-ci. Il est cependant fort difficile de considérer que cette disposition reflète l'état actuel du droit coutumier, tel notamment qu'il est admis par les pays occidentaux.

La Commission d'arbitrage de la Conférence internationale pour l'ancienne Yougoslavie a été amenée à examiner la question, très complexe en pratique, du partage des actifs et passifs de l'ancienne Yougoslavie entre les nouveaux États issus de sa dislocation (avis 14 et 15). En application du principe général de la bonne foi, elle n'a pu que rappeler la nécessité pour les parties en présence de s'efforcer d'aboutir par voie d'accord à une solution équitable [1].

En ce qui concerne la succession aux dettes extérieures de l'URSS [2] un « mémorandum d'accord » a été conclu entre les douze États successeurs de l'Union soviétique (sans les États baltes) en présence de représentants des États membres du G7 (sommet des Sept pays les plus industrialisés) le 28 octobre 1991. Il instaure un système simple, celui de la responsabilité solidaire de tous les États parties pour l'ensemble de la dette soviétique. Chacune des républiques concernées se trouve de ce fait débitrice pour le montant intégral de la dette, cet engagement devait être consolidé par l'accord du 4 janvier 1992 sur le différé de la dette de l'URSS ; devant la lourdeur de la charge ainsi représentée pour les plus petits États, la Russie a conclu avec eux des accords en fonction desquels ils renoncent à toute réclamation portant sur les biens de l'ancienne Union en échange d'une prise en charge de leur dette par la Russie. La gestion de cette dette a été assurée par la Banque du Commerce extérieur de l'URSS, agent commun à tous les débiteurs, maintenu à cette fin. Les problèmes ont été cependant nombreux, en particulier avec l'Ukraine.

C. Succession d'États et ordre juridique international

77 ***La succession aux traités*** ◊ On a jusqu'ici examiné les problèmes posés par la succession *à l'intérieur même* du territoire concerné par la transmission de souveraineté. Il s'agit maintenant d'examiner les questions soulevées par la substitution d'un souverain territorial à un autre dans les relations juridiques de celui-ci *avec les autres sujets* de l'ordre international.

La première question qui se pose est celle de savoir dans quelle mesure l'État successeur est lié par les obligations conventionnelles contractées par l'État prédécesseur en sa qualité de souverain du territoire concerné par le transfert. La convention de 1978 a été intégralement consacrée à cette question, mais elle n'est ratifiée que par vingt-deux États. On est

1. V. A. Pellet, *AFDI* 1993. 299-303.
2. V. P. Juillard, La dette extérieure de l'ancienne Union soviétique : succession ou continuation ? *in* Colloque CEDIN n° 9, *op. cit.*, p. 201-225.

donc contraint de distinguer les règles reflétant en principe le droit coutumier actuel de celles qui ont été consacrées par cette convention, dont la part de « développement progressif » du droit est indéniable.

a) En ce qui concerne le droit coutumier, toujours susceptible d'être écarté par des conventions particulières, on peut en premier lieu constater que la pratique internationale consacre le principe de l'*intransférabilité des traités politiques*, tels que les traités d'alliance militaire, les conventions relatives à un statut de neutralité, ou encore celles prévoyant une assistance mutuelle entre deux États. Il est cependant parfois difficile de déterminer la nature politique d'un traité, notamment pour les traités d'extradition.

À l'inverse, certains traités sont coutumièrement considérés comme maintenus en vigueur. C'est en particulier le cas des *traités territoriaux*, concernant la fixation de la frontière ou le régime des voies de communication, précisément parce qu'ils concernent l'espace ayant fait l'objet du transfert. Cette règle de succession aux traités territoriaux confirme le caractère général du principe de l'*uti possidetis*, au cas, particulièrement, où la transmission concerne une situation de décolonisation [1].

Par ailleurs, les traités conclus dans l'intérêt général de la communauté internationale, qu'on appelle indûment « traités-lois », sont également transférables, de l'État prédécesseur à l'État successeur. Les difficultés les plus fréquentes ont surgi à propos des situations de décolonisation. Différentes solutions ont alors été retenues : soit que l'on pratique purement et simplement le système de la table rase, d'après lequel aucune succession n'est assumée à l'égard des traités antérieurs, à l'exception toutefois des traités territoriaux, soit que l'on s'accorde un temps de réflexion, au-delà duquel les traités sont considérés comme éteints sauf confirmation expresse par l'État successeur, soit encore que l'on pratique la succession sous réserve d'un réexamen ultérieur, auquel cas les traités sont maintenus en vigueur sauf dénonciation expresse, cas par cas. Dans l'Ordonnance en mesures conservatoires prise par la CIJ le 8 avril 1993 à la demande de la Bosnie-Herzégovine dans l'affaire relative à l'application de la convention pour la prévention et la répression du crime de génocide, la Cour a constaté la validité des déclarations unilatérales respectives de la Bosnie et de la nouvelle Yougoslavie (Serbie/Monténégro) par lesquelles chacun des deux États affirmait sa volonté de succéder aux engagements internationaux souscrits par la République fédérative de Yougoslavie ; or celle-ci était partie à la convention sur le génocide (*GTDIP* n° 14) [2]. Elle a confirmé cette solution en 1996 [3], puis, en 2008, dans son arrêt sur les exceptions préliminaires dans la seconde affaire *Application de la convention pour la prévention et la répression du crime de génocide*, opposant la Croatie à la Serbie [4].

---

1. V. cependant, pour le cas des pays baltes, R. Müllerson, Colloque CEDIN n° 9, *op. cit.*, p. 30-33.

2. *Rec.* 1993. 16-17, § 21 à 26.

3. Arrêt sur les exceptions préliminaires du 11 juill. 1996, *Application de la convention pour la prévention et la répression du crime de génocide (Bosnie-Herzégovine c/ Yougoslavie)*, § 17.

4. Arrêt du 18 nov. 2008, § 23 s.

L'expérience récente en Europe de l'Est a nettement confirmé la tendance des États successeurs en faveur de la succession aux traités en matière de droits de l'homme et de désarmement. Pour sa part, le Comité des droits de l'homme (v. ss 218) a considéré dès avril 1993 que tous les peuples placés sur le territoire d'un ancien État partie au Pacte sur les droits civils et politiques des Nations Unies conservaient le droit de bénéficier des garanties énoncées par le Pacte. Cette prise de position visait en particulier une série d'États comme l'Arménie, la Géorgie, le Kazakhstan, le Kirghizistan ou le Tadjikistan (anciennes républiques fédérées de l'URSS) ou les États issus de l'ancienne Yougoslavie socialiste. En 1996, dans le cadre de l'affaire relative à l'application de la convention pour la prévention et la répression du crime de génocide déjà citée, mais, cette fois, au stade de l'examen des exceptions préliminaires, la Bosnie a invoqué devant la CIJ l'existence d'une règle coutumière de succession automatique aux traités relatifs à la protection des droits de l'homme. Elle invoquait notamment en faveur de cette thèse les considérations précitées du Comité des droits de l'homme de 1993 ainsi que la pratique récente [1]. Cette position était contestée par la Yougoslavie (Serbie-Monténégro). Se contentant prudemment d'observer qu'en tout état de cause, la Bosnie-Herzégovine pouvait invoquer la convention sur le génocide puisqu'elle y était partie à la date de sa requête, la Cour n'a pas voulu contribuer à la consolidation définitive de la règle coutumière invoquée par la Bosnie [2]. Elle ne l'a pas davantage accepté en 2008 dans son arrêt précité sur les exceptions préliminaires dans l'affaire Croatie-Serbie [3]. On peut, quoi qu'il en soit, estimer qu'elle constituerait au plus une exception à l'absence d'une règle générale de succession automatique aux conventions multilatérales. En effet, si l'on se place d'un point de vue plus général que celui des conventions relatives aux droits de l'homme, le principe de continuité énoncé à l'article 34.1 de la Convention de Vienne de 1978 reste en pratique beaucoup trop rigide pour être appliqué sans des exceptions ou aménagements pratiques établis cas par cas [4]. Ceci interdit tout à fait qu'on y voie l'expression fidèle d'une règle coutumière, applicable en tous les domaines. On peut, là encore, déplorer que la Cour internationale de Justice n'ait pas voulu saisir une

1. V. M. Kamminga, State Succession *in* Respect of Human Rights Treaties, *EJIL*, 1996/4, p. 469-484. L'auteur conclut après l'analyse de la pratique récente que la continuation de ce type de traités se produit *ipso jure* ; selon cette interprétation, pour que la continuation s'effectue, l'État successeur n'a ainsi même pas l'obligation de notifier son intention de succession à toutes les obligations relatives aux droits de l'homme souscrites par l'État prédécesseur (et ceci aux conditions que ce dernier avait lui-même déterminées, ce qui inclut les éventuelles réserves de cet État aux traités concernés) *(op. cit.* p. 482). Il semble toutefois que la confirmation de la succession du nouvel État à son prédécesseur par notification au dépositaire de la convention concernée soit de pratique courante.

2. V. le commentaire de S. Maljean-Dubois, *AFDI* 1996. 357-386, particulièrement p. 370-372.

3. Arrêt du 18 nov. 2008, § 101.

4. Comparer R. Müllerson (Colloque CEDIN n° 9, *op. cit.* p. 35-38) et H. Bokor-Szego (p. 54-56). V. aussi G. Guillaume, l'unification allemande. Succession aux traités et droit communautaire, *Mélanges Boulouis*, p. 311-324.

nouvelle occasion qui lui était donnée de le rappeler, dans une affaire jugée en 1997 [1]. Cette même affaire lui a en revanche permis de redire que les droits et obligations de caractère territorial établis par un traité ne sont pas affectés par une succession d'État, règle qu'au demeurant aucune des parties au litige ne contestait en elle-même [2].

En ce qui concerne la succession aux traités conclus par l'ex-Union soviétique, on sait que la Déclaration d'Alma-Ata adoptée par les États membres de la CEI le 21 décembre 1991 a posé le principe général de la succession de ces États aux engagements internationaux souscrits par l'ancienne Union. La pratique ultérieure a confirmé cette attitude, aussi bien de la part de la Fédération de Russie que des autres États concernés. Dans le domaine particulièrement important de l'application des engagements soviétiques en matière de désarmement antérieurement conclus avec les États-Unis à propos des missiles à longue portée (accords START), un Protocole sur la limitation des armements stratégiques a été conclu entre la Biélorussie, le Kazakhstan, la Russie, l'Ukraine et les États-Unis à Lisbonne, le 23 mai 1992, aux termes duquel les Républiques anciennement soviétiques « assument les obligations de l'ex-URSS aux termes du Traité (art. 1 ; *GTDIP* n° 48).

b) La Convention de Vienne de 1978 codifie pour une large part les principes coutumiers précités. C'est ainsi notamment qu'elle confirme, à ses articles 11 et 12, le fait que la succession d'État n'affecte pas les régimes de frontière et autres régimes territoriaux. En revanche, elle insiste sur l'affranchissement des États nouvellement indépendants à l'égard des obligations conventionnelles contractées par l'État prédécesseur en favorisant dans toute la mesure du possible la solution de la table rase. C'est ainsi qu'en ce qui concerne les conventions multilatérales, celles-ci ne sont pas en principe transmissibles au nouvel État, sauf si ce dernier opère une notification de succession. De tels principes, très favorables à l'État nouveau, sont en revanche peu respectueux de la volonté des autres parties aux conventions multilatérales.

À propos des cas d'unification ou de séparation d'États, la Convention de 1978 (articles 31 s.) prévoit divers aménagements aux règles précédentes, rendus nécessaires par le caractère particulier de telles situations successorales. Le principe du maintien en vigueur des conventions à l'égard de l'État successeur y demeure cependant la règle générale [3].

---

1. *Projet Gabcikovo-Nagymaros, Hongrie c/ Slovaquie*, 25 sept. 1977, § 123.
2. *Ibid.* § 123.
3. Pour sa part, le traité d'unification allemande du 31 août 1990 établit l'application des traités de la RFA à la partie orientale, mais soumet les conventions conclues par la RDA à un réexamen avec ses cocontractants (art. 11 et 12). On notera que l'article 12 du traité d'union fixait un certain nombre de critères de réexamen des traités auxquels la RDA était partie, afin de déterminer, en concertation avec les cocontractants de la RDA, si l'Allemagne unie y succéderait ou non. Parmi ces critères, le respect des engagements souscrits par la RFA, celui des compétences de la Communauté européenne mais aussi d'un ordre fondamental libéral, démocratique et d'État de droit. L'Allemagne n'a par ailleurs pas remplacé la RDA comme

78 ***Succession d'États et responsabilité internationale*** ◊ Le principe général découlant des règles gouvernant l'imputabilité des actes illicites internationaux est celui de la non-transmissibilité de la responsabilité de l'État prédécesseur à l'État successeur [1]. L'État auteur de l'acte est le seul responsable, ce qui ne pose de véritable problème que lorsqu'il a disparu. Une exception est toutefois constituée par le cas dans lequel un État a manifesté qu'il entendait succéder aux droits et obligations de l'État prédécesseur dans un domaine déterminé. Dans cette hypothèse, l'État considéré sera tenu de réparer les dommages causés par son prédécesseur. C'est ce que la CIJ a constaté à propos de la Slovaquie, dans l'arrêt relatif au *Projet Gabcikovo-Nagymaros* précité. Dans le compromis sur la base duquel la Cour était saisie par les deux pays, la Slovaquie déclarait en effet vouloir succéder aux droits et obligations de la Tchécoslovaquie à propos d'un vaste projet de barrages en travers du Danube, à construire conjointement avec la Hongrie sur la base d'un traité conclu entre les deux États en 1977 (arrêt du 25 septembre 1997, § 151). Cette succession avait au demeurant été également acceptée par la Hongrie.

En ce qui concerne le droit de la protection diplomatique (v. ss 485) le principe est que l'État successeur ne peut faire valoir les prétentions d'un ancien ressortissant de l'État prédécesseur à l'encontre d'un État tiers [2].

Une fois définis les caractères juridiques de cette assise spatiale de la souveraineté qu'est le territoire, à travers ses constantes et ses mutations, il convient à présent d'étudier les *attributs* de cette souveraineté.

SECTION 3. LES ATTRIBUTS DE LA SOUVERAINETÉ

79 ***Introduction*** ◊ Ainsi qu'on l'a déjà dit, la souveraineté constitue l'apanage de l'État. Sa possession entraîne automatiquement pour son titulaire une conséquence directe, celle de lui conférer une identité corporative à l'intérieur de l'ordre juridique international. C'est ce que l'on désigne en disant que l'État possède la *personnalité juridique internationale*. En réalité, autant qu'attribut de la souveraineté, on pourrait dire que cette personnalité lui est quasiment consubstantielle tant l'une et l'autre sont indissociables : pas d'État souverain sans personnalité juridique internationale. Ceci, on

membre d'une organisation internationale si elle n'en était pas déjà membre elle-même. V. l'analyse très détaillée de D. Papenfuss, Les traités internationaux de la RDA dans le cadre de l'unité allemande, une contribution pragmatique au problème de la succession d'États en matière de traités internationaux, *AFDI* 1995. 207-244.

1. Tribunal arbitral franco-hellénique, affaire des phares, sentence du 24 juill. 1956, *RSA*, vol. XII, p. 161.

2. CPJI, affaire du *Chemin de fer de Panevezys Saldutiskis*, entre l'Estonie et la Lituanie, arrêt du 23 févr. 1939, série A/B, n° 76, p. 16-17.

le verra ensuite, vaut également à l'État la possession d'un faisceau de compétences, réglementées par le droit international.

§ 1. Personnalité internationale de l'État

80 ***Définition*** ◊ La personnalité internationale de l'État signifie deux choses : en premier lieu, qu'il constitue un *corps*, distinct de chacun de ses éléments constitutifs et plus particulièrement des différents organes entre lesquels est réparti l'exercice des pouvoirs publics. En second lieu, qu'une telle personne morale est dotée de certaines capacités légales et se voit conférer par les normes de l'ordre juridique international l'aptitude à exercer des droits et à assumer des obligations.

Cette personne morale est ainsi un *sujet* de droit international auquel pourront être imputés les actes des organes et des agents individualisés agissant en son nom et investis du pouvoir de le représenter dans les relations internationales.

81 ***Identité et continuité de l'État*** ◊ Comme on l'a vu, la substance matérielle de l'État, constituée par son territoire, peut considérablement varier dans le temps parce qu'il acquerra de nouveaux territoires ou sera au contraire amputé d'une partie de ceux qu'il possédait, en application de l'un des procédés inventoriés précédemment, comme par exemple la cession ou l'annexion. Cependant, au-delà de la plasticité de son territoire, *l'État subsiste en principe dans son identité* en vertu du principe fondamental de sa continuité. Comme on l'a vu précédemment, cette perpétuation de l'État au-delà des mutations de sa substance est également vérifiée dans l'ordre organique. En effet, les modifications de la forme ou des modalités du gouvernement de l'État n'entraînent pas pour autant une novation du sujet de droit, du seul fait de la transformation des formes de la légitimité ou des modalités d'exercice de l'autorité gouvernementale à l'intérieur de ses frontières.

C'est la raison pour laquelle, ainsi qu'on l'a vu en distinguant succession d'États et succession de gouvernements, le nouveau gouvernement reste lié par les engagements souscrits par le gouvernement précédent et cela même lorsque le changement des formes du pouvoir s'est opéré à la suite d'une révolution (v. ss 72). Dans ce dernier cas cependant, la question se trouve compliquée du fait de l'importance du comportement des tiers à l'égard du nouveau gouvernement, selon qu'ils le reconnaîtront ou non comme l'autorité légalement investie du pouvoir d'engager l'État dans les relations internationales. Cette question ressortit à l'examen de la reconnaissance de gouvernement, qui a été étudiée antérieurement (n° 47), conjointement au problème de la reconnaissance d'État. En définitive, la continuité de l'État ne cesse qu'avec la survenance d'un fait nouveau : la disparition de sa substance. Deux cas, déjà rencontrés, peuvent en particulier expliquer cette mort juridique de l'État, soit la *debellatio*, consécutive à l'anéantissement militaire d'un État par son adversaire, soit la *fusion*, comme celle de l'ancienne République Démocratique Allemande dans l'Allemagne Fédérale à la suite de l'entrée en vigueur du traité précité du 31 août 1990 [1]. La pratique apporte cependant des informations intéressantes sur les limites du principe de continuité de l'État et les conditions de sa disparition. Elle est notamment fournie par l'avis émis par la Commission d'arbitrage constituée sous la présidence de Monsieur R. Badinter dans le cadre de la Conférence pour la paix créée à l'initiative des douze États membres de la Communauté européenne pour la paix en Yougoslavie (1991). La question posée à la Commission d'arbitrage était de savoir si la Yougoslavie survivait, conformément à ce que prétendait la Serbie, en dépit des déclarations d'indépendance de la Slovénie, de la Croatie, de la Macédoine et de la Bosnie-Herzégovine, les trois premières d'entre elles ayant été, qui plus est, approuvées par les populations concernées au moyen d'un référendum.

En réponse, la Commission d'arbitrage a formulé le 7 décembre 1991 l'avis que la République de Yougoslavie était engagée dans un processus de dissolution. Elle est parvenue à cette conclusion en remarquant en particulier « que dans le cas d'un État de type fédéral [...] l'existence de l'État implique que les organes fédéraux représentent les composantes de la Fédération et disposent d'un pouvoir effectif ». Or elle a noté la volonté d'indépendance des Républiques fédérées précitées, confirmée par la persistance des combats et le fait que « la composition et le fonctionnement des organes essentiels de la Fédération ne satisfont plus aux exigences de participation et de représentativité inhérentes à un État fédéral ».

Sans accorder une portée excessive à ce qui n'est qu'un avis de droit et non une décision ayant autorité de chose jugée, on peut y voir une traduction de l'idée d'après laquelle une fédération ne peut subsister comme telle qu'aussi longtemps qu'un nombre suffisant des États fédérés qui la composent entend rester en son sein et continuer à lui laisser la compétence exclusive de les représenter et d'agir en leur nom dans l'ordre international.

Les conditions dans lesquelles les différentes composantes de l'ex-Union soviétique ont déclaré leur indépendance fin 1991 pour conduire finalement à la dissolution de l'Union vont, semble-t-il, tout à fait dans le même sens. Une telle évolution, pour logique qu'elle soit, n'est pas sans poser des problèmes juridiques assez nombreux, notamment en matière de succession d'États.

1. La *debellatio*, qui suppose la soumission complète de l'un des belligérants avec anéantissement corrélatif de son existence politique, doit être écartée s'agissant de la situation de l'Allemagne après la capitulation du 7 mai 1945 : a) l'État allemand n'a pas disparu définitivement, son gouvernement ayant été successivement assuré par les Puissances alliées puis par les autorités de Bonn et de Berlin Est. b) les habitants des territoires allemands occupés ont conservé juridiquement la nationalité allemande et celle-ci était opposable aux États tiers. c) les précautions formelles prises par les quatre puissances occupantes dans le préambule de la déclaration de Berlin du 5 juin 1945 empêchent au surplus d'appliquer la théorie classique de la *debellatio* en l'espèce (la prise de cette autorité et de ces pouvoirs pour les buts ci-dessus exposés n'a pas pour effet d'annexer l'Allemagne).

82 ***L'État, sujet de droit international*** ◊ L'État est sujet de l'ordre juridique international parce qu'il est *le destinataire direct et immédiat de droits et d'obligations* internationales. Étant le seul sujet doté de souveraineté, il se distingue des autres par sa pleine capacité d'agir en vertu des normes définies par le droit international.

83 ***Capacités internationales de l'État*** ◊ Elles peuvent être définies comme les possibilités d'agir légalement dans le cadre des relations internationales. On peut les regrouper en *cinq* catégories fondamentales.

a) Capacité de produire des actes juridiques internationaux. Parce qu'il est sujet de droit international, l'État peut prendre de tels actes, qu'il s'agisse d'actes unilatéraux ou conventionnels. C'est ainsi notamment que lorsque l'on veut juger de la personnalité juridique internationale d'une entité dont le caractère d'État souverain pourrait être éventuellement mis en cause, la question de savoir si elle a déjà pratiquement usé de la capacité de contracter internationalement, c'est-à-dire de passer des traités, apparaît comme un test déterminant. C'est ce qui a pu notamment permettre à de nombreux auteurs de ne pas douter du caractère étatique d'entités comme la cité du Vatican, la principauté de Monaco ou la République de Saint-Marin.

b) Capacité de se voir imputer des faits illicites internationaux et, par là, d'engager sa responsabilité internationale, de même que celle de *demander réparation* des conséquences dommageables d'un fait illicite, commis par un État tiers et ayant affecté directement l'État ou l'un de ses ressortissants à l'égard duquel il déciderait d'exercer sa protection diplomatique.

c) Capacité d'accès aux procédures contentieuses internationales et aux organes de règlement pacifique des différends, qu'ils soient diplomatiques ou juridictionnels (arbitrage, Cour internationale de Justice).

d) Capacité de devenir membre et de participer pleinement à la vie des organisations internationales intergouvernementales (v. ss 151 s.).

e) Capacité d'établir des relations diplomatiques et consulaires avec les autres États. Le droit d'établir des relations diplomatiques est généralement désigné sous l'expression de « *droit de légation* ». Il comporte deux aspects : d'abord la légation active, permettant l'envoi de représentants diplomatiques auprès d'États étrangers, ensuite la légation passive, résidant dans la possibilité de recevoir les représentants diplomatiques des puissances étrangères.

84 ***Droit des relations diplomatiques*** ◊ Le droit des relations diplomatiques constitue l'un des domaines les plus anciens du droit international. Il est essentiellement de nature coutumière et a fait l'objet d'une convention de codification adoptée dans le cadre des Nations Unies en 1961. Elle est entrée en vigueur le 24 octobre 1964 et a été ratifiée par une très grande majorité des États existants. En 1969, ce traité a été complété par un autre, relatif aux missions spéciales, auquel s'ajoute un projet d'articles de la Commission du droit international sur le statut du courrier et de la valise diplomatiques de 1989. La Cour internationale de Justice, dans

son arrêt du 24 mai 1980 relatif au *Personnel diplomatique et consulaire des États-Unis à Téhéran* [1] a eu l'occasion d'insister sur l'autorité particulière et l'extrême importance de ce corps de règles « dont la sauvegarde est essentielle pour la sécurité et *le bien-être d'une communauté internationale aussi complexe que celle d'aujourd'hui » (op. cit.* p. 43, § 92).

Ainsi que l'affirme l'article 2 de la Convention de Vienne de 1961, « l'établissement de relations diplomatiques entre États et l'envoi de missions diplomatiques permanentes se font par consentement mutuel ». La rupture des relations diplomatiques est quant à elle un acte discrétionnaire de l'État, pris par décision unilatérale. C'est un acte grave qui peut revêtir les caractères d'une mesure de pression sinon même d'une sanction exercée au titre de rétorsion à l'égard de l'État qu'elle frappe. Elle peut dans certains cas, comme l'exemple de l'Organisation des États américains (OEA) l'a démontré en 1964 à l'égard de Cuba, avoir un caractère collectif, puisque c'est à la demande de cette organisation que ses membres ont rompu leurs relations diplomatiques avec ce pays au motif que les orientations révolutionnaires du régime castriste étaient incompatibles avec les options idéologiques et politiques de l'organisation.

85 ***Relations consulaires*** ◇ Les relations consulaires sont gouvernées par les règles essentiellement coutumières qui ont été codifiées dans la Convention des Nations Unies du 24 octobre 1963, entrée en vigueur en mars 1967. Ainsi que l'a affirmé la CIJ dans l'affaire précitée : « le déroulement sans entrave des relations consulaires également nouées entre les peuples depuis des temps anciens n'est pas moins important que celui des relations diplomatiques dans le droit international contemporain, en ce qu'il favorise le développement des relations amicales entre les nations et assure protection et assistance aux étrangers résidant sur le territoire d'autres États » [2]. Les consuls ne sont pas chargés d'un rôle de représentation politique. Leurs fonctions se bornent à revêtir un caractère administratif. Ils n'exercent leurs fonctions qu'après avoir reçu l'autorisation de l'État de résidence.

Les personnels diplomatiques et consulaires jouissent dans des conditions qui seront examinées ultérieurement des privilèges et immunités nécessaires à l'exercice sans entrave de leurs fonctions (v. ss 131).

§ 2. Compétences de l'État

86 ***Présentation générale*** ◇ Ainsi qu'on vient de le voir, parce qu'il est doté de la personnalité juridique internationale et qu'il est un sujet du droit international, l'État peut agir dans le cadre des relations internationales à l'égard d'autres sujets de droit. Mais le droit international lui confère également des compétences définies comme des aptitudes juridiques à exercer

1. *Rec.* 1980. 40.
2. Ord. du 15 déc. 1979, personnel diplomatique et consulaire des États-Unis à Téhéran, *Rec.* 1979. 19-20.

certains pouvoirs, à la fois à l'égard de l'espace à l'intérieur duquel il exerce sa souveraineté, c'est-à-dire le territoire, et à l'égard des personnes et des biens rattachés à lui par le *lien de nationalité*. C'est ainsi que l'on distingue classiquement, comme on le fera ci-après, les compétences *territoriales* des compétences *personnelles* de l'État.

A. Compétences territoriales

87 ***Caractères du territoire et compétences territoriales*** ◊ Les compétences territoriales de l'État tiennent leur caractère de la double nature du territoire de l'État. Celui-ci est d'abord un *objet*, c'est-à-dire un bien sur lequel l'État peut exercer ce qu'en droit privé on appellerait des droits réels, à la manière de ceux que le propriétaire privé détient sur un fonds lui appartenant. Mais le territoire est également un *espace*, habité par une population à l'égard de laquelle le gouvernement de cet État peut exercer son autorité. Cette distinction correspond à celle que l'on opère traditionnellement, sur le modèle du droit romain, entre, d'une part, le *dominium* et, d'autre part, l'*imperium*. La compétence territoriale regroupe l'un et l'autre, puisqu'elle doit s'entendre comme *l'aptitude de l'État à exercer son autorité conformément au droit international, aussi bien sur les biens que sur les situations, les personnes et les activités prenant place ou exercées à l'intérieur de son territoire.*

88 ***Les deux caractères de la compétence territoriale*** ◊ Dans une affaire restée célèbre, celle de l'*Île des Palmes* [1], l'arbitre Max Huber manifestait de façon particulièrement pertinente le lien existant entre la souveraineté et les caractères de la compétence territoriale, dans les termes suivants : « la souveraineté dans les relations entre États signifie l'indépendance. L'indépendance relativement à une partie du globe est le droit d'y exercer à l'exclusion de tout autre État les fonctions étatiques. Le développement de l'organisation nationale des États durant les derniers siècles et, comme corollaire, le développement du droit international ont établi le principe de la compétence exclusive de l'État en ce qui concerne son propre territoire, de manière à en faire le point de départ du règlement de la plupart des questions qui touchent aux rapports internationaux ». Ainsi sont affirmés clairement les deux caractères de la compétence exercée par l'État à l'intérieur de son territoire, à la fois leur plénitude ou *généralité*, et leur *exclusivité*.

1. Généralité de la compétence territoriale

89 ***Définition et contenu*** ◊ À l'intérieur de son territoire, l'État souverain exerce l'ensemble des pouvoirs qui s'attachent à sa qualité d'autorité publique. Il assume ainsi toutes les fonctions nécessaires à l'organisation de la vie propre à la collectivité humaine sise sur ce territoire : organisation constitutionnelle, dont on a vu qu'elle est en principe laissée à

1. *RSA*, vol. II, p. 281.

l'entière liberté de l'État souverain, administration publique, pouvoir de police, défense nationale, normalisation des activités entreprises par les personnes privées sur le territoire national, etc.

Dans les dernières décennies, sous la pression des revendications des pays en développement, un aspect de la souveraineté territoriale a été particulièrement souligné, que l'on désigne souvent sous le terme de souveraineté économique. Affirmée notamment dans le cadre de plusieurs résolutions de l'Assemblée générale des Nations Unies par l'intermédiaire de la souveraineté permanente sur les ressources naturelles, la *souveraineté économique* de l'État concerne plus largement la maîtrise et la conduite de l'économie nationale, selon les options choisies librement par l'État concerné. Les modalités de cette politique économique nationale peuvent d'ailleurs varier dans le temps, ce qui explique notamment que l'État soit parfois amené à modifier la nature des contrats le liant à des entreprises privées étrangères. C'est en raison de cette souveraineté économique que toutes les clauses dites de stabilisation incluses dans des contrats établis entre États et personnes privées étrangères devraient, selon la sentence *Aminoil* [1] être interprétées de façon restrictive et en fonction de leur effet utile [2].

90 ***Contrepartie à la généralité de la compétence territoriale*** ◊ Ainsi qu'il a été affirmé dans la sentence du *Lac Lanoux* [3] « la souveraineté territoriale joue à la manière d'une présomption ». Mais les arbitres ajoutaient tout aussitôt après : « elle doit fléchir devant toutes les obligations internationales, quelle qu'en soit la source, mais elle ne fléchit que devant elle ». Or, dans la société internationale contemporaine, le nombre et la précision des obligations s'imposant à l'État et ayant une incidence directe sur les conditions de l'exercice de sa compétence territoriale se sont considérablement accrus sous l'effet du développement de l'interdépendance entre les uns et les autres. C'est ce qui a notamment permis d'affirmer le caractère fonctionnel de cette souveraineté. Celle-ci n'est plus aujourd'hui perçue comme un pouvoir absolu et inconditionné ; c'est un faisceau de compétences exercées dans l'intérêt général de la population nationale, mais aussi, quoique dans une bien moindre mesure, dans celui des intérêts généraux de la communauté internationale dans son ensemble, aspect sur lequel on reviendra ultérieurement (v. ss 116 et 691). Cette idée a été exprimée dans la sentence de l'*Île de Palmes* précitée dans laquelle elle est d'ailleurs rattachée aussi bien au caractère exclusif que général des compétences étatiques.

2. Exclusivité des compétences territoriales

91 ***Portée*** ◊ Le droit international s'étant d'abord affirmé comme celui de la coexistence entre entités également souveraines, la première limitation

1. *JDI* 1982. 869.
2. V. commentaire G. Burdeau, *AFDI* 1982. 454 s.
3. *RSA*, T. XII, 281, p. 301.

qu'il impose à l'État est celle d'exclure (sauf existence d'une règle permissive contraire) tout exercice de sa puissance sur le territoire et la population d'un autre État [1]. Le lien substantiel entre l'exclusivité des compétences territoriales de l'État et son indépendance a été de nombreuses fois souligné par la jurisprudence internationale [2].

Exclusivité et généralité de la souveraineté territoriale se complètent. Elles permettent à l'État d'assumer la pleine maîtrise des utilisations de son territoire, y compris le droit d'en interdire l'accès.

92 ***Domaine réservé*** ◊ L'une des conséquences directes du caractère exclusif des compétences territoriales réside dans l'existence d'un domaine de compétences réservées à l'État.

Ce qui caractérise les compétences réservées, c'est qu'en principe, elles ne sont pas *liées* par les prescriptions du droit international. La réalité du domaine réservé est notamment affirmée à l'époque contemporaine par l'article 2, § 7, de la Charte des Nations Unies (*GTDIP* n° 1), aux termes duquel aucune disposition de celles-ci « n'autorise les Nations Unies à intervenir dans les affaires qui relèvent essentiellement de la compétence nationale d'un État, ni n'oblige les membres à soumettre des affaires de ce genre à une procédure de règlement aux termes de la présente Charte ; toutefois ce principe ne porte en rien atteinte à l'application des mesures de coercition prévues au chapitre VII ».

Le champ d'application des compétences caractérisant le domaine réservé est bien entendu *variable*. Il dépend pour chaque État des engagements qu'il aura souscrits dans l'ordre international. Ainsi, la CPJI a-t-elle eu l'occasion de souligner qu'en matière de nationalité : « la liberté de l'État de disposer à son gré est néanmoins restreinte par des engagements qu'il aura pris envers d'autres États. En ce cas, la compétence de l'État, exclusive en principe, se trouve limitée par des règles de droit international » [3].

Lorsque du moins ils sont en situation de pouvoir le faire, il appartient ainsi non à l'État qui s'en prévaut lui-même mais au juge international, à l'arbitre, ou aux organes de l'organisation internationale concernée d'interpréter cas par cas la question de savoir si l'exercice d'une compétence étatique rentre ou non dans le domaine réservé. À l'époque contemporaine, du fait de l'accroissement constant des obligations internationales, établies notamment par voie d'accords entre les États, on observe une

---

1. CPJI, arrêt *du Lotus*, série A, n° 10, p. 18-19.

2. V. CIJ, affaire du *Détroit de Corfou*, *Rec.* 1949. 35 : « entre États indépendants, le respect de la souveraineté territoriale est une des bases essentielles des rapports internationaux » ; CIJ affaire du *Droit d'asile*, *Rec.* 1951. 81 ; affaire du *Droit de passage en territoire indien*, *Rec.* 1960. 39 ; affaire du *Personnel diplomatique américain à Téhéran*, *Rec.* 1980. 44 ; sur les liens entre l'exclusivité des compétences territoriales et le principe de non-intervention dans les affaires intérieures d'un autre État, examinés plus loin, v. affaire des *Activités militaires et paramilitaires au Nicaragua et contre celui-ci*, *Rec.* 1986. 106, § 202.

3. CPJI, *Décrets de nationalité en Tunisie et au Maroc*, série B n° 4, p. 23-24. V. également CIJ affaire *Interhandel*, *Rec.* 1969, p. 24 ; affaire *Nottebohm* deuxième phase, *Rec.* 1955, p. 20-21 ; affaire du *Droit de passage en territoire indien*, *Rec.* 1960, p. 33.

tendance à la restriction croissante de ce domaine, en particulier dans la matière de la protection internationale des droits de l'homme, laquelle abolit en principe la distinction entre la sphère des compétences internes et celle des compétences internationales de l'État (v. ss 203). Il est cependant évident qu'en pratique, les États continuent à faire un usage persistant et tenace de l'invocation de l'exception de compétence nationale.

93 ***Interdiction d'intrusion sur le territoire national des organes ou agents de tout État étranger*** ◊ Il s'agit simplement là de l'un des points d'application particuliers du principe de l'exclusivité des compétences territoriales. Il interdit l'exercice de tout droit de poursuite terrestre par les organes de l'État sur le territoire d'un État étranger des délinquants ou auteurs individualisés de faits illicites commis sur son propre territoire. En France, la Cour de cassation, dans la célèbre affaire *Argoud* du 4 juin 1964 [1] a cependant jugé qu'au cas où l'arrestation en France d'un individu résulterait d'un enlèvement par des personnes ne représentant pas l'État ou d'une expulsion hors d'un territoire étranger, les poursuites devant les juridictions françaises restent possibles. Cette jurisprudence a été confirmée par la même juridiction dans l'affaire *Barbie* du 6 octobre 1983 [2].

Un arrêt de la Cour suprême des États-Unis a également illustré le peu de cas que les agents secrets mais aussi bien des juges internes font du respect du droit international ! Un ressortissant mexicain avait été kidnappé le 2 avril 1990 à Guadalaja (Mexique) puis transféré par avion privé au Texas, où il fut arrêté et traduit devant les tribunaux américains, étant accusé d'avoir commis un crime contre un agent américain anti-drogue. La question posée aux juges américains était de savoir si un ressortissant mexicain, résidant au Mexique, enlevé par des agents du gouvernement américain ou à la demande de ce dernier, pouvait invoquer la violation du traité d'extradition américano-mexicain en vue d'éviter d'être jugé par un tribunal américain pour un crime commis au Mexique contre un citoyen américain. Juge de première instance, la *District Court* de Californie répondit par la négative, mais son arrêt fut invalidé en appel. Pourtant, saisie en dernière instance, la Cour suprême des États-Unis réforma à son tour le jugement de la Cour d'appel, en affirmant que les tribunaux américains pouvaient bel et bien juger un ressortissant amené sous leur juridiction à la suite d'un enlèvement à l'étranger par des agents américains. Pour ce faire, la Cour n'a pas hésité à donner du traité d'extradition américano-mexicain une interprétation absurde en prétendant qu'il se contentait de réglementer les procédures d'extradition sans interdire les enlèvements ! Elle a ensuite considéré que les règles du droit international général n'interdisent pas qu'on parvienne à la conclusion qui précède. Ceci revenait purement et simplement à ignorer le principe du respect de l'exclusivité des compétences territoriales propre à tout État

1. *JDI* 1965. 98-100.
2. *RGDIP* 1984. 507.

souverain. Ceci revenait aussi à violer une règle corollaire de la précédente d'après laquelle, selon la non-applicabilité extraterritoriale de la législation nationale, un État ne peut en principe déployer l'exercice de ses compétences de contraintes hors des frontières nationales pour mettre en œuvre son droit interne (v. ss 104). La décision de la Cour suprême, très contestée même aux États-Unis, a suscité l'indignation des pays latino-américains ; ils ont demandé et obtenu l'examen de l'exercice extraterritorial des compétences nationales par la Commission juridique de l'Assemblée générale (6e Commission) des Nations Unies à sa 38e session [1] (1993).

En réalité, toute exception au principe de respect de l'exclusivité des compétences territoriales suppose un assentiment préalable dépourvu d'ambiguïté émanant des autorités compétentes de l'État intéressé. La Cour européenne des droits de l'homme a eu l'occasion de le rappeler dans l'affaire *Öcalan c/ Turquie*, du 12 mars 2003 [2] ; il en va de même pour la Chambre de première instance II du Tribunal pénal pour l'ex-Yougoslavie (TPIY) dans son arrêt *Nicolic* du 3 octobre 2002 dans lequel elle devait examiner dans quelles conditions un inculpé avait été enlevé en République fédérale de Yougoslavie et livré aux troupes alliées de la SFOR chargées du maintien de la paix en Bosnie [3] (§ 97 de l'arrêt).

La règle du respect des compétences territoriales s'applique aussi en ce qui concerne l'exercice par les *organisations internationales* de certaines de leurs compétences sur le territoire de leurs États membres, éventuellement susceptibles de restreindre celles de l'État territorial concerné. Le cas des compétences reconnues à l'Union européenne dans certains domaines n'est pas en rupture avec le principe de l'assentiment préalable ; simplement, les transferts de compétences consentis par les États membres au bénéfice des organes communautaires et leurs modalités ont été déterminés dans les traités institutifs de l'UE.

94 ***Modalités particulières d'exercice de la compétence territoriale et atténuations de son caractère exclusif*** ◊ Dans un certain nombre de situations particulières, l'État peut être amené à exercer, à l'égard d'un territoire donné, un certain nombre de compétences fonctionnelles, sans pour autant disposer d'un titre de pleine souveraineté à l'égard du territoire ainsi administré. Plusieurs de ces institutions ont à peu près disparu, d'autres subsistent. Les unes comme les autres méritent un bref examen :

a) La cession à bail : emprunt fait par la pratique diplomatique au droit privé, le procédé de la cession à bail constitue une cession déguisée et temporaire de souveraineté. Déguisée, car l'État bénéficiaire exerce la plénitude de la souveraineté sur le territoire dont il s'agit, mais temporaire car elle est consentie pour un temps limité, allant généralement de 25 à

---

1. V. commentaire critique de B. Stern, *AFDI* 1992, spécial. p. 268-288 et Agora : International Kidnapping, M. Halberstam (p. 736-746) et M.J. Glennon (746-756), *AJIL* 1992/4 ; V. aussi M. Leigh, Is the President above Customary International Law ? *ibid.* p. 757-763.
2. V. Ph. Weckel, Chronique de jurisprudence internationale, *RGDIP* 2003/2, p. 472 s.
3. *Ibid.* p. 478 s.

99 ans. L'institution a surtout été utilisée par la Chine durant le XIXe siècle pour faire pièce à l'expansionnisme colonial des grandes puissances. Ses dernières séquelles sont aujourd'hui en voie de disparition. C'est ainsi notamment que la déclaration conjointe du 26 mars 1987 paraphée par la Chine continentale et le Portugal a eu pour objet de régler le sort de la péninsule de Macao, dont les deux parties sont convenues qu'elle serait restituée à la Chine le 20 décembre 1999 [1]. Cette déclaration est très proche de celle qui avait été antérieurement adoptée le 19 décembre 1984 par le gouvernement de la République populaire de Chine et celui du Royaume-Uni concernant le territoire de Hong Kong, dont le statut juridique est cependant plus complexe : il résulte de trois traités antérieurement imposés à la Chine par la Grande-Bretagne au cours du XIXe siècle ; ce territoire constituait une colonie de la couronne britannique alors que seul le territoire de Kowloon situé en face de Hong Kong faisait l'objet d'une concession à bail, en vertu de la convention de Pékin du 9 juin 1898. En application de la déclaration de 1984, le territoire de Hong Kong a été restitué à la Chine le 1er juillet 1997 tout en bénéficiant au-delà de cette date d'un statut privilégié à l'intérieur de la République populaire [2].

b) L'occupation militaire peut résulter d'un accord ou avoir été opérée unilatéralement par la puissance qui l'exerce, à la suite d'un conflit armé. Dans l'un et l'autre cas, l'autorité d'occupation détient des compétences territoriales même si, dans le second des deux cas précités, on la considère comme une autorité de pur fait. À l'époque contemporaine, elle est notamment pratiquée par Israël à l'intérieur des territoires de la Cisjordanie et de la bande de Gaza. L'avis consultatif de la Cour internationale de Justice sur les conséquences juridiques de l'édification d'un mur dans le territoire palestinien occupé, du 9 juillet 2004 apporte à cet égard d'intéressants développements. La Cour a considéré que « les territoires situés entre la Ligne verte [...] et l'ancienne frontière orientale de la Palestine sous mandat ont été occupés par Israël en 1967 au cours du conflit armé ayant opposé Israël à la Jordanie. Selon le droit international coutumier, il s'agissait donc des territoires occupés dans lesquels Israël avait la qualité de puissance occupante. Les événements survenus depuis lors dans ces territoires [...] n'ont rien changé à cette situation. L'ensemble de ces territoires (y compris Jérusalem-Est) demeurent des territoires occupés et Israël y a conservé la qualité de puissance occupante » (par. 78). Tous les juges ont estimé que la construction de la clôture de sécurité incorporant la plupart des implantations israéliennes situées sur le territoire palestinien de Cisjordanie était contraire au droit international. À ce propos, la Cour internationale de Justice a affirmé que le droit international humanitaire, y compris la quatrième Convention de Genève, et le droit international relatif aux droits de l'homme s'appliquent au territoire palestinien occupé et doivent en conséquences être fidèlement

1. V. L. Focsaneanu, *RGDIP* 1987. 1279 s.
2. V. L. Focsaneanu, *RGDIP* 1987. 479 s.

observées par Israël. Notamment en ce qui concerne le respect des droits de l'homme, la Cour a examiné successivement les obligations d'Israël en application du Pacte des Nations Unies sur les droits civils et politiques, celui sur les droits économiques et sociaux et de la Convention sur les droits de l'enfant pour en conclure à leur applicabilité, contestée par Israël dans les territoires occupés.

Cette situation doit être distinguée par exemple de ce que l'on a parfois désigné comme l'occupation de l'Afghanistan par l'Union soviétique, qui correspondait juridiquement à une intervention prétendument sollicitée par le gouvernement de l'État territorial, lequel n'avait pas en principe perdu sa compétence sur son territoire. L'occupation militaire est en tout état de cause soumise à l'obligation de respecter les conventions relatives au droit des conflits armés et au droit humanitaire, en particulier la convention IV de La Haye de 1907 ainsi que les Conventions de Genève de 1949, elles-mêmes complétées par le protocole I de Genève de 1977 (v. ss 584).

La légalité de l'occupation militaire paraît aujourd'hui incompatible avec le respect de la règle d'interdiction du recours à la force, consignée à l'article 2, paragraphe 4, de la Charte des Nations Unies, et faisant de toute façon partie du droit international général. Le cas du statut international de Berlin était particulier jusqu'à l'entrée en vigueur de l'accord dit « quatre plus deux », entre, d'une part, les deux États allemands avant la fusion du second (RDA) dans le premier (RFA) et, d'autre part, les quatre puissances alliées vainqueurs de la Seconde Guerre mondiale (États-Unis, Union soviétique, Royaume-Uni et France), accord conclu le 12 septembre 1990 [1]. Jusque-là, les quatre puissances alliées exerçaient sur Berlin des compétences définies au titre des « droits réservés » qui leur étaient reconnus par les accords de 1952 amendés en 1954. Le traité « quatre plus deux », mettant un terme à la présence militaire des alliés, a été complété par un autre, conclu un peu plus tard entre eux à propos du « règlement de certaines questions relatives à Berlin », le 25 septembre 1990 [2].

c) Le protectorat : cette institution, en principe aujourd'hui disparue, constitue un cas de partage des compétences entre l'État protecteur et l'État protégé. Elle a été pratiquée par la France à l'égard de la Tunisie et du Maroc et a d'ailleurs fait l'objet d'un contentieux international dont les deux Cours de La Haye ont eu à connaître [3]. On a pu à l'époque contemporaine se poser la question de savoir si, sous une forme larvée, l'institution du protectorat n'était pas réapparue. C'est notamment le cas en ce qui concerne le rôle joué par l'Inde à l'égard du Sikkim [4]. Une telle question a pu également être posée à propos de la situation prévalant entre l'Union sud-africaine et les Bantoustans, comme le Transkei.

---

1. Art. 4 et 5, texte *in RGDIP* 1990, n° 4, p. 1166.
2. Texte *in RGDIP* 1990, n° 4, p. 1171.
3. V. CPJI, *Décrets de nationalité en Tunisie et au Maroc*, avis de 1923, série B n° 4, p. 27 ; CIJ Ressortissants *américains au Maroc*, 1952, *Rec.* 1952, p. 176 s.
4. V. G. Fischer, *AFDI* 1974. 201 s.

d) Le condominium : il fait coexister à l'égard du même territoire la souveraineté territoriale de deux États, toujours organisée par voie d'accord. L'une de ses rares illustrations encore en vigueur est fournie par le condominium exercé par l'Espagne et la France à l'égard de l'île des Faisans sur la Bidassoa, institué par la convention de Bayonne du 2 décembre 1856. D'autres cas, comme le condominium franco-britannique sur les Nouvelles Hébrides, ou celui qu'exerçaient la Grande-Bretagne et l'Égypte à l'égard du Soudan ont récemment disparu, le premier en 1980 avec l'indépendance du territoire devenu le Vanuatu, le second avec l'indépendance du Soudan, déjà acquise en 1955.

e) Le mandat et la tutelle : il s'agit de l'exercice de la compétence territoriale exercée par un État sous le contrôle d'une institution internationale, Société des Nations dans le cas du mandat, Organisation des Nations Unies dans celui de la tutelle. Le régime juridique des mandats institué par l'article 22 du Pacte de la SDN avait pour mission d'aider les populations concernées à s'acheminer vers l'indépendance au titre de la « mission sacrée de civilisation ainsi confiée à la puissance mandataire ».

La Cour internationale de Justice a eu l'occasion à plusieurs reprises d'examiner les caractéristiques juridiques du mandat confié à l'Union sud-africaine à l'égard du Sud-Ouest Africain, aujourd'hui désigné sous le nom de Namibie [1]. L'institution correspondant à celle du mandat dans le cadre des Nations Unies est celle de la tutelle à laquelle est consacré le chapitre XII de la Charte. Celui-ci précise les obligations de la puissance responsable et confirme que l'objet de l'institution est de faciliter l'accession du territoire et de la population concernée à l'indépendance.

Le régime de tutelle renforce également le contrôle institutionnel exercé à l'égard de la gestion de l'État chargé de l'exercer. L'un des derniers des territoires placé sous tutelle, la Papouasie-Nouvelle-Guinée, a accédé à l'indépendance en 1975. En ce qui concerne la Namibie, la Cour internationale de Justice, dans l'avis précité de 1950, a affirmé qu'il n'existe pas de principe de succession de plein droit du régime de la tutelle à celui du mandat. Celui de l'Union sud-africaine à l'égard de la Namibie a donc survécu à la disparition de la SDN. Cependant, le 27 octobre 1966, l'Assemblée générale de l'ONU adoptait une résolution dénonçant la gestion sud-africaine et mettant unilatéralement fin au mandat sur ce territoire. L'année suivante, le même organe établissait le Conseil pour la Namibie auquel était confiée la tâche d'administrer ce territoire ; par sa résolution 264, le Conseil de sécurité de l'ONU confortait ces résolutions de l'Assemblée générale. Il déclara illégale la présence continue de l'Union sud-africaine en Namibie (résolutions 276 et 284). La CIJ, saisie par le Conseil de sécurité, a rendu un avis consultatif le 21 juin 1971 aux termes duquel elle a confirmé l'illégalité de la présence sud-africaine depuis 1966. Celle-ci devait donc cesser immédiatement l'occupation de ce territoire alors que les autres États membres de l'organisation devaient s'abstenir de reconnaître la validité des mesures prises par

1. CIJ statut international du Sud-Ouest africain, *Rec.* 1950, p. 132.

l'ancienne puissance mandataire pour le compte ou au nom de la Namibie [1]. Après bien des affrontements et des vicissitudes, la question namibienne a été réglée par les deux accords de New York des 22 et 23 décembre 1988. La Namibie a officiellement accédé à l'indépendance le 21 mars 1990 [2].

f) Servitudes internationales : la servitude internationale se caractérise par une restriction à l'indépendance d'un État déterminé, sur le territoire duquel un autre État exerce une compétence réglementaire (législative ou administrative) et éventuellement juridictionnelle. Elle implique nécessairement, ainsi que l'a observé la Cour Permanente d'Arbitrage dans sa sentence du 7 septembre 1910 (affaire anglo-américaine des *Pêcheries de l'Atlantique*) la concession expresse d'un droit souverain. Il faut interpréter cette notion de façon restrictive et éviter de qualifier de servitude de simples obligations conventionnelles « de ne pas faire », comme par exemple l'obligation pour la France de ne pas percevoir des droits de douane dans les zones franches du Pays de Geix et de Haute-Savoie depuis 1815 et 1860.

B. Compétences personnelles

95 ***Définition*** ◊ Les compétences personnelles ne désignent pas l'ensemble de celles que l'État exerce à l'égard des personnes. On a vu précédemment qu'au titre de la compétence territoriale, l'État réglementait l'activité des personnes physiques et morales sur son territoire. Mais la compétence qu'il exerce à l'égard d'individus rattachés à lui par un lien juridique particulier, la *nationalité*, est indépendante du fait que ces personnes se trouvent ou non sur son territoire ou participent au fonctionnement d'un service public dont il a la charge. La compétence personnelle est exclusivement liée à la nationalité. Par extension, les compétences personnelles s'exercent non pas seulement à l'égard des personnes physiques et des personnes morales, mais également à l'égard des engins et véhicules se déplaçant hors du territoire national et rattachés à l'État par l'équivalent de la nationalité, généralement l'immatriculation.

1. Compétences sur les personnes physiques

96 ***Double nature de l'institution de la nationalité*** ◊ La nationalité des personnes physiques présente à la fois un caractère interne et un caractère international. Du premier point de vue, la nationalité en droit interne permet en particulier de différencier nationaux et étrangers. C'est en fonction de cette distinction que l'on peut notamment opérer l'identification des normes s'appliquant aux premiers mais pas aux seconds et réciproquement.

En droit international, la nationalité est traditionnellement *le lien juridique rattachant un État à une personne indépendamment de l'espace où celle-ci*

1. *Rec.* 1971, p. 58.
2. V. l'article de M. Kamto *in RGDIP* 1990, n° 3, p. 577 s.

se trouve ; elle justifie notamment qu'un État puisse exercer sa compétence sur certains individus y compris lorsqu'ils se trouvent sur un territoire étranger ou à l'intérieur d'espaces internationaux [1]. Mais à côté de cette fonction traditionnelle, s'est ajoutée dans la période récente une dimension plus sociologique de la nationalité, portée par les instruments de protection internationale des droits de l'homme et centrée sur la défense des droits de l'individu. Il en est résulté un encadrement plus strict par le droit international des conditions d'octroi par les États de leur nationalité et des conséquences que ces derniers peuvent en tirer pour l'exercice de leurs compétences sur les sujets internes [2].

97 ***Évolution de la nationalité*** ◊ Deux règles fondamentales gouvernent l'attribution de la nationalité par l'État.

La première est celle de la liberté de déterminer les règles d'attribution, souvent fixées par la législation nationale dans un code de la nationalité. Cette liberté s'applique à la nationalité d'origine, que l'on retienne le critère de la filiation *(jus sanguinis)* ou que l'on retienne celui de la naissance *(jus soli)* ou encore que l'on combine les deux. Elle concerne également la détermination des règles relatives à la nationalité par voie d'acquisition (mariage, option, naturalisation).

La seconde règle établit qu'exclusive, la compétence d'attribution de la nationalité par l'État n'est cependant pas pour autant arbitraire. Dans une affaire célèbre ayant opposé le Liechtenstein au Guatemala à propos de l'opposabilité des conditions d'attribution de la nationalité du premier de ces deux États au second, la Cour internationale de Justice a été amenée à préciser : « un État ne saurait prétendre que les règles par lui ainsi établies ne devraient être reconnues par un autre État que s'il s'est conformé à ce but général de faire concorder le lien juridique de la nationalité avec le rattachement effectif de l'individu à l'État qui assume la défense de ses citoyens par le moyen de la protection vis-à-vis des autres États » [3]. La Cour entend par là que la nationalité n'est pas purement formelle mais exprime une solidarité d'existence, d'intérêts, de sentiments tendant à une réciprocité de droits et de devoirs. On retrouve ici comme dans la matière de l'occupation territoriale la préoccupation propre au droit international de faire correspondre dans toute la mesure du possible les qualifications juridiques avec la réalité concrète (principe d'effectivité) [4].

1. V. J.F. Rezek, Le droit international de la nationalité, *RCADI*, 1986, III, t. 198, p. 335-400.
2. Sur cette évolution, v. P.J. Spiro., A New International Law of Citizenship (*AJIL*, vol. 105, 2011, p. 694-746) ; S. Touzé, La « quasi nationalité », réflexions générales sur une notion hybride (*RGDIP* 2011. 5-38) ; M.-P. Lanfranchi, Les notions de nationalité et citoyenneté interrogées par le droit international public (*in* MP Lanfranchi, O. Lecucq et D. Nazet-Allouche (dir.), *Nationalité et citoyenneté : perspectives de droit public comparé, droit européen, droit international public*, Bruxelles, Bruylant, 2012, p. 39-63) ; SFDI, *Droit international et nationalité*, Paris, Pedone, 524 p.
3. CIJ, 6 avr. 1955, *Nottebohm*, *Rec.* 1955, p. 23.
4. Une sentence arbitrale intervenue dans l'affaire *Flegenheimer* (*RSA*, T. XIV, p. 327) a cependant considéré qu'au cas où l'individu ne peut se prévaloir que d'une nationalité, la doctrine de l'effectivité ne propose pas de critère sûr.

98 ***Nationalités multiples et apatrides*** ◊ Il peut résulter de l'application concurrente de deux législations nationales en matière de nationalité qu'à la suite de certains événements, par exemple un mariage, un individu relève d'une double nationalité. Cette situation, qui peut présenter quelques avantages, expose aussi l'individu à certaines difficultés, en particulier lorsque l'un ou l'autre, ou les deux États de nationalité rattachent à celle-ci l'accomplissement de certaines obligations, comme l'accomplissement du service militaire. Ceci explique que des conventions internationales aient été passées soit bilatéralement soit dans un cadre multilatéral et régional ainsi que l'illustre la convention de Strasbourg du 6 mai 1963 relative à la réduction des cas de pluralité de nationalités à laquelle la France est partie [1]. C'est surtout à propos de l'exercice de la protection diplomatique que la double nationalité peut présenter certains inconvénients. Une sentence rendue par la Commission de conciliation italo-américaine le 10 juin 1955 [2] fait prévaloir la solution d'après laquelle on doit rechercher celle des deux nationalités qui est prépondérante en application du critère de l'effectivité. Cette solution, qui ne fait pourtant pas l'unanimité, a été reprise dans le projet d'articles sur la protection diplomatique adopté par la Commission du droit international en 2006 (art. 7). Le principe international de l'effectivité, en revanche, ne s'applique pas dans le cadre communautaire. La Cour de justice de Luxembourg a en effet affirmé dans son arrêt *Micheletti* du 7 juillet 1992 (C-369/90) que les États membres de l'Union européenne ont un devoir absolu et inconditionné de reconnaître les citoyennetés d'autres États membres.

Le phénomène de l'apatridie, particulièrement important à la suite des deux conflits mondiaux, est constitué par le fait que certains individus ont perdu la nationalité d'un État sans acquérir celle d'un autre. Il s'agit bien entendu d'une situation extrêmement préjudiciable pour les personnes qu'elle frappe puisque celles-ci se trouvent alors privées de tout lien de rattachement à un État, et donc, à un ordre juridique national. C'est la raison pour laquelle, là encore, certaines conventions de caractère multilatéral ont été passées, telle la Convention de New York du 30 août 1961 sur la réduction des cas d'apatridie. Elle comporte pour les parties une obligation d'accorder leur nationalité aux personnes nées sur leur territoire. Cette convention, ratifiée par un petit nombre d'États, fait suite à une autre Convention de New York du 28 septembre 1954 sur le statut des apatrides qui a été ratifiée par la France [3].

2. Compétences sur les personnes morales

99 ***Spécificité du cas des personnes morales*** ◊ Les règles relatives à la dévolution de la nationalité aux personnes morales sont, en droit

1. *JORF*, 26 mai 1968, p. 5219.
2. Affaire *Mergé*, *RSA*, t. XIV, p. 236.
3. ONU, *Rec. des traités*, t. 360, p. 117 ; *JORF*, 6 oct. 1960, p. 9063.

international, analogues à celles que l'on vient d'exposer concernant les personnes physiques, et en même temps à certains égards différentes.

La similitude résulte du fait que l'on retrouve ici encore tant la règle de la liberté de dévolution que celle de la subordination au respect des règles pertinentes du droit international. En ce qui concerne le système de rattachement pratiqué par les différents États, deux catégories distinctes apparaissent : dans la première série de législations, issue pour l'essentiel des pays anglo-saxons, on retient le critère de l'enregistrement ou « incorporation ». En vertu de ce système, les sociétés constituées conformément aux dispositions de la loi du pays et enregistrées comme telles dans celui-ci en acquièrent la nationalité sans qu'il y ait lieu de se préoccuper ni de la nationalité des fondateurs ou des associés, ni du siège social ou du siège d'exploitation, ni de la composition du capital social, ni même du contrôle financier.

Dans un second groupe de législations dont fait partie notamment la France, on rencontre un ensemble de systèmes qui, tout en exigeant des sociétés qu'elles se constituent conformément à la loi du pays dont elles réclament la nationalité, subordonne l'octroi de celle-ci à des conditions de fait, de nature économique. L'idée qui inspire ces législations est de réserver le bénéfice de la nationalité aux seules sociétés dont l'activité est susceptible de présenter un intérêt pour l'économie nationale. Le critère de rattachement retenu est alors le plus généralement celui du siège social ; la société sera tenue pour nationale si, s'étant constituée conformément aux conditions de la loi locale, elle établit et maintient son siège social sur le territoire de ce même État. Dans un arrêt du 25 juillet 1933, la Cour de cassation française avait cependant eu l'occasion de distinguer le cas des personnes morales de celui des personnes physiques : « si en vertu d'une fiction de droit privé, les sociétés commerciales sont réputées jouir d'une personnalité distincte des associés, et si pour les besoins du commerce juridique, il est attribué à cette personnalité fictive une nationalité déterminée par le lieu du siège social, pareille conception ne saurait être transposée sans réserve dans le domaine du droit public et autoriser lesdites sociétés à revendiquer vis-à-vis de l'État français tous les privilèges attachés à la qualité de Français » [1].

Le troisième type de critère de rattachement a été proposé notamment au cours de la Première Guerre mondiale dans le but de permettre la mise sous séquestre des sociétés contrôlées en fait par des nationaux ennemis. Il s'agit de la théorie du contrôle, d'après laquelle sans s'arrêter à la nationalité formelle de la société, on doit chercher à déterminer celle des personnes ou intérêts qui la contrôlent effectivement, levant ainsi, selon l'expression consacrée, le voile social. Ce critère a été effectivement retenu dans certaines circonstances tant en Grande-Bretagne qu'en France par le législateur comme par les tribunaux internes [2].

---

1. Civ. 25 juill. 1933, *Sté Remington Typewriter c/ Kahn*, *DP* 1936, I, p. 121.

2. V. Ch. Leben, La nationalité, *in L'entreprise multinationale face au droit*, Paris, Litec, 1977, p. 187-235 ; B. Stern, Les questions de nationalité des personnes physiques et de nationalité des personnes morales devant le tribunal des différends irano-américains, *AFDI* 1984, 425.

La Cour internationale de Justice a été amenée à examiner le contenu des règles internationales gouvernant l'opposabilité internationale de la nationalité conférée par un État à une personne morale dans son arrêt relatif à la *Barcelona Traction* [1]. La Belgique prétendait en effet exercer sa protection diplomatique à l'égard d'une société constituée au Canada, mais dont les actionnaires étaient en très grande majorité belges, alors que le Canada ne paraissait pas vouloir exercer cette protection au titre d'État de nationalité. La Cour déclara : « le droit international se fonde, encore que dans une mesure limitée, sur une analogie avec les règles qui régissent la nationalité des individus. La règle traditionnelle attribue le droit d'exercer la protection diplomatique d'une société à l'État sous les lois duquel elle s'est constituée et sur le territoire duquel elle a son siège... Sur le plan particulier de la protection diplomatique des personnes morales, aucun critère absolu applicable aux liens effectifs n'a été accepté de manière générale ». On voit ainsi que le critère du contrôle effectif n'a pas été retenu. Cette solution, quoique conforme à la tendance générale des juridictions internes qui restreignent l'application du critère du contrôle à des situations exceptionnelles, a cependant été fréquemment critiquée en doctrine en raison des risques qu'elle fait naître de rattachement purement fictif de la société à un État déterminé.

On doit constater que la pratique internationale ultérieure n'est pas restée insensible à ces reproches. C'est ainsi notamment que dans le cadre des conventions bilatérales destinées à la protection des investissements, certains États ont élargi les critères de nationalité des personnes morales en complétant celui du siège social par celui de *l'intérêt prépondérant* détenu par les ressortissants de l'une ou l'autre des parties à la convention au sein d'une société donnée (par exemple, convention entre le gouvernement de la Confédération suisse et le gouvernement de la République de Singapour concernant l'encouragement et la protection réciproque des investissements conclue le 6 mars 1978, *Recueil suisse des lois fédérales*, 1978, p. 1190 s.) [2].

La jurisprudence de la Cour internationale n'a, en revanche, pas connu d'évolution sensible. Malgré les apparences, il n'y a pas eu d'infléchissement de fond dans l'arrêt *Elettronica Sicula* (*États-Unis c/ Italie*) du 20 juillet 1989 [3], ni dans l'arrêt *Diallo* (*Guinée c/ République démocratique du Congo*) du 24 mai 2007 [4]. Les juges de La Haye continuent à ne reconnaître comme opposable que la nationalité attribuée en fonction du critère de l'incorporation ou de celui du siège social. Ils refusent toujours

1. CIJ., *Rec.* 1970. 3.

2. V. aussi art. 25 de la Convention de Washington de 1965 relatives au CIRDI, ou l'art. 13 de la Convention de Washington de 1985 sur l'AMGI, l'une et l'autre évoquées, v. ss 632.

3. *Rec.* 1989. 15. V. C. Jeancolas, L'arrêt *Elettronica Sicula S.p.A (ELSI)* du 20 juill. 1989 (*États-Unis c/ Italie*), *RGDIP*, vol. 94, 1990. 701-742. Comp. B. Stern, La protection diplomatique des investissements internationaux. De *Barcelona Traction* à *Elettronica Sicula* ou les glissements progressifs de l'analyse, *JDI*, vol. 117, 1990. 897-948.

4. Arrêt sur les exceptions préliminaires, particulièrement § 90. V. O. de Frouville, *AFDI*, vol. 53, 2007. 291-327.

le critère du contrôle, jugé trop volatile en raison des changements possibles de l'actionnariat. Cette solution privilégie, ainsi, la stabilité du lien de nationalité. Elle n'empêche pas, au demeurant, une action de l'État de nationalité des actionnaires lorsqu'il a été porté atteinte aux droits de ceux-ci, distincts de ceux de la société elle-même. L'arrêt *Diallo* en témoigne ; le projet d'articles de 2006 de la Commission du droit international sur la protection diplomatique s'en fait l'écho (art. 12).

100 ***Sociétés multinationales*** ◊ Un problème particulier a été posé depuis plusieurs décennies par le développement des sociétés multinationales ou transnationales [1]. Ces entreprises bénéficiant d'une diversité d'implantation, notamment en raison de la création de filiales dans plusieurs pays, reliées à une société mère, sont amenées du fait de la disparité des législations nationales à jouer sur les différences existant d'un droit interne à l'autre pour choisir la loi la plus favorable à leurs activités. Le caractère fictif du critère de rattachement qu'est l'incorporation peut notamment ici présenter pour elles des avantages sensibles. Différentes tentatives ont été faites dans les dernières années pour essayer d'encadrer les activités de telles entreprises ; aucune n'a cependant abouti à l'instauration de normes obligatoires.

Dès 1973, l'OIT s'était souciée des implications des activités multinationales sur la condition sociale de leurs employés. Par la suite, l'ONU a tenté d'examiner au sein de différents organes la possibilité d'établir une réglementation qui leur soit consacrée ; c'est à cette fin que le Conseil économique et social créa la Commission des sociétés transnationales en 1974. Parallèlement, la CNUCED se penchait sur les aspects commerciaux des activités de ces entreprises. Il a été jusqu'ici impossible d'élaborer un texte conventionnel ou simplement incitatif du type « code de bonne conduite » permettant de normaliser ces activités. Dans le cadre universel, seule la CNUCED est parvenue à définir un ensemble de principes et de règles équitables convenues au niveau multilatéral pour le contrôle des pratiques commerciales restrictives entérinées par l'Assemblée générale des Nations Unies (résolution 35/63). Dans le cadre régional, l'OCDE a permis en 1976 l'adoption de « principes directeurs » à l'intention des entreprises multinationales. Ils furent par la suite amendés et en juillet 1978, une recommandation du Conseil de cette organisation, sur les pratiques commerciales restrictives affectant le commerce international, y compris celles dues aux entreprises nationales, a été adoptée. Aucun de ces textes ne crée formellement d'obligations pour les entreprises multinationales. Ils sont aujourd'hui dépassés par des initiatives diverses qui, comme le *Global Compact* (ou Pacte mondial) lancé en 1999 par le Secrétaire général des Nations Unies, visent à promouvoir, sur une base volontaire, le respect d'une certaine éthique de la « responsabilité sociale des entreprises » (v. ss 625).

1. V. B. Goldman et Ph. Francescakis (dir.), *L'entreprise multinationale face au droit*, Paris, Litec, 1977.

On notera toutefois que dans une sentence rendue par la Chambre de Commerce internationale à propos de l'affaire *Dow Chemical*, rendue le 23 septembre 1982, il a été déclaré : « un groupe de sociétés possède, en dépit de la personnalité juridique distincte appartenant à chacune de celle-ci, une réalité économique unique dont le tribunal arbitral doit tenir compte ».

3. Compétences sur les engins et véhicules

101 ***Les biens*** ◊ Les biens suivent en principe la nationalité de leurs propriétaires. Certains d'entre eux, cependant, en raison de leur caractère composite, et surtout du mouvement qui les anime, sont traités différemment. Il s'agit des véhicules. La nécessité d'un lien unique de rattachement à un État déterminé est justifiée par leur déplacement d'un pays à l'autre ou dans les espaces soustraits à toute appropriation nationale.

a) Tel fut de longue date le cas du navire ; on retrouve à propos de celui-ci les traits marquants du droit de la nationalité. L'État a en effet un pouvoir à la fois exclusif mais non arbitraire pour attribuer celle-ci. Il décide des conditions auxquelles est subordonné le droit de « battre son pavillon ». Il s'agit là d'une règle coutumière reconduite dans la convention relative au nouveau droit de la mer [1]. Mais une fois sa nationalité attribuée, il doit exercer sur le navire un contrôle effectif révélateur d'un lien susbtantiel entre l'État et le navire. Cette exigence d'effectivité s'est imposée peu à peu afin de lutter contre une pratique très fréquente et souvent dénoncée, celle des « pavillons de complaisance ». Consacrée dans la Convention de Montego Bay sur le droit de la mer de 1982 (art. 94), elle a été notamment été rappelée par le Tribunal arbitral dans l'affaire franco-canadienne du *Filetage dans le Golfe du Saint-Laurent* (sentence du 17 juillet 1986, § 27, commentaire C.A. Colliard), mais également par le Tribunal international du droit de la mer dans son arrêt du 1er juillet 1999 rendu entre Saint-Vincent et les Grenadine et la Guinée en l'affaire du *Saïga* (n° 2) [2]. Le Tribunal y insiste sur le fait que l'appréciation de l'existence de la nationalité est une question de fait à examiner « *in concreto* » (§ 66) étant entendu qu'il doit exister un lien substantiel entre le navire et l'État dont il arbore le pavillon, conformément à l'article 91 de la Convention des Nations Unies sur le droit de la mer (§ 83 de l'arrêt). S'agissant d'un navire, l'exigence d'effectivité se manifeste essentiellement, au-delà de l'identité des documents de bord, par les agissements du capitaine et la façon dont il applique à bord la loi de l'État du pavillon [3]. Dans une autre affaire, l'État de Belize s'opposait en 2001 à la France à propos d'une demande de prompte main levée sur le navire de pêche Grand Prince, affrété par de pêcheurs espagnols, mais dont il était contesté qu'il battit encore effectivement pavillon de Belize au

1. Montego Bay, 10 déc. 1982, article 91, *GTDIP* n° 61.
2. V. aussi l'arrêt du 14 avril 2014, affaire du navire « Virginia G » (Panama c/ Guinée Bissau), § 110 s.
3. V. J.G. Mahinga, Les affaires du M/V Saïga devant le tribunal international du droit de la mer, *RGDIP* 2000/3, p. 718 s.

moment où cet État introduisit sa demande ; dans cette affaire, le Tribunal du droit de la mer a relevé que l'absence de constance du demandeur dans l'affirmation de sa qualité d'État du pavillon ne permettait pas de retenir sa demande (§ 89 de l'arrêt du 20 avril 2001 dans l'affaire du *Grand Prince* [1]). D'autres affaires requérant devant le Tribunal du droit de la mer la « prompte mainlevée » d'un navire saisi par un État côtier soucieux de protéger les réserves de pêches, souvent abusivement exploitées par des navires placés sous pavillon de complaisance, ont illustré récemment les méfaits que de telles pratiques peuvent occasionner, particulièrement dans le domaine de la protection de l'environnement marin [2] sans que le Tribunal puisse efficacement s'associer à la lutte contre ces navires prédateurs [3]. L'arrêt du Tribunal international du droit de la mer du 20 décembre 2004 (Prompte mainlevée), *Juno Trader* (*Saint-Vincent-et-les-Grenadines c/ Guinée-Bissau*) présente à cet égard un certain intérêt. Dans cette affaire, Saint-Vincent-et-les-Grenadines était opposé à la Guinée-Bissau à la suite de la capture d'un navire frigorifique battant pavillon du premier de ces deux États. Il avait été reproché à ce navire d'avoir chargé une cargaison de pêche non déclarée et prise illégalement dans la zone économique exclusive de la Guinée-Bissau. L'interception du navire fut violente et la procédure du constat d'infraction effectuée dans des conditions contestables. La Guinée-Bissau s'est alors efforcée de démontrer, en prenant appui sur le précédent de l'affaire *Grand Prince* que le Juno Trader n'avait plus la nationalité de Saint-Vincent-et-les-Grenadines, au moment où ce dernier avait effectué la saisie, en raison de la confiscation préalable du navire. Selon le défendeur, postérieurement à la confiscation, la propriété du Juno Trader revenait de droit à l'État de Guinée-Bissau. Le Tribunal a répondu en repoussant cette thèse ; chaque État détermine les conditions d'octroi aussi bien que de perte de son pavillon. Cela exclut que la perte du pavillon puisse automatiquement découler du changement de propriétaire. En effet, il serait incompatible avec la Convention sur le droit de la mer d'empêcher un État de protéger un navire battant son pavillon dans le cas où ce dernier ferait l'objet de l'atteinte la plus grave à sa situation, à savoir la confiscation.

Une convention a été adoptée sous les auspices de la CNUCED le 7 février 1986 pour réduire et éliminer la pratique de ces pavillons de complaisance dont on a pu notamment constater le caractère préjudiciable lors des accidents de mer dus à une insuffisante formation des personnels de bord ainsi qu'à une absence effective de contrôle des navires par l'État du pavillon. Cette convention n'est toutefois toujours pas en vigueur.

1. V. Ph. Weckel, Chronique de jurisprudence internationale, *RGDIP* 2001/3, p. 788 s.
2. V. notamment les affaires du *Camouco* (2000) ; du *Monte Confurco* (2000) ; du *Grand Prince* (2001) déjà citée ; du *Volga* (2002) : v. Ph. Weckel, Chronique de jurisprudence internationale, *RGDIP* 2003/1, p. 182.
3. *Ibid.* La compétence du Tribunal (v. ss 688) est en effet limitée à l'appréciation du caractère raisonnable de la caution fixée par l'État côtier en échange de la libération du navire. V. § 68 de son ord. dans l'affaire du Volga, chron. précitée, p. 183.

b) En ce qui concerne la circulation aérienne, les règles adoptées ont été directement empruntées à celles relatives aux navires. La convention de Chicago du 7 décembre 1944 sur l'aviation civile internationale rappelle que les aéronefs civils ont nécessairement une seule nationalité, celle de l'État sur les registres duquel ils ont été immatriculés. Dans le cas d'entreprises multinationales d'exploitation des aéronefs civils, on rencontre une immatriculation commune au groupe d'États regroupés au sein de ces entreprises. L'exigence d'effectivité du lien de rattachement est souvent rencontrée dans les accords internationaux complétant la convention précitée.

c) Pour ce qui se rapporte aux engins spatiaux, c'est l'immatriculation dont la responsabilité incombe à l'État de lancement qui fournit le lien de rattachement de ces engins à un État déterminé [1]. Il ne s'agit pas à proprement parler d'une nationalité mais l'immatriculation établit un lien de rattachement analogue dont l'effectivité est en principe garantie par la responsabilité à laquelle l'État de lancement est exposé en cas de dommages (convention de 1972 sur la responsabilité des dommages causés par les objets spatiaux).

Quelles que soient la plénitude et l'exclusivité des compétences exercées par l'État souverain, on sait cependant qu'elles ne peuvent être mises en œuvre sans rencontrer des limites, qu'il convient à présent d'examiner.

C. Concurrence de compétences exercées par deux États

102 ***Position du problème*** ◇ Comme on vient de le voir, les deux principaux titres de compétences exercées par l'État se fondent, d'une part, sur le territoire et, d'autre part, sur le lien personnel de nationalité. Par définition, la compétence personnelle n'est pas attachée à l'aire d'exercice des compétences souveraines mais au sujet lié à un ordre juridique spécifique par le lien de nationalité. Du fait de ses déplacements, cette personne pourra se trouver située à l'intérieur de zones de compétences diverses : soit dans un espace échappant à toute emprise nationale (cas du navire en haute mer) et alors il n'y aura nul obstacle à son maintien sous l'empire des lois nationales dont elle relève ; soit sur le territoire d'un autre État, dont elle devra alors respecter la compétence territoriale, aussi bien normative qu'exécutoire. Dans cette dernière hypothèse, cette personne se trouvera ainsi concurremment soumise à sa législation nationale et celle de l'État sur le territoire duquel elle se trouve. Que fera-t-elle lorsque les obligations qui sont les siennes au titre de la législation d'un État sont incompatibles avec celles qui résultent de l'application des lois ou des règlements de l'autre ? Le problème est classique et s'est posé de longue date. Comme on le dit ailleurs, il est résolu à propos des services publics de l'État fonctionnant

1. Article 2 de la convention de New York sur l'immatriculation des engins spatiaux du 14 janv. 1975, *AJNU*, 1974. 95-99.

à l'étranger (représentations diplomatiques, forces militaires stationnées sur un autre État, etc.) par l'admission de la règle d'après laquelle ces services, directement rattachés à l'exercice de la souveraineté, demeurent soumis aux lois de l'État dont ils émanent [1]. La question de l'application extraterritoriales des lois nationales ne concerne évidemment pas seulement les personnes physiques mais également les personnes morales (sociétés, fondations, associations) implantées ou opérant sur le territoire de plusieurs États [2].

103 ***Importance et enjeux de l'application extraterritoriales des lois nationales*** ◊ À l'époque contemporaine, marquée par la mondialisation de l'économie, le problème revêt une importance particulière, notamment du fait du développement des entreprises multinationales. Il est parfois compliqué de considérations politiques, en particulier à propos de l'application des normes touchant à la réglementation économique. D'un côté, les États développés exportateurs de capitaux sont en effet soucieux de garantir que l'investissement de leurs entreprises, sur les activités desquelles ils souhaitent par ailleurs conserver le maximum de contrôle, puisse se développer librement à l'étranger. De l'autre côté, les pays d'accueil des investissements souhaitent sauvegarder au maximum leur souveraineté territoriale et économique. Ils désirent assurer l'application de leurs lois sur l'ensemble des activités, nationales ou étrangères, menées à l'intérieur de leur zone de juridiction. L'une de leurs revendications à l'égard des entreprises multinationales agissant sur leur territoire, dont ils ont du reste grand besoin pour leur développement national, est que leurs activités n'échappent pas à l'exercice intégral de leur souveraineté, sous l'éventuel prétexte du maintien de la subordination de ces entreprises aux lois de l'État dont la société mère possède la nationalité.

Deux attitudes sont alors envisageables de la part des États aux compétences concurrentes : soit l'affrontement, et alors les personnes assujetties aux lois de l'un par le lien de nationalité et de l'autre par celui de territorialité se trouveront dans une situation très difficile sinon inextricable ; soit la coordination des ordres juridiques étatiques et des organes chargés de l'application des normes qu'ils comportent. Comme on le verra, cette solution est retenue dans un certain nombre d'hypothèses dont certaines sont anciennes (extradition, entraide judiciaire) ; d'autres, faisant appel à des techniques particulières, sont davantage liées à des phénomènes très contemporains, comme la lutte contre le terrorisme.

1. V. Jules Basdevant, La compétence relative aux services publics, *in Mémoires et plaidoiries dans l'affaire du Lotus* : CPJI, série C, n° 13. Du même auteur V. *RCADI* 1936, IV, p. 592. Pour une application jurisprudentielle, V. l'affaire des *déserteurs de Casablanca*, CPA 22 mai 1909, *RSA* t. XI, p. 126 s.

2. V. Brigitte Stern, Quelques observations sur les règles internationales relatives à l'application extraterritoriales du droit, *AFDI* 1986. 7-52 et L'extraterritorialité revisitée, *AFDI* 1992. 239-313 ; *L'application extraterritoriales du droit économique*, Cahiers du CEDIN, n° 3, Paris, Montchrestien, 1987.

1. L'exercice concurrent des compétences nationales de deux États

Existe-t-il des règles de droit international interdisant l'application extraterritoriale des lois nationales et, partant, l'exercice concurrent de compétences étatiques ? Pour répondre à cette question, il convient d'introduire une différenciation majeure entre l'exercice par l'État de sa compétence normative, d'une part, et celui de ses compétences opératoires ou d'exécution, d'autre part.

104 ***Compétence normative et compétence d'exécution*** ◊
a) La première concerne l'aptitude d'un État à déterminer la conduite de ses sujets, c'est-à-dire à adopter des normes, à portée générale ou individuelle. Ces normes sont d'application extraterritoriale lorsque, potentiellement au moins, elles appréhendent des comportements, des faits ou des situations localisées hors du territoire national, quand bien même leur objet ne serait pas d'abord celui-ci. En pratique, l'extraterritorialité concerne d'ailleurs souvent des règles applicables à des personnes, des faits ou des situations se trouvant pour partie sur le territoire national et pour partie à l'étranger. Ainsi, les lois françaises des 11 et 12 février 1982 prévoyaient-elles la nationalisation de plusieurs grandes entreprises soumises naturellement à la législation territoriale puisque françaises en raison du lieu d'implantation de leur siège social ; mais outre le problème d'extension directe de la loi aux filiales situées à l'étranger, l'État français établissait aussi par voie législative son contrôle sur les actifs des sociétés nationalisées, lesquels se trouvaient dans bien des cas à l'étranger, ou comportaient des actions de sociétés étrangères. L'État français prétendait ainsi exercer sa compétence normative à l'égard de personnes et d'intérêts placés hors de son territoire.

b) La seconde, la compétence opératoire ou d'exécution, concerne la possibilité pour l'État qui a édicté la norme de prendre des mesures concrètes en vue de son application effective par les sujets internes. Elle est d'exercice extraterritorial lorsque l'État agit hors de son territoire par des actes d'exécution matériels ou immatériels pouvant éventuellement comporter une forme de contrainte.

105 ***Les règles établies en droit international général*** ◊ C'est par rapport à ces deux types de compétence qu'il faut situer les prescriptions du droit international en la matière. Elles sont sommaires mais paraissent toutefois assez claires. Il y en a essentiellement deux, l'une et l'autre tirées d'un arrêt rendu par la CPJI en 1927 à propos de l'abordage en haute mer d'un navire turc par un navire français, le *Lotus*, dont l'officier responsable au moment de l'accident fut ensuite l'objet de poursuites pénales lorsque le navire fit relâche dans un port turc (arrêt n° 9, série A, p. 10).

À propos de l'exercice extraterritorial de la compétence normative d'un État, l'arrêt déclare tout d'abord : « [l]oin de défendre d'une manière générale aux États d'étendre leurs lois et leur juridiction à des personnes, des biens et des actes hors du territoire, le droit international leur laisse, à cet égard, une large liberté, qui n'est limitée que dans quelques cas par des règles prohibitives ; pour les autres cas, chaque État reste libre d'adopter les principes qu'il juge les meilleurs et les plus convenables ».

Au sujet de l'exercice de la compétence exécutoire, le même arrêt précise ensuite, de la façon la plus ferme : « La limitation primordiale qu'impose le droit international à l'État est celle d'exclure - sauf l'existence d'une règle permissive contraire - tout exercice de sa puissance sur le territoire d'un autre État ».

Les conclusions que l'on peut tirer de cette unique espèce ne suffisent pas à régler tous les problèmes posés, tant s'en faut. Mais elles permettent néanmoins de préciser la portée du débat : l'État peut donner à ses normes individuelles ou générales, par exemple dans le domaine du statut civil, de la loi fiscale ou de la réglementation de la concurrence, une portée extraterritoriale ; ces normes produiront leurs effets sur le territoire de l'État étranger. Mais elles ne pourront le faire que dans la mesure où celui-ci ne s'opposera pas à leur application.

En revanche, et c'est ici que la distinction précitée entre compétences normatives et compétences opératoires entre en jeu, l'État normateur ne pourra pas déployer de contraintes matérielles sur le territoire d'un autre État souverain pour obtenir application effective de ses normes à une personne, un fait ou une situation donnés. C'est notamment parce qu'il ne respecte pas ce principe que l'arrêt rendu par la Cour suprême des États-Unis dans l'affaire *Alvarez-Machain* du 15 juin 1992 a provoqué les vives réactions critiques évoquées plus haut (v. ss 93). La pratique démontre cependant que l'existence de ces deux règles, simples à la fois parce qu'elles sont elles-mêmes très générales et permettent des interprétations diverses, ne suffit pas pour éviter les conflits de compétences entre les États en présence. Les pratiques nationales l'illustrent parfaitement.

106 ***La diversité des pratiques nationales - l'exemple des nationalisations*** ◊ La conception qu'a chaque souverain de l'étendue de sa propre compétence normative est éminemment variable d'un État à un autre et, pour un même État, parfois évolutive. Le cas des nationalisations le montre. En ce domaine bien particulier, le problème de l'effet extraterritorial des décisions prises par un État à l'égard d'une personne privée s'est souvent posé dans les trente dernières années : les mesures de nationalisation prononcées par un État à l'encontre d'une personne privée étrangère installée sur son territoire produisent-elles leurs effets à l'égard des biens (par exemple la cargaison d'un navire faisant relâche dans le port d'un État tiers), que cette société possède hors du territoire de l'État nationalisateur ? D'une façon générale, la doctrine, tout en reconnaissant le droit de tout État à nationaliser les biens des personnes privées étrangères, refuse de reconnaître tout effet aux nationalisations hors du territoire national de l'État ayant pris la mesure ; elle s'en tient au principe

de l'effet strictement territorial des nationalisations [1]. La jurisprudence nationale a, en revanche, été beaucoup plus contrastée, certaines juridictions ayant admis l'effet extraterritorial de nationalisations, d'autre l'ayant catégoriquement refusé.

En France, la question de l'effet extraterritorial d'une nationalisation a été envisagée à la fois du point de vue des effets éventuels sur le territoire national des mesures prises par des États étrangers et de celui de l'État nationalisateur lui-même. À la suite des mesures de nationalisation prises par le gouvernement français en 1982, le Conseil constitutionnel a en particulier été saisi à deux reprises de la constitutionnalité de la loi de nationalisation. La seconde requête faisait grief aux articles 1, 12 et 29 d'être anticonstitutionnels parce que tendant à conférer un effet extraterritorial aux nationalisations, en contradiction avec le droit international, que le législateur, par application des préambules des constitutions de 1945 et 1958, se doit de respecter. Il s'agissait en l'espèce de nationalisations « médiates », c'est-à-dire de cas dans lesquels la mesure porte non pas, ou pas seulement, sur les biens appartenant à une société, mais sur les actions qu'elle détient ; la mesure étend-elle ses effets aux actifs que la société visée peut posséder à l'étranger comportant éventuellement eux-mêmes des actions de sociétés étrangères ? Dans sa décision du 11 février 1982, le Conseil constitutionnel a répondu : « Il appartient au législateur de prononcer la nationalisation des sociétés ayant leur siège social en France, et à ce titre, de transférer à l'État l'ensemble des actions de ces sociétés, avec toutes les conséquences entraînées par ces transferts sur l'administration et la disposition des patrimoines sociaux, y compris les biens à l'étranger. Les limites éventuellement rencontrées hors du territoire national en ce qui concerne les effets de ces nationalisations constitueraient un fait qui ne saurait restreindre en quoi que ce soit l'exercice de la compétence dévolue au législateur par l'article 34 de la constitution ».

Cette jurisprudence n'est pas vraiment surprenante. Elle reprend, en effet, la distinction classique (v. ss 104) entre compétence normative, très proche de ce que les droits anglais et américains appellent « *prescriptive juridiction* », et compétence exécutoire (« *enforcement juridiction* »). Dans cette décision, le Conseil constitutionnel admet en effet la possibilité pour le législateur de prévoir l'extension des mesures de nationalisation aux actifs que les sociétés concernées détenaient à l'étranger. Mais en les qualifiant de simples faits, il évoque corrélativement les difficultés de mise en œuvre de telles mesures à l'étranger, telles qu'elles pourraient résulter pour la France de l'impossibilité de faire jouer sa compétence d'exécution sur le territoire étranger et la faire éventuellement prévaloir à l'égard des mesures d'opposition prises par les États ainsi concernés. Cette décision se situe donc dans le prolongement des règles très générales posées, en droit international, à propos de l'application extraterritoriale du droit national.

1. V. H. Batiffol et Paul Lagarde, *Droit international privé*, 6e édition, II, n° 522, 546 et 552.

107 ***La diversité des pratiques nationales (suite) – l'exemple du droit de la concurrence et des sanctions économiques*** ◊ La diversité des pratiques nationales est également particulièrement marquée dans les domaines du droit antitrust et des sanctions économiques. Elle s'est accompagnée en ces matières de tensions et différends interétatiques importants. En droit de la concurrence, les conflits ont concerné principalement la propension des juridictions américaines à retenir, pour l'application des règles relatives aux ententes et abus de position dominante, un rattachement fondé sur la doctrine des effets. Confortée par un arrêt de la Cour suprême de 1993 [1], cette théorie traduit une conception particulièrement large de la compétence normative puisqu'elle soumet potentiellement tout comportement d'entreprise, même étrangère, aux règles fédérales américaines dès lors qu'un effet anticoncurrentiel peut être ressenti aux États-Unis. En dépit des contestations suscitées en Europe par l'utilisation de ce critère de rattachement, celui-ci a toutefois été progressivement adopté par les institutions des Communautés puis de l'Union européenne pour l'application du droit communautaire de la concurrence. Dans l'arrêt *Pâte de bois* du 27 septembre 1988, la CJCE a d'abord retenu, pour justifier l'exercice par la Commission de son pouvoir de sanction à l'égard d'entreprises qui avaient toutes leur siège social *en dehors* de la Communauté, que l'entente qu'elles avaient conclue entre elles avait été « mise en œuvre » dans la Communauté ; pourtant, les entreprises à l'origine des pratiques incriminées n'y étaient présentes ni directement ni par l'intermédiaire de filiales. C'était déjà adopter une conception particulièrement extensive du lien de rattachement de l'activité considérée au territoire considéré [2]. Quelques années plus tard, la CJCE a ensuite retenu très expressément la doctrine des effets dans son arrêt *Gencor* [3] à propos de l'application des règles communautaires relatives aux concentrations d'entreprises, mettant fin ainsi aux divergences d'appréciation qui opposaient les États européens aux États-Unis à propos de l'étendue de leur compétence normative respective pour réglementer les comportements anticoncurrentiels.

S'agissant des sanctions économiques, les tensions liées à l'application extraterritoriale des législations et réglementations nationales sont apparues pour la première fois au début des années quatre-vingt lorsque le gouvernement des États-Unis a décidé, en réaction à la proclamation de la loi martiale en Pologne, de renforcer ses sanctions à l'encontre de l'URSS en boquant la construction par des sociétés principalement européennes, quoique pour certaines filiales de sociétés américaines, d'un gazoduc entre la Sibérie et l'Europe occidental. Ces mesures ont provoqué de vives

1. *Hartford Fire Insurance Co. et al. v. California*, 113 *S.Ct.R.* 2981 (1993).
2. V. J. Dutheil de la Rochère, Réflexions sur l'application extra-territoriale du droit communautaire, *Mélanges M. Virally*, Paris, Pedone, 1991, p. 281-295.
3. 25 mars 1999, Gencor Ltd. contre Commission des Communautés européennes, Aff. T-102/96.

réactions de la part des États tiers, tout particulièrement des pays d'origine des sociétés impliquées dans la réalisation de cet ouvrage. Certaines des entreprises concernées furent réquisitionnées ou reçurent l'ordre de ne pas respecter les interdictions américaines ; elles se trouvèrent ainsi placées dans la situation de devoir respecter des obligations contradictoires. Après cette première crise, deux initiatives prises l'une et l'autre en 1996, émanant quant à elles du Congrès des États-Unis, ont ravivé les tensions liées à l'application extraterritoriale des sanctions économiques. Il s'agit de l'adoption des lois Helms-Burton et D'Amato-Kennedy [1].

Les objets respectifs de ces lois étaient à la fois délibérément politiques, hétérogènes et relativement imprécis. La première loi (Helms-Burton) adoptée le 12 mars 1996, prenait pour cible le régime castriste installé à Cuba ; elle avait pour objectifs affirmés « d'aider le peuple cubain à recouvrer sa liberté » en installant sur l'île un régime démocratique, mais également de « protéger les ressortissants américains contre les confiscations et le trafic illégal de biens confisqués » (pour la plupart, près de quarante ans auparavant). La seconde (D'Amato-Kennedy) adoptée le 5 août de la même année, visait l'Iran et la Libye. Elle cherchait essentiellement à priver ces deux États des moyens de soutenir le terrorisme international. Le contenu de l'une et l'autre loi était marqué, pour ce qui nous intéresse ici, par le fait qu'elles permettaient des mesures unilatérales à l'encontre de personnes privées étrangères. La loi Helms-Burton instituait pour l'occasion un fait générateur de responsabilité sans précédent, le « trafic ». Sa définition, très large, permettait de couvrir tout type d'activité commerciale impliquant un bien « confisqué » par le régime castriste au début des années soixante. D'effet rétroactif, cette loi partait, de plus, d'un présupposé très contestable ; celui d'après lequel les nationalisations cubaines, frappant pour la plupart, au début des années soixante, des biens possédés par des citoyens cubains, eurent présenté un caractère illicite en droit international public. La loi D'Amato visait quant à elle à poursuivre les personnes qui avaient investi un certain montant dans l'industrie pétrolière iranienne ou libyenne. Elle prétendait qui plus est, jusqu'à la levée des sanctions américaines contre la Libye en 2004, sanctionner les personnes qui avaient sciemment violé l'embargo décidé à l'encontre de la Libye par le Conseil de sécurité dans ses résolutions 748 et 883 pour n'avoir pas extradé deux de ses ressortissants impliqués dans des attentats terroristes. Pourtant, la résolution 748 disposait que les États membres de l'ONU devaient interdire une série de comportements imputables seulement à leurs propres ressortissants et à partir de leur territoire national. Les mesures prises par les États-Unis outrepassaient donc les termes de cette résolution.

Les sanctions susceptibles d'être demandées par tout ressortissant américain étaient également la preuve de l'inventivité du législateur américain. La loi Helms-Burton disposait, en effet, qu'après constat du « trafic » par une

1. V. A. Lowenfeld, Congress and Cuba : the Helms-Burton Act, *AJIL* 1996. 419-434 ; B. Clagett, The Cuban Liberty and Democratic Solidarity Act, Continued, a Reply to Professor Lowenfeld, *AJIL* 1996. 641-644.

juridiction américaine, son auteur pouvait être condamné à indemniser l'ancien propriétaire du bien nationalisé jusqu'à concurrence de trois fois le montant du préjudice subi par lui (*treble damages*). La loi Helms-Burton comme la loi D'Amato prévoyaient en outre des sanctions administratives telles l'interdiction de délivrance de visa aux « trafiquants » comme à leurs proches (Helms-Burton), l'interdiction de toute aide financière ou de prêt provenant de l'Export-Import Bank et d'autres établissements financiers américains, ou bien encore la non-délivrance d'autorisations d'exportation de technologies. L'ensemble de ces sanctions était fondé sur la présomption très approximative selon laquelle toutes les relations commerciales prohibées contribuaient au renforcement du caractère nuisible des régimes politiques et des pays visés, au détriment des intérêts américains ; cela équivalait à retenir une conception particulièrement large, voire hégémonique, de la doctrine des effets et de la compétence normative des États-Unis dont la licéité de l'exercice était en l'occurrence plus que douteuse [1]. Visant des comportements localisés par définition hors des États-Unis, ces lois appréhendaient en effet indifféremment les comportements des ressortissants des États-Unis et ceux des personnes privées *étrangères* qu'aucun lien ne permettait de rattacher aux États-Unis [2]. L 'une et l'autre de ces lois comportaient en outre des mesures incompatibles avec les obligations souscrites par les États-Unis en faveur de la liberté des échanges commerciaux aussi bien dans le cadre de l'Organisation mondiale du commerce (OMC) que de l'Accord de libre-échange nord-américain (ALENA). On comprendra, dans ces conditions, que les deux textes aient été unanimement dénoncés comme illicites et qu'elles aient suscité toute une série de mesures destinées à en neutraliser l'application (v. ss 108) ; leur effet a été d'aviver encore les critiques d'un très grand nombre de pays à l'égard des prétentions américaines à l'extension extraterritoriale de leur compétence nationale, tant normative qu'opératoire, déjà illustrée par l'affaire *Alvarez-Machain* précitée (v. ss 105).

Tenant compte de l'intensité de ces réactions, les États-Unis se sont ultérieurement montrés globalement plus prudents et moins enclins à donner une portée extraterritoriale aux sanctions décidées par eux, et à leurs lois en général [3]. D'autres cas se sont néanmoins présentés. Le 31 décembre 2011, une loi intitulée « *Comprehensive Iran Sanctions, Accountability, and Divestment Act* » a, par exemple, été promulguée qui prévoit des sanctions à l'encontre des institutions financières qui

1. V. B. Stern, Vers la mondialisation juridique ? Les lois Helms-Burton et d'Amato-Kennedy, *RGDIP* 1996/4, p. 979-1003.

2. V. l'analyse de M. Cosnard, *AFDI* 1996. 33-61, spécial. p. 40-50.

3. Ainsi, après plusieurs décisions remarquées d'application de l'*Alien Tort Claims Act* à des sociétés étrangères pour des violations des droits de l'homme commises en dehors du territoire des États-Unis (v. I. Moulier, *AFDI* 2003. 129-164), la Cour suprême a décidé d'en restreindre drastiquement le champ d'application dans sa décision *Kiobel c/ Royal Dutch Petroleum* du 17 avril 2013 (v. le dossier spécial de l'*AJIL*, vol. 107, n° 4 (2013), p. 829-863, ainsi que la note de T. Fleuy Graff *in AFDI* 2013, vol. LIX, pp. 17-42).

maintiennent des liens avec la banque centrale d'Iran. En application de cette loi, plusieurs sociétés, dont une société chinoise, ont été interdites d'accès aux licences d'importation et au crédit aux États-Unis, provoquant l'opposition du gouvernement de Pékin [1].

108 ***Réactions des États tiers aux prétentions d'applications extra-territoriales des compétences d'un autre État*** ◊ Les prétentions de certains États, tout particulièrement des États-Unis, à une large application extraterritoriale de leurs lois ont provoqué de vives réactions dans la communauté internationale. Outre les nombreuses protestations qui les ont souvent accompagnées, des actions contentieuses ont parfois été engagées. S'agissant des lois Helms-Burton et D'Amato-Kennedy, des procédures judiciaires ont ainsi été ouvertes devant les instances compétentes de l'ALENA ; la Communauté européenne a par ailleurs saisi l'organe de règlement des différends de l'OMC, contraignant dans un premier temps les États-Unis à assouplir quelque peu leur position, puis, dans un second temps, à convenir avec elle d'une suspension de l'application des deux lois. Enfin, pour contrer les effets de ce type de lois, plusieurs États ont adopté des contre-mesures législatives, dites « *lois de blocage* », qui empêchent en particulier, sous peine de poursuites pénales, les personnes privées de déférer aux demandes des autorités américaines de communiquer des informations localisées hors des États-Unis et destinées à alimenter des procédures engagées sur le fondement de textes d'application extraterritoriale. Ce fut le cas de la loi française du 19 juillet 1980 [2]. Après la promulgation des lois Helms-Burton et D'Amato-Kennedy, une procédure spécifique a, en outre, été mise en place par le Conseil des Communautés européennes, qui prévoyait que les ressortissants des États membres qui avaient été condamnés en application de l'une ou l'autre de ces deux lois étaient en droit de recouvrer les sommes auxquelles ils avaient été condamnés ou qu'ils avaient engagées pour leur défense, en opérant des saisies sur les avoirs détenus dans la Communauté européenne par les personnes qui avaient bénéficié de l'application de ces lois [3].

Ces réactions législatives, en principe destinées à protéger les ressortissants nationaux en dégageant leur responsabilité vis-à-vis des autorités américaines, ont cependant bien souvent eu pour effet de les placer dans une situation fort délicate. Elles témoignent bien davantage des écueils et des limites de l'affrontement des compétences concurrentes entre les États [4]. C'est la raison pour laquelle différentes tentatives ont été faites pour éviter de tels heurts de souveraineté.

---

1. V. les obs. de Ph. Weckel dans le bulletin *Sentinelle* n° 290.
2. *JORF*, 17 juill. 1980. 1799.
3. *JOCE*, n° L. 309, 29 nov. 1996.
4. Des problèmes analogues ont également été suscités par les affirmations de compétence extraterritoriale de la Communauté économique européenne, notamment en matière d'entraves à la concurrence. V., sous ce titre, M. Bazex *in* L'application extraterritoriale du droit économique, *op. cit.* p. 51 s.

109 ***Tentatives pour réduire les cas d'affrontement des compétences rivales*** ◊ L'une d'entre elles, à l'objet comme aux effets pratiques encore très limités, est constituée par la Convention de La Haye du 18 mars 1970 sur l'obtention des preuves à l'étranger en matière civile ou commerciale. Elle tente d'instaurer en ce domaine la coopération des autorités judiciaires des États contractants [1]. Une autre est constituée par la décision du Conseil de l'OCDE de 1984 sur les principes directeurs à l'intention des entreprises multinationales amendant la décision de 1976 relative au même sujet. Elle invite les États membres à coopérer, afin de trouver une solution aux obligations contradictoires auxquelles sont soumises ces entreprises. Dans d'autres domaines, cependant, la coopération entre États est de longue date rentrée beaucoup plus effectivement dans la pratique internationale.

2. La coopération de l'État étranger à la mise en œuvre du droit national

110 ***L'objet de la coopération*** ◊ Celle-ci est rendue nécessaire par l'impossibilité pour l'État normateur de mettre en œuvre sa compétence exécutoire sur le territoire étranger. Ceci concerne *l'entraide judiciaire* tant en matière civile que pénale [2]. Deux arrêts rendus par la Cour de cassation française en 1990 ont ainsi confirmé, entre autres, que les effets extraterritoriaux de la loi pénale étrangère sont repoussés, ce qui veut dire, notamment, qu'un État étranger ne peut obtenir la réalisation sur le territoire d'un autre État d'une poursuite et d'une sanction pénale dont il n'a pu assurer la réalisation sur son propre territoire [3].

Il n'existe pas de règle de droit international général en la matière. C'est donc toujours par voie d'accord que les États définissent les conditions dans lesquelles un État prête son concours à l'autre pour la réalisation de l'ordre juridique de ce dernier. Ainsi, la Convention de Vienne du 24 avril 1963, sur la transmission des actes judiciaires et extrajudiciaires intervient-elle en matière civile, cependant que des conventions bilatérales ou multilatérales organisent l'entraide judiciaire pénale proprement dite : elles concernent les mesures de coopération répressive ne supposant pas le transfert du délinquant sur le territoire de l'État du lieu de l'infraction ; elles se rapportent aussi à l'extradition, qui désigne au contraire la remise par les autorités de l'État sur le territoire duquel se trouve l'individu poursuivi par les autorités de l'autre État.

Le droit applicable à l'extradition ne relève cependant pas seulement des conventions internationales. Il résulte également du droit interne,

1. Convention entrée en vigueur en 1972 et ratifiée par la France le 7 août 1974. Les États-Unis y sont également partie.

2. V. à ce sujet le dossier spécial de la *RGDIP* 2013. 419-694.

3. Civ. 2 mai 1990, *République du Guatemala c/ SINCAFC et autres*, et 29 mai 1990, *État d'Haïti et autres c/ J.-C. Duvalier et autres*, *JDI*, I, p. 133, et commentaire J. Dehaussy, Le statut de l'État étranger demandeur sur le for français : droit international coutumier et droit interne, mêmes références, p. 109-129.

comme, en France, la loi du 10 mars 1927 dont l'interprétation et l'application ont d'ailleurs connu une importante évolution dans la jurisprudence des juridictions administratives et judiciaires [1].

Dans le cadre régional européen, la convention européenne d'extradition de 1957, entrée en vigueur à l'égard de la France en mai 1986, définit un régime complet de coopération entre les États membres du Conseil de l'Europe. Celui-ci est conditionné par le fait que les infractions motivant la demande d'extradition formulée par un État partie à l'égard d'un autre soient punies par les lois des deux États d'une peine privative de liberté ou d'une mesure de sûreté d'au moins un an, condition que la France a pour sa part élevée à deux ans, afin d'en réserver l'application aux cas d'une suffisante gravité. En revanche, toujours en vertu de la même convention, lorsque l'extradition est demandée pour l'exécution d'un jugement, il suffit que le maximum de la peine encourue soit d'au moins un an et que la sanction prononcée soit d'une durée minimale de quatre ans [2].

Dans le cadre communautaire européen, la décision-cadre 2002/584/GAI adoptée par le Conseil le 13 juin 2002 est relative au « mandat d'arrêt européen ». La décision insiste dans son Préambule sur la « nécessité d'éliminer la complexité et les retards potentiels inhérents à la situation actuelle en matière d'extradition ». La décision entend établir un régime simplifié afin de pouvoir soumettre plus aisément la personne appréhendée à une action pénale comme à l'exécution de la peine prononcée à son égard. L'autorité judiciaire de chaque État membre est ainsi requise de faire droit à la demande d'extradition formulée par l'autorité judiciaire d'un autre État membre, ceci afin d'éviter l'intervention de l'Exécutif d'un pays ou de l'autre dans le cours de la procédure, en se fondant sur la confiance réciproque entre États membres. Une liste de trente infractions a été établie à propos desquelles la phase dite de « double incrimination » doit ainsi être écartée. Il s'agit de crimes et délits d'une particulière gravité parmi lesquels la traite des êtres humains, l'homicide, l'émission de fausse monnaie, le viol ou tous crimes et délits contre l'humanité.

111 ***« Ou réprimer ou extrader »*** ◊ Du fait notamment de l'augmentation du nombre et de la gravité des actes de terrorisme international, plusieurs conventions ont été adoptées dans les quatre dernières décennies pour organiser la coopération des États dans la lutte contre ce fléau international [3]. Plusieurs d'entre elles consacrent le principe « *aut persequi, aut*

---

1. V. J.-C. Bonichot, L'évolution récente de l'extradition passive en France, *AFDI* 1984. 19 s.
2. Ch. Chanet, La France et la Convention européenne d'extradition du 13 décembre 1957, *AFDI* 1987. 774 s.
3. Convention de La Haye signée le 16 décembre 1970 sur la répression de la capture illicite d'aéronefs ; Convention de Montréal signée le 23 sept. 1971 sur la répression d'actes illicites dirigés contre la sécurité de l'aviation civile ; Convention de New York signée le 14 décembre 1973 sur la répression des infractions contre les personnes jouissant d'une protection internationale y compris les agents diplomatiques ; Convention de New York adoptée le 17 décembre 1979 sur la prise d'otages ; Convention de Rome signée le 10 mars 1988 sur la répression d'actes illicites contre la sécurité de la navigation maritime ; Convention internationale pour la répression des

positif, elle implique le droit de l'État à l'exercice de la plénitude des compétences, mais aussi le refus de toute subordination juridique de son possesseur à une volonté extérieure. Chaque État existant prétend ainsi exercer la totalité des compétences qui lui sont conférées par le droit ; mais il se heurte du même coup à la prétention correspondante de ses partenaires, les autres États souverains. C'est d'ailleurs dans la coexistence de ces prétentions identiques que se trouve l'origine première du droit international. Elle résulte des contraintes matérielles de la coexistence, prolongées et amplifiées par les nécessités de la coopération, et non pas du tout d'une volonté particulière à chaque souveraineté de s'auto-limiter, conception dont on a évoqué plus haut toute la précarité et les fondements idéologiques hérités de l'hégélianisme. S'il existe aujourd'hui un relatif « progrès du droit international », formule ambiguë désignant notamment l'extension de son champ d'application et la précision accrue des règles qu'il comporte, c'est sans doute bien davantage à raison d'une perception croissante par chacun de ces contraintes matérielles, encore renforcées par l'interdépendance des uns et des autres, que par l'effet d'une moralisation encore bien fragile des relations internationales. La souveraineté trouve ainsi la source première de ses limites dans l'existence des autres souverainetés et dans la réciprocité des droits établis entre les unes et les autres (§ 1). De manière tout aussi traditionnelle mais plus secondaire, la souveraineté est également encadrée pour que soient respectés les droits des ressortissants étrangers (§ 2).

§ 1. Respect des droits des États tiers

114 ***Fondements*** ◊ C'est le principe de l'*égalité souveraine* des États qui est à l'origine de l'obligation pour chacun d'entre eux de respecter les droits des tiers. Elle signifie que tous se trouvent placés devant le droit dans une situation identique. Celui-ci leur reconnaît *a priori* les mêmes aptitudes légales, les mêmes droits et les mêmes obligations. Cette égalité juridique présente inévitablement un caractère formel. Il est évident qu'en pratique, elle est souvent remise en cause par la disparité de puissance effective existant entre les différents États. L'un des traits marquants du droit international contemporain est précisément de tenter d'endiguer ces remises en cause matérielles de l'égalité juridique.

L'obligation de respecter les droits des tiers s'affirme essentiellement dans trois directions. Elle concerne tout d'abord le respect de l'intégrité du territoire des autres États. Elle impose ensuite le respect de l'exclusivité des compétences exercées par chacun d'entre eux à l'intérieur de ce territoire. Elle implique enfin le respect des services publics étrangers placés sur le territoire national de chaque État.

A. Respect de l'intégrité du territoire des États tiers : protection de l'environnement transfrontalier et non-intervention

1. Principe de l'utilisation non dommageable du territoire national et protection de l'environnement hors des frontières nationales [1]

115 ***Le principe*** ◊ La Cour internationale de Justice a été amenée, dans l'affaire du *Détroit de Corfou* [2], à affirmer « l'obligation pour tout État de ne pas laisser utiliser son territoire aux fins d'actes contraires aux droits d'autres États ». Il s'agit là d'une conséquence directe de l'égalité et de la réciprocité des droits souverains évoqués précédemment. En lui-même, ce principe est d'application très générale.

Ceci est particulièrement vrai s'agissant des conséquences des activités qu'un État déterminé peut entreprendre à l'intérieur de sa propre zone de compétences. Il devra veiller à s'assurer que des dommages ou préjudices divers ne seront pas entraînés sur le territoire des autres États par ses propres activités ou celles qu'il autorise. L'exercice par chacun de sa compétence territoriale, notamment en matière d'aménagement du territoire ou dans le cadre de l'exercice de sa souveraineté sur les ressources naturelles, ne peut s'effectuer que sans préjudice du droit des tiers.

Cette règle, de caractère coutumier, ne voit plus aujourd'hui sa portée restreinte aux seules relations de voisinage entre États limitrophes. Elle a notamment pris, sur la base du principe 21 de la déclaration de Stockholm sur l'environnement humain (1972) une portée considérable dans le cadre du droit international de l'environnement confirmant sa portée coutumière. Cette valeur coutumière a en effet été affirmée plus récemment par la Cour internationale de Justice, en particulier dans son avis consultatif de juillet 1996 relatif à la licéité de la menace ou de l'emploi d'armes nucléaires [3] ; elle en reprendra les termes un an plus tard, dans le premier arrêt de son histoire spécifiquement consacré en bonne part au droit international de l'environnement. Il s'agit de sa décision intervenue en l'affaire du *Projet Gabcikovo-Nagymaros* entre la Hongrie et la Slovaquie (25 septembre 1997). Dans chacune de ces deux espèces, elle déclare : « L'obligation générale qu'ont les États de veiller à ce que les activités exercées dans les limites de leur juridiction ou sous leur contrôle respectent

1. V. P.-M. Dupuy et J. Vinuales, *Introduction au droit international de l'environnement*, Bruxelles, Bruylant, 2015, 500 p. ; A. Ch. Kiss et J.P.Beurier, *Droit international de l'environnement*, Paris, Pedone, 4e éd. 2010, 590 p. ; Ph. Sands et J. Peel, *Principles of International Environmental Law*, 3e éd., Cambridge University Press, 2012, 992 p. ; P. Birnie, A. Boyle et C. Redgwell, *International Law and the Environment*, Oxford, OUP, 3e éd., 2009, 851 p. ; SFDI, *Le droit international face aux enjeux environnementaux*, Paris, Pedone, 2010, 489 p.
2. *Rec.* 1949. 22.
3. *Rec.* CIJ 1996. 241-242, § 29.

l'environnement dans d'autres États ou dans des zones ne relevant d'aucune juridiction nationale fait maintenant partie du corps de règles du droit international de l'environnement » (§ 53 de l'arrêt). La substance de ce principe a fait en effet l'objet d'une réitération dans laquelle on peut voir l'expression d'une « *opinio juris* » collective. Elle se trouve au principe n° 2 de la Déclaration de Rio, adoptée par le Sommet de la Terre le 5 juin 1992 (v. ss 691). D'une façon générale, le développement des technologies modernes rend possible à partir du territoire national la création de dommages affectant des territoires très éloignés du lieu d'origine de ses activités. C'est notamment le cas pour les dommages occasionnés par la chute d'engins spatiaux ou d'aéronefs. Les obligations résultant du principe d'utilisation non dommageable présentent cependant un caractère relatif et ne sauraient entraver l'initiative de toute activité susceptible d'avoir des effets transfrontières [1].

On abordera plus loin la question de la protection de l'environnement à l'échelle globale (v. ss 690-693).

116 ***Le devoir de protection de l'environnement hors des frontières nationales*** [2] ◊ Découlant directement du principe d'utilisation non-dommageable du territoire précité et appliqué par extension à la protection internationale de l'environnement transfrontières, ce « devoir selon la terminologie du Principe 2 de la Déclaration de Rio implique le respect par chaque État d'un certain nombre d'obligations dans l'exercice de ses compétences territoriales. Il existe en effet aujourd'hui un corps de normes coutumières déterminant de façon relativement précise les conditions d'une gestion territoriale nationale non-dommageable à l'environnement international. La pratique contemporaine en ce domaine a elle-même été directement inspirée, depuis le début des années soixante-dix, par une grande diversité d'instruments juridiques conventionnels ou simplement programmatoires (v. ss 394 s.). Le principe d'utilisation non-dommageable du territoire précité apparaît lui-même comme l'épicentre d'un corps de règles, notamment relatives à la protection de l'« environnement transfrontières » (selon la terminologie de l'OCDE). Les principales d'entre elles sont les suivantes :

• **Le principe de prévention** auquel la CIJ se réfère dans son arrêt du 25 septembre 1997 en relation avec le caractère souvent irréversible des dommages à l'environnement (§ 140 de l'arrêt). Il oblige les États à mettre en œuvre la diligence requise en fonction de standards souvent adoptés au niveau international pour éviter que les activités menées sur le territoire national portent préjudice à l'environnement transfrontières. Son caractère coutumier a été souligné dans l'arrêt relatif à l'affaire

1. V. P.-M. Dupuy, *La responsabilité internationale des États pour les activités d'origine technologique et industrielle*, Paris, Pedone, 1976, p. 30 s.

2. M. Paques et M. Faure, *La protection de l'environnement au cœur du système juridique international et du droit interne. Acteurs, valeurs et efficacité*, Bruxelles, Bruylant, 2003, 482 p.

Gabcikovo-Nagymaros. Il a été réaffirmé en 2005 par le tribunal arbitral *ad hoc* constitué dans l'affaire du *Rhin de fer (Belgique c/ Pays-Bas)* [1], ainsi que dans l'arrêt de la CIJ du 20 avril 2010, rendu en l'affaire des *Usines de pâte à papier sur le fleuve Uruguay*. Dans cette dernière décision, la Cour a établi, en outre, un lien direct entre le principe de prévention et celui, énoncé plus haut, de l'utilisation non-dommageable du territoire, observant que « le principe de prévention, en tant que règle coutumière, trouve son origine dans la diligence requise ("*due diligence*") de l'État sur son territoire » [2]. Le principe de prévention impose à chaque État des obligations positives ; il « implique la nécessité non seulement d'adopter les normes et mesures appropriées, mais encore d'exercer un certain degré de vigilance dans leur mise en œuvre ainsi que dans le contrôle administratif des opérateurs publics et privés, par exemple en assurant la surveillance des activités entreprises par ces opérateurs » [3]. Le niveau de vigilance et de contrôle auquel les États sont tenus dépend du niveau du risque de chaque activité : il doit être plus élevé pour les comportements les plus risqués [4]. Il s'accompagne, comme il sera vu ci-dessous, du devoir pour tout État de réaliser une étude d'impact environnemental avant d'autoriser une activité sur son territoire susceptible de causer un dommage environnemental transfrontière important. La diligence due impose aussi un devoir de vigilance étendu aux États pour les activités menées en mer. Ainsi que l'a indiqué le Tribunal international du droit de la mer dans un avis du 2 avril 2015, la lutte contre les pollutions marines et la gestion durable des ressources halieutiques imposent en effet une obligation d'agir allant de la réglementation à la sanction, qui pèse non seulement sur les États côtiers dans les zones dans lesquelles ils exercent des droits souverains, mais aussi sur les États du pavillon, pour les activités menées par les navires battant leur pavillon, en haute mer et dans la zone économique exclusive d'autres États [5].

Le principe de prévention se distingue du *principe de précaution*, dont il sera question plus loin ; il oblige les États pour des risques avérés ou qui peuvent être connus alors que ce dernier concerne des activités dont les risques pour l'environnement ou la santé sont vraisemblables mais encore entourés d'une certaine marge d'incertitude scientifique.

• **Le principe de coopération** pour la lutte contre les pollutions transfrontières. Il se traduit notamment par l'échange régulier d'informations entre États intéressés à la gestion d'une même ressource naturelle, et par

---

1. *The Iron Rhine (« IJzeren Rijn ») Railway Case (Belgium c/ Netherlands)*, sentence du 25 mai 2005, spéc. § 59, consult. sur le site de la Cour permanente d'arbitrage : [http://www. pca-cpa. org].

2. § 101. V. les obs. sur cet arrêt de Y. Kerbrat et S. Maljean-Dubois *in RGDIP* 2011, pp. 39-75, et L. Trigeaud *in AFDI* 2010 pp. 249-275.

3. Arrêt préc. dans l'affaire des *Usines de pâte à papier*, § 197.

4. V. l'avis consultatif de la Chambre pour le règlement des différends relatifs aux fonds marins, *Responsabilités et obligations des États qui patronnent des personnes et entités dans le cadre d'activités menées dans la zone*, 1er févr. 2011, § 117.

5. Avis sur la pêche illicite, non déclarée et non réglementée, à la demande de la Commission sous-régionale des pêches, §. 85 s.

l'alerte internationale en cas d'accident susceptible de causer des dommages transfrontières. C'est notamment ce qui a été une nouvelle fois rappelé par l'Institut de droit international dans l'une des trois résolutions relatives à la protection internationale de l'environnement qu'il a adoptées à sa session de Strasbourg, en 1997. La coopération est nécessaire à la réalisation du principe de prévention, comme la Cour internationale de Justice l'a souligné dans l'arrêt précité des Usines de pâte à papier [1].

• **L'information-consultation** préalable à l'entreprise d'activités susceptibles d'incidences dommageables sur l'environnement au-delà des frontières nationales. Un dialogue constructif doit être établi entre l'État désireux d'entreprendre une activité susceptible d'avoir des conséquences transfrontières et celui ou ceux qui pourraient être victimes de cette activité. L'État d'origine de l'activité en cause doit prendre en compte les préoccupations et le respect des droits de l'État ou des États susceptibles d'être affectés par son initiative. L'information est, en effet, la condition du déclenchement de la coopération entre les États concernés, laquelle est nécessaire, ainsi qu'il a été dit, pour la mise en œuvre du principe de prévention. Elle doit, autant que possible, reposer sur une étude préalable des risques. C'est ce qu'énonce le principe 17 de la Déclaration de Rio. C'est aussi ce que prévoient un certain nombre de traités bilatéraux et multilatéraux : le Statut de 1975 relatif au fleuve Uruguay, qui était au centre du différend entre l'Argentine et l'Uruguay relatif aux *Usines de pâte à papier*, la Convention de Montego Bay de 1982 sur le droit de la mer (art. 206) ou la Convention d'Espoo du 25 février 1991 sur l'évaluation de l'impact de l'environnement dans un contexte transfrontière. Cette dernière met en place des procédures originales qui font participer la partie potentiellement touchée au processus d'évaluation de l'impact environnemental d'activités envisagées dans un autre État partie [2]. De manière remarquable, la CIJ a admis, dans son arrêt précité du 20 avril 2010, que cette obligation de procéder à une évaluation de l'impact sur l'environnement d'une activité industrielle doit également être considérée comme une obligation coutumière, dont le respect s'impose chaque fois que l'activité envisagée « risque d'avoir un impact préjudiciable important dans un cadre transfrontière, et en particulier sur une ressource partagée » [3]. Cette obligation coutumière résulte de l'obligation de *due diligence* à la laquelle les États sont tenus sur leur territoire ; elle concerne non seulement les activités industrielles, mais plus largement toute activité dès lors que son impact transfrontière est significatif, ainsi que l'a précisé la CIJ dans un arrêt du 16 décembre 2015 sur deux affaires jointes qui opposaient le

1. « [C]'est en coopérant que les États peuvent gérer en commun les risques de dommages à l'environnement qui pourraient être générés par les projets initiés par l'un ou l'autre d'entre eux, de manière à prévenir les dommages en question » (§ 77).

2. La Convention d'Espoo était ratifiée par la plupart des États européens (45 au total) en avril 2014. Elle a été complétée par un protocole relatif à l'évaluation environnementale du 21 mai 2003, entré en vigueur le 11 juillet 2010.

3. § 204.

Costa Rica et le Nicaragua [1]. La preuve de sa violation suppose de la part de l'État qui l'allègue, qu'il démontre que l'activité projetée dans l'État voisin fait courir un risque avéré d'un dommage important pour son environnement. Pour évaluer l'importance de ce risque, il est tenu compte de l'envergure du projet, ainsi que du contexte dans lequel il a été ou sera réalisé (§. 155). La Chambre pour le règlement des différends relatifs aux fonds marins du Tribunal international du droit de la mer a réaffirmé l'existence d'une telle obligation dans son avis consultatif du 1er février 2011 relatif aux *responsabilités et obligations des États qui patronnent des personnes et entités dans le cadre d'activités menées dans la Zone* [2]. Dans une ordonnance du 13 décembre 2013 la CIJ a, en outre, considéré comme plausible l'existence coutumière d'un droit des États voisins à recevoir communication des résultats de l'étude d'impact réalisée par l'État sur le territoire duquel l'activité est envisagée [3]. La portée et le contenu de ces études d'impact peuvent être déterminés par traité, comme en atteste par exemple la Convention d'Espoo. À défaut, il appartient à chaque État de les préciser dans son droit interne « en prenant en compte la nature et l'ampleur du projet en cause et son impact négatif probable sur l'environnement, ainsi que de la nécessité d'exercer, lorsqu'il procède à une telle évaluation, toute la diligence requise » [4]. Il convient, au minimum, que les conclusions de l'étude permettent de connaître les autres solutions possibles et présentent les avantages et inconvénients du projet envisagé par rapport à celles-ci.

Cette règle d'information-consultation préalable, d'une importance considérable, rompt avec la tendance naturelle aux souverainetés, qui consiste à partir de l'idée simpliste qu'elles peuvent entreprendre tout ce que bon leur semble à l'intérieur de leurs frontières, sans souci des conséquences possibles chez le voisin (doctrine notamment défendue au XIXe siècle aux États-Unis par le juge Harmon) (v. ss 642). Elle n'a, pour cette raison, pas été admise sans difficultés en droit positif. Les résistances sont encore perceptibles lorsqu'il s'agit d'associer, non plus les États, mais directement les populations intéressées aux procédures de consultation conditionnant en principe l'entreprise de certains projets pouvant avoir une incidence négative sur l'environnement. Ce type de consultation est déjà préconisé par le principe n° 10 de la Déclaration adoptée à Rio en 1992 par le premier « Sommet de la Terre » (*GTDIP* n° 65). Cependant, déjà bien antérieurement, puisque les premières propositions formulées en ce sens le furent par l'OCDE au milieu des années soixante-dix, une

---

1. Affaires *Certaines activités menées par le Nicargua dans la région frontalière (Costa Rica c/ Nicaragua)* et *Construction d'une route au Costa Rica le long du fleuve San Juan (Nicaragua c/ Costa Rica)*, spéc. §. 104.

2. § 142.

3. Ordonnance relative aux demandes de mesures conservatoires présentées par le Nicaragua dans les affaires jointes *Certaines activités menées par le Nicaragua dans la région frontalière (Costa Rica c/ Nicaragua)* et *Construction d'une route au Costa Rica (Nicaragua c/ Costa Rica)*, § 19.

4. Arrêt préc. des *Usines de pâte à papier*, § 205. La CIJ le rapppelle dans son ordonnance précitée du 13 décembre 2013 dans les affaires jointes *Nicaragua c/ Costa Rica*, § 19.

pratique a été particulièrement recommandée : celle de l'*égalité d'accès* des personnes intéressées à la protection de l'environnement, de part et d'autre d'une frontière ; libre accès aux informations et procédures de consultation préalable à l'entreprise d'activités susceptibles de provoquer des dommages écologiques. Articulée dans un nombre croissant d'instruments « recommandatoires » ou juridiquement liants, cette pratique n'est cependant sans doute pas encore pleinement établie en droit international coutumier, au moins à l'échelle universelle. Une convention va particulièrement loin à cet égard, c'est celles adoptée à Aarhus, au Danemark, le 25 juin 1998, au sein de la Commission économique pour l'Europe des Nations Unies. Intitulée « convention sur l'accès à l'information, la participation du public au processus décisionnel et l'accès à la justice en matière d'information » (*GTDIP* n° 68) ; elle prévoit notamment que le « public » soit averti en temps utiles des projets d'activités énoncées en annexe. Le droit des personnes (publiques et privées) concernées s'étend jusqu'à celui de participer au processus de décision et de soumettre des commentaires dont l'État à l'origine du projet devra tenir compte. La convention prévoit également ce que les recommandations précitées de l'OCDE appelaient déjà vingt ans auparavant : l'« égalité de traitement » devant les juridictions nationales ou autres « organes impartiaux » du lieu d'implantation de l'activité qui pourraient être saisis pour le cas où n'aurait pas été prise en compte la demande d'information formulée ou l'expression de l'intérêt des personnes concernées (art. 9). Une admission large des organisations non gouvernementales auxquelles devra être reconnu un intérêt à l'action est également encouragée par la convention. Ce traité a été complété le 21 mai 2003 par l'adoption d'une convention complémentaire, le Protocole de Kiev. Il est destiné à assurer la transparence et l'accessibilité de l'information en matière de rejets et transferts de polluants grâce à la tenue de registres accessibles au public intéressé [1].

On ne doit cependant pas se dissimuler que, pour contribuer à établir des standards de bon comportement en vue de l'exercice diligent de la protection de l'environnement transfrontières, les normes établies par la Convention d'Aarhus et son Protocole additionnel semblent ne pas encore avoir pris racine dans le droit international général, c'est-à-dire coutumier. Appelé à prendre en compte les progrès que constitue le contenu de la Convention d'Aarhus par rapport à celui de la Convention OSPAR de 1992 du point de vue de l'information et de la participation du public au processus de décision relatif à l'établissement d'établissements dangereux, un tribunal arbitral constitué dans le cadre d'un différend entre l'Irlande et le Royaume-Uni a refusé d'y faire droit. La Convention est, certes, en vigueur depuis le 30 octobre 2001 mais aucune des parties au différend

1. Au 1er juin 2012, la Convention d'Aahrus, en vigueur depuis 2001, avait été ratifiée par 45 États mais également par la Communauté européenne, qui y a procédé le 17 févr. 2005. Le Protocole de Kiev est entré en vigueur le 8 octobre 2009 ; il comptait 29 parties début 2010. Les États parties ont adopté en 2005 des lignes directrices à l'intention d'autres organisations internationales, Décision II/4 – Un Doc. Ece/Mp.Pp/2005/2/Add.5, 20 June 2005.

ne l'avait encore ratifiée au moment du différend. Cette décision arbitrale est cependant critiquable, dans la mesure où elle paraît négliger le fait que, tout au moins dans le cadre de l'Europe occidentale, la pratique convergente des États tend à avaliser la généralité de la règle d'égalité d'accès à l'information sinon de participation aux décisions d'établissement des activités dangereuses pour l'environnement. Dans son arrêt relatif à l'affaire des *Usines de pâte à papier*, la CIJ n'a pas jugé utile de se prononcer sur l'existence en droit coutumier d'une obligation de consulter le public, estimant que, par ailleurs, la consultation des populations intéressées avait en l'occurrence bien eu lieu [1].

Hors du cadre de l'Europe occidentale, en tout cas, on doit constater la réticente manifestée notamment par les États d'amont riverains d'un fleuve international à évaluer et prendre en compte les conséquences possibles de l'utilisation qu'ils font du fleuve sur les riverains d'aval. C'est ce qu'a par exemple illustré le précédent relatif au barrage d'Itaipu, durant les années soixante-dix ; il fut entrepris par le Brésil et le Paraguay en travers du fleuve Parana, sans que, du moins dans un premier temps, de véritables consultations aient été entreprises avec l'Argentine, riverain d'aval [2]. C'est également ce qui s'est produit lors de la construction d'usines de pâtes à papier sur la rive uruguayenne du fleuve Uruguay entre 2005 et 2007. Dans ce dernier cas, des obligations procédurales d'information, de notification et de négociation particulièrement élaborées avaient pourtant été prévues dans le statut du fleuve Uruguay de 1975, et ce, dans l'objectif d'une utilisation rationnelle de cette ressource partagée. La Cour internationale de Justice a constaté une violation de ces obligations procédurales dans son arrêt précité du 20 avril 2010. Un autre cas manifestant la même réticence est celui de la Turquie. Elle a construit le barrage Ata Turc en travers de l'Euphrate sans consultation préalable des riverains d'aval (Syrie et Irak). Ces précédents (négatifs) n'ont pas encore été rendus obsolètes par une pratique contraire. Ils manifestent bien la difficulté qu'ont encore beaucoup d'États à respecter dans les faits ce principe d'information-consultation préalable. Cette attitude démontre également leur répugnance à l'application d'un autre principe, pourtant lui-même d'une importance considérable.

• **Le principe d'utilisation équitable et de gestion concertée des ressources naturelles** intéressant deux ou plusieurs États trouve lui aussi une occasion privilégiée mais non exclusive d'exercice à propos de la gestion des fleuves internationaux. Les conditions de sa codification ont fait l'objet d'âpres négociations jusqu'à la conclusion de la convention sur le droit relatif aux utilisations des cours d'eau à des fins autres que la navigation, adoptée par l'Assemblée générale des Nations Unies le 21 mai 1997 (articles 5 et 6) issue d'un projet établi par la Commission du droit

1. § 215-218.
2. V. P.-M. Dupuy, La gestion concertée des ressources naturelles partagées. À propos du différend entre le Brésil et l'Argentine relatif au barrage d'Itaipu, *AFDI* 1978. 866-889.

international des Nations Unies (v. ss 643 s.). Le fond de la question, dont les enjeux concrets, économiques et humains, peuvent être considérables, est celui de savoir en fonction de quels critères et selon quelles procédures déterminer le caractère « équitable » de la répartition des utilisations d'une ressource partagée (fleuve, lac, mer fermée, voire bassin d'air ou toute autre unité écologique) entre les divers États qui partagent le bénéfice de son exploitation. À la suite d'un certain nombre d'instruments juridiques non liants (« *soft law* »), l'article 6 de la nouvelle convention offre une pluralité de critères dont il appartiendra, cas par cas, aux États concernés de préciser et de compléter la portée ; c'est déjà ce qui se passe de longue date au sein d'un certain nombre de commissions fluviales internationales dont l'*International Joint Commission* établie, dès 1909, entre le Canada et les États-Unis a fourni l'un des modèles.

L'utilisation équitable est au demeurant un principe dont la Cour permanente de Justice internationale elle-même avait souligné, dès 1929, le caractère fondamental. Elle le fit dans son arrêt n° 16 (Série A n° 23, p. 27) relatif à la juridiction territoriale de la Commission internationale de l'Oder. La CPJI y constatait : « la communauté d'intérêt sur un fleuve navigable devient la base d'une communauté de droit, dont les traits essentiels sont la parfaite égalité de tous les États riverains dans l'usage de tout le parcours du fleuve et l'exclusion de tout privilège d'un riverain quelconque par rapport aux autres ». Cette citation a été reprise par la CIJ dans son arrêt de 1997 précité (*Projet de Gabcikovo-Nagymaros*). C'est sur cette base coutumière avérée qu'elle a pu déclarer, à propos du détournement unilatéral du fleuve par la Tchécoslovaquie : « en prenant unilatéralement le contrôle d'une ressource partagée et en privant ainsi la Hongrie de son droit à une part équitable et raisonnable des ressources naturelles du Danube » (§ 87 de l'arrêt) la Tchécoslovaquie (à laquelle succéda la Slovaquie à partir de 1993) a commis un fait illicite patent.

Le principe d'utilisation équitable fédère lui-même d'autres règles qui lui sont logiquement associées mais dont le statut coutumier est moins fermement consolidé. Il s'agit en particulier du *principe d'égalité de traitement* entre les victimes potentielles (non-discrimination préventive) ou effectives (non-discrimination curative) de pollutions transfrontières. Qu'elles se trouvent sur le territoire de l'État à l'origine du dommage (virtuel ou réalisé) ou hors de ce même territoire, elles devront pouvoir jouir d'une *égalité d'accès* aussi bien aux procédures d'enquête et d'information préalables à l'entreprise d'une activité susceptible d'incidence sur l'environnement (par exemple construction de centrales nucléaires en bordure d'une frontière) qu'aux procédures réparatoires, judiciaires ou autres, auxquelles ont accès les personnes placées sur le territoire où cette activité est établie. Ce principe dit aussi « de *non-discrimination* » est notamment énoncé dans un certain nombre de conventions internationales dont la Convention des Nations Unies sur le nouveau droit de la mer aux articles 206 et 227 (*GTDIP* n° 61). Il n'est cependant pas toujours aisément repérable dans la pratique internationale ; soit qu'il fasse déjà partie des règles admises, auquel cas les États qui le pratiquent ne s'y réfèrent généralement pas comme tel (cas, en général, des pays européens occidentaux et nord américains développés) ; soit qu'il fasse encore l'objet de la résistance souvent passive des autorités administratives et judiciaires d'un pays (cas vérifié, en particulier, mais pas exclusivement, dans beaucoup d'États en développement).

L'utilisation rationnelle d'une ressource partagée implique, de surcroît, pour les États de s'informer mutuellement et de coopérer de manière étroite et continue. Elle suppose également, en lien avec le principe d'information-consultation, que soient réalisées des études d'impact permettant d'apprécier à titre préalable l'incidence sur l'environnement (national et transfrontière) d'une activité projetée. La CIJ l'a rappelé dans son arrêt de 2010 relatif à l'affaire des *Usines de pâte à papier sur le fleuve Uruguay*. En liaison avec la dimension préventive de la non-discrimination, il est important que les résultats de ces études d'impact (« *impact assessments* ») soient rendus publics et accessibles à toutes les personnes et entités intéressées. L'essentiel est à cet égard que les études soient menées selon des standards scientifiques éprouvés ; qu'elles prennent effectivement en compte aussi bien les incidences possibles sur l'environnement transfrontières que sur l'environnement national ; qu'enfin, leurs résultats soient communiqués à toutes les autorités nationales et étrangères intéressées à la connaissance de leur contenu. Un pas important a été franchi en ce sens avec l'arrêt précité rendu dans les affaires jointes qui ont opposé le Costa-Rica et le Nicaragua ; la Cour internationale de Justice y affirme que « si l'évaluation de l'impact sur l'environnement confirme l'existence d'un risque de dommage transfrontière important, l'État d'origine est tenu, conformément à son obligation de diligence due, d'informer et de consulter de bonne foi l'État susceptible d'être affecté, lorsque cela est nécessaire aux fins de définir les mesures propres à prévenir ou réduire ce risque » [1].

• **Le principe de précaution**, consigné au principe 15 de la Déclaration de Rio sur l'environnement humain (*GTDIP* n° 65), constitue un développement normatif plus récent dont on trouvera la référence dans la plupart des conventions conclues à l'occasion ou postérieurement à la tenue du « sommet de la terre » (v. ss 691-693) [2]. Son admission définitive dans le droit coutumier a cependant été ralentie par la diversité des significations qu'on a pu lui donner et la difficulté consécutive pour les États d'en mesurer la portée. Selon une première acception, retenue dans la pesante rédaction

1. Affaires *Certaines activités menées par le Nicargua dans la région frontalière (Costa Rica c/ Nicaragua)* et *Construction d'une route au Costa Rica le long du fleuve San Juan (Nicaragua c/ Costa Rica)*, spéc. §. 104.

2. V. D. Freestone, D. and E. Hey (dir.) *The Precautionary Principle : A Fundamental Principle of International Law*, Kluwer, 1996, 274 p. ; Ch. Leben et J. Verhoeven (dir.) *Le principe de précaution, aspects de droit international et communautaire*, Paris, Éd. Panthéon-Assas/diff. LGDJ, 2002, 248 p. ; J. Cazala, *Le principe de précaution en droit international*, Paris, Anthemis/LGDJ, 2006, 502 p.

du principe 15 de Rio, l'absence de certitude scientifique ne doit pas retarder la prise de mesures protectrices de l'environnement ; une conception plus radicale consiste à inciter les États à renoncer à des activités susceptibles de porter atteinte à l'environnement, même si les connaissances scientifiques actuelles ne permettent pas de savoir dans quelle mesure ces activités pourraient porter préjudice à l'environnement. Enfin, une acception plus souple consiste à en retenir l'idée d'une conduite en toutes hypothèses prudente et soucieuse de la protection diligente de l'environnement. Devant cette multiplicité des significations, la CIJ s'est refusé à considérer le principe comme étant coutumier dans son arrêt précité relatif à l'affaire du projet de *Gabcikovo-Nagymaros* et n'est pas allée au-delà dans son arrêt rendu en 2010 en l'affaire des *Usines de pâte à papier.* Déjà adopté dans le cadre de l'Union européenne, le principe de précaution a aussi été invoqué par cette dernière en tant que principe de droit international devant l'instance d'appel de l'Organe de règlement des différends du commerce international établi au sein de l'OMC dans l'affaire des mesures européennes concernant la viande aux hormones entre les États-Unis et le Canada d'un côté, l'Union européenne de l'autre. Dans sa décision du 16 janvier 1998, l'organe d'appel a cependant préféré s'abstenir de prendre parti sur la nature éventuellement coutumière d'un tel principe. Il s'est contenté d'observer qu'il était reflété comme tel à l'article pertinent de l'accord sanitaire et phytosanitaire (SPS *Agreement*). En revanche, la Chambre pour le règlement des différends relatifs aux fonds marins du Tribunal international du droit de la mer, retenant la dernière des acceptions du principe, n'a pas hésité à franchir le pas dans son avis consultatif précité du 1er février 2011 relatif aux *responsabilités et obligations des États qui patronnent des personnes et entités dans le cadre d'activités menées dans la Zone.* Soulignant, tout d'abord, que l'obligation d'adopter une approche de précaution fait partie intégrante des obligations de diligence auxquelles les États sont tenus, notamment lorsqu'ils patronnent des entreprises désireuses de mener des activités d'exploration ou d'exploitation dans la Zone internationale des fonds marins [1], elle indique ensuite que l'incorporation de l'approche de précaution dans de nombreux traités et instruments internationaux a créé un mouvement tendant à la consacrer dans le droit international coutumier [2].

Pour bien percevoir son incidence, le contenu et la finalité de ce principe doivent en tout état de cause être resitués dans le contexte beaucoup plus large d'une orientation générale du droit international de l'environnement le plus contemporain, celle dite du « développement durable ».

• **Le développement durable** (« *sustainable development* ») constitue d'abord un concept à vocation stratégique [3]. Son objectif est de réconcilier

1. § 131 de l'Avis.
2. § 135 de l'Avis.
3. V. W. Lang (dir.), *Sustainable Development and International Law*, Graham and Trotman/MNP, 1995, 307 p. ; V. Barral, *Le développement durable en droit international*, Bruxelles, Bruylant, 2016, 500 p.

les points de vue divergents des pays industrialisés et des pays en voie de développement sur l'importance à accorder à la préoccupation environnementale dans leurs politiques économiques respectives. C'est ainsi que le principe 4 de la déclaration de Rio (*GTDIP* n° 65) dispose : « Pour parvenir à un développement durable, la protection de l'environnement doit constituer une partie intégrante du processus de développement et ne peut être considérée isolément ». Pour que le développement économique soit « durable », il faut aussi qu'il sauvegarde les intérêts des *générations futures*, ce que marque le principe 3 de la même déclaration, comme, à sa suite, l'arrêt de la CIJ dans l'affaire du *Projet Gabcikovo-Nagymaros* précité (§ 140 de l'arrêt) ou la première des résolutions consacrées à l'environnement par l'Institut de droit international à sa session de Strasbourg (1997). Dans une sentence rendue le 24 mai 2005 dans le cadre de la Cour permanente d'arbitrage, en l'affaire dite du *« Rhin de fer » (Belgique c/ Pays-Bas)* un tribunal comprenant trois juges de la CIJ [1] a affirmé, en se référant à l'arrêt de la Cour précité : « Le droit de l'environnement et le droit du développement ne sont pas alternatifs mais sont des concepts qui se renforcent mutuellement. Ils requièrent que, lorsque le développement peut causer des dommages significatifs à l'environnement, il existe un devoir de les prévenir ou tout au moins de les limiter au mieux [...] Ce principe, de l'opinion du Tribunal, est à présent devenu un principe de droit international général » [2]. Cette affirmation a été reprise huit ans plus tard par le tribunal arbitral constitué pour connaître de l'affaire des *eaux de l'Indus* [3]. Référence désormais incontournable dans tous les instruments juridiques internationaux intéressant la protection de l'environnement, tant à l'échelle globale que régionale ou nationale, le thème du « développement durable » doit être considéré pour ce qu'il est : une matrice conceptuelle définissant la perspective générale dans laquelle les principes établis ou en voie de consolidation doivent être resitués et adaptés. Définissant les objectifs de politique générale répertoriés dans l'Agenda 21, programme d'action internationale adopté lors de la conférence de Rio de 1992, le « développement durable » est doté, à l'échelle globale, d'un instrument privilégié de réalisation, la Commission pour le développement durable des Nations Unies (v. ss 691-693).

2. Principe de non-intervention

117 ***Caractère absolu de l'interdiction*** ◊ Ce principe est également désigné comme celui interdisant de méconnaître l'intégrité territoriale d'un autre État. Il est en fait étroitement associé au principe du non-recours à la force

1. Madame R. Higgins, M. B. Simma et M.P. Tomka.
2. Traduction non officielle. V. Chronique de jurisprudence internationale, *RGDIP* 2005/3, p. 720.
3. Affaire des *Eaux de l'Indus Kisenganga (Pakistan c/ Inde)*, sentence intermédiaire du 19 février 2013, § 449-451.

posé à l'article 2 paragraphe 4 de la Charte des Nations Unies. Comme tel, il énonce l'interdiction absolue de toute agression contre le territoire d'un État étranger par les forces armées d'un autre État. Mais il dépasse celui-ci en ce qu'il interdit aussi, selon les termes de la résolution 2625 (XXV) de l'Assemblée générale des Nations Unies en date du 24 octobre 1970, d'une part « d'organiser et d'encourager des actes de guerre civile ou des actes de terrorisme sur le territoire d'un autre État, d'y aider ou d'y participer, ou de tolérer sur son territoire des activités organisées en vue de perpétrer de tels actes », d'autre part « d'organiser, d'aider, de fomenter, de financer, d'encourager ou de tolérer des activités armées subversives ou terroristes destinées à changer par la violence le régime d'un autre État ainsi que d'intervenir dans les luttes intestines d'un autre État » (*GTDIP* n° 6). La Cour internationale de Justice a considéré, dans son arrêt du 19 décembre 2005, *Activités armées sur le territoire du Congo* (*République démocratique du Congo c/ Ouganda*), que ces dispositions revêtent un caractère déclaratoire du droit international coutumier [1].

On confond souvent le principe de non-intervention, mais semble-t-il à tort, avec le principe de non-ingérence dans les affaires intérieures d'un autre État que l'on examinera aussitôt après. Il convient cependant de l'en distinguer car il concerne le respect du territoire étranger non pas encore comme espace d'exercice des compétences nationales mais comme chose ou *dominium*. La confusion entre les deux principes de non-intervention et de non-ingérence a été cependant entretenue par l'arrêt de la Cour internationale de Justice dans l'affaire des *Activités militaires et paramilitaires au Nicaragua et contre celui-ci* [2] dans lequel elle désigne le principe de non-intervention comme mettant en jeu : « le droit de tout État souverain de conduire ses affaires sans ingérence extérieure ». On conviendra cependant qu'en pratique, le principe de non-intervention et celui de non-ingérence sont dans la majeure partie des cas difficilement dissociables, dans la mesure, notamment, où l'intervention militaire s'accompagne toujours d'une ingérence, même si la réciproque n'est pas nécessairement vraie.

B. Respect de l'exclusivité des compétences territoriales

118 ***Principe de non-ingérence*** ◊ C'est à la lettre le principe de non-ingérence dans les affaires intérieures d'un autre État et non celui de non-intervention qui désigne l'obligation pour tout État de respecter le caractère exclusif des compétences territoriales d'un autre État, le territoire étant envisagé ici non pas comme une chose placée dans sa possession, mais comme l'espace d'exercice de ses pouvoirs souverains, ou encore son *imperium*. Non-ingérence et non-intervention s'alimentent cependant l'un et l'autre à la même source, la règle de l'égalité souveraine des États.

1. § 162 de l'arrêt.
2. *Rec.* 1986, p. 106, § 202.

119 ***Historique du principe*** ◊ L'utilité de distinguer non-intervention et non-ingérence vient notamment du fait que les voies de l'ingérence dans les affaires intérieures d'un autre État peuvent emprunter d'autres modalités que celles du recours à la force armée. En particulier, les pays en développement ont été maintes fois amenés à condamner l'ingérence directe dans l'exercice de leur souveraineté économique ou politique. L'encouragement de menées subversives par des opposants au régime politique en place dans un État déterminé aidées matériellement et financièrement à partir du territoire national d'un autre État est également une forme d'ingérence totalement illicite au regard du droit international. Cette interdiction couvre aussi bien les actions impliquant l'emploi du recours à la force, comme les actes de terrorisme, que celles qui ne l'impliquent pas mais sont destinées à déstabiliser le gouvernement légal de l'État étranger visé. Ces différents aspects de l'interdiction du principe de non-ingérence, associé à celui de non-intervention, découlent naturellement de l'application des articles 1 et 2 de la Charte des Nations Unies. Ils ont été réitérés à plusieurs reprises, notamment dans la résolution 2131 (XX) de l'Assemblée générale, intitulée « Déclaration sur l'inadmissibilité de l'intervention dans les affaires intérieures des États et la protection de leur indépendance et de leur souveraineté ». La résolution 2625 (XXV) – déclaration relative aux principes du droit international touchant les relations amicales et la coopération entre États conformément à la Charte des Nations Unies – (*GTDIP* n° 6), a également repris solennellement l'énoncé de tels principes. Enfin, comme on l'a déjà dit, reprenant explicitement dans son arrêt de 1986 (*Nicaragua c/ États-Unis*) la jurisprudence qu'elle avait posée dans l'arrêt relatif au *Détroit de Corfou* (*Rec.* 1949, p. 35) s'appuyant ensuite sur diverses résolutions particulièrement solennelles de l'Assemblée générale des Nations Unies, dont la 2625 (XXV) ou la 2131 (XX) précitée, la Cour internationale de Justice a insisté sur la validité du principe de non-intervention affirmé comme un principe coutumier, indépendamment de toute invocation directe de la Charte des Nations Unies [1]. Étant donné le caractère fondamental des règles qui précèdent, beaucoup s'accordent à y reconnaître des normes impératives du droit international général *(jus cogens)*. La constance et la détermination avec lesquelles les États membres de la communauté internationale ont condamné l'intervention de l'Irak au Koweït (laquelle dépassait toutefois évidemment le stade de l'ingérence puisqu'elle aboutit à l'annexion pure et simple de son territoire et constituait en même temps une agression caractérisée) tendraient en effet peut-être à le prouver, sans toutefois dissimuler l'ampleur des questions qu'un tel constat soulève, eu égard, notamment, à la fréquence de leur violation dans d'autres circonstances.

120 ***Exceptions aux principes*** ◊ Une question se pose notamment, celle de savoir si des exceptions aux principes de non-intervention et de non-ingérence

1. *Rec.* 1986, p. 202 s.

peuvent être envisagées. La réponse affirmative ne peut être apportée que de façon extrêmement restrictive. Il convient d'y insister, étant donné la tendance naturelle des États à justifier leurs interventions par différents arguments. Examinant le droit international coutumier en la matière, la CIJ, dans l'affaire *Nicaragua c/ États-Unis* précitée, a notamment conclu que : « le droit international contemporain ne prévoit aucun droit général d'intervention de ce genre en faveur de l'opposition existant dans un autre État » [1]. Quant aux interventions motivées par le caractère prétendument illégitime parce que non démocratique des autorités de l'État sur lequel l'intervention a lieu, elles ne sont pas davantage justifiables en droit.

En pratique, deux motifs ont été traditionnellement avancés pour justifier l'intervention et l'ingérence d'un État sur le territoire et dans les affaires intérieures d'un autre État. L'une concerne ce que l'on appelle « l'intervention sollicitée » par les autorités légitimes, l'autre est « l'intervention d'humanité ». Depuis peu, enfin, l'affirmation internationale d'un « devoir d'ingérence humanitaire », souvent mal interprété par des médias avides de formules, a renouvelé l'attention portée aux limites du principe de non-ingérence dans les affaires intérieures d'un État souverain.

a) En ce qui concerne *l'intervention sollicitée* par le gouvernement légitime, c'est-à-dire celui établi conformément aux prescriptions du droit constitutionnel interne de l'État considéré, on pourrait *a priori* avancer deux arguments pour justifier sa licéité au regard du droit international dont le premier est le suivant : dans la mesure où elle résulte de l'exercice par le gouvernement sollicitant d'une compétence souveraine, l'État sollicité ne porte pas atteinte aux prérogatives de celui-ci ; il peut donc intervenir. Le second argument concerne la conjonction de l'intervention sollicitée avec l'exercice du droit de légitime défense collective. Dans la mesure notamment où le gouvernement sollicitant et l'État sollicité sont liés par un accord de défense mutuelle, on pourrait en effet considérer, si les conditions d'invocation de la légitime défense énoncées à l'article 51 de la Charte sont par ailleurs réunies, que l'État sollicité puisse intervenir légalement (*GTDIP* n° 1).

La légalité de l'intervention devra donc être examinée au cas par cas, en fonction de l'ordonnancement juridique caractérisant la situation existant entre ces deux États. Il faut cependant être conscient du fait qu'en pratique, ce genre de sollicitation est très souvent adressé par un gouvernement à un autre dans le contexte particulièrement difficile d'une guerre civile ou conflit armé interne. Une considération supplémentaire intervient donc, celle de savoir si l'autorité sollicitante détient encore, sur une fraction suffisante du territoire national, l'effectivité des compétences territoriales. Dans le cas contraire, provoqué par la perte du contrôle d'une partie importante de ce territoire au bénéfice des insurgés, la légalité du gouvernement en place pourrait être mise en cause.

---

1. *Rec.* 1986, p. 109, § 209.

Quant aux critères de la légitimité du gouvernement sollicitant, ils peuvent être particulièrement difficiles à invoquer étant donné la diversité des interprétations que l'on en peut donner. Il faut ici tenir compte de la tendance actuelle à l'émergence, en droit international, de principes de légitimité interne des gouvernements, sous l'effet des implications logiques de l'affirmation internationale des principales libertés publiques, envisagées comme droits de l'homme. Cette tendance, même si elle se heurte toujours aux réticences de nombreux pays en développement, s'est vue renforcée du fait de la disparition du conflit idéologique longtemps persistant entre pays socialistes et pays occidentaux. Elle est par exemple notable dans la Charte de Paris, texte non juridiquement liant mais politiquement très significatif, adopté par la Conférence sur la sécurité et la coopération en Europe, en novembre 1990.

En pratique, l'invocation du caractère sollicité de l'intervention a souvent été avancée pour consacrer dans les faits la pérennité du système des zones d'influence des grandes puissances. Ce fut notamment encore le cas de l'intervention soviétique en Afghanistan en décembre 1979 comme de celle des États-Unis à La Grenade en 1983. Dans ce dernier cas comme dans bien d'autres, le caractère sollicité de l'intervention se trouve généralement combiné avec des motivations de caractère humanitaire. La sollicitation a toutefois été bien réelle en certains cas, comme dans celui du Mali et de l'opération Serval conduite par les forces françaises à partir de janvier 2013 (v. ss 574)

b) *L'intervention humanitaire*, dite au XIXe siècle « intervention d'humanité », a souvent servi d'excuse légale aux politiques des grandes puissances. Dans bien des cas, elle dissimulait mal ses mobiles politiques. À l'époque contemporaine, du fait de l'affirmation concomitante des principes relatifs à la protection des droits de l'homme, l'intervention humanitaire a connu un regain d'intérêt. Elle a notamment été mise en avant pour la protection de personnes et spécialement de nationaux contre un péril imminent (v. les opérations d'Entebbe par Israël en 1976, de Kolwezi par la France en 1978 et de Taba par les États-Unis en 1980). La Cour internationale de Justice a indirectement émis une appréciation négative à l'égard de cette dernière opération dans son arrêt relatif à l'affaire du *Personnel diplomatique et consulaire américain à Téhéran* [1]. Dans sa résolution de Wiesbaden sur le principe de non-intervention dans les guerres civiles, l'Institut de droit international a avancé la règle d'après laquelle : « les États tiers s'abstiendront d'assister les parties à une guerre civile sévissant sur le territoire d'un autre État ». Il a cependant admis à l'article 4 de la même résolution, la règle d'après laquelle : « devrait être tenu pour licite l'envoi de secours ou d'autres formes d'aides purement humanitaires en faveur des victimes d'une guerre civile » [2]. C'était déjà dégager la voie qui devait conduire à l'affirmation, quelques années plus tard, du « devoir d'ingérence humanitaire ».

1. *Rec.* 1980, p. 43-44.
2. *AIDI*, vol. 56, 1975, p. 545 s.

c) Le 8 décembre 1988, l'Assemblée générale des Nations Unies a adopté la résolution 43/131 relative à l'assistance humanitaire aux victimes des catastrophes naturelles et situations d'urgence du même ordre (*GTDIP* n° 15) ; elle rappelait cependant la souveraineté des États affectés par de tels événements et le rôle premier qui leur revient dans l'initiative, l'organisation et la mise en œuvre de l'assistance humanitaire sur leur territoire ; cette résolution invite tous les États ayant besoin d'une telle assistance à faciliter la mise en œuvre par les organisations intergouvernementales et non gouvernementales de l'assistance humanitaire, notamment l'apport de nourriture, de médicaments et de soins médicaux pour lesquels un accès aux victimes est indispensable. Ce texte fut complété le 14 décembre 1990 par la résolution 45/100, également d'inspiration française, qui introduit l'idée de « couloirs d'urgence humanitaire ». La mise en place de ces derniers a, presque immédiatement après, été pratiquée, d'abord au Soudan, puis en Croatie. Enfin, la résolution 688 du Conseil de sécurité, relative à l'aide aux populations kurdes fuyant la répression irakienne, insistait « pour que l'Irak permette un accès immédiat des organisations humanitaires internationales à tous ceux qui ont besoin d'assistance dans toutes les parties de l'Irak... », ce qui fut suivi d'effet, notamment par la création d'« enclaves humanitaires constituées en territoire irakien par les alliés, sous contrôle ultérieur des Nations Unies » [1].

Il s'agit cependant non d'un véritable « devoir d'ingérence » des États dans les affaires intérieures d'un autre État, mais d'un droit des tiers à accorder assistance humanitaire, correspondant au devoir de l'État territorial de l'accueillir favorablement. Les limites de cette règle émergente, déjà dotée, on l'a vu, d'une pratique aujourd'hui considérable, sont cependant patentes. Le « droit d'assistance humanitaire » reste en effet limité aux cas d'urgence ; il est en principe subordonné à l'accord préalable de l'État territorial ; de plus, l'aide internationale n'intervient qu'à titre subsidiaire, au cas où les moyens matériels de l'État affecté par la catastrophe, naturelle ou suscitée (cas de conflits armés) ne lui permettraient pas de porter efficacement secours aux victimes ; il concerne enfin prioritairement l'action des organisations intergouvernementales et non gouvernementales, plutôt que celle des États. Il n'a donc rien à voir avec un éventuel droit discrétionnaire de chacun d'entre eux à intervenir dans les affaires intérieures d'un autre État pour rétablir par exemple ce qu'il estimerait être le respect effectif de la démocratie.

d) La problématique de l'assistance humanitaire internationale s'est trouvée considérablement compliquée à partir de l'opération humanitaire alliée en Kurdistan irakien (mars 1991) décidée sur la base de la résolution 688 du Conseil de sécurité des Nations Unies déjà signalée (v. ss 566-567). En 1992, cette pratique, largement entravée en

1. V. aussi résolution 733 du Cons. séc. du 23 janv. 1992 à propos de la Somalie, *RGDIP* 1992/1, p. 253 ; sur l'ensemble de la question, V. M. Bettati, *Le droit d'ingérence. Mutation du droit international*, Paris, Odile Jacob, 1996, 384 p.

Bosnie-Herzégovine en dépit de la fermeté des termes employés dans la résolution 770 du même Conseil [1] a connu une consécration d'une ampleur sans précédent avec la résolution 794 du 3 décembre émanant du même organe. Elle autorisait les États membres en ayant fait la proposition à utiliser les moyens militaires nécessaires pour assurer la sécurité des opérations d'assistance humanitaire déjà entreprises sous l'égide des Nations Unies en Somalie. Elle fut suivie par le débarquement peu discret de plusieurs dizaines de milliers de soldats, principalement américains.

Ces développements nouveaux s'inscrivent cependant dans un contexte juridique différent de celui qui concernait l'assistance humanitaire initialement conçue par les résolutions pertinentes de l'Assemblée générale de 1988 et 1990 (voir c). En effet, la 770 et la 794 ont été décidées par le Conseil de sécurité *dans le cadre de ses pouvoirs de maintien de la paix*, sur la base du chapitre VII. Or la question de l'ingérence dans les affaires intérieures d'un État se pose différemment, d'une part, en droit international général entre États également souverains et d'autre part dans le droit des Nations Unies, lorsqu'elle est pratiquée à l'égard d'un État membre sur décision de l'organe compétent de l'Organisation liée au jeu des mécanismes de la sécurité collective. Dans ce dernier cas, l'État en cause n'est protégé par les dispositions de l'article 2 paragraphe 7 de la Charte qu'aussi longtemps que son comportement n'est pas attentatoire à la paix internationale. Or les résolutions précitées constatent toutes que cette condition n'était remplie ni en Irak, ni en Bosnie, ni en Somalie, où, de plus toute autorité étatique avait disparu pour laisser place aux luttes entre factions rivales. Il conviendra donc de revenir sur ces précédents lors du réexamen de l'évolution de la pratique du droit des Nations Unies, et, singulièrement, de celle du Chapitre VII (v. ss 566 s.).

Toujours est-il qu'en l'état actuel de la pratique, coexistent ou s'entremêlent suivant les cas deux types d'opérations d'assistance humanitaire. Le premier correspond à l'assistance humanitaire civile, fournie par des organes publics ou privés (ONG) de nationalité étrangère à celle de l'État sur le territoire duquel elle se déroule ; le second type est celui de l'assistance humanitaire internationale armée, c'est-à-dire dotée d'une protection militaire de plus ou moins grande ampleur, décidée soit sur habilitation expresse du Conseil de sécurité soit directement assurée sous son contrôle mais toujours dans le cadre de ses compétences en matière de maintien de la paix. Le débat public n'a que trop souvent tendance à confondre ces deux catégories d'opérations qui s'inscrivent pourtant dans des contextes politiques, mais, surtout, sur des fondements juridiques distincts.

Le problème soulevé par les bombardements massifs effectués par les États membres de l'OTAN entre mars et juin 1999 au Kosovo est encore beaucoup plus difficile. Comme on l'examine par ailleurs, en effet cette intervention, déclenchée en principe pour éviter l'aggravation d'une catastrophe humanitaire, ne pouvait s'appuyer sur aucune habilitation par le

1. Texte *in RGDIP* 1992/4, p. 1055.

Conseil de sécurité, celui-ci étant paralysé par les vetos russe et chinois. Sans être inexistantes, les conditions de la justification juridique de cette intervention sont ainsi particulièrement malaisées à trouver sans recourir à l'argument d'une nécessité de la sauvegarde des principes de droit humanitaire et des droits de l'homme, généralement reconnus comme impératifs, et dont il est patent qu'ils étaient outrageusement violés par les forces serbes à l'encontre des populations albanophones. En revanche, on retrouve une situation plus conforme à la pratique des années quatre-vingt-dix avec les conditions des interventions humanitaires internationales au Timor oriental, à partir d'octobre 1999, ou en Libye, au printemps 2012, puisqu'elles se sont déroulées toutes deux sous l'égide des Nations Unies, sur base de résolutions à portée obligatoire votées par le Conseil de sécurité (v. ss 571 et 574).

e) Du « droit d'ingérence » à la « responsabilité de protéger » [1]. À la demande du Secrétaire général des Nations Unies, Kofi Annan, le Conseil de sécurité de l'ONU a discuté en mai 2002, un rapport sur le « devoir d'ingérence » rebaptisé d'une manière plus neutre « responsabilité de protéger » les populations en grave détresse humanitaire. Le rapport se prononce pour une responsabilité principale exercée par le Conseil de sécurité lui-même afin de prendre l'initiative, dans le cadre de l'ONU, de ce type d'interventions ; la détresse à laquelle ces actions seraient destinées à remédier sont définies par « des pertes considérables en vies humaines, effectives ou présumées, qu'il y ait ou non intention génocidaire, attribuables soit à l'action délibérée de l'État sur le territoire duquel l'action est déployée, soit à sa négligence, son incapacité à agir, sa défaillance ». L'intervention militaire est désignée comme modalité de dernier recours. Elle devrait être proportionnée et avoir des perspectives raisonnables d'atteindre ses objectifs. La question de la légitimité des interventions militaires dans un tel contexte renvoie directement au problème de l'usage du *veto* de la part de l'un ou l'autre des membres du Conseil de sécurité. À la proposition du représentant permanent de la France de ne faire usage du *veto* que lorsqu'un intérêt jugé d'ordre « vital » serait en cause pour l'un des membres permanent, la Russie, pensant à la crise tchétchène, a opposé un refus de principe.

Le document final du sommet mondial de 2005 (*GTDIP* n° 2) adopté par les chefs d'État et de gouvernement lors de la session de l'Assemblée générale s'inspire directement des conclusions du rapport précité. Après avoir affirmé que « c'est à chaque État qu'il incombe de protéger les populations du génocide, des crimes de guerre, du nettoyage ethnique et des crimes contre l'humanité », le document envisage la mise en place éventuelle d'un « dispositif d'alerte rapide » par les Nations Unies pour leur permettre d'aider chaque État membre qui le solliciterait à faire face à ses obligations. Il prévoit également si nécessaire la mise en œuvre des « moyens diplomatiques, humanitaires et autres moyens pacifiques appropriés, conformément aux Chapitres VI et VII de la Charte [...] afin d'aider

1. V. SFDI, *La responsabilité de protéger*. Colloque de Nanterre, Paris, Pedone, 2008, 363 p.

à protéger les populations du génocide, des crimes de guerre, du nettoyage ethnique et des crimes contre l'humanité ». C'est dans ce contexte que les chefs d'État et de gouvernement se disent « prêts à mener en temps voulu une action collective résolue, par l'entremise du Conseil de sécurité, conformément à la Charte, notamment son Chapitre VII, au cas par cas et en coopération, le cas échéant, avec les organisations régionales compétentes, lorsque ces moyens pacifiques se révèlent inadéquats et que les autorités nationales n'assurent manifestement pas la protection de leurs populations » contre les fléaux précités.

Ce texte est à la fois non négligeable et peu innovant [1]. Non négligeable, parce qu'il manifeste au moins deux choses, D'une part, un rappel ; celui que chaque État, pour reprendre la terminologie propre à l'article 1er commun aux quatre Conventions de Genève de 1949, depuis lors passé dans le droit coutumier, a l'obligation de « respecter et faire respecter » le droit international humanitaire auquel s'ajoutent ici les droits fondamentaux de la personne ; d'autre part, la volonté politique, au moins affichée, de récupérer sous l'appellation nouvelle de « responsabilité de protéger » le droit existant allié aux acquis tirés des crises décrites plus haut (Kurdistan, Somalie, Bosnie, Kosovo, etc.). Il s'agit en même temps d'un utile recadrage. L'un des messages principaux est d'insister sur le fait qu'en dépit du caractère individuel, pour chaque État, d'une telle responsabilité, l'action en faveur de sa réalisation peut bénéficier de l'action collective des autres membres de la communauté internationale, mais *dans le cadre et le respect du droit des Nations Unies ;* ceci, y compris (sinon surtout) lorsqu'il s'agit, en désespoir de cause, de recourir à la contrainte armée. Cette affirmation prend tout son sens si l'on songe à des précédents tels que l'action des alliés occidentaux au Kosovo, dont on sait qu'elle eut lieu en dehors de l'ONU, avant toutefois que celle-ci ne récupère la gestion de la situation léguée par cette intervention (v. ss 571).

Quoi qu'il en soit, le texte reste peu innovant. Comme dit plus haut, l'obligation de « respecter et faire respecter » existait déjà depuis les Conventions de Genève. La Cour internationale de Justice a eu l'occasion, à cet égard, de préciser la portée d'un tel engagement dans son avis sur les *Conséquences juridiques de l'édification du mur dans les territoires palestiniens* du 9 juillet 2004. L'obligation consignée à l'article premier s'impose à tous les États. Elle a pour eux diverses implications dont celle de ne pas reconnaître les situations créées par des violations du droit international, comme, en l'espèce, l'entrave persistante à l'expression du droit du peuple palestinien à exercer son droit à l'autodétermination. Mais le même avis souligne aussi que l'ONU elle-même est appelée par le droit humanitaire en vigueur à coopérer à la mise en œuvre tout au moins des « principes intransgressibles du droit international coutumier » au nombre desquels figure précisément l'obligation de « faire respecter » l'ensemble du « droit

1. V. L. Boisson de Chazournes et L. Condorelli. De la « responsabilité de protéger », ou d'une nouvelle parure pour une notion déjà bien établie, *RGDIP* 2006/1, p. 11-18.

de Genève ». En définitive, le document final a le principal mérite de rassembler sous une appellation commode, la « responsabilité de protéger », un ensemble d'obligations déjà existantes en droit positif mais pas forcément articulées aussi clairement sous l'égide d'un concept unifiant. Il reste que le texte dit ce qui était déjà réglé mais ne dit rien de ce qui ne l'est toujours pas : que peut-il arriver au cas où, comme lors de la crise du Kosovo, le Conseil de sécurité serait empêché d'agir pour le respect du droit humanitaire par le *veto* persistant d'un ou plusieurs des membres permanents ?

Depuis le sommet mondial de 2005, l'Assemblée générale a pris acte du rapport du Secrétaire général dans une résolution adoptée par consensus le 14 septembre 2009 [1]. Les débats qui ont précédé le vote ont toutefois montré la crainte de nombreux États que le concept ne soit détourné à des fins expansionnistes ou pour justifier une entorse à l'interdiction du recours à la force. le Conseil de sécurité s'est, de son côté, référé à plusieurs reprises à cette notion nouvelle. Il en a souligné l'importance dans ses résolutions 1674 (2006), sur la protection des civils dans les conflits armés, et 1706 (2006), relative à la situation au Darfour, sans toutefois en tirer alors de conséquences particulières, se contentant de rappeler que les États ont le devoir de protéger les populations du génocide, des crimes de guerre, de la purification ethnique et des crimes contre l'humanité. Le Conseil s'est en revanche ultérieurement appuyé sur la responsabilité de protéger pour justifier, dans sa résolution 1970 (2011) (*GTDIP* n° 30), la saisine de la Cour pénale internationale de la situation en Libye puis pour autoriser, dans sa résolution 1973 (2011) (*GTDIP* n° 31), le déploiement d'une opération militaire de l'OTAN dans ce pays destinée à mettre fin aux frappes et exactions du régime libyen à l'encontre de sa propre population (v. ss 568). Cette opération ayant été permise sur le fondement du Chapitre VII de la Charte des Nations Unies, il serait certainement hâtif de voir dans cette pratique les prémisses d'une nouvelle exception au principe de non-intervention.

121 ***Interventions des organisations internationales intergouvernementales sur le territoire national*** ◊ L'État est en principe tenu de faciliter sur son territoire l'action des organisations internationales dont il est membre. Celle-ci est cependant subordonnée aux conditions définies dans leur acte constitutif et ses règles propres (v. ss 169 s.). Toute intervention de l'institution concernée dans les affaires intérieures d'un État membre en rupture avec ses obliga tions statutaires présenterait un caractère illégal. La question présente un intérêt mais aussi une difficulté particulière à propos des organisations dont le champ de compétence est défini de façon dynamique et évolutive, comme cela est le cas, il est vrai de façon très exceptionnelle par rapport aux autres organisations, pour l'Union européenne (v. ss 176).

1. Résolution 63/308.

C. Respect des exemptions et des immunités bénéficiant aux personnes publiques étrangères et aux organisations internationales intergouvernementales

121-1 ***Adaptation des droits internes au statut de l'État étranger*** ◊ En principe, les rapports d'État à État sont régis par le droit international et non par le droit interne de l'un d'eux. Les États étant égaux, ils ne sauraient être soumis aux règles d'un ordre juridique étatique étranger. Mais les États entretiennent aussi de nombreuses relations avec des particuliers (pour l'exploitation de gisements, la construction d'infrastructures collectives, l'entretien de locaux diplomatiques ou consulaires, etc.), lesquelles sont appréhendées, pour partie au moins, par les ordres juridiques internes. En ce cas, le droit national va devoir s'adapter au statut particulier de l'État afin que soit respectée sa souveraineté. Ces adaptations prennent la forme, soit d'exemptions (1), soit d'immunités (2).

1. Les exemptions

122 ***Application relative du principe de territorialité de la loi nationale*** ◊ Le pouvoir normatif que l'État détient en vertu de ses compétences territoriales implique que les normes de l'ordre juridique interne soient en principe réputées s'appliquer sur le territoire national de l'État qui les a édictées. Quoiqu'il ait été jadis défendu en doctrine sous une forme absolue, ce principe dit de la « territorialité de la loi nationale » paraît aujourd'hui d'application relative. Il varie d'un pays à l'autre en vertu des choix effectués par chaque État. D'une façon générale, le droit privé est territorial, c'est-à-dire qu'un étranger résidant sur le territoire national et désirant acheter, vendre ou constituer toute autre situation légale le fera en application de la loi de l'État sur le territoire duquel il se trouve. Pour ce qui est du droit public, il est réputé également d'application territoriale, tout particulièrement en ce qui concerne la législation fiscale, mais l'État normateur peut moduler ce principe à sa guise.

Dans un certain nombre d'hypothèses, cependant, l'État territorial doit écarter l'application de son droit interne à l'égard des activités des États étrangers et des organisations intergouvernementales.

123 ***Les causes de ces exemptions*** ◊ Elles sont de deux ordres.

La première, bénéficiant aux États étrangers, résulte de l'application du principe de l'égalité souveraine des États : entre sujets égaux s'applique un droit non produit par la volonté unilatérale de l'un d'entre eux.

Une deuxième raison explique qu'à côté des États étrangers, les organisations internationales bénéficient également de telles exemptions. Il s'agit de la nécessité d'assurer l'indépendance fonctionnelle de ces personnes publiques internationales dont la liberté d'action serait entravée si elle demeurait subordonnée à l'exercice des compétences territoriales de l'État de siège (v. ss 162 s.).

124 *Exemptions bénéficiant aux États et aux organisations, ainsi qu'à leurs agents* ◊

a) De manière générale, les lois d'un État sont inapplicables aux autres États et aux organisations internationales dans la mesure où elles impliquent de leur part une subordination à l'égard des autorités publiques du premier. Cette solution est également pertinente pour les agents diplomatiques et consulaires. Ceux-ci bénéficient d'exemptions qui varient en fonction du niveau de responsabilité et du type de fonctions exercées : les exemptions reconnues aux membres des missions consulaires sont moins étendues que celles dont peuvent se prévaloir ceux des missions diplomatiques. Les agents sont en général dispensés du paiement de l'impôt dans l'État d'accueil ; les règles relatives à l'entrée et au séjour des étrangers, au droit du travail et à la sécurité sociale ne leur sont, en principe, pas applicables. Ces exemptions sont fixées par un certain nombre de sources : les règles du droit coutumier codifiées dans les Conventions de Vienne du 18 avril 1961 sur les relations diplomatiques (*GTDIP* n° 3) et du 24 avril 1963 sur les relations consulaires (*GTDIP* n° 4) ; les accords bilatéraux passés entre l'État accréditant (qui envoie ses agents diplomatiques sur le territoire d'un autre État) et l'État accréditaire, ainsi qu'entre l'État d'envoi des agents consulaire et l'« État de résidence » du poste consulaire.

Les forces militaires étrangères en stationnement sur le territoire national demeurent soumises à la compétence de l'État dont elles relèvent. Dans l'affaire restée célèbre des *déserteurs de Casablanca*, la Cour Permanente d'Arbitrage a eu l'occasion de l'indiquer sans ambiguïté [1]. En pratique, le stationnement pacifique de troupes alliées sur le territoire d'un État est très généralement précisé par voie d'accord entre les différentes parties concernées.

Les organisations internationales, ne bénéficiant pas elles-mêmes de territoire, sont par la force des choses amenées à exercer leurs activités sur le territoire d'États qui ne sont d'ailleurs pas tous nécessairement membres de ces organisations. Elles bénéficient d'exemptions de la soumission à la loi territoriale fixées dans les conditions examinées par ailleurs (v. ss 188-189). Elles résultent du jeu souvent combiné, d'une part, de conventions multilatérales conclues entre elles et leurs États membres relativement à leurs privilèges et immunités, et, d'autre part, des accords de siège passés avec les États sur le territoire desquels elles sont implantées. Les mêmes traités déterminent également les conditions de l'accès et du séjour comme des activités des agents de ces organisations sur le territoire de l'État concerné.

b) Les États étrangers et les organisations internationales déployant leurs activités sur le territoire d'un État possèdent néanmoins la personnalité juridique interne de cet État, en vertu de laquelle ils jouissent de la capacité d'accomplir des actes juridiques ou plus largement de créer toute situation juridique dans les conditions prescrites par ce droit interne.

1. Sentence de 1909, *RSA*, vol. 11, p. 126.

Aussi l'exemption de la subordination à la compétence normative de l'État territorial joue-t-elle à leur égard de façon sélective. Dans la mesure où les personnes publiques étrangères peuvent bénéficier de l'application du droit interne, elles pourront en faire libre usage. C'est ainsi par exemple que les ambassades étrangères et les organisations internationales passent régulièrement des contrats soumis au droit local pour l'achat ou la location de biens immeubles ou meubles, le recrutement de personnels de service, etc.

125 ***Exemptions dans les lieux occupés par les services des personnes publiques étrangères*** ◊ Certains espaces, quoique placés sur le territoire relevant de la compétence d'un État, sont cependant soustraits à celle-ci parce qu'utilisés pour le libre exercice des compétences souveraines d'un autre État. C'est le cas pour les locaux des missions diplomatiques et consulaires ainsi que pour ceux qui sont affectés à une organisation internationale. C'est également celui des navires de guerre d'un État étranger présent dans les eaux intérieures ou territoriales d'un autre État. C'est enfin celui des bases militaires étrangères, quoique dans une mesure variable suivant les dispositions des accords pertinents. On recourait jadis pour expliquer le statut juridique dérogatoire de tels espaces à la fiction de l'exterritorialité, car les autorités territoriales ne peuvent pénétrer dans ces espaces sans autorisation expresse de l'État dont ils relèvent.

Ces exemptions concernent tant la compétence normative que la compétence opérationnelle. L'inviolabilité des locaux diplomatiques est, ainsi, l'une des règles les plus fermement établies du droit international coutumier. C'est elle qui depuis des temps immémoriaux a permis l'exercice de « l'asile diplomatique » et de « l'asile maritime » en application desquels toute personne poursuivie par les autorités territoriales et réfugiée dans les locaux diplomatiques ou à bord d'un navire de guerre d'un État étranger ne pourra être poursuivie. Cette institution doit être distinguée de l'asile territorial qu'un État offre à des ressortissants étrangers poursuivis sur leur propre territoire. Dans l'affaire du droit d'asile ayant opposé la Colombie au Pérou, la Cour internationale de Justice (arrêt du 20 novembre 1950) a refusé de considérer l'asile diplomatique comme une institution créatrice de droits et d'obligations [1].

126 ***Exemptions de compétences territoriales bénéficiant aux véhicules relevant de la juridiction d'un État étranger*** ◊ Les navires et aéronefs de guerre d'un État bénéficient d'une exemption quasi-absolue et d'une inviolabilité totale en territoire étranger. Le Tribunal international du droit de la mer l'a rappelé le 15 décembre 2012 dans l'affaire de l'*Ara Libertad*, du nom d'une frégate militaire appartenant à l'Argentine qui avait été immobilisée deux mois auparavant dans le port d'Accra en exécution d'une décision d'une juridiction ghanéenne. Telles exemptions,

1. V. P.-M. Dupuy, La position française en matière d'asile diplomatique, *AFDI* 1976. 743 s.

qui s'expliquent selon le Tribunal parce que « le navire de guerre est l'expression de la souveraineté de l'État dont il bat pavillon » [1], interdisent, en particulier, l'immobilisation du navire et font obstacle à ce que les autorités de l'État du port pénètrent à son bord sans autorisation de l'État d'immatriculation aux fins, notamment, de procéder à son déplacement.

Les autres navires et aéronefs rattachés à un État par le seul lien de nationalité ou d'immatriculation ne bénéficient en revanche que partiellement d'une exemption des compétences de l'État territorial sur lequel ils se trouvent par suite de leurs déplacements. Les lois territoriales visant la réglementation de la circulation ou le statut civil de ces véhicules ne peuvent en effet pas être écartées.

L'exercice des compétences opérationnelles de l'État territorial, sans être interdit par le droit international, est cependant exceptionnel. On constate en particulier que si elle peut être utilisée dans les eaux intérieures à bord des navires étrangers non militaires, la contrainte est en pratique très rarement utilisée par les autorités de l'État riverain. Dans la mer territoriale, les nécessités de la navigation maritime et le respect dû à la règle du passage innocent aboutissent à l'interdiction de toute contrainte à l'égard du navire étranger en mouvement (v. ss 651).

2. Les immunités

127 ***Fondement des immunités*** ◊ Parce qu'ils sont souverains et égaux, les États ne sauraient être généralement soumis, sans leur consentement, aux voies de droit d'un État étranger (« *par in parem jurisdictio non habet* ») ; ils bénéficient pour cette raison d'immunités qui, comme l'a souligné la Cour internationale de Justice en 2012, sont indispensables pour la pleine application du principe d'égalité souveraine, quoi qu'elles constituent dans le même temps une limitation de la souveraineté territoriale de l'État devant les juridictions desquels elles sont opposées [2]. Ces immunités sont également nécessaires aux organisations internationales, comme garanties de leur indépendance. Elles sont reconnues à ces entités en tant que telles (a), ainsi qu'aux agents qui les représentent ou agissent pour leur compte (b).

a. Les immunités des États et des organisations internationales [3]

128 ***Nature des immunités*** ◊ Les immunités dont bénéficient les États étrangers et les organisations internationales sont de deux types : les unes,

1. Ordonnance de mesures conservatoire, § 94.
2. *Immunités juridictionnelles de l'État (Allemagne c/ Italie)*, 3 févr. 2012, § 57.
3. V. Sir I. Sinclair, The Law of Sovereign Immunity. Recent Developments, *RCADI* 1980, II, t. 167, p. 113-284 et les rapports de H.E.S Sucharitkul à la Commission du droit international, de 1979 à 1986, dans les annuaires de la Commission, II, première partie, des années correspondantes. Dans le cadre européen, M.O. Wiederkehr, La Convention européenne sur

les immunités de juridictions, font obstacle à ce que ces entités soient attraites devant des juridictions nationales ; les autres, les immunités d'exécution, empêchent que soient engagées sur leurs biens des procédures d'exécution forcée.

129 ***Immunité de juridiction*** ◊ Elle est une exception de procédure opposée à la compétence des tribunaux nationaux par un État étranger ou une organisation internationale. Par « État étranger », on comprend, outre la personne étatique elle-même, toute autorité devant être considérée comme un démembrement de l'État, délégataire ou dépositaire des fonctions qu'il entend exercer (une autre question est celle de savoir quelle est la qualification donnée à ces fonctions par le juge du for).

Cette immunité de juridiction est largement reconnue dans la pratique. Son champ d'application a toutefois tendu à se restreindre à l'époque contemporaine en ce qui concerne les États du fait de leur implication accrue dans la vie économique, pour la réalisation de laquelle ils agissent à l'instar d'une personne privée, notamment en matière commerciale. Les juridictions internes ont ainsi été amenées à poser une distinction entre les activités des États étrangers sur le territoire national suivant qu'elles s'exercent « *de jure imperii* » ou « *de jure gestionis* ». Aux États-Unis, au Royaume-Uni, au Canada ou en Australie, cette distinction a été établie par la loi [1]. Seules les activités du premier type bénéficient de l'immunité de juridiction et sont reconnaissables à ce qu'elles sont exercées en application directe des compétences de l'État en tant que souverain, ou, dirait-on en droit interne, dans l'exercice de prérogatives de « puissance publique ». C'est à ce titre en particulier que les activités de l'État lui même, celles de ses services diplomatiques ou de ses démembrements personnalisés (collectivités territoriales ou établissements publics) peuvent bénéficier de l'immunité de juridiction. En revanche, lorsque l'État agit « *de jure gestionis* », c'est-à-dire comme un industriel ou un commerçant et que son activité paraît ainsi relever de la gestion privée, il ne pourra pas se prévaloir de son immunité [2].

Il convient de noter que l'État étranger n'a pas lui-même la maîtrise de la qualification de ses activités « *jure gestionis* » ou « *jure imperii* ». Qu'il se réclame lui-même de l'un ou de l'autre, c'est néanmoins au juge interne saisi qu'il appartiendra de vérifier et, éventuellement, de rétablir comme

l'immunité des États du 16 mai 1972, *AFDI* 1974. 924-94 ; M.C. Kraft, la Convention européenne sur l'immunité des États, *ASDI* 1986. 16-27 ; V. aussi la résolution de l'Institut de droit international à sa session de 1987, *Ann. IDI*, II, Immunité juridictionnelle des États, p. 246-250 ; Ch. Schreuer et C. Kessedjian, Le projet de codification de la CDI sur l'immunité de juridiction et d'exécution des États, *RGDIP* 1992/2.

1. V. R. Higgins, Les récents développements législatifs et jurisprudentiels dans le domaine de l'immunité de juridiction de l'État au Royaume-Uni, *AFDI* 1983. 25 s. De telles lois ont également été adoptées en Afrique du Sud, en Argentine, en Israël, au Japon ou à Singapour.

2. V. par ex. Cass. 2 nov. 1971, *Clerget c/ Banque Commerciale pour l'Europe du Nord*, *JCP* 1972. 16969, note D. Ruzié ; TGI Paris, 29 nov. 1972, *Corporación del Cobre c/ Société Braden Copper Corporation*, *JDI* 1973. 227-230.

relevant du « *jus gestionis* », à raison de sa nature ou de son but, une activité dont l'État étranger prétendait pourtant qu'elle entrait dans le cadre d'exercice de ses prérogatives de puissance publique, ceci afin d'écarter la compétence des juridictions internes [1].

Cette règle a été appliquée en France de façon constante depuis l'arrêt de la Cour de cassation du 14 mars 1984 rendu dans l'affaire *République islamique d'Iran c/ Sté Eurodif* [2]. Elle a été plus récemment appliquée par la Cour de cassation à propos d'une question de droit à la sécurité sociale soulevée par une ressortissante saoudite résidant en France à l'encontre de son employeur, qui était l'ambassade d'Arabie Saoudite [3]. La Cour de cassation a retenu que seules les actes qui, par nature ou par finalité, participent « à l'exercice de la souveraineté » sont couverts par l'immunité, alors qu'il s'agissait en l'occurrence d'un simple « acte de gestion administrative ». De façon symétrique, cette liberté de qualification laissée au juge à l'égard de l'activité de l'État étranger existe également, *mutatis mutandis*, lorsque ce dernier se présente devant les tribunaux du for en qualité non plus de défendeur, mais de demandeur [4].

À sa session de Bâle, le 2 septembre 1991, l'Institut de droit international a adopté une très intéressante résolution sur « les aspects récents de l'immunité de juridiction et d'exécution des États » [5]. Elle synthétise de façon claire et efficace les tendances générales et les acquis de la pratique, concernant en particulier les critères indicatifs de la compétence des tribunaux de l'État du for à l'égard des États étrangers (art. 2). En revanche, le projet de convention de codification de la matière finalement mis au point par la Commission du droit international en juin 1991 a soulevé de vigoureuses critiques [6]. Celui-ci a néanmoins été adopté par l'Assemblée générale des Nations Unies sous le titre de Convention des Nations Unies sur l'immunité juridictionnelle des États et de leurs biens, le 2 décembre 2004 (*GTDIP* n° 10) [7]. Ce traité n'a pas dissipé les inquiétudes suscitées par le projet initial.

En retrait sur les acquis jurisprudentiels et législatifs actuels dans les États économiquement développés, il ne parvient pas à trouver le juste équilibre entre, d'une part, la nécessité de préserver les prérogatives étatiques liées à la poursuite de l'intérêt général et, d'autre part, l'aspiration

---

1. Civ. 1re, 18 nov. 1986, *Banque camerounaise de développement c/ Robber JCP* G, 1987, II, 20909, note Nicod.
2. Civ. 1re, 14 mars 1984, *JDI* 1984. 598, note Oppetit ; *JCP* 1984, II, 20205, note Synvet ; *RGDIP* 1985. 813, note Rousseau ; Civ. 25 janv. 2005, *République démocratique du Congo*, commentaire N. Haupais, *RGDIP*, 2005/3, p. 737 s.
3. Cass., ch. mixte, 20 juin 2003, *Madame Naïra X, c/ École saoudienne de Paris et Royaume d'Arabie Saoudite*. Pour une analyse critique de l'arrêt, v. I. Pingel, Chron. de jurisprudence française en matière de droit international public, *RGDIP* 2003/4, p. 1002-1008.
4. V. J. Dehaussy, Le statut de l'État étranger demandeur sur le for français : droit international coutumier et droit interne, *JDI* 1991, I, 109-129.
5. Texte *in RGDIP* 1991/4, p. 1044.
6. V. *RGDIP* 1992/2, p. 466, et commentaire C. Kessedjian, Ch. Schreuer, p. 299.
7. V. Résolution 59/38 de l'AG, annexe, 59e session. Supplément n° 49 (A/59/49).

des personnes privées à une protection juridique suffisante lorsqu'elles sont engagées dans une transaction, notamment commerciale, avec un État étranger. La convention adopte certes la règle désormais classique de l'immunité restreinte aux activités de puissance publique (« *jure imperii* »). Mais elle multiplie en réalité les conditions et les critères ayant pour conséquence de redonner à l'immunité de juridiction un champ élargi dont l'extension pourrait de plus varier au gré de l'État défendeur.

Trois séries de dispositions ont, en particulier, suscité des oppositions. En premier lieu, les *critères d'identification des « transactions commerciales »* engagées par l'État avec un partenaire privé et soustraites à l'immunité de juridiction. L'adjonction du critère du « but » poursuivi par l'État à celui de la « nature » du contrat comme éléments de détermination du caractère souverain ou commercial de la transaction en cause pourrait ainsi permettre à l'État poursuivi d'échapper aux poursuites judiciaires : il lui suffirait pour cela d'invoquer la caractéristique publique d'une transaction au motif qu'elle concernerait par exemple les transports, les télécommunications ou la santé. Ce critère du but poursuivi était admis par le législateur américain, mais il était rejeté dans plusieurs autres États, notamment par les tribunaux français [1]. Aujourd'hui, les divergences sont toutefois moins marquées. Dans son arrêt du 20 juin 2003, *Madame Naïra X, c/ École saoudienne de Paris et Royaume d'Arabie Saoudite*, la Chambre mixte de la Cour de cassation a, en effet, retenu que « les États étrangers et les organismes qui en constituent l'émanation ne bénéficient de l'immunité de juridiction qu'autant que l'acte qui donne lieu au litige participe, par sa nature ou sa finalité, à l'exercice de la souveraineté de ces États et n'est donc pas un acte de gestion » [2]. En deuxième lieu, rien ne justifie, comme le fait pourtant l'article 10.2 de la Convention, d'exclure de tous procès devant un tribunal national l'ensemble des transactions *passées entre États*, alors que certaines d'entre elles, comme par exemple la vente de matériel de forage ou de véhicules, peuvent parfaitement n'avoir qu'un caractère commercial. Enfin, la façon dont est réglée par le traité de 2004 la question de savoir si les *émanations de l'État* dotées d'une personnalité juridique autonome bénéficient de l'immunité paraît excessivement complexe : apparemment en accord avec la solution généralement admise, selon laquelle ces organes ne peuvent invoquer l'immunité que dans la mesure où « ils sont habilités à accomplir et accomplissent effectivement des actes dans l'exercice de l'autorité souveraine de l'État » (art. 2, § 1), c'est-à-dire lorsqu'ils agissent dans l'exercice de prérogatives de puissance publique, l'activité entreprise par l'entité considérée doit cependant par ailleurs vérifier les exceptions à l'immunité énoncées à propos des activités de l'État lui-même. Or ces deux types de critères, tels du moins qu'ils sont définis dans la Convention, ne coïncident pas nécessairement.

---

1. V. Civ., 18 nov. 1986, *Banque camerounaise* ; Civ. 1re, 9 oct. 1990, *J.G. Senghor c/ BIAO et République du Sénégal*, *RCDIP* 1991. 341.
2. Arrêt préc.

En définitive, la complexité et les restrictions que comporte le texte adopté en 2004 pourraient se retourner contre les intérêts de ceux qu'il a pourtant pour objet de préserver en priorité, à savoir les pays en voie de développement. Ne trouvant en effet pas garanties les conditions de base de la sécurité juridique dont ils ont besoin, les investisseurs privés de pays développés pourraient redouter les possibilités que leurs partenaires étatiques auraient de faire échapper leurs transactions à la connaissance des tribunaux internes.

Ces risques expliquent certainement que le seuil d'engagements nécessaires pour l'entrée en vigueur du traité de 2004 ne soit toujours pas atteint. Le dépôt de trente instruments de ratification, d'acceptation, d'approbation ou d'adhésion est exigé, or en mai 2016 la Convention avait été signée par 28 États et ratifiée par seulement 21 d'entre eux. Une évolution semble poindre toutefois. L'attitude des États développés montre qu'ils ne sont plus si hostiles au texte. En témoigne celle de la France qui a ratifié la Convention le 12 août 2011. Ce changement est encouragé, en outre, par les juridictions internationales qui, à l'instar de la Cour internationale de Justice [1] et de la Cour européenne des droits de l'homme [2], n'hésitent pas, quoi qu'avec prudence, à se référer à la Convention de 2004 comme étant, partiellement au moins, l'expression du droit coutumier en la matière.

Les États étrangers et les organisations internationales peuvent renoncer à leur immunité de juridiction. Ils peuvent ester eux-mêmes en justice, c'est-à-dire recourir aux tribunaux internes, pour obtenir la réalisation des droits qu'ils possèdent en qualité de sujets bénéficiant de la personnalité juridique interne de l'État du for. Mais ils sont alors demandeurs devant les tribunaux internes, limités d'ailleurs, en France notamment, aux tribunaux de l'ordre judiciaire, à l'exception des juridictions administratives. Ils peuvent aussi accepter d'être défendeurs devant ces mêmes tribunaux. La renonciation à leur immunité de juridiction ne saurait être présumée. Elle peut en revanche être tacite. Les juridictions internes, françaises notamment, considèrent ainsi que la conclusion d'une convention d'arbitrage emporte renonciation à l'immunité de juridiction [3].

130 ***Immunité d'exécution*** ◊ Il peut y avoir des cas dans lesquels un sujet international, faute d'avoir invoqué en temps utile son immunité de juridiction ou d'avoir pu utilement s'en prévaloir, se trouve exposé à l'application de mesures d'exécution forcée comme par exemple la saisie-arrêt. L'État ou l'organisation internationale concernée auront alors la possibilité d'éviter l'application de ces mesures en excipant de leur immunité d'exécution. Celle-ci consiste dans le fait que les biens qu'ils possèdent ne pourront faire l'objet d'aucune mesure portant atteinte à leurs droits d'en disposer librement. Cette immunité présente à certains égards plus

1. Arrêt préc. du 3 févr. 2012, *Immunités juridictionnelles de l'État (Allemagne c/ Italie)*, spéc. § 116-118.
2. V. l'arrêt de Grande chambre du 23 mars 2010, *Cudak c/ Lituanie*, n° 15869/02, § 66-67.
3. V. Civ. 1re, 18 nov. 1986, *Banque camerounaise*, préc. ; Civ. 1re, 11 juin 1991, *JDI* 1991. 1005, note E. Gaillard.

de garanties pour les États que l'immunité de juridiction dans la mesure où, dans une majorité d'entre eux, on ne pratique pas à l'égard de ce type d'immunité la même distinction que celle évoquée ci-dessus entre l'État souverain et l'État commerçant. Elle n'est toutefois pas absolue. En France, l'immunité d'exécution est exclue lorsque le « bien concerné se rattache, non à l'exercice d'une activité de souveraineté, mais à une opération économique, commerciale ou civile relevant du droit privé qui donne lieu à la demande en justice » [1]. Les lois américaine et britannique sur les immunités, respectivement de 1976 et 1978, interdisent les mesures d'exécution forcée sur les biens et avoirs des États étrangers servant de support à leurs actes de puissance publique ; elles les autorisent, en revanche, pour ceux qui sont affectés à une activité commerciale. La Cour internationale de Justice estime, quant à elle, qu'il existe au minimum une condition pour que des mesures de contrainte soient prises à l'égard d'un bien appartenant à un État étranger : il convient que ce bien ne soit pas utilisé pour les besoins d'une activité poursuivant un but de service public non commercial (3 févr. 2012, *Immunité juridictionnelles de l'État*, § 118).

Les États peuvent renoncer à leur immunité d'exécution. Cette renonciation ne saurait, non plus, être présumée. Il est, en outre, très généralement admis que le consentement d'un État à l'exercice de la juridiction n'implique pas *ipso jure* l'acceptation de mesures de contrainte sur les biens de celui-ci [2]. Cette règle peut être considérée comme étant coutumière aujourd'hui [3]. Adoptant une solution favorable aux personnes privées, la première Chambre civile de la Cour de cassation française a décidé, dans un arrêt *Creighton c/ Qatar* du 6 juillet 2000, qu'un État qui a souscrit une clause d'arbitrage en application du règlement d'arbitrage de la Chambre de commerce internationale, doit être regardé comme ayant renoncé implicitement à son immunité d'exécution [4]. Jusqu'à récemment, cette solution était cependant tempérée par l'exigence d'une renonciation non seulement expresse mais aussi spéciale. Dans deux arrêts rendus le 28 mars 2013, la même chambre jugeait en effet qu'une clause contractuelle de renonciation de l'État à son immunité d'exécution était insuffisante pour priver celui-ci de son immunité ; la renonciation n'était opposable que dans la mesure où elle précisait « les biens ou la catégorie de biens pour lesquels [elle] est consentie » [5]. Cette condition de spécialité de la renonciation à l'immunité d'exécution a pourtant été abandonnée dans un arrêt du 13 mai 2015, *Commisimpex c. Congo* [6], ce qui a ouvert la

---

1. Civ. 1re, 14 mars 1984, préc. ; Civ. 1re, 25 janv. 2005, n° 03-18176 ; Civ. 1re, 19 nov. 2008, n° 07-10570.

2. Cette règle est reprise à l'article 20 de la Convention des Nations Unies de 2004.

3. V. l'arrêt préc. de la CIJ, *Immunités juridictionnelles de l'État*, § 113.

4. *JDI* 2000. 1054, note I. Pingel-Lenuzza, et *Rev. arb.* 2001. 114, note Ph. Leboulanger. Dans le même sens, CA Paris, 12 déc. 2001, *Rev. arb.* 2003. 417, note Ph. Leboulanger.

5. Arrêts n° 394 et 395, reproduits avec les conclusions de l'Avocat général référendaire P. Chevalier, *in RGDIP* 2013. 195-232.

6. Civ. 1re, aff. n° 13-17751, repr. avec une note de B. Tranchant *in RGDIP* 2015. 657.

voie à des saisies en France de comptes bancaires de représentations diplomatiques étrangères, en particulier de celle de l'Argentine, par des sociétés étrangères titulaires de créances reconnues par une sentence arbitrale. Il en est résulté d'importantes difficultés dans les relations de la France avec les États concernés. Pour tenter de les résoudre, le projet de loi Sapin 2, encore en discussion en juin 2016, envisage de rétablir l'exigence d'une renonciation spéciale pour les biens destinés à être utilisés dans l'exercice des fonctions diplomatiques et consulaires. Il prévoit, en outre, l'autorisation préalable d'un juge avant toute mesure conservatoire ou d'exécution forcée sur des biens d'État étrangers.

130-1 ***Immunités et droits de l'homme*** ◊ Les immunités accordées aux États et aux organisations internationales peuvent heurter certaines normes, considérées comme fondamentales, de protection des droits de l'homme. La Cour européenne des droits de l'homme a été saisie de cette question à propos du droit à un tribunal, garanti par l'article 6 § 1 de la convention éponyme. Traitant de manière distincte les immunités des États et les immunités des organisations internationales, elle a souligné que l'exception de compétence reconnue au profit des secondes n'est compatible avec l'article 6 que lorsque les requérants disposent (pour que leur cause soit entendue) [1] d'autres voies de droit que le recours à un juge national. La Cour de cassation française lui a emboîté le pas. Se fondant sur l'« ordre public international », elle considère, depuis un arrêt du 25 janvier 2005, *Banque africaine du développement*, qu'une organisation internationale ne peut se prévaloir de son immunité de juridiction dans un litige l'opposant à un salarié que si, à l'époque des faits, elle avait institué en son sein des procédures de règlement des litiges faisant intervenir un organe indépendant et respectueux du principe du contradictoire [2]. Cette solution a été étendue en 2009 aux immunités d'exécution [3]. Elle a également été consacrée le 21 décembre 2009 par la Cour de cassation belge pour les immunités tant de juridiction que d'exécution des organisations internationales [4].

La Cour de Strasbourg a jugé en revanche, dans plusieurs décisions rendues le 21 novembre 2001, que les limitations apportées au droit à un tribunal par les immunités accordées aux États étrangers sont licites, dans la mesure où elles répondent à un objectif légitime et sont proportionnées

1. *Beer et Regan c/ Allemagne*, 28934/95, et *Waite et Kennedy c/ Allemagne* (GC), 18 févr. 1999, n° 26083/94, *RTDH*, 2000, note H. Tigroudja. La Cour exerce un contrôle de l'équivalence des garanties, mais s'estime incompétente pour apprécier d'éventuelles violations du droit au procès équitable, commises lors de procédures devant un tribunal administratif d'une organisation internationale. V. *Boivin c/ France et a.*, déc. du 9 sept. 2008, n° 73250/1.

2. Soc. n° 04-41012, *RGDIP* 2006. 217, note N. Haupais. V. aussi Soc. 11 févr. 2009, *De Beaugrenier*, n° 07-44240, *RGDIP* 2009. 732, note J. Matringe. Dans le même sens, v. Soc. 29 sept. 2010, n° 09-4130, et Soc. 13 mai 2014, n° 12-23805, *RGDIP* 2015. 296, note P.-F. Laval.

3. V. Civ. 1re, 14 oct. 2009, n° 08-14978.

4. V. les trois arrêts *Union européenne de l'Ouest c/ Siedler*, n° S.04.0129.F. ; *Secrétariat général du Groupe ACP c/ Lutchmaya*, n° C.03.0328.F. ; *Secrétariat général du Groupe ACP c/ B.D.*, n° C.07.0407.F., obs. J. Wouters, C. Ryngaert et P. Schmitt *in AJIL*, vol. 105, 2011, p. 560-567.

à celui-ci [1]. Elle a confirmé cette jurisprudence en 2005, dans une décision relative à l'affaire *Manoilescu et Dodrescu c/ Roumanie et Russie*, soulignant que l'immunité d'exécution dont bénéficient les États « en ce qui concerne les biens qui constituent des locaux de missions consulaires ou diplomatiques sis dans l'État du for », n'est pas contraire à l'article 6 de la Convention européenne [2]. Sans faire prévaloir les droits de l'homme sur les immunités, la Cour a néanmoins précisé dans ces différentes décisions, que de telles entraves au droit au procès équitable ne sont autorisées que dans la mesure où elles « reflètent des principes de droit international généralement reconnus en matière d'immunité » [3]. Appliquant cette règle, la Grande chambre a jugé, dans son arrêt précité *Cudak* du 23 mars 2010, que les immunités d'État ne sauraient faire obstacle à une action intentée pour licenciement abusif par une ancienne employée de l'ambassade de Pologne en Lituanie. Elle a relevé, à cette fin, que le droit international coutumier, tel que codifié sur ce point dans la Convention des Nations Unies de 2004, tend à limiter l'application de l'immunité des États, notamment en soustrayant à la règle de l'immunité les contrats des personnes embauchées dans des missions diplomatiques à l'étranger. La règle de l'immunité s'applique au personnel diplomatique et consulaire lorsque l'objet du litige concerne l'engagement, le renouvellement de l'engagement ou la réintégration d'un candidat, quand le salarié est un ressortissant de l'État employeur ou lorsque l'employé et l'État employeur ont conclu un accord écrit à cet effet. En l'espèce, la requérante ne relevait d'aucune de ces exceptions : elle n'exerçait pas de fonctions liées à l'exercice de la puissance publique et n'était pas un agent diplomatique ni consulaire ; elle était de nationalité lituanienne ; l'objet du litige était lié à son licenciement. « La simple allégation que la requérante aurait pu avoir accès à certains documents ou aurait pu entendre des conversations téléphoniques confidentielles dans le cadre de ses fonctions n'était pas suffisante ». Les faits à l'origine de l'affaire concernaient un harcèlement sexuel. Or, on ne saurait considérer que de tels faits fussent aptes à mettre en cause les intérêts de l'État polonais en matière de sécurité.

Saisies de cas de violations graves des droits de l'homme par les forces allemandes pendant la Seconde Guerre mondiale, la Cour suprême grecque, dans son arrêt *Préfecture de Voiotia* du 4 mai 2000 [4], et surtout la Cour de cassation italienne, dans son arrêt *Ferrini* du 11 mars 2004 [5], n'ont, par contre, pas hésité à faire prévaloir le respect des droits

1. *Al-Adsani c/ Royaume-Uni* (GC), 21 nov. 2001, n° 35763/97 ; *Fogarty c/ Royaume-Uni* (GC), 21 nov. 2001, n° 37112/97 ; *McElhinney c/ Irlande* (GC), 21 nov. 2001, n° 31253/96 ; *Kalogeropoulou et a. c/ Grèce et Allemagne*, déc. du 12 déc. 2002, n° 59021/00.

2. Déc. du 3 mars 2005, n° 60861/00, § 81. V. commentaire G. Cohen-Jonathan et J.F. Flauss, Chron. Cour européenne des droits de l'homme et droit international général, *AFDI* 2005. 680-681.

3. V. les décisions *Al-Adsani* et *Fogarty* précitées.

4. Trad. anglaise *in ILR*, vol. 129, p. 513. V. *AJIL* 2001. 198.

5. Trad. anglaise *in ILR*, vol. 128, p. 659. V. P. de Sena et F. de Vittor, State Immunity and Human Rights : the Italian Supreme Court Decision on the Ferrini Case, *EJIL*, vol. 16, 2005, pp. 89-112.

fondamentaux sur les immunités d'État. La haute juridiction hellénique a, sur cette base, confirmée la condamnation de l'Allemagne au versement d'une forte indemnité, en réparation des atrocités commises par les forces allemandes d'occupation dans le village de Distomo le 10 juin 1944. Le tribunal suprême italien a, pour sa part, admis que les juridictions italiennes étaient compétentes pour statuer sur une demande de réparation présentée par une personne déportée en Allemagne pendant la Seconde Guerre mondiale pour y effectuer un travail forcé dans une usine d'armement. L'arrêt *Ferrini* a été confirmé dans une série de décisions rendues par la même Cour en 2008 [1]. Il a été suivi, en outre, par une décision de la Cour d'appel de Florence du 13 juin 2006, confirmée en cassation le 12 janvier 2011, déclarant exécutoire en Italie le jugement rendu en Grèce dans l'affaire *Distomo*. Sur la base de cette décision, des requérants grecs ont fait enregistrer une hypothèque sur la Villa Vigoni, propriété de l'État allemand située près du lac de Côme utilisée comme centre culturel. Ces décisions et mesures ont provoqué de vives protestations du gouvernement allemand qui, le 23 décembre 2008, a saisi la Cour internationale de Justice, lui demandant de constater plusieurs violations des immunités souveraines de la RFA. Dans son arrêt du 3 février 2012, la Cour a fait droit aux principales réclamations présentées par l'Allemagne. Elle constate en particulier que l'Italie a méconnu le droit de l'Allemagne à son immunité de juridiction pour avoir autorisé des actions civiles contre elle fondées sur des violations du droit international humanitaire commises par le Reich allemand de septembre 1943 à mai 1945. Pour parvenir à cette conclusion, la Cour écarte en particulier l'argument de l'Italie selon lequel un État ne saurait opposer son immunité lorsque sont en cause des violations graves des droits de l'homme. Partant d'un présupposé discutable selon lequel les États étrangers bénéficient, par principe, d'un droit à l'immunité auquel il ne peut être dérogé que lorsqu'une règle de droit international le prévoit, la Cour constate que la pratique en faveur d'une telle exception est actuellement insuffisante pour démontrer l'existence d'une exception coutumière à l'immunité de juridiction en telle situation. L'arrêt de la CIJ rejoint à cet égard le point de vue qu'exprimait dans le même sens la Cour européenne des droits de l'homme dans sa décision d'irrecevabilité du 12 décembre 2002 en l'affaire *Kalogeropulou c/ Grèce et Allemagne*. La CIJ prend soin de préciser dans son arrêt que sa constatation ne concerne que les actions introduites contre les États et ne préjuge pas de la question de savoir si l'immunité peut s'appliquer dans le cadre de procédures pénales contre un représentant de l'État. Il ne s'agit là, toutefois, que d'une maigre consolation lorsque l'on sait que la Cour internationale de Justice a conforté l'immunité pénale des agents poursuivis pour des violations

1. V. A. Ciampi, L'immunité de l'État responsable de crimes internationaux devant les juridictions italiennes, *AFDI*, vol. 54, 2008, p. 45-76. ; S. El Boudouhi, La motivation de la jurisprudence récente de la *Corte Suprema di Cassazionz* italienne sur les immunités juridictionnelles de l'État, *RGDIP* 2010, 747-778.

graves des droits de l'homme dans son arrêt du 14 février 2002 en l'affaire du *Mandat d'arrêt* (v. ss 131). La consolation est d'autant plus maigre, que la conception restrictive de la Cour des exceptions aux immunités s'est depuis diffusée. Plusieurs juridictions nationales se sont ainsi référées à cet arrêt pour justifier qu'il soit accordé l'immunité de juridiction à un État pour des faits pourtant constitutifs de crimes internationaux et/ou de violations graves des droits de l'homme. Dans une affaire tranchée le 12 août 2012, la cour d'appel du Québec a ainsi refusé, en s'appuyant sur la décision de la CIJ, de lever l'immunité de l'Iran pour des actes de torture [1] ; cette solution a été confirmée par la Cour suprême du Canada le 10 octobre 2014 [2]. Saisie d'une affaire similaire à celle de *Distomo*, la Cour de cassation grecque a, en 2013, renversé la solution qu'elle avait retenue en 2000 [3]. La Cour européenne des droits de l'homme a retenu une solution similaire à celle de la cour du Québec en janvier 2014 dans sa décision *Jones c/ Royaume-Uni* [4]. Visant explicitement l'arrêt *Allemagne c/ Italie*, elle avait auparavant énoncé, dans la décision *Stichting Mothers of Srebrenica* du 11 juin 2013, que le droit international ne conforte pas l'idée que l'immunité devrait être écartée lorsqu'est en cause une violation particulièrement grave du droit international, pour en déduire qu'une juridiction hollandaise avait pu, à bon droit, accorder l'immunité à l'ONU dans une action en réparation d'actes de génocide commis lors du conflit en Bosnie-Herzégovine [5].

Tranchant avec ces réactions, la Cour constitutionnelle italienne a, en revanche, pris une décision le 22 octobre 2014 qui fera date. Elle y déclare inconstitutionnelles, d'une part la loi adoptée par le législateur italien le 14 janvier 2013, qui permettait la révision des jugements internes incompatibles avec la solution de la décision de la CIJ de 2012, et d'autre part la loi de 1957 de transposition de la Charte des Nations Unies, en ce qu'elle oblige les juridictions italiennes à respecter l'arrêt de la CIJ conformément à l'article 94 de la Charte [6]. La décision de la Cour constitutionnelle se fonde sur l'incompatibilité des immunités reconnues aux États par la CIJ avec les droits fondamentaux garantis par la Constitution italienne, en particulier le droit d'agir en justice et celui d'obtenir réparation des dommages subis en conséquence de crimes contre l'humanité et de crimes de guerre. La Cour de cassation italienne a confirmé cette incompatibilité depuis lors dans une affaire qui concernait la participation de l'Iran à des activités terroristes [7] ; le juge de Florence, s'appuyant

1. *Islamic Republic of Iran c/ Hashemi*, commentaire L. Balmond *in RGDIP* 2013, p. 137.
2. Arrêt *Kazemi et Hashemi c. République islamique d'Iran et a.*, note M. Grange *in RGDIP* 2015.872.
3. Arrêt du 8 novembre 2013, note M. Paschou *in RGDIP* 2015. 870.
4. *Jones et a. c/ Royaume-Uni*, n° 34356/06 et 40528/06.
5. *Stichting Mothers of Srebrenica and Others c/ Pays-Bas*, n° 65542/12.
6. Décision n° 238. V. la note de R.Rivier, *RGDIP* 2014. 970 et N. Ronzitti, La Cour constitutionnelle italienne et l'immunité juridictionnelle des États, *AFDI* 2014. 3-15.
7. Arrêt du 28 octobre 2015, *Francine Flatow et a. c. République islamique d'Iran et a.*, n° 21946/15, note E. Castellarin *in RGDIP* 2015. 870.

sur les mêmes principes, a de nouveau condamné l'Allemagne à réparation [1]. Décidément, le dernier mot n'a pas été dit sur ces rapports entre immunités de l'État et droits de l'homme [2] ; on peut encore s'attendre à des évolutions de la pratique et du droit international sur cette question dans les années à venir.

b. Les immunités des agents

131 ***Privilèges et immunités des agents de sujets internationaux*** [3] ◊ Deux catégories d'agents sont à ce titre concernées : d'une part, les agents de l'État et, d'autre part, les agents et fonctionnaires internationaux, qui relèvent des organisations internationales, dont le statut et les immunités sont examinés par ailleurs (v. ss 190 s.). Pour s'en tenir ici aux agents de l'État, même s'ils partagent un certain nombre d'immunités pour des raisons de principe identiques – leur attachement au service de l'État qu'il convient de ne pas entraver –, on distinguera ici les statuts respectifs de deux catégories d'agents étatiques : d'une part, celui des agents diplomatiques et consulaires et, d'autre part, celui des chefs d'État et membres du gouvernement, susceptibles d'engager l'État dont ils assument le contrôle, notamment dans ses relations internationales.

a) Quoique dans des proportions variables, tenant à leur place dans la hiérarchie diplomatique ou à leurs fonctions, agents diplomatiques et consulaires des États étrangers bénéficient d'une immunité de juridiction qui empêche que des poursuites ou une action civile soient engagées contre eux devant les juridictions de l'État sur le territoire duquel ils exercent leurs activités professionnelles. Ces immunités, qui ont fait l'objet d'une codification dans les Conventions de Vienne précitées, sont particulièrement étendues. Elles couvrent les infractions commises en dehors de l'exercice des fonctions diplomatiques (Convention de Vienne sur les privilèges et immunités diplomatiques, art. 31, § 1er). Elles s'étendent, ensuite, avec certaines limites toutefois, à l'entourage des agents. Elles concernent, enfin, non seulement l'exercice par l'État territorial de ses compétences normatives, mais également l'exercice de ses compétences opérationnelles : le personnel jouit, d'immunités d'exécution, qui touchent aussi bien la personne de l'agent, le prémunissant contre l'arrestation ou la détention (Convention de Vienne de 1961, article 29), que ses biens (art. 31, § 3).

b) La question de l'immunité de juridiction et d'exécution dont bénéficient en particulier les chefs d'État et les membres de gouvernements étrangers [4] a notamment défrayé la chronique avec l'affaire *Pinochet* au

---

1. Jugement du 6 juillet 2015, *Duilio Bergamini c. RFA*, note E. Castellarin *in RGDIP* 2015. 858.
2. V. Ronzitti, préc.
3. V. J. Salmon, *Manuel de droit diplomatique*, Précis de la Faculté de droit de l'ULB, Bruxelles, Bruylant, 1994, 678 p., et Immunités et actes de la fonction, *AFDI* 1992. 314-357.
4. V. *SFDI*, *Le chef d'État et le droit international*, colloque de Clermont Ferrand, Paris, 2002, 300 p. ; Sir Arthur Watts, The Legal Position *in* International Law of Heads of States, Heads of Government and Foreign Ministers, *RCADI* 1994-III, vol. 247, p. 13-130.

cours de l'année 1999. L'ancien chef d'État du Chili et sénateur à vie Augusto Pinochet avait fait l'objet d'une demande d'extradition adressée aux autorités britanniques, alors qu'il se trouvait à Londres. Ces demandes, fondées pour partie sur l'invocation de la compétence universelle émanaient d'abord du juge espagnol B. Garzon et avaient trait aux tortures et meurtres ordonnés par l'ancien dictateur durant sa présence au pouvoir au Chili, à l'égard de ressortissants chiliens et espagnols. La Chambre des Lords, appelée à se prononcer à deux reprises sur la question de savoir si l'ancien chef d'État jouissait d'une immunité le mettant à l'abri d'une demande d'extradition formulée par un gouvernement étranger, a répondu par la négative. Elle l'a fait essentiellement à raison de la nature des crimes contre l'humanité qui étaient reprochés à l'ancien dictateur, lesquels échappent, notamment sur la base de la Convention des Nations Unies de 1984 contre la torture, à la règle d'immunité dont jouissent les chefs d'État [1]. On retrouve d'ailleurs la mise à l'écart de la même immunité dans les statuts des deux tribunaux pénaux « *ad hoc* » institués par le Conseil de sécurité de l'ONU pour la poursuite des crimes commis sur le territoire de l'ex-Yougoslavie et au Rwanda, de même qu'à l'article 27 de la Cour pénale internationale (v. ss 526). Cette nouvelle situation a permis l'inculpation par le Procureur du Tribunal pénal pour l'ex-Yougoslavie, au printemps 1999, de S. Milosevic, alors président en exercice de la République fédérale de Yougoslavie, pour les crimes et exactions ordonnés par lui au Kosovo. Elle a conduit ultérieurement à l'émission de mandats d'arrêts par la Cour pénale internationale à l'encontre du président soudanais en exercice, Omar Al-Bashir [2], ainsi qu'au refus du bénéfice des immunités à l'ancien président libérien Charles Taylor, mis en accusation en 2003 devant le Tribunal spécial pour la Sierra Leone [3] et reconnu coupable de crime contre l'humanité et de crimes de guerre par la Chambre II de celui-ci en mai 2012 [4]. Il serait toutefois hâtif d'affirmer que ces précédents traduisent l'existence d'une nouvelle règle coutumière relative aux immunités [5].

Une telle prudence paraît d'autant plus s'imposer après l'arrêt rendu par la Cour internationale de Justice le 14 février 2002 dans l'affaire relative au *Mandat d'arrêt* du 11 avril 2000. La Cour était priée par le Congo de dire que la Belgique devrait annuler un mandat d'arrêt international délivré par un juge d'instruction de Bruxelles à l'encontre du ministre des Affaires étrangères congolais en exercice, sous l'allégation de crimes constituant des « violations graves du droit humanitaire ». La CIJ a fait droit à la demande congolaise ; elle a en effet déclaré n'être « pas parvenue à déduire

1. V. P.-M. Dupuy, Crimes et immunités, ou dans quelle mesure la nature des premiers empêche l'exercice des secondes, *RGDIP* 199/2, p. 289-296.
2. V. les décisions de la ch. préliminaire I, 12 et 13 déc. 2011, et les obs. de S. NDiaye, *RGDIP* 2012. 185.
3. V. Ch. d'appel, 31 mai 2004, *Prosecutor c/ Charles Ghankay Taylor*, Decision on Immunity from Jurisdiction, n° SCSL-03-01-I-059, spéc. § 37-59.
4. V. le jugement de la Chambre II du 18 2012, rendu public le 30 mai, affaire n° SCSL-03-01-T, *Prosecutor c/ Charles Ghankay Taylor*.
5. V. en particulier la série des articles parus à la *RGDIP* 1999/2 et 2000/2 sur cette question.

de [la] pratique l'existence, en droit international coutumier, d'une exception quelconque à la règle consacrant l'immunité de juridiction pénale et l'inviolabilité des ministres des Affaires étrangères en exercice, lorsqu'ils sont soupçonnés d'avoir commis des crimes de guerre ou des crimes contre l'humanité » [1]. S'agissant du caractère absolu ou relatif des immunités, cette décision refuse ainsi, mais sans en donner aucune motivation, de déduire de la concordance statutaire des tribunaux pénaux internationaux (y compris la CPI) l'existence d'une règle de droit international général permettant de poursuivre des agents de l'État en exercice pour crimes de guerre ou contre l'humanité. Cette décision a, semble-t-il, été d'abord inspirée par le souci louable de sauvegarder l'indépendance de l'État dans ses relations internationales et la sérénité des relations diplomatiques ; ceci, afin d'éviter notamment d'exposer les chefs d'État ou ministres en déplacement à l'étranger à d'éventuelles poursuites décidées par un autre État en application d'une conception particulièrement large de la compétence universelle à l'égard des « *crimes internationaux* » (v. ss 525-526).

Quoi qu'il en soit, et malgré une référence elliptique qu'elle semble y faire notamment au paragraphe 60 de son arrêt, la Cour n'a finalement pas non plus accordé d'incidence à une distinction pourtant retenue par une doctrine abondante au vu de la pratique [2] : celle existant entre les immunités fonctionnelles et les immunités personnelles dont jouissent les agents d'un État à l'égard des juges d'un autre. Les immunités fonctionnelles sont de caractère substantiel ; elles concernent les « actes de la fonction », exercés en d'autres termes par les agents de l'État dans l'exercice de leur profession. De tels actes, définis « *rationae materiae* », sont purement et simplement assimilés à ceux de l'État au nom duquel ils ont été accomplis. Les immunités personnelles, en revanche, attribuées « *rationae personae* », sont destinées à éviter toutes interférences entre États du fait de l'exercice par l'un de poursuites judiciaires à l'égard de l'agent d'un autre. Attachées par définition à la personne de l'agent, elles s'étendent à tous les types d'actes qu'il peut accomplir, même les actions accomplies à titre privé. Tel est du moins le cas *tant que ces agents exercent les fonctions qui leur valent ces immunités*. Cependant, dès qu'ils ne jouissent plus du statut qui les protégeait de poursuites, y compris pénales, ces immunités personnelles disparaissent et leurs anciens titulaires peuvent être en principe poursuivis pour les actes qu'elles couvraient. Cette distinction entre immunité fonctionnelle et immunité personnelle aurait pu, en l'occurrence, avoir une influence sur la solution retenue au fond [3].

1. V. § 58 de l'arrêt.
2. V., par exemple, J.-P. Niboyet, Immunités de juridiction et incompétence d'attribution, *RCDIP*, vol. 39, 1950. 139 ou, dans la doctrine récente, M. Cosnard, *La soumission des États étrangers aux tribunaux internes face à la théorie des immunités des États*, Paris, Pedone, 1996, p. 49-60 ; S. Zappala, Do Heads of States *in* Office Enjoy Immunities for Jurisdiction for International Crimes ? The Ghaddafi Case before the French Cour de cassation, *EJIL* 2001/3, p. 595-612.
3. V. A. Cassese, When May Senior Officials Be tried for International Crimes ? Some Comments on the Congo v. Belgium Case, *EJIL*, 2002/4, p. 853-875.

De plus, comme le note Ph. Weckel, « cette distinction entre les actes relevant des fonctions officielles et les actes accomplis à titre privé est sans pertinence s'agissant des crimes de guerre ou des crimes contre l'humanité » [1] (v. ss 521). La spécificité du droit international pénal, branche pourtant particulièrement dynamique du droit international contemporain, semble donc avoir été sciemment méconnue par la Cour, ce qui affaiblit sans doute l'autorité de son arrêt [2]. La Cour a en revanche raison de bien distinguer entre les règles substantielles relatives aux immunités et celles qui concernent la compétence des tribunaux internes à l'égard des « crimes internationaux » (crimes de guerre et crimes contre l'humanité [3]). Les secondes seront examinées plus loin, en relation avec la question dite de la « compétence universelle » pour juger ce type de crimes (v. ss 517, 524 et 525).

Le caractère très elliptique de l'argumentation développée par la Cour sur ce point dans son arrêt du 14 février 2002 comme la solution de fond à laquelle elle aboutit rapprochent beaucoup cet arrêt d'un autre ; celui qui, dans l'ordre interne français, avait été rendu quelques mois plus tôt, le 13 mars 2001, par la Chambre criminelle de la Cour de cassation. Celle-ci avait en effet retenu, en référence explicite à la coutume internationale, une conception indifférenciée de l'immunité de juridiction des chefs d'États étrangers, ne faisant pas non plus de distinction entre immunités fonctionnelles et immunités personnelles [4]. Ces deux arrêts, l'un dans l'ordre international, l'autre, dans l'ordre interne, sont également à rapprocher dans la mesure où ils acceptent de reconnaître que l'immunité des chefs d'État et membre de gouvernement en exercice n'est pas absolue mais relative. Ils prennent note en effet, l'un et l'autre, de l'existence de régimes spéciaux, établis sur la base d'instruments juridiques particuliers (conventions internationales ou résolutions obligatoires du Conseil de sécurité de l'ONU) qui écartent l'immunité de principes dans le cas où la personne est accusée de crime de guerre ou crime contre l'humanité. Tout en reconnaissant le caractère coutumier des immunités, ils refusent néanmoins de considérer que les restrictions qui leur sont ainsi apportées ont acquis un caractère de droit international général. Pour prendre la pleine mesure de cette question et des débats qu'elle suscite, il faut la mettre en rapport avec celle, traitée par ailleurs, de la responsabilité internationale pénale des individus pour « crimes internationaux » : dans quel cadre (statutaire ou général) cette responsabilité individuelle apparaît-elle

---

1. V. Chronique de jurisprudence internationale, *RGDIP* 2002/2, partic. p. 432-433.
2. V. Symposium : The Congo v. Belgium Case before the ICJ (A. Cassese, S. Wirth, M. Spinedi), *EJIL* 2002, p. 853-910.
3. V. l'arrêt du 14 févr. 2002 (affaire du mandat d'arrêt du 11 avr. 2000) au paragraphe 59. La question de la compétence ne peut en effet être envisagée que dans la mesure où l'immunité dont se prévaut la personne physique en cause aurait été écartée.
4. V. F. Poirat, Immunité de juridiction pénale du chef de l'État étranger en exercice et règle coutumière devant le juge judiciaire, *RGDIP* 2001/2, p. 474-491. I. Pingel, *Droit des immunités et procès équitable*, Paris, Pedone, 2004, 162 p.

indépendamment de celle de l'État pour le compte duquel ces individus ont commis ou ordonné de tels crimes (v. ss 516-527) ? Le droit semble, à cet égard, encore en cours d'évolution.

c) L'immunité reconnue aux agents en exercice comporte néanmoins certaines limites. L'arrêt rendu le 4 juin 2008 par la Cour internationale de Justice dans l'affaire relative à *certaines questions concernant l'entraide judiciaire en matière pénale* a permis d'en préciser quelques-unes [1]. La requête du gouvernement djiboutien visait, principalement, à obtenir la condamnation de la France pour son refus de communiquer aux autorités de cet État de la corne de l'Afrique, des pièces de l'instruction conduite en France sur conditions du décès en 1995 du juge Borrel. Mais elle avait également pour objet de faire constater par la Cour la violation, d'une part, des immunités dont bénéficie le président djiboutien, convoqué par un juge français à témoigner en tant que simple témoin, et, d'autre part, de celles qui devraient, selon Djibouti, être reconnues au procureur général et au chef de la sécurité de cet État. Ces deux derniers, mis en cause en France dans une procédure de subornation de témoins, avaient reçu une convocation à témoigner comme témoins assistés. La Cour a refusé de faire droit aux demandes du gouvernement djiboutien. Elle a indiqué, tout d'abord, que les immunités ne protègent les agents qui en bénéficient que contre les actes d'autorité *contraignants* qui les visent directement [2]. En l'occurrence la convocation à témoigner adressée au président Guelleh n'était pas assortie de mesures de contrainte prévues par le Code de procédure pénale ; elle n'a donc pas constitué une atteinte aux immunités de juridiction pénale que lui reconnaît le droit international général [3]. Il en était *a fortiori* de même pour l'invitation à déposer qui lui a été adressée ultérieurement et qu'il lui était loisible de décliner [4]. La Cour a jugé, ensuite, qu'aucune immunité personnelle de juridiction n'est reconnue en droit international aux personnes qui, comme le procureur de la République de Djibouti ou le chef de la sécurité nationale, ne sont ni diplomates, ni n'occupent des fonctions qui les placent au sommet de l'État [5]. Peuvent-elles, en revanche, bénéficier d'immunités fonctionnelles ? La question reste ouverte, la Cour n'ayant pu y répondre faute d'une demande clairement exprimée en ce sens par le gouvernement djiboutien [6]. En France, il semble qu'une réponse positive pourrait être donnée en telle hypothèse depuis l'arrêt rendu par la chambre criminelle de la Cour de cassation le 19 janvier 2010 (affaire du naufrage du navire sénégalais le Joola). Confirmant l'annulation de mandats d'arrêt délivrés à l'encontre du Premier ministre et du

1. V. Ph. Weckel, Chronique de jurisprudence internationale, *RGDIP* 2008. 906-914 ; I. Prezas, La répression nationale face au juge international : à propos de l'affaire de *l'entraide judiciaire en matière pénale*, *AFDI*, 2008. 237-273.
2. V. § 170 de l'arrêt.
3. V. § 171 de l'arrêt.
4. V. § 179 de l'arrêt.
5. V. § 194 de l'arrêt.
6. V. § 193 s. de l'arrêt.

ministre des Armées sénégalais, l'arrêt opte en effet pour une conception fonctionnelle potentiellement très large des immunités soulignant, par référence à la coutume, que l'immunité pénale « s'étend aux organes et entités qui constituent l'émanation [d'un État étranger] ainsi qu'à leurs agents en raison d'actes qui, comme en l'espèce, relèvent de la souveraineté de l'État étranger ». La généralité de cette formule laisse croire que l'immunité pourrait bénéficier à tous les agents, même subalternes, dès lors qu'ils participent à l'exercice de fonctions régaliennes [1], mais qu'elle ne couvre pas les actes accomplis à des fins personnelles. Cette solution a été confirmée par la chambre criminelle de la Cour de cassation le 15 décembre 2015 [2]. L'arrêt a été rendu à propos de poursuites engagées dans l'affaire des biens mal acquis à l'encontre de Teodoro Nguema Obiang, fils du président en exercice de Guinée équatoriale et deuxième vice-président chargé des questions de défense. S'appuyant une nouvelle fois sur le droit coutumier international, la Cour de cassation réserve, dans sa décision, le bénéfice des immunités personnelles aux chefs d'État, chefs de gouvernement et ministres des affaires étrangères étrangers ; les autres membres de gouvernements étrangers ne peuvent prétendre tout au plus qu'à une immunité fonctionnelle pour les actes accomplis *de jure imperii.*

§ 2. Respect des droits des étrangers

132 ***Définition*** ◊ Il résulte de la libre détermination par l'État des conditions d'attribution de sa nationalité que la définition de l'étranger variera en fonction de chaque législation nationale. La condition d'étranger désigne bien entendu en premier lieu les personnes physiques non rattachées par le lien de nationalité à l'État sur le territoire duquel elles se trouvent, mais également les biens leur appartenant et situés sur ce territoire.

133 ***Évolution de la matière*** ◊ Sous la pression des grandes puissances, c'est particulièrement au cours du XIXe siècle que le droit international de la protection due aux étrangers a été développé. Cet essor est directement lié à la politique d'expansion de ces puissances, notamment en Amérique Latine. La matière a ainsi été étroitement liée à celle de l'exercice de la protection diplomatique et, plus généralement, au développement des règles relatives à la responsabilité internationale, au point que pendant un certain temps, on a tendu, à tort, à confondre partiellement les deux domaines.

À l'époque contemporaine, il faut bien reconnaître que le droit de la protection des étrangers présente à certains égards un caractère résiduel. Il a été en effet partiellement absorbé dans d'autres domaines du droit international qui ont pris un essor tout particulier au XXe siècle. D'une part, pour ce qui a trait à la protection des personnes *physiques*, celles-ci se

1. V. les obs. de M. Cosnard, *RGDIP* 2011. 601-604.
2. Arrêt n° 6246 (15-83.153).

trouvent aujourd'hui largement couvertes par les règles relatives aux droits de l'homme en général [1], ou, en ce qui concerne les situations liées à des conflits armés, aux règles du droit humanitaire. D'autre part, en ce qui concerne la protection des biens appartenant aux étrangers, l'affirmation progressive à partir du milieu du XXe siècle d'un corps de règles relatives aux relations économiques internationales, à la souveraineté économique des États et à la protection due aux investissements, a eu également pour effet de ravir au domaine spécifique du droit de la protection des étrangers un certain nombre de normes qui lui étaient jusque-là rattachées.

Il demeure cependant des obligations que l'État doit respecter dans l'exercice de sa compétence territoriale à l'égard des étrangers résidant dans les zones placées sous sa juridiction. En effet, à l'inverse des personnes publiques étrangères et de leurs agents, il n'y a pas de raison de principe pour que les étrangers résidant sur le territoire national échappent à l'application matérielle du droit interne, constitutionnel, administratif, civil ou pénal, pas plus qu'à la juridiction des tribunaux ou à l'application de leurs jugements. Il subsiste cependant des motifs pour que les étrangers soient soumis à des normes spéciales dans certains domaines particuliers, par exemple en matière d'accès aux territoires et de conditions de séjour. C'est ainsi par exemple qu'un État pourra réglementer les conditions de l'immigration sur son territoire sans porter atteinte à aucune règle de droit international public.

De la même manière, il pourra interdire aux étrangers d'exercer certaines activités, notamment celles qui sont directement liées au fonctionnement de ses services publics. C'est ainsi que, mis à part les règles spéciales existant à certains égards à l'intérieur de l'Union européenne, ils ne pourront pas avoir accès aux charges et fonctions publiques, et seront considérés la plupart du temps comme non éligibles à des mandats électifs (députations, charges municipales, etc.). On constate par ailleurs qu'en règle générale, les législations nationales leur interdisent l'accession à la fonction publique interne. Ils ne pourront notamment être intégrés ni aux forces armées, ni aux forces de police, ni exercer des fonctions judiciaires. Ces discriminations légales ne doivent cependant pas dégénérer en traitements injustifiables ou inéquitables. C'est à ce stade que le droit international intervient. Il le fait de deux manières : soit par voie coutumière, soit par voie conventionnelle.

134 ***Obligations coutumières internationales*** ◇ Elles s'appliquent par définition à tous les étrangers quelle que soit leur nationalité. On les regroupe autour de la notion de standard minimum de garantie, notion à la fois bien établie et largement imprécise. Quoiqu'elle ait été parfois critiquée par les pays en développement en raison notamment des conditions historiques de son élaboration telles qu'évoquées plus haut, il demeure aujourd'hui

1. V. à cet égard l'arrêt au fond de la CIJ du 30 nov. 2010 dans l'affaire *Ahmadou Sadio Diallo (République de Guinée c/ République démocratique du Congo)*.

généralement admis que le droit international confère à l'étranger un minimum de garanties. Il est cependant bien difficile d'indiquer avec précision lesquelles. Elles seront en réalité la plupart du temps définies cas par cas, en fonction des circonstances propres à chaque espèce, du traitement applicable aux nationaux dans des situations identiques, mais aussi aujourd'hui en application des règles gouvernant un corps de droit voisin, celui de la protection internationale des droits de l'homme, que détient tout individu en sa qualité de personne humaine (v. ss 200).

En ce qui concerne la protection des biens des étrangers, qu'il s'agisse des meubles ou immeubles qu'ils détiennent sur le territoire national ou des investissements qu'ils y ont faits, on a déjà examiné plus haut, au titre de la souveraineté économique de l'État (v. ss 74) et on étudiera ultérieurement plus en détail les garanties dont ils peuvent bénéficier (v. ss 623). On rappellera simplement ici que le respect du principe des droits acquis, naguère encore très solidement établis, doit aujourd'hui composer avec le principe de la souveraineté de l'État sur ses ressources naturelles, qui joue souvent en sens contraire, et, plus largement, en fonction de la liberté que tout État a de déterminer les orientations et les modalités de sa politique économique. Ceci se traduit par la licéité de l'expropriation des biens privés étrangers, à la condition de verser en contrepartie à leurs titulaires une indemnité que la règle classique qualifie d'immédiate, suffisante et réelle [1].

135 ***Obligations conventionnelles*** ◊ D'autres obligations de l'État territorial à l'égard de la personne et des biens des étrangers peuvent être définies par le jeu de règles conventionnelles, soit bilatérales, soit multilatérales.

a) Conventions bilatérales : il est d'usage courant et bien établi que deux États définissent par voie d'accord les conditions du traitement qu'ils entendent réserver aux nationaux de l'autre partie sur leur territoire national. Ces dispositions peuvent faire l'objet de conventions spéciales (conventions d'établissement ou conventions bilatérales de protection des investissements), ou être incluses dans des traités à l'objet plus vaste (traité d'amitié et de commerce).

En dehors de toutes les règles particulières dont les États peuvent ainsi convenir, différents systèmes sont alors envisageables et établis dans ces accords : le premier est celui du traitement minimal réciproque, en fonction duquel chacun des deux États accordera aux ressortissants de l'autre le même traitement que celui que son cocontractant leur ménage. Le traitement de la nation la plus favorisée fait quant à lui bénéficier automatiquement l'un des deux États des conditions préférentielles que l'autre aura accordées aux nationaux de tout État tiers. Ce système conduit logiquement à terme à l'uniformisation du traitement des étrangers. Le troisième système est celui du traitement national, en fonction duquel chacun des deux États accorde aux nationaux de l'autre le traitement qu'il réserve à ses propres ressortissants.

---

1. V. résolution 1 803, § 4 et 3281, article 2, § 2 C de l'Assemblée générale des Nations Unies.

b) Conventions multilatérales : au plan multilatéral, c'est l'OIT qui a, la première, élaboré des normes internationales du travail destinées à la protection des droits des travailleurs étrangers. Deux conventions méritent en particulier d'être citées : la première est la convention n° 97 concernant les travailleurs migrants, du 1er juillet 1949. Elle organise leur protection durant la migration (recrutement, voyage, accueil) ainsi que pendant la durée de leur séjour (protection sociale, conditions de travail). La seconde est la convention n° 143 du 23 juin 1975, sur les migrations dans des conditions abusives et sur la promotion de l'égalité de chance et de traitement des travailleurs migrants.

Dans le cadre régional, on doit particulièrement remarquer l'effort du Conseil de l'Europe sous les auspices duquel ont été élaborées en 1955 la Convention européenne d'établissement complétée ultérieurement par la Charte sociale européenne (art. 18 et 19), ainsi que la convention du 24 novembre 1977 dont l'objet est identique à la convention 97 de l'OIT précitée.

Le cas de l'Union européenne est ici encore tout à fait particulier. L'article 45 du Traité sur le fonctionnement de l'Union européenne (ex art. 39 du Traité instituant la CE) pose en effet deux règles fondamentales, nettement dérogatoires au droit commun : l'une est celle de la libre circulation des travailleurs à l'intérieur de la Communauté ; l'autre est celle de l'abolition de toute discrimination fondée sur la nationalité. Dans le cadre des accords de Schengen, plusieurs des États membres de la communauté européenne ont organisé entre eux la coopération et harmonisé les règles applicables notamment aux demandeurs d'asile territorial, autour de l'ébauche d'une sorte d'*ordre public* et d'« *espace judiciaire européen* » ; elles s'efforcent de trouver un équilibre entre le maintien de la liberté de circulation entre États membres, réalisée par l'abolition des frontières intérieures, et le renforcement des mesures de sécurité, avec notamment l'instauration d'un visa uniforme pour l'accès et le séjour de courte durée dans le *territoire Schengen*, et la création d'un fichier automatisé d'informations policières [1]. Ces accords, intégrés dans le cadre institutionnel de l'Union au titre du IIIe pilier, ont également été ratifiés par trois États non membres de l'UE, la Norvège, l'Islande et la Suisse, mais ne l'ont toujours pas été par le Royaume-Uni ni l'Irlande. Ils concernent en particulier la coopération entre les polices des États parties pour combattre les trafics de drogue et d'armes, les pratiques mafieuses ainsi que l'immigration clandestine.

136 ***Droit de l'État d'assurer la protection de ses nationaux à l'étranger*** ◊ L'État se voit reconnaître par le droit international le droit d'agir en faveur de ses nationaux auprès de l'État de séjour, et ceci de deux manières.

a) Protection diplomatique non contentieuse : elle est exercée essentiellement par les agents diplomatiques, mais également par les agents

1. V. texte de l'accord du 14 juin 1985 *in RGDIP* 1987. 236 s. ; texte de l'accord complémentaire du 19 juin 1990 *in RGDIP* 1991. 513 s., avec commentaire Ph. Weckel, *ibid.*, p. 405 s.

consulaires à l'égard des nationaux dont l'État estime qu'ils n'ont pas bénéficié des garanties auxquelles ils pouvaient prétendre de la part des organes de l'État de séjour. Cette protection peut également être exercée dans des cas graves ou difficiles par des rapports directs entre les autorités gouvernementales des deux États. On doit cependant ici faire référence au droit du citoyen européen à la protection diplomatique par n'importe quel État membre de l'Union dans un État tiers où son pays n'est pas représenté. (TFUE, art. 23).

b) Protection diplomatique contentieuse : lorsqu'un particulier étranger a subi sur le territoire d'un État un préjudice dû au non-respect par les organes de cet État des obligations de protection mises à sa charge par le droit international, la personne étrangère doit en premier lieu tenter d'obtenir réparation en s'adressant aux tribunaux internes de l'État territorial. Il s'agit là de la règle de « l'épuisement des voies de recours internes ».

Si aucune de ces voies ne lui a permis d'obtenir satisfaction, son État de nationalité pourra alors exercer à son égard sa « protection diplomatique ». Il s'agit cependant d'un pouvoir discrétionnaire de l'État de nationalité dont le ressortissant ne saurait exiger la mise en œuvre [1]. L'idée à la base de la protection diplomatique contentieuse est une fiction juridique organisée, d'après laquelle tout État a droit à voir respecter le droit international en la personne de ses ressortissants ou de ses agents. Ainsi que l'a affirmé la CPJI dans son arrêt du 30 août 1924 [2] : « en prenant fait et cause pour l'un des siens, en mettant en mouvement en sa faveur l'action diplomatique ou l'action judiciaire internationale, cet État fait, à vrai dire, valoir son propre droit, le droit qu'il a de faire respecter en la personne de ses ressortissants le droit international ». Ainsi, lorsqu'il « endosse » la réclamation individuelle de son national, l'État protecteur transforme en une relation juridique interétatique ce qui jusque-là n'était qu'un rapport entre une personne physique étrangère et l'État territorial (v. ss 485-486).

La Cour internationale de Justice, dans son avis relatif à la réparation des dommages subis au service des Nations Unies [3], a admis la possibilité pour l'ONU d'exercer à l'égard de l'un de ses agents sa protection fonctionnelle ; on s'accorde aujourd'hui à reconnaître ce droit à l'ensemble des organisations internationales. Cette protection fonctionnelle n'est cependant pas exclusive de l'exercice concomitant de la protection diplomatique par l'État de nationalité de l'agent considéré, les deux types de protection étant bien distincts (v. ss 487). On reverra ultérieurement qu'en ce qui concerne la protection des personnes morales étrangères et de leurs biens, la convention pour le règlement des différends relatifs aux investissements conclus en 1965 sous les auspices de la BIRD et entrée en vigueur l'année suivante substitue à l'exercice de la protection diplomatique de l'État de nationalité la possibilité pour l'investisseur étranger de saisir soit

1. CIJ, 5 févr. 1970, *Barcelona Traction*, *Rec.* 1970, p. 43.
2. Affaire *Mavrommatis*, série A, n° 2, p. 12.
3. *Rec.* 1949, p. 185.

une commission de conciliation chargée de faire des recommandations, soit un tribunal arbitral qui rendra une sentence obligatoire pour les deux parties, aussi bien pour l'État d'accueil de l'investissement que pour l'investisseur lui-même (v. ss 632).

137 ***Catégories d'étrangers insusceptibles de demander la protection de leur État*** ◊ Deux catégories sont ici concernées, il s'agit d'une part des réfugiés, et, d'autre part, des apatrides. Les uns comme les autres ont été contraints à fuir le territoire de leur État d'origine et se trouvent de ce fait dans l'incapacité de demander sa protection au cas où ils seraient victimes d'atteintes à leurs droits sur le territoire d'autres États. Leur statut est cependant différencié.

a) Réfugiés : le problème des déplacements de population consécutifs à des conflits internes ou internationaux a pris au XXe siècle des dimensions très considérables. C'était déjà le cas après la première guerre mondiale et c'est au sein de la Société des Nations que le premier Haut Commissariat aux Réfugiés a été constitué. Il s'occupait initialement des réfugiés russes, puis à partir de 1928 de ceux du Proche-Orient. Après la Seconde Guerre mondiale, l'Organisation Internationale des Réfugiés, institution spécialisée des Nations Unies, entreprit de 1946 à 1950 le rapatriement ou le reclassement de plus d'un million de personnes. À partir de 1950, cette institution a été remplacée par le Haut Commissariat des Nations Unies aux Réfugiés qui travaille en étroite collaboration avec des organisations non gouvernementales dont la principale est le Comité international de la Croix-Rouge. L'extension de ces activités a été très considérable dans les dernières années en raison de la multiplication des conflits locaux ayant des conséquences directes sur le sort des populations (Cambodge, Vietnam, Éthiopie, Tchad, Iran, Irak, Liban, Afghanistan, etc.). Le problème de la réinstallation de ces réfugiés prend un tour dramatique en raison de l'accroissement de leur nombre. Sans doute, la déclaration universelle des droits de l'homme proclame-t-elle le droit de chacun à l'asile territorial, c'est-à-dire à l'accueil des personnes persécutées sur le territoire d'un autre État. Les États d'accueil sont cependant de plus en plus confrontés à des choix difficiles en raison du poids économique considérable de l'organisation des secours, de l'installation et de la réinsertion des étrangers réfugiés sur leur territoire. Le problème des réfugiés en provenance du Vietnam (*boat people*) a fait ainsi l'objet d'un examen particulier par une conférence des Nations Unies réunie en juin 1989 [1].

Aux termes de différentes conventions internationales qui ne sont cependant ratifiées que par un nombre limité d'États, les États d'accueil s'engagent à accorder aux réfugiés un statut privilégié fondé sur la non-discrimination et le traitement national en matière de liberté religieuse, d'accès aux tribunaux, d'enseignement primaire, d'assistance publique,

1. V. E. Zoller, *Le droit d'asile*, Centre d'étude et de recherche de l'Académie de droit international de La Haye, 1989, p. 22 s.

de législation du travail, de sécurité sociale et de charges fiscales. Ils leur délivrent en outre des pièces d'identité ou titres de voyage reconnus par les autres parties contractantes (Convention des Nations Unies du 21 juillet 1951 et protocole du 31 janvier 1967 relatifs aux statuts des réfugiés ; *GTDIP* n° 12 et 12 bis). Plusieurs conventions et instruments régionaux précisent les dispositions établies dans les textes à vocation universelle précités. Plusieurs directives et règlements européens ont en particulier été adoptés sur le sujet afin d'harmoniser les règles d'octroi du statut de réfugié et mettre en place un système européen commun d'asile dans l'Union européenne.

b) Apatrides : à la différence des réfugiés, ils ont perdu tout lien de rattachement avec un État déterminé. La convention de New York du 28 septembre 1954, ratifiée que par 86 États (au 1er mai 2016), établit à leur bénéfice un statut minimal. À l'époque actuelle, leur condition demeure cependant extrêmement précaire.

138 *Indications bibliographiques complémentaires* ◊

1) Formation et reconnaissance de l'État

Bierzanek (R.), La non-reconnaissance et le droit international contemporain (*AFDI*, 1962, p. 117-137) ; Blix (H.M.), Contemporary Aspects of Recognition (*RCADI*, 1970/II, vol. 130, p. 587-704) ; Calvo-Goller (N.K.), Les éléments constitutifs de l'État et la déclaration du Conseil National Palestinien du 15 novembre 1988 (*RGDIP*, 1992/(4), vol. 96, p. 777-809) ; Charpentier (J.), *La reconnaissance internationale et l'évolution du droit des gens* (Paris, Pedone, 1956, 357 p.) Bibliographie, p. 337-343 ; Charpentier (J.), Les déclarations des Douze sur la reconnaissance des nouveaux États (*RGDIP*, 1992/(2), vol. 96, p. 343-356) ; Crawford (J.), The Creation of the State of Palestine : Too Much, Too Soon (*EJIL/JEDI* 1990/1, I, p. 307-313) ; Dugard (J.), *Recognition and the United Nations, H. Lauterpacht Memorial lectures n° 4*, (Cambridge, Grotius Publications Ltd, 1987, 192 p.) ; Fischer (G.), La non-reconnaissance du Transkei (*AFDI*, 1976, p. 63-76) ; Forteau (M.), L'État selon le droit international (*RGDIP*, 2007/4, p. 737-770) ; Forteau (M.), La Palestine comme « État » au regard du Statut de la Cour pénale internationale (*RBDI*, 2012, p. 41-64) ; Salmon (J.), *La reconnaissance d'État : quatre cas* Coll. U, Série Relations et institutions internationales, (Paris, Armand Colin, Coll. U, Série Relations et institutions internationales, 1971, 287 p.) ; Salmon (J.), La proclamation de l'État palestinien, (*AFDI*, 1988, p. 37-62 s.) ; ; Salmon (J.), La qualité d'État de la Palestine, (*RBDI*, 2012, p. 13-40) ; Talmon (St.) *Recognition in International Law : A Bibliography*, MNP, 2000, 401 p. ; c/ Warbrick (C.), Recognition of States, (*ICLQ*, 1993), p. 433-442.

2) La personnalité juridique internationale

Barberis (J.), Nouvelles questions concernant la personnalité juridique internationale (*RCADI*, 1983/I, vol. 179, p. 145-304) ; Caflisch (L.) (dir.), Les sujets de droit international, *in Répertoire des décisions et des documents de la procédure écrite et orale de la CPJI et de la CIJ*, Série 1 : La CPJI Document n° 51-Tome 3, (Genève, Droz/IUHEI, 1973, 792 p. Document n° 51-Tome 3) ; De Visscher (Ch.), La technique de la personnalité juridique en droit international public et privé (*RDILC*, 1936, vol. 17, p. 475-487) ; Distefano (G.), « Observations éparses sur les caractères de la personnalité juridique internationale », *AFDI*, vol. 53, 2007, pp. 105-128 ; Feldmann (D.I.), International Personality (*RCADI*, 1985/II, vol. 191 p. 343-414) ; Ijalaye (D.A.), The Extension of Corporate Personality *in* International Law, (Dobbs Ferry/New York, Oceana Publication, 1978, 354 p.) ; Mosler (H.), Réflexions sur la personnalité juridique en droit international public *Mélanges offerts à H. Rolin* (Paris, Pedone, 1964, p. 228-251) ; O'Connell (D.), La personnalité en droit international (*RGDIP* 1943. 5-43) ; Vaurs-Chaumette (A.L.), Les sujets du droit international pénal : vers une nouvelle définition de la personnalité juridique internationale ?, (Paris, Pedone, 2009, 545 p.)

3) Les extensions virtuelles du bénéfice de la personnalité juridique

Entités corporatives à vocation internationale (Entreprises multinationales, MLN, ONG) : Angelo (H.G.), Multinational corporate enterprises (*RCADI*, 1968/III, vol. 125, p. 443-607) ; Bettati (M.), Dupuy (P.-M.) (dir.), *Les ONG et le droit international*, Coll. Droit international, (Paris, Economica, Coll. Droit international, 1986, 318 p.) ; Campiglio (C.), Profili internazionali della questione del Québec (Riv. DI, 1991 (1), vol. LXXIV, p. 73-86) ; Cassese (A.), Le droit international et la question de l'assistance aux mouvements de libération nationale, (*RBDI*, vol. XIX, 1986/2, p. 307-326) ; Charnovitz (S.), Non governmental Organizations and International Law, (*AJIL* 2006/2, p. 348-372) ; Conseil de l'Europe, *Rapport explicatif relatif à la convention européenne du 24 avril 1986 sur la reconnaissance de la personnalité juridique des organisations internationales non gouvernementales*, (Strasbourg, Conseil de l'Europe, 1986, 11 p.) ; Ghérari (H.) et Kerbrat (Y.) (dir.), L'entreprise dans la société internationale, (Paris, Pedone, 2010, 242 p.) ; Goldman (B.) (Rapporteur), Les entreprises multinationales, (Rapporteur) *Annuaire de l'IDI. Session d'Oslo*, (Bâle, S. Kruger SA, 1977, vol. 57/I, p. 266-386) ; Green (L.C.), Le statut international des forces rebelles, (*RGDIP* 1962. 5-33) ; Ijalaye (D.A.), *The Extension of Corporate Personality in International Law*, (New York/Dobbs Ferry, Oceana Publication, 1978, 354 p.) ; Imhoof (R.S.), La personnalité juridique et le statut des institutions de caractère international. Exemples tirés de la pratique suisse, (*ASDI*, 1989, vol. XLVI, p. 93-115) ; Lazarus (C.), Le statut des mouvements de libération nationale à l'ONU, (*AFDI* 1974. 173-200) ; Lejeune (Y.), *Le statut international des collectivités fédérées à la lumière de l'expérience suisse*, (Paris, LGDJ, 1984, 503 p., Bibliothèque de droit international, vol. n° 95) ; Philip (Ch.) et Soldatos (P.) (dir.), *Au-delà et en deçà de l'État-nation*, Bruxelles, Bruylant, 1996, 288 p. ; Ranjeva (R.), Les organisations non gouvernementales et la mise en œuvre du droit international, (*RCADI*, 1997, vol. 270, p. 9-106) ; Seidl-Hohenveldern (I.) (Rapporteur), Le droit applicable aux entreprises internationales communes, étatiques ou para-étatiques, *Session de Cambridge*, (Rapporteur). *Annuaire de l'IDI. Session de Cambridge*, (vol. 60/I, p. 1-106), Rapport définitif, Paris, Pedone, 1983, Rapport définitif, p. 97-106 ; — Annuaire de l'IDI Session d'Helsinki (vol. 61/II, p. 131-198), Paris, Pedone, 1986 ; Sobrino Heredia (J.M.), La determinación de la personalidad jurídica de las Organizaciones Internacionales n° gubernamentales : contribución del Consejo de Europa, (*REDI*, 1990/1, vol. XLII, p. 101-124) ; Stosic (B.), *Les organisations internationales non gouvernementales et les Nations Unies*, (Genève, Libr. Droz, 368 p.)

4) L'État en droit international : le territoire

Alland (D.), Les représentations de l'espace en droit international public, (*APD*, vol. 32, 1987, p. 163-178) ; Geouffre de La Pradelle (P.), Notions de territoire et d'espace dans l'aménagement des rapports internationaux contemporains, (*RCADI*, 1977/IV, vol. 157, p. 415-485) ; Kranz (J.), Notion de souveraineté et droit international (*AV*, 1992 (4), vol. 30, p. 411-441) ; Haggenmacher (P.), L'État souverain comme sujet du droit international de Vitoria à Vattel, (*Droits. Revue française de théorie juridique*, 1992, vol. 16, p. 11-20) ; Kranz (J.), Notion de souveraineté et droit international, *AV*, 1992/4, p. 411-441) ; Le Fur (L.), *État fédéral et confédération d'États*, Paris, Éd. Panthéon-Assas, coll. Les introuvables (réédition de la thèse de 1896), 2000, 839

p. ; Mouton (J.-D.), La notion d'État et le droit international public, (*Droits. Revue française de théorie juridique*, 1992, vol. 16, p. 45-58) ; Poirat (F.), La doctrine des droits fondamentaux de l'État, (*Droits. Revue française de théorie juridique*, 1992, vol. 16, p. 83-91) ; Troper (M.), Le concept d'État de droit, (*Droits. Revue française de théorie juridique*, 1992, vol. 15, p. 51-63).

5) Identité du territoire, acquisition, délimitation

Ago (R.), *Il requisito dell'effetivita dell'occupazione en diritto internazionale*, (Roma, Anonima Romano, 1934, 125 p.) ; Andrassy (J.), Les relations internationales de voisinage (*RCADI*, 1951/II, vol. 79, p. 73-182) ; Bardonnet (D.), Les frontières terrestres et la relativité de leur tracé (Problèmes juridiques choisis), (*RCADI*, 1976/V, vol. 153, p. 9-166) ; Bardonnet (D.), Frontières terrestres et frontières maritimes, (*AFDI* 1989. 1-64) ; Bastid (S.), Les problèmes territoriaux dans la jurisprudence de la Cour internationale de Justice, (*RCADI*, 1962/III, vol. 107, p. 361-495) ; Blum (Y.Z.), *Historic Titles in International Law*, (La Haye, Martinus Nijhoff, 1965, 360 p.) ; Dembinski (L.), Le territoire et le développement du droit international, (*ASDI*, vol. XXXI, 1975, p. 121-152) ; Corten (O) et al. De Visscher (Ch.), *Problèmes de confins en droit international public*, (Paris, Pedone, 1969, 200 p.) ; Distefano (G.), *L'ordre international entre légalité et effectivité. Le titre juridique dans le contentieux territorial*, (Paris, Pedone, 2002, 585 p.) ; Gonzalez Vega (J.A.), Conflictos territoriales y uso de la fuerza en la práctica internacional, (*REDI*, 1992/(2), vol. XLIV, p. 351-380) ; Jennings (R.Y.), *The Acquisition of Territory in International Law*, (Manchester/New York, Manchester University Press/Oceana Publication, 1963, 130 p.) ; Kaikobad (K.H.), Some Observations on the Doctrine of Continuity and Finality of Boundaries, (*BYBIL*, 1983, vol. 54, p. 119-141) ; Kolb (R.), *La prescription acquisitive en droit international public*, (Bâle, Helbing Lichtenhahn, 2008, 175 p.) ; La Pradelle (P. de), *La frontière. Étude de droit international*, (Paris, Les éditions internationales, 1928, 368 p.) ; Pinto (R.), La prescription en droit international (*RCADI*, 1955/I, vol. 87, p. 387-455) ; Ratner (S.R.), Land Feuds and Their Solutions : Finding International Law Beyond the Tribunal Chamber, *AJIL*, 2006/4, p. 808-829 ; Riphagen (W.), Some Reflections on Functional Sovereignty, (*NYBIL*, 1975, vol. 6, p. 121-165) ; Scelle (G.), Obsessions du territoire, essai d'étude réaliste de droit international, *in Symbolae Verzijl*, (La Haye, MNP, 1958, 453 p.), p. 347-361 ; Société française pour le droit international, *La Frontière. Colloque de Poitiers* 1979, (Paris, Pedone, 1980, 304 p.) ; Shaw (M.N.), Territory *in* International Law, (*NYBIL*, 1982, vol. 13, p. 69-91) ; Sorel (J.-M.) (dir.), *Les murs et le droit international* (Paris, Pedone, 2010, 202 p.).

6) Mutations du territoire et succession d'États

Bedjaoui (M.), Problèmes récents de succession d'États dans les États nouveaux, (*RCADI*, 1970/II, vol. 130, p. 455-586) ; Beaudoin (A.), *Uti possidetis et sécession* (Paris, Dalloz, 2011, 668 p.) ; Bothe (M.), Schmidt (C.), Sur quelques questions de succession posées par la dissolution de l'URSS et celle de la Yougoslavie, (*RGDIP*, 1992/(4), vol. 96, p. 811-842) ; Bretton (P.) Les problèmes juridiques internationaux posés par l'unification de l'Allemagne, (*RGDIP*, 1991/(3), vol. 95, p. 671-720) ; Burdeau (G.), et Stern (B.) (dir.), *Dissolution, continuation et succession en Europe de l'Est*, Paris, Montchrestien, 1994, 406 p. ; Cahin (G.), Le droit international et la question de la « fragmentation » des États, (*RBDI*, vol. 40, 2007/2, p. 327-364) ; Cavaglieri (A.), La notion des droits acquis et son application en droit international public, (*RGDIP*, 1931, p. 257-296) ; Czaplinski (W.), State Succession and State Responsibility, (*ACDI*, 1990, vol. XXVIII, p. 339-360) ; Decaux (E.), et Pellet (A.) (dir.), *Nationalité, minorité et succession d'États en Europe de l'Est*, (Paris, Montchrestien, 1996, 330 p.) ; Degan (V.), Création et disparition de l'État à la lumière du démembrement de trois fédérations multiethniques en Europe, (*RCADI*, 1999, vol. 279, p. 195-376) ; Dumberry (P.), State Succession to International Responsibility, Leiden, Nijhoff, 2007, 517 p. ; Gruber (A.), *Le droit international de la succession d'États*, (Faculté de droit de Paris V, Bruxelles, Bruylant, 1986, 355 p.) ; Hamant (H.), *Démembrement de l'URSS et problèmes de succession d'États*, (Bruxelles, Bruylant, 2007, 615 p.) ; Kamminga (M.), State Succession *in* Respect of Human Rights Treaties, *EJIL/JEDI*, 1996/4, p. 469-485 ; Kohen (M.), (dir.), Secession : International Law Perspectives, Cambridge, Cambridge University Press, 2006, 510 p. ; Klabbers (J.), Koskenniemi (M.), Ribbelink (O.), and Zimmermann (A.) (Eds.) *State Practice Regarding State Succession and Issues of Recognition/Pratique des États concernant la succession d'États et les questions de reconnaissance*, (Kluwer, 1999, 521 p.) ; M. Koskenniemi, (M.) et M. Lehto (M.), Succession d'États de l'ex-URSS, avec examen particulier des relations avec la Finlande, (*AFDI* 1992. 179-220) ; Maison (R.), La décision de la Chambre de première instance n° 1 du Tribunal pénal international international pour l'ex-Yougoslavie, (*JEDI/EJIL*, 1996/2, p. 284-299) ; Makonnen (Y.), State Ssuccession *in* Africa : Selected Problems, (*RCADI*, 1986/V, vol. 200, p. 93-234) ; Marek (K.), *Identity and Continuity of States in Public International Law*, 2e éd., — *Travaux de droit, d'économie et de science politique* n° 64 (Genève, Libr. Droz, 1968, 619 p.) ; Meriboute (Z.), *La codification de la succession d'États aux traités. Décolonisation, sécession, unification*, (Genève, PUF, Publication de l'IUHEI, 1984, 272 p., Publication de l'IUHEI) ; Mochi Onory (A.G.), Les aspects récents du problème de la succession aux traités, (*RGDIP* 1968. 565-655) ; Monnier (J.-P.), La succession d'État en matière de responsabilité internationale, (*AFDI* 1962. 65-90) ; O'Connell (C.P.), *The Law of State Succession* (Cambridge Univ. Press, 1956) ; O'Connell (D.P.), Recent problems of State Succession *in* Relation to New States (*RCADI*, 1970/II, vol. 130, p. 95-206) ; Oeter (S.), German Unification and State Succession, (*ZaöRV*, 1991, vol. 51/2, p. 349-383) ; ONU, La succession d'États et la qualité de membre des Nations Unies Mémorandum préparé par le Secrétariat Général, (New York, ONU, Doc. A/CN.4/149, 1962, 6 p.) ; ONU, Succession d'États et convention multilatérale Mémorandum préparé par le Secrétariat Général, (New York, ONU, Doc. A/CN.4/150, 1962, 26 p.) ; ONU, La succession d'États aux traités multilatéraux Étude établie par le Secrétariat Général, (New York, ONU, Doc. A/CN.4/200/Rev.2, 1968, 87 p.) ; ONU, Rapports et travaux de la CDI simultanément consacrés à la Succession d'États et de gouvernement en matière de traités (Sir H. Waldock, Sir F. Vallat) ainsi qu'à la Succession d'États aux droits et obligations découlant de sources autres que les traités (M. Bedjaoui), Rapports publiés à *l'Annuaire de la CDI*, II, 1, de 1968 à 1982 ; Rousseau (Ch.), *La succession d'États*, Cours de Doctorat, (Paris, Les cours de droit, 1961/-62, 294 p.) ; Schachrter (O.), State Succession : the Once and Future Law, (*Virginia Journal of International Law*, 1993, vol. 3, p. 258) ; Tichy (H.), Two Recent Cases of States Succession. An Austrian Perspective, (*AJPIL*, 1992/(2), vol. 44, p. 105-116) ; Udina (M.), La succession des États quant aux obligations internationales autres que les dettes publiques (*RCADI*, 1933/II, vol. 44, p. 665-773) ; M. Weller (M.), The International Response to the Dissolution of the Socialist Republic of Yugoslavia, (*AJIL* 1992/3, n° 3, p. 569-607) ; Yasseen (M.K.), La convention sur la succession d'État en matière de traités, (*AFDI* 1978. 59-114) ; Zemanek (K.), State Succession After Decolonization, (*RCADI*, 1965/III, vol. 116, p. 181-300).

7) Personnalité et compétences de l'État

Akehurst (M.), Jurisdiction *in* International Law (*BYBIL*, 1974, p. 145-257) ; Anand (R.P.), Sovereign Equality of States *in* International Law, (*RCADI*, 1986/II, vol. 197, p. 9-228) ; Bos (M.) (Rapporteur), puis Rigaux, (F.), La compétence extraterritoriale des États (*Annuaire de l'ID.*, vol. 65/1, 1993, p. 14-190, vol. 65-II, 1994, pp. 134-164, vol. 68-I, 1999, pp. 371-605) ; Brierly (J.L.), La doctrine de la souveraineté dans le droit international moderne, Biblioteca de altos estudos, (Lisbonne, Academia das Ciencias, 1945, 25 p.) ; Colliard (C.-A.), Égalité ou spécificité des États dans le droit international public actuel, *in Mélanges offerts à Monsieur le Doyen L. Trotabas*, (Paris, LGDJ, 1970, 572 p., p. 529-557) ; Combacau (J.), Souveraineté et non-ingérence, *in Le devoir d'ingérence*, M. Bettati, B. Kouchner (dir.), (Paris, Ed. Denoël, 1987, p. 229-233) ; Cubertafond (B.), Souveraineté en crise ?, (*RDP*, 1989/5, p. 1273-1303) ; Hinsley (F.H.), *Sovereignty*, 2e éd., (Cambridge, Cambridge University Press, 1986, 255 p.) ; Mann (F. A.), The Doctrine of Jurisdiction *in* International Law (*RCADI*, t. 111, 1964-I, p. 1-162), et The Doctrine of International Jurisdiction Revisited after Twenty Years (*RCADI*, t. 186, 1984-III, p. 9-115) ; Mayer (P.), Droit international privé et droit international public sous l'angle de la notion de compétence », (*RCDIP*, t. 68, 1979, pp. 1-29, 349-388 et 537-583) ; Ouchakov (N.A.), La compétence interne des États et la non-intervention dans le droit international contemporain, (*RCADI*, 1974/I, vol. 141, p. 1-86) ; Rigaux (F.), La compétence extraterritoriale des États, (*Ann. IDI*, vol. 68-I, 1999, pp. 371-605) ; Rousseau (Ch.), L'aménagement des compétences en droit international (*RGDIP* 1930. 420-460), et L'indépendance de l'État dans l'ordre international, (*RCADI*, 1948/II, vol. 73, p. 167-253) ; Santulli (C.), *Irrégularités internes et efficacité internationale de la nationalité*, Paris, LGDJ, Travaux et recherches Panthéon-Assas, 1996, 97 p., 1996 ; Verhoeven (J.), L'État et l'ordre juridique international, (*RGDIP* 1978. 749-774), et Non-intervention : « affaires intérieures » ou « vie privée » ?, *in Le droit international au service de la paix, de la justice et du développement, Mélanges M. Virally* (Paris, Pedone, 1991, p. 493-500).

8) Les limites à l'exercice de la souveraineté et les immunités de l'État

Bianchi (A.), L'immunité des États et les violations graves des droits de l'homme (*RGDIP* 2004. 63-102) ; Brownlie (I.), Les aspects récents de l'immunité de juridiction des États (Rapporteur), *Annuaire de l'IDI., Session du Caire*, (vol. 62/I, p. 13-158), (vol. 62/II, p. 241-264), Paris, Pedone, 1987 –, *Annuaire de l'IDI. Session de Saint Jacques de Compostelle* (vol. 63/I, p. 13-30), (vol. 63/II, p. 83-120), Paris, Pedone, 1990 ; Brownlie (I.) rapporteur, Les aspects récents de l'immunité de juridiction d'États (rapporteur), *Annuaire de l'IDI. (*Annuaire de l'IDI *Session de Bâle*, vol. 64/1, 1991, p. 80-89), Paris, Pedone, 1991, (vol. 64/2, 1991, p. 214-279), Paris, Pedone, 1993 ; Centre de droit international de Nanterre EDIN, *L'immunité d'exécution de l'État étranger. Actes du Cedin*, (Paris, Montchrestien, 1990, 254 p.) ; Combacau (J.), L'immunité de l'État étranger aux États-Unis. La lettre Tate vingt ans après, (*AFDI* 1972. 455-468) ; Cosnard (M.), *La soumission des États aux tribunaux internes. Face à la théorie des immunités des États*, Paris, Pedone, 1996, 478 p. ; Dunbar (N.C.H.), Controversial Aspects of Sovereignty Immunity *in* the Case of Some States (*RCADI*, 1971/I, vol. 132, p. 197-362) ; Émanuelli (C.), L'immunité souveraine et la coutume internationale : de l'immunité absolue à l'immunité relative ?, (*ACDI*, 1989, vol. 22, p. 26-97) ; Flauss (J.-F.), Immunités des organisations internationales et droit international des droits de l'homme, *in* SFDI, *La soumission des organisations internationales aux normes internationales relatives aux droits de l'homme*, (Paris, Pedone, 2009, p. 71-94) ; Focarelli (C.), Immunité des États et *jus cogens*... (*RGDIP* 2008. 761-794) ; Fox (H.), The Law of State Immunity, 2e éd., (Oxford, Oxford University Press, 2008, 804 p.) ; Hafner (G.) (dir.), *La pratique des États concernant les immunités des États* (Leiden, MNP, 2006, 1100 p.), Jenks (C.W.), *International immunities* (Londres/New York, Stevens & Sons/Oceana, Publication, 1961, 178 p.) ; Meessen (K.) (Ed.), *Extraterritorial Jurisdiction in Theory and Practice*, Kluwer, 1996, 262 p. ; Lalive (J.-F.), L'immunité de juridiction des États et des organisations internationales, (*RCADI*, 1953/III, vol. 84, p. 205-396) ; ONU, Rapports et travaux de la CDI sur les immunités juridictionnelles des États et de leurs biens (Les documents élaborés par les rapporteurs spéciaux sont repris dans la 2e partie des rapports annuels de la Commission), de 1979 à 1986 (M. S. Sucharitkul) et 1987 à 1990 (M. Ogiso) ; Politis (N.), Le problème des limitations de la souveraineté et la théorie de l'abus des droits dans les rapports internationaux, (*RCADI*, 1924/V, vol. 6, p. 1-121) ;

Schreuer (Ch.H.), *State Immunity, Some Recent Developments, H. Lauterpacht Memorial lectures n° 8*, (Cambridge, Grotius Publication Ltd, 1988, 200 p.) ; Sinclair (Sir I.), *The Law of Sovereign Immunity. Recent Developments*, (*RCADI* 1980/II, vol. 167, p. 113-284) ; Sucharitkul (H.E.S.), *Immunities of Foreign States Before National Authorities*, (*RCADI*, 1976/I, vol. 149, p. 87-216) ; Stern (B.), Immunités et doctrine de l'*Act of State*, *JDI* 2006/1, p. 63-87 ; Simon (D.) (dir.), *Le droit international des immunités : constantes et ruptures* (Paris, Pedone, 2015, 292 p.) ; Synvet (H.), Quelques réflexions sur l'immunité d'exécution de l'État étranger, (*JDI* 1985. 865-887) ; Tomuschat (C.), L'immunité des États en cas de violations graves des droits de l'homme (*RGDIP* 2005. 51-74), Trooboff (P.D.), Foreign State Immunity : Emerging Consensus ou Principles, (*RCADI*, 1986/V, vol. 200, p. 235-432) ; Verhoeven (J.) (dir.), *Le droit international des immunités : contestation ou consolidation ?*(Bruxelles, Larcier, 2004, 283 p.).

CHAPITRE 2

LES ORGANISATIONS INTERNATIONALES

139 ***Notions et définition*** ◊ Les organisations internationales sont des sujets de droit international, au sens où elles sont titulaires de droits et d'obligations déterminés et sanctionnés par lui [1]. C'est parce qu'elles sont sujets de ce droit, qu'une large part des règles qu'il contient, quoique formées par et pour les États, s'applique aussi à elles, dans la mesure de leur personnalité juridique internationale. C'est ainsi, par exemple, que la règle « *Pacta sunt servanda* » leur impose de respecter les obligations qu'elles ont souscrites par voie d'accord international avec d'autres sujets de droit international, États ou organisations, ou bien encore qu'elles pourront se voir déclarer responsables de tout acte illicite qui leur serait imputable.

Cependant, à l'inverse des États, les organisations internationales, associations d'États, ne sont pas des sujets originaires du droit international. Ce sont des créatures, des sujets institués. Elles procèdent de la volonté de leurs membres, exprimée dans un accord international. Cette origine conventionnelle explique qu'elles restent unies par des liens multiples aux États qui les composent et demeurent à bien des égards dans leur étroite dépendance. Elles sont dotées de compétences moins larges et souvent moins clairement définies que celles dont jouissent les États. Ces derniers, persuadés par des contraintes et des nécessités de toutes sortes de coopérer au sein d'institutions communes, cherchent pourtant souvent, isolément ou par groupes, à s'en assurer le contrôle au moins partiel afin que les actions des organisations se réalisent dans un sens conforme à leurs propres intérêts.

Cependant, munies d'organes permanents, investies de pouvoirs et de finalités spécifiques, les organisations internationales sont poussées par la dynamique de leur fonctionnement à s'affranchir de la tutelle de leurs membres constitutifs. On observe ainsi en pratique des phénomènes fréquents de *rétroaction*, selon lesquels, constituées par les États pour réaliser les buts que ces derniers poursuivent, les institutions, par le fait même de leur existence et de leur fonctionnement mais aussi de l'affirmation d'une personnalité juridique autonome, conditionnent à leur tour le comportement de leurs créateurs. C'est ce double mouvement, de dépendance

---

1. Selon une définition couramment admise, reprise à l'article 2 § 2 du Projet d'articles adopté par la Commission du droit international en 2011 sur la responsabilité internationale des organisations internationales, « l'expression "organisation internationale" s'entend de toute organisation instituée par un traité ou par un autre instrument régi par le droit international et dotée d'une personnalité juridique internationale propre ».

persistante et d'autonomie précaire des institutions internationales que l'on étudiera, en examinant successivement les États dans l'organisation (Section 1) et l'organisation « face aux États » (Section 2).

SECTION 1. LES ÉTATS DANS L'ORGANISATION

140 ***Position du problème*** ◊ En créant une organisation internationale ou en entrant dans une institution déjà existante, les États entendent en règle générale n'abdiquer autant que possible aucune parcelle de leur souveraineté. Il existe bien des institutions, dites souvent « d'intégration », inspirées à bien des égards du modèle fédéral dans lesquelles s'opère en certains domaines un transfert de compétences, des États membres à un ou plusieurs organes communs. Le modèle le plus achevé en est constitué, dans un cadre non pas universel mais régional, par l'Union européenne. Mais ce sont là des exceptions, dont les tentatives d'imitation dans d'autres régions du monde (notamment en Amérique Latine), beaucoup moins poussées, ont jusqu'ici le plus souvent connu l'échec.

En dehors de la distinction élémentaire entre organisations d'intégration et de coopération, on peut distinguer les institutions à raison de leur vocation *universelle* (ONU et institutions spécialisées, par ex. OMS, FAO, etc.) ou *régionale* (OEA, UA, UE), *générale* (SDN, ONU) ou *spéciale*, qu'elle soit économique (OCDE, Banque mondiale, FMI, OMC), sociale (OIT), militaire (OTAN), technique (UIT, AIEA), etc. Comme on le constate, ces distinctions se recoupent suivant le point de vue duquel on se place.

Dans la plupart des cas, les organisations internationales restent pour l'essentiel des structures de coopération au fonctionnement desquelles chaque État participe, sans renoncer pour autant à exercer ses compétences propres dans le même domaine. Sans renoncer non plus dans la réalité des faits à une compétition plus ou moins grande avec les autres États membres. La coopération institutionnelle équivaut en effet à la coordination mais aussi au *conditionnement* des souverainetés, par le double jeu des règles communes consenties dans le traité institutif de l'organisation et des compétences reconnues aux organes établis. La création d'une organisation définit une structure et oriente le dialogue et l'action des États dans une direction donnée. Il est ainsi compréhensible qu'elle constitue un moyen puissant de promotion d'une stratégie politico-juridique. Comme le notait Michel Virally, « derrière chaque création se reconnaissent les intérêts très précis d'un groupe d'États plus ou moins étendu. Malgré leur indifférence, leurs réticences, ou parfois leur hostilité, les autres États sont pratiquement contraints de s'y rallier pour faire sentir leur influence et défendre leurs propres intérêts, surtout s'il s'agit d'un organe d'une organisation dont ils sont membres » [1]. Il est donc important pour les États de tenter d'exercer leur contrôle sur le *droit* de l'organisation, afin de mieux pouvoir maîtriser son fonctionnement.

§ 1. Les États et le droit de l'organisation

141 ***Droit de l'organisation*** ◊ Le droit de l'organisation est essentiellement composé de deux catégories de règles. Les unes peuvent être qualifiées d'« originaires », parce qu'elles sont données à l'organisation par les instruments juridiques de sa création, principalement son traité constitutif. Les autres sont dites de « droit dérivé », parce qu'elles sont créées par l'organisation elle-même, sur la base du droit originaire.

A. Le traité constitutif, acte mixte

142 ***Bivalence de l'acte constitutif*** ◊ Le traité international, instrument juridique classique de la coexistence, organise ici la pérennité de la coopération. De ce fait, il ne s'analyse pas seulement comme une convention ordinaire. À raison de son objet, qui détermine évidemment son contenu, il est aussi un acte singulier, puisqu'il crée une institution dotée de permanence et de compétences propres. Il apparaît ainsi comme un acte mixte sur la base duquel est établi un ensemble de droits et d'obligations liant non seulement les États entre eux mais aussi les États à l'organisation, et réciproquement.

L'acte constitutif est à la fois un *accord de volontés* conclu entre États souverains et, aux sens à la fois formel et matériel où on l'entend en droit public interne, une *constitution*, déterminant les droits et obligations des États liés entre eux de même qu'aux organes institués, dont il précise les pouvoirs. Les États sont ainsi, du fait de l'acte constitutif, parties à une convention, et *membres* d'une organisation.

a) *En tant que convention multilatérale*, le traité institutif est interprété par les États selon les principes généraux du consensualisme. Chacune des parties entend n'être liée que dans la mesure où elle a souscrit volontairement à un certain nombre de droits et d'obligations, en vue de la réalisation d'un objet et d'un but déterminés. Ceci explique aussi que le droit général des traités interétatiques, tel qu'il a été codifié par la Convention de Vienne en 1969, s'applique, selon les termes de son article 5, « à tout traité qui est l'acte constitutif d'une organisation internationale ». La même disposition ajoute cependant tout aussitôt après que cette applicabilité de principe s'entend « sous réserve de toute règle pertinente de l'organisation ». Il n'est pas douteux, quoi qu'il en soit, que les États parties à l'acte constitutif sont liés en application du principe « *Pacta sunt servanda* » par toutes les dispositions normatives de ce traité, c'est-à-dire celles qui font obligation à leurs destinataires d'adopter certaines conduites. Les normes

1. Panorama du droit international contemporain, *RCADI* vol. 183, 1983-V, p. 263.

du traité ne lient certes que les États qui l'ont ratifié (application du principe « *Res inter alios acta* ») sous la réserve, toutefois, qu'elles lient aussi, bien évidemment, l'organisation elle-même en tant que nouveau sujet de droit, précisément institué par cette convention.

b) C'est cependant en tant que *constitution* que l'acte constitutif de l'organisation internationale affirme sa spécificité par rapport aux autres traités entre États [1]. C'est à ce titre, notamment, qu'il comporte des dispositions mal concevables dans une convention ordinaire parce qu'il institue des organes, établit les règles de leur fonctionnement, détermine leurs compétences, à l'intérieur de l'organisation et vis-à-vis des tiers. Mais on perçoit alors du même coup que la logique de ces normes institutives peut aller à l'encontre des règles classiques du consensualisme. L'institution requiert en effet l'homogénéité du droit qui la régit. Elle intervient aussi par le biais de ses organes en tant que partie prenante dans le jeu des rapports entre les États parties à la convention.

Aussi cette bivalence du traité constitutif ne va-t-elle pas en pratique sans créer des tensions, entre les États membres ou aussi entre eux et les organes institués. Elle explique également que certaines règles et techniques conventionnelles classiques soient aménagées à propos de tels accords. On en donnera ci-après quelques exemples [2].

143 ***Régime des réserves à l'acte constitutif*** ◊ La convention de codification du « droit des traités conclus entre États et organisations internationales », adoptée en 1986 dans le cadre des Nations Unies, indique en matière de réserves à l'acte constitutif (art. 2, alinéa 3) qu'à moins que ce dernier n'en dispose autrement, « une réserve exige *l'acceptation de l'organe compétent* de cette organisation ». Il n'en reste pas moins, d'un point de vue substantiel, que la règle générale posée aux articles 19 et suivants de la convention sur le droit des traités conclus entre États (Vienne 1969) s'applique tout autant aux actes constitutifs qu'aux autres conventions : dans le silence de l'acte constitutif toute réserve « incompatible avec l'objet et le but du traité » est invalide.

144 ***Compatibilité entre acte constitutif et d'autres sources d'obligation (traités ou coutume internationale)*** [3] ◊ Le même souci de préserver l'homogénéité du traité constitutif inspire aussi l'existence dans les chartes constitutives de dispositions relatives à la compatibilité entre les règles qu'elles établissent et celles que les États membres auraient pu ou pourraient souscrire dans le cadre d'autres traités internationaux. Il n'y a pas de problèmes à l'égard des traités antérieurs à l'entrée en vigueur de

1. V. R. Monaco, Le caractère constitutionnel des actes constitutifs des organisations internationales, *in Mélanges Rousseau*, 1974, p. 153-172.

2. P.-M. Dupuy, The Constitutional Dimension of the Charter of the United Nations Revisited, *Max Planck Yearbook of United Nations Law*, vol. 1, 1997, p. 1-33 ; v., d'une façon générale, l'ensemble du recueil.

3. V. ss 149.

la convention constitutive. Le principe s'applique ici en vertu duquel, en matière de traités successifs, celui qui est postérieur déroge aux précédents et pourra s'appliquer. En revanche, des règles spéciales instaurant une véritable hiérarchie entre conventions au bénéfice du traité constitutif de l'organisation seront nécessaires pour garantir que les États ne compromettront pas, par des conventions *ultérieures*, la réalisation des buts de cette institution.

C'est ainsi, en particulier, qu'à son article 103, la Charte des Nations Unies (*GTDIP* n° 1) dispose : « en cas de conflit entre les obligations des membres des Nations Unies en vertu de la présente Charte et leurs obligations en vertu de tout autre accord international, les premières prévaudront ». Cet article, dont on peut trouver un précédent resté sans suite dans l'article 20 du Pacte de la SDN, ne prévoit aucune procédure de constat d'incompatibilité entre les obligations découlant de la Charte et celles établies sur la base d'autres accords. En pratique, c'est notamment à propos d'engagements contractés en vertu d'accords régionaux – par exemple au titre de la Charte de Bogota entre les États américains – qu'il a été invoqué, lors de certains débats devant le Conseil de sécurité de l'ONU. Dans son arrêt du 26 novembre 1984, sur sa compétence dans l'affaire relative aux *Activités militaires et paramilitaires au Nicaragua et contre celui-ci*, la Cour internationale de Justice en a tiré des conséquences juridiques en admettant que le système de règlement des différends de la Charte l'emporte sur les systèmes régionaux, jugés en l'occurrence inopérants [1].

D'autres juridictions internationales, de caractère régional, ont été amenées à se poser la question de savoir comment situer le droit des Nations Unies par rapport au droit spécial dont ces juridictions sont chargées de sanctionner la méconnaissance. C'est ce qu'ont fait en particulier la Cour européenne des droits de l'homme et la Cour de justice des Communautés européennes (devenue Cour de justice de l'Union européenne) à propos de certaines des résolutions obligatoires du Conseil de sécurité, prises en application du chapitre VII de la Charte, en l'occurrence pour lutter contre le terrorisme. Cette pratique a révélé, à propos de l'article 103 de la Charte des Nations, les ambiguïtés d'une disposition à bien des égards sibylline, conçue avant le développement du droit international des droits de l'homme ; avant aussi que ne soit affirmée l'existence au sein de l'ordre juridique international d'une catégorie normative primant toutes les autres à raison de son impérativité, le *jus cogens* (en particulier v. ss 25 et v. ss 227). Les solutions retenues par ces juridictions régionales seront exposées plus loin (respectivement n° 205-1 pour la jurisprudence de la Cour européenne des droits de l'homme et n° 149 pour celle du TPIUE).

145 ***Révision des actes constitutifs*** ◊ C'est sans doute à l'occasion des problèmes posés par la révision des actes constitutifs d'organisations internationales que le caractère à la fois conventionnel et institutionnel du droit qu'ils établissent apparaît de la façon la plus manifeste.

---

1. *Rec.* 1984, § 107.

a) Révision en application des dispositions de l'acte constitutif

Les États inspirés par le principe de la liberté du consentement seraient incités à subordonner l'entrée en vigueur de l'amendement (ou, à tout le moins, son opposabilité à leur égard) à leur acquiescement exprès. Pourtant, en tant que membres de l'Organisation, *ils pourront en certains cas se voir confrontés à un amendement émanant d'un organe de l'organisation à la décision duquel, minoritaires*, ils s'étaient opposés. L'expression de leur volonté individuelle risque alors d'être méconnue, si les règles de l'organisation prévoient l'entrée en vigueur du texte révisé à l'égard de tous les membres, y compris ceux qui n'y ont pas souscrit. C'est la situation prévue à l'article 108 de la Charte de l'ONU, selon laquelle : « Les amendements [...] entreront en vigueur pour tous les membres des Nations Unies quand ils auront été adoptés par l'Assemblée générale à la majorité des deux tiers de ses membres et ratifiés selon leurs procédures constitutionnelles respectives par les deux tiers des membres de l'organisation... ». Le tiers restant sera ainsi bel et bien contraint d'accepter la révision, en dépit de son désaccord. On voit qu'ici, le poids de l'institution prévaut sur le strict respect du consensualisme. Outre un certain nombre de facteurs politiques tout à fait déterminants, la rigueur des conditions statutaires d'adoption d'une révision de la Charte des Nations Unies a contribué à ce que la soixantième session de l'Assemblée générale de l'ONU, en 2005, si elle a permis l'adoption d'un document final à bien des égards intéressant (*GTDIP* n° 2) n'ait pas rendu possible une révision de la Charte de l'ONU, en particulier quant à la composition du Conseil de sécurité [1].

D'autres chartes vont d'ailleurs plus loin dans le sens de l'institutionnalisation de la procédure de révision, et donc de la subordination des États minoritaires à la volonté de la majorité : elles éliminent en effet la phase de ratification par une majorité d'États membres (chacun selon les règles de son droit interne), pour ne plus subordonner son entrée en vigueur qu'à la formation d'une majorité qualifiée *au sein même de l'organe compétent* [2], tant, du moins, que l'amendement ne crée pas de nouvelles obligations ou ne modifie pas les buts de l'organisation. Il est notable de constater qu'en pratique, ces procédures de révision simplifiées ont été privilégiées. D'autres conventions constitutives, au contraire, demeurent plus respectueuses du consensualisme, en ne permettant l'entrée en vigueur de la révision qu'à l'égard des membres qui l'auront ratifiée. C'est par exemple le cas de l'article 94 (a) de l'OACI. Mettant en cause des enjeux politiques souvent très importants, la réforme de la charte constitutive de certaines grandes institutions universelles fait l'objet de négociations longues et

1. V. P. Tavernier, Année des Nations Unies, 24 déc. 2004-23 déc. 2005, problèmes juridiques, *AFDI* 2005. 339.
2. V. Unesco, art. 13, § 1, FAO, art. 20, OMM, art. 27.C.

difficiles, dont celles de l'OIT et de l'Unesco ont fourni dans un passé encore récent un témoignage éloquent [1].

b) Révision coutumière

La tension entre le droit des États en tant que parties au traité et les pouvoirs des organes institués par ce même traité trouve une intensité particulière au cas où la convention de base fait l'objet d'une révision coutumière. Cette charte fondatrice étant une constitution, peut-il y avoir apparition de *coutumes constitutionnelles*, comme on en connaît en droit interne, alors même que les membres de l'organisation sont des États souverains, ayant librement assis leur consentement sur les termes exprès du traité auquel ils sont parties ? La réponse donnée par la pratique est positive, car la vie de l'organisation démontre presque inévitablement que toutes les règles relatives à son fonctionnement n'ont pu être prévues dans le traité originaire, en particulier lorsqu'il s'agit de l'extension des pouvoirs institutionnels des organes. Le phénomène ne va cependant pas sans poser souvent des problèmes à la fois juridiques et politiques difficiles.

Des exemples de telles pratiques coutumières peuvent être notamment fournis par la désuétude de la sanction prévue à l'article 18 du Pacte de la SDN pour le défaut d'enregistrement des traités, qui semble bien être confirmée à l'égard de l'article 102 de la Charte des Nations Unies ; c'est ainsi également qu'a été admis le droit pour les organes subsidiaires restreints de l'ONU de tenir des séances privées dont sont écartés les États qui n'en font pas partie, ou l'impossibilité d'admettre dans une commission régionale de la même organisation des États extérieurs à la région considérée [2].

Mais l'exemple le plus célèbre de la révision coutumière, notamment parce qu'il fut avalisé par la Cour internationale de Justice dans son avis de 1971 relatif à la Namibie [3] est celui d'après lequel « la pratique de l'abstention volontaire d'un membre permanent lors d'un vote du Conseil de sécurité de l'ONU a toujours et uniformément été interprétée, à en juger d'après les décisions de la présidence et les positions prises par les membres du Conseil, en particulier par les membres permanents, comme ne faisant pas obstacle à l'adoption des résolutions. L'abstention d'un membre du Conseil ne signifie pas qu'il s'oppose à l'approbation de ce qui est proposé » (en dépit des termes de l'article 27 de la Charte qui prévoit le vote affirmatif des membres permanents pour les questions autres que procédurales). On trouve dans cette citation de l'avis de 1971 une bonne part des éléments qui peuvent marquer la spécificité de la révision coutumière des chartes constitutives : comme la coutume ordinaire, la coutume

1. V. B. Dupuy, *Nouvelles structures de l'OIT*, Paris, Economica, 1987 ; F. Maupin, La réforme de l'OIT, *AFDI* 1987. 478 s. ; P. Tavernier, Le processus de réforme des Nations Unies ; Du rapport Bertrand (1985) au rapport du groupe des 18 (1986), *RGDIP* 1988. 305-334.

2. V. respectivement avis du Secrétaire général de l'ONU du 16 juin et du 9 mars 1971, *Annuaire juridique ONU* 1971. 203 et 215.

3. *Rec.* 1971, p. 22.

institutionnelle résulte de la convergence durable d'attitudes émanant des États, et, notamment, des plus concernés d'entre eux (en l'occurrence, les membres permanents du Conseil de sécurité). Mais, en plus de ce qui se passe dans le cas de la formation des coutumes purement interétatiques, on constate aussi *la participation de l'organe concerné* au processus coutumier. Mettant en cause le fonctionnement des organes, les problèmes posés par la révision coutumière de l'acte constitutif nous mettent ainsi en présence d'un corps de règles spécifiques.

146 ***Cas particulier des organisations internationales de fait*** ◊ La pratique fournit des exemples très exceptionnels d'organisations internationales constituées de façon empirique et progressive au gré des sessions successives de la conférence plénière des États qui la composent. Le GATT a longtemps été de celles-ci. Conçu comme un simple accord commercial provisoire, l'Accord général sur les tarifs douaniers et le commerce du 30 octobre 1947 s'est peu à peu doublé d'une structure institutionnelle basée à Genève : un secrétariat permanent a, ainsi, été créé et placé sous l'autorité d'un Directeur général ; un Conseil des représentants a, en outre, été établi en 1960 pour permettre la continuité des travaux entre les réunions périodiques des parties contractantes. Le GATT a, de surcroît, été doté d'un budget alimenté par les contributions des gouvernements signataires en proportion de leur part dans le commerce mondial. Fonctionnant comme une véritable organisation internationale, le GATT a, dans sa dimension institutionnelle, été remplacé par l'Organisation mondiale du commerce en 1994.

Un autre exemple d'organisation de fait est celui de la Conférence pour la sécurité et la coopération en Europe (CSCE) qui, de « Conférence », est devenue « Organisation » lors du sommet de Budapest, le 6 décembre 1994. En réalité, depuis le sommet de Paris, en novembre 1990, cette conférence diplomatique s'était progressivement muée en véritable organisation internationale, d'abord désignée comme un « accord régional » au sens du chapitre VIII de la Charte des Nations Unies (sommet d'Helsinki de juillet 1992), ultérieurement dotée de la capacité juridique internationale (v. ss 165-168) au sommet de Rome du premier décembre 1993, ainsi que de privilèges et immunités conférés à ses nombreux organes et à ses agents (v. ss 188-192). Pourvue de la même manière d'une structure institutionnelle particulièrement complexe, cette organisation baroque ne pouvait à proprement parler s'appuyer sur l'existence d'aucun acte constitutif singulier. Elle était fondée sur une série d'actes formellement unilatéraux adoptés lors des différents « sommets », actes dans lesquels on pouvait cependant voir l'expression consensuelle de la volonté commune aux différents participants à la CSCE de la considérer comme une véritable organisation intergouvernementale [1].

---

1. V. E. Decaux, La CSCE au lendemain du Conseil de Rome : un bilan de la transition institutionnelle, *JEDI* 1994/2. 267-284 et, plus largement, G. Barberini et N. Ronzitti (dir.), *La Nuova Europa della CSCE*, Franco Angeli, 1994.

B. Le droit dérivé et les « règles propres à l'organisation » [1]

147 ***Ordre juridique propre à l'organisation*** ◇ Soumise au droit international, puisqu'elle en est sujet, l'organisation internationale est également dotée par son acte constitutif d'un *ordre juridique propre*, plus ou moins développé selon les institutions. Il présente des caractères originaux, et ne doit pas être comparé trop systématiquement à l'ordre juridique international, auquel il est subordonné, en dépit du fait qu'il ait, comme lui, pour destinataires principaux (mais non exclusifs) des États. Il ne doit pas non plus être analysé de la même manière que l'ordre juridique de chaque État souverain, bien qu'il soit, comme lui, hiérarchisé, largement alimenté par des actes unilatéraux, et qu'il s'applique en certains cas également à des individus, les fonctionnaires et autres agents de l'organisation. (Contrairement à celles qui constituent l'ordre juridique interne d'un État, les normes propres à l'organisation sont elles-mêmes des règles de droit international, puisqu'assises sur un traité international). C'est un ordre juridique international spécifique, subordonné à l'ordre juridique international général.

L'ordre juridique propre à l'organisation trouve son fondement ainsi qu'une large part de son contenu dans le traité constitutif, mais il ne saurait pourtant être confondu avec lui. Il est aussi composé et progressivement enrichi par les règles résultant de l'action de l'organisation, elle-même ainsi créatrice de droit, mais d'un droit « dérivé » de la charte de base (pour une étude de son contenu, voir compétences normatives des OI, v. ss 178 s.).

L'adjonction de l'acte constitutif et du droit dérivé que l'on appelle aussi de façon ambiguë « droit interne » de l'organisation constitue l'essentiel de son ordre juridique, ou, pour parler comme la convention de 1986 sur le droit des traités passés par les OI, « règles de l'organisation » (art. 2, al. j) que nous désignerons comme ses « règles propres ». Or, dans les rapports parfois difficiles entre États membres de l'organisation, la question primordiale est celle de savoir si l'acte constitutif est non seulement la source principale des règles constitutionnelles de cette institution au sens matériel du terme mais aussi sa source exclusive au sens formel : en d'autres termes, les règles de droit dérivé sont-elles bien subordonnées à celles du traité constitutif, et ne peuvent-elles y déroger ? L'organisation, en créant elle-même du droit, n'agit-elle pas parfois en violation de sa charte constitutive, laquelle énonçait bien la limite des pouvoirs que les États entendaient conférer à ses organes ? Et les États, au nom de la signification consensuelle de l'acte constitutif, afin de s'assurer que l'on n'a pas outrepassé l'expression formelle de leur volonté, peuvent-ils prétendre exercer une façon de « contrôle de constitutionnalité » sur l'action des organes de l'organisation ?

---

1. V. Ph. Cahier, Le droit interne des organisations internationales, *RGDIP* 1963. 563-602, G. Balladore-Pallieri, Le droit interne des organisations internationales, *RCADI* 1969-II, vol. 127.

Il est intéressant de noter qu'ici, loin de s'opposer, la dimension constitutionnelle de l'acte constitutif et sa valeur consensuelle peuvent se concilier dans l'intérêt des États membres. Chacun pourra dans certaines circonstances en appeler à la subordination et à la conformité du droit dérivé au droit originaire, au nom du respect par l'organisation des termes de l'accord de base auquel il a souscrit. Il est vrai qu'en d'autres occasions, si l'enjeu politique d'un acte de droit dérivé l'y incite en fonction de son propre intérêt, l'État membre pourra au contraire favoriser une interprétation dynamique (ou laxiste) d'après laquelle ce droit dérivé peut, face à des circonstances nouvelles, s'affranchir du respect formel de la charte de base. On saisit ainsi l'importance concrète des modalités du contrôle de la légalité interne des actes de l'organisation.

148 ***Le contrôle de la légalité interne des actes de l'organisation*** ◊ Exceptionnelles sont les organisations internationales dotées d'un organe spécifique, compétent pour exercer un contrôle de ce type. L'exemple le plus perfectionné en est fourni par cette organisation, à tous égards très particulière, qu'est l'Union européenne dotée d'un ordre juridique très intégré, et d'une *Cour de Justice* (CJUE) chargée d'assurer le respect du droit communautaire. Aux termes de l'article 263 de la version consolidée du traité sur le fonctionnement de l'Union, issue du Traité de Lisbonne du 13 décembre 2007, cet organe juridictionnel contrôle la légalité des actes du Conseil, de la Commission et de la Banque centrale européenne, autres que les recommandations ou avis (lesquels ne créent pas d'obligations pour les États membres), ainsi que les actes du Parlement européen et du Conseil européen destinés à produire des effets juridiques, c'est-à-dire principalement les règlements et directives adoptées à l'issue de la procédure de codécision. « À cet effet, la Cour est compétente pour se prononcer sur les recours pour incompétence, violation des formes substantielles, violation des traités ou de toute règle de droit relative à leur application, ou détournement de pouvoir, formés par un État membre, le Parlement européen, le Conseil ou la Commission. La Cour est compétente, dans les mêmes conditions, pour se prononcer sur les recours formés par la Cour des comptes, par la Banque centrale européenne et par le Comité des régions qui tendent à la sauvegarde des prérogatives de ceux-ci ». Un recours en annulation peut également être introduit par toute personne physique ou morale contre « les actes dont elle est destinataire ou qui la concerne directement et individuellement, ainsi que contre les actes réglementaires qui la concernent directement et qui ne comportent pas de mesure d'exécution » (art. 263, al. 4, TFUE).

Rien d'équivalent n'existe dans la plupart des autres organisations. C'est notamment le cas pour l'Organisation des Nations Unies, quoique l'Assemblée générale et le Conseil de sécurité (mais pas les États membres) puissent demander à la CIJ, organe judiciaire principal des Nations Unies, un avis consultatif sur toute question juridique (art. 96.1 Charte ONU). En pratique, la Cour a souvent été sollicitée pour interpréter les termes d'un article de la Charte. Mais ses avis sont dépourvus de force obligatoire pour les États membres et plusieurs d'entre eux sont restés suivant les cas totalement ou partiellement inappliqués.

La question du contrôle de la légalité interne des actes des organes de l'ONU a été évoquée par le passé dans le cadre de certains avis consultatifs rendus par la Cour. Ce fut notamment le cas à propos de la création par l'Assemblée générale du Tribunal administratif des Nations Unies [1] ou de « certaines dépenses » votées par l'Assemblée générale pour financer les premières forces de maintien de la paix créées par l'Organisation [2]. Voulant éviter que l'action des forces d'urgence des Nations Unies au Moyen-Orient et au Congo ne soit paralysée par le *veto* d'un membre permanent du Conseil de sécurité, l'Assemblée générale de l'ONU s'était autorisée de sa résolution 377, du 3 novembre 1950 (*GTDIP* n° 28), pour agir au lieu et place du Conseil de sécurité en matière de maintien de la paix et de la sécurité internationales. La légalité de cette procédure était contestée par plusieurs membres, dont la France et l'Union soviétique, au motif qu'elle contrevenait aux dispositions de l'article 24 de la Charte, qui confère au Conseil « la responsabilité principale » en ce domaine. Un avis fut donc demandé à la Cour, pour déterminer si les dépenses engagées par l'Assemblée générale pour le financement de ces forces constituaient bien des « dépenses de l'organisation... ». Dans sa réponse du 20 juillet 1962, la Cour refusa d'entrer dans l'examen systématique de la répartition interne des compétences entre les organes, ce qu'elle appelait l'« économie interne » de l'organisation ; elle ne retint qu'un critère finaliste d'après lequel ces dépenses étaient légales parce qu'accomplies conformément aux buts des Nations Unies. Cette interprétation, vivement contestée au sein même de la Cour par les juges dissidents fut rejetée par la France et l'Union soviétique, qui continuaient à refuser de participer au financement de ces forces en dépit de l'existence d'un pouvoir de sanction conféré à l'Assemblée générale en cas de non-paiement par ses membres de leur contribution financière (art. 19) (en pratique, un compromis fut trouvé). Quelques années plus tard, une attitude analogue a été adoptée par les États-Unis, dont le refus de payer une part importante de leur cotisation à l'ONU, en pratique lourd de conséquence sur les moyens de l'organisation puisqu'ils sont son premier bailleur de fonds, s'inspire également de la volonté de sanctionner des pratiques de l'ONU qu'ils jugent incompatibles avec la lettre et l'esprit de la Charte [3].

Cette affaire illustre bien aussi la dimension politique des contestations sur la légalité des actes d'une organisation. Concrètement, étaient ici confrontés non pas seulement l'URSS et la France, d'une part, à l'ONU, entité corporative d'autre part, mais bien ces deux pays à la *majorité des*

---

1. Avis Consultatif relatif aux effets des jugements du tribunal administratif des Nations Unies accordant indemnité, *Rec.* CIJ 1954. 47 s.

2. Avis consultatif relatif à certaines dépenses des Nations Unies, *Rec.* CIJ, 1962. 151 s.

3. V. E. Zoller, The Corporate Will of the United Nations and the Rights of Minority, *AJIL* 1987, n° 3, p. 610-634.

autres États membres de l'Organisation. Deux États, même membres permanents du Conseil de sécurité, peuvent-ils persister à vouloir avoir juridiquement raison au nom du droit originaire, lorsqu'ils vont à l'encontre de ce que J.J. Rousseau aurait appelé « l'expression de la volonté générale » ? On voit les perspectives, théoriques et pratiques, que ménage l'intrusion de la règle de la majorité dans le processus de votation des organisations internationales contemporaines [1]. On constate aussi que l'interprétation du droit propre à l'organisation, comme la révision coutumière de la Charte constitutive avec laquelle elle se confond d'ailleurs parfois en pratique, soulève des difficultés dues à la *concurrence de compétence interprétative* entre les États membres et les organes : pour prendre le cas de l'ONU, au sein même de l'organisation, outre la Cour internationale de Justice par la voie consultative, le Secrétaire général de l'organisation et son service juridique (dont les avis font l'objet de publications périodiques à l'*Annuaire juridique de l'ONU*) mais aussi chacun des autres organes principaux par le moyen de résolutions, peuvent être amenés à se prononcer sur l'interprétation des règles propres sans pour autant que chacun des États parties à la Charte perde la capacité d'en faire autant. Cette dispersion du pouvoir d'interprétation est un des éléments déterminants des difficultés rencontrées parfois à propos de la participation des États membres au fonctionnement de l'organisation.

149 ***L'exemple particulier du contrôle de la légalité des actes du Conseil de sécurité*** ◊ La question du contrôle de la légalité des actes de l'ONU s'est à nouveau posée à partir de 1990 en raison de la conception très dynamique que le Conseil de sécurité a parfois retenue de ses pouvoirs en matière de maintien de la paix (v. ss 566 s.). Il prit en particulier deux résolutions (731 et 748) en application du chapitre VII de la Charte à propos des suites à donner par la Libye à la destruction d'un appareil de la PANAM au-dessus de Lockerbie, événement dans lequel deux ressortissants libyens étaient réputés avoir été impliqués. La seconde des résolutions du Conseil de sécurité intervint au moment où la CIJ allait elle-même se prononcer sur une demande de mesures conservatoires. Elle était précisément demandée par la Libye, en liaison directe avec cette même affaire, dans le cadre de deux requêtes que ce pays venait d'introduire à l'encontre des États-Unis et du Royaume-Uni à propos de l'interprétation de la Convention de Montréal de 1971 sur la piraterie aérienne, laquelle reconnaît la compétence de toute partie pour poursuivre l'auteur présumé d'un attentat lorsqu'il se trouve sur son territoire. Or, la résolution 748 du Conseil de sécurité revenait à demander l'extradition des ressortissants libyens de leur territoire national ; il risquait dès lors d'y avoir contradiction entre elle et le différend d'ordre juridique par ailleurs porté devant la Cour par la Libye à propos de la même question. La Cour

1. V. René-Jean Dupuy, L'organisation internationale et l'expression de la volonté générale, *RGDIP* 1957. 527-579.

évita cependant de se prononcer sur la légalité de la résolution 748. Elle confirmait par là la position qu'elle avait auparavant définie dans son avis consultatif relatif à la Namibie, selon laquelle elle « n'a pas de pouvoirs de contrôle judiciaire ni d'appel en ce qui concerne les décisions prises par les organes des Nations Unies... » [1].

Cette carence du droit des Nations Unies quant au contrôle de la légalité interne des décisions du Conseil de sécurité explique, en partie au moins, la présence d'un phénomène contemporain particulièrement frappant : celui de la mise en cause de la légalité (voire de la légitimité) de certaines initiatives du Conseil de sécurité des Nations Unies par des instances se situant hors du cadre de l'Organisation elle-même, à partir de l'invocation de sources *extérieures* à la Charte. La contestation a concerné plus spécifiquement la légalité de décisions, prises sur la base des résolutions 1267 et 1333 adoptées après les attentats du 11 septembre 2001, consistant en des « sanctions ciblées » à l'encontre de personnes suspectées de participer ou de soutenir financièrement le terrorisme international. Par décision du Conseil, un certain nombre de personnes ont vu ainsi leurs avoirs bancaires gelés ou leurs biens saisis. Des juridictions comme la Cour européenne des droits de l'homme et le Tribunal de première instance des Communautés européennes puis, en appel, la Cour de justice des Communautés européennes elle-même ont alors été amenées à se prononcer sur leur compétence pour examiner la licéité de ces privations au regard du droit européen des droits de l'homme, du droit communautaire européen mais aussi du droit international général de caractère impératif *(jus cogens)*.

Saisie de tels recours, la CEDH a clairement affirmé son incompétence pour statuer directement sur la légalité de décisions du Conseil de sécurité. Elle s'est, en revanche, déclarée compétente pour contrôler la compatibilité d'actes pris, au sein de l'Union européenne, pour en assurer l'exécution, tout en considérant, par ailleurs, que ces actes doivent bénéficier d'une présomption de licéité tant que, dans l'ordre juridique communautaire, une « protection équivalente » à celle apportée par la Convention européenne des droits de l'homme est accordée aux droits des personnes physiques et morales concernées (v. ss 205-1). Compte tenu, d'une part, du niveau de protection des droits fondamentaux dans l'Union européenne, encore rehaussé par l'entrée en vigueur de la Charte des droits fondamentaux en 2009, et, d'autre part, de l'adhésion vraisemblable de l'UE à la CEDH dans les prochains mois, l'exercice par la Cour de Strasbourg de son pouvoir de contrôle semble aujourd'hui illusoire.

Les juridictions communautaires ont, de prime abord, réagi autrement, bien que la question qui leur était posée fût en substance identique. Elle concernait leur compétence pour contrôler la légalité de résolutions du Conseil de sécurité au regard des *principes fondamentaux du droit communautaire* en matière de respect des libertés fondamentales, eux-mêmes empruntés au droit international général et au droit de la Convention

1. *Rec.* 1971. 45, § 89.

européenne des droits de l'homme. En l'occurrence, les affaires dont les juges communautaires avaient été saisies portaient sur le gel bancaire des fonds appartenant à des individus inscrits par l'ONU sur la liste des personnes soupçonnées de financer des activités terroristes. Différentes libertés fondamentales étaient mises en cause : elles l'étaient, à l'échelle internationale, par la résolution pertinente du Conseil de sécurité ; elles l'étaient aussi, au niveau communautaire, par le règlement CE d'application de la résolution adoptée par le Conseil de sécurité des Nations Unies. Ces libertés, dont, les premiers, MM. Yusuf et Kadi se disaient privés, étaient, notamment, le droit de propriété, le droit d'accès à la justice et le droit à un procès équitable.

Le Tribunal de première instance des Communautés européennes a été amené à rendre à ce propos une série d'arrêts, en 2005 et 2006. Il s'y est dit compétent pour contrôler la légalité d'une résolution du Conseil de sécurité prise en matière de lutte contre le terrorisme. Toutefois, la base de compétence trouvée par lui était restreinte et elle fut jugée contestable. Elle consistait en effet dans le seul examen de la conformité de la résolution concernée à l'ordre public international [1]. Or, il n'est nullement avéré que les droits de la personne en cause appartiennent effectivement au *jus cogens* [2].

Se prononçant sur le pourvoi dirigé contre l'arrêt du TPICE dans les affaires *Yusuf* et *Kadi*, la Grande chambre de la Cour de Luxembourg a adopté, dans son arrêt du 3 septembre 2008, un raisonnement sensiblement différent, qui rejoint en partie celui de la CEDH. Affirmant une conception résolument dualiste des rapports entre le droit de l'UE et le droit international [3], la CJCE a relevé que « les obligations qu'impose un accord international [en l'occurrence la Charte de l'ONU] ne saurait avoir pour effet de porter atteinte aux principes constitutionnels du traité CE au nombre desquels figure le principe selon lequel tous les actes communautaires doivent respecter les droits fondamentaux, ce respect constituant une condition de leur légalité qu'il incombe à la Cour de contrôler dans le cadre du système complet de voies de recours qu'établit ce traité » [4]. Aucune immunité juridictionnelle ne saurait, partant, être accordée aux décisions prises et obligatoires en vertu de la Charte.

Formellement, le contrôle ainsi exercé par le juge communautaire ne porte pas sur la légalité des décisions du Conseil de sécurité elles-mêmes, mais sur celle des actes communautaires pris pour leur exécution, à savoir le règlement CE d'application. Le contrôle est toutefois susceptible de déboucher sur une impossibilité d'exécuter la ou les résolutions du Conseil de sécurité dans l'ordre juridique communautaire. Cette perspective peut

1. TPICE, ch. élargie, 21 sept. 2005, *Ahmed Ali Yusuf* et *Al Barakaat International Foundation* (T-306/01) et *Yassin Abdullah Kadi* T-315/01 ; 12 juill. 2006, *Faraj Hassan* (T-49/04) et *Chafiq Ayudi* (T-253/02). V. commentaire A. Vandepooorter, *AFDI* 2006, p. 102-136.
2. Sur les rapports entre les droits de l'homme et le *jus cogens*, v. ss 205 et 227.
3. V. D. Simon, *AFDI* 2008. 593 s.
4. Aff. jointes C-402/05 P et C-415/05 P, § 285, concl. Poiares Maduro.

être considérée comme contraire à l'article 103 de la Charte des Nations Unies qui pose en principe qu'« en cas de conflit entre les obligations des membres des Nations Unies en vertu de la [...] Charte et leurs obligations en vertu de tout accord international, les premières prévaudront ». En outre, à l'étage du traité communautaire lui-même, l'article 307 TCE, devenu article 351 TFUE, établit que « les droits et obligations résultant de conventions conclues antérieurement au premier janvier 1958 ou, pour les États adhérents, antérieurement à la date de leur adhésion, entre un ou plusieurs États membres, d'une part, et un ou plusieurs États tiers, d'autre part, ne sont pas affectés par les dispositions du présent traité ». La primauté du droit international sur le droit communautaire n'est toutefois que très relative. La CJCE souligne dans son arrêt *Kadi I* que « ces dispositions ne sauraient être comprises comme autorisant une dérogation aux principes de la liberté, de la démocratie ainsi que du respect des droits de l'homme et des libertés fondamentales consacrés à l'article 6, paragraphe 1, UE en tant que fondement de l'Union » [1]. Autrement dit, le respect du droit international cède devant celui des normes fondamentales de l'ordre juridique de l'Union européenne.

En l'espèce, la Cour de justice a considéré que le gel des fonds, tel qu'organisé dans le cadre de l'ONU, ne permettait pas que soit respecté le principe de protection juridique, lequel comporte le droit pour la personne sanctionnée d'obtenir communication des motifs de la décision aux fins de l'exercice des voies de recours. Elle a établi, de surcroît, que l'absence de procédures efficaces et de garanties permettant aux justiciables concernés d'exposer leur situation aux autorités compétentes constituait une violation du droit de propriété. Pour éviter que ce constat d'illégalité porte une atteinte sérieuse et irréversible à la lutte contre le terrorisme, la Cour a cependant fait usage de la possibilité prévue à l'article 231 TCE (aujourd'hui art. 264, TFUE) pour décider que son arrêt n'aurait pas d'effet rétroactif ; elle a donné un délai de trois mois au législateur communautaire pour modifier le règlement litigieux. Cette révision est intervenue en deux temps. Le 28 novembre 2008, un nouveau règlement a été adopté par la Commission qui a placé de nouveau M. Kadi sur la liste des personnes faisant l'objet de sanctions ; le 22 décembre 2009 [2], les procédures d'inscription sur la liste des personnes sanctionnées ont été modifiées par le Conseil de l'UE afin de garantir leur compatibilité avec le respect des droits fondamentaux de l'Union. Cette double modification n'a cependant pas mis fin au différend relatif à la légalité des actes communautaires de mise en œuvre des décisions du Conseil de sécurité. Un nouveau recours en annulation a été introduit par le même requérant contre le règlement révisé de la Commission, donnant lieu à un nouvel arrêt d'annulation du Tribunal de première instance de l'Union européenne en date du

1. § 303 de l'arrêt.
2. Règlement du Conseil n° 1286/2009, *JOUE* L n° 346, p. 42.

30 septembre 2010 [1]. Dans sa décision, le Tribunal s'est livré a une critique approfondi de la motivation de l'arrêt *Kadi I*. Considérant toutefois qu'il ne lui appartenait pas en de telles circonstances de procéder à un revirement de jurisprudence, il a estimé, dans la continuité de l'arrêt de la Cour de 2008, qu'il incombe au juge communautaire saisi d'une contestation portant sur la légalité d'un acte d'exécution d'une décision du Conseil de sécurité d'exercer un contrôle complet de sa validité au regard notamment des droits fondamentaux de l'UE, et ce, bien qu'un tel examen revienne en réalité à contrôler la légalité d'une décision prise par le Conseil de sécurité à laquelle l'acte communautaire tend seulement à donner effet dans l'ordre juridique de l'UE. Le règlement litigieux ne saurait, selon le Tribunal, bénéficier d'aucune immunité juridictionnelle au motif qu'il met en œuvre une décision du Conseil de sécurité adoptée sur le fondement du chapitre VII de la Charte des Nations Unies. Il doit en aller ainsi, à tout le moins aussi longtemps que les procédures de réexamen établies par le comité des sanctions des Nations Unies n'offrent manifestement pas les garanties d'une protection juridictionnelle effective. Le Tribunal a considéré à cet égard que, dès lors que le Conseil de sécurité n'a toujours pas estimé opportun d'établir un organe indépendant et impartial chargé de statuer, en droit comme en fait, sur les recours dirigés contre les décisions individuelles prises par le comité des sanctions, le contrôle exercé par le juge communautaire sur les mesures européennes de gel des fonds ne saurait être qualifié d'effectif que s'il porte, indirectement, sur les appréciations de fond effectuées par le comité des sanctions lui-même, ainsi que sur les éléments qui les sous-tendent. Constatant que le contrôle du comité onusien est à cet égard insuffisant, le TPICE juge que le règlement communautaire a été arrêté au terme d'une procédure qui méconnaissait les droits de la défense, le droit à un recours juridictionnel effectif et le droit de propriété. Il conclut à l'annulation du règlement en ce qu'il concerne M. Kadi.

Cet arrêt du TPIUE ayant fait l'objet d'un pourvoi devant la CJUE ; il sera intéressant de voir si la Cour confirmera ou non les solutions dégagées dans son arrêt *Kadi I*. Mais, quoi qu'il en soit, cette jurisprudence a déjà inspiré des solutions similaires de juridictions nationales, notamment de la Cour suprême du Royaume-Uni [2]. Elle peut être rapprochée, de surcroît, d'un arrêt de la Chambre criminelle de la Cour de cassation française du 4 janvier 2005, *Nizar Sassi*. La Haute juridiction s'est appuyée sur la troisième Convention de Genève du 12 août 1949 et sur le Pacte international relatif aux droits civils et politiques de 1966 pour casser un arrêt de la Cour d'appel de Lyon. Cette dernière avait refusé d'examiner les conditions de détention des détenus français emprisonnés à Guantanamo sur base des

1. TPIUE, *Yassin Abdullah Kadi c/ Commission*, aff. T 85/09. V. les obs. de D. Simon *in AFDI* 2010. 773, ainsi que S. Cassela, Les suites de l'arrêt Kadi de la CJCE : quel équilibre entre protection de la sécurité internationale et respect des droits de l'homme ? *AFDI* 2010. 709-736.

2. V. l'arrêt rendu le 27 janv. 2010 dans les affaires jointes *Her Majesty's Treasury c/ Mohammed Jabar Ahmed, Mohammed Al-Ghabra et a*, obs. M. Zgonec-Rozej, *AJIL* 2011. 114-121.

résolutions 1368 et 1373 de 2001 adoptées par le Conseil de sécurité pour lutter contre le terrorisme. La Cour de cassation exige au contraire que soit possible l'ouverture d'une procédure judiciaire devant le juge français ; ceci, afin d'examiner, au regard des règles conventionnelles de droits de l'homme et de droit humanitaire en vigueur, le comportement d'agents publics étrangers à l'égard des détenus de nationalité française à Guantanamo. Quoiqu'à un stade encore strictement procédural il s'agit cependant d'une ouverture sensible à l'exercice par le juge interne d'un contrôle de la légalité des actions des organes d'un État étranger au regard du droit international [1].

§ 2. Les États et le fonctionnement de l'organisation

150 ***Position du problème*** ◊ Quoiqu'ils partagent par principe un certain nombre d'objectifs à la réalisation desquels a correspondu la création même de l'organisation internationale dont ils sont ou aspirent à être membres, les États n'abandonnent pas pour autant leurs préoccupations particulières. C'est dire que la compétition interétatique ne s'arrête pas aux portes de l'organisation mais se poursuit en son sein. Cette dernière, constituant un cadre de conditionnement normatif et souvent matériel de l'action des membres autant qu'un moyen d'action internationale, le contrôle de son fonctionnement comporte un enjeu politique ; ceci demeure vrai même des institutions à vocation technique. C'est (aussi) dans cette perspective réaliste qu'il faut percevoir les données juridiques de l'acquisition et de la perte de la qualité de membre, comme de la participation des États au fonctionnement des organes de chaque institution.

A. Acquisition et perte de la qualité de membre

1. Acquisition

151 ***Distinctions*** ◊ Les données du problème sont sensiblement différentes pour les États originaires et pour les États admis postérieurement à la création de l'organisation. Les premiers en sont généralement membres de droit par le seul fait qu'ils sont parties à la convention constitutive, qu'ils ont eux-mêmes contribué à élaborer. Les seconds se trouvent en présence non plus seulement d'une communauté contractuelle mais aussi d'une institution, dotée d'organes aux compétences définies.

152 ***Procédure d'admission*** ◊ La procédure de leur admission variera évidemment d'une organisation à l'autre [2]. Mais elle aura le plus souvent un

1. V. commentaire N. Haupais, *RGDIP* 2005/2, p. 490-500.
2. V. N. Feinberg, L'admission de nouveaux membres à la SDN et à l'ONU, *RCADI* 1952-I, vol. 80, p. 293-393 ; L.R. Schleman, Admission of States to the O.A.S., *AJIL* 1964. 968-974.

caractère complexe, afin de garantir d'une part qu'ils s'engagent à « jouer le jeu » de l'institution et non à le perturber, d'autre part que la majorité (souvent qualifiée) des États d'ores et déjà membres accepte leur adhésion. Il y va de la fidélité de l'organisation à la vocation qui lui a été assignée par eux mais aussi, de façon plus implicite, du contrôle de l'équilibre politique réalisé au sein de l'institution avant leur arrivée en son sein.

C'est ainsi que pour prendre l'exemple de l'ONU, organisation politique par excellence, le problème de l'admission de nouveaux membres a posé des difficultés au début de la vie de l'institution, du fait de la volonté de l'Union soviétique de subordonner l'admission de nouveaux États d'obédience occidentale à des conditions non inscrites à l'article 4 alinéa 1er de la Charte ; ce dernier n'en prévoit que quatre (« peuvent devenir membres des Nations Unies tous autres États pacifiques qui acceptent les obligations de la présente Charte, et, au jugement de l'organisation, sont capables de les remplir et disposés à le faire »).

Cette exigence fut déclarée incompatible avec l'esprit et la lettre de la Charte par la CIJ, dans son avis du 28 mai 1948 [1] et l'évolution politique des rapports entre les « cinq Grands » permit finalement en 1955 de triompher de la crise ainsi ouverte. Par la suite, l'admission de nouveaux États, ceux issus en particulier de la vague de décolonisation, se réalisa, sauf exception, de façon quasi automatique quoiqu'en conformité avec la procédure établie par la Charte : celle-ci prévoit successivement recommandation du Conseil de sécurité et de l'Assemblée générale (art. 4 al. 2). Ces admissions en chaîne eurent pour conséquence une modification radicale de l'équilibre politique prévalant notamment au sein de l'organe plénier, l'Assemblée générale, dont la « majorité automatique », celle des deux tiers, requise pour le vote des résolutions sur les questions importantes, passa des États occidentaux et de leurs alliés aux nouveaux États, les « pays en voie de développement ». Des phénomènes analogues se sont vérifiés au sein des institutions spécialisées de la « famille des Nations Unies ».

Les conditions de fond posées à l'admission, que la doctrine a assez vainement tenté de formaliser en distinguant par exemple les organisations « ouvertes » ou « fermées », dépendront d'une pluralité de facteurs, selon notamment que l'organisation en cause est à vocation politique ou technique, qu'elle est régionale ou universelle, etc. [2].

Parmi les organisations régionales, le Conseil de l'Europe a été amené à préciser les conditions substantielles et procédurales d'adhésion des nouveaux membres issus de la dislocation du bloc socialiste après 1990. N'ont ainsi pu accéder à cette qualité que des États européens (ce qui exclut en principe les pays caucasiens), mais, surtout, des États souscrivant aux principes de la « démocratie parlementaire pluraliste », c'est-à-dire des pays dont les gouvernants sont désignés au gré d'élections libres. À ces conditions classiques,

1. *Rec.* p. 57.
2. V. A. Zarb, *Les institutions spécialisées du système des Nations Unies et leurs membres*, Paris, Pedone, 1980, p. 380.

les organes politiques de l'organisation (Comité des ministres et Assemblée consultative), l'un et l'autre chargés de vérifier au cas par cas l'aptitude des candidats à devenir membres, en ont ajouté de nouvelles, dont la première est l'adhésion corrélative à la Convention européenne des droits de l'homme et la seconde est l'obligation de garantir effectivement les droits des minorités nationales [1]. L'article 49 du Traité de l'Union européenne établit quant à lui comme condition pour l'adhésion à l'Union européenne le respect des droits de l'homme, de l'État de droit, de la liberté et de la démocratie.

Parmi les conséquences juridiques diverses provoquées par la disparition de l'ancienne Union soviétique à la fin de 1991, certaines ont à proprement parler consisté dans l'admission au sein de l'ONU et des autres organisations universelles de nouveaux États, antérieurement membres de l'URSS puis devenus indépendants, dont les premiers furent les pays baltes (Estonie, Lituanie, Lettonie). Une autre question concernait non plus une admission mais la succession au siège jusque-là occupé par l'ancienne Union soviétique. La question était d'autant plus importante qu'il s'agissait de déterminer qui serait le nouveau membre permanent du Conseil de sécurité. La solution qui a été retenue est d'autant plus remarquable qu'elle n'a fait l'objet d'aucune procédure formelle, bénéficiant de l'agrément tacite de tous les États membres, à commencer par les autres membres permanents du Conseil de sécurité. Elle ne s'inspire d'aucune règle préétablie et la logique dont elle relève est donc principalement politique : c'est ainsi la fédération de Russie qui a quasi spontanément succédé à l'ex-URSS et hérité de son siège permanent au Conseil précité.

153 ***Droits et obligations des États membres*** ◊ Qu'ils soient membres originaires ou admis au sein de l'organisation, les États acquérant la qualité de membre se voient conférer certains droits et certaines obligations juridiques.

a) Parmi les droits, les plus communément admis sont d'abord bien sûr le droit de vote, qui peut être pondéré au sein de certaines organisations, notamment à vocation financière, en fonction de la souscription au capital social de l'institution (BIRD, SFI, AID, FMI, FIDA, AMGI) ou économique, en fonction de l'importance relative de l'activité des membres (CE, art. 205) ; le droit de participer aux délibérations des divers organes ; celui de faire partie de l'organe exécutif ou d'organes subsidiaires ; le droit de participer à la procédure budgétaire ; le droit aux prestations de l'organisation et, enfin, le droit de retrait, dont il sera question plus loin (v. ss 154).

b) Obligations : en contrepartie des droits qu'ils détiennent et des possibilités concrètes de coopération qui leur sont offertes par leur participation à la vie de l'organisation, les États membres ont évidemment un certain nombre d'obligations à son égard. Quoique les unes et les autres soient souvent intimement liées, on peut, en écho à la nature mixte de

1. V. J.-F. Flauss, Les conditions d'admission des pays d'Europe centrale et orientale au sein du Conseil de l'Europe, *EJIL* 1994/3, p. 401-423.

l'acte constitutif, distinguer celles qui présentent un caractère conventionnel de celles plus nettement marquées par leur caractère *statutaire*. Les premières ne diffèrent pas substantiellement, par leur objet sinon par leur régime encore dominé par le principe de réciprocité, de celles que tout État peut consentir dans le cadre d'une convention multilatérale ordinaire. Elles ont généralement trait à l'engagement de collaborer à la réalisation des buts de l'organisation dans le respect d'un certain nombre de principes de droit international. Les obligations statutaires, quant à elles, sont directement liées à la qualité de *membre* de l'institution.

L'une d'entre elles se retrouve dans toutes les organisations, à l'exception de celles, très rares, qui sont dotées d'un financement propre (cas de l'Union européenne). C'est précisément l'obligation de contribuer au budget de l'organisation. Elle varie bien entendu en fonction des possibilités financières de chaque État membre ; elle est souvent symbolique pour beaucoup de pays en voie de développement et, d'autant plus encore, pour les États très petits ou « micro-États » (comme par exemple Fidji, Sainte-Lucie ou la Principauté de Monaco) dont on avait un moment discuté de l'aptitude à remplir les obligations d'État membre, eu égard à leur exiguïté. La contribution financière, qui fait l'objet de révisions périodiques, peut en revanche être très lourde, comme à l'ONU et dans les institutions spécialisées, pour des membres comme les États-Unis ou d'autres pays industrialisés qui ne sont cependant pas forcément les principaux bénéficiaires des activités de ces organisations. Cette dernière considération est en partie à l'origine des difficultés apparues ces dernières années entre ces États et la majorité des autres membres, ainsi qu'avec les principaux organes des institutions en cause, souvent taxés de laxisme dans la gestion budgétaire et l'affectation des sommes dont ils disposent. Les principaux contributeurs occidentaux aux budgets des organisations onusiennes (ONU et institutions spécialisées) qui, dès le début des années soixante, payaient déjà les 2/3 de leurs budgets ordinaires, s'émurent du rythme de croissance des dépenses entreprises à la demande des États nouvellement membres. Ceux-ci, désormais majoritaires, maîtrisent en effet le vote du budget, décidé généralement par l'organe plénier, comme l'Assemblée générale pour l'ONU (art. 17 de la Charte).

Une multiplication des budgets par sept en vingt ans, de 1964 à 1984, entraînait pour les contributeurs occidentaux liés par leurs obligations juridiques d'État membre une augmentation des charges d'autant plus mal supportée par certains, dont en particulier le principal d'entre eux (États-Unis), qu'ils ne contrôlaient plus l'orientation générale de l'action propre à ces organisations. Aussi constituèrent-ils dès 1964 une structure de concertation, le « groupe de Genève » en vue de réfléchir sur le phénomène et de tenter d'y remédier. Le maintien d'une croissance élevée des budgets des quatre institutions spécialisées les plus importantes en volume (OIT, OMS, et surtout Unesco et FAO) au cours de la deuxième moitié de la décennie 1970 amena les membres du groupe à rechercher les moyens de fixer les limites en pourcentage à une telle croissance. Ils s'efforcèrent en particulier d'obtenir une meilleure transparence des budgets onusiens et s'accordèrent tant bien que mal pour tenter de promouvoir l'objectif d'une « croissance zéro » des budgets ordinaires. Cet objectif se heurta bien évidemment aux vives oppositions des pays en développement. Les résultats tangibles obtenus par les États minoritaires mais contributeurs principaux vont, depuis, dans le sens d'une plus grande rigueur budgétaire par les directeurs généraux des organisations visées.

La Communauté européenne, aujourd'hui l'Union européenne, est, quant à elle, financée depuis 1970 par des ressources propres, Cette modalité de financement a été formalisée à partir du 1992 dans l'article 269 du traité CE, devenu article 311 du traité sur le fonctionnement de l'Union européenne depuis le 1er décembre 2009, d'après lequel « le budget est, sans préjudice des autres recettes, intégralement financé par des ressources propres ». Celles-ci sont de nature très hétérogène puisqu'on y retrouve prélèvements et droits de douane, TVA constituée par un prélèvement sur les recettes de TVA encaissées par chaque État membre, ressources appuyées sur un pourcentage du PNB de chaque État membre auxquelles il est fait appel pour équilibrer le budget [1].

L'évolution de la question financière illustre bien les luttes de tendances et d'influences des États au sein même des organisations.

On doit en outre signaler qu'en dehors des budgets ordinaires, nombre d'organismes et de programmes des Nations Unies sont financés par des *contributions volontaires* des États membres, ce qui confère aux plus fortunés d'entre eux une marge de manœuvre beaucoup plus importante. La crise ouverte notamment à l'UNESCO du fait du retrait américain, effectif en 1985, a constitué l'une des manifestations les plus connues d'un phénomène qui touche en réalité aujourd'hui bon nombre d'institutions intergouvernementales, dont en particulier celles des Nations Unies. Les États-Unis sont revenus à l'UNESCO en 2003 ; mais celle-ci a, depuis, été confrontée à une nouvelle crise qui confirme, si besoin était, la politisation des questions budgétaires et financières dans les organisations internationales. Après la décision de la Conférence générale de l'UNESCO en novembre 2011 d'admettre la Palestine comme nouveau membre de l'Organisation (v. ss 41), les États-Unis et Israël ont fait le choix de suspendre leur participation au budget. En réaction, ils ont été suspendus tous deux de leur droit de vote à la Conférence par décision de celle-ci [2].

2. Perte de la qualité de membre

Elle peut être le résultat d'un retrait volontaire ou d'une exclusion, décidée par l'organe compétent de l'organisation [3].

1. V. Isaac, Les institutions communautaires, budgets, fasc. 250-251, *Jurisclasseur européen*.
2. V. Chronique des faits internationaux, *RGDIP* 2014. 161.
3. V. N. Singh, *Termination of Membership of International Organizations*, Londres, Stevens, 1957, F. Dehousse, Le droit de retrait des Nations Unies, *RBDI* 1965. 30-48 et 1966. 8-27.

154 ***Retrait volontaire*** ◊ Le retrait volontaire est, en règle générale, une possibilité explicitement offerte aux États membres par la charte constitutive de toute organisation. Elle constitue une garantie ultime pour la liberté de chacun. La question a cependant été posée en doctrine de savoir ce qu'il en est en l'absence de toute disposition expresse dans la convention constitutive, cas, notamment, de la Charte des Nations Unies. C'est également celui de la constitution de l'OMS ou de celle de l'Unesco, à la différence de la plupart des autres institutions spécialisées [1]. Ce fut aussi celui de la Communauté européenne. S'agissant de l'ONU elle-même, il ressort bien des travaux préparatoires que, tout en se fondant sur l'idée de principe d'une permanence de la participation des États membres à la promotion des buts communs, les auteurs de la Charte n'ont pas exclu la possibilité d'un retrait unilatéral de l'ONU [2]. La question a été davantage débattue pour la Communauté européenne, d'aucuns considérant que le Traité de Rome était au nombre des engagements perpétuels envisagés à l'article 56 de la Convention de Vienne de 1969 sur le droit des traités. Elle est aujourd'hui réglée puisque le l'article 50 du Traité sur l'Union européenne, tel que révisé par le Traité de Lisbonne de 2007, prévoit que « tout État membre peut décider, conformément à ses règles constitutionnelles, de se retirer de l'Union ». Cette possibilité est toutefois strictement encadrée. Elle est subordonnée à la passation d'un accord entre l'Union et l'État concerné. Cet accord est conclu au nom de l'Union par le Conseil, statuant à la majorité qualifiée, après approbation du Parlement européen.

En pratique, un tel droit n'a été exercé qu'une fois aux Nations Unies, par l'Indonésie en 1965. Cet État a cependant pu reprendre sa place sans procédure de réadmission un an plus tard, son retrait volontaire ayant, semble-t-il, été considéré comme une simple suspension de participation aux travaux de l'Organisation par l'Assemblée générale [3]. Une conclusion analogue peut être tirée de l'expérience précoce des pays socialistes est-européens (en 1952 et 1953) dont les décisions de retrait de l'Unesco n'avaient pas été considérées comme effectives par la Conférence générale ; ceci permit à ces États de reprendre leur place sans difficulté au sein de cette organisation en 1954. Une pratique analogue put être observée à la même époque dans le cadre de l'OMS. C'est dire que la part laissée à l'appréciation de la légalité des retraits unilatéraux par les organes compétents d'une organisation reste pour une large part fondée sur des considérations politiques. C'est bien sûr particulièrement le cas en l'absence de disposition expresse à cet égard dans la charte constitutive concernée.

---

1. V. M.C. Dock, Le retrait des États membres des organisations internationales de la famille des Nations Unies, *AFDI* 1994. 106-155.

2. Cette observation est importante si l'on veut appliquer à la Charte la règle consignée à l'article 56 de la Convention de Vienne sur le droit des traités de 1969, règle dont le caractère coutumier paraît fermement établi. Elle dispose que le retrait unilatéral d'un traité en dehors de stipulation expresse de ce dernier n'est pas possible, « à moins qu'il ne soit établi qu'il entrait dans les intentions des parties d'admettre la possibilité d'une dénonciation ou d'un retrait ».

3. V. P. Tavernier, *AFDI* 1966. 261.

Le retrait est le plus souvent précédé d'un préavis de durée variable ; cependant, la date à laquelle il prend effet n'entraîne pas nécessairement d'interruption immédiate des obligations, notamment financières, de l'État en cause. Ces dernières peuvent encore s'étendre à l'exercice budgétaire en cours ; moyen pour lui de s'affranchir d'une institution dont il n'entend pas cautionner l'action ou l'évolution, comme le montre par exemple le cas du retrait de la France du Bureau Intergouvernemental de l'Informatique, confirmé en décembre 1984. Le retrait volontaire constitue également un moyen de pression sinon de sanction exercé à l'égard de l'institution, du moins quand ses conséquences concrètes pénalisent l'action de cette dernière. C'est ainsi qu'il faut en particulier comprendre le retrait (temporaire) des États-Unis de l'OIT en 1977 et de l'Unesco [1] notifié au Directeur Général le 28 décembre 1983. Cette dernière décision entendait sanctionner selon son auteur la politisation de l'organisation, la prééminence des droits des États sur ceux des individus dans certains programmes, la croissance excessive du budget, enfin les insuffisances de la gestion du personnel, des programmes et des activités financières. Lorsqu'on sait que la contribution américaine constituait le quart des ressources budgétaires de l'Unesco (comme c'est d'ailleurs généralement le cas dans plusieurs autres organisations de la famille des Nations Unies) on mesurera l'importance concrète des conséquences d'un tel retrait.

155 ***L'exclusion par l'organisation d'un État membre pour non-exécution de ses obligations*** ◊ Elle est également généralement prévue, mais rarement utilisée, car elle prive par définition l'institution de toutes possibilités d'actions ultérieures à l'égard de l'État concerné. C'est ce qui explique notamment que l'Afrique du Sud, en dépit d'une condamnation constante et quasi unanime de sa politique d'apartheid, manifestement incompatible avec les obligations des États membres des Nations Unies, soit toujours demeurée membre de l'ONU même si elle a été exclue de certains de ses organes. Enfin, ainsi qu'il est par exemple prévu à l'article 5 et à l'article 19 de la Charte des Nations Unies ou à l'article 7 du Traité sur l'Union européenne, l'acte constitutif des organisations internationales prévoit généralement la possibilité pour l'organe plénier de suspendre l'exercice des droits et privilèges inhérents à la qualité de membre. La pratique est à cet égard très restreinte. Elle comporte néanmoins un exemple récent avec la décision du Conseil de paix et de sécurité de l'Union africaine du 17 avril 2012 qui suspend la participation de la Guinée-Bissau à toutes les activités de cette organisation régionale à raison du manquement aux règles de la démocratie qu'a constitué le coup d'État réalisé par la junte militaire dans ce pays cinq jours auparavant. Le Conseil a subordonné le retrait de cette mesure à la restauration effective de l'ordre constitutionnel en Guinée-Bissau.

Une situation à tous égards très particulière s'est présentée avec la question de savoir si, après sa formation, la République fédérative de Yougoslavie

1. V. J.-P. Cailloux, Le retrait des États-Unis de l'Unesco, *AFDI* 1984. 734-738.

(Serbie-Monténégro) succédait automatiquement, comme elle l'avait elle-même prétendu, à la République fédérative socialiste de Yougoslavie comme membre de l'ONU. Le Conseil de sécurité a répondu par la négative à cette question par sa résolution 777 du 19 septembre 1992, en précisant que la nouvelle Yougoslavie « devrait présenter une demande d'adhésion aux Nations Unies et qu'elle ne participera pas aux travaux de l'Assemblée générale » [1]. Le caractère de sanction de cette mesure ne fait aucun doute. En effet, le premier alinéa du texte précité fait explicitement référence à la résolution 713 adoptée par le même Conseil un an auparavant (25 septembre 1991) ; il avait alors décidé d'un embargo général et complet sur les armes à destination de la Yougoslavie, en vertu du chapitre VII de la Charte. C'est donc bien devant la persistance du recours aux armes par la Serbie-Monténégro en violation des termes de la Charte (en particulier art. 2 § 4 et art. 4) ainsi que de plusieurs de ses résolutions (notamment 713 et 757-*GTDIP* n° 25) que le Conseil de sécurité a décidé une telle mesure dont on peut légitimement penser qu'elle s'apparente à une exclusion. Cependant, il n'était pas seul en cause. Certes, dans un premier temps, l'Assemblée générale, ayant reçu la recommandation précitée du Conseil, a considéré à sa suite que la République fédérative de Yougoslavie ne pouvait assurer automatiquement la continuité de l'ancienne Yougoslavie et qu'elle était soumise à l'obligation de présenter une demande d'admission à l'Organisation. Mais, par la suite, sans revenir évidemment sur cette résolution, le Secrétaire général adjoint aux affaires juridiques en a donné une interprétation quelque peu alambiquée : ainsi, dans l'attente de l'admission de la nouvelle Yougoslavie au sein de l'ONU en application de l'article 4 de la Charte, sa délégation ne participera pas aux travaux de l'Assemblée et de ses organes subsidiaires (sans qu'il ne soit rien dit de la participation aux autres organes). Cependant, la même source précisait que la résolution de l'Assemblée générale « ne met pas fin à l'appartenance de la Yougoslavie à l'Organisation et ne la suspend pas... ». Ainsi que la Cour internationale de Justice a eu l'occasion de le constater lors du prononcé de mesures conservatoires à la demande de la Bosnie-Herzégovine contre la Yougoslavie (Serbie-Monténégro), le 8 avril 1993, « la solution adoptée ne laisse pas de susciter des difficultés juridiques » [2]. C'est un euphémisme ! La suite de la procédure et les décisions rendues ultérieurement dans cette affaire permettront de le vérifier.

B. Les États membres dans les organes de l'organisation

156 ***Structure interne de chaque organisation*** ◊ La structure interne de chaque organisation, fixée par sa Charte, variera de l'une à l'autre en fonction de divers éléments, tenant notamment à la composition, à l'objet, à la nature des activités, à la vocation universelle ou régionale de

1. Texte *in RGDIP* 1992/4, p. 1033.
2. *Rec.* 1993. 14, § 18.

b) Les ONG : pour elles, des statuts diversifiés existent qui leur permettent, par exemple au sein du Conseil de l'Europe, soit de présenter leur point de vue oralement devant une des commissions de l'Assemblée consultative (statut A), soit seulement d'être consultées sur des sujets relevant de leur compétence, mais sans droit de parole (statut B), soit de ne participer que de façon discontinue aux travaux de l'organisation (statut C). La diversification des statuts est ramenée à deux au sein de l'ONU mais peut être plus complexe au sein d'autres institutions (OIT par exemple) (V. M. Bettati et P.-M. Dupuy, *Les ONG et le droit international*, Economica, 1986). La résolution 2003/8 adoptée par le Conseil de l'Europe a facilité la participation des ONG aux travaux des différents organes de cette organisation et donne une fonction importante au Comité de liaison et aux « groupes thématiques » qui demeurent inaccessibles à des organisations agissant à titre individuel.

c) Les mouvements de libération, avec la vague de la décolonisation, ont quant à eux connu, d'abord dans les organisations régionales dont en particulier l'OUA, puis au sein des Nations Unies, une sorte de légitimation politique en obtenant là aussi selon des formules variées le droit de participer en tant qu'observateurs aux délibérations de certains organes. Le cas aujourd'hui encore le plus intéressant est celui de l'Organisation de libération de la Palestine (OLP) qui s'est vu octroyer à partir de 1974 un statut pratiquement identique à celui d'un État indépendant non membre de l'ONU. Elle a pu notamment participer par décision de l'Assemblée générale (Rés. 3237-XXXIX) « aux sessions et aux travaux de toutes les conférences internationales convoquées par les organes de l'ONU » [1]. Aujourd'hui, ce statut est accordé à la Palestine, en lieu et place de l'OLP [2].

Ce qu'il faut bien percevoir, dans la perspective de la coopération-compétition entre États au sein des institutions internationales, c'est que l'admission de ces entités non étatiques au sein des organes intergouvernementaux n'est pas politiquement neutre. Elle s'inscrit dans le cadre des actions entreprises par certains groupes d'États pour faire triompher les objectifs qui leur sont propres en s'appuyant notamment sur les témoignages et les interventions de ces observateurs. Elle a, comme en particulier pour le cas des ONG consacrées aux droits de l'homme, des incidences directes sur la mise en œuvre de certaines procédures, ou l'évolution des travaux normatifs de tel ou tel organe (v. les conditions d'adoption de la convention sur l'interdiction de la torture en 1984) [3]. L'action des ONG est à la fois la manifestation de l'existence d'une diplomatie transnationale et celle d'une diversification relative de l'action des États au sein des organisations, en utilisant ou subissant suivant les cas l'action de ces groupes de pression, intermédiaires institutionnels entre les personnes

1. V. Cl. Lazarus, Les mouvements de libération nationale et l'Organisation des Nations Unies, *AFDI* 1974. 173 s.
2. V. doc. ONU, A/inf/62/6 du 31 janv. 2008.
3. V. M. Bettati et P.-M. Dupuy, *op. cit.*, spécialement p. 137-149.

privées et les gouvernements. L'intervention des mouvements de libération nationale est plus délibérément politique et, dans un sens, moins atypique, puisque les uns comme les autres sont là pour témoigner qu'ils n'aspirent eux-mêmes qu'à une chose : devenir à leur tour des États !

159 ***Composition des organes et processus décisionnel*** ◊ Les enjeux de pouvoir et la concurrence entre États ou groupes d'États au sein même des organisations internationales sont largement conditionnés par la composition et la répartition des compétences entre les organes. Ils le sont aussi par les caractères du processus décisionnel au sein de chacun de ces organes. Les règles afférentes ne doivent donc pas être considérées comme étroitement procédurales et subalternes. Elles sont au contraire d'une importance juridique et politique tout à fait primordiale. Plusieurs objectifs les inspirent, sans être toujours aisément conciliables les uns avec les autres : comment parvenir, notamment, à satisfaire à la fois l'exigence de *représentativité* des organes, qui inviterait à confier les principaux pouvoirs à un organe plénier, celle d'*égalité*, qui inciterait au sein du même organe à répartir également le droit de vote entre les États membres sans tenir compte de leur poids politique, économique ou stratégique respectif, et celle de l'*efficacité* qui, tout au contraire, invite à concentrer les pouvoirs dans un organe restreint au sein duquel la décision pourra éventuellement être prise plus aisément ? La Charte de l'ONU offre une tentative de conciliation et d'équilibre précaire entre ces exigences partiellement contradictoires : à l'Assemblée générale, organe « démocratique » par excellence, puisque tous les membres y sont représentés et que chacun y dispose d'une voix, fait pendant le Conseil de sécurité, organe restreint, au sein duquel chacun des cinq grands possède une possibilité de blocage (droit de *veto*) ; cette structure traduit la volonté des auteurs de la Charte d'instituer un directoire des grandes puissances. Le Conseil, tout à l'inverse de ce qui se passe à l'Assemblée générale, traduit une hiérarchisation des États en fonction de leur importance politique relative. Une illustration plus récente de la complexité des dosages relatifs à la composition des organes décisionnels restreints est fournie à l'article 161 de la Convention des Nations Unies sur le nouveau droit de la mer (1982) (*GTDIP* n° 61). Au sein de l'Autorité du fond des mers, organisation internationale à compétence territoriale, chargée de gérer l'exploitation des ressources détenues par la « Zone » du fond des mers, il est en effet prévu que c'est à l'organe restreint, le « Conseil » exécutif de l'Autorité, que revient la responsabilité principale de la gestion des ressources. D'où l'importance de la composition (et des modes de votation) au sein de cet organe. Cette question, dont la solution avait déjà fait l'objet d'âpres négociations lors de la Troisième Conférence des Nations Unies sur le droit de la mer, a prouvé davantage encore par la suite qu'elle était d'une grande importance politique. Elle fait en effet l'objet de l'une des modifications importantes du système initial résultant de l'Accord relatif à l'application de la Convention des Nations Unies sur le droit de la mer adopté le 29 juillet 1994 (v. ss 687-688).

Que les États arrêtent les décisions de l'organisation à l'unanimité ou à la majorité, lorsque celle-ci adopte des actes ou crée des situations juridiques, les uns comme les autres sont rapportés non à la coalition des voix qui sont à leur origine au sein des organes compétents mais à l'organisation dont ils émanent, prise comme une entité autonome. L'organisation a ainsi sa vie propre et peut à bien des égards se trouver confrontée à tel ou tel des États qui la composent.

SECTION 2. L'ORGANISATION FACE AUX ÉTATS

162 ***Organisation internationale*** ◊ L'Organisation internationale n'est pas seulement le cadre plus ou moins précaire de la coopération interétatique. On ne saurait prétendre la réduire, quelle que soit la dépendance dans laquelle elle reste par rapport à ses membres, à un regroupement fragile de souverainetés rivales. Elle constitue aussi une entité corporative, distincte d'un point de vue juridique de chacun des États qui la composent. L'analyse comparative de la pratique institutionnelle dans les principales organisations à vocation universelle ou régionale permet ainsi aujourd'hui d'étendre à l'ensemble des organisations internationales l'observation faite par la Cour internationale de Justice en 1949 à propos de l'ONU : celle d'une « organisation placée, à certains égards, *en face de ses membres* » [1]. On notera certes immédiatement dans cette brève citation le caractère relatif de l'affirmation, justifié par l'ensemble des observations ramassées dans la section précédente. Il n'en demeure pas moins que l'autonomie juridique des organisations par rapport à leurs États membres est à la fois affirmée par la possession d'une *personnalité* autonome, de *compétences propres*, et d'un *statut juridique* particulier sur le territoire des États membres.

§ 1. Personnalité juridique de l'organisation

La personnalité juridique de l'organisation est double : elle s'affirme à la fois et de façon distincte, dans l'ordre juridique interne et dans l'ordre juridique international. Si les États eux-mêmes ont accordé volontiers explicitement la première de ces personnalités, notamment dans la Charte constitutive de la plupart des organisations constituées au lendemain de la Seconde Guerre mondiale, la réticence de certains d'entre eux (en particulier les États socialistes) à reconnaître la seconde a persisté jusqu'à une époque beaucoup plus récente, en dépit de l'apport décisif de la jurisprudence de la Cour internationale de Justice. C'est que la reconnaissance de

1. CIJ, avis consultatif du 11 avr. 1949, *Réparation des dommages subis au service des Nations Unies*, *Rec.* p. 179.

la personnalité internationale des organisations fait d'elles des sujets actifs du droit international, non seulement destinataires d'obligations mais également titulaires de droits qu'elle peut elle-même faire valoir ; elle met ainsi fin au monopole jusque-là détenu à cet égard par les États eux-mêmes.

A. Personnalité juridique interne

163 ***Reconnaissance*** ◊ Les organisations internationales, à l'inverse des États, n'ont pas de territoire propre. Elles ne peuvent donc exercer leurs activités que sur celui de leurs États membres. Pour acquérir des immeubles, passer des contrats de fournitures, acheter des biens meubles, par exemple, il est ainsi pour elles devenu indispensable de se voir reconnaître dans l'ordre juridique interne de chacun des États membres l'éventail presque complet des aptitudes ou *capacités* juridiques attachées par ces droits internes à la possession de la personnalité juridique.

La reconnaissance, le plus souvent explicite, de la personnalité juridique de droit interne aux organisations peut émaner de plusieurs sources, et principalement de leur acte constitutif. C'est ainsi que l'article 104 de la Charte de l'ONU, par la suite repris dans les traités constitutifs des institutions spécialisées de la « famille des Nations Unies » (v. par ex. Unesco, art. XII), dispose : « L'Organisation jouit, sur le territoire de chacun de ses Membres, de la capacité juridique qui lui est nécessaire pour exercer ses fonctions et atteindre ses buts ». L'article 139 de la Charte de l'OEA (1967), par exemple, reprend une formule analogue, tout comme l'article 4 de la Convention sur le statut de l'OTAN (1951) ou l'article 335 du Traité sur le fonctionnement de l'Union européenne, depuis l'entrée en vigueur du Traité de Lisbonne du 13 décembre 2007.

Les conventions internationales relatives aux privilèges et immunités des organisations avec l'État hôte, les accords de siège (v. ss 187) et enfin les législations nationales des États membres peuvent préciser le contenu et les modalités d'exercice des capacités reconnues aux organisations dans l'ordre interne.

164 ***Exercice de la personnalité juridique interne*** ◊ La possession de la personnalité de droit interne par l'organisation dans chacun des États membres n'a cependant pas pour effet de l'assimiler purement et simplement à un national de ces États, du fait précisément qu'elle dispose de privilèges et immunités dérogatoires au droit commun.

Dans la pratique, l'exercice de la personnalité de droit interne se manifeste en particulier dans le domaine des contrats passés par l'organisation, notamment avec des personnes privées. Ces contrats peuvent être très variés (sans évoquer ici les contrats relatifs au recrutement de son personnel, régis par les règles générales et spéciales du droit de la fonction publique internationale, v. ss 190). Ils peuvent porter notamment sur l'entretien, l'achat de matériel, la location de locaux, ou encore les travaux d'impression. Deux types de problèmes juridiques sont en particulier posés par leur conclusion, celui du droit qui leur est applicable, et celui du règlement des différends que leur exécution est susceptible de poser. Quant au droit applicable, celui de l'État hôte ou un autre peuvent être désignés du fait de l'autonomie de la volonté des parties. Le service juridique de l'ONU relevait cependant que la tendance est « d'éviter autant que possible toute référence à une loi déterminée, surtout étatique, comme loi applicable, et de considérer que la loi régissant le contrat doit être recherchée dans les principes généraux du droit, y compris le droit international, ainsi que les clauses du contrat lui-même » [1].

Étant donné que les organisations possèdent en règle très générale l'immunité de juridiction, le mode ordinaire de règlement des différends sera l'arbitrage international.

Quoi qu'il en soit, la possession de la personnalité de droit interne, même si elle constitue un indice de la volonté des États membres d'attribuer à l'organisation des moyens juridiques autonomes, ne saurait suffire par elle-même à établir l'existence corrélative d'une personnalité internationale au bénéfice de la même institution. L'une et l'autre interviennent en effet dans des ordres juridiques différents.

B. Personnalité juridique internationale

1. Reconnaissance de la personnalité internationale des organisations internationales [2]

165 ***Genèse*** ◊

a) La possession de la personnalité juridique internationale est une conquête récente des organisations internationales. Sa préhistoire est encore proche : au tout début du XXe siècle encore, il paraissait tout simplement inconcevable à la quasi-totalité de la doctrine d'envisager d'autres personnes du droit international que les États eux-mêmes. Ainsi, en 1905, la discussion doctrinale qui eut lieu à propos du statut juridique de l'Institut International d'Agriculture ayant son siège à Rome fut l'occasion pour le grand juriste italien Dionisio Anzilotti de rappeler qu'en vertu du monopole de la personnalité internationale dont jouissaient les États, l'Institut ne pouvait avoir d'existence autonome dans l'ordre international indépendamment de ses membres. En 1964 encore, Rolando Quadri adoptait une attitude analogue [3] qui rejoignait du reste celle des juristes soviétiques [4].

---

1. *Annuaire juridique NU* 1976. 171.

2. E. Lagrange, *La représentation institutionnelle dans l'ordre international. Une contribution à la théorie de la personnalité morale des organisations internationales*, La Haye, Kluwer, 2002, 608 p. ; B. Conforti, *The Law and Practice of the United Nations*, 3e éd., Leyden, MNP, 328 p. ; R.S. Imhoff, La personnalité juridique et le statut des institutions de caractère international, *ASDI* 1989, vol. XLV, p. 93-118.

3. Cours général, *RCADI* 1964 III, p. 372 s.

4. Krylov, *RCADI* 1947, I, p. 439.

b) D'autres auteurs arrivaient à une conclusion opposée, mais sur la base des mêmes prémisses, en ne trouvant d'autre solution pour reconnaître la personnalité internationale des organisations que de les *assimiler* à des États, tels Schücking et Wehberg, dans leur commentaire du Pacte de la Société des Nations. Cette tendance assimilatrice avait été également reflétée en 1881 dans l'acte additionnel de l'Acte public relatif à la navigation des embouchures du Danube (1865). Ayant, par souci d'efficacité, confié à ce véritable établissement public international avant la lettre qu'était la Commission européenne du Danube des pouvoirs propres de réglementation, d'administration et de juridiction en matière de navigation dans cette partie du fleuve, les États membres n'avaient pu justifier à leurs propres yeux l'octroi de ces compétences quasi régaliennes à un organisme intergouvernemental qu'en le qualifiant d'« État fluvial »... !

c) Ce n'est vraiment qu'avec l'apparition de la Société des Nations que, très prudemment d'abord, d'autres voix, dont celles de Sir John Fischer Williams (session de Vienne de l'International Law Association, 1926) s'autorisèrent à penser la notion de personnalité juridique internationale en dehors du moule exclusif de l'État : à l'inverse des auteurs du commentaire du Pacte précité, il voyait dans la SDN une construction originale et nouvelle pouvant exercer une action autonome dans l'ordre international, différent entre autres des États par ceci que sa personnalité internationale était limitée par la spécialité des droits et des obligations établis à son égard par le Pacte. C'est une inspiration analogue qui anime l'avis (série B) n° 14 de la Cour permanente de Justice internationale de 1927, d'autant plus intéressant qu'il revient, plusieurs décennies après l'acte de 1881, sur la nature juridique de la même Commission européenne du Danube : il constate que cette entité « bien qu'elle exerce ses fonctions dans une complète indépendance de l'autorité territoriale et bien qu'elle possède des moyens d'action indépendants ainsi que des privilèges et immunités qui sont en général refusés à des organismes internationaux, ne constitue cependant pas une organisation dotée de souveraineté territoriale exclusive... La Commission européenne du Danube n'est pas un État, mais une institution internationale ».

On constate ici le progrès conceptuel accompli depuis l'acte de 1881 et la qualification malheureuse qu'il réservait à la même institution : la possession de compétences internationales est enfin dissociée de la souveraineté. Il restait cependant à réaliser un pas supplémentaire, en reconnaissant expressément à l'organisation internationale une personnalité internationale dotée de caractères propres et la qualité de sujet de droit distinct et de ses membres constitutifs. Cette étape décisive devait également être franchie par la juridiction internationale, mais après la Seconde Guerre mondiale, en 1949, et à propos de l'organisation à la vocation par excellence la plus universelle, l'ONU.

166 ***L'avis de 1949 de la CIJ dans l'affaire de la réparation des dommages subis au service des Nations Unies*** ◊ En fait de personnalité juridique, la Charte de l'ONU ne comporte aucune disposition explicite

autre que celle de l'article 104. Or on a vu que celui-ci ne vise que la capacité dans l'ordre interne de chacun des États membres. Ainsi, en 1948, à la suite de la mort en service de l'un de ses agents, le comte Folke Bernadotte, envoyé par elle comme médiateur en Palestine, le problème s'est posé à l'ONU de savoir si elle avait qualité pour présenter contre le gouvernement responsable une réclamation internationale en vue d'obtenir réparation des dommages causés à elle-même comme à la victime ou à ses ayants droit. Saisie de cette question pour avis consultatif, la Cour internationale de Justice déclare : « Pour répondre à cette question, il faut tout d'abord déterminer si la Charte a donné à l'Organisation une condition telle qu'elle ait *vis-à-vis de ses Membres* des droits dont elle ait qualité pour leur en demander le respect. En d'autres termes, l'Organisation est-elle revêtue de la personnalité internationale ? » Ce qui signifierait qu'elle « est une entité capable d'être bénéficiaire d'obligations incombant à ses Membres » [1]. On voit ainsi que c'est essentiellement dans l'autonomie sinon *l'indépendance de l'institution par rapport aux États membres* que la Cour place le critère de la personnalité. Utilisant alors une technique d'interprétation fondée sur la recherche des implications logiques de la volonté des parties telle qu'exprimée dans diverses dispositions de la Charte, la Cour s'appuie en premier lieu sur la méthode d'interprétation dite de l'« effet utile pour conclure positivement l'interrogation qu'elle avait elle-même posée :

« La Charte ne s'est pas bornée à faire simplement de l'Organisation créée par elle un centre où s'harmonisent les efforts des Nations vers les fins communes définies par elle (art. 1er, § 4). Elle lui a donné des organes ; elle lui a assigné une mission propre. Elle a défini la position des Membres par rapport à l'organisation en leur prescrivant de lui donner pleine assistance dans toute action entreprise par elle (art. 2, § 5), d'accepter et d'appliquer les décisions du Conseil de sécurité, en autorisant l'Assemblée générale à leur adresser des recommandations, en octroyant à l'Organisation une capacité juridique, des privilèges et immunités sur le territoire de chacun de ses Membres, en faisant prévision d'accords à conclure entre l'Organisation et ses Membres » [2].

167 *Reconnaissance explicite et présomption de personnalité* ◇

a) Rares sont les textes constitutifs consacrant explicitement la personnalité internationale de l'organisation quoique les chartes constitutives les plus récentes soient généralement explicites sur ce point (v. par ex. l'accord instituant l'OMC, art. VIII.1, *GTDIP* n° 59). Sans doute était-ce le cas dans le traité instituant la Communauté européenne. En effet, le traité de Rome indiquait à l'article 281 : « La Communauté a la personnalité juridique », tout en réservant une disposition bien distincte, l'article 282, à la dévolution par les États membres à l'organisation de

1. *Rec.* 1949, p. 178.
2. *Rec.* 1948, p. 178-179.

« la capacité juridique la plus large reconnue aux personnes morales par les législations nationales », ce qui désigne clairement la personnalité juridique interne de la Communauté dans chacun des États membres. L'article 281 visait donc bien (ainsi que l'a du reste confirmé la CJCE dans l'affaire 22/70, arrêt du 31 mars 1971, *Commission c/ Conseil*) la personnalité internationale. Depuis l'entrée en vigueur en décembre 2009 du Traité de Lisbonne, la personnalité juridique, interne comme internationale, est expressément reconnue à l'Union européenne, en lieu et place de celle des Communautés européennes (TUE, art. 47). Le traité sur le fonctionnement de l'Union, prévoit en outre la personnalité juridique de la Banque centrale européenne (art. 282, § 3) et de la Banque européenne d'investissement (art. 308).

L'article 176 de la Convention des Nations Unies sur le droit de la mer est quant à lui encore plus explicite, lorsqu'il indique à propos de l'Autorité internationale des fonds marins : « l'Autorité possède la personnalité juridique internationale et la capacité juridique qui lui est nécessaire pour exercer ses fonctions et atteindre ses buts ». Une reconnaissance explicite de personnalité se trouve également dans l'acte constitutif de l'Agence multilatérale de garantie des investissements (AMGI), créée en 1985.

En revanche, dans un grand nombre de cas, concernant notamment des organisations plus anciennes, on se trouve, à lire les textes, devant une situation analogue à celle que la CIJ avait à analyser à propos de l'ONU en 1949. Ainsi, par exemple, des articles 39 et 40 de la Charte de l'OIT, de l'article XII de celle de l'Unesco, de l'article IX des statuts du FMI, ou, plus près de nous dans le temps, des articles XV d'INTELSAT ou XVII d'EUTELSAT (1982) ; ils énoncent seulement la capacité de droit interne de l'organisation, complétée selon les cas par la référence aux privilèges et immunités dont elle jouit auprès de chacun des membres ; mais ils ne disent rien d'explicite sur la capacité internationale de l'organisation.

b) Cependant, ce qui était avéré par la Cour en 1949 à propos de l'ONU l'est *a fortiori* aujourd'hui pour les autres organisations internationales. La pratique juridique des unes et des autres dans l'ordre international a, en effet, largement corroboré le raisonnement que faisait à l'époque la haute juridiction. Sans doute trouve-t-on une confirmation de cette observation dans le fait que l'article 1er de la convention de codification sur la représentation des États dans leurs relations avec les OIG (1975) fait de la possession d'une « personnalité juridique distincte de celle des États membres » l'un des critères de la définition des organisations, même si cette expression en elle-même n'est pas encore dépourvue de toute ambiguïté [1].

Quoi qu'il en soit, en l'état actuel des choses, on peut affirmer qu'il existe en droit international général *une présomption de personnalité internationale* au bénéfice des organisations intergouvernementales. Cette présomption n'est cependant pas irréfragable et doit être confirmée par

1. La personnalité n'y est en effet pas qualifiée.

l'examen des termes de la charte constitutive de chacune d'entre elles. Dans la très grande majorité des cas, soit parce qu'elle la reconnaît explicitement, soit parce qu'elle en comporte suffisamment d'indices, cette convention permettra de confirmer l'existence de la personnalité tout en modelant éventuellement ses contours par la précision de l'identité et des modalités d'exercice des capacités conférées à son titulaire. C'est ainsi en particulier qu'en ce qui concerne la capacité de conclure des traités, l'article 6 de la Convention de Vienne du 21 mars 1986, dispose que cette dernière « est régie par les règles de cette organisation ».

168 ***Opposabilité de la personnalité internationale de l'organisation aux États tiers ?*** ◊ L'organisation internationale étant fondée sur un traité, lui-même doté d'effet relatif (« *Res inter alios acta* ») son existence autonome n'est pas opposable aux États tiers à ce traité. C'est ainsi que l'Union soviétique et les pays socialistes ont pendant longtemps persisté dans leur refus de reconnaître la personnalité internationale des Communautés européennes. On constate ainsi qu'en pratique, la reconnaissance d'organisation s'apparente au subjectivisme de la reconnaissance d'État ou de gouvernement, dans la mesure où elle est opérée ou refusée de façon parfaitement discrétionnaire sur la base de considérations d'opportunité politique. Ce subjectivisme va même plus loin, dans la mesure où l'existence de l'État repose sur un fait juridique, alors qu'elle doit la sienne à un *acte* juridique (traité constitutif) [1].

On doit cependant constater que le Tribunal pénal pour l'ex-Yougoslavie (TPIY) a eu l'occasion de se pencher sur la question de savoir si le Conseil de sécurité pouvait opposer à un État non membre l'autorité de résolutions prises en application du chapitre VII de la Charte de l'ONU. Examinant, dans son arrêt du 6 mai 2003, *Milan Milutinovic*, l'exception préjudicielle que la défense opposait à sa propre compétence, la Chambre de première instance a fondé sa réponse positive sur le principe de l'effet utile. Même si l'on avait pu prétendre que la nouvelle République fédérative de Yougoslavie, issue de la partition de l'ancienne RFSY, n'était pas un membre des Nations Unies au moment des faits incriminés, « le Conseil de sécurité, dans l'exercice de ses responsabilités en matière de maintien de la paix et de la sécurité internationale, avait indiscutablement compétence en 1993 pour s'occuper du conflit qui avait débuté en 1991 sur le territoire de l'ancienne Yougoslavie [...] (§ 47). Le Tribunal précise : « On peut donner du chapitre VII de la Charte une interprétation téléologique selon laquelle le Conseil de sécurité serait autorisé à continuer de remédier à une situation qu'il a analysée comme constituant une menace à la paix et la sécurité [...] ». Cette interprétation est à mettre en relation avec celle que la Chambre donne de la résolution 827 du Conseil de sécurité

1. V. cependant, *contra*, à propos de l'ONU, CIJ, avis 1949, *op. cit.* p. 185 : « ... cinquante États, représentant une très large majorité des membres de la Communauté internationale, avaient le pouvoir [...] de créer une entité possédant une personnalité internationale objective ».

établissant le statut du TPIY. Cet instrument juridique présente à la fois un caractère rétrospectif et prospectif, en couvrant la période antérieure et postérieure à l'adoption, en 1993, du Statut du Tribunal.

Tout en admettant l'argumentation du Tribunal, on soulignera cependant qu'il s'agit là d'une situation très particulière, que ne semble pas devoir remettre en cause le caractère généralement relatif de la personnalité des organisations internationales, en principe non opposable aux tiers.

2. Caractères et contenu de la personnalité juridique internationale des organisations internationales

169 ***Une personnalité fonctionnelle*** ◊ De façon encore plus nette que la CPJI dans l'avis n° 14 précité, la CIJ a distingué, dans son avis de 1949, la personnalité internationale de l'organisation internationale de celle de l'État, attestant ainsi que les « sujets dans un système juridique, ne sont pas nécessairement identiques quant à leur nature et à l'étendue de leurs droits » [1]. Contrairement à celle de l'État, la personnalité de l'institution est bornée par le principe de *spécialité*. Ceci veut dire qu'à l'instar par exemple des établissements publics en droit interne, l'organisation ne peut exercer les capacités juridiques qui lui sont dévolues que dans la limite et pour la réalisation de l'objet et des buts d'intérêt général que lui assigne sa charte constitutive. Sa personnalité internationale présente ainsi un caractère fonctionnel.

Compte tenu du souci qu'ont les États membres de ne pas laisser empiéter l'institution à laquelle ils appartiennent sur leurs compétences propres, on mesure toute l'importance, théorique et pratique, du principe de spécialité [2]. Parce qu'elle n'est pas un sujet doté de la plénitude de compétences dont jouissent les États souverains mais qu'elle est seulement la création de certains d'entre eux en vue de promouvoir les intérêts qui leur sont communs, l'organisation internationale ne pourra, à moins d'excès de pouvoir, agir autrement que pour la réalisation de ses buts. C'est au nom du principe de spécialité que, le 8 juillet 1996, la Cour internationale de Justice a refusé de rendre un avis consultatif en réponse à la question formulée par l'OMS relativement à la licéité de l'emploi des armes nucléaires par un État, question dont elle a considéré qu'elle ne rentrait pas dans le champ des compétences statutaires de cette organisation, spécialisée dans la coopération internationale en matière de protection de la santé [3]. Les conséquences de droit attachées à la possession de la personnalité internationale sont doubles. En premier lieu, du fait qu'elle est sujet actif de droit international, l'organisation se voit consacrée comme un être corporatif distinct de ses membres. Les actes juridiques

1. *Rec.* p. 178.
2. V. Ch. Chaumont, La signification du principe de spécialité dans les organisations internationales, *in Mélanges Rolin*, Paris, Pedone, 1964, p. 55-66.
3. *Rec.* 1996, p. 78, § 25.

qu'elle accomplit par l'intermédiaire de ses organes, même s'ils résultent d'un accord de volonté (unanimitaire ou majoritaire, suivant le cas) émanant des États membres, sont directement imputés à l'organisation elle-même. Ainsi, par exemple, une résolution adoptée par l'organe plénier d'une organisation constitue-t-elle un *acte unilatéral*, parce que rapporté à un seul sujet, l'organisation.

En second lieu, parce qu'elle a une personnalité internationale, l'organisation est dotée de certaines capacités juridiques dans l'ordre international. Il faut ici entendre par « capacité » l'aptitude à exercer certains droits et obligations, attachée à la possession de la personnalité et conditionnée par les termes de l'acte constitutif.

170 *Capacités liées à la possession de la personnalité* ◊

a) Sauf dispositions contraires du traité constitutif, l'organisation possède *le droit de conclure des traités* avec des États membres, des États tiers ou d'autres organisations. Cette matière a fait l'objet d'une codification, adoptée dans le cadre des Nations Unies sur la base d'un projet établi par la Commission du droit international : la convention du 21 mars 1986 réalise dans une très large mesure une transposition et une adaptation des règles générales du droit des traités codifiées dans la Convention de Vienne du 23 mai 1969. Une disposition fondamentale est posée à l'article 6, selon lequel « la capacité d'une organisation internationale de conclure des traités est régie par les règles pertinentes de cette organisation », rappelant aussi le caractère éminemment variable du champ et des modalités d'exercice de cette capacité contractuelle des organisations dans l'ordre international. C'est ainsi que, limités dans le cas de beaucoup d'institutions à certains objets comme celui de l'aménagement du statut ou des règles de fonctionnement de l'organisation (ONU, art. 63, OIT, art. 12 et 13, ou encore OMS, art. 69) ou encore celui de l'assistance technique ou financière à certains États membres, les domaines couverts par les traités passés par certaines autres organisations sont susceptibles d'une extension beaucoup plus considérable. Il en est ainsi dans le cas de l'Union européenne. Dans le prolongement de celles des Communautés européennes, ses compétences pour conclure avec les tiers peuvent, en effet, *se substituer* à celle des États membres, lorsque des dispositions ont été prises, dans l'Union, pour mettre en œuvre une politique commune (v. ss 176).

b) Les organisations internationales possèdent aussi en règle générale *le droit de légation passive et active*. Au titre de la première, chacune peut établir des liens avec les missions permanentes des États membres qui le souhaiteront. Ces missions permanentes sont de véritables missions diplomatiques accréditées auprès d'une ou plusieurs institutions internationales. Elles comportent un personnel diplomatique destiné à servir d'intermédiaire entre l'organisation et le gouvernement accréditant à propos de la diversité des activités qu'elle déplore. C'est une pratique particulièrement suivie par les États membres de l'ONU et des grandes institutions spécialisées. Mais elle se retrouve aussi bien dans le cadre régional, par exemple auprès du Conseil de l'Europe ou de l'Union européenne. La légation active permet quant à elle à l'institution internationale d'entretenir elle-même des missions auprès de certains États, membres ou tiers, ou d'autres organisations. Elle est pratiquée notamment par les institutions des Nations Unies et l'Union européenne, et pose des problèmes en principe résolus dans les accords passés à cet effet par l'organisation.

c) *Le droit de présenter des réclamations internationales* pour les dommages subis, notamment par voie de protestations, demandes d'enquêtes, négociations ou demandes de résolutions arbitrale ou judiciaire, dans la mesure où le statut de l'organe saisi le permet, a été lui aussi, dans les conditions que l'on sait, reconnu comme attaché à la possession de la personnalité. Il manifeste l'existence au bénéfice des organisations d'une véritable *compétence personnelle à l'égard de leurs agents*, compétence dont il peut exister d'ailleurs d'autres illustrations (délivrance de laissez-passer et autres titres de voyages par les Nations Unies). La protection fonctionnelle exercée par une organisation sur ses agents peut également être considérée comme fondée sur « un principe général du droit de la fonction publique internationale », ainsi que l'a affirmé le Tribunal administratif de l'OIT dans son jugement n° 70 du 11 septembre 1964. Une autre illustration de compétence « personnelle » de l'organisation au sens large puisqu'elle touche non plus à des personnes mais à des choses peut être trouvée dans leur aptitude à exercer leur contrôle sur des navires battant leur pavillon, des aéronefs ou des engins spatiaux, immatriculés par elles.

d) *L'autonomie financière de l'organisation et sa capacité d'avoir un budget propre* constituent, indépendamment des modalités du financement de l'institution (par contributions des États ou ressources propres), à la fois une conséquence et une garantie de sa personnalité internationale, distincte de celle des États membres [1].

171 ***Absence de compétence territoriale des organisations internationales*** ◊ La spécificité de la personnalité des organisations comparée à celle des États est notamment illustrée par leur inaptitude ordinaire à l'exercice de compétences territoriales, faute d'espace à l'intérieur duquel elles puissent exercer certains pouvoirs à titre exclusif. Tout au plus disposent-elles d'une compétence générale de police et de règlements à l'intérieur de leurs locaux, compétence d'ailleurs susceptible d'être combinée à celle de l'État hôte, au gré des accords passés avec lui. Quelques exceptions ne font que confirmer la règle ; ainsi, l'article 81 de la Charte de l'ONU prévoit-il la possibilité de confier à l'organisation la tutelle de certains territoires. Les Nations Unies ont été également amenées à exercer certaines compétences territoriales provisoires sur l'Irian occidental, en application

1. V. A. Colliard, Finances publiques internationales : les principes budgétaires dans les organisations internationales, *Revue de science financière* 1958, p. 237-260, 437-460, 678-697 ; A. Pellet, Budgets et programmes aux Nations Unies, quelques tendances récentes, *AFDI* 1976. 242-252 ; D. Strasser, Les finances de la Communauté européenne, *Revue française des finances publiques*, 1983. 195.

de l'accord d'indépendance conclu avec les Pays-Bas et l'Indonésie (1962) ou surtout de l'accord de Paris d'octobre 1991 relatif au règlement de la question cambodgienne [1]. Par ailleurs, devant le refus persistant de l'Union Sud-Africaine de se prêter à un contrôle international dans le cadre du système des mandats, l'Assemblée générale de l'ONU a mis un terme à ce système et décidé que ce territoire relevait désormais de l'administration des Nations Unies (Res. 2145 du 27 octobre 1966). Cette administration n'a cependant jamais pu devenir effective jusqu'à la phase qui a immédiatement précédé l'indépendance de la Namibie, en mars 1990. Plus récemment, les Nations Unies ont établi, en application de décisions du Conseil de sécurité prises en vertu du Chapitre VII de la Charte, une administration provisoire au Kosovo et au Timor oriental. La résolution 1244 de juin 1999 a décidé du déploiement au Kosovo, sous l'égide des Nations Unies, d'une Mission d'administration intérimaire des Nations Unies (MINUK) chargée d'assurer une présence internationale civile et de sécurité. Dotée du matériel et du personnel appropriés, les principales responsabilités de la MINUK, plus directement placée sous l'autorité de l'ONU, ont consisté dans l'établissement d'une administration territoriale intérimaire, destinée à assurer au Kosovo une autonomie substantielle. Les « fonctions d'administration civile de base » ont été confiées au représentant spécial du Secrétaire général de l'Organisation, chargé de maintenir l'ordre public en coopération avec les responsables de la présence internationale de sécurité. Cette mission s'est avérée particulièrement difficile et exigeante, en raison du démantèlement de tous les services publics au cours de la guerre civile et de la période qui a suivi La plus grande partie des pouvoirs de la MINUK ont été transférés au gouvernement du Kosovo à la suite de la déclaration d'indépendance du Kosovo et de l'entrée en vigueur d'une nouvelle constitution le 15 juin 2008 ; la sécurité a été confiée à l'UE, dans le cadre de sa mission de police appelée EULEX. La situation qui a prévalu au Timor oriental a présenté de très grandes similitudes avec la gestion directe du Kosovo par les Nations Unies. Toujours sur la base du chapitre VII, la résolution 1272 du Conseil de sécurité, adoptée le 25 octobre 1999, a décidé de la création d'une Administration transitoire des Nations Unies au Timor oriental (ATNUTO) également placée sous l'autorité d'un représentant spécial du Secrétaire général. Pour une période provisoire, et en s'appuyant également sur la présence d'une force militaire internationale (l'INTERFET) elle a disposé, comme son homologue au Kosovo, de l'ensemble des pouvoirs exécutif et normatif nécessaires à la restauration des conditions requises pour assurer la gestion autonome du territoire concerné jusqu'à la détermination de son statut définitif. Le Timor oriental est devenu indépendant en 2002, sur la base d'un référendum d'autodétermination organisé sous l'égide de l'ONU durant l'été 1999. Ces deux situations demeurent cependant exceptionnelles et l'on ne devrait pas voir souvent se reproduire dans l'avenir des situations dans lesquelles une organisation

1. V. P. Isoart, l'ONU et le Cambodge, *RGDIP* 1993/9, p. 645.

internationale, en l'occurrence l'ONU, agit comme un véritable souverain territorial. De telles gestions directes par une institution internationale posent en effet de nombreux problèmes, notamment quant au droit applicable sur le territoire en cause.

Il n'existe à vrai dire à l'époque contemporaine vraiment qu'un cas d'organisation internationale dotée par son texte constitutif d'une compétence territoriale ordinaire, et, surtout, exclusive de toute compétence concurrente des États membres : c'est celui de l'Autorité internationale instituée par la nouvelle Convention sur le droit de la mer (*GTDIP* n° 61) à l'égard de la Zone, c'est-à-dire de la partie du fond des mers soustraite à toute juridiction nationale (v. ss 687). Aux termes de cette convention, cette institution internationale est la seule à assumer la responsabilité de la gestion et de l'exploitation de la Zone ; elle est donc dotée de compétences territoriales assez comparables à celles des États. Mais c'est là un cas tellement exceptionnel, et à plusieurs égards si révolutionnaire qu'il constitue en pratique pour beaucoup d'États une entrave sérieuse à la ratification de la convention en question, toutefois en vigueur depuis novembre 1994.

172 ***Responsabilité internationale des organisations*** [1] ◊ La possession de la personnalité n'a pas seulement pour effet de rendre les organisations titulaires de droit. Elle les oblige en contrepartie à respecter le droit international. Ainsi, toute action ou omission d'une organisation incompatible avec les règles de la coutume générale ou les dispositions d'un traité auquel elle est partie constitue un fait illicite international qui lui sera imputable. Sans doute, là encore, le droit international de la responsabilité, conçu pour s'appliquer aux États, nécessite-t-il certaines adaptations pour être appliqué aux organisations. Elles semblent cependant limitées, si l'on se fonde sur le projet d'articles sur la responsabilité des organisations internationales qu'a adopté la Commission du droit international en juillet 2011. Les solutions retenues dans ce texte doivent toutefois être reçues avec précaution, la pratique étant en la matière des plus réduite. Elle s'est longtemps limitée pour l'essentiel aux actions engagées contre l'ONU à la suite des dommages causés par les contingents de la force d'urgence des Nations Unies au Congo (ONUC), lors de troubles consécutifs à la sécession katangaise, au début des années soixante. À l'époque, alors que plusieurs actions avaient été engagées par des particuliers devant les tribunaux internes, belges notamment, l'ONU a elle-même entendu placer sa responsabilité dans l'ordre international et non interne, en concluant deux accords d'indemnisation, successivement avec la République du Congo (27 novembre 1961) et avec la Belgique (20 février 1965) [2].

1. V. M. Perez Gonzalez, Les organisations internationales et le droit de la responsabilité, *RGDIP* 1988, p. 63-102 ; R. Zacklin, Responsabilité des organisations internationales, *in La responsabilité internationale dans le système international*, colloque SFDI du Mans, Paris, Pedone, 1991, p. 91 s. V. aussi le dossier spécial sur la question de la *RBDI* 2013. 1.

2. V. P.-M. Dupuy, commentaire de l'art. 104 *in* Cot Pellet, *La Charte des Nations Unies*, *op. cit.*

Les organisations établissent souvent des arrangements pratiques ou passent des accords formels avec les pays hôtes pour le règlement (par voie d'arbitrage ou de présentation des plaintes individuelles devant une commission de réclamation) des dommages éventuellement causés par leur activité sur le territoire de ces États.

Une question importante en pratique, surtout pour certaines organisations amenées à réaliser certaines opérations financières ou commerciales, est celle de savoir si les États membres peuvent être déclarés solidairement responsables des dommages ou des dettes créés par l'organisation, en cas d'insolvabilité de cette dernière. La solution retenue à l'article XXII de la convention sur la responsabilité internationale pour les dommages causés par des engins spatiaux (1972) à propos de la responsabilité (objective) des organisations lançant des objets dans l'espace, tant en vue de garantir le versement de réparation en cas d'insolvabilité de l'organisation que pour éviter que des États membres fuient leurs propres responsabilités, a prévu qu'au-delà d'un délai de six mois après réception de la demande d'indemnisation, si l'organisation responsable ne versait pas la somme convenue, l'État victime pourrait invoquer la responsabilité des membres de l'organisation par ailleurs parties à la Convention de 1972 pour obtenir d'eux le paiement de ladite somme. Cependant, le cas demeure isolé et, en l'absence de disposition conventionnelle expresse de ce type, il n'y a pas de responsabilité solidaire des États membres en cas de défaillance de l'organisation. C'est notamment la conclusion à laquelle est parvenue la Chambre des Lords de Grande-Bretagne en 1989, à propos de l'incapacité du Conseil International de l'Etain d'honorer les dettes qu'il avait contractées à l'égard de plusieurs banques [1]. C'est également ce que retient, en substance, le projet d'articles adopté en 2011 par la Commission du droit international qui identifie dans sa cinquième partie un certain nombre de circonstances conduisant à l'engagement de la responsabilité d'un État à raison du comportement d'une organisation internationale, parmi lesquelles ne figure pas celle pour l'État d'être seulement membre de cette organisation.

Dans le cadre du traité sur le fonctionnement de l'Union européenne, la responsabilité extra-contractuelle de l'organisation a été prévue à l'article 340 (ancien art. 288 TCE), et mise en œuvre devant la CJUE pour faute de service des agents [2] et pour illégalité du comportement des institutions [3]. Quoi qu'il en soit de ces aménagements conventionnels et des applications qui peuvent en être faites, ils ne remettent pas en cause l'aptitude générale de toute organisation à être responsable en droit international, du seul fait qu'elle possède la personnalité juridique et exerce dans l'ordre international les compétences qui lui ont été attribuées.

---

1. Affaires *Maclaine Watson and Co. Ltd c/ Department of Trade and Industry*, et *Maclaine Watson and Co. Ltd. c/ International Tin Council* (1989) 3 *All ER*, p. 554 ; V. comment. R. Zacklin, *op. cit.*
2. CEE, art. 288 (ex-art. 215) Aff. 25/62, *Plaumann*, 15 juill. 1963, *Rec.* 1963, p. 201 s.
3. CJCE, Aff. 83/76, *HNL*, 25 mai 1978, *Rec.* 1978, p. 1209.

La question de l'imputabilité d'actes illicites (manifestés par des négligences dans le déminage d'une région sinistrée par un conflit armé et la détention extrajudiciaire exagérément longue d'un suspect) a été posée dans deux affaires jointes par la Cour européenne des droits de l'homme. L'une et l'autre ont donné lieu à des décisions d'irrecevabilité rendues en grande chambre le 31 mai 2007, *Behrami et Behrami c/ France* et *Saramati c/ Allemagne, France et Norvège* [1]. Sur la base de la résolution 1244 des États membres de l'ONU dont la France, l'Allemagne et la Norvège, États parties à la Convention européenne des droits de l'homme, avaient envoyé des contingents militaires au Kosovo (v. ss 171). En accord avec la résolution 1244, ces actions étaient respectivement menées dans le cadre de deux forces d'intervention, la KFOR et de la MINUK. Or, si la seconde était une force de paix des Nations Unies, la première était en réalité constituée par la seule coalition d'autres contingents, provenant pour partie des mêmes États, mais intervenant de façon individuelle et non intégrée sous l'égide de l'OTAN ; les deux forces étaient étroitement associées par la résolution précitée au rétablissement de la paix dans la région considérée.

C'est là que se place la question de l'imputabilité des actes litigieux. En effet, un lien juridictionnel entre les requérants et les États précités au nom de leur compétence extraterritoriale ne pouvait être admis par la Cour européenne des droits de l'homme (CEDH) qu'à une condition : celle que ces faits puissent effectivement être imputés non à l'ONU mais aux États précités, individuellement ou conjointement. Dans l'affaire *Behrami*, il fallait que la négligence dans le déminage soit imputable à la France, chargée du commandement de la zone concernée, et non à l'ONU, organisation dotée d'une personnalité juridique *distincte de celle de ses États membres* et évidemment non partie à la Convention européenne. Cette imputation à un État individualisé n'était, en d'autres termes, possible que si l'opération de déminage déficiente était intervenue sous l'égide la KFOR, structure *sui generis* sans personnalité propre, dans laquelle les divers contingents nationaux continuaient à relever de leur État d'origine. En revanche, l'imputabilité à la France devenait très malaisée si les mêmes faits litigieux étaient considérés comme s'étant déroulés dans le cadre des responsabilités dévolues à la MINUK, force des Nations Unies.

En l'occurrence, la Cour a considéré que l'inaction dans le déminage avait été le fait non de la KFOR mais de la MINUK, organe subsidiaire de l'ONU. Cette négligence devait donc être attribuée à l'ONU et non à la France. On peut éventuellement contester l'analyse des faits que retient la CEDH pour parvenir à cette conclusion. Toujours est-il que la Cour applique ici une règle coutumière dont la codification a été énoncée par la Commission du droit international des Nations Unies à

1. CEDH, Gr. ch., 31 mai 2007, *Behrami et Behrami c/ France*, n° 71412/01 et CEDH, Gr. ch., 31 mai 2007, *Saramati c/ Allemagne, France et Norvège*, n° 78166/01. V. P. Klein, Responsabilité pour les faits commis dans le cadre d'opérations de paix et étendue du pouvoir de contrôle de la Cour européenne des droits de l'homme : quelques considérations critiques sur l'arrêt *Behrami et Saramati*, *AFDI*, 2009, 43-64.

l'article 5 du projet d'articles de 2011 relatif à la responsabilité des organisations internationales. Ayant posé à l'article 3 de ce projet que « tout fait internationalement illicite d'une organisation internationale engage sa responsabilité », l'article 7 dispose : « le comportement d'un organe d'un État ou d'un organe ou d'un agent d'une organisation internationale qui est mis à la disposition d'une autre organisation internationale est considéré comme un fait de cette dernière d'après le droit international pour autant qu'elle exerce un contrôle effectif sur ce comportement ».

Dans la seconde affaire, *Saramati*, c'est précisément à partir de ce qu'elle estime être le « contrôle effectif » exercé par l'ONU sur la KFOR que la Cour impute à l'organisation universelle les emprisonnements sans contrôle judiciaire pourtant réalisés par les contingents français, allemands et norvégiens relevant de l'OTAN. En appliquant la règle d'imputation précitée à des actions qu'on aurait pu en réalité analyser différemment, la Cour est inspirée par la volonté de ne pas décourager les États membres du Conseil de l'Europe de participer à des missions de maintien de la paix dans le cadre des Nations Unies [1]. La responsabilité de l'ONU fait écran à celle des États membres et, en l'occurrence, les affaires s'arrêtent au stade de la compétence, puisque l'ONU n'est pas partie à la Convention européenne des droits de l'homme. La jurisprudence ultérieure a montré que cette volonté de la Cour n'est toutefois pas sans limites ; elle est, quoi qu'il en soit, sans incidence sur le critère d'imputation à l'organisation des faits commis par les États. Ce critère reste celui codifié à l'article 7 du projet d'articles de la CDI de 2011 (v. ss 476-1). La Grande chambre de la Cour l'a encore rappelé dans son arrêt *Al-Jedda* du 7 juillet 2011 en décidant que des mesures d'internement qui avaient été prises par les autorités militaires britanniques en Irak fin 2004, soit après la fin de l'occupation américano-britannique et l'autorisation donnée par le Conseil de sécurité des Nations Unies au déploiement d'une opération multilatérale dans ce pays, étaient imputables au Royaume-Uni et non pas à l'ONU au motif que le Conseil n'exerçait pas de contrôle effectif sur les activités des soldats qui participaient cette opération.

§ 2. Compétences de l'organisation internationale

173 ***Capacité et compétences*** ◊ La détermination et l'interprétation des pouvoirs de l'organisation résultent, ainsi qu'on l'a vu dans la pratique, du jeu combiné de certaines règles du droit international général avec celles des « règles propres » à l'organisation, même si beaucoup d'États répugnent encore à admettre explicitement qu'il puisse y avoir d'autres sources de droit applicables à l'institution que celles définies par sa charte constitutive. Le droit international général associe à titre présomptif à la possession de la personnalité internationale la jouissance corrélative

1. V. Ph. Lagrange, Responsabilité des États pour actes accomplis en application du chapitre VII de la Charte [...], *RGDIP* 2008/1.

d'un faisceau de capacités, dont on vient d'énumérer les principales (droit de passer des traités, droit de légation, de réclamation, responsabilité de l'organisation pour les faits illicites imputables à ses organes, etc.). Le droit propre à l'organisation, quant à lui, droit spécial par définition, peut déroger au précédent, par exemple en privant explicitement l'institution qu'il régit de telle ou telle capacité. Mais surtout, il détermine le cadre et les limites à l'intérieur desquelles certaines d'entre elles, dont en particulier celle de passer des traités pourront s'exercer : il le fait en indiquant quels sont l'objet et les finalités assignés à l'organisation. Il établit aussi la répartition des tâches entre les différents organes, auxquels il confie des compétences spécifiques [1]. Il définit des procédures. Cependant, aussi complet soit-il, il n'aura pu prévoir la solution légale à toutes les situations juridiques ou toutes les exigences fonctionnelles que la vie même de l'institution se chargera de révéler.

A. Compétences déclarées et compétences implicites

174 ***Position du problème*** ◊ L'organisation internationale, créée par des États souverains, peut-elle se voir reconnaître des compétences qui ne lui ont pas été explicitement attribuées par ses auteurs, sans que du même coup les bases du consentement des États à en devenir membres soient remises en cause ? [2] On a déjà rencontré à la section précédente les difficultés théoriques et pratiques posées par l'interprétation des actes constitutifs (v. ss 148). On n'y reviendra pas, mais on voit que la question des compétences implicites des organisations pose au moins deux types de problèmes : celui des critères de détermination et du contenu de ces compétences, d'une part, celui de l'organe apte à une telle détermination, d'autre part.

175 ***Organe déterminant les compétences implicites*** ◊ Pour les raisons énoncées précédemment à propos des enjeux et des difficultés de l'interprétation des chartes constitutives, il n'est pas étonnant qu'en pratique, sur le modèle offert par le droit interne, ce soient des organes judiciaires tiers aux États membres, même s'ils font eux-mêmes partie de l'organisation, qui aient utilisé et mis en œuvre la théorie des compétences implicites à propos des organisations internationales (théorie qui est d'ailleurs en pratique tout autant une méthode d'interprétation). L'exemple vient de la Cour suprême des États-Unis, dans une affaire demeurée célèbre (*Mc Culloc v. Maryland*,

1. Sur les limites aux compétences des organisations, v. G. Cahin, La notion de pouvoir discrétionnaire appliquée aux organisations internationales, *RGDIP* 2003/3. 535 s.
2. V. B. Rouyer-Hameray, *Les compétences implicites des organisations internationales*, LGDJ, 1962 ; R.L. Bindschedler, La délimitation des compétences des Nations Unies ; *RCADI*, 1963-I, vol. 108, p. 312-421 ; M. Rama-Montaldo, International Legal Personality and Implied Powers of International Organs, *BYBIL*, 1970, p. 111-115.

1819), à propos de la répartition des compétences entre le gouvernement fédéral et les États fédérés, et dans laquelle le juge Marshall avait reconnu à la Fédération certains pouvoirs, pourvu que leurs fins fussent conformes à la lettre et à l'esprit de la constitution. Sur ce modèle, c'est d'abord la Cour permanente de Justice internationale qui appliqua cette théorie à propos de l'OIT tout d'abord, (Avis n° 13 série B), puis de la Commission européenne du Danube (Avis n° 14 série B, précité).

La CIJ elle-même, au-delà de l'avis sur les réparations, en a fait un usage répété dans d'autres avis consultatifs, notamment à propos du statut international du Sud-Ouest africain [1] ou Namibie [2], de l'effet des jugements du Tribunal administratif des Nations Unies [3]. Dans le cadre régional interaméricain, le secrétaire général de l'OEA a eu plus récemment l'occasion de s'appuyer sur certaines compétences implicites pour intervenir dans le règlement des différends existant en Amérique centrale [4].

176 ***Un cas particulier, la répartition évolutive des compétences extérieures entre la Communauté et les États membres*** ◊ La dynamique fédérative propre au traité instituant la Communauté européenne, organisation d'intégration, a inspiré une jurisprudence particulièrement novatrice à la Cour de justice de Luxembourg. Elle a en effet porté la recherche de l'effet utile de l'objet et du but du traité communautaire jusqu'à déclarer dans son Avis 1/76, lui-même appuyé sur la jurisprudence des affaires AETR [5] et Kramer [6] : « chaque fois que le droit communautaire a établi dans le chef des institutions de la Communauté des compétences sur le plan interne en vue de réaliser un objectif déterminé, la Communauté est investie de la compétence pour prendre les engagements internationaux nécessaires à la réalisation de cet objectif, *même en l'absence d'une disposition expresse à cet égard* ». Il en résulte *a contrario* que les États membres se trouvent alors dessaisis de ladite compétence au profit exclusif de la Communauté.

On doit cependant noter que, dans un avis beaucoup plus récent, 1/94, rendu sur requête de la Commission à propos de la répartition des compétences entre la Communauté et les États membres pour conclure les accords multilatéraux respectivement relatifs au commerce des services et aux droits de propriété intellectuelle qui touchent au commerce (v. ss 600) la Cour a retenu une interprétation nettement plus restrictive de la conception précitée en déclarant « les États membres, qu'ils agissent individuellement ou collectivement, ne perdent le droit de contracter des obligations à l'égard des pays tiers *qu'au fur et à mesure que sont instaurées des règles*

1. *Rec.* 1950, p. 128.
2. *Rec.* 1971, p. 16.
3. *Rec.* 1954, p. 151.
4. V. H. Caminos, L'exercice des pouvoirs implicites par le secrétaire général de l'OEA dans le cadre de l'établissement de la paix en Amérique centrale, *AFDI* 1989. 189 s.
5. *Rec.* 1971, p. 263.
6. *Rec.* 1976, p. 1308.

communes qui pourraient être affectées par ces obligations. Ce n'est que dans la mesure où des règles communes ont été établies sur le plan interne que la compétence externe de la Communauté devient exclusive » (§ 77). Ceci revient à ignorer délibérément son arrêt *Kramer* de 1976 ainsi que l'Avis 1/76 précité, pour revenir à l'arrêt *AETR*, déjà très novateur mais cependant moins ambitieux, dans la mesure où il subordonnait précisément le transfert des compétences, des membres à la Communauté, à la prise de règles de droit dérivé communes, condition par la suite ignorée dans l'arrêt et l'Avis de 1976. Pratiquement, cependant, la marge de manœuvre laissée à la Communauté dans les négociations multilatérales relatives au commerce s'en trouve réduite, puisqu'elle doit agir en coopération étroite avec les États membres, sans que la Cour ait indiqué à cet égard de modalités précises [1]. Pour porter remède à une telle situation, le Traité de Nice a modifié la notion de politique commerciale (art. 133 du TCE) en transférant à la Communauté quelques-uns des secteurs faisant partie des accords de l'OMC. L'article 3 du nouveau Traité sur le fonctionnement de l'Union européenne, issu du Traité de Lisbonne de 2007, confirme la compétence exclusive de l'Union dans le domaine de la politique commerciale commune et précise que « l'Union dispose également d'une compétence exclusive pour la conclusion d'un accord international lorsque cette conclusion est prévue dans un acte législatif de l'Union, ou est nécessaire pour lui permettre d'exercer sa compétence interne, ou dans la mesure où elle est susceptible d'affecter des règles communes ou d'en altérer la portée ».

Au-delà du cas spécifique de l'Union européenne, il importe de constater que la pratique judiciaire de la théorie des compétences implicites, si elle ne la met pas en pratique à l'abri de toute contestation de la part des États membres, a contribué cependant souvent à renforcer dans les faits l'autonomie relative de l'organisation par rapport à eux. Le juge, en cherchant à donner une vision objective du but assigné à l'organisation par ses États eux-mêmes et sous couvert de donner son plein effet à l'expression imparfaite de leur volonté, aboutit ainsi à confier à l'institution considérée des compétences dont il n'est pas toujours sûr (c'est parfois presque un euphémisme) que les États aient bel et bien voulu la doter. Il contribue ainsi à placer l'organisation « face aux États », comme il le dit précisément en l'une de ces occasions, tant du moins qu'il sait, par sa jurisprudence, éviter de heurter directement la susceptibilité vite en éveil des États souverains.

B. Compétences normatives et compétences opératoires

177 ***Diversité des compétences des organisations*** ◊ Il serait hasardeux de vouloir dresser un catalogue ou une typologie exhaustive des compétences diverses dont peuvent être dotées les organisations internationales. Elles

1. V. D. Simon, *Europe*, déc. 1994, chron. 9, p. 1-3.

varient bien entendu de l'une à l'autre, en fonction des dispositions de leur acte constitutif. Cependant, deux grandes catégories peuvent être distinguées. Les premières compétences sont normatives : créées par les États, les organisations sont elles-mêmes créatrices de règles juridiques, dont les destinataires sont variés mais dont toutes les dispositions, même si elles s'inscrivent à l'intérieur de l'ordre juridique propre à l'organisation, sont soumises au droit international. Les secondes sont relatives à la réalisation des actions ou opérations concrètes de l'organisation. Ce sont les compétences opératoires, dites aussi souvent « opérationnelles ».

1. Compétences normatives

178 ***Position du problème*** ◊ Beaucoup d'organisations internationales servent de cadre à l'élaboration de conventions internationales, base d'une sorte de législation internationale intervenant dans les domaines les plus variés. Mais ce n'est pas de cette sorte d'activité normative dont il s'agit ici : on n'examine à présent que les actes normatifs directement imputables à l'organisation, actes unilatéraux de réglementation internationale. Ces actes constituent, comme on l'a déjà dit plus haut (v. ss 147), du « droit dérivé » par opposition au droit « originaire » ou « initial » que réalise le traité constitutif en application duquel ils peuvent être émis. Tous, cependant, n'ont pas le même champ d'application, ni le même régime juridique. Les uns apparaissent comme la manifestation d'un pouvoir d'autorégulation de l'organisation qui est ainsi son propre destinataire, les autres dépassent ce cadre proprement interne à l'institution, pour viser directement les conditions légales de la conduite des États membres dans le domaine couvert par l'action de l'organisation, tel qu'il est défini par sa charte constitutive (pouvoir réglementaire externe) [1].

179 ***Autorégulation*** ◊ Le pouvoir d'autorégulation de l'organisation est souvent prévu par l'acte constitutif, mais peut également être considéré comme implicite, en fonction des exigences du fonctionnement de l'institution. Chaque organe peut être d'abord amené à l'exercer pour son propre compte : c'est ainsi, notamment, que les organes délibérants, qu'ils soient ou non pléniers, se dotent de « règlements intérieurs » non sans analogie avec ceux de leurs homologues en droit interne (assemblées parlementaires ou organes collectifs de toutes associations).

Mais le même pouvoir, émanant d'un organe particulier, peut également viser l'ensemble de l'organisation : cas du règlement financier complétant les dispositions budgétaires de l'acte constitutif, ou règles établies pour préciser les conditions de gestion des locaux du siège de l'organisation. Dans ce cas, à moins de dispositions explicites énoncées par sa charte, l'expérience montre que ce sera généralement l'organe

1. V. J. Dehaussy & H. Ascensio, actes unilatéraux et action normative des organisations internationales, *Jurisclasseur de droit international*, 2005, Fascicule 14.

considéré comme le plus représentatif de la communauté institutionnelle, c'est-à-dire un organe plénier, qui disposera du pouvoir réglementaire le plus large [1]. La procédure d'adoption des actes réglementaires internes ne diffère ordinairement pas de celle prévue pour l'adoption des autres types d'actes pris par ces organes. Aussi ne saurait-on distinguer formellement les uns des autres : l'Assemblée générale de l'ONU adopte une disposition relative au fonctionnement interne de l'organisation comme par exemple le « code du drapeau des Nations Unies », exactement comme elle invite les États membres à mettre un terme à la course aux armements : par voie de résolution. Cette identité formelle ne s'accompagne pourtant pas d'un égal effet juridique. Alors que, dans l'exemple précité, la seconde résolution est, si l'on peut dire, proprement incitative, c'est-à-dire statutairement dépourvue de tout effet obligatoire, la première est au contraire liante pour les États membres, quoiqu'également adoptée par seulement une majorité d'entre eux. C'est bien sûr ici que l'on retrouve le problème déjà abondamment évoqué à la section précédente, du respect de la légalité interne de ce droit dérivé par rapport à l'acte constitutif et des conditions souvent aléatoires de sa garantie.

180 ***Pouvoir réglementaire externe*** ◊ En dehors des actes unilatéraux à portée obligatoire que l'organisation s'adresse à elle-même, celle-ci est également susceptible en certains cas d'exercer son pouvoir normatif à l'égard des États membres eux-mêmes. Les conditions dans lesquelles un tel droit dérivé externe peut créer des obligations pour ces États sont particulièrement importantes si l'on cherche précisément à déterminer quelle est la mesure dans laquelle l'organisation en tant qu'autorité normative se situe « face à ses États membres » comme le disait la Cour (avis précité de 1949 sur les réparations) – cette question, il faut bien le préciser, est totalement indépendante de celle, désormais classique, de savoir quelle peut être l'incidence des résolutions formellement non obligatoires sur le processus de formation de nouvelles règles coutumières, examiné par ailleurs. L'analyse comparative du droit propre d'un grand nombre d'institutions universelles et régionales, permet de formuler trois observations à propos du pouvoir réglementaire externe des organisations internationales : ce pouvoir est en premier lieu peu fréquent, il ménage ensuite la plupart du temps le principe fondamental du consensualisme étatique, il est enfin très rarement implicite.

a) Un certain pouvoir réglementaire a été conféré à des organisations à vocation technique, afin de promouvoir un minimum d'uniformité de la réglementation internationale, condition souvent indispensable à son efficacité. C'est notamment le cas à propos des différents aspects de la navigation aérienne civile (équipement des aéronefs et des aéroports, formation technique du personnel, détermination des voies aériennes,

1. V. l'avis consultatif de la CIJ relatif au Tribunal administratif des Nations Unies préc., *Rec.* 1954.

contrôle de la circulation aérienne, etc.). Aussi l'organisation compétente en la matière, l'OACI, s'est-elle vue dotée par son article 38 de la possibilité d'adopter et d'amender à ces propos « les normes, pratiques recommandées et procédures internationales » appropriées. L'article 54-1 désigne l'organe compétent pour ce faire, qui est un organe restreint « responsable devant l'Assemblée » (art. 50 a) : le Conseil de l'OACI.

Dans le domaine de la santé, l'article 21 de la constitution de l'OMS accorde à l'Assemblée de la Santé l'autorité pour adopter des règlements sanitaires destinés notamment à empêcher la propagation des maladies ou à garantir l'innocuité de certains produits pharmaceutiques. Quoiqu'en des termes beaucoup plus évasifs sinon ambigus, l'article 8 a de la convention de l'OMM donne pouvoir au Congrès météorologique mondial de « déterminer des mesures d'ordre général » afin d'atteindre les buts de l'organisation. Plus intéressant est le cas de l'action réglementaire d'une commission conjointe FAO/OMS, créée à l'initiative de la conférence de la FAO (onzième session) et adoptée par l'Assemblée mondiale de la Santé (1963) destinée à adopter, sous le nom de *codex alimantarius*, des normes harmonisant les critères d'hygiène des aliments et additifs alimentaires.

Un cas tout à fait à part, une fois de plus, eu égard à la nature particulière de ces institutions, est constitué par le pouvoir réglementaire reconnu à la Communauté européenne, puis à l'Union européenne. Elle l'exerce par voie de règlements, directives et décisions pour reprendre la terminologie de l'article 288 du traité sur le fonctionnement de l'UE. Il demeure incomparable à ceux qui précèdent, tant par son ampleur que par sa portée juridique (applicabilité directe des règlements ainsi que, dans les conditions définies par la voie prétorienne de la CJCE-CJUE, de certaines directives et décisions).

b) Même si, dans ce dernier cas, on peut considérer que certains arrêts de la CJCE, devenue CJUE, relatifs à la portée des règles précitées interprètent de façon très dynamique les dispositions du droit originaire, il faut cependant relever que le pouvoir réglementaire confié aux organisations ne remet jamais directement en cause le principe du consensualisme.

Ceci, en premier lieu, parce qu'un tel pouvoir normatif unilatéral trouve son fondement dans l'acte constitutif lui-même, traité ratifié par tous les États membres (le cas de la Commission du code alimentaire est à cet égard particulier). Mais ensuite et surtout parce que chacun de ces textes, quoique de façon conditionnée, prévoit la possibilité pour chacun des États membres de ne pas accepter la valeur obligatoire de ces règlements internationaux ; ils peuvent le faire soit en « notifiant immédiatement à l'OACI les différences entre ses propres pratiques et celles qui sont établies par la norme internationale » (art. 38), soit en refusant ou affectant de réserves les règlements de l'OMS après réception de leur notification (art. 22) soit, à propos des normes du Codex, en les acceptant « avec des dérogations spécifiées » [1].

1. V. P.-M. Dupuy, *Le droit à la santé et la protection de l'environnement*, colloque 1978, Académie de droit international, La Haye, Syjthoff et Noordhoff. spécial. p. 370 s.

c) S'agissant néanmoins d'un pouvoir qui conditionne l'action des États membres, le pouvoir réglementaire externe des organisations internationales sera en principe difficilement admis s'il n'a pas été expressément prévu dans l'acte constitutif. C'est dire qu'à l'inverse du pouvoir d'autorégulation de l'organisation (ou pouvoir réglementaire interne) il doit être considéré comme une compétence d'attribution.

Une question différente mais cependant très voisine s'est néanmoins posée à propos de la portée des résolutions prises par le Conseil de sécurité en application de l'article 25 de la Charte des Nations Unies (*GTDIP* n° 1) : « Les Membres de l'Organisation conviennent d'accepter et d'appliquer les décisions du Conseil de sécurité conformément à la présente Charte ». Cette disposition indique clairement le caractère obligatoire pour les États membres des « décisions » prises par cet organe. Mais, depuis les travaux préparatoires de la Charte jusqu'à aujourd'hui, la controverse subsiste sur la question de savoir si la portée obligatoire dont il s'agit s'applique aux seuls pouvoirs accordés au Conseil dans le cadre du chapitre VII de la Charte (aux art. 41 et 42) ou si elle peut couvrir de façon beaucoup plus large toutes les recommandations prises par le Conseil afin qu'il puisse assumer la « responsabilité principale du maintien de la paix » qui lui est accordée à l'article 24, alinéa 1er. Après avoir été agitée notamment par plusieurs États dans différentes affaires [1] cette interrogation aurait pu trouver sa réponse définitive avec l'avis rendu par la CIJ le 29 janvier 1971 (conséquences juridiques pour les États de la présence continue de l'Afrique du Sud en Namibie nonobstant la résolution 276-1970 du Conseil de sécurité, laquelle demandait à tous les États de s'abstenir de toutes relations avec le gouvernement sud-africain en relation avec la Namibie). La Cour conclut en faveur de l'interprétation large, et donc de la portée obligatoire de cette résolution, en ayant cependant soin d'indiquer en fonction de quels critères : « Il faut soigneusement analyser le libellé d'une résolution du Conseil de sécurité avant de pouvoir conclure à son effet obligatoire. Étant donné le caractère des pouvoirs découlant de l'article 25, il convient de déterminer dans chaque cas si ces pouvoirs ont été exercés, compte tenu des termes de la résolution à interpréter, des débats qui ont précédé son adoption, des dispositions de la Charte invoquées et en général de tous les éléments qui pourraient aider à préciser les conséquences juridiques de la résolution du Conseil de sécurité » [2]. Toutefois, cette interprétation de la Cour fut loin d'être acquise à l'unanimité et plusieurs des juges la critiquèrent très nettement [3]. Par la suite, l'attitude adoptée par les États au sein même du Conseil, notamment encore en 1984 à propos de la résolution 558 (13 décembre 1984) relative à l'importation du matériel militaire fabriqué en Afrique du Sud, tend à prouver que la portée réelle de l'article 25 offre encore lieu à discussions (V. E. Suy, *op. cit.* p. 480 et 481), même si on peut sans

1. V. E. Suy *in Commentaire de la Charte ONU*, Cot-Pellet, p. 477.
2. *Rec.* 1971, p. 53.
3. V. *Rec.* CIJ 1971, Opinions du Juge Petren (p. 136), Onyema (p. 147), Dillard (p. 138), Gros (p. 340) et Sir Gerald Fitzmaurice (p. 292).

doute rattacher aussi à cette disposition le caractère obligatoire reconnu, lors de « l'affaire du Golfe » (Irak-Koweït) par les États membres à certaines des résolutions prises par le Conseil de sécurité à l'encontre de l'Irak (1991).

181 ***Activités paranormatives des organisations internationales*** ◇ Généralement méconnues par la doctrine, parce qu'elles ne correspondent pas à une catégorie juridique homogène, mais dotées en pratique d'une grande importance pour l'harmonisation progressive des comportements, et surtout, des législations nationales des États membres dans les domaines techniques les plus variés, les activités paranormatives des organisations internationales, notamment des institutions spécialisées des Nations Unies, se traduisent par une production aussi abondante que variée : standards de références, nomenclatures, lignes directrices, législations types, codes divers, mis à la disposition des États à titre purement indicatif, soit par voie de résolutions, soit même simplement par publications directes émanant du secrétariat des organisations ; ainsi, par exemple l'AIEA émet-elle des normes de radioprotection relatives à la protection contre le risque nucléaire, le plus souvent reprises par les législations nationales, tant est reconnue leur autorité scientifique. Mais l'OIT, l'OMS, la FAO pratiquent également beaucoup ce type d'activités qu'on pourrait presque dire intermédiaire entre l'action normative et l'action opérationnelle.

2. Compétences opératoires ou « opérationnelles »

182 ***Diversité*** ◇ Ces compétences sont par définition extrêmement diversifiées, puisqu'elles varient d'une organisation à l'autre en fonction de son objet et de ses buts. On peut les définir simplement négativement en observant qu'elles regroupent la plupart des pouvoirs d'action des institutions internationales autres que l'édiction des normes. Elles consistent souvent en l'apport d'une assistance économique et financière, administrative ou en certains cas militaire aux États membres. On en rencontrera ultérieurement diverses illustrations en étudiant en particulier les structures et les modalités de l'aide au développement économique et social. Exigeant parfois l'exercice par l'organisation de compétences personnelles (sur leur personnel ou sur des choses, véhicules divers par exemple) ces actions, qui se déroulent sur le territoire des États membres, exigent en pratique que leurs conditions légales d'exercice soient aménagées par accord avec ces États.

3. Compétences de contrôle et compétences de sanction

183 ***Position du problème*** ◇ En relation directe avec les compétences normatives des organismes, dont elles constituent souvent l'une des manifestations, les compétences de contrôle et de sanction qu'elles peuvent posséder sur les États membres présentent un intérêt théorique suffisamment important pour qu'on les examine à part.

On a envisagé à la section précédente les conditions, généralement très imparfaites, du contrôle exercé par les Membres sur la légalité des actes de l'organisation. Il s'agit ici exactement de l'inverse. Dans quelle mesure l'organisation peut-elle contrôler, voire sanctionner la non-réalisation par les États des obligations qu'ils ont souscrites au titre des Membres de l'Organisation ? Comme on avait pu le constater en retraçant le raisonnement de la CIJ dans l'avis sur les réparations (1949), la Cour a fait des signes de l'autonomie de l'organisation par rapport à ses États membres les révélateurs de sa personnalité internationale. Elle a en particulier insisté sur les devoirs que ces États ont consentis à l'égard de l'organisation, qui « le cas échéant a le devoir de rappeler à ceux-ci certaines obligations ». D'une façon générale, en effet « à partir du moment où un État exerce une action quelconque, reçoit un service quelconque d'une organisation, celle-ci possède automatiquement un moyen de pression à son égard dont elle peut tirer avantage » (M. Virally). Ce pouvoir, qui est largement de fait, trouve un renfort singulier lorsqu'il peut de plus s'appuyer sur des compétences légales de contrôle ou de sanction établies dans le traité de base.

184 ***Compétences de contrôle*** ◇ Les compétences de contrôle sont souvent prévues et l'on examine par ailleurs leur importance croissante, notamment dans la matière de la protection internationale des droits de l'homme (v. ss 219). Ainsi, la procédure des rapports périodiques des États membres à l'organisation sur la façon dont ils s'acquittent de leurs obligations statuaires ou conventionnelles a pris, en particulier dans le domaine précité, une importance considérable. On la retrouve cependant également dans le cadre d'organisations techniques ou économiques développées en premier lieu par la constitution de l'OIT (art. 19 et art. 22) : cette obligation administrative de rendre compte à l'organisation de la légalité de son action peut déboucher à l'OIT sur l'exercice d'un contrôle inquisitoire sinon quasi juridictionnel exercé par une commission d'enquête que le conseil d'administration de l'organisation est susceptible de former, au cas où l'un des Membres aurait déposé à l'encontre d'un autre une « plainte » devant le Bureau international du travail, pour non-exécution d'une convention adoptée par l'Organisation et ratifiée par tous deux (art. 26). Cette procédure peut même aboutir, en certaines circonstances, à la saisine de la Cour internationale de Justice (art. 29-2). On peut établir souvent une corrélation entre les compétences de contrôle ainsi entendu « *lato sensu* » et les compétences en matière de règlement des différends entre États membres dévolues à certains organes, particulièrement au sein des organisations à vocation économique (AELE, accords sur les produits de base).

185 ***Le pouvoir de sanction*** [1] ◇

a) On constate que beaucoup d'institutions possèdent notamment la compétence d'infliger aux Membres des sanctions privatives de droits

1. Charles Leben, *Les sanctions privatives de droit et de liberté dans les organisations internationales spécialisées*, Bruxelles, Bruylant 1979 ; J. Combacau, *Le pouvoir de sanction de l'ONU : étude théorique de la coercition non militaire*, Paris, Pedone, 1974.

ou de qualités (suspension du droit de vote, par exemple art. 19, ONU, art. 88, OACI, art. 13.4, OIT ; suspension des services fournis par l'organisation, par exemple art. XXIII, section 2 des statuts du FMI ; suspension des droits et privilèges inhérents à la qualité de membres, par ex. art. XIX, B, (AIEA). On pourrait alors, considérant la décentralisation originaire de la société internationale, conclure à une évolution sensible, sinon à une mutation radicale des conditions du respect par les États de la légalité internationale, désormais centralisée, lorsque du moins elle est circonscrite par certains ordres juridiques partiels [1].

b) C'est ici que l'on percevra cependant les limites de l'autonomie de l'organisation à l'égard des États membres. Dotée de personnalité internationale, elle affirme certes son existence juridique comme entité corporative et sujet de droit distinct des États. Mais si elle est ainsi « face aux États », il demeure que par sa nature collective, l'organisation ne peut manifester cette identité à l'un d'entre eux que par l'intermédiaire des autres. Mis à part l'Union européenne (dotée d'une juridiction susceptible de condamner avec autorité de chose jugée le manquement des Membres à leurs obligations) les pouvoirs de sanction que l'on vient de citer sont en effet exercés le plus souvent non par un organe indépendant des Membres mais par celui qui au contraire les réunit tous : l'organe plénier. Aussi la centralisation organique de la sanction ne doit-elle pas masquer qu'elle est le fruit d'une coalition d'intérêts, nécessairement politiques, même si son mobile apparent s'affirme technique. Ceci, bien entendu, précarise l'autorité d'une telle mesure et donc son efficacité à l'égard de ce qui en est frappé.

Évolution progressive, sans aucun doute parce que, de plus en plus, en bien des domaines, politiques, économiques ou techniques, la compétence propre des États devient dans une certaine mesure liée et partiellement contrôlée, du fait de leur appartenance aux organisations de coopération. Révolution certainement pas, car si l'institutionnel apporte presque mécaniquement une certaine part de centralisation, les sanctions, quant à elles, demeurent très largement soumises aux aléas de motifs politiques et de contestations. Chacun sachant en outre que la conjoncture politique du moment peut évoluer demain, la pratique des sanctions institutionnelles reste au demeurant rare. On ne peut donc considérer que le phénomène institutionnel apporte une mutation radicale de l'ordre juridique international.

§ 3. Statut juridique de l'organisation

186 ***Position du problème*** ◊ Les organisations internationales ne disposent pas de territoire propre et leur personnalité est, à l'inverse de celle des États, restreinte par le principe de spécialité. Pour agir, elles doivent alors déterminer, en accord avec les États sur le territoire desquels elles

1. V. W. Friedmann, *The Changing Structure of International Law*, London, Stevens, 1964.

s'installeront, les conditions générales de leur établissement (A). Afin que leur action ne puisse être entravée par la soumission au droit interne de l'État hôte, qui les placerait dans une dangereuse situation de dépendance à l'égard de celui-ci, elles-mêmes et leurs agents se sont vu attribuer des privilèges et immunités, destinés à garantir leur indépendance, gage de leur efficacité (B).

A. L'établissement de l'organisation

187 ***Nature juridique et conditions de l'établissement*** ◊ Du fait de la permanence de leurs organes, les organisations internationales doivent disposer de façon stable des locaux nécessaires à leur fonctionnement. Ils sont inévitablement situés sur le territoire d'un État qui d'ailleurs, telle la Suisse vis-à-vis de plusieurs des organisations qu'elle accueille, n'est pas nécessairement un État membre. Nombre d'organisations ont plusieurs sièges principaux (comme l'ONU à New York, Genève et Vienne) et des sièges annexes ou régionaux (comme en particulier l'OMS).

Dans son avis relatif à l'interprétation de l'accord du 25 mars 1951 entre l'OMS et l'Égypte [1], la CIJ a eu l'occasion d'analyser plus particulièrement les conditions juridiques de l'établissement des organisations en insistant, par-delà même les conditions propres à l'espèce, sur leur caractère contractuel. De fait, on ne saurait imaginer qu'une organisation établisse ses installations sur le territoire d'un État souverain sans l'accord de celui-ci. Aux avantages politiques et autres que l'État hôte peut retirer de l'établissement d'une organisation sur son territoire devront correspondre les privilèges et immunités qu'il lui accordera pour éviter d'entraver l'exercice de sa mission de service public international.

Pour autant, les formes que pourra revêtir cet accord (établi dans un seul ou plusieurs instruments ou par la convergence d'actes unilatéraux), pourront être diverses et le droit international général ne dit rien à cet égard : contrairement à ce que semble admettre l'avis précité en des termes d'ailleurs très généraux, le statut ménagé à l'organisation par l'État hôte sera déterminé, dans chaque cas particulier, par les instruments et les termes de leur seul accord [2].

Habituellement, toutefois, chaque organisation conclut un ou plusieurs « accords de siège » destinés à définir son statut dans le pays concerné, comme l'ONU le fit par exemple le 19 avril 1956 avec la Suisse ou le 26 juin 1947 avec les États-Unis. Ce statut est souvent complété par des lois nationales, comme l'*International Organizations Immunities Act* de 1945 pour les États-Unis [3].

1. *Rec.* 1980, p. 73 s.
2. V. J. Combacau, La question du transfert du bureau régional de l'OMS devant la CIJ, *AFDI* 1980. 225 s.
3. M. Kourouma, Contribution à l'étude des accords de siège des organisations internationales implantées en Côte d'Ivoire, *AFDI* 1990. 614 s.

B. Privilèges et immunités

1. Privilèges et immunités de l'organisation [1]

188 ***Sources*** ◊ Outre les actes que l'on vient de citer, qui comportent le plus souvent l'indication des privilèges et immunités ménagés à l'organisation et à ses fonctionnaires, des conventions multilatérales ont pu être adoptées à propos de certaines organisations. C'est le cas pour l'ONU, avec la « Convention générale sur les privilèges et immunités des Nations Unies », approuvée par l'Assemblée générale le 13 février 1946, pour répondre aux exigences de l'article 105 de la Charte qui dispose que « l'organisation jouit, sur le territoire de chacun de ses membres, des privilèges et immunités qui lui sont nécessaires pour atteindre ses buts ». Cette disposition trouve son équivalent dans les traités constitutifs des institutions spécialisées, pour lesquelles fut par ailleurs conclue la « convention sur les privilèges et immunités des institutions spécialisées ». Cette convention, de façon inhabituelle, fut d'abord adoptée par l'Assemblée générale de l'ONU (21 novembre 1947), avant de l'être ultérieurement par chacune des institutions spécialisées concernées. Cette communauté de conception entre les deux conventions générales explique la similitude de leurs dispositions.

À l'inverse de ce qui a été dit précédemment des conditions formelles de leur établissement dans chaque État considéré, il n'est pas impossible que, d'un point de vue matériel, ces deux conventions aient été à l'origine d'une pratique génératrice d'une sorte de droit commun (coutumier) des privilèges et immunités, sinon de toutes les organisations, du moins de celles de la « famille des Nations Unies » (ONU et Institutions spécialisées). C'est en tout cas l'avis du conseiller juridique de l'ONU en ce qui concerne sa propre organisation [2]. Cette question revêt un intérêt pratique, car si un tel droit possède aujourd'hui un caractère coutumier, il est alors opposable non seulement aux États membres des organisations n'ayant pas ratifié les deux conventions générales précitées mais aussi aux États tiers aux organisations.

189 ***Contenu*** ◊ À travers les diverses sources que l'on vient d'évoquer, on relève en tout état de cause une large convergence des privilèges et immunités qu'elles reconnaissent aux organisations. Ceux-ci présentent du reste une analogie marquée avec ceux qui sont de très longue date pratiqués à l'égard des missions diplomatiques étrangères établies sur le territoire d'un État. Il s'agit en effet, dans un cas comme dans l'autre, d'assurer à leurs bénéficiaires l'indépendance nécessaire à l'exercice de leurs fonctions.

a) L'un des principaux privilèges est constitué par *l'inviolabilité des locaux* de l'organisation, généralement reconnue par les accords de siège, aussi bien, par exemple, qu'à la section III de la Convention générale

---

1. V. C. W. Jenks *International Immunities*, Londres, Stevens, 1961, p. 178.
2. Déclaration devant la sixième Commission de l'AG/ONU le 6 déc. 1967, *AJNU* 1967. 346 et commentaire Ph. Cahier sur l'art. 105 ONU *in* Cotet Pellet, p. 1397 s.

relative à l'ONU (v. par ex. art. 4 des différents accords de siège passés par l'OMS, l'OIT ou l'OMM avec la Suisse, art. 5 et 6 de l'accord du 2 juillet 1954 passé entre la France et l'Unesco). Les autorités de l'État du siège ne peuvent donc pénétrer sans autorisation du Directeur ou secrétaire général de l'organisation dans tous les locaux qu'elle occupe, qu'ils soient ou non sa propriété [1]. L'organisation, en contrepartie, s'engage généralement à veiller à la sécurité et au maintien de l'ordre au sein des locaux, qui ne pourront servir de refuge aux personnes tentant d'échapper à une arrestation.

b) *L'immunité de juridiction* est également très importante, puisqu'elle permet aux organisations, sur le modèle du privilège reconnu aux États souverains, d'échapper aux actions judiciaires devant les tribunaux nationaux de l'État du siège (v. par exemple Convention générale ONU, section 2). Valable à l'égard de toute juridiction, l'immunité l'est également en principe pour tous les actes de l'organisation. Contrairement à la tendance prévalant en matière d'immunité de juridiction des États, de plus en plus restreinte par les droits nationaux aux actes accomplis dans le seul exercice de la puissance publique (*jure imperii*), il apparaît raisonnable de maintenir à l'immunité de juridiction des organisations le champ d'application le plus large, eu égard à leur nécessaire implantation sur le territoire d'un État, sous réserve toutefois du respect des droit fondamentaux (v. ss 130-1).

c) Les organisations internationales se voient également reconnaître des *privilèges financiers et fiscaux*. Il leur est généralement accordé la liberté de détention de fonds et de transfert de toutes devises étrangères et les États hôtes renoncent à percevoir sur elles tous impôts directs voire indirects, lorsque cela est possible (v. par exemple accord Unesco-France art. 15, OMS-Suisse art. 10). Elles sont de même exonérées de droits de douane.

d) Enfin, toutes facilités leur sont accordées pour que puissent se réunir en leur siège les représentants de tous les États membres (octroi rapide de visas d'entrée, exemption du contrôle des conditions de séjour de ses représentants, etc.).

2. Privilèges et immunités des agents de l'organisation

190 ***Statut juridique*** ◊ Le statut juridique des agents de l'organisation sur le territoire des États membres dérive nécessairement de celui de l'institution internationale à laquelle ils appartiennent. Les privilèges et immunités qui leur sont accordés ont la même raison d'être que ceux dont jouit leur organisation : ils visent à garantir l'efficacité de leur action en pleine indépendance tant par rapport à l'État hôte qu'à l'égard de leur État d'origine, afin de promouvoir les buts internationaux de l'institution. Pour prendre cependant une mesure exacte de ces privilèges et immunités,

1. V. *ACDI* 1967 II, p. 249-250.

reflets fidèles de ceux que possèdent les diplomates, il faut au préalable les resituer par rapport aux caractères généraux du droit de la fonction publique internationale.

191 *Caractères généraux du droit de la fonction publique internationale* [1] ◊

a) Définition des fonctionnaires internationaux : les fonctionnaires internationaux sont des agents exerçant, de façon exclusive et continue, une fonction publique au service d'une organisation internationale et soumis à un régime juridique d'origine internationale.

b) Sources du statut de la fonction publique internationale : elles sont en grande partie les mêmes que celles du statut des organisations internationales, à savoir l'acte constitutif de l'organisation concernée [2] ; le cas échéant, la convention multilatérale sur les privilèges et immunités de l'organisation sur le territoire des États membres [3] ; les accords bilatéraux de siège avec le ou les États hôtes, enfin les règles de droit dérivé édictées par les organes compétents de l'organisation [4].

c) Recrutement : ainsi que le dit l'article 101 de la Charte à propos de l'ONU, « la considération dominante dans le recrutement et la fixation des conditions d'emploi du personnel doit être la nécessité d'assurer à l'organisation les services de personnels possédant les plus hautes qualités de travail, de compétence et d'intégrité. Sera dûment prise en considération l'importance d'un recrutement effectué sur une base géographique aussi large que possible ». La jurisprudence internationale a précisé que le critère de compétence l'emporte sur celui de répartition géographique, assuré sur la base de quotas attribués à chaque État membre, selon des modes de calcul variables [5].

d) L'indépendance des agents internationaux tant à l'égard de leur État d'origine que de l'État hôte et de tout autre État membre constitue l'objectif majeur du droit de la fonction publique internationale. Cette obligation est faite aux chefs des administrations internationales comme à leurs fonctionnaires par à peu près toutes les chartes constitutives des organisations et constitue à n'en pas douter un principe général du droit en ce domaine [6].

En pratique, on ne peut cependant que constater les menaces sérieuses pesant sur cette indépendance, du fait des ingérences gouvernementales sur le recrutement, la pression financière exercée sur certains d'entre eux, quand ce n'est pas (comme dans le cas du directeur, d'origine roumaine de

1. A. Pellet et D. Ruzié, *Les fonctionnaires internationaux*, Paris, PUF, Que sais-je ? 1993.
2. V. par exemple ONU art. 97, 100 et 101.
3. Outre celles précitées v. ss 188, v. par exemple protocole unifié sur les privilèges et immunités des Communautés européennes, du 8 avr. 1965.
4. V. par exemple « Règlement et instructions du personnel » de l'OCDE.
5. V. Tanu, n° 130, *Estabial c/ SG ONU.*
6. V. par exemple outre les articles ONU précités, Unesco, article VI, paragraphes 4 à 6 ; OUA, article XVIII ; Ligue Arabe, article 12. V. M. Bettati, Recrutement et carrière des fonctionnaires internationaux, *RCADI* 1987, III, p. 175-443.

l'Institut des Nations Unies pour le désarmement), la contrainte physique et l'interdiction persistante de regagner son poste [1].

e) Sanctions : les fonctionnaires internationaux qui ne s'acquittent pas des obligations qui sont les leurs en application des textes pertinents, qui manifestent une insuffisance professionnelle ou se rendent coupables de fautes disciplinaires, sont passibles de sanctions diverses, allant de l'avertissement à la révocation de la part de l'autorité investie du pouvoir de nomination. Leurs intérêts peuvent être défendus par des associations syndicales, internes à chaque institution, mais fédérées notamment au sein de la Fédération des Associations de Fonctionnaires Internationaux (FAFI/FISCA).

f) Voies de recours : à l'encontre d'une décision qui les frappe, les agents des organisations disposent d'une pluralité de recours, soit en s'adressant à l'auteur de la mesure en cause, (recours hiérarchique), ce qui ouvre souvent en pratique la voie à des procédures de conciliation, soit en recourant à un organe paritaire (Comité consultatif mixte à l'OCDE-Conseil d'appel à l'Unesco-Commission paritaire de recours à l'ONU) dont la procédure est contradictoire et constitue un préalable à tout recours juridictionnel. Ces derniers sont ouverts devant les tribunaux administratifs dont se sont dotées les organisations : Tribunal du contentieux administratif, qui a remplacé le TANU (ONU) [2] ; TAOIT, ouvert à la plupart des autres institutions spécialisées du système des Nations Unies, à l'exception toutefois des institutions financières, qui disposent du TA de la Banque mondiale ; Tribunal de la fonction publique de l'Union européenne ; etc. Ces juridictions, dotées d'une compétence d'attribution résultant exclusivement des textes qui les créent, peuvent annuler la décision attaquée et ordonner l'exécution d'obligations en cause. Elles peuvent allouer des indemnités aux fonctionnaires ayant subi un préjudice injustifié. Les décisions de certaines d'entre-elles peuvent faire l'objet d'un recours en révision devant le même organe (TAOIT), voire d'un recours en réformation devant la Cour internationale de Justice (TAOIT). Les jugements du Tribunal du contentieux administratif des Nations Unies peuvent être contestés en appel devant un organe spécifiquement créé à cet effet : le Tribunal d'appel des Nations Unies. Un pourvoi peut être formé contre les décisions du Tribunal de la fonction publique de l'UE devant le TPICE. Il importe que devant ces juridictions, y compris la Cour internationale de Justice, saisie d'une demande de réformation d'un jugement du TAOIT, soit en particulier respecté le principe d'égalité entre les parties. Cette égalité entre agent et organisation doit être garantie tant pour l'accès à la justice que dans la procédure se déroulant devant ces fors [3].

---

1. V. Th. Meron, *L'indépendance de la fonction publique internationale et son avenir, in L'avenir des organisations internationales*, INEDIP, Paris Economica 1984, p. 221 s. et *SFDI*, colloque 1985, préc.

2. Ce tribunal, ainsi que le Tribunal d'appel des Nations Unies, ont été créés par l'Assemblée générale le 23 févr. 2009 (résolution 63/253). Sur cette réforme, v. P. Bodeau-Livinec, *AFDI*, vol. 54, 2008, p. 305-321.

3. V. CIJ, 1er févr. 2012, avis consultatif relatif au *jugement n° 2867 du Tribunal administratif de l'Organisation internationale du travail sur la requête contre le Fonds international de développement agricole.*

g) **Contenu des privilèges et immunités :** inspirés tant par ceux qui sont reconnus aux personnels diplomatiques en poste à l'étranger que par ceux que possède leur propre organisation, ils sont surtout constitués par *l'immunité de juridiction* à l'égard des tribunaux locaux, du moins à raison des actes accomplis dans l'exercice de leurs fonctions, immunité d'ailleurs susceptible d'être levée par l'organisation elle-même. La Cour internationale de Justice a eu à deux reprises l'occasion d'indiquer par voie consultative que la Convention sur les privilèges et immunités diplomatiques s'applique également à des experts désignés par l'ONU pour accomplir une mission déterminée, en application de la section XXII de l'article VI de cet instrument. Le premier de ces deux cas concernait M. Mazilu, rapporteur spécial de la Sous-commission de la lutte contre les mesures discriminatoires et de la protection des minorités [1] ; le second avait trait à la situation du rapporteur spécial de la Commission des droits de l'homme en Malaisie, M. Cumaraswamy [2]. L'un comme l'autre avaient fait l'objet de contraintes et poursuites illicites de la part de deux États membres, Roumanie et Malaisie.

Ils possèdent aussi *l'immunité fiscale* les dispensant de payer l'impôt sur leur salaire, dont ils n'ont pas à déclarer le montant à l'administration locale [3]. Dans le cadre universel, la Cour internationale de Justice a eu l'occasion en 1989 d'interpréter une disposition de la convention sur les privilèges et immunités des Nations Unies (section XXII de l'article 6) pour savoir si une personne n'étant pas fonctionnaire de l'Organisation mais agissant en qualité d'expert désigné par l'un de ses organes subsidiaires (la sous-commission de la lutte contre les mesures discriminatoires et la protection des minorités) pouvait bénéficier du régime de protection qu'elle établit. Sa réponse fut positive [4].

192 ***Conclusion générale*** ◊ Entre 1943 et 1984, le nombre des organisations internationales intergouvernementales est passé d'une dizaine à 337. Ce chiffre comprenait 32 organisations mondiales, 50 organisations dont les membres sont répartis sur plusieurs continents, et 255 organisations régionales. Il s'en crée en moyenne une dizaine par an [5]. De nombreuses autres ont été créées depuis, notamment dans le cadre très spécifique des conventions régionales et universelles de protection de l'environnement [6]. Ces données illustrent l'importance irréversible des OIG dans les relations internationales actuelles. Forums de négociation permanente, centres d'harmonisation des politiques nationales, les organisations

1. Avis du 15 déc. 1989, *Rec.* CIJ 1989, p. 177, comment. E. David, *AFDI* 1989. 298.
2. Avis du 29 avr. 1999, comment. D. Ruzié, *RGDIP* 1999/3, p. 667.
3. V. CJCE, affaire *Humblet*, 16 déc. 1960, *Rec.* VI/2, 1960.
4. Avis rendu dans l'affaire *Mazilu*, le 15 déc. 1989, *Rec.* 1989, p. 177-199 ; V. comment. E. David, *AFDI* 1989. 298 s.
5. V. M. Bertrand, *L'avenir politique et institutionnel des organisations internationales*, colloque INEDIP, *op. cit.* p. 3-10.
6. V. à cet égard, CIJ, 20 avr. 2010, *Usines de pâte à papier (Argentine c/ Uruguay)*, spéc. § 90.

internationales ont pris en particulier une place déterminante dans le dialogue entre pays industrialisés et pays en développement, mais aucun domaine de la coopération internationale ne leur est resté étranger, à mesure que s'affirmait la dimension internationale des problèmes qui se posent à tous.

D'un point de vue juridique, on a pu constater que le développement du nombre et des fonctions des organisations ont conduit les États à les reconnaître en principe sujets de droit international. Leur influence sur les modes de formation sinon sur le régime des sources du droit international sera étudiée par ailleurs, mais on peut d'ores et déjà observer qu'elle est de première importance. Si leur apport structurel au système juridique international est moins déterminant qu'il n'a pu paraître il y a quarante ans (dans la mesure où elles laissent largement subsister la décentralisation qui le caractérise), il demeure néanmoins considérable, du fait de l'apparition d'autant d'ordres juridiques partiels, conditionnant l'action des États membres.

193 *Indications bibliographiques complémentaires* ◇

Abi-Saab (G.), *Le concept d'organisation internationale*, (Paris, Unesco, 1980, 292 p.) ; Alvarez (J.E.), International Organizations : Then and Now, (*AJIL*, 2006/2, p. 324-347) ; Audit (M.), Les marchés de travaux, de fournitures et de services passés par les organisations internationales (*JDI*, 2008, p. 941-962) ; Bastid (S.), *Problèmes juridiques posés par les organisations internationales*, Cours de doctorat, (Paris, Les cours de droit, 1971-72, 545 p.) ; Bedjaoui (M.), Du contrôle de légalité des actes du Conseil de sécurité, *in Mélanges Rigaux*, (Bruxelles, Bruylant, 1993, p. 69-110) ; Beigbeder (Y.), L'organisation mondiale de la santé, (Paris, PUF, 1995, 206 p.) ; Bertrand (M.), *The Third Generation World Organization*, (Dordrecht, MNP, 1989, 217 p.) ; Bertrand (M.), & Warner (D.) (Eds.), *A New Charter for a Wordwilde Organisation ?*, (Kluwer, 1996, 288 p.) ; Bertrand (Ch.), La nature juridique de l'organisation pour la sécurité et la coopération en Europe, (*RGDIP*, 1998/2, p. 365-406) ; Benlolo Carabot (M.), Les immunités des communautés européennes (*AFDI* 2008, p. 549-591) et Les immunités de l'Union européenne dans les États tiers (*AFDI* 2009, p. 783-818) ; Bettati (M.), *Le droit des organisations internationales* Coll. Que sais-je ?, n° 2355, (Paris, PUF, Coll. Que sais-je ? n° 2355, 1987, 125 p.) ; Boisson de Chazournes, Les relations entre organisations régionales et organisations universelles, (*RCADI*, t. 347, 2010, p. 81-406) ; Boutros-Ghali (B.), Le principe d'égalité des États et les organisations internationales, (*RCADI*, 1960/II, vol. 100, p. 1-73) ; Bowett (D.H.), Klein (P) et Sands (Ph.), *The Bowett's Law of International Institutions*, 6ᵉ éd., (Londres, Sweet & Maxwell, 2009, 619 p.) ; Cahin (G.), *La coutume internationale et les organisations internationales*, (Paris, Pedone, 2001, 782 p.) ; Cahin (G.) et a. (dir.), *Actualité des organisations internationales*, dossier, *RGDIP* 2012, p. 481-674 ; Conforti (B.), *Le Nazioni Unite*, (5ᵉ éd., Cedam, 1994, 297 p.) ; Conforti (B.), *The Law and Practice of the United Nations*, (Kluwer, 1996, 294 p.) ; Daoudi (R.), *Le concept de représentation en droit international public*, (Paris, LGDJ, 1980, 405 p.) ; Decaux (E.), La CSCE au lendemain du Conseil de Rome : un bilan de la transition institutionnelle, (*JEDI/EJIL*, 1994/2, p. 267-284) ; Diez de Velasco (M.), *Las organizaciones internacionales*, (Octava ed., 1994, 552 p.) ; Dijkzeul (D.), *The Management of Multilateral Organizations*, (Kluwer, 1997, 241 p.) ; Dominicé (C.), L'immunité de juridiction et d'exécution des organisations internationales, (*RCADI*, 1984/IV, vol. 187, p. 145-238) ; Dominicé (C.), L'accord de siège conclu par le comité international de la Croix-Rouge avec la Suisse, *RGDIP*, 1995/1, p. 5-36 ; Dominicé (C.),

Le Conseil de sécurité et l'accès aux pouvoirs qu'il reçoit du chapitre VII de la Charte des Nations Unies, (*RSDIE*, 1995, p. 417-439) ; Dormoy (D.), *Droit des organisations internationales*, (Paris, Dalloz, coll. Connaissance du droit, 1995, 114 p.) ; Dormoy (D.) *L'Union européenne et les organisations internationales*, (Bruxelles, Bruylant, 1997, 460 p.) ; Dubin (L.) et Runavot (M.C.), *Le phénomène institutionnel international dans tous ses états : transformation, déformation ou reformation ?* (Paris, Pedone, 2014, 276 p.) ; Duffar (J.), *Contribution à l'étude des privilèges et immunités des organisations internationales*, (Paris, LGDJ, 1982, 391 p.) ; Dupuy (R.-J.), Le droit des relations entre les organisations internationales, (*RCADI*, 1960/II, vol. 100, p. 457-589) ; Dupuy (R.-J.), L'application des règles du droit international général des traités aux accords conclus par les organisations internationales (Rapporteur), *Annuaire de l'IDI. Session de Rome*, vol. 54, p. 214-415, (Bâle, Éd. S. Karger S.A., 1973 ; Dupuy (R.-J.) (dir.), *Manuel sur les organisations internationales*, 2e éd., (Académie de droit international de La Haye, Dordrecht, MNP, 2e éd., 1998.) Bibliographie, p. 643-65 ; El Erian (A.), Analyse générale de la conférence et de la convention sur la représentation des États dans leurs relations avec les organisations internationales, (*AFDI*, 1975, p. 445-470) ; Frouville (O. de), Une société servile à l'ONU, *RGDIP*, 2006/2, pp. 391-434 ; Garcia (Th.), *Les observateurs auprès des organisations intergouvernementales* (Bruxelles, Bruylant, 2012, 426 p.) ; Geslin (A.), Réflexions sur la répartition de la responsabilité entre l'organisation internationale et ses États membres, (*RGDIP*, 2005/3, p. 539-579) ; Gnamou-Petauton (D.), *Dissolution et succession entre organisations internationales. Contribution à la théorie de la succession entre organisations internationales* (Bruxelles, Bruylant, 2008, 448 p.) ; Grard (L.), L'Union européenne, sujet de droit international, (*RGDIP*, 2006/2, p. 337-372) ; Jacqué (J.-P.), La participation de la CEE aux organisations internationales universelles (*AFDI*, 1975, p. 924-948) ; Kasme (B.), *La capacité de l'ONU de conclure des traités*, (*BDI*, vol. n° 12) Paris, Pedone, 1960, 214 p. ; Kirgis (K.), The Security Council's Fifty Years, *AJIL*, 1995/3, p. 506-539 ; Klabbers (J.), *An Introduction to International Institutional Law* (Cambridge, Cambridge University Press, 2nd éd., 2009, 360 p.) ; Klein (P.), *La responsabilité des organisations internationales dans les ordres juridiques interne et international* (Bruxelles, Bruylant, 1998, 673 p.) ; Kolb (R.), Du domaine réservé – Réflexions sur la théorie de la compétence nationale (*RGDIP*, 2006/3, p. 597-630) ; Ladreit de Lacharrière (G.), Consensus et Nations Unies (*AFDI*, 1968, p. 9-14) ; Leben (C.), À propos de la nature juridique des Communautés européennes (*Droits. Revue française de théorie juridique*, 1991, vol. 14, p. 61-72) ; Lagrange (E.) et Sorel (J.-M.) (dir.), *Droit des organisations internationales* (Paris, LGDJ, 2013, 1197 p.) ; Manin (Ph.), La Convention de Vienne sur les accords entre États et organisations internationales ou entre organisations internationales, (*AFDI*, 1986, p. 454-473) ; Monaco (R.), Les principes régissant la structure et le fonctionnement des organisations internationales, (*RCADI*, 1977/III, vol. 156, p. 79-226) ; Müller (J.) (dir.) *Reforming the United Nations. Nex Intitiatives and Past Efforts*, 3 vol., The Hague, Kluwer, 1997 ; Öberg (M.D.), The Legal Effects of Resolutions of the UN Security Council and General Assembly *in* the Jurisprudence of the ICJ, (*JEDI/EJIL*, 2005/5, p. 879-906) ; Pescatore (P.), La personnalité internationale de la Communauté *in Les relations extérieures de la Communauté unifiée* (Actes du 3e colloque sur la fusion des communautés européennes, Liège, octobre 1967), Université de Liège, 1969, p. 77-117 ; Puissochet (J.-P.), L'affirmation de la personnalité internationale des Communautés européennes, *in L'Europe et le droit. Mélanges offerts à Jean Boulouis*, (Paris, Dalloz, 1991, p. 437-450) ; Reuter (P.), Quelques réflexions sur la notion de « pratique internationale spécialement en matière d'organisations internationales, *in Studi in onore di G. Sperduti*, (Giuffré, 1984, p. 191-207) ; Sato (T.), *Évolving Constitutions of International Organizations*, Kluwer Law, (The Hague, 1996, 301 p.) ; Ruiz-Fabri (H), Sicilianos (L.A.) et Sorel (J.-M.), *L'effectivité des organisations internationales : mécanismes de suivi et de contrôle, Journées franco-hélléniques*, 1999, (Sakkoulas/Pedone, 2000, 338 p.) ;

Schachter (O.), United Nations Law, (*AJIL*, 1994/2, p. 471-477) ; Schermers (H.G.) et Blokker (N. M.), *International Institutional Law*, 5e éd. révisée (The Hague, Nijhoff, 2011) 1274 p. ; Seidl-Hohenveldern (I.), Das recht der internationalen Organisationen, 74e éd., Academia Juris (Cologne, Carl Heymanns Verlag, 2000, 1984) 423 p. ; Simma (B.), *The Charter of the United Nations, a Commentary* (Oxford, Oxford University Press, 2e éd., 2002, 2466 p.) ; SFDI, *Les organisations internationales contemporaines : crise, mutation, développement. Colloque de Strasbourg,* (Paris, Pedone, 1988, 386 p.) ; Smouts (M.C.) et Devin (G.), *Les organisations internationales*, (Paris, Armand Colin, 2011, 254 p.) ; Sorel (J.-M.), *Droit des organisations internationales*, (Lyon, L'Hermès, 1997, 160 p.) ; Tomuschat (Ch.), *The United Nations at Age Fifty. A Legal Perspective*, Kluwer, 1995, 327 p. ; Unesco, *Le concept d'organisation internationale* (Paris, Unesco, 1980, 292 p.) ; Virally (M.), *L'organisation mondiale*, (Paris, A. Colin, Coll. U., 1972, 587 p.) ; Voitovitch (S.), *International Economic Organizations in the International Legal Process*, MNP, 1995, 199 p. ; Wolfrum (R.), *United Nations : Law, Policies and Practice*, Beck, 1995, 2 vol., 1533 p. ; Zoller (E.), Sécurité nationale et diplomatie multilatérale : l'expérience des États-Unis comme État hôte de l'ONU, (*AFDI*, 1988, p. 109-129).

CHAPITRE 3

LES PARTICULIERS

194 ***Problématique générale*** [1] ◊ Traditionnellement, les particuliers, entendus au sens de personnes physiques et morales de droit interne, occupent une place qu'on pourrait dire subalterne dans le droit international classique, essentiellement interétatique. Ils y sont éventuellement objets de droits, comme par exemple dans une convention d'établissement conclue entre deux États, à propos de leurs ressortissants respectifs. Mais ils ne sont pas considérés, sauf dans les conceptions de Georges Scelle, comme des sujets actifs du droit international public. Ils ne peuvent, en d'autres termes, agir par eux-mêmes au sein de cet ordre hors de la tutelle étatique, ainsi que le démontre à suffisance l'institution de la protection diplomatique, que l'on rencontrera plus loin dans le cadre de l'exposé du droit de la responsabilité internationale des États (v. ss 485).

On peut globalement dire de cette situation de dépendance des particuliers à l'égard de la personne de l'État qu'elle est, en droit international contemporain, à la fois confirmée mais aussi de plus en plus nettement remise en cause.

Elle est confirmée parce que les seuls sujets dotés de la plénitude de la personnalité dans l'ordre juridique international général demeurent comme on l'a vu les États, les organisations internationales intergouvernementales étant moins richement dotées, puisqu'elles ont certes, en règle générale, une telle personnalité, mais limitée au cadre fonctionnel de la réalisation de leurs buts statutaires. Même battue en brèche, la protection diplomatique reste par ailleurs un moyen ordinaire, certes aléatoire et conditionnel, pour un individu atteint dans ses droits par un État étranger, d'obtenir réparation par l'intermédiaire de son État de nationalité, agissant en ses lieux et place et pour son propre compte. Cette incapacité juridique internationale de l'individu est cependant de plus en plus remise en cause sous l'influence, surtout, du droit international des droits de l'homme.

195 ***Affirmation de droits internationaux des particuliers et protection des droits de l'homme*** [2] ◊ L'affirmation que la personne humaine

1. P.-M. Dupuy, Théorie des droits de l'homme et fondements du droit international *in* APD : *Le droit international*, 1987 ; Unesco, *Les droits de l'homme à l'aube du XXI*ᵉ *siècle, Mélanges en l'honneur de Karel Vasak*, Paris, 1999, en partic. La contribution de A.A. Cançado Trindade, The Procedural Capacity of the Individual as Subject of International Human Rights Law : Recent developments.

2. Dinah Shelton (dir.), *The Oxford Handbook on international Human Rights Law*, OUP 2013, 1088 p. ; A. Cancado Trindade, *El derecho internacional de los derechos humanos*, Santiago, 2001 ; F. Sudre, *Droit international et européen des droits de l'homme*, Paris, PUF, 10ᵉ éd. 2011, 848 p.

possède comme telle des droits propres, opposables d'abord à l'État dont elle relève, a constitué un bouleversement pour le droit international, conçu traditionnellement comme un droit des rapports entre États ou institutions interétatiques.

Ce changement n'est vraiment devenu tangible qu'au lendemain de la Seconde Guerre mondiale et de son cortège de crimes contre l'humanité. Le droit international n'avait auparavant connu que des tentatives beaucoup plus limitées : garanties accordées à certaines minorités depuis les clauses de quelques traités successoraux (Traité d'Oliva, 1660) jusqu'à ceux qui conclurent le premier conflit mondial, ou « *interventions d'humanité* » entreprises au long du XIXe siècle par les puissances européennes auprès de certains États [1], dans lesquelles toutefois les préoccupations politiques immédiates le disputaient souvent aux considérations strictement humanitaires.

Certains signes avant-coureurs de la conception contemporaine des droits de l'homme sont apparus dès les années 1920 au sein de la SDN. Mais ce n'est qu'avec la Charte de l'ONU, que la reconnaissance et la protection internationale des droits de l'homme sont présentées comme l'un des axiomes de la nouvelle organisation dont les nations jusque-là unies contre les puissances de l'axe (au nom de certains principes réputés communs) entendent désormais doter la société internationale. La Charte, dans son préambule, ses articles 1, paragraphe 3, et 55 c), complétés par les articles 13, 62, et 68, semblait ainsi conférer idéalement aux droits de l'homme une manière de portée constitutionnelle dans l'ordre international.

Pour autant, traitant encore de leur respect de façon générique et abstraite, elle n'en donnait aucune définition d'ensemble. Ceci constitue, aujourd'hui encore, une source importante d'ambiguïté quant à la conception même des droits appelés à prévaloir au plan universel. Cette imprécision, en effet, quoiqu'en voie sensible de régression, n'a pas totalement été levée par le très grand nombre de textes ultérieurs, de nature et de portée juridique variables, qui énonceront les différentes catégories de droits garantis.

Dès la Déclaration universelle des droits de l'homme (formellement simple résolution adoptée par l'Assemblée générale de l'ONU le 10 décembre 1948), sont affirmés les principaux droits et attributs de la personne humaine, comme le droit à la vie, l'interdiction de la torture ou l'égalité devant la loi ; mais cette affirmation va de paire avec celle des droits sociaux, politiques, économiques et culturels, qui revêtent une dimension collective. Ces droits, comme il sera montré plus loin, ont par la suite été repris et développés dans de multiples traités de protection des droits de l'homme, conclus à l'échelle universelle et régionale. Ils forment aujourd'hui un *corpus* dense et diversifié.

---

1. V. Ch. de Visscher, *Théories et réalités en droit international public*, Pedone, 4e éd., 1970, p. 153 s.

Le tout n'est cependant pas de proclamer. Il faut aussi garantir dans l'ordre juridique international mais aussi à l'intérieur de chaque État, le respect des droits et libertés affirmés internationalement. L'efficacité des contrôles internationaux se heurte ici de plein fouet à l'intransigeance des souverainetés. Elle dépend aussi, entre les États concernés, de la compatibilité des conceptions et de la variabilité des volontés politiques de faire véritablement respecter les droits en cause. Ceci explique que les procédures mises en œuvre et les garanties offertes soient beaucoup plus développées aux plans régionaux qu'universels, et qu'en particulier le cadre européen donne, avec les institutions créées sous l'égide du Conseil de l'Europe par la Convention de Rome de 1950, l'exemple jusqu'ici le plus achevé de protection effective des droits déclarés.

Le cadre universel, beaucoup plus hétérogène, connaît aussi dans plusieurs organisations internationales une gamme de procédures dont les résultats sont cependant restés jusqu'ici, dans l'ensemble, beaucoup plus modestes.

196 ***Les droits internationaux des particuliers en dehors de la protection des droits de l'homme*** ◊ En tant qu'elles reconnaissent directement des droits aux particuliers, les normes internationales de protection des droits de l'homme, qui seules seront examinées dans ce chapitre, trouvent leur équivalent dans d'autres champs. Le phénomène touche, en effet, de nombreux pans du droit international. Au niveau régional, il est ainsi très développé en droit de l'Union européenne dont les normes sont fréquemment considérées comme étant d'effet direct parce qu'elles produisent des droits invocables par les particuliers (v. ss 446 s.). Il constitue même un trait majeur du droit communautaire qui a été relevé dès 1963 par la Cour de justice des Communautés européennes [1]. Au niveau universel, le mouvement a gagné depuis longtemps le droit humanitaire, dont l'objet principal est précisément la protection des individus en temps de conflit armé. Il peut également être observé dans le droit des relations consulaires depuis que, dans son arrêt *LaGrand* du 27 juin 2001, la Cour internationale de Justice a qualifié d'« individuel » le droit pour les ressortissants des États parties à la Convention de Vienne de 1963 d'être informés du fait qu'ils peuvent faire avertir « sans retard » de leur arrestation les agents consulaires de l'État de leur nationalité (article 36, alinéa b) [2].

197 ***Les particuliers débiteurs d'obligations internationales*** ◊ Titulaires de droits, les particuliers sont également, bien que dans une moindre mesure, tenus également de respecter certaines obligations internationales. La personnalité juridique internationale des sujets internes se construit, ainsi, tant positivement que négativement, par la reconnaissance de

1. 5 févr. 1963, *Van Gend en Loos*, aff. 26/62, *Rec. CJCE*, p. 1. Sur cette spécificité du droit communautaire, v. SFDI, *Droit international et droit communautaire, perspectives actuelles*, Paris, Pedone, 2000.
2. § 77 de l'arrêt. V. ss 485.

devoirs à leur charge. Le phénomène peut être observé de longue date en droit de l'Union européenne. La Cour de justice des Communautés européenne, prédécesseur de la Cour de justice de l'Union européenne, a en effet admis, dès les années soixante-dix, que les règlements communautaires puissent créer des obligations que les particuliers peuvent faire valoir dans leurs relations mutuelles [1]. Un grand nombre de décisions, prises par la Commission notamment en matière de concurrence, ont en outre pour destinataires des personnes privées. L'incrimination en droit international de certains faits, comme les crimes de guerre, le crime contre l'humanité ou le crime de génocide – qui seront étudiés dans la 3e partie, n° 516 s. – en est une autre illustration : c'est bien parce que ces comportements sont interdits par le droit international lui-même que les auteurs de ces crimes peuvent engager leur responsabilité pénale internationale, que cette responsabilité soit, au reste, appréciée par les juridictions internes ou par les juridictions internationales. Enfin, un mouvement est perceptible dans la jurisprudence interne pour admettre l'invocabilité directe horizontale de normes internationales de protection des droits de l'homme et donc le caractère obligatoire de celles-ci pour les sujets internes [2]. Cette évolution est encouragée par les organes internationaux de garantie des droits de l'homme qui, comme la Cour européenne des droits de l'homme ou le Comité des droits de l'homme des Nations Unies, affirment que les États parties ont l'obligation d'agir afin que les droits reconnus par les traités ne soient pas méconnus dans les relations privées [3].

198 ***Plan du chapitre*** ◇ Limitant les développements de ce chapitre à la protection des droits de l'homme, qui composent encore l'essentiel du patrimoine juridique international des particuliers, seront examinés d'abord les traits distinctifs et la portée originale des normes concernées, pour constater, par référence aux obligations habituellement contractées en droit international, *la singularité des droits de l'homme* (Section 1). Il est également nécessaire de classifier les droits et libertés que les divers instruments universels et régionaux proclament, pour observer, notamment quant à leur dimension, individuelle ou collective, *la diversité des droits de l'homme* et des *garanties* qui leur sont offertes (Section 2). On reviendra ensuite sur les conditions de l'affirmation mondiale des mêmes droits, confrontée au maintien de conceptions assez divergentes entre États, pour cerner les limites de *l'universalité des droits de l'homme* (Section 3).

1. V. CJCE, 10 oct. 1973, *Variola*, aff. n° 34/73, *Rec. CJCE* 1973, p. 981, ou 12 déc. 1974, *Walrave*, aff. n° 36/74, *Rec. CJCE*. 1420.
2. V. Y. Kerbrat, « La responsabilité des entreprises peut-elle être engagée pour des violations du droit international ? », *in* H. Ghérari et Y. Kerbrat (dir.), *L'entreprise dans la société internationale*, Paris, Pedone, 2010, p. 93-104.
3. V. CEDH, 26 mars 1985, *X et Y c/ Pays-Bas*, aff. A. 91, § 23 ; Comité des droits de l'homme, Observation générale n° 31, doc. ONU HRI/GEN/1/Rev.7 (2004), § 8. V. aussi D. Spielmann, Obligations positives et effet horizontal des dispositions de la Convention, *in L'interprétation de la Convention européenne des droits de l'homme*, Bruxelles, Bruylant, 1998, p. 133 s.

SECTION 1. SINGULARITÉ DES DROITS DE L'HOMME

Dire des droits de l'homme qu'ils sont singuliers, c'est insister sur le fait que plusieurs des traits qu'ils présentent et des conséquences qui s'y rattachent n'appartiennent qu'à eux, du moins dans l'ordre international. Cette singularité s'apprécie de trois points de vue :
- par rapport aux caractères substantiels des normes qui les incorporent ;
- eu égard à la qualité de leurs titulaires ;
- par référence, enfin, aux destinataires des obligations qu'ils font naître.

§ 1. Singularité des caractères substantiels propres aux normes de protection des droits de l'homme

199 ***Fondements éthiques et caractères juridiques de la norme*** ◊ Les fondements éthiques de la norme de droit intéressent généralement peu la doctrine, du moins depuis l'influence déterminante exercée à cet égard par l'école positiviste (par opposition à celle du droit naturel) ; il conviendrait pourtant qu'il en aille différemment lorsque les conceptions morales qui ont présidé à la formulation d'un corps de règles expliquent certaines des caractéristiques techniques de ces dernières. C'est bien le cas des droits de l'homme.

Tels qu'ils sont énoncés dans les principaux textes internationaux, les droits de l'homme renvoient d'abord à *l'identité universelle de la personne humaine* : elle est dotée des mêmes attributs et aspire aux mêmes libertés, quels que soient la race, l'ethnie, le sexe, les croyances ou la nationalité qui sont les siens. On pourra, si l'on veut, discuter cet *a priori*, mais c'est celui qui a prévalu formellement, notamment aux Nations Unies. Il en résulte que l'on confère couramment aux droits de l'homme un caractère « objectif », notion admissible à condition d'être soigneusement définie [1]. L'introduction de la sauvegarde et de la promotion des droits de l'homme à l'article premier (§ 3) de la Charte des Nations Unies en relation avec le maintien de la paix et de la sécurité internationale énoncé au paragraphe premier de la même disposition apparaît comme une contribution déterminante à la recherche tâtonnante par le droit international contemporain d'une unité non plus seulement formelle mais également substantielle ou matérielle, en liaison directe avec l'affirmation d'une hiérarchie normative au sommet de laquelle sont affirmées des normes impératives [2].

---

1. V. K. Vasak, Les dimensions internationales des droits de l'homme, 1978, Unesco, p. 711 ; M. Villey, *Le droit et les droits de l'homme*, Paris, PUF, 1983.

2. V. P. M. Dupuy, L'unité de l'ordre juridique international, Cours général de droit international public, *RCADI* Vol. 297 (2002), notamment parties III et IV.

200 ***Caractère théoriquement « objectif » des droits de l'homme*** ◊ Il peut s'admettre dans la stricte mesure où l'on veut dire par là que ces droits sont inhérents, c'est-à-dire attachés par principe à la seule qualité de personne humaine ou, dans certains cas, à l'appartenance à un groupe bien défini, et non à la dévolution révocable aux individus d'un statut particulier, institué par la voie d'un instrument juridique spécial. On les détient du seul fait qu'on est homme ou femme, ou que l'on appartient, par exemple, à telle minorité. Ceci est particulièrement vrai pour la catégorie des droits que l'on dit « fondamentaux », comme le fait le préambule de la Charte des Nations Unies.

Ce caractère objectif et, pour certains d'entre eux, fondamental, explique que la *jouissance* de ces droits par les individus soit en principe indifférente à l'attitude des États à l'égard des instruments juridiques qui les énoncent. On doit admettre en particulier qu'à l'inverse du cas ordinaire en droit international public, *cette jouissance n'est pas étroitement* subordonnée au respect de la réciprocité des obligations souscrites par les États les uns à l'égard des autres, notamment par voie conventionnelle [1]. Dans son arrêt du 23 mars 1995, premier des deux consacrés à l'affaire *Loizidou*, la Cour européenne des droits de l'homme (CEDH) a fait usage de la notion d'« ordre public européen des droits de l'homme » pour insister une nouvelle fois sur la spécificité des droits énoncés dans la Convention européenne des droits de l'homme. Reprenant les termes déjà utilisés dans son arrêt *Irlande c/ Royaume-Uni* du 18 janvier 1979 (A. n° 25, p. 90, § 239) elle a ainsi à nouveau insisté sur le caractère objectif des obligations des parties. Le respect de ces obligations bénéficie d'une garantie juridictionnelle collective, indépendante du jeu de la réciprocité. Pour ces raisons, la Cour a refusé la validité de la réserve turque prétendant exclure du champ d'application spatial de la convention le territoire de la prétendue « République turque de Chypre du Nord ». Cette notion d'« ordre public européen », à la fois consolidée et affinée par la jurisprudence de la CEDH, présente en principe trois caractères : les droits qui en font partie ne peuvent faire l'objet de dérogations, les particuliers eux-mêmes ne sauraient y renoncer ; enfin, les moyens dits d'ordre public européen devraient être soulevés d'office devant les juridictions nationales [2]. Leur affirmation semblerait ainsi renforcer l'idée de l'existence, en tout cas au plan européen, d'une véritable hiérarchie des droits de l'homme, question examinée plus loin dans le cadre universel (v. ss 227).

On aurait cependant tort de croire que l'affirmation du caractère objectif des droits de l'homme est limitée au cadre européen. Elle a également reçu une consécration éclatante de la part de la Cour interaméricaine des

1. V. la décision de principe de la Commission européenne des droits de l'homme dans l'affaire *Autriche c/ Italie*. Annuaire CEDH, vol. IV, p. 139 s., fréquemment confirmée depuis, en particulier dans le cadre européen.

2. V. F. Sudre, Existe-t-il un ordre public européen, *in Quelle Europe pour les droits de l'homme*, Colloque de Rouen, Bruxelles, Bruylant, 1996, p. 1 s.

droits de l'homme dans deux arrêts du 24 septembre 1999 (Série C, n° 54 ; aff. *Ivcher Bronstein* et aff. relative au *Tribunal constitutionnel*, Série C, n° 55) [1]. Dans ces deux cas, la CIDH examinait les conséquences de la décision prise par le Pérou de retirer son acceptation de la clause facultative de juridiction obligatoire (qui établit la compétence contentieuse de la cour) ; elle a maintenu sa compétence en refusant le droit à cet État de se retirer du mécanisme contentieux, parce qu'il met en œuvre une garantie collective des droits de l'homme. Le caractère objectif de ces droits, précisément, les distingue de ceux qu'établissent des traités soumis au régime de réciprocité ; il interdit aux États membres de prétendre disposer discrétionnairement de leur consentement à la juridiction, contrairement à ce qui se passe, notamment, en ce qui concerne les bases d'établissement de la juridiction de la Cour internationale de Justice (v. ss 550 a). Plus récemment, le caractère objectif des droits de l'homme a également été consacré, à l'échelle universelle, par la Cour internationale de Justice s'agissant, du moins, du droit de tout homme de n'être pas soumis à la torture ou à des traitements inhumains ou dégradants. La Cour a, en effet, affirmé dans son arrêt *Diallo* du 30 novembre 2010 que l'interdiction de tels actes « fait partie des règles de droit international que les États sont tenus de respecter en toutes circonstances, et en dehors même de tout engagement conventionnel » (§ 87).

Quoi qu'il en soit, non plus au stade de la jouissance mais de l'exercice de ces droits, ce dernier demeure en pratique largement conditionné par l'acceptation expresse des États d'être liés par des textes formellement obligatoires (pactes ou conventions universelles et régionales) ; ils en donnent une définition précise et marquent souvent les conditions dans lesquelles leur respect peut admettre certains tempéraments. Il demeure que ce caractère « objectif » des droits concernés a des répercussions directes sur les conditions pratiques de leur invocation.

§ 2. Singularité des droits de l'homme du fait de la qualité de leurs titulaires

201 ***Les droits de l'homme confèrent-ils à l'individu la qualité de sujet du droit international ?*** [2] ◊ Tirant des caractères substantiels de la norme des droits de l'homme évoquée plus haut la conséquence logique que l'individu, puisqu'il en est titulaire, peut directement s'en prévaloir, on affirme souvent un peu vite que leur apparition correspond à l'émergence de la personne physique à la qualité de *sujet de droit international*, lequel serait ainsi redevenu, à tous les sens du terme, un véritable « droit

1. V. Ph. Weckel, Chronique de jurisprudence internationale, *RGDIP* 2000/3, p. 785 s.
2. V. René Cassin, L'homme sujet de droit international, et la protection des droits de l'homme dans la société nouvelle, *in La technique et les principes du droit public, Mélanges en l'honneur de Georges Scelle*, t. 1, Paris, 1950, p. 68 s. ; H. Thierry, Rapport à la cinquième rencontre de Reims, 1981, Assoc. régionale pour l'étude et la recherche scientifique, 1981, 137/1 ; SFDI, *Le sujet en droit international*, Paris, Pedone, 2005, 170 p.

des gens » *(jus gentium)*. Il faut cependant, là encore, éviter les confusions auxquelles conduit l'amalgame des désirs et des réalités.

Pour être considérée comme *sujet actif* d'un ordre juridique, une entité doit certes d'abord être investie par cet ordre de droits et d'obligations clairement définis. Mais cela ne saurait suffire. Il faut aussi pouvoir *agir* directement par le moyen de procédures appropriées, pour faire respecter l'exercice effectif des droits dont on bénéficie. La *capacité d'agir* est le critère déterminant de la personnalité juridique.

Or de ce dernier point de vue, les cas dans lesquels une voie de droit est directement ouverte aux individus demeurent pour l'essentiel établis par conventions spéciales. On constate cependant la multiplication de situations dans lesquelles, notamment par voie de pétition, la possibilité leur est offerte de déclencher certaines procédures, qu'ils agissent isolément ou collectivement.

Ainsi qu'on le reverra plus loin en examinant les procédures de garantie des droits de l'homme (v. ss Section 2), celles-ci ont longtemps présenté un caractère plus diplomatique, administratif ou politique que proprement juridictionnel. Les procédures judiciaires prévues par les conventions européenne et américaine des droits de l'homme ont longtemps constitué à cet égard des exceptions (v. ss 214). Progressivement, d'autres procédures juridictionnelles ont toutefois été instituées, notamment dans le cadre africain de l'UA (Cour africaine des droits de l'homme et des peuples). Plusieurs des procédures initialement prévues pour n'être qu'administratives ont, en outre, pris un tour plus juridictionnel. Cette évolution est particulièrement nette s'agissant de la procédure de communication individuelle devant le Comité des droits de l'homme des Nations Unies [1]. C'est aussi le cas du système des « réclamations » offert aux organisations d'employeurs et de travailleurs par l'article 24 de la constitution de l'Organisation internationale du travail (OIT) à l'encontre d'un État membre qui « n'aurait pas assuré d'une manière satisfaisante l'exécution d'une convention internationale du travail à laquelle il a adhéré ». Toujours à l'OIT, des actions analogues peuvent être engagées par les particuliers devant la Commission d'investigation et de conciliation ou le Comité de la liberté syndicale [2]. Un système similaire a, par ailleurs, été mis en place en Europe en application d'un protocole adopté en 1995 à la Charte européenne des droits sociaux de 1965. Entré en vigueur le 1er juillet 1998, ce texte permet aux syndicats, aux organisations d'employeurs et à certaines ONG de présenter une réclamation au Comité européen des droits sociaux. Celui-ci se prononce sur le bien-fondé de la plainte selon une procédure contradictoire quasi juridictionnelle.

1. V. Y. Kerbrat, Comité des droits de l'homme des Nations Unies et autres comités mis en place par les conventions conclues dans le cadre de l'ONU, *Juris-Classeur Droit international*, fasc. 121-40, nov. 2012.

2. V. Nicolas Valticos, *Droit international du travail*, Dalloz, 1983, et, du même auteur, L'OIT et les droits de l'homme *in Les dimensions internationales…*, *op. cit.*, p. 442-479, spécialement p. 464-465.

On doit par ailleurs attirer l'attention sur la tendance générale au développement de *droits de pétition* ouverts dans divers contextes aux personnes privées. Ainsi la résolution 1503-XLVII du Conseil économique et social (ONU) leur permet-elle l'accès à la Commission des droits de l'homme, aujourd'hui au Conseil des droits de l'homme, après filtrage des requêtes par la sous-commission de la lutte contre les mesures discriminatoires et la protection des minorités. La décision 104 (3.3) du Comité exécutif de l'Unesco (1978) [1] ou l'article premier du protocole facultatif se rapportant au Pacte sur les droits civils et politiques ménagent des possibilités analogues. Comme on le verra ultérieurement, les effets de ces initiatives sont cependant souvent assez limités.

202 ***Les obligations de l'individu comme contrepartie de ses droits*** ◊ La « mesure de personnalité » ainsi reconnue à l'individu dans l'ordre international demeure, comme on vient de le voir, à la fois variable, en fonction des conditions conventionnelles de son établissement, et relative, parce que précisément, elle concerne principalement des systèmes établis par voie d'accords, notamment régionaux, lesquels par définition ne valent qu'entre les États qui y sont parties.

Pour autant, on ne doit pas négliger l'apport substantiel de l'essor récent du droit international pénal (depuis le début des années 1990) à la confirmation de l'individu comme un *sujet* de droit international, au-delà même de tout cadre conventionnel, donc, en droit international coutumier (v. ss 516 s.). Si la possibilité est affirmée de tenir un individu pour responsable des violations graves de normes consacrant des droits essentiels de la personne humaine ou des « principes cardinaux » du droit humanitaire, cela signifie bien qu'il a désormais une personnalité juridique en droit international. Dans tout ordre juridique, seuls les sujets dotés de personnalité sont responsables. Sinon, comme on le dit par exemple en droit privé français de l'enfant mineur, on est « incapable » ou juridiquement « irresponsable ». Or, le droit appliqué, certes dans un cadre géographique limité, par les tribunaux pénaux « *ad hoc* » (ex-Yougoslavie et Rwanda) créés en 1993 et 1994 par le Conseil de sécurité est, pour l'essentiel, *du droit coutumier*, non du droit conventionnel.

Dans le droit international contemporain, l'individu est ainsi à la fois titulaire de droits et d'obligations. La défense des premiers est encore marquée de précarité. L'affirmation des secondes s'accompagne de la montée en puissance du droit international pénal, dont les conditions organiques de garantie sont elles-mêmes encore loin d'être parfaites. Il s'agit dès lors d'une situation non encore pleinement stabilisée, insatisfaisante tant d'un point de vue logique ou théorique que matériel. Elle désigne cependant les

1. V. Suzanne Bastid, La mise en œuvre d'un recours concernant les droits de l'homme dans le domaine relevant de la compétence de l'Unesco, *in Völkerrecht als Rechtsordnung Internationale Gerichtsbarkeit Menschenrechte, Festschrift Für Herman Mosler*, Springer-Verlag 1983, p. 45-59 ; K. J. Partsch, La mise en œuvre des droits de l'homme par l'Unesco, *AFDI* 1990. 482 s.

termes d'une évolution perpétuellement en cours, dont il serait aussi abusif de surestimer la portée que de négliger les virtualités.

§ 3. Singularité des droits de l'homme eu égard aux destinataires des obligations dont ils sont la contrepartie

203 ***Droits de l'homme et compétence nationale*** ◊ Les titulaires de ces droits sont en règle générale les particuliers, qu'ils soient envisagés isolément ou collectivement. Même si les particuliers ont eux-mêmes des devoirs, les destinataires principaux des obligations corrélatives à ces droits sont les États. Il n'y aurait à cela rien de très spécifique si l'exécution des obligations ainsi définies était soumise comme dans le droit international commun au principe de réciprocité, condition dont on a précisément observé plus haut qu'elle ne s'appliquait pas aux droits de l'homme dans les termes du droit commun. Un État soumis à l'obligation de respecter la liberté d'information ou le droit à la vie « inhérent à la personne humaine » (article 6 du Pacte sur les droits civils et politiques) doit s'y conformer à *l'égard de toutes les personnes se trouvant sur son territoire. Les droits de l'homme font, en d'autres termes, naître à l'égard de l'État des obligations internationales conditionnant non seulement l'exercice pourtant exclusif de sa compétence territoriale, mais encore, ce qui est plus original, l'organisation des rapports entre la puissance publique et les particuliers qui dépendent de son autorité.* Ceci va, dans une large mesure, à l'encontre du principe de la réserve de compétence nationale dont fait mention, dans le contexte qui lui est propre, l'article 2, paragraphe 7 de la Charte des Nations Unies.

204 ***Droits de l'homme et non-ingérence*** [1] ◊ Il en va de même du principe général de non-intervention dans les affaires intérieures d'un autre État (v. Résolution 2625-XXV-AG ONU-*GTDIP* n° 6). Les droits de l'homme peuvent apparaître comme échappant en principe à son champ d'application, en tant qu'ils abolissent la distinction tranchée entre ordre interne et ordre international. Cette conséquence logique de la singularité substantielle de ces droits se heurte évidemment en pratique à des obstacles politiques considérables. C'est notamment ce qu'ont avéré, au cours des années quatre-vingt, les États occidentaux, par la référence établie, dans leurs relations avec certains pays socialistes, au principe VII de l'Acte final de la conférence sur la sécurité et la coopération en Europe (CSCE) signé à Helsinki en juillet 1975 [2]. Cette prise de position très ferme n'a sans doute

1. V. J.A. Carrillo Salcedo, *Soberania de los Estados y derechos humanos en derecho internacional contemporáneo*, Madrid, Tecnos, 1995.
2. V. Gaetano Arangio-Ruiz, Droits de l'homme et non-intervention : Helsinki, Belgrade, Madrid, *La Comunità internazionale*, fasc. 3-1980, p. 453-507. V. aussi Thomas Burgenthal, Éditor, *Human Rights, International Law and the Helsinki Accord*, ASIL, 1977, Allanheld Osmun and Co. Publishers Inc.

pas été sans influence sur l'évolution interne des pays est-européens et sur les conditions dans lesquelles ils ont par la suite renié, progressivement ou en bloc, à partir du mouvement inauguré par la « perestroïka soviétique », la conception marxiste des droits de l'homme, examinée plus loin.

Les pays socialistes hier, la Russie aujourd'hui, notamment en Tchétchénie, ou bon nombre de pays en développement dont la Chine, font encore prévaloir le principe de non-ingérence sur tout autre. Les États occidentaux ont pourtant clairement affirmé de longue date, notamment à la suite de l'« état de guerre » en Pologne, en décembre 1981, qu'ils estimaient avoir le droit de sanctionner par des contre-mesures les atteintes aux libertés fondamentales perpétrées à l'intérieur même d'un autre État. Les motifs invoqués par eux pour justifier l'intervention des forces de l'OTAN au Kosovo en 1999 se rattachent également, en large part, à l'affirmation d'un devoir d'intervention, y compris militaire, dans les affaires intérieures d'un autre État lorsqu'il viole très gravement les droits de l'homme, fut-ce à l'égard de sa propre population (v. ss 571).

Sans se prononcer ici sur la légitimité du recours aux sanctions hors du cadre des Nations Unies, qui pose d'autres problèmes, on doit clairement admettre, comme conséquence directe de leur singularité substantielle et de leur caractère « objectif », la non-pertinence de l'invocation du principe de non-ingérence à l'encontre des contrôles internationaux de l'application des droits de l'homme. Cette conclusion logique continue sans doute à susciter le débat, désormais notamment dans un contexte Nord/Sud ; mais elle a connu une confirmation et des prolongements récents en relation avec certaines situations d'urgence humanitaire, à propos desquelles a été affirmé, à l'initiative de la France, un « droit d'ingérence humanitaire », qu'il est d'ailleurs sans doute plus approprié de qualifier de « droit d'assistance humanitaire », dont la portée reste limitée mais l'incidence peut être considérée d'ores et déjà réelle sur l'évolution des relations internationales contemporaines (v. ss 120, c).

205 ***Droits de l'homme et droit international général*** ◊ Il convient à nouveau d'insister sur le fait que les droits de l'homme ne constituent pas un appendice un peu suspect du droit international, comme s'attache encore parfois à le penser une doctrine nostalgique de l'époque où le droit international était l'apanage exclusif des États. Au-delà même des vicissitudes très manifestes qui pèsent sur leur application effective, leur affirmation au sein de l'ordre juridique international, en 1945, par l'intermédiaire de la Charte des Nations Unies, a eu et aura encore des implications théoriques et normatives sans doute insoupçonnées par beaucoup au moment de leur introduction dans un ordre juridique international qui devait jusque-là son unité à l'identité de son unique sujet, l'État.

C'est donc à bon droit, et non par « droit de l'hommisme », comme le disent parfois certains auteurs, que la doctrine s'attache désormais à analyser, notamment dans la jurisprudence des juridictions internationales chargées de l'application de ces droits, l'apport au droit international général qu'elle comporte [1]. Des spécificités propres aux droits de l'homme sont affirmées dans certaines matières, comme celle des réserves aux traités ; mais la jurisprudence relative aux droits de l'homme comporte également des développements enrichissant la pratique du droit international général. On doit en particulier constater que le développement de la jurisprudence de la Cour interaméricaine et la Cour européenne des droits de l'homme durant les dernières années a permis de s'assurer de l'étroite imbrication du droit international général et des droits de l'homme. Le contentieux international des droits de l'homme porté devant les Cour sises à San Jose de Costa Rica (CIDH) et à Strasbourg (CEDH) met en cause, par définition, la responsabilité internationale des États, accusés par les requérants, individuels ou collectifs, d'avoir manqué à leurs obligations conventionnelles. Ceci explique en particulier que le droit international des traités et celui de la responsabilité soient souvent sollicités par les deux cours [2]. En matière d'interprétation des traités, de compatibilité entre des engagements successifs et contradictoires ou de réserves à certaines de leurs dispositions, en particulier, le droit spécial constitué sur la base des deux conventions régionales de protection des droits de l'homme présente certaines particularités. Les deux Cours se réfèrent, cependant, de plus en plus fréquemment aux règles du droit international général ; le plus souvent pour les appliquer, parfois, au contraire, pour montrer l'originalité des solutions qu'elles sont amenées à retenir sur la base des conventions qu'elles appliquent. Il en va de même à l'égard du droit international de la responsabilité des États. Les règles générales en matière d'imputation des faits illicites, d'épuisement des voies de recours internes ou de réparation des dommages provoqués par les violations du droit attribuables aux États parties sont souvent tirées explicitement du droit international général, tel, en particulier, qu'il a été codifié sur la base des travaux de la Commission du droit international des Nations Unies. Les questions délicates de compatibilité entre principe de l'immunité des États ou des organisations internationales et exercice par les tribunaux internes de leurs compétences pour faire respecter les libertés fondamentales sont également envisagées à la lumière du droit international général (v. ss 130-1). De plus, la Cour européenne et, plus fréquemment encore, la Cour interaméricaine des droits de l'homme sont amenées à se référer à la hiérarchie substantielle des normes en droit international, en marquant, par exemple, à la suite de la jurisprudence internationale pénale, l'appartenance de l'interdiction de la torture au droit impératif (ou indérogeable) reconnu comme tel par la communauté internationale dans son ensemble, généralement qualifié selon l'expression latine de *jus cogens*.

1. V. à cet égard le colloque de Strasbourg de la SFDI (1997), *La protection des droits de l'homme et l'évolution du droit international*, Paris, Pedone, 1998, en particulier les conclusions du professeur G. Cohen-Jonathan. Du même auteur, V. la chron. intitulée Cour européenne des droits de l'homme et droit international général, *in AFDI*, depuis 1999.

2. V. L. Caflisch et A. Cançado Trindade, Les conventions américaines et européenne des droits de l'homme et le droit international général, *RGDIP* 2004/1, p. 5-62.

Les solutions dégagées par ces juridictions sont, en outre, reprises par la Cour internationale de Justice qui, ce faisant, conforte leur ancrage dans le droit international général [1]. Ainsi, loin de constituer un département autonome, encore moins un « régime auto-suffisant », le droit international des droits de l'homme constitue un domaine littéralement essentiel de l'ordre juridique international actuel, au cœur duquel il apparaît de plus en plus manifestement placé, quelles que soient par ailleurs les vicissitudes de sa mise en œuvre effective.

205-1 ***Droits de l'homme et droits internationaux spéciaux*** ◊ Qu'en est-il, en particulier, des conditions d'engagement et de mise en œuvre de la responsabilité internationale d'un État, lorsqu'il est partie à la Convention européenne des droits de l'homme mais également lié par son appartenance à une organisation internationale ? C'est là un type de problème auquel la Cour européenne des droits de l'homme a été confrontée fréquemment à propos de violations commises par des États parties à la Convention européenne des droits de l'homme dans l'exécution de leurs obligations de membre de la Communauté européenne puis de l'Union européenne. Les affaires *Matthews c/ Royaume-Uni*, jugée le 18 février 1999 [2], puis *Senator Line et Bosphorus*, ont montré la difficulté dans telle hypothèse à combiner deux corps de droit international spécial (car, pour chacun d'entre eux, fondé sur une base conventionnelle) [3]. Dans la dernière de ces affaires, la CEDH était confrontée à un cas d'application stricte par l'Irlande, État membre de la Communauté européenne en même temps que partie à la Convention européenne des droits de l'homme, d'un règlement communautaire, lui-même pris pour l'exécution d'une résolution du Conseil de sécurité de l'ONU adoptée au début des années 1990 à propos du conflit des Balkans. La mise en œuvre de ce règlement communautaire était jugée attentatoire par le requérant (une société aérienne de droit turc affectée par la saisie d'un aéronef qu'elle avait loué à une compagnie aérienne yougoslave, elle-même frappée, au titre de sa nationalité, par l'embargo aérien décrété à l'encontre de l'ex-Yougoslavie par les Nations Unies) à l'article premier du Protocole n° 1 additionnel à la Convention. Dans son arrêt du 30 juin 2005, *Bosphorus Hava Yollari Tuzim c/ Irlande*, la Cour a estimé que, si

1. V. à cet égard l'arrêt *Dialo* préc. du 30 nov. 2010, ainsi que, dans la même affaire, l'arrêt sur l'indemnisation du 19 juin 2012.

2. Dans cette affaire, la CEDH a rappelé que l'appartenance d'un État à une organisation internationale établissant des transferts de compétences de la part des États membres à son profit, (cas des communautés européennes) ne libérait pas pour autant ces États de leurs obligations en tant que parties à la Convention européenne des droits de l'homme. La Cour européenne des droits de l'homme s'affirme ainsi comme le gardien du respect des droits fondamentaux définis dans la Convention européenne, y compris à l'intérieur du cadre d'application du droit communautaire. Cette jurisprudence a également inspiré des arrêts ultérieurs de la Cour de Strasbourg. V. G. Cohen-Jonathan, *AFDI* 1999. 771 s. et *AFDI* 2000, *op. cit.*, p. 623 s.

3. V. G. Cohen-Jonathan et J.F. Flauss, Chron. *AFDI* 2004. 791-796.

« la Convention n'interdit pas aux parties contractantes de transférer des pouvoirs souverains à une organisation internationale [...] à des fins de coopération dans certains domaines d'activité » [1], les États demeurent cependant responsables au titre de son article premier de tous les actes et omissions de leurs organes, même si ceux-ci découlent de la nécessité d'observer des obligations juridiques internationales. Ledit texte en effet « ne fait aucune distinction quant au type de normes ou de mesures en cause et ne soustrait aucune partie de la "juridiction" des parties contractantes à l'empire de la Convention » [2]. Dans ce même arrêt, la Grande Chambre de la CEDH a cependant cru pouvoir partir d'une présomption lui permettant de rejeter le recours : celle selon laquelle le droit de l'Union européenne fournirait dans son propre cadre institutionnel aux personnes physiques ou morales une « protection équivalente » à celle apportée par la Convention européenne ; ce qui permettrait d'arriver à la conclusion que l'État défendeur n'a pas méconnu celle-ci. Cette décision est critiquable au regard de l'état exact du droit communautaire [3]. Elle manifeste combien, en l'absence de ratification de la Convention européenne des droits de l'homme par l'Union européenne elle-même, il reste malaisé à la Cour de Strasbourg de trouver une issue lorsqu'apparaît un conflit des engagements auxquels sont soumis les États membres : sans avoir d'autre choix que d'exécuter un règlement communautaire, ils risquent de méconnaître les droits établis dans le cadre du système européen de protection des droits de l'homme. Ce problème devrait bientôt trouver une solution avec l'adhésion prochaine de l'UE à la Convention européenne, rendue possible par l'effet cumulé de l'article 6, § 2, du TUE, tel que modifié par le Traité de Lisbonne, et du Protocole 14 à la CEDH.

L'adhésion de l'UE à la CEDH laissera cependant entier un autre problème auquel la Cour européenne a été également confrontée à plusieurs reprises : celui de la responsabilité des États parties pour des faits illicites commis pour l'exécution de décisions du Conseil de sécurité des Nations Unies ou lors d'opération militaires autorisées par lui. On sait qu'à cet égard, des réponses contrastées et parfois contestables ont été apportées par la Cour européenne, notamment dans ses arrêts *Behrami* et *Saramati* du 31 mai 2007 [4], et *Al_Jedda* du 7 juillet 2011 en raison, notamment, de l'appréciation fluctuante faite par les juges du contrôle exercé par le Conseil de sécurité sur les comportements en cause (v. ss 172).

1. CEDH, Gr. ch., 30 juin 2005, *Bosphorus Hava Yollari Turizm ve Ticaret Anonim Sirketi (Bosphorus Airways) c/ Irlande*, § 152.

2. *Ibid.*, § 153.

3. V. A. Ciampi, L'Union européenne et le respect des droits de l'homme dans la mise en œuvre des sanctions devant la Cour européenne des droits de l'homme, *RGDIP* 2006/1, p. 85-116.

4. CEDH, Gr. ch., 31 mai 2007, *Behrami et Behrami c/ France*, n° 71412/01 et CEDH, Gr. ch., 31 mai 2007, *Saramati c/ Allemagne, France et Norvège, n°* 78166/01. Les deux requêtes dans les affaires précitées ont été jointes par la Grande chambre, conformément à l'article 42 § 1 du règlement de la Cour.

SECTION 2. DIVERSITÉ DES DROITS DE L'HOMME ET DES MÉCANISMES DE GARANTIE

206 ***Diversité des sources formelles*** ◊ La diversité des droits de l'homme peut d'abord s'apprécier du point de vue de leurs sources formelles. On constate aujourd'hui une *nette prééminence des sources écrites sur les sources spontanées* et, à l'intérieur de la première catégorie, des conventions multilatérales sur les autres. Au 1er mai 2016, 168 États étaient liés par le Pacte international sur les droits civils et politiques (*GTDIP* n° 13), 164 par celui relatif aux droits économiques, sociaux et culturels ; (*GTDIP* n° 14) ; 177 étaient parties à la convention sur la non-discrimination raciale ; 147 étaient liés par la Convention sur le génocide (*GTDIP* n° 21) ; 189 avaient ratifié la Convention sur la non-discrimination à l'égard des femmes, 196 la Convention sur les droits de l'enfant, 159 l'importante Convention contre la torture (*GTDIP* n° 22) et 163 la Convention de 2006 relative aux droits des personnes handicapées. Au plan régional, la Convention américaine des droits de l'homme ne lie aujourd'hui que 24 États ; ce nombre est en recul depuis le retrait du Vénézuela en septembre 2013. Le nombre des parties à la Convention européenne des droits de l'homme (*GTDIP* n° 18) s'est, en revanche, considérablement accru depuis le début des années 1980, pour atteindre 47 actuellement.

Les très nombreux traités relatifs aux droits de l'homme se rangent eux-mêmes en divers types : conventions universelles ou régionales ; conventions générales (couvrant un ensemble de droits et libertés) ou spécifiques, parce qu'elles traitent des conditions de promotion ou de garantie d'un droit ou d'une situation en particulier, comme par exemple la très intéressante Convention pour la protection de toutes les personnes contre les disparitions forcées du 20 décembre 2006, en vigueur depuis le 23 décembre 2010 (*GTDIP* n° 18).

Cependant, au-delà de cette diversité des sources formelles, c'est à leur diversité *matérielle* et *procédurale* qu'il convient surtout de s'attacher.

§ 1. Diversité matérielle des droits de l'homme

207 ***Indivisibilité et interdépendance des droits de l'homme*** ◊ On reviendra plus tard sur le problème d'une hiérarchisation éventuelle des droits de l'homme que l'on veut d'ordinaire, par principe éviter (v. ss 227). D'un point de vue théorique, en effet, on affirme généralement l'*indivisibilité* des droits de l'homme (v. paragraphe 13 de la proclamation de Téhéran, adoptée à l'unanimité par la conférence internationale des droits de l'homme, Nations Unies, 1968). D'un point de vue pratique, on constate l'*interdépendance* des droits, soulignée notamment lors de la préparation des pactes des Nations Unies de

1966 portant respectivement sur les droits civils et politiques et économiques et sociaux (*GTDIP* n° 13 et 14), qu'il avait été un moment question de réunir en un seul et même instrument [1].

L'expérience concrète de l'application mais, plus encore, de la violation des droits tend néanmoins à persuader, sans revenir sur ces caractères, qu'il est indispensable de conserver à l'esprit de claires distinctions. La classification la plus utile paraît être celle qui différencie les droits *individuels* des droits *collectifs*.

A. Droits individuels

208 ***Définition et contenu*** ◊ Les droits individuels sont ceux qui se rapportent directement à la personne humaine. Historiquement, ils ont été affirmés les premiers, dans les déclarations de droit américaines, puis française (1789).

Quoi qu'il en soit, l'influence de ces premières proclamations, dont la déclaration française, d'inspiration individualiste, fut incontestablement déterminante sur la déclaration universelle des droits de l'homme de 1948. Elle est cependant encore très sensible, en dépit d'autres apports, dans les deux Pactes des Nations Unies de 1966 (*GTDIP* n°s 13 et 14). Dans ces différents textes, les droits individuels reposent sur l'affirmation de la liberté, de l'égalité et de la fraternité de tous (v. article 1re décl. universelle) (*GTDIP* n° 11).

On retrouve d'abord dans cette catégorie les *droits d'ordre personnel et droits civils* (vie, liberté, sûreté, dignité de la personne ; égalité devant la loi, droit de recours devant les tribunaux internes). Mais on peut également leur rapporter les principaux *droits sociaux* (droit au mariage ou à la nationalité) ainsi que les *libertés publiques et politiques* (liberté de croyance, d'expression, de réunion, d'association et d'élection). Enfin, *certains droits économiques et culturels* (droit à des conditions de travail équitables, libertés syndicales, droit à l'éducation) se rangent aussi dans cette catégorie. Pour autant, plusieurs d'entre eux, notamment parmi les droits politiques et économiques, supposent une certaine organisation sociale, et possèdent également de ce fait une dimension collective. Ils demeurent cependant tous centrés sur l'individu, qui doit pouvoir s'en prévaloir face à l'État.

B. Droits collectifs

209 ***Définition et contenu*** ◊

a) Ces droits, à la différence des précédents, ne partent pas d'une perception initiale de l'individu, mais de différents types de groupements auxquels il appartient. Antérieurement à l'apparition de la branche spécifique des droits de l'homme dans le droit international, certains

1. V. Imre Szabo, Fondements historiques et développement des droits de l'homme, *in Les dimensions internationales…*, *op. cit.*, spécialement p. 30-37.

d'entre eux avaient de longue date été reconnus au bénéfice de certaines minorités ethniques ou culturelles.

D'autres ont été affirmés sur la base de la Charte des Nations Unies dès les premières années consécutives au second conflit mondial (convention pour la prévention et la répression du crime de génocide, 1948, *GTDIP* n° 21). Mais, sous l'impulsion conjuguée des pays socialistes et des nouveaux États (pays en développement), c'est surtout postérieurement à l'arrivée de ces derniers au sein des institutions universelles qu'ils ont été affirmés avec une ampleur toute particulière.

b) Le contenu de ces droits dépend en réalité de la collectivité désignée comme titulaire des droits. Celle-ci peut avoir des dimensions très variables, et aller de la famille à tout un peuple, identifié en fonction de ses caractéristiques ethniques, politiques et culturelles. Une catégorie particulière a tendu à prendre au sein des Nations Unies une place considérable du fait notamment de la persistance du régime d'apartheid en Afrique du Sud (aujourd'hui aboli) et du désaveu unanime dont elle a fait l'objet : c'est celle qui se rapporte à la condamnation de la discrimination raciale (v. Déclaration et convention internationale sur l'élimination de toutes les formes de discrimination raciale, 1963 et 1965 ; Convention internationale sur l'élimination et la répression du crime d'apartheid, 1973). On peut, à l'égard de ce principe, symétriquement à ce qui était noté antérieurement à propos de certains droits individuels, observer qu'affirmé dans sa dimension collective, il peut aussi offrir des garanties à l'individu. Il en va sans doute de même pour d'autres types de droits plus récemment affirmés, dans lesquels pourtant la dominante collective est encore accentuée.

210 ***Droits collectifs et droits de solidarité*** [1] ◊ Une tendance manifeste notamment dans les années 1980 insistait davantage sur la dimension communautaire que sur les incidences individuelles de certains droits. Ces derniers, souvent encore mal formulés, sont dits parfois, par référence aux droits civils et politiques (1re génération), puis économiques et sociaux (2e génération), « droits de la 3e génération ».

On désigne ainsi des *droits de solidarité*, dont la réalisation suppose l'action conjuguée de tous les acteurs du jeu social, sur les plans internes comme international. Les listes qu'en donne la doctrine à titre illustratif prouvent que la générosité de leur inspiration ne va pas sans quelques imprécisions. On y trouve en effet, à côté de certains droits affirmés de longue date, comme le droit des peuples à disposer d'eux-mêmes (art. 1er, al. 3, Charte ONU, *GTDIP* n° 1), des droits plus malaisément identifiables, tels le « droit à l'environnement », le « droit à la paix », le « droit de propriété sur le patrimoine commun de l'humanité » et, surtout, « le droit au développement » [2].

---

1. V. *Les droits de l'homme, droits collectifs ou individuels*, Actes du Colloque de Strasbourg des 13 et 14 mars 1979, Paris, LGDJ, 1980, notamment le rapport introductif de Jean Rivero, p. 17-25.

2. V. S. Marks, Emerging Human Rights : A New Generation for the 1980's. ? *Rutgers Law Rev.*, vol. 33, hiver 1981, n° 2, p. 435 s. spécialement p. 444-445 ; P. Alston, Conjuring up New

Des droits de ce type, dont le caractère « programmatoire » paraît clairement affirmé, posent de nombreux problèmes, dont celui de l'identification de leur *contenu*, mais plus encore de leurs *débiteurs* et de leurs *créanciers*.

211 ***Droits des minorités*** [1] ◊ Les rapports entre droits individuels et droits collectifs ont été replacés récemment dans l'actualité à propos de la protection due aux minorités ethniques, religieuses, culturelles et nationales, notamment en Europe centrale, orientale et balkanique (ancienne Yougoslavie). Historiquement, la question des minorités, précisément dans cette région du monde, avait certes déjà fait l'objet de dispositions spécifiques en particulier dans les différents traités de paix consécutifs à la Première Guerre mondiale. La disparition de l'Empire austro-hongrois et l'apparition d'États hétérogènes suscitèrent en effet la rédaction de dispositions spécialement consacrées à la protection des minorités, en particulier dans les traités de paix de Saint-Germain avec l'Autriche (10 septembre 1919, art. 62 à 69), de Neuilly avec la Bulgarie (27 novembre 1919, art. 49 à 57), de Trianon avec la Hongrie (4 juin 1920, art. 53 s.). De plus, des traités relatifs aux minorités furent conclus à la même époque notamment avec la Pologne, la Tchécoslovaquie, la Roumanie, la Grèce ou avec l'État des Serbes, des Croates et des Slovènes [2]. La Cour permanente de Justice internationale, qui, à côté des Tribunaux Arbitraux Mixtes, avait reçu une compétence spéciale à cet effet, eut l'occasion de rendre une série d'avis consultatifs et d'arrêts relativement à l'application et à l'interprétation de certains de ces traités [3]. Pour autant, ce type de traitement des problèmes minoritaires n'emporta pas de succès véritable, notamment parce que le Conseil de la SDN en charge du contrôle de l'application des traités en cause entendait d'abord ménager la susceptibilité des États soumis conventionnellement à des obligations précises notamment pour le maintien de l'identité linguistique, religieuse et culturelle des minorités.

Human Rights : A Proposal for Quality Control, *AJIL* 1984, n° 3, p. 607-621 ; V. *Le droit au développement au plan international*, colloque de La Haye des 16-18 oct. 1979, Sijthoff et Noordhoff, 1980, p. 141, et commentaire de M. Flory *in AFDI* 1981, 169 s. ; Jean-Jacques Israel, Le droit au développement, *RGDIP* 1983, n° 1, p. 1 à 41 ; F. Batailler-Demichel, Droits de l'homme et droit des peuples dans l'ordre international, *in Mélanges Chaumont*, Paris, Pedone, 1984, p. 23-35 ; K. M'Baye, Le droit au développement en droit international, *in Études de droit international en l'honneur du juge Manfred Lachs*, MNP, 1984.

1. Y. Dinstein (Ed.) *The Protection of Minorities and Human Rights*, MNP, 1992, 537 p.
2. V. A. Mandelstam, La protection des minorités, *RCADI* 1923, t. I, p. 364 s. ; F. Ermacora, The Protection of Minorities before the United Nations, *RCADI* 1984, t. 182, p. 258 s.
3. Entre autres, (p. ex. avis de 1923 sur les conditions d'acquisition de la nationalité polonaise ou de 1932 sur le traitement des nationaux polonais en territoire de Dantzig) on retiendra en particulier l'Avis du 31 juill. 1930 rendu par la CPJI relativement à la Convention gréco-bulgare du 27 novembre 1919 ; on y trouve en effet une des rares tentatives de définition juridique de la notion de minorité, selon laquelle il s'agit d'une « collectivité de personnes vivant dans un pays ou une localité donnée ayant une race, une religion, une langue et des traditions qui lui sont propres, et unies par l'identité de cette race, de cette religion, de cette langue et de ces traditions, dans un sentiment de solidarité, à l'effet de maintenir leur culte, d'assurer l'instruction et l'éducation de leurs enfants conformément au génie de leur race et de s'assister mutuellement.

Après la Seconde Guerre mondiale, en revanche, époque dominée d'un côté par une conception d'abord individualiste des droits de la personne humaine (fondée sur la non-discrimination) et de l'autre par le principe du droit des peuples à disposer d'eux-mêmes, les États dominants n'ont pas voulu réserver de place particulière aux droits collectifs des minorités. Ceci, si toutefois l'on excepte les dispositions qui leur sont applicables dans diverses conventions générales dont en particulier la convention de 1948 sur la prévention du crime de génocide (*GTDIP* n° 21) et, plus encore, l'article 27 du Pacte des Nations Unies sur les droits civils et politiques (*GTDIP* n° 13). Selon ses termes, « les personnes appartenant à ces minorités ne peuvent être privées du droit d'avoir, en commun avec les autres membres de leur groupe, leur propre vie culturelle, de professer et de pratiquer leur propre religion, ou d'employer leur propre langue ». Son application a déjà fait l'objet d'un examen assez approfondi mais dans des affaires encore rares (concernant notamment la Suède et le Canada), puisqu'elles ne peuvent concerner que des États ayant non seulement ratifié le Pacte des Nations Unies sur les droits civils et politiques mais aussi son Protocole additionnel, permettant la saisine individuelle du Comité des droits de l'homme [1].

Après la dislocation de l'URSS et, surtout, de la Yougoslavie socialiste, on a cependant dû constater que ces dispositions générales ne suffisaient plus. Trois développements sont néanmoins notables :

a) En premier lieu, il est tout à fait remarquable de constater que la Commission d'arbitrage instituée dans le cadre de la Conférence pour la paix en Yougoslavie (v. ss 539) n'a pas hésité, à deux reprises en 1992, à ranger le respect des droits dus aux minorités dans la catégorie supérieure des normes impératives de droit international *(jus cogens)* [2]. Même si elle émane d'un organe simplement consultatif, cette qualification a influé sur l'évolution du droit international en la matière.

b) En Europe, deux niveaux sont à distinguer : celui, d'abord, de l'ensemble vaste et hétérogène constitué par les États d'Europe occidentale, centrale et orientale collaborant au sein de la Conférence pour la sécurité et la coopération en Europe (CSCE), devenue aujourd'hui une véritable organisation internationale (OSCE) ; celui, ensuite, du Conseil de l'Europe :

– Dans le cadre de la CSCE, le document adopté à l'issue de la réunion de Copenhague, le 29 juin 1990, sur la « dimension humaine », texte sans

---

1. C'est certes le cas de la France, à l'égard de laquelle le Protocole est entré en vigueur depuis 1984 ; cependant, la France avait pris soin lors de sa ratification d'indiquer dans une déclaration interprétative reconnue comme ayant valeur de réserve à l'égard de l'article 27 qu'en vertu des dispositions de l'article 2 de la Constitution de 1958, aucune discrimination n'est possible entre les citoyens en raison de leur origine, de leur race ou de leur religion. Elle en concluait qu'il n'existe pas de minorités sur le territoire français. C'est en fonction de cette prise de position que les recours déposés contre la France devant le Comité par des Bretons qui se plaignaient de ne pas avoir pu intenter une action devant les tribunaux en langue bretonne n'ont pu être examinés, non sans soulever le scepticisme ou la critique de certains membres du Comité (v. J. Dhommeaux, La jurisprudence du Comité des droits de l'homme, nov. 1987/juill. 1991, *AFDI* 1991. 514 s.).

2. Sur cette notion, v. ss 275 à 278. Avis n° 2, texte *in RGDIP* 1992/1, p. 266, et n° 10, *RGDIP* 1993/2.

portée juridique obligatoire, comporte un chapitre IV plaçant « dans un cadre politique démocratique se fondant sur l'État de droit » le « respect des personnes appartenant à des minorités nationales ». Il met en particulier l'accent sur l'ensemble des droits destinés au maintien de l'identité culturelle propre aux minorités concernées (notamment pratique et enseignement de la langue, liberté de religion, de réunion et d'association, libre participation aux affaires publiques) [1].

- Dans le cadre du Conseil de l'Europe, deux conventions ont successivement été adoptées : en premier lieu, la Charte européenne des langues régionales ou minoritaires a été adoptée le 5 novembre 1992. Particulièrement destinée aux États est-européens, nouvellement entrés au sein du Conseil de l'Europe sous condition de préserver les minorités nationales qu'ils comportent (v. ss 152), elle oblige notamment les parties à respecter la pratique de ces langues en mettant à la disposition des minorités qui les utilisent les moyens d'enseignement appropriés [2]. En second lieu, le Conseil de l'Europe a adopté le 1er février 1995 la Convention-cadre pour la protection des minorités nationales. Elle comporte à son article 5 l'engagement des parties de « permettre aux personnes appartenant à des minorités nationales de conserver et développer leur culture, ainsi que de préserver les éléments essentiels de leur identité que sont leur religion, leur langue, leurs traditions et leur patrimoine » (art. 5, § 1) ; elle insiste également sur l'obligation pour les parties de ne pas empêcher les « contacts au-delà des frontières avec des personnes se trouvant régulièrement dans d'autres États » et partageant la même appartenance ethnique ou culturelle (art. 17). Toutefois, au-delà de ces spécificités, à l'instar de tous les autres textes adoptés à l'époque actuelle en faveur des minorités, cette convention-cadre met l'accent sur la levée de toute entrave au plein exercice par les personnes appartenant à une minorité des droits afférents à toute personne humaine (liberté d'opinion, de religion, de réunion, d'association). En d'autres termes, contrairement à la tendance affirmée après la première guerre mondiale, l'idée centrale est celle de maintien des droits des minorités dans le cadre d'exercice des droits reconnus à chaque individu, même si beaucoup parmi ces droits sont exercés collectivement. La protection des minorités doit être garantie par la tolérance et la non-discrimination plus que par l'affirmation de spécificités propres aux groupes concernés. Les membres des minorités, avant que d'être perçus comme tels, sont des personnes humaines, titulaires des mêmes droits que toutes autres [3].

c) Dans le cadre universel, l'Assemblée générale des Nations Unies a adopté le 18 décembre 1992 sous forme de résolution un texte négocié au sein de la Commission des droits de l'homme de l'ONU, intitulé « Déclaration des Nations Unies sur les droits des personnes appartenant

---

1. Texte *in* E. Decaux, *Sécurité et coopération en Europe*, rec. de textes, Documentation française, 1992, p. 238-240.
2. Texte *RGDIP* 1992/4, p. 1094, comment. P. Kovacs, *RGDIP* 1993/2, p. 411-418.
3. S. Pierré-Caps, Peut-on parler actuellement d'un droit européen des minorités ? *AFDI* 1994. 72-105.

à des minorités nationales ou ethniques, religieuses et linguistiques » (*GTDIP* n° 16). On y retrouve, rapportée spécifiquement aux minorités, l'affirmation d'un certain nombre de droits individuels mais aussi et surtout collectifs ; notamment celui d'établir et de maintenir, sans aucune discrimination, des contacts libres et pacifiques avec d'autres membres de leur groupe de même qu'avec des citoyens d'autres États partageant leur appartenance ethnique, religieuse ou linguistique [1]. On pouvait déjà considérer que ce texte, tout en prétendant constituer une réponse aux revendications statutaires des minorités, marque le souci de maintenir la définition de leurs droits dans le cadre strict de l'ensemble normatif des droits de l'homme sans pour autant les ériger en une catégorie véritablement autonome. Le contenu de cette Déclaration, sans moyens spécifiques de contrôle quant à son application, non obligatoire, paraît toutefois très en retrait par rapport aux aspirations souvent passionnelles de bien des minorités dont les revendications sont compliquées par celle d'une identité nationale perçue par les États sur lesquels elles sont implantées comme une menace grave à leur unité territoriale. Les paragraphes 25 à 27 de la IIe partie de la Déclaration de Vienne adoptée le 25 juin 1993 à l'issue de la Conférence mondiale sur les droits de l'homme consacrent également les droits des personnes appartenant à des minorités ethniques, religieuses et linguistiques.

212 ***Droits de l'homme, droits des peuples et droits des États*** ◊ Des initiatives ont été prises dans le cadre de l'Assemblée générale des Nations Unies à partir de la résolution 34/46, du 23 novembre 1979 pour définir plus précisément les liens entre la promotion des droits de l'homme et le développement économique, qui, dans bien des pays, conditionne largement l'exercice de certains d'entre eux. La question se pose dès lors de savoir si le droit au développement constituerait d'abord un droit de l'homme dans la conception initiale du terme, c'est-à-dire essentiellement un droit de l'individu contre l'État, ou au contraire, à travers le *Peuple*, dont il constitue l'émanation juridique, un droit de *l'État*, c'est-à-dire, plus concrètement, un droit des pays en voie de développement à l'encontre des pays industrialisés.

L'Assemblée générale a tenté d'apporter une réponse intéressante à cette question, en adoptant quasiment à l'unanimité, par sa résolution 41/128 du 4 décembre 1986, une « Déclaration sur le droit au développement » dans laquelle elle affirme que « l'être humain est le sujet central du développement et doit donc être le participant actif et le bénéficiaire du droit au développement » (art. 2), tout en insistant corrélativement, ce qui est notable, sur les obligations que ce droit crée pour les États : devoir de coopérer les uns avec les autres pour assurer le développement, pour promouvoir des politiques internationales de développement, et sur le plan national, « l'accès aux ressources de base, à l'éducation, aux services

---

1. Art. 2, § 5. V. comment. I. Bokatola, *RGDIP* 1993/3.

de santé, à l'alimentation, au logement, à l'emploi et à une répartition équitable du revenu » (art. 8). Cette désignation claire des États comme ayant la « responsabilité première » de création des conditions favorables à la réalisation nationale et internationale de ce droit présente sans doute l'avantage de bien le situer d'abord comme un *droit de l'individu* et d'entraver sa récupération politique par les gouvernements. Quoi qu'il en soit, on doit faire ici la part de ce qui revient respectivement à l'idéologie prospective et au droit positif. Les aléas comme la richesse virtuelle de la notion de « droit au développement » et d'autres droits de la « 3e génération » tiennent au fait qu'ils apparaissent au point de rencontre de conceptions assez radicalement différentes des droits de l'homme. Plus que d'y voir l'affirmation de droits nouveaux, il faut les percevoir comme une invitation à repenser certains des droits déjà affirmés dans une nouvelle perspective, nécessaire au maintien, voire à la promotion véritable de l'*universalité* des droits de l'homme, qui sera étudiée plus loin (section 3).

§ 2. La diversité des procédures de garantie des droits de l'homme [1]

213 ***Typologie élémentaire des procédures internationales*** ◊ L'efficacité des droits et des libertés proclamées dans les instruments de protection des droits de l'homme est étroitement dépendante des contrôles mis en place pour en garantir le respect. Les recours juridictionnels, ouverts aux États, ou mieux encore, aux individus eux-mêmes, constituent certainement le type de procédure le plus efficace (A). Mais on ne doit pas négliger l'incidence des procédures plus souples, plus respectueuses des souverainetés et donc, à ce titre, plus acceptables par elles. C'est le cas de celles, très fréquentes qui présentent un caractère diplomatique et administratif, dont certaines cherchent l'efficacité dans la confidentialité (cas, par exemple, de l'Unesco), alors que d'autres, tout au contraire, s'appuient sur la dénonciation officielle des violations de droits pour faire exercer à l'égard de leurs auteurs la pression politique de l'opinion publique internationale ; celle-ci s'avère souvent une arme non dépourvue d'efficience, très peu d'États étant en définitive totalement indifférents à la détérioration de leur « image » internationale (B).

L'émergence et la mobilisation d'une opinion publique internationale, structurée notamment par un certain nombre d'organisations non gouvernementales (ONG), permettent le renforcement progressif d'un *contrôle politique*, déjà existant au sein des organisations intergouvernementales, avec lesquelles les ONG entretiennent d'ailleurs des rapports constants et souvent étroits (C).

1. E. Decaux (dir.) *Les Nations Unies et les droits de l'homme, Enjeux et défis d'une réforme*, Pedone, 2006, 348 p. ; F. Lattanzi, *Garanzie dei diritti dell'uomo nel diritto internazionale generale*, Public. de l'Institut de droit international de l'Université de Rome, vol. 18, 1985.

A. Les contrôles juridictionnels [1]

214 ***Localisation des contrôles*** ◊ Supposant une parenté sociologique, politique et institutionnelle entre les États qui l'organisent et acceptent de s'y soumettre, il n'est pas surprenant que ce type de contrôle ait seulement jusqu'ici vu le jour dans des cadres régionaux, en Europe occidentale, en Amérique latine [2] et, plus récemment, en Afrique [3]. On étudiera ici le premier de ces trois exemples, en raison de son ancienneté, de son expérience et de son efficacité, restées jusqu'ici sans équivalent [4]. Il faut toutefois savoir que, dans le cadre interaméricain, les activités de la Commission interaméricaine des droits de l'homme sont de longue date très intenses et que celles de la Cour interaméricaine ont pris une large ampleur, notamment depuis que 21 des 25 États parties à la convention interaméricaine ont reconnu sa compétence non plus seulement consultative, mais également contentieuse [5]. Comme on l'a signalé plus haut, la jurisprudence de la Cour interaméricaine des droits de l'homme mérite désormais la plus grande attention, tant à raison de sa richesse que de l'audace qui la caractérise. Souvent confrontée à des violations massives des droits de

1. V. G. Cohen-Jonathan et J.-F. Flauss, (dir.) *Droit international, droits de l'homme et juridictions internationales*, Bruxelles, Bruylant, 2004, 152 p.

2. V. T. Burgenthal, The American Convention of Human Rights, an Illusion of Progress, *in Miscellenea W.J. Ganshof van der Meersch*, vol. 1, Bruxelles, Bruylant, 1972, p. 385-396 ; et The Revised O.A.S. Charter and Protection of Human Rights, *AJIL*, vol. 69, 1975, p. 828-836, et *Protecting Human Rights in the Americas, selected problems*, textbook, 2nd edition, International Institute of Human Rights, Strasbourg, 1986 ; T. Burgenthal, R. Norris, D. Schelton, *Protecting Human Rights in the Americas*, Engel, 3e éd. 1990.

3. V. F. Ougergouz, La Cour africaine des droits de l'homme et des peuples, *AFDI* 2006. 213-240.

4. V. G. Cohen-Jonathan et J.F. Flauss, (dir.) *La réforme du système de contrôle contentieux de la Convention européenne des droits de l'homme*, Bruxelles, Bruylant, 2005, 256 p. ; G. Cohen Jonathan, *La Convention européenne des droits de l'homme* : Europe, La Documentation française, Documents d'études, n° 3.05, éd. 2002 ; consulter la chron. annuelle consacrée à la jurisprudence de la Cour européenne des droits de l'homme à l'*AFDI* ; V. aussi *La Convention européenne des droits de l'homme, commentaire article par article*, L.B. Pettiti, E. Decaux, P.-H. Imbert (dir.) Paris, Economica, 1995, 1230 p. *Activités du Conseil de l'Europe dans le domaine des droits de l'homme* ; Rapport annuel du secrétaire général, Conseil de l'Europe, ainsi que l'*Annuaire de la Convention européenne des droits de l'homme* ; v. aussi *Actes du 5e colloque international sur la Convention européenne des droits de l'homme*, Pedone, 1982. *Council of Europe Digest of Strasbourg Case-Law Relating to the European Convention of Human Rights*, Köln, C. Heymann-Verlag, 6 vol. 1984-85) ; F. Sudre, *La Convention européenne des droits de l'homme*, PUF, Que sais-je ? n° 2513, 7e éd. 2008.

5. V. A. A. Cançado Trindade, Le système interaméricain de protection des droits de l'homme : état actuel et perspectives d'évolution à l'aube du XXIe siècle, *AFDI* 2000. 548-577. V. H. Gros Espiell, Le système interaméricain comme régime régional de protection internationale des droits de l'homme, *RCADI* 1975, t. 145, p. 47 ; sur la première affaire contentieuse importante de la Cour interaméricaine, V. G. Cohen-Jonathan, L'arrêt Velasquez, *RGDIP* 1990, n° 2, p. 455-471 ; M. Pinto, La réparation dans le système interaméricain des droits de l'homme, *AFDI* 1996. 733-747. V., plus largement, H. Tigroudja et I. K. Panoussis, *La Cour interaméricaine des droits de l'homme*, Bruxelles, Bruylant, 2003, 330 p ; L. Hennebel, *La Convention Américaine des droits de l'homme : mécanismes de protection et étendue des droits et libertés*, Bruxelles, Bruylant, 2007, 737 p. ; L. Burgorgue-Larsen et A. Ubeda de Torres, *Les grandes décisions de la Cour interaméricaine des droits de l'homme*, Bruxelles, Bruylant, 2008, 996 p.

l'homme, elle se signale notamment par un élargissement sensible du champ d'application matérielle reconnu à la convention interaméricaine. Ce résultat est obtenu dans la jurisprudence de la CIDH par l'emprunt fait à d'autres branches du droit international, au premier rang desquelles le droit international humanitaire et le droit international pénal comme en témoigne par exemple son arrêt du 25 novembre 2006, *Prison Miguel Castro c/ Pérou* à propos des droits des femmes [1].

215 ***Le contrôle juridictionnel dans le cadre de la Convention européenne des droits de l'homme*** [2] ◊ (*GTDIP* n° 19) Jusqu'à l'entrée en vigueur du Protocole 11, le premier novembre 1998, le système européen de protection des droits de l'homme faisait intervenir trois organes : la Commission européenne des droits de l'homme, dotée d'un rôle d'instruction et de conciliation ; le Comité des ministres, organe politique de décision ; enfin, la Cour européenne des droits de l'homme (CEDH), seul organe à proprement parler juridictionnel. La réforme a fait disparaître la Commission et réduit le rôle du Comité des ministres du système. Ce dernier devient ainsi beaucoup plus homogène, puisqu'il se déroule entièrement dans le cadre d'une juridiction, désormais dotée de permanence (v. ss 218). Le nouveau système de protection juridictionnelle des droits de l'homme demeure cependant l'héritier direct de celui qui avait fonctionné jusque-là sur la base de la collaboration entre les trois organes précités. Il en conserve notamment les acquis jurisprudentiels auxquels il est donc justifié de se référer pour comprendre sa portée effective. Un phénomène majeur explique la réforme introduite par le Protocole n° 11, lequel n'a cependant pas forcément apporté de solution suffisante, de sorte qu'il a été de nouveau réformé par le Protocole n° 14 du 13 mai 2004 : c'est l'accroissement très considérable du nombre des requêtes individuelles, à la fois en raison de l'augmentation du nombre des États membres mais aussi d'une meilleure connaissance par les requérants potentiels et leurs défenseurs des possibilités d'accès à la juridiction européenne, qui fait de plus en plus figure de Cour suprême des libertés individuelles en Europe : 1 000 requêtes environ étaient enregistrées en 1988, quelque 2 000 en 1993, 6 000 en 1998, 8 400 en 1999, 35 402 en 2005 et 57 100 en 2009. Depuis, le nombre des requêtes à un peu diminué (56 200 en 2014, 40 650 en 2015) mais reste très élevé. On indiquera qu'en mai 2016, la Convention européenne des droits de l'homme avait été ratifiée par 47 États européens.

---

1. 25 nov. 2006.
2. V. J.-F. Renucci, *Traité de droit européen des droits de l'homme*, LGDJ, 2e éd. 2002, 1300 p. ; F. Sudre, *Droit international et européen des droits de l'homme*, Paris, PUF, Coll. « Droit fondamental », 10e éd. 2011, 848 p. ; J.-P. Marguénaud, *La Cour européenne des droits de l'homme*, Dalloz, coll. ; « Connaissance du droit », 6e éd. 2012, 200 p. ; F. Sudre, *La Convention européenne des droits de l'homme*, PUF, « Que sais-je ? », n° 2513, 9e éd. 2012, 128 p. ; F. Sudre, J.-P. Marguénaud, J. Andriantsimbazovina, A. Gouttenoire, M. Levinet, *Les grands arrêts de la Cour européenne des droits de l'homme*, 6e éd., Paris, PUF, Thémis, 2011, 944 p.

Comme la précédente, la nouvelle Cour est composée d'autant de juges qu'il y a d'États parties à la Convention européenne des droits de l'homme. Élus désormais pour 9 ans (au lieu de 6 dans le système du Protocole 11), ils sont indépendants et siègent à la Cour à titre individuel (art. 20 à 23 de la Convention). Ils ne sont plus rééligibles, depuis l'entrée en vigueur du Protocole 14 le 1er juin 2010. La Cour comporte différentes formations. Elle peut siéger en assemblée plénière, en formation de juge unique, en comité de 3 juges, en Chambres de 7 juges et en Grande Chambre de 17 juges (v. ss 217) [1].

216 ***Droits de recours*** [2] ◊ Deux catégories de requérants sont admises :

1) Recours inter-étatique : « Toute Haute Partie contractante peut saisir la Cour de tout manquement aux dispositions de la Convention et de ses protocoles qu'elle croira pouvoir être imputé à une autre Haute Partie contractante » (art. 33). On vérifie ici la traduction directe du caractère « objectif » des droits de l'homme. Pour entreprendre une action judiciaire contre un autre État membre, *une partie n'a pas besoin de se prévaloir d'une atteinte directe à ses droits subjectifs* du fait de la violation des droits de l'homme dont elle accuse l'État défendeur. Intérêt et qualité pour agir sont dès lors confondus, puisque la convention a créé, selon une décision de la Commission déjà citée, « un ordre public communautaire des libres démocraties d'Europe » (v. ss 200). En pratique, cette possibilité offerte aux États n'a que rarement été utilisée. En outre, hormis les affaires introduites contre la Grèce lors de la dictature des colonels (1967-1974), la plupart ont été guidées par un mobile politique.

2) Recours individuel : La seconde catégorie de requérants a été signalée plus haut en raison de son caractère *dérogatoire* au droit commun international. Il s'agit de « toute personne physique, toute organisation non gouvernementale ou tout groupe de particuliers qui se prétend victime d'une violation par l'une des Hautes parties contractantes des droits reconnus dans [...] la convention » (art. 34). Ainsi, à l'inverse des requérants étatiques, les personnes privées concernées devront pouvoir invoquer un préjudice personnel du fait du comportement étatique en cause, qui aura fait naître en leur faveur un *intérêt subjectif* à l'action judiciaire. On rappellera en outre qu'elles devront, avant de se présenter devant la Cour, avoir préalablement, comme dans le droit classique de la protection diplomatique, épuisé les voies de recours internes (art. 35.1).

La Commission et la Cour ont cependant assoupli cette exigence : le requérant est dispensé d'exercer un recours interne dont l'insuccès est probable (arrêt *Open Door et al.* 29 octobre 1992, A. 246 A, § 48) ou que

1. V. J.-P. Costa, La Cour européenne des droits de l'homme depuis le 1er novembre 1998, *AFDI* 1999. 732-745.
2. V. G. Cohen-Jonathan, *Aspects européens des droits fondamentaux*, 3e édition, Paris, Montchrestien, 2002.

les voies ouvertes sont inadéquates. Cette jurisprudence a été confirmée par l'arrêt *Chypre c/ Turquie*, du 10 mai 2001.

La France a cru devoir attendre le 2 octobre 1981 pour reconnaître le droit de recours individuel, déclaration régulièrement renouvelée depuis lors. La France compte parmi les pays membres les plus souvent traduits devant la Cour européenne des droits de l'homme, largement devancée par l'Italie, la Turquie et, depuis quelques années, par les anciens pays de l'Est (en particulier la Russie, la Pologne et la Roumanie). Pour fixer un ordre d'idées, plus de 20 000 requêtes ont été introduites contre la République française depuis 1981. Si la plus grande partie a été déclarée irrecevable, 848 arrêts intéressant la France avaient néanmoins été rendus au 31 décembre 2011. La fréquence des recours démontre que les personnes s'estimant atteintes dans leurs droits, sur le territoire et du fait du comportement à leur égard des autorités françaises, ont désormais largement assimilé l'idée qu'au-delà des recours devant le juge interne, il existe après leur épuisement la possibilité d'un recours à l'échelle européenne. On peut cependant aussi attribuer la fréquence de ces recours à la survivance d'atteintes aux droits de l'homme ne trouvant pas réparation devant les juridictions françaises. Sur les 848 arrêts rendus, 637 ont en effet constaté au moins une violation de la Convention européenne ou de ses protocoles.

Dans le premier cas, *Bozano c/ France*, un arrêt de la Cour le 18 décembre 1986 appréciait si la « détention » subie aux fins d'expulsion était conforme aux exigences de l'article 5, paragraphe 1 de la Convention sur le droit à la liberté et à la sûreté [1]. Depuis, la France a été à nouveau de nombreuses fois condamnée par la Cour, notamment dans deux arrêts rendus le 24 avril 1990 dans les affaires *Kruslin et Huvig*, dans lesquelles la juridiction européenne a conclu, à l'unanimité de ses membres, que la France avait violé l'article 8 de la convention, relatif au respect de la vie privée, en pratiquant des écoutes téléphoniques illégales. Dans un arrêt du 28 juillet 1999, la Cour a qualifié les sévices endurés par M. Selmouni durant sa garde à vue en France d'actes de torture. Elle a tenu compte, pour ce faire, du caractère évolutif des critères d'appréciation des actes attentatoires aux droits protégés par la Convention européenne. La CEDH observe dans cet arrêt que « le niveau d'exigence croissant en matière de protection des droits de l'homme implique parallèlement et inéluctablement une plus grande fermeté dans l'appréciation des atteintes aux valeurs fondamentales des sociétés démocratiques » (§ 101).

La jurisprudence de la Cour européenne des droits de l'homme n'a d'ailleurs pas été sans effet sur l'évolution de la législation et la pratique des tribunaux français [2].

1. V. G. Cohen-Jonathan, La reconnaissance par la France du droit de recours individuel..., *AFDI* 1981. 269 s. ; et, du même auteur, La France et la Convention européenne des droits de l'homme, l'arrêt *Bozano c/ France*, *RTD eur.* n° 2, 1987. 255 s.

2. V. F. Sudre, Le contentieux français à Strasbourg. Bilan de onze ans de recours individuel, *in Le droit français et la CEDH*, 1974-1992, Engel, 1994, p. 61-100.

216-1 ***Le champ d'application de la Convention et la « juridiction » des États partie*** [1] ◊ Aux termes de son article premier, un État ne peut être tenu pour responsable d'une violation de la Convention européenne des droits de l'homme que dans la mesure où les faits en cause peuvent être rattachés à sa « juridiction ». Ceci est susceptible de poser certains problèmes d'interprétation, comme la pratique jurisprudentielle l'a montré.

La juridiction « extra-territoriale » de l'État. Dans un important arrêt rendu par sa Grande Chambre le 12 décembre 2001, *Bankovic et alii c/ États membres de l'OTAN*, la Cour avait déclaré irrecevable la requête présentée par les victimes yougoslaves de l'attaque effectuée par un des États membres de l'OTAN le 23 avril 1999 sur l'immeuble de la Radio Télévision Serbe, qui avait entraîné la mort de plusieurs personnes. Pour statuer ainsi, la Cour se fonde sur ce que l'on a pu appeler la « territorialité » du système européen de protection des droits de l'homme, dont le champ d'application est déclaré restreint à la connaissance des violations des droits de l'homme accomplies à *l'intérieur* du territoire des États membres seulement : « la Convention est un traité multilatéral opérant, sous réserve de son article 56, dans un contexte essentiellement régional, dont il est clair que la République fédérale de Yougoslavie ne relève pas. Elle n'a pas vocation à s'appliquer partout dans le monde, même à l'égard du comportement des États contractants » (§ 80). Pour éviter une extension universelle de l'application de la Convention, la Cour s'en tient ainsi à une perception essentiellement territoriale, et non personnelle (v. ss 95 s.) des compétences exercées par l'État souverain. De fait, le droit d'invoquer les droits garantis par la Convention est accordé, en vertu de l'article premier, aux personnes relevant de la « juridiction » de l'État défendeur, c'est-à-dire placées sous sa compétence souveraine [2].

Dans la même décision, la Cour européenne reconnaît cependant qu'il existe des circonstances, exceptionnelles, dans lesquelles l'État exerce sa compétence hors du territoire national et peut, à ce titre, faire l'objet de poursuites devant elle pour manquement aux obligations énoncées dans la Convention. C'est sur cette base que la CEDH rejettera un an plus tard, dans l'arrêt *Öcalan c/ Turquie*, du 12 mars 2003, l'argument qu'opposait la Turquie à sa compétence. Dans cette affaire, cet État avait en effet fait remarquer que l'arrestation du demandeur, M. Öcalan, ne pouvait engager sa responsabilité puisqu'elle s'était produite hors de Turquie. La Cour a écarté cette objection, en observant que le requérant avait été physiquement contraint à revenir en Turquie par des fonctionnaires turcs et avait été soumis à leur autorité dès son arrestation. L'arrestation a eu lieu au

1. E. Lagrange, L'application de la Convention de Rome à des actes accomplis par les États parties en dehors du territoire national, *RGDIP*, 2008. 521-565.

2. V. Ph. Weckel, Chronique de jurisprudence internationale, *RGDIP* 2002/2, p. 437-449. Sur la question de savoir à qui imputer les violations des droits de l'homme dans le cadre d'opérations du type de celles menées au Kosovo, v. A. Pellet, L'imputabilité d'éventuels actes illicites : responsabilité de l'OTAN ou des États membres ? *in* Ch. Tomuschat (éddir.) *Kosovo and the International Community*, MNP La Haye, Kluwer, 2002, pp. 193-202.

Kenya, mais avec le consentement de l'État territorial, circonstance dont la Cour avait prévu la possibilité dans sa jurisprudence Bankovic. On peut donc admettre qu'il n'y a pas de contradiction entre les deux arrêts [1].

Dans son arrêt *Issa et autres c/ Turquie*, du 16 novembre 2004, la Cour a confirmé sans ambiguïté que les forces militaires d'un État partie menant une action sur le territoire terrestre d'un État tiers engageaient sa responsabilité en cas de violation de la Convention. Elle reprenait ainsi le type de raisonnement déjà suivi dans l'affaire *Loizidou*. Elle y fait référence à la théorie du contrôle global. Un autre arrêt rendu la même année, le 8 juillet, illustre quant à lui la complexité accrue de la notion de « juridiction » de l'État tout au moins dans certaines situations. Dans l'affaire *Ilascu et autres c/ Moldova et Russie*, la Cour a du se pencher sur des agissements impliquant les autorités séparatistes de Transnistrie, région relevant de la souveraineté de la République de Moldova mais placée en réalité sous l'étroite dépendance de la Russie. Contrairement à la Serbie au moment des faits intervenus dans l'affaire *Bankovic*, la Moldavie est partie à la Convention européenne, comme l'est également la Russie, (même s'il faut constater qu'au début des événements concernés, ni l'un ni l'autre État n'étaient encore liées par cet instrument). Dans son arrêt, la Cour a partagé la responsabilité de la violation de la Convention entre les deux États à propos de la détention arbitraire de trois personnes. Pour arriver à cette conclusion, elle s'est en particulier appuyée sur l'existence d'obligations dites « positives » à la charge des deux États en cause, consistant à devoir prendre les mesures nécessaires au respect des droits et libertés énoncés dans la Convention. Ces obligations subsistent pour un État partie même dans le cas d'une limitation de l'exercice de son autorité sur une partie de son territoire (§ 313). C'est à la Cour, compte tenu de l'examen de toutes les données de l'espèce, de déterminer si la mesure du contrôle territorial qui subsiste entre les mains de l'État partie est suffisante pour qu'il reste tenu de cette obligation. Ce raisonnement spécule, conformément au droit international général, sur la notion de diligence due par l'État en cause. Il a conduit la Cour à retenir partiellement la responsabilité de l'État territorial (Moldova). Mais la Cour a également retenu celle de la Russie ; ceci, au titre du poids déterminant que ce pays exerce sur la vie économique, politique et sociale de la Transnistrie quoique cette dernière reste légalement rattachée à la Moldova. On a fait observer, pour distinguer cette jurisprudence de celle adoptée par la Cour dans l'affaire *Bankovic*, que dans cette dernière, les victimes des bombardements alliés n'étaient pas directement au pouvoir des pays membres de l'OTAN, alors que les victimes de la détention abusive en Transnistrie étaient sous la dépendance directe et partagée des États déclarés responsables [2]. La solution est plus simple lorsque, comme dans l'affaire *Al-Skeini*, jugée le 7 juillet 2011 par la Grande chambre, les faits en cause ont été accomplis par les forces d'un

1. V. Ph. Weckel, Chronique de jurisprudence internationale, *RGDIP* 2003/2, pp. 472-478.
2. V. Ph. Weckel, Chronique de jurisprudence internationale..., *RGDIP* 2004/4, p. 1036-1044.

État partie, en l'occurrence le Royaume-Uni, dans un État occupé par lui au moment des faits, l'Irak. En tel cas, la Convention est applicable dans la mesure où l'État contractant a assumé, sur le territoire de l'État tiers, des prérogatives de puissance publique dont l'exercice a eu pour conséquence que la victime s'est trouvée sous sa juridiction [1].

217 ***Déroulement de la procédure et effet des jugements*** ◊ Le Protocole n° 11, ayant été ratifié par tous les États parties à la convention, est entré en vigueur le 1er novembre 1998 (v. ss 215) [2].

Il procède de deux idées complémentaires : en premier lieu, abroger les clauses facultatives d'acceptation du recours individuel et de la juridiction de la Cour dont l'accès est ainsi ouvert de plein droit aux requérants individuels ; en second lieu, supprimer la dichotomie Commission/Cour en éliminant purement et simplement la Commission, dont les attributions sont exercées par la Chambre de la Cour, après avoir été une première fois sélectionnées par un juge unique ou un comité de trois juges. Composée de 7 juges, cette Chambre décide de la recevabilité de la requête ; puis, après tentative de conciliation, elle décide au fond. Cependant, alors que, dans le système antérieur, la Commission donnait un avis, la Chambre rend sa décision par un arrêt obligatoire. Il ne deviendra toutefois définitif que si, dans un délai de trois mois, l'une des parties n'a pas demandé le renvoi de l'affaire devant une Grande Chambre de 17 juges. Ce réexamen, intéressant les cas graves d'interprétation et d'application de la Convention, n'est cependant consenti que s'il est accepté par un collège de 5 juges. Selon ce système, le Comité des ministres est désormais écarté du système de garantie des droits de l'homme sauf pour veiller à l'application de l'arrêt.

Les arrêts de la Cour ont l'autorité de chose jugée (art. 46). Cette autorité est relative. L'arrêt n'oblige que le ou les États visés dans l'arrêt ; il ne produit d'effet qu'entre les parties. La relativité des effets des arrêts de la CEDH a, toutefois, été partiellement remise en cause depuis l'arrêt de Grande chambre, *Broniowski c/ Pologne* du 22 juin 2004 [3]. La Cour a développé dans cette décision un système d'arrêt pilote qui lui permet de faire face à des contentieux de masse liés à une violation systémique des droits de l'homme dans un État. Lorsque la Cour est saisie d'un nombre important de requêtes découlant de la même cause, elle peut décider d'en choisir une ou plusieurs afin de les traiter par priorité. Elle s'efforce alors de dégager une solution qui, au-delà de ce ou ces cas particuliers, puisse permettre de régler toutes les affaires similaires soulevant la même question. Dans son arrêt, la Cour identifie le dysfonctionnement de la législation interne qui est à

1. V. les obs. de P.-F. Laval *in RGDIP* 2012, p. 61-88.
2. V. A. Drzemczewski et J. Meyer-Ladewig, Principales caractéristiques du nouveau mécanisme de contrôle établi par la CEDH, *RUDH* 1994/3, vol. 6 ; F. Sudre, La réforme du mécanisme de contrôle de la Convention européenne des droits de l'homme, *Semaine juridique*, n° 21-22, 24 mai 1995, 3849, p. 231-240. R. Abraham, La réforme du mécanisme de contrôle de la Convention européenne des droits de l'homme, *AFDI* 1994. 619-632.
3. Affaire n° 31443/96.

l'origine de la violation, donne des indications au gouvernement de l'État en cause pour remédier à la situation et fixe un délai pour mettre en œuvre les mesures qu'elle indique. Les autres affaires portant sur le même problème, qui se comptent parfois par centaines, sont provisoirement gelées, jusqu'à l'expiration du délai. Vu l'ampleur de la charge de travail actuelle de la Cour, cette procédure de l'arrêt pilote permet, dans le cas de requêtes récurrentes, un redressement plus rapide que si chaque affaire était traitée individuellement à Strasbourg. L'affaire *Broniowki* était relative au refus persistant de la Pologne d'indemniser les victimes de nationalisations confiscatoires pratiquées à l'époque communiste. Dans l'arrêt pilote rendu le 15 janvier 2009 dans l'affaire *Burdov*, la Cour européenne a établi que la Russie omettait de façon récurrente d'honorer les dettes nées de décisions de justice. Elle lui a demandé de mettre en place, dans les six mois, un recours permettant à toutes les personnes se trouvant dans cette situation d'obtenir, d'ici le 4 mai 2010, une réparation appropriée et suffisante.

La procédure de l'arrêt pilote a confirmé, de surcroît, le dépassement du caractère déclaratoire des décisions de la Cour. Dans son arrêt *Marckx* du 13 juin 1979, la CEDH avait affirmé que ses arrêts étaient « déclaratoire[s] pour l'essentiel » et qu'ils « laiss[aient] à l'État le choix des moyens à utiliser dans son ordre juridique interne » pour s'acquitter de ses obligations. Cette jurisprudence a été progressivement remise en cause. La Cour n'hésite plus, tout d'abord, a précisé les mesures individuelles qu'impliquent ses arrêts. Depuis son arrêt *Papamichalopoulos c/ Grèce* du 31 octobre 1995, elle indique ainsi à l'État reconnu responsable d'une violation du droit de propriété, un délai pour restituer le bien illégalement confisqué ; faute d'exécuter cette injonction dans le temps imparti, le défendeur s'expose à verser une forte indemnisation. L'arrêt du 8 avril 2004 dans l'affaire *Assanidze c/ Géorgie* a été l'occasion d'un autre pas important. Jugeant d'un cas dans lequel un homme politique avait été maintenu en détention pendant trois ans après que la Cour suprême de Géorgie l'ait acquitté, la Grande Chambre de la Cour n'a pas hésité à déclarer que « l'État défendeur doit assurer la remise en liberté du requérant dans les plus brefs délais ». Ce jugement, salué par la doctrine [1] et d'ailleurs immédiatement appliqué par l'État concerné, revient pratiquement à faire assurer en l'occurrence une réparation pleine et entière ou « *restitutio in integrum* » (v. ss 492-493). Il est vrai que les circonstances particulières de cette affaire incitaient la Cour à dépasser son attitude habituelle, qui consiste à laisser à l'État responsable une marge d'appréciation des conditions d'application d'un jugement de toute façon resté formellement déclaratoire [2]. La CEDH a cependant précisé dans cet arrêt : « L'État défendeur reconnu responsable d'une violation de la Convention

1. V. G. Cohen-Jonathan, *in Droit international, droits de l'homme et juridictions internationales*, Journées d'étude de l'Institut international des droits de l'homme, Bruxelles, Bruylant, 2004.
2. V. Ph. Weckel, Chronique de jurisprudence internationale, *RGDIP* 2004/3, p. 742-747.

ou de ses Protocoles est appelé non seulement à verser aux intéressés les sommes allouées à titre de satisfaction équitable, mais aussi à choisir, sous le contrôle du Comité des Ministres, les mesures générales et/ou, le cas échéant, individuelles à adopter dans son ordre juridique interne afin de mettre un terme à la violation constatée par la Cour et d'en effacer dans la mesure du possible les conséquences de manière à rétablir autant que faire se peut la situation antérieure à celle-ci ». (§ 198).

Ce dépassement du caractère déclaratoire des arrêts peut être également observé pour les mesures de portée générale. L'arrêt *Modinos c/ Chypre*, du 22 avril 1993 (A. 259, § 20-24) avait déjà manifesté l'intention de la Cour de condamner les États laissant subsister dans leur droit interne des dispositions législatives similaires à celles qui ont valu à un autre État partie un constat de violation de la convention. Allant plus loin dans son arrêt *Maestri c/ Italie* du 17 février 2004, la Grande chambre déclare qu'« il résulte de la Convention, et notamment de son article 1, qu'en ratifiant la Convention les États contractants s'engagent à faire en sorte que leur droit interne soit compatible avec celle-ci ». Elle n'hésite plus, depuis lors, à indiquer les mesures législatives que les États devraient prendre pour se conformer au texte de 1950 [1].

Ce n'est que lorsque le droit interne de l'État visé par l'arrêt ne permet d'effacer qu'imparfaitement les conséquences de la violation de la convention que la Cour pourra accorder à la partie lésée une indemnité (une « satisfaction équitable »), sans de toute façon pouvoir annuler l'acte interne faisant grief [2]. La tendance actuelle de la CEDH est de se prononcer autant que possible par un seul arrêt sur la violation et la réparation.

Grâce, en particulier, à l'action entreprise par la direction des droits de l'homme du Conseil de l'Europe agissant sous l'égide du Comité des ministres, l'effort est encore accentué pour inciter les États à appliquer les arrêts de la Cour. On doit déplorer que la France, souvent condamnée, y compris, le 28 juillet 1999, dans l'arrêt *Selmouni* précité [3], pour violation de l'article 3 interdisant la torture, ne montre pas toujours un grand empressement pour tirer les conséquences des jugements de la Cour la concernant ! Toutefois, elle a adopté en 1991 une loi sur les écoutes téléphoniques tirant les leçons de sa condamnation dans les arrêts *Kruslin et Huvig*. Plus tard, dans son arrêt *Lambert* du 24 août 1998, la Cour a eu l'occasion de constater que cette nouvelle loi française était conforme à l'exigence de prévisibilité de la loi. Encore faut-il que l'individu se voie offrir les garanties d'un contrôle efficace. La loi Guigou du 15 juin 2000, enfin, a mis en place une procédure permettant le réexamen d'une condamnation en matière pénale devenue définitive, « prononcée en violation des dispositions de la Convention de sauvegarde des droits de l'homme et des libertés fondamentales ou de ses

1. V., par exemple, *L. c/ Lituanie*, 11 sept. 2007, n° 27527/03, § 74, et *Hasan et Eylem Zengin c/ Turquie*, 9 oct. 2007, n° 1448/04, § 84.
2. V. E. Lambert, *Les effets des arrêts de la Cour européenne des droits de l'homme*, Bruxelles, Bruylant, 1999, 624 p.
3. Commentaire G. Cohen-Jonathan, *RGDIP* 2000/2.

protocoles additionnels, dès lors que, par sa nature et sa gravité, la violation constatée entraîne pour le condamné des conséquences dommageables auxquelles la « satisfaction équitable » allouée sur le fondement de l'article 41 de la convention ne pourrait mettre un terme ».

Un phénomène s'avère cependant préoccupant depuis plusieurs années : c'est celui de l'encombrement du greffe de la Cour. Du fait, notamment, de l'adhésion des nouveaux États à la convention et de l'accroissement général du contentieux des droits de l'homme en Europe, elle doit connaître d'un nombre d'affaires en constante augmentation sans que les moyens mis à sa disposition lui permettent de faire aisément face à cet accroissement spectaculaire des demandes. Le Protocole 14 a permis une légère accélération des procédures grâce à l'augmentation des cas d'irrecevabilité des requêtes individuelles, l'allocation à des juges uniques du pouvoir d'écarter du rôle les affaires manifestement irrecevables et l'attribution aux comités de trois juges de la compétence pour statuer seuls sur le fond des requêtes dont les questions font l'objet d'une jurisprudence bien établie de la Cour. Ces améliorations ont constitué un progrès mais se sont rapidement avérées insuffisantes pour pallier les retards dus à l'augmentation continue du nombre des requêtes. C'est la raison pour laquelle la procédure a été une nouvelle fois réformée en juin 2013 avec l'adoption du Protocole 15 (qui n'était toutefois pas encore en vigueur en mai 2016). Le délai durant lequel la Cour peut être saisie après une décision nationale définitive a en particulier été réduit de six à quatre mois, dans l'espoir que cette mesure induira une baisse du nombre des requêtes.

218 ***La juridictionnalisation des procédures individuelles dans le cadre universel*** ◊ On aurait tort de croire que les personnes privées ne se voient reconnaître de possibilités de recours que dans le cadre proprement juridictionnel, dont on a vu qu'il demeure exceptionnel.

Ainsi, devant la Commission des droits de l'homme des Nations Unies avait été établie une importante procédure non conventionnelle par la résolution 1503 (XLVIII) du Conseil économique et social, en date du 27 mai 1970. Elle permettait l'examen confidentiel de plaintes déposées par les personnes privées. Mais c'est plus encore devant les comités établis au sein des Nations Unies que cette capacité internationale des individus trouve à s'exercer [1]. Huit d'entre eux – le Comité des droits de l'homme, le Comité pour l'élimination de la discrimination raciale, le Comité contre l'élimination des discriminations à l'égard des femmes, le Comité contre la torture, le Comité des droits des personnes handicapées, le Comité des disparitions forcées, le Comité des droits économiques sociaux et culturels et, depuis peu, le Comité des droits de l'enfant – tous institués par des conventions de caractère universel, dont le Pacte relatif aux droits civils et politiques de 1966, ont en effet reçu compétence pour recevoir et

1. V. Y. Kerbrat, Comité des droits de l'homme et autres comités mis en place par les conventions conclues dans le cadre de l'ONU, *Jurisclasseur Droit international*, fasc. 121-40, 2015.

examiner des plaintes présentées par des particuliers s'estimant victimes de violations des droits de l'homme. Composés de personnalités indépendantes, ces organes examinent la recevabilité et le fond des communications dont ils sont saisis, selon une procédure respectueuse du principe du contradictoire. Leurs décisions sont motivées, à l'instar des arrêts de la Cour européenne des droits de l'homme. Elles sont obligatoires alors que les instruments pertinents n'avaient initialement attribué aux comités qu'un pouvoir de recommandation. Une interprétation dynamique et finaliste, qui a consisté à lier respect des constatations des comités et respect des conventions de protection des droits de l'homme, a toutefois conduit les comités à affirmer que les États sont tenus de donner un effet juridique à leurs décisions. Le Comité des droits de l'homme l'a précisé, notamment, dans ses constatations sur l'affaire *Denzil Roberts c/ Barbade* du 19 juillet 1994 [1] ; il l'a confirmé dans son Observation générale n° 33 (octobre 2008) relatif à sa propre nature et à celle du mécanisme dont il a la charge [2].

Ces mécanismes de plainte individuelle devant les comités ne sont pas d'application générale ; ils sont opposables aux seuls États qui ont consenti à s'y soumettre. Ce consentement suppose, bien entendu, que l'État soit partie au traité qui institue l'organe (le Pacte relatif aux droits civils et politiques de 1966, la Convention sur l'élimination de la discrimination raciale de 1965, etc.). Mais il nécessite aussi qu'il ait spécialement accepté le droit de requête individuelle. Or le nombre des États qui ont pris un tel engagement est sensiblement inférieur à celui des États parties au traité principal. En mai 2016 168 avaient ratifié le Pacte relatif aux droits civils et politiques, alors que le nombre des parties au premier Protocole était de 115. Sur les 177 États parties à la Convention sur l'élimination de toutes les formes de discrimination raciale, seuls 55 avaient accepté le droit de pétition individuelle (dont la France), seulement 26 des 196 parties à la Convention sur les droits de l'enfant avaient ratifié le protocole facultatif du 19 décembre 2011, et 21 des 164 parties au Pacte relatif aux droits économiques sociaux et culturels avaient accepté le droit de pétition individuelle (dont la France le 18 mars 2015).

En dépit de cette limite, les procédures de communication individuelle ont rencontré un véritable succès, particulièrement devant le Comité

---

1. Sur la pratique du Comité des droits de l'homme, v., outre les références citées dans la note précédente, J. Dhommeaux, Le Comité des droits de l'homme : 10 ans de jurisprudence, *AFDI* 1987. 447 s. ; La jurisprudence du Comité des droits de l'homme (nov. 1987-juill. 1991), *AFDI* 1991. 514 s. ; G. Cohen Jonathan, Quelques observations sur le Comité des droits de l'homme des Nations Unies, *in Mélanges René-Jean Dupuy*, Paris, Pedone, 1991. 83-97 ; J. Dhommeaux, La jurisprudence du Comité des droits de l'homme des Nations Unies (nov. 1991-juill. 1993), *AFDI* 1993. 657-684, (nov. 1993-juill. 1996) *AFDI* 1996. 679-714, (nov. 1996-nov. 1998), *AFDI* 1998. 613-646 ; Y. Kerbrat, Aspects de droit international général dans la pratique des comités établis au sein des Nations Unies dans le domaine des droits de l'homme (2006-2007), *AFDI* 2007. 584-607, (2008-2009), *AFDI* 2009. 559-573 ; Y. Kerbrat et L. Hennebel, Aspects de droit international général dans la pratique des comités établis au sein des Nations Unies dans le domaine des droits de l'homme (2010-2012), *AFDI* 2012. 699-713.

2. V. les obs. de Y. Kerbrat, *AFDI* 2009. 560 s.

des droits de l'homme, qui fait face à un nombre croissant de plaintes. Le nombre des comités disposant d'une telle compétence s'est, en outre, sensiblement accru. Après le Comité des droits économiques sociaux et culturels le 5 mai 2013, le Comité des droits de l'enfant le 14 avril 2014, ce pourrait être bientôt le tour du Comité des travailleurs migrants lorsque dix des États parties à la Convention éponyme de 1990 auront déclaré accepter un tel droit de requête individuelle. Cette prolifération des mécanismes de plainte individuelle a fait naître une difficulté nouvelle : celle résultant de la multiplication des procédures. Des règles ont été établies dans les traités y relatifs pour éviter la concurrence de procédures, mais un effort de rationalisation serait à terme souhaitable pour pallier les risques de chevauchement, les redondances et les obligations multiples à la charge des États [1].

B. Les contrôles administratifs

219 ***Diversification des procédures*** ◊ Les procédures administratives et diplomatiques visant à assurer la garantie internationale des droits de l'homme ont été multipliées au cours des dernières années, dans le cadre de plusieurs organisations universelles d'abord, (ONU, OIT, Unesco) mais aussi régionales (Conseil de l'Europe, Organisation des États américains), au point d'enserrer les États concernés dans un réseau dense de contrôles et dont l'existence même est pour eux un facteur d'incitation à limiter les violations des droits de l'homme sinon toujours à s'acquitter rigoureusement de leurs obligations. Au contrôle des organes agissant dans le cadre des organisations internationales proprement dites s'ajoute celui exercé par des organes créés spécialement pour s'assurer de l'application d'une convention déterminée par les parties contractantes. On assiste à cet égard à une véritable prolifération de tels organes, dont, notamment, et pour n'en citer que quelques uns au plan universel, le Comité des droits de l'homme, le Comité des droits économiques et sociaux, le Comité sur l'élimination de la discrimination raciale, le Comité sur l'élimination de la discrimination à l'égard des femmes, le Comité contre la torture, le Comité des droits de l'enfant, le comité des droits des personnes handicapées, le comité des disparitions forcées, etc. (v. ss 218), sans parler de ceux que l'on rencontre dans le cadre de l'OIT ou de l'Unesco. Des chevauchements de compétences sont possibles, ce qui fait apparaître la nécessité de coordinations organiques.

Les procédures de contrôle de l'application des droits de l'homme sont variées :

a) Quelques-unes présentent dans une certaine mesure un caractère inquisitorial, comme les *enquêtes* et les « *contacts directs* » (OIT) pris au sein du pays mis en cause par des experts indépendants ou des fonctionnaires

1. V. Y. Kerbrat et L. Hennebel, *AFDI* 2012. 701 s.

de l'organisation concernée [1]. Elles ne peuvent toutefois avoir lieu qu'avec l'accord du pays intéressé. La Commission des droits de l'homme de l'ONU pouvait au demeurant entreprendre elle-même une étude approfondie de la situation prévalant dans un pays en matière de droits de l'homme, sans autorisation préalable de cet État (Rés. 1235-XLII-1967 du Conseil économique et social de l'ONU dont dépend la Commission). Elle a ainsi décidé à plusieurs reprises l'envoi d'un rapporteur spécial dans un pays membre, tel par exemple Cuba, pour enquêter sur place sur le nombre et la nature des violations et en dresser un constat, ensuite transmis à la Commission, qui formulera des injonctions à l'adresse de l'État considéré par voie de résolution. On doit également signaler l'effet non négligeable des procédures dites « thématiques » créées par la même Commission, telle celle mise en œuvre par le groupe de travail sur la détention arbitraire. Il a développé de façon très dynamique les modalités de son contrôle dans un sens quasi-juridictionnel en adoptant des « décisions » se prononçant sur le caractère éventuellement arbitraire des détentions concrètement envisagées [2]. Le Conseil des droits de l'homme qui lui a succédé possède des attributions à cet égard comparables.

b) Mais de l'une de ces procédures, on a pu dire qu'il s'agissait de la « *technique de droit commun* » du contrôle de l'application des droits de l'homme. C'est celle des rapports, soit facultatifs, soit le plus souvent obligatoires, établis par les autorités gouvernementales sollicitées de donner les raisons de la divergence de leur législation interne avec les dispositions d'une convention déterminée ou d'élucider certains comportements imputables à l'autorité publique et ayant abouti à la violation de tel ou tel droit conventionnellement garanti. La très grande majorité des instruments internationaux prévoit la rédaction de tels rapports, selon des critères d'exigence et des périodicités qui ne sont d'ailleurs pas unifiés, certains, comme ceux soumis au Comité des droits économiques et sociaux, s'avérant particulièrement complexes, ce qui expose beaucoup d'États, et pas seulement les plus démunis en moyens administratifs, à des difficultés concrètes parfois importantes. Un effort de rationalisation a été engagé aux Nations Unies sous l'égide du Haut Commissaire aux droits de l'homme afin de trouver une solution à ce problème.

On trouve la technique des rapports dans le cadre du Pacte international relatif aux droits civils et politiques (*GTDIP* n° 13) ; obligatoires pour les parties contractantes, ils sont présentés au Comité des droits de l'homme sur la base de l'article 40 § 1 du Pacte. Il est particulièrement intéressant de noter que le Comité entend engager avec les représentants des États venus lui présenter leur rapport un véritable dialogue sur la manière dont est assurée la garantie des différents droits énoncés dans le Pacte. Depuis 1992, le Comité adopte des conclusions finales à propos de chaque rapport. Elles évaluent la situation générale de l'État contractant au regard de la protection effective des droits sur son territoire, constatent les lacunes ou les insuffisances et

---

1. V. par ex. A. Manin, La commission d'enquête de l'OIT instituée pour examiner l'observation de la convention 111 par la RFA : de nouveaux enseignements, *AFDI* 1988. 365 s.
2. V. E. Decaux, *L'ONU face à la détention arbitraire*, CEDIN, Actes et documents, 2, 1997, 134 p.

formulent des recommandations. Sans disposer de sanctions juridiques proprement dites, le Comité use en pratique de la possibilité qui lui est offerte de désigner tout « État partie qui ne s'est pas acquitté de certaines des obligations qui lui incombent ». Cette procédure n'est pas dépourvue d'incidence politique dont les États concernés tirent souvent certaines conséquences concrètes. Les « observations générales » du Comité lui ont par ailleurs progressivement permis d'établir une sorte d'interprétation authentique des principales dispositions du Pacte sur les droits civils et politiques, dont il donne, ensuite, application dans ses décisions prises sur les communications individuelles dont il est saisi (v. ss 218).

Les procédures établies, dans le cadre régional par la Charte sociale européenne de 1961 fournissent également parmi d'autres une illustration du recours très fréquent à la procédure des rapports (art. 21 à 25). En vigueur depuis 1998 entre 13 des États membres du Conseil de l'Europe dont la France, un protocole additionnel à la Charte sociale permet, lorsque la Partie contractante a fait une déclaration à cet effet, à des organisations non-gouvernementales d'employeurs et de travailleurs dotées du statut consultatif auprès de Conseil d'introduire des réclamations de caractère collectif. Une Charte sociale révisée en vigueur depuis 1999 a été ratifiée par 21 États dont la France [1] (*GTDIP* n° 20). Son mécanisme de contrôle, prévoyant en particulier l'envoi périodique de rapports de la part des États membres, reste cependant inchangé.

Pourtant, ces procédures administratives demeurent d'une portée limitée. Si elles attirent l'attention du gouvernement mis en cause et de l'opinion publique internationale sur les violations du droit dont il est l'auteur, elles ne fournissent pas véritablement les moyens de le contraindre à y mettre fin. Le dernier mot restera le plus souvent à l'État souverain, au bon vouloir duquel les victimes resteront soumises. Il ne restera pour autant pas absolument à l'abri de toutes pressions de caractère international, eu égard notamment au rôle croissant de l'opinion [2] (*GTDIP* n° 17).

219-1 ***Création du Conseil des droits de l'homme*** ◊ À l'échelle universelle, l'Assemblée générale des Nations Unies, en dépit des réticences manifestées par les États-Unis, a décidé par une résolution du 15 mars 2006 (A/RES/60/251) la constitution d'un nouvel organe subsidiaire lui étant rattaché, intitulé Conseil des droits de l'homme. Cette initiative fait suite aux vives critiques qui avaient été adressées notamment à la composition de la devancière de ce nouvel organe, la Commission des droits de l'homme. Celle-ci avait en effet comporté dans ses rangs, selon le constat du Secrétaire général Kofi Annan lui-même, des États ayant « cherché à se faire élire à la Commission non pas pour défendre les droits de l'homme mais pour se soustraire aux critiques, ou pour critiques les autres » [3]. De nouveaux critères d'éligibilité ont donc été définis

1. V. J.F. Akandji-Kombé, *Revue trimestrielle des droits de l'homme*, n° 48, p. 1035.
2. V. M. Merle, *Sociologie des relations internationales*, Dalloz, 3e édition, 1982, p. 410-427.
3. Discours du 24 mars 2005 (http://www.un.org/french/largerfreedom/toc.html).

mais à partir de l'idée que « tous les États Membres de l'Organisation des Nations Unies pourront être candidats à un siège au Conseil » [1]. Le mode d'élection du nouveau Conseil est réformé et procède directement de l'Assemblée générale. La première session ordinaire du Conseil, désormais composé de 47 États membres pour assurer sa représentativité, s'est tenue le 19 juin 2006. Les représentants des États ont par ailleurs tenu plusieurs sessions de travail pour définir les nouvelles règles de fonctionnement du Conseil [2]. L'une des principales innovations est réalisée par l'instauration d'une procédure dite d'« examen périodique universel » (EPU) ; elle concerne tous les pays à tour de rôle depuis février 2008. Chacun des États membres y a vocation à voir la situation des droits de l'homme chez lui faire l'objet d'un examen systématique appuyé sur un rapport dont il sera l'auteur, suivi d'un autre rapport émanant du Haut-Commissariat aux droits de l'homme résumant les informations recueillies par l'ONU sur le pays concerné ainsi que d'un troisième, produit par la même source en synthétisant les positions des ONG. L'ensemble du processus est, pour chaque pays, placé sous la responsabilité de trois diplomates tirés au sort parmi les États membres. Les avis sur cette innovation institutionnelle sont pour l'instant partagés. Elle devrait en principe permettre de renforcer le dialogue entre les ONG, les Nations Unies et le pays concerné sur la réalisation des droits de l'homme. Certains redoutent cependant qu'à l'occasion de cette réforme, une mise au pas des ONG soit tentée par certains des États participant à un organe dont les modalités nouvelles de composition n'apportent pas forcément encore toutes les améliorations requises [3].

C. Le contrôle politique : l'importance croissante du rôle de l'opinion

220 ***Identification de l'opinion*** ◊ L'opinion publique internationale est formée de différentes composantes. On peut ici distinguer : *l'opinion gouvernante*, qui émane des responsables politiques et des gouvernements eux-mêmes, soit qu'ils s'expriment individuellement, soit qu'ils agissent collectivement, notamment au sein des organisations internationales intergouvernementales ; *l'opinion militante* ensuite, qui se manifeste en particulier par l'intermédiaire d'organisations non gouvernementales (ONG) ; enfin, plus malaisément discernable, l'opinion de masse ou, en l'occurrence aussi, l'opinion des peuples.

221 ***Contrôle politique interétatique*** ◊ Il est exercé naturellement par la première des trois composantes de l'opinion définies ci-dessus, notamment

1. Point 8 de la Résolution AG 60/251.
2. V. Doc. ONU A/HRC/5/21, juin 2007.
3. V. M. Eudes, De la Commission au Conseil des droits de l'homme : vraie réforme ou faux-semblant ? *AFDI* 2006. 599-616.

sous la forme de condamnations solennelles du comportement de certains États, exprimées entre autres par des résolutions adoptées au sein d'organes délibérants d'organisations intergouvernementales (v. les très nombreuses résolutions de l'Assemblée générale de l'ONU ayant condamné la politique d'apartheid de l'Afrique du Sud). Ce type de sanctions morales est à mettre en relation avec certaines procédures administratives d'officialisation de la violation des droits, émanant du secrétariat d'organisations intergouvernementales (v. les publications dans le rapport annuel du Bureau international du travail, de la « liste des États rencontrant de graves difficultés dans l'accomplissement de certaines de leurs obligations découlant de la constitution de l'OIT ou de conventions ratifiées », dont le caractère dissuasif est en pratique avéré).

222 ***Contrôle politique transnational*** ◊ Il est en grande partie dû à l'accroissement de l'action de certaines ONG en faveur des droits de l'homme [1]. Des institutions comme la Ligue et la Fédération internationale des droits de l'homme, l'Association internationale des juristes démocrates, Amnesty International ou Human Rights Watch, agissent efficacement pour révéler de nombreux cas de violations graves des droits de l'homme et les dénoncer auprès des gouvernements. Les plus importantes d'entre elles, qui bénéficient généralement d'un statut consultatif auprès de certaines organisations internationales intergouvernementales, comme en particulier l'ONU et le Conseil de l'Europe, peuvent utilement contribuer à l'action de ces institutions.

Des appels ont également été formulés en faveur de l'intervention d'organisations non gouvernementales dans le cours des instances juridictionnelles, en particulier en matière de droits de l'homme, l'une ou l'autre agissant alors au titre d'« *amicus curiae* », pour fournir à la juridiction saisie des compléments d'information ou de preuves ; ceci est une question différente de la participation éventuelle des ONG en représentation d'une victime ou en tant que requérante ; cette dernière possibilité est offerte devant la Cour européenne des droits de l'homme lorsque l'organisation peut elle même se prétendre victime (v. ss 216) mais elle est très généralement refusée ailleurs [2]. Une telle proposition, inspirée notamment de la procédure dans les pays de « *common law* », se heurte aujourd'hui à de très sérieux obstacles statutaires comme à la méfiance des États. Elle donne cependant le témoignage de l'implication de plus en plus manifeste des ONG dans l'invocation du respect du droit international et constitue peut-être l'amorce d'évolutions à venir. On peut en définitive formuler l'observation d'après laquelle, destinataire principal des droits de l'homme, l'individu est également incité à contribuer lui-même activement au contrôle de leur mise en œuvre.

1. V. M. Bettati et P.-M. Dupuy, *Les ONG et le droit international*, Paris, Economica, 1986.
2. V. H. Ascensio, L'*amicus curiae* devant les juridictions internationales, *RGDIP* 2001/4, p. 897 s.

SECTION 3. UNIVERSALITÉ DES DROITS DE L'HOMME [1]

223 ***Position du problème*** ◊ La question de l'universalité des droits de l'homme mérite ici d'être envisagée non d'un point de vue philosophique et abstrait mais dans la mesure où elle touche à une question proprement juridique : celle des conditions de validité et d'effectivité des droits concernés. Ce problème est souvent quelque peu obscurci par le halo d'idéologie qui l'entoure. On doit pourtant constater le décalage très sensible existant entre les références constantes dont ces droits sont l'objet, notamment au sein des organisations universelles, et les violations non moins permanentes qui les affectent en pratique dans un grand nombre d'États.

Pour apporter quelques éléments de réponse, on examinera successivement l'affirmation, puis la portée, et enfin les limites de l'universalité des droits de l'homme.

§ 1. Affirmation de l'universalité

224 ***Sources*** ◊ L'affirmation de l'universalité des droits de l'homme trouve son origine contemporaine dans la Charte des Nations Unies, dont l'article 55 prévoit qu'elles favoriseront « le respect universel et effectif des droits de l'homme et des libertés fondamentales pour tous, sans distinction de race, de sexe, de langue ou de religion ». L'article 56 énonce l'obligation corrélative des membres de l'Organisation d'agir en coopération avec elle pour la réalisation de ce but.

La Charte trouve ensuite un prolongement direct dans la Déclaration de 1948 (v. ss 195), dont le titre indique à suffisance le propos. Par la suite, la mention de cette déclaration universelle dans les motifs d'un grand nombre de conventions conclues au sein des Nations Unies pour la garantie de certaines catégories de droits marquera la poursuite de cette volonté d'universalité (v. par ex. les considérants de traités aussi variés que le Pacte international relatif aux droits économiques, sociaux et culturels de 1966, de la convention sur l'élimination et la répression du crime d'apartheid de 1973, ou encore, de celle portant sur le consentement au mariage, l'âge minimum et l'enregistrement des mariages de 1966, également en vigueur). Le principe de l'universalité des droits de l'homme a encore été réitéré avec force dans la Déclaration de Vienne adoptée par les États membres des Nations Unies, à l'issue de la Conférence mondiale pour les droits de l'homme, le 25 juin 1993 [2].

Cette volonté d'universalisme s'est traduite par la multiplication des instruments, conventionnels ou simplement déclaratoires, relatifs aux

---

1. V. *Universalité des droits de l'homme dans un monde pluraliste*. Actes du colloque organisé par le Conseil de l'Europe - avr. 1989 - Engel, 1990, et notamment M. Bedjaoui, La difficile avancée des droits de l'homme vers l'universalité, p. 35-51.
2. V. texte anglais *in ILM*, vol. XXXII, n° 6, p. 1659-1687.

différentes catégories de droits de l'homme. À l'échelon universel, le Centre des droits de l'homme des Nations Unies en dénombrait déjà un total de 67 en 1988, pour s'en tenir aux textes adoptés dans le cadre de l'ONU, de l'OIT et de l'Unesco. Pour les seuls traités conclus dans le cadre de l'ONU, on relevait 26 conventions après l'adoption en décembre 2006 de la Convention relative aux droits des personnes handicapées et de la Convention internationale pour la protection de toutes les personnes contre les disparitions forcées, puis en décembre 2008 du Protocole facultatif se rapportant au Pacte relatif aux droits économiques, sociaux et culturels. Les discussions auxquelles a donné lieu l'adoption des derniers textes ont d'ailleurs avéré que le problème est aujourd'hui presque devenu celui de l'inflation normative ; elle pose, entre autres, la question de la coordination et de la cohérence de plusieurs conventions portant sur la protection des mêmes droits sans toujours s'appuyer sur des notions et des concepts parfaitement identiques, les risques de contradictions entre certaines d'entre elles s'affirmant bien réels, à tel point qu'un effort de rationalisation et d'harmonisation a été amorcé (v. résolution 41/120 de l'Assemblée générale ONU, en date du 4 décembre 1986).

Dans le cadre régional européen, l'adoption au sommet de Nice, en décembre 2000, de la Charte des droits fondamentaux de l'Union européenne, puis son insertion dans l'ordre juridique de l'Union européenne par le Traité de Lisbonne de 2007, a incité les commentateurs à dénoncer les dangers d'une duplication normative entre ce nouveau texte et les droits déjà proclamés dans la Convention européenne des droits de l'homme de 1950. C'est moins le contenu respectif des deux instruments que l'interprétation qui pourrait en être faite, d'un côté, par la Cour de justice de la Communauté européenne, de l'autre, par la Cour européenne des droits de l'homme qui ont provoqué ces craintes. Sans être infondées, elles ne devraient cependant pas être excessives. La CJCE, devenue CJUE a, tout d'abord, toujours appliqué le droit communautaire avec la préoccupation d'être en harmonie avec les interprétations que la Cour de Strasbourg fait des mêmes principes sur la base de la Convention de 1950 [1]. Ensuite, l'entrée en vigueur du Traité de Lisbonne, d'une part, et du protocole 14 à la CEDH, d'autre part, laisse envisager une adhésion prochaine de l'Union européenne à la Convention européenne. La conciliation des règles communautaires avec celles issues de la Convention 1950 se fera, alors, sous l'œil vigilant de la Cour européenne des droits de l'homme.

225 ***Régionalisme et universalisme*** [2] ◊ Dans ce contexte général, le danger de dispersion sinon de contradiction entre les divers instruments

1. V. A. Rosas, With a Little Help from My Friends : International Case-Law as a Source of Reference for the EU Courts, *in The Global Community, Yearbook of International Law and Jurisprudence*, 2005/1, p. 212-217.

2. V. notamment G. Cohen-Jonathan, Les rapports entre la Convention européenne des droits de l'homme et le pacte des Nations Unies sur les droits civils et politiques, *in Régionalisme et Universalisme*, Actes du Colloque (SFDI) de Bordeaux, Pedone, 1977, p. 313-339.

de promotion des droits de l'homme ou l'interprétation que l'on peut en donner, a-t-on pu craindre en doctrine, serait, quoi qu'il en soit, encore aggravé par la prolifération parallèle de certaines conventions régionales [1]. En réalité, cette crainte n'a pas été pour l'instant vérifiée, en tout cas en ce qui concerne la jurisprudence comparée des deux principaux systèmes régionaux de protection des droits de l'homme établis dans le cadre européen et interaméricain. Au contraire, on observe dans l'ensemble une assez grande concordance des jurisprudences respectives de la Cour européenne des droits de l'homme et de la Cour interaméricaine, chacune étant d'ailleurs très informée de l'autre [2]. L'apparition de textes relatifs aux droits de l'homme dans le cadre régional, en *Amérique latine* (déclaration américaine des droits de l'homme, 1948, puis Commission de 1960 et convention américaine des droits de l'homme de 1969, aujourd'hui en vigueur) ou en *Europe occidentale* (notamment convention de Rome de 1950 précitée et Charte sociale européenne de 1961), ne dément nullement le principe général d'universalité des droits affirmé aux Nations Unies. Elle en constitue au contraire un instrument d'application privilégié. On reconnaîtrait d'ailleurs aisément l'identité d'inspiration des principes consacrés dans ces différents instruments, confirmée à l'échelle paneuropéenne (élargie aux États-Unis et au Canada) avec l'adoption de la déclaration baptisée Charte de Paris, en novembre 1990, dans le cadre de la Conférence sur la sécurité et la coopération en Europe (CSCE) [3]. En revanche, on ne retrouve pas cette inspiration avec la même intensité dans les textes élaborés dans un contexte régional intéressant plutôt certains pays dits du « Sud » (v. Charte africaine des droits de l'homme et des peuples adoptée par le sommet de l'OUA le 28 juin 1981 [4], et Déclaration islamique universelle des droits de l'homme du 19 septembre 1981 que son fondement religieux, basé sur le Coran, démarque nettement de tous les autres textes de proclamation des droits de l'homme existants). La pratique du système interafricain des droits de l'homme connaît cependant à l'heure actuelle un certain développement [5].

§ 2. Portée de l'universalité

226 ***Coutume et droits de l'homme*** ◊ Les droits de l'homme sont d'abord affirmés dans des instruments conventionnels même si des textes importants sont de simples résolutions adoptées par l'organe plénier d'une organisation internationale, tels la Déclaration universelle des

1. V. J. Dhommeaux, De l'universalité du droit international des droits de l'homme : du *pactum ferendum* au *pactum latum, AFDI* 1989. 399-423.
2. V. L. Caflisch et A. Cançado Trindade, *op. cit., RGDIP* 2004/1, p. 5-62.
3. V. aussi CSCE Doc. de Copenhague 29 juin 1990.
4. Entrée en vigueur en juill. 1986. V. Bilan F. Ouguergouz, *AFDI* 1989. 557.
5. V. M. Evans and R. Murray (dir.), *The African Charter on Human and Peoples's Rights, The System in Practice*, 1986-2000, Cambridge Univ. Press, 2002 ; Keba MBaye, *Les droits de l'homme en Afrique*, Paris, Pedone, 2e éd. 2002 ; P. Tavernier, *Recueil juridique des droits de l'homme en Afrique*, 1996-2000, Bruxelles, Bruylant, 2002.

droits de l'homme (*GTDIP* n° 11) ou la Déclaration universelle sur le génome humain et les droits de l'homme. Un élément est cependant à prendre en considération pour percevoir la portée de l'adhésion des États aux principes ainsi établis. Un certain nombre de conventions parmi les plus importantes sont en effet ratifiées par un très grand nombre d'entre eux (v. ss 206).

Constatant l'affirmation initiale de l'universalité des droits, on sait par ailleurs qu'ils sont qualifiés génériquement de « fondamentaux » par le préambule de la Charte (ONU) ; certains pourraient alors être tentés de ne plus conférer à bon nombre des textes conventionnels ultérieurs qu'une portée désormais largement déclaratoire d'obligations bénéficiant aussi d'une autorité coutumière. Cette tendance semble même avoir été renforcée avec l'apparition, consécutive à l'article 53 de la Convention de Vienne sur le droit des traités, de la notion de *jus cogens*. Cette dernière, comme on sait, s'applique à des normes coutumières, non pas seulement obligatoires, mais impératives pour les États. S'interrogeant sur le contenu de ce droit impératif, la doctrine cite entre autres, généralement, le respect de certaines des règles concernant les droits fondamentaux de la personne humaine [1].

On percevra cependant aisément à ce stade qu'il y a lieu d'éviter les amalgames trop faciles. La persistance très effective des violations des droits de la personne incite au demeurant à constater qu'au-delà des manifestations d'adhésion formelle aux principes déclarés, la pratique de leur respect fait très souvent défaut. Quoi qu'il en soit, une question est celle de savoir, parmi les droits de la personne humaine consacrés par des conventions, lesquels présentent aussi un caractère obligatoire en tant que coutumes internationales. Une seconde est celle de savoir, parmi les normes coutumières établissant ces droits, lesquels comportent, de plus, un caractère impératif (sur les rapports entre traités et coutume, v. ss 297 s. ; sur le droit impératif, v. ss 274 s.). Cette seconde question amène en tout cas à poser le problème de la hiérarchie des droits de l'homme.

227 ***Hiérarchie des droits de l'homme*** ◊ Il est évident qu'une hiérarchisation des droits et libertés à garantir s'expose à la contestation. Elle repose en effet sur un jugement de valeur. Celui-ci revêt dans une certaine mesure un caractère subjectif, évolutif, sinon contingent, qui va précisément à l'encontre de l'universalité. On s'en tiendra ici à l'analyse des textes de *droit positif*.

Force est de constater sur cette base que tous les droits de l'homme n'ont pas été placés par les États sur le même pied, en dépit de l'affirmation de leur indivisibilité de principe. Ainsi, l'article 3 commun aux quatre Conventions de Genève de 1949 sur le droit humanitaire (c'est-à-dire en définitive le droit de la protection de la personne humaine

1. V. S. Marks, Les principes et normes de droits de l'homme applicables en période d'exception, *in Les dimensions internationales...*, *op. cit.*, p. 228-232.

en cas de conflits armés non internationaux) [1], mais aussi l'article 4, alinéa 2 du Pacte international relatif aux droits civils et politiques, ou l'article 12, alinéa 2 de la convention européenne, de même que l'article 27 de la convention américaine des droits de l'homme, énoncent les uns et les autres un certain nombre de droits qui *doivent être respectés en tous lieux et toutes circonstances, et ne sont par conséquent susceptibles d'aucune dérogation* : il s'agit en particulier du droit à la vie, du droit à ne pas être soumis à la torture ni à des peines ou traitements inhumains ou dégradants, du droit à ne pas être réduit en état d'esclavage ou de servitude [2]. Dans un contexte il est vrai distinct, la Cour internationale de Justice a également relevé l'importance de ces droits. Elle l'a d'abord fait au titre de « principes généraux de base du droit humanitaire, valables hors même du cadre conventionnel dont ils sont issus » (arrêt du 27 juin 1986, dans l'affaire des *Activités militaires et paramilitaires au Nicaragua et contre celui-ci*, § 218, p. 113). Faisant implicitement référence au droit impératif, elle a affirmé, plus tard, que le respect de ces droits fait partie « des règles que les États sont tenus d'observer en toutes circonstances, et en dehors même de tout engagement conventionnel » (arrêt *Diallo* du 30 nov. 2010, § 87) ; elle a souligné deux ans plus tard que l'« interdiction de la torture relève du droit coutumier et elle a acquis le caractère de norme impérative *(jus cogens)* » [3].

Cette convergence des dispositions conventionnelles précitées est en tout cas significative ; elle indique ceux qui, parmi les droits en cause, constituent les attributs inaliénables de la personne humaine, fondés comme tels sur des valeurs que l'on retrouve en principe dans tous les patrimoines culturels et les systèmes sociaux. On y aura reconnu l'essentiel des droits qualifiés par ailleurs de « *personnels* » (v. ss 208), également seuls susceptibles avec les principaux droits civils de se voir appliquer le qualificatif de « fondamentaux ». Le fait qu'ils soient désignés par les conventions précitées comme non susceptibles de dérogation devrait également établir la présomption qu'il s'agit bien de normes impératives. Le critère d'identification formelle de ces dernières est en effet la non-dérogeabilité (cependant v. ss 231). Il s'agit là en quelque sorte du « noyau dur » des droits de l'homme, invocable toujours et partout. On a par ailleurs déjà constaté l'affirmation par la Cour européenne des droits de l'homme d'un « ordre public européen des droits de l'homme » (v. ss 200) regroupant un certain nombre de droits, dont les libertés dites intangibles énumérées au paragraphe 2 de l'article 15 de la Convention européenne

1. V. Ch. Dominice, La mise en œuvre du droit humanitaire, *in La dimension internationale…, op. cit.*, p. 507-526. M. Torrelli, *Le droit international humanitaire*, Paris, PUF, Que sais-je ? 1985 ; *Études et essais sur le droit international humanitaire et sur les principes de la Croix-Rouge en l'honneur de Jean Pictet*, La Haye, MNP, 1984.

2. V. P. Meyer-Bisch (dir.), *Le noyau intangible des droits de l'homme*, Éd. Universitaires, Fribourg, 1991, 272 p.

3. *Questions concernant l'obligation de poursuivre ou d'extrader (Belgique c/ Sénégal)*, arrêt du 20 juillet 2012, § 99.

des droits de l'homme ; elles correspondent - *mutatis mutandis* - au contenu de l'article 3 commun aux quatre Conventions de Genève sur le droit humanitaire.

En relation avec la même question, trois séries d'indices sont à relever en faveur d'une tendance à la hiérarchisation des droits de l'homme. Ils relèvent en particulier de l'essor du droit international pénal, lequel sanctionne les violations graves des libertés fondamentales et des « principes généraux de base » du droit humanitaire. Or, s'il est vrai que l'on doit distinguer encore soigneusement droits de l'homme et droit humanitaire de plusieurs points de vue, liés notamment à leurs régimes juridiques respectifs, leur convergence substantielle ne saurait faire de doute. Les uns comme les autres articulent un droit international destiné à protéger la dignité de la personne humaine en toutes circonstances, de guerre comme de paix.

a) La première série d'indices est fournie par la création à l'initiative du Conseil de sécurité des Nations Unies de deux tribunaux spéciaux chargés, concurremment aux tribunaux internes, de juger des crimes intervenus récemment dans deux pays. L'un est le Tribunal international pour juger les personnes (physiques) présumées responsables de violations graves du droit international humanitaire en ex-Yougoslavie depuis 1991 [1]. Les articles 2 à 5 de son statut désignent les infractions susceptibles d'être jugées, au nombre desquelles l'homicide intentionnel, la torture ou les traitements inhumains, le fait de causer intentionnellement de grandes souffrances, ou celui de priver un prisonnier de guerre ou un civil de son droit d'être jugé régulièrement et impartialement (art. 2), la violation des lois et coutumes de la guerre (art. 3), le génocide (art. 4), les crimes contre l'humanité (art. 5), dont l'assassinat, l'extermination, la réduction en esclavage, la torture et le viol (*GTDIP* n° 23). Par-delà l'étendue de sa compétence matérielle, c'est aussi la signification attachée à l'instauration même de ce tribunal, rapportée aux faits illicites précités, qui mérite réflexion : même en faisant la part du contexte politique dans lequel elle a été décidée par le Conseil de sécurité sur base du chapitre VII de la Charte des Nations Unies, la création de cette juridiction entendait manifester la condamnation par la communauté internationale dans son ensemble des exactions commises par les participants au conflit yougoslave (« purifications ethniques », ouvertures de camps de concentration et viols systématiques en particulier).

Ce type de réaction a été confirmé le 8 novembre 1994, le Conseil de sécurité ayant décidé, également en application du chapitre VII, de la création d'une autre juridiction spéciale, le Tribunal international pour

1. Rés. C.S. 808 du 22 févr. 1993, *RGDIP* 1993/2, p. 534. Le Statut du Tribunal a été adopté par la Rés. 827 du 25 mai 1993, *ibid.*, p. 552 ; V. A. Pellet, Le Tribunal criminel international pour l'ex-Yougoslavie, poudre aux yeux ou avancée décisive ? *RGDIP* 1994/1, p. 7-60 ; M. Castillo, La compétence du Tribunal pénal pour la Yougoslavie, *RGDIP* 1994/1, p. 61-87 ; P. Weckel, Tribunal international des crimes de guerre en Yougoslavie, *AFDI* 1993. 232-262 ; L. Vierucci, The First Steps of the International Criminal Tribunal for the Former Yugoslavia, *EJIL/JEDI*, 1995/1, p. 134-149.

le Rwanda (qui partage d'ailleurs la même chambre d'appel et le même procureur avec le Tribunal pour la Yougoslavie). Il est chargé de poursuivre les individus auteurs du génocide rwandais de 1994 et des crimes contre l'humanité ainsi que des violations de l'article 3 commun aux Conventions de Genève et du Protocole additionnel II [1]. Pour être bien tardive et risquer de demeurer largement imparfaite, cette seconde création constitue néanmoins une nouvelle confirmation d'une affirmation progressive, universelle et essentiellement coutumière : celle *d'une catégorie de droits de l'homme et d'obligations de droit humanitaire que les États membres de la communauté internationale ne sauraient laisser violer impunément parce qu'elles portent une atteinte grave à l'ordre public international.*

Depuis sa création, le Tribunal pénal international chargé de juger les crimes commis dans l'ex-Yougoslavie a été amené à plusieurs reprises à préciser le droit par lui applicable. Sa Chambre d'appel l'a fait en premier lieu, dans son arrêt *Tadic* du 2 octobre 1995, sur la base d'une interprétation de l'article 3 de son Statut, déterminé par la résolution 827 du Conseil de sécurité (*GTDIP* n° 23). Cet article est relatif aux « violations des lois ou coutumes de la guerre ». À l'exception des conventions applicables entre les parties à la date de la commission du crime (§ 149 de l'arrêt), la Chambre d'appel a indiqué que l'article 3 est invocable si la conduite individuelle incriminée constitue la violation d'une règle de droit humanitaire de caractère coutumier (§ 94 de l'arrêt). Peu importe qu'elle ait été commise dans le cas d'un conflit international ou interne. Dans la suite de son arrêt, la Chambre d'appel a néanmoins pris le soin de relever systématiquement les manifestations de la pratique avérant l'existence de telles règles coutumières. En suivant les observations faites par la Cour internationale de Justice au paragraphe 218 de son arrêt relatif aux *Activités militaires et paramilitaires au Nicaragua et contre celui-ci*, la Chambre du Tribunal a constaté qu'un certain nombre de règles conventionnelles « se sont progressivement intégrées au droit coutumier. C'est le cas de l'article 3 commun aux Conventions de Genève de 1949 [relatives au droit des conflits armés et conclues sous l'égide du Comité international de la Croix-Rouge]. Mais cela s'applique également [...] à l'essentiel du Protocole additionnel II de 1977 [aux mêmes conventions] » (§ 98). C'est également sur cette base qu'il a conclu à l'existence d'une responsabilité pénale individuelle pour les violations du « droit international humanitaire général » (§ 133-134). Sans doute y a-t-il lieu de distinguer « *rationae materiae* » entre droit humanitaire et droits de l'homme. Le premier comporte en particulier un certain nombre de règles ne trouvant à s'appliquer qu'en cas de conflits armés (internes ou internationaux) mais leur objet reste bel et bien la protection de la personne humaine. L'établissement d'une cloison étanche entre les deux droits serait par conséquent arbitraire et l'on constate une tendance générale à leur rapprochement substantiel, notamment dans le cadre de l'action des Nations Unies en vue du maintien de la paix et de la sécurité

1. Rés. 955, texte *RGDIP* 1994/4, p. 1066.

internationales (v. ss 568 s.). Par la suite, la jurisprudence des chambres de première instance du même Tribunal a explicitement consacré le caractère impératif de la norme interdisant la torture, en particulier dans les arrêts *Furundzija, Celebici et Kunarac* (v. ss 516 s.).

D'une façon générale, on doit constater que le nombre des cas se multiplie, devant la Cour européenne et la Cour interaméricaine des droits de l'homme, dans lesquels les faits à l'origine des violations des droits de l'homme énoncés par chacune des deux conventions régionales constituent également des infractions graves au droit international humanitaire. C'est ainsi que la Cour de Strasbourg a eu à connaître de cas dans lesquels les populations civiles tchéchènes tentaient de fuir le théâtre d'opérations opposant les troupes régulières russes aux forces indépendantistes ; elles firent l'objet d'attaques meurtrières de la part de l'aviation russe. Dans les arrêts *Issaïeva, Youssoupova et Bazaïeva c/ Russie et Issaïeva c/ Russie*, tous deux du 24 février 2005, la Cour n'a, alors, pas eu besoin de se placer sur le plan droit humanitaire par rapport à l'article 2 de la Convention européenne des droits de l'homme, comme le lui demandaient pourtant les ONG ayant participé à l'instance. Les exigences du respect du droit à la vie rejoignent en effet en substance celles déterminées notamment par le Protocole n° 1 additionnel aux Conventions de Genève de 1949. L'existence d'un conflit armé (non international) ne constitue à cet égard aucun obstacle ; la protection des civiles est, en effet ; envisagée à l'article 3 commun aux quatre Conventions de Genève. Les « considérations élémentaires d'humanité » dont il s'agit ici de constater la méconnaissance amènent à vérifier la légitimité des buts poursuivis par les autorités, comme à constater la violation des principes de nécessité et de proportionnalité (§ 169 du premier des deux arrêts cités) [1]. Au demeurant, le refus de coopération de la Russie avec la Cour pour l'établissement des faits a renforcé la présomption de l'illégalité de sa conduite. Il s'agit en tout cas d'un phénomène de rapprochement substantiel de deux branches du droit international (droits de l'homme et droit humanitaire) à une époque où l'on a trop tendance à parler de sa fragmentation. Mais il est important de souligner que ce rapprochement s'opère précisément à propos de principes aussi fondamentaux que celui du droit à la vie. La tendance à la hiérarchisation substantielle des règles applicables est ainsi manifeste. Elle s'inscrit dans le cadre de la recherche d'une unité matérielle de l'ordre juridique international dont on fait par ailleurs la théorie et l'analyse [2]. Dans son arrêt *Massacres d'Ituango c/ Colombie*, du 1er juillet 2006, la Cour interaméricaine des droits de l'homme manifeste de façon explicite la volonté d'abolir la distinction entre droits de l'homme et droit humanitaire à propos de la protection à laquelle ont droit les personnes déplacées lors d'un conflit armé, fut-ce un conflit armé non

1. V. Ph. Weckel, Chronique de jurisprudence internationale..., *RGDIP* 2005/2, p. 473-480.
2. V. P. M. Dupuy, L'unité de l'ordre juridique international, cours général de droit international public, *RCADI* 2002, vol. 297, 487 p.

international [1]. D'une façon générale, la Cour interaméricaine adopte en ce domaine une démarche beaucoup plus audacieuse que la Cour européenne des droits de l'homme alors que le conflit tchétchène fournissait à cette dernière l'occasion d'aller plus loin dans le sens d'un rapprochement entre ces différents corps de droit dont il faut toutefois observer qu'ils demeurent distincts par leurs origines, plusieurs de leurs caractères techniques ainsi qu'à certains égards une logique distincte [2].

Une expression de la même tendance, directement en rapport avec la question de la hiérarchisation éventuelle des droits de l'homme, avait, au demeurant, déjà été apportée, à l'échelle universelle, au paragraphe 79 de l'avis rendu par la CIJ le 8 juillet 1996 relativement à la licéité de la menace ou de l'emploi d'armes nucléaires : « C'est sans doute parce qu'un grand nombre de règles du droit humanitaire applicables dans les conflits armés sont si fondamentales pour le respect de la personne humaine et pour des "considérations élémentaires d'humanité", selon l'expression utilisée par la Cour dans son arrêt du 9 avril 1949 rendu en l'affaire du *Détroit de Corfou* [3], que la convention IV de La Haye et les Conventions de Genève ont bénéficié d'une large adhésion des instruments conventionnels qui les expriment, parce qu'elles constituent des principes intransgressibles du droit international coutumier » [4].

b) Il existe d'autres indices allant dans le même sens que la création des deux tribunaux « *ad hoc* » précités : l'observation générale n° 24 adoptée par le Comité des droits de l'homme des Nations Unies (v. ss 218) le 2 novembre 1994. Indiquant les limites objectives apportées à l'émission de réserves au Pacte des Nations Unies sur les droits civils et politiques, le Comité précise que « les dispositions du Pacte qui représentent des règles de droit international coutumier [5] *(a fortiori* lorsqu'elles ont le caractère de normes impératives) ne peuvent pas faire l'objet de réserves ». Il cite notamment à l'appui de cette constatation l'impossibilité de réserves à l'interdiction de l'esclavage et de la torture et autres traitements inhumains ou dégradants, à la privation arbitraire de la vie ou de la liberté, aux libertés de pensée et de réunion [6].

Il serait en revanche très hasardeux d'attribuer le même caractère à d'autres droits, notamment économiques et culturels, qui supposent pour

---

1. V. A. Guellali, *Lex specialis*, droit international humanitaire et droits de l'homme : leur interaction dans les nouveaux conflits armés, *RGDIP* 2007/3, p. 539-574.

2. V. G. Cohen-Jonathan et J.F. Flauss, Chron. Cour européenne des droits de l'homme et droit international général, *AFDI* 2005. 675 ; v. aussi J.F. Flauss (dir.), *Les nouvelles frontières du droit international humanitaire*, Bruxelles, Nemesis-Bruylant, 2003, 218 p.

3. *Rec.* CIJ 1949, p. 22.

4. V. n° spécial de la Revue internat. de la Croix-Rouge sur cet avis consultatif, n° 823, janv-févr. 1997, 128 p.

5. V. J. Crawford, The ILC's Draft Statute for an International Criminal Tribunal, *AJIL* 1994/1, p. 140-152 et, du même auteur, The ILC Adopts a Statute for an International Criminal Court, 1995/2, p. 404-423.

6. Texte *in RUDH* 1995. 59-62. Sur les libertés d'opinion et d'expression, v. également, du même organe, l'Observation générale n° 34 (juill. 2011).

s'épanouir la réalisation d'un certain nombre de conditions matérielles, politiques et sociales, dont on ne peut affirmer qu'elles constituent des acquis pour un grand nombre d'États existants. Il ne saurait dès lors être question de considérer ces derniers comme des normes impératives ni même, pour plusieurs d'entre eux, des coutumes générales fermement établies. La ratification des instruments conventionnels qui en réglementent la réalisation, au demeurant généralement aménagée de façon progressive, prend alors une valeur déterminante pour leur opposabilité.

c) Le troisième indice de l'appartenance d'une série de droits fondamentaux à la catégorie des normes impératives de droit international est à trouver à nouveau du côté des développements dans le domaine du droit international pénal : il s'agit de l'adoption du Statut de Rome du 17 juillet 1998 portant création de la Cour pénale internationale. Ayant atteint le seuil minimal du dépôt des 60 instruments de ratification nécessaires à son entrée en vigueur en moins de trois ans, le statut de cette nouvelle juridiction internationale au niveau universel est entré en vigueur le premier juillet 2002. Il liait, en avril 2016, 124 États, même si on doit constater que des pays importants, comme les États-Unis, non seulement n'y sont toujours pas parties mais ont longtemps exercé des pressions diverses sur un certain nombre d'États pour les inciter à ne pas ratifier le Statut de Rome ! Ce Statut présente à la fois des différences et des similitudes avec les deux tribunaux « *ad hoc* » (Yougoslavie et Rwanda) sur lesquels on reviendra plus loin (v. ss 526). À l'inverse de ces deux précédents, il s'agit d'une Cour créée par voie de convention et non de résolution. Elle ne peut donc connaître que des crimes individuels relevant en principe d'États ayant ratifié la convention (ou d'États qui l'acceptent unilatéralement, dans la mesure où le crime poursuivi a eu lieu sur leur territoire). En revanche, elle est, comme ces tribunaux spéciaux, compétente pour juger des exactions considérées comme des crimes en droit international, à savoir (art. 5 à 8) le crime de génocide, les crimes contre l'humanité, les crimes de guerre et le crime d'agression. La définition des trois premiers de ces crimes a fait l'objet, dans ce nouveau Statut, d'une élaboration apparaissant à bien des égards comme le résultat d'un effort de codification des acquis antérieurs tirés notamment des jurisprudences interne et internationale relatives aux critères d'identification de tels crimes [1]. La définition du crime d'agression a fait en revanche davantage débat et a été renvoyée à un accord ultérieur des parties. Celui-ci a finalement pris la forme d'un amendement au Statut (*GTDIP* n° 25 *bis*) adopté lors de la conférence de Kampala le 11 juin 2010 (v. ss 519).

Aux indices précités de l'affirmation de plus en plus marquée d'un noyau dur et hiérarchiquement supérieur des droits attachés à la dignité de la personne humaine s'ajoute un autre élément : la jurisprudence de plus en plus explicite des deux principales cours régionales de protection des droits de l'homme (européenne et interaméricaine) en faveur d'une telle

1. V. A. Cassese, The Statute of the International Criminal Court : Some Preliminary Reflections, *EJIL*, 1999, vol. 10, n° 1, special. p. 146-158.

hiérarchisation. Pour s'en tenir ici à la jurisprudence de la Cour européenne, on relèvera en particulier deux arrêts dans lesquels la CEDH affirme l'existence d'une hiérarchie des droits de l'homme. Dans l'affaire *Streletz, Kessler* et *Krenz*, du 22 mars 2001, la Cour de Strasbourg examinait le bien fondé des condamnations pénales dont les anciens dirigeants de l'ex-République démocratique allemande avaient été l'objet dans l'Allemagne réunifiée (en liaison avec les tirs mortels naguère ordonnés à la frontière entre les deux Allemagnes). La CEDH n'a trouvé aucune illicéité à ces condamnations. Bien au contraire, elle n'a pas hésité à affirmer, mettant directement en cause l'incompatibilité de la législation de l'ancienne RDA avec l'ordre public européen des droits de l'homme : « ... une pratique telle que celle de la RDA relative à la surveillance de la frontière, qui méconnaît de manière flagrante les droits fondamentaux et surtout *le droit à la vie, valeur suprême dans l'échelle des droits de l'homme au plan international*, ne saurait être protégée par l'article 7 § 1 de la Convention » (§ 87 de l'arrêt ; italiques dans le texte). On peut considérer que cette consécration de la primauté du droit à la vie sur toute autre norme, notamment interne, vaut reconnaissance de son caractère impératif. Dans un arrêt rendu peu après, au demeurant critiquable à d'autres égards, *Al-Adsani c/ Royaume-Uni*, du 21 novembre 2001, la même juridiction reconnaît à son tour explicitement le caractère impératif de la règle interdisant la torture en faisant référence à la jurisprudence précitée des chambres du TPIY [1]. Pour la Cour interaméricaine des droits de l'homme, on consultera, par exemple l'arrêt *Caesar c/ Trinité et Tobago*, du 11 mars 2005, lui aussi à propos du principe interdisant la torture ; il désigne ouvertement cette règle comme présentant un caractère « *erga omnes* » (c'est-à-dire opposables à tous les États hors de toute disposition conventionnelle) et appartenant au droit impératif ou *jus cogens* [2].

La désignation par le juge de certaines normes de droits de l'homme comme appartenant au *jus cogens* n'est d'ailleurs pas sans poser certains problèmes quand à la pertinence de quelques-unes de ces qualifications judiciaires. Certes, il ne fait pas de doute que la Cour internationale de Justice a pu, sans crainte d'erreur, reconnaître en 2006 dans l'interdiction du génocide une règle impérative [3], puis considérer également telle l'interdiction

1. CEDH, affaire *Al-Adsani c/ Royaume-Uni*, arrêt du 21 nov. 2001, § 57.

2. Sur l'arrêt préc. de la CEDH, v. Ph. Weckel, Chronique de jurisprudence internationale, *RGDIP* 2005/4, p. 945 s. Concernant le droit impératif, il est également remarquable de constater que le Tribunal de première instance des Communautés européennes, dans ses arrêts du 21 sept. 2005 *Yusuf et Al Barakaat International Foundation et Kadi*, s'est déclaré « habilité à contrôler, de manière incidente, la légalité des résolutions en cause du Conseil de sécurité au regard du *jus cogens*, entendu comme un ordre public international qui s'impose à tous les sujets du droit international, y compris les instances de l'ONU, et auquel il est impossible de déroger » (§ 263). Il est vrai que cet arrêt ne touche cependant pas directement le domaine des droits de l'homme mais, celui de la lutte contre le terrorisme et désigne l'obligation internationale des États d'y faire face. V. Chronique de jurisprudence internationale, *op. cit.* note précédente, p. 957 s.

3. CIJ, affaire des activités armées sur le territoire du Congo (nouvelle requête) *RdC c/ Rwanda*, arrêt du 3 févr. 2006, § 64 ; confirmé dans l'arrêt de 2007, *Application de la Convention sur la prévention et la répression du génocide* (*Bosnie-Herzégovine c/ Serbie-Monténégro*), § 161.

de la torture en 2012 [1]. En revanche, le Tribunal de première instance des Communautés européennes a sans doute rangé à tort notamment le droit de propriété parmi les normes de *jus cogens* dans une série de quatre arrêts inaugurée en 2005 par les affaires *Yusuf et Kadi* [2]. Or, le droit de propriété est par excellence un droit susceptible de limitations et dérogations ce qui permet de douter hautement de son caractère impératif, conclusion contradictoire à laquelle parvient finalement lui aussi le même Tribunal dans les arrêts précités [3]. Quant à elle, la Cour interaméricaine des droits de l'homme, dans une série d'arrêts récents à la fois très riches et stimulants mais à certains égards problématiques, a également invoqué la qualification de *jus cogens* d'une façon quelque peu inflationniste, avec tous les dangers que ce type de pratique prétorienne pourrait à terme entraîner quant au maintien de l'autorité d'une telle catégorie normative supérieure [4]. On peut à cet égard regretter que l'affirmation du caractère impératif du droit d'accès au juge, droit il est vrai fondamental, demeure appuyée sur une motivation assez approximative par la Cour interaméricaine [5].

Quoi qu'il en soit, cette tendance prétorienne à la désignation de plus en plus explicite de certains droits de l'homme au rang de normes impératives ne doit pas faire oublier qu'en pratique, les obstacles demeurent encore considérables qui se dressent face à l'application effective de ces mêmes droits et libertés à l'échelle universelle.

§ 3. Entraves à l'universalité des droits de l'homme

228 ***Position du problème*** ◊ Les entraves à l'universalité des droits apparaissent non au stade de leur affirmation de principe, mais à celui de leur

1. *Questions concernant l'obligation de poursuivre ou d'extrader (Belgique c/ Sénégal)*, arrêt du 20 juillet 2012, § 99.

2. TPICE, *Ahmed Ali Yusuf et Al Barakaat International Foundation c/ Conseil de l'Union européenne et Commission des Communautés européennes*, 21 sept. 2005 ; TPICE, *Yassin Abdullah Kadi c/ Conseil de l'Union européenne et Commission des Communautés européennes*, 21 sept. 2005 ; TPICE, *Chafiq Ayadi c/ Conseil de l'Union européenne et Commission des Communautés européennes*, 12 juill. 2006 ; TPICE, *Faraj Hassan c/ Conseil de l'Union européenne et Commission des Communautés européennes*, 12 juill. 2006. Sur ces arrêts et leur critique par l'avocat général M. Poiares Maduro, v. ss 149. Plus généralement, v. I. Couzigou, La lutte du Conseil de sécurité contre le terrorisme international et les droits de l'homme, *RGDIP* 2008/1.

3. *Yusuf*, § 293 et *Kadi*, § 242. Le TPICE procède de la même manière à l'égard du droit d'accès à la justice dans les mêmes arrêts, respectivement aux § 342 pour l'arrêt *Yusuf* et 287 pour l'arrêt *Kadi*.

4. V. H. Tigroudja, La Cour interaméricaine des droits de l'homme au service de « l'humanisation du droit international public ». Propos autour des récents arrêts et avis, *AFDI* 2006. 641-659.

5. V. en particulier l'arrêt *Goiburu et autres c/ Paraguay* du 22 sept. 2006, § 13 et le commentaire de H. Tigroudja, *op. cit.* note précédente, p. 629-630. V. aussi, en faveur de la démarche et de la qualification retenues les explications de l'ancien Président de la Cour interaméricaine, le professeur A. Cancado Trindade, International Law for Humankind : towards an new *jus gentium*, *RCADI* 2005, t. 316, p. 336.

mise en œuvre effective. Trois séries de difficultés peuvent être dégagées : les unes sont de caractère idéologique, elles concernent la persistance de courants de pensée très différents quant à la conception générale des droits ; les autres sont au contraire de caractère économique, elles touchent à l'établissement des conditions matérielles nécessaires à la réalisation d'un certain nombre d'entre eux, notamment de ceux de la catégorie des droits économiques et sociaux ; les dernières sont enfin de caractère technique, et tiennent en tout premier lieu à l'état très inégal des ratifications des conventions en vigueur.

A. Entraves idéologiques

229 ***Constat*** ◊ La divergence des conceptions relatives aux droits de l'homme met en présence au moins deux conceptions fondamentalement différentes de l'individu dans la société et des rapports entre l'homme et le pouvoir [1].

– **La conception occidentale** privilégie le respect par l'État des droits personnels, civils et politiques de l'individu, même si, comme l'attestent par exemple dans un ordre interne les préambules des constitutions françaises de 1946 et 1958, la philosophie initiale de la déclaration des droits de l'homme de 1789, reconnue comme trop formelle et abstraite, a été enrichie de la reconnaissance des droits de « l'homme situé économiquement et socialement ». Elle s'appuie sur les institutions représentatives des démocraties libérales, elles-mêmes fondées sur le pluralisme politique et le contrôle politique et juridique du pouvoir de l'État.

– **La conception socialiste d'inspiration marxiste** telle qu'elle fut défendue dans les pays socialistes d'Europe de l'Est et demeure effective en Chine, sans nier par principe les droits de la personne, les situe d'abord par rapport à la collectivité sociale à laquelle celle-ci appartient. Aujourd'hui très attaquée, elle a cependant profondément marqué les conceptions en vigueur dans beaucoup de pays en développement, d'abord sensibles aux grandes difficultés de leur situation économique générale.

Au contraire de la doctrine libérale, elle ne met pas l'accent sur les droits civils et politiques, dénonçant une vision qu'elle juge individualiste et subordonnée aux intérêts de la classe bourgeoise. L'individu est pour elle l'agent de réalisation d'un projet collectif global dans lequel il doit s'intégrer, faute d'être considéré comme asocial au cas où il ferait passer le respect de ses droits propres avant l'intérêt communautaire. Ainsi que l'écrivait un auteur soviétique dans les années soixante-dix, dans cette conception, « les droits et libertés de l'individu dans l'État dépendent des conditions socio-économiques, politiques et autres, du développement de la société, de ses réalisations et de son progrès ».

---

1. V. P.-M. Dupuy, Le droit international dans un monde pluriculturel, *RIDC* 1986, n° 2, p. 583-599 ; S.A.A. Abu-Salich, La définition internationale des droits de l'homme et l'Islam, *RGDIP* 1985, n° 3, p. 625-718.

On pourrait être tenté de croire que l'avancée vers l'universalité des droits de l'homme a accompli un pas décisif depuis l'écroulement du bloc socialiste, tout au moins en Europe, à partir de 1990-1991. Un témoignage de l'unification idéologique qui en résulte apparemment se trouve dans les déclarations adoptées par la CSCE. Outre le texte adopté à Copenhague relativement à la « dimension humaine » (v. ss 211), la « Charte de Paris pour une nouvelle Europe », même si elle n'a également de valeur que programmatoire, affirme solennellement l'attachement commun des participants (est-européens autant qu'occidentaux) à « l'État de droit » [1]. En accord avec cette prémisse, elle affirme sans ambiguïté : « la démocratie, de par son caractère représentatif et pluraliste, implique la responsabilité envers l'électorat, l'obligation pour les pouvoirs publics de se conformer à la loi et l'exercice impartial de la justice. Nul n'est au-dessus de la loi » [2]. Le Conseil de l'Europe, fidèle en cela à son statut, a subordonné l'adhésion de nouveaux membres à leur acceptation des principes de la « démocratie pluraliste et représentative » assurée par l'organisation d'élections libres (v. ss 149).

Ainsi semblait s'achever l'ère marquée par l'indifférence du droit international à l'égard du régime politique et de la forme de gouvernement internes, laissés jusque-là par principe au libre choix de chaque État (v. ss 34). Qui plus est, marquant ainsi sa différence avec la Résolution 2625 de l'Assemblée générale de l'ONU (Déclaration sur les relations amicales entre États de 1970, *GTDIP* n° 6) la Charte de Paris fait directement le lien entre l'adhésion à l'État de droit (c'est-à-dire à la soumission de l'État au droit) et le respect des libertés fondamentales, dont la protection est censée constituer « la responsabilité première des gouvernements ».

Au plan universel, on n'a pas manqué non plus de constater la même tendance à l'unification idéologique des droits de l'homme, appuyée sur l'adhésion, sans doute plus apparente que réelle, au choix de la forme libérale, pluraliste et démocratique de gouvernement. C'est ce dont semblaient en particulier témoigner les opérations d'assistance ou d'intervention des Nations Unies ou de certains de leurs membres (Cambodge, Somalie, Haïti, entre autres). Entrepris le plus souvent sur initiative du Conseil de sécurité, ce type d'opérations vise à permettre en particulier la tenue d'élections libres dans des pays par ailleurs souvent exposés à une situation humanitaire gravement préoccupante [3]. La conviction désormais affirmée sinon toujours réellement partagée par tous que la démocratie libérale et l'État de droit sont les meilleurs garants des libertés fondamentales apparaîtraient ainsi comme des marques d'un « nouvel ordre international » un moment célébré, notamment par les États-Unis ; certains auteurs, notamment nord-américains, ont alors formulé l'opinion que

1. V. E. Decaux et L.A. Sicilianos, *La CSCE : dimension humaine et règlement des différends*, Paris, Montchrestien, 1993, 284 p.
2. Texte *in* E. Decaux, *Sécurité et coopération en Europe*, rec. de textes, Documentation française, 1992, p. 285-292.
3. V., sous la direction d'Y. Daudet, Colloque des 16 et 17 déc. 1994 de l'IEP d'Aix-en-Provence, *Les Nations Unies et la restauration de l'État*, Paris, Pedone, 1995, 190 p.

serait en passe de s'affirmer en droit international un principe de droit positif imposant aux États de ne trouver la légitimité de leurs régimes politiques internes que dans la soumission à la démocratie libérale [1]. Sans nier l'affirmation convergente d'indices allant dans cette direction, on ne doit cependant pas pour autant sous-estimer l'ampleur des divergences demeurant entre pays occidentaux et d'anciens pays socialistes dont d'abord la Russie ; on ne doit pas non plus oublier la réticence profonde de plusieurs États en développement à faire de la démocratie représentative et de l'État de droit les premiers garants des droits de l'homme, tels du moins qu'ils sont conçus en Occident [2].

Enfin, est-il besoin de rappeler que les événements intervenus le 11 septembre 2001, s'ils ont permis la dénonciation unanime du terrorisme, ont également manifesté la vigueur de fondamentalismes et d'intégrismes religieux dont l'Islam n'a pas le monopole. Il y a indiscutablement des causes culturelles à la persistance voire à l'aggravation de telles situations. Il y en a aussi d'économiques, en pratique au moins aussi déterminantes.

B. Entraves économiques

230 ***Position des pays en développement*** ◊ Au sein des instances internationales leur position part d'abord d'une réalité concrète : celle du sous-développement économique. Notamment dans les « pays les moins avancés » (PMA), il atteint de telles proportions qu'il ne permet même pas de satisfaire les « besoins fondamentaux » des populations concernées (alimentation, soins sanitaires élémentaires, alphabétisation) [3]. S'appuyant sur ce constat irréfutable, ils soulignent les liens existant entre promotion du développement et garantie des droits de l'homme. C'est d'ailleurs dans ce contexte qu'il faut resituer la notion de « droit au développement » évoquée plus haut (v. ss 212) et les problèmes qu'elle pose.

Dans la conception des pays en voie de développement, les *droits des peuples* (notamment celui de la souveraineté sur les ressources naturelles) et *les droits de l'homme* ont longtemps été étroitement associés. On en retrouve notamment la traduction dans le fait que les deux pactes des Nations Unies (1966) à l'élaboration desquels ils ont eux aussi pris une part active, tout en énonçant les droits de la personne, commencent l'un et l'autre par affirmer dans leur article 1er le droit des peuples à disposer d'eux-mêmes. Les réserves qu'appelle de leur part la conception

---

1. V. T. Franck, The Emerging Right to Democratic Governance, *AJIL* 1992, vol. 86, p. 46-91.

2. V. S. Laghmani, Vers une légitimité démocratique ? *in Les nouveaux aspects du droit international*, colloque de Tunis des 14-16 avr. 1994, Paris, Pedone, 1994, p. 249-279 ; J.-Y. Morin, Institution internationale et droits de l'homme : vers des nouvelles exigences de légitimité de l'État, *in L'État souverain à l'aube du XXIe siècle*, colloque de Nancy de la SFDI, Paris, Pedone, 1994, p. 233-301 ; O. Corten, La résolution 940 du Conseil de sécurité autorisant une intervention militaire en Haïti : l'émergence d'un principe de légitimité démocratique en droit international ? *JEDI*, 1995/1, p. 116-134.

3. V. Ph. Alston, Human Rights and Basic Needs : a Critical Assessment, *RDH*, vol. XII, 1979, p. 19-67.

occidentale des droits de l'homme expliquent en partie que beaucoup d'entre eux n'aient pas ratifié ou aient tardé à ratifier un grand nombre des instruments universels de protection des droits de l'homme, accroissant ainsi les entraves techniques à l'universalité.

C. Entraves techniques [1]

231 ***Insuffisance des ratifications*** ◇ Comme indiqué plus haut, (v. ss 206) certaines conventions jouissent d'un bon pourcentage de ratifications. Au-delà des deux Pactes des Nations Unies, des conventions sur la protection des droits de la femme, de l'enfant ou sur la non-discrimination, beaucoup d'autres taux de ratification sont en revanche très inférieurs et, surtout, géographiquement mal répartis. Ainsi, quel que soit le nombre des conventions en vigueur, leur efficacité est gravement obérée par la discontinuité et les nombreuses lacunes du réseau des ratifications, même si l'on doit constater que certaines conventions importantes ont été ratifiées par plus des deux tiers des États existants [2]. Or, ainsi qu'on l'a dit précédemment, hors du cas de certains droits fondamentaux, qu'on peut estimer d'ores et déjà passés dans le droit coutumier, et en dépit du caractère dit « objectif » des droits de l'homme, la mise en œuvre concrète d'obligations précises de la part des États à l'égard des personnes relevant de leur juridiction suppose qu'ils aient formellement consenti à s'obliger à respecter les conventions existantes.

À la disparité spatiale des ratifications s'ajoutent aussi une disparité temporelle et une disparité matérielle. La première concerne la diversité des dates d'entrée en vigueur des mêmes conventions à l'égard des différentes parties contractantes. Contrairement à ses principaux partenaires européens, la France a ainsi cru bon d'attendre 24 ans pour ratifier la Convention européenne des droits de l'homme (1974) et 14 ans pour les deux Pactes des Nations Unies (1980). La disparité matérielle a trait au fait que beaucoup d'États tardent ou renoncent à consentir aux formes de contrôle les plus strictes de respect de leurs obligations conventionnelles. Pour prendre un exemple, au 1er juin 2002, 44 États africains avaient ratifié le Pacte sur les droits civils et politiques des Nations Unies, mais seulement 30 avaient accepté le droit de recours individuel devant le Comité des droits de l'homme instauré par le Protocole facultatif et 8 le droit de recours étatique de l'article 41.

232 ***Réserves*** ◇ À la faiblesse provoquée par l'inégalité des ratifications s'ajoute le grand nombre des réserves apportées par les États qui ratifient les conventions, dont beaucoup ne comportent pas de dispositions précises

1. V. J. Dhommeaux, De l'universalité du droit international des droits de l'homme, *op. cit.* *AFDI* 1989. 399-423.

2. Au mois de févr. 2006, on comptait les nombres de ratifications suivants : Convention sur la prévention et la répression du crime de génocide, 138 ; Convention sur la lutte contre la discrimination raciale, 170 ; pacte des Nations Unies sur les droits civils et politiques, 155 ; pacte des Nations Unies sur les droits économiques, sociaux et culturels, 152 ; convention de New York sur la lutte contre la torture, 141.

quant à leur régime (cas des deux pactes), alors que d'autres les réglementent plus ou moins précisément, suivant les cas. À titre d'exemple, le cas du Pacte sur les droits civils et politiques (*GTDIP* n° 13) est à cet égard éloquent puisqu'au 1er janvier 2010, 46 des 165 États parties avaient formulé à eux tous 150 réserves d'importance variable. Une question, notamment, s'est posée ; celle de savoir si une partie contractante a émis une véritable réserve à un article conventionnel ou, simplement, une déclaration interprétative. Cette interrogation a été formulée par le Comité des droits de l'homme, chargé de veiller à l'application du Pacte sur les droits civils et politiques à l'égard de la France (Décision du 8 novembre 1989, *T.K. c/ France*), pour conclure que la déclaration faite à l'égard de l'article 27, relatif à la protection des minorités, s'analysait bien comme une réserve [1].

Le principe de la réciprocité des engagements fondant le régime des réserves (v. ss 259 s.) entre en contradiction avec le caractère théoriquement « objectif » des droits de l'homme (v. ss 200). Dans le cadre de la Convention européenne des droits de l'homme, la Commission (quand elle existait encore) et la Cour européenne (v. ss 215) se sont reconnues compétentes pour se prononcer sur la conformité à la Convention d'une réserve ou d'une déclaration interprétative émises par une Partie [2]. Le contrôle de la Cour est resté cependant pendant longtemps très formel et ne portait pas sur le contenu matériel des réserves [3]. En revanche, la Commission avait contrôlé, au moment de l'acceptation par la Turquie du droit de recours individuel (v. ss 216) la déclaration interprétative faite par cet État pour refuser les restrictions de compétences spatiales et substantielles qu'il tentait alors d'introduire [4]. On a cependant déjà indiqué (v. ss 200) que dans le premier des deux arrêts *Loizidou*, du 23 mars 1995, la Cour européenne des droits de l'homme elle-même n'a plus hésité à refuser la validité de la réserve turque prétendant restreindre spatialement (*rationae loci*) le champ d'application de la Convention européenne des droits de l'homme à son égard (v. ss 314). Elle l'a fait en s'appuyant sur une interprétation à la fois dynamique et finalisée de la convention, qui détermine un « ordre public européen » des droits de l'homme [5].

Au plan universel, dans le cadre de beaucoup de conventions, l'appréciation de la compatibilité substantielle des réserves avec le contenu matériel de la convention a longtemps échappé à tout contrôle d'un organe institué. Elle était alors laissée aux seuls États membres. La situation a d'abord

1. V. commentaire Cohen Jonathan, *AFDI* 1989. 429 s.
2. V. Rapp. commentaire aff. *Temeltasch*, *AFDI* 1982. 524-230 et arrêt *Belilos*, Série A, vol. 132, § 60, commentaire Cohen-Jonathan, *RGDIP* 1989/2. 273-315. V. aussi P.-H. Imbert, Les réserves à la Convention européenne des droits de l'homme devant la Commission de Strasbourg (Affaire *Temeltasch*), *RGDIP* 1983. 580 s.
3. *Chorherr*, 25 août 1993, A. 266 B, § 19-22.
4. V. C. Zanghi, La déclaration de la Turquie relative à l'article 25 de la CEDH, *RGDIP* 1989/1, p. 69.
5. V. G. Cohen-Jonathan, *RGDIP* 1996/1.

changé concernant le contrôle de l'application du Pacte sur les droits civils et politiques. En effet, le Comité des droits de l'homme, qui limitait jusque-là son contrôle au constat d'existence de la réserve sans se prononcer sur sa validité (aff. *TK c/ France* précitée, n° 85), a adopté une autre attitude dans son Observation générale n° 24 du 2 novembre 1994, déjà mentionnée. Il y affirme « qu'il incombe nécessairement au Comité de déterminer si une réserve donnée est compatible avec l'objet et le but du Pacte [...]. Afin de savoir jusqu'où va son devoir d'examiner dans quelle mesure un État s'acquitte de ses obligations [...] il doit nécessairement se faire une idée de la compatibilité d'une réserve avec l'objet et le but du Pacte et avec le droit international général ». C'est dans ce contexte que le Comité des droits de l'homme constate, comme déjà relevé plus haut, l'impossibilité d'émettre une réserve à une norme de caractère impératif. Cette conception objective de la validité des réserves a été confirmée et appliquée par le Comité des droits de l'homme dans une observation individuelle adoptée le 2 novembre 1999. Il y écarte l'application d'une réserve, formulée par *Trinidad et Tobago* lors de la ratification par ce pays du Protocole facultatif n° 1 aménageant les conditions du recours individuel. Il est remarquable de constater que dans cette affaire *Kennedy c/ Trinidad y Tobago*, le Comité a entendu souligner à nouveau la spécificité des droits de l'homme en matière de réserves, en se démarquant nettement des positions prises peu de temps auparavant dans un autre contexte par la Cour internationale de Justice à l'occasion de l'affaire entre l'Espagne et le Canada relative à la compétence en matière de pêcheries. Dans cette dernière affaire, la CIJ avait accrédité une interprétation de son Statut permettant à un État d'apporter à sa propre compétence toutes les limites qu'il entend décider (CIJ, arrêt du 4 décembre 1998, § 39 s.). Tout au contraire, le Comité a relevé l'incompatibilité de la réserve en cause avec l'objet et le but du Pacte et de son Protocole, notamment en ce qui concerne le principe d'égalité des droits [1]. On trouve une inspiration analogue dans l'arrêt de la Cour interaméricaine des droits de l'homme dans son arrêt *Bronstein* déjà cité (Série C, n° 54) du 24 septembre 1999 [2].

À côté de ce contrôle réalisé par le Comité des droits de l'homme à l'occasion de l'examen des plaintes individuelles dont il est saisi, s'est développé un contrôle de type non contentieux conduit, aujourd'hui, par de nombreux autres comités des Nations Unies à l'occasion de l'examen des rapports produits périodiquement par les États [3]. Cette seconde forme du contrôle de légalité des réserves ne doit pas être négligée. Bien que les

1. V. Ph. Weckel, Chronique de jurisprudence internationale, *RGDIP* 2000/3, p. 781 s.

2. Dans cette affaire, qui ne concernait pas une réserve mais la dénonciation unilatérale par le Pérou de la compétence contentieuse de la Cour, celle-ci va jusqu'à dénier le droit à cet État d'un tel retrait, à raison du caractère impératif de son propre Statut qui fixe, seul, les conditions de sa compétence. V. Ph. Weckel, *op. cit. RGDIP* 2000/3, p. 785 s.

3. V. Y. Kerbrat, Aspects de droit international général dans la pratique des comités établis au sein des Nations Unies dans le domaine des droits de l'homme (2006-2007), *AFDI* 2007. 584-607. V. également *AFDI* 2012.706 s.

observations émises par les comités sur les rapports étatiques ne soient pas contraignantes, elles sont susceptibles d'orienter la pratique des États parties et de peser sur l'interprétation par les juridictions internes des instruments internationaux et des réserves les concernant.

233 *Indications bibliographiques complémentaires* ◊

1) Singularité et universalité des droits de l'homme

Blanc Altemir (A.), *La violación de los derechos humanos fundamentales como crimen internacional* (Barcelona, Bosch, 1990, 444 p.) ; Ben Achour (Y.), Souveraineté étatique et protection internationale des minorités (*RCADI* 1994, I, t. 245, p. 321-464) ; Caminos (H.) The Role of the Organisation of American States *in* the Promotion and Protection of Democratic Governance (*RCADI* 1998, vol. 273, p. 103-238) ; Carrillo Salcedo (J.A.), *Soberania de los Estados y derechos humanos en derecho internacional contemporáneo* (Madrid, Tecnos, 1995, 174 p.) ; Cassin (R.), Les droits de l'homme (*RCADI*, 1974/IV, vol. 140, p. 321-332) ; CEDIN, Droit international et droits de l'homme. Actes du Cedin n° 5 (Centre de droit international de Nanterre) (Paris, Montchrestien, 1991, 352 p.) ; Cohen-Jonathan (G.), Le Conseil de sécurité et les droits de l'homme, *in Le droit des organisations internationales, Recueil d'études à la mémoire de Jacques Schwob* (Bruxelles, Bruylant, 1997, p. 19-70) ; Cohen-Jonathan (G.), *Aspects européens des droits fondamentaux. Libertés et droits fondamentaux* (Paris, Montchrestien, 2002 3e éd., 261 p.) ; Cohen-Jonathan (G.), 50e anniversaire de la Convention européenne des droits de l'homme (*RGDIP* 2000/4, p. 849-872) ; Conseil de l'Europe, *L'universalité des droits de l'homme dans un monde pluraliste* (Colloque de Strasbourg, 17 au 17 avril 1989) Publication du Conseil de l'Europe Doc. H (89) 3 ; Corten (O.), Klein (P.), *Droit d'ingérence ou obligation de réaction* (Bruxelles, Bruylant, 1992, 283 p.) ; Craven (M.), *The International Covenant on Economic, Social and Cultural Rights. A Perspective on its Development* (Oxford, Clarendon Press, 1995, 413 p.) ; Daes (E.I.A.), *La condition de l'individu et le droit international contemporain Rapport présenté à la sous-commission des droits de l'homme* (New York, ONU/AG/CES, Doc. E/CN.4/Sub 2/1988/33, 119 p.) ; Daes (E.I.A.), *Status of the Individual and Contemporary International Law : Protection and Restoration of Human Rights at National, Regional and International Levels* (New York, United Nations, 1989, 51 p.) ; Dinstein (Y.), The Erga Omnes Applicability of Human Rights (AV, 1992/1, vol. 30, p. 16-21) ; Dipla (H.), *La responsabilité de l'État pour violation des droits de l'homme, problèmes d'interprétation* (Paris, Pedone, 1994, 116 p.) ; Donnelly (J.), *Universal Human Rights in Theory and Practice* (Ithaca/Londres, Cornell University Press, 1989, 295 p.) ; Fox (G.), Roth (B.), *Democratic Governance and International Law* (Cambridge Univ. Press, 2000, 585 p.) ; Henkin (L.) (dir.), *The international Bill of Rights* (New York, Columbia University Press, 1981, 521 p.) ; Johnson (G.), *La déclaration universelle des droits de l'homme, 40e anniversaire* (Sous la direction de, Paris, Unesco/L'Harmattan, 1990, 217 p.) ; Joinet (L.), L'action des Nations Unies dans le domaine des droits de l'homme (*RDP* 1990. 1247-1253) ; Kooijmans (P.H.), Human Rights, Universal Panacea ? Some Reflections on the Socalled Human Rights of the Third Generations (*NILR*, vol. 37, 1990/3, p. 315-329) ; Lapeyre (A.), Tinguy (F. de), Vasak (K.) (dir.), *Les dimensions universelles des droits de l'homme* 3 volumes (Bruxelles, Bruylant/Unesco) ; Lillich (R.B.) (dir.), *International Human Rights : Problems of Law, Policy and Practice* (Boston, Little Brown, 1991, 1062 p., 2e éd.) ; Malenovsky (J.) Suivi des engagements des États membres du Conseil de l'Europe par son Assemblée parlementaire : une course difficile entre droit et politique (*AFDI* 1997. 633-656) ; Meron (Th.), *Human Rights in International Law : Legal and Policy Issues, 2 volumes* (Oxford, Clarendon Press, 1984, 551 p.) ; Meron (Th.), *Human Rights and Humanitarian Norms as Customary Law* (Oxford, Clarendon Press, 1989, 263 p.) ; Oellers-Frahm (K.),

Comment : The Erga Omnes Applicability of Human Rights (AV, 1992 (1), vol. 30, p. 28-37) ; Pelloux (R.), Vrais et faux droits de l'homme. Problèmes de définition et de classification (*RDP* 1981. 53-68) ; Ramcharan (B.G.), *The Concept and Present Status of the International Protection of Human Rights* (Dordrecht, MNP, 1989, 624 p.) ; Reisman (W.M.), Sovereignty and Human Rights *in* Contemporary International Law (*AJIL*, 1990/4, vol. 84, p. 866-876) ; Reuter (P.), Quelques remarques sur la situation juridique des particuliers en droit international public, La technique et les principes de droit public, *in Études en l'honneur de G. Scelle* (Paris, LGDJ, 1950, vol. 2 : p. 535-552) ; Rideau (J.), Le rôle de l'Union européenne en matière de protection des droits de l'homme (*RCADI* 1997, vol. 265, p. 9-480) ; Rolland (P.), Tavernier (P.), *La protection internationale des droits de l'homme* Coll. Que sais-je ? n° 2461 (Paris, PUF, 1989, 124 p.) ; Salmon (J.), *Essai de typologie des systèmes de protection des droits de l'homme* (Centre de droit international de l'Institut de sociologie de l'Université libre de Bruxelles : La protection internationale des droits de l'homme, 1976, 206 p., p. 173-206) ; Schabas (W.) *Genocide in International Law* (Cambridge Univ. Press, 2000, 624 p.) ; Sperduti (G.), La protection des droits de l'homme et le principe de non-intervention dans les affaires intérieures des États (Rapporteur) *Annuaire de l'IDI*, vol. 63/I (p. 309-436), vol. 63/II (p. 223-291) Session de Saint-Jacques de Compostelle (Paris, Pedone, 1990) ; Sunya (L.S.), *Individual Responsibility in International Law for Serious Human Rights Violations* (Dordrecht, MNP, 1992, 227 p.) ; Tavernier (P.), À propos de la convention-cadre du Conseil de l'Europe pour la protection des minorités nationales (*RGDIP* 1995/2, p. 385-402) ; Uribe Vargas (D.), La troisième génération des droits de l'homme (Conférence) (*RCADI*, 1984/I, vol. 184, p. 335-376) ; Vasak (K.), *Les dimensions internationales des droits de l'homme* (Paris, Unesco, 1978, 780 p.) ; Vedel (G.), Les droits de l'homme : quels droits ? quel homme ?, *in Humanité et droit international. Mélanges R.-J. Dupuy* (Paris, Pedone, 1991, p. 349-362).

2) Diversité des droits de l'homme

Bello (E.G.), The African Charter on Human and Peoples Rights. A Legal Analysis (*RCADI*, 1985/V, vol. 194, p. 9-268) ; Bokatola (I.O.), *L'organisation des Nations Unies et la protection des minorités* (Bruxelles, Bruylant, 1992, 291 p.) ; C. Brölmann et al. (dir.) *Peoples and Minorities in International Law* (Dordrecht, MNP, 1993, 364 p.) ; Buergenthal (T.), CSCE Human Dimension : The Birth of a system (*RCADE*, vol. 1/2, 1990, p. 163-209) ; Cançado Trindade (A.A.), Coexistence and coordination of mechanisms of international protection of human rights (at global and regional levels) (*RCADI*, 1987/II, vol. 202, p. 9-436) ; Chanet (C.), Le Comité des Nations Unies contre la torture (*AFDI*, vol. 37, 1991, p. 553-560) ; Delmas-Marty (M.), *The European Convention for the Protection of Human Rights* (Dordrecht, MNP, 1992, 364 p.) ; Fenet (A.), *Le droit et les minorities. Analyses et textes* (2e éd., Bruxelles, Bruylant, 2000, 661 p.) ; Flauss (J.-F.) et De Salvia (M.) (dir.) *La Convention européenne des droits de l'homme : développements récents et nouveaux défis* (Bruxelles, Bruylant, 1997, 198 p.) ; Gros Espiell (H.), Le système interaméricain comme régime régional de protection internationale des droits de l'homme (*RCADI*, 1975/II, vol. 145, p. 1-56) ; Gros Espiell (H.), La convention américaine et la convention européenne des droits de l'homme. Analyse comparative (*RCADI*, 1989/VI, vol. 218, p. 167-412) ; Flauss (J.F.) (dir.) *La mise en œuvre du Protocole n° 11 : le nouveau règlement de la Cour européenne des droits de l'homme* (Bruxelles, Nemesis/Bruylant, 2000, 178 p.) ; Hannum (H.), *Guide to International Human Rights Practice*, 2e éd., (Univ. of Pensylvania Press, 1992, 308 p.) ; Henrard (K.) *Devising and Adequate System of Minority Protection. Individual Human Rights, Minority and the Right to Self-Determination* (La Haye, MNP, 2000, 363 p.) ; Jacqué (J.-P.), Conseil d'État et convention européenne des droits de l'homme, *in L'Europe et le droit. Mélanges offerts à Jean Boulouis*, (Paris, Dalloz, 1991,p. 325-340) ; Mbaye (K.), *Les droits de l'homme en Afrique* (Paris, Pedone, 1992, 312 p.) ; Partsch (K.J.), La mise en œuvre des droits de l'homme par l'Unesco (*AFDI*, vol. XXXVI, 1990, p. 482-506) ; Stern (B.), L'intervention des tiers dans le contentieux OMC (*RGDIP*, 2003/2, 2003, p. 257-303) ; Sudre (F.), *Droit européen et international des droits de l'homme* (Paris, PUF, 11e éd., 2012, 944 p.) ; Sudre (F.), *La convention européenne des droits de l'homme* (Paris, PUF, coll. « Que sais-je ?, n° 2513, 9e éd., 2012, 128 p.,) ; Valticos (N.), Nations, États, Régions et communauté universelle : niveaux et étapes de protection des droits de l'homme, *in Humanité et droit international. Mélanges R.-J. Dupuy* (Paris, Pedone, 1991, p. 339-348) ; Velu (J.), Ergec (R.), *La convention européenne des droits de l'homme* (Bruxelles, Bruylant, 1990, 1188 p.) ; Warner (D.) (dir.) *Human Rights and Humanitarian Law, The Quest for Universality* (La Haye, MNP, 1997, 149 p.)

DEUXIÈME PARTIE

LA FORMATION DU DROIT INTERNATIONAL

234 ***Introduction générale*** ◊ L'analyse des modes de formation du droit international a été longtemps menée dans le cadre exclusivement formel de la théorie des sources du droit international, systématisée au début du XXe siècle par la doctrine positiviste, largement inspirée par le schéma idéal fourni par les droits internes.

Cette présentation systématique des sources conserve aujourd'hui tout son intérêt parce qu'elle permet d'appréhender rationnellement les origines et les modalités diverses de la création des droits et des obligations des sujets de droit dans la société internationale. Elle fournit en d'autres termes un cadre méthodologique et conceptuel de première importance.

Mais, paradoxalement, l'une de ses utilités vient aujourd'hui de son inadaptation relative à l'explication des modes les plus récents de formation des normes internationales. Aussi est-il devenu nécessaire de la compléter par la prise en compte des facteurs sociaux et politiques déterminants apparus depuis 1945, dont les deux principaux sont, d'une part, la création de l'Organisation des Nations Unies et la multiplication concomitante des organisations à vocation universelle, et, d'autre part, l'arrivée massive tout autant que soudaine des nouveaux États sur la scène internationale. Ces facteurs se sont traduits notamment sur le plan juridique par une évolution sensible des conditions dans lesquelles les actes unilatéraux, en particulier ceux des institutions internationales, influent désormais sur les modalités de création des normes. Ils ont, d'une manière plus générale, introduit des techniques normatives nouvelles. Mais ils contribuent également à remettre en cause certains critères classiques d'identification des obligations, dits également parfois « critères de normativité ». L'analyse statique doit donc se doubler d'une étude dynamique.

Pour rendre compte de ces évolutions, on examinera ainsi en deux chapitres successifs, d'abord, les modes traditionnels de formation des normes, appréhendés à travers la théorie des sources du droit international, ensuite les mutations et adaptations contemporaines que connaissent ces modes de formation.

CHAPITRE 1

MODES TRADITIONNELS DE FORMATION DU DROIT INTERNATIONAL

235 ***Introduction*** ◊ La théorie des sources formelles [1]. Dans la conception du positivisme volontariste classique à l'origine de la systématisation de la théorie des sources en droit international, celle-ci présente deux caractères. Elle est par définition ramenée à l'étude des sources *formelles*, c'est-à-dire des *procédés techniques de création et de validation des normes juridiques*, à l'exclusion de l'examen des fondements éthiques, des causes sociales ou des fins politiques que poursuit la norme concernée (sources et finalités *matérielles*). Elle est ensuite prépondérante dans l'analyse du phénomène juridique, puisque c'est la conformité des modes de création de la règle aux procédures juridiques de sa constitution qui détermine la validité et donc l'opposabilité de cette règle aux sujets de droit.

Appliquée à l'ordre international, cette conception a le grand mérite d'isoler le droit de la politique et de permettre son analyse systématique.

236 ***Typologie des sources formelles*** ◊ L'article 38 du Statut de la Cour internationale de Justice (*GTDIP* n° 27) est généralement cité dans le contexte doctrinal précité pour présenter la typologie des sources du droit international [2]. La constance avec laquelle l'article 38 est ainsi invoqué en relation avec les sources du droit international oblige à quelques rappels élémentaires.

---

1. Parmi une littérature abondante, Ch. de Visscher, Contribution à l'étude des sources en droit international, *RDILC* 1933. 395-420 ; G. Scelle, Essai sur les sources formelles du droit international, *Mélanges Gény*, 1934, t. III, p. 400-430 ; M. Soerensen, *Les sources du droit international, Étude de la jurisprudence de la CPJI*, Copenhagen 1946 ; Ch. Rousseau, *Droit international public* (Traité), t. I, Paris, Sirey, 1971, 464 p. ; SFDI, colloque de Toulouse, 1975, 224 p. ; on pourra trouver également d'intéressantes études dans plusieurs recueils de *mélanges, notamment aux professeurs P. Guggenheim*, Genève, IUHEI, 1968, 901 p. et M. Virally, *Le droit au service de la paix, de la justice et du développement*, Paris, Pedone, 1991. V. aussi *Mélanges J. de Arechaga, Le droit international dans un monde en mutation*, Fundación de Cultura universitaria, Montevideo, 1994, 729 p., G. Buzzini, La théorie des sources face au droit international général. Réflexions sur l'émergence du droit objectif dans l'ordre international, *RGDIP* 2002/3, p. 581 s.

2. La Cour, dont la mission est de régler conformément au droit international les différends qui lui sont soumis, applique :

a) les conventions internationales, soit générales, soit spéciales, établissant des règles expressément reconnues par les États en litige ;

b) la coutume comme preuve d'une pratique générale acceptée comme étant le droit ;

c) les principes généraux de droit reconnus par les nations civilisées ;

d) sous réserve de la disposition de l'article 59, les décisions judiciaires et la doctrine des publicistes les plus qualifiés des différentes nations, comme moyen auxiliaire de détermination des règles de droit.

a) En premier lieu, on ne doit pas perdre de vue la nature éminemment *contractuelle*, c'est-à-dire *relative* de cette disposition, annexée à la Charte des Nations Unies. On a trop souvent tendance à s'y référer comme à une sorte de disposition pseudo-constitutionnelle, placée au sommet de l'ordre juridique international, à la manière de celle que l'on trouve dans la loi fondamentale de nombreux pays, pour déterminer les différentes sources de la légalité interne. Or on a pourtant vu plus haut qu'il n'y a pas en principe de Loi des lois en droit international, caractérisé au contraire par un phénomène multiforme *d'équivalence normative* (v. ss 24).

b) En second lieu, cette disposition présente en elle-même un caractère étroitement fonctionnel, ou, si l'on préfère, *opératoire*. Il s'agissait avant tout pour ses rédacteurs d'indiquer comment le juge international doit procéder pour déterminer les règles de droit applicables à un litige déterminé. Ceci explique en particulier *l'ordre* dans lequel ces sources sont citées, lié au soin qu'a le juge international, toujours soucieux de son autorité face aux États souverains, de s'appuyer en priorité sur les expressions les plus patentes, les moins contestables, de l'acceptation par les parties d'être liées par les règles qu'il entend leur appliquer. C'est ici l'économie probatoire de la manifestation de volonté des États en litige qui est en cause : d'abord apparaît dans le texte de l'article 38 l'accord international, parce qu'il est l'instrument le plus formalisé et l'expression la plus tangible de l'assentiment des parties au caractère obligatoire des dispositions qu'il contient ; ensuite vient la coutume (dont la nature implicitement consensuelle est avérée dans le texte par le terme « acceptée » se rapportant à une certaine pratique internationale). Cette source est tout aussi liante mais à certains égards moins facilement utilisable par la Cour, précisément parce qu'elle perd en spécificité de l'assentiment ce qu'elle gagne en extension (c'est une pratique *générale* c'est-à-dire acceptée par tous et pas seulement par les États en litige ; de plus, non écrite, son contenu est susceptible d'interprétations diverses) ; puis apparaissent les principes généraux de droit, que la généralité de leur contenu et leur forte dose d'abstraction placent encore en retrait ; enfin les moyens auxiliaires d'identification et d'interprétation des règles de droit international, jurisprudence et doctrine, qui doivent précisément ce caractère accessoire au fait qu'elles n'ont plus de lien véritable avec l'expression de la volonté des États. On vérifie ainsi l'inspiration volontariste de l'article 38, bien explicable si on la rapporte au souci légitime du juge de se prémunir de la contestation de ses justiciables.

c) Enfin, on ne doit pas oublier que, même légèrement amendé en 1945 (lorsque la Cour internationale de Justice a hérité du statut de sa devancière, la Cour permanente de Justice internationale créée en même temps que la Société des Nations), cet article est aujourd'hui vieux de plus d'un demi-siècle, et remonte à une époque où la société internationale n'avait ni la dimension ni l'hétérogénéité qui sont les siennes actuellement. Ceci explique à la fois l'absence des actes unilatéraux des organisations internationales dans la liste des sources, et l'archaïsme de la référence aux « nations civilisées ».

Cette disposition ne mérite ainsi ni l'excès d'honneur ni, plus rarement, l'indignité que lui réservent trop de commentateurs. Elle offre tout au plus un guide utile et une typologie opératoire à partir de laquelle on va à présent examiner les sources formelles du droit international dans l'ordre où elle les cite, non sans le compléter, ni jamais oublier les imperfections d'un tel instrument.

SECTION 1. TRAITÉS INTERNATIONAUX [1]

237 ***Introduction*** ◊ On serait tenté de dire que les traités ont toujours existé ! Leur apparition est en tout cas historiquement liée à celle de communautés politiques organisées, amenées par la force des choses à rentrer en relation les unes avec les autres. Le traité est presque *inhérent* aux relations internationales, et l'on a découvert en 1975 un traité remontant à environ 2500 ans avant Jésus-Christ, conclu entre le royaume d'Ebla (Syrie du nord) et celui d'Abousal (Euphrate central).

Aujourd'hui plus que jamais, les traités constituent l'instrument privilégié des relations de coopération, et les États y recourent dans les domaines les plus variés, tels que politique, économique, commercial, culturel, stratégique, écologique, scientifique et technique. Suspicieux à l'égard de sources non écrites du droit, qu'ils trouvaient déjà préconstituées à leur naissance, les nouveaux États (États issus des décolonisations dans les années suivantes) lui ont d'autant plus accordé leurs faveurs qu'instrument juridique formel appuyé sur certaines conditions substantielles de validité, il sauvegarde en principe la liberté de leur engagement, en les plaçant sur un pied d'égalité avec les souverainetés plus aguerries. Bref, tout concourt aujourd'hui à faire du traité l'instrument juridique privilégié des relations internationales, à tel point que plusieurs observateurs ont un moment cru, sans doute bien à tort, qu'il allait supplanter définitivement la coutume comme mode de formation du droit dans une société par ailleurs si divisée.

En raison de leur importance pratique, les règles relatives au droit des traités ont fait l'objet d'un important travail de codification au sein de la Commission du droit international des Nations Unies (CDI) ; il devait aboutir, au terme d'une conférence internationale regroupant à Vienne à

1. V. en particulier Lord Mac Nair, *The Law of Treaties*, Oxford, Clarendon Press, 1961, 790 p. ; P. Reuter, *La Convention de Vienne sur le droit des traités*, Paris, A. Colin, 1970, 96 p. ; R. Ago, Le droit des Traités à la lumière de la Convention de Vienne, *RCADI*, 1971-III, vol. 134, p. 303-330 ; T. Elias, *The Modern Law of Treaties*, Oceana, Dobbs Ferry, 1974, 272 p. ; I. Sinclair, *The Vienna Convention on the Law of Treaties*, Manchester U.P., 1984, 270 p. ; S. Bastid, *Les traités dans la vie internationale*, Paris, Economica, 1985, 303 p. ; P. Reuter, *Introduction au droit des traités*, Paris, PUF 1985, 211 p. ; J. Combacau, *Le droit des traités*, Coll. « Que sais-je ? » n° 2613, Paris, PUF, 1994. F. Poirat, *Le traité, acte juridique international. Recherches sur le traité international comme mode de production et comme produit*, Leiden, MNP, 2004, 506 p.

peu près tous les États existants, à l'adoption d'une convention générale de codification sur le droit des traités (1969) (*GTDIP* n° 26).

238 ***Portée de la Convention de Vienne sur le droit des traités*** [1] ◊
a) La portée de la convention est limitée à un triple point de vue. D'une part, la convention ne s'applique qu'aux conventions en la forme écrite, à l'exclusion des accords verbaux ou des conjonctions d'actes unilatéraux ; en second lieu, elle ne couvre pas les traités passés par les organisations internationales intergouvernementales, entre elles ou avec des États ; enfin, étant elle-même une convention, elle obéit en principe à la règle de l'effet relatif des traités et ne peut lier que les États l'ayant ratifiée. Or, bien qu'elle soit en vigueur depuis 1980, un certain nombre d'États, dont la France, n'a toujours pas voulu le faire [2].

b) Cependant, il apparaît à l'examen qu'aucune de ces limitations ne l'empêche d'être utilisée aujourd'hui comme un véritable code du droit des traités ; pour l'essentiel, en effet, elle systématise des règles coutumières préexistantes, qui sont, comme telles, dotées de valeur obligatoire au-delà du cercle des États parties à cette convention [3]. L'ensemble de ces considérations justifie que l'on consacre dans la suite de ces développements une place privilégiée à la Convention de Vienne de 1969.

239 ***Bivalence du traité et hétérogénéité des clauses conventionnelles*** ◊ Si l'on examine le texte de n'importe quel traité, quel que soit son objet, on y constatera la présence de deux types de dispositions. Les unes se trouvent au début et surtout à la fin du traité. Elles indiquent quelles sont les parties contractantes, le lieu et la date de sa conclusion. Elles établissent dans les « clauses finales » l'ensemble des conditions techniques dans lesquelles l'accord produira ses effets : à partir de quelle date, à l'égard de qui, éventuellement dans quelle mesure et selon quelles modalités les parties pourront y apporter des réserves, comment d'autres États pourront y adhérer, comment pourra-t-on le modifier, etc. D'autres dispositions, en revanche, portent sur les clauses substantielles de l'accord, définissent son contenu matériel, en indiquant son objet, de même que les droits et les obligations y afférents. On constate ainsi qu'à côté des clauses opératoires

---

1. V. M. Kohen, La codification du droit des traités : quelques éléments pour un bilan global, *RGDIP* 2000/3, p. 577-613 ; M. E. Villiger, The 1969 Vienna Convention on the Law of Treaties : 40 Years After, *RCADI*, vol. 344 (2009), p. 9-192.

2. À la date du 15 juin 2012, 111 États étaient parties à la convention.

3. On en trouve un témoignage dans les références nombreuses établies par la CIJ à plusieurs des articles de cette convention, dont la plupart ont d'ailleurs été effectuées avant même son entrée en vigueur (v. par exemple l'avis consultatif sur la Namibie, *Rec.* 1971, p. 47, § 94 ; avis relatif à l'appel concernant la compétence du Conseil de l'OACI, *Rec.* 1972, p. 67, § 38 ; arrêt relatif à l'affaire des *Pêcheries islandaises*, *Rec.* 1973, p. 14 (§ 24) et 18 (§ 36) ; arrêt dans l'affaire du *Plateau continental de la Mer Égée*, *Rec.* 1978, p. 39, § 96 ; arrêt relatif au *Projet Gabcikovo-Nagymaros*, 25 sept. 1997, § 99). La Convention de Vienne de 1969 a par ailleurs été complétée par une autre convention de codification, adoptée en 1986, portant sur les traités passés par les organisations internationales, dont les dispositions sont directement inspirées de celle de 1969, en l'adaptant à la spécificité du droit des institutions auxquelles elles sont destinées à s'appliquer.

figurent les clauses proprement normatives. Cette dualité formelle correspond à la double nature du traité. Il est un procédé volontaire de création du droit. Par là, il s'affirme comme acte juridique, et c'est d'abord comme cela qu'il est perçu dans la Convention de Vienne de 1969. Le droit des traités y est énoncé comme une technologie contractuelle internationale. Mais, le résultat de ce processus étant une norme juridique (ou un ensemble de normes) il est aussi une source de droit, et, comme on l'a vu précédemment, c'est ainsi que le perçoit dans le contexte qui est le sien l'article 38 du statut de la Cour internationale de Justice. Ces deux aspects, ainsi que le remarquait P. Reuter, sont à la fois complémentaires et dissociables, ce qui, à propos de certains problèmes, peut présenter une indéniable utilité [1].

240 ***Plan*** ◊ Après avoir posé les données fondamentales permettant de mieux cerner la notion de traité, on examinera successivement leur conclusion, les conditions de leur validité, leurs effets et enfin leur interprétation.

Sous-section 1. **Données fondamentales**

§ 1. **Définition**

241 ***Définition*** ◊ Le traité est l'expression de volontés concordantes, émanant de sujets de droit dotés de la capacité requise, en vue de produire des effets juridiques régis par le droit international. Reprenons successivement les différents éléments de cette définition, afin d'en analyser le sens et les implications.

A. **L'expression de volontés concordantes**

242 ***Soumission du traité au consensualisme*** ◊ Le traité est d'abord un contrat ; il résulte de l'accord de deux ou plusieurs volontés en vue de réaliser un but et un objet déterminés. Le consensualisme qui domine tout le droit des traités réside d'abord dans l'idée que chacun des sujets qui s'engage le fait sur un strict pied d'égalité avec le ou les autres partenaires, dans la stricte mesure où il l'a librement voulu. Cette conception solidement enracinée trouve notamment son fondement dans toute une tradition illustrée notamment par la philosophie (contractualiste et individualiste) du XVIIIe siècle.

Ainsi, l'affirmation par la Cour internationale de Justice selon laquelle « un État ne peut, dans ses rapports conventionnels, être lié sans son consentement » [2], n'est-elle que l'une des nombreuses réitérations d'un principe

1. V. P. Reuter, *Introduction au droit des traités*, *op. cit.*, p. 28.
2. Avis consultatif relatif aux réserves à la Convention pour la prévention et la répression du crime de génocide, *Rec.* 1951, p. 21.

consensualiste posé dès le premier arrêt de la CPJI [1] dans lequel la doctrine volontariste voit un véritable axiome de tout le droit public international.

243 ***Autonomie de la volonté et formalisme juridique*** ◊ La théorie des obligations connaît en droit interne le problème de la compatibilité de deux exigences partiellement antagoniques : d'une part, celle de la liberté contractuelle, que traduit le principe de l'autonomie de la volonté, d'après lequel les parties au contrat peuvent conclure ce qu'elles veulent comme elles le veulent ; d'autre part, celle de la sécurité des relations juridiques, garantie traditionnellement par le formalisme juridique imposé en droit interne par la loi.

Ce débat n'est pas totalement étranger au droit international des traités. Il y est cependant très considérablement atténué, du fait notamment de l'absence de distinction dans cet ordre juridique entre la loi et le contrat (v. ss 23). Le droit international est donc très peu formaliste. Il admet aussi bien la passation d'accords par voie orale que par écrit ou par le moyen d'une articulation d'actes unilatéraux, chacun pris par une Partie, forme communément pratiquée par exemple par l'échange de lettres [2]. Il est même admis qu'en dehors de toute expression d'actes juridiques, certains comportements matériels peuvent, rapportés à certaines prétentions de droit manifestées par d'autres, engager à certaines conditions l'État qui les a manifestés.

La préoccupation de sécurité juridique n'est cependant pas absente entre États. Les traités étant souvent conclus « entre arrière-pensées » (Paul Valéry), chacun cherche à s'assurer à la fois que son partenaire exécutera bien ses obligations contractuelles et qu'il pourra lui-même s'affranchir des siennes lorsqu'elles ne correspondront plus à ses intérêts [3]. C'est aussi de cette préoccupation de sécurité juridique que procède l'ensemble des règles constitutives du droit des traités.

B. L'imputation à des sujets de droit international dotés de la capacité requise

244 ***Désignation de l'autorité compétente pour passer des traités*** ◊ L'imputation de l'accord à un sujet de droit international suppose que cet accord ait été passé, au nom du sujet concerné, par l'autorité compétente pour le faire. Cette désignation n'est pas accomplie par le droit international mais par le droit interne de l'État ou le « droit propre » à l'organisation en cause (v. ss 141 s.). En ce qui concerne les

1. Affaire du vapeur *Wimbledon*, 1923, série A, n° 1.
2. On reverra plus loin que l'un des obstacles relatifs à la construction d'une théorie générale des actes unilatéraux en droit international tient précisément à la difficulté souvent rencontrée de s'assurer de l'autonomie de ces actes unilatéraux, c'est-à-dire à l'établissement de la preuve qu'ils ne sont pas eux-mêmes intégrés dans un montage contractuel complexe.
3. Ce dernier enjeu constitue l'avantage libératoire ou défensif du traité par rapport à la coutume (dépourvue quant à elle de toute expression formelle). V. G.-L. de Lacharrière, *La politique juridique extérieure*, Paris, Economica, 1983. 31 s.

États, l'article 7 de la Convention de Vienne (1969) indique toutefois les personnes considérées à cet égard comme dotées des pleins pouvoirs, soit qu'elles puissent elles-mêmes les produire, soit qu'il « ressorte de la pratique des États intéressés qu'ils avaient l'intention de considérer cette personne comme représentant l'État » aux fins de l'engager [1].

Le renvoi ainsi opéré par le droit international au droit interne n'autorisera cependant pas pour autant un État à invoquer par la suite une éventuelle violation de son droit interne, commise lors de la conclusion du traité, comme vice du consentement, pour prétendre se dégager des liens qu'il aurait ainsi conclus. Il ne pourrait en être autrement que si cette violation du droit interne était manifeste et concernait « une règle [...] d'importance fondamentale » (art. 46) [2].

245 ***Cas particuliers des accords conclus par des autorités autres que celles ordinairement habilitées à le faire*** ◊ Il est parfois difficile de déterminer si l'on se trouve en face d'un véritable accord international, en raison du fait qu'il a été conclu par des entités *infra*-étatiques. C'est notamment le cas lorsque le traité a été passé entre administrations centrales de statut équivalent dans l'un et l'autre État, ou entre collectivités territoriales.

a) En ce qui concerne les autorités centrales, il peut s'agir de ministères autres que le ministère des Affaires étrangères, conduits à contracter avec des administrations d'autres pays pour le fonctionnement de leur département ministériel et la mise en œuvre de certaines activités rentrant dans le champ de leurs compétences et faisant l'objet d'une coopération internationale. En France, le ministère des Finances, celui de l'Industrie et de la Recherche ou celui de l'Éducation nationale sont par exemple amenés à passer de tels accords avec leurs homologues étrangers. On rencontre également des accords passés entre établissements publics dotés d'une personnalité juridique distincte de celle de l'État [3]. Les accords passés directement entre ministères sont considérés la plupart du temps comme de véritables traités internationaux ; en revanche, en France, les personnes morales de droit public distinctes de l'État (y compris les établissements publics à caractère industriel et commercial) doivent en principe solliciter une autorisation particulière pour compromettre avec des entités étrangères [4].

---

1. Ainsi sont dispensés de produire les pleins pouvoirs les chefs d'État, de gouvernement, ministres des Affaires étrangères, de même qu'en certaines situations, les chefs de mission diplomatique ou les représentants accrédités des États à une conférence internationale (art. 7 alinéa 2).

2. La même règle est adoptée, *mutatis mutandis*, à propos de la violation des règles propres à l'organisation en ce qui concerne la compétence pour l'engager dans l'ordre international, à l'article 46 de la Convention de Vienne relative aux accords passés par les organisations internationales (ci-après Vienne 1986).

3. V. Geneviève Burdeau, Les accords conclus entre autorités administratives ou organes publics de pays différents, *in Mélanges offerts à Paul Reuter, Le droit international : unité et diversité*, Paris, Pedone, 1981. 103 s.

4. V. CE, 15 déc. 1957, *Société nationale de vente des surplus*, *D.* 1958, 517, concl. Gazier, note L'Huillier ; V. cependant les arrêts *San Carlo et Galakis* de la Cour de cassation, respectivement du 14 avr. 1964 (*JCP* 1965, 645, note Goldman) et 2 mai 1966 (*JCP* 1966, 648, note Level).

b) Les collectivités territoriales, tels en France les départements ou les collectivités locales situées dans les régions frontalières, sont amenées de plus en plus à contracter avec leurs homologues de l'autre côté de la frontière pour régler des problèmes de voisinage d'intérêt régional ou local ou pour accroître la coopération transfrontalière dans les domaines les plus divers [1].

Le régime juridique de tels accords n'est pas établi une fois pour toutes. Il pose souvent des problèmes délicats, tous liés à l'identification de leur nature juridique ; celle-ci sera déterminée cas par cas en fonction d'un faisceau d'indices dont les principaux seront l'objet du contrat et les circonstances qui ont entouré sa conclusion [2]. C'est de toute façon au regard des règles du droit interne de chacune des parties que l'on devra apprécier leur capacité et leur compétence contractuelle.

On invoque souvent le principe de l'unité de l'État pour contester aux collectivités territoriales, sauf habilitation spéciale, le droit de passer des accords avec des entités étrangères. Il s'avère cependant qu'en pratique, de tels contrats sont fort nombreux et que cette objection de principe n'est nullement justifiée lorsque l'objet du contrat en cause rentre rigoureusement dans le champ des compétences matérielles conférées à chacune de ces entités par le droit interne. L'unité de l'État n'est pas mise en danger par des contrats internationaux de voirie ou par l'organisation d'une coopération régionale en matière hospitalière, par exemple. De tels contrats ne constituent alors pas, à l'évidence, des traités internationaux, mais des contrats de droit interne, public ou privé, dont il est vrai que le régime juridique sera parfois difficile à établir avec précision, et demeure en pratique souvent assez imprécis [3].

---

1. V. SFDI, *Les collectivités territoriales non-étatiques dans le système juridique international*, Paris, Pedone, 2002, 208 p. ; P.-M. Dupuy, La coopération régionale transfrontalière et le droit international, *AFDI* 1977. 837 s. ; M. Bernad y Alvarez de Eulate, La coopération transfrontalière régionale et locale, *RCADI* 1993, t. 243, p. 305-417.

2. Il sera ainsi déterminant de savoir si la conclusion du contrat en cause trouve sa base juridique dans un accord étatique dit « de couverture », prévoyant sa passation ou s'il a été simplement conclu dans le cadre des attributions ordinaires de l'entité concernée telles qu'elles sont définies par le droit interne dont elle relève. En ce qui concerne certaines circonscriptions territoriales particulières que sont les États fédérés, ils sont parfois autorisés par leur constitution, comme en Allemagne fédérale, en Suisse ou au Canada, à passer eux-mêmes directement certains accords internationaux avec des autorités étrangères pour la gestion d'affaires rentrant dans le cadre normal de leurs compétences. V. L. di Marzo, *Component Units of Federal States and International Agreements*, Aachen, Sijthoff, 1980, 244 p. ; Y. Lejeune, *Le statut international des collectivités fédérées à la lumière de l'expérience suisse*, Paris, LGDJ, 1984, 503 p.

3. Une convention a été adoptée en 1980 dans le cadre du Conseil de l'Europe, à laquelle sont annexés divers accords modèles destinés à proposer aux parties des formules contractuelles leur permettant en particulier, comme cela se produisait d'ailleurs déjà en pratique avant l'adoption de cette convention, de passer des contrats de droit privé, désignant le droit interne applicable à la relation contractuelle. Cette convention est entrée en vigueur en déc. 1981, ratifiée par la France ; V.-E. Decaux, La convention-cadre européenne sur la coopération transfrontalière des collectivités et des autorités locales, *RGDIP* 1984. 579 s. ; L. Condorelli, Le relazioni transfrontaliere tra comunità locali *in* Europa nel diritto internazionale ed. europeo, *Rivista trimestrale di diritto pubblico*, 1986/2, p. 381 s.

246 ***L'imputation à un sujet de droit international, doté de la capacité requise*** ◊ En règle générale, seuls les États et les organisations internationales intergouvernementales sont dotés de la capacité ordinaire de passer des traités [1]. Cette capacité ordinaire n'est sinon étendue qu'à des entités dont les caractères et les fonctions ont permis qu'on les assimile en fait soit à des États (cas du Saint-Siège) soit à des organisations intergouvernementales (cas du CICR ou de l'Ordre de Malte) même si, en droit, il s'agit pour ces dernières d'organisations non gouvernementales [2].

En revanche, les personnes morales de droit privé ne concluent pas des traités internationaux, même si certains auteurs et des espèces arbitrales semblent admettre qu'elles peuvent très exceptionnellement se voir reconnaître en certaines hypothèses, notamment dans le cadre des liens établis au titre des contrats d'États (passés entre un État souverain et une personne privée étrangère) une certaine capacité contractuelle dans l'ordre international [3].

Les accords d'Évian passés le 19 mars 1962 entre le gouvernement français et le FLN ont pour cette raison été publiés au *Journal officiel* de la République française comme simples déclarations gouvernementales [4]. De tels accords peuvent néanmoins produire des effets dans l'ordre juridique international, en constituant, par exemple, la base d'un arbitrage international. La sentence rendue le 22 juillet 2009 dans l'affaire *Abyei*, entre le gouvernement du Soudan et le Mouvement/Armée populaire de libération du Soudan, l'a confirmé à propos, tant de l'accord de paix que de l'accord d'arbitrage conclus par les parties [5].

C. Un acte destiné à produire des effets juridiques régis par le droit international

1. Un acte destiné à produire des effets juridiques

247 ***Définition de la notion d'« effet juridique »*** ◊ L'erreur à ne pas commettre consiste à croire que par « effet juridique », on ne peut entendre, au sens le plus étroit du terme, que la création de droits et d'obligations à la charge des sujets de droit. Dans bien des hypothèses, en droit international

1. V. sur ce point, P. Reuter, *Introduction au droit des traités*, *op. cit.*, p. 36, § 72.
2. V. Paul Reuter, La personnalité internationale du CICR, *Mélanges Pictet*, Genève, 1984. À propos de l'Ordre de Malte, V. D.P. O'Connell, *International Law*, London, Stevens, 1980, p. 85.
3. V. P. Weil, Problèmes relatifs aux contrats passés entre un État et un particulier, *RCADI*, 1969, III, 95 ; du même auteur, Droit international et contrats d'État, *Mélanges Reuter*, *op. cit.*, p. 549 s., ainsi que plusieurs études parues dans les études offertes à B. Goldman, *Le droit des relations économiques internationales*, Paris, Litec Droit, 1982 ; J. Verhoeven, Droit international des contrats et droit des gens, *RBDI*, 1978-1979. 209 s. ; J.-F. Lalive, Contrats entre États ou entreprises étatiques et personnes privées, Développements récents, *RCADI*, t. 181 ; Ch. Leben, La théorie du contrat d'État et l'évolution du droit international des investissements, *RCADI*, t. 302, p. 197-386.
4. V. M. Lesage, Les procédures de conclusion des accords internationaux de la France sous la Ve République, *AFDI* 1962. 886-887.
5. V., en particulier, le § 427 de la sentence.

comme en droit interne, les actes juridiques se contentent par exemple de confirmer ou de consolider une situation juridique, d'attribuer un statut juridique, ou d'effectuer une habilitation. Dans de telles situations, l'ordonnancement juridique sera modifié, mais ne créera pas nécessairement directement de nouveaux droits ou de nouvelles obligations.

248 ***Distinction entre les textes à portée juridique et les autres*** [1] ◊ Les relations internationales, dont le rythme et le volume n'ont cessé de croître et l'objet de se diversifier, sont caractérisés à l'heure actuelle par une production accrue de textes de toute sorte, dont beaucoup sont en principe dépourvus, au sens indiqué plus haut, d'effet juridique ; ceci, même si certains d'entre eux peuvent, dans certaines circonstances, s'analyser après coup comme des comportements susceptibles d'engager leur(s) auteurs(s) [2].

C'est en particulier le cas des nombreux communiqués publiés à l'issue de rencontres entre chefs d'État ou de gouvernement, par exemple « sommets des sept pays les plus industrialisés », conférences des chefs d'État et de gouvernements franco-africains, etc.). Il en va de même de certaines « déclarations » pourtant adoptées à l'issue de négociations longues et difficiles et dotées d'une grande importance politique : le meilleur exemple que l'on puisse en donner reste celui de la célèbre Déclaration de Yalta, du 11 février 1945 sur l'Europe libérée [3].

De la même manière, certains textes concertés au sein d'une conférence internationale et destinés à officialiser les résultats d'une négociation pourront ne pas être l'expression d'un accord des parties pour être liées sur le plan du droit. Ainsi de l'« Acte final d'Helsinki », publié à l'issue de la première phase des travaux de la Conférence sur la sécurité et la coopération en Europe (CSCE) en 1975 [4], et suivi depuis par plusieurs déclarations comme, par exemple, la Charte de Paris, adoptée également dans le cadre de la CSCE en 1990.

Enfin, sont également dépourvus d'effet juridique les « *gentlemen's agreements* » liant en principe les dirigeants politiques sur leur honneur, sans engager les pays dont ils sont les représentants [5].

249 ***Critères de différenciation*** ◊ Étant donné l'absence de formalisme déjà signalée du droit international et le fait que les textes évoqués ci-dessus

1. V. M. Virally, Rapports provisoire et définitif à l'Institut de droit international, *AIDI*, vol. 60, t. 1, session de Cambridge, 1983.

2. C'est en particulier le cas de certains actes unilatéraux, individuels ou collectifs, exprimant la position de leur auteur à l'égard d'une certaine situation, par exemple la reconnaissance qu'un territoire appartient à tel ou tel État, position à l'encontre de laquelle il sera par la suite difficile voire impossible de se prononcer, sous peine de forclusion ou, à des conditions plus rigoureuses, d'estoppel (actes unilatéraux, v. ss 346 s.).

3. V. Ch. Marek, Retour sur Yalta, *RGDIP* 1982. 480.

4. V. J.-F. Prévost, Observations sur la nature juridique de l'Acte final d'Helsinki, *AFDI* 1975. 129 s.

5. V. P.M. Eisemann, *Le Gentlemen's agreement* comme source de droit international, *JDI* 1979. 326 s.

constituent par ailleurs l'expression de volontés communes à leurs auteurs, comment distinguer ceux d'entre eux qui sont des traités internationaux véritables de ceux qui demeurent dépourvus d'effets juridiques ? On peut à cet égard s'inspirer des critères que la Cour internationale de Justice a dégagés à propos de l'une de ces catégories de textes à portée juridique incertaine : dans l'affaire du *Plateau continental de la Mer Egée*, saisie unilatéralement par la Grèce sur la base d'un communiqué conjoint publié par ce pays et la Turquie à l'issue d'une rencontre entre les deux Premiers ministres, la Cour a affirmé que la question de savoir si un tel texte « constitue ou non un accord dépend essentiellement de la nature de l'acte ou de la transaction dont il fait état » et, pour déterminer cette nature, qu'il convient de « tenir compte avant tout des termes employés et des circonstances dans lesquelles le communiqué a été élaboré » [1]. Ces critères sont également utilisés par le Tribunal international du droit de la mer [2]. Pas de règle préétablie, donc, mais une interprétation cas par cas, afin de dégager si la volonté des parties était ou non de se lier sur le plan du droit [3]. Dans le cas de l'Acte final d'Helsinki du 1er août 1975 sur la sécurité et la coopération en Europe, par exemple, il était manifeste parce qu'explicite dans le texte lui-même que les auteurs n'avaient pas entendu se lier par voie de traité international. La pratique subséquente est également un indice important de l'intention des États. La Cour internationale de Justice a jugé, ainsi, que la déclaration de Santiago, adoptée en 1952 à l'issue de la conférence sur l'exploitation et la conservation des ressources maritimes du Pacifique sud entre le Chili, l'Équateur et le Pérou, devait être considérée comme un traité car elle avait été traitée comme tel par ces États qui, d'une part, l'avait fait enregistrer au Secrétariat général des Nations Unies et, d'autre part, l'avait soumise aux procédures internes préalables à la ratification [4].

250 ***Dualité normative*** ◊ L'une des conclusions à tirer de cette variété de textes est qu'il existe sans doute, à côté de l'ordre normatif structuré et plus ou moins formalisé par le droit, un autre ordre, de caractère non plus juridique mais politique, qui offre beaucoup plus de souplesse, mais n'est pas nécessairement moins contraignant, ainsi que le démontre par exemple le poids déterminant conféré dans les relations internationales de l'après-guerre à la Déclaration de Yalta. Si la multiplication des textes qui s'inscrivent dans la normativité politique traduit bien un phénomène de « fuite devant le droit », ce registre normatif n'est pas pour autant dépourvu de tout lien substantiel avec les principes qui régissent le droit des traités : on doit considérer en particulier que la règle de la bonne foi est commune aux deux ordres. Il en est de même de celle d'après laquelle les engagements ne sont valables qu'autant que les circonstances qui ont

1. *Rec.* CIJ, 1978, p. 38 et 95.
2. V. *Différend relatif à la délimitation de la frontière maritime entre le Bangladesh et le Myanmar dans le golfe du Bengale (Bangladesh c/ Myanmar)*, arrêt du 14 mars 2012, § 9 s.
3. V. aussi CIJ, arrêt du 20 avr. 2010, *Usines de pâte à papier (Argentine c/ Uruguay)*, § 128.
4. *Différend maritime (Pérou c/ Chili)*, arrêt du 27 janvier 2014, § 45 s.

donné lieu à leur conclusion ne sont pas profondément modifiées ou, selon l'expression consacrée, tant qu'elles « restent en l'état » (« *rebus sic stantibus* »). Les engagements de caractère strictement politique, généralement dépourvus de procédures formelles de révision, apparaissent cependant beaucoup plus accessibles à des remises en cause fréquentes. C'est, pour les responsables gouvernementaux, ce qui à la fois provoque leur attrait et constitue leur faiblesse. L'hypothèse de la dualité des ordres normatifs a été énoncée par M. Virally dans ses rapports précités à l'IDI. Elle paraît justifiée. La question reste toutefois posée de savoir comment s'établissent les liens entre ces deux ordres.

2. Un acte soumis au droit international

251 ***Liberté de choix*** ◊ À moins que son droit interne le lui interdise, un État pourra choisir de conclure avec un autre sujet de droit international (État ou organisation intergouvernementale) un accord que l'un et l'autre décideront de soumettre au droit interne d'un pays déterminé. On sera alors en présence non d'un traité mais d'un contrat : c'est une pratique assez courante en matière d'emprunt international ; elle tend à se développer encore, du fait de l'interventionnisme accru de l'État dans le domaine économique et commercial, qui l'incite souvent, par souci pragmatique, à recourir aux procédés du droit privé. Elle a notamment contribué, comme on l'examine par ailleurs, à inciter les législations et les tribunaux internes à restreindre la portée de l'immunité de juridiction et d'exécution des États étrangers aux actes de l'État accomplis « *jure imperii* », c'est-à-dire ès qualités d'État souverain (v. ss 129).

Il existe cependant des objets ne relevant que du droit international, comme, par exemple, la cession de territoire. Les circonstances dans lesquelles l'acte a été conclu pourront renseigner également sur la nature de l'acte en cause [1]. L'examen des uns comme des autres permettra dans la plus grande partie des cas d'être renseigné sur l'intention des parties quant au choix de l'ordre juridique, international, public ou privé, dans le cadre duquel elles auront entendu situer leurs relations consensuelles [2].

§ 2. Classification des traités

252 ***Diversité des classifications possibles*** ◊ Il existe de multiples façons de dresser une typologie des traités, suivant les spécificités propres à telle

1. V. la sentence arbitrale du 10 juin 1955 *Royaume-Uni c/ Grèce* en l'affaire des cargaisons déroutées, *RSA*. t. XII, p. 65 ; J. Verhoeven, Traités ou contrats entre États ? Sur le conflit de lois en droit des Gens, *JCP* 1984. 5.

2. Ainsi n'est-il pas évident, *a priori*, que la vente d'un immeuble par un État à un autre, pour les besoins de l'installation d'une mission commerciale, soit nécessairement conçue par voie de traité international. Il faudra soigneusement relever l'ensemble des indices révélateurs de l'intention des parties en l'espèce pour pouvoir déterminer la nature de l'acte en cause.

ou telle catégorie, que l'on pourra avoir lieu de mettre en valeur. Par exemple, d'après la nature des parties en présence (traités conclus par des États ou des organisations internationales ou par les deux) ; ou bien encore suivant la forme des traités : c'est ainsi que l'on rencontrera plus loin la distinction classique des traités en forme solennelle et des traités en forme simplifiée, utile du point de vue des conditions de leur entrée en vigueur ; on pourra aussi, toujours d'après la forme revêtue par les conventions, se référer comme on l'a fait plus haut à la distinction des traités écrits ou conclus oralement.

Il apparaît en revanche beaucoup plus aléatoire de classer les traités en fonction de leur objet, tant celui-ci peut varier, sans pour autant qu'il en résulte des différenciations majeures quant au régime juridique qui leur sera applicable. À la différence du droit interne (par exemple le droit civil français) le droit international ne connaît pas de théorie des « traités nommés », comme il en existe une des « contrats nommés ». Au demeurant, chacune des catégorisations admissibles ne pourra être poussée trop loin. Elles présentent toutes un caractère relatif sinon contingent, et ne sauraient être pratiquées de manière rigide sans nuire à la réalité de l'unité fondamentale du régime des traités ; ceci demeure vrai même si, de l'une à l'autre, il peut apparaître de ce dernier point de vue certaines particularités. À cet égard, la distinction la plus utile est à n'en pas douter celle que l'on opère en fonction du nombre des parties à l'accord.

253 ***Distinction d'après le nombre des Parties à l'accord*** ◊ Deux catégories sont ici aisément identifiables :

a) Les traités bilatéraux, unissant donc deux sujets, sont chronologiquement les premiers à être apparus dans la pratique interétatique. C'est en large mesure sur la base de cette pratique que s'est édifié le droit international général des traités. Ils étaient pendant longtemps tous conclus en forme solennelle, et sont le plus souvent (mais pas nécessairement) caractérisés par l'équilibre synallagmatique des droits et des obligations des deux parties.

b) Les conventions multilatérales ont tendu à prendre dans la pratique internationale contemporaine une place importante. Cet essor est dû à plusieurs facteurs, parmi lesquels l'institutionnalisation de la société internationale, avec la création d'un grand nombre d'organisations internationales, dont plusieurs servent de cadre à la négociation de beaucoup d'entre elles, à l'exemple des Nations Unies. Il en résulte une pseudo-parlementarisation de la procédure, qui peut comme on le verra faire sentir ses effets au-delà même de la phase de négociation, notamment à l'égard des conditions d'entrée en vigueur et de fin de ces conventions. Elles peuvent, à la différence des traités bilatéraux, admettre la pratique des réserves.

À l'intérieur de cette catégorie, il y a cependant lieu de distinguer les conventions multilatérales restreintes, dont beaucoup demeurent à bien des égards proches des traités bilatéraux, des conventions multilatérales générales, dont le régime et la portée présentent plus d'originalités, et posent des problèmes particuliers.

Sous-section 2. Formation de l'engagement conventionnel et participation au traité

§ 1. La conclusion du traité

254 ***La notion de conclusion*** ◊ Au sens strict, un traité n'est conclu par des États que lorsque ceux-ci ont définitivement exprimé leur consentement à être liés par ses dispositions. Plus largement, cependant, on désigne par conclusion, ainsi que le fait la Convention de Vienne elle-même, l'ensemble des phases successives de la procédure qui conduit à cet engagement. Ainsi comprise, cette notion recouvre à la fois la *négociation*, *l'adoption* et *l'expression du consentement à être lié*, commandant l'entrée en vigueur de l'accord. La conclusion d'un traité est en effet une opération à procédure, qui fait entrer en jeu des organes et des ordres juridiques distincts, internationaux mais aussi internes.

255 ***Complexité de la procédure*** ◊ Elle résulte du fait que, d'une façon générale, les souverainetés répugnent à s'engager à la légère. Chacune des étapes de la conclusion est marquée par le souci de vérifier que l'État ne risquera pas, une fois l'accord conclu, d'être lié au-delà de sa volonté.

a) Sachant ainsi qu'il résultera de la conclusion définitive de l'accord une source formelle d'obligations, les États cherchent à définir celles-ci, de façon d'ailleurs plus ou moins précise, en fonction de la représentation qu'ils se font de leurs intérêts. C'est l'objet de la *négociation*, au cours de laquelle seront définis le contenu de l'accord et sa formulation.

b) Ils visent ensuite à s'assurer que le texte arrêté au terme de celle-ci constitue bien l'expression fidèle de leur volonté. Il s'agit donc *d'authentifier* le document issu de la négociation, objet réalisé, sauf autrement décidé par les participants, par le moyen de la *signature*, définitive ou *ad referendum*, apposée par les représentants habilités de ces États au bas du texte du traité ou de l'acte final de la conférence internationale ayant servi de cadre à sa négociation (art. 10, conv. Vienne) [1].

c) La signature manifeste également en principe la volonté de l'État de continuer la procédure, dont la phase ultérieure est constituée par les opérations menant à *l'expression définitive de la volonté d'être lié par le traité*, elle-même conditionnant l'entrée en vigueur de cette convention.

C'est cette phase relative à l'expression de l'engagement qui fait entrer en jeu les procédures requises par le droit constitutionnel interne de chacun des États participants, notamment pour ce qui concerne la *ratification* du traité.

---

1. Chaque État est libre de désigner comme il l'entend les personnes qu'il habilite à négocier une convention internationale en son nom, qu'il lui accorde ou non pour ce faire les *pleins pouvoirs* (dont disposent au demeurant toujours automatiquement les chefs d'État et de gouvernement ainsi que leurs ministres des Affaires étrangères, art. 7 conv. Vienne).

Cette procédure fait elle-même intervenir plusieurs organes des pouvoirs publics ; dans les régimes représentatifs, ce sont généralement le Parlement, autorisant la ratification, et le chef de l'État, y procédant formellement [1].

256 ***Variété des procédures de conclusion des traités*** ◊ Elle est fonction de divers facteurs, dont certains sont internationaux et d'autres internes. Les premiers peuvent notamment tenir à l'objet, mais aussi au nombre des parties à la négociation.

a) Dans le cadre des conventions multilatérales, du moins celles négociées entre un nombre important d'États (dont le seuil minimal est *a priori* difficile à quantifier) la négociation suppose une organisation renforcée ; elle impose le recours soit à une conférence internationale, soit aux structures préexistantes d'une organisation internationale.

On doit alors, en particulier dans la première de ces hypothèses, déterminer par avance les conditions de participation à la négociation collective ainsi que celles relatives au vote, ce qui donne parfois lieu à une négociation sur la négociation ! Ainsi la règle posée à l'article 9.2 de la Convention de Vienne d'après laquelle « l'adoption du texte d'un traité à une conférence internationale s'effectue à la majorité des deux tiers des États présents et votant », quoique reflétant une pratique courante, ne saurait avoir qu'une valeur supplétive : elle ne s'appliquera que faute d'un accord des participants sur une autre procédure et, de plus, ne pourra jouer qu'au cas où tous auraient par ailleurs ratifié la Convention de Vienne.

b) La durée de la procédure est également variable. Elle est particulièrement sensible aux différences substantielles et procédurales rencontrées dans les *droits constitutionnels internes* de chacun des participants. Elle dépendra également du caractère plus ou moins solennel qu'ils voudront conférer à la conclusion du traité. Ainsi, par exemple, les conventions bilatérales en la forme solennelle ne seront en principe définitivement conclues et n'entreront en vigueur qu'avec l'échange des instruments de ratification (la forme solennelle n'est cependant pas l'apanage des conventions bilatérales). À l'inverse, le souci de gagner du temps pour l'entrée en vigueur des traités a conduit à une extension considérable du recours à des *formes simplifiées*, faisant généralement coïncider l'expression définitive de la volonté de se lier avec la signature [2], ceci afin d'économiser la phase bien souvent aléatoire et lente de la ratification.

1. En France, une distinction est faite dans le cadre de la constitution de 1958 entre la *ratification*, qui est effectuée par le chef de l'État (après le vote de la loi de ratification par le Parlement) parce que la négociation a été menée par des personnes munies des pouvoirs qu'il avait délivrés, et *l'approbation*, effectuée en pratique par le gouvernement et notifiée par le ministre des Affaires étrangères. Mais, ratifié ou approuvé, le traité doit être publié par un décret du président de la République (CE, *Sté Navigator*, 13 juill. 1965, *Rec. Lebon* p. 422) pour être invocable par les justiciables.

2. Cette procédure écourtée est née aux États-Unis sous la pression des besoins provoqués par la rigidité des rapports entre l'exécutif et le Congrès. Les *executive agreements* ont en effet permis à la Maison-Blanche de faire l'économie de la soumission du texte conventionnel à un examen de passage, parfois difficile, devant la Chambre des représentants et le Sénat, pour engager le pays

c) **Les conventions multilatérales** permettent également *différents modes d'expression du consentement* à être lié, ainsi que *divers modes d'entrée en vigueur.* Rien n'empêche de toute façon un État de s'engager à l'égard de l'une d'entre elles par ratification, alors que d'autres parties à la même convention choisiront le recours aux formes simplifiées. Mais, qui plus est, passé un certain temps après la clôture de la négociation, *l'adhésion* (que l'on appelle aussi parfois *accession* ou *acceptation*) permettra à un État n'ayant pas signé le texte du traité d'exprimer en une seule fois son engagement.

Par ailleurs, la date d'entrée en vigueur de ces conventions multilatérales pourra également varier, suivant en particulier qu'il s'agit d'un traité *fermé*, c'est-à-dire insusceptible d'adhésions ultérieures, ou *ouvert*, dans le cas contraire. Pour les premiers, l'entrée en vigueur coïncide sauf disposition contraire avec l'expression du consentement à être lié par *tous* les États ayant participé à la négociation. Pour les seconds, ils prévoient généralement eux-mêmes dans leurs dispositions finales le nombre minimum des ratifications requises pour que la convention entre en vigueur (parfois aussi les critères de représentativité auxquels devra satisfaire la communauté initiale des États ratifiants).

Ce système exige alors une gestion des dépôts de ratifications ou notifications émanant des États concernés. Cette tâche est couramment confiée à un *dépositaire*, qui pourra être par exemple l'État d'accueil de la conférence de négociation ou encore le secrétaire général de l'organisation internationale dans le cadre ou sous les auspices de laquelle la convention a été élaborée.

257 ***Souplesse de la procédure*** ◊ Le choix entre les divers types de procédures précédemment évoquées, concernant l'adoption du texte, son authentification, l'expression définitive du consentement ou les modalités d'entrée en vigueur, est laissé aux États. Les articles 9 à 16 de la Convention de Vienne en dressent tout au plus l'inventaire, sans prédéterminer l'attitude des États. On trouve ici l'expression de deux caractères fondamentaux du droit international des traités, le *respect du consensualisme* et de l'autonomie de la volonté, d'une part, et, d'autre part, *l'absence de formalisme.* Les contraintes formelles susceptibles de s'exercer sur les gouvernements peuvent venir des exigences posées dans leur droit constitutionnel interne ; elles ne résultent pas, en règle générale, du droit international. Ainsi que la Cour internationale de Justice a eu l'occasion de le dire dans son arrêt du 1er juillet 1994 [1], « un accord international peut prendre des formes variées et se présenter sous des dénominations diverses ». En l'occurrence, le procès-verbal signé par les ministres des

dans des accords d'importance politique souvent mineure. Cette pratique s'est rapidement répandue dans les autres pays, au point qu'une bonne moitié des conventions actuellement conclues le seraient selon cette procédure économe des accords en forme simplifiée.

1. Affaire de la délimitation maritime et des questions territoriales entre Qatar et Bahrein, *Rec.* CIJ, p. 120.

Affaires étrangères des deux pays et énumérant les engagements auxquels les parties avaient consenti fut considéré comme un traité.

§ 2. Participation au traité

A. Du droit à participer à certaines conventions

258 ***Position du problème*** ◊ Une question a été débattue, parce qu'elle présente à la fois un aspect théorique et politique ; elle est celle de savoir si les États disposeraient d'un droit subjectif à participer à certains types de traités, à la négociation desquels ils n'auraient pas forcément été conviés. Le problème peut se poser en particulier à l'égard de certaines négociations, menées en vue de l'établissement d'une convention multilatérale générale, dont l'ambition est d'établir un corps de règles à portée universelle.

En pratique, pour ce qui concerne du moins les grandes négociations normatives organisées dans le cadre des Nations Unies, *tous* les États existants sont ordinairement conviés à la négociation. On peut cependant considérer en principe que cette pratique n'a pas pour autant engendré un droit dans l'ordre juridique international général, où, en l'absence d'une fonction législative organisée, les États prenant l'initiative d'une négociation peuvent déterminer librement avec quels autres États ils entendent la mener, en vue de conclure avec eux un accord.

A fortiori, dans le cadre d'une organisation internationale régionale, elle aussi fondée sur un traité constitutif doté, comme tous les traités, d'un effet relatif, c'est-à-dire restreint aux seuls États membres, ne peut-on affirmer l'existence d'un droit inhérent à participation, au bénéfice d'États tiers à l'organisation, fussent-ils géographiquement attachés à la même région [1] ?

La question de la participation aux conventions a cependant surtout connu un regain d'intérêt dans les quarante dernières années, à propos des conventions multilatérales. Ce sont ainsi notamment les problèmes posés par les réserves unilatérales à ces conventions qui ont retenu l'attention, la matière ayant connu une profonde évolution.

B. La participation à contenu variable : les réserves [2]

259 ***Définition des réserves*** ◊ La réserve est une déclaration unilatérale faite par un État en vue de modifier pour lui-même les effets juridiques

1. S'il est vrai que plusieurs conventions élaborées notamment dans le cadre du Conseil de l'Europe ont été ouvertes à l'adhésion d'États non membres de cette organisation, cette ouverture s'est toujours effectuée en fonction d'une volonté délibérée des États membres, exprimée explicitement dans les dispositions finales de la convention concernée.

2. Les réserves n'intéressent en pratique que les conventions multilatérales, car, pour les traités bilatéraux, elles équivalent à la réouverture des négociations après leur clôture officielle.

de certaines des dispositions d'un traité à l'égard duquel il s'apprête à s'engager définitivement (par la signature, la ratification, l'approbation ou l'adhésion). C'est donc une procédure *conditionnant* l'entrée en vigueur du traité pour l'État qui l'émet. On en perçoit immédiatement à la fois les avantages et les inconvénients.

a) Les premiers sont tout d'abord pour l'émetteur de la réserve : celle-ci lui permettra de retailler à sa mesure certaines des obligations générales énoncées par le texte. Du point de vue de la collectivité contractuelle ensuite, l'effet positif sera de permettre son extension à des États qui refuseraient sinon d'être liés par le traité. L'admission des réserves est ainsi un facteur de succès quant à la portée et à la diffusion du champ d'application spatial des normes incluses dans la convention, puisqu'elle incitera un plus grand nombre d'États à devenir parties. Cet avantage est particulièrement appréciable à propos de certaines conventions dont l'ambition est précisément d'établir un corps de règles nouvelles, reconnues par un grand nombre d'États, voire, à l'échelle de la société internationale tout entière, par le plus grand nombre d'États possible ; c'est notamment le but des conventions multilatérales *générales*, dites aussi parfois traités « quasi universels ». Pour ces derniers, le jeu des réserves peut être un atout en vue de parvenir précisément à l'universalité.

b) Les inconvénients sont cependant à la mesure des bénéfices ! À trop admettre de dérogations singulières, on en viendra rapidement à ruiner l'intégrité du texte conventionnel. À quoi servirait-il, à la limite, de réunir les engagements d'un grand nombre d'États, si c'est au prix d'une dénaturation du traité ?

260 ***Évolution*** ◊ Avant 1914, et même jusqu'à l'après Seconde Guerre mondiale, le texte des traités multilatéraux était habituellement arrêté à l'*unanimité*. Il en allait alors de même de l'admission des réserves éventuellement émises par l'un des États participants. L'intégrité était ainsi pour l'essentiel sauvegardée, parce que l'acceptation des réserves était difficile à assurer.

Après 1945, deux phénomènes expliquent entre autres que se soit amorcée une évolution de plus en plus favorable à cette pratique. D'une part, avec la création de la nouvelle génération des organisations internationales, s'amorce le règne de la *majorité*, également sensible, on l'a vu, dans les conférences diplomatiques de négociations conventionnelles (v. ss 256). Les États de la minorité furent alors particulièrement tentés de rechercher la garantie de leurs intérêts dans la recherche d'une admission assouplie des réserves qu'ils pourraient émettre. D'autre part, l'élargissement de la société internationale incita plus encore à la recherche de règles conventionnelles d'application universelle, comme pour compenser l'hétérogénéité des intérêts et des conceptions du droit s'affirmant entre

---

V. P.-H. Imbert, *Les réserves aux traités multilatéraux*, Paris, Pedone, 1979, 504 p.

un nombre d'États en accroissement rapide. Ces facteurs incitaient à faire prévaloir la recherche d'une extension maximale de la portée des traités sur le souci traditionnel de maintenir leur intégrité.

261 ***Avis consultatif de la CIJ*** ◊ L'avis consultatif de la Cour internationale de Justice relatif aux réserves à la convention sur la prévention et la répression du crime de génocide [1] marque un tournant décisif, et la première étape dans cette évolution. Sollicitée de départager les partisans de la thèse classique (soumission des réserves à l'assentiment de *tous* les États parties à la convention) et ceux qui, tels l'Union soviétique, voulaient s'affranchir de cette condition unanimitaire, la Cour permit à la seconde tendance de l'emporter, du moins à propos de traités comme celui qui était en cause, ouverts à l'adhésion du plus grand nombre. Elle fit toutefois apparaître un nouveau critère d'admissibilité des réserves, matériel et non plus procédural : celui de la compatibilité des réserves avec *l'objet et le but* du traité.

Cette dernière notion, d'apparence objective, est cependant sujette à une grande diversité d'appréciations, et la Cour laissait au demeurant chaque Partie libre d'apprécier pour elle-même cette compatibilité. Selon cette conception, l'État réservataire devenait ainsi partie au traité *vis-à-vis des seuls États ayant accepté sa réserve* [2]. Il s'ensuivait un morcellement des relations conventionnelles en autant de liaisons bilatérales ; ce relativisme, que l'on jugeait alors extrême, fut tout d'abord critiqué par la Commission du droit international, avant qu'elle n'adopte finalement elle-même, dans le projet de codification du droit des traités qu'elle devait présenter à la conférence de Vienne (1968-1969), une solution directement inspirée de l'avis de la Cour.

262 ***Dispositions de la Convention de Vienne*** ◊ Les dispositions de la Convention de Vienne n'apportent pas de réponses exhaustives aux nombreuses questions techniques posées par la pratique des réserves [3], ce qui a justifié que soit ultérieurement rédigé un « Guide de la pratique sur les réserves aux traités » par la Commission du droit international qui les complète et en précise les conditions d'application [4]. Elles donnent néanmoins des indications essentielles sur la formulation, l'acceptation, les effets juridiques et la procédure relative aux réserves. Les règles ainsi

1. *Rec.* 1951, p. 15.

2. Dans sa résolution 589 (VI), du 12 juin 1952, l'Assemblée générale de l'ONU donna comme instruction au Secrétaire général de l'Organisation d'appliquer dans l'avenir le critère posé par la Cour à toutes les conventions multilatérales conclues sous les auspices de l'ONU dont il deviendrait le dépositaire, instructions dont la portée fut encore par la suite étendue (Res. 1452 B. XIV, 1959). V. Ch. Tomuschat, Admissibility and Legal Effects of Reservations to Multilateral Treaties, *Zaörv*, 1967. 463-482 ; D.W. Bowett, Reservations to Non-Restricted Multilateral Treaties, *BYBIL*, 1976/77, p. 91.

3. V. K. Zemanek, Some Unresolved Questions concerning Reservations *in* the Vienna Convention on the Laws of Treaties, *in Études de droit international en l'honneur du juge Manfred Lachs* 1984, La Haye, MNP, p. 323 s.

4. La rédaction de ce guide a été engagée en 1993 et a été achevée par la Commission et son rapporteur spécial, Alain Pellet, en 2011.

énoncées, quoi qu'il en soit, n'ont, ici encore, qu'un caractère supplétif ; chaque traité peut interdire les réserves ou ne les autoriser qu'aux conditions qu'il fixe lui-même. Sous le bénéfice de cette remarque générale, la convention de codification indique que :

a) La formulation des réserves ne peut se faire n'importe quand, mais seulement au moment de l'expression de l'engagement de l'État. Reprenant le critère matériel énoncé par l'avis de 1951, la convention interdit de plus les réserves incompatibles avec l'objet et le but du traité (art. 19).

b) L'acceptation des réserves et l'objection qui peut y être faite par tout autre État participant peuvent difficilement être distinguées de leurs *effets juridiques*, même si les articles 20 et 21 de la Convention de Vienne s'y efforcent, d'ailleurs imparfaitement [1].

C'est ainsi que l'apport essentiel de la Convention de Vienne en fait d'admissibilité et d'effet des réserves apparaît à l'alinéa 4 b) de l'article 20 ; il manifeste l'extrême libéralité ayant finalement prévalu pour leur admission [2].

D'après cette disposition, non seulement l'acceptation de l'une d'entre elles par un État partie permet l'établissement du lien contractuel entre celui-ci et l'État ayant émis la réserve (art. 20. 4. a.) mais encore « l'objection faite à une réserve par un État contractant n'empêche pas le traité d'entrer en vigueur » entre l'objectant et le réservataire, à moins que le premier ait nettement exprimé l'intention contraire. On constate que la solution de l'avis de 1951 est ainsi dépassée [3] ; l'entrée en vigueur du traité entre tous les États participants, *objectants ou non*, devient pour ainsi dire la règle, et son empêchement l'exception, même entre objectant et réservataire, si, du moins, le premier des deux ne l'a pas spécifiquement voulu et exprimé avec la plus grande clarté.

Ceci peut en pratique donner lieu à de réelles difficultés d'appréciation : c'est notamment ce que devaient montrer, en 1977, les interprétations contradictoires que la France et la Grande-Bretagne firent de leurs déclarations respectives à l'égard de la convention de 1958 sur le plateau continental (sentence arbitrale relative à la *Délimitation du plateau continental* entre la République française et le Royaume-Uni de Grande-Bretagne et d'Irlande du Nord, 30 juin 1977) [4].

---

1. L'article 20 pose tout d'abord que l'acceptation des réserves par les autres États parties n'est *pas nécessaire* lorsque le traité les autorise expressément ; mais elle demeure en revanche indispensable, de la part de toutes les parties, lorsqu'il ressort de l'objet et du but de l'accord comme du nombre restreint de ses participants que le maintien de son intégrité est une condition essentielle du consentement de chacune d'entre elles à être liée (art. 20).

2. Ce résultat couronnait ainsi les efforts déployés en ce sens par les pays socialistes, spécialement l'Union soviétique, secondée par nombre de pays en voie de développement, lors de la conférence de codification dont la convention est issue.

3. Selon l'avis, en effet, la convention n'entrait en vigueur qu'entre le réservataire et les États ayant accepté la réserve.

4. Texte : Documentation française, Paris, 1977 ; V. commentaire P.-H. Imbert, *AFDI* 1978. 29-58.

Mais si, alors, l'objection faite à une réserve n'empêche pas l'entrée en vigueur du traité entre les deux États concernés, quel est donc son effet ? La convention de 1969 répond de façon particulièrement restrictive (art. 21.3) en indiquant que seule la disposition frappée de réserve est concernée et son entrée en vigueur impossible entre objectant et réservataire. *Encore cet effet ne s'exerce-t-il que dans la seule mesure prévue par la réserve.* Cette règle sera réitérée en 1977 par le Tribunal arbitral dans l'affaire franco-britannique de la *Mer d'Iroise* précitée [1]. *A fortiori*, bien sûr, la réserve ne modifie-t-elle pas les dispositions du traité pour les autres parties au traité « dans leurs rapports *inter se* » (art. 21.2).

c) Enfin, quant à la procédure d'émission et de retrait des réserves comme des objections (les retraits pouvant intervenir à tout moment), il résulte logiquement des règles substantielles que l'on vient d'énoncer que les unes comme les autres doivent être effectuées par écrit et communiquées aux États contractants et aux autres États ayant qualité pour devenir parties au traité (art. 23).

263 ***Évolution depuis la Convention de Vienne*** ◇ La pratique des réserves, sans doute encouragée par l'extrême libéralisme des dispositions précitées de la Convention de Vienne, est aujourd'hui très largement répandue, pour les raisons évoquées plus haut et il serait vain d'en déplorer le phénomène, même si l'on peut émettre des doutes quant à la façon dont la Convention de Vienne aborde la question de la validité des réserves [2].

Il convient cependant d'attirer l'attention sur les problèmes particuliers et les dangers certains de dénaturation ou débilitation que font courir les réserves pratiquées à l'égard de certaines catégories de traités, envisagés précisément à raison de la spécificité relative de leur objet et de leur but. L'on a pu à bon droit s'interroger sur la portée des réserves aux conventions de codification de la coutume internationale [3]. De même, en matière de droits de l'homme, on constate par exemple que plusieurs États parties, dont le Luxembourg, la Suisse, l'Autriche ou l'Allemagne fédérale ont formulé des réserves soit à la Convention européenne des droits de l'homme, soit à certains de ses protocoles additionnels. La Cour européenne des droits de l'homme a eu à plusieurs reprises à connaître de ces réserves, de même que le Comité des droits de l'homme dans le cadre universel du Pacte sur les droits civils et politiques (v. ss 227 et 232). S'appuyant sur le caractère objectif des droits de l'homme et l'absence de réciprocité des engagements étatiques, l'un comme l'autre ont opté pour une conception substantielle objective des critères de validité des réserves. Ils se sont reconnus en outre compétents pour appliquer eux-mêmes ces critères afin

1. L'effet des réserves et de leur rejet est de rendre l'article inapplicable entre les deux États dans la mesure prévue par les réserves, mais seulement dans cette mesure, *op. cit.*, note précédente, § 61.

2. V. J. Combacau, Logique de la validité contre logique de l'opposabilité dans la Convention de Vienne sur le droit des traités, *in Mélanges M. Virally*, Paris, Pedone, 1991. 195 s.

3. V. G. Teboul, Remarques sur les réserves aux traités de codification, *RGDIP* 1982. 679.

d'apprécier la validité des réserves, indépendamment de l'interprétation des États parties intéressés, en jugeant de leur compatibilité tant avec le droit international général qu'avec les dispositions du traité dont ils contrôlent le respect (convention européenne ou Pacte). Enfin, la Cour et le Comité considèrent que le constat de l'invalidité d'une réserve n'a pas pour conséquence de libérer l'État réservataire de son engagement ; elle le contraint au contraire, et de manière rétroactive, à devoir respecter les dispositions concernées comme si la réserve n'avait pas été émise. Ceci constitue à l'évidence une sanction dissuasive pour les États.

Dans la majeure partie des cas, en l'absence d'organes équivalents, l'émission de réserves, s'effectuant de façon plus ou moins anarchique, risque bel et bien de priver certains traités d'une partie de leur objet, à défaut de leur ôter toute validité formelle, notion dont il convient précisément d'examiner à présent le contenu.

Sous-section 3. **Conditions de validité des traités**

264 ***Introduction*** ◊ Le problème est bien connu en droit civil interne. À quelles conditions les droits et obligations souscrits dans un contrat entre personnes privées peuvent-ils produire la plénitude de leurs effets juridiques ? La réponse est double : à la condition, tout d'abord, que le consentement ait été librement exprimé par son auteur. S'il a été altéré par l'erreur de celui qui l'exprime, la tromperie (ou dol) ou encore la contrainte dont il a fait l'objet, son consentement est considéré comme vicié, et le contrat qui en est issu totalement ou partiellement nul, suivant les cas. Si, par ailleurs, l'objet du contrat contrevient à l'ordre public et aux « bonnes mœurs », celui-ci sera également frappé de nullité, et même de nullité absolue.

Le traité international étant fondamentalement un contrat, on a considéré lors des travaux de la CDI que la même problématique lui est applicable. Ces travaux, cependant, démontrent les limites d'une telle transposition. Elles tiennent évidemment aux caractères de l'ordre juridique international et de ses sujets, sur lesquels il est inutile de revenir ici. Du reste, la pratique internationale elle-même offre fort peu de cas dans lesquels il ait été fait usage de la théorie des vices du consentement.

Concernant par ailleurs la question de la licéité de l'objet des traités, il a été longtemps considéré qu'il était quasiment impossible de transposer dans une société internationale individualiste, divisée et profondément hétérogène, caractérisée qui plus est par les *équivalences normatives* répertoriées plus haut (v. ss 24), la notion d'ordre public familière aux droits des sociétés internes, beaucoup plus fortement intégrées [1]. On verra cependant qu'elle apparaît bel et bien à l'arrière-plan des dispositions de l'article 53,

1. V. en ce sens, par exemple, Charles Rousseau, *Droit international public* (Traité), t. I, *Introduction et sources*, Paris, Pedone, 1970, p. 142, § 120 : « ... à la différence de ce qui se passe en

relatif à la limitation de la liberté contractuelle apportée par l'affirmation de « normes impératives » en droit international contemporain.

265 ***Apport de la Convention de Vienne*** ◊ L'apport de la Convention de Vienne (*GTDIP* n° 26) à la définition des conditions de validité des traités (envisagées sous l'angle de la sanction de leur inobservation, c'est-à-dire de la *nullité* des conventions) a été considérable, eu égard à la pauvreté de la pratique et à l'ampleur des discussions doctrinales antérieures. On peut considérer que cet apport s'est principalement exercé dans trois directions : en premier lieu, c'est à un effort général de systématisation des causes de nullité que les codificateurs se sont livrés, en s'inspirant directement des classifications de droit interne. En second lieu, parmi ces causes, celles se rapportant à la violence ont fait l'objet d'une élaboration particulière. Enfin, l'innovation la plus considérable, sur les conséquences importantes de laquelle on reviendra dans le chapitre suivant, se trouve à son article 53 : il concerne la nullité des conventions en conflit avec une « norme impérative du droit international général » *(jus cogens)*.

266 ***Plan*** ◊ On examinera successivement les vices du consentement, puis l'illicéité de l'objet et du but du traité, enfin l'effet que les uns et les autres entraînent, à savoir la nullité de tout ou partie du traité concerné.

§ 1. Vices du consentement

267 ***Notion et classification*** ◊ On a déjà pu constater l'importance, sans doute encore plus déterminante en droit international qu'en droit interne, du principe de l'*autonomie de la volonté*, à la base du droit des traités. Il en résulte logiquement que cette volonté ne peut lier que si, précisément, elle s'est exercée de façon autonome, c'est-à-dire libre.

Deux catégories principales de vices sont alors identifiables. La première regroupe les cas dans lesquels le consentement est faussé parce que son auteur a cru vrai ce qui ne l'était pas, soit parce qu'il s'est trompé (erreur) soit parce qu'on l'a trompé (dol). La seconde concerne les cas dans lesquels une contrainte a été exercée soit sur l'État lui-même, soit sur son représentant, pour obtenir son engagement [1]. Une hypothèse à part, que l'on a déjà rencontrée, est en outre à rappeler. Il s'agit de celle généralement retenue sous l'expression de « ratifications imparfaites ».

---

droit interne, la notion d'un ordre public limitant l'autonomie de la volonté étatique est à peu près inexistante, en raison de la structure essentiellement individualiste et volontariste de la communauté internationale. »

1. L'article 50 de la Convention prévoit un cas supplémentaire de vice du consentement, distinct des précédents, encore qu'on ait pu à bon droit y percevoir des liens aussi bien avec les hypothèses de dols que de contrainte : il s'agit de la *corruption du représentant d'un État*, que l'on pourrait sans doute rencontrer plus particulièrement dans le cas des accords à caractère économique (fourniture d'équipements, investissements) encore que la pratique répertoriée soit très discrète sur ce point ! La corruption, acte illicite, doit pouvoir être imputable à l'État qui l'a entreprise, aux conditions prévues par le droit de la responsabilité internationale.

A. Erreur et dol

268 ***Erreur*** ◊ Très rare en pratique, et concernant plutôt, dans une majorité de cas, des actes d'application du traité lui-même, l'erreur a été surtout retenue en jurisprudence à propos de traités territoriaux, en relation avec les inexactitudes des cartes annexées à ces traités [1].

La Convention de Vienne (art. 48) précise bien les conditions restrictives auxquelles son invocation, ouverte seulement à l'État qui en est victime, est possible : elle doit porter sur un *fait* ou « une situation que l'État supposait exister au moment où le traité a été conclu » ; l'erreur de droit est ainsi exclue [2]. Cette erreur de fait doit de plus porter sur une « base essentielle du consentement de cet État à être lié par le traité. Enfin, ainsi qu'il résulte particulièrement de la jurisprudence précitée dans l'affaire du *Temple de Préah Vihéar* (1962), l'État ne saurait invoquer une erreur à laquelle il aurait contribué par sa propre conduite ou qu'il aurait été en mesure d'éviter, ou bien encore si, par son comportement subséquent, il a manifesté qu'il avait consenti aux termes et à la signification du traité tel qu'il a été établi. Dans son arrêt relatif au *Différend territorial entre la Libye et le Tchad*, la Cour a relevé qu'un État ne pouvait arguer de son « inexpérience diplomatique » pour justifier son erreur [3].

269 ***Dol*** ◊ Le dol est un acte illicite, entraînant comme tel pour son auteur toutes les conséquences de droit qui s'attachent à la mise en œuvre de sa responsabilité (v. ss 491). Pour la victime, son régime s'apparente à celui de l'erreur, encore que l'article 49 de la Convention de Vienne, par son laconisme contrastant avec l'article précédent laisse place à une diversité d'interprétations. En l'absence à peu près complète de pratique, on peut cependant estimer que les conditions de son invocation par l'État victime seraient sans doute allégées par rapport à celles de l'erreur. Il demeure cependant, là encore, que si ce même État a semblé par son comportement ultérieur accepter le traité, il ne pourra ensuite en invoquer la nullité pour conditions dolosives de sa négociation.

B. Exercice de la contrainte

270 ***Données du problème*** ◊ Si l'erreur ou le dol sont exceptionnels dans la vie internationale, chacun sait qu'il n'en va pas de même de l'usage de la violence. Les traités de paix, pour ne citer qu'eux, sont évidemment le fruit de la guerre ! Et la violence peut s'exercer par des voies diverses, autres que

1. V. en particulier l'affaire de *l'Identité de la rivière Sainte-Croix in* Lapradelle et Politis, *RAI* t. 1 et, à l'époque contemporaine, l'affaire du *temple de Préah-Vihéar*, fond, *Rec.*, 1962, p. 21 à 27.
2. V. opinion individuelle du juge Anzilotti dans l'affaire du Statut juridique du *Groenland oriental*, CPJI, 1933, série AB, n° 53, p. 92 ; sentence rendue par Lord Asquith entre le Cheik d'Abu Dhabi et la Petroleum Development Cie, *ICLQ* 1952. 253 ; affaire du *Temple de Préah Vihéar*, compétence, *Rec.* CIJ 1961, p. 30.
3. Arrêt du 3 févr. 1994, *Rec.* CIJ 1994, § 36.

militaires ; elle peut aussi se dédoubler, et frapper le représentant de l'État aussi bien que l'État lui-même, ou seulement le premier des deux, hypothèse que la Convention de Vienne a voulu distinguer.

L'ensemble de cette difficile question a donné lieu à des débats animés au sein de la conférence de codification dont est issue la convention, particulièrement entre délégations des pays en développement et des pays développés. Il en est résulté deux articles (51 et 52) et une déclaration annexe, qui, tout en faisant avancer la question, ne la règlent pas complètement, tant s'en faut ! La Commission du droit international a d'ailleurs rouvert, partiellement au moins, le sujet en 2009, en inscrivant le thème des « effets des conflits armés sur les traités » à l'ordre du jour de ses travaux.

271 ***Contrainte exercée sur un État par la menace ou l'emploi de la force*** ◊ La question qui s'est posée à la Commission du droit international et, plus encore, à la conférence de Vienne était celle de savoir selon quelle acception et dans quelles limites comprendre la violence génératrice d'un vice du consentement. Fallait-il la comprendre dans le sens classique de menace ou d'emploi de la force, telle qu'elle est proscrite à l'article 2.4 de la Charte des Nations Unies, c'est-à-dire de la force *armée* ? Fallait-il, plus largement, comme y incitaient les pays en développement, comprendre dans la notion l'usage ou la menace des contraintes économiques, voire psychologiques ? Devant l'opposition des pays occidentaux à cette conception extensive, les nouveaux États firent adopter une « déclaration sur l'interdiction de la contrainte militaire, politique ou économique lors de la conclusion des traités » dans laquelle sont condamnées ces différentes manifestations de la violence.

Il demeure que l'article 52 lui-même s'en tient à une formulation beaucoup plus prudente parce que moins explicite, dans laquelle est déclaré nul « tout traité dont la conclusion a été obtenue par la menace ou l'emploi de la force *en violation des principes du droit international incorporés dans la Charte des Nations Unies.* »

Cette rédaction a le mérite de souligner que l'interdiction du recours à la force armée, telle qu'elle est frappée d'illicéité et même d'illégitimité par la Charte des Nations Unies, dépasse le cadre de ce texte conventionnel, pour apparaître comme un principe de droit international *général* [1]. Toute ambiguïté n'est cependant pas écartée. Bien que le texte de l'article 52 parle de principes au pluriel, force est de constater que la Charte, envisagée ici comme terme de référence, n'a à proprement parler en vue que l'interdiction de la force militaire, et non économique.

On aurait tort, néanmoins, de conclure que la formulation de l'article 52 de la Convention de Vienne retient en définitive la conception

1. L'arrêt intervenu dans l'affaire de la compétence en matière de pêcherie (1973) ayant opposé la Grande-Bretagne à l'Islande confirme qu'un accord dont la conclusion a été obtenue par la menace ou l'emploi de la force est nul en droit international contemporain. (*Rec.* CIJ 1973, p. 14, § 24). Il manifeste cependant aussi que la charge de la preuve incombe à la victime invoquant la violence, et que cette preuve n'est pas toujours aisée à rapporter.

la plus restrictive de la violence génératrice d'un vice du consentement (ramenée à l'usage de la contrainte militaire) lorsqu'elle s'exerce sur un État à propos de la négociation d'un traité. Parmi les principes « incorporés dans la Charte des Nations Unies » figure en effet celui de *l'égalité souveraine de tous les États* (art. 1er, al. 2 et art. 2, al. 1er de la Charte). Ce principe, à n'en pas douter, fait également partie du droit international général. Son exécution de bonne foi, dans le cadre des négociations de conventions internationales, paraît, pour dire le moins, difficilement compatible avec l'exercice de la contrainte économique, même si l'usage de cette dernière est sans doute encore fréquent.

272 ***Contrainte exercée sur le représentant d'un État*** ◊ Un exemple en est donné par les menaces adressées par le Reich au Président Hacha, en 1939, pour le contraindre à accepter la fin de l'indépendance de la Tchécoslovaquie. Comme la corruption du représentant de l'État ou le dol, il s'agit d'un acte illicite dénaturant radicalement l'acte juridique qu'il a abouti à produire. C'est ce qui ressort de l'article 51 de la Convention de Vienne, qui prévoit non la nullité mais *l'inexistence ab initio* de l'expression du consentement étatique ainsi obtenu.

C. Irrégularité du consentement selon le droit interne

273 ***Spécificité de l'hypothèse*** ◊ On range généralement cette situation parmi les cas de vices du consentement. Ceci est explicable, dans la mesure où le consentement effectué par l'État en cause est imparfait (v. l'expression classique de « ratification imparfaite » sous laquelle on la désigne) parce que non conforme aux dispositions du droit constitutionnel interne. On perçoit cependant qu'ici, à la différence des situations d'erreur ou de dol, la cause du vice n'est pas extérieure à l'État qui l'invoque ; il se trouve de ce fait, pour ainsi dire, à la fois juge et partie. De plus, l'imperfection dont il s'agit porte généralement non sur la substance même de l'accord, à l'inverse de ce qui se produit pour l'erreur et le dol, mais se trouve constituée par la méconnaissance des procédures formelles de ratification en vigueur dans l'État concerné. En pratique, c'est à la suite de changements politiques que des gouvernements ont parfois tenté de se libérer des liens contractuels établis par le régime précédent [1].

Au fond, la solution retenue par l'article 46 de la Convention de Vienne s'explique par le fait que si ce vice ne peut pas en principe être invoqué par l'État victime de cette irrégularité interne, c'est parce que ce dernier est *internationalement responsable* de son comportement et des convictions qu'il a fait naître chez les autres parties relativement à la régularité de son

1. V. Th. Meron, Article 46 of the Vienna Convention *in* the Law of Treaties (*Ultra Vires* Treaties). Some Recent Cases, *BYBIL* 1975. 175 s.

engagement ; une telle situation ne peut en effet se présenter de toute façon qu'*après* le commencement d'exécution du traité concerné [1].

Il est donc logique que la disposition précitée de la Convention de Vienne n'autorise de dérogations à l'interdiction d'invocation de cette irrégularité qu'à titre tout à fait exceptionnel, si la violation dont il s'agit était « *manifeste* », c'est-à-dire « objectivement évidente pour tout État se comportant en la matière conformément à la pratique habituelle et de bonne foi. »

§ 2. Illicéité de l'objet et du but du traité

274 ***Invalidité subjective et invalidité objective*** ◇ Il convient de distinguer clairement la cause d'invalidité d'un contrat (en droit interne) ou d'une convention (en droit international) pour illicéité de son objet et de son but de celles qui précèdent.

Comme leur nom l'indique, les vices du consentement entraînent l'invalidité du traité parce que la volonté de l'une des parties à la convention n'a pas été librement exercée. Ce sont donc des causes de nullité *subjectives*, dans la mesure où elles sont liées au comportement d'un sujet de droit particulier. (Elles comportent, qui plus est, une composante psychologique indubitable, quoiqu'imputables à la personne morale qu'est l'État).

L'invalidité d'une convention pour illicéité de son objet présente au contraire, en principe tout au moins, un caractère *objectif*, dans la mesure où ce qui est en cause n'est pas la libre détermination d'un sujet mais la contradiction manifeste du contenu de l'accord considéré avec une règle de droit préexistante, à laquelle est ainsi reconnue une valeur hiérarchiquement supérieure. C'est le cas, en droit interne, comme on l'a déjà rappelé, des règles d'ordre public (v. par ex. l'art. 6 du Code civil français). Observant le rôle généralement reconnu par les constitutions internes au chef de l'État pour engager son pays dans l'ordre international, la CIJ a eu l'occasion, dans son arrêt du 10 octobre 2002, (*Cameroun c/ Nigeria*) de rappeler qu'un État n'« est pas juridiquement tenu de s'informer des mesures d'ordre législatif ou constitutionnel que prennent d'autres États et qui sont, ou peuvent devenir, importantes pour les relations internationales de ces derniers » (§ 265). C'est à eux de l'avertir des limites éventuellement apportées dans leur ordre interne à cette capacité habituelle du chef de l'État [2].

275 ***Ordre juridique et ordre public*** ◇ Ainsi qu'on l'a constaté en abordant plus haut la notion d'ordre juridique (v. ss 15) celle-ci désigne un ensemble *coordonné* de normes. Il existe ainsi des raisons structurelles expliquant que la cohésion de cet ensemble normatif exige la reconnaissance par tous ses sujets d'un minimum de règles *impératives* (et non pas

1. Si l'État invoquait cette violation de son droit interne avant l'exécution du traité, son consentement serait en effet considéré comme n'ayant pas encore été définitivement acquis.
2. V. Chronique de jurisprudence internationale, *RGDIP* 2003/1, p. 163-164.

seulement obligatoires) c'est-à-dire de règles auxquelles on ne peut déroger faute, précisément, de remettre en cause la survie même de cet ordre.

Quoique d'abord caractérisé par les phénomènes *d'équivalence normative* exposés plus haut (v. ss 24), lesquels excluent en principe toute hiérarchie des normes entre elles, il est permis de penser que le droit international, dans la mesure où il constitue un ordre juridique n'échappe pas totalement à cette exigence logique. C'est ainsi, quel que soit le statut qu'on lui donne, que la règle *Pacta sunt servanda*, établissant le caractère obligatoire des engagements contractuels, mais sans doute aussi le principe de *l'égalité souveraine des États* présentent l'une et l'autre de tels caractères. La généralisation de leur méconnaissance (qui existe à l'état endémique mais reste, quoi qu'on en dise, statistiquement exceptionnelle) reviendrait à ruiner l'existence du droit international en tant qu'ordre juridique.

À ces raisons d'ordre structurel et logique, incitant à lier l'existence d'un ordre juridique à une hiérarchisation des normes, s'ajoutent en droit interne des considérations d'ordre moral, conduisant à affirmer la suprématie de certaines règles légales incorporant des valeurs collectives sur celles que les particuliers pourraient établir par la voie contractuelle ; il s'agit ainsi de faire respecter par tous une éthique jugée indispensable à la survie et à la cohésion du groupe social régi par l'ordre juridique considéré.

On reviendra, dans le chapitre suivant, sur les tentatives faites dans l'ordre international pour faire triompher des conceptions analogues (v. ss 409). Toujours est-il que, dans un certain contexte politique, c'est précisément en s'inspirant de considérations de ce type (déjà par ailleurs clairement exprimées dans le préambule et les deux premiers articles de la Charte des Nations Unies) [1] que les pays en développement, en particulier, s'attachèrent, lors de la conférence de Vienne de 1968-69 à faire adopter dans la convention une disposition relative à l'impérativité du droit de la communauté internationale ou *jus cogens* sur les conventions particulières entre États.

276 ***L'article 53 de la Convention de Vienne dispose*** ◊ « Est nul tout traité qui, au moment de sa conclusion, est en conflit avec une norme impérative du droit international général. Aux fins de la présente convention, une norme impérative du droit international général est une norme acceptée et reconnue par la communauté internationale des États dans son ensemble en tant que norme à laquelle aucune dérogation n'est permise et qui ne peut être modifiée que par une nouvelle norme du droit international général ayant le même caractère. »

277 ***Commentaire*** ◊ On perçoit à la simple lecture de ce texte que sa portée dépasse très largement le seul droit des traités [2]. Son introduction

1. Dans son avis consultatif relatif aux réserves à la convention sur la prévention et la répression du crime de génocide déjà cité, la CIJ avait déjà observé : les principes qui sont à la base de la Convention sont des principes reconnus par les nations civilisées comme obligeant les États même en dehors de tout lien conventionnel.

2. V. notamment les observations de M. Virally, Réflexions sur le *jus cogens, AFDI* 1966. 5 s. ; A. Verdross, *Jus Dispositivum* and *Jus Cogens in* International Law, *AJIL* 1966. 55 s. ; E. Suy, *The*

dans le droit des traités par la Convention de Vienne a eu pour effet de faire désormais coexister au sein de l'ordre juridique international deux logiques antagoniques, qu'on peut même juger, logiquement, irréconciliables (v. ss 25). Celle, traditionnelle, du subjectivisme des rapports latéraux entre États également souverains et insubordonnés à une autorité supérieure, par excellence rebelle à l'idée d'ordre public, sinon de valeurs communes ; celle, révolutionnaire, de l'objectivisme inhérent à la notion de normes impératives, lesquelles s'imposent aux États devenus ainsi, au sens le plus littéral, *sujets* d'un ordre juridique alors doté d'une hiérarchie normative, dominée par le *jus cogens*.

Comme déjà noté dans le chapitre introductif de cet ouvrage, il s'agit là de l'une des incohérences les plus fondamentales mais peut-être aussi les plus fertiles du droit international contemporain. Aussi reviendra-t-on dans le chapitre suivant, consacré aux évolutions contemporaines des modes de formation du droit international, sur l'exégèse qu'il convient de faire d'une telle innovation. Contentons-nous pour l'instant de deux brèves observations, en relation directe avec la question précise des conditions de validité des traités :

a) La première, c'est que la définition très générale des normes impératives donnée par l'article 53 (« une norme acceptée par la communauté internationale dans son ensemble comme insusceptible de dérogation ») implique clairement, quoiqu'ait pu, par exemple, en dire la doctrine des pays socialistes, que ces normes sont *coutumières*, et non conventionnelles. En d'autres termes, un traité ne peut en lui-même créer une norme de *jus cogens* limitant la liberté contractuelle de tous les États [1].

b) La seconde, c'est que la même définition impose de considérer (même si on n'assimile pas « ensemble » de la communauté internationale à unanimité des États qui la composent) que l'opposition de plusieurs États à l'attribution d'une telle qualification empêcherait en principe la norme en cause d'être considérée comme impérative. On rencontre ainsi la difficulté technique (et politique) majeure à laquelle se heurte cette notion. *Comment identifier sans contestation, parmi les règles coutumières à portée universelle, celles qui sont dotées d'un caractère impératif ?*

Concept of Jus Cogens in Public International Law, in The Concept of *Jus Cogens in* International Law, Genève, 1967, p. 17 s. ; K. Marek, Contribution à l'étude du *jus cogens* en droit international, *Mélanges Guggenheim*, Genève, 1967, p. 429 s. ; A.G. Robledo, le *jus cogens* international : sa genèse, sa nature, ses fonctions, *RCADI* 1982, t. 172, p. 9 s. ; G. Gaja, *Jus cogens* beyond the Vienna Convention, *RCADI* 1982, t. 172, p. 271 s. ; G.M. Danilenko, International *Jus Cogens* : Issues of Law-Making, *JEDI*, vol. 2, n° 1, 1991. 42-66 ; R. Kolb, *Théorie de jus cogens international. Essai de relecture du concept*, Paris, PUF, 2001, 401 p.

1. Une autre question, que l'on rencontrera au chapitre suivant, est celle de savoir si une disposition conventionnelle est susceptible d'être à l'origine de la formation d'une nouvelle règle coutumière. La réponse est certainement positive, mais alors, ce n'est pas la convention comme telle qui crée la coutume mais l'*opinio juris* qui se constitue à son égard. Sur ces notions et phénomènes, v. ss 298 s. et 382 s.

278 ***Identification des normes impératives*** ◊ La Convention de Vienne apporte une réponse en elle-même logique, mais qui n'a pas satisfait un nombre important d'États, dont la France, laquelle ne l'a toujours pas ratifiée, principalement pour cette raison. L'article 66 a) prévoit la possibilité pour toute partie à un différend concernant l'application ou l'interprétation des articles 53 et 64 [1] de le soumettre par requête unilatérale à la décision de la Cour internationale de Justice. Cette procédure n'a jusqu'ici jamais été utilisée par les États parties. À l'inverse de la situation qui prévaut en droit interne, où c'est ordinairement le juge qui détermine et adapte aux évolutions sociales le contenu des notions d'« ordre public » et de « bonnes mœurs », le recours au juge international reste marqué par son fondement consensuel, qui explique sa rareté [2]. Cependant, ainsi que l'on y reviendra, on peut être amené à penser qu'en définitive, c'est plus l'admission du *jus cogens* en tant que catégorie normative qui compte que la détermination sans faille du contenu de cette notion au demeurant de plus en plus évoquée par la jurisprudence internationale, notamment par la Cour internationale de Justice (v. ss 227).

Dans les différentes situations examinées aux trois paragraphes qui précèdent, on a vu que, sauf le cas de corruption du représentant de l'État, entraînant l'inexistence pure et simple de l'acte, l'effet de l'invalidité de l'engagement est la nullité du traité. La portée de cette nullité peut cependant varier suivant les cas, qu'il convient à présent d'examiner.

§ 3. **Portée de l'invalidité : la nullité des traités**

279 ***Données générales*** ◊ La nullité des traités apparaît comme la *conséquence* de l'invalidité de l'engagement étatique [3] et ses effets sont lapidairement décrits par l'article 69 : « les dispositions d'un traité nul n'ont pas de force juridique ». Aucun État ne peut se prévaloir d'un traité nul. Celui-ci est inopposable aux autres États, quels qu'ils soient, et, réciproquement, ces derniers ne peuvent lui reconnaître d'effets de droit. Une autre question, sur laquelle on reviendra, est de savoir ce qu'il peut advenir de certaines des situations que son commencement d'exécution a pu faire naître.

---

1. L'article 64 dispose : Si une nouvelle norme impérative du droit international général survient, tout traité existant qui est en conflit avec cette norme devient nul et prend fin.

2. Sur l'applicabilité de la notion de *jus cogens* à certaines règles relatives à la protection des droits et libertés de l'homme jugés fondamentaux, v. ss 227.

3. Sans qu'il y ait de différences quant aux effets de la nullité dans l'un et l'autre cas, on peut cependant observer que la nullité peut s'analyser de façon distincte suivant que sa cause réside dans un vice du consentement ou dans l'illicéité de l'objet. Dans le premier cas, la nullité est effectivement une conséquence de l'expression viciée de l'engagement. Dans le second, on peut en revanche estimer que c'est le traité lui-même, en tant qu'acte juridique, qui est directement frappé de nullité, du fait de ce caractère *intrinsèque* qu'est l'incompatibilité de son contenu avec une norme impérative.

280 ***Éléments déterminants*** ◊ Deux éléments paraissent en outre déterminants :

a) En premier lieu, il n'existe pas à proprement parler de théorie générale de la nullité des traités internationaux, mais certaines règles, posées par plusieurs articles de la Convention de Vienne, qui, loin d'épuiser l'ensemble des questions posées, peuvent néanmoins être considérées comme reflétant très largement le droit international coutumier en la matière. Comme telles, elles s'inscrivent dans le cadre général des principes qui gouvernent la nullité de l'ensemble des actes juridiques internationaux [1].

b) En second lieu, il convient de noter les liens étroits et multiples qui unissent en droit international *nullité des actes internationaux* et *responsabilité internationale.* Ainsi qu'on l'observait antérieurement, les règles concernant la nullité des actes internationaux constituent précisément, avec celles relatives à la responsabilité, l'archétype des règles *secondaires*, au sens défini plus haut (v. ss 17).

D'un point de vue substantiel, on a par ailleurs pu constater que certaines des causes de nullité sont constituées par des *faits illicites* internationaux. C'est le cas pour le dol, la corruption, les diverses formes de la coercition exercée sur l'État ou son négociateur, mais aussi l'inclusion dans un traité d'une disposition contraire au *jus cogens*. Quelles que soient les interprétations diverses qui sont données en doctrine de cette notion, c'est ainsi l'idée de *sanction* qui inspire largement l'institution de la nullité [2] : un acte contraire au droit international ne doit pas produire d'effets juridiques.

281 ***Nullité relative et nullité absolue*** ◊ Mise à part l'hypothèse de la contrariété d'un traité à une norme de *jus cogens*, la nullité des traités est relative. Cela signifie que seul l'État dont le consentement a été vicié peut s'en prévaloir, mais aussi que le traité peut entrer en vigueur malgré l'existence d'un vice si cet État l'accepte, explicitement ou implicitement par son comportement subséquent. L'article 45 de la Convention de Vienne avait limité cette relativité aux cas d'erreur, de dol, de corruption et de violation des règles internes relatives à la compétence. Il l'avait en revanche exclu pour la contrainte. Dans son arrêt du 13 décembre 2007 relatif à l'affaire du *Différend territorial et maritime*, la Cour internationale de Justice a toutefois considéré que le Nicaragua avait perdu son droit d'invoquer la

1. C'est-à-dire, pour l'essentiel, non seulement les traités mais également les actes juridictionnels et les actes unilatéraux interétatiques. Pour ce qui est des actes unilatéraux des organisations internationales, on doit observer que, sans échapper à cette catégorie générale, les conditions de leur validité, et donc aussi de leur nullité, dépendent largement de leur conformité aux règles propres de l'organisation (v. ss 147). V. P. Guggenheim, La validité et la nullité des actes juridiques internationaux, *RCADI*, 1949. I. t. 74, p. 195 s. ; Ph. Cahier, Les caractéristiques de la nullité en droit international et tout particulièrement dans la Convention de Vienne sur le droit des traités, *RGDIP* 1975. 645 s.

2. Rappelons que la même inspiration se manifeste, quoique dans un contexte différent, à propos de l'invocation d'une ratification imparfaite (v. ss 273).

nullité d'un traité, conclu prétendument sous la contrainte et en violation du droit nicaraguayen en 1928 à l'époque de l'occupation de ce pays par les États-Unis. Elle a relevé, à cette fin, que le défendeur n'a jamais contesté, pendant cinquante ans, être lié par ce traité, même après le retrait des dernières troupes américaines au début de 1933. Bien au contraire, le Nicaragua a « de manière significative, à diverses reprises, agi comme si le traité de 1928 était valide ». Il doit donc être considéré comme ayant acquiescé à la validité et au maintien en vigueur de celui-ci [1].

282 ***Variabilité de la portée de la nullité*** ◊ L'absence de « force juridique » du traité nul peut affecter tout ou partie du traité en cause en fonction de divers facteurs, sans pour autant que l'on puisse parler, du moins au sens où ces expressions sont comprises en droit interne, de nullité « absolue » ou « relative ». Les facteurs de variabilité sont principalement de deux ordres :

a) Le premier réside dans la cause de nullité concernée. L'article 44.4 de la Convention de Vienne, relatif à la divisibilité des clauses des traités, dispose que, selon les cas, l'État susceptible d'invoquer la nullité pourra le faire à l'égard de l'ensemble du traité ou seulement de l'une de ses clauses. Dans les hypothèses considérées comme les plus graves (contrainte exercée sur l'État ou sur son représentant, contradiction avec une norme impérative) la divisibilité est impossible et la nullité du traité intégrale. Dans les cas de dol ou de corruption, en revanche, l'option en faveur de la nullité partielle, limitée à la clause affectée par le vice concerné, peut être ouverte, du moins à certaines conditions, qui concernent alors :

b) Les caractères de la clause conventionnelle dont il s'agit. Selon l'article 44.3, les clauses divisibles sont celles qui « sont détachables du reste du traité en ce qui concerne leur exécution », ou celles dont l'acceptation n'a pas constitué pour les autres parties une « base essentielle de leur consentement à être lié par le traité dans son ensemble ». Enfin, il faut qu'il n'apparaisse pas « injuste de continuer à exécuter ce qui subsiste du traité ». Au vu de ces conditions particulièrement restrictives, on peut donc conclure qu'en règle générale (ainsi d'ailleurs que l'indique le deuxième alinéa de l'article 44), la nullité intégrale du traité est la règle et la nullité partielle l'exception.

283 ***Conséquences de la nullité d'un traité*** ◊ Au-delà de l'absence de force juridique du traité lui-même se pose la question de savoir quel sort réserver aux actes qui ont éventuellement été accomplis sur la base de son application.

Dans les cas d'erreur, ou encore de méconnaissance des dispositions du droit interne relatives au pouvoir d'exprimer le consentement de l'État, les actes accomplis de *bonne foi* avant que la nullité n'ait été déclarée ne sont pas rendus illicites du seul fait de celle-ci.

En revanche, dans les autres hypothèses, « toute Partie peut demander à toute autre Partie d'établir pour autant que possible dans leurs relations

1. V. § 75 à 81 de l'arrêt.

mutuelles la situation qui aurait existé si ces actes n'avaient pas été accomplis » (art. 69.2), possibilité qui souligne une fois de plus, ici quant à leurs conséquences respectives, les analogies de la nullité et de la responsabilité. De plus, des conséquences particulières s'attachent en principe à la méconnaissance conventionnelle d'une norme de *jus cogens* [1].

Ces sages dispositions de la convention de codification ne doivent cependant pas faire perdre de vue qu'en réalité, des situations effectives et consolidées par la reconnaissance d'un nombre suffisant d'États ont de sérieuses chances pratiques de perdurer, même si elles procèdent à l'origine d'un acte nul. Les exemples, notamment en matière territoriale, en sont nombreux.

284 ***Procédure*** ◊ L'invocation de la nullité d'un traité doit être *notifiée* aux autres parties. C'est ici, cependant, que l'on constate à nouveau la différence des conditions de mise en œuvre de l'institution en droit international et en droit interne. Alors que dans ce dernier, la nullité des actes juridiques est généralement prononcée par l'instance tierce qu'est le juge, dans l'ordre international au contraire, ce dernier ne sera éventuellement appelé à intervenir que si une contestation intervient sur l'existence de la cause de nullité mais également si les parties au différend se sont mises d'accord pour le saisir. En dehors d'un tel accord, la nullité est bien entendu exposée à voir son efficacité très restreinte, dans la mesure où certains États parties au traité en question continueront à le considérer valable, pendant qu'un ou plusieurs autres l'estimeront nul (voir paragraphe précédent).

Cette situation déplorable n'est cependant pas propre à la nullité et se retrouve par exemple à propos de l'établissement du caractère illicite d'un acte international et de l'engagement consécutif de la responsabilité de son auteur. On touche ici à l'une des faiblesses structurelles de l'ordre juridique international.

Sous-section 4. **Effets des traités**

285 ***Plan*** ◊ Le traité, acte juridique, produit des effets de droit qui ne se résument d'ailleurs pas nécessairement, au sens strict, en des droits et des obligations, contrairement à ce que la doctrine classique a longtemps professé [2]. Les questions qui se posent alors sont de simple bon sens : à l'égard de qui ces effets sont-ils produits ? Comment opèrent-ils par rapport à ceux qui leur préexistaient en application d'autres normes (elles-mêmes conventionnelles ou coutumières) ? Pour combien de temps sont-ils produits ?

---

1. Les parties doivent autant que possible éliminer les conséquences de tout acte accompli en application de la disposition contraire au *jus cogens*, et mettre leurs relations mutuelles en conformité avec la norme impérative concernée (art. 71).

2. Les effets de droit peuvent aussi consister par exemple dans une habilitation, l'attribution d'un statut juridique, la confirmation ou la consolidation d'une situation juridique.

On examinera donc tour à tour les effets des traités vis-à-vis des parties puis à l'égard des tiers, ensuite à l'égard d'autres normes, et, enfin, dans le temps (vie et mort des conventions).

§ 1. Effets des traités à l'égard des parties

A. *Pacta sunt servanda* (le caractère obligatoire des traités)

286 ***Principe*** ◊ Le principe du caractère obligatoire des traités est souvent présenté comme une sorte de loi des lois, et l'on évoquait un peu plus haut la possibilité logique de lui reconnaître en effet une portée que l'on pourrait dire *structurellement impérative*, en tant qu'elle constitue une exigence première de l'existence et de la cohérence d'un ordre juridique international (v. ss 275). Le préambule de la Charte des Nations Unies affirme la détermination des États membres de « créer les conditions nécessaires... au respect des obligations nées des traités et autres sources de droit international ». Enfin, l'article 26 de la Convention de Vienne rappelle que « tout traité en vigueur lie les parties et doit être exécuté par elles de bonne foi. »

287 ***Discussions doctrinales*** ◊ Les discussions doctrinales sur la nature de ce principe ont de longue date été très nombreuses. Animant notamment les auteurs du début du siècle, elles ont été rarement exemptes d'*a priori* dogmatiques et dépassent par leur portée le seul cadre du droit des traités, pour toucher à la question encore plus capitale des fondements du droit international tout entier. Ceci s'explique aisément si on observe que la grande majorité de la doctrine voit dans la volonté des États souverains l'origine exclusive et les développements de ce droit, dont l'essence est ainsi reconnue consensuelle (v. ss 11).

a) Les théories volontaristes se répartissent en des courants divers, dont en particulier celle de l'*auto-limitation*, dégagée par Jellinek (*Die Rechtliche Natur der Staatenverträge*, 1880), soutenue notamment en France par Carré de Malberg ; d'après elle, l'État, ne pouvant par définition être subordonné à aucune autorité extérieure, ne saurait se lier que par un acte émanant de sa propre volonté.

De son côté, la théorie de la *Vereinbarung*, soutenue essentiellement par des auteurs allemands (Triepel) et italiens (Anzilotti, Cavaglieri), également d'inspiration volontariste, fait appel à l'idée que le traité (et le droit international dans son entier) naisse de l'union des volontés souveraines en une volonté commune.

b) C'est en réaction à ces théories, dont ils soulignaient la place éminente qu'elles laissent à l'arbitraire étatique, qu'un certain nombre d'auteurs ont constitué un second courant, resté sans doute minoritaire ; ils se sont efforcés de montrer que la force obligatoire des traités trouve son origine dans *une règle préexistante à la volonté des États*, identifiée selon les cas comme un principe de droit positif (Politis, Kunz), doublé d'une règle éthique (Le Fur, Verdross), ou encore comme la traduction d'une exigence sociale (Scelle), inhérente à la vie internationale (J. Basdevant), lorsqu'ils n'y voyaient pas, comme Hans Kelsen, une norme hypothétique, aussi fondamentale qu'indémontrable.

288 ***Perception empirique*** ◊ Une perception empirique du problème paraît s'imposer, ne serait-ce que pour prendre conscience de la part de vérité que comporte chacune de ces théories. Un observateur privilégié des relations juridiques internationales, Guy de Lacharrière [1], après avoir remarqué que « le problème du fondement de la règle *pacta sunt servanda* et des moyens de l'affermir est le type même de la question théorique qui ne paraît pas faire problème pour les gouvernements », constatait que ces derniers « continuent d'employer le traité comme une technique très précieuse de prédétermination de l'avenir tant qu'il existe un taux de concordance suffisant entre les dispositions conventionnelles et les conduites ultérieures qu'elles visent. Ce taux de concordance doit être respecté non pas au nom d'un dogme mais simplement pour que les États continuent d'utiliser un instrument technique qu'ils s'accordent à reconnaître comme fort commode » [2].

Cette constatation d'un praticien lucide permet de comprendre ce qu'il y aurait de vain à rechercher un fondement purement juridique à la reconnaissance effective du caractère obligatoire des traités ; elle confirme d'un point de vue empirique la place déterminante de ce principe dans le fonctionnement de l'ordre juridique international. Traduite dans la terminologie de cet auteur, en effet, l'observation précédente peut être prolongée en constatant que l'irrespect de ce « taux de concordance » entre le principe et sa méconnaissance concrète aboutirait à rendre tout simplement impraticables les relations entre les États ! C'est pour l'avoir compris qu'en règle générale, les États respectent leurs obligations conventionnelles et que le principe de réciprocité joue un rôle si capital dans ce phénomène.

289 ***Application de bonne foi*** ◊ On observera que le respect de ses engagements par l'État est presque immanquablement associé au principe très général et, à bien des égards, métajuridique, de la *bonne foi*, perçue comme un critère d'appréciation des conditions dans lesquelles il s'acquitte de ses obligations (v. l'art. 26 précité de la Convention de Vienne) [3].

Cette dernière disposition fait écho à une exigence constante de la jurisprudence internationale, depuis la sentence rendue en 1910 dans l'affaire des *Pêcheries de la côte septentrionale de l'Atlantique* [4] jusqu'à l'arrêt de la CIJ

1. Il fut, pendant plus de douze ans, directeur des affaires juridiques du ministère français des Affaires étrangères.
2. *La politique juridique extérieure*, Paris, Economica, 1983. 201-202.
3. V. R. Kolb, *La bonne foi en droit international public. Contribution à l'étude des principes généraux de droit*, Paris, PUF, 2000, 756 p.
4. *Grande-Bretagne c/ États-Unis*, *RSA* XI, p. 188.

de 2008 dans l'affaire de l'*entraide judicaire en matière pénale (Djibouti c/ France)* [1], en passant par l'arrêt rendu au fond en 1986 dans l'affaire des *Activités militaires et paramilitaires et contre celui-ci* [2]. Dans ce dernier, la Cour a observé que le comportement des États-Unis à l'égard des installations portuaires nicaraguayennes, en particulier, contredisait « l'esprit même » du traité d'amitié, de commerce et de navigation conclu entre les deux pays en 1956. On retrouvera ultérieurement son utilisation en matière d'interprétation des traités (v. ss 314) [3].

La référence à la bonne foi n'est d'ailleurs pas restreinte à l'application des conventions internationales. On la retrouve à vrai dire à chacun des stades de la genèse, de la vie et même de la suspension ou de l'extinction des traités. Elle doit inspirer aussi bien leur conclusion que l'invocation d'une erreur invalidant le consentement, ou celle d'un « changement fondamental des circonstances » rendant impossible la poursuite de l'exécution du traité. Elle-même en deçà du droit, la bonne foi innerve pour ainsi dire tout le droit des traités !

B. Portée du caractère obligatoire des traités

290 ***Problèmes généraux*** ◊ Les problèmes généraux posés par l'application des traités dans l'ordre juridique *interne* de chacun des États seront examinés systématiquement dans la troisième partie de cet ouvrage (v. ss 427 s.). On se contentera ici de quelques brèves observations, sur les rapports entre la règle *pacta sunt servanda* et le droit interne, ainsi que sur la portée *spatiale* des traités.

290-1 ***Pacta sunt servanda et droit interne*** ◊ Il va de soi que le caractère obligatoire des traités ne serait garanti s'il était admis que les États puissent invoquer leur droit interne pour ne pas exécuter leurs obligations conventionnelles. C'est la raison pour laquelle, la Convention de Vienne énonce en son article 27 qu'« [u]ne partie ne peut invoquer les dispositions de son droit interne comme justifiant de la non-exécution d'un traité ». La Cour internationale de Justice a rappelé l'importance de cette règle en 2012 dans l'affaire Belgique/Sénégal et en a souligné le caractère coutumier. Elle en a déduit alors que le Sénégal ne pouvait justifier un manquement à l'obligation qui lui était faite par la Convention sur la torture d'engager sans délai des poursuites contre l'ancien président tchadien Hissène Habré pour crime de torture, par des difficultés d'ordre constitutionnel et des décisions

1. § 145 s. de l'arrêt.
2. Arrêt du 27 juin 1986, *Rec.* 1986, § 275-276.
3. Pour une interprétation très critique du rôle de la bonne foi en droit international, v. E. Zoller, *La bonne foi en droit international public*, Paris Pedone, 1977, partic. p. 47-95 et 303-334.

d'incompétence de ses juridictions internes [1]. Cette règle comporte au demeurant un prolongement dans le droit de la responsabilité internationale qui a été rappelée en 2001 par la Commission du droit international dans son projet d'articles sur la responsabilité de l'État pour fait internationalement illicite : un État ne saurait pas davantage invoquer son droit interne pour échapper aux conséquences que le droit international attache aux manquements à ses obligations internationales [2].

290-2 ***Portée spatiale des traités*** ◊ Cette question a naguère revêtu un intérêt pratique que, pour des raisons historiques, elle a presque totalement perdu aujourd'hui : à l'époque coloniale en effet, les Puissances administrantes avaient fréquemment pour habitude d'exiger l'inclusion dans les dispositions finales des conventions qu'elles passaient d'une « *clause coloniale* » aux termes de laquelle ces accords n'étaient pas applicables sur le territoire de leurs colonies. Cette politique illustrait en fait la possibilité qu'ont toujours les parties de préciser le champ d'application du traité, eu égard à la situation particulière qui peut prévaloir dans telle ou telle partie des espaces soumis à leur juridiction, quelle qu'en puisse être la cause [3].

Des problèmes nouveaux ont été posés par le statut territorial spécifique des zones de plateau continental appartenant aux États côtiers, dont il a été admis qu'elles entrent dans le champ spatial d'application des traités instituant la Communauté européenne, puis l'Union européenne. En dehors de ces hypothèses spécifiques, « un traité lie chacune des parties à l'égard de l'ensemble de son territoire » (art. 29, Convention de Vienne).

C. Incidences éventuelles de l'appartenance des parties à une organisation internationale

291 ***Appartenance à une organisation internationale*** ◊ L'appartenance des États à une organisation internationale est susceptible d'avoir des incidences diverses sur les conditions d'application des traités auxquels ils sont parties, dont trois, en particulier, méritent d'être mentionnées :

a) En premier lieu, ainsi qu'il est également noté par ailleurs (v. ss 144), la Charte de l'ONU, dont sont membres la quasi-totalité des États existants, dispose dans son article 103 qu'« en cas de conflit entre les obligations des Membres des Nations Unies en vertu de la présente Charte et leurs obligations en vertu de tout autre accord international, les premières prévaudront ».

1. *Questions concernant l'obligation de poursuivre ou d'extrader (Belgique c/ Sénégal)*, arrêt 20 juillet 2012, § 113.
2. V. ss 475.
3. États fédéraux, situations insulaires particulières, etc. ; v. par ex. pour une pratique antérieure à 1990, le cas de Berlin-Ouest dans les traités passés par la République fédérale allemande, notamment les traités communautaires, W. Wengler, Berlin-Ouest et les Communautés européennes, *AFDI* 1978. 217 s.

Cet article organise ainsi, quoique sans contrôle organique, un système de prévalence de l'acte constitutif de l'ONU et des actes pris en son application sur les autres traités, rendant impossible la réalisation de toute autre obligation conventionnelle souscrite par des États membres, par exemple dans un cadre régional, si elle n'est pas compatible avec la Charte [1].

b) En second lieu, certaines chartes constitutives d'organisations internationales, comme en particulier celles de l'OIT ou de l'Union européenne établissent les modalités d'un contrôle institutionnel de l'application par les États membres de leurs obligations conventionnelles, qu'elles découlent directement de l'application de ces chartes (UE), ou des conventions adoptées en application de ces dernières (OIT) [2]. On se trouve alors, comme dans le cas précédent, face à une situation de subordination hiérarchique d'un traité (la convention d'application) par rapport à un autre (la charte constitutive de l'OI concernée) auquel il faut cependant ajouter l'ensemble du « droit propre » à l'organisation, y compris le « droit dérivé » antérieurement adopté en application de cette même charte ; or on sait que ce droit dérivé, au-delà du traité constitutif, comporte également des actes *unilatéraux* de l'organisation) [3] : ainsi, pour la mise en œuvre d'une résolution du Conseil de sécurité de l'ONU, deux ou plusieurs membres peuvent être amenés à passer un accord, lequel sera dépendant de la résolution dont il poursuit l'application ; que celle-ci vienne à perdre sa validité et il perdra aussi la sienne.

c) Enfin, des problèmes délicats sont en pratique posés par les droits et obligations nés pour les États membres d'une organisation du fait de la participation de celle-ci à un traité auquel ils ne sont pas eux-mêmes formellement parties, mais dont l'application requiert de leur part un certain comportement [4]. On en donnera deux exemples :

- en matière de droits et immunités des organisations internationales, celles-ci ont pour pratique de passer avec l'État sur lequel elles ont leurs établissements un ou plusieurs *accords de siège* (v. ss 187 s.). De tels accords lient immédiatement les États membres, sans qu'il soit nécessaire de procéder à une acceptation expresse préalable.

- dans le cadre de l'activité de l'Union européenne, les exemples sont encore beaucoup plus fréquents, et les problèmes également parfois plus épineux eu égard à la nature particulière de cette institution, qui visent à l'intégration progressive de l'activité des États membres dans de vastes domaines et sont fondées sur des transferts partiels mais évolutifs et progressifs de

---

1. V. arrêt de la CIJ relatif aux *Activités militaires et paramilitaires au Nicaragua et contre celui-ci*, compétence, 1984, § 107.
2. V. notamment v. ss 510 ; V. Coussirat-Coustère, *la contribution des organisations internationales au contrôle des obligations conventionnelles des États*, Thèse Univ. Paris 2, 1979 ; N. Valticos, Un système de contrôle international, la mise en œuvre des conventions internationales du travail, *RCADI* 1968, I, p. 315 s.
3. Sur ces notions, v. ss 178 s.
4. V. P. Reuter, *Introduction au droit des traités*, Paris, PUF, 1985, § 172 à 175 *ter*, avec les notes correspondantes.

compétences des membres aux institutions communes [1]. Il en résulte une répartition des pouvoirs entre États membres et institutions de l'Union qui n'est pas toujours parfaitement claire. Plus encore, l'indivisibilité de l'objet des accords, conclus par l'organisation mais appliqués en tout ou partie par les organes des États membres implique une participation active de ces derniers. Ainsi, par exemple, dans le cadre communautaire, en matière de pêche [2].

On aurait tort de voir dans ces conventions des actes vis-à-vis desquels les États précités seraient des tiers. Sans être formellement parties, ils sont néanmoins engagés par ces accords, sur la base du consentement antérieur qu'ils avaient exprimé pour reconnaître à l'organisation dont ils sont membres la compétence pour les conclure ; c'est en vertu de leurs obligations au titre d'États membres qu'ils doivent respecter de tels traités et prêter leur concours à leur application. Cette situation est donc distincte de celle qu'il convient à présent d'examiner, et qui concerne précisément les effets des traités à l'égard des tiers.

§ 2. Effets des traités à l'égard des tiers

A. Principe de l'effet relatif des traités

292 ***Règle générale*** ◇ La règle générale concernant les États tiers est rappelée à l'article 34 de la Convention de Vienne : « Un traité ne crée ni obligations ni droits pour un État tiers sans son consentement ».

Cette règle, qualifiée de principe fondamental du droit international par la Cour internationale de Justice [3], découle directement de la souveraineté des États et de l'autonomie de la volonté [4] mais il s'applique bien entendu à tous les sujets dotés de personnalité juridique internationale, donc également aux organisations internationales, sous le bénéfice des observations qui précèdent.

C'est dire son importance primordiale, tant du point de vue politique que juridique. C'est aussi parce qu'un tel principe existe dans l'ordre

1. V. en particulier la jurisprudence de la CJCE dans les affaires AETR, 31 mars 1971, *Commission c/ Conseil*, aff. 22/70, *Rec.* p. 263, et *Kupferberg*, 26 oct. 1982, aff. 104/81, *Rec.* p. 3641. L'arrêt de principe AETR a posé que la Communauté est compétente pour traiter avec les États tiers dans les matières où elle l'est pour prendre des mesures à l'égard des États membres. À l'inverse, la CJCE a reconnu que l'Accord général sur le tarif et le commerce (GATT) liait la CEE parce que tous les États membres en étaient parties (aff. 21 à 24/72 *Rec.* p. 1219 ; 38/75, *Rec.* 1975 p. 1439 ; 266/81 à 269/81re*c.* 1981 p. 731).

2. Sur les difficultés causées par certains transferts de compétences à l'UE dans les relations avec d'autres organisations internationales, V. Ch. Schricke, la CEE et l'OCDE à l'heure de l'Acte unique, *RGDIP* 1989, n° 4, p. 801 s. ; F. Maupin, Les relations de l'OIT et de la CEE, *RGDIP* 1990, n° 1, p. 49 s.

3. Différend territorial et maritime (Nicaragua c/ Colombie), arrêt du 19 novembre 2012, § 227.

4. L'arrêt de principe est celui rendu par la CPJI dans l'affaire de l'*usine de Chorzow* du 25 mai 1926, série AB, n° 18, p. 29, confirmé notamment dans l'affaire des *zones franches du pays de Geix et de la Haute-Savoie*, 1932, série AB, n° 46, p. 141.

international que l'on peut dire des traités qu'ils constituent une source de « droit international spécial », ne concernant que les États qu'ils lient, par opposition au « droit international général » (constitué par la coutume et les principes généraux du droit) qui crée des droits et des obligations pour *tous* les sujets de droit international. On retrouve ici comme en droit civil interne cet axiome du droit romain caractérisant l'effet des contrats entre personnes privées : *Res inter alios acta aliis neque nocere neque prodesse potest* [1].

On doit cependant observer en pratique que les liens contractuels unissant certains sujets entre eux ne sont pas toujours dépourvus d'effets sur les tiers. On a même eu souvent tendance en doctrine, y compris dans les dernières années, à exagérer le nombre et l'importance des situations dans lesquelles ces situations remettent en cause l'effectivité du principe de l'effet relatif. Or celui-ci ne saurait vraiment être méconnu que lorsque la disposition d'un traité conclu entre A et B s'impose à C sans le consentement de ce dernier, ce qui, en fait, demeure rare. Il convient donc d'apprécier exactement la portée de ce principe, moins menacé qu'il est dit.

B. Portée du principe (vraies et fausses exceptions)

293 ***Hypothèses*** ◊ Les seules hypothèses qui soient envisagées par la Convention de Vienne concernent les cas dans lesquels un traité prévoit la création soit d'un droit, soit d'une obligation, au bénéfice ou à la charge d'un État tiers.

Les deux situations sont traitées dans deux dispositions distinctes, directement inspirées par la jurisprudence de la CPJI dans l'affaire des *Zones franches, entre la France et la Suisse* (1932, série AB, n° 46, p. 147) ; la condition pour qu'une telle clause produise ses effets à l'égard du tiers est certes la même dans les deux cas : il faut que le tiers y ait *consenti*. Cette exigence suffit à établir le respect du principe de l'effet relatif : le tiers ne saurait être engagé contre son gré. En revanche, les modalités de l'acquiescement sont différentes dans l'un et l'autre cas, comme cela est du reste aisément explicable : une obligation ne peut naître d'un traité pour un tiers que s'il l'accepte *explicitement* (art. 35). Mais la création d'un droit est en revanche établie sur la base d'une présomption d'assentiment de sa part, qui ne sera détruite que par la manifestation d'« indication contraire » (art. 36.1).

Pour expliquer ces solutions, on a souvent recouru à la notion de *stipulation pour autrui*, bien connue du droit civil interne. Il semble, pourtant, qu'il faille plutôt voir dans l'expression unilatérale de l'acquiescement du tiers l'acte constitutif d'un *accord collatéral* entre, d'une part, la collectivité des États parties au traité principal [2] et, d'autre part, le tiers à

1. La chose conclue entre les parties ne peut nuire ni profiter aux autres ; v. l'article 1165 du Code civil français.

2. Dont la proposition faite au tiers, bien qu'établie dans un traité, constitue un *acte unilatéral collectif.*

ce dernier [1]. La discussion serait futile si elle était dépourvue de conséquences pratiques. Or il n'en est rien.

En effet, la stipulation pour autrui produit ses effets dès l'entrée en vigueur du traité la prévoyant, même s'il reste par la suite loisible à son destinataire de l'accepter ou de la refuser. L'accord collatéral, quant à lui, n'est au contraire constitué qu'*après* la manifestation, expresse ou tacite, de la volonté du tiers d'être lié. Ceci correspond bien aux exigences posées tant par l'article 36 que par le précédent, mais suppose, notamment dans le second cas, l'écoulement d'un certain délai. Or dans certaines situations concrètes il peut être important de savoir exactement *à partir de quand* est apparu l'engagement du tiers. La rédaction de l'article 36 en particulier laisse entendre, quelle qu'ait pu être par ailleurs la teneur des débats à Vienne lors de la conférence de codification, que c'est bien sur l'accord collatéral que repose la règle qu'il énonce [2].

La constitution d'un lien conventionnel nouveau (entre le tiers au traité initial et les parties à celui-ci) manifestant bien qu'aucune des deux situations envisagées aux articles 35 et 36 ne remet en cause le principe de l'effet relatif est confirmée par l'article 37, relatif à la révocation ou à la modification des droits ou obligations du tiers : le consentement des parties au traité aussi bien que de l'État tiers est requis à propos des obligations. Celui du tiers est nécessaire pour que le droit dont il bénéficie soit modifié ou abrogé [3].

294 ***Dispositions conventionnelles faisant bénéficier les parties d'un avantage consenti contractuellement à un tiers : la clause de la nation la plus favorisée*** ◊ Couramment employée, notamment dans les traités relatifs aux taxations douanières (v. en particulier, le système du GATT/OMC), la clause de la nation la plus favorisée ne constitue pas plus que les hypothèses précédentes une exception à l'effet relatif des traités. Elle établit simplement une liaison entre le régime établi par un traité et celui, préférable, qui viendrait à être établi dans un autre, portant sur le même objet, mais conclu avec un autre État. Cette pratique revient à inclure d'un commun accord dans une convention un élément susceptible d'évolution au gré des accords conclus ultérieurement avec d'autres. La disposition pertinente de ces derniers ne sera pas alors intégrée automatiquement dans le traité comportant la clause, mais, jouant comme un simple fait au regard de celui-ci, elle en modifiera les conditions d'application [4].

---

1. On s'est placé, pour la simplicité de l'explication, dans l'hypothèse où les parties à un traité entendent créer des obligations ou des droits à l'égard *d'un seul* État. Pourtant, rien n'empêche que les mêmes règles jouent à l'égard de plusieurs tiers.
2. V., *contra*, E. Jimenez de Arechaga, Cours général, *RCADI* 1978, vol. 159, p. 50-58.
3. Que se passera-t-il si le traité principal crée à la fois des droits et des obligations pour le tiers ? Silence de la convention à cet égard. V. Paul Reuter, *Introduction au droit des traités, op. cit.*, p. 91, § 158.
4. V. les arrêts de la CIJ dans l'affaire de l'Anglo-Iranian *Oil Company*, *Rec.* 1952, p. 93, et dans l'affaire concernant les *droits des ressortissants américains au Maroc*, *Rec.* 1952. 176 ; P. Pescatore, La clause de la nation la plus favorisée dans les conventions multilatérales,

295 ***Dispositions conventionnelles créant un nouveau sujet de droit*** ◊ Deux hypothèses sont ici à envisager. La première a trait à la création d'une organisation internationale ; la seconde concerne la succession aux traités en cas de succession d'État :

a) Une organisation internationale est quasiment toujours créée par un traité international, qui est en même temps son acte constitutif (v. ss 139 s.). Une fois constituée, ses organes devront bien entendu respecter les dispositions de ce traité, auquel elle n'est pourtant pas Partie, ceci simplement parce qu'elle se trouve être elle-même l'*objet* de cette convention. L'hypothèse n'offre donc pas matière à remise en cause du principe de l'effet relatif [1].

Symétriquement, la pratique permet d'observer que les États tiers ne se sentent pas obligés de reconnaître l'existence « objective » d'une organisation internationale ; l'affirmation en sens contraire de la Cour internationale de Justice dans son avis consultatif sur la réparation des dommages subis au service des Nations Unies (*Rec.* 1949, p. 185) est sans doute valable à l'égard de l'ONU, précisément en cause dans cet avis, eu égard aux spécificités de l'« organisation mondiale ». Par extension, l'existence « objective » des autres grandes institutions universelles (institutions spécialisées) n'est plus aujourd'hui remise en cause ; mais elle ne saurait être étendue aux institutions régionales. C'est ainsi qu'il a fallu attendre juin 1988 pour qu'un accord de reconnaissance mutuelle soit établi entre l'ex-COMECON et la CEE.

b) Les problèmes de la succession d'États en matière de traités ont été réglés dans la convention de codification adoptée dans le cadre des Nations Unies du 23 août 1978. Elle a été inspirée par le souci de concilier deux principes : celui de la *liberté de contracter* du nouvel État né d'une succession liée notamment à la décolonisation, et celui d'assurer la *continuité* de l'État, en cas de fusion ou de séparation de territoires. Cette distinction s'inspire de la perspective politique dans laquelle la convention a été conçue, selon laquelle il y a apparition d'une identité étatique nouvelle dans le premier cas, maintien de celle qui existait auparavant dans le second (v. ss 77).

Dans l'hypothèse de décolonisation, c'est donc le principe de la *table rase* qui prévaut, laissant en principe à l'État « nouvellement indépendant » la possibilité d'adhérer facilement aux traités multilatéraux auxquels son prédécesseur était partie. Dans l'hypothèse de fusion ou de sécession territoriale, en revanche, l'idée qui a prévalu est inverse. Ici, l'État nouveau n'est pas vraiment un tiers par rapport à son prédécesseur, dont il incarne la continuité à l'intérieur d'un espace modifié. Éventuellement discutables

Annuaire de l'Institut de Droit International, 1969, t. 1, p. 1 ; Rapports du rapporteur spécial à la Commission du droit international, Annuaires de la CDI de 1973 à 1978, vol. II, première partie.

1. V. ss 139. Le cas des États soi-disant créés par traité n'est pas comparable. En effet, même lorsque sa création est formellement établie dans un traité, un État naît d'un *fait* et non d'un acte juridique. Ce fait est constitué par la rencontre des trois éléments constitutifs de l'État, territoire, population, gouvernement.

du seul point de vue de la logique juridique, ces solutions partent d'une vision empirique du problème, et respectent en tout cas, une fois encore, le principe d'effet relatif.

296 ***Situations réputées « statutaires » ou « objectives »*** ◊ On a souvent défendu en doctrine l'idée que les traités relatifs à la détermination des limites ou du statut territorial de certains espaces présentent un caractère « objectif », au sens où, déterminés par deux ou quelques-uns, ils sont néanmoins opposables à tous : ainsi de la quasi-totalité des accords de délimitation frontalière de territoires contigus, terrestres ou maritimes, ou bien encore du statut de voies d'eaux internationales conféré à certains fleuves ou canaux internationaux, tel celui du canal de Suez, établi par la convention de Constantinople du 29 octobre 1888 à l'égard du canal de Suez, auquel n'étaient parties que la Turquie, les six grandes Puissances européennes de l'époque, l'Espagne et les Pays-Bas [1]. De fait, les articles 11 et 12 de la convention de 1978 précitée sur les successions d'États aux traités confirment que celles-ci ne portent atteinte ni « à une frontière établie par un traité » (art. 11), ni aux autres régimes territoriaux se rapportant à l'« usage de tout territoire » (art. 12) [2].

Il ne s'agit pas de nier l'évidence : les frontières et statuts fixés par ces instruments conventionnels sont généralement respectés par les tiers sans contestation. Mais précisément, les différentes raisons que l'on peut avancer pour expliquer de telles situations ne sont pas à trouver dans les vertus dont, par eux-mêmes, ces traités seraient pourvus. Les véritables causes font toutes, à des titres divers, intervenir le constat d'un *assentiment* des États non parties au traité concerné.

Ainsi, dans le cas des traités de frontières, ceux-ci sont respectés par les tiers parce que ces derniers reconnaissent la compétence exclusive dont sont dotés les États parties, au titre de leur souveraineté territoriale, pour déterminer par voie d'accord les limites de leurs territoires respectifs. La contre-preuve est facile : qu'un État tiers vienne à revendiquer un titre territorial sur la zone ayant fait l'objet de l'accord, ce qui peut notamment arriver à propos d'espaces maritimes, et il contestera aussitôt l'opposabilité de ce traité à son égard. La Cour internationale de Justice l'a, au demeurant, expressément reconnu dans son arrêt du 4 mai 2011 relatif à la requête à fin d'intervention du Honduras dans l'affaire du différend territorial et maritime (*Nicaragua c/*

1. Le Traité de Washington du 1er décembre 1959 fournit à l'époque contemporaine l'exemple le plus illustratif d'un statut objectif conféré à un certain espace par un nombre restreint d'États, sur la base des idées de non-appropriation et de coopération scientifique. Théoriquement ouvert à l'adhésion de tous les États, il organise en fait une sorte de directoire des douze parties originaires auxquelles peuvent se joindre les États ayant fait la preuve d'une activité scientifique importante, condition jusqu'ici seulement remplie par la Pologne en 1977. La Convention complémentaire de Camberra du 20 mai 1980 sur la conservation de la faune et de la flore marines de l'Antarctique s'inspire des mêmes principes.

2. Un usage de la première de ces règles a été fait par la CIJ dans l'affaire du *plateau continental Tunisie c/ Libye*, arrêt de 1982, *Rec.* 1982, p. 65 et 84, dans des conditions vigoureusement critiquées dans son opinion dissidente par le juge André Gros.

Colombie) en soulignant que les traités bilatéraux de délimitation maritime sont régis par le principe *res inter alios acta* et « ne confèrent pas davantage de droits à un État tiers qu'ils ne lui imposent d'obligations » [1]. Elle l'a confirmé l'année suivante dans son arrêt relatif à la délimitation de la frontière maritime entre le Nicaragua et la Colombie [2].

À propos des conventions institutives de statuts territoriaux spécifiques, il semble que l'on puisse encore aujourd'hui, comme l'exemple précité du statut de l'Antarctique le manifeste, recourir à la notion classique de *gouvernements de fait* [3] exercés par certains États pour des raisons politiques. À nouveau, ces derniers ne peuvent cependant exercer leur autorité que du fait de l'assentiment des tiers, quels que puissent être les motifs qui l'inspirent. Il est vrai, cependant, qu'ici mais plus encore dans le cas-limite des obligations imposées à un État vaincu par ses vainqueurs à l'issue d'un conflit armé, on aborde des situations dans lesquelles la liberté du tiers peut apparaître plus réduite et la consistance du respect de l'effet relatif beaucoup plus formelle [4].

297 ***Conclusion*** ◊ Au terme de ce bref inventaire, on constate que les exceptions au principe de l'effet relatif des traités sont presque introuvables, si l'on examine le contexte d'ensemble dans lequel apparaissent les situations généralement invoquées à ce titre. En fait, les alarmes les plus vives ont été exprimées par la doctrine et certains gouvernements des pays occidentaux au cours des deux dernières décennies à propos de la valeur « universelle », opposable *erga omnes* (à l'égard de tous) des dispositions contenues dans certaines conventions multilatérales générales dont certains groupes d'États, les pays en développement notamment, voulaient affirmer l'opposabilité aux pays industrialisés. On reviendra au chapitre suivant sur les éléments de cette stratégie normative. Techniquement, elle concerne les rapports entre traités et autres normes, que l'on examinera ci-après brièvement.

§ 3. Effets des traités à l'égard d'autres normes

A. Traités et coutumes

298 ***Équivalence des « sources »*** ◊ L'équivalence des « sources » du droit international et ses raisons ont déjà été signalées (v. ss 24). Il en résulte qu'un traité peut, entre les parties, modifier une coutume (sauf, bien

1. § 72 de l'arrêt.
2. *Différend territorial et maritime (Nicaragua c/ Colombie)*, arrêt du 19 novembre 2012, § 227.
3. V. le rapport de la Commission des juristes dans l'affaire des *îles Aland*, du 5 sept. 1920, Supplément spécial n° 3 au *JO* de la SDN, oct. 1920. 17 s. sur l'opposabilité à la Suède et à la Finlande de la convention du 30 mars 1856 sur la délimitation des îles Aland.
4. Pour échapper à cette difficulté, l'article 75 de la Convention de Vienne recourt à l'idée de sanction des États agresseurs afin d'expliquer les obligations qui leurs ont été faites par des accords entre vainqueurs. V. P. Reuter, *Introduction, op. cit.*, § 177 *bis*.

entendu, si celle-ci pouvait être considérée comme norme impérative) ; à l'inverse, une coutume nouvelle, dans la mesure où sa substance est incompatible avec les dispositions d'un traité en vigueur, peut écarter l'application de celui-ci si du moins les parties à ce dernier l'entendent ainsi, en reconnaissant la validité de la nouvelle règle générale.

Lorsque, par suite d'un processus de codification, la règle coutumière est énoncée dans un traité, comme c'est par exemple le cas d'un grand nombre des dispositions de la Convention de Vienne elle-même, elle demeure simplement obligatoire en tant que coutume pour les États n'ayant pas ratifié la nouvelle convention de codification, mais revêt à la fois la valeur d'une obligation conventionnelle et d'une règle coutumière pour les parties à la convention [1].

299 ***Un ou plusieurs traités peuvent-ils créer une coutume ?*** ◊ La question mérite d'être posée notamment à propos de deux situations.

a) La première concerne certains domaines dont on constate qu'ils ont fait l'objet de traitements conventionnels identiques dans un certain nombre de traités portant sur le même objet ou des objets analogues : ainsi, par exemple, en matière de protection de l'environnement entre deux ou plusieurs États, on a pu constater dans les dernières décennies que, dans diverses régions du monde, des conventions bilatérales ou multilatérales instituaient l'obligation pour les parties de s'informer et de se consulter réciproquement, avant d'entreprendre sur leur territoire des activités susceptibles d'avoir des incidences dommageables pour le territoire et l'environnement de l'État voisin [2]. Il y a ainsi convergence des solutions adoptées par des conventions particulières sur une ou plusieurs règles identiques.

b) La seconde hypothèse est constituée non par la réitération de la même règle par un certain nombre de traités, mais par certaines conventions multilatérales générales. On peut dire de tels traités, qui ne se limitent d'ailleurs nullement aux conventions de codification et de développement de la coutume existante mais peuvent aussi bien concerner des domaines entièrement nouveaux [3], que leur objet présente des caractères *législatifs* dans la mesure où le but qu'ils poursuivent est

---

1. V., à propos du respect des immunités diplomatiques et consulaires, bénéficiant à la fois d'une reconnaissance coutumière quasi immémoriale et d'une codification dans deux conventions des Nations Unies auxquelles l'Iran était (et demeure) partie au moment de la prise des otages américains à Téhéran, l'arrêt de la CIJ dans l'affaire du *personnel diplomatique et consulaire des États-Unis à Téhéran* du 27 mai 1980, *Rec.* 1980, en particulier p. 41-42, § 90 s.

2. V. p. exemple P.-M. Dupuy, La frontière et l'environnement, *in La frontière*, colloque SFDI 1979, Paris, Pedone, 1980, p. 268 s.

3. Comme par exemple l'interdiction des essais nucléaires dans l'atmosphère, établie par le traité de Moscou de 1963, ratifié par plus d'une centaine d'États, mais ni par la Chine ni par la France : v. les arguments déployés contre les essais français en atmosphère dans le Pacifique, à propos des affaires des essais nucléaires entre la France et l'Australie et la France et la Nouvelle-Zélande devant la Cour internationale de Justice. L'arrêt rendu par la Cour (*Rec.* 1974. 253 s.), seulement relatif à la compétence et à la recevabilité, n'aborde cependant pas au fond la question de savoir quelle aurait pu éventuellement être la valeur extra-contractuelle de la règle d'interdiction posée dans le traité.

précisément d'établir non un régime particulier à quelques États mais un corps de règles applicables à tous.

Or, dans son arrêt de 1969 relatif au *Plateau continental de la Mer du Nord*, la Cour internationale de Justice, tout en rejetant l'application de l'argument à propos de son article 6, a néanmoins clairement admis que certains articles de la convention de 1958 sur le plateau continental avaient cristallisé la coutume en voie de formation, du seul fait de son adoption par la conférence de codification [1]. Ceci semblait bien revenir à admettre l'applicabilité des règles ainsi formulées à tous les États, y compris ceux n'ayant pas ratifié la convention [2].

On devait d'ailleurs assister par la suite à un phénomène encore plus spectaculaire : certaines propositions de codification, faites lors des sessions successives de la IIIe conférence des Nations Unies sur le droit de la mer, et intervenant qui plus est dans un domaine encore largement en friche, celui de la détermination des droits exclusifs de l'État côtier sur une zone maritime s'étendant jusqu'à 200 milles nautiques au-delà de la ligne limite des eaux intérieures (la « zone économique exclusive », v. ss 659) ont donné naissance à une pratique coutumière *avant même* la clôture de la conférence et l'adoption formelle de la convention finale, qui n'est d'ailleurs toujours pas en vigueur.

300 ***Réponse positive*** ◊ Une réponse positive semble donc, *a fortiori*, pouvoir être apportée à la question posée au paragraphe précédent : plusieurs traités aux solutions concordantes, voire, en certains cas, un seul « instrument international de caractère universel ou quasi universel » [3] peuvent donner naissance à une ou plusieurs règles de droit international général, c'est-à-dire de droit coutumier. Le phénomène est d'ailleurs suffisamment déterminant dans la société internationale actuelle pour qu'on y revienne en détail au chapitre suivant, consacré précisément aux modes contemporains de formation du droit. D'ores et déjà, cependant, il convient à son égard de faire deux observations fondamentales :

a) La première est la suivante : que la règle générale soit engendrée par la concordance répétitive de plusieurs traités ou par l'ambition normative d'un seul d'entre eux, il n'y a pas, là encore, d'exception au sacro-saint principe de l'effet relatif des traités. En effet, ce ne sont pas ces différents traités concordants eux-mêmes, ce n'est pas cette convention « quasi universelle » elle-même qui s'applique aux États ne les ayant pas ratifiés. Comme tels, ces instruments demeurent ce qu'ils sont, des accords instituant un « droit spécial » *(lex specialis)* entre les seuls États qui les ont

1. *Rec.* 1969, p. 38, § 61-62, p. 41, § 71.

2. À moins qu'ils n'aient clairement manifesté par leur comportement ou leurs déclarations qu'ils entendaient ne pas être liés par la nouvelle coutume en voie de formation. Sur les modes de formation de la coutume, v. ss 324.

3. Selon l'expression de la CIJ elle-même dans son arrêt en l'affaire de la *Barcelona Traction*, *Rec.* 1970, p. 32, § 34.

ratifiés. Mais, on le comprendra mieux lorsqu'on aura examiné à la section suivante les conditions classiquement reconnues pour la formation de la coutume, la portée de ces traités est de manifester qu'une certaine conception de l'obligation juridique en tel ou tel domaine (dite *opinio juris*) est partagée par la communauté mondiale des États. Ces conventions révèlent, par leur contenu, la commune opinion selon laquelle l'une des règles qu'elles énoncent fait désormais partie du droit international général, dont elles ont ainsi une portée *déclarative*, non constitutive.

Aussi ne sera-t-on pas surpris de remarquer que la Cour internationale de Justice, dans l'affaire du *Plateau continental de la Mer du Nord* précitée, a assorti de plusieurs conditions restrictives, trop souvent oubliées par les commentateurs, la possibilité pour un traité « quasi universel de créer du droit au-delà du cercle des parties.

b) Ces conditions, et c'est la seconde remarque, sont au nombre de quatre [1] :

- il faut d'abord « que la disposition en cause ait, en tout cas virtuellement, un caractère fondamentalement normatif et puisse ainsi constituer la base d'une règle générale de droit. »
- il faut ensuite qu'elle ne puisse pas, d'après la convention dont elle est extraite, faire l'objet de réserves de la part des parties [2].
- il est également nécessaire (mais pas forcément suffisant) que l'on puisse enregistrer « une participation très large et représentative à la convention », et « à condition qu'elle comprenne les États particulièrement intéressés » [3].
- il faut enfin, et c'est peut-être la condition la plus importante, que dans le laps de temps, fût-il bref, qui s'est écoulé depuis l'entrée en vigueur de la convention, « la pratique des États, y compris ceux qui sont particulièrement intéressés, ait été fréquente et pratiquement uniforme dans le sens de la disposition invoquée et se soit manifestée de manière à établir une reconnaissance générale du fait qu'une règle de droit ou une obligation juridique est en jeu ».

On constate ainsi que le passage d'une règle initialement conventionnelle jusque dans le droit international général ne saurait être facilement présumé. Il doit être au contraire soigneusement établi, cas par cas, sur la base des conditions énoncées plus haut et des circonstances de chaque espèce. On ne saurait donc entretenir l'idée que l'on « fabrique » aujourd'hui aisément du droit coutumier avec du droit conventionnel, même si, comme on le reverra plus loin, il s'agit effectivement de l'une des voies utilisées pour la mise en œuvre des « stratégies normatives » établies par certains groupes d'États (v. ss 387).

---

1. V. *op. cit.*, *Rec.* 1969, p. 41-43.
2. Sans être absolue dans l'arrêt, v. p. 42, § 72, la condition d'interdiction des réserves, si elle n'était pas satisfaite, rendrait beaucoup plus difficile de soutenir que ce résultat (la création d'une règle générale) a été ou pourrait être atteint sur la base de la Convention.
3. Cette expression doit s'entendre *substantiellement*, comme désignant les États ayant un intérêt particulier dans le domaine couvert par la convention.

B. Traités et traités

301 ***Autonomie des traités et ensembles conventionnels*** ◊ En principe, d'un point de vue normatif, chaque traité est indépendant de tous les autres, étant l'expression de la volonté des parties en vue de la réalisation d'un objet qui lui est propre. Une fois réunies les conditions de sa validité et de son entrée en vigueur, il existe par lui-même, et produit les effets de droit qui lui sont spécifiquement attachés.

En pratique, cependant, il est assez fréquent que plusieurs traités, portant sur le même objet ou sur des objets complémentaires, entretiennent les uns avec les autres des relations parfois complexes de complémentarité et d'interdépendance. Un exemple jurisprudentiel en fut donné en 1980, dans l'avis de la CIJ relatif à l'interprétation de l'accord du 25 mars 1951 entre l'OMS et l'Égypte. Examinant les actes successifs par lesquels cette organisation avait établi en accord avec l'Égypte le siège de l'un de ses bureaux régionaux à Alexandrie, la Cour laisse d'ailleurs l'option ouverte entre deux analyses possibles, « qu'on les considère comme des accords distincts ou comme des éléments d'une seule et même transaction » [1].

Il n'est en effet nullement impossible de rencontrer, en droit international comme en droit interne, des « actes juridiques complexes » de caractère conventionnel, composés de différents accords complémentaires, voire d'une articulation d'actes unilatéraux entre eux, dont chacun constitue l'expression de la volonté de son auteur de se lier à d'autres parties (v. ss 354). Des difficultés particulières peuvent cependant surgir du fait de l'incompatibilité plus ou moins marquée existant entre certains accords portant sur le même objet.

302 ***Rapports entre traités successifs portant sur le même objet*** ◊ Les règles destinées à la résolution de ces difficultés font l'objet de l'article 30 de la Convention de Vienne. Diverses considérations inspirées de la pratique l'ont inspiré :

a) En premier lieu, véritable « fil rouge » de tout le droit des traités, on retrouve bien entendu le souci de respecter le principe de l'autonomie de la volonté. C'est ainsi que les parties peuvent librement indiquer dans un traité que celui-ci est subordonné à un autre, antérieur ou à venir, auquel cas les dispositions du premier devront être interprétées dans un sens compatible avec celles du second (art. 30.2).

b) En second lieu, par application du principe de l'effet relatif des traités, face à deux traités à l'objet identique, au cas où toutes les parties au second accord ne seraient pas parties au premier, chacune d'entre elles ne sera engagée vis-à-vis de l'autre que par l'accord qui les lie toutes deux. Il y aura alors pluralité des communautés contractuelles, celle composée des États parties à l'une et l'autre convention, celle des États

1. *Rec.* 1980, p. 92, § 43.

qui ne sont liés que sur la base du premier accord, et celle de ceux qui ne sont liés qu'en vertu du second (art. 30.4) [1].

c) En vertu de la règle bien connue *posterior derogat priori*, lorsque toutes les parties au second traité le sont également au premier, celui-ci ne continue à s'appliquer que dans la mesure où ses dispositions demeurent compatibles avec celles du nouvel accord. L'application de cette règle peut toutefois susciter des problèmes d'interprétation, car elle doit être combinée avec une autre : *specialia generalibus derogant* (les règles spéciales dérogent aux dispositions générales). La Cour internationale de Justice a souligné, par exemple, dans plusieurs avis et arrêts, que la protection offerte par les traités relatifs aux droits de l'homme ne cesse pas en temps de conflit armé. Dans l'hypothèse où les règles de ceux-ci entrent en contradiction avec les normes du droit international humanitaire, précisément applicables dans de telles situations, les secondes doivent toutefois être préférées en tant que *lex specialis*, y compris lorsqu'elles sont chronologiquement antérieures [2]. Plus récemment, dans son arrêt du 4 juin 2008 sur l'affaire relative à *Certaines questions concernant l'entraide judiciaire en matière pénale* (*Djibouti c/ France*), les juges de La Haye ont retenu qu'une convention d'entraide judiciaire doit être considérée comme spéciale par rapport à un traité d'amitié et de coopération dont les termes sont vagues. Bien qu'il faille tenir compte de ce traité pour l'interprétation de la convention, conformément à la règle coutumière codifiée au paragraphe 3 de l'article 31 de la Convention de Vienne (v. ss 314), « une interprétation de la convention [d'entraide judicaire] prenant dûment en compte l'esprit d'amitié et de coopération mentionné dans le traité [...] ne saurait priver une partie à la convention de la possibilité d'en invoquer une clause autorisant, dans certaines circonstances, la non-exécution de l'une des obligations qu'elle impose » (par. 114).

Les effets produits par un traité à l'égard d'une convention antérieure font intervenir un facteur déterminant : la durée. Examiner l'incidence d'un accord sur un autre portant sur le même objet, c'est donc déjà aborder certains aspects d'un ensemble plus large de problèmes, concernant la question des effets des traités dans le temps, auxquels la Convention de Vienne a consacré des dispositions distinctes de celles que l'on vient d'examiner. La technique des traités successifs dont le second, sous couvert d'interprétation du premier, est en réalité destiné à le réviser, a été

1. Cette décomposition en plusieurs communautés contractuelles n'est cependant pas toujours possible sans que les deux traités perdent leur sens ; la solution retenue par l'article 30.4 doit par conséquent être admise sous cette réserve. À la limite, un traité nouveau incompatible avec l'ancien peut susciter, pour l'État qui a souscrit aux deux, un cas de responsabilité internationale à l'égard de ses partenaires dans le premier traité mais n'ayant pas ratifié le second (v. art. 30.5).

2. V. *Licéité de la menace ou de l'emploi d'armes nucléaires*, avis consultatif du 8 juill. 1996, § 24 ; *Conséquences de l'édification d'un mur dans le territoire palestinien occupé*, avis consultatif du 9 juill. 2004, § 106 ; *Activités armées sur le territoire du Congo (RDC c/ Ouganda)*, arrêt du 19 déc. 2005, § 70.

utilisée d'une façon très particulière pour amender la Partie XI de la convention de 1982 sur le nouveau droit de la mer (*GTDIP* n°s 61 et 61 *bis* ; v. ss 688-689).

§ 4. Effets des traités dans le temps

303 ***Position du problème*** ◊ On doit d'abord partir du principe, bien établi en pratique, que *les traités ne produisent pas d'effet rétroactif.* Sauf très rares exceptions, on ne convient entre sujets de droit international que pour l'avenir [1]. La CIJ l'a rappelé en 2015, à propos de la Convention sur le génocide [2].

Cependant, au cours de la vie du traité, divers événements peuvent se produire qui sont susceptibles d'en altérer le cours ou d'y mettre un terme, momentané ou définitif. Le traité peut être ainsi amendé, suspendu, ou éteint.

A. Amendement

304 ***Amendement d'un traité par un traité*** ◊ L'amendement d'un traité par un autre est en fait une hypothèse très proche de celle que l'on examinait plus haut au titre des effets de traités successifs portant sur le même objet. Ici, cependant, le but délibéré du second traité est de modifier le premier pour l'adapter aux situations nouvelles auxquelles il doit répondre ; la Convention de Vienne lui consacre une disposition spécifique (art. 40). C'est que l'amendement, particulièrement celui des conventions multilatérales, pose à la fois des problèmes de procédure et d'autres, proches de ceux ayant trait à la dissociation des relations contractuelles entre deux catégories de parties, celles qui ont accepté l'amendement et celles qui, l'ayant refusé, ne sont pas parties au nouveau traité.

a) Au plan de la procédure, chaque traité étant susceptible de déterminer lui-même dans ses clauses finales les conditions de sa révision, on constate dans la pratique conventionnelle multilatérale une évolution qui n'est pas sans rappeler celle que l'on observait plus haut en matière d'admission des réserves ; à une période antérieure, l'adoption et l'entrée en vigueur de l'amendement étaient subordonnées à l'assentiment de toutes les parties au traité initial ; on connaît aujourd'hui l'adoption des amendements à la majorité, généralement qualifiée [3]. On a d'ailleurs déjà

---

1. V. P. Tavernier, *Recherches sur l'application dans le temps des actes et des règles en droit international public*, Paris, Pedone 1971, 351 p. ; D. Bindschedler-Robert, De la rétroactivité en droit international public, *Mélanges Guggenheim*, Genève, 1968, p. 184 s.

2. *Application de la Convention pour la prévention et la répression du crime de génocide (Croatie c/ Serbie)*, arrêt du 3 février 2015, § 95.

3. La Convention de Vienne prend acte de cette évolution. Il résulte du jeu combiné des art. 39 et 9.2 qu'elle admet à titre supplétif (*i.e.* sauf disposition contraire de l'accord à réviser) la révision d'un traité par un nouvel accord, adopté à la majorité des deux tiers.

signalé ce trait à propos des conditions de révision des chartes constitutives d'organisations internationales (v. ss 145).

L'article 40 insiste quant à lui sur la stricte égalité existant entre les parties à l'accord initial. Chacune d'entre elles a droit à *notifier* aux autres une proposition d'amendement ; chacune a droit à participer à la négociation de révision et à l'adoption du texte, de même, bien évidemment, qu'à devenir partie à ce nouvel accord.

b) De l'adoption de l'accord d'amendement à la majorité et de la liberté laissée aux États parties à la convention initiale d'accepter ou de refuser cet amendement, il résulte qu'après l'entrée en vigueur de celui-ci, deux catégories de parties seront en présence ; celles ayant ratifié l'accord révisoire et celles qui l'auront refusé. Là aussi, l'analogie avec l'éclatement de l'unité de la communauté contractuelle consécutif à la liberté d'accepter ou de refuser les réserves peut venir à l'esprit ; en pratique, le même problème risque aussi parfois de se poser, quoique la convention n'envisage explicitement ce problème qu'à propos des *modifications* de traités : le contenu de la convention ayant fait l'objet de révision se prête-t-il sans risque de dénaturation à ce traitement différencié [1] ?

Peu formaliste, le droit international, contrairement à beaucoup de droits internes, n'exige par ailleurs aucun parallélisme entre la procédure de l'adoption du traité initial et celle de l'accord en révision ; il est même concevable, et vérifié parfois en pratique que l'amendement s'opère entre les parties par accord tacite. Cependant, ce sont souvent les droits constitutionnels internes qui imposent aux gouvernements le respect de formes plus contraignantes.

305 ***Amendement et modification*** ◊ Les deux notions sont distinguées par la convention, qui réserve le second aux hypothèses dans lesquelles la révision est conçue dès son initiative pour ne produire d'effets qu'entre certaines des parties. Cette révision particulière ne pourra intervenir qu'en l'absence d'interdiction formelle du traité initial et à la condition de ne pas porter atteinte à son objet et à son but ni aux droits que les autres parties tiennent du traité initial (art. 41).

B. Suspension

306 ***Diversité des modalités*** ◊ L'application d'un traité peut être interrompue pour une durée plus ou moins longue de différentes façons : soit du fait de l'accord entre toutes les parties ou encore tacitement, en raison de la conclusion entre elles d'un traité portant sur le même objet dont l'application rend momentanément celle du précédent impossible (art. 59), soit

1. L'art. 40.5 prévoit que tout État adhérant à l'accord postérieurement à sa révision devient lié sur la base de l'accord révisé à l'égard de ceux qui l'ont adopté et sur la base du traité initial à l'égard des autres.

conformément aux dispositions du traité initial (art. 57), soit encore par accord entre certaines d'entre elles, aux conditions identiques à celles autorisant la modification.

D'autres causes de suspension sont également propres à celles de l'extinction, telles notamment celles prévues aux articles 59 et 60.

C. Extinction

307 ***Quand et à la suite de quels événements un accord cesse-t-il de produire ses effets ?*** ◊ Là encore, une pluralité de causes et de procédures peut être envisagée. On pense immédiatement aux raisons les plus évidentes, comme la réalisation de son objet ou l'atteinte du terme pour lequel l'application du traité était prévue par les parties. Ainsi, un traité de commerce sera-t-il éteint quand la livraison de la chose qu'il organisait aura été effectuée, ou que les cinq ou dix ans pour lesquels il était par exemple prévu se seront écoulés (lorsque, du moins, il ne contient pas de clause de renégociation ou de tacite reconduction, comme c'est en pratique souvent le cas). On a pu même, en certaines occasions exceptionnelles, invoquer à l'égard de certains traités la théorie de la désuétude [1]. Enfin, le commun accord des parties, en principe explicite mais parfois même tacite, peut aboutir à l'*abrogation* de la convention [2]. Cette situation se produit, en particulier, lorsque les parties concluent ultérieurement un nouveau traité portant sur la même matière rendant l'application du traité antérieur définitivement impossible (art. 59). En pratique, il est rare, cependant, que cette impossibilité concerne l'intégralité du traité antérieur et que celui-ci soit par conséquent considéré comme étant totalement éteint [3].

308 ***Principe fondamental*** ◊ Un principe fondamental, inspiré par un souci élémentaire de sécurité juridique découle de la règle *Pacta sunt servanda* : la dénonciation unilatérale d'une convention n'est possible que lorsque l'une de ses clauses le prévoit expressément « à moins que le droit de dénonciation ou de retrait ne puisse être déduit de la nature du traité » (art. 56.1 b). Par sa généralité, ce critère s'est avéré d'un maniement délicat. Doit-on considérer que la Charte de l'ONU ou le Traité de Rome instituant la Communauté européenne, qui ne comportent aucune disposition sur le retrait, ne peuvent, par nature, être dénoncés ? En l'absence d'autorité investie du pouvoir de se prononcer définitivement sur cette question, chaque État interprète pour lui-même la convention concernée et apprécie subjectivement la conformité au droit international de toute

1. V. Ch. Rousseau (Traité) *op. cit.*, p. 217, § 193.
2. V., en jurisprudence, l'affaire *Oscar Chinn*, arrêt de la CPJI du 12 déc. 1934, série AB, n° 63, p. 131-135.
3. V. CPA, *Eureko B.V. c/ Slovaquie*, décision sur la compétence du 26 oct. 2010, obs. G. Areou, *RGDIP* 2011. 230-235.

dénonciation unilatérale. Pour l'Union européenne, le problème a été finalement tranché politiquement, puisque le nouveau Traité sur l'Union reconnaît expressément un droit de retrait aux États membres (art. 50). La question a également reçu un commencement de réponse dans le domaine des droits de l'homme. Dans son observation générale n° 26 de 1997, le Comité des droits de l'homme a interprété le silence des rédacteurs du Pacte relatif aux droits civils et politiques comme l'expression de leur volonté de ne pas autoriser sa dénonciation. Deux ans plus tard, la Cour interaméricaine des droits de l'homme a suivi le même raisonnement pour refuser, dans ses décisions *Ivcher-Bronstein* et *Tribunal constitutionnel*, de donner effet au retrait par le gouvernement péruvien de sa déclaration d'acceptation de la juridiction obligatoire de la Cour. L'intention du Pérou a été interprétée comme une volonté de dénoncer partiellement la convention américaine [1]. Cette analyse n'est en revanche pas transposable à la Convention européenne des droits de l'homme qui, à la différence du Pacte et de la Convention américaine, comporte des dispositions expresses permettant sa dénonciation (art. 58).

Lorsqu'elle est interdite, la dénonciation unilatérale et l'inapplication du traité qui en résulte constituent par excellence un fait illicite, entraînant la responsabilité internationale de son auteur. La Convention de Vienne comporte cependant, sans préjudice de la mise en œuvre des règles gouvernant la responsabilité (v. ss 488), une disposition particulière, autorisant une réaction du ou des cocontractants à la non-réalisation de ses obligations par l'une des parties, telle qu'elle peut notamment résulter d'une dénonciation unilatérale non réglementée. La règle qu'elle contient est familière aux droits privés marqués par le droit romain ; il s'agit en effet de ce qu'on appelle dans cette tradition juridique « l'exception d'inexécution » (*exceptio non adempleti contractus*).

309 ***L'exception d'inexécution*** [2] ◊ La violation substantielle d'un traité par l'une des parties, consistant soit dans un « rejet » non autorisé du traité (comme le dit curieusement l'alinéa 3.a pour désigner essentiellement une dénonciation unilatérale non réglementée) soit dans la méconnaissance d'une « disposition essentielle pour la réalisation de l'objet ou du but du traité » peut avoir diverses conséquences : dans un traité bilatéral, l'équilibre synallagmatique des droits et obligations entre les deux parties est rompu ; la victime de la violation peut alors y trouver le motif légitime pour suspendre elle-même l'exécution de ses prestations, ou même pour mettre fin définitivement au traité.

1. *Ivcher-Bronstein v. Peru*, jugement sur la compétence du 24 sept. 1999, Serie C n° 54 ; *Constitutional Court v. Peru*, jugement sur la compétence du 24 sept. 1999, Serie C n° 55.

2. V. la sentence rendue dans l'affaire de *Tacna et Arica* relativement à l'inexécution par le Chili de l'article 3 du traité d'Ancón du 20 oct. 1883 entre le Chili et le Pérou, *RSA*, vol. II, p. 921-968.

La situation étant plus complexe dans un traité multilatéral, c'est l'accord unanime de toutes les autres parties qui peut avoir le même effet (suspension ou extinction) soit entre elles-mêmes et l'auteur de la violation, soit entre toutes les parties [1].

L'exception d'inexécution, systématisée par la Convention de Vienne, s'explique d'abord en droit international comme l'un des points d'application du principe général de réciprocité. Contrairement aux causes de nullité, qui concernent en règle générale un défaut apparu *avant* l'entrée en vigueur du traité, l'exception se rapporte au comportement de l'une des parties intervenu *après* sa conclusion, dont elle tend à sanctionner le non-respect de ses obligations contractuelles. Par là, elle n'est pas sans rapport à la fois avec l'exercice de représailles et avec celui de la responsabilité internationale, dont elle constitue d'ailleurs pour certains un régime spécifique et « auto-suffisant », existant en matière conventionnelle. Envisagée par référence à ses finalités propres, elle peut apparaître comme une sanction de la violation du droit conventionnel, mais aussi, et c'est son aspect le plus spécifique, comme une condition libératoire, permettant à l'État victime de la violation de ne plus être lui-même tenu de respecter ses obligations contractuelles à l'égard du cocontractant fautif.

Dans l'affaire du *Projet Gabcikovo-Nagymaros*, l'arrêt de la CIJ rendu le 25 septembre 1997 a une nouvelle fois assigné des limites strictes au champ d'application de la règle énoncée à l'article 60 de la Convention de Vienne. L'exception d'inexécution ne peut être invoquée en particulier que si la violation du droit dont se plaint celui qui s'en prévaut affectait spécifiquement le traité dont il prétend suspendre ou terminer l'exécution : « ... seule une violation substantielle du traité lui-même par un État partie audit traité peut mettre l'autre partie en droit de s'en prévaloir pour mettre fin au traité. La violation d'autres règles conventionnelles ou d'autres règles du droit international général peut justifier l'adoption par l'État lésé de certaines mesures, y compris des contre-mesures, mais elle ne saurait justifier qu'il soit mis fin au traité sur la base du droit des traités. » (§ 106 de l'arrêt). L'arrêt confirme également que l'invocation d'une violation substantielle du traité par l'autre partie pour y mettre unilatéralement terme, pour être licite, doit attendre la réalisation effective de cette violation et ne pas anticiper sur elle, faute de quoi elle serait prématurée (§ 108). L'arrêt rendu le 5 déc. 2011 dans l'affaire de l'*Application de l'Accord intermédiaire du 13 septembre 1995 (Ex-République Yougoslave de Macédoine c/ Grèce)* a rappelé que la suspension de tout ou partie d'un

1. La même possibilité est offerte à l'une des parties si la violation modifie radicalement la situation de chacun des cocontractants quant à l'exécution ultérieure de ses obligations. Les traités dont l'objet est la protection des droits de l'homme ou le but humanitaire sont cependant exclus de l'application de cet article (art. 60.5) ce qui illustre la spécificité des obligations conventionnelles dans ce domaine.

traité n'est justifiée qu'en cas de violation substantielle du traité et seulement dans la mesure où elle répond strictement à celle-ci [1].

Enfin, l'exception d'inexécution ne peut être mise en œuvre pour les « dispositions relatives à la protection de la personne humaine contenues dans des traités de caractère humanitaire » (art. 60, § 5, de la Convention de Vienne), ni pour les dispositions, d'application non-réciproque, des traités de protection des droits de l'homme (v. ss 200).

310 ***Rapports entre droit des traités et droit de la responsabilité*** ◊ L'arrêt précité, rendu dans l'affaire du *Projet Gabcikovo-Nagymaros* a également permis de préciser les relations entre droit des traités et responsabilité internationale de l'État. La Slovaquie prétendait que, dans les cas où il a méconnu des obligations consenties par voie de traité international, un État ne peut invoquer les causes exonératoires de responsabilité ou les causes excluant l'illicite prévues par le droit de la responsabilité (v. ss 469). En pareil cas, selon cette thèse, seules les dispositions du droit des traités seraient applicables ; en particulier, l'article 60 précité (exception d'inexécution) et l'article 61 (disparition de l'objet substituée au cas de force majeure, prévu dans le droit de la responsabilité, lequel couvre un nombre d'hypothèses beaucoup plus large). Cette conception a été clairement rejetée. L'article 60 de la Convention de Vienne n'institue pas un régime spécifique de responsabilité pour violation substantielle des obligations conventionnelles. À son paragraphe 47, en une formulation très proche de celle qui avait été employée en 1990 par le tribunal arbitral dans l'affaire du *Rainbow Warrior* [2], la Cour, se référant aux rapports entre droit des traités et droit de la responsabilité, déclare : « Ces deux branches du droit international ont [...] à l'évidence, des champs d'application distincts. C'est au regard du droit des traités qu'il convient de déterminer si une convention est ou non en vigueur, et si elle a ou non été suspendue ou dénoncée. C'est en revanche au regard du droit de la responsabilité des États qu'il y a lieu d'apprécier dans quelle mesure la suspension ou la dénonciation d'une convention qui serait incompatible avec le droit des traités engage la responsabilité de l'État qui y a procédé ». Dans l'affaire du *Rainbow Warrior* précitée, le tribunal précisait à juste titre : « La raison en est que les principes généraux du droit international en matière de responsabilité des États sont également applicables en cas de manquement à une obligation d'un traité, puisqu'en droit international, on ne fait pas la distinction entre responsabilité contractuelle et responsabilité pour acte illicite ».

À l'analyse, il demeure toutefois que l'orientation respective des entreprises de codification du droit des traités et du droit de la responsabilité a introduit entre eux certains recoupements que le droit coutumier en lui-même ne connaît pas. C'est en particulier le cas pour ce qui concerne non

1. § 161-163.
2. Texte *in RGDIP* 1990/3, p. 851, § 75.

pas tant les rapports entre l'article 60 de la Convention de Vienne et les causes exonératoires dans le projet de codification du droit de la responsabilité que ceux existant entre l'article 61 de la première (disparition de l'objet du traité) et l'article 33 du second (force majeure) [1].

311 ***Changement fondamental des circonstances*** ◊ L'invocation du changement fondamental des circonstances, incorporée à l'article 62 de la Convention de Vienne, est une institution ancienne et bien établie du droit international des traités, dans laquelle la doctrine a vu de longue date une clause tacite affectant tous les accords (clause *rebus sic stantibus*) [2]. Son invocation ne saurait être admise que de façon très restrictive, puisqu'elle constitue une exception à la règle d'interdiction de la dénonciation unilatérale et consiste pour une Partie à dire que la situation ayant inspiré la négociation du traité a trop radicalement évolué pour qu'elle en poursuive l'exécution. On comprend que l'excuse soit tentante parce que facile ; elle ne peut être invoquée à la légère, sans ruiner la crédibilité du principe *Pacta sunt servanda*. Ainsi, en 1973, dans l'affaire de la *Compétence en matière de pêcheries* (*RFA c/ Islande*), la Cour internationale de Justice a reconnu que l'article 62 de la Convention de Vienne est déclaratoire de la coutume existante ; elle a de plus insisté sur le caractère *fondamental* pour l'exécution du traité que doivent présenter les changements invoqués [3]. Ainsi peut-on trouver, parmi bien d'autres témoignages, la manifestation du caractère coutumier de la règle dans le fait que la Cour de justice de la Communauté européenne en a fait usage dans son arrêt *Racke*, du 16 juin 1998 alors même qu'elle n'est pas (et ne peut pas être, en tant qu'organisation internationale) partie à la Convention de Vienne de 1969 [4]. L'argument, sans avoir influencé la sentence du 17 juillet 1986, a été également invoqué dans son opinion dissidente par l'arbitre canadien dans l'affaire concernant le *Filetage à l'intérieur du golfe du Saint-Laurent* entre le Canada et la France, à propos de l'accord de pêche conclu entre les deux pays en 1972 [5].

La condition évoquée ci-dessus n'est cependant pas suffisante. Il faut de plus que le changement intervenu « ait pour effet de transformer radicalement la nature des obligations qui restent à exécuter » (art. 62.1 b) et ne procède en aucune manière du comportement illicite de l'État qui l'invoque.

La difficulté pratique de l'application de ces règles est évidente : comme bien d'autres dans le droit des traités, elles laissent à l'appréciation des parties elles-mêmes l'estimation de la réunion des conditions précitées. Comme par exemple en matière d'invocation d'une cause d'invalidité du traité, ou, plus simplement, pour l'exacte détermination du contenu des obligations de

---

1. V. P.-M. Dupuy, Droit des traités, codification et responsabilité, *AFDI* 1997. 7 s.
2. E. van Bogaert, Le sens de la clause *Rebus sic stantibus* dans le droit des gens actuel, *RGDIP* 1966. 49 s. ; O. Lissitzyn, Treaties and Changed Circumstances, *AJIL* 1967. 895 s.
3. *Rec.* 1973, p. 63, § 36 s.
4. Cas C 162/96.
5. V. commentaire de la sentence par H. Dipla, *AFDI* 1986. 239 s., spécial. p. 256-257.

chacune des parties, l'efficacité des règles du droit des traités est ainsi précarisée par le fait qu'elle dépend en premier lieu de *l'interprétation* par les parties elles-mêmes de l'accord et du contexte général de sa mise en œuvre.

D'une façon générale, l'arrêt relatif au *Projet Gabcikovo-Nagymaros* a confirmé l'extrême rigueur manifestée par la jurisprudence internationale à l'égard de l'invocation des causes d'extinction des traités ; ceci peut au demeurant se comprendre étant donné le caractère fondamental du principe de respect des engagements *(Pacta sunt servanda)*. C'est ainsi que la Cour a confirmé sa jurisprudence de 1973 quant au caractère fondamental du changement des circonstances susceptibles de transformer radicalement la portée des obligations conventionnelles. Elle a en particulier rejeté les multiples circonstances invoquées par la Hongrie pour justifier la terminaison unilatérale du traité de 1977 qui la liait à la Tchécoslovaquie (§ 104 de l'arrêt).

Sous-section 5. **L'interprétation des traités internationaux**

§ 1. **Données générales du problème**

312 ***Importance de l'interprétation en droit international*** ◊ « Réduire l'interprétation au traité, c'est rétrécir son objet et déformer son rôle », observait à juste titre Charles de Visscher.

L'interprétation joue, en effet, un rôle capital dans l'ensemble du droit international et pas seulement dans le droit des traités, parce qu'elle conditionne dans une large mesure son application. L'une des caractéristiques de cet ordre juridique tient précisément au fait que chaque sujet y détient la compétence, généralement discrétionnaire, d'interpréter pour lui-même le sens et la portée des droits et des obligations qu'il possède en vertu des normes internationales, coutume et principes généraux du droit aussi bien que traités. Chaque État le fait à la fois en fonction de la représentation qu'il se fait de son intérêt dans une situation donnée et de la méfiance qu'il entretient à l'égard de ses partenaires [1].

À l'inverse de ce qui existe en droit interne, il y a ainsi une décentralisation fondamentale et une concurrence de l'interprétation des mêmes règles par les différents sujets intéressés à son application. Comme on a pu le noter (v. ss 5), l'institutionnalisation progressive de la société internationale n'a qu'imparfaitement tempéré cet état de choses, même si apparaissent en certaines hypothèses les procédures organiques d'un contrôle des obligations

1. V. G. de Lacharrière, *La politique juridique extérieure*, Paris, Economica 1983, spécial. p. 105-129. Sur les liens entre droit et politique établis par l'interprétation ainsi que sur l'ensemble de la matière, v. S. Sur, *L'interprétation en droit international public*, Paris, LGDJ 1974 ; J. Dehaussy et M. Salem, Sources du droit international, les traités, interprétation, *JCP droit internat.* 3, 1995, fasc. 12-6 ; R. Kolb, *Interprétation et création du droit international*, Bruxelles, Bruylant, 2006, 959 p.

des États membres (v. ss 505). Enfin, comme on l'a maintes fois rappelé, la rareté du recours au juge ou à l'arbitre international et les conditions consensuelles de cette saisine achèvent d'expliquer que l'interprétation par tierce partie demeure exceptionnelle. Pour en rester ici au cadre conventionnel, à l'intérieur duquel ces méthodes et ces règles ont été le mieux définies, l'interprétation des traités a donné lieu de très longue date à de multiples pratiques.

La doctrine a également beaucoup discuté à propos de l'énonciation de règles générales et de méthodes rigoureuses d'interprétation. En son sein se sont affrontés les partisans de la prévalence de la « volonté déclarée » (*Erklärungstheorie*) telle qu'elle résulte de la lettre même des dispositions du texte conventionnel, et ceux de la « volonté réelle » (*Willenstheorie*) selon laquelle est au contraire déterminante l'intention véritable des parties, que l'on doit si nécessaire aller rechercher dans le contexte général de l'accord voire dans ses travaux préparatoires.

La jurisprudence, enfin, a joué un rôle considérable dans le développement de certaines techniques interprétatives : ainsi la Cour internationale de Justice, à propos de la méthode téléologique et de celle de l'*effet utile* (interprétation en fonction de l'objet, et, surtout, du *but* du traité. *Ut res magis valeat quam pereat*) [1].

313 ***La Convention de Vienne***, après des débats difficiles à la CDI, n'a pas apporté sur cette question controversée de contribution absolument définitive [2]. Voulant éviter de prendre ouvertement parti entre les différentes conceptions en présence, elle s'est contentée de poser certaines règles générales, en insistant sur l'unité de la démarche interprétative. Quoi qu'il en soit, elle établit une priorité en faveur du respect du texte lui-même, tout en précisant la notion de contexte, et en indiquant quels sont les moyens complémentaires d'interprétation. On peut considérer qu'elle a ainsi fait œuvre utile et qu'il était difficile d'aller plus loin dans un texte de codification générale du droit des traités, chaque État désirant conserver dans ce domaine plus encore qu'ailleurs une marge suffisante d'initiative.

Les juridictions internationales se sont souvent référées aux règles d'interprétation de la Convention de Vienne comme étant l'expression du droit coutumier. La Cour internationale de Justice l'a fait à plusieurs reprises [3],

---

1. Ch. de Visscher, *Problèmes d'interprétation judiciaire en droit international public*, Paris, Pedone, 1963, 269 p.

2. V. M. K. Yasseen, L'interprétation des traités d'après la Convention de Vienne, sur le droit des traités, *RCADI* 1976, t. III. V. aussi M. Mc Dougal, The International Law Commission's Draft Articles upon Interpretation : Textuality *Redivivus*, *AJIL* 1967, vol. 61, p. 992 s., et S. Sur, *op. cit.* p. 267-286.

3. V. notamment ses arrêts *Différend territorial (Jamahiriya arabe libyenne c/ Tchad)*, 3 févr. 1994, § 41 ; *Application de la convention pour la prévention et la répression du crime de génocide (Bosnie-Herzégovine c/ Serbie-et-Monténégro)*, 26 févr. 2007, § 160 ; *Différend relatif à des droits de navigation et des droits connexes (Costa Rica c/ Nicaragua)*, 13 juill. 2009, § 47 ; *Usines de pâte à papier sur le fleuve Uruguay (Argentine c/ Uruguay)*, 20 avr. 2010, § 65 ; *Différend maritime (Pérou c/ Chili)*, 27 janvier 2014, § 57 ; *Question de la délimitation du plateau continental entre le*

tout comme la Cour européenne des droits de l'homme [1] ou la Chambre pour le règlement des différends relatifs aux fonds marins du Tribunal international du droit de la mer [2]. Les tribunaux arbitraux internationaux le font également, tant dans le contexte du contentieux interétatique [3] que, avec certaines nuances toutefois, dans celui de l'arbitrage transnational [4].

Il convient de remarquer que la référence aux règles d'interprétation des traités telles que codifiées dans la Convention de Vienne a souvent servi dans les dernières années aux organes de contrôle de l'application d'un système conventionnel pour manifester expressément son rattachement au droit international général et condamner du même coup la thèse selon laquelle on devrait voir dans de tels systèmes des « *self-contained regimes* » ou régimes autosuffisants, ne devant leur autorité qu'à leur autonomie.

C'est tout particulièrement le cas à propos du nouveau droit international du commerce établi dans le cadre de l'Organisation mondiale du commerce (OMC) (v. ss 601 b). Aux termes de l'article 3 § 2 du Mémorandum d'accord sur les règles et procédures régissant le règlement, les règles de l'OMC doivent être interprétées « conformément aux règles coutumières d'interprétation du droit international public ». L'organe d'appel a très rapidement tiré les leçons de cette disposition, puisque, dès son premier rapport (*affaire des Normes concernant l'essence nouvelle et nouvelles formules* du 20 mai 1996) il a tenu à affirmer qu'« il ne faut pas lire l'Accord général [sur les tarifs et le commerce] en l'isolant cliniquement du droit international public ». Par la suite, le recours à la règle de l'effet utile [5], la référence aux travaux préparatoires, au principe de la bonne foi, voir à la règle de l'interprétation évolutive des traités [6] de même qu'à l'article 31 § 3 c de la Convention de Vienne visant l'application « de toute règle pertinente de droit international applicable dans les relations entre

---

Nicaragua et la Colombie au-delà de 200 milles marins de la côte nicaraguayenne (exc. prél.), 17 mars 2016, §. 33 ; *Violations alléguées de droits souverains et d'espaces maritimes dans la Mer des Caraïbes (Nicaragua c/ Colombie)*, 17 mars 2016 (exc. prél.), §. 35.

1. V. *Golder c/ Royaume-Uni*, 21 févr. 1975, § 34, ou, plus récemment, *Stoll c/ Suisse*, 10 déc. 2007, § 59.

2. V. l'Avis consultatif préc. du 1er févr. 2011, *Responsabilités et obligations des États qui patronnent des personnes et entités dans le cadre d'activités menées dans la Zone*, § 57.

3. V. par ex. la sentence intermédiaire rendue le 19 février 2013 par le tribunal arbitral constitué dans l'affaire des *Eaux de l'Indus Kisenganga (Pakistan c/ Inde)*, ou celle rendue le 30 octobre 2014 dans l'affaire du *Railway Land (Malaisie/Singapour)*, spéc. § 42.

4. V. la chronique de P. Jacob et F. Latty, « Arbitrage transnational et droit international général », *AFDI* 2011 spéc. 536 et s, et *AFDI* 2012 spéc. 606 s., ainsi que Nanteuil (A.), L'application du droit international public dans l'arbitrage transnational *RGDIP* 2014. 31-70.

5. Pour une illustration, V. le rapport de l'Organe d'appel du 14 déc. 1999, Corée-Mesures de sauvegarde définitive appliquée aux importations de certains produits laitiers. Comment. Ph. Weckel, Chronique de jurisprudence internationale, *RGDIP* 2001/1, p. 223 s.

6. V. l'important rapport dans l'affaire États-Unis, prohibition de l'importation de crevettes... du 12 oct. 1998. Commentaire G. Marceau, A Call for Coherence *in* International Law – Praises for the Prohibition Against Clinical Isolation *in* WTO Dispute Settlement, *Journal of Word Trade* 1999, vol. 33, n° 5, p. 87-152.

les parties » [1] ont été abondamment utilisées, à côté de plusieurs autres, pour interpréter le droit relevant de l'OMC et l'ancrer du même coup solidement dans le droit international. On constate ainsi que les techniques d'interprétation des traités ne doivent pas être seulement envisagées d'un point de vue formel. Elles peuvent avoir également des conséquences matérielles (c'est-à-dire attachées à la substance ou contenu des normes) qui sont de première importance [2].

§ 2. **Principes et techniques d'interprétation** [3]

314 ***Règles générales*** ◊ « Un traité doit être interprété de bonne foi suivant le sens ordinaire à attribuer aux termes du traité dans leur contexte et à la lumière de son objet et de son but ». Telle est la règle générale posée à l'article 31 de la Convention de Vienne, dont il faut tirer plusieurs observations.

a) La mention de la bonne foi, tout d'abord, n'est pas ici une clause de style. Elle est liée à celle, déjà relevée, faite à l'article 26 relativement à l'exécution des traités. Elle s'adresse d'abord aux parties elles-mêmes mais aussi à toute autre instance éventuellement chargée de l'interprétation. Placée en tête de la disposition précitée, elle domine en réalité l'ensemble de la démarche interprétative, et se détermine par un certain « esprit de loyauté, de respect du droit, de fidélité aux engagements de la part de celui dont l'action est en cause » (*Dictionnaire de la terminologie du droit international*, sous la direction de J. Basdevant, p. 91) [4]. L'importance primordiale de la bonne foi dans le contexte de l'interprétation des traités a encore été rappelée dans l'arrêt de la CIJ sur le *Différend territorial entre la Libye et le Tchad* du 3 février 1994 [5].

b) L'interprétation doit prendre appui sur « le texte suivant le sens ordinaire à attribuer à ses termes ». C'est ici que la priorité sinon la préférence à accorder au texte lui-même (y compris le préambule et les éventuelles annexes) est marquée par la convention : celui-ci étant l'expression authentique de l'intention des parties et l'aboutissement de leur négociation, il incarne *prima facie* la manifestation la plus directe de leur volonté.

---

1. V. par ex. le rapport dans l'affaire *Japon-Mesures* visant les produits agricoles du 22 févr. 1999, aux § 81-83. comment. Ph. Weckel, Chronique de jurisprudence internationale, *RGDIP* 2000/1, p. 250 s.

2. V. notamment H. Ruiz Fabri, la contribution de l'Organisation mondiale du commerce à la gestion de l'espace juridique mondial, *in* E. Loquin et C. Kessedjian, *La mondialisation du droit*, Paris, Litec 2000 p. 369 s. et E. Canal Forgues, Sur l'interprétation dans le droit de l'OMC, *RGDIP* 2001/1 p. 5 s. J. Pauwelyn, The Role of Public International Law *in* the WTO : How Far Can We Go ?, *AJIL* vol. 95, 2001, p. 535 s. ; L. Bartels, Applicable Law *in* WTO Dispute Proceedings, *Journal of World Trade*, 2001. 499 s.

3. V. les contributions rassemblées dans le volume 2011-2 (p. 289 s.) de la *RGDIP* consacré principalement aux techniques interprétatives de la norme internationale. V. aussi le dossier spécial de l'*EJIL* intitulé « The Interpretation of Treaties - A Re-examination », vol. 21-3, 2010, p. 507-700.

4. V., par ex. en jurisprudence, affaire des *Pêcheries de la côte septentrionale de l'Atlantique*, Travaux de la Cour Permanente d'Arbitrage, Éd. Carnegie, p. 175 et 179.

5. *Rec.* CIJ 1994, p. 21.

C'est donc lui qu'il convient en premier lieu d'examiner en accordant à ses termes le sens qu'il est ou qu'il était normal – « naturel » selon la Cour internationale de Justice [6] – de leur attribuer [7]. On notera d'ailleurs à cet égard que, de plus en plus, les conventions prennent la précaution de faire précéder leurs dispositions substantielles d'un article de définitions, précisant le sens qu'il convient de donner aux concepts clefs du traité, ce qui facilite considérablement l'interprétation que l'on peut en faire.

En principe, l'interprétation doit s'appuyer sur le sens qu'avaient les termes employés *au moment de la conclusion de l'accord*. Dans son arrêt du 13 juillet 2009, rendu en l'affaire des *Droits de navigation* (*Costa Rica c/ Nicaragua*), la CIJ a cependant indiqué que « cela ne signifie pas qu'il ne faille jamais tenir compte du sens que possède un terme au moment où le traité doit être interprété en vue d'être appliqué, lorsque ce sens n'est plus le même que celui qu'il possédait à la date de la conclusion [...] ». Tel est notamment le cas lorsque « l'intention des parties au moment même de la conclusion du traité a été, ou peut être présumée avoir été, de conférer aux termes employés – ou à certains d'entre eux – un sens ou un contenu évolutif et non pas intangible, pour tenir compte notamment de l'évolution du droit international » [8]. La Cour a appliqué cette solution en l'espèce pour déterminer le sens du mot « commerce », utilisé dans un traité passé en 1858 entre les deux parties et qui prévoyait un régime de liberté de navigation à objet commercial au profit du Costa-Rica.

La détermination du sens des termes d'un traité doit, en outre, permettre de leur conférer un « effet utile ». Cet élément d'interprétation des dispositions conventionnelles est d'utilisation fréquente dans la pratique des organes conventionnels de garantie des droits de l'homme, en particulier dans celle de la Cour européenne des droits de l'homme. Il est également pris en compte, mais de manière plus modérée, dans la jurisprudence de la Cour internationale de Justice [9] et de sa devancière, la CPJI [10]. Pour la CIJ, la théorie de l'effet utile ne peut, en particulier, aller à l'encontre des réalités des relations internationales ; le fait qu'un traité comporte des dispositions redondantes ou qui ne sont pas strictement nécessaires peut être justifié par la volonté des parties d'éviter tout doute [11].

---

6. *Application de la convention internationale sur l'élimination de toutes les formes de discrimination raciale (Géorgie c/ Fédération de Russie)*, ord. du 15 oct. 2008, § 114.

7. Pour un exemple d'interprétation *rationae temporis*, CIJ, Affaire relative aux *droits des ressortissants des États-Unis d'Amérique au Maroc*, *Rec.* 1952, p. 189.

8. § 64 de l'arrêt.

9. V. *Application de la Convention internationale sur l'élimination de toutes les formes de discrimination raciale (Géorgie c/ Russie)*, arrêt sur les exceptions préliminaires du 1er avr. 2011, § 133-134.

10. V. l'ord. rendue le 19 août 1929 dans l'affaire des *Zones franches de Haute-Savoie et du pays de Gex*, *Rec. CPJI* série A n° 22, p. 13.

11. V. *Question de la délimitation du plateau continental entre le Nicaragua et la Colombie au-delà de 200 milles marins de la côte nicaraguayenne*, arrêt (exc. prél.) du 17 mars 2016, §. 41 ; *Violations alléguées de droits souverains et d'espaces maritimes dans la Mer des Caraïbes (Nicaragua c/ Colombie)*, arrêt du 17 mars 2016 (exc. prél.), §. 43.

c) Le contexte en fonction duquel doit être opérée l'interprétation interdit que l'on examine isolément une disposition du traité, en la séparant de l'ensemble dont elle fait partie. Il doit être tenu compte, comme l'indique la Convention de Vienne, de l'objet et du but du traité, ainsi que des autres dispositions du traité, y compris de ses annexes et des instruments qui en font partie intégrante [1]. Ce critère de l'objet et du but fait l'objet d'une utilisation particulièrement fréquente dans la pratique des organes de garantie des droits de l'homme et justifie que l'interprétation des instruments dont ils ont la garde soit constamment évolutive et ajustée aux évolutions de la société. Il conduit également à faire primer systématiquement la recherche d'effectivité de l'application des droits de l'homme sur l'intention initiale des auteurs des traités (voir e) [2].

Le contexte pertinent comprend également, comme il est précisé à l'article suivant, outre le traité lui-même, « tout autre accord ayant rapport au traité », comme tout autre « instrument établi par une ou plusieurs parties » et intervenu à l'occasion de sa conclusion. Au même titre, l'attention pourra se porter si nécessaire sur ce qu'il est convenu d'appeler la « *pratique subséquente des Parties au traité* » [3] désignant par là la conduite adoptée ultérieurement par les États parties à l'accord en cause en relation directe avec son application, considérée comme une sorte de preuve tangible de la façon dont ils entendent le sens et la portée des obligations auxquelles ils ont consenti. Il est remarquable de constater que le 11 juillet 1996, dans son second rapport, relatif aux taxes sur les boissons alcoolisées, l'Organe d'appel établi dans le cadre du système de règlement des différends de l'Organisation mondiale du commerce (OMC) (v. ss 601) a également tenu compte de la même règle d'interprétation ; il appliquait ainsi une nouvelle fois, conformément à son statut, les règles d'interprétation des traités internationaux à celle des traités multilatéraux du commerce en général et du GATT en particulier [4]. La règle vaut d'abord à l'égard de la conduite commune à l'ensemble des parties pour la mise en œuvre de l'accord qui les unit. Ainsi, afin d'interpréter la portée du compromis sur la base duquel elle avait été saisie par l'Albanie et la Grande-Bretagne dans l'affaire du *Détroit de Corfou*, la CIJ déclara-t-elle qu'il « ressort de l'attitude ultérieure des parties que leur intention, lorsqu'elles ont conclu le compromis n'était pas d'empêcher la Cour de fixer le montant de l'indemnité » [5]. La façon dont les parties se sont comportées dans la mise en œuvre d'une convention (mentionnée à l'article 31, § 3b de la Convention de Vienne de 1969) est souvent considérée par le juge international comme un élément à prendre en consi-

---

1. V. *Chasse à la baleine dans l'Antarctique*, arrêt du 31 mars 2014, § 55.
2. V. S. Touzé, Les techniques interprétatives des organes de protection des droits de l'homme, *RGDIP* 2011. 517 s.
3. V., sous ce titre, J.-P. Cot, *RGDIP*, vol. 70, 1966 et G. Distefano, *AFDI* 1994. 41-71.
4. V. E. Canal Forgues, La procédure d'examen en appel de l'OMC, *AFDI* 1996. 862 et, du même auteur, Sur l'interprétation dans le droit de l'OMC, *RGDIP* 2001. 5 s.
5. *Rec.* 1949, p. 25.

dération pour apprécier le sens et la portée qu'elles ont entendu apporter soit à telle ou telle de ses dispositions soit à son objet et ses finalités générales. On trouve un témoignage de cet intérêt de la jurisprudence pour la pratique subséquente des parties en tant qu'indice de leur volonté dans l'arrêt rendu par la CIJ le 13 décembre 1999 dans l'affaire de l'*Île de Kasikili c/ Sedudu* entre le Botswana et la Namibie, même si, en l'occurrence, la Cour a considéré ne pas pouvoir relever dans les comportements de l'un ou l'autre pays des éléments déterminants. Cette importance de la pratique subséquente est également soulignée dans la jurisprudence arbitrale, en particulier dans la sentence rendue le 30 octobre 2014 dans l'affaire des terres ferroviaires (*Railway Land*) entre la Malaisie et Singapour, laquelle rappelle en particulier que la conduite des parties ultérieurement à la conclusion du traité peut être l'expression d'un accord informel entre elles dont l'interprète doit tenir dûment compte eu égard aux règles coutumières d'interprétation de la Convention de Vienne [1].

Cette prise en considération vaut également à l'égard des comportements unilatéraux de l'un des cocontractants. Ainsi, à plusieurs reprises, et notamment dans l'affaire du *Temple de Préah Vihear*, la juridiction internationale a-t-elle eu l'occasion d'insister sur le fait qu'un État est lié par le comportement qu'il a adopté à l'égard d'une convention à laquelle il est partie ; il ne saurait invoquer une interprétation contradictoire avec la signification que son attitude, à la condition qu'elle ait été suffisamment constante, avait accréditée [2].

d) Enfin, l'enveloppe extérieure du contexte, si l'on peut dire, est constituée par l'application de « toute règle pertinente de droit international applicable entre les parties » (art. 31.3 c).

Une utilisation explicite de cette disposition a été faite par la Cour internationale de Justice dans son arrêt du 6 novembre 2003 pour interpréter les dispositions du traité d'amitié entre les États-Unis et l'Iran sur lequel ce dernier pays avait fondé son action contre les États-Unis pour usage illicite de la force et destruction de Plates-formes de forage en mer à la fin du conflit qui avait opposé l'Iran et l'Irak, dans les années 1980. Les États-Unis s'étaient à leur tour fondés sur le même instrument pour introduire à l'encontre du demandeur une demande reconventionnelle. Plus précisément, l'article XX. 1, d) du traité d'amitié dispose que la mise en œuvre de celui-ci « ne fera pas obstacle à l'application des mesures... nécessaires... à la protection des intérêts vitaux... sur le plan de la sécurité de l'une ou de l'autre partie ». La Cour a rejeté l'argumentation des États-Unis ; ils prétendaient que les « mesures » ainsi désignées pouvaient consister en un recours à l'emploi de la force armée en application du droit de légitime défense. En réponse, la CIJ a déclaré dans son arrêt du

1. *The Railway Land arbitration (Malaisie/Singapour), sentence arbitrale du 30 octobre 2014*, spéc. § 167, consult. sur le site de la Cour permanente d'arbitrage : [http://pca-cpa. org].
2. *Rec.* 1962, p. 22 s.

6 novembre 2003 qu'elle ne saurait admettre que cette disposition du traité d'amitié « ait été conçue comme devant s'appliquer de manière totalement indépendante des règles pertinentes du droit international relatif à l'emploi de la force » (*Plates-formes pétrolières*, pt. 41). Rappelant la règle posée à l'article 31.3 c) de la Convention de Vienne sur le droit des traités, la Cour a donc rejeté l'argumentation américaine, qui prétendait isoler la disposition conventionnelle concernée non seulement du contexte de l'accord en cause mais des autres obligations pesant sur les États-Unis en vertu du droit international, telles qu'elles résultent, en particulier, de la Charte des Nations Unies et du droit international général.

On doit ici souligner l'importance majeure de la position très justifiée prise ainsi par la Cour. La règle d'interprétation posée à l'article 31.3 c) de la Convention de Vienne s'avère en effet déterminante pour éviter la tendance qu'ont certains États à morceler leurs obligations conventionnelles, en ne percevant chacune d'entre elles qu'en fonction de la réalisation de l'objet spécifique auquel elle se rapporte. La doctrine des « régimes autosuffisants » également très en vogue aux États-Unis, va dans le même sens, qui consiste à percevoir un certain corps de droit indépendamment de l'ensemble du système normatif de l'ordre juridique international, dont il fait pourtant nécessairement partie [1]. Il s'agit là de l'un des ferments les plus dangereux de la fragmentation de l'ordre juridique international.

À l'inverse, on ne peut cependant considérer que les obligations des États formeraient un ensemble parfaitement cohérent dans lequel chaque traité trouverait harmonieusement sa place. Les contradictions sont possibles et même fréquentes ; elles se résolvent par application des adages *lex posterior* et *lex specialis* exposés plus haut (v. ss 302). La Cour internationale de Justice l'a rappelé dans son arrêt du 4 juin 2008, *Certaines questions concernant l'entraide judiciaire en matière pénale*. L'un des aspects principaux de cette affaire concernait l'inexécution par la France d'une demande des autorités djiboutiennes tendant à ce que leur soit communiquée une copie du dossier d'instruction sur les circonstances de la mort du juge Borrel, assassiné en 1995 à Djibouti dans des circonstances très mystérieuses. Pour justifier ce refus, le gouvernement français s'appuyait sur les termes mêmes de la convention d'entraide pénale franco-djiboutienne de 1986. Djibouti prétendait de son côté que cette convention devait être interprétée à la lumière du traité d'amitié et de coopération conclu par les deux États en 1977. Il en déduisait l'existence d'une obligation générale de coopération qui, selon lui, devait être observée pour l'application de la Convention de 1986 et que la France aurait méconnu en l'espèce. La Cour a rejeté cette argumentation [2]. Tout en reconnaissant que « la Convention de 1986 doit être interprétée et appliquée d'une manière qui prenne en considération l'amitié et la coopération » entre les deux pays,

1. Sur la critique systématique de cette doctrine, v. P.M. Dupuy, *L'unité de l'ordre juridique international*, Cours général de droit international public, *RCADI* 2002, t. 297, p. 432-460.
2. § 112 à 114 de l'arrêt.

elle a considéré que « là s'arrête, en termes juridiques, la relation entre les deux instruments » : l'argument de Djibouti revenait à priver la France du droit d'invoquer une clause de la Convention de 1986 autorisant, dans certaines circonstances, la non-exécution de l'une des obligations qu'elle impose (l'exécution des commissions rogatoires). Or une interprétation qui tient compte des normes pertinentes dans les relations entre les parties ne saurait avoir pour conséquence de modifier les droits et obligations respectifs des parties au titre de cette convention.

e) *Question de l'interprétation évolutive des traités.* D'une manière générale, la prise en compte de « toute règle pertinente en vigueur entre les parties » peut exiger, à propos de l'interprétation d'accords déjà anciens, que l'on reconstitue l'ordonnancement juridique prévalant entre les sujets concernés ainsi que le sens accordé aux règles applicables au moment de la conclusion de l'accord. Cela ne signifie cependant pas que les concepts sur lesquels repose l'économie du traité voient nécessairement une fois pour toutes leur signification figée à la date de sa conclusion. Le juge ou l'arbitre, en particulier, peuvent être amenés à interpréter les termes d'un accord en fonction des évolutions du droit dans le domaine concerné [1].

Cette règle a été confirmée de façon particulièrement nette par la Cour internationale de Justice dans l'affaire du *Projet de Gabcikovo-Nagymaros* (arrêt du 25 septembre 1997). La Cour a en effet indiqué que, dans l'application d'un traité bilatéral conclu en 1977 en vue de la réalisation d'un système de barrages en travers du Danube, « aux fins de l'évaluation des risques écologiques, ce sont les normes actuelles qui doivent être prises en considération » ; ceci, afin de tenir compte des « exigences... énoncées dans un grand nombre d'instruments au cours des deux dernières décennies » [2]. La Cour faisait ainsi droit à l'argumentation de la Hongrie. Elle s'était appuyée notamment sur l'avis consultatif donné par la même juridiction dans l'affaire de la Namibie dans lequel elle déclarait déjà qu'un traité devait être interprété « dans le cadre de l'ensemble du système juridique en vigueur au moment où l'interprétation a lieu » (*Rec.* 1971, p. 31). La Cour semblait ainsi, en 1997 plus encore qu'en 1971, avaliser une sorte de clause implicite de réévaluation des données conventionnelles en vue de l'adaptation du traité en cause aux évolutions du droit international général dans le domaine concerné. On ne saurait cependant aller trop loin dans le sens à donner à cette espèce. L'« interprétation évolutive » était rendue possible en l'espèce par la présence, dans le traité bilatéral de 1977 que

1. V. CPJI, Avis consultatif relatif aux *décrets de nationalité promulgués en Tunisie et au Maroc*, *Rec.* série B, n° 4, p. 24 ; en ce qui concerne le caractère évolutif des règles que comporte l'article 22 du Pacte de la SDN ainsi que de la notion de mission sacrée de civilisation, V. CIJ, Avis consultatif relatif aux conséquences juridiques pour les États de la présence continue de l'Afrique du Sud en Namibie, *Rec.* 1971, p. 31-32.

2. V. respectivement paragraphes 139 et 140 de l'arrêt. V., à ce propos, l'opinion individuelle du président M. Bedjaoui sous le même arrêt.

la Cour invite les parties à réinterpréter de certaines clauses se référant en termes très larges à la « protection de la nature » ; c'est-à-dire, à ce qu'on appelle aujourd'hui la protection de l'environnement. Or, il s'agit spécifiquement de l'une des branches du droit international ayant connu depuis vingt ans des transformations rapides et considérables (v. ss 116 et 691 s.).

Ce type de démarche interprétative peut en effet surtout s'appliquer à des conventions s'intégrant dans un contexte normatif ayant subi des transformations décisives [1]. Il connaît de toute façon des limites inhérentes. Il doit en effet rester conciliable avec le maintien de la sécurité juridique et, surtout, avec le respect fondamental de la volonté des parties. Or, par définition, cette volonté n'a pu se former qu'en fonction de l'état du droit tel qu'il existait au moment de la conclusion de l'accord soumis à interprétation [2]. L'interprétation dynamique ne peut donc être pratiquée dans le respect de la volonté initiale des co-contractants que lorsque les évolutions normatives générales en fonction desquelles est effectuée la réinterprétation obligent les parties elles-mêmes. Cela peut être notamment le cas dans deux hypothèses : soit que les nouvelles normes soient elles-mêmes énoncées dans d'autres instruments conventionnels auxquels ces mêmes États sont parties ; soit qu'elles fassent d'ores et déjà partie du droit coutumier général. En règle générale, l'« interprétation évolutive » ne saurait aller jusqu'à la révision du traité (voir l'opinion individuelle du juge Bedjaoui sous l'arrêt relatif au *Projet de Gabcikovo-Nagymaros* précité). On doit constater que, dans un arbitrage rendu en 2003 par un tribunal constitué en application de l'article 9 de la convention OSPAR sur la protection du milieu marin de l'Atlantique du Nord-Est, à propos de l'affaire *Mox* opposant l'Irlande au Royaume-Uni [3], deux arbitres sur trois, emportant la décision, ont préféré s'en tenir à une interprétation de la convention qui méconnaissait l'évolution du droit international de l'environnement en matière d'information du public intéressé. Sur ce point, en effet, le contenu de la convention OSPAR de 1992 est désormais décalé par rapport notamment à celle d'Aarhus de 1998 [4] ; aucune des parties au litige n'avait cependant ratifié ce traité.

Quoi qu'il en soit, cette méthode d'interprétation dynamique est largement utilisée dans la jurisprudence désormais bien établie de la Cour européenne des droits de l'homme (CEDH) selon laquelle la Convention de 1950 est « un instrument vivant » [5] qui « doit s'interpréter à la lumière

---

1. V. R. Bernhardt, Évolutive Treaty Interpretation, Especially of the European Convention on Human Rights, *GYIL*, 1999, vol. 42, p. 11-25.
2. V. M.K. Yasseen, L'interprétation des traités d'après la Convention de Vienne sur le droit des traités, *RCADI* 1976, III, t. 151, p. 64.
3. V. ss 547.
4. V. Chronique de jurisprudence internationale, *RGDIP* 2003/4, p. 986 s.
5. Arrêt du 25 avr. 1978, *Tyrer c/ Royaume-Uni*, n° 5856/72, § 31.

des conditions d'aujourd'hui »[1]. Réitérant ce principe, elle a ajouté dans son arrêt *Loizidou* du 23 mars 1995, en fondant sur le but de la convention, que la Convention doit également être interprétée « d'une manière qui en rende les exigences concrètes et effectives ». En foi de quoi, la CEDH a refusé la restriction unilatérale à son champ d'application que la Turquie invoquait par la voie d'une réserve pour exclure de la compétence spatiale de la Cour le territoire de la prétendue République turque de Chypre du Nord. On retrouve une interprétation dynamique appliquée au « droit à la vie » tel que consacré par le Pacte des Nations Unies sur les droits civils et politiques ; le Comité des droits de l'homme, dans sa décision *Roger Judge c/ Canada*, du 5 août 2003, revient ainsi sur une position adoptée dans ses décisions antérieures, pour déclarer, compte tenu du consensus international élargi en faveur de l'abolition de la peine de mort, que tout État abolitionniste est tenu de ne pas exposer une personne au risque d'être exécutée si elle est extradée vers un pays où elle a été condamnée à la peine capitale[2].

Il est cependant des situations dans lesquelles les enseignements donnés par le texte et le contexte sont insuffisants, surtout lorsqu'il y a de graves divergences d'interprétation entre les parties pour renseigner sur le contenu véritable de leur volonté initiale. Il faut alors recourir à des moyens complémentaires, pour tenter de préciser ou simplement de confirmer la signification dégagée par le recours aux règles générales.

315 ***Moyens complémentaires d'interprétation*** ◊ Ils sont au nombre de deux. Il s'agit d'une part du recours aux travaux préparatoires et, d'autre part, des circonstances dans lesquelles le traité a été conclu.

a) La CPJI avait dit à juste titre dans l'affaire du *Lotus* en 1927, qu'« il n'y a pas lieu de tenir compte des travaux préparatoires si le texte d'une convention est suffisamment clair »[3] position confirmée par la jurisprudence ultérieure[4]. Moins que complémentaire, ce moyen pourrait même être qualifié de subsidiaire. L'expérience prouve en effet que l'obscurité des textes vient souvent de la confusion de leur négociation, et rares sont les cas dans lesquels les procès-verbaux, qui en rendent compte de façon d'ailleurs plus ou moins fidèle, jettent la lumière sur une disposition équivoque[5]. De manière contestable, la Cour internationale de Justice s'est toutefois départie de cette jurisprudence dans son arrêt du 1er avril 2011 sur les exceptions préliminaires dans l'affaire de l'*application de la Convention internationale sur l'élimination de toutes les formes de discrimination raciale (Géorgie c/ Russie)*,

1. Arrêt du 13 juin 1979, *Marckx c/ Belgique*, n° 6833/74, § 41.
2. V. Ph. Weckel, Chronique de jurisprudence internationale, *RGDIP* 2003/4, p. 969 s.
3. *Rec.* 1927, série A, n° 10, p. 16.
4. V. CIJ, avis consultatif sur les *conditions d'admission d'un État comme membre des Nations Unies*, *Rec.* 1947-1948. 63 ; arrêt, affaire de la *compétence en matière de pêcherie*, *Rec.* 1973, p. 9-10, § 17 ; CIJ, arrêt relatif au *différend frontalier* (*Libye c/ Tchad*, *Rec.* 1994, p. 21).
5. V. E. Canal-Forgues, Remarques sur le recours aux travaux préparatoires dans le contentieux international, *RGDIP* 1993. 901-937.

en jugeant qu'il lui appartenait de se pencher sur les travaux préparatoires pour confirmer l'interprétation d'un texte dégagée à partir du sens ordinaire des termes employés dès lors que ces travaux avaient été cités par les parties à appui de leurs interprétations respectives du texte [1].

b) L'examen des circonstances dans lesquelles l'accord a été négocié permet beaucoup plus souvent de resituer l'intention des parties et le but du traité par rapport aux préoccupations se manifestant à l'époque de son élaboration. La jurisprudence y a assez souvent recours [2].

316 ***Interprétation de traités authentifiés en plusieurs langues*** ◊ Des difficultés souvent importantes sont créées par les différences fréquentes de signification résultant de la rédaction d'un même traité en plusieurs langues, alors même que chaque version est déclarée authentique. L'article 33 donne des solutions nécessairement très imparfaites et de caractère d'ailleurs supplétif, en rappelant que « les termes d'un traité sont présumés avoir le même sens dans les divers textes authentiques » pour renvoyer, en cas de difficultés, à l'application des règles et moyens posés aux deux articles précédents, dont l'éventuel insuccès devra être racheté par la recherche du « sens qui, compte tenu de l'objet et du but du traité, concilie le mieux les textes » [3]. Ces solutions ont, notamment, été appliquées par la Chambre pour le règlement des différends relatifs aux fonds marins du Tribunal du droit de la mer dans son avis consultatif du 1er février 2011, afin de déterminer le sens des termes « responsabilité » et « responsibility » utilisés dans les versions française et anglaise de la Convention des Nations Unies sur le droit de la mer du 10 décembre 1982 (*GTDIP* n° 61) [4].

SECTION 2. **LA COUTUME INTERNATIONALE** [5]

317 ***Introduction*** ◊ Dans la typologie des sources du droit international traditionnellement tirée de l'article 38 du Statut de la Cour internationale

---

1. Arrêt préc., § 142.

2. V. par ex. CIJ, *Affaire Haya de la Torre*, à propos de la Conventionde La Havane de 1928, *Rec.* 1950, p. 285-286 et Ch. de Visscher, *op. cit.* p. 75 ; Libye/Tchad, 1994, *Rec.* p. 31.

3. V. J. Hardy, The Interpretation of Plurilingual Treaties by International Courts and Tribunals, *BYBIL*, 1961.

4. *Responsabilités et obligations des États qui patronnent des personnes et entités dans le cadre d'activités menées dans la Zone*, § 61 s. de l'Avis.

5. Sur la théorie générale de la coutume, V. notamment L. Kopelmanas, Custom as a Means of the Creation of International Law, *BYBIL* 1937. 127 s. ; H. Kelsen, Théorie du droit international coutumier, *Revue internationale de la théorie du droit*, 1939, p. 263 s. ; P. Guggenheim, Les deux éléments de la coutume en droit international, *Mélanges G. Scelle*, Paris, 1950, p. 275 s. ; A. d'Amato, The Concept of Custom *in* International Law, Ithaca/London, Cornell U.P., 1971 ; B. Bollecker Stern, La coutume au cœur du droit international, *Mélanges Reuter*, Paris, Pedone, 1981, p. 486 s. ; S. Sur, La coutume internationale. Sa vie, son œuvre, *in* Droits, *Revue française* de Justice, quelles que soient par ailleurs les réserves qu'appelle ce procédé (*GTDIP* n° 27 ; v. ss 236), la coutume est citée après les conventions internationales, sans qu'il faille voir dans cet ordre d'énumération l'assignation à celle-ci d'un rang inférieur à celles-là.

Elle y est définie comme « preuve d'une pratique générale, acceptée comme étant le droit ».

Ainsi rappelons-le, la coutume, à l'inverse des traités que l'on vient d'examiner, fait partie du *droit international général*, c'est-à-dire du droit composé des normes applicables à l'ensemble des sujets de l'ordre juridique international [1]. Longtemps, le droit international ou « droit des gens » *(jus gentium)* a pu d'ailleurs apparaître essentiellement composé de coutumes, telles celles établissant par exemple le principe de liberté des mers [2], celui de l'immunité des locaux diplomatiques, ou beaucoup des règles se rapportant à la conclusion et à l'entrée en vigueur des conventions internationales, ou encore à l'exercice des compétences étatiques.

318 ***L'objet de la présente section*** est cependant limité. Il s'agit pour l'instant d'examiner de manière intrinsèque, en fonction notamment de la définition qui précède, le phénomène coutumier en lui-même ainsi que la place qu'il occupe dans l'ordre juridique international. Ce n'est qu'au chapitre ultérieur que l'on reviendra sur ce qu'il est convenu généralement d'appeler les « conditions récentes de formation de la coutume » pour désigner ce qui en réalité constitue un phénomène juridique beaucoup plus complexe.

319 ***Plan*** ◊ On examinera d'abord le phénomène coutumier dont on verra qu'il est à la fois composite et ambigu ; ceci explique, comme on le verra ensuite, l'opposition des analyses doctrinales ; on tentera enfin une réponse à la question qui est précisément au cœur des discussions des auteurs : quelle est la place effective du *consentement des sujets de droit* dans la formation de la coutume internationale ?

§ 1. Le phénomène coutumier

320 ***La notion de « coutume »*** est à deux faces. On désigne en effet sous ce terme à la fois un *processus social* et son résultat, qui est une *norme juridique*, l'un et l'autre constituant un phénomène bivalent, social d'abord, juridique ensuite.

---

de théorie juridique, 3, La coutume, Paris, 1986, p. 111 s. et, du même auteur, La coutume, *Juris-classeur de droit international*, Fascicule 13, 1989 ; P. Haggenmacher, La doctrine des deux éléments du droit coutumier dans la pratique de la Cour internationale, *RGDIP* 1986. 6-125 ; P.-M. Dupuy, Théorie des sources et coutume en droit international contemporain, *in Liber Amicorum E.J. de Arechaga*, Montevideo, FCU, 1994, p. 51-68.

1. Du moins cela est-il vrai de la coutume générale, c'est-à-dire universelle, à côté de laquelle existent également, quoiqu'en nombre beaucoup plus restreint, des coutumes régionales, voire même locales, dont la validité est alors restreinte à un cadre spatial limité.

2. H. Grotius, *Mare Liberum*, repr. sous le titre *La liberté des mers/Mare Liberum* aux éditions Panthéon-Assas (Paris, 2013, 154 p.).

a) Le processus social tout d'abord est par excellence empirique. Ainsi que l'ont observé les ethnologues dans les sociétés dites primitives, il était initialement caractérisé par la formation progressive, largement étalée dans le temps, d'un certain type de comportement des membres d'une collectivité peu à peu convaincus qu'en s'y conformant, ils respectaient une tradition dictée par des besoins ressentis sous la pression des faits, à moins qu'elle ne soit issue de ce que Montesquieu appelait avec élégance dans son *Esprit des lois* « ces rapports nécessaires qui dérivent de la nature des choses » (livre I, chapitre I). Pour désigner ce mystérieux phénomène, les auteurs se font d'ailleurs volontiers poètes, évoquant par exemple le chemin peu à peu tracé dans la forêt des origines par les pas répétés des chasseurs montant à l'affût, comme pour bien marquer combien la reproduction des mêmes pratiques aboutit à la création d'un sentiment latent d'obligation chez ceux qui s'y conforment.

Bref, à l'origine mais sans doute aussi dans une certaine mesure dans les sociétés actuelles, internes aussi bien qu'internationales, le processus coutumier est caractérisé à la fois par sa *spontanéité* et par un certain *primitivisme*, dû notamment à l'imprécision de son contenu, elle-même liée à son côté presque volatile, parce que non écrit.

Pour toute une partie de la doctrine (les normativistes de l'école kelsénienne notamment), l'analyse de ce phénomène social est ainsi la seule affaire des sociologues, non des juristes, quant à eux exégètes et techniciens des formes, ici encore inexistantes. Le processus social engendrant la coutume est ainsi tout au plus une source matérielle du droit : lieu caché où fermente selon des voies souvent insaisissables une conscience collective quasi souterraine, ultérieurement appelée à une féconde émergence sous les formes du droit.

b) La norme juridique alors issue de ce processus passablement obscur s'appelle pourtant elle aussi « coutume ».

Elle, tous les auteurs sont d'accord là-dessus, intéresse par définition l'analyse proprement juridique. Mais cette dernière n'est cependant pas moins embarrassante, non tant pour ce qui se rapporte à son contenu qu'à ses origines : comment en effet s'est-il produit que ce qui était pendant longtemps purement du fait soit un jour devenu du droit ? Comment, en d'autres termes, pour reprendre l'heureuse expression de Jean Combacau, a-t-on fait pour passer « de la régularité à la règle » [1] ?

La question mérite d'autant plus d'être posée si l'on prétend, comme le fait encore une doctrine majoritaire, faire de la coutume, sur la base du trop fameux article 38 du statut de la Cour, une source formelle du droit international général, désignant sous cette expression *les procédés spécifiques par lesquels une obligation sociale diffuse est transformée en règle de droit* clairement définie.

321 ***Porte-à-faux*** ◊ Le porte-à-faux dans lequel sont alors pris la plupart des auteurs est considérable. Sollicités d'une part de prendre parti sur la question, méthodologique aussi bien que fondamentale, de savoir s'ils doivent

---

1. J. Combacau, La coutume, ouverture : de la régularité à la règle, *Droits*, n° 3, 1986, p. 3 s.

inclure ou non dans leurs analyses la coutume comme processus (source matérielle) ou seulement son « produit fini », la règle de droit (source formelle), les auteurs doivent également constater un manque : celui, précisément, de l'existence de *procédés* dûment formalisés par le droit lui-même, pour créer des normes coutumières.

Il existe en effet, on vient de l'étudier, un corps de règles précises et détaillées, aujourd'hui qui plus est codifiées, déterminant les conditions de formation et de validité des traités internationaux. Mais il n'y a pas, à l'inverse, pour reprendre la terminologie de Hart (v. ss 17) de règles secondaires, ou, si l'on préfère, de règles procédurales gouvernant les conditions de formation de la coutume. Celle-ci peut tout au plus résulter du constat de la conformité des conduites des sujets de droit à une règle, qui n'est cependant pas donnée *a priori*, mais au contraire déduite de ces conduites elles-mêmes.

La difficulté vient ainsi du fait qu'au-delà même du processus social précédemment évoqué (lui-même informe ou multiforme, ce qui revient au même), le juriste ne puisse pas davantage décrire et analyser les procédures de création de la règle non écrite. Le paradoxe est alors que, prise au piège de ses prémisses théoriques, la doctrine positiviste la plus classique veuille néanmoins persister à voir dans la coutume, malgré cette absence de formes, tant de son contenu que de ses conditions de création, une source... formelle ! Voyons comment les différentes branches du positivisme juridique y parviennent, non sans un abondant recours aux fictions juridiques.

§ 2. Les doctrines [1]

322 ***Importance du débat doctrinal*** ◊ Elle est ici considérable. Elle revêt qui plus est un intérêt pratique non moins important, en nous confrontant à la double question de savoir comment se révèle l'existence de la norme coutumière et qui est l'auteur de cette révélation.

Ces interrogations, inhérentes à toute réflexion sur la nature et les caractères du droit international, ont connu dans les trente dernières années un regain d'actualité : l'arrivée sur la scène internationale d'États nouvellement créés parce qu'issus de la décolonisation a en effet posé la question de savoir s'ils étaient liés par des règles coutumières à la formation desquelles, pour des raisons historiques, ils n'avaient pu eux-mêmes prendre part. La réponse des principaux intéressés étant négative, elle montrait ainsi une nouvelle fois l'enjeu également politique du débat autour de la part prise par le consentement de l'État dans la formation de la coutume.

1. Pour une synthèse des positions en présence, V. notamment en théorie générale du droit, M. Troper, Du fondement de la coutume à la coutume comme fondement, *Droits* 1986, *op. cit.*, p. 11 s., et, en droit international, B. Bollecker-Stern, La coutume au cœur du droit international, *op. cit.* p. 479 s. ; K. Wolfke, *Custom in Present International Law*, 2e éd., Dordrecht, MNP, 1993. 192 p.

On constatera pourtant que s'ils divergent radicalement sur cette dernière question, touchant en définitive à la nature de la coutume, les deux grands courants qui se partagent à cet égard la doctrine sont néanmoins d'accord quant à l'identification de ses composantes.

A. Divergences sur la nature de la coutume

323 ***Deux courants*** ◊ La doctrine se partage essentiellement en deux courants, volontariste et objectiviste :

a) Pour l'école volontariste, née à la fin du siècle dernier sous la plume des maîtres du positivisme (Triepel, Anzilotti) [1], il ne peut par définition y avoir de formation de la coutume hors de la volonté réfléchie et de l'initiative du sujet de droit, ou, à tout le moins, de son acceptation tacite par l'État auquel on prétend l'opposer.

On voit qu'alors, une telle conception rapproche à l'extrême la coutume du traité ; celle-ci y est au fond perçue comme une sorte d'accord particulièrement informel et sa nature s'avère profondément consensuelle. N'ayant pas d'identité véritable, elle perd du même coup son caractère de généralité absolue, puisque, telle une convention, elle ne sera opposable qu'aux États dont le comportement aura clairement attesté qu'ils reconnaissaient son caractère obligatoire.

b) L'école objectiviste, dont les représentants les plus marquants en droit international entre les deux guerres sont G. Scelle [2], M. Bourquin et Ch. de Visscher, voit quant à elle tout au contraire dans la coutume l'expression d'une nécessité sociale ressentie par les membres de la collectivité internationale et les incitant les uns et les autres à agir d'une certaine manière. On retrouve ici une conception essentiellement sociologique de la coutume, d'ailleurs directement héritée de Durkheim et Lévy-Bruhl. Scelle insiste notamment sur le fait que « chacun des actes qui constituent la coutume est autonome, isolé, et que par conséquent il n'y a aucune trace de contrat, soit explicite, soit implicite, dans la formation coutumière du droit » [3]. Il insiste ainsi sur le caractère spontané du phénomène, éloigné de toute idée de volonté délibérée, indispensable à la formation d'un lien contractuel.

Dans cette conception, à l'inverse de la précédente, la généralité de la coutume peut résulter d'une prise de conscience non pas unanime mais seulement largement majoritaire des membres de la collectivité internationale ; elle peut par conséquent s'imposer même à des États qui n'ont pas clairement pris part à son élaboration ou qui désiraient rester à l'écart de son application.

---

1. Triepel, *Völkerrecht und Landesrecht*, Leipzig, 1899, notamment p. 90-103 ; D. Anzilotti, *Cours de droit international*, 3e édition, traduction française, Paris, 1929, spécial. p. 73-77.

2. V. par exemple ses Règles générales du droit de la paix, *RCADI* 1933-IV, t. 46, notamm. p. 428 s. ; V. aussi H. Lauterpacht, Règles générales du droit de la paix, *RCADI* 1937-IV, t. 62, p. 157 s. ; en droit interne, Gény, *Méthodes d'interprétation et sources en droit privé positif*, Paris, 2e éd. 1954.

3. *Manuel élémentaire de droit international public*, Domat-Montchrestien, 1943, p. 397.

Ainsi, alors que les volontaristes font dépendre la coutume de la volonté des États, les objectivistes subordonnent la volonté des États à la coutume. On ne saurait *a priori* rêver d'opposition plus tranchée. Pourtant, certains points de contact sinon d'accord existent entre les deux courants : l'un d'entre eux concerne en particulier les composantes ou éléments constitutifs de la coutume, même si les uns et les autres ne leur accordent pas toujours la même signification.

B. Convergence partielle sur les composantes de la coutume

324 ***La doctrine dite des « deux éléments constitutifs de la coutume »*** ◊ La bivalence du phénomène coutumier trouve un écho direct dans la représentation qu'en donnent les différents courants de la doctrine, aussi bien objectiviste que volontariste. Pour les uns comme pour les autres, confortés par le texte précité de l'article 38 b. du statut de la Cour de La Haye (CPJI puis CIJ), la réunion de deux éléments est nécessaire pour que naisse la coutume en tant que règle de droit.

a) D'une part, un élément matériel, la « pratique générale », à vrai dire elle-même très composite ; elle peut être en effet constituée par l'accumulation et la répétition de certains faits, actes, déclarations, comportements (actifs ou passifs) et attitudes diverses, raisonnablement imputables aux organes des sujets de droit international (États et organisations internationales) [1]. Il faut que ces faits soient dotés d'une constance et d'une concordance suffisantes de la part de ces sujets, pour attester leur convergence.

Mais cette concordance dans le temps doit se doubler d'une continuité dans l'espace. Pour être déclarée valide en tant que coutume générale, la règle non écrite doit être reconnue dans toutes les régions du monde et, doit-on ajouter aujourd'hui, par toutes les catégories d'États, différenciés surtout à présent par leur inégal niveau de développement. Le champ d'application spatial de la coutume peut néanmoins varier par sa dimension. C'est ainsi que la jurisprudence a reconnu la possibilité de l'existence de coutumes régionales, voire locales [2]. Les unes comme les autres ne lient

1. Dans la conception de G. Scelle, les individus, étant les sujets primaires du droit des Gens, peuvent également par leur comportement être à l'origine de la coutume. Au vu de la pratique, ceci ne paraît pourtant vrai que dans la mesure où ces comportements individuels suscitent eux-mêmes une réaction ou une abstention des États, voire des organisations intergouvernementales. On ne peut donc pas dire que ces attitudes individuelles puissent être considérées comme directement constitutives de précédents contribuant à la formation des coutumes internationales. Une réponse plus nuancée devrait sans doute être apportée à propos de l'éventuelle portée des actes de certaines organisations internationales non-gouvernementales (ONG).

2. Pour les premières, CIJ, affaire du droit d'asile, dite souvent *Haya de la Torre, Colombie/Pérou*, *Rec.* 1950, p. 277 ; V. également affaire relative aux *droits des ressortissants des États-Unis d'Amérique au Maroc, France c/ États Unis*, *Rec.* 1952, p. 200 ; pour la coutume locale, V. CIJ, affaire du *droit de passage en territoire indien*, *Rec.* 1960, p. 39.

alors, par définition, que les États de la région considérée, voire même seulement deux ou trois d'entre eux, dans le cas de la coutume locale.

b) Mais l'élément matériel ne suffit pas à créer la coutume. Il y faut également l'adjonction d'un élément intellectuel, dit aussi psychologique, consistant dans la croyance, la conviction chez les sujets de droit qu'en agissant comme ils le font, ils se conforment non à un simple usage (comme il en existe par exemple de nombreux dans le protocole diplomatique en vigueur dans la plupart des capitales) mais à une véritable règle de droit. Comme le dit la CIJ dans l'arrêt relatif au *Plateau continental de la mer du Nord*, « les États intéressés doivent avoir le sentiment de se conformer à ce qui équivaut à une obligation juridique » [1].

Pour reprendre les termes de référence de l'article 38 b. du statut de la Cour, la « pratique générale » doit être ainsi « acceptée comme étant le droit ». Cette adhésion, cette disposition psychologique, que l'on impute à l'État parce qu'elle anime ses gouvernants et se manifeste par ses organes, constitue l'« *opinio juris* ».

Cet élément permet de distinguer la coutume d'un simple usage qui serait guidé, notamment, par la courtoisie internationale. L'usage n'est pas juridiquement contraignant, même si, comme la Cour internationale de Justice l'a indiqué en 2008 de manière sans doute contestable, des excuses peuvent s'imposer lorsqu'un État adopte un comportement peu courtois [2]. En l'occurrence, il était reproché à la France de n'avoir pas agi conformément à la courtoisie due à un chef d'État étranger, lequel avait été convoqué, par simple télécopie et dans des délais extrêmement brefs, à témoigner devant un juge d'instruction.

325 ***La jurisprudence internationale paraît bien conforter cette théorie des deux éléments***, dont on ne peut au demeurant pas contester, comme il en va de beaucoup d'analyses positivistes classiques, l'efficacité pédagogique et opératoire.

Deux arrêts notamment, à propos de la coutume générale, sont généralement cités à titre de référence : d'une part, l'arrêt de la CPJI dans l'affaire du *Lotus* [3], célèbre parce qu'il résume à lui tout seul toute une conception du droit international, et d'autre part, beaucoup plus proche de nous, l'arrêt de la CIJ rendu dans l'affaire du *Plateau continental de la Mer du Nord* [4], déjà rencontré plus haut, précisément à propos des rapports entre la coutume et le traité (v. ss 298) [5]. Mais plusieurs autres espèces pourraient être citées, qui semblent également solidement appuyées sur l'opération suivante : élément matériel + élément psychologique = coutume. Parmi

1. *Rec.* 1969, p. 44, § 77.
2. Arrêt du 23 mai 2008, *Certaines questions concernant l'entraide judiciaire en matière pénale*, § 172 et § 173 de l'arrêt.
3. *France c/ Turquie*, 7 sept. 1927, *Rec.* Série A, n° 10, p. 28.
4. *Pays-Bas et Danemark c/ RFA*, 20 févr. 1969, *Rec.* 1969, p. 44, § 76.
5. Pour une analyse très minutieuse de la jurisprudence de la CPJI et de la CIJ, V. P. Haggenmacher, La doctrine des deux éléments dans la pratique de la Cour internationale, *op. cit.*

celles-ci figure l'arrêt rendu le 3 février 2012 dans l'affaire des *Immunités juridictionnelles de l'État (Allemagne c/ Italie)* dans lequel la Cour a énoncé qu'« une pratique «effective» assortie d'une *opinio juris* est en particulier requise pour qu'existe » une règle de droit international coutumier [1].

§ 3. Critique

326 ***Axes de la critique*** ◊ On aurait tort de se laisser impressionner outre mesure par cette apparente unanimité sur les composantes de la coutume, aussi bien que par la symétrie tout académique des oppositions d'écoles quant à sa nature.

Une analyse sans *a priori* de la pratique jurisprudentielle conduit en effet à constater que la doctrine des deux éléments constitue une présentation excessivement formalisée d'une réalité beaucoup plus complexe. L'examen de la pratique étatique conduit de plus à observer que théories subjectivistes comme volontariste déforment partiellement la réalité, tout en la reflétant l'une et l'autre sous certains aspects. Il demeure donc nécessaire de tenter une évaluation non dogmatique du rôle du consentement dans la formation de la coutume internationale.

A. Critique de la théorie des deux éléments

327 ***Le rôle du juge dans la formation de la coutume*** ◊ En droit international comme en droit interne, le juge joue un rôle déterminant dans la révélation sinon même parfois la formation de la coutume, et c'est en particulier dans la jurisprudence, on l'a vu, que la doctrine des deux éléments a cru pouvoir trouver un surcroît d'autorité [2].

Ceci s'explique d'autant mieux qu'à l'inverse de ce qui se passe par exemple en droit constitutionnel français, le juge international peut puiser dans les statuts gouvernant sa fonction la reconnaissance de la coutume comme source de droit (art. 38). La rareté des cas dans lesquels il est saisi est certes une entrave à l'extension de son rôle dans la formulation de la règle ; mais cet état de choses se trouve en partie compensé, par la portée beaucoup plus large qu'en droit interne, des arrêts qu'il rend.

328 ***Le juge et la preuve*** ◊ Pour le juge, le problème principal posé par l'invocation d'une coutume non encore fermement établie est celui de l'apport de la preuve de son existence. Et il est exact que, pour l'établissement de celle-ci, il est amené à rechercher dans la pratique des États la

1. § 55 de l'arrêt. V. également CIJ, arrêt dans l'affaire du *Détroit de Corfou* (*Royaume Uni c/ Albanie*) (fond) *Rec.* 1949, p. 18, 22 et 28 ; affaire des *Pêcheries* (*Royaume-Uni c/ Norvège*) *Rec.* 1951. 131, deuxième phase, *Rec.* 1955, p. 22 et 23.
2. V. P.-M. Dupuy, Le juge et la règle générale, *RGDIP* 1989. 569-598.

manifestation de leur conviction quant à la juridicité de leur conduite. Ici, deux observations importantes doivent cependant être faites :

a) La première est que les faits constituant cette pratique, « élément matériel » de la coutume à démontrer ou confirmer, ne sont pas eux-mêmes des faits bruts, indifférenciés, mais des faits juridiques c'est-à-dire des faits auxquels le droit attache une signification spécifique : actes unilatéraux émanant des gouvernements (qu'ils soient administratifs, législatifs ou juridictionnels), déclarations publiques, actes conventionnels même, ainsi qu'on l'a vu en examinant plus haut les rapports des traités avec la coutume. On aurait donc tort de garder à l'esprit l'image trompeuse d'une opposition élémentaire entre l'opacité d'un élément matériel amorphe et la subtile inconsistance d'un élément intellectuel qui, tel le souffle divin animant la matière dans le récit de la Genèse, viendrait donner vie à ce qui n'était jusque-là que matière brute ou pratique instinctive.

b) La seconde observation est celle de l'interdépendance manifeste sinon même de l'union inextricable entre l'un et l'autre élément. La pratique n'est, dans la grande majorité des cas, qu'abstraitement et artificiellement distinguable de l'*opinio juris* parce qu'elle en est elle-même la manifestation tangible : l'élément matériel n'est pas un préalable à l'apparition de l'élément psychologique parce que, lui-même, il constitue la preuve de la conviction juridique des États. La coutume est l'expression d'une *opinio juris* manifestée dans et par une pratique. Elle ne résulte pas de l'adjonction des deux éléments mais de la révélation de l'un par l'autre. S'agissant, par exemple, des règles relatives aux immunités de l'État, la pratique, comme l'a admis la CIJ, se dégage principalement de la jurisprudence des juridictions internes tandis que l'*opinio juris* est reflétée par l'attitude des États devant ces mêmes juridictions : elle réside, d'un côté, dans l'affirmation par les États qui invoquent l'immunité qu'ils sont fondés à en bénéficier en vertu du droit international et, de l'autre côté, dans la reconnaissance par les juridictions du for qu'une immunité leur est due pour la même raison [1].

Cette intrication des deux éléments est sensible jusque dans la terminologie employée par la Cour de La Haye ou les tribunaux arbitraux. Le plus souvent en effet, la jurisprudence s'est contentée de constater simplement l'existence d'une « règle », d'une « pratique », d'une « opinion », d'un « usage » généralement admis en tel ou tel domaine, manifestant ainsi la relation intime sinon l'identité qu'elle établit couramment entre les deux éléments [2].

Lorsque, en un nombre au demeurant limité d'affaires, le juge cherche à établir l'existence et la validité d'une coutume dont l'invocation n'est pas encore d'un usage courant ou l'existence éventuellement contestable, il ne se perd pas dans les méandres de la « psychologie » des États, lesquels

---

1. V. CIJ, 3 févr. 2012, Immunités juridictionnelles de l'État (Allemagne c/ Italie), § 55.

2. V. par exemple les affaires du vapeur *Wimbledon*, *Rec.* CPJI, série A, n° 1, p. 28 ; *Statut juridique du Groenland occidental*, CPJI, série A/B n° 53, p. 71 ; *Détroit de Corfou*, CIJ, *Rec.* 1949, p. 18 et 22 ; *Temple de Preah Vihear*, CIJ, *Rec.* 1962, p. 26.

n'ont d'ailleurs pas d'état d'âme ! Il cherche simplement dans leur pratique concrète l'expression effective de leur opinion en droit (v. par ex. l'affaire du *droit d'asile* précitée). Ceci reste vrai même si, comme dans les arrêts précités du *Lotus* et du *Plateau Continental de la Mer du Nord,* le recours à la pédagogie binaire des deux éléments pourrait *a priori* faire penser que la Cour établit parfois une distinction nette entre l'un et l'autre. C'est ainsi par une interprétation *a posteriori* que le juge construit largement lui-même la démonstration de l'existence de la règle de droit plus qu'il ne la dévoile ; ceci lui confère d'ailleurs en bien des cas une sorte de pouvoir normatif.

On ajoutera que l'union quasi consubstantielle entre les deux éléments est sans doute considérablement accrue à l'heure actuelle par le raccourcissement des délais nécessaires à la formation de la coutume. Alors qu'au XVIIe ou au XVIIIe siècle, la relative rareté des relations entre gouvernements expliquait la lenteur du processus de concrétion coutumière, les contacts permanents et multiformes entre États à l'époque actuelle expliquent que l'on puisse assister à la formation définitive d'une nouvelle règle coutumière en l'espace de quelques années. C'est ce qu'a notamment reconnu la Cour internationale de Justice dans l'arrêt du *Plateau continental de la Mer du Nord* [1] et les conditions dans lesquelles s'est formé le droit de la zone économique exclusive jusqu'à 200 milles nautiques des côtes des États riverains en constituent sans doute la meilleure illustration (v. ss 659).

329 ***Conclusion*** ◊ Quelles que soient par ailleurs ses vertus méthodologiques, la théorie des deux éléments, censée au fond reproduire à l'envers la procédure législative interne [2], correspond ainsi à une formalisation largement artificielle du processus coutumier tel qu'il est constaté ou parfois recréé par le juge.

En dépit des séductions d'un tel artifice de présentation, il demeure en effet que l'apparition de la coutume reste un processus empirique et complexe, dépourvu de procédure formelle de production, sauf à réduire celle-ci à l'intervention du juge en tant que tierce autorité officiellement investie du pouvoir de constater l'existence de la norme non écrite : mais ceci serait alors une présentation largement tronquée de la réalité. Quelle que soit en effet l'importance du rôle de la Cour ou des tribunaux en ce domaine, la coutume naît encore aujourd'hui largement en dehors de leur intervention.

On vérifie ainsi une fois de plus toute la précarité de la théorie classique des sources formelles du droit, appliquée à la coutume internationale [3].

---

1. CIJ, *Rec.* 1969, p. 43, § 74.
2. V. F. Gény, *op. cit.*, t. 1, § 109-137 dont la théorie a également imprégné les internationalistes : alors que dans la législation, la norme est posée d'abord, pour être suivie d'application, en droit coutumier, la pratique interviendrait en premier lieu, pour engendrer ensuite la norme.
3. V. J. Barberis, La coutume est-elle une source du droit international ?, *in* Le *droit international au service de la paix, de la justice et du développement, Mélanges Michel Virally*, Paris, Pedone, 1991, p. 43-53.

B. La place du consentement dans la formation de la coutume

330 ***Discussion doctrinale*** ◊ L'enjeu de la discussion doctrinale entre volontaristes et objectivistes tourne, on l'a vu, autour de la question de savoir quelle est la part faite à la volonté des États dans la formation de la coutume et son opposabilité aux États qui n'y auraient pas acquiescé (v. ss 323). Or l'observation dépassionnée de la pratique étatique permet de constater que chacune des deux écoles rend compte d'une partie seulement de la réalité contemporaine tout en poussant trop loin, par esprit de système, les conclusions qu'elle en tire.

331 ***La force de la volonté*** ◊ Il est exact de dire aujourd'hui, comme les volontaristes, que le consentement des États demeure nécessaire à l'opposabilité de la coutume à leur égard. Les sujets de droit peuvent en effet en quelque sorte décider de « n'être pas parties » à la coutume en manifestant, lors de sa formation, qu'ils n'entendent pas être liés par la règle juridique émergente, même si cette « objection persistante » s'avère le plus souvent très difficile à tenir sur le long terme et conserve encore un régime juridique par trop imprécis [1].

Cette pratique de l'« objecteur persistant » (« *persistent objector* »), en dépit de ses aléas très réels, vérifiés en pratique, illustre bien l'actualité de la doctrine volontariste de la coutume, née comme on l'a vu au tournant du XXe siècle en Europe occidentale mais réaffirmée depuis par les pays socialistes [2] puis les pays en développement, soucieux comme on le sait de n'être liés que sous bénéfice d'inventaire et d'acceptation préalable par les coutumes qu'ils trouvaient à leur naissance dans l'ordre juridique dont ils devenaient sujets [3]. Ainsi avait-on eu longtemps l'habitude en Occident de prendre l'exemple des coutumes relatives à la largeur maximale des zones maritimes sur lesquelles les États peuvent exercer des droits particuliers (eaux territoriales et zones de pêche) pour une preuve évidente de ce que le droit coutumier s'imposait aux États nouveaux sans que leur consentement fût requis. Pourtant, dès que ces derniers furent en nombre suffisant pour faire entendre leurs revendications, ils parvinrent à repousser à leur égard l'application de ces règles et, ultérieurement, à en imposer de nouvelles [4]. L'objection persistante a ici réussi parce qu'elle a été le fait d'une majorité d'États déterminés. Pratiquée par un État isolé, elle est, en revanche à terme, autrement fragile.

332 ***La puissance de la contrainte*** ◊ Ainsi que l'exemple qui précède l'illustre parfaitement, on doit tout aussi bien noter, cette fois plutôt à l'avantage

1. V. P.-M. Dupuy, À propos de l'opposabilité de la coutume générale : enquête brève sur l'objecteur persistant, *in Mélanges M. Virally, op. cit.*, p. 257-273.
2. V. G. Tunkin, *Droit international public*, traduction française, Paris, 1965, special p. 80.
3. V. notamment M. Bedjaoui, *Pour un nouvel ordre économique international*, Paris, Unesco, 1979.
4. Exemple cité par Guy de Lacharrière, *La politique juridique extérieure*, Paris, Economica 1983, p. 33.

des objectivistes, que l'efficacité d'une opposition de l'État à ce qu'on lui applique une nouvelle règle de droit international général n'est pas aussi absolue que ce que souhaiteraient les chancelleries.

Elle dépendra en effet en bien des cas d'éléments de fait, tenant à la situation politico-diplomatique du sujet intéressé (puissance politique, isolement ou intégration dans un groupe solidaire aux objectifs cohérents, conjoncture diplomatique générale) ou, en d'autres termes, à ce qu'il est désormais convenu d'appeler « la configuration des rapports de force ». C'est là, du reste, ce que notait bien G. Scelle lorsqu'il écrivait : « il y a de la part de chaque État une prétention à la souveraineté c'est-à-dire vers l'autodétermination de la règle de droit ; mais cette aspiration se heurte aux aspirations identiques des autres gouvernements et ne se réalise que dans la mesure où l'équilibre instable des forces, le concours des circonstances le permettent »[1].

Loin de garder l'idée simpliste de la nécessité de choisir son camp en privilégiant dans la formation de la coutume soit la volonté soit la société, on doit au contraire comprendre que la contrainte sociale naît elle-même de l'affrontement de volontés initialement contradictoires mais amenées à composer les unes avec les autres. Autant dire qu'il peut y avoir aussi des situations dans lesquelles un ou plusieurs États se verront pratiquement contraints d'accepter l'opposabilité à leur égard de la règle générale, ce qui, ainsi que l'affirment les objectivistes, manifeste la puissance normative des contraintes sociales. Une large part des règles de ce que l'on appelle aujourd'hui le droit du développement (v. ss 609) s'explique ainsi. L'affirmation du droit des peuples à disposer de leurs ressources naturelles puis, sur cette base, celle du droit des pays en développement à nationaliser les biens privés étrangers, aujourd'hui sans conteste des règles coutumières, résultent de la pression coordonnée de ces pays ou, en d'autres termes, d'une stratégie normative menée à son terme par un groupe d'États ayant pu, à l'époque, rester suffisamment unis pour agir en faveur de revendications simples et précises. À l'inverse, certaines concessions faites à l'époque actuelle ou récente dans le domaine des droits de l'homme par les pays du Sud ou ceux de l'Est avant même qu'ils renient leur passé marxiste-socialiste résultent de l'action relativement cohérente des pays occidentaux aussi bien dans le cadre de leurs relations bilatérales qu'au sein des instances internationales (v. ss 14).

333 ***Observations conclusives*** ◊ Trois observations conclusives doivent alors être faites :

a) En premier lieu, il résulte de l'ensemble des analyses précédentes que l'on ne doit pas retenir dans l'*opinio juris* révélée par la pratique une perception univoque. L'expression de volonté, dont on a dit à plusieurs reprises qu'elle pouvait aussi être tacite ou se manifester par l'abstention, ne doit pas seulement être perçue sur le modèle contractuel. Elle peut aussi être

1. *RCADI* 1934-IV, t. 45, p. 327.

un assentiment diffus de la communauté des États à l'émergence de nouvelles normes générales, inspirées parfois par l'habileté manœuvrière de certains, en d'autres cas par les contraintes du temps. C'est ainsi qu'en ce qui concerne ces dernières, la prise de conscience de solidarités objectives (transcendant les disparités idéologiques ou de développement) amène quelquefois les États, par exemple dans le domaine de la protection de l'environnement ou de la gestion de nouveaux espaces, à reconnaître rapidement l'émergence de certaines règles générales nouvelles [1].

b) C'est ici que l'on retrouve la question de savoir s'il est nécessaire que tous les États ou seulement une majorité d'entre eux aient participé à la réalisation de ces précédents. En réalité, on constate qu'au-delà des prémisses théoriques déjà signalées au paragraphe précédent, même les auteurs volontaristes les plus convaincus étaient d'accord dès le début du siècle pour reconnaître qu'il y a présomption d'acceptation unanime, et donc établissement d'une coutume générale lorsqu'une nette majorité d'États (et aujourd'hui une majorité suffisamment représentative de leurs différentes catégories) s'est déclarée en sa faveur ou a manifesté d'une manière ou d'une autre son assentiment à sa validité [2].

c) Il faut cependant constater que l'on retrouve ainsi toujours le consentement des États à l'origine de la coutume, quelles que soient les interprétations de ses causes et de sa signification, qu'il résulte du poids des contraintes ou de la volonté délibérée, qu'il ait été explicitement exprimé ou qu'il résulte d'une absence de protestation.

Cette dernière attitude, en particulier du fait de la portée reconnue par la jurisprudence contemporaine aux actes unilatéraux des États [3], revêt aujourd'hui une importance particulière. Les contraintes sociales en vue d'innovations normatives s'exercent actuellement avec particulièrement de force et les gouvernements doivent apprendre une nouvelle vigilance : qu'ils s'abstiennent de formuler clairement leur position à l'égard d'une

---

1. On peut en particulier prendre l'exemple des conditions dans lesquelles le principe de la non-appropriation des espaces cosmiques et des corps célestes a été adopté par la communauté internationale dès les débuts de la conquête spatiale ou encore celui de l'attribution du fond des mers au patrimoine commun de l'humanité au début des années soixante-dix. C'est ici, comme on le reverra plus loin, que certains textes programmatoires adoptés dans le cadre des Nations Unies peuvent jouer un rôle de catalyse dans la formation de la nouvelle règle générale (v. ss 677).

2. Anzilotti lui-même reconnaissait : « Le droit international commun est substantiellement le produit d'une longue évolution... Il y eut d'abord des convictions communes qui s'imposèrent ensuite peu à peu avec la force de normes obligatoires à tous les États entre lesquels s'établissaient des rapports, normes tellement liées avec les caractères et les exigences de ces rapports que le fait d'entretenir ceux-ci apparut comme indétachable de l'observance de ces normes et que l'entrée d'un nouveau membre dans la communauté internationale semble inséparable de leur acceptation comme principes généraux et communs historiquement donnés, de la communauté même », *op. cit.*, p. 8-9.

3. V. CIJ 20 déc. 1974 (*Essais nucléaires, Australie c/ France*), *Rec.* 1974, p. 267, § 43 : « Il est reconnu que des déclarations revêtant la forme d'actes unilatéraux et concernant des situations de droit ou de fait peuvent avoir pour effet de créer des obligations juridiques ». Sur la portée des actes unilatéraux et les conditions de l'acquiescement, v. ss 352.

règle émergente, et, quelques printemps plus tard, on risque fort de leur opposer l'éloquente autorité de leur silence pour prétendre leur opposer une norme nouvelle.

C'est ici que l'on rencontre le rôle déterminant des procédures par voie de résolutions et autres textes à prétention quasi législative venus relayer en certains cas les mécanismes classiques de la formation coutumière. Mais ceci n'est plus tout à fait la même histoire, et on l'examinera un peu plus tard [1].

SECTION 3. LES PRINCIPES GÉNÉRAUX DU DROIT

334 ***Données générales*** ◊ Les principes généraux du droit figurent en troisième position dans la liste des sources du droit international proposée à l'article 38 du statut de la Cour internationale de Justice (*GTDIP* n° 27), sans que rien, à s'en tenir au texte, ne permette de les tenir pour une source subsidiaire, position qui leur est pourtant généralement assignée par la doctrine.

Leur signification et leur portée ont, de longue date, fait l'objet des discussions des auteurs, la question principale étant celle de leur autonomie par rapport à l'autre source déclarée de droit international général qu'est la coutume générale. À partir des années soixante, la critique provenant des pays socialistes et des pays en développement a contesté jusqu'à leur existence, s'attachant particulièrement à la critique des termes, il est vrai malheureux, dans lesquels l'article 38 les désigne : « principes généraux de droit reconnus par les nations civilisées », expression dans laquelle on a cru percevoir, non sans quelque raison, les relents persistants d'une hautaine conception européo-centrique de la civilisation, héritée de l'âge colonial.

335 ***Imprécisions terminologiques*** ◊ Le débat doctrinal a sans doute été longtemps obscurci par le fait que le terme « principe » appliqué à une notion juridique n'est pas en droit international une appellation contrôlée ! Outre la référence équivoque aux « nations civilisées » déjà mentionnée, on constate en effet que ni la jurisprudence ni la pratique diplomatique n'accordent une signification unique à la notion. Le juge parle souvent de « principes » pour désigner des règles coutumières, il est vrai généralement bien établies, et la diplomatie unilatérale nous a habitués, notamment par voie de « communiqués finaux » ou de « déclarations conjointes », à l'évocation solennelle de « principes » au statut incertain, situés quelque part entre le droit et la politique, toujours voisins dans la société internationale. On peut également penser que, là encore, la conception rigide des sources

1. V. ss 371 s.

formelles tirées trop littéralement de l'article 38 du statut de la Cour n'a rien fait pour faciliter la clarté des discussions.

Pourtant, l'exégèse de cette disposition statutaire est sans doute ici plus nécessaire qu'à propos des autres sources, car s'il existait des traités et des coutumes avant l'article 38, la notion de « principes généraux de droit reconnus par les nations civilisées » est en revanche apparue, du moins sous cette désignation, avec la juridiction internationale, au lendemain de la première guerre mondiale, même si, déjà antérieurement, les tribunaux avaient fait usage de concepts analogues.

Par la suite, cependant, il devait résulter de l'activité du juge et de l'évolution générale de la communauté internationale un enrichissement et une diversification des principes généraux, détachés de l'article 38, et perçus non plus comme l'héritage d'un fonds juridique commun issu des droits internes, mais ainsi qu'un patrimoine normatif propre au droit international.

À côté des principes généraux *de* droit, s'affirmeraient ainsi des principes *du* droit international. Deux catégories, donc, qu'il convient à présent d'examiner.

§ 1. Les « principes généraux de droit » de l'article 38 du statut de la Cour

336 ***Fonction des principes dans l'article 38*** ◊ Lorsque le comité des juristes chargé de rédiger le statut de la Cour permanente de Justice internationale rédigea l'article 38, l'une de ses préoccupations essentielles fut d'éviter le *non liquet*, c'est-à-dire le constat par le juge que, faute de règle de droit applicable, il se trouve dans l'impossibilité de statuer. Eu égard au développement très incomplet du droit international, particulièrement à l'époque, en comparaison des droits internes, c'est pour éviter de telles situations que fut établie la référence aux principes généraux de droit. Placée devant une lacune procédurale ou même substantielle du droit applicable aux États en litige, la Cour peut ainsi puiser dans ces principes pour s'acquitter de sa fonction judiciaire. Ils sont donc, à n'en pas douter, assignés à un rang subsidiaire.

337 ***Origine et formation des principes*** ◊ C'est dans les traditions juridiques des principaux systèmes de droit que sont recherchés les principes généraux de droit. Le juge ou l'arbitre international se mue alors en comparatiste. Il dégage lui-même de cette confrontation les règles communément admises par les uns et les autres, dont l'existence traduit ainsi une sorte de *sens commun des lois internes* obéissant, au-delà des disparités culturelles, à une logique ou des exigences universelles. Du fait de cette transposition judiciaire, ces principes de droit deviennent alors à la fois communs aux principaux systèmes juridiques internes et au droit international.

338 ***Contenu des principes généraux de droit*** ◊ L'examen de la jurisprudence judiciaire et arbitrale permet de constater que le recours à ces principes généraux couvre en particulier des règles nécessaires à l'administration d'une saine justice (tirées notamment des droits judiciaires privés) mais aussi certaines notions juridiques substantielles dont l'introduction en droit international s'est ainsi avérée essentiellement prétorienne. D'un usage assez fréquent lorsque, à partir de la fin du XIXe siècle, la jurisprudence des tribunaux arbitraux puis de la CPJI se met en place dans une société internationale alors essentiellement occidentale, ce recours au fonds juridique commun des nations tendra par la suite à se raréfier dans le contentieux interétatique. Il a trouvé cependant une nouvelle actualité dans cette branche récente du droit international qu'est le droit international pénal.

a) Règles relatives à l'administration de la justice : les règles relatives à la définition du différend ou de la fonction judiciaire, celle selon laquelle personne ne peut être juge en sa propre cause, la distinction entre compétence et recevabilité, la nécessaire égalité des parties à un différend, le principe selon lequel la preuve incombe au demandeur, l'utilisation des présomptions et preuves indirectes ont, parmi d'autres exemples, été largement tirées des droits internes issus du droit romain ou de la *common law* mais aussi de la logique juridique qui les inspire ; ceci fut d'abord l'œuvre d'arbitres à formation souvent privatiste puis de la Cour de La Haye (CPJI et CIJ) [1]. Aujourd'hui, le droit du contentieux international s'étant beaucoup affermi, la référence à de tels principes est plus exceptionnelle en cette matière. De manière remarquable, la Cour internationale de Justice a toutefois indiqué dans son arrêt du 17 mars 2016 sur les exceptions préliminaires dans l'affaire *Question de la délimitation du plateau continental entre le Nicaragua et la Colombie au-delà de 200 milles marins de la côte nicaraguayenne* (Nicaragua c/ Colombie) que « le principe de l'autorité de chose jugée... est un principe général de droit qui protège en même temps la fonction judiciaire d'une cour ou d'un tribunal et les parties à une affaire » (pt. 58), laissant entendre que, comme tel, il est ainsi pertinent tant devant les juridictions internationales permanentes que devant les juridictions *ad hoc*.

b) Des règles matérielles applicables dans les relations entre États ont également été puisées dans le vivier des droits internes pour être transposées en droit international. On peut par exemple citer à ce titre certains principes d'interprétation comme celui du respect du sens ordinaire des termes figurant dans un texte, mais aussi l'introduction en droit international de notions juridiques comme celle de force majeure, de stipulation pour autrui, de gestion d'affaires, ou la règle selon laquelle personne ne peut disposer d'un droit dont il n'est pas titulaire [2]. À l'égard de certaines

1. V. des illustrations dans A. Blondel, Les principes généraux dans la jurisprudence de la CPJI et de la CIJ, *in Mélanges Guggenheim*, Genève, IHUEI, 1968, p. 201 s., et A. Verdross, Les principes généraux du droit dans le système des sources du droit international, *ibid. p.* 521 s., à comparer avec Ch. Rousseau, *Droit international public* (Traité) t. 1, Paris, Sirey 1970, p. 379 s.

2. *Idem*, et A.D. McNair, The General Principles of Law Recognized by Civilized Nations, *BYBIL* 1957. 1-19.

de ces règles se pose cependant déjà la question de savoir dans quelle mesure elles possèdent une réelle autonomie par rapport à la coutume générale, question que l'on retrouve avec beaucoup plus d'intensité à propos de la seconde catégorie de principes généraux.

c) Les juridictions pénales internationales se sont à plusieurs reprises appuyées sur des **principes généraux du droit pénal reconnus par la communauté des nations**, lorsque les règles de droit international conventionnel ou coutumier étaient insuffisantes. Ces principes sont similaires à ceux de l'article 38 du Statut de la CIJ puisqu'ils sont dégagés à partir de l'observation des règles généralement acceptées dans les grands systèmes juridiques. Ils sont « les dénominateurs communs à ces systèmes », selon l'expression employée par la 2e Chambre du Tribunal pénal pour l'ex-Yougoslavie dans son jugement du 10 décembre 1998 dans l'affaire *Furundžija* [1]. Leur transposition en droit international n'est pas mécanique : elle nécessite de tenir compte de la spécificité des procédures pénales internationales et des différences qu'elles présentent par rapport aux procédures internes. Dans cette affaire, les juges se sont référés à ces principes pour définir la notion de viol [2]. Dans leur jugement du 29 novembre 1996 dans l'affaire *Erdemovic*, ils ont reconnu le principe selon lequel l'extrême gravité du crime contre l'humanité doit entraîner la sanction la plus sévère en l'absence de circonstances atténuantes [3]. Ces principes font également partie du droit applicable par la Cour pénale internationale (art. 21 du Statut de Rome).

§ 2. Les principes généraux du droit international

339 ***Origines et caractères*** ◇ À l'inverse de la catégorie précédente, ces principes sont propres au droit international. Leurs origines sont diverses, mais ils sont essentiellement le produit de l'action conjuguée du juge international et de la diplomatie normative des États. La doctrine aide parfois à leur définition. Contrairement aux principes généraux de droit reconnus par les nations civilisées, ils sont souvent de formation ou, disons plus prudemment, d'énonciation contemporaine.

Le caractère commun à ces principes tient à leur *haut niveau d'abstraction et à leur extrême généralité*, dont l'effet est de condenser le plus souvent la règle désignée en une formule simple dont la concision est parfois source d'ambiguïtés mais explique également la dynamique qui leur est propre.

340 ***Fonctions*** ◇ Les fonctions de ces principes sont diverses :

a) Employés par le juge, ils servent souvent de point de départ, d'articulation ou de soutien à l'argumentation juridique de leurs arrêts, dont ils fournissent l'ossature conceptuelle [4]. C'est ainsi que la juridiction

1. Aff. IT-95-17/1-T, § 177.
2. § 178 du jugement.
3. Aff. IT-96-22-A, § 31.
4. V. P.-M. Dupuy, Le juge et la règle générale, *RGDIP* 1989, n° 3, p. 569-598.

internationale a été amenée à plusieurs reprises, dont notamment encore en 1986, à tirer les conséquences logiques du « concept juridique fondamental de la souveraineté des États »[1] comme celle d'après laquelle un État ne saurait être engagé sans son consentement[2] ou celle d'après laquelle les limitations à la souveraineté ne se présument pas[3]. Tels le principe *Pacta sunt servanda*, on dirait souvent ces principes comme fixés *a priori*, presqu'en manière d'axiomes, tant le juge ou l'arbitre les considèrent comme inhérents à l'existence de l'ordre juridique international.

b) Énoncés par les États dans des déclarations unilatérales ou des textes programmatoires aux statuts divers, le contexte politique de leur intervention ne les prive pas pour autant de signification juridique. Ils viseront ainsi notamment au rappel solennel de normes déjà consacrées : c'est par exemple le cas du principe d'égalité souveraine des États ou de ses corollaires, celui de non-intervention ou celui de non-ingérence dans les affaires intérieures d'un autre État. Affirmés dans l'ordre politique par les non-alignés puis les pays socialistes au début des années soixante au titre des « principes de la coexistence pacifique », ils découlaient déjà de l'article 2 de la Charte des Nations Unies et seront repris sinon développés en 1970 dans une résolution de l'Assemblée générale dont la CIJ a eu l'occasion de souligner toute l'importance, la *Déclaration relative aux principes du droit international touchant les relations amicales et la coopération des États*[4].

341 ***Autonomie*** ◊ La question de l'autonomie des principes généraux du droit international se trouve alors inévitablement posée. Dans la mesure où leur existence s'affirme clairement dans l'ordre *juridique* et non seulement politique[5], peut-on les distinguer de la coutume générale ? L'enjeu de la question n'est pas seulement théorique : coutume, leur validité dépendra des conditions déjà décrites à la section précédente ; il faudra que la manifestation de leur reconnaissance comme règles de droit s'appuie sur une *pratique* suffisamment constante et cohérente de la majorité des États existants. Principes, ils seront au contraire dotés d'une vie propre et leur opposabilité aux sujets de droit ne dépendra alors pas forcément de leur respect effectif dans les relations internationales. C'est donc, une nouvelle fois (comme, déjà, à propos de la discussion relative à la nature de la coutume, v. ss 323) le problème fondamental du rôle du consentement étatique dans la formation du droit international général qui se trouve posé.

1. CIJ, aff. des *Activités militaires et paramilitaires au Nicaragua et contre celui-ci* (*Nicaragua c/ États-Unis*) 27 juin 1986, *Rec.* p. 111, § 212.
2. CPJI, aff. *Wimbledon* (*France et ass. c/ Allemagne*) 1923, *Rec.* série A, n° 1 ; CIJ, Avis consultatif relatif aux réserves à la convention pour la prévention et la répression du crime de génocide, *Rec.* 1951, p. 21.
3. CPJI, aff. *Wimbledon* préc. et aff. des *Zones franches*, série A, n° 24, p. 11-12, et série A/B, n° 46, p. 164 et 167.
4. Res. 2625-XXV et Aff. des *Activités militaires et paramilitaires au Nicaragua*, fond, *Rec.* 1986, not. § 188 et 202.
5. V. ss 248.

On comprendra dès lors que les volontaristes nient toute existence autonome à ces principes, tandis que les objectivistes sont d'un avis contraire.

342 ***Principes généraux du droit international et coutumes générales*** ◊ L'opinion très répandue d'après laquelle il y a tout simplement confusion entre les principes et les principales coutumes générales mérite d'être nuancée. Elle est vérifiée dans une majorité de cas, mais s'avère plus difficile à démontrer dans quelques autres. Distinguons à nouveau le rôle du juge et celui des États dans leur énonciation.

a) Les principes apparaissent le plus souvent dans la jurisprudence comme la formulation ramassée d'une coutume. Du halo diffus de la pratique coutumière, des manifestations parfois encore confuses de la conviction des États, le juge s'attache à tirer la quintessence normative. Ainsi, dans l'affaire de la compétence en matière de pêcheries (*Royaume-Uni c/ Islande*, 1974) la Cour a développé la notion de *droits préférentiels du riverain* déjà en germe dans sa jurisprudence antérieure (aff. des pêcheries, *Rec.* 1951). Ce faisant, cependant, les juges n'ont pas bâti une théorie à partir du vide. Ils se sont appuyés sur une pratique dont ils traduisirent la finalité [1].

Il ne faut cependant pas se dissimuler, comme cet exemple le prouve, que de cette décantation judiciaire résulte ainsi souvent une *idée-force* dont la destinée ultérieure ne sera pas toujours parfaitement maîtrisable par les États. L'intervention et l'interprétation du juge comportent dès lors une virtualité normative propre qui a été justement soulignée. Celle-ci est parfois poussée fort loin (c'est-à-dire, en définitive, fort loin de la volonté initiale et véritable des États) : ainsi a-t-on vu par ailleurs tout ce que l'attribution d'une personnalité internationale aux organisations internationales devait à l'avis consultatif de 1949 [2] ; le principe d'après lequel les parties doivent, dans la recherche négociée d'un accord de délimitation du plateau continental, respecter les « principes équitables » en vue de parvenir à une solution qui le soit aussi est également une construction fertile, dont la Cour est largement l'auteur [3].

On notera cependant que même si l'on doit ainsi en certains cas reconnaître la dynamique normative des principes formulés par le juge, leur autonomie paraît très souvent bien éphémère. Pour reprendre les exemples précédents, les privilèges de l'État côtier ont, après l'arrêt de 1974, été consacrés dans la Convention des Nations Unies sur le nouveau droit de la mer de 1982 ainsi que par une abondante pratique bilatérale. C'est la pratique, aussi, qui a permis d'enraciner la personnalité des organisations dans l'ordre international, et consacré par ailleurs la recherche d'un partage équitable comme le but ultime de tout accord de délimitation maritime. Lorsqu'il est accoucheur d'une norme nouvelle,

---

1. V. *Rec.* 1974, p. 24-27, § 55 à 60.

2. V. ss 165.

3. V. aff. *Plateau continental de la mer du Nord, Rec.* CIJ 1969, § 47, 72, 85 et 91, et les commentaires de P. Weil *in Perspectives du droit de la délimitation maritime*, Paris, Pedone, 1988, p. 114.

le principe est ainsi par définition rapidement destiné à être récupéré par elle, pour renaître en pratique coutumière.

Dans certains cas, pourtant, très rares il est vrai, le juge, pour affirmer la portée cardinale de certaines normes, semble vouloir davantage les fonder sur des justifications de morale sociale sinon d'ordre public que sur la pratique étatique, comme pour montrer à la fois que leur méconnaissance est particulièrement grave mais aussi, ce qui nous intéresse ici, *que leur validité ne saurait être remise en cause par leurs violations, fussent-elles fréquentes et répétées.*

C'est ainsi qu'en 1949, « le principe de la liberté des communications maritimes et l'obligation, pour tout État, de ne pas laisser utiliser son territoire aux fins d'actes contraires aux droits d'autres États » n'ont pas été fondés sur la convention VIII de La Haye de 1907, applicable seulement en temps de guerre, « mais sur certains principes généraux et bien reconnus, tels que des considérations élémentaires d'humanité, plus absolues encore en temps de paix qu'en temps de guerre » [1]. On aurait pu croire ce précédent relativement isolé si en 1986 encore, à propos des « principes généraux de base du droit humanitaire », la Cour n'avait une nouvelle fois manifesté l'autonomie de tels principes par rapport aux Conventions de Genève du 12 avril 1949, lesquelles n'en constituent selon elle que « l'expression concrète » [2]. On est ici tenté d'observer, comme le fait du reste un auteur, que « le principe n'est alors plus seulement une pierre d'angle ; il est aussi immédiatement une règle » [3].

b) Sans totalement quitter la jurisprudence mais en relation au contraire avec d'autres passages de l'arrêt de 1986 (*Nicaragua c/ États-Unis*) on peut se demander si certains aspects de la diplomatie multilatérale des États ne tendent pas eux aussi à dissocier la valeur de certains principes cardinaux de la persistance des pratiques qui leur sont contraires. C'est en particulier le cas du principe de l'interdiction du recours à la force, dont on a pu observer que la constance des violations n'avait d'égal que la fréquence des réitérations solennelles [4]. Sans doute la Cour a-t-elle pris soin de rappeler

---

1. CIJ, 1949, aff. du *Détroit de Corfou*, fond, *Rec.* p. 22, V. P.-M. Dupuy, Les considérations élémentaires d'humanité dans la jurisprudence de la Cour internationale de Justice *in Mélanges offerts à N. Valticos*, Paris, Pedone, 1999, p. 117-130.

2. Aff. des *Activités militaires et paramilitaires au Nicaragua et contre celui-ci*, *Rec.* 1986. 114, § 220.

3. Joe Verhoeven, Le droit, le juge et la violence, les arrêts *Nicaragua c/ États-Unis*, *RGDIP* 1987, n° 4, p. 1207.

4. Dont la plus célèbre se trouve précisément dans la Déclaration relative aux principes du droit international touchant les relations amicales entre les États, déjà citée, dont la Cour dit précisément dans son arrêt de 1986 que l'effet du consentement au texte de telles résolutions ne peut être interprété comme celui d'un simple rappel ou d'une simple spécification de l'engagement conventionnel pris dans la Charte. Il peut au contraire s'interpréter comme une adhésion à la valeur de la règle ou de la série de règles déclarées par la résolution et prises en elles-mêmes. (*Rec.*, p. 100, § 188). V. not. outre Joe Verhoeven préc., P.M. Eisemann, commentaire de l'arrêt, *AFDI* 1986. 152 s. en partic. p. 173-174, et, en liaison avec l'appréciation de la valeur juridique du principe de non-recours à la force, D. Simon et L.A. Sicilianos, La contre-violence unilatérale, pratiques étatiques et droit international, *AFDI* 1986. 53 s., partic. p. 68 s.

que ce « principe » de non-recours à la force est en fait une coutume, indépendante de la Charte des Nations Unies qui l'affirme à son article 27. Mais on a également vu qu'à ce propos, elle est précisément amenée à relativiser grandement dans la formation de la coutume l'élément pratique par rapport à l'*opinio juris* si tant est qu'on puisse les dissocier (v. ss 324). Il semblerait alors que le point de convergence de l'interprétation de la Cour et des résolutions presque rituelles votées par les États au sein des Nations Unies consiste précisément à tendre vers l'affirmation d'un principe existant *par lui-même*, comme indépendamment de la réalité des relations internationales.

343 ***Conséquences*** ◊ Les conséquences d'une telle tendance sont paradoxalement de faire de cette source réputée auxiliaire que sont les principes généraux une source en réalité supérieure à la coutume, elle-même encore et toujours dépendante de la pratique. Ces principes à tendance autonomiste se confondent alors largement avec ceux que l'article 53 de la Convention de Vienne sur le droit des traités a désignés comme « normes impératives du droit international général » (v. ss 274 s.).

Ces normes, insusceptibles de dérogations conventionnelles, sont d'une importance si considérable pour la communauté internationale qu'elle amène à penser qu'elles sont inaltérables par les pratiques contraires, accessibles à l'évolution mais pas à la désuétude. Plus que coutumières, les normes de *jus cogens* seraient alors des principes supérieurs du droit international général, validées davantage par leur légitimité sociale que par leur respect actif de la part des États, trop fondamentaux pour qu'on les expose aux vicissitudes d'une pratique fluctuante ou d'une effectivité ambiguë.

344 ***Principes généraux et jus cogens*** ◊ S'appuyant, à propos du principe de l'interdiction du recours à la force, sur l'opinion respective de l'une et l'autre partie mais aussi sur les travaux de la Commission du droit international, la Cour internationale de Justice elle-même semble bien avoir avalisé cette distinction entre, d'une part, les principes « fondamentaux » ou « essentiels » du droit international et, d'autre part, la coutume générale, dans l'arrêt de 1986 décidément fertile entre le Nicaragua et les États-Unis [1].

Une manifestation analogue est également perceptible dans l'arrêt rendu la même année par une chambre de la Cour, à propos de l'autorité particulière qui s'attache au principe de l'*uti possidetis juris* (ou principe du respect des frontières de droit léguées aux nouveaux États par l'ancienne puissance coloniale) « principe général, logiquement lié au phénomène de l'accession à l'indépendance, où qu'il se manifeste [...] « non pas simple pratique qui aurait contribué à la formation graduelle d'un principe de

1. *Rec.* 1986, p. 100-101, § 190. Elle y déclare, à propos du principe préc. : « les représentants des États le mentionnent souvent comme étant non seulement un principe de droit international coutumier, mais encore un principe fondamental ou essentiel de ce droit [...] maintenant admis comme faisant partie du *jus cogens* (§ 190, *op. cit.*) ».

droit international coutumier... »[1]. On est ici en présence d'une conception manifestement objectiviste du droit international général, qui distingue en son sein les coutumes issues d'une pratique consciente et des principes dictés par des exigences pratiques ou logiques, selon qu'elles sont celles de la vie sociale ou de l'ordre juridique international.

La consécration du *jus cogens* dans la jurisprudence de la Cour internationale de Justice en 2006 est venue confirmer cette tendance à l'objectivisation des sources (v. ss 227).

345 ***Conclusion générale*** ◊ Ces rapprochements entre les principes généraux et le *jus cogens* ne sauraient s'étendre à l'ensemble des principes généraux du droit international. Ils ne peuvent de toute façon concerner qu'un petit nombre d'entre eux. Pour la plupart, ces derniers demeurent solidement arrimés au radeau de la coutume.

On doit ainsi, d'abord, retenir des développements qui précèdent le rôle éminemment actif de la juridiction (et, plus modestement aujourd'hui, des tribunaux arbitraux) dans l'énonciation des règles du droit international général. Transfert dans le droit international d'un concept ou d'une règle hérités des droits internes, formulation lapidaire d'une coutume ou parfois même affirmation de la nécessité d'une norme, toutes ces initiatives prétoriennes font penser à l'image d'un juge qui, s'il ne gouverne certes pas, éclaire et informe parfois puissamment le droit et la pratique des États.

SECTION 4. LES ACTES UNILATÉRAUX

346 ***Position des actes unilatéraux dans la théorie générale du droit international*** ◊ Il est à la fois intéressant et significatif de constater que, dans la présentation systématique qu'ils font du droit international, les auteurs de manuels ou de cours généraux à l'Académie de droit international, par exemple, se partagent approximativement en deux catégories. Certains choisissent de présenter les actes unilatéraux, y compris les actes unilatéraux étatiques, parmi les modes de formation, sinon toujours les sources formelles du droit international. D'autres, au contraire, font l'analyse de tels actes au titre de l'application du droit international.

Cette dissociation des choix de la doctrine illustre à sa manière l'ambivalence des actes unilatéraux, qui ne doit cependant pas ternir la clarté de leur analyse. On peut légitimement considérer que les actes unilatéraux étatiques relèvent à titre principal de l'application du droit. S'ils créent des droits ou des obligations pour leurs auteurs et, de façon corrélative, pour un ou plusieurs États tiers, c'est en application de la compétence conférée à chaque sujet de l'ordre juridique international de créer, par l'expression unilatérale de sa volonté, certaines situations juridiques qui seront

1. CIJ, *Différend frontalier, Burkina Faso c/ Mali, Rec.* 1986, p. 565 s., § 19 à 26, not. § 20 et 21.

opposables aux tiers à certaines conditions, définies par le droit international. Afin d'agir dans l'ordre international, les États n'utilisent pas que la voie conventionnelle. Pour faire valoir leurs intérêts, ils prennent également des initiatives unilatérales, par exemple pour prendre position à l'égard d'une situation de fait, exercer, confirmer ou abandonner un droit qu'ils estiment posséder, en prenant un décret dans leur ordre interne, en publiant un communiqué, ou bien encore en envoyant une note diplomatique à leurs partenaires, États ou organisations internationales. Dans les quarante dernières années, l'accroissement du nombre et de l'interdépendance des États comme celui des institutions servant de cadre à leur coopération expliquent que le volume de ce type d'actes ait considérablement augmenté.

Cependant, comme les conventions, ces actions unilatérales sont des actes juridiques : ils produisent des effets de droit dont les plus fréquents (mais pas les seuls) se réalisent dans la création de droits et d'obligations. Envisagés sous ce second aspect, on est alors fondé à les examiner au titre des modes de formation du droit. C'est le parti qu'on retiendra ci-après, tout en constatant sa relativité.

347 *Physionomie des actes unilatéraux* ◊

a) Les exemples d'actes unilatéraux qui précèdent montrent qu'à la différence des traités, ces actes ne résultent pas de l'accord de plusieurs volontés mais de la manifestation d'une seule d'entre elles ; ils émanent d'un seul sujet de droit, auquel ils sont imputables. On aura, quoi qu'il en soit, l'occasion de revenir sur la comparaison et les liens susceptibles d'exister entre l'acte unilatéral et le traité, notamment à propos de la question fondamentale de savoir dans quelle mesure le premier se détache du second pour produire des effets juridiques : le problème de *l'autonomie* de l'acte unilatéral est en effet au cœur des interrogations doctrinales.

b) D'un point de vue théorique, même s'il est à la rigueur admis que chacun puisse prendre des actes qui l'engageront *lui-même* dans l'ordre interne ou international vis-à-vis de ses partenaires, le positivisme volontariste classique voit en effet un obstacle de principe à ce qu'un État puisse par l'expression unilatérale de sa volonté conditionner celle des autres, également souverains, sans leur assentiment. Le mutisme de l'article 38 du statut de la Cour de La Haye (CPJI puis CIJ) est au demeurant une sorte de révélateur par défaut d'une telle conception.

c) Unilatéral ne veut d'ailleurs pas dire nécessairement individuel. Un acte unilatéral peut émaner d'une collectivité d'États ou, plus largement, de sujets de droit international, sans qu'ils soient forcément réunis dans un groupement permanent. Ainsi une conférence de chefs d'État pourra-t-elle adopter une déclaration conjointe par laquelle chacun des États ainsi représentés reconnaît ou déclare invalide une situation donnée (par exemple, dans ce dernier cas, l'occupation d'un territoire par la force). Bien que procédant de la convergence des positions des uns et des autres, une telle déclaration pourra ne pas être un traité, parce qu'elle réalise non l'accord de différentes volontés mais l'opinion commune aux uns et aux autres. Des déclarations de ce type sont particulièrement fréquentes, émises par exemple en clôture des sommets des non-alignés ou des chefs d'État des pays industrialisés.

348 ***Auteurs des actes unilatéraux*** ◊ Les auteurs des actes unilatéraux peuvent être bien entendu *tous* les sujets de droit international, et, par conséquent, leur émission n'est plus aujourd'hui réservée aux seuls États. Les organisations internationales, du fait de la possession d'une personnalité internationale autonome et distincte de celle de leurs membres, peuvent également en prendre de nombreux ; c'est même l'essor de tels actes, votés par les États membres au sein d'un organe collégial mais unilatéraux parce qu'imputables à l'organisation comme telle, qui a largement contribué à ranimer la réflexion contemporaine autour de leur portée juridique.

On consacrera cependant l'essentiel des développements qui vont suivre aux actes *étatiques* unilatéraux, tant les problèmes posés par ceux des organisations internationales, examinés par ailleurs [1], présentent d'aspects spécifiques et de problèmes distincts. En effet, quoiqu'ils puissent avoir une incidence déterminante sur la formation du droit international général, coutumier en particulier, les actes unilatéraux des États *intéressent d'abord la situation juridique de leur auteur dans le système et l'ordonnancement juridiques internationaux*, et c'est à ce titre qu'ils sont examinés ici. Les actes pris par les institutions internationales, du moins ceux qu'elles émettent en dehors de l'organisation et du fonctionnement interne de leurs propres organes, sont d'avantage liés aux évolutions contemporaines des modes de formation du droit international général. Pour cette raison, il en sera question plus loin, au titre de l'examen des modes contemporains de formation du droit [2].

On envisagera successivement les diverses catégories puis la portée juridique des actes étatiques unilatéraux.

§ 1. Les catégories d'actes unilatéraux

349 ***Classifications*** ◊ Les classifications de tels actes, diverses, sont généralement opérées en fonction de leurs finalités, effectivement variées. On peut notamment les distinguer suivant qu'ils ont trait à l'opposabilité d'une situation juridique, à l'exercice de droits souverains ou à la création d'engagements juridiques [3].

---

1. V. ss 395.

2. V. ss 364.

3. Sur la classification et l'analyse des actes étatiques unilatéraux, V. notamment E. Suy, *Les actes juridiques unilatéraux en droit international public*, Paris, LGDJ, 1962, 290 p. ; J.-P. Jacqué, *Eléments pour une théorie de l'acte juridique en droit international public*, Paris, LGDJ, 1972, notamm. p. 335-345 ; Ch. Rousseau, *Droit international* (traité) t. 1, p. 416-432.

350 ***Opposabilité d'une situation juridique*** ◊ Confronté à une situation constituée en dehors de son intervention, un État a deux possibilités : la reconnaître ou protester. Dans chacun des deux cas, ce qui est en cause est l'opposabilité de ladite situation à son égard, vérifiée dans le premier cas, ordinairement écartée dans le second.

a) La reconnaissance occupe une place importante dans les relations juridiques internationales [1]. Elle peut intervenir à propos de tout fait juridique modifiant ou ayant pour objet de modifier l'ordonnancement juridique international (provoquée par exemple par l'apparition d'un nouvel État ou l'exercice de compétences sur un territoire donné par un gouvernement manifestant ainsi à son égard des prétentions de souveraineté). La reconnaissance aura pour effet *d'empêcher celui qui l'émet de contester ultérieurement la validité de la situation qu'elle a pour objet de constater et d'accepter.* Souvent effectuée par voie de déclaration explicite, elle peut néanmoins aussi bien résulter d'un comportement à la condition que celui-ci soit clairement imputable aux organes compétents de l'État concerné [2].

Un élément très important en pratique, ainsi que le démontre la jurisprudence, doit être souligné : du fait que la reconnaissance peut résulter également d'un comportement, aussi bien *passif* qu'actif, l'absence de protestation d'un gouvernement face à l'apparition d'une situation de fait ou de droit susceptible d'avoir des incidences sur ses intérêts est la plupart du temps considérée comme un *acquiescement* à la validité et l'opposabilité de cette situation à son égard, sur lequel il ne saurait revenir. Ainsi, dans l'affaire des *Pêcheries* (Royaume-Uni/Norvège) a-t-il été jugé que la Grande-Bretagne, par son absence de protestation, avait accepté le tracé des lignes de bases droites adopté par la Norvège depuis plus de soixante-dix ans [3] ; ou bien encore, dans l'affaire du *Temple de Préah Vihéar* (Cambodge/Thaïlande) la CIJ a considéré que la Thaïlande avait, par son comportement, accepté le tracé de la frontière qui figurait sur une carte illustrant les travaux de la commission mixte de délimitation établie entre les deux pays [4]. Plus récemment, dans l'arrêt *Souveraineté sur Pedra Branca c/ Pulau Batu Puteh, Middle Rocks et South Ledge* (Malaisie/Singapour), la Cour a admis que la souveraineté sur un territoire puisse « passer à un autre État en l'absence de réaction de celui qui la détenait face au comportement de cet autre État agissant à titre de souverain ». Elle a toutefois précisé que le silence gardé par le premier État ne produit une telle consé-

---

1. V. J. Charpentier, *La reconnaissance internationale et l'évolution du droit des Gens*, Paris, Pedone, 1956, 357 p. ; Joe Verhoeven, *La reconnaissance internationale dans la pratique contemporaine*, Paris, Pedone, 1975, 861 p.

2. Dans l'arrêt de 1984 relatif à la *délimitation de la frontière maritime dans la région du golfe du Maine (Canada c/ États-Unis)* la Chambre de la Cour a jugé que les déclarations écrites d'un fonctionnaire de rang subalterne, dépourvu des compétences nécessaires pour engager internationalement son pays, interdisaient qu'on les impute au gouvernement des États-Unis, au titre d'une reconnaissance qu'il aurait par là prétendument effectuée à propos de la délimitation du banc de Georges. *Rec.* 1984, p. 307, § 139.

3. *Rec.* 1951, p. 138.

4. *Rec.* 1962, p. 23.

quence que « si le comportement de l'autre État appelle une réponse » [1]. L'acquiescement de l'un se conjugue, ainsi, aux prétentions territoriales de l'autre, pour former un accord tacite. Cette situation peut être rapprochée de celle de l'estoppel ; comme l'a souligné le Tribunal international du droit de la mer, l'estoppel « a pour effet qu'un État sera empêché, en raison de sa conduite, d'affirmer qu'il n'accepte pas ou ne reconnaît pas une situation donnée » [2].

b) La protestation a des caractéristiques symétriques et inverses de celles de la reconnaissance. À la condition d'être effectuée de façon suffisamment prompte, claire et constante après la survenance du fait considéré, elle préviendra l'opposabilité de ce dernier à l'État protestataire [3].

351 ***Exercice de droits souverains*** ◊ Il s'agit ici d'actes unilatéraux pris dans l'ordre interne par un État, afin d'exercer les compétences, discrétionnaires ou liées, qui lui sont conférées par le droit international. Ainsi en est-il par exemple de la délimitation de ses eaux territoriales ou de sa zone économique exclusive, de l'attribution de sa nationalité à une personne physique ou morale, de l'immatriculation d'un navire, d'un aéronef ou d'un engin spatial, d'une autorisation de survol du territoire national ou d'une déclaration d'embargo commercial, de guerre ou de neutralité.

La forme revêtue par ces actes (généralement loi ou décret) importe peu au droit international. En revanche, leur validité dépend de leur conformité aux règles de ce droit (plus rarement, de leur simple compatibilité avec elles). Ainsi la Cour a-t-elle subordonné l'efficacité internationale de l'octroi de nationalité à sa conformité au critère substantiel d'un lien effectif de l'individu avec le pays auquel il demande ainsi à être rattaché [4] ; de même, la détermination unilatérale de la largeur de la mer territoriale n'est-elle opposable aux autres États que si elle n'excède pas la distance établie en droit international (aujourd'hui, 12 milles nautiques) [5] et la remarque vaut également, par exemple, pour la zone économique exclusive, qui ne saurait valablement s'étendre au-delà de 200 milles des lignes de base.

C'est toutefois ici que les règles précitées gouvernant l'acquiescement peuvent prendre en quelque sorte le relais : si, par son comportement ou ses déclarations, un État tiers manifeste qu'il reconnaît la validité à son propre

1. Arrêt du 23 mai 2008, § 121.
2. *Différend relatif à la délimitation de la frontière maritime entre le Bangladesh et le Myanmar dans le golfe du Bengale* (Bangladesh/Myanmar), 14 mars 2012, § 124.
3. Ainsi, dans l'aff. *Chamizal* (*États-Unis c/ Mexique*) la Commission internationale des frontières a jugé que la persistance des protestations mexicaines à l'égard de l'occupation américaine d'une région contestée empêchait que joue à l'encontre du premier tout phénomène de prescription acquisitive (*AJIL* 1911, p. 806) ; V. aussi CIJ, aff. des *Pêcheries*, 1951, *op. cit.* p. 131, à propos de l'inopposabilité à la Norvège de la règle des 10 milles pour la délimitation des baies historiques.
4. Aff. *Nottebohm, Guatemala c/ Liechtenstein, Rec.* 1955, p. 23-24.
5. V. aff. des *Pêcheries, op. cit.* p. 132, repris dans l'aff. des *Pêcheries islandaises, Rec.* 1974. 191, § 41 : s'il est vrai que l'acte de délimitation est nécessairement un acte unilatéral, parce que l'État riverain a seul qualité pour y procéder, en revanche la validité de la délimitation à l'égard des États tiers dépend du droit international.

égard d'actes unilatéraux émanant d'un gouvernement étranger pourtant non conformes aux règles du droit international général, ces actes produiront valablement leurs effets, mais exclusivement vis-à-vis de lui.

352 ***Création d'engagements juridiques*** ◊ Certains actes unilatéraux ont pour effet, sinon toujours pour objet, le renoncement à l'exercice d'un droit ou, selon les cas, la création d'une obligation à l'égard de leur auteur. La doctrine en a longtemps rendu compte en élaborant une théorie un peu artificielle de la *promesse unilatérale*, promesse à laquelle beaucoup d'auteurs refusaient par principe de reconnaître la possibilité d'engager par elle-même l'État, si elle ne recevait pas en écho la réponse favorable des autres États concernés [1].

La Cour internationale de Justice paraît cependant bien avoir porté un coup fatal à cette manière de voir, qui revient en fait à nier la possibilité théorique et pratique d'une existence autonome des actes unilatéraux (et notamment des actes portant engagement de leur auteur) indépendamment d'une relation contractuelle. Lors de l'affaire des *essais nucléaires*, en effet, opposant la France à l'Australie, alors que la juridiction n'avait pas encore examiné l'affaire au fond, le Président Giscard d'Estaing et son ministre des Affaires étrangères avaient fait des déclarations aux termes desquelles la France renonçait pour l'avenir aux essais nucléaires dans l'atmosphère, eu égard aux progrès de sa technologie en la matière. Or l'objet principal de la requête australienne était précisément d'obtenir l'arrêt de tels essais. La Cour était donc amenée à se prononcer sur la validité et les effets juridiques des déclarations françaises, afin de déterminer si l'arrêt avait encore motif d'être rendu. Elle déclara alors :

« Il est reconnu que des déclarations revêtant la forme d'actes unilatéraux et concernant des situations de droit ou de fait peuvent avoir pour effet de créer des obligations juridiques [...] Quand l'État auteur de la déclaration entend être lié conformément à ses termes, cette intention confère à sa prise de position le caractère d'un engagement juridique, l'État intéressé étant désormais tenu en droit de suivre une ligne de conduite conforme à sa déclaration [...] Dans ces conditions, aucune contrepartie n'est nécessaire pour que la déclaration prenne effet, non plus qu'une acceptation ultérieure ni même une réplique ou une réaction d'autres États, car cela serait incompatible avec la nature strictement unilatérale de l'acte juridique par lequel l'État s'est prononcé » [2]. Cette prise de position très nette doit son intérêt au fait qu'elle affirme précisément l'existence autonome des actes unilatéraux ayant ainsi *comme tels* et par eux-mêmes une portée juridique indépendante de tout montage contractuel. Elle écartait les réticences tenaces d'une large partie de la doctrine volontariste.

---

1. Auquel cas on se retrouve dans une situation consensuelle classique d'accord de volontés, manifestées simplement successivement, au lieu d'être exprimées simultanément, comme dans la plupart des traités formalisés.
2. *Rec.* 1974, p. 267, § 43.

Est-ce à dire pour autant que *tous* les actes unilatéraux ont une portée autonome, indépendamment d'une relation consensuelle ?

§ 2. Portée juridique des actes unilatéraux

353 ***L'affirmation de la possibilité d'une portée juridique autonome*** des actes unilatéraux par la Cour internationale de Justice est parfaitement justifiée et abondamment corroborée par la pratique. On vient de voir, par exemple, qu'aussi bien les actes d'application des compétences étatiques que ceux portant abandon d'un droit ou engagement envers les tiers pouvaient parfaitement avoir des effets juridiques par eux-mêmes, indépendamment de l'acceptation des sujets auxquels ils s'adressent. Dans la première de ces deux catégories, ainsi qu'on a pu le constater, ce qui gouverne la validité internationale de l'acte est d'abord sa conformité au droit international, et non sa reconnaissance par les autres sujets intéressés. Une attribution de nationalité respectant la condition d'effectivité présente par exemple un *caractère objectif*, insusceptible d'être légalement mise en cause par les tiers.

354 ***L'intégration d'actes unilatéraux dans un ensemble consensuel*** est cependant vérifiable dans la plupart des cas : ainsi, par exemple, des actes liés à la vie des traités et à l'administration conventionnelle, comme l'adhésion à une convention multilatérale, l'émission d'une réserve à l'égard de certaines dispositions d'un traité, la dénonciation légale d'un accord (v. ss 307 s.), la décision d'un État de se retirer d'une organisation internationale. Ainsi aussi d'une déclaration unilatérale par laquelle un État accepte, dans les conditions prévues par un traité, la compétence d'une juridiction internationale ou exclut certaines catégories de différends de la compétence de celle-ci. Il s'agit bien d'actes formellement unilatéraux, puisqu'imputables à un seul sujet de droit. Cependant, s'ils entraînent indiscutablement des effets juridiques, ces derniers ne peuvent se produire que par référence au traité auquel ils s'articulent. Sans l'existence de ce dernier, ils n'auraient pas de raison d'être mais pas non plus de possibilité pratique de produire leurs conséquences de droit. Les effets de l'acte unilatéral, les conditions de leur opposabilité aux autres États, seront alors déterminés par référence à ce traité [1].

Dans d'autres hypothèses, c'est la *concordance de deux actes formellement unilatéraux* – une offre ou une demande, d'une part, et son acceptation, d'autre part – qui est génératrice d'obligations juridiques. Elle peut alors s'analyser comme constitutive d'un accord international. Les exemples sont nombreux, bien que, comme la Commission du droit international l'a relevé dans ses *Principes directeurs relatifs aux déclarations unilatérales* adoptés en 2006, « il [soit] souvent difficile d'établir si les effets juridiques

1. Voy., pour l'effet d'une déclaration d'un État destinée à exclure certaines catégories de différends des mécanismes de règlement des différends prévus par la Convention des Nations Unies sur le droit de la mer, la sentence sur la compétence rendue le 20 novembre 2014 par le tribunal arbitral constitué dans l'affaire de l'*Arctic Sunrise* (Pays-Bas c. Russie).

découlant du comportement unilatéral d'un État sont la conséquence de l'intention qu'il a exprimée ou dépendent des expectatives que sa conduite a fait naître chez d'autres sujets du droit international ». La sentence rendue le 15 mars 2015 dans l'affaire de l'*Aire marine protégée des Chagos* l'a encore montré, le tribunal arbitral s'étant appuyé à la fois sur l'intention du gouvernement britannique et sur la confiance légitime de Maurice dans les promesses du Royaume-Unis, pour considérer que des engagements pris par le Royaume Uni lors de l'accession à l'indépendance de Maurice faisaient naître des obligations à la charge du premier et des droits au profit du second, dont l'État mauricien pouvait demander le respect [1]. De tels engagements unilatéraux se rencontrent tout particulièrement dans le contentieux international, où il n'est pas rare qu'une partie s'engage au cours de la procédure à adopter un comportement qui est réclamé par l'autre. Dans son arrêt *LaGrand* de 2001, la Cour internationale de Justice a estimé, ainsi, que « si, dans le cadre d'une instance, un État fait référence de manière répétée devant la Cour aux activités substantielles auxquelles il se livre aux fins de mettre en œuvre certaines obligations découlant d'un traité, cela traduit un engagement de sa part de poursuivre les efforts entrepris à cet effet » [2]. En l'occurrence, la Cour a pris acte de la promesse des États-Unis de mettre en place un vaste programme d'information à destination des étrangers arrêtés sur le sol américain, afin qu'ils soient avisés de leur droit à avertir sans retard le poste consulaire de leur placement en détention, conformément à l'article 36 de la Convention de Vienne de 1963 sur les relations consulaires. Elle a considéré que cet engagement satisfaisait, en l'espèce, à la demande de la RFA d'obtenir une assurance générale de non-répétition [3]. Plus récemment, le Sénégal a contesté, selon la même logique, la compétence de la Cour pour connaître de l'affaire relative aux *questions concernant l'obligation de poursuivre ou d'extrader*, arguant qu'il s'était engagé devant elle à faire ce que la Belgique réclamait. Cette dernière demandait à la Cour de dire et juger que le Sénégal était obligé de poursuivre pénalement l'ancien président tchadien Hissène Habré. Or, au cours de la procédure, le Sénégal avait souligné à plusieurs reprises qu'il avait pris les dispositions appropriées pour se conformer à cette obligation. Tout en acceptant le raisonnement du Sénégal, la CIJ s'est néanmoins déclarée compétente *prima facie* dans son ordonnance du 28 mai 2009, considérant que l'engagement du Sénégal n'épuisait pas, à lui seul, tous les aspects du litige [4]. Relevant dans sa décision que « le Sénégal, tant *proprio motu* qu'en réponse à une question posée par un membre de la Cour, a formellement et à plusieurs reprises, au cours des audiences, donné l'assurance qu'il ne permettra pas à M. Habré de quitter son territoire avant que la Cour ait rendu sa décision

1. V. les § 417 à 448 de la sentence.
2. CIJ, 27 juin 2001, § 124.
3. *Ibid*. V. aussi *Avena*, 31 mars 2004, § 150.
4. § 48.

définitive », elle a dans le même temps rejeté la demande d'indication de mesures conservatoires présentée par la Belgique, tendant à ce que la Cour ordonne au défendeur de prendre les mesures en son pouvoir pour que H. Habré reste sous le contrôle et la surveillance des autorités judiciaires du Sénégal. Les mesures demandées par la Belgique n'étaient pas justifiées par l'urgence, puisque le Sénégal s'était déjà engagé à les mettre en œuvre.

La chaîne peut d'ailleurs se compliquer et dépasser l'articulation de deux actes. C'est ainsi qu'il existe des *actes juridiques complexes* en droit international comme il s'en trouve en droit interne ; ils peuvent être constitués d'un montage conventionnel composé de plusieurs actes, conventionnels et unilatéraux ou seulement unilatéraux, ainsi qu'en a par exemple rencontré la Cour internationale de Justice dans l'avis relatif à l'interprétation de l'accord du 25 mai 1951 entre l'OMS et l'Égypte [1]. C'est affaire d'espèce que de déterminer dans quelle mesure on peut détacher l'un des autres.

355 ***Deux types de considérations sont ainsi conjugués par la jurisprudence*** ◊

a) D'une part, l'importance de la volonté de l'auteur de l'acte ou des actes unilatéraux considérés est décisive pour parvenir à déterminer dans une situation donnée le degré d'autonomie et d'indépendance de l'un par rapport aux autres, et l'on aurait tort de poser à cet égard des règles *a priori*. L'essentiel est d'admettre la possibilité pour certains actes unilatéraux de produire de façon autonome leurs propres effets de droit.

b) Toutefois, une autre considération que la recherche de la volonté de l'auteur de l'acte considéré inspire aussi la jurisprudence : c'est celle de la sécurité juridique des rapports internationaux. Ce souci explique en particulier, comme on l'a vu plus haut à propos de la reconnaissance et de son avatar l'acquiescement, qu'un État, une fois sa position établie vis-à-vis des tiers par ses déclarations ou son comportement, ne puisse revenir sur les effets qu'elle a produits.

356 ***Conditions de l'effet juridique des actes unilatéraux*** ◊ Dans tous les cas, pour qu'un acte unilatéral produise des effets juridiques, il convient qu'il émane d'une personne qui, dans l'ordre interne, a compétence pour engager l'État. Le droit international traduit, sur ce point, une conception large de la compétence qui déborde assez sensiblement celle adoptée pour les traités dans la Convention de Vienne de 1969 (v. ss 244). Sont imputables à l'État non seulement les actes du chef de l'État, du chef du gouvernement et du ministre des Affaires étrangères, mais aussi ceux des ministres techniques, de leurs directeurs de cabinet et, plus largement, des fonctionnaires « exerçant, dans les relations extérieures, des pouvoirs dans leur domaine de compétence » [2]. Un acte peut également émaner

---

1. *Rec.* 1980, p. 92-93, § 43.

2. *Activités armées sur le territoire du Congo (RDC c/ Rwanda)*, 3 févr. 2006 (exc. préliminaires), § 47. Pour les directeurs de cabinet, v. l'arrêt du 4 juin 2008, *Certaines questions concernant l'entraide judiciaire en matière pénale (Djibouti c/ France)*, § 128 s.

d'une autorité autre que le pouvoir exécutif, en particulier du législateur ou d'une assemblée constituante *ad hoc* [1]. S'agissant de ces derniers, la Cour internationale de Justice a toutefois estimé, à l'occasion du différend qui a opposé la Géorgie à la Russie sur la question de l'application de la Convention internationale sur l'élimination de toutes les formes de discrimination raciale, qu'« en droit international comme dans la pratique, c'est en règle générale l'exécutif qui représente l'État dans ses relations internationales et s'exprime en son nom sur le plan international » [2]. Elle a en déduit que les actes émanant d'un parlement national ne sont pertinents, aux fins d'établir l'existence d'une protestation émanant d'un État, que lorsqu'ils sont « entérinés » par l'exécutif de celui-ci [3].

Ensuite, pour apprécier l'existence d'un engagement de l'État, il convient de tenir compte à la fois du contenu réel de l'acte et des circonstances dans lesquels il a été réalisé. La CIJ l'a rappelé dans son arrêt de 2006 dans l'affaire des *Activités armées sur le territoire du Congo* (*République démocratique du Congo c/ Rwanda*) [4]. Une promesse ne peut, ainsi, « créer des obligations juridiques que si elle a un objet clair et précis » et qu'elle révèle une volonté de son auteur de se lier. Telle n'est pas, par exemple, le cas d'une déclaration politique, formulée en termes généraux et conditionnels, par laquelle un ministre annonce que le gouvernement dont il fait partie a l'intention, à l'avenir, de retirer les réserves formulées par son État aux conventions de protection des droits de l'homme. Ne constitue pas non plus un engagement, la lettre d'un directeur de cabinet du ministre français de la Justice informant l'ambassadeur de Djibouti qu'il a demandé à ce que « tout soit mis en œuvre » pour qu'une copie du dossier d'instruction de l'affaire Borrel soit transmise au ministre de la Justice djiboutien. Outre que les termes de ce courrier, pris dans leur sens ordinaire, ne comportent pas d'engagement formel, son auteur ne pouvait vouloir engager l'État français puisque la législation (C. pr. pén., art. 694-2) réserve l'exécution des commissions rogatoires au juge d'instruction. En conséquence, cette lettre « de par son contenu et les circonstances de fait et de droit dans lesquelles elle a été préparée, ne comporte pas, en elle-même, d'engagement juridique » [5].

357 ***Conclusion*** ◇ Essentiellement utilisé par l'État pour défendre ses intérêts subjectifs et exercer ses propres droits dans l'ordre international, l'acte unilatéral étatique apparaît d'abord, ainsi que le traité, tel un instrument normatif du droit international spécial, c'est-à-dire de celui qui, formé par et pour certains sujets, s'applique en principe exclusivement à eux, même s'il peut avoir parfois une incidence sur les tiers.

---

1. V. l'arrêt du 18 nov. 2008, *Application de la convention sur la prévention et la répression du génocide* (*Croatie c/ Serbie*), § 107.
2. Arrêt sur les exceptions préliminaires du 1er avr. 2011, § 37.
3. *Ibid.*
4. Préc., § 49.
5. Arrêt *Entraide judiciaire en matière pénale* préc., § 130. Sur la nécessité d'un engagement inconditionnel, v. également CIJ, *Différend maritime (Pérou c/ Chili)*, arrêt du 27 janvier 2014, § 41-43.

Cet instrument, cependant, peut servir à d'autres usages. Lorsque par exemple la situation vis-à-vis de laquelle l'État réagit (en la reconnaissant ou en s'y opposant) est elle-même susceptible de contribuer à l'évolution du droit international général, notamment en constituant un précédent susceptible d'entrer dans le processus matériel de formation d'une nouvelle coutume internationale, l'acte unilatéral pris par l'État pour définir sa position à son égard participera au dit processus de concrétion coutumière. On avait déjà vu qu'il pouvait exister des ponts entre le traité et la coutume (v. ss 298) ; on perçoit ici qu'il peut y en avoir d'autres, entre les actes étatiques unilatéraux et la coutume.

SECTION 5. LES MOYENS AUXILIAIRES DE DÉTERMINATION DES RÈGLES DE DROIT

358 ***Données du problème*** ◊ Si, par commodité, on se réfère à nouveau au texte de l'article 38 du Statut de la Cour internationale de Justice, on constate qu'après avoir cité traités, coutume et principes généraux de droit, cette disposition mentionne à son paragraphe premier, alinéa d) : « les décisions judiciaires et la doctrine des publicistes les plus qualifiés des différentes nations, comme moyens auxiliaires de détermination des règles de droit. »

Puis, à son second paragraphe, le même article indique la possibilité pour la Cour de statuer *ex aequo et bono*. Cette dernière disposition ne concerne cependant pas, quant à elle, les moyens auxiliaires de détermination des normes juridiques internationales. En effet, statuer *ex aequo et bono*, c'est-à-dire en fonction du sentiment qu'il a personnellement de l'égal et du bon, ou, si l'on préfère, du juste, revient pour le juge à écarter purement et simplement l'application des règles de droit (soit parce qu'elles n'existeraient pas, soit parce qu'elles seraient jugées par les parties inappropriées au cas considéré). En leur lieu et place, il jugera alors « en équité », en apportant au litige la solution qui lui paraît juste, sur la base de sa propre conception de la justice. Cette possibilité est restée jusqu'ici très largement théorique, car elle n'a pour ainsi dire jamais été retenue par les parties à un litige international. Il est surtout nécessaire de retenir à son propos qu'elle ne saurait de toute façon être utilisée par la Cour sans leur consentement formel. Ceci se comprend, étant donné le pouvoir discrétionnaire qu'elle confère à la juridiction. L'*ex aequo et bono* n'est pas une source de droit, c'est un substitut au droit.

Il n'en sera donc plus question par la suite, si ce n'est pour situer par rapport à elle un autre usage de l'équité, qui s'affirme au contraire comme une modalité importante des conditions d'application des règles de droit. On l'examinera après les quelques observations qu'appelle la mention de la jurisprudence et de la doctrine à l'alinéa d) de l'article 38.1.

§ 1. La jurisprudence et la doctrine

359 ***Rôle de la jurisprudence*** [1] ◊ Le rôle de la jurisprudence, particulièrement celle de la Cour internationale de Justice, est examiné ailleurs dans le présent manuel, en relation avec l'importance du contrôle juridictionnel exercé par le juge international sur l'application du droit international (v. ss 328). On y constate que l'effet relatif de chose jugée, consacré formellement dans le statut de la Cour à son article 59 mais également valable à titre de principe général de droit à l'égard des sentences arbitrales ne constitue pas un obstacle à l'influence exercée en pratique par les décisions de justice internationales sur l'interprétation mais aussi l'évolution du droit international. Comme on le voit également par ailleurs (v. ss 344) l'influence du juge international est notamment tout à fait considérable pour dégager l'existence, le sens et la portée de règles générales de droit international dont le statut exact, coutumes ou principes généraux, est parfois difficile à définir avec exactitude [2]. L'apport de la jurisprudence est ainsi particulièrement visible dans le champ du droit des délimitations maritimes où, comme l'a constaté un tribunal arbitral en juillet 2014, l'« l'acquis judiciaire » est tel qu'il constitue une source du droit international en la matière [3].

Quoique dotée d'une moindre autorité, la jurisprudence arbitrale n'est pas non plus dépourvue d'influence sur les délibérations ultérieures des juges, voire même des gouvernements. Certains principes importants, comme par exemple les principes généraux de la neutralité en temps de guerre (sentence de l'*Alabama* de 1872), les caractères généraux de la compétence territoriale (sentence de *l'Île de Palmas*, 1928) ou bien encore la règle de proportionnalité dans la riposte à un acte illicite (sentence *Naulilaa*, également de 1928) ont ainsi constitué, entre autres exemples, d'incontestables précédents auxquels la pratique internationale continue de se référer.

Ni le juge ni l'arbitre ne sont cependant formellement liés par de tels précédents. Sous la réserve des observations énoncées par ailleurs concernant le rôle souvent créateur du juge en matière de règles générales, on peut donc ici s'en tenir à l'idée simple d'après laquelle la jurisprudence ne constitue pas en principe une source de droit international, mais, comme le dit bien l'article 38 précité, un moyen auxiliaire, c'est-à-dire une modalité complémentaire d'identification et d'interprétation des normes juridiques. Dans certaines branches du droit international contemporain, le rôle de la jurisprudence apparaît plus important que dans d'autres. Ainsi en est-il en particulier du droit international du commerce dans lequel la jurisprudence de l'Organe d'appel de l'OMC (v. ss 601) a été appelée à

1. V. SFDI, *Le précédent en droit international, colloque de Strasbourg* (dir. N. Aloupi et C. Kleiner), 2016.
2. V. P.-M. Dupuy, Le juge et la règle générale, *RGDIP* 1989/3, p. 569 s.
3. Sentence arbitrale du 7 juillet 2014 dans l'affaire de la *frontière maritime du Golfe de Bengale (Bangladesh c/ Inde)*, § 339. Sur la jurisprudence relative aux délimitations maritimes, v. ss. 657.

prendre une place souvent déterminante, en partie du fait de l'inaptitude des États membres à faire aboutir de nouvelles négociations normatives [1].

360 ***Rôle de la doctrine*** ◊ Le rôle de la doctrine est difficilement comparable à celui de la jurisprudence. D'abord, à raison du statut, ou, plus exactement, de l'absence de statut précis des auteurs par rapport aux titulaires principaux du pouvoir normatif que sont les États. Contrairement au juge ou à l'arbitre, qui, même si c'est pour le règlement d'une affaire déterminée, ont reçu mandat des États pour régler leur différend en application du droit, les membres de la doctrine ne représentent qu'eux-mêmes, c'est-à-dire pas grand-chose dans un contexte normatif dominé par la prééminence étatique. Leur indépendance intellectuelle fait tout l'intérêt de leur démarche analytique, mais elle alimente aussi la circonspection plus ou moins nette avec laquelle certains États accueillent parfois leurs opinions, attachés qu'ils sont à la poursuite d'une certaine politique juridique, menée en relation avec l'idée que leurs responsables se font, à un moment donné, de l'intérêt national.

L'influence de certains jurisconsultes éminents a cependant été sensible notamment sur l'évolution des décisions de justice. Ce fut en particulier le cas de Dionisio Anzilotti, à propos du droit de la responsabilité internationale, dont il est vrai que l'influence a été grandement facilitée par le fait qu'il est devenu lui-même le président de la Cour permanente de Justice internationale [2] !

Certains organes de codification, au premier rang desquels, à l'heure actuelle, la Commission du droit international (CDI), mais aussi, dans une moindre mesure et un contexte institutionnel différent, l'Institut de droit international et d'autres corporations privées de codification (notamment l'*International Law Association*) constituent des cénacles doctrinaux exerçant une influence souvent non négligeable sur l'élucidation du contenu et de la portée des règles de droit.

Le cas de la CDI, d'une importance particulière étant donné son statut d'organe public spécifiquement chargé de tâches de codification par l'Assemblée générale des Nations Unies, et, à ce titre, intégré dans un processus quasi législatif se déroulant sous l'égide de l'ONU, est par ailleurs examiné en relation avec les modes contemporains de formation du droit (v. ss 377).

§ 2. L'équité inhérente à la règle de droit

361 ***Variété des domaines d'intervention de l'équité « infra legem »*** ◊ Dans la mesure où le droit est lié à la recherche de la justice, l'équité est inhérente à son application. Elle intervient en particulier, à titre d'inspiratrice

1. C.-D. Ehlermann, Reflections on the Appellate Body of the WTO, *Journal of International Economic Law*, 2003, p. 699 ; H. Ruiz-Fabri, Le juge de l'OMC : ombres et lumières d'une figure judiciaire singulière, *RGDIP* 2006/1, p. 39-84.

2. V. P.-M. Dupuy, D. Anzilotti and the Law of International Responsibility of States, *EJIL* 1992/1, p. 139 s.

et de guide, pour aider à l'adéquation d'une règle abstraite à une situation concrète. Elle constitue ainsi à la fois la finalité et l'instrument en fonction duquel le droit sera appliqué concrètement [1].

Dans le cadre des tendances les plus contemporaines du droit international public, les références à l'équité inhérente à la règle juridique sont nombreuses. On les retrouve par exemple dans le projet de la CDI relatif à l'utilisation des voies d'eau internationales à des fins autres que la navigation, sous la forme de la règle d'« utilisation équitable » de ces eaux par les différents États riverains (v. ss 645). Des principes équitables ont inspiré les délibérations de l'Union internationale des Télécommunications en matière d'allocation des ondes de fréquence et des orbites géostationnaires (v. ss 669). D'une façon générale, l'équité se retrouve dans la détermination des conditions d'utilisation des ressources partagées par deux ou plusieurs États et cette préoccupation n'est pas neuve, puisqu'on la trouve notamment évoquée dans un arrêt de la Cour permanente de Justice internationale relatif aux *Affluents de l'Oder* [2]. Elle a de plus constitué une source d'inspiration majeure pour la définition des principes de base du droit international du développement (v. ss 609). Tous ces domaines d'application de l'équité n'en font pour autant qu'une source d'inspiration pour les règles de droit, sans qu'on puisse évidemment dire qu'elle suffit par elle-même à leur conférer validité et efficacité.

Il est toutefois un domaine dans lequel, sans pour autant perdre les caractères précités, la référence à l'équité a joué un rôle particulièrement important dans les deux dernières décennies. Il s'agit de celui qu'illustre la jurisprudence internationale en matière de délimitation maritime.

362 ***L'équité en matière de délimitation maritime*** [3] ◇ C'est d'abord dans l'affaire du *Plateau continental de la Mer du Nord* que la CIJ eut recours à l'équité « *infra legem* ». Elle eut grand soin de la distinguer du jugement rendu « *ex aequo et bono* », en précisant qu'il s'agissait au contraire, à propos des délimitations maritimes, d'appliquer l'équité en tant qu'elle fait partie intégrante de la règle de droit : « il ne s'agit pas d'appliquer l'équité simplement comme une représentation de la justice abstraite, mais d'appliquer une règle de droit prescrivant le recours à des principes équitables » ; [...] « dans ce domaine, c'est précisément une règle de droit

1. V. Ch. de Visscher, *De l'équité dans le règlement arbitral ou judiciaire de droit international public*, Paris, Pedone, 1972, 118 p. ; M. Akerhurst, Équity and General Principles of Law, *ICLQ* vol. 25, p. 801 ; P. Reuter, Quelques réflexions sur l'équité en droit international public, *RBDI* 1980. 165 s. ; M. Chemiller-Gendreau, La signification des principes équitables dans le droit international contemporain, *RBDI* 1981-82. 509 s.

2. CPJI, affaire de l'*Oder*, série A, n° 23.

3. V. P. Weil, *Perspectives du droit de la délimitation maritime*, Paris, Pedone, 1988. 173-202 ; M. Virally, L'équité dans le droit. À propos des problèmes de délimitation maritime, *in Le droit international à l'heure de sa codification, Études en l'honneur de R. Ago*, vol. II, p. 523 s. ; M. Degan, Équitable Principles *in* Maritime Delimitation, *ibid.* vol. II, p. 107 s. ; M. Bedjaoui, L'énigme des principes équitables dans le droit des délimitations maritimes, *REDI*, 1990/2, p. 367 s.

qui appelle l'application de principes équitables »[1]. Cette position de la Cour est par la suite restée constante dans toutes les affaires de délimitation maritime, sans exception.

Force est cependant de constater qu'au-delà du soin pris à distinguer l'équité juridique de l'*ex aequo et bono*, et comme s'il cherchait à se prémunir par avance des critiques que l'admission des principes équitables laissait à sa libre appréciation, le juge international a manifesté certaines hésitations quant au rôle exact à faire jouer à ce recours à l'équité.

L'équité dans le droit concerne certainement le résultat à atteindre, qui nous dit-elle, doit être « équitable ». Cette règle, ou plus exactement cette finalité est certainement fondamentale et l'arrêt rendu par une Chambre de la Cour dans l'affaire du *Golfe du Maine* en 1984 va même jusqu'à y voir la « norme fondamentale en matière de délimitation ».

Cependant, dans l'arrêt de 1969, même s'il se montrait peu exigeant quant au choix de la méthode pour parvenir à un tel résultat, le juge invitait les parties à prendre en considération toutes les « circonstances pertinentes », notamment géographiques, en vue de parvenir à cette fin et cette opération aboutissait selon la Cour à mettre en œuvre des « principes équitables ». Cette tendance, destinée à canaliser le recours à l'équité en l'appuyant sur des critères et même une démarche générale assez précis, sera accentuée dans une sentence arbitrale ultérieure, rendue en 1977 entre la France et la Grande-Bretagne, pour la *Délimitation du plateau de la Mer d'Iroise*.

En revanche, la CIJ à nouveau, dans deux espèces ultérieures (*Tunisie c/ Libye*, 1982) et (*États-Unis c/ Canada*, 1984) va résorber la référence à l'équité à la seule physionomie du résultat à atteindre, en soulignant même, dans la seconde espèce, le caractère très rudimentaire et exceptionnel des règles générales en ce domaine, puisque « chaque cas est un *unicum* ». Ce n'est que plus tard, se rendant compte des excès auxquels ce nominalisme radical risquait de mener, qu'avec l'arrêt rendu dans l'affaire du *Plateau continental Libye c/ Malte* (1985) la Cour tendra à nouveau à pondérer la référence globale à l'équité du résultat par la prise en compte de « principes équitables » dont le contenu n'est cependant pas clairement élucidé. Depuis lors la jurisprudence a cependant évolué dans le sens d'une réduction du rôle de l'équité et de son cantonnement à celui d'élément correcteur des seuls effets excessifs de la délimitation par la méthode de l'équidistance tempérée par les circonstances pertinentes (v. ss 657).

En bref, si la Cour a certainement très légitimement montré la nécessité de faire intervenir des considérations équitables dans la recherche d'une solution acceptable par les deux parties, elle n'a jamais réussi à persuader la majorité des commentateurs qu'il y avait dans sa démarche une véritable rupture entre cette forme d'équité dans le droit et l'équité substitutive au droit *(ex aequo et bono)*.

Il reste que, plus que moyen auxiliaire de détermination de la règle juridique, l'équité « *infra legem* » s'affirme indispensable dans tous les

1. *Rec.* 1969, p. 47 et 48, § 85 et 88.

domaines où les droits respectifs de deux ou plusieurs États arrivent en concurrence. C'est dire qu'elle n'intéresse pas seulement le juge, mais également les négociateurs et que son avenir ne saurait être que prometteur.

363 *Indications bibliographiques complémentaires* ◊

1) L'ordre juridique international

Ago (R.), Droit positif et droit international (*AFDI* 1957. 14-62) ; Barile (G.), La structure de l'ordre juridique international. Règles générales et règles conventionnelles (*RCADI*, 1978/III, vol. 161, p. 9-126) ; Brierly (J.L.), Le fondement du caratère obligatoire du droit international public (*RCADI*, 1928/III, vol. 23, p. 463-552) ; Combacau (J.), Le droit international : bric-à-brac ou système ?, (*APD*, 1986, vol. 31, pp. 85-105) ; Dupuy (P.M.), L'unité de l'ordre juridique international : cours général de droit international public (*RCADI*, 2002, vol. 297, p. 9-489) ; Friedmann (W.), *The Changing Structure of International Law* (Londres, Stevens & Sons, 1964, 410 p.) ; Gattini (A.), Un regard procédural sur la fragmentation du droit international (*RGDIP*, 2006/2, p. 303-336) ; Jacqué (J.-P.), Acte et norme en droit international public (*RCADI*, 1991/II, vol. 227, p. 367-417) ; Jenks (C.W.), Interdependence as the Basic Concept of Contemporary International Law *in Mélanges offerts à H. Rolin* (Paris, Pedone, 1964, p. 147-156) ; Koskenniemi (M.), *Fragmentation of International Law : Difficulties Arising From the Diversification and Expansion of International Law (Report of the Study Group of the International Law Commission)* (Helsinki, Erik Castrén Institute of International Law and Human Rights, 2007, 306 p.) ; McDonald (R. St.J.), Johnston (D.M.) (dir.), *The Structure and Process of International Law. - Essays in Legal Philosophy, Doctrine and Theory* (La Haye, MNP, 1983, 1234 p.) ; Marek (K.), Sur la notion de progrès en droit international (*ASDI*, 1982, vol. XXXVII, p. 28-43) ; Mullerson (R.A.), The Principles Pacta Sunt Servanda and the Nature of Obligation (*AJIL* 1989. 513-518) ; Oraison (A.), Réflexions sur la doctrine des publicistes les plus qualifiés des différentes nations (*RBDI*, 1991/2, vol. XXIV, p. 507-580) ; Riedel (E.), Standards and Sources. Farewell to the Exclusivity of the Sources Triad *in* International Law ? (*JEDI/EJIL*, 1991/2, vol. 2, p. 58-84) ; Salmon (J.), Le procédé de la fiction en droit international (*RBDI* 1974. 11-35) ; Scelle (G.), Le droit constitutionnel international, *in Mélanges R. Carré de Malberg* (Paris/Vaduz, Libr. E. Duchemin/ Topos Verlag, 1977, réimpression de l'édition de Paris de 1933, p. 501-515) ; Shelton (D.), Normative Hierarchy *in* International Law (*AJIL*, 2006/2, p. 291-323) ; Simma (B), Pulkowski (D.), Of Planets and the Universe : Self Contained Regimes *in* International Law (*JEDI/EJIL*, 2006/3, p. 483-529) ; Sur (S.), Système juridique international et utopie (*APD*, vol. 32, 1987, p. 35-45) ; Ziccardi (P.), Les caractères de l'ordre juridique international (*RCADI*, 1958/III, vol. 95, p. 263-407).

2) La théorie des sources

Abi-Saab (G.), Les sources de droit international : un essai de déconstruction, 1994, *in Mélanges Jimenez de Aréchaga* (Montevideo, FCU, 1994, p. 29-49) ; Akehurst (M.), The Hierarchy of the Sources of International Law (*BYBIL*, 1974-75, vol. XLVII, p. 273-285) ; d'Aspremont (J.), « La déformalisation en droit international et l'abandon de la théorie des sources dans la doctrine contemporaine », *L'Observateur des Nations Unies*, 2011-1, vol. 30, p. 39-59 ; Cassese (A.), Weiler (J.), *Change and Stability in International Law-Making* (Leyden, W. De Gruyter, 1988, 214 p.) ; Czaplinski (W.), Danilenko (G.M.), Conflicts of Norms *in* International Law (*NYBIL*, 1990, vol. XXI, p. 3-42) ; De Visscher (Ch.), Contribution à l'étude des sources du droit international, *in Recueil d'études sur les sources du droit en l'honneur de F. Gény*, vol. III : *Les sources des diverses branches du droit*, (Paris, Sirey, 1935, p. 389-399) ; Fitzmaurice (Sir G.G.), Some Problems Regarding the Formal Sources of International Law, *in Symbolae Verzijl*

(La Haye, MNP, 1958, p. 153-176) ; Forteau (M.), « Les sources du droit international face au formalisme », *L'Observateur des Nations Unies*, 2011-1, vol. 30, p. 61-71 ; Guggenheim (P.), La validité et la nullité des actes juridiques internationaux (*RCADI*, 1949/I, vol. 74, p. 191-268) ; Guggenheim (P.), Contribution à l'histoire des sources du droit des gens (*RCADI*, 1958/II, vol. 94, p. 1-84) ; Jacqué (J.-P.), *Éléments pour une théorie de l'acte juridique en droit international public* (Paris, LGDJ, 1972, 511 p.) ; Kopelmanas (L.), Quelques réflexions sur l'article 38 du statut de la CPJI (*RGDIP* 1936. 285-308) ; Kopelmanas (L.), Essai d'une théorie des sources formelles de droit international (*RDI*, 1938/1, p. 101-150) ; Marek (K.) (dir.), Les sources du droit international, *in Répertoire des décisions et des documents de la procédure écrite et orale de la CPJI et de la CIJ Série 1 : la CPJI*, (Genève, Libr. Droz/IUHEI, 1967, 1288 p., Publication n° 47-t. 2) ; Mudler (A.), Les lacunes du droit international public (*RDILC*, 1926, p. 555-576) ; Perelman (Ch.) (dir.), *Le problème des lacunes en droit, Étude de logique juridique* (Bruxelles, Bruylant, 1968, 554 p.) ; Rousseau (Ch.), *Principes généraux du droit international public* – Tome 1 : *Introduction, sources* (Paris, Pedone, 1944, 975 p.) ; Sahovic (M.), Rapports entre facteurs matériels et facteurs formels dans la formation du droit international (*RCADI*, 1986/IV, vol. 199, p. 171-232) ; Salmon (J.), Quelques observations sur les lacunes du droit international public (*RBDI*, 1967/2, p. 440-458) ; Scelle (G.), Essai sur les sources formelles du droit international, *in Recueil sur les sources du droit en l'honneur de F. Gény*, vol. III : Les sources des diverses branches du droit, (Paris, Sirey, 1935, p. 400-430) ; Siorat (L.), *Le problème des lacunes en droit international. Contribution à l'étude des sources de droit et de la fonction judiciaire* (Paris, LGDJ, 1958, 479 p.) ; Sörensen (M.), *Les sources du droit international. Étude sur la jurisprudence de la CPJI*, (Copenhague, E. Munksgoard, 1946, 274 p.) ; Sur (S.), Quelques observations sur les normes juridiques (*RGDIP* 1985. 901-928) ; Van Hoof (G.J.H.), *Rethinking the Sources of International Law* (La Haye, Kluwer Law, 1983, 322 p.) ; Verdross (A.), *Die Quellen des universellen Völkerrecht. Eine Einfuhrung* (Fribourg, Rombach, 1973, 148 p.) ; Virally (M.), Le principe de réciprocité dans le droit international contemporain (*RCADI*, 1967/III, vol. 122, p. 1-105) ; Vranes (E.), The Definition of "Norm Conflict" *in* International Law and Legal Theory (*JEDI/EJIL*, 2006/2, p. 395-418).

3) Les traités

Aust (A.), *Modern Treaty Law and Practice* (Cambridge, Cambridge University Press, 2e éd., 2007, 548 p.) ; Ago (R.), Le droit des traités à la lumière de la Convention de Vienne. Introduction (*RCADI*, 1971/III, vol. 134, p. 297-332) ; Barberis (J.), Le concept de traité international et ses limites (*AFDI* 1984. 239-270) ; Bastid (S.), *Les traités dans la vie internationale. Conclusion et effets* (Paris, Economica, 1985, 303 p.) ; Baxter (R.R.), Treaty and Custom (*RCADI*, 1970/I, vol. 129, p. 25-106) ; Bernhardt (R.), Custom and Treaty *in* the Law of the Sea (*RCADI*, 1987/V, vol. 205, p. 247-330) ; Boulouis (J.), Les avis de la Cour de Justice des Communautés sur la compatibilité avec le Traité CEE du projet d'accord créant l'Espagne économique européen (EEE) (*RTD eur.*, 1992, vol. 28, p. 457-463) ; Bueno (N.), Analyse économique du droit international des traités : interprétation, réserve et violations des traités (*RGDIP* 2012. 89-110) ; Caflisch (L.), Unequal Treaties (*GYBIL*, 1992, vol. 35, p. 52-80) ; Cahier (Ph.), Le problème des effets des traités à l'égard des États tiers (*RCADI*, 1974/III, vol. 143, p. 589-736) ; Cannizzaro (E.) (dir.), *The Law of Treaties Beyond the Vienna Convention* (Oxford, OUP, 2011, 496 p.) ; Capotorti (F.), L'extinction et la suspension des traités (*RCADI*, 1971/III, vol. 134, p. 417-588) ; Chayet (Cl.), Les accords en forme simplifiée (*AFDI* 1957. 3-13) ; Combacau (J.), *Le droit des traités* (Paris, PUF, Coll. Que sais-je ? n° 2613, 1991, 125 p.) ; Do Nascimento e Silva (G.E.), Le facteur temps et les traités (*RCADI*, 1977/I, vol. 154, p. 215-298) ; Elias (T.), *The Modern Law of Treaties* (Dobbs Ferry/New York, Oceana Publication Inc, 1974, 272 p.) ; Frowein (J.), Reservations and the International Ordre Public, *in Mélanges Skubiszewski*, (La Haye, Kluwer, 1996,

p. 403-413) ; Imbert (P.-H.), *Les réserves aux traités multilatéraux* (Paris, Pedone, 1979, 504 p.) ; Gowlland-Debbas Vera (dir.), *Multilateral Treaty-Making. The Current Status of Challenges to and Reforms needed in the International Legislative Process* (La Haye, MNP, 2000, 144 p.) ; Kappeler (D.), Le problème de l'interprétation uniforme des traités (*ASDI* 1971. 49-62) ; Klabbers (J.), *The Concept of Treaty in International Law* (La Haye, Kluwer, 1996, 307 p.) ; Kolb (R.), La bonne foi en droit international public (*RBDI*, 1998/2, vol. XXXI, p. 661-732) ; Kontou (N.), *The Termination of Treaties in the Light of New Customary International Law* (Oxford, Clarendon Press, 1994, 169 p.) ; Lauterpacht (H.), Les travaux préparatoires et l'interprétation des traités (*RCADI*, 1934/II, vol. 48, p. 709-817) ; Lauterpacht (H.) (Rapporteur), De l'interprétation des traités, *Annuaire de l'IDI. Session de Bath*, vol. 43/I, p. 366-460 (Bâle, Éd. juridiques et sociologiques S.A., 1950) – *Session de Sienne*, vol. 44/I, p. 197-223 (Bâle, Éd. juridiques et sociologiques S.A., 195) 2 – *Session d'Aix en Provence* (vol. 45/I, p. 225-230), (Bâle, Éd. juridiques et sociologiques SA, 1954) ; McNair (Lord A. D.), *The Law of Treaties* (Oxford, Clarendon Press, 1961, 789 p.) ; Neframi (E.), Les accords mixtes de la Communauté européenne : aspects communautaires et internationaux (Bruxelles, Bruylant, 2007, 712 p.) ; ONU, *Le droit des traités*, Rapports et travaux de la CDI, successivement de MM. Brierly (1950-1952), H. Lauterpacht (1953-1954), Sir Gerald Fitzmaurice (1955-1960), Sir Humphrey Waldock (1962-1966), publiés dans les *Annuaires de la CDI* ; Plender (R.), The Role of Consent *in* the Terminaison of Treaties (*BYBIL*, 1986, vol. LVII, p. 133-167) ; Raustiala (K.), Form and Substance *in* International Agreements (*AJIL*, 2005/3, p. 581-614) ; Reuter (P.), Du consentement des tiers aux normes d'un traité, *in Essays on International Law in Honour of W. Riphagen*, (Dordrecht, MNP, 1986, p. 155-168) ; Reuter (P.), Le traité international, acte et norme (APD, vol. 32, 1987, p. 111-118) ; Rosenne (Sh.) (Rapporteur), Modification et terminaison des traités collectifs, *Annuaire de l'IDI. Session de Nice*, vol. I, p. 5-401 (Bâle, Éd. juridiques et sociologiques S.A., 1967) ; Rosenne (Sh.), *Developments in the Law of Treaties 1945-1986* (Cambridge, Cambridge University Press, 1989, 535 p.) ; Roucounas (E.), Les engagements parallèles et contradictoires (*RCADI*, 1987/VII, vol. 206, 287 p.) ; Rousseau (Ch.), *La théorie générale des traités internationaux*, Cours de doctorat (Paris, Les cours de droit, 1958-59, 345 p.) ; Ruda (J.M.), Reservations to Treaties (*RCADI*, 1975/III, vol. 146, p. 95-218) ; Sauvignon (E.), Les traités et les ressortissants des États tiers (*RGDIP* 1977. 15-50) ; Scelle (G.) (Rapporteur), La révision dans les conventions générales), *Annuaire de l'IDI. Session de Bruxelles* (vol. 41, p. 1-51, p. 175-191), Paris, Pedone, 1948 ; Simon (D.), *L'interprétation judiciaire des traités d'organisations internationales. Morphologie des conventions et fonction juridictionelle* (Paris, Pedone, 1981, 900 p.) ; Sinclair (Sir I.), *The Vienna Convention on the Law of Treaties*, 2e éd. (Manchester, Manchester University Press, 1984, 270 p.) ; SFDI, *Actualités des réserves aux traités* (Paris, Pedone, 2014, 190 p.) ; Sohn (L.B.), Settlement of Disputes Relating to the Interpretation and Application of Treaties (*RCADI*, 1976/II, vol. 150, p. 195-294) ; Titje (Ch.), The Changing Legal Structure of International Treaties as an Aspect of an Emerging Global Governance Architecture (*GYBIL* 1999, vol. 42, p. 26-55) ; Villiger (M. E.), *Customary International Law and Treaties. A Study of their Interactions and Interrelations with Special Consideration of the 1969 Vienna Convention of the Law of Treaties* (Dordrecht, MNP, 1985, 432 p.) ; Villiger (M. E), *Commentary on the 1969 Vienna Convention on the Law of Treaties* (Leiden, Martinus Nijhoff Publ., 2009, 1058 p.) ; Virally (M.), *Sur la classification des traités* (*Comunicazioni e studi*, 1969, vol. XIII, p. 16-36).

4) La coutume

Akehurst (M.), Custom as a Source of International Law (*BYBIL*, 1974-75, vol. XLVII, p. 1-53) ; Barberis (J.-A.), Réflexions sur la coutume internationale (*AFDI*, vol. XXXVI, 1990, p. 9-46) ; Baxter (R.R.), Treaty and Custom (*RCADI*, 1970/I, vol. 129, p. 25-106) ; Bernhardt (R.), Custom and Treaty *in* the Law of the Sea (*RCADI*, 1987/V, vol. 205, p. 247-330) ; Cahin (G.), *La coutume internationale et les organisations internationales* (Paris, Pedone, 2001, 780 p.) ; Charney (J.I.), The Persistent Objector Rule and the Development of Customary International Law (*BYBIL*, 1985, vol. LVI, p. 1-24) ; Cohen-Jonathan (G.), La coutume locale (*AFDI* 1961. 119-140) ; Condorelli (L.), Consuetudine Internazionale, Digesto, IV, UTET, 1988 ; D'Amato (A.A.), *The Concept of Custom in International Law* (Ithaca & London, Cornell University Press, 1971, 286 p.) ; Danilenko (G.M.), The Theory of International Customary Law (*GYBIL*, 1988, vol. 31, p. 9-47) ; Émanuelli (C.), L'étude du CICR sur le droit humanitaire coutumier : la coutume en question (*RGDIP*, 2006/2, p. 435-444) ; Eustathiades (C. Th.), Les conventions de codification non ratifiées, *in Multitudo Legum ius unum. Mélanges en l'honneur de W. Wengler* (Berlin, Interrecht, 1973, vol. 1 : p. 77-113) ; Ferrari Bravo (L.), Méthode de recherche de la coutume internationale dans la pratique des États (*RCADI*, 1985/III, vol. 192, p. 233-330) ; Guggenheim (P.), Les deux éléments de la coutume en droit international, *in La technique et les principes du droit public. Études en l'honneur de G. Scelle* (Paris, LGDJ, 1950, vol. 1 : p. 275-284) ; Huesa Vinaixa (R.), *El nuevo alcante de la opinio juris en el derecho contemporáneo* (Valence, 1991, Tirant Lo Branch, 212 p.) ; Jennings (R.Y.), Law-Making and Package Deal, *in Mélanges offerts à P. Reuter. Le droit international : unité et diversité* (Paris, Pedone, 1981, p. 347-355) ; Kelsen (H.), Théorie du droit international coutumier (*RITD* 1939. 253-274) ; Kirchner (J.), Thoughts About a Methodology of Customary International Law (*AJPIL*, 1992/2-3, vol. 43, p. 215-240) ; Malenosky (J.), Évolution des opinions doctrinales sur la coutume internationale dans les pays socialistes (*RBDI*, 1989/2, p. 307-338) ; Manin (Ph.), Le juge international et la règle générale (*RGDIP* 1976. 7-54) ; M. Mendelson (M.), The Formation of Customary International Law (*RCADI*, 1998, t. 272, p. 155-410) ; Norman (G.), Trachtman (J.P.), The Customary International Law Game (*AJIL*, 2005/3, p. 541-580) ; Schachter (O.), New Custom : Power, *Opinio juris* and Contrary Practice, *in Mélanges Skubiszewski* (La Haye, Kluwer, 1996, p. 531-540) ; Sinclair (I.), The Impact of the Unratified Codification Conventions, *in Realism in Law-Making. Essays on International Law in Honour of W. Riphagen*, (Dordrecht, MNP, 1986, p. 211-229) ; Société française pour le droit international. D.I., *L'élaboration du droit international public. Colloque de Toulouse*, 1974, (Paris, Pedone, 1975, 224 p.) (v. notamment p. 105-179 : L'élaboration coutumière) ; Sohn (L.B.), Unratified Treaties as a Source of Customary International Law, *in Realism in Law-Making. Essays on International Law in Honour of W. Riphagen* (Dordrecht, MNP, 1986, p. 231-246) ; Stein (T.), The Objector *in* International Law (*HILJ*, 1985, p. 457-482) ; Wolfrum (R.), The Emerging Customary Law of Marine Zones : State Practise and the Convention of the Law of the Sea (*NYBIL*, 1987, vol. XVII, p. 121-144).

5) Le *jus cogens*

Alexidze (L.A.), Legal Nature of *Jus Cogens in* Contemporary International Law, (*RCADI*, 1981/III, vol. 172, p. 219-270) ; Danilenko (G.M.), International *Jus Cogens* : Issues of Law-Making, (*JEDI/EJIL*, 1991/2, p. 42-65) ; De Hoogh (A.J.J.), The Relationship Between *Jus Cogens*, Obligation *Erga Omnes* and International Crimes : Peremptory Norms *in* Perspectives ? (*AJPIL*, 1991, n° 42, p. 183-214) ; Dupuy (P.-M.), Le *jus cogens*, les mots et les choses. Ou en est le droit impératif devant la Cour internationale de Justice près d'un demi-siècle après sa proclamation ?, *in Mélanges Charles Leben*, Paris, Pedone, 2015, p. 77-99 ; Gaja (G.), *Jus Cogens* Beyond the Vienna Convention, (*RCADI*, 1981/III, vol. 172, p. 271-316) ; Gomez Robledo (A.), Le *jus cogens* international : sa genèse, sa nature, ses *fonctions*, (*RCADI*, 1981/III, vol. 172, p. 9-218) ; Hannikainen (L.), *Peremptory Norms (jus cogens) in International Law, Historical Development, Criteria, Present statuts*, (Helsinki, Finnish Lawyers Publishing Company, 1988, 781 p.) ; Kolb (R.), *Jus cogens*, intangibilité, intransgressibilité, dérogation « positive » et « négative, (*RGDIP*, 2005/2, p. 305-330), et Observations sur l'évolution du concept de *jus cogens*, (*RGDIP*, vol. 113, 2009, p. 837-850) ; Marek (K.), Contribution à l'étude du *jus cogens* en droit international, *in Recueil d'études de droit international en hommage à P. Guggenheim*, (Genève, Faculté de droit de l'Université de Genève/IUHEI, 1968, p. 426-459) ; McDonald (R. St.J.), Fundamental Norms *in* Contemporary International Law (*ACDI*, 1987, Tome XXV, p. 115-149) ; Tomuschat (Ch.), Obligations Arising for States Without or Against their Will (*RCADI*, vol. 241, 1993/-IV, p. 195- 374 p.) ; Virally (M.), Réflexions sur le *jus cogens*, (*AFDI* 1966. 5-29).

6) Les principes généraux

Bastid (S.), Observations sur une étape dans le développement progressif et la codification des principes du droit international, *in Recueil d'études de droit international en hommage à P. Guggenheim* (Genève, Faculté de droit de l'Université de Genève/IUHEI, 1968, p. 132-145) ; Boumghar (M.), *Une approche de la notion de principe dans le système de la Convention européenne des droits de l'homme* (Paris, Pedone, 404 p.) ; Charpentier (J.), Engagements unilatéraux et engagements conventionnels différences et convergences, *in Mélanges Skubiszewski* (La Haye, Kluwer, 1996, p. 367-380) ; Cheng (B.), *General Principles of Law as Applied by International Courts and Tribunals*, Grotius Classic Reprint Series (Cambridge, Grotius Publications Ltd, 1987, 490 p.) ; Debbasch (O.), Les juridictions françaises et les principes généraux du droit international, *in L'Europe et le droit. Mélanges offerts à Jean Boulouis* (Paris, Dalloz, 1991, 139-179) ; Ellis (J.), General Principles and Comparative Law (*EJIL*, vol. 22, 2011, p. 949-971) ; Kahn (Ph.), Les principes généraux du droit devant les arbitres du commerce international (*JDI*, 1989/2, p. 305-327) ; Pellet (A.), *Recherche sur les principes généraux de droit en droit international public* (Thèse droit Paris II, 1974, dactylographiée 504 p.) ; Reuter (P.), Le recours de la Cour de justice des Communautés européennes à des principes généraux de droit, *in Mélanges offerts à H. Rolin* (Paris, Pedone, 1964, p. 263-283) ; Ripert (G.), Les règles du droit civil applicables aux rapports internationaux (Contribution à l'étude des principes généraux du droit visés au statut de la CPJI) (*RCADI*, 1933/II, vol. 44, p. 565-664) ; Rolin (H.), Les principes de droit international public (*RCADI*, 1950/II, vol. 77, p. 305-479) ; Simon (D.), Y a-t-il des principes généraux du droit communautaire ? (*Droits*, 1991, n° 14, p. 73-86) ; Verdross (A.) (Rapporteur), Les principes généraux de droit comme source du droit des gens, *Annuaire de l'IDI. Session d'Oslo*, (vol. 36, Paris, Pedone, 1932, p. 283-328) — *Session de Luxembourg*, (vol. 39, Paris, Pedone, 1937, p. 183-189) ; Verdross (A.), Les principes généraux de droit applicables dans le système des sources du droit international public, *in Recueil d'études de droit international en hommage à P. Guggenheim* (Genève, Faculté de droit de l'Université de Genève/IUHEI, 1968, p. 521-530) ; Virally (M.), Le rôle des principes dans le développement du droit international, *in Recueil d'études de droit international en hommage à P. Guggenheim* (Genève, Faculté de droit de l'Université de Genève/IUHEI, 1968, p. 531-554) ; Vitanyi (B.), La signification de la généralité des principes de droit (*RGDIP* 1976. 536-545) ; Vitanyi (B.), Les positions doctrinales concernant le sens de la notion de principes généraux de droit reconnus par les Nations civilisées (*RGDIP* 1982. 48-116).

7) Les actes unilatéraux

Unilateralism *in* International Law : a United States-European Symposium (*EJIL* 2000, vol. 11, n° 1 p. 1-186 et vol. 11, n° 2, p. 249-411) ; Cahier (Ph.), Le comportement des États comme source de droits et d'obligations, *in Recueil d'études de droit international en hommage à P. Guggenheim* (Genève, Faculté de droit de l'Université de Genève/IUHEI, 1968, p. 237-265) ; De Visscher (P.), Remarques sur l'évolution de la jurisprudence de la Cour internationale de Justice relative au fondement obligatoire de certains actes unilatéraux, *in Études de droit international en l'honneur du juge M. Lachs* (La Haye, MNP, 1984, p. 459-465) ; Jacqué (J.-P.), À propos de la promesse unilatérale, *in Mélanges offerts à P. Reuter. Le droit international : unité ou diversité* (Paris, Pedone, 1981, p. 327-345) ; Lachs (M.), Le rôle des organisations internationales dans la formation du droit international, *in Mélanges offerts à H. Rolin* (Paris, Pedone, 1964, p. 157-170) ; Roldan Barbero (J.), El valor jurídico de las Resoluciones de la Asamblea General de la ONU en la Sentencia *Nicaragua c/ Estados Unidos* del 27 de junio de 1986 (*REDI*, 1990/1, vol. XLII, p. 81-99) ; Sapienza (R.), Les déclarations interprétatives unilatérales et l'interprétation des traités (*RGDIP*, 1999/3, p. 601-629) ; Sicault (J.-D.), Du caractère obligatoire des engagements unilatéraux en droit international public (*RGDIP*, 1979/3, p. 633-688) ; Suy (E.), *Les actes juridiques unilatéraux en droit international public* (Paris, LGDJ, 1962, 290 p.) ; Tammes (A.J.P.), Decisions of International Organs as a Source of International Law (*RCADI*, 1958/II, vol. 94, p. 261-364) ; Venturini (G.C.), La portée et les effets juridiques des attitudes et des actes unilatéraux des États (*RCADI*, 1964/II, vol. 112, p. 363-467) ; Virally (M.), Résolution et accord international, *in Études de droit international en l'honneur du juge M. Lachs* (La Haye, MNP, 1984, p. 299-306) ; Wolfke (K.), Some Persistent Controversies Regarding Customary International Law (*NYIL*, 1993, p. 1-16).

CHAPITRE 2

CONSTANTES ET ÉVOLUTIONS DES MODES DE FORMATION DU DROIT INTERNATIONAL CONTEMPORAIN

364 ***Introduction*** ◊ Arrivés au terme de la présentation des modes classiques de formation du droit international, nous sommes en possession de l'éventail complet des instruments normatifs utilisés couramment par les sujets de droit international pour organiser leur coexistence et établir entre eux des liens de coopération.

Pour une bonne part, ces instruments demeurent aujourd'hui fondamentalement les mêmes qu'il y a un ou même plusieurs siècles. En particulier, on a pu noter que l'apparition des traités mais aussi du phénomène coutumier remontait fort loin dans l'histoire, pratiquement à l'apparition d'entités étatiques organisées et contraintes malgré tout à entrer en contact autre que belliqueux les unes avec les autres. Qui plus est, on a pu constater que l'instrument conventionnel a su adapter certaines de ses procédures de conclusion aux nécessités d'efficacité et de rapidité s'affirmant dans un monde contemporain fait d'intercommunications permanentes.

Certes, la théorie des sources formelles du droit, dont on a déjà perçu les approximations tirées d'une imitation trop servile des sources de droits internes ne peut véritablement s'adapter qu'au traité, parce que c'est le seul mode suffisamment formalisé de création des normes internationales. Cependant, elle a pu contribuer à donner un moment l'illusion d'un système stabilisé de production normative, lequel semblait au demeurant assez bien adapté à une pratique internationale longtemps dominée par les conceptions idéologiques des pays occidentaux quant aux fonctions relativement restreintes du droit dans l'ordre international.

365 ***Constat*** ◊ Pourtant, l'évolution des modes de formation des normes constitue l'un des phénomènes les plus marquants du droit international contemporain.

Ceci est manifeste au moins depuis cinq décennies. En réalité, les prémisses en étaient posées dès la création des structures de la société internationale de l'après-guerre, avec l'apparition des Nations Unies et le développement rapide du phénomène institutionnel. Cette évolution n'a pas pour effet de rendre caducs ou obsolètes les modes classiques, traités et coutume. Pourtant, le contexte socio-juridique de leur intervention s'est profondément transformé.

Aussi, les conditions de leurs rapports réciproques, leurs procédures respectives d'élaboration, la portée, enfin, qui leur est conférée, sans être fondamentalement remises en cause, se sont néanmoins considérablement enrichies et complexifiées.

Le débat doctrinal sur cette question a connu sa plus forte intensité il y a déjà près de trois décennies, à l'époque où les pays en développement, devenus majoritaires au sein de l'Assemblée générale des Nations Unies avaient tenté, non sans un certain succès, de transformer cet organe plénier, fondé sur le principe de l'égalité des droits entre tous les États (« un État, une voix ».), en une sorte de parlement universel doté d'une véritable compétence normative. Ceci passait par l'affirmation de l'autorité reconnue pour le moins à certaines résolutions, à raison de l'importance politique de leur contenu. Ces temps sont aujourd'hui largement révolus. La catégorie des pays en développement ne connaît plus la cohérence qu'elle avait à l'époque où elle avait su se regrouper au sein des « non-alignés » ou du « groupe des 77 » et le Conseil de sécurité a retrouvé une place prépondérante au sein de l'Organisation. Toutefois, l'évolution des modes de formation du droit révélée à cette époque conserve une large part de son intérêt, notamment parce qu'elle renseigne sur l'incidence que l'activité des États au sein des organes des organisations internationales peut avoir sur les modalités de formation de règles nouvelles en droit international général.

366 ***Réactions de la doctrine*** ◊ Confrontés à cette évolution, les spécialistes de la science juridique ont réagi de façons diverses et souvent contrastées.

Certains ont accueilli ces transformations avec faveur et compréhension, notamment attentifs aux *finalités nouvelles*, politiques mais aussi économiques et sociales, assignées dès 1945 à la société internationale par la Charte de l'ONU et plus encore proclamées à partir des années soixante avec l'arrivée massive des nouveaux États aspirant au développement.

D'autres auteurs, au contraire, préoccupés par l'altération effectivement perceptible de la rigueur intellectuelle avec laquelle certains concepts et principes juridiques de base sont aujourd'hui maniés, attirent l'attention sur les *risques de débilitation de l'instrument technique qu'est le droit*, lorsqu'on veut inconsidérément en modifier les fins ou en transformer trop brutalement les institutions. Au point extrême de cette tendance, la thèse d'un droit international « *malade de ses normes* », plus ou moins ressentie par beaucoup et notamment par les tenants du positivisme volontariste classique, a notamment été exposée avec brio par le professeur Prosper Weil [1].

Cet inquiétant bilan de santé ayant suscité un écho particulier à l'étranger comme en France [2], il mérite qu'on s'y arrête à titre liminaire, avant

1. P. Weil, Vers une normativité relative en droit international, *RGDIP* 1982. 6-47, et Le droit international en quête de son identité, *RCADI*, 1992, vol. 237, p. 9-370 ; V. aussi R.R. Baxter, International Law *in* Her Infinite Variety, *ICLQ* 1980. 549 s.

2. V. en particulier les actes de deux colloques directement liés à la problématique de l'article préc. : M. Flory, A. Mahiou, J.-R. Henry (dir.), *La formation des normes en droit international*

d'exposer les caractères fondamentaux qui marquent une telle évolution normative et de porter sur elle une appréciation d'ensemble.

SECTION 1. LA THÈSE DE LA CRISE DU SYSTÈME NORMATIF INTERNATIONAL

§ 1. Exposé de la thèse

367 ***Constat*** ◊ Le constat essentiel dressé par le professeur Weil, représentatif d'un puissant courant de pensée, tient dans l'observation de l'estompage voire de la *remise en cause des critères et des règles qui*, dans le droit international classique [1], *permettaient d'identifier en principe aisément les normes obligatoires par rapport à celles qui ne le sont pas*. Une telle exigence est pourtant indispensable à la sécurité des rapports juridiques mais aussi à la cohérence minimum et à la persistance d'un système normatif.

À l'appui de cette démonstration, l'éminent auteur relevait la généralisation des accords et textes divers juridiquement non liants, tels que « codes de conduite », *gentlemen's agreements* et résolutions d'organisations internationales, auxquels certains accorderaient volontiers... « une certaine valeur juridique », alors que la valeur juridique ne se partage ni ne se module : elle est ou elle n'est pas. (En d'autres termes, un texte est juridiquement normatif s'il crée un ensemble de droits et d'obligations, et il ne l'est pas si cette condition n'est pas réalisée).

368 ***La tendance vers une « normativité graduée » ou « diluée »*** ◊ Cette tendance lui paraissait également accentuée par l'apparition de la catégorie normative supérieure des règles impératives *(jus cogens)*, dont l'affirmation par la Convention de Vienne dans l'ordre contractuel est directement liée à celle d'un dédoublement des catégories de faits illicites sur le plan de la responsabilité telle qu'elle semblait un moment se dessiner dans les travaux de la Commission du droit de la responsabilité internationale des États, sur la base de la distinction entre « crimes » et « délits » de l'État (v. ss 470 b) ; or le contenu de cette différentiation paraît à tous égards bien difficile à cerner, introduisant ainsi des incertitudes nouvelles dans un système normatif décidément menacé de perdre toute consistance [2].

---

du développement, CNRS/OPUA, 1984, 393 p. ; A. Cassese, J. Weiler, (dir.), *Change and Stability in International Law-Making*, Berlin, New York, W. de Gruyter, 1988, 214 pages ; V. aussi SFDI, *L'élaboration du droit international public* (colloque de Toulouse) Paris, Pedone, 1975, 224 p. ; G. Abi-Saab, La coutume dans tous ses états, *in Le droit international à l'heure de sa codification. Études en l'honneur de R. Ago*, Milano, Giuffre, 1987, t. III.

1. Globalement, celui qui va du Congrès de Vienne (1815) à la Seconde Guerre mondiale.

2. Sur ces notions, v. ss 464, et P.-M. Dupuy, Observations sur le crime international de l'État, *RGDIP* 1980. 449 s., Action publique et crime international de l'État, *AFDI* 1979. 539 s., et Le fait générateur de la responsabilité internationale, *RCADI* 1984, vol. 188. 78 s.

369 ***Obligations omnium et erga omnes*** ◊ Mal identifiables, les obligations internationales, ou tout au moins certaines d'entre elles, réputées pourtant les plus importantes et formulées par référence à « la communauté internationale dans son ensemble » apparaîtraient qui plus est dotées d'une portée généralisée, aussi bien quant à leurs créanciers qu'en ce qui concerne leurs débiteurs.

Ainsi que l'a elle-même marqué la CIJ en diverses occasions à partir de 1970, il s'agit d'obligations de *tous* à l'égard de *tous* (*omnium erga omnes*), ce qui devrait entraîner des conséquences multiples mais en partie imprévisibles, notamment du point de vue de la responsabilité.

370 ***Traités et coutumes*** ◊ Directement liée à cette évolution apparaît celle de la formation des règles coutumières, en particulier lorsque celles-ci sont générées à partir des dispositions de conventions multilatérales générales, dont l'ambition est précisément de poser des normes universelles.

La cloison, qui n'a jamais été étanche, entre la coutume et le traité risque alors de devenir d'une telle porosité qu'elle en perdra toute consistance, permettant ainsi qu'on les impose à des États qui n'en voulaient pas et l'avaient pourtant signifié (en ne devenant pas *Parties* aux dites conventions). C'est dans ce cas le volontarisme, base et axiome de tout le droit international, qui se trouve alors du même coup remis en cause.

En conclusion, Monsieur Weil attirait enfin l'attention sur le fait que cette attribution à la « communauté internationale », entité au demeurant difficilement identifiable, d'une sorte de fonction législative universelle risquait en réalité de confier le pouvoir normatif à un directoire d'États, qu'il s'agisse des plus puissants ou des plus nombreux, conférant ainsi à ces privilégiés, en contravention flagrante avec le principe d'égalité souveraine, la possibilité d'être « plus égaux que d'autres ».

§ 2. Appréciation critique

371 ***Accord sur le constat*** ◊ Les traits relevés dans l'analyse dont on vient de retracer les grandes lignes, quoique formulés déjà il y a trois décennies, apparaissent pratiquement tous le fruit d'un diagnostic sûr, à l'exception, toutefois, de la remise en cause du principe de l'effet relatif des traités, sur lequel on s'est déjà penché (v. ss 293) et que l'on retrouvera plus loin avec les autres éléments de cette évolution normative.

Il peut apparaître en effet préoccupant que l'essence même d'un système juridique, c'est-à-dire la notion d'obligation et ses critères pratiques de repérage risquent d'être emportés dans le flou des conditions dans lesquelles sont désormais maniés certains concepts juridiques de base, que ce soit à la tribune des Nations Unies ou au sein de certains cénacles aux prétentions plus scientifiques.

On peut considérer avec cet auteur qu'il appartient précisément à la science juridique d'appeler l'attention sur les dérives conceptuelles et le laxisme intellectuel, sans doute parfois, d'ailleurs, entretenus à dessein par les promoteurs habiles de certaines stratégies normatives, conscients que le contenu de la norme de droit est aujourd'hui bien souvent devenu l'un des enjeux de la politique internationale.

Quoi qu'il en soit, l'article du professeur Weil ne contenait pas qu'une analyse. Il était aussi un manifeste, en faveur de la conception la plus classique du positivisme volontariste, dont les points d'appui n'entraînent cependant pas tous nécessairement une égale adhésion.

372 ***Réserves à l'égard de certaines prémisses*** ◇ L'analyse de l'auteur repose sur des prémisses clairement exposées dans son article *(op. cit.* p. 6-14) d'après lesquelles les fonctions du droit international seraient rigoureusement les mêmes qu'à l'époque de la célèbre affaire du *Lotus*, sorte de navire amiral du positivisme volontariste : aujourd'hui comme à l'époque (1927), le droit international a la double fonction de « régler la coexistence » des États, « en vue de la poursuite de buts communs », pour reprendre les termes mêmes de la Cour. Ceci s'accompagne d'une réduction du droit international à l'expression de la volonté des États (p. 16) et au maintien d'une stricte neutralité idéologique de son contenu, garantie par le respect du positivisme juridique, lequel professe « que ni le fondement ni la justification dernière du droit international ne se trouvent à l'intérieur du système de normes lui-même » [1]. L'affirmation du droit de la « communauté internationale », si elle est exclusivement perçue comme l'expression d'une idéologie, n'est alors pas plus acceptable qu'une autre dans une telle conception.

Sans entreprendre ici une réfutation systématique de cette manière de voir [2], dotée au demeurant d'une grande cohérence logique, il n'apparaît pas inutile de faire au minimum trois observations correctives, afin de mieux situer dans son contexte vraiment actuel l'analyse des mutations du système normatif international :

a) Dimensions nouvelles de l'objet du droit. Il est effectivement indispensable à la doctrine de veiller dans la mesure de son audience au maintien de l'efficacité des instruments propres au système normatif international, pour qu'il puisse continuer à satisfaire les besoins auxquels il est censé répondre. Cette tâche ne peut cependant être remplie que si l'on a une claire conscience de l'évolution desdits besoins.

Or, s'il est exact que les fonctions du droit international demeurent d'assurer la coexistence et la coopération des peuples encore principalement incarnées dans l'État, *l'ampleur, la dimension et les implications de ces objectifs sont sans commune mesure avec ce qu'ils étaient en 1927.* Depuis cette date, le nombre des États existants a presque été multiplié par quatre et leur composition s'est considérablement diversifiée. La nécessité de leur

1. *Op. cit.* 16-17.

2. Consistant par exemple à démontrer, avec bien d'autres, que le positivisme juridique classique n'est lui-même que l'expression d'une idéologie qui veut s'ignorer... V., sur ce point, P.M. Dupuy, L'unité de l'ordre juridique international, cours générale de droit international public, *RCADI* 2002, t. 297, p. 26-33.

coopération s'est effectivement avérée impérative dans un nombre croissant de domaines, notamment économiques, dans lesquels leur interdépendance est un phénomène au moins aussi marquant que leur souveraineté [1].

Il en résulte que dans le couple coexistence-coopération, le poids respectif des deux fonctions s'est largement inversé, au bénéfice de la seconde : la *société du Lotus* se satisfaisait d'un droit qui assurait d'abord la plus grande liberté possible à des membres dont le poids politique mais également les conceptions juridiques étaient comparables. Au contraire, après l'intervention des restructurations de l'après-guerre autour du *système des Nations Unies* et l'apparition des nouveaux États issus de la décolonisation, pauvres et héritiers d'autres valeurs de civilisation que celles de l'Occident, l'accent est mis sur la solidarité et la coopération, tendance dont le prolongement direct est l'affirmation d'une communauté internationale. Les plateaux de la balance n'ont certes pas basculé totalement de l'autre coté [2] mais ils se sont partiellement rééquilibrés.

Il faut le constater, tout en dénonçant les risques de manipulations politiques du contenu de la norme auxquels cette évolution permet de se réaliser.

b) Accroissement de la demande normative. En fonction des facteurs qui viennent d'être évoqués, les modes de création du droit évoluent, il est vrai au risque évident de dysfonctions graves, *pour tenter de répondre à une demande nouvelle de normes internationales*, dont la diversité des domaines d'intervention couvre aujourd'hui un champ en constante progression (v. ss 8). C'est ainsi dans une large mesure pour faire face à un problème très concret de *productivité normative* que le système international se transforme, afin d'essayer de répondre à une augmentation de la demande de droit que le rythme des procédures classiques de sécrétion de la norme ne permettait plus de satisfaire.

c) Science juridique et évolutions sociales. Les données proprement sociologiques qui viennent d'être rappelées ne peuvent être indifférentes à l'analyse juridique, ne serait-ce que parce qu'elles ont une incidence directe sur la technique du droit. Ce n'est donc pas faire de l'idéologie ni prendre ses désirs pour des réalités que d'intégrer dans l'analyse les données qui viennent d'être rappelées. Il est en particulier tout à fait fondamental de ne pas perdre de vue que la Charte des Nations Unies, même si elle demeure du point de vue strictement formel un traité comme un autre, assigne à l'ensemble de la société internationale des finalités précises qui instruisent directement les conditions d'interprétation des obligations dont sont ainsi investis ses États membres. Il y a une idéologie des Nations Unies, inscrite dans les textes, dont il serait semble-t-il contraire à un positivisme scientifique bien compris de faire abstraction [3].

---

1. V. par ex. D. Carreau, Le droit international économique face aux crises, *in Droit et liberté à la fin du XXe siècle, Études offertes à Claude-Albert Colliard*, Paris, Pedone 1984, p. 105-122.
2. V. P.-M. Dupuy, Le droit international dans un monde pluriculturel, *RID comp.* 1986, n° 2, p. 583-599.
3. V. M. Virally, *L'Organisation mondiale*, Paris, Armand Colin, 1972, spéc. p. 300 s.

373 ***Plan*** ◊ Sous le bénéfice des observations qui précèdent, il est alors indispensable de revenir sur les données principales de l'évolution normative analysée dans l'article précité. Trois d'entre elles apparaissent déterminantes, parce qu'elles expliquent et conditionnent toutes les autres. Ce sont respectivement :

- l'institutionnalisation de la diplomatie normative ;
- l'avènement de la négociation multilatérale générale ;
- l'affirmation d'un droit de la communauté internationale.

SECTION 2. L'INSTITUTIONNALISATION DE LA DIPLOMATIE NORMATIVE

374 ***Rappel*** ◊ Le développement de la diplomatie normative a déjà été observé et analysé dans le Chapitre introductif de ce livre (v. ss 8). Rappelons que l'on désigne par là la multiplication constante des réunions d'experts et de représentants des États dont la mission est d'établir en commun, que ce soit par voie conventionnelle ou de résolutions, des normes nouvelles destinées à améliorer les conditions de leur coexistence ou à trouver des solutions mutuellement avantageuses aux problèmes auxquels les uns et les autres sont confrontés.

Cette notion s'applique donc non à tous les aspects de l'action diplomatique et de la coopération internationale mais *exclusivement à ceux dont l'objet spécifique est l'établissement de normes*, en principe destinées à être intégrées dans un cadre juridique.

On sait qu'elles couvrent aujourd'hui une multitude de domaines, ceux, traditionnels, du maintien de la paix ou de l'organisation de relations amicales, mais aussi, cités au hasard parmi bien d'autres, ceux du commerce, du développement industriel, des échanges technologiques, de la protection sanitaire, de la coopération culturelle, ou bien encore de la défense des droits de l'homme, de la lutte pour la sauvegarde ou le rétablissement des équilibres écologiques, du transport routier ou maritime, de la télédiffusion spatiale, de l'exploitation du fond des mers, de la propriété industrielle ou de la coopération en matière de météorologie, etc., cet inventaire à la Prévert étant précisément destiné à donner un très bref aperçu de l'ouverture extrême des champs désormais ouverts à une « couverture normative internationale. »

375 ***Cadre privilégié de la diplomatie normative*** ◊ Cette extension du domaine de la diplomatie normative est très directement liée à la dernière phase d'institutionnalisation de la société internationale, consécutive aux années qui ont suivi la Seconde Guerre mondiale, notamment avec, dans l'ordre universel, l'apparition de l'ONU et des institutions spécialisées, complétée dans l'ordre régional par l'apparition d'organisations

nombreuses aux objets divers. Même si toutes les négociations normatives ne se déroulent pas sous l'égide de telles institutions, la multiplication des organisations internationales a été un facteur déterminant dans l'essor de cette branche de l'action diplomatique. Elle se traduit en particulier par deux traits majeurs : d'une part, l'institutionnalisation des procédures de négociation, d'autre part, l'affirmation d'un phénomène majoritaire, aux importantes conséquences, à la fois politiques et juridiques.

§ 1. Institutionnalisation des procédures

376 ***Conséquences*** ◊ Les conséquences de cet encadrement institutionnel sur les conditions d'élaboration des normes s'observent d'abord d'un point de vue *procédural*.

a) Ainsi par exemple, lorsqu'une convention internationale est négociée dans le cadre des Nations Unies, son secrétariat est-il assuré par celui de l'ONU ; il aura souvent à l'avance préparé son règlement intérieur (soumis à l'approbation des participants) en s'inspirant le plus souvent de ses règles propres en fait de délibération. De la sorte s'établit bien souvent une manière d'osmose entre une partie du « droit interne » de l'organisation et les règles de fonctionnement de la conférence, allant jusqu'à influencer la procédure générale de négociation des conventions multilatérales. Une manifestation directe de cette tendance a déjà été rencontrée : c'est la disposition que l'on trouve à l'article 9 de la Convention de Vienne sur le droit des traités, d'après laquelle, sauf décision contraire des participants, « l'adoption du texte d'un traité à une conférence internationale s'effectue à la majorité des deux tiers des États présents et votants... ».

Par ailleurs, bien souvent, la signature des participants peut n'être plus requise, celle du président de la conférence suffisant à l'authentification du texte négocié. Le rôle de ce dernier, qu'il préside une conférence plénière ou un comité restreint, aurait d'ailleurs semble-t-il aujourd'hui tendance à prendre plus d'importance que celui consistant à assurer la seule direction des débats. Le président, pour tenter de concilier les points de vue exprimés dans les projets proposés par différents groupes d'États, peut en effet être sollicité de *présenter lui-même une version conciliatrice des positions en présence*, qui deviendra ensuite le texte « officieux » sur la base duquel s'engagera la suite de la négociation [1].

D'autres aspects relevant du droit des traités multilatéraux, déjà abordés précédemment, portent également la marque de cette institutionnalisation des procédures conventionnelles, comme par exemple

1. Cette pratique, révolutionnaire au moment de la Troisième Conférence des Nations Unies sur le droit de la mer (1973-1982) s'est manifestée à nouveau depuis, comme par exemple pour l'élaboration d'un texte il est vrai non conventionnel, la déclaration des Nations Unies sur le renforcement de l'efficacité du principe du non-recours à la force, adoptée par l'Assemblée générale de l'ONU en 1987 ; V. T. Treves, La déclaration des Nations Unies sur le renforcement de l'efficacité du principe du non-recours à la force, *AFDI* 1987. 379-398.

l'assouplissement de l'admission des réserves, ou les conditions d'entrée en vigueur des accords multilatéraux généraux, une fois réunies les ratifications d'un nombre suffisant d'États, censés réaliser une communauté conventionnelle suffisamment significative [1].

Lorsque le texte en négociation n'est plus un accord mais une résolution, (quelle que puisse être par ailleurs sa dénomination) ce n'est *a fortiori* plus d'influence mais bien d'application directe des règles procédurales de l'institution concernée qu'il s'agit. La résolution, acte unilatéral, est en effet un acte de l'organisation elle-même ; elle est directement le fruit de la compétence normative conférée à ses organes et l'on peut en pratique observer dans certaines institutions la part déterminante prise à l'élaboration du texte par le secrétariat de l'institution [2].

b) L'institutionnalisation de la procédure se double d'une pseudo-parlementarisation de la négociation. Qu'ils soient réunis dans un vaste hémicycle ou non, les représentants des États participants, particulièrement lorsqu'il s'agit de négociations multilatérales générales, se regroupent naturellement par affinités et par groupes d'intérêts, cependant qu'en certains cas (pour la négociation des textes se rapportant à la protection des droits de l'homme ou à celle de l'environnement en particulier) les militants d'organisations non gouvernementales (ONG) se livrent activement dans les couloirs ou à la cafétéria la plus proche aux grandes manœuvres ou aux petites tactiques du lobbying !

Concernant la formation des groupes, la Troisième Conférence des Nations Unies sur le droit de la mer, étalée sur près de dix ans et regroupant plus de 160 États, a tout particulièrement manifesté la virulence d'un phénomène influençant directement la dynamique de la négociation [3].

§ 2. Émergence et portée du phénomène majoritaire

377 ***Apparition du phénomène*** ◊ L'une des conséquences de l'institutionnalisation partielle ou totale des procédures normatives (selon qu'elles visent à l'adoption d'un traité multilatéral ou d'une résolution) a notamment un prolongement particulièrement important. Il s'agit de la *substitution de la règle de la majorité à celle de l'unanimité* ; comme encore l'exemple de la SDN l'avait à suffisance prouvé, cette dernière était plus respectueuse des souverainetés individuelles mais elle jouait comme une entrave à l'aboutissement des négociations ou au fonctionnement des organes, chacun des États participants disposant en effet de la faculté d'empêcher l'aboutissement de la négociation générale.

1. V. ss 256 c.
2. Sur les compétences normatives des organisations internationales, v. ss 178.
3. V. J.-P. Lévy, *La conférence des Nations Unies sur le droit de la mer, histoire d'une négociation singulière*, Paris, Pedone, 1983, particulièrement p. 68-80 ; R.-J. Dupuy, *L'océan partagé, analyse d'une négociation*, Paris, Pedone, 1979, particulièrement p. 48-51.

À l'inverse, on a déjà perçu, examinant plus haut le droit des organisations internationales et notamment les conditions de révision des chartes constitutives ou du contrôle de la légalité interne des actes de l'organisation, combien l'apparition du règne de la majorité faisait peser de menaces sur le respect sacro-saint de la volonté souveraine de chacun des États membres, s'il était en quelque sorte « mis en minorité » [1].

Ainsi la substitution de la majorité à l'unanimité n'est-elle pas seulement un aménagement technique des procédures décisionnelles. C'est une mutation de la dynamique des négociations, et la cause première de l'apparition d'une sorte d'être collectif, s'identifiant par une pente naturelle des choses et l'effet d'une problématique toute rousseauiste à l'incarnation de la « Volonté générale ». Particulièrement au sein des organisations de la famille des Nations Unies (ONU et institutions spécialisées) toutes marquées comme on l'a dit par l'affirmation des nécessités et des vertus de la solidarité, gage et moteur d'une coopération renforcée, cet effet quasi corporatif de la règle majoritaire puise dans l'idéologie ambiante de l'organisation une sorte de légitimité diffuse, au nom de laquelle le poids du plus grand nombre exerce une contrainte parfois irrésistible sur le dernier carré des États minoritaires. La force de la pression sociale, dont on parlait plus haut à propos de la coutume, se dote ainsi d'une représentation tangible, et l'on s'y prend bien souvent à mesurer la vertu des nations en dénombrant leurs voix, selon qu'elles sont décomptées parmi celles de la majorité, par excellence « progressiste », ou de la minorité, réactionnaire par nature !

378 ***Majorités et poids du nombre*** ◊ La dynamique majoritaire, il faut y prendre garde, n'a cependant pas été introduite dans les organisations internationales par les nouveaux États, alors pour la plupart inexistants, mais, entre 1945 et 1950, par les nations anciennement unies dans la guerre et bientôt désunies par la paix (pays occidentaux dominés par les États-Unis d'un côté, pays socialistes sous étroit contrôle soviétique de l'autre) [2].

On sait pourtant qu'à partir du moment où la vague de la décolonisation déferla sur les institutions de l'après-guerre, l'arrivée massive des États qui en étaient issus jusqu'aux organes pléniers de ces institutions leur permit très bientôt, par le seul poids du nombre, de s'assurer le contrôle desdites majorités. Il leur suffisait alors de maintenir un temps leur cohésion face à un problème donné pour faire adopter une résolution à son propos, d'abord au sein de l'Assemblée générale des Nations Unies (où l'on sait que chaque État, quelle que soit sa puissance, ne possède qu'une

1. V. ss 149.

2. C'est parce qu'ils avaient été instruits par les effets paralysants de l'unanimité sur la Société des Nations mais aussi parce qu'ils savaient à l'époque pouvoir en exercer le contrôle que les États-Unis en particulier, par la suite si prompts à dénoncer l'effet délétère des majorités automatiques, avaient fait admettre dans la Charte de l'ONU la règle bien connue d'après laquelle les décisions sur les questions importantes se prendraient à la majorité des deux tiers au sein de l'Assemblée générale.

voix) puisqu'à eux seuls, ils détenaient désormais bien plus des deux tiers des votes. Mais par la suite, des situations analogues se sont également réalisées dans la plupart des institutions spécialisées des Nations Unies, à l'exception notable des organisations financières (FMI, Banque mondiale) dont le mode de votation et le poids décisionnel des « États établis » et des autres sont fort différents, en vertu de la règle de pondération des votes en fonction de la part prise par chaque État au financement de l'organisation.

379 ***Majorité et pouvoir des résolutions*** ◊ C'est ainsi le phénomène majoritaire qui explique le succès de la *résolution*, instrument normatif souple dont on sait tout le développement qu'il connut par la suite. Affranchie en effet des conditions d'entrée en vigueur des textes conventionnels, elle ne doit son adoption qu'à la réunion d'une majorité des deux tiers (s'agissant des questions importantes). C'est également le même phénomène qui explique que la résolution ait été investie par les nouveaux États d'une fonction normative générale dont elle était dépourvue aux origines, puisqu'elle est statutairement sans portée juridique obligatoire. Cependant, pour bien comprendre les problèmes, théoriques et pratiques, depuis lors posés par l'utilisation des résolutions dans la formation des nouvelles règles de droit international général (qu'on les baptise ou non coutume) *il ne faut jamais oublier de lier cet effet mécanique du nombre à la symbolique légitimante* dont on a vu au paragraphe précédent qu'elle lui est tout naturellement associée.

SECTION 3. **LA NÉGOCIATION MULTILATÉRALE GÉNÉRALE**

380 ***Diversité des instruments multilatéraux généraux*** ◊ On a déjà eu l'occasion, étudiant le droit des traités, de marquer les spécificités des conventions multilatérales générales (v. ss 256) et l'on sait notamment que l'on désigne par là des conventions multilatérales dont l'objet est d'établir des règles juridiques à l'usage du plus grand nombre d'États, sinon même, idéalement, de la « communauté internationale dans son ensemble » [1]. À vrai dire, il faut constater que l'élargissement considérable de la société des États, tout en accroissant l'hétérogénéité de celle-ci, engendrait par ce fait même la recherche d'un accord aussi large que possible sur des questions diverses, intéressant la totalité d'entre eux. La prise de conscience de l'accroissement des facteurs d'interdépendance

1. Ceci a pu inciter beaucoup d'auteurs à s'interroger sur la question de savoir si l'on n'assistait pas ainsi, avec la multiplication de tels accords, à l'apparition d'une véritable *législation internationale*, la distinction controversée des traités lois et des traités contrats reprenant alors une vigueur nouvelle comme, déjà, M. Bourquin l'observait en 1931 dans son cours à l'Académie de La Haye, *RCADI*, 1931/I, vol. 35, p. 55-61.

entre les pays du nord et du sud, de l'est comme de l'ouest, ne pouvait encore qu'encourager un tel phénomène.

On voit ainsi d'ores et déjà de façon incidente que cet effort portait en lui, par l'effet de sa propre logique, la notion, d'abord confuse, d'une *communauté internationale* dont la coordination des membres requérait l'établissement de règles qu'ils puissent tous reconnaître liantes.

Ces conventions ne sont cependant pas les seules à traduire les tentatives normatives s'assignant une portée universelle. Au sein des Nations Unies, particulièrement durant les décennies 1960 à 1980 incluse, l'Assemblée générale apparut naturellement comme la tribune par excellence la plus représentative de cette communauté ; certaines des résolutions clôturant les délibérations importantes de cet organe ne tardèrent pas à être présentées, notamment par les pays en développement (parce qu'ils avaient comme on l'a vu la maîtrise de leur adoption) telles que des expressions de l'*opinio juris* collective ou, à tout le moins, des *aspirations* communautaires.

Techniquement, ces derniers textes présentent cependant des caractères fort différents des conventions. On étudiera donc de façon bien distincte les deux catégories d'instruments de la négociation multilatérale générale, suivant qu'ils sont ou non formellement conventionnels.

§ 1. Négociation des conventions multilatérales

381 *Deux sortes de conventions multilatérales* générales apparaissent, qui ne posent pas en principe exactement dans les mêmes termes le problème de leur incidence sur la formation des règles contemporaines de droit international général.

Les unes sont des conventions de codification de la coutume internationale ; *a priori*, on pourrait donc s'attendre à ce qu'elles innovent peu, se contentant dans une large mesure de transcrire dans les articles d'un traité des règles déjà dotées de force obligatoire puisque faisant partie de la coutume générale au sens où on l'a rencontrée précédemment (v. ss 298).

Les autres établissent en principe des règles conventionnelles substantiellement nouvelles, mais également à finalité universelle.

A. La codification du droit coutumier international [1]

382 ***Codification et développement progressif du droit international général*** ◊ La Société des Nations avait déjà voulu entreprendre une

1. V. *SFDI*, Colloque d'Aix-en-Provence, *La codification du droit international*, Paris, Pedone, 1999, 344 p. Pour des références plus anciennes, V. notamment Charles de Visscher, La codification du droit international, *RCADI*, 1925/I, p. 386 s. ; Y. Daudet, *Les conférences des Nations Unies pour la codification du droit international*, Paris, 1968, et, du même auteur, *Techniques de codification*, communic. au colloque de Toulouse de la SFDI, L'élaboration du droit international public, *op. cit.* p. 149 s. ; R. Ago, La codification du droit international et les problèmes de sa

codification partielle du droit international, avec la conférence de La Haye de 1930. Celle-ci fut un échec. Mais en 1947, l'Assemblée générale des Nations Unies, s'appuyant sur la compétence que lui confère l'article 13 de la Charte, créait un organe subsidiaire permanent, la Commission du droit international (CDI), chargé par son statut d'une double mission, aux termes complémentaires mais en principe bien distincts : la codification et le développement progressif du droit international [1].

En réalité, comme la CDI devait le reconnaître elle-même rapidement [2] les deux activités sont indissociables. En droit international plus encore qu'ailleurs, codifier, c'est aussi, par la force des choses, développer le droit. La tendance innovatrice de l'entreprise de codification a été de plus en plus nettement affirmée au fil des ans. Les travaux que cet organe devait consacrer au droit des traités, à celui de la responsabilité ou, parmi d'autres, à celui de l'utilisation des cours d'eau internationaux à des fins autres que la navigation ont démontré que plusieurs facteurs contribuent à conjuguer étroitement formulation écrite de la coutume existante (ce qu'est en elle-même la codification) et énonciation de règles au contenu nouveau.

Le premier de ces facteurs est inhérent à la codification elle-même : le passage de l'oral à l'écrit emporte inévitablement une transformation de la norme, dont le sens et la portée sortent de l'opération codificatrice à la fois précisés mais aussi plus ou moins rigidifiés sinon restreints. Au demeurant, comme le notait avec raison Roberto Ago, l'entreprise de codification est généralement engagée lorsque le corps social auquel elle s'adresse est en profonde mutation et aspire à une adaptation des règles de droit qui le régissent. L'opération de formulation de la coutume est alors l'occasion de son évolution substantielle.

D'autres facteurs tiennent à l'évolution contemporaine de la société internationale, dont on a déjà suffisamment souligné le besoin croissant de normes nouvelles, ressenti notamment du fait de l'apparition de nouvelles techniques, conditionnant en particulier l'exercice des compétences souveraines (v. par ex. l'exploitation des ressources minérales du plateau continental, à l'origine de la convention consacrée à cet objet en 1958, dont les résultats devaient d'ailleurs être rapidement remis en cause).

Cependant, c'est surtout la volonté des États alors issus de la décolonisation de renégocier des pans entiers du droit international qui a donné aux travaux de la CDI une importance cardinale du point de vue des politiques normatives ; ceci d'autant plus que cet organe travaille en étroite

réalisation, *in Rec. d'études en hommage à P. Guggenheim* p. 89 s., à comparer avec, du même auteur, Nouvelles réflexions sur la codification du droit international, *RGDIP*, 1988, n° 3, p. 539 s. ; plusieurs études sur la codification se trouvent dans Le droit international à l'heure de sa codification, *Études en l'honneur de R. Ago*, trois volumes, Milan, 1987.

1. La CDI est composée d'experts statutairement indépendants de leurs gouvernements, désignés à raison de leur compétence technique pour une durée de cinq ans, de façon à assurer la représentation des grandes formes de civilisation et des principaux systèmes juridiques du monde.

2. *ACDI* 1956, II, p. 256, § 26.

connexion avec l'Assemblée générale de l'ONU, dont elle est la création, et en particulier avec sa sixième commission (commission juridique) au sein de laquelle s'expriment non plus des experts indépendants mais les délégations gouvernementales elles-mêmes.

383 ***Techniques de codification et création du droit*** [1] ◊ Les conditions du travail de la CDI assurent le maintien de la liaison entre les discussions des membres de la Commission et l'expression de l'opinion des délégations sur le contenu des normes à codifier conventionnellement.

a) Procédure : désigné en son sein par la CDI, un rapporteur spécial est chargé de préparer à son intention un projet d'articles destiné, après discussions et révisions, à être soumis à une conférence de codification réunie par l'ONU et ouverte au plus grand nombre possible de délégations nationales, y compris celles des très rares États qui ne sont pas encore membres de l'ONU. Cette conférence, comme le fut par excellence celle de Vienne réunie en 1968 et 1969 pour examiner le projet de convention sur le droit des traités, est alors bien entendu l'occasion privilégiée pour les membres de la collectivité internationale de manifester clairement leurs convictions s'agissant du contenu des règles existantes ou à venir. Mais ce n'est pas la seule, ni surtout la première. Au cours du travail préparatoire, les États membres de l'ONU sont souvent conviés à répondre à un questionnaire relatif à leur pratique et leurs opinions concernant les principes et concepts clef de la matière en délibéré. Annuellement, la CDI rend compte à l'Assemblée générale de l'avancement de ses travaux, et ceux-ci sont périodiquement examinés, avant même leur terme, au sein de la sixième commission de l'Assemblée générale déjà citée.

b) Conséquences : l'organisation de cette communication entre travail des experts et prise de position des délégations nationales, même si elle n'est pas toujours parfaite, a alors au moins deux répercussions intéressant les conditions actuelles de formation des règles de droit.

La première est que, même s'il serait exagéré de dire que s'instaure une négociation larvée entre les uns et les autres, il reste que les membres de la CDI ne perdent pas de vue les positions étatiques et sont donc largement prémunis contre les dangers d'académisme.

La seconde, de beaucoup plus importante, est que la collaboration des délégations au processus de codification leur permet d'exprimer, comme on l'a vu, leur opinion sur le contenu des règles de droit concernées c'est-à-dire, finalement, ce que l'on désigne traditionnellement comme leur *opinio juris* au sens où on l'a rencontrée plus haut dans l'exposé de la théorie des deux éléments constitutifs de la coutume internationale. Alors que dans les temps antérieurs les occasions d'expression de *l'opinio juris* étaient relativement restreintes et sporadiques, elles sont aujourd'hui rendues à la fois beaucoup plus fréquentes, organisées institutionnellement mais aussi

1. V. Y. Daudet, Actualité de la codification du droit international, *RCADI*, 2003, vol. 303, p. 9-118. Consulter la chron. de Carlo Santulli puis de Raphaële Rivier à l'*AFDI*.

simultanées : tous les membres des Nations Unies peuvent, à l'occasion de ces discussions, faire valoir leur point de vue [1].

Il en résulte notamment que même avant d'avoir été définitivement adoptées certaines notions, voire certaines règles nouvelles, quoique posant une pluralité de problèmes techniques et politiques particulièrement difficiles, acquièrent assez rapidement auprès des gouvernements une sorte de familiarité qui, sans en faire toujours nécessairement des « idées reçues », faciliteront sans doute leur adoption ultérieure sous une forme ou sous une autre. Ainsi, un certain effet *d'imprégnation des mentalités juridiques* produit dans le creuset des Nations Unies n'est-il pas à négliger, parce qu'ainsi qu'on l'a vu plus haut à propos des conditions de formation de la coutume, *l'élément psychologique*, précisément, pour n'être pas exclusif, n'en est cependant pas moins déterminant en fait d'émergence des règles générales nouvelles.

Facilité par les conditions procédurales de la codification, ce phénomène comme d'autres se retrouve cependant aussi dans le cadre de la négociation de conventions multilatérales générales échappant au cadre précédemment décrit.

B. Les conventions multilatérales générales autres que de codification

384 ***Convoquées à l'initiative d'organisations internationales***, comme en particulier l'ONU, ou plus rarement hors de tout cadre institutionnel préétabli, des conférences diplomatiques ouvertes à tous les États ont été fréquemment tenues dans les dernières décennies. Elles visent, comme les conférences de codification, à l'élaboration de règles juridiques dans une convention proposée à la ratification universelle.

Ces règles, constituant en principe formellement du « *droit spécial* » puisque contenu dans un traité, sont cependant conçues matériellement comme des normes générales, puisque leur objet est de s'affirmer à l'égard de tous les États. (C'est dans ce contexte, notamment, que peut se comprendre l'assouplissement des conditions d'admission des réserves, par désir d'obtenir le plus grand nombre possible de ratifications. V. ss 260).

385 ***Objet des conventions non codificatrices*** ◊ Ce qui distingue, en pratique, de tels traités des accords de codification, c'est qu'ils visent le plus souvent à satisfaire des besoins nouveaux de réglementation internationale ; ainsi la communauté des États dut-elle faire rapidement face à la question du statut international de l'espace extra-atmosphérique, brutalement révélée par le lancement des premiers satellites soviétiques et

1. Ceci sous la réserve qu'assez souvent, les délégués nationaux prennent des précautions oratoires destinées à empêcher qu'on voie systématiquement dans le texte de leurs interventions, reproduites en procès-verbal, le reflet exact de la position officielle du pays qu'ils représentent. Mais, qu'ils le veuillent ou non, l'expérience prouve qu'il en reste toujours quelque chose…

américains à partir de 1957. Il devait en résulter, dix ans plus tard, le « Traité sur les principes régissant les activités des États en matière d'exploitation et d'utilisation de l'Espace extra-atmosphérique, y compris la Lune et les autres corps célestes » (*GTDIP* n° 63), préparé pendant trois ans dans le cadre des Nations Unies, signé le 27 janvier 1967 et déjà en vigueur au moment où, deux ans plus tard, on a marché sur la lune... On pourrait également citer bien d'autres exemples, comme celui du « Traité interdisant les essais d'armes nucléaires dans l'atmosphère, dans l'espace extra-atmosphérique et sous l'eau », du 5 août 1963, ou celui sur la non-prolifération des armes nucléaires, du premier juillet 1968 [1] (*GTDIP* n° 47).

386 ***Comparaison avec les conventions de codification*** ◊ Du fait de la nouveauté de leur objet, ces textes ne sont généralement pas affectés par la mixité (toute relative, on l'a vu) des normes énoncées par les conventions de codification, dont les unes sont déjà obligatoires pour tous au titre de coutumes générales déjà consacrées, et les autres, constituant un « développement progressif », réclament en principe une ratification de la convention qui les promeut pour devenir obligatoires, du moins à l'égard des seuls États qui y sont ainsi devenus parties.

Ici, en revanche, toutes les normes appartiennent à la seconde catégorie, celle des règles nouvelles, donc subordonnées quant à leur portée par l'entrée en vigueur du traité et son effet relatif.

On a cependant vu plus haut (v. ss 299-300) qu'à propos, précisément, d'une « règle nouvelle » de ce type (énoncée à l'article 6 de la convention de 1958 sur le plateau continental) la Cour internationale de Justice avait envisagé la possibilité d'une migration de la norme considérée hors du champ conventionnel jusque dans le domaine coutumier.

On constate donc qu'il n'y a finalement pas lieu de marquer trop rigoureusement la distinction entre les deux catégories de conventions multilatérales générales (codificatrices et autres) du point de vue des rapports que les unes et les autres sont susceptibles d'entretenir avec le droit international général. La principale différence demeure certes que dans le cas des premières, certaines dispositions, celles qui sont purement codificatrices, sont purement déclaratoires ; elles énoncent des règles qui n'ont de toute façon pas besoin de ce support formel pour être obligatoires, puisqu'elles le sont déjà, au titre du droit international non écrit qu'est la coutume générale. Au-delà, les deux catégories de conventions posent un même problème, déjà abordé à propos des effets des traités : à quelles conditions leurs dispositions peuvent-elles engendrer des règles de droit international général ?

1. V. par exemple aussi d'autres conventions particulièrement illustratives, comme le Traité interdisant de placer des armes nucléaires et d'autres armes de destruction massive sur le fond des mers et des océans ainsi que dans leur sous-sol, du 11 févr. 1971, la Convention sur l'interdiction de la mise au point, de la fabrication et du stockage des armes bactériologiques (biologiques) ou à toxines et sur leur destruction, du 10 avr. 1972, ou encore la Convention sur l'interdiction d'utiliser des techniques de modification de l'environnement à des fins militaires ou toutes autres fins hostiles, du 18 mai 1977.

C. Incidence des conventions multilatérales générales sur la formation des règles de droit international général

387 ***Rappel*** ◊ On se souvient que, dans l'affaire du *plateau continental de la mer du Nord*, la Cour internationale de Justice avait indiqué quatre conditions auxquelles une disposition conventionnelle pouvait produire une norme coutumière : il faut que cette disposition ait, en elle-même, un caractère normatif, que, d'après la convention, elle ne puisse faire l'objet de réserves, que la convention concernée bénéficie d'une participation « large et représentative », qu'enfin, la règle énoncée par la disposition en cause bénéficie d'une pratique uniforme, émanant notamment des États particulièrement intéressés à sa mise en œuvre. Il est important de garder à l'esprit ces conditions juridiques restrictives lorsqu'on aborde la façon dont, concrètement, au gré de leur diplomatie normative, les États tentent aujourd'hui d'établir des ponts entre conventions multilatérales générales et droit international général.

388 ***Avantages stratégiques respectifs de la coutume et du traité*** ◊ L'évolution contemporaine des rapports entre traités et coutume (ou plus largement encore, comme on le verra plus loin, *règles générales non conventionnelles*) s'explique en large mesure par des raisons tenant à la dynamique de la négociation multilatérale générale.

Envisagés en effet d'un point de vue de politique normative (le seul qui intéresse tant les États et encore trop peu la doctrine alors pourtant qu'il influe directement sur les modes actuels de formation du droit) la coutume et le traité ne présentent pas les mêmes vertus.

a) La première a longtemps suscité la suspicion des nouveaux États parce qu'elle fait la part belle à la *pratique*, et même à une pratique *qualifiée*, au sens où on le dit des majorités. Ainsi que l'a confirmé la Cour, il faut précisément que celle des « États particulièrement intéressés » vienne la révéler et la soutenir. Rien ne servirait par exemple aux États technologiquement démunis de proclamer des règles coutumières en matière d'exploitation des ressources minérales des corps célestes, si les États technologiquement majeurs en ce domaine ne les respectaient pas. Générale quant à sa portée, la coutume peut donc néanmoins être élitiste quant à sa formation.

b) Le traité multilatéral, quant à lui, vu du moins sous cet angle pragmatique, n'a pas les mêmes inconvénients. Les conférences de négociation bénéficiant généralement du modèle décisionnel de l'Assemblée générale des Nations Unies (un État, une voix et une décision prise à la majorité des deux tiers) les États démunis, on le sait, récupèrent en leur sein une égalité formelle que l'empirisme de la création coutumière leur faisait perdre. Bénéficiant des atouts déjà signalés de la majorité, ils peuvent alors songer à imposer dans le texte conventionnel des règles conçues en fonction de leur point de vue, même si elles méconnaissent à l'occasion les intérêts de leurs destinataires effectifs [1].

Les délégations nationales se mettent qui plus est d'accord pour utiliser parfois, comme à la IIIe conférence des Nations Unies sur le droit de la mer, ou lors des négociations ayant finalement abouti à l'adoption des accords de Marrakech donnant naissance à l'Organisation mondiale du commerce, la technique du « *package deal* » (ou du « paquet ») d'après laquelle aucune disposition du texte en négociation n'étant détachable du reste de la convention, tout, en elle, est à prendre ou à laisser ; les États majoritaires ou en tout cas suffisamment nombreux pour influer sur les décisions sont alors en position de négocier avec les autres des compensations normatives réciproques portant sur le contenu des règles en discussion [2]. Acquis à la méthode du consensus (qui permet d'éviter le vote tant qu'il ne contrecarre pas leur intérêt) [3], ceux qui détiennent la majorité peuvent s'appuyer sur la menace du recours au scrutin pour faire céder leurs partenaires minoritaires sur les points qui leur tiennent à cœur.

En un mot, la négociation multilatérale générale permet le déploiement de savants « *kriegsspiele* » dont l'enjeu est tout simplement le contenu de la nouvelle règle de droit.

389 ***Du traité formel à la règle générale non conventionnelle*** ◊ Une fois la convention adoptée vient cependant l'heure de la vérité, c'est-à-dire le moment où elle doit atteindre le quota prescrit des ratifications pour entrer en vigueur et produire ses effets.

Les fronts sont alors souvent renversés, et ceux qui réclamaient hier une convention sont moins pressés de la ratifier, sachant qu'à s'en tenir à des critères formels, tant que ce traité ne sera pas en vigueur, ils ne pourront de toute façon pas invoquer les règles qu'il contient, surtout si elles comportent un certain degré de technicité. La tentation est forte, alors, de jouer sur la vicinité formelle des normes codificatrices et des développements progressifs, ou bien encore sur l'effet *déclaratoire de règles générales existantes* attribué par ces États à certaines des dispositions les

---

1. Dans son ouvrage sur la *Politique juridique extérieure* (Paris, Economica, 1983, p. 36-48, spéc. p. 38) Guy de Lacharrière prend le cas d'une convention sur les privilèges et immunités des organisations internationales, dans l'élaboration de laquelle les voix des États-hôtes de ces institutions, par définition minoritaires, furent submergées par celles des pays qui envisageaient les relations entre États et organisations du seul point de vue de leurs propres nationaux, se rendant dans celles-ci comme délégués ou fonctionnaires.

2. C'est ainsi qu'à la IIIe Conférence des NU sur le droit de la mer, qui fut aussi, du point de vue de la technique des négociations multilatérales, un champ fertile d'expérimentation, les États sans littoral, au nombre d'une trentaine, parce qu'ils avaient sur toutes questions, y compris celles relatives à l'exploitation des zones littorales, le même pouvoir d'expression que les pays côtiers en vertu du principe d'égalité des voix, ont pu en quelque sorte *marchander* leurs voix en échange de certaines concessions normatives (droit de bénéficier du reliquat des ressources biologiques contenues dans les zones économiques voisines, notamment).

3. V. ss 161.

plus novatrices de la convention concernée [1]. *Celle-ci n'est plus alors invoquée comme instrument juridique formel mais comme témoignage écrit de la coutume émergente.*

Si l'opération réussit, les conditions procédurales de l'entrée en vigueur du traité seront contournées. La règle nouvelle, qui plus est, débarrassée quant à sa portée des limites imposées par l'effet relatif des conventions, vaudra à l'égard de tous *(erga omnes)* sauf, du moins pour un temps et à la condition qu'ils restent en nombre suffisant, pour les États qui, opposés à sa promotion, auront eu la vigilance et la sagacité nécessaires pour y faire opposition, en faisant savoir par leur attitude ou leurs déclarations qu'ils n'entendaient pas être liés par la norme dont la validité avait été ainsi tendancieusement proclamée. De telles tentatives de détournement des procédures normatives ne sont pas dépourvues de chances de réussite dans un milieu où l'on constatait plus haut que l'« *effet d'annonce* » provoqué par la seule discussion de certains concepts nouveaux au sein des organes des Nations Unies pouvait avoir la conséquence, et le terme doit ici être pris dans son sens juridique, d'« accoutumer » progressivement les États à l'idée de leur validité. L'invocation imprécise de la jurisprudence de la Cour sur les conditions du transit de la norme conventionnelle vers le champ coutumier n'est pas non plus sans effet sur l'efficacité de telles grandes manœuvres et petites tactiques diplomatiques [2].

C'est dans ce contexte général des rapports stratégiques et tactiques entre traités et coutume (ou, plus largement, entre traités et règles générales non conventionnelles) que s'expliquent les critiques virulentes formulées par le professeur Weil dans l'article précité (v. ss 367) concernant notamment la remise en cause de l'effet relatif des traités et le respect de la volonté souveraine des États. Rappelons cependant que, d'un point de vue technique, ce n'est jamais telle disposition conventionnelle en elle-même qui s'appliquera mais une norme coutumière tirée directement de sa formulation et confortée par la pratique.

390 ***Appréciation critique*** ◊ Concernant les stratégies normatives et les tactiques de la négociation multilatérale générale, le spécialiste de la science juridique n'a pas de jugement de valeur à formuler, si ce n'est, effectivement,

1. Que, souvent, on baptisera plus volontiers principes que coutumes, parce que celles-ci s'appuient sur les faits, lesquels sont têtus, comme chacun sait, alors que les principes sont beaucoup moins tributaires de la pratique.

2. Dans l'affaire du *Plateau continental entre la Tunisie et la Libye* (*Rec.* CIJ 1982) la Cour avait été invitée dans le compromis conclu entre les deux parties, en ce qui concerne le droit applicable, à prendre en considération les nouvelles tendances acceptées au sein de la IIIe Conférence des NU sur le droit de la mer, *alors même que celle-ci n'était pas encore terminée*. Il est fort intéressant de noter la position de la Cour à cet égard. Après certaines précautions, elle déclare en effet au paragraphe 24 de son arrêt : « [a]u surplus, il aurait incombé à la Cour de tenir compte d'office des travaux de la conférence, même si les parties n'en avaient rien dit dans le compromis ; la Cour ne saurait en effet négliger une disposition du projet de convention *si elle venait à conclure que sa substance lie tous les membres de la communauté internationale du fait qu'elle consacre ou cristallise une règle de droit coutumier préexistante ou en voie de formation* » (c'est nous qui soulignons).

pour signaler les risques de confusion intellectuelle et d'imprécision technique que ces jeux subtils de la diplomatie risquent d'entraîner sur le droit.

Du point de vue socio-juridique, ces phénomènes sont au demeurant très explicables. Ils apparaissent comme la conséquence directe de l'hétérogénéité de la société internationale, dont, plus encore jusqu'à la fin des années quatre-vingt chacune des trois grandes composantes (États occidentaux, socialistes et en développement) professait des conceptions largement différentes, même si, en même temps, les uns et les autres sont de plus en plus convaincus par la pression des faits de devoir réduire ici aussi leurs divergences. Du point de vue de la théorie juridique, et notamment de l'évolution des rapports entre traités et règles générales non conventionnelles, les phénomènes précédemment décrits ne sont sans doute pas aussi préoccupants qu'on a bien voulu le dire, si l'on constate que s'ébauche en réalité bien souvent *une répartition des fonctions* imparties aux premiers comme aux secondes.

391 ***Répartition des rôles entre traités et règles générales non conventionnelles*** ◊

a) Lorsque des États, particulièrement dans un cadre multilatéral restreint, veulent se mettre d'accord avec toute la précision et la sécurité juridique voulues sur un corps bien défini de droits et d'obligations, ils recourent très spontanément au traité, respectant alors la plupart du temps les « règles secondaires » gouvernant notamment les conditions de sa conclusion et de sa validité, telles qu'elles sont désormais codifiées dans la Convention de Vienne de 1969 étudiée en détail plus haut. Ainsi par exemple, pour constituer une alliance économique régionale, établir un système de préférences tarifaires, instituer une nouvelle organisation internationale, universelle ou régionale, définir les conditions d'une coopération nouvelle dans les domaines techniques ou même politiques les plus variés, l'accord formalisé s'affirme comme l'instrument normatif très largement prédominant parce qu'il est techniquement le plus adéquat et politiquement le plus fiable. C'est ce qui fait comme on l'a vu toute l'actualité du droit des traités.

b) Lorsqu'en revanche il s'agit de définir de nouvelles normes générales (même si elles ont souvent des implications juridiques très précises) ou de procéder à l'*aggiornamento* de celles qui avaient été consacrées dans « l'ancien droit » (celui formé par les seules puissances occidentales presque jusqu'au milieu de ce siècle), la souplesse et l'aptitude à l'évolution de la coutume ou, plus largement, des normes générales non conventionnelles manifestent alors à nouveau tous leurs charmes, même si la séduction qu'elles exercent sur les États se paie de quelques incertitudes quant aux contours exacts de la norme ainsi définie.

392 ***Accord politique et promotion extra-contractuelle des règles générales*** ◊ Ce qu'il faut ici bien comprendre, c'est que dans la perspective d'une promotion coutumière de nouvelles normes, la négociation

multilatérale générale réunie officiellement en vue de l'adoption d'une convention offre une occasion privilégiée aux opinions des différents groupes d'États de s'exprimer *mais aussi de s'ajuster*, par marchandages et concessions réciproques, jusqu'à ce que la formulation définitive de la règle négociée puisse apparaître au moins politiquement comme le résultat d'un accord entre tendances initialement divergentes. Ainsi en pratique, même si le positivisme volontariste classique n'y retrouve pas toujours ses marques, dans quelques grandes négociations multilatérales générales, qui, heureusement, demeurent exceptionnelles, *la négociation prime la ratification* !

393 ***Dispositions détachables et « noyau dur » conventionnel*** ◊ La répartition fonctionnelle entre règles techniques précises destinées aux traités et normes générales promues par voie extra-contractuelle n'est bien entendu pas forcément toujours respectée dans les faits. Il s'agit plus d'une tendance générale, susceptible de varier d'une négociation à l'autre en fonction des situations diplomatiques respectives des différents groupes d'États participants [1]. Il est cependant arrivé qu'au sein d'un seul et même texte conventionnel en discussion, certaines dispositions manifestent rapidement leur aptitude à générer des normes juridiques générales hors du cadre conventionnel dont elles sont issues, cependant que d'autres, eu égard notamment à leur complexité technique, s'avèrent manifestement insusceptibles de créer des obligations juridiques autrement qu'aux conditions formellement requises pour l'entrée en vigueur du traité. L'exemple le plus pur en est ici encore donné par la convention de 1982 sur le nouveau droit de la mer (*GTDIP* n° 61). On y trouve à vrai dire trois types de dispositions :

- En premier lieu, des articles qui se contentent purement et simplement de réitérer des règles coutumières antérieurement consacrées. Constituent par exemple des dispositions purement codificatrices (d'ailleurs pour la plupart reprises des conventions de codification du droit de la mer de 1958) les articles relatifs à la mer territoriale, à la zone contiguë ou à la haute mer.

Dans ce cas, les règles concernées sont obligatoires au titre de règles coutumières pour tous les États, alors même que la convention n'est toujours pas en vigueur à l'égard d'un grand nombre d'États ;

- En second lieu, des dispositions au contenu normatif nouveau, qui, *avant même le terme de la négociation de la convention*, soit à partir de 1976, ont engendré des pratiques unilatérales concordantes, constitutives d'une coutume : il s'agit des dispositions les plus importantes de la Partie V du traité, relatives au statut de la zone économique exclusive.

Quel que soit le sort ultérieur de cette convention, aujourd'hui, il est vrai, en vigueur entre 160 États [2], tout le monde était d'accord peu de

1. V. notamment G. de Lacharrière, *La politique juridique extérieure*, *op. cit.*, not. p. 41 s.
2. Nombre des États parties au 15 avr. 2010.

temps après la fin de la Conférence sur le droit de la mer ou presque pour reconnaître que cette partie de la convention avait déjà créé du droit. Car, aux initiatives des États établissant par actes unilatéraux internes des zones économiques exclusives au large de leurs côtes a correspondu l'assentiment le plus souvent tacite des États tiers, acceptant notamment de faire respecter par les navires battant leur pavillon la réglementation nationale ainsi édictée à l'égard de zones faisant pourtant partie jusque-là de la haute mer, ouverte « depuis des temps immémoriaux » à la liberté de la navigation ;

- Enfin, en troisième lieu, il y a la Partie XI de la convention. Elle concerne, comme on le verra plus loin (v. ss 687) le statut de la Zone du fond des mers et les dispositions, fort complexes, constitutives de l'Autorité du fond des mers et du régime d'exploitation des mêmes espaces. Ces dernières dispositions, à n'en pas douter, ne pourront engendrer d'obligation qu'à l'égard des États ayant ratifié la convention, en vigueur depuis 1994 (v. ss 687 s.). Ici, on retrouve toute la rigueur du principe de l'effet relatif des traités et des conditions procédurales strictes de l'entrée en vigueur. Nulle trace, alors, d'un dépérissement des « règles secondaires » gouvernant le droit des traités. Ainsi peut-on trouver au sein du même accord des dispositions aux destinées sinon, *per se*, au statut juridique différent, illustratives de la connexité entretenue au sein de la même convention entre normes à vocation coutumière et dispositions inéluctablement contractuelles.

Bien que présentant certaines analogies, les relations entre le texte et la norme générale se présentent pourtant différemment lorsque la négociation multilatérale générale porte sur l'adoption d'un instrument non conventionnel.

§ 2. Négociation des instruments non conventionnels

394 ***Diversité des instruments de la négociation multilatérale*** ◊ À côté de l'élaboration de traités, instruments assurément les plus sûrs mais d'une portée doublement conditionnée par les aléas de leur entrée en vigueur et leur effet très généralement limité aux États les ayant ratifiés, la négociation normative porte également sur l'adoption de résolutions ou d'autres textes au statut juridique souvent incertain, communiqués conjoints, *gentlemen's agreements*, ou autres « accords juridiquement non liants », dont l'incidence sur le contenu du droit international général a donné lieu à un intense débat doctrinal (v. ss 367 s.). On distinguera cependant les résolutions émanant d'organes des organisations internationales des autres types de textes, eu égard au caractère particulier des premières, largement marquées par la spécificité du cadre institutionnel au sein duquel elles interviennent.

A. Les résolutions des organisations internationales

395 ***Caractères des résolutions et causes de leur expansion*** ◊ La résolution, adoptée généralement au sein de l'organe plénier d'une organisation internationale, oppose la relative aisance de son adoption et sa grande souplesse d'utilisation à la lourdeur de la négociation des conventions multilatérales comme aux incertitudes pesant sur leur entrée en vigueur. Certes en principe dépourvue de portée juridique obligatoire (à moins qu'elle concerne le fonctionnement interne de l'organisation) [1] elle gagne en souplesse et en rapidité ce qu'elle perd en sécurité juridique, et c'est d'abord au sein de l'Assemblée générale des Nations Unies que les nouveaux États, en particulier, pour les raisons décrites plus haut (v. ss 377) ont adopté la résolution comme le mode privilégié d'expression de leurs revendications.

À côté ou en complément de ces résolutions tribuniciennes, sont également apparues les résolutions « programmatoires », notamment dans le domaine économique. Plutôt que de définir des obligations intangibles ou difficilement révisables, tous les États ont en effet ressenti le besoin de définir des objectifs et des lignes de conduite inspirant leur action sans la brider trop rigoureusement. La plasticité des résolutions comme leur absence de portée formelle leur ont alors paru séduisantes. Parfois, cependant, l'importance de l'enjeu est telle que la résolution, préparée longtemps dans le cadre de comités restreints, discutée ensuite et parfois même votée article par article (comme ce fut notamment le cas pour la « Charte des droits et devoirs économiques des États « (*GTDIP* n° 58) [2] se rapproche par sa procédure d'adoption (mais pas encore par ses effets) de la convention internationale.

396 ***Cadre et enjeu*** ◊ La discussion relative à la portée juridique des résolutions de l'Assemblée générale des Nations Unies a connu sa plus grande intensité tout au long de la décennie des années 1970 ; elle s'est partiellement apaisée depuis [3]. Son enjeu reste cependant important : il est à la fois politique et juridique, mais il a été souvent déformé par le débat doctrinal, qui a trop volontiers tendu à poser la question de la valeur juridique *des* résolutions des Nations Unies en général, alors qu'en réalité le débat est circonscrit à un nombre d'entre elles finalement restreint.

Ce débat oppose fondamentalement les pays en développement (auxquels se sont alliés avec un sens certain de l'opportunité les ex-pays

---

1. V. ss 179.

2. De la même manière, sur les conditions d'adoption de la deuxième décennie pour le développement, formellement résolution de l'Assemblée générale, V. M. Virally, *AFDI* 1970. 9-34 ; G. Castañeda, note sur la procédure d'élaboration de la Charte des droits et devoirs économiques des États, *AFDI* 1974. 31-56.

3. V. notamment M. Virally, La valeur juridique des recommandations des organisations internationales, *AFDI* 1956. 66 s., G. Castañeda, La valeur juridique des résolutions des Nations Unies, *RCADI* 1970/I, t. 129.

socialistes, du temps de leur puissance) aux pays occidentaux, auteurs essentiels de l'« ancien droit », celui qui, marqué par le volontarisme juridique classique, demeure attaché par souci technique de sécurité juridique mais aussi, dans une certaine mesure, par idéologie, au respect des critères *formels* de normativité.

397 ***La position des pays en développement*** ◊ Légitimité contre légalité ! Conscients du poids nouveau que leur conférait leur nombre au sein de l'Assemblée générale, les pays en développement n'ont pas tardé à considérer cet organe comme l'instrument d'une sorte de *pouvoir législatif international*, capable de répondre à leurs aspirations substantielles comme à la rapidité d'adoption d'une nouvelle législation internationale dont ils ressentaient le besoin. Un obstacle juridique apparemment insurmontable se dressait cependant sur leur voie : à s'en tenir aux textes constitutifs de l'organisation, la résolution sert à recommander, non pas à décider, lorsque du moins, comme c'est ici le cas, elle est employée hors du cadre interne du fonctionnement de l'institution pour indiquer aux États les règles de leur conduite dans le cours général des relations internationales. Cet obstacle, on tenta alors de le surmonter ou de le contourner par l'invocation de la justesse de la cause au service de laquelle les résolutions étaient placées, faisant de la sorte primer la *finalité* de l'instrument sur ses caractères *formels*.

Ainsi, pour revendiquer l'indépendance économique devant logiquement prolonger l'affranchissement politique dont ils venaient pour la plupart de bénéficier, les nouveaux États, faisant bloc au sein du « groupe des 77 » ou du mouvement des non-alignés, en appelèrent-ils à la légitimité contre la légalité.

L'affirmation de leur droit au développement passant par la refonte des concepts et des règles sur lesquels s'était affirmé le pouvoir des Puissances nanties, ils invoquèrent spontanément la justification morale de leurs exigences pour en faire admettre le caractère obligatoire, sinon même en certains cas impératif. Ils s'appuyèrent pour ce faire notamment sur les implications logiques du *droit des peuples à disposer d'eux-mêmes*, établi près de vingt ans auparavant par les « anciens États » eux-mêmes, à l'article premier de la Charte des Nations Unies. Comme on l'a dit plus haut (v. ss 377), la procédure majoritaire ne leur conférait pas seulement le pouvoir procédural de la décision par voie de résolution mais également l'appui implicite de sa fonction légitimante. Ainsi la force morale de cette *opinio juris* affirmée *préalablement* à sa mise en pratique effective est-elle encore aujourd'hui largement considérée comme suffisante par ces États pour être à l'origine d'une nouvelle règle générale obligatoire.

398 ***Réaction des pays occidentaux*** ◊ Dans un premier temps, pris au pied de la lettre de la Charte, du moins quant aux principes substantiels ainsi invoqués, les pays occidentaux mêlèrent dans l'ensemble leurs voix à celles du Tiers-monde, et l'adoption de certaines grandes *résolutions déclaratoires*

(comme en 1960, la 1514 sur le droit à la décolonisation (*GTDIP* n° 5) ou, en 1962, la 1803 relative à la « souveraineté permanente sur les ressources naturelles » (*GTDIP* n° 57) possède les relents tenaces de quelque « Nuit du quatre août » internationale [1].

Pour l'essentiel cependant, les pays occidentaux en restent en principe à une interprétation volontairement formelle de la valeur des résolutions, qu'ils considèrent en elles-mêmes inaptes à engendrer des obligations juridiques. Ils s'appuient sur la partie institutionnelle de la Charte pour rappeler que les textes votés par l'Assemblée générale hors du cadre de mise en œuvre de ses compétences internes ne peuvent être juridiquement liants. Actes unilatéraux imputables à la seule organisation dont elles émanent, les résolutions ne sauraient de plus, selon cette position, être assimilées, de près ou de loin, à une forme nouvelle d'accord international. Cependant, entre ces deux pôles antithétiques restait en pratique de la place pour amener les uns et les autres à composer. Eu égard à l'importance des enjeux, on ne pouvait à l'évidence s'en tenir au tout ou rien.

Avant même d'envisager les conditions d'une incidence normative des résolutions sur le droit international général, la première tâche est d'abord de redonner au débat ses véritables dimensions. Tous les textes émanant de l'organe plénier des Nations Unies sont loin d'être concernés par la discussion, qui se restreint en pratique à l'évaluation de la portée d'un petit nombre d'entre elles.

399 ***Critères d'identification des résolutions éventuellement dotées d'une incidence normative générale*** ◇ L'essentiel du débat tourne en premier lieu autour des résolutions d'*une* organisation, prépondérante par son rôle politique et l'étendue de ses compétences, l'ONU. C'est essentiellement elles que l'on examinera, sous la réserve de ce qui sera dit plus tard, à propos de la « *soft law* », de la convergence substantielle des résolutions émanant d'organisations diverses mais touchant au même domaine (v. ss 406).

Chaque année, l'Assemblée générale adopte des centaines de résolutions, sur les objets les plus divers allant, pendant des décennies, de la condamnation rituelle de l'Afrique du Sud lorsqu'elle pratiquait encore l'apartheid à la création d'un comité sur les objets volants non identifiés, en passant par celles portant sur les divers aspects de la coopération économique internationale ou du désarmement. Il ne saurait évidemment être question de poser à propos de chacune d'entre elles la question de son incidence sur l'évolution du droit international. Un tri doit être opéré, essentiellement en fonction de deux types de critères, l'un matériel, l'autre procédural :

a) *Ratione materiae* tout d'abord, il faut éliminer toutes les résolutions rentrant dans le champ d'application du « droit interne » de l'organisation, comme par exemple celles relatives à l'adoption du budget ou à la

1. V. texte et conditions d'adoption dans B. Stern, *Un nouvel ordre économique international ? Rec.* de textes, Paris, Pedone, 1983, p. 178-183. La résolution fut adoptée par 87 voix contre 2 et 12 abstentions.

création d'organes subsidiaires. Souvent dotées d'une portée obligatoire, elles ne concernent que le fonctionnement *organique* de l'institution et obéissent aux règles propres à celle-ci, définies pour l'essentiel par son acte constitutif (v. ss 179). C'est aussi dans ce cadre spécifique que s'envisage la question, bien distincte de celle qui nous occupe à présent, des éventuelles compétences normatives de l'organisation en cause, déjà examinées par ailleurs [1].

Mais, toujours selon ce critère matériel, il faut, parmi les résolutions s'adressant à la conduite des États dans leurs relations internationales, restreindre aussi le débat aux seuls textes dont les velléités normatives sont suffisamment affirmées. Ainsi, outre les exemples déjà cités, la « déclaration relative aux principes du droit international touchant les relations amicales entre les États » (*GTDIP* n° 6, 2625/XXV), celle donnant une « définition de l'agression » (*GTDIP* n° 29, 3314/XXIX), ou, plus près de nous, celle adoptée en 1987 sur le « renforcement de l'efficacité du principe du non-recours à la force » [2] sont-elles clairement concernées. Au total, cependant, cela ne fait que quelques dizaines de textes depuis les débuts de la vie de l'ONU, et ce en y comprenant les déclarations adoptées au terme de certaines grandes conférences convoquées par l'Organisation hors des sessions de l'Assemblée générale, comme celles de Stockholm et de Rio tenues en 1972 et en 1992 pour la sauvegarde de l'environnement.

Enfin, indépendamment même de l'objet de la recommandation, il est nécessaire que son intention normative soit servie par une *formulation* suffisamment claire pour édicter une règle ou un principe précis.

b) D'un point de vue *procédural* ensuite, l'examen des conditions d'adoption de la résolution est extrêmement important pour déterminer le nombre et l'appartenance des États ayant voté en sa faveur. Ce n'est qu'en fonction de cette analyse que l'on pourra déterminer la *représentativité* de la majorité considérée : dans la mesure, en effet, où les initiateurs de la résolution ou ceux qui l'invoquent à des fins normatives prétendent en faire l'expression d'une *opinio juris* collective, créatrice ou simplement démonstrative d'une intention normative imputable à « la communauté internationale dans son ensemble », il faut que les principales composantes de cette dernière soient représentées en nombre et qualités suffisants au sein de la majorité ayant permis son adoption.

C'est ainsi que la jurisprudence arbitrale, et notamment l'arbitre unique dans l'affaire *Texaco-Calasiastic c/ Gouvernement libyen* (1977) a pu à bon droit considérer que la résolution 1803 (XVII) précitée avait été adoptée dans des conditions satisfaisantes de représentativité, parce qu'elle avait bénéficié du vote favorable non seulement des pays en développement et des pays socialistes mais également d'un nombre important d'États industrialisés à économie de marché ; il a donc conclu qu'elle « traduisait une *opinio juris communis*... reflétant l'état du droit coutumier existant en

1. V. ss 178.
2. V. T. Treves, *op. cit.*, *AFDI* 1987. 379 s.

la matière ». Pour les raisons inverses, il a écarté la reconnaissance d'une valeur analogue en faveur d'une autre résolution de l'Assemblée générale, adoptée douze ans plus tard, et comportant en matière d'indemnisation des biens étrangers nationalisés l'énoncé d'un principe beaucoup moins avantageux pour ces derniers [1].

Un dernier critère, de caractère également procédural, est souvent relevé par la doctrine, pour déterminer l'incidence virtuelle ou avérée d'une résolution sur l'évolution du droit international général : celui de l'instauration d'un mécanisme plus ou moins institutionnalisé de contrôle du « suivi » de la résolution par les États membres (« *follow up machinery* ») pouvant par exemple consister dans l'examen périodique des conditions de mise en œuvre des principes énoncés dans la résolution par un organe de l'organisation. À la différence des autres critères évoqués plus haut, ce dernier élément ne constitue cependant qu'un indice supplémentaire de la détermination des États ayant adopté le texte à en poursuivre la réalisation.

400 ***Problèmes juridiques restant posés*** ◊ La réunion des conditions substantielles et procédurales énumérées ci-dessus est indispensable pour *sélectionner*, parmi la masse des résolutions adoptées par l'Assemblée générale, celles présentant un réel intérêt normatif. Elle ne résout cependant en elle-même aucun des problèmes de fond posés par la question de savoir comment l'acte unilatéral d'une organisation internationale, formellement dénué de portée juridique obligatoire, peut néanmoins aboutir à créer une obligation à la charge des États composant la communauté internationale.

Ainsi par exemple peut-on s'interroger sur le point de savoir quelle est la signification conférée à leur vote par les États majoritaires : ont-ils tous et toujours entendu manifester par là leur conviction de l'existence d'une règle nouvelle, voulu plus modestement exprimer simplement leur désir de la promouvoir ou, moins encore, montré leur bonne volonté pour « prendre en considération » la norme ainsi énoncée dans le cadre de leur conduite internationale ?

Des questions symétriques peuvent s'adresser aux États de la minorité. Leur refus d'apporter leur soutien à la résolution était-il conjoncturel ou fondamental ? Doit-on alors considérer leur vote négatif comme l'expression d'une objection de principe à l'applicabilité à leur propre égard de la règle générale émergente qu'introduit la résolution ?

À supposer que cette règle nouvelle se voie reconnaître « une certaine valeur juridique », quels seront ses effets non plus à l'égard des sujets de droit mais de celles des normes existantes dont le contenu s'avère inconciliable avec leur propre substance ? Auront-elles à leur égard un véritable effet abrogateur ?

---

1. Une analyse identique devait être retenue par le tribunal arbitral ayant rendu sa sentence dans une autre affaire de nationalisation, la sentence *Aminoil c/ Koweït*, du 24 mai 1982 : texte dans le *JDI* 1982. 869 s., note Ph. Kahn.

À l'ensemble de ces interrogations, il n'existe pas de réponse univoque. Deux séries de considérations permettront cependant dans bien des cas d'y voir clair. L'une est liée à nouveau *aux conditions concrètes* dans lesquelles la résolution, fruit de la négociation multilatérale générale, a finalement pu aboutir. Elle concerne donc le temps *antérieur* à l'adoption de la résolution, par vote ou consensus.

L'autre exige au contraire qu'en prenant du champ, et en s'armant de patience, on envisage la *conduite subséquente* des États par référence à la règle matérielle posée dans le texte de résolution. Examinons-les brièvement l'une après l'autre.

401 ***L'examen des conditions concrètes de l'adoption renseigne souvent sur les intentions sous-jacentes aux votes*** ◊ On a déjà remarqué que la procédure d'adoption des « grandes résolutions », les seules à concerner par leur intention normative et leur portée politique le débat actuel, tendait nettement à se « conventionnaliser » : leurs procédures de négociation se rapprochent de plus en plus de celle précédemment décrite à propos des grandes conventions générales (v. ss 395) et les formes de la négociation multilatérale générale tendent finalement à se rapprocher, qu'il s'agisse de la négociation d'accords ou de déclarations (formellement résolutions) à vocation multilatérale générale.

Ainsi, fruits d'une négociation de groupes à groupes menée dès leur phase préparatoire au sein de comités restreints, prolongées par la suite au sein de l'organe plénier, les grandes résolutions sont de plus en plus discutées et votées article par article, et un nombre croissant d'États, individuellement ou collectivement, *procèdent alors à des explications de votes*, livrant ainsi plus précisément la teneur de leur opinion sur la norme en débat. Face à de tels phénomènes, encore une fois restreints à quelques textes importants, l'analyse formelle de la résolution en termes exclusifs d'acte institutionnel unilatéral ne peut plus se soutenir sans risques d'irréalisme. Qu'on le veuille ou non, il s'agit là, quoique sans doute sous une forme atténuée, de l'expression d'une rencontre de volontés, sorte de *Vereinbarung*, facilitée par le cadre organique de son intervention, dont la nature sourdement consensuelle est difficilement contestable. Deux attitudes à l'égard de ce phénomène paraissent alors notamment envisageables.

a) La première est d'une autorité particulière, puisqu'elle émane de la Cour internationale de Justice elle-même. En l'affaire des *Activités militaires et paramilitaires au Nicaragua et contre celui-ci* (États-Unis/Nicaragua, 1986) les circonstances de l'espèce l'ont amenée à envisager la portée juridique intrinsèque de certaines grandes résolutions de l'Assemblée générale, c'est-à-dire *indépendamment* des principes substantiels consacrés par la Charte de l'ONU dont elles constituent une réitération solennelle : c'est notamment le cas de la résolution 2625 déjà souvent citée [1]. En choisissant

1. Déclaration relative aux principes du droit international touchant les relations amicales et la coopération entre les États, conformément à la Charte des Nations Unies (*GTDIP* n° 6).

à dessein une formulation généralisante, non circonscrite au seul cas du texte précité, la Cour a déclaré :

« L'effet d'un consentement au texte de telles résolutions ne peut être interprété comme celui d'un simple rappel ou d'une simple spécification de l'engagement conventionnel pris dans la Charte. Il peut au contraire s'interpréter comme une adhésion à la valeur de la règle ou de la série de règles déclarées par la résolution et prises en elles-mêmes. [...] La prise de position mentionnée peut en d'autres termes apparaître comme l'expression d'une *opinio juris* à l'égard de la règle (ou de la série de règles) en question... » [1].

Rapportée au contexte dans lequel elle intervient, cette assertion de la Cour situe fermement la portée juridique de telles résolutions dans le cadre du processus coutumier. Elle fait de la résolution l'expression tangible et collective d'une *opinio juris* générale [2]. Quoique l'analyse de la Cour rejoigne l'opinion désormais dominante de la doctrine, d'après laquelle certaines résolutions peuvent, au gré de certaines conditions, jouer un rôle décisif dans la formation de la coutume contemporaine, c'est la première fois qu'avec autant de netteté, la juridiction apporte un vigoureux soutien à cette thèse.

b) La seconde attitude possible, sans être d'ailleurs inconciliable avec la première, a été notamment soutenue par le professeur Virally ; elle consiste à considérer que la rencontre de volontés permise par la négociation multilatérale de telles résolutions constitue « l'expression d'un accord politique réalisé entre les États qui ont participé à l'adoption (de la résolution). Dans la mesure où elles comportent des engagements précis à la charge des États, on doit considérer que ces engagements lient *politiquement* les États qui les ont acceptés » [3].

La thèse est certainement fondée, mais elle laisse en partie ouverte la question de savoir quelles sont la nature et l'intensité des rapports entretenus entre les deux ordres normatifs ainsi distingués, politique d'un côté, juridique de l'autre. Il paraît difficile de soutenir qu'entre les deux existe une cloison étanche et ce n'était d'ailleurs certainement pas l'opinion de l'auteur précité.

Pour répondre, notamment sur ce dernier point, il est alors nécessaire non plus seulement d'examiner les conditions concrètes de la négociation et de l'adoption (incluant l'analyse de la composition de la majorité) mais également la *pratique subséquente à la résolution* des États membres de l'ONU (aujourd'hui l'écrasante majorité des États existants).

402 ***La conduite subséquente*** ◊ C'est en bien des cas l'observation des comportements étatiques consécutifs à l'adoption de la règle-résolution qui renseignera sur le point de savoir s'il existe un assentiment quasiment général quant à la reconnaissance de sa valeur juridique, selon les cas institutive ou déclarative d'une obligation juridique.

1. *Rec.* 1986, p. 100, § 188.
2. V. toutefois les observations faites v. ss 400.
3. M. Virally, Résolution et accord international, *in Essays in International Law in Honor of Judge Manfred Lachs*, Nijhoff, La Haye, 1984, p. 305.

L'exemple le plus souvent cité (précisément parce qu'en fait, ils sont rares) d'un cas dans lequel la pratique est venue rapidement révéler le caractère coutumier d'un principe affirmé par voie de résolution est celui de la souveraineté permanente de l'État sur ses ressources naturelles. Prolongement direct du droit des peuples à disposer d'eux-mêmes, sa traduction la plus tangible est le droit de nationaliser les biens privés étrangers affectés à l'exploitation de ces ressources.

Cette règle a été solennellement posée par plusieurs « grandes résolutions » de l'Assemblée générale, dont la principale est la 1803 (XVII) déjà rencontrée plusieurs fois dans les développements qui précèdent (*GTDIP* n° 57). Dans les années qui ont suivi l'adoption de cette résolution, un nombre croissant d'États en développement, prenant volontiers un appui explicite sur le texte de cette résolution, ont décidé des mesures de nationalisation des biens privés étrangers. Ces mesures ont à bien des reprises donné lieu à contentieux arbitral. Mais précisément, tout en condamnant bien souvent les conditions concrètes de telles nationalisations, les sentences se rejoignent toutes, reflétant l'*opinio juris communis* des États (y compris occidentaux) pour déclarer le caractère désormais coutumièrement bien établi de la légalité de telles mesures au regard du droit international [1].

Conformément à ce qu'on avait précédemment constaté dans l'analyse du processus de formation coutumière, la pratique vient ici révéler la profondeur de la conviction juridique et donc l'enracinement coutumier de la règle ; par elle-même, la résolution 1803 n'a pas fondé un droit, mais elle a permis son éclosion rapide. Indicative d'un désir de création normative, elle a enclenché un procès d'effectuation du principe proclamé, dont les virtualités ont ainsi pu plus aisément se concrétiser.

Enfin, toujours dans le cadre de l'observation de la pratique, il est utile de prendre en compte la fréquence et la densité des réitérations de certains principes par des résolutions volontairement répétitives, au fil des sessions de l'Assemblée générale (ONU) sinon même d'autres organes pléniers d'organisations importantes (OIT, OMS, FAO, etc.) ; il faudra alors examiner l'évolution éventuelle de la composition des majorités qui les adoptent, afin de savoir si les positions respectives des divers groupes d'États se modifient progressivement à l'égard de l'opportunité, voire de la positivité des règles ainsi martelées.

B. Les « *gentlemen's agreements* » et autres actes concertés

403 ***Diversité*** ◊ Les résolutions les plus importantes, on l'a vu, sont l'une des manifestations des fruits concertés de la négociation multilatérale générale. Elles ne sont cependant pas les seules. D'autres sont constituées par une grande variété de textes, adoptés au gré des conférences diplomatiques,

---

1. V. notamment les sentences citées v. ss 399.

des rencontres de chefs d'État et de gouvernement (notamment ceux des huit premiers pays occidentaux industrialisés) ou autres « sommets » aux objets les plus variés. « Communiqués conjoints », « déclarations » ou « actes finaux » posent alors la question de leur nature et donc aussi de leur éventuelle portée juridique.

Longtemps occultée par la question des résolutions, souvent mal posée parce qu'insuffisamment délimitée, cette nouvelle interrogation a été formulée avec insistance depuis l'adoption en 1975 de l'Acte final de la conférence d'Helsinki sur la sécurité et la coopération en Europe (CSCE) [1]. Quoiqu'apparemment doté de toutes les caractéristiques d'un traité, dont il partagea au demeurant les conditions de négociation, il s'agit cependant d'autre chose, puisque son texte prévoit expressément qu'il ne constitue pas un accord juridiquement liant. Une remarque identique pourrait au demeurant être faite à propos de la « Charte de Paris », adoptée par la même CSCE quinze ans plus tard, en novembre 1990.

404 ***Portée*** ◊ On l'a pour partie déjà étudiée en examinant les différents éléments constitutifs de la définition du traité international (v. ss 241 s.). Pour identifier ceux de ces textes variés qui sont de véritables traités, on peut reprendre les critères énoncés par la Cour internationale de Justice dans l'affaire du *plateau continental de la mer Égée*. La réponse « dépend essentiellement de la nature de l'acte ou de la transaction dont il fait état ». Pour déterminer cette nature, il convient de « tenir compte avant tout des termes employés et des circonstances dans lesquelles le communiqué a été élaboré » [2]. Ici non plus donc, pas de réponse toute faite mais un examen minutieux, cas par cas, appuyé sur des critères en définitive assez sûrs.

Plus difficile est sans doute la question de savoir comment se prononcer sur l'éventuelle incidence juridique d'actes marqués par une finalité le plus souvent politique et reconnus comme non conventionnels en application des règles précitées énoncées par la Cour. *Mutatis mutandis*, on retrouve cependant une situation finalement proche de celle évoquée précédemment à propos des résolutions d'organisations internationales, sans toujours avoir ici le secours des indices pour elles fournis par leurs procédures organiques d'adoption. On devra néanmoins dans l'ensemble recourir aux mêmes méthodes d'analyse que celles applicables au cas des textes de résolutions.

---

1. Ainsi, pour évoquer ce texte, le *Digest of US Practice in International Law* (1975) a-t-il ouvert à son chapitre 5 (*The Law of Treaties and other International Agreements*) un nouveau paragraphe intitulé *International Acts not constituting Agreements*. V. J.-F. Prévost, Observations sur la nature juridique de l'acte final de la CSCE, *AFDI* 1975. 73-127 ; plus largement, V. P.M. Eisemann, Le *gentlemen's agreement* comme source du droit international, *JDI* 1979, n° 2, p. 326 s. ; M. Munch, Non Binding Agreements, ZaöRV 1969, p. 1 s. ; O. Schachter, The Twilight Existence of Nonbinding International Agreements, *AJIL* 1977. 296-304 ; M. Virally, Rapport provisoire et définitif à l'Institut de droit international, *AIDI* 1983, vol. 60, t. 1, session de Cambridge.
2. *Rec.* 1978. 38, § 95.

À propos des uns comme des autres, évoquant l'ambiguïté de leur statut comme l'imprécision de leur portée, on s'est mis à parler d'une « *soft law* », dont la traduction en français souligne la contradiction voulue dans les termes : droit « mou », souple sinon invertébré, droit « vert » parce qu'encore inabouti, bref, droit pas encore obligatoire !

C. Les sortilèges de la « *soft law* » [1]

405 ***Fortunes d'un terme « attrape-tout »*** ◊ Le rapide succès remporté en doctrine par le terme de « *soft law* », apparu dans la littérature juridique nord-américaine il y a plus d'une trentaine d'années tient précisément à son image paradoxale. Jusque-là, on était habitué à ce que, par excellence, le droit fût dur, c'est-à-dire juridiquement liant, ou qu'il n'existât pas ! On a alors trop souvent tendu à ranger dans ce compartiment commode les textes aux tonalités normatives les plus variées, allant parfois, d'extensions en licences successives, à confondre la « souplesse » du contenu de la norme avec celle de l'instrument qui l'énonce. Seule, pourtant, cette dernière nous intéresse ici [2].

406 ***Résolutions et répétition*** ◊ Certaines matières, comme en particulier le droit du développement et celui de la protection de l'environnement, ont été introduites dans le droit international dans les dernières décennies du XXe siècle sous la pesée des nécessités ou la prise de conscience des interdépendances objectives entre États. Ainsi plusieurs institutions internationales, l'ONU et certains de ses organes subsidiaires tout d'abord, mais aussi certaines des institutions universelles à vocation spécialisée (en particulier la FAO, l'OIT, l'OMS) comme plusieurs organisations régionales (OCDE, Union européenne, Conseil de l'Europe pour ce qui concerne les pays occidentaux ouest-européens) ont-elles été saisies simultanément et concurremment à partir des années soixante de tout ou partie des mêmes problèmes, touchant notamment au développement et à l'environnement. Il en est rapidement résulté une accumulation de textes divers, dont une part prépondérante fut adoptée par voie de résolutions. Frappante est cependant, dans certains de ces domaines, la *convergence substantielle* des « lignes de conduite » (*guidelines*), codes de conduite, déclarations de principes, « principes directeurs » amoncelés par le flux incessant des négociations tous azimuts.

---

1. V. R.-J. Dupuy, Droit déclaratoire et droit programmatoire : de la coutume sauvage à la *soft law, in L'élaboration du droit international public, colloque SFDI* 1975, *op. cit.* p. 132 s. ; R. Ida, Formation des normes internationales dans un monde en mutation : critique de la notion de *soft law, in Mélanges Virally*, Paris, Pedone, 1990, p. 333 s.

2. Il existe en effet de plus en plus de dispositions conventionnelles rédigées avec une telle prudence normative que l'obligation ainsi énoncée est seulement celle de *s'efforcer d'atteindre un certain but*, sorte de version édulcorée de l'obligation de résultat. On doit cependant exclure ce type de normes du cadre de la *soft law*, parce que, formellement, il s'agit bien toujours d'obligations contractuelles. À l'inverse, on peut rencontrer l'énoncé de normes au contenu précis dans des résolutions dépourvues de force obligatoire, lesquelles, à ce double titre, pourront alors éventuellement être intégrées dans la *soft law*.

407 ***Gestation normative et vérification empirique*** ◊ En termes normatifs, la question qui se pose est simple ; cette redondance « résolutionnaire » a-t-elle une incidence directe sur l'évolution du contenu du droit international général, ou peut-on se contenter d'affirmer comme le professeur P. Weil : « pas plus qu'avec trois fois rien on ne fait quelque chose, l'accumulation de non-droit ou de pré-droit ne suffit à elle seule à créer du droit ? » *(op. cit.*, p. 12). Deux observations semblent ici devoir s'imposer :

a) En premier lieu, lorsqu'on garde à l'esprit le rôle déterminant joué par l'*opinio juris* dans la formation de la coutume internationale (v. ss 324 s.) on ne peut évidemment qu'être frappé par de telles convergences, et incité par elles à penser que leur apparition constitue l'expression des tendances de l'évolution des mentalités juridiques dans le domaine concerné. Ainsi, pour prendre celui de la protection de l'environnement, a-t-on déjà signalé les références croisées que l'on peut établir à l'égard d'un nombre important de textes affirmant la nécessité pour un État d'une information et d'une consultation des États concernés préalablement à l'installation d'une activité susceptible de porter atteinte à leur environnement [1]. L'insistance des résolutions en la matière est sans doute d'autant plus significative qu'elle trouve un écho direct dans le texte de beaucoup de traités bilatéraux ou multilatéraux intervenus dans les mêmes domaines. Elle n'a d'ailleurs pas échappé au rapporteur spécial à la CDI sur le droit des utilisations des voies d'eau internationales à des fins autres que la navigation, M. McCaffrey.

Cette accumulation concordante peut être significative de l'émergence progressive d'une règle nouvelle. La renégociation et l'adoption répétées et rapprochées des mêmes règles martèlent et façonnent les mentalités, hâtant ainsi la genèse normative. Si elle vient à son heure et exprime un véritable besoin social, chaque résolution contribue ainsi à la catalyse de la coutume. Encore faut-il, comme on le signalait plus haut, s'assurer que la composition des votes reflète de façon représentative l'assentiment des différentes catégories d'États composant la communauté internationale. Cette dernière condition sera peut-être plus facilement accessible dans l'avenir, étant donné la disparition du bloc socialiste. D'autres coalitions sont cependant susceptibles de se constituer et l'on touche là à l'un des domaines où l'évolution du droit et de ses modes de formation est largement tributaire de facteurs politiques.

b) Pour apprécier cependant la force d'imprégnation de ces textes, il demeure à constater si les bonnes résolutions ainsi prises par les États sont ou non suivies d'effets : pour rester dans le contexte de l'exemple choisi précédemment, on a ainsi pu mesurer à l'occasion de l'attitude soviétique lors

---

1. V. ss 692 et, par exemple, P.-M. Dupuy, Le droit international de l'environnement et la souveraineté des États, Bilan et perspectives, *in L'avenir du droit international de l'environnement*, Colloque Académie de droit international de La Haye/Univ. des NU, MNP, 1985, p. 29 s. Du même auteur, Soft Law and the International Law of the Environment, *Michigan Journal of International Law*, vol. 12, n° 2, p. 420 s.

de l'accident de Tchernobyl (1986) que la règle d'information (préalable ou consécutive à l'accident) n'était pas encore vraiment passée dans les faits !

408 ***Constat*** ◊ Le test de la pratique demeure ainsi incontournable. La « *soft law* » ne prend consistance dans l'ordre juridique que si à la déclaration succède, même partiellement et progressivement, l'application. Ainsi, malgré ses ambiguïtés et ses faiblesses conceptuelles, cette expression anglaise, jamais jusqu'ici traduite de façon univoque en français, a-t-elle au moins le mérite d'appeler l'attention sur les traductions les plus récentes de la réalisation du processus coutumier, désormais très souvent canalisé dans les procédures largement institutionnalisées de la négociation multilatérale permanente. D'une certaine façon, elle désigne ce que le grand juriste Charles de Visscher appelait des « effectivités en action » [1] et le droit romain la « *lex ferenda* », tant il est vrai que le vocabulaire juridique doit se faire imagé pour saisir le devenir impalpable des normes en gestation [2].

Avant de conclure ainsi sur les évolutions d'un droit beaucoup plus travaillé par ses normes qu'il n'en est forcément malade, il demeure cependant à décrire le point d'orgue du plein chant normatif contemporain : la négociation multilatérale générale, notamment parce qu'elle affiche l'ambition d'établir des règles valables pour tous, invoque inexorablement quoi que souvent en ordre dispersé, l'affirmation d'un droit de la communauté internationale.

§ 3. Affirmation d'un droit de la communauté internationale [3]

A. L'affirmation normative de l'existence d'une communauté internationale

409 ***Références*** ◊ Ainsi qu'on l'a vu à propos de l'examen des conditions de validité des traités internationaux (v. ss 276) c'est à l'article 53 de la Convention de Vienne sur le droit des traités (*GTDIP* n° 26) que pour l'une des toutes premières fois, la référence à la « communauté internationale dans son ensemble » est établie par un texte normatif à vocation générale. Qui plus est, l'article 53 ne se contente pas de citer la communauté. Il l'investit d'une fonction précise : celle d'identifier les normes impératives. À la même époque et postérieurement, les appels communautaires vont se multiplier, tout particulièrement dans certains des grands textes de

1. V. Ch. de Visscher, *Les effectivités du droit international public*, Paris, Pedone, 1967, 175 p. ; et *Théories et réalités en droit international public*, 4ᵉ éd., Paris, Pedone, 1970, p. 318 s.

2. V. M. Virally, À propos de la *lex ferenda, in Mélanges offerts à P. Reuter*, Paris, Pedone, 1981, p. 519 s. M. Lachs, Quelques réflexions sur la communauté internationale, *Mélanges Virally*, Paris, Pedone, 1991, p. 349 s.

3. V. R.-J. Dupuy, *La Communauté internationale entre le mythe et l'histoire*, Paris, Economica/Unesco, 1986, partic. p. 145 s.

résolutions adoptés par l'Assemblée générale des Nations Unies [1]. On les retrouve aussi dans la jurisprudence de la CIJ [2] comme dans un certain nombre de déclarations des pays non alignés ou du « groupe des 77 ». La question, dans ces conditions, n'est pas pour la doctrine de s'interroger, de façon nécessairement subjective, sur la question de savoir si la notion de « communauté internationale » correspond ou non à une réalité sociale. Certains répondront par l'affirmative, d'autres, sceptiques, n'auront aucune peine à trouver des exemples manifestant la fragilité de la solidarité animant cette communauté, plus virtuelle que réelle, selon eux. Il est surprenant que trop d'auteurs n'aient pas réalisé quelle était la véritable nature du concept de communauté internationale en droit international. L'introduction de cette notion dans le droit positif, dont elle fait indiscutablement partie sur la base des textes comme de la pratique internationale constitue le recours à une technique très classique en droit, en droit international notamment, qui est celle de la *fiction juridique*. Dire d'une notion qu'elle constitue une fiction juridique ne veut pas forcément dire qu'elle soit purement « fictive », donc dépourvue de réalité, au sens commun du terme. L'intérêt de la fiction juridique est qu'elle permet précisément de faire l'économie de la preuve d'une existence effective de la chose à laquelle elle s'applique. Il est convenu, en droit civil français, que les poissons dans un étang sont des « immeubles par destination » ; en droit international, que le dommage subi par un particulier dont l'État de nationalité accepte d'assurer la protection diplomatique devient un dommage souffert par cet État lui-même ; de la même manière, il est accepté que tous les États disposent d'une égale souveraineté. Que cela soit ou non vérifié en pratique n'a aucune pertinence juridique. C'est vrai dans cet univers de conventions qu'est un ordre juridique. C'est vrai en droit positif. Feraient bien de le réaliser ceux qui, au nom du positivisme, précisément, contestent très souvent l'existence de la communauté internationale, dont, qui plus est, il existe de nombreuses manifestations d'une effectivité au demeurant variable, relative, fluctuante selon les sujets, les moments, les enjeux [3].

410 ***Causes du phénomène*** ◊ Elles sont à la fois sociologiques, normatives, politiques, organiques enfin. Du premier point de vue, il y a chez les États la prise de conscience de leur interdépendance, sur laquelle on a déjà suffisamment insisté. Ceci explique en partie comme on l'a vu l'essor des conventions multilatérales générales, dont l'objet, universel, est précisément de

1. V. notamment la 2625 citée plus haut, la 2997 (XXVII) ou la déclaration de la Conférence des NU, l'une et l'autre relatives à la protection de l'environnement, ou la Rés. S-IO/2, document final de la 10e session extraordinaire de l'AG (ONU) consacrée au désarmement.

2. Dans l'affaire de la *Barcelona Traction*, *Rec.* 1970, le paragraphe 33 évoque les obligations des États envers la communauté internationale dans son ensemble ; V. aussi l'avis consultatif sur la Namibie du *Rec.* 1971, § 127.

3. P.-M. Dupuy, L'unité de l'ordre juridique international, cours général de droit international public à l'Académie de droit international de La Haye, *RCADI*, vol. 297, 2002, 489 p.

donner des « lois » à la communauté internationale tout entière. Par ailleurs, les pays en développement tiennent à ne pas donner à leurs revendications une connotation catégorielle. En appelant à la solidarité active des puissances industrialisées, ils situent leur demande de développement dans un projet communautaire. Pour ce faire, l'investissement de l'Assemblée générale à laquelle ils procèdent prolonge et sert leur dessein : au sein de l'Assemblée, représentation organique de la communauté internationale, la majorité s'affirme comme l'expression de la volonté communautaire. On peut enfin penser que la référence désormais quasiment rituelle à la communauté internationale dans les textes à vocation générale est aussi une sorte de compensation symbolique dans l'ordre du discours à l'hétérogénéité très persistante de la société internationale dans celui des faits. La référence à la communauté internationale n'est en tout cas plus l'apanage des pays en développement. L'épisode de la guerre du Golfe a en particulier montré que tous, y compris les pays antérieurement les plus réticents, n'hésitaient plus à invoquer désormais sa défense au nom du droit.

B. Incidences normatives de la proclamation de la communauté

411 ***Dualité des incidences*** ◊ Une première, diffuse et généralisée, est l'expression d'une idéologie ; celle qui consiste de plus en plus dans les textes multilatéraux généraux à assimiler la société internationale (c'est-à-dire, en fait, une société inter-*étatique*) à une communauté transcendant en partie la structure de l'État souverain, pour viser les peuples et plus rarement les individus (droits de l'homme).

L'autre est beaucoup plus précise. Mettant au service de certaines normes l'idéologie précitée, elle vise à les désigner comme *impératives*, parce que, d'intérêt commun supérieur, leur respect est affirmé indispensable à la cohésion de ladite communauté, amplifiant ainsi sur un autre plan l'effet structurel et logique qui fait qu'au sein de tout ordre juridique, certaines normes sont plus importantes que d'autres, parce que très nécessaires à la persistance de cet ordre comme tel (v. ss 275 s.). La résultante la plus directe de l'affirmation d'une communauté internationale est ainsi simultanément celle de l'existence d'un droit propre à cette communauté, non plus un *jus gentium* mais bien un *jus cogens*, ouvrant sur l'idée qu'il existe un ordre public international. C'est cette idée, on l'a vu dès l'introduction de ce manuel, qui entre en contradiction avec la décentralisation persistante de la société internationale et l'équivalence de principe de ses différentes sources (v. ss 25).

412 ***Avancées normatives, rigidités structurelles et stagnations organiques*** ◊

a) L'affirmation qu'il existe un ordre public international ne saurait logiquement restreindre ses effets aux seules conditions de validité du droit des traités ; l'article 53 de la Convention de Vienne ouvrait ainsi naturellement la porte à l'idée (établie ensuite à l'article 40 du texte de codification du droit de la responsabilité internationale) que la violation des normes impératives est plus grave que celle des autres normes, et qu'ainsi, à côté des délits, qualificatif du manquement aux secondes, il existe aussi des « crimes », faits illicites éminents parce que contraires à l'ordre public (v. ss 470). Et de fait, on peut considérer d'un point de vue substantiel que l'existence objective d'une interdépendance croissante des États et la montée de périls communs doivent immanquablement se traduire d'une façon ou d'une autre par la prise de conscience de l'appartenance des nations à une communauté de destin, entraînant des devoirs incontournables pour chaque État.

b) Mais c'est ici que l'on rencontre une difficulté incontournable. L'idée d'ordre public est une notion objective par excellence. Elle implique donc logiquement d'être assumée et défendue par *un* organe *centralisant les compétences nécessaires à sa sauvegarde*, suffisamment reconnu par chacun pour que tous puissent le considérer comme le garant de l'intérêt public. Dans l'ordre interne, le gardien de l'ordre public est l'appareil de l'État, dont le ministère public est le représentant devant les tribunaux.

Ainsi, l'avancée normative constituée par l'affirmation d'un ordre public communautaire doit-elle se doubler, pour être non seulement effective mais surtout efficace, d'une centralisation institutionnelle.

c) Or en droit international, cela signifie l'avènement d'une double révolution : d'une part, l'abandon des prérogatives essentielles de l'État souverain et, d'autre part, sa subordination à une institution collective, dont le Conseil de sécurité des Nations Unies, dans la conception idéale du chapitre VII de la Charte, n'est encore qu'une approximation très relative ! Qu'en dire alors lorsqu'on regarde sa pratique ? Immédiatement paralysé par la mésentente des Grands, il n'a, jusqu'à il y a peu, jamais pu assumer le maintien de la sécurité collective, domaine pourtant plus restreint que celui que l'on s'accorde généralement à reconnaître au *jus cogens*. Alors même qu'était affirmée l'existence du droit impératif, le culte de la souveraineté, pour des raisons d'ailleurs bien explicables, se trouvait renforcé par l'apparition des nouveaux États, qui trouvaient dans la revendication de toutes les prérogatives un instrument certes formel mais nécessaire à leur affranchissement effectif. Les développements intervenus avec la guerre du Golfe (1990-1991) ont certainement marqué un renouveau des institutions sinon de l'esprit de la sécurité collective. Ils ne suffisent cependant pas à garantir une stabilisation définitive de l'autorité du Conseil de sécurité ni de la volonté sans faille d'accroître l'entente des États membres autour des principes de la Charte [1], ainsi que les événements ultérieurs, en Bosnie et en Irak notamment, l'ont montré.

On ne doit par conséquent en aucun cas idéaliser la référence, au demeurant inflationniste, à la « communauté internationale » que l'on trouve dans le discours politique à usage international. C'est notamment

1. V. P.-M. Dupuy, Après la guerre du Golfe..., *RGDIP* 1991/3, p. 621 s.

le cas lorsqu'un tel discours émane des grandes puissances, et, plus particulièrement encore, de la puissance actuellement hégémonique. Au contraire, du point de vue de l'analyste juridique, la vigilance la plus active s'impose à l'égard des tentatives de détournement ou de capture à usage unilatéral d'un concept par excellence solidariste dont les implications normatives, quoique de plus en plus souvent brouillées par le contexte politique de son invocation, désignent toujours l'un des axes majeurs du droit international contemporain. La nature juridique, les conditions techniques d'adoption et le contenu exact des instruments incorporant le concept de « communauté internationale » doivent être ainsi, cas par cas, rigoureusement examinés pour en mesurer aussi exactement que possible la signification et la portée juridiques.

413 ***Conclusion générale*** ◊ L'évolution des quarante dernières années est ainsi à la fois marquée, de façon antithétique, par une avancée normative, une persistance avivée de la décentralisation de la société internationale en autant d'États Nations, et une longue stagnation institutionnelle des Nations Unies, dont il est encore sans doute trop tôt pour assurer qu'elle est achevée. Tout le problème du *jus cogens* vient ainsi du divorce criant entre les avancées normatives et les précarités institutionnelles.

La difficulté majeure de l'introduction du droit impératif dans l'ordre juridique international ne réside pas ainsi dans le fait qu'elle suppose l'abandon de principe de l'équivalence normative qui le caractérise et l'instauration concomitante d'une hiérarchie des normes, en elle-même, on l'a vu, sans doute déjà induite par l'idée même d'ordre juridique. *L'obstacle n'est pas d'abord technique mais politique* : il réside dans l'inaptitude actuellement très vraisemblablement persistante des souverainetés à accepter l'instauration d'un organe supérieur, pouvant défendre efficacement l'ordre public de la communauté internationale.

Ceci posé, on peut considérer que le système normatif de l'ordre juridique international est certes en cours de transformation, essentiellement en vue de permettre une productivité accrue, que les sources classiques ne suffisent plus à garantir.

Ainsi qu'on l'a déjà constaté plus haut, la thèse du positivisme classique demeure justifiée en ce que, d'une manière ou d'une autre, le détour par la manifestation du consentement des souverainetés à la légalité des règles nouvelles reste indispensable à leur validité. Pour autant, on aurait tort de ne vouloir continuer à lire les modalités les plus récentes de la formation normative (« *law making process* ») qu'à travers la grille conceptuelle, jugée inaltérable, qui était utilisée à l'époque de l'affaire du *Lotus* (1927). On doit d'ailleurs constater que la thèse de la « normativité relative », si elle a connu une audience particulière pendant une bonne quinzaine d'années, tend aujourd'hui à être moins reprise par la doctrine.

Un point, en particulier, mérite d'être souligné : le caractère contestable de la réduction des voies nouvelles de formation des normes à vocation universelle à de simples avatars du processus coutumier classique : par excellence, la coutume ordinaire est, on l'a vu, un processus social spontané et hétérogène. Tout au contraire, la façon de formuler des règles générales à partir de conventions à vocation universelle, de déclarations solennelles ou de résolutions répétitives n'a rien de spontané. Elle n'est plus un processus empirique mais le résultat conscient du recours à des procédures légalement définies, qui canalisent l'expression des vues de la majorité pour leur donner une expression normative [1].

D'autre part, la coutume classique était par excellence et demeure aujourd'hui une règle non écrite. À l'inverse, les règles générales énoncées par les voies de la diplomatie multilatérale partent toujours de textes écrits dont chaque mot a souvent fait l'objet de négociations difficiles. Ainsi ces règles générales non conventionnelles ne méritent-elles encore le nom de coutumes qu'à raison de leur essence, car ce sont des normes générales, mais plus de leur mode de formation, qui est pour tout dire étranger à celui de la coutume au sens où elle est généralement entendue.

L'apparition de normativités souples ou relatives est l'un des signes de cette évolution, mais il est à remarquer qu'elle n'est pas l'apanage du seul droit international. La flexibilité du droit se manifeste aussi dans les droits internes des sociétés développées, ainsi que l'atteste en France, par exemple, la régulation souple des manipulations génétiques par le Comité national d'éthique [2]. La tendance à substituer l'indication à la prescription, l'invitation à la sanction, le programme à l'obligation est un phénomène général qui déborde le cadre du droit international et il y aurait quelque audace à déclarer tous les systèmes juridiques frappés d'incontinence normative...

Le cri d'alarme lancé par la doctrine positiviste la plus volontariste est donc salutaire, parce qu'il invite à analyser plus en profondeur les conditions de cette évolution et les déformations volontaires que certaines politiques juridiques étrangères voudraient lui faire subir.

Il serait cependant à la fois vain et inapproprié de s'en tenir à ce constat négatif. La doctrine, comme le droit qu'elle a à charge d'analyser, doit savoir évoluer. Si le positivisme dont elle se réclame à juste titre est seulement une méthode, et non une idéologie, il se doit d'analyser le phénomène juridique international dans ses aspects les plus contemporains, tel qu'il est, et non tel qu'elle voudrait qu'il fût.

414 *Indications bibliographiques complémentaires* ◊

Abi-Saab (G.), Éloge de droit assourdi. Quelques réflexions sur le rôle de la *soft law* en droit international contemporain, *in Mélanges Rigaux* (Bruxelles, Bruylant, 1993, p. 59-69) ; Arcari (M.) et Balmond (L.) (dir.), *Diversification des acteurs et dynamiques*

1. V. G. Abi-Saab, La coutume dans tous ses états ou le dilemme du développement du droit international général dans un monde éclaté, *in Le droit international à l'heure de sa codification, Études en l'honneur de R. Ago*, Milan, Giuffrè, 1987, p. 55 ; V. aussi P.-M. Dupuy, Théorie des sources et coutume en droit international contemporain, *in* Liber Amicorum, *E.J. de Arechaga*, I, Montevideo, FCU, 1994, p. 51-68.

2. V. N. Roulant, *Aux confins du droit*, Paris, O. Jacob, 1991, 318 p., en partic. p. 15 s.

normatives en droit international (Naples, Editoriale Scientifica, 2013, 378 p.) ; Arangio-Ruiz (G.), The Normative Role of the General Assembly of the United Nations and the Declaration of Principles of Friendly Relations (*RCADI*, 1972/III, vol. 137, p. 419-742) ; Blix (H.), Skubizewski (K.) (Rapporteurs), Les techniques d'élaboration des grandes conventions multilatérales et des normes quasi-législatives internationales, *Annuaire de l'IDI., Session d'Oslo*, vol. 57/II, p. 36-105 (Bâle, Ed. Karger S.A., 1978) ; Cahier (Ph.), Le rôle du juge dans l'élaboration du droit international, *in Mélanges Skubiszewski* (La Haye, Kluwer, 1996, p. 353-367) ; Cassese (A.), Weiler (J.H.), *Change and Stability in International Law-Making* (Berlin, W. de Gruyter, 1988, 214 p.) ; Danilenko (G.M.), *Law-Making in the International Community* (Dordrecht, MNP, 1993, 343 p.) ; Elias (T.O.), Modern Sources *in* International Law, *in Essays in Honor of Ph. Jessup*, (New York/Londres, Columbia University press, 1972) (Voir notamment les pages 44-45 : The Role of Diplomatic Conferences *in* International Law Making) ; McWhinney (E.), *Les Nations Unies et la formation du droit : relativisme culturel et idéologique et formation du droit international pour une époque de transition* (Paris, Pedone/Unesco, 1986, 293 p.) ; Mendelsohn (M.), The Subjective Élement *in* Customary International Law (*BYBIL*, 1995, p. 177-208) ; Saba (H.), L'activité quasi-législative des institutions spécialisées des Nations Unies (*RCADI*, 1964/I, vol. 111, p. 603-690) ; Sepulveda (C.), La diplomacia parlamentiara y la formación del nuevo orden jurídico internacional Estudios de derecho internacional., *in Homenaje al Profesor Miaja de la Muela*, vol. 2 (Madrid, Éditorial Tecnos, 1979, p. 773-791) ; Skubizewski (K.) (Rapporteur), L'élaboration des grandes conventions multilatérales et des instruments non conventionnels à fonction ou à vocation normative - Les résolutions de l'Assemblée générale des Nations Unies, *Annuaire de l'IDI. Session d'Helsinki*, (vol. 61/I, p. 29-358), - (vol. 61/II, p. 257-267), (Paris, Pedone, 1986) - *Annuaire de l'IDI. Session du Caire*, (vol. 62/II, p. 65-126), (Paris, Pedone, 1987) ; Sloan (B.), General Assembly Resolutions Revisited (forty years later) (*BYBIL*, 1987, LVIII, p. 39-150), (Voir. notamment p. 90-103 : New Source of International Law et p. 105-124 : Effects of General Assembly Resolutions) ; Tomuschat (Ch.), Obligations Arising for States Without or Against Their Will, (*RCADI*, 1993/IV, t. 241, p. 195-374) ; Tomuschat (Ch.), The Concluding Documents of World Order Conferences, *in Mélanges Skubiszewski*, (La Haye, Kluwer, 1996, p. 563-586) ; Virally (M.) (Rapporteur), Textes internationaux ayant une portée juridique dans les relations mutuelles entre leurs auteurs et textes qui en sont dépourvus, *Annuaire de l'IDI. Session de Cambridge*, (vol. 60/I, p. 166-374), Rapport définitif p. 328-358 (vol. 60/II, p. 117-154 et p. 284-291), (Paris, Pedone, 1984).

TROISIÈME PARTIE

L'APPLICATION DU DROIT INTERNATIONAL

415 ***Introduction générale*** ◊ Tout système de droit n'est efficace que s'il permet l'application effective des normes établies par l'ordre juridique qui l'organise. C'est à cette condition qu'il remplit sa fonction sociale qui est de régulation des rapports entre ses différents sujets (v. Chapitre introductif).

Les systèmes juridiques internes parviennent à garantir cette efficacité dans des proportions d'ailleurs variables de pays à pays en fonction notamment du degré d'intégration sociale et de conscience civique des populations auxquelles ils s'adressent, eux-mêmes souvent liés au niveau de développement économique ; ce dernier conditionne aussi en grande mesure la subordination de la réalité du pouvoir étatique à la prééminence du droit ou bien encore l'efficacité des organes des pouvoirs publics dans l'application du droit. La structuration verticale des sociétés nationales permet, quoi qu'il en soit à l'État d'assurer le respect du droit par ses ressortissants. Il possède et maîtrise en effet les appareils dont l'objet est de permettre l'exécution des lois (gouvernement, administration, police) et de sanctionner ou de réparer leur inobservation (pouvoir judiciaire).

La société internationale interétatique ne dispose pas d'organes analogues. Comme on le sait, la persistance de l'éparpillement du pouvoir fait peser sur les conditions d'application du droit international des vicissitudes qui nuisent partiellement à son efficacité, y compris dans certains domaines essentiels comme celui de la réglementation du recours à la force.

416 ***Trois facteurs d'inégale importance et de nature différente*** expliquent cependant que le droit international soit, statistiquement parlant, suffisamment appliqué pour qu'on ne puisse douter de son effectivité (v. ss 19). Chacun d'entre eux, quoi qu'il en soit, n'a lui-même qu'une portée relative et limitée et seul le premier est d'une importance véritablement déterminante :

a) Il est constitué par le fait matériel de la *réciprocité des intérêts* de chacun des États à respecter les droits de ses partenaires. Ce phénomène est accentué dans la société internationale contemporaine par l'accroissement très considérable de l'interdépendance. Ce facteur pousse aujourd'hui au développement de la coopération ; il a par ailleurs incité de tout temps les États à appliquer le droit international dans leurs relations réciproques, chacun sachant que le respect de ses droits est subordonné à la mesure dans laquelle il respecte lui-même ceux de ses pairs.

Il résulte de cette contrainte des faits un principe juridique appelé *principe de réciprocité*, lui-même appuyé sur la règle fondamentale d'égalité souveraine des États [1]. Sa traduction est particulièrement nette dans le domaine des relations conventionnelles internationales ainsi que l'atteste en particulier la règle de l'exception d'inexécution consignée à l'article 60 de la Convention de Vienne sur le droit des traités (v. ss 309). On a vu qu'elle autorise à certaines conditions le co-contractant à suspendre l'exécution de ses obligations comme conséquence de la violation du traité par une autre partie.

Pour rester largement prédominante, la portée du principe de réciprocité connaît néanmoins certaines limitations, certes encore restreintes, à l'époque contemporaine. Elles se manifestent à la fois en droit et en pratique. En droit, parce que dans certains domaines il est vrai bien circonscrits (droits de l'homme, droit humanitaire) l'exécution des obligations des États établies dans l'ordre international mais exécutées en partie dans les zones placées sous sa juridiction ou sous son contrôle n'est précisément pas soumise à la condition de réciprocité. Au demeurant, le domaine des obligations échappant sinon totalement au principe de réciprocité, du moins à la bilatéralité de ces conditions d'application apparaît aujourd'hui en voie d'expansion avec l'affirmation de plus en plus nette des obligations « *erga omnes* » dues par chacun à l'ensemble de la communauté internationale sinon même à l'humanité [2], en particulier dans le domaine des droits fondamentaux et du droit international de l'environnement [3]. En fait, l'efficacité du principe de réciprocité est limitée parce que dans la réalité des relations internationales, nombre de situations se présentent dans lesquelles le jeu des rapports de force fausse la balance des droits et des intérêts réciproques.

---

1. V. E. Decaux, *La réciprocité en droit international*, Paris, LGDJ, 1980, 374 p.

2. V. P.-M. Dupuy, Humanité, communauté et efficacité du droit, *in Humanité et droit international, Mélanges René-Jean Dupuy*, Paris, Pedone, 1991, p. 133 s.

3. V., en ce sens, l'avis du 1er févr. 2011 de la Chambre pour le règlement des différends relatifs aux fonds marins du TIDM, *Responsabilités et obligations des États qui patronnent des personnes et entités dans le cadre d'activités menées dans la Zone*, § 180.

b) Le second facteur favorisant l'application du droit international, en pratique beaucoup moins important car d'utilisations sectorielles sinon sporadiques, est souvent désigné à la suite de Georges Scelle comme étant celui du « dédoublement fonctionnel ». Cette expression désigne les situations dans lesquelles l'État, agissant pour son propre compte et la satisfaction de ses intérêts nationaux remplit en même temps et de ce seul fait une fonction sociale ou un service public internationaux palliant de la sorte unilatéralement les carences organiques du système international, cas par exemple des poursuites exercées par un État en tant que membre de la communauté internationale à l'égard du pirate, figure légendaire mais non mythique relayée aujourd'hui par celle du terroriste.

Cette théorie, intellectuellement séduisante part du constat selon lequel l'État demeure le principal agent d'exécution du droit international ; elle repose cependant sur une conception largement idéale, surtout si on l'établit, comme le faisait Scelle, sur l'idée purement fictive d'une délégation de compétences du droit international à l'égard de l'État. Elle permet cependant d'expliquer certains phénomènes et pourrait également connaître dans l'avenir certains développements liés à l'affirmation des droits de la communauté internationale comme à ceux de l'humanité perçue comme personne juridique dont chacun des États est tenu de faire respecter les intérêts dans la mesure de ses compétences territoriales et personnelles [1]. Son incidence demeure quoi qu'il en soit limitée et aléatoire. Elle ne saurait de toute façon concerner que l'application de certaines normes internationales spécifiques et présente certains dangers du fait de son caractère incontrôlé. Elle ne peut jouer comme un mécanisme général de mise en œuvre du droit international. Le développement de la pratique de la compétence universelle pour poursuivre les auteurs de crimes contre l'humanité s'inscrit dans une telle évolution (v. ss 524 s.).

c) Le troisième facteur favorisant l'application du droit a une tout autre ampleur. Déjà mentionné en introduction générale, il est réalisé par l'institutionnalisation partielle mais croissante de la société internationale. On lui consacre plus loin des développements spécifiques et c'est notamment en liaison avec lui que l'on réexaminera le rôle du juge international dans l'application du droit. D'une façon générale, le rôle des organisations intergouvernementales dans ce domaine est fonction du degré de développement en leur sein ou sous leur égide des diverses procédures du contrôle de la mise en œuvre des obligations souscrites par les États membres [2]. Le contrôle peut être effectué soit par les États membres eux-mêmes, les uns à l'égard des autres, soit par des organes de l'organisation. Particulièrement développé aujourd'hui dans le droit international du travail et d'une façon plus générale dans celui de la protection des droits

---

1. V. A. Cassese, Remarks on Scelle's Theory of Role Splitting (dédoublement fonctionnel) *in* International Law, *EJIL* 1990, n° 1-2, p. 210 s.

2. V. J. Charpentier, Le contrôle par les organisations internationales de l'exécution des obligations des États, *RCADI* 1983, vol. 182.

de l'homme, le système du contrôle organique a gagné progressivement, selon des modalités et une efficacité variable, le champ économique, la protection de l'environnement, mais aussi de façon originale le domaine du désarmement pourtant jusqu'ici très réfractaire à ce type de procédure. On ne saurait cependant exagérer l'apport du phénomène institutionnel à l'application du droit international. Quoiqu'introduisant une novation dans la structure et la dynamique de la société internationale, particulièrement après 1945, il demeure limité à la fois par la spécialisation fonctionnelle du contrôle susceptible d'être exercée par chaque organisation et par la subsistance de larges domaines du droit international où ce contrôle ne s'exerce pas.

Un dernier élément doit être signalé qui reste d'ailleurs souvent étroitement associé au développement des structures organiques intergouvernementales de coopération. C'est l'importance croissante des initiatives « à la base » émanant d'organisations non gouvernementales (ONG), lesquelles réclament souvent avec virulence aux États l'application de certaines normes de droit international. Ce phénomène de revendication directe du respect comme du développement du droit international par les personnes privées est à n'en pas douter l'un des aspects les plus intéressants de l'évolution contemporaine du système international. On ne doit cependant là non plus pas se dissimuler qu'il ne concerne à l'heure actuelle que des domaines bien définis comme ceux de la protection des droits de l'homme, de la protection de l'environnement ou, dans une moindre mesure, de la maîtrise des armements.

417 *Fondamentalement*, on doit pour l'instant, tout en gardant à l'esprit les facteurs d'évolution évoqués précédemment, en rester au constat de base d'après lequel l'État est de toute façon le principal agent d'application du droit international. Cette position est à la fois avantageuse pour lui et préjudiciable à l'efficacité générale du système juridique international dans la mesure où l'État, déjà coauteur et sujet des normes internationales en est également le premier interprète ; juge en sa propre cause, il est aussi celui qui apprécie le respect ou la violation par ses partenaires de leurs propres obligations à son égard. Il détermine enfin lui-même les suites qu'il convient de donner aux cas de méconnaissance de ces droits par les tiers. L'État est ainsi l'agent incontournable d'exécution du droit international. Son rôle fondamental s'affirme aussi bien pour appliquer dans son propre ordre juridique les normes internationales que lorsqu'il s'agit de respecter et de faire respecter dans le seul ordre juridique international les droits et les obligations dont il est investi.

Il conviendra ainsi de distinguer clairement l'application du droit international dans l'ordre juridique interne (Chapitre 1) et dans l'ordre juridique international (Chapitre 2) précisément parce que dans l'une et l'autre situation, pour être tout aussi déterminante, la place de l'État est à certains égards bien différente.

CHAPITRE 1
L'APPLICATION DU DROIT INTERNATIONAL DANS L'ORDRE JURIDIQUE INTERNE

418 ***Introduction générale*** ◊ Le problème des rapports entre les ordres juridiques internes et internationaux se pose pour différentes raisons : la première est sans doute que la réalisation dans l'ordre international d'obligations pesant sur un État à l'égard des autres suppose dans bien des cas l'intervention d'organes internes et parfois également l'adoption de mesures administratives, législatives, ou réglementaires dans l'ordre interne. De surcroît, certaines normes internationales sont destinées à recevoir application dans l'ordre interne en particulier parce que leur objet se rapporte au statut ou à la condition des personnes [1].

Après avoir retracé les données fondamentales et pratiques du problème (Section 1), on examinera les solutions adoptées par divers droits constitutionnels internes (Section 2) en réservant une place à part au droit de l'Union européenne dont la position par rapport au droit interne des États membres est particulière (Section 3). Une dernière question méritera enfin d'être étudiée, encore qu'elle intéresse autant l'application du droit international dans l'ordre international que dans l'ordre interne. Il s'agit de celle de savoir si le juge interne peut s'affirmer comme le garant de l'application du droit international par les États tiers (Section 4).

SECTION 1. DONNÉES FONDAMENTALES DES RAPPORTS ENTRE DROIT INTERNE ET DROIT INTERNATIONAL

§ 1. L'applicabilité directe

419 ***Notion*** ◊ On dit d'une norme créée dans l'ordre international qu'elle est dotée d'applicabilité directe (« *self-executing* ») lorsqu'elle fait directement naître dans l'ordre interne des droits au bénéfice des personnes privées, physiques et/ou morales. Ceci permet alors à ces personnes d'en

1. V. R. Ben Achour et S. Laghmani, *Droit international et droits internes, développements récents*, Colloque de Tunis, Paris, Pedone, 1998, 318 p.

demander elles-mêmes l'application aux organes des pouvoirs publics ou à défaut aux tribunaux de l'ordre juridique interne (cas, par exemple, à certaines conditions examinées plus loin, d'une convention d'établissement définissant précisément les conditions auxquelles les ressortissants d'un pays pourront venir s'établir sur le territoire d'un autre). Comme on le verra à la section suivante, cette applicabilité directe est elle-même fonction de l'option constitutionnelle de l'État considéré à l'égard des rapports entre son propre ordre juridique et l'ordre juridique international. Cependant, même si l'État décide en principe d'ouvrir son ordre juridique aux normes de l'ordre juridique international, toutes celles-ci ne seront pas pour autant dotées d'applicabilité directe. Une norme ne possède en effet une telle qualité que si elle présente au moins deux caractères intrinsèques dont on peut dire que l'un est subjectif et l'autre objectif.

420 ***Condition subjective*** ◊ Dans un avis consultatif du 3 mars 1928 [1] la CPJI fut amenée à examiner la question de savoir si un accord international, passé en l'occurrence entre la Pologne et la ville libre de Dantzig et relatif au statut des fonctionnaires du chemin de fer de Dantzig, créait au bénéfice de ces derniers des droits directement invocables devant les Tribunaux de Dantzig. Pour ce faire, la Cour permanente mit en avant un critère fondamental, celui de l'*intention des Parties* telle qu'elle résultait à la fois de l'interprétation minutieuse des dispositions du traité et des conditions pratiques dans lesquelles il avait été exécuté. Cette double analyse permit en l'espèce à la Cour de répondre par l'affirmative. L'intention des parties constitue donc la condition subjective à l'applicabilité directe.

421 ***Condition objective*** ◊ Reflet ou conséquence de la précédente, elle concerne le contenu de la norme. Il faut que celui-ci soit suffisamment précis et ne comporte pas la nécessité de recourir à des mesures d'application internes ou internationales. Pour que la norme puisse être invoquée directement dans l'ordre interne, il faut en d'autres termes qu'elle soit juridiquement et matériellement complète. Ceci explique qu'en pratique, ce sont davantage des dispositions conventionnelles que coutumières qui peuvent être dites d'applicabilité directe dans l'ordre interne. D'une part, en effet, les normes coutumières sont souvent insuffisamment précises quant à leur contenu ; d'autre part leur objet ne concerne que rarement la condition des personnes [2]. Au-delà des critères ci-dessus énoncés qui concernent exclusivement la substance de la norme internationale, le droit international ne comporte pas de critère formel pour l'applicabilité directe de ce type de norme dans l'ordre interne. Les conditions de son admission dans cet ordre relèvent en effet du droit interne de chaque État, lequel constitue pour le

1. *Compétences des tribunaux de Dantzig*, série B n° 15, p. 15 s.

2. Cette question a cependant évolué dans le droit international contemporain du fait de l'affirmation dans l'ordre international des droits fondamentaux de la personne humaine dont on peut considérer que certains sont valides, indépendamment des instruments conventionnels qui les énoncent.

droit international un simple fait dont il n'a pas à connaître (v. art. 27 de la Convention de Vienne sur le droit des traités, *GTDIP* n° 26).

422 ***Portée effective de l'applicabilité directe*** ◊ La question de l'applicabilité directe a pris une importance accrue devant les tribunaux internes du fait notamment de la valeur auto-exécutoire reconnue à des actes unilatéraux émanant de certaines institutions internationales (cas principalement des règlements et, par voie d'extension prétorienne, de certains autres actes de l'UE en droit européen ; v. ss 448). En pratique, s'il est vrai, du fait de la diversification des objets du droit international, qu'on constate une extension sensible du nombre des normes internationales susceptibles d'intéresser la situation des personnes privées, on ne saurait toutefois exagérer la portée du phénomène ; les normes internationales répondant aux critères énoncés plus haut demeurent minoritaires soit parce qu'elles ne peuvent être considérées comme intéressant directement les personnes privées, soit parce que, le faisant, elles appellent l'intervention ultérieure de règles d'application [1].

L'attitude des tribunaux nationaux à l'égard de l'invocabilité des normes internationales dans l'ordre interne dépend cependant, d'abord et avant tout, de l'option constitutionnelle entre monisme et dualisme dont la présentation, longtemps trop dogmatique, a donné lieu à un affrontement doctrinal intéressant quoique partiellement stérile.

§ 2. L'affrontement des doctrines

423 ***Position du problème*** ◊ Des rapports entre droit interne et droit international, on a pu dire à juste titre qu'ils constituent un « pont-aux-ânes » dont l'analyse et l'exégèse ont longtemps opposé la doctrine en deux camps, opposition irréductible : celui des tenants du dualisme et celui des partisans du monisme [2].

a) Selon la première école, il y a dualité absolue entre l'ordre juridique interne et l'ordre juridique international. Chacun constitue un ensemble autonome et sans lien possible avec l'autre. L'ordre international lie les États entre eux par des droits et des obligations réciproques. Par ailleurs, chaque État possède son propre ordre juridique dont il conserve la maîtrise exclusive. Cette théorie, particulièrement explicite chez les théoriciens allemands et italiens de la fin du XIXe et du début du XXe siècle (tels Triepel, Jellinek et Anzilotti) est articulée à la fois sur une conception purement volontariste du droit international et sur une vision quasi intégriste de la souveraineté. Elle est caractéristique d'une époque marquée

1. Pour une illustration de l'intégration au bloc de la légalité interne française des dispositions de la convention internationale du travail n° 81, dont les dispositions ont été considérées comme directement applicables par le juge administratif, V. Conseil d'État, 9 oct. 1996, *Union nationale CGT des affaires sociales et autres*, note D. Alland, *RGDIP* 1997/3, p. 794.

2. V. M. Virally, Sur un pont-aux-ânes : les rapports entre droit international et droits internes, *Mélanges H. Rolin*, Paris, Pedone, 1964, p. 488 s.

par l'achèvement historique, dans le cadre occidental et notamment européen, de l'État nation. Elle s'adapte à l'image d'un droit international de la coexistence entre égales souverainetés. Elle renvoie à toute une philosophie de l'auto-limitation de l'État qui ne consent à se soumettre au droit que dans la seule limite de sa libre acceptation.

b) La théorie moniste abolit au contraire les frontières entre les deux ordres juridiques et tient dans l'affirmation de l'unité de l'ordre juridique international et de l'ordre interne. Parmi ses plus brillants représentants, on peut citer Hans Kelsen, Paul Guggenheim, Maurice Bourquin ou Georges Scelle, les uns et les autres partisans du monisme avec primauté du droit international cependant que des auteurs beaucoup plus rares (tel Decencière-Ferrandière) ont tenté de démontrer le bien-fondé du monisme avec primauté du droit interne, version dont on peut finalement se demander si elle ne décrit pas assez fidèlement la façon dont bien des juges internes en usent avec le droit international, qu'ils connaissent généralement mal, y compris lorsqu'ils doivent constitutionnellement l'appliquer [1] (v. ss 432). Pas plus que la précédente, la théorie moniste (et singulièrement le monisme avec primauté du droit international, le plus logique et le plus cohérent, dont il sera seulement question ci-après) n'est exempte d'*a priori* idéologiques. Ici la souveraineté est au contraire perçue telle l'obstacle principal au développement du droit international et à son efficacité, indispensable à la réalisation des obligations s'imposant aux États, du moins chez G. Scelle ou bien encore M. Bourquin, en raison de leur nécessité sociale (sur la doctrine objectiviste, v. ss 11).

§ 3. Critique

424 ***Points d'accord entre les deux théories*** ◊ L'une et l'autre reposent en définitive, par-delà leurs divergences tranchées, sur une conception également dogmatique de l'ordre juridique, caractérisée par l'unité d'origine des normes qu'il contient. Chacun est alors par définition indifférent à tout autre ordre, dont les normes sont ainsi réduites au rang de simples faits sans pertinence juridique. De la sorte, il ne peut y avoir qu'une seule alternative : ou se soumettre (monisme, dans lequel l'international prime l'interne) ou s'ignorer (dualisme). Une telle intransigeance fait les grands débats mais aussi les mauvaises querelles, et chaque thèse comporte sa part d'illusions et d'artifices.

425 ***Théorie dualiste*** ◊ La théorie dualiste méconnaît manifestement la dépendance dans laquelle est tenu le droit international à l'égard du droit interne pour la réalisation d'une bonne part de ses institutions dont, par exemple, les conditions d'entrée en vigueur des traités internationaux ou celles relatives à l'imputation d'un fait illicite international à un État. Très marquée, comme on l'a rappelé, par ses origines historiques, elle cadre

1. Une autre option théoriquement possible est de trouver l'unité des deux ordres dans un troisième ordre hypothétique englobant les deux premiers.

mal avec l'évolution contemporaine du droit international à la fois de plus en plus marquée par les rapports d'interdépendance entre les nations et par l'accroissement sensible des normes dont le destinataire ultime n'est pas l'État mais la personne privée physique ou morale.

426 ***Théorie moniste*** ◊ La théorie moniste idéalise l'attitude des États par rapport au droit international, ainsi que le démontre notamment en pratique aussi bien l'attitude du juge interne que celle des chancelleries, d'abord préoccupées de sauvegarder l'indépendance souveraine de celui dont elles assurent les relations internationales. Mais, plus encore, le monisme méconnaît, un peu à l'instar de la théorie dite de la reconnaissance constitutive (v. ss 43), le fait capital que l'État et son ordre juridique existent sans intervention du droit international ; celui-ci se borne à tirer les conséquences de l'existence du nouvel État et donc de son ordre juridique, même si l'exercice par ce dernier de ses compétences internationales suppose comme on l'a vu qu'il soit reconnu internationalement par ses partenaires étatiques.

À l'inverse, ainsi que le montre l'attitude des tribunaux internes, même chez les juges qui s'affirment très réfractaires à l'égard de la reconnaissance de la validité, sinon toujours de l'applicabilité des normes internationales dans l'ordre interne, l'ordre juridique international est, en bien des hypothèses, au moins autant perçu comme un ordre effectif que les autres droits internes dont ils peuvent avoir par ailleurs, en application de leurs propres règles de conflits, à appliquer les lois.

Entre l'ordre juridique interne et l'ordre juridique international s'affirment ainsi de nécessaires rapports d'interdépendance et de complémentarité. Il reste que la façon dont ces rapports sont établis dépend largement, en théorie, de l'option constitutionnelle interne propre à chaque État et, beaucoup plus encore en pratique, de l'interprétation qui en est faite par les juges internes. C'est en tout cas l'option constitutionnelle de départ qui permettra avec plus ou moins de clarté de dire si le droit international est placé dans un rapport hiérarchique supérieur par rapport au droit interne.

SECTION 2. SOLUTIONS ADOPTÉES PAR LES DROITS INTERNES

§ 1. Clarté des options théoriques et ambiguïtés des énoncés constitutionnels [1]

427 ***Clarté des options*** ◊ À s'en tenir aux termes de l'alternative présentée plus haut, les options ouvertes aux textes constitutionnels internes

1. V. A. Cassese, Modern constitutions and international law, *RCADI* 1985, vol. 192, p. 331 s. V. aussi G. Teboul, Le droit international non écrit devant le juge administratif, quelques réflexions *RGDIP* 1992/2, p. 328 s.

sont simples : opter soit pour le monisme avec prépondérance du droit international, soit pour le dualisme. Cette décision emporte diverses conséquences dont la principale concerne les conditions d'intégration de la norme internationale, notamment conventionnelle, dans l'ordre juridique interne.

a) Dans le cas du monisme, il pourra suffire que le traité, conclu dans l'ordre international par un État concerné, obéisse aux procédures de ratification ou d'adoption établies dans l'ordre interne pour que, les mesures de publicité de l'acte étant par ailleurs satisfaites, les normes qu'il comporte soient intégrées à la légalité interne. Concernant maintenant les normes coutumières internationales, celles-ci, dans la mesure où leur contenu est clairement établi, font également partie de l'ordre juridique interne puisqu'elles appartiennent à l'ordre juridique international et qu'il n'y a pas de clivage entre l'un et l'autre mais primauté du second sur le premier.

b) Dans le cas du dualisme au contraire, la pénétration de la norme internationale dans l'ordre juridique interne obéit à une procédure plus lourde, dite généralement de « réception ». D'après celle-ci, et pour en rester au cas des normes conventionnelles, ces dernières ne pourront pénétrer dans l'ordre interne que si leur substance se trouve, en quelque sorte, transmutée en droit interne par une loi nationale qui en reprend le contenu. Cette loi ne se bornera pas à autoriser la ratification, comme c'est le plus souvent le cas de l'intervention du pouvoir législatif dans les constitutions monistes. Elle réceptionnera la norme conventionnelle dans la sphère du droit interne, comme pour l'y naturaliser.

Mais il demeurera une différence de nature et une autonomie normative totale entre, d'un côté, le traité, et, de l'autre, la loi interne qui en traduit le contenu ; l'un et l'autre acte participent de deux mondes parfaitement étrangers l'un à l'autre, deux sphères également impénétrables, bref, deux ordres juridiques parfaitement distincts.

428 L'analyse comparative des énoncés constitutionnels laisse cependant souvent perplexe et on a parfois bien du mal, à leurs seules lectures, à déterminer si l'on est en présence d'une option « moniste » ou « dualiste ». S'il est vrai en effet qu'un très grand nombre de textes constitutionnels contemporains comportent, notamment dans leurs préambules et articles introductifs, l'engagement général de se conformer aux « règles du droit public international » (alinéa 14 du préambule de la constitution française du 27 octobre 1946) aux « règles généralement reconnues du droit international » (article 10 de la constitution italienne du 27 décembre 1947) ou aux « règles du droit international généralement acceptées » (article 28 de la constitution grecque du 9 juin 1975), ces formulations demeurent, comme beaucoup d'autres, très ambiguës quant à la position respective du droit international, notamment conventionnel, et des normes internes, constitutionnelles et législatives. Au demeurant, le fait que le constituant interne puisse refuser le monisme avec primauté du droit international fait dire à certains que ce dernier, loin d'être impliqué

par l'ordre juridique international lui-même, résulte d'un choix propre à l'État, lequel affirmerait ainsi l'antériorité de son propre droit sur le droit international. Cette théorie est contestable mais explique en partie la mentalité de bien des juges.

A. Panorama des solutions constitutionnelles

429 ***Certaines constitutions affichent clairement leur option moniste*** ◊ C'est le cas de la constitution de la République Fédérale Allemande (23 mai 1949, art. 25 : « les règles générales du droit international font partie intégrante du droit fédéral. Elles priment les lois et font naître directement des droits et des obligations pour les habitants du territoire fédéral... ») ou de la constitution néerlandaise révisée en 1983 (art. 94 : « les dispositions légales en vigueur dans le Royaume ne sont pas appliquées si leur application n'est pas compatible avec des dispositions de traités ou de décisions d'organisations de droit international public qui engagent chacun »), ou encore de celle de la Grèce de 1975 dont l'article 28 nous dit que les traités, après ratification et entrée en vigueur, « ont une valeur supérieure à toute disposition contraire de la loi » [1].

En revanche, même parmi les constitutions récentes, de nombreux cas de textes très ambigus demeurent, comme celui des constitutions espagnole du 29 décembre 1978 ou algérienne du 19 novembre 1976 qui se contentent de déclarer que les traités valablement conclus seront parties intégrantes de l'ordre juridique interne (article 96, Espagne), ce qui ne renseigne nullement sur la situation du traité par rapport à la norme constitutionnelle ou législative interne [2]. Des remarques analogues auraient pu, naguère, être faites à propos de la constitution soviétique du 7 octobre 1977. La constitution chinoise du 4 décembre 1982 est muette sur la place du droit international dans le droit de la République populaire.

Dans un pays ne possédant pas de constitution écrite, comme la Grande-Bretagne, les règles sont *a fortiori* encore plus vagues. L'attitude traditionnelle des juridictions britanniques tend à prouver que la maxime célèbre « *International law is a part of the law of the land* » n'a qu'une portée restreinte au droit international coutumier ; à l'égard des traités, la jurisprudence reste en effet clairement d'inspiration dualiste, même si l'entrée de la Grande-Bretagne dans la communauté européenne s'est traduite par l'amorce d'une évolution vers une plus large ouverture au droit international [3].

En dehors des dispositions indiquant plus ou moins nettement l'option constitutionnelle relative aux rapports entre les ordres juridiques, les constitutions comportent en règle générale l'indication de la répartition des

1. V. aussi l'art. 8 de la constitution portugaise du 2 avr. 1976.
2. V. Ch. Vallée, Note sur les dispositions relatives au droit international dans quelques constitutions récentes, *AFDI* 1979. 255 s.
3. V. J. Dutheil de la Rochère, Le droit international fait-il partie du droit anglais ?, *Mélanges P. Reuter*, Paris, Pedone, 1981, p. 243 s.

compétences relatives aux relations internationales entre les organes de l'État et, dans certains cas, des normes afférentes à la condition internationale des personnes (nationalité, condition d'extradition des ressortissants étrangers, etc.). De ces divers points de vue, il convient d'examiner le cas de la France.

B. La Constitution française de 1958

430 *Une option moniste* paraît *a priori* résulter du texte de l'article 55 de la Constitution du 4 octobre 1958, lequel déclare que « les traités ou accords régulièrement ratifiés ou approuvés ont dès leur publication une autorité supérieure à celle des lois... ».

Cette formulation perpétue en la simplifiant la tradition moniste qui avait été inaugurée par les articles 26 et 28 de la Constitution du 27 octobre 1946 (Quatrième République) dont on a déjà dit que l'alinéa 14 du préambule proclamait la volonté de la République française de se conformer aux « règles du droit public international », disposition il est vrai ambiguë, dont on peut faire une interprétation n'emportant pas de claire option moniste [1]. Ce préambule a d'ailleurs été reconduit par celui de la Constitution de 1958, dont on sait qu'il y renvoie.

Une innovation qu'on peut juger fâcheuse a cependant été introduite dans la suite du texte de l'article 55. Elle concerne la condition de *réciprocité* puisque l'autorité supérieure de l'accord ou du traité à celle des lois est subordonnée à « son application par l'autre partie ». Cette initiative du constituant de 1958 est, il faut bien le dire, particulièrement maladroite : d'abord par sa formulation qui paraît littéralement adaptée aux seuls cas des traités bilatéraux (même si le Conseil constitutionnel, dans une décision du 15 janvier 1975, l'a étendu logiquement aux conventions multilatérales) ; ensuite par les aléas qu'elle introduit dans la lettre et dans l'application de la Constitution. On veut bien admettre qu'il s'agisse là d'une référence au demeurant fort superflue à la règle de l'exception d'inexécution admise en droit international. Mais elle introduit des difficultés d'appréciation et d'interprétation considérables pour les juges, ainsi d'ailleurs que l'a montré la pratique des tribunaux examinée plus loin. On doit enfin regretter que l'article 55 ne vise explicitement que les traités, et pas la coutume internationale ni les principes généraux du droit, comme s'il ne pouvait y avoir d'obligations pour l'État, dans l'ordre international, qu'en vertu de conventions, conception restrictive injustifiée dont on verra plus loin qu'elle a toutefois été largement assouplie dans la jurisprudence de la Cour de cassation.

---

1. Sur la pratique française, V. notamment L'application du droit international par le juge français, colloque de Grenoble de la SFDI, 1970, Paris, 1972 ; Louis Dubouis, Le juge administratif français et les règles du droit international *AFDI* 1971. 9 s. ; *Conseil constitutionnel et Conseil d'État, Colloque de l'université de Paris II*, Paris, LGDJ, 1989, particulièrement le rapport de Monsieur B. Genevois, *Le droit international et le droit communautaire*, p. 191-219 ; R. Abraham, *Droit international, droit communautaire et droit français*, Paris, Hachette, 1989, mise à jour en 1990 ; v. par ailleurs la chron. de J. Matringe à la *RGDIP*.

431 ***Organisation constitutionnelle de la compétence pour passer des traités*** ◊ L'article 52 attribue classiquement au président de la République la compétence pour négocier et ratifier les traités. Le même article, ainsi que l'article 53, introduit en revanche une nouveauté par rapport à la tradition constitutionnelle française, celle de la distinction entre, d'une part, les traités, et, d'autre part, les accords internationaux. Seuls les premiers sont ratifiés par le président de la République. Les accords sont approuvés par le gouvernement, le plus souvent par le ministre des Affaires étrangères ; le président de la République est simplement tenu informé de leur négociation.

L'article 53 prévoit une série de cas dans lesquels l'intervention du Parlement est nécessaire pour autoriser la ratification ou l'approbation du traité ou de l'accord. Parmi ces cas, une mention faite à l'article 53 mérite une attention particulière, celle des traités et accords qui « modifient les dispositions de nature législative », pour lesquelles une loi d'habilitation est nécessaire préalablement à l'engagement. La jurisprudence du Conseil d'État et celle du Conseil constitutionnel concordent pour considérer que l'autorisation du législateur ou du peuple, s'exprimant par référendum (art. 11), est indispensable dès lors que tout ou partie du traité régit une matière ressortissant à la compétence de la loi en vertu de l'article 34 de la Constitution ou comporte des stipulations qui « énoncent des règles qui diffèrent de celles posées par des dispositions de forme législative » [1]. Un référendum est obligatoire en cas de cession, d'échange ou adjonction de territoire (art. 53, al. 3), ainsi que préalablement à la ratification d'un traité relatif à l'adhésion de tout nouvel État à l'Union européenne (art. 88-5) [2].

432 ***Contrôle de compatibilité a priori des traités*** ◊ Il est institué par l'article 54 de la Constitution. Le Conseil constitutionnel saisi par le président de la République, le Premier ministre, le président de l'une ou l'autre Assemblée ou soixante députés ou soixante sénateurs peut se prononcer sur la compatibilité avec la constitution des clauses d'un engagement international. En cas de réponse négative, ce dernier ne peut être ratifié ou approuvé qu'après révision de la Constitution. Cette révision peut être soumise à référendum ou au Parlement convoqué en Congrès.

Ces dispositions ne paraissent pas fondamentalement contradictoires avec l'option moniste opérée à l'article 55 ; leur mise en œuvre intervient en effet avant l'engagement définitif de l'État dans l'ordre international et elle vise par ailleurs à éviter les situations fort difficiles qui résulteraient d'une contradiction substantielle entre le contenu du traité et un article de la Constitution.

Les dispositions constitutionnelles relatives au droit international, en France comme ailleurs, sont cependant sujettes à des interprétations

1. V. CE, ass., 9 juill. 2010, *Fédération nationale de la libre pensée et a.*, repr. *in RGDIP* 2011. 253.
2. Sauf si, par une motion adoptée à la majorité des trois cinquièmes, le Parlement décide que le projet de loi autorisant la ratification sera soumis au Congrès.

diverses. Le rôle du juge interne et la conception qu'il se fait en ce domaine de sa propre compétence apparaissent ainsi au moins aussi importants en pratique que la lettre des textes. L'on a pu ainsi dire récemment, à juste titre, que loin de consacrer pleinement l'option en principe moniste de la Constitution avec primauté du droit international, la jurisprudence française la plus actuelle apparaît plutôt comme « une application d'un droit interne d'origine internationale » [1]. Cette situation, choquante au regard d'une vision hiérarchisée des rapports entre les ordres juridiques, l'international primant par définition l'interne si on l'envisage du point de vue du droit international, n'est cependant pas pour autant forcément dommageable ; ceci, dans la mesure où le juge national, qui se vit comme d'abord comme un organe du droit interne et non comme un agent d'exécution du droit international, trouve les moyens de garantir l'adéquation de l'un à l'autre. C'est sous le bénéfice de ces considérations qu'il faut lire les développements qui vont suivre, sans oublier que toute politique juridique (comme toute analyse doctrinale) est aussi le fruit d'une argumentation technique inspirée par une idéologie politique, en l'occurrence, quant aux rapports entre les ordres juridiques interne et international.

§ 2. La pratique jurisprudentielle française

A. Les facteurs influant sur l'attitude des tribunaux

433 ***Position du juge à l'égard du droit international*** ◊ Les pratiques judiciaires nationales varient considérablement en fonction d'une diversité de facteurs de nature autant sociologique et, dans bien des cas, historique, que strictement juridique. D'une façon générale, le juge interne, comme il est au demeurant bien explicable, se considère comme un juge national chargé en tout premier lieu d'appliquer son droit interne. Sans méconnaître nécessairement le droit international, il en est en effet souvent peu familier et se trouve parfois dérouté par certains de ses caractères (notamment la place déterminante qu'occupe encore la coutume en droit international).

Au-delà même de la psychologie des juges, toujours importante, des éléments proprement techniques expliquent aussi que leur position puisse être réservée à l'égard de l'applicabilité du droit international dans l'ordre interne. Ils tiennent en effet leur compétence de la constitution nationale et ne s'estiment donc habilités à considérer intégrées les normes du droit international à la légalité qu'ils ont à charge de faire respecter que s'ils trouvent pour ce faire un appui suffisamment ferme et dépourvu

1. D. Alland, Le juge français et le droit d'origine internationale, *in* P.-M. Dupuy (dir.) *Droit international et droit interne dans la jurisprudence comparée du Conseil constitutionnel et du Conseil d'État*, Paris, Éditions Panthéon-Assas, LGDJ 2001, p. 48.

d'ambiguïté dans le texte constitutionnel lui-même. Or, comme on l'a vu, les dispositions constitutionnelles sont très souvent imprécises ou sujettes à interprétations diverses.

Enfin, le juge interne se perçoit lui-même par référence à une double hiérarchie, normative et organique, dont il n'est pas libre de s'affranchir. On doit être conscient à cet égard des différences d'optique assez fréquemment existantes entre internationalistes et juges internes. Les premiers sont spontanément portés à privilégier l'unité d'application du droit international ; pour eux sa mise en œuvre ne saurait être subordonnée aux variations de l'interprétation que donne le juge national de leur portée. Les seconds, tirant leur compétence de l'ordre juridique interne, font parfois observer en retour que les principes, notamment constitutionnels, établis dans le droit français ne sauraient pas davantage se voir remis en cause en dehors de la volonté du législateur. Il demeure que la Constitution française a en principe établi une option moniste, sans doute plus clairement énoncée sur la base du 14e alinéa du préambule de la Constitution de 1946 (qui fait partie intégrante du bloc de constitutionnalité) que par un article 55 de la Constitution de 1958 trop exclusivement centré sur les traités et, de plus, relativisé par l'exigence de réciprocité. Dans la période récente, l'importance et le volume des normes d'origine internationale appelées à s'appliquer à l'intérieur de l'ordre juridique français s'est considérablement accrue et cette évolution ne pourra que se confirmer dans l'avenir. La question de l'attitude du juge interne à l'égard du droit international est donc d'une actualité sans cesse renouvelée.

434 ***Diversité des normes et diversité des juridictions*** ◊ Le droit international est composé de différentes catégories de normes. Si le traité, notamment bilatéral, s'apparente très largement par sa forme comme par son économie générale aux contrats du droit privé interne, la coutume, en revanche, par sa flexibilité, sa capacité d'évolution, comme par la relative imprécision de son contenu, pose souvent aux juges de difficiles problèmes d'appréciation et donc aussi d'application. Enfin, depuis quelques décennies, les actes unilatéraux des organisations internationales et singulièrement ceux qui sont manifestement dotés d'une valeur normative obligatoire et d'applicabilité directe par la charte constitutive de l'organisation (cas du règlement de l'UE) posent au juge interne des problèmes nouveaux auxquels il lui a fallu souvent un certain temps pour s'adapter.

À cette diversité des normes dans l'ordre international, il faut ajouter celles des juridictions dans chacun des ordres juridiques internes. Particulièrement en France, la séparation des juridictions administratives et judiciaires et l'apparition avec la Constitution de 1958 d'une juridiction constitutionnelle expliquent que des divergences notables de jurisprudence aient longtemps existé d'un ordre de juridiction à l'autre, à l'égard pourtant des mêmes problèmes.

B. La position des juridictions françaises

435 ***Classification*** ◊ Étant donné les facteurs de diversité évoqués plus haut, différentes classifications sont envisageables. On retiendra ci-après celles qui consistent à examiner la position de chacun des ordres de juridiction à l'égard des trois types de normes internationales que sont la coutume, les traités et les actes unilatéraux des organisations internationales.

1. Coutumes [1]

436 ***Position du problème*** ◊ Les malheurs de la coutume internationale, pendant très longtemps pas ou peu appliquée par les tribunaux français, notamment administratifs, sont venus du fait que la Constitution n'y fait qu'une référence à la fois indirecte et sibylline. Seul, en effet, le 14e alinéa du Préambule de la Constitution du 27 octobre 1946 auquel on sait que le Préambule de la Constitution de 1958 fait un renvoi exprès, proclame l'attachement de la République « aux règles du droit public international », sans qu'on puisse clairement dire si cette attitude doit se manifester seulement dans l'ordre international ou pénétrer aussi dans le droit interne. On sait de plus que le texte de l'article 55 de la Constitution de 1958 ne confère d'autorité supérieure aux lois qu'aux seuls traités et ne dit rien de la coutume, ainsi purement et simplement ignorée. Il en résulte un embarras certain chez les juridictions françaises dont la position n'est cependant pas uniforme. Malgré une évolution, celle du Conseil d'État reste sans doute la plus réservée. Celle des tribunaux judiciaires et du Conseil constitutionnel est plus ouverte à l'admission de la coutume.

437 ***Position du juge administratif*** ◊ Par tradition, le Conseil d'État français fait preuve d'une profonde réserve à l'égard du droit international coutumier. Encore en 1986, dans une étude publiée aux Notes et études documentaires [2], il ignorait tout simplement la coutume, jamais mentionnée, pour se concentrer sur « le droit conventionnel international ». Une décision de section du 18 avril 1986, *Société des mines de potasse d'Alsace* [3], confirmait d'ailleurs cette position traditionnelle, même si un arrêt ultérieur du 13 octobre 1987, *Société Nachfolger Navigation Company* [4], pouvait laisser espérer, tout au moins selon certains commentateurs, une certaine ouverture dans l'avenir [5]. Dans cette affaire, le Conseil d'État était

---

1. V. L. Dubouis, L'application du droit international coutumier par le juge français, rapport au colloque de Grenoble de la SFDI, 1970. *Le juge français et l'application du droit international*, Armand Colin, 1972, p. 75 s. ; G. Teboul, Le droit international non écrit devant le juge administratif, quelques réflexions *RGDIP* 1991/2, p. 321 s.
2. *Droit international et droit français*, n° 4803, 1986, n° 3.
3. *RGDIP* 1986. 597, avec comment. J.-F. Chambault.
4. *RFDA* 1987/6, p. 970, concl. Manaut.
5. V. chron. M. Azibert et M. de Boisdeffre, *AJDA* 1987. 725 ; V. aussi G. Teboul, *op. cit.* et, *contra*, R. Abraham, *op. cit.* p. 70-71.

saisi d'un recours en responsabilité dirigé contre l'État consécutivement à l'intervention de la Marine nationale. Elle avait en effet coulé en dehors des eaux territoriales françaises un navire chargé d'explosifs, abandonné par son équipage à la suite d'un début d'incendie. D'une manière quelque peu sibylline, et afin de trouver une couverture légale à l'action imputable à la France, le Conseil d'État indiqua que la Marine nationale avait dû ordonner cette destruction en haute mer « sans méconnaître aucun principe de droit international » alors même qu'il aurait très bien pu s'appuyer sur une règle positive de droit international coutumier pour justifier la conduite des autorités françaises. Dans quelques décisions plus récentes, il est vrai que le juge administratif s'était aventuré à l'emploi de formules plus encourageantes, comme dans l'arrêt *Ordre des avocats à la Cour de Paris* [1] où il mentionne, quoique dans un contexte particulier, les « règles du droit international ayant force de loi sur le territoire national ». Une espèce plus récente vient cependant illustrer une nouvelle fois la persistance de la réticence de principe du Conseil d'État à l'égard de la coutume. Il se défie de cette source, dont il reste peu familier, à raison des incertitudes pesant parfois sur son contenu ou, pour ce qui concerne les coutumes de formation récente, sur la date à partir de laquelle elles constituent indubitablement du droit positif (v. ss 324 s.). Dans un arrêt du 6 juin 1997, *Aquarone*, le Conseil avait à examiner si l'ancien greffier de la Cour internationale de Justice, retiré en France, pouvait s'abriter derrière la coutume internationale pour étendre à sa pension de retraite l'immunité fiscale dont jouissait son salaire lorsqu'il était en activité, en tant que fonctionnaire international. La question que devait examiner le Conseil n'était pas celle de savoir si le droit coutumier des immunités couvre effectivement les retraites des anciens fonctionnaires internationaux, question dont on peut en effet discuter. Elle était celle de savoir *si le requérant pouvait légitimement invoquer comme* motif *de son action devant les juridictions administratives françaises une éventuelle coutume internationale à l'encontre de la loi française.* M. Aquarone le faisait en se fondant sur l'idée que l'article 55 de la Constitution ne saurait exclure la coutume du bénéfice de la supériorité du droit international sur la loi interne même s'il ne mentionne lui-même à cet égard que les traités. C'est précisément ce moyen qui a été rejeté par le Conseil. Il se contente en effet d'observer à propos de l'article 55 que « ni cet article ni aucune disposition de valeur constitutionnelle ne prescrit ni n'implique que le juge administratif fasse prévaloir la coutume internationale sur la loi en cas de conflit entre ces deux normes » [2]. Cette jurisprudence ne s'adresse donc pas à la question de l'invocabilité de la coutume internationale devant le juge interne par le requérant (dont, à la lettre, il n'exclut pas la possibilité à l'égard d'une norme autre que législative) mais à son éventuelle *primauté* sur la loi nationale, ce qui est différend.

1. 15 mai 1987, *RFDA* 1988. 149 et 145, concl. Marimbert.
2. Texte de l'arrêt *in RGDIP* 1997/3, p. 838, suivi du texte des conclusions du commissaire du gouvernement G. Bachelier.

Or pour rejeter cette primauté en faveur de la coutume, le CE s'en tient en effet à une lecture stricte du texte de l'article 55, dont on a déjà souligné plus haut les imperfections (v. ss 430). Cette jurisprudence apparaît ainsi encore plus restrictive que l'arrêt de la Cour administrative d'appel de Lyon dans la même affaire [1] que le Conseil d'État était précisément chargé d'examiner. Dans son arrêt, la Cour avait en effet consenti à mentionner le quatorzième alinéa du Préambule de la Constitution de 1946, repris dans celui de la Constitution de 1958 et auquel le Conseil constitutionnel a reconnu valeur constitutionnelle depuis 1972. La Cour restait pourtant, ce faisant, encore très prudente. Elle se contentait fort timidement de déclarer que cet alinéa « n'est pas nécessairement dépourvu de toute portée en droit interne », formule à vrai dire bien peu juridique ! Elle lui refusait en tout cas le pouvoir de conférer à la coutume internationale la même portée que les traités mentionnés à l'article 55. Le Conseil d'État quant à lui, ne mentionne pas l'alinéa 14 du préambule de la Constitution de 1946 dans ses considérants, contrairement à l'invitation que lui avait faite à cet égard le commissaire du gouvernement et alors, pourtant, que le Conseil constitutionnel s'y est pour sa part référé sans hésitation, notamment dans ses trois décisions relatives au traité de Maastricht (v. ss 439). Doit-on pour autant redouter que cette jurisprudence aboutisse au résultat selon lequel, moniste à l'égard des traités (sous la réserve de réciprocité) la constitution française apparaisse, du moins pour le Conseil d'État, dualiste à l'égard de la coutume ? Celle-ci n'a longtemps paru véritablement prise en compte que lorsqu'elle trouvait une correspondance dans un principe du droit public français [2]. C'est là qu'il convient de relever l'apport de l'arrêt *Aquarone* en faveur d'une ouverture sans doute plus marquée à l'égard de la coutume : en reconnaissant à celle-ci le statut d'une norme juridique, le Conseil d'État admet en effet son admission dans le bloc de la légalité. Son applicabilité directe en droit interne ne paraît donc pas totalement exclue : en pratique, un acte administratif pourrait ainsi être attaqué pour méconnaissance d'une coutume. De la même manière, on a pu récemment évoquer, d'une façon peut-être un peu spéculative, la possibilité que le Conseil d'État entrouvre la porte, au plein contentieux, à la responsabilité de l'État du fait d'un manquement à la coutume internationale [3]. Quoi qu'il en soit, qu'il s'agisse du contentieux de l'annulation ou de celui de la réparation, un moyen tiré de la méconnaissance de la coutume international par l'acte administratif attaqué ne pourrait au mieux être retenu que s'il n'y a pas conflit

1. 5 avr. 1993, *Rec.* p. 439, note Teboul, *AJDA* 1993. 720.

2. V. en ce sens les conclusions N. Questiaux sur l'arrêt d'assemblée *Société Ignacio Messina*, CE, 30 mars 1966, *Rec. Lebon* p. 258, repris par M. Dandelot dans ses conclusions sur l'arrêt *Société les mines de potasses d'Alsace*, 1986, préc.

3. V. le commentaire de F. Poirat sous l'arrêt *Syndicat des copropriétaires du 14-16 Boulevard Flandrin*, du 4 oct. 1999, *RGDIP* 2000/1, p. 271-276.

entre la coutume invoquée et une loi postérieure. Dans le cas contraire, la théorie de la loi-écran interdirait l'application de la coutume [1]. On doit constater que la jurisprudence a, depuis lors, été étendue selon un raisonnement similaire aux principes généraux du droit international par l'arrêt *Paulin* du Conseil d'État, du 28 juillet 2000 [2]. Elle a, de surcroît, été confirmée dans un arrêt du 14 octobre 2011 qui, faisant application d'une théorie bien établie pour les traités, a considéré que dans le cas où l'application d'une règle coutumière internationale entraîne un préjudice grave et spécial, la responsabilité de l'État est susceptible d'être recherchée sans faute sur le fondement de la rupture de l'égalité devant les charges publiques. En l'occurrence la règle coutumière en question était celle de l'immunité d'exécution des États étrangers dont le Conseil d'État souligne qu'elle devait recevoir application en droit français puisqu'elle « n'est écartée par aucune disposition législative » [3].

438 ***Position des juridictions judiciaires*** ◊ Le juge judiciaire, quoique par tradition de droit écrit peu familier de la coutume, accepte depuis plus longue date d'appliquer la coutume internationale dans l'ordre interne. Il n'hésite pas à se référer à certaines règles générales ou « principes du droit des gens », voire à ce qu'il appelle parfois improprement des « usages », se rapportant par exemple aux immunités de juridiction et d'exécution des États étrangers ou de leurs diplomates, ou afférent par exemple à la protection de la propriété privée. Il fut par ailleurs très remarqué que la Cour d'appel de Rennes, dans un arrêt du 26 mars 1979, ait reconnu l'existence d'une toute nouvelle coutume internationale habilitant l'État côtier à établir une zone économique exclusive à 200 milles nautiques au large de ses lignes de base alors même que la négociation des Nations Unies sur le droit de la mer, à l'origine de cette coutume, n'était pas encore achevée [4]. Dans l'arrêt *Barbie* du 6 octobre 1983 [5], la Cour de cassation avait relevé que « la règle de l'imprescriptibilité [est] applicable aux crimes contre l'humanité en vertu des principes de droit reconnus par l'ensemble des nations ». Dans un arrêt plus récent, qui a suscité certains commentaires critiques au regard du droit international mais pour d'autres raisons (v. ss 129), la Chambre criminelle de la Cour de cassation s'est à nouveau référée aux « principes généraux du droit international » et à la « coutume internationale » à propos de l'immunité de juridiction reconnue aux chefs d'État étrangers [6]. Enfin, la Cour de cassation n'a pas hésité, dans un arrêt du

1. V. D. Alland, La coutume internationale devant le Conseil d'État : l'existence sans la primauté, *RGDIP* 1997/4, p. 1054 et G. Bachelier, Les règles non écrites du droit international public et le juge administratif, *in Droit international et droit interne dans la jurisprudence comparée du Conseil constitutionnel et du Conseil d'État, op. cit.* p. 42.
2. V. F. Poirat, *RGDIP* 2001/1, p. 246 s.
3. CE Sect., Mme *S. et a.*, affaires n° 329788, 329789, 329790 et 329791.
4. V. arrêt *Mati*, *AFDI* 1980. 822 s.
5. *JCP* 1983, II, 20107.
6. Affaire *Kadhafi*, arrêt du 13 mars 2001, note F. Poirat, *RGDIP* 2001/2, p. 477 s.

20 juin 2003 [1] faisant suite à plusieurs autres espèces [2], à se référer aux « principes du droit international » en matière d'immunité de juridiction des États étrangers (v. ss 126). Elle a confirmé cette référence à propos de l'immunité des organisations internationales dans son arrêt *Banque africaine de développement* du 25 janvier 2005, examiné plus loin (v. ss 443), tout en faisant prévaloir, dans cette affaire, « l'ordre public international » sur la norme coutumière conférant l'immunité. Plus récemment, dans un arrêt du 9 mars 2011, la Cour de cassation a accepté qu'en cas de conflit entre une norme coutumière relative aux immunités et une norme internationale de *jus cogens*, elle puisse donner priorité à la seconde. Elle a admis, ce faisant, pouvoir appliquer les deux types de normes et régler les conflits pouvant surgir entre elles [3].

Malgré ces évolutions, l'utilité de la coutume reste limitée en matière pénale. Les juridictions françaises répugnent, en effet, à s'appuyer directement sur une norme coutumière pour engager des poursuites. L'arrêt rendu le 17 juin 2003 par la Chambre criminelle de la Cour de cassation a permis de le vérifier. Appelée à examiner un arrêt de la Cour d'appel de Paris rendu dans le cadre de l'affaire *Aussaresses*, ce général français ayant écrit qu'il avait fait pratiquer torture et exécutions sommaires sur des populations civiles pendant la guerre d'Algérie, la Haute juridiction y déclare que « l'on ne saurait, à l'appui des poursuites, invoquer une coutume internationale ». D'après la Cour, la coutume peut seulement « le cas échéant, guider l'interprétation d'une convention et ne peut, en tout état de cause, pallier son absence pour créer, *ab initio*, une incrimination ». Cette attitude réservée du juge français à l'égard du droit international général est la conséquence d'une conception particulièrement stricte du principe de légalité des délits et des peines, selon laquelle toute incrimination suppose une norme écrite.

439 ***Position du Conseil constitutionnel*** ◊ L'attitude de la juridiction constitutionnelle à l'égard de l'invocation et de l'applicabilité de la coutume internationale est, certes, traditionnellement plus ouverte que celle du Conseil d'État. Elle reste néanmoins assez prudente. Il est vrai que dans une décision devenue célèbre du 30 décembre 1975 concernant la loi relative aux conséquences de l'autodétermination des îles des Comores, le Conseil constitutionnel a jugé que le maintien de l'*Île de Mayotte* comme territoire français en accord avec le libre choix exprimé par sa population ne mettait en cause « aucune règle du droit public international », reprenant ainsi la formule du 14e alinéa du Préambule de 1946 [4]. Ce moyen de droit paraît cependant très subsidiaire dans l'économie générale de sa décision.

1. Cass. 20 juin 2003, *Madame Naira X. c/ École Saoudienne de Paris et Royaume d'Arabie Saoudite*, v. note I. Pingel, Chron. de jurisprudence française en matière de droit international public, *RGDIP* 2003/4, p. 1002-1008.
2. V. notamment Civ. 1re, 6 juill. 2000, *Sté Creighton ltd. c/ Qatar*, *JDI* 2001. 117 s., note I. Pingel.
3. Civ. 1re, n° 09-14743.
4. *RGDIP* 1976. 1001, commentaire N'Guyen Quoc Dinh.

Dans une décision du 17 juillet 1980, le Conseil avait refusé de connaître d'un moyen tiré de l'allégation d'après laquelle la *Convention franco-allemande* additionnelle à la convention européenne d'entraide judiciaire en matière pénale méconnaissait une règle de droit international public général en ce qu'elle dérogeait à une convention multilatérale à laquelle les deux pays étaient parties. On constate ainsi une attitude générale de la juridiction constitutionnelle beaucoup plus inspirée par le souci d'éviter d'avoir à appliquer le droit international coutumier que par celui d'en faire usage.

On constatera au demeurant plus loin que cette position se situe dans la même logique que celle que le Conseil constitutionnel a par ailleurs adoptée à l'égard de l'applicabilité des traités. Certes, il est à relever que dans sa décision du 9 avril 1992, relative aux conditions de ratification du *Traité de Maastricht sur l'Union européenne*, le Conseil constitutionnel, s'appuyant sur l'article 14 du Préambule de 1946, a noté qu'au rang des « règles du droit public international, figurait « *Pacta sunt servanda* », qui implique que tout traité en vigueur lie les parties et doit être exécuté de bonne foi » [1]. Pourtant, dans cette décision, cette règle n'est pas invoquée par le Conseil comme norme de référence destinée au contrôle de la constitutionnalité du traité de Maastricht ; elle y sert simplement à justifier la non-remise en cause d'engagements internationaux antérieurs. De plus, la seconde décision du Conseil à propos du même *Traité sur l'Union européenne*, dite « *décision-Maastricht 2* », du 2 septembre 1992, confirme sa position traditionnelle. Dans cette décision, prié d'apprécier la régularité de la procédure de ratification au regard des règles du « droit public international », le Conseil constitutionnel a en effet refusé de se placer sur le terrain qu'avaient choisi les sénateurs à l'origine de sa saisine [2]. Le Conseil reste ainsi fidèle à la jurisprudence énoncée dans la décision précitée de 1975, *Autodétermination des Comores* : il n'incorpore certaines règles de droit international général au bloc de constitutionnalité que lorsqu'elles ont été reprises par la Constitution, ce qui était en l'occurrence le cas du droit des peuples à disposer d'eux-mêmes [3]. Une telle position est sans doute regrettable du point de vue de l'option moniste en principe retenue par nos institutions (art. 55) ; elle a été cependant justifiée en doctrine (L. Favoreu) par le fait que, selon la constitution (art. 54) lorsqu'il constate l'incompatibilité entre un engagement international et le texte de la constitution, le Conseil n'est pas habilité à réviser le *texte contrôlé*, c'est-à-dire celui de l'engagement international ; il est seulement compétent pour constater que c'est le *texte de référence*, donc celui de la constitution, qui devra préalablement être modifié pour permettre la ratification de l'engagement. Quoi qu'il en soit, l'invocation tant de la

1. V. texte de la décision *in RGDIP* 1992/2, p. 507.
2. Considérant 12, texte *in RGDIP* 1993/1, p. 276.
3. V. L. Favoreu, Le contrôle de constitutionnalité du Traité de Maastricht et le développement du Droit constitutionnel international, *RGDIP* 1993/1, p. 39.

règle « *Pacta sunt servanda* » que, plus largement encore, de l'alinéa 14 du préambule de la Constitution de 1946 paraît aujourd'hui bien établie dans la jurisprudence du Conseil constitutionnel. Après l'avoir retrouvée dans la décision du 20 juillet 1993 sur le *Code de la nationalité*, on la voit une nouvelle fois consacrée dans la décision du 22 janvier 1999 relative à la ratification du statut de la *Cour pénale internationale*. Dans cette décision, importante à plus d'un titre, le Conseil a entendu souligner que l'obligation de respecter « les principes généraux du droit public international » n'est plus limitée à la seule règle « *Pacta sunt servanda* ». Au-delà de cette règle, il a en effet fait référence aux principes généraux du « droit des gens » issus du droit humanitaire et des droits de l'homme ainsi qu'aux spécificités généralement admises du régime des crimes internationaux, définis par le Conseil comme les « crimes les plus graves, qui touchent l'ensemble de la communauté internationale » [1].

2. Traités

440 ***Données générales*** ◊ Contrairement à la coutume, que l'on range généralement de manière abusive dans cette catégorie, le traité constitue une source véritablement *formelle* du droit international. Son respect par le juge interne devrait en principe s'en trouver facilité. Elle pose en réalité de multiples problèmes. Dans le cas français, du fait que l'article 55 n'attribue explicitement qu'aux traités, régulièrement approuvés ou ratifiés (et non à la coutume) une valeur supérieure à la loi, la question de la primauté du droit international sur le droit interne s'est en pratique essentiellement trouvée posée à propos de dispositions conventionnelles. C'est ainsi le juge qui réalise effectivement ou infirme en pratique l'option moniste opérée par le texte constitutionnel.

Or on doit constater, pour les raisons diverses déjà évoquées, qu'en dépit des termes de la Constitution, l'attitude générale des juridictions françaises demeure souvent prudente quand elle n'est pas en contradiction avec l'option du constituant ainsi que cela demeurait en particulier le cas jusqu'à une date relativement tardive (octobre 1989) de la jurisprudence du Conseil d'État ; à peu près seul parmi les juridictions de dernier recours des divers États membres, il persistait à faire primer la loi postérieure sur le règlement communautaire antérieur, pris précisément en application d'un traité.

D'une façon plus générale, l'application dans l'ordre interne d'obligations contractées internationalement par la France sollicite l'intervention du juge pour vérifier la réalisation des conditions tant de forme que de fond de son applicabilité.

---

1. V. N. Lenoir, Les rapports entre le droit constitutionnel français et le droit international à travers le filtre de l'article 54 de la Constitution de 1958, *in Droit international et droit interne dans la jurisprudence comparée du Conseil constitutionnel et du Conseil d'État, op. cit.*, p. 11-31, spec. p. 24-28.

441 *L'application et l'interprétation des traités par le juge administratif* ◊

a) En ce qui concerne les conditions de forme, elles concernent les procédures d'intégration du traité dans l'ordre interne, approbation ou ratification (art. 53 et 55 de la Constitution). Elles comportent aussi l'exigence de publication de l'acte conventionnel au *Journal Officiel* (décret du 14 mars 1953 et du 11 avril 1986). Il était de jurisprudence constante, depuis un arrêt de 1926 [1] que le Conseil d'État borne son contrôle à l'existence matérielle de la ratification ou de l'approbation sans en apprécier la régularité [2].

Un retournement de jurisprudence est cependant intervenu avec l'arrêt d'Assemblée du 18 décembre 1998, *SARL du parc d'activité de Blotzheim* [3]. Dans cet arrêt, le Conseil d'État se reconnaît compétent pour apprécier la conformité à la Constitution de la procédure de conclusion des traités. Il met ainsi un terme à l'absence de contrôle juridictionnel des actes de l'exécutif relatifs à la conclusion des engagements internationaux de la France, dont le nombre et l'importance vont croissant. Mais cet arrêt illustre aussi l'interprétation fondamentalement dualiste qui prévaut au sein du Conseil d'État. Certes, le nouveau contrôle exercé par le juge administratif vise formellement l'acte portant publication du traité et non le traité lui-même. Par ailleurs, il n'est pas, en principe, un contrôle de constitutionnalité ; il consiste seulement en une vérification par le juge des conditions de ratification ou d'approbation du traité par l'exécutif, en fonction du jeu combiné des articles 53 et 55 de la Constitution (dont le premier désigne ceux des engagements pour lesquels une autorisation législative doit être préalablement obtenue). Cependant, en censurant l'acte de publication (en l'occurrence, un simple décret ayant permis l'approbation d'un accord franco-suisse) le Conseil empêche aussi, indirectement mais sûrement, la réalisation de l'acte dont l'autorisation était requise, c'est-à-dire le traité lui-même. L'État risque alors de se trouver engagé internationalement, conformément à la règle énoncée aux articles 27 et 46 de la Convention de Vienne sur le droit des traités (puisqu'au regard du droit international, le droit interne est un simple fait) tout en ne pouvant appliquer le traité dans l'ordre interne, pour défaut de conformité de ses conditions de conclusion à la légalité constitutionnelle. Un tel hiatus entre légalité de l'engagement dans l'ordre international et illégalité de son mode de conclusion dans l'ordre interne exposerait alors la France à l'engagement de sa responsabilité dans l'ordre international.

On retrouve ici, quoique de façon moins voyante, l'inspiration très ouvertement dualiste du discutable arrêt *Sarran* du 30 octobre 1998 (v. ss 442). Loin d'être démentie, cette même inspiration a au contraire été confirmée par l'arrêt du 23 février 2000 du Conseil d'État, *Bamba Dieng*

1. *Dame Caraco, D.* 1927. 3 et 1.
2. CE, 13 juill. 1965, *Société Navigator, Rec.* 423.
3. Texte et concl. G. Bachelier *in RGDIP* 1999/2, p. 545 s. ; commentaire F. Poirat, *RGDIP* 1999/3, p. 753.

et autres. Cet arrêt annule un décret portant publication d'un accord bilatéral conclu par la France et le Sénégal. Il doit clairement se lire dans le prolongement de l'arrêt du 18 décembre 1998, *parc d'activité de Blotzheim*. S'appuyant en effet comme ce dernier sur l'article 53 de la Constitution combiné à son article 55, l'arrêt annule ainsi, pour la première fois, un décret portant publication d'un traité international dont le Conseil d'État considère, au vu de l'article 53 de la Constitution, qu'il entrait dans la catégorie de ceux dont la ratification doit être soumise à autorisation législative. C'est une nouvelle occasion de consacrer la conception selon laquelle le juge interne ne peut faire primer la règle internationale sur la règle interne que si la première est préalablement incorporée régulièrement, au regard de la constitution, dans l'ordre interne. Le Conseil d'État suit en cela les conclusions de son commissaire du gouvernement, qui l'incitait à s'affirmer comme le garant des compétences du pouvoir législatif face aux empiétements éventuels du pouvoir exécutif [1]. On trouve une inspiration analogue dans l'arrêt *Cavaciuti* du 16 juin 2003 [2]. Sans s'interroger ici sur la question, de pur droit public interne, de savoir si ce contrôle de constitutionnalité assuré par le Conseil d'État entre bel et bien dans ses attributions, on ne peut que vérifier une fois de plus la justesse de l'observation doctrinale mentionnée plus haut selon laquelle le juge interne, en l'occurrence administratif, n'applique en définitive que « du droit interne d'origine internationale. » (v. ss 432). Au regard d'un tel constat, auquel on peut au demeurant trouver des justifications tirées du droit interne, l'option réputée moniste de la Constitution avec primauté du droit international pèse à peu près aussi lourd qu'une aile de mouche !

Cette jurisprudence confirme, au demeurant, l'importance qu'attache le juge administratif à l'une des conditions formelles d'application des traités et accords en droit français, leur publication au *Journal Officiel* dans la partie « lois et décrets » (*Société Navigator* précité). Cette condition a pu apparaître choquante à une époque où l'administration omettait de publier un nombre considérable d'accords ou conventions internationales. Ceci aboutissait à la situation fâcheuse que ces traités liaient la France dans l'ordre international mais n'étaient pas invocables par les justiciables dans l'ordre interne. Bel exemple d'une « pesanteur administrative » venant fort contrarier en pratique la profession de foi moniste de la Constitution ! La situation s'est cependant améliorée depuis une importante circulaire du Premier ministre du 30 mai 1997 [3]. Elle rappelle que, conformément au décret 14 mars 1953 relatif à la ratification et à la publication des engagements internationaux souscrits par la France, tous les accords doivent, sauf cas exceptionnel, faire l'objet d'une publication au *Journal officiel*. Il doit en particulier en être ainsi des traités et accords

1. V. F. Poirat, *RGDIP* 2001/3, p. 814-820.
2. V. F. Poirat, *RGDIP* 2004/1, p. 250-255.
3. *JORF* du 31 mai 1997. 8415. Cette circulaire est relative, plus largement, à l'élaboration et la conclusion des accords internationaux par la France.

qui sont « de nature à affecter, par leur application, les droits ou les obligations des particuliers ». Un décret du 11 avril 1986 a, en outre, rendu obligatoire dans les mêmes formes les réserves et déclarations interprétatives, ainsi que les actes portant dénonciation des engagements préalablement publiés au journal officiel.

La jurisprudence inaugurée par l'arrêt *Parc d'activités de Blotzheim*, permettant au Conseil d'État de vérifier la conformité à la constitution des conditions de ratification ou d'approbation d'un traité international, ne va cependant pas jusqu'à autoriser le juge administratif à procéder à un tel contrôle lorsque la ratification a été autorisée par une loi. Dès lors, en effet qu'une loi s'intercale entre le décret de publication du traité au Journal officiel et la Constitution (dont la conformité du décret à l'article 53 est en principe désormais soumise à son contrôle) le juge retrouve la théorie classique de la « loi écran » lui interdisant de procéder à ce qui apparaîtrait comme une vérification de la conformité de la loi à la Constitution. Or, le Conseil d'État ne reconnaît toujours pas au juge administratif de procéder au contrôle de constitutionnalité des lois. C'est ce qui ressort notamment de l'arrêt du Conseil d'État du 8 juillet 2002, *Commune de Porta*, dans lequel le Conseil a refusé d'annuler, à l'initiative de cette commune, le décret d'application d'un traité entre la France et la Principauté d'Andorre dont la ratification avait été autorisée par la loi du 6 juillet 2001 [1].

On a par ailleurs dû constater, avec l'arrêt du 7 juillet 2000, *Fédération nationale des associations tutélaires*, que le Conseil d'État était revenu sur une jurisprudence jusque-là constante [2] en subordonnant désormais l'application d'un traité à la date de sa publication, sans accorder d'effet rétroactif à celles de ses dispositions qui le prévoyaient pourtant [3]. Cet arrêt remet ainsi en cause, sans véritable motivation, une jurisprudence dont on avait précisément pu noter qu'elle correspondait sans doute jusque-là à un effort du juge administratif pour tenir compte de l'origine internationale de la règle interne qu'il appliquait [4]. Tel n'est même plus le cas aujourd'hui.

b) *L'appréciation des conditions matérielles* gouvernant l'application des traités par le juge administratif est en pratique liée à la question de leur *interprétation*. La position classique retenue par le Conseil d'État consistait à ne se déclarer compétent que lorsqu'il juge qu'il n'y a pas matière à interprétation parce que le texte en cause constitue « un acte clair ». Qui ne

---

1. Le traité en cause organisait entre les deux pays une rectification de frontière par échange de territoires de superficie égale permettant à Andorre de maintenir un viaduc sous sa souveraineté. Il avait pour effet d'amputer le territoire de la commune. V. Chron. de jurisprudence française en matière de droit international, *RGDIP* 2003/2, p. 491-500. L'extension des pouvoirs du juge administratif sur le contrôle des procédures de conclusion des traités et accords internationaux est par ailleurs confirmée par l'arrêt *Aggoun* du 5 mars 2003 qui étend cette possibilité dans le cadre du recours à une voie d'exception. V. la même Chron., p. 500-503.

2. V. arrêt *Procopio* du 8 avr. 1987.

3. V. F. Poirat, *RGDIP* 2001/1, p. 250-254.

4. V. D. Alland, Le juge français et le droit d'origine internationale, *op. cit.*, p. 55.

voit cependant que l'appréciation de la clarté de l'acte constitue elle-même le résultat d'une interprétation par le juge dont on constatera plus loin, à propos du droit de l'Union européenne, qu'elle a précisément en plusieurs occasions fait l'objet de critiques justifiées [1]. S'il jugeait en revanche que la disposition en cause nécessitait une interprétation, le Conseil d'État, au nom de la conception très stricte qu'il se fait traditionnellement du principe de la séparation des pouvoirs, renvoyait systématiquement l'accord en cause au ministère des Affaires étrangères, pour interprétation [2].

Cette prudente abstention du juge administratif a cependant cessé depuis un arrêt d'Assemblée rendu par le Conseil d'État le 29 juin 1990, à l'occasion de l'examen d'un recours intenté par le Groupe d'information et de soutien des travailleurs immigrés (GISTI). Ce dernier demandait l'annulation d'une circulaire exposant les nouvelles règles applicables aux droits d'entrée et de séjour des algériens en France. À cette fin, le GISTI mettait en cause l'interprétation que cette circulaire retenait d'un avenant du 22 décembre 1985 apporté au traité franco-algérien du 27 décembre 1968. Le juge administratif, après avoir examiné les pièces du dossier, a lui-même interprété. Ainsi aligne-t-il en matière d'interprétation les traités sur les lois, puisqu'il interprétait ces dernières de longue date, sous peine de déni de justice. Le juge administratif peut, certes, toujours solliciter l'avis du ministère des Affaires étrangères mais il ne doit plus se considérer lié par cet avis, qui ne constitue pour lui qu'un simple élément d'information. On doit aussi admettre, en bonne logique, qu'il renoncera désormais à invoquer à nouveau la théorie de l'« acte clair » [3].

On s'est également demandé, après l'arrêt *GISTI*, si le Conseil d'État irait jusqu'à abolir l'ultime renvoi en interprétation au ministère des Affaires étrangères existant en l'occurrence ; celui qui concerne la réalisation de la condition de réciprocité énoncée à l'article 55 de la Constitution. L'arrêt d'Assemblée rendu le 9 avril 1999 dans l'affaire *Chevrol-Benkeddach* [4] a, dans un premier temps, apporté une réponse négative à cette question, refusant d'étendre la jurisprudence *GISTI* à l'examen de cette condition de réciprocité [5]. L'affaire a cependant été soumise à la Cour européenne des droits de l'homme qui, en 2003, a décidé que le maintien du renvoi automatique au ministère des Affaires étrangères et l'absence de débat contradictoire sur l'avis du ministre sont incompatibles avec les exigences d'un procès équitable posées à l'article 6 de la Convention européenne des droits de l'homme [6]. Le revirement de jurisprudence est finalement intervenu le 9 juillet 2010,

1. V. C.A. Colliard, L'obscure clarté de l'article 37 du traité de la CEE, D. Chron., XXXVII, 1964 ; pour une illustration plus récente, v. CE, ass., 11 juill. 1984, *Docteur Es. D.* 1985. 150.
2. V. par ex. CE, 16 mai 1980, *Ministre de l'Intérieur Bennace, Rec.* 266.
3. Arrêt *GISTI*, texte avec conclusions R. Abraham, *in RGDIP* 1990. 879-911, commentaire G. Teboul, *AJDA*, sept. 1990/9, p. 621 s. ; M.F. Buffet-Tchakaloff, *RGDIP* 1991/1, p. 109 s. La confirmation de cette jurisprudence peut être notamment trouvée dans l'arrêt CE, 29 janv. 1993, *Mme Bouillez, Rec.* n° 1111946-111949, note D. Alland, *RGDIP* 1993/2.
4. *RGDIP* 1999/3, p. 787.
5. V. concl. du commissaire du gouvernement R. Schwartz *in RGDIP* 1999/3, p. 791-813.
6. V. CEDH, 13 févr. 2003, *Chevrol c/ France*, n° 49636/99, spéc. § 76-84.

dans l'arrêt *Cheriet-Benseghir*. Se conformant aux exigences de la Convention européenne, l'assemblée du contentieux du Conseil d'État a décidé qu'il lui reviendrait désormais, après avoir recueilli les observations du MAE, celles le cas échéant de l'État concerné et avoir organisé sur ces éléments un débat contradictoire, d'établir si la condition de réciprocité est ou non remplie [1].

Ainsi compétent pour interpréter les traités et en contrôler l'efficacité interne, au regard notamment de la réserve de réciprocité de l'article 55, le juge administratif peut logiquement, dans les cas où sont concurremment applicables plusieurs engagements conventionnels, déterminer celui dont il fera application conformément « aux principes du droit coutumier relatifs à la combinaison entre elles des conventions internationales » [2]. Le Conseil d'État l'a confirmé et a appliqué ces principes dans son arrêt d'assemblée du 23 décembre 2011, *Eduardo José Kandyrine de Brito Paiva*, en excluant cependant du champ de son contrôle les « cas où [sont] en cause l'ordre juridique intégré que constitue l'Union européenne » [3]. Sa qualité d'interprète n'autorise toutefois pas le juge, ainsi que l'a rappelé le Conseil d'État dans son arrêt du 9 juillet 2010, *Fédération nationale de la libre pensée*, à contrôler la validité proprement dite d'un traité au regard notamment d'autres normes du droit international [4].

442 ***Place accordée aux traités par le juge administratif dans la hiérarchie des normes*** ◊ Dans quelle mesure la claire primauté des traités sur les lois internes et plus généralement l'option moniste avec primauté du droit international opérée par la Constitution à l'article 55 sont-elles effectivement garanties par la jurisprudence administrative ? Cette mesure est certaine, mais elle est restée longtemps relative.

a) Certaine, elle l'est tout d'abord, mais ceci ne concerne pas encore les rapports du traité et de la loi, parce que le Conseil d'État considère qu'il n'appartient pas au juge administratif de contrôler la constitutionnalité d'un traité une fois celui-ci introduit en droit interne [5] ; cette incompétence a été rappelée très expressément dans l'arrêt *Fédération nationale de la libre pensée* de 2010, mentionné plus haut (n° 441). Le juge administratif ne se considère compétent que pour constater l'abrogation d'un engagement international ou sa caducité [6]. Du strict point de vue de l'article 55 (rapports traités/lois), le Conseil d'État fait prévaloir sans difficulté un traité sur une loi antérieure [7].

---

1. Arrêt *repr. in RGDIP* 2010. 948 avec les obs. de J. Matringe. Certains signes précurseurs de ce revirement étaient visibles dans la jurisprudence des juridictions inférieures. V. en particulier CAA de Versailles (5e ch.) 8 oct. 2007, *Ministre de l'Intérieur et de l'Aménagement du territoire c/ M. Mvuala Zola*, *AJDA* 2008. 32, note G. Pellissier.
2. V. CE, 21 avr. 2000, *Zaïdi*, *RFDA* 2000. 867.
3. Affaire n° 303678, repr. *in RGDIP* 2012. 210, obs. J. Matringe.
4. CE, ass., 9 juill. 2010, *RGDIP* 2011. 254, obs. C. Brami. V. aussi l'arrêt *Kandyrine de Brito Paiva*. préc.
5. CE, 3 mai 1961, *André et Société des tissages Nicolas Aimant*, *RGDIP* 1961. 426.
6. CE, ass., 16 nov. 1956, *Villa*, *RD publ.*, 1957. 123.
7. 15 mars 1972, *Dame veuve Sadok Ali*, *Rec.* 213 ; 7 juill. 1978, *Croissant*, *Rec.* 292.

b) Jusqu'à un important revirement de jurisprudence, les difficultés subsistaient encore en cas de confrontation entre un traité et une loi *postérieure*. En règle générale et dans toute la mesure du possible, le Conseil d'État, confronté à une telle situation, cherche à interpréter la loi comme réservant l'application des stipulations de tout traité dans les cas prévus par ces derniers [1].

Mais lorsqu'il y a conflit entre le contenu du traité ou les mesures prises en application de ses dispositions et une loi postérieure, le Conseil d'État considérait jusqu'à l'arrêt d'Assemblée du 20 octobre 1989, *Nicolo* qu'on se trouve alors confronté à un problème de constitutionnalité échappant à la compétence de la juridiction administrative [2].

Dans une affaire restée célèbre [3] le Conseil d'État avait estimé que faire prévaloir le traité sur la loi serait revenu à juger que le législateur, en adoptant une loi contraire à un traité préexistant, avait méconnu la hiérarchie des normes établies à l'article 55. Or, il estimait ne pas détenir la compétence nécessaire pour se livrer à un tel contrôle de constitutionnalité de la loi.

Celle-ci faisait alors écran, interdisant le contrôle de la légalité de l'acte administratif incriminé par référence aux traités antérieurs dont elle contredisait le contenu.

Cette jurisprudence fut, immédiatement très critiquée en doctrine ; elle apparut de plus en plus anachronique au fil de l'évolution de la jurisprudence des juridictions de dernier recours des autres pays membres de la Communauté européenne. Elle ne devait pourtant être abandonnée qu'avec l'arrêt *Nicolo* précité. Dans cet arrêt, statuant sur une requête mettant en cause la légalité d'un scrutin relatif à l'élection du Parlement européen en juin 1989, le Conseil d'État paraît bien avoir suivi pour l'essentiel les conclusions du commissaire du gouvernement Frydman. Il y accepte en effet de constater que les termes de la loi électorale du 7 juillet 1977 ne sont pas incompatibles avec le Traité de Rome de 1957 instituant la CE.

Il est à remarquer que cette jurisprudence ne rompt pas formellement avec des arrêts antérieurs, dans lesquels le Conseil d'État avait interprété les rapports de la loi et de la norme internationale ou communautaire en termes de compatibilité. L'arrêt est cependant remarquable par le fait que la juridiction administrative accepte avec lui de contrôler cette compatibilité de la loi avec un traité qui lui est antérieur, *alors même qu'en l'espèce elle aurait pu faire l'économie d'un tel moyen, pour conclure de toute façon au rejet de la requête*. L'argumentation qui semble avoir prévalu pour inciter le Conseil d'État à abandonner la jurisprudence *Syndicat général des fabricants de semoule* trouve son origine dans la doctrine et a été reprise par le commissaire du gouvernement. D'après cette thèse, en consacrant la

1. Par exemple 27 avr. 1987, *Berder et Satmar*.
2. V. J. Boulouis, À propos de l'arrêt *Nicolo*, *RGDIP* 1990. 91-102 ; J. Dehaussy, *JDI*/1 1990. 5 s.
3. CE, Sect., 1er mars 1968, *Syndicat Général des fabricants de semoule de France*, conclusion N. Questiaux, *RGDIP* 1968. 516, note Kovar ; *RGDIP* 1968. 1128, observation C. Rousseau.

primauté des traités internationaux sur les lois internes, l'article 55 de la constitution établit une *habilitation implicite* du juge à vérifier le respect d'une telle hiérarchie par le législateur. Il est cependant à noter qu'en l'occurrence, cette consécration de la primauté ne concerne pas le droit communautaire spécifiquement, mais, sur le fondement de l'article 55, les traités internationaux dans leur ensemble, par rapport au droit interne français. La primauté du traité sur la loi postérieure trouve, dans l'arrêt *Nicolo*, son fondement dans le droit constitutionnel français, non dans une éventuelle spécificité radicale de l'ordre juridique communautaire, à laquelle la CJCE est pour sa part si attachée (v. ss 448). Cette jurisprudence, depuis lors confirmée à l'exception signalée plus loin [1], marque en principe l'abandon par le Conseil d'État de l'isolement dans lequel il s'était si longtemps maintenu tant par rapport à la position des juridictions judiciaires françaises que des juridictions de dernier recours des autres États membres de l'Union européenne. Comme elles, le Conseil d'État consacré à partir de cet arrêt la primauté des traités et des actes pris en leur application (tels les règlements communautaires) sur la législation nationale, même celle postérieure à ces traités.

c) Si les juridictions administratives font prévaloir, ainsi, les traités sur les lois, la solution opposée est en revanche retenue dans les rapports entre le droit international et les *normes constitutionnelles*. Dans un arrêt d'Assemblée *Koné*, du 3 juillet 1996, le Conseil d'État a d'abord indiqué qu'en cas de contradiction entre un « principe fondamental reconnu par les lois de la République » et un traité d'extradition, ce dernier devait être interprété conformément au principe de valeur constitutionnelle. En fait d'interprétation, il s'agissait en réalité de laisser le traité inappliqué. L'affaire concernait, en effet, une convention de coopération judiciaire franco-malienne de 1962 qui ne comportait aucune obligation de refuser l'extradition pour infraction politique. Or, la Haute juridiction a préféré la solution inverse en faisant prévaloir ce qu'il a souverainement identifié comme un « principe fondamental reconnu par les lois de la République », tiré, en l'occurrence, de la loi française du 10 mars 1927 relative à l'extradition des étrangers. Cette législation comporte en effet, contrairement à la convention précitée, la règle d'obligation du refus d'extradition lorsque celle-ci est demandée dans un but politique [2].

---

1. V. deux arrêts CE du 19 avr. 1991, *Belgacem et Babas*, portant sur les conditions d'application de la Convention européenne des droits de l'homme (art. 8) avec les concl. R. Abraham, *in RGDIP* 1991/3, p. 800 et s, qui font suite notamment à l'arrêt CE, 24 sept. 1990, *Boisdet, Rec.* 251, comment. Lachaume *AFDI* 1991. 900 s. V. aussi l'arrêt *SA Rothmans int. France, SA Philips Morris France*, 28 févr. 1992, *AJDA* 1992. 210, qui applique aux directives communautaires la jurisprudence *Nicolo*.

2. Sur cet arrêt, V. D. Alland, Un nouveau mystère de la pyramide : remise en cause par le Conseil d'État des traités conclus par la France, *RGDIP* 1997/1, p. 237. Pour une appréciation critique de cette solution, v. aussi L. Favoreu, Principes généraux du droit et principes fondamentaux reconnus par les lois de la République, *RFDA* 1996. 884 ; P. Gaïa, Normes constitutionnelles et normes internationales, *RFDA* 1996. 889 ; H. Labayle, Le juge, la Constitution et l'extradition, *RFDA* 1996. 901.

Cette solution a été confirmée, de manière plus explicite, dans l'arrêt du 30 octobre 1998 *Sarran* [1]. Cet arrêt important mettait en cause non d'abord le texte de la Constitution lui-même mais celui d'une loi constitutionnelle du 20 juillet 1998 destinée à permettre l'organisation politique de la Nouvelle-Calédonie en dehors du cadre prévu par l'article 74 de la Constitution ; l'acte attaqué était un décret pris en application de cette même loi de 1998, en vue d'organiser le scrutin dans ce territoire ; c'est le principe d'un corps électoral restreint, établi dans cette loi-constitutionnelle, elle-même liée à une loi constitutionnelle antérieure, que les requérants attaquaient. Ils lui opposaient notamment certains moyens tirés du droit conventionnel international.

On notera qu'il résultait du caractère constitutionnel de la loi du 20 juillet 1998 une situation différente de celle qui s'était présentée dans l'arrêt *Nicolo* ; ce dernier ne concernait en effet que la conformité d'une *loi ordinaire* au droit communautaire. Or, dans l'arrêt *Sarran*, le Conseil d'État déclare très explicitement que « la suprématie [...] conférée aux engagements internationaux [par l'article 55 de la Constitution] ne s'applique pas, dans l'ordre interne, aux dispositions de nature constitutionnelle ». Cela revient à reconduire une théorie non plus de la « loi-écran », en principe abandonnée depuis l'arrêt *Nicolo*, mais de la « constitution-écran » entre le droit international et l'acte administratif attaqué. Primauté des traités sur les lois, sans doute, mais pas sur la Constitution. Et, de fait, l'interprétation littérale de l'article 55 permet une telle conclusion. Il en résulte quoi qu'il en soit que la tendance amorcée dans l'arrêt *Koné* se trouve ainsi confirmée par l'arrêt *Sarran*. Dans l'arrêt *Koné*, le Conseil d'État faisait prévaloir sur le traité en vigueur un principe à valeur constitutionnelle, opportunément débusqué par le Conseil pour arriver aux fins qu'il visait ; dans l'arrêt *Sarran*, ce sont les « dispositions de nature constitutionnelle » (donc les lois et les principes constitutionnels aussi bien que la Constitution) qui prévalent sur le traité.

On ne peut également manquer de mettre en perspective cette double jurisprudence avec l'arrêt *Aquarone*, déjà examiné, qui, lui, intéressait la coutume dans ses rapports avec les lois. On a, en effet, vu plus haut (v. ss 431) que, sans nier son applicabilité en droit interne, le Conseil d'État interdit en tout cas à la coutume un traitement identique à celui des traités, en s'appuyant sur une interprétation littérale de l'article 55 de la Constitution, lequel ne mentionne effectivement pas la coutume parmi les sources du droit international.

On a alors brillamment défendu en doctrine, pour justifier la jurisprudence du Conseil dans l'arrêt *Sarran* [2] qu'« affirmer une subordination suppose la supériorité de ce à quoi on se soumet, laquelle ne saurait dépendre de ce qui est subordonné. En d'autres termes, si c'est la Constitution qui

1. Commentaire D. Alland, Consécration d'un paradoxe : primauté du droit interne sur le droit international, *RFDA*, nov. 1998. 1094 s.
2. D. Alland, commentaire préc.

affirme sa subordination au droit international, elle lui demeure logiquement supérieure, puisque cette hiérarchisation vient de son propre choix ». Cet argument de pure logique formelle revient à interdire à tout constituant d'opérer valablement une option moniste avec primauté du droit international ; or, ceci paraît peu compatible avec la pratique des nombreuses constitutions en vigueur, lesquelles effectuent pourtant un tel choix sans qu'il soit contesté par les juridictions internes. Mais, plus simplement encore, on se contentera ici de constater que le juge administratif reste soumis au respect de la Constitution, ce qu'il ne nie d'ailleurs pas. Or, à l'alinéa 14 du Préambule de 1946 (qui fait partie de notre droit constitutionnel positif) en termes beaucoup plus généraux qu'à l'article 55 de la Constitution en vigueur, notre « loi fondamentale » se prononce en faveur de la primauté du droit international sur le droit interne.

Tout revient donc, en réalité, à la question de savoir non pas ce que la logique exige mais quelle interprétation on retiendra de ces dispositions constitutionnelles, compte notamment tenu de l'évolution générale du droit international et de l'accueil qui lui est fait par la pratique internationale de la France.

Cette interprétation est d'autant plus ouverte que l'on sait la façon contestable (et contestée) dont l'article 55 énonce cette primauté, en la restreignant aux rapports entre, d'une part, les traités (à l'exclusion de la coutume) et, d'autre part, la loi (ordinaire et non constitutionnelle), sans même parler ici de la condition supplémentaire de réciprocité. L'interprétation retenue peut alors être restrictive, en restant notamment littérale ; c'est le choix effectué par le Conseil d'État. Elle pourrait, au contraire, être dynamique et, en s'appuyant sur les termes beaucoup plus généreux de l'alinéa 14 précité, aboutir à l'affirmation d'une authentique primauté de l'ensemble des sources du droit international, coutumes et traités, sur le droit interne, constitution comprise.

Il s'agit là non pas, d'abord, d'une question purement formelle, mais, au sens large, d'une option de *politique* sinon même d'idéologie juridique. Les choix de la doctrine n'ont, au demeurant, qu'un faible intérêt pratique, mais il n'en va pas de même de ceux du Conseil d'État : il reviendra par conséquent à ce dernier d'assumer la responsabilité d'avoir, au gré de l'évolution récente de sa *jurisprudence (Aquarone, Koné, Sarran*, et même *parc de Blotzheim ou Bamba Dieng et autres*), multiplié les cas exposant la France à l'engagement de sa responsabilité internationale par d'autres États ou par des organisations internationales (y compris, le cas échéant, l'Union européenne) pour non-respect dans son ordre interne d'obligations juridiques auxquelles elle demeure tenue à leur égard dans l'ordre international. La question de fond, dont on conviendra qu'elle n'est pas forcément toujours simple, est celle de savoir si, et dans quelle mesure l'ordre juridique français accepte sa subordination à un ordre juridique international dont la densité normative et l'importance effective vont sans cesse croissants. Toujours est-il que l'arrêt du Conseil d'État du 21 octobre 2005,

Association Aides et autres, prolonge l'inspiration restrictive de la jurisprudence que l'on vient d'aborder dans le sens d'un grignotage du champ antérieurement ouvert par l'arrêt *Nicolo* lorsqu'il affirmait la primauté du traité sur la loi même postérieure. En matière de référé, cet arrêt de 2005 s'appuie sur la nature particulière de l'office du juge administratif statuant au référé ; dans l'exercice d'une fonction de ce type, exercée dans l'urgence, le juge doit en effet se limiter à constater l'existence d'un doute sérieux relatif à la contravention de la loi applicable à une convention à laquelle la France est partie. Selon le Conseil d'État, le juge des référés ne peut alors, sur une base aussi réduite, écarter un acte administratif pris en application de la loi dont la conventionnalité est critiquée. La même jurisprudence précise toutefois que l'interdiction précitée n'est que partielle. Dès lors qu'une décision judiciaire aurait antérieurement constaté la contrariété entre la loi et le traité, à titre principal ou préjudiciel, le juge du référé pourrait faire prévaloir le second sur la première. En dehors de cette hypothèse permissive, tout se passe néanmoins comme si, dans l'urgence, réapparaissait la théorie de la loi écran, avec cette conséquence regrettable de placer en l'occurrence l'État en contradiction avec ses engagements internationaux [1].

443 ***Le juge judiciaire et le traité*** ◇ Les positions adoptées par le juge judiciaire quant aux différentes conditions formelles et substantielles de l'applicabilité des traités peuvent être efficacement appréciées par rapport à celles du juge administratif telles qu'elles étaient en particulier avant leur évolution la plus récente, car elles s'en séparent sur plusieurs points mais s'en rapprochent sur d'autres. À bien des égards, d'ailleurs, on constatera que l'évolution récente a rapproché très considérablement les deux jurisprudences, le juge judiciaire s'alignant ouvertement sur certaines options prises par le juge administratif.

a) Forme : à l'inverse du Conseil d'État, resté, on l'a vu, longtemps sans s'autoriser un tel contrôle, le juge judiciaire a accepté de longue date, fut-ce de façon occasionnelle, de contrôler la régularité d'une ratification en l'absence d'une autorisation parlementaire [2]. La jurisprudence était toutefois flottante, un arrêt de cassation de 1977 [3] s'y était par exemple encore refusé, de peur d'empiéter sur le domaine des compétences du pouvoir exécutif. Ces incertitudes ont pris fin avec l'arrêt de la première chambre civile de la Cour de cassation intervenu le 29 mai 2001, *ASECNA c/ M. N'Doye*. La Cour de cassation y fait le choix d'aligner sa jurisprudence sur celle dégagée par le Conseil d'État dans son arrêt *Parc de Blotzheim*, en admettant que le juge judiciaire puisse exercer un contrôle sur la régularité de la procédure d'engagement et le respect, en particulier, des exigences de

1. V. N. Haupais, *RGDIP* 2006/3, p. 730-739.
2. Riom, *Vermot*, 26 janv. 1950, *S.* 1950. 2 et 155.
3. Civ. 1re, 25 janv. 1977, *Reyrol*, *D.* 1977. 685.16. Ce type de recours est à l'origine de la décision du Conseil Cons. du 23 sept. 1992, dite Maastricht 3, texte *in RGDIP* 1993/1, p. 289.

l'article 53 de la Constitution par l'exécutif [1]. Le juge ordinaire s'érige ainsi à son tour en garant de la répartition constitutionnelle des compétences en matière internationale. Face aux assauts du droit international, la Constitution est décidément bien gardée !

Comme le juge administratif, le juge judiciaire se refuse, par ailleurs, à appliquer un traité non publié [2]. En revanche, sa position diffère en partie de celle du Conseil d'État à propos de la condition de réciprocité, du moins quant à son fondement. Il préfère partir de la présomption d'application réciproque de la convention tant que celle-ci n'a pas été dénoncée par le pouvoir exécutif, position qui s'aligne sur une solution généralement prônée par la doctrine [3]. Ainsi, à la différence du Conseil d'État, le juge judiciaire évite en fait le renvoi au gouvernement pour l'appréciation de la condition de réciprocité.

b) En matière d'interprétation, les juridictions judiciaires, à la seule exception de la chambre criminelle de la Cour de cassation, sont désormais alignées sur la position du Conseil d'État pour autoriser le juge judiciaire à interpréter les conventions internationales. C'est un arrêt de la première chambre civile de la Cour de cassation, *Banque Africaine de Développement c/ Bank of Credit and Commerce International et autres*, du 19 décembre 1995, qui a marqué le renversement de jurisprudence. La Cour y affirme « qu'il est de l'office du juge d'interpréter les traités internationaux invoqués dans la cause soumise à son examen, sans qu'il soit nécessaire de solliciter l'avis d'une autorité non juridictionnelle » [4]. Elle rompt ainsi avec une distinction jusque-là maintenue par le juge civil d'après laquelle il fallait renvoyer à titre préjudiciel à l'exécutif l'interprétation des questions d'intérêt public ou d'« ordre public international » (y compris les questions pénales) cependant que les questions d'intérêt privé pouvaient être directement interprétées par les juridictions judiciaires [5].

c) Place accordée aux traités dans la hiérarchie des normes : c'est sans doute ici que la différence de position du juge judiciaire fut longtemps la plus marquée avec celle du juge administratif jusqu'à l'arrêt *Nicolo*. Contrairement au Conseil d'État, la Cour de cassation avait en effet, dès le 24 mai 1975, dans l'arrêt *Société des cafés Jacques Vabre*, suivi les conclusions de l'avocat général Touffait en faisant prévaloir les dispositions du Traité de Rome instituant la CEE sur une loi nationale postérieure ; et ce, sur deux fondements distincts, l'un est la lettre de l'article 55, l'autre le caractère propre à l'ordre juridique communautaire sur lequel on reviendra. Cette position n'est pas en opposition avec celle du Conseil constitutionnel,

1. V. F. Poirat, *RGDIP* 2001/4, p. 1033-1044.
2. Civ. 1re, 16 mai 1961, *D.* 1961. 489.
3. V. P. Lagarde, La condition de réciprocité dans l'application des traités internationaux : son appréciation par le juge interne, *RGDIP* 1975. 25.
4. D. Alland, Jamais, parfois, toujours. Réflexions sur la compétence de la Cour de cassation en matière d'interprétation des conventions internationales, *RGDIP* 1996/3, p. 599-652.
5. Pour une illustration de cette position antérieure, v. par exemple Crim. 30 janv. 1976, *Glaeser, Bull. Crim.* 1976.62, *AFDI* 1977. 969.

même dans la mesure où celui-ci adopte à cet égard une conception de sa propre compétence qui laisse au juge judiciaire la possibilité d'appliquer lui-même les dispositions de l'article 55 [1]. On a pu constater en doctrine que la Cour de cassation n'éprouve plus le besoin de s'appuyer explicitement sur l'article 55 de la constitution pour faire application du principe de primauté que ce dernier prévoit [2]. Elle n'hésite pas, au contraire, à se référer expressément et directement à ce principe pour justifier la mise à l'écart du droit français en cas de contradiction avec les termes du traité de Rome [3]. Cette solution est transposable, *mutatis mutandis*, aux Traité sur l'Union européenne et au Traité sur le fonctionnement de l'UE, dans leur rédaction issue du Traité de Lisbonne du 13 décembre 2007.

Quoi qu'il en soit, on doit constater que, dans une période récente, la position de la Cour de cassation a tendu là aussi à s'aligner sur celle du Conseil d'État, pour placer « le droit international « sous » la constitution de la Vᵉ République » [4]. Dans un arrêt en assemblée plénière (aff. *Pauline Fraisse*) la Cour de cassation a en effet rendu le 2 juin 2000 une décision très proche de celle prononcée deux ans plus tôt par le Conseil d'État dans l'affaire *Sarran*, du 30 octobre 1998. L'un comme l'autre, ces deux arrêts sont d'ailleurs liés au statut de la Nouvelle-Calédonie, dont l'accord de Nouméa (1998) détermine l'évolution. Cet accord a été repris dans une loi organique du 20 juillet 1998 ; elle prévoyait elle-même, aux fins d'acceptation de l'accord par la population concernée, consultation d'un corps électoral restreint aux personnes domiciliées depuis au moins 10 ans dans l'île. C'est l'application à son égard de cette restriction du corps électoral qui était attaquée par la requérante, au motif qu'elle contrevenait aux libertés fondamentales établies dans un certain nombre de traités ratifiés par la France (traité sur l'Union européenne, art. 6 ; Pacte international relatif aux droits civils et politiques, art. 2 et 25 ; premier protocole additionnel à la Convention européenne des droits de l'homme, art. 3). Après avoir relevé que la loi organique définissant le corps électoral avait rang constitutionnel, la Cour de cassation déclare que « la suprématie conférée aux engagements internationaux ne s'[applique] pas dans l'ordre interne aux dispositions de valeur constitutionnelle » ; la Cour rejette ainsi la requête. On retrouve ici une application stricte de l'article 55 de la Constitution ; elle met à l'écart toute référence au quatorzième alinéa du préambule de la constitution de 1946, lequel offrait pourtant, en dépit ou plutôt grâce à la généralité de ses termes, la possibilité d'une jurisprudence non répulsive de la norme internationale. Cet arrêt a du reste suscité des réactions souvent critiques dans la doctrine [5].

---

1. Pour une illustration, V. Ass. plén., 21 déc. 1990, *Direct. gral. des impôts c/ SA Roval, Bull. civ.* 1991. 23.
2. V. J. Rideau, *La Cour de cassation et la constitution de la République*, PU Aix-Marseille, 1995, p. 227-243 et chron. D. Alland, *RGDIP* 1997/3, p. 798-801.
3. V. Soc., 10 déc. 2007, *M. Serge X. c/ RATP, RGDIP* 2008. 434, note Th. Haas.
4. D. Alland, *RD publ.* 1998. 1649.
5. V. notamment P. Wachsmann, L'article 55 de la Constitution de 1958 et les conventions internationales relatives aux droits de l'homme, *RD publ.* 1998. 1677 ; D. de Béchillon, De

d) Traités et autres sources du droit international. Un arrêt de la Cour de cassation marque de façon paradoxale à certains égards la déférence manifestée par la haute juridiction à l'égard de la Convention européenne des droits de l'homme et de son interprétation par la Cour européenne ayant le même objet. L'arrêt de la Chambre sociale dans l'affaire *Banque africaine de développement*, intervenu le 25 janvier 2005, applique, au titre explicite d'une règle d'« ordre public international », le principe de l'accès à un procès équitable établi à l'article 6 de la Convention européenne [1] mais aussi à l'article 14 du Pacte des Nations Unies sur les droits civils et politiques. Toujours est-il que c'est en tenant compte de la jurisprudence de la CEDH que la Chambre sociale fait céder le principe de l'immunité de juridiction des organisations internationales devant le droit à un procès équitable [2]. Puisque la BAD ne comportait pas, à l'inverse d'autres organisations internationales, d'organe judiciaire ou quasi-judiciaire susceptible de connaître des conditions de licenciement d'un de ses fonctionnaires, ce dernier, de nationalité française, peut à bon droit porter son différend avec l'organisation internationale devant les juridictions françaises. Arrêt tout à fait remarquable qui rompt avec la jurisprudence antérieure de la cour en matière d'immunité des organisations internationales [3], cette décision affirme sans équivoque l'existence d'une hiérarchie matérielle des normes selon laquelle les libertés fondamentales de la personne établies dans l'« ordre public européen des droits de l'homme » par la Cour de Strasbourg prime l'immunité fonctionnelle de juridiction des organisations internationales (v. ss 188-189). On voit ainsi que, dans la lettre comme dans l'esprit de la décision de la Chambre civile, il s'agit en l'occurrence d'appliquer plus un principe fondamental qu'un article de convention.

444 ***Position du Conseil constitutionnel à l'égard des traités*** [4] ◊ On a déjà vu que, sur la base de l'article 54 de la Constitution, le Conseil constitutionnel pouvait subordonner la ratification ou l'approbation d'un traité non conforme à la Constitution à une révision préalable de celle-ci ainsi qu'il l'a fait le 9 avril 1992 à propos du *Traité de Maastricht*. C'est cette décision qui

quelques incidences du contrôle de la conventionnalité internationale des lois par le juge ordinaire - malaise dans la Constitution, *RFDA* 1998. 234 ; F. Poirat, Réception du droit international et primauté du droit interne : histoire de dualisme, *RGDIP* 2000/3, p. 821-824 ; pour une appréciation moins critique, V. note A. Ondoua, La Cour de cassation et la place respective de la Constitution et des traités dans la hiérarchie des normes, *RGDIP* 2004/4, p. 985-1002.

1. « Toute personne a droit à ce que sa cause soit entendue équitablement, publiquement et dans un délai raisonnable par un tribunal indépendant et impartial, établi par la loi... ».

2. Une raison conjoncturelle peut s'en trouver dans le fait que la décision faisant grief émanait d'une organisation internationale, la B.A.D., dont le siège établi en Côte d'Ivoire, se situe hors du champ spatial d'application de la Convention et de compétence de la Cour européenne des droits de l'homme. V. commentaire de l'arrêt. N. Haupais, *RGDIP* 2006/1, p. 217-231.

3. Civ. 1re, 14 nov. 1995, *Hintermann*, *JDI* 1997. 141, note C. Byk.

4. V. P. Gaïa, *Le Conseil constitutionnel et le contrôle de l'insertion des engagements internationaux dans l'ordre juridique interne*, Economica-PUAM, 1992.

est à l'origine de la révision constitutionnelle adoptée par le Parlement réuni en congrès le 25 juin 1992. Un contrôle du même type a été exercé par le Conseil constitutionnel avant la ratification du *Traité d'Amsterdam* (décision du 31 décembre 1997), du Statut de la Cour pénale internationale (décision du 22 janvier 1999) [1], du *Traité instituant une Constitution pour l'Europe*, qui n'est finalement jamais entré en vigueur (décision du 19 novembre 2004) [2], ou du *Traité de Lisbonne* (décision du 20 décembre 2007) [3]. Il s'est ensuivi, dans chacun de ces cas, une révision de la Constitution. Le Conseil constitutionnel peut alternativement être saisi sur le fondement l'article 61 ; il est alors amené à connaître de la question de savoir si la loi autorisant la ratification d'un traité est ou n'est pas en opposition avec la Constitution [4].

Le Conseil constitutionnel refuse, en revanche, de contrôler la conformité des lois aux traités. L'apparition d'une juridiction constitutionnelle avec la Constitution de 1958, jointe aux dispositions de l'article 55 établissant la supériorité des traités sur les lois ordinaires pouvait laisser espérer un tel contrôle. Mais la décision du Conseil constitutionnel du 15 janvier 1975 a largement déçu cette espérance : interrogé sur la question de savoir si les dispositions de la loi relative à l'*Interruption volontaire de grossesse* n'étaient pas en contradiction avec la Constitution au motif qu'elles portaient atteinte au droit à la vie consacré par la Convention européenne des droits de l'homme à laquelle la France est partie, le Conseil constitutionnel a refusé d'assimiler purement et simplement la valeur supra-législative des traités à celle de la Constitution.

Cette position reposait sur l'idée que les décisions qu'il prend dans le contrôle de constitutionnalité des lois revêtent un caractère absolu et définitif alors que la supériorité des traités sur les lois affirmée à l'article 55 présente un caractère à la fois relatif et contingent. Cette supériorité est en effet limitée aux champs d'application du traité, d'autre part à ce qu'elle est subordonnée à une condition de réciprocité dont la réalisation peut varier selon le comportement du ou des États signataires des traités et le moment où doit s'apprécier le respect de cette condition.

Cette solution était en l'occurrence d'autant plus critiquable que l'application de la Convention européenne des droits de l'homme échappe précisément à l'application du principe de réciprocité ainsi qu'il a été encore appelé en 1978 par la Commission européenne des droits de l'homme. D'un point de vue plus large, cette décision du Conseil constitutionnel conduisait à considérer que le fait pour une loi d'être contraire à un traité n'entraîne selon ce juge qu'une inconstitutionnalité *indirecte* et contingente qu'il se refuse à sanctionner. Il est, dans ces conditions, d'autant plus remarquable de constater l'évolution très nette de la jurisprudence

---

1. Décision n° 98-408 DC.
2. Décision 97-394 DC, *Traité d'Amsterdam modifiant le traité sur l'Union européenne, les Traités instituant les Communautés européennes et certains actes connexes, Recueil* p. 344.
3. Décision n° 2007-560 DC.
4. Ce type de recours est à l'origine de la décision du Conseil constitutionnel du 23 sept. 1992, dite Maastricht 3, texte *in RGDIP* 1993/1, p. 289.

du Conseil sur ce point. Dans sa décision du 22 janvier 1999 portant sur la *Cour pénale internationale*, il relève, à son 12e considérant, qu'eu égard à l'objet des engagements internationaux souscrits par la France dans le domaine des droits de la personne humaine, « les obligations nées de tels engagements s'imposent à chacun des États parties indépendamment des conditions de leur exécution par les autres États parties ; qu'ainsi, la réserve de réciprocité mentionnée à l'article 55 de la Constitution n'a pas lieu de s'appliquer ». On peut voir dans ce relevé justifié de la singularité des droits de l'homme une façon de réduire le caractère « relatif » ou « contingent » des traités, comparés à une Constitution qui a elle-même, au demeurant, connu bien des révisions depuis ses origines [1].

On doit certes noter que dans une décision dans laquelle la régularité d'un scrutin aux élections législatives avait été mise en cause parce qu'incompatible avec le protocole n° 1 additionnel à la même Convention européenne des droits de l'homme, le Conseil constitutionnel a accepté sans autre commentaire d'effectuer le contrôle de la conformité de la loi du 11 juillet 1986 sur le mode de scrutin à ce texte conventionnel [2]. On ne devrait pourtant pas voir dans cette espèce un revirement de jurisprudence. Elle intervient en effet dans le cadre des décisions prises par le Conseil constitutionnel en contentieux électoral et non constitutionnel. Or il s'agit là d'une distinction à laquelle la Haute juridiction est elle-même très attachée, d'autant plus que certains commentateurs ont tendance à la perdre de vue. Aussi doit-on s'en tenir jusqu'à nouvel ordre à l'affirmation selon laquelle *les traités internationaux ne font toujours pas partie du bloc de constitutionnalité*. Ceci a été confirmé par les deux premières décisions intervenues à propos du Traité de Maastricht (9 avril 1992 et 2 septembre précitées). Cette solution a été dégagée à l'occasion du contrôle de la compatibilité de traités internationaux avec la Constitution mais elle vaut aussi à propos du contrôle de la constitutionnalité des lois [3]. La position classique du Conseil constitutionnel selon laquelle l'article 61 ne lui permet pas de juger de la conformité d'une loi à une convention internationale en vigueur (pas davantage qu'à une directive communautaire) a encore été confirmée par la décision du 30 mars 2006 relative à la *loi sur l'égalité des chances*. Sans autre motivation, le Conseil se contente de rappeler au considérant 27 de cette décision sa position traditionnelle. Il refuse

1. V. N. Lenoir, *Les rapports entre le droit constitutionnel et le droit international, op. cit.* p. 29.
2. Décision du 21 oct. 1988, *RGDIP* 1989. 253.
3. La décision du 9 avr. 1992 (Maastricht 1, considérant 20) implique que les dispositions de la *loi organique* nécessaire à l'aménagement du droit de vote et d'éligibilité aux élections municipales des ressortissants communautaires soient elles-mêmes conformes aux règles définies par le Traité de Maastricht (art. 8 B). Certains commentateurs ont voulu voir dans cette disposition, d'une façon semble-t-il un peu prématurée, l'amorce d'une intégration des traités communautaires dans le bloc de constitutionnalité. (v. notamm. J.-P. Jacqué, *RTD eur.* 1992. 251 ; D. Simon, *Europe* 1992, n° 5, p. 161 ; comparer à L. Favoreu et P. Gaia, *RFD comp.* 11-1992, p. 389 ; B. Genevoix, *RFDA* 1992. 373 ; J.-C. Gautron, À propos de la décision du Conseil constitutionnel du 9 avr. 1992, *in La Constitution et l'Europe, Journées d'études du 25 mars 1992*, Paris, Montchrestien, 1992, p. 344.)

par conséquent d'examiner les griefs tirés par les requérants de la violation par la dite loi de la convention internationale du travail n° 158. On notera cependant que la position de la juridiction constitutionnelle française à cet égard n'est nullement isolée. Elle se retrouve chez beaucoup d'États membres dotés d'une justice constitutionnelle.

Le Conseil constitutionnel accepte par ailleurs de censurer une disposition législative directement contraire à l'article 55 [1]. Enfin, à plusieurs reprises, le Conseil constitutionnel a considéré que les traités en vigueur et antérieurs à la Constitution de 1958 permettent l'entrée en vigueur des actes pris postérieurement en application de ces mêmes traités [2].

D'une façon générale, le Conseil constitutionnel maintient sa position traditionnelle selon laquelle la norme internationale (qu'elle soit coutumière ou conventionnelle) ne saurait avoir la primauté sur les principes constitutionnels internes. Dans sa décision précitée sur la constitutionnalité de la loi relative à la maîtrise de l'immigration, il en a déduit que la consécration constitutionnelle du droit d'asile par le quatrième alinéa du Préambule de la Constitution de 1946 fait obstacle à une quelconque restriction de ce droit, heurtant la norme constitutionnelle par un engagement international auquel la France est partie [3]. Dans la même ligne, il affirmait dans sa décision du 21 janvier 1994 sur la constitutionnalité de la *loi relative à l'urbanisme* : « l'appréciation de la constitutionnalité des dispositions que le législateur estime devoir prendre ne saurait être tirée de la conformité de la loi avec les stipulations d'un traité ou d'une convention internationale, mais résulte de la confrontation de la loi avec les seules exigences de caractère constitutionnel » [4].

3. Actes des organisations internationales

445 ***Position du problème*** ◊ Ainsi qu'on l'examine par ailleurs (v. ss 178 s.), certaines organisations internationales sont dotées de compétences normatives qui leur permettent de prendre des actes unilatéraux de type réglementaires. La question qui se pose est de savoir si de tels actes sont applicables et, dans l'affirmative, à quelles conditions, dans les ordres juridiques internes des États membres. La réponse réside avant tout dans l'acte constitutif de l'organisation, en ce qu'il détermine les effets que ces actes peuvent produire dans les États membres. Mais la réponse dépend aussi de l'accueil qui leur est réservé par le droit interne de chaque État membre. La position de principe des juges français à cet égard est de considérer que de

1. Décision du 3 sept. 1986, *Rec.* 35, *RFDA* 1987. 120 ; V. aussi décision du 13 août 1993 sur la constitutionnalité de la loi relative à la maîtrise de l'immigration, note D. Alland, *RGDIP* 1994. 205 et commentaire J.-F. Lachaume, *AFDI* 1994. 963.

2. Contrôle de l'acte du Conseil des communautés du 20 sept. 1976 établissant l'élection du parlement européen au suffrage universel direct ; v. C. Blumann : l'article 54 de la Constitution et le contrôle de la constitutionnalité des traités en France, *RGDIP* 1978. 537.

3. Cons. const. 93-325, 13 août 1993 préc., § 86.

4. Commentaire J.-F. Lachaume, *AFDI* 1995. 813.

tels actes possèdent une autorité dérivée de celle du traité institutif en application duquel chacun a été adopté. Cette position leur permet de triompher du mutisme de la Constitution, qui s'en tient aux traités et à la coutume et ne mentionne nulle part les actes des organisations internationales.

a) Cette position a été retenue par le Conseil constitutionnel, dans ses décisions du 30 décembre 1977 [1], qui a en effet considéré que la *valeur juridique des règlements communautaires* était la conséquence directe d'engagements internationaux pris antérieurement par la France. Il a estimé, ultérieurement, que, pour les mêmes raisons, la réforme des statuts du Fonds monétaire international résultant de la résolution du Conseil des gouverneurs du 30 avril 1976 était devenue obligatoire à l'égard de l'ensemble des États membres du FMI, y compris la France, une fois réunies les conditions de majorité requises par les accords de Bretton-Woods auxquels la France est partie [2]. Dans sa décision du 8 août 1985 [3], le juge constitutionnel a évité toute discussion sur la portée d'une résolution de l'Assemblée générale des Nations Unies relative à l'octroi de l'indépendance aux pays et aux peuples colonisés considérant qu'un tel acte était, selon la Charte, dépourvu de valeur normative.

S'agissant des actes dérivés du droit communautaire, le Conseil constitutionnel s'est contenté en pratique, jusqu'à sa décision du 20 mai 1998, *Contrôle de constitutionnalité d'une loi organique*, de subordonner, sur la base de l'article 55 de la Constitution, le traitement du droit communautaire aux mêmes conditions que celles auxquelles sa jurisprudence soumet les règles conventionnelles du droit international public. L'arrêt *Nicolo* constituait à la fois le fondement et le meilleur témoignage de cette attitude. Dans sa décision du 20 mai 1998 le Conseil observe, en revanche, que le droit de vote et d'éligibilité des citoyens de l'Union aux élections municipales est accordé « selon les modalités prévues par le Traité sur l'Union européenne ». Apparaissant comme une sorte de quasi-constitutionnalisation du traité communautaire, cette jurisprudence marquait du moins la spécificité de celui-ci par rapport au droit international proprement dit.

Dans la continuité de ce qui précède, avec sa décision du 10 juin 2004, *Loi pour la confiance de l'économie numérique*, le Conseil devait examiner la constitutionnalité d'une loi de « transposition » d'une directive communautaire (terminologie impropre quoiqu'usitée) en droit français. À cet effet, il a rappellé les termes de l'article 88-1 de la Constitution selon lequel « la République participe aux Communautés européennes et à l'Union européenne, constituées d'États qui ont choisi librement, en vertu des traités qui les ont instituées, d'exercer en commun certaines de leurs compétences ». Il en tire notamment la conséquence que le législateur national a l'obligation d'adopter, en application du Traité de Rome, les mesures nécessaires à son application dans l'ordre interne. Certains

1. *Rec.*, p. 44 et 46.
2. *RGDIP* 1979. 208, note D. Carreau.
3. *Rec.*, p. 63.

commentateurs ont alors voulu voir dans cette décision une consécration magistrale de la primauté du droit communautaire sur le droit constitutionnel interne [1]. D'autres, semble-t-il à juste raison plus prudents, se contentent de lire dans cette décision l'énoncé des conditions auxquelles le Conseil s'estime lui-même compétent, au regard de la Constitution française, pour juger de la constitutionnalité d'une loi « transposant » une directive [2]. Cette interprétation paraît en effet beaucoup plus conforme à l'inspiration de la ligne générale ordonnant la jurisprudence du Conseil constitutionnel français. La position qu'il a prise dans sa décision du 30 mars 2006 relative à la *Loi sur l'égalité des chances*, dans laquelle la contravention à une directive communautaire était également invoquée, incite encore davantage à penser que, contrairement à ce qui a été proclamé par certains, il n'y a nulle révolution dans la position du Conseil à l'égard du droit communautaire [3]. La situation de ce dernier est désormais reconnue distincte de celle du droit international [4] ; mais, bien que le débat soit désormais ouvert en doctrine, il n'est pas certain qu'il faille voir dans cette décision la reconnaissance de principe de la primauté du droit communautaire sur le droit constitutionnel interne [5]. Toujours est-il qu'il semblerait résulter de cette jurisprudence du Conseil, fondée sur la spécificité du droit communautaire entendu comme ordre juridique distinct du droit international, une étrange conséquence : alors qu'une loi contraire à un traité ne serait pas pour autant contraire à la Constitution, une loi manifestement incompatible avec une directive communautaire violerait de ce seul fait l'article 88-1. Or, la thèse de l'autonomie radicale du droit communautaire par rapport au droit international paraît très critiquable [6] (v. ss 454). Elle n'est pas dans la lettre de la Constitution française et n'a trouvé une base dans celle-ci que par une interprétation audacieuse de l'article 88-1. On constate en tout cas que le Conseil constitutionnel entend pour l'instant limiter son contrôle de la conformité des lois aux directives communautaires aux seules lois de transposition de ces directives dans l'ordre interne [7]. Là encore, le fondement juridique d'une telle limitation n'est nullement évident.

---

1. V. commentaire B. Mathieu, *D.* 2004, n° 25, p. 1739-1740, p. 1740.

2. V. F. Poirat, *RGDIP* 2004/4, p. 1050-1065.

3. V. B. Genevois, Le Conseil constitutionnel et le droit communautaire dérivé, *RFDA*, 2004. 651.

4. Le Conseil constitutionnel l'a mainte fois affirmé depuis 2004. V. par exemple ses décisions 2004-505 DC du 19 novembre 2004 ou 2012-653DC du 9 août 2012.

5. V. notamment J. Arrighi de Casanova, La décision n° 2004/496 DC du 10 juin 2004 et la hiérarchie des normes *AJDA* 26 juill. 2004, n° 28, p. 1534-1537.

6. V. sur ce point B. De Witte, Rules of Change *in* International Law : How Special is the European Community, *in* K. Wellens (dir.), *Diversity in Secondary Rules and the Unity of International Law*, La Haye, Nijhoff, 1995, p. 299-333 ; A. Pellet, Les fondements juridiques internationaux du droit communautaire, *in Collection des cours de l'Académie de droit européen*, IUE, vol. V, t. 2 ; Ch. Leben, Nature des communautés, *Droits*, n° 14, p. 64 s. ; P.M. Dupuy, L'unité de l'ordre juridique international, Cours général de droit international public, *RCADI* t. 297, p. 438-450.

7. Hormis le cas très spécifique du contrôle des lois organiques prises pour l'application de l'article 88-3 sur le droit de vote et d'éligibilité des citoyens de l'Union aux élections municipales. V. la décision 2013-668 DC du 16 mai 2013.

b) Le juge judiciaire a parfois semblé également embarrassé face aux actes juridiques émanant des organisations internationales. Ainsi la Cour d'appel de Paris avait considéré dans un arrêt du 29 avril 1959 [1] que la Déclaration universelle des droits de l'homme adoptée par l'Assemblée générale de l'ONU en la forme d'une résolution était assimilable à un traité. Cet arrêt fut ultérieurement cassé par la Cour de cassation. En revanche, celle-ci a pu assimiler les annexes ou « règlements adoptés par le Conseil de l'OACI » au traité institutif de l'organisation, la convention de Chicago elle-même [2]. Pour autant, un arrêt de la Cour de Paris du 18 novembre 1967 refusait de reconnaître l'applicabilité et l'effet direct à un Règlement sanitaire international adopté par l'OMS [3].

Cet embarras s'est de nouveau manifesté, dans la période récente, à propos des décisions du Conseil de sécurité des Nations Unies. Dans un arrêt de la première chambre civile de Cour de cassation du 15 juillet 1999, le juge judiciaire avait semblé admettre dans un premier temps le caractère obligatoire puisque prises en application du chapitre VII de la Charte, mais aussi l'invocabilité directe de la résolution 687 du Conseil de sécurité des Nations Unies, adoptée au sortir de la guerre du Golfe [4]. Cette jurisprudence, au demeurant fondée sur des considérants parfois surprenants, paraissait avoir été confirmée par un arrêt de la Cour d'appel de Paris rendu sur cassation, du 20 février 2002, *Irak c/ Société Dumez G.T.M.*, toujours à propos des effets de la résolution 687 du Conseil de sécurité [5]. On a toutefois pu observer en doctrine que l'absence de publication des résolutions du Conseil de sécurité au *Journal officiel* s'opposait à l'applicabilité directe des résolutions adoptées par le Conseil de sécurité, fut-ce en application du chapitre VII de la Charte. On a souligné en outre qu'une chose est le caractère obligatoire pour tous les États membres, donc pour la France, de ces résolutions, une autre est de leur reconnaître une applicabilité directe dans l'ordre interne [6]. Ces critiques ont-elles été entendues ? Toujours est-il que, revenant sur sa jurisprudence antérieure, un nouvel arrêt de la première chambre civile de la Cour de cassation du 25 avril 2006 a affirmé, par référence à l'article 55 de la Constitution, que les résolutions prises en application du chapitre VII n'ont « pas d'effet direct tant que les prescriptions qu'elles édictent n'ont pas, en droit interne, été rendues obligatoires ou transposées ; qu'à défaut, elles peuvent être prises en considération par le juge en tant que fait juridique ». On a, à juste titre, relevé la terminologie sinon la logique dualiste de cette décision [7].

Le juge judiciaire se plie, en revanche, aux exigences du Traité de Rome et de l'actuel Traité sur le fonctionnement de l'Union européenne (art. 288) pour admettre l'effet direct des règlements communautaires.

1. *JDI*, 1960. 128, Note B. Goldman.
2. Crim., 8 nov. 1963.
3. 18 nov. 1967, *Époux Pivert*, *AFDI* 1968. 866.
4. V. F. Poirat, *RGDIP* 2000/2, p. 555-558.
5. V. F. Poirat, *RGDIP* 2003/4, p. 1008-1009.
6. V. G. Burdeau, *Revue de l'arbitrage*, 2003/3, p. 774.
7. V. F. Poirat, *RGDIP* 2006/4, avec les conclusions de l'Avocat général Sarclet, p. 950-958.

c) Le Conseil d'État, quant à lui, a, comme la Cour de cassation, refusé de voir dans la Déclaration universelle précitée ce qu'elle n'est certainement pas, c'est-à-dire un traité [1]. Cette position a été plus récemment confirmée [2]. Le Conseil d'État, confirmant une jurisprudence antérieure, a préféré décliner sa compétence pour connaître des mesures d'exécution en France de la résolution 687 prise, sur base du chapitre VII de la Charte, par le Conseil de sécurité. Dans son arrêt du 12 mars 1999, *Société Héli-Union*, faisant usage de la vieille théorie des « actes de gouvernement [3] », il a considéré que « dans les circonstances où elle a été prise, [la] décision du ministre du Budget n'est pas détachable de la conduite des relations de la France et échappe, par suite, à tout contrôle juridictionnel ». Sur ce point, donc, les positions respectives des juridictions administrative et judiciaire demeurent contrastées [4].

S'agissant des actes de l'Union européenne, les juges administratifs reconnaissent, comme les magistrats de l'ordre judiciaire, un effet direct aux règlements, ainsi qu'à certaines décisions émanant de la Commission européenne. En revanche, malgré l'insistance de la Cour de justice des communautés européenne (v. ss 449), le Conseil d'État, faisant application de sa jurisprudence *Cohn-Bendit* de 1978, a longtemps considéré qu'une directive ne pouvait être invoquée directement à l'appui d'un recours en annulation dirigé contre un acte administratif individuel [5]. En pratique, ce rejet de l'applicabilité directe des directives n'emportait pas de conséquences importantes. La jurisprudence admettait en effet qu'un requérant pût invoquer, par voie d'exception, la contrariété à une directive suffisamment précise de dispositions du droit interne qui avaient servi de fondement à la décision individuelle, que ces dispositions fussent celles d'un acte réglementaire [6] ou que l'incompatibilité résultât de la loi [7] ou de la jurisprudence [8]. Elle avait, de surcroît, élevé au rang de principe l'obligation pour l'administration de faire droit à une demande d'abrogation d'un acte réglementaire contraire à une directive communautaire [9]. Un

---

1. 18 avr. 1951, *Élection de Nolay*, *Rec.* 189.

2. CE, 21 déc. 1990, *Conféd. nationale des associations familiales catholiques et autres*, *RFDA* 1991. 846 note Berger, Labayle, Sudre.

3. On notera que la théorie des actes de gouvernement fait toujours bel et bien partie du droit administratif français. Dans un arrêt du 30 décembre 2003, *Comité contre la guerre en Irak et autres*, le Conseil d'État a rejeté un recours formé contre la décision du gouvernement de laisser utiliser l'espace aérien français par les avions de la « coalition » américano-britannique intervenant militairement en Irak ; cette décision n'est en effet pas détachable de la conduite des relations internationales de la France. V. F. Poirat, *RGDIP* 2004/2, p. 543-546.

4. V. F. Poirat, *RGDIP* 2000/2, p. 544 s.

5. Son arrêt du 22 déc. 1978, *Ministre de l'Intérieur c/ Cohn-Bendit*, *JDI*, 1979. 589 s., Note B. Goldman ; à comparer avec J. Boulouis, l'applicabilité directe des directives. À propos d'un arrêt *Cohn-Bendit* du Conseil d'État, *Revue du marché commun* 1979, p. 104 ; B. Pacteau, *D.* 1979. 155 et 162 ; D. Ruzié, *Gaz. Pal.*, 20-22 mai 1979, p. 13.

6. CE, 8 juill. 1992, *Palazzi*.

7. CE, ass., 30 oct. 1996, *SA Revert et Badelon*.

8. CE, ass., 6 févr. 1998, *Tête*.

9. CE, ass., 3 févr. 1989, *Cie Alitalia*, *RTD eur.* 1989. 509, note Verges. Ph. Manin, L'invocabilité des directives, quelques interrogations, 1992/1, p. 1 ; D. Simon, Le Conseil d'État et les important arrêt de l'assemblée du contentieux du Conseil d'État en date 30 octobre 2009 a mis fin à la jurisprudence *Cohn-Bendit* [1]. Il est désormais admis qu'un requérant puisse invoquer, à l'encontre d'une décision individuelle, les dispositions précises et inconditionnelles d'une directive dont le délai de transposition est dépassé.

Le Conseil d'État a eu l'occasion, par ailleurs, par un arrêt du 11 décembre 2006, de se pencher sur un type d'actes juridiques d'une nature particulière pris par le Conseil des ministres dans le cadre de l'Union européenne, sur la base de l'article 12 du traité de Maastricht (devenu art. 25 du TUE dans sa rédaction issue du Traité de Lisbonne de 2007), à propos de la politique étrangère et de sécurité commune (PESC) [2]. Ainsi, par « action commune » du 11 mars 2002, le Conseil de l'Union avait-il créé une Mission de police de l'Union européenne (MPUE). Ce type d'actes est insusceptible d'invocation directe par un particulier pour intenter un recours pour excès de pouvoir contre l'administration. En effet, les « actions communes » (mais sans doute aussi les « positions communes ») créent, certes, un devoir de coopération loyale entre les États de l'Union. Pour autant, elles n'engendrent pas de droits au bénéfice des individus [3].

C'est quoi qu'il en soit à l'égard de la portée normative des actes unilatéraux émis par des organisations bien particulières, les Communautés européennes, que les juridictions françaises et singulièrement le Conseil d'État ont eu le plus de mal à faire application pure et simple du traité institutif. La spécificité du droit de l'Union européenne et la jurisprudence française qu'elle a suscitée ont déjà été évoquées à plusieurs reprises mais elles méritent en elles-mêmes un examen particulier.

SECTION 3. SUR LA PARTICULARITÉ DU DROIT DE L'UNION EUROPÉENNE DANS SES RAPPORTS AVEC LES DROITS INTERNES DES ÉTATS MEMBRES

446 ***Données générales*** ◊ Il est nécessaire de clarifier les principaux critères formels régissant la relation entre droit de l'Union européenne et droits internes des États membres. La particularité de cette relation, envisagée par rapport à celle existante entre droit international et droits nationaux a été si souvent soulignée que les analogies avec l'ordre international en

---

directives communautaires : du gallicanisme à l'orthodoxie, *RTD eur.* 1992/2, p. 286 ; D. de Béchillon, L'applicabilité des directives communautaires dans la jurisprudence du Conseil d'État, *RD publ.* 1991/3, p. 759.

1. *Perreux*, *RGDIP* 2010, p. 232.
2. V. D. Simon, *Le système juridique communautaire*, Paris, PUF, 3e éd. 2001, p. 342.
3. V. G. Le Floch, *RGDIP* 2007/1, p. 213-216.

matière d'application des normes ont été négligées. De plus, la constitutionnalisation progressive du droit de l'Union a produit des conséquences en matière de relation de ce droit avec les ordres juridiques nationaux. Ces conséquences doivent être prises en compte.

§ 1. Les analogies entre droit international et droit de l'Union européenne dans leurs rapports avec les droits internes des États membres : le principe de l'effet direct

447 *Traités institutifs et apports jurisprudentiels* ◊ En vertu de l'article 288 TFUE (ex-article 249 TCE), seul un type spécifique de normes communautaires est doté d'applicabilité directe dans l'ordre juridique interne des États membres dès sa parution au Journal officiel de l'Union : c'est le règlement. La jurisprudence de la CJCE a cependant par la suite considérablement étendu le champ d'application de cette propriété en l'attribuant à d'autres normes du droit communautaire. Il s'agit d'une part de certaines dispositions des traités institutifs eux-mêmes [1], d'autre part, à certaines conditions que l'on examinera plus loin, d'autres types d'actes communautaires constitutifs de « droit dérivé », au premier rang desquels les directives alors pourtant que celles-ci, de par la lettre du traité, se contentent de lier tout État membre « quant aux résultats à atteindre tout en laissant aux instances nationales la compétence quant à la forme et aux moyens ».

448 *L'arrêt de principe Van Gend en Loos* [2] ◊ C'est dans cet arrêt rendu dans le cadre de la procédure du recours préjudiciel en interprétation (art. 177 CEE, devenu l'art. 267 TFUE) à propos de l'article 12 du Traité de Rome (aujourd'hui art. 30 du TFUE interdisant l'introduction de nouveaux droits de douane ou taxes d'effets équivalents) que la CJCE a défini sa doctrine de l'applicabilité directe des dispositions communautaires autres que le règlement. Elle fonde ses extensions sur trois arguments : l'un est que l'institution d'un « marché commun » concerne par définition non pas seulement les États membres mais également leurs ressortissants. L'autre est que de ce fait le droit communautaire crée dans le chef des particuliers des obligations mais aussi des droits propres. Le troisième est qu'il incombe par voie de conséquence aux juridictions nationales d'en assurer le respect.

Par la suite, la même argumentation a permis à la Cour d'identifier dans les dispositions du traité constitutif instituant une obligation « de ne pas faire », mais aussi dans celles établissant des obligations « de faire » [3], ou même dans certaines dispositions des traités constitutifs non encore

1. Arrêt *Van Duyn*, Aff. 41/74 ; Arrêt *Reyners*, Aff. 2/74 ; Arrêt *Van Binsbergen*, Aff. 33/74 ; Arrêt *Defrenne*, Aff. 43/75.
2. Aff. 26/62, *Rec.* p. 1.
3. Arrêt *Lütticke*, Aff. 57/65, *Rec.*, p. 293.

complétées par du droit dérivé [1] des normes dotées d'applicabilité directe. De la même manière, les principes généraux se situant dans le cadre du droit communautaire [2] se sont également vus reconnaître un effet direct. Ici encore, l'applicabilité directe entraîne l'invocabilité directe de ces normes communautaires devant le juge interne.

449 ***Applicabilité directe du droit de l'Union européenne et applicabilité directe du droit international*** ◊ Suivant en cela l'argumentation précitée qui fut réitérée à maintes reprises par la même juridiction, complétée comme on le verra plus tard par la doctrine de la « primauté » du droit de l'UE, on a généralement tendance à exagérer l'applicabilité directe des normes de ce droit.

Fondamentalement pourtant, aux origines de sa jurisprudence en la matière, les critères utilisés par la Cour de Luxembourg pour identifier les normes dotées d'applicabilité directe n'étaient pas en rupture avec ceux que la CPJI avait déjà employés en 1928 dans l'avis relatif à la compétence des tribunaux de Dantzig (v. ss 420). Il fallait, ici aussi, d'une part, que la norme en cause vise le statut des particuliers même au cas où elle ne pose formellement qu'une obligation adressée aux États et, d'autre part, que son contenu soit suffisamment précis pour que sa mise en œuvre ne suppose pas la prise de mesures complémentaires d'exécution dans l'ordre interne.

Le partage que la Cour a été amenée à faire, en application de l'arrêt *Van Gend en Loos*, entre les dispositions du Traité de Rome qui sont d'applicabilité directe et les autres a été ainsi établi sur la base de considérations que la Cour internationale de Justice n'aurait pas désavouées, elles sont applicables à tout autre traité international, quel qu'il soit.

Ainsi, la CJCE n'a pas reconnu d'effet direct aux dispositions qui, tel l'ancien article 107 du Traité CEE, énoncent des obligations de caractère très général à la charge des États [3]. Elle n'a pas davantage reconnu d'applicabilité aux aides étatiques qui ne sont ni absolues ni inconditionnelles [4].

Par ailleurs, on trouve une autre vérification de la conformité des critères d'applicabilité directe employés par la CJCE, puis la CJUE, avec ceux qu'utilise le droit international à l'égard des accords internationaux auxquels la Communauté, aujourd'hui l'Union, est partie. Ainsi qu'elle le pose dans l'arrêt *Demirel* du 30 septembre 1986 : « une disposition d'un accord conclu par la Communauté avec des pays tiers doit être considérée comme étant d'application directe lorsque, eu égard à ses termes ainsi qu'à l'objet et à la nature de l'accord, elle comporte une obligation claire et précise, qui n'est subordonnée, dans son exécution ou dans ses effets, à l'intervention d'aucun acte ultérieur [5] ».

1. Arrêt *Reyners*, Aff. 2/74, *Rec.*, p. 631.
2. Arrêt *Demirel*, Aff. 12/86, *Rec.*, p. 3719.
3. Arrêt *Schlütter*, Aff. 9/73, *Rec.*, p. 1160.
4. V. J. Biancarelli, Le contrôle de la CJCE en matière d'aides publiques, *AJDA*, 1993, 6, p. 412.
5. Aff. 12/86, *Rec.* p. 3747.

En revanche, on peut sans doute s'étonner que la CJCE ait alors conféré l'applicabilité directe à certaines directives allant ainsi jusqu'à modifier l'équilibre de la typologie normative de l'article 249 CE (devenu l'article 288 TFUE), ce qui du même coup, accroissait de façon considérable le rôle du juge interne dans le contrôle de son application. Par sa définition même, en effet, la directive n'est en principe pas une norme destinée à se suffire elle-même. Il était ainsi justifiable de critiquer une jurisprudence qui interprète si librement la lettre de l'article 249 (art. 288 TFUE) en vertu d'une interprétation selon « l'effet utile » d'une dynamique toute particulière. Cette jurisprudence s'est, pour cette raison, heurtée pendant longtemps à l'opposition des juridictions internes et, en particulier, à celle du Conseil d'État français qui, en octobre 2009, s'est toutefois rallié à cette interprétation (v. ss 445).

Entre-temps, la Cour de justice des Communautés européenne a, du reste, quelque peu rajusté sa jurisprudence dans un sens plus restrictif. Depuis son arrêt *Marshall* [1] plusieurs fois confirmé depuis [2], elle a considéré que l'effet direct des directives, explicitement fondé sur les anciens articles 10 et 249 du traité CE, ne s'applique que dans les rapports entre l'État et les particuliers (effet direct vertical) non dans les rapports entre les particuliers eux-mêmes (*effet direct horizontal*). L'applicabilité directe ne peut de plus être invoquée par un particulier face à l'État que dans les cas où ce dernier « aurait omis de prendre les mesures d'exécution requises, ou adopté des mesures non conformes à une directive [3] ». L'État ne saurait, quant à lui, se prévaloir de sa propre carence dans l'accomplissement de ses obligations en vue de l'application de la directive pour en écarter l'invocation par le particulier [4]. Enfin, le juge communautaire a clairement redit que l'invocabilité de la directive est subordonnée au respect des conditions techniques exigées de la norme en cause : inconditionnalité, clarté de sa formulation, et restriction suffisante de la marge d'appréciation laissée aux autorités nationales pour qu'elle ne fasse pas obstacle à son application par le juge [5].

On doit ainsi constater que les directives considérées par la CJCE comme dotées d'applicabilité directe sont de toute façon celles qui vérifient les critères précités. Ils tiennent en particulier à la précision de leur contenu comme au fait qu'elles doivent être de nature à engendrer des droits pour les particuliers. L'applicabilité directe ne peut de plus être retenue que postérieurement à l'écoulement du délai laissé aux États pour prendre les mesures d'application [6]. Ainsi, même en vertu d'une

1. Aff. 152/84, 26 févr. 1986.

2. Le principe de l'effet verticale a été mis en discussion par l'avocat général dans ses conclusions relatives à l'affaire, *Facini Dori*, C-91/92, mais cette position a été rejetée par la Cour de justice dans son arrêt du 14 juill. 1994.

3. *Commission c/ Belgique*, 102/79 du 6 mai 1980, *Rec.* 1473.

4. *Ratti*, 148/78, 5 avr. 1979, *Rec.* 1629.

5. *Francovitch et Bonifaci*, 6 et 9/90 19 nov. 1991, *Rec.* I-5337.

6. Arrêt *SACE*, 1970, Aff. 33/70, *Rec.* p. 1213 et surtout arrêt *Van Duyn*, 1974, Aff. 41/74 et arrêt *Ratti*, 1979, Aff. 148/78, *Rec.* p. 1629.

conception jurisprudentielle particulièrement extensive quant au champ d'application de l'applicabilité directe [1], on retrouve pour l'essentiel le respect d'une critériologie empruntée directement au droit international [2].

Pourtant, si l'applicabilité directe du droit communautaire élargie par la jurisprudence a tendu à prendre tant d'importance et a suscité des réactions diverses des juridictions nationales, c'est parce que la Cour de Luxembourg a été conduite à l'assortir de la règle de la primauté.

§ 2. La particularité du droit de l'Union européenne dans ses rapports avec les droits internes des États membres : le principe de primauté

450 ***Une conséquence logique de l'applicabilité directe*** ◊ Pénétrant directement dans l'ordre interne des États membres, le règlement communautaire (mais aussi toutes les autres normes qui, par extension, bénéficient de l'applicabilité directe invocable devant le juge national par les particuliers) rentre en bien des cas en conflit avec des normes du droit interne ayant le même objet.

Comment, dans ces conditions, garantir l'unité d'application du droit communautaire à travers tous les États membres si l'on maintient pour chacun d'entre eux la possibilité de déroger à la règle communautaire en s'abritant derrière les dispositions d'une législation nationale qu'ils pourraient faire varier à leur convenance ? Pour éviter de tels agissements individuels des États, qui aboutiraient à ruiner tout effort pour construire l'intégration économique supposée par l'édification du marché commun, la CJCE a décidé, un peu plus d'un an après l'arrêt *Van Gend en Loos*, dans son célèbre arrêt de principe *Costa c/ Enel*, qu'il n'y avait qu'une solution : imposer la primauté du droit communautaire sur le droit national.

451 ***L'arrêt Costa c/ Enel*** ◊ Il reprend, en la développant encore, l'argumentation déployée dans l'arrêt *Van Gend en Loos*. Il renforce la volonté de la CJCE de distinguer le traité communautaire des autres traités internationaux : « à la différence des traités internationaux ordinaires, le traité de la CEE a institué un ordre juridique propre, intégré au système juridique des États membres lors de l'entrée en vigueur du traité, et qui s'impose à leurs seules juridictions ».

C'est parce que « la force exécutive du droit communautaire ne saurait varier d'un État à l'autre à la faveur des législations internes ultérieures

1. Même si elle a été quelque peu atténuée dans l'arrêt *Commission c/ Belgique* 1980, Aff. 102/79, *Rec.* p. 1473.

2. Sur la reconnaissance de l'applicabilité directe des directives communautaires par le juge français, V. D. Alland, L'applicabilité directe du droit international considérée du point de vue de l'office du juge, *RGDIP* 1998/1, p. 231-239.

sans mettre en péril la réalisation des buts du traité » et « que les obligations contractées dans le traité instituant la Communauté ne seraient pas inconditionnelles mais seulement éventuelles si elles pouvaient être mises en cause par les actes législatifs futurs des signataires », que l'on doit, entre autres, conclure à la primauté inéluctable du droit communautaire sur le droit interne des États membres.

Des arguments précités, celui d'efficacité uniforme du droit communautaire est sûrement convaincant, tandis que la prétention par la CJCE que le traité CE soit le seul à déterminer un ordre juridique propre est excessive. Ce qui est original dans le système communautaire, aujourd'hui dans celui de l'Union européenne, n'est pas l'existence de cet ordre juridique [1], mais son caractère fortement intégré. Quand le principe de la primauté a été pour la première fois affirmé dans l'arrêt *Costa c/ Enel*, l'intégration de l'ordre communautaire, tenu compte de ses caractéristiques institutionnelles (attribution à la Commission, organe indépendant vis-à-vis des gouvernements, d'un pouvoir presque exclusif en matière d'initiative législative, présence d'une Assemblé composée par les représentants élus au niveau national des peuples européens, doté d'un pouvoir de contrôle politique, transfert à l'appareil institutionnel communautaire d'une sphère de compétences étendue *ratione materiae)* et normatives (prévision explicite au niveau du traité d'une catégorie d'actes dotés d'applicabilité directe), était certainement tangible, mais n'était pas si approfondie d'être capable de modifier sa nature de traité international. Dans les années suivantes, par contre, l'activisme de la Cour de justice a contribué à transformer radicalement l'ordre juridique communautaire de façon telle à le constitutionaliser.

452 ***La constitutionalisation du Traité CE*** ◊ À partir des années soixante-dix la Cour de justice a affirmé, dans une série d'arrêts fondamentaux, trois principes qui, additionnés aux principes de l'effet direct et de la primauté du droit CE, ont donné lieu, à ce que Joseph H.H. Weiler a appelé le « processus de constitutionalisation » de l'ordre juridique communautaire [2]. Le premier principe est celui des pouvoirs implicites. Affirmé pour la première fois par la Cour de Justice dans le domaine de relations extérieures, ce principe a permis de reconnaître à la Communauté tous les pouvoirs qui lui sont nécessaires pour achever ses buts [3] ; il reste pertinent aujourd'hui quoiqu'utilisé avec plus de prudence depuis quelques années (v. ss 176). Le deuxième élément de l'architecture constitutionnelle bâtie par la Cour correspond à la subordination des sources communautaires primaires et secondaires au respect des droits fondamentaux de l'individu. Ce principe, affirmé à partir de 1969, malgré l'absence dans le Traité d'une

---

1. Cette situation est, dans des proportions variables, réalisée à partir de tout acte constitutif d'une organisation internationale (v. ss 147).
2. V. J.H.H. Weiler, *The Constitution of Europe*, Cambridge, Cambridge University Press, 1999, p. 19.
3. V. Arrêt *AETR*, 1971, Aff. 22/70.

référence au devoir du respect des droits de l'homme [1], a été fondamental pour légitimer la primauté du droit communautaire [2] sur les droits nationaux et pour transformer la Cour de justice en une véritable cour constitutionnelle européenne. Finalement, à partir des années quatre-vingt-dix, la Cour de justice a introduit une nouvelle institution juridique, le principe de la responsabilité extracontractuelle étatique, destinée à sanctionner tous les États qui ne se conforment pas au droit communautaire. D'après ce principe, le juge national est tenu à exiger par l'État une compensation pécuniaire toutes les fois que ce dernier n'a pas pris les mesures nationales nécessaires afin que les personnes privées puissent bénéficier des droits leur reconnus par le droit communautaire. Ce dernier élément a été décisif pour soustraire l'efficacité de l'ordre communautaire au caprice des institutions politiques des États membres et pour transférer le pouvoir de contrôle du respect de droit communautaire aux juges nationaux. Ce changement est radical puisqu'il entraîne que l'État se voit obligé à se conformer au droit CE non tant par une juridiction externe à son système juridique, mais par ses propres organes.

Compte tenu de ce processus de constitutionnalisation du traité CE par voie jurisprudentielle, il n'est pas surprenant que le principe de primauté, tout en étant familier au droit international, ait acquis une signification particulière dans le cadre des relations entre ordre communautaire et ordre nationaux. La primauté, en effet, une fois affirmée, entraîne une prévalence du droit CE, aujourd'hui du droit de l'UE, sur les normes nationales (même constitutionnelles) de caractère automatique et immédiatement exécutoire. D'où la réaction prudente si non réticente des États membres.

453 ***Réactions des juridictions internes des États membres*** ◊ Elles ont déjà été évoquées antérieurement. Dans un premier temps, les juridictions nationales des États membres ont éprouvé des réticences plus ou moins marquées à faire primer le droit communautaire, en particulier sur les normes constitutionnelles internes ainsi qu'à l'égard des lois nationales postérieures [3]. Dès 1971 pourtant, la Cour constitutionnelle de la RFA acceptait la primauté du droit communautaire sur la loi postérieure. De même fit la Cour de cassation belge, par l'arrêt *État belge c/ SA fromagerie franco-suisse* le 27 mai 1971 [4]. La Cour constitutionnelle italienne, pour sa part, dans un important arrêt du 8 juin 1984 [5] consacrait la primauté du droit communautaire sur un décret du président de la République en dépit de la tradition dualiste toujours très vivace dans ce pays. L'évolution de la

1. V. Arrêt *Stauder*, 1969, Aff. 29/69.
2. V. Arrêt *Francovich*, 1991, Aff. C-6/90 et 9/90.
3. V. cependant à l'égard de la norme constitutionnelle les réserves exprimées dans l'arrêt de la deuxième chambre de la Cour Constitutionnelle allemande du 29 mai 1974 (*RTD eur.* 1975. 316).
4. *Journal des Tribunaux* 1971. 460-474.
5. *SPA Granital c/ Administration des finances de l'État, RTD eur.* 1985. 414.

jurisprudence des tribunaux français, judiciaires et administratifs, a déjà été traitée plus haut (v. ss 440 s. ; 445 s.).

Cependant, confrontées à la question de la primauté du droit communautaire, les juridictions nationales sont placées dans des situations différentes suivant qu'elles appartiennent à un pays de tradition dualiste ou moniste.

Dans le premier cas, la reconnaissance de la primauté du droit communautaire ne pouvait se faire qu'en reprenant l'argumentation de la CJCE relative à la spécificité absolue de ce droit. Dans le second, en revanche, qui est celui de la France, en s'appuyant sur la lettre de l'article 55, interprété comme le fait le commissaire du gouvernement Frydman dans l'affaire *Nicolo* à la suite de René Chapus, comme une habilitation implicite donnée aux juges pour faire primer les traités internationaux sur la loi interne, on parvient au même résultat, sans pour autant avoir besoin de s'appuyer sur la spécificité de l'ordre juridique communautaire. Dans son arrêt de 1975, la Cour de cassation avait préféré cumuler la référence à l'article 55 de la Constitution et l'argumentation de singularité du droit communautaire. Le laconisme du Conseil d'État dans *l'arrêt Nicolo* permet au contraire de penser qu'il fonde exclusivement son revirement jurisprudentiel sur la seule relecture de l'article 55. Du fait de l'option moniste de la Constitution française, on peut en effet considérer qu'il est inutile d'avoir ici recours à la démonstration d'une originalité radicale du droit communautaire, dont il faut bien convenir que la Cour du Luxembourg a parfois tendu à faire un usage proche de l'abus.

La première des trois décisions du Conseil constitutionnel intervenues à propos du traité de Maastricht constate bien quant à elle que l'ordre juridique communautaire constitue un ordre autonome. Elle entend cependant par là qu'il « n'appartient pas à l'ordre institutionnel de la République française » (cons. 34). En particulier, le traité considéré « n'a pas pour conséquence de modifier la nature juridique du Parlement européen » (cons. 34). Cela signifie que, pour le Conseil, les transferts de compétences opérés d'une façon générale par le traité communautaire n'ont rien d'irréversible ; ils ne sauraient s'analyser comme de véritables transferts de souveraineté. La Communauté européenne semble bien ainsi rester pour lui une organisation internationale, non encore assimilable à la structure en devenir d'un ordre juridique préfédéral. Ce constat est avéré par les références que la décision opère à l'article 55 de la constitution et à l'alinéa 14 du préambule de 1946 autorisant la participation de la France à « la création ou au développement d'une organisation internationale permanente » (cons. 13). Ainsi, selon cette jurisprudence, les rapports entre droit communautaire et droit constitutionnel interne ne sont pas encore à distinguer des relations entre droit international en général et droit constitutionnel français en particulier [1].

1. Outre L. Favoreu, v. ss 426, d'une façon plus générale Univ. Panthéon-Assas, Paris II, *La Constitution et l'Europe*, Journées d'étude du 25 mars 1992 au Sénat, Paris, Montchrestien, 1992.

Cette lecture des relations entre droit de l'Union européenne et droit constitutionnel français a, dans une certaine mesure, reçu confirmation dans la décision prise en 2004 par le Conseil constitutionnel concernant la compatibilité du Traité instituant une Constitution pour l'Europe avec la Constitution française. Dans cette décision, en effet, le Conseil constitutionnel n'a pas hésité à affirmer que la Constitution européenne maintient le caractère d'un traité international malgré le recours au mot « Constitution » et malgré la codification explicite dans l'art. I-6 du Traité constitutionnel du principe de la primauté du droit de l'Union européenne sur les droits nationaux [1]. Mais elle est également contredite, depuis la décision du Conseil constitutionnel du 10 juin 2004, *Loi pour la confiance dans l'économie numérique* [2], par une vision beaucoup plus autonomiste de l'ordre juridique communautaire dans la jurisprudence française. Depuis cette décision, le fondement de la réalisation du droit communautaire en droit français n'est désormais plus seulement l'article 55 de la Constitution mais aussi l'article 88-1, qui dispose, dans sa rédaction issue de la révision constitutionnelle du 4 février 2008, que « la République participe à l'Union européenne constituée d'États qui ont choisi librement d'exercer en commun certaines de leurs compétences en vertu du traité sur l'Union européenne et du traité sur le fonctionnement de l'Union européenne ». Le Conseil constitutionnel en déduit que le droit de l'Union européenne est « intégré à l'ordre juridique interne et distinct de l'ordre juridique international » [3]. En conséquence, le juge national est placé dans la situation d'être à la fois juge de droit français et « juge de droit commun » du droit de l'Union européenne [4]. De cette autonomie et de cette fonction découlent un contrôle spécifique sur les normes de transposition des actes communautaires et plus particulièrement des directives. Les règles nationales de transposition bénéficient, ainsi, d'une présomption de constitutionnalité qui n'est renversée que lorsqu'une disposition spécifique de la Constitution est méconnue [5]. Le Conseil d'État estime, de son côté, que, saisi d'un moyen tiré de la contrariété d'un acte réglementaire de transposition d'une directive communautaire à une règle constitutionnelle, le juge doit « rechercher s'il existe une règle ou un principe général du droit communautaire qui [...] garantit par son application l'effectivité du respect de la disposition ou du principe constitutionnel

1. Décision du Conseil constitutionnel n° 2004-505 DC du 19 nov. 2004 sur le Traité instituant une Constitution pour l'Europe. Pour un commentaire sur cette décision, v. L. Azoulai et F.R. Agerbeek, Conseil constitutionnel, Décision n° 2004-505 DC of 19 november 2004, *in Common Market Law Review*, 2005, pp. 871-886.

2. Déc. n° 2004-496.

3. CC, décision du 20 oct. 2007, n° 2007-560, *Traité modifiant le Traité sur l'Union européenne et le traité instituant la Communauté européenne*, *RGDIP* 2008. 207, note L. Azoulai. V. également la décision n° 2012-653 du 9 août 2012, *Traité sur la stabilité, la coordination et la gouvernance au sein de l'Union économique et monétaire*.

4. V., à cet égard, les commentaires de J. Matringe sous Cour de cassation, Ch. sociale, 18 déc. 2007, *M. Serge X. c/ RATP*, *RGDIP* 2008. 434.

5. Décision précitée *Loi pour la confiance dans l'économie numérique*, § 7.

invoqué ». Dans l'affirmative, il doit surseoir à statuer et renvoyer l'appréciation de la validité à la CJUE sous la forme d'une question préjudicielle [1].

454 ***Droit international et droit de l'Union européenne*** ◇ La question de la spécificité du droit de l'Union européenne par rapport au droit international présente un grand intérêt du point de vue théorique, en renvoyant à l'interrogation relative à ce qui fait l'autonomie d'un ordre juridique par rapport à un autre et au problème de savoir à partir de quel seuil cette autonomie apparaît. Cette question présente aussi une dimension pratique non négligeable en ce qui concerne la situation de l'Union dans les relations juridiques internationales ; elle concerne aussi la légalité communautaire elle-même, telle qu'appliquée par les organes, notamment, le Tribunal de première instance et la Cour de justice (v. ss 149, la question du contrôle par ces organes des décisions du Conseil de sécurité des Nations Unies). Enfin, existe également un intérêt du point de vue des ressortissants communautaires eux-mêmes ; en particulier, pour savoir si le juge interne traite des normes communautaires comme il le fait de toute norme internationale [2].

Il faut dire que le système juridique de l'Union européenne, tout en étant marqué par une forte spécificité, demeure, par ses bases conventionnelles, intégré à l'ordre juridique international, dont il constitue un sous-système particulièrement développé. L'ouverture de l'ordre communautaire au droit international est prouvée par le fait que la CJUE fait souvent recours, dans sa jurisprudence, à des règles de droit international public [3]. Le juge communautaire, en effet, utilise des techniques d'interprétation du droit international ou des principes substantiels tels le principe de territorialité, « universellement reconnu en droit international public » [4]. Il s'est appuyé également sur des règles du droit international général de la mer, ou sur des principes de droit pénal international. Il a invoqué également les droits de l'homme et libertés fondamentales reconnus par les États membres dans la Convention européenne des droits de l'homme, à laquelle ils sont tous parties [5].

1. CE, ass., 8 févr. 2007, *Société Arcelor Atlantique et Lorraine et a.*, *RFDA* 2007. 384, concl. M. Guyaumar, et *RGDIP* 2007. 970, note J. Matringe ; Sect., 10 avr. 2008, Conseil National des Barreaux, *RGDIP* 2008. 695, note L. Azoulai.

2. Sur l'ensemble de la question, V. A. Pellet, Les fondements juridiques internationaux du droit communautaire, Collected Courses of the Academy of European Law, vol. V, t. 2, 1997, p. 193-271 ; colloque SFDI de Bordeaux (1999) *Droit international et droit communautaire, perspectives actuelles*, Paris, Pedone, 2000, notamment le rapport général de D. Simon, Les fondements de l'autonomie du droit communautaire, p. 207-249 et la communication de R. Abraham, Les normes du droit communautaire et du droit international devant le juge administratif français. A. Giannelli, *Unione europea e diritto internationale consuetudinaro*, Napoli, Edizione Scientifica 2004.

3. V. A. Rosas, With a Little Help from my Friends : International Case-Law as a Source of Reference for the EU Courts, *in* The Global Community, *Yearbook of International Law and Jurisprudence*, 2005, Vol. I, Oceana Jurisprudence, p. 203-230.

4. CJCE, 27 sept. 1988 *Ahltröm Osakkeytiö*, 125 à 129/85, *Rec.* 5193.

5. V. références des arrêts illustratifs dans D. Simon, *op. cit.* p. 229-230, notes 85 s.

Finalement, il a utilisé les dispositions de la Convention de Vienne sur le droit des traités, par exemple pour ce qui concerne les règles relatives à la gestion d'obligations conventionnelles successives et contradictoires, la référence à la bonne foi, ou les conditions de l'application de la règle du changement fondamental des circonstances comme cause de suspension d'application d'un traité [1].

Ceci étant dit, on doit convenir que la primauté et l'applicabilité directe du droit de l'UE, une fois insérées dans le contexte constitutionnel décrit auparavant, présentent une portée d'une ampleur telle qu'elles rendent ce sous-système de droit international très spécifique.

Le processus de constitutionnalisation propre au droit communautaire place effectivement face à lui tous les États membres dans la situation d'États monistes, intégrant ses normes à leur ordre juridique propre, même et y compris si leur option constitutionnelle à l'égard du droit international demeure dualiste (cas par exemple de l'Italie). Les mécanismes de réception sont par hypothèse écartés, par l'établissement d'un rapport d'intégration directe de la norme communautaire dans les ordres juridiques de chacun des États membres. Cette applicabilité directe provoque à son tour une « invocabilité directe » de la norme de droit communautaire répondant aux critères de la norme *« self executing »* devant le juge national, qui est aussi le juge de droit commun du droit communautaire. Il est donc exact, comme y insiste à juste titre D. Simon que « le droit communautaire impose non seulement sa *primauté "internationale"* mais définit aussi lui-même les conditions de sa *primauté interne* » *(op. cit.* p. 241). En d'autres termes, la primauté de la norme communautaire ne se contente pas de provoquer l'*inopposabilité* de la norme interne dans l'ordre communautaire. Elle entraîne également son *invalidité* dans l'ordre interne, comme l'indiquait de façon emphatique le célèbre arrêt *Simmenthal* [2]. Cette primauté en principe absolue du droit communautaire sur les normes internes révèle que la spécificité du droit communautaire par rapport au droit international « ordinaire » se manifeste dans les rapports respectifs de ces deux droits « internationaux » avec le droit interne. Pour autant, on doit constater que le juge interne est souvent loin d'enregistrer cette différence entre droit international et droit communautaire à l'égard de son propre droit. La jurisprudence française, on l'a vu, est de plus en plus ouverte à cette thèse (v. ss 453), mais c'est toujours dans la Constitution que le juge administratif et le juge judiciaire trouvent la base juridique pour l'application du droit communautaire et non dans une singularité intrinsèque à ce dernier, et qu'ils auraient reconnue comme telle [3].

1. *Ibid.* p. 230 et notes 86-87.
2. CJCE 9 mars 1978, 106/77, *Rec.* 629.
3. V. communication R. Abraham précitée, notamment p. 285 s. V. toutefois l'arrêt préc., Soc., 18 déc. 2007, *M. Serge X. c/ RATP.*

SECTION 4. LE JUGE INTERNE GARANT DE L'APPLICATION DU DROIT INTERNATIONAL PAR LES ÉTATS TIERS ? [1]

§ 1. Données générales du problème

455 Un tribunal interne a-t-il le droit d'apprécier la légalité des actes d'un État étranger au regard du droit international, et s'il conclut à leur illégalité, d'en écarter l'application ? Ainsi, par exemple, confronté, même indirectement, à la nationalisation de biens privés étrangers par un État tiers, un tribunal français devra-t-il se contenter d'en tirer les conséquences de droit nécessaires au règlement de l'affaire dont il a à connaître, partant du principe qu'il n'a pas à apprécier la conformité des actes d'un État étranger au droit international ? Devra-t-il au contraire, en particulier si cela lui est demandé par le requérant (par exemple, l'ancien propriétaire des biens soumis à nationalisation), contrôler préalablement à son éventuelle prise en compte la licéité de cette nationalisation au regard des critères donnés par le droit international ? Ainsi, par suite de la nationalisation du cuivre chilien par le gouvernement du Président Allende, la société américaine Braden Copper Corporation demandait-elle aux tribunaux français la saisie-arrêt des sommes dues par la société française qui avait acheté du cuivre à l'organisme public chilien successeur des anciens exploitants, en invoquant l'illicéité internationale de la nationalisation chilienne [2].

Cette question est souvent mêlée à beaucoup d'autres dans les affaires contentieuses au sein desquelles elle se présente. Il faut donc soigneusement la distinguer de problèmes différents avec lesquels elle présente *a priori* certaines similitudes :

a) En premier lieu, le contrôle par les tribunaux nationaux de la licéité internationale des actes des États étrangers est différent de la question de leur immunité de juridiction (v. ss 129). Cette dernière concerne la recevabilité de la demande. C'est une question préalable. Si l'immunité de l'État en cause est reconnue, la question du contrôle de la légalité internationale de ses actes ne se posera évidemment pas.

b) En second lieu, le pouvoir d'application du droit international par le juge interne est également distinct du problème de l'effet extraterritorial des actes d'un État étranger déjà examiné plus haut (v. ss 102). Là encore, l'appréciation de l'effet extraterritorial de ces actes est un préalable au contrôle de leur légalité internationale. Ce n'est que si l'acte de l'État

1. V. P. Weil, Le contrôle par les tribunaux nationaux de la licéité internationale des actes des États étrangers, *AFDI*, 1977. 9.
2. TGI Paris, 29 nov. 1972, *JDI* 1973. 227, note Kahn.

étranger se voit reconnaître effet hors des frontières de celui qui l'a pris que le juge national sera confronté à l'éventualité du contrôle de sa légalité internationale. Or, s'il consulte tant la doctrine que la jurisprudence comparées, le juge ne trouvera le plus souvent qu'opinions contradictoires et solutions ambiguës. Examinons les options possibles avant de tenter l'esquisse d'une solution.

§ 2. Les options doctrinales

456 ***La thèse de l'incompétence du juge national*** ◊ Elle repose, comme la conception traditionnelle de l'immunité de juridiction de l'État, sur le respect presque sacralisé de la souveraineté. En tant qu'organe d'un État, le juge ne peut alors, selon cette opinion, contrôler la légalité internationale des actes d'un autre État sans porter du même coup atteinte au principe de l'égalité souveraine entre les uns et les autres.

D'une efficacité douteuse, une telle décision risque de plus d'introduire une grave insécurité dans les rapports juridiques (qui, par exemple, doit être considéré comme le véritable propriétaire d'une cargaison en provenance d'une entreprise privée étrangère expropriée par un État tiers dont la légalité de la mesure de nationalisation est susceptible d'être remise en cause ?). L'ingérence du juge interne dans une affaire susceptible d'envenimer les rapports entre l'État tiers ainsi contrôlé et son propre gouvernement ne risque-t-elle pas, qui plus est, de porter atteinte à la séparation entre pouvoir exécutif et pouvoir judiciaire ? C'est à cette conception que se rattache la célèbre doctrine de l'« *Act of State* » américaine définie par la Cour suprême des États-Unis en 1897 [1] jusque et y compris à 1964 [2].

457 ***La thèse de la compétence du juge national*** ◊ Elle part au contraire de la primauté du droit international et de la nécessité du concours des tribunaux étrangers internes à son application [3]. N'est-ce pas voler au secours du manquement au droit international que de refuser de sanctionner sa commission ? Un État étranger ayant agi de façon incompatible avec le droit international n'a-t-il pas agi en dépassement de ses compétences ? Un tel acte doit donc logiquement être considéré comme inopposable aux tiers si même il n'est pas considéré comme nul.

Entre ces deux options contradictoires, quelle est celle qui a reçu le plus nettement la faveur de la jurisprudence ?

---

1. Arrêt *Underhill v. Hernandez,* 168 US. 250.

2. Arrêt *Banco Nacional de Cuba v. Sabbatino,* 376 US.398. V. par exemple F. Mann, The Sacrosanctity of the Foreign Act of State, *Law Qarterly Review,* 1943. 42.

3. V. par exemple M. Domke, Indonesian Nationalization Measures before Foreign Courts, *AJIL,* 1960. 305, à comparer à Seidl-Hohenveldern, Chilean Copper Nationalization Case before German Courts, *AJIL* 1975. 110.

§ 3. Les solutions jurisprudentielles

458 ***La doctrine de l'Act of State et son renversement législatif*** [1] ◊ En vertu de l'arrêt *Underhill v. Hernandez* précité, la Cour suprême des États-Unis interdisait aux tribunaux de se prononcer sur la validité d'un acte d'un État étranger sur le territoire américain. Elle empêchait ainsi tout contrôle de la légalité, et pas seulement au regard du droit international. L'acte étranger bénéficiait ainsi d'un régime d'incontestabilité absolue dit, par la doctrine, de « *sacrosanctity* ». On le voit, cette position de la jurisprudence américaine dépasse le seul problème de l'aptitude du juge national à contrôler la licéité internationale des actes des États étrangers. Mais il l'englobe dans une réponse négative, sans d'ailleurs donner à la théorie un fondement international.

L'arrêt *Banco Nacional de Cuba v. Sabbatino*, cependant, devait montrer les inconvénients d'une telle attitude. Les faits qui y donnèrent lieu étaient les suivants : en 1959, l'un des premiers actes du gouvernement castriste fut de nationaliser les entreprises sucrières étrangères dont l'une était liée à un grossiste New Yorkais par un contrat prévoyant une livraison de sucre au Maroc contre paiement à New York de la somme due. N'ayant pas été indemnisée par le gouvernement de Fidel Castro, la société américaine nationalisée s'estimait toujours propriétaire de ladite livraison et en réclamait le prix. Mais, fidèle à sa jurisprudence, la Cour suprême refusa aux tribunaux américains tout contrôle de la validité des actes du gouvernement de Cuba par référence au droit international. C'était encourager la spoliation des biens américains à l'étranger par des mesures d'expropriation arbitraires. La conséquence en fut l'adoption de l'amendement « Hickenlooper » à la loi d'assistance à l'étranger pour 1964, votée par le Congrès afin que la doctrine de l'*Act of State* ne puisse désormais servir de base au refus du juge américain de statuer au fond ou de sanctionner l'irrespect du droit international. Seul le président des États-Unis lui-même se voit conserver le privilège de pouvoir intervenir dans la procédure judiciaire afin de faire éventuellement prévaloir l'acte illicite étranger en vertu de considérations diplomatiques supérieures. Les juridictions américaines, ainsi habilitées par voie législative à étendre le champ de leurs compétences au contrôle de la légalité internationale des actes des États étrangers, ne tardèrent pas à faire usage de leurs nouveaux pouvoirs [2].

459 ***Les autres jurisprudences nationales*** ◊ Elles offrent une très grande diversité et sont parfois très ambiguës. Une tendance fréquente, vérifiée

---

1. V. P. Julliard, l'arrêt *Banco Nacional de Cuba v. Sabbatino*, *AFDI*, 1965. 205 ; Lelièvre et Freed, la théorie de l'*Act of State*, *JDI* 1965. 160 et *JDI* 1967. 650 ; J. Combacau, la doctrine de l'*Act of State* aux États-Unis, développements récents, *RGDIP* 1973, p. 35 ; M. D. Ramsey, Acts of State and Foreign Sovereign Obligations, *Harvard Journal of Int. Law*, 1998, p. 1.

2. V. *Banco Nacional de Cuba c/ Farr*, 4 mars 1968, 380 US.956 ; *First National City Bank versus Banco Nacional de Cuba*, 7 juin 1972, 406.US.759 ; *Alfred Dunhill of London, Inc. v. Republic of Cuba*, 24 mai 1976, 425 US.682.

dans le cas des tribunaux français, consiste à fuir la question de l'applicabilité du droit international en se plaçant sur un tout autre terrain, celui de l'ordre public national. On parvient ainsi souvent à un résultat analogue. C'est de la sorte à l'ordre public français que le Tribunal de Paris a confronté la loi chilienne nationalisant les entreprises américaines de cuivre à la suite d'une expertise sur la réalité de l'indemnisation (arrêt précité, v. ss 455).

Les tribunaux allemands et japonais adoptent une attitude très voisine dans la mesure, toutefois, où dans d'autres pays les règles du droit international sont considérées comme intégrées à l'ordre public national. On parvient au contrôle indirect de leur respect, cas vérifié par les juges italiens, qui se fondent sur l'article 10 de la Constitution aux termes duquel le droit italien se conforme aux règles générales du droit international.

On doit toutefois signaler une intéressante jurisprudence du Conseil d'État en matière d'extradition. Ouverte par un arrêt *Royaume-Uni de Grande-Bretagne et d'Irlande du Nord et gouverneur de la colonie royale de Hong-Kong*[1] elle semble bien avoir été confirmée dans un arrêt Gouvernement suisse, du 14 décembre 1994 (concl. Vigouroux). Dans cette dernière affaire, la haute juridiction commence par considérer « que la décision rejetant une demande d'extradition est détachable de la conduite des relations diplomatiques de la France avec l'État dont émane cette demande ». Écartant ainsi la théorie des actes de gouvernement à leur égard, le CE se reconnaît compétent pour en apprécier la légalité, comme il l'avait déjà fait dans l'arrêt *Royaume-Uni de Grande-Bretagne* à propos d'une décision de refus d'extradition.

L'intérêt spécifique de ces deux affaires vient du fait qu'elles témoignent en réalité de l'émergence d'un *véritable contentieux international de la responsabilité entre États devant le juge administratif français*. En effet, dans ses conclusions, le commissaire du gouvernement n'avait pas hésité à examiner la responsabilité de la France à l'égard de la Suisse. Le fait générateur en était la décision (d'ailleurs verbale) du gouvernement français de rejeter la demande d'extradition formulée par la Suisse à l'égard de deux ressortissants iraniens inculpés pour un meurtre perpétré sur son territoire. Or, les deux pays sont parties à la Convention européenne d'extradition de 1957. L'article premier de cette dernière oblige les parties à se livrer réciproquement les individus recherchés aux fins d'exécution d'une mesure de sûreté. Il le fait à certaines conventions établies dans la convention, dont le CE constate qu'elles étaient réunies en l'espèce. Dans le contexte de ce manquement à ses obligations internationales, le gouvernement français était de plus tenu de motiver son refus d'extrader, ce qu'il n'a pas fait. Dans sa réaction positive à cet arrêt, la Suisse observa qu'il « souligne l'obligation des États de conformer leurs actes aux conventions internationales qui les lient » ; elle observe également qu'il vaut réparation du préjudice moral ressenti par les ayants droit de la victime. Cette prise de position confirme

1. CE, 15 oct. 1993, concl. Vigouroux, note D. Alland, *RGDIP* 1994/4, p. 1016.

que ce pays concevait bien son action devant la juridiction administrative française comme une affaire de responsabilité de la France au regard du droit international. Il est remarquable que le Conseil d'État ait accepté d'y répondre positivement en se plaçant sur le terrain choisi par le requérant [1]. En permettant l'accès d'États étrangers au for interne, ce dernier apparaît ainsi *forum conveniens* pour le règlement d'un différend pourtant international puisqu'entre deux États.

Il demeure que, même dans cette dernière hypothèse, on ne trouve pas de réponse à la question de principe de la compétence du juge national à contrôler la licéité internationale des actes des États *étrangers*. Le fondement de l'ordre public national demeure clairement distinct, même s'il est souvent conforme en pratique aux règles du droit international ; le résultat obtenu ne garantit cependant aucune unité d'interprétation et d'application.

460 ***Conclusion*** ◊ On peut en premier lieu regarder comme erronées les espèces jurisprudentielles, qui telles celles des Cours japonaise et autrichienne, ont cru pouvoir affirmer qu'il existerait en droit international une règle prohibitive du contrôle de son respect par le juge national. Il n'est en revanche pas inexact d'affirmer, comme le fit la Cour de Hambourg dans un arrêt également relatif aux nationalisations chiliennes [2] que le droit international ne fait pas obligation au juge interne de sanctionner sa violation par un État étranger.

Dans ces conditions, on peut considérer, avec le Professeur Weil, que c'est le contenu de la norme internationale concernée en chaque espèce, et en particulier son degré plus ou moins grand de précision qui décidera le juge à assurer le contrôle de son respect par l'État étranger. On peut, en d'autres termes, difficilement demander au juge interne d'appliquer une norme internationale lacunaire ou imprécise. Dans un pareil cas, c'est la présomption de conformité au droit des actes étatiques qui prévaudra. En revanche, il est loisible d'estimer que mis en présence d'une violation manifeste d'une règle claire de droit international, le juge national sanctionnera l'acte étatique incriminé. Ceci ne veut pas nécessairement dire que le contrôle de la licéité des actes d'un État étranger ne peut s'exercer que par référence à des normes internationales conventionnelles. En bien des domaines, en effet, la coutume n'offre pas d'ambiguïté quant à son contenu.

461 *Indications bibliographiques complémentaires* ◊

1) Données théoriques et pratiques du problème

Conforti (B.) (Rapporteur), L'activité du juge interne et les relations internationales de l'État (*Annuaire de l'IDI. Session de Milan*, vol. 65/1, Paris, Pedone, 1993, p. 327-448) ; Daudet (Y.), Le droit international tire-t-il profit du droit communautaire ?, *in L'Europe*

1. V. note D. Alland, *RGDIP* 1995/3, p. 705.
2. Arrêt du 22 janv. 1973, *ILM* 1973, p. 251.

et le droit. Mélanges offerts à Jean Boulouis (Paris, Dalloz, 1991, p. 97-112) ; Decencière-Ferrandière (A.), Considérations sur le droit international dans ses rapports avec le droit de l'État (*RGDIP* 1933. 45-70) ; Hostert (J.), Droit international et droit interne dans la Convention de Vienne du 23 mai 1969 (*AFDI* 1969. 92-121) ; Kelsen (H.), Les rapports de système entre le droit interne et le droit international public, (*RCADI*, 1926/IV, vol. 14, p. 227-331) ; Kokott (J.), Der Begriff « politisch » im Normenzusammenhang nationalen und internatinalen Rechts, (*ZaöRV*, 1991, vol. 51/3, p. 603-650) ; Lagrange (E.), L'efficacité des normes internationales concernant la situation des personnes privées dans les ordres juridiques internes (*RCADI*, t. 356 [2011], p. 243-552) ; Marek (K.) (dir.), Droit international et droit interne, *in Répertoire des décisions et des documents de la procédure écrite et orale de la CPJI et de la CIJ Série 1 : la CPJI* (Genève, Droz/IUHEI, 1961) ; Marek (K.), Les rapports entre le droit international et le droit interne à la lumière de la jurisprudence de la Cour permanente de Justice internationale (*RGDIP* 1962. 260-298) ; Panhuys (J.H.F. van), Relation and Interactions between International and National Scenes of Law (*RCADI*, 1964/II, vol. 112, p. 1-89) ; Rodriguez Iglesias (G.C.), Le droit interne devant le juge international et communautaire, *in Du droit international au droit de l'intégration. Liber Amicorum P. Pescatore* (Baden-Baden, Nomos Verlags, 1987, p. 583-600) ; Santulli (C.), Le statut international de l'ordre juridique étatique. Étude du traitement du droit interne par le droit international (Paris, Pedone, 2001, 540 p.) ; Sperduti (G.), Le principe de souveraineté et le problème des rapports entre le droit international et le droit interne (*RCADI*, 1976/V, vol. 153, p. 319-410) ; Triepel (C.H.), Les rapports entre le droit international et le droit interne (*RCADI* 1923, vol. 1, p. 73-121) ; Van Bogaert (E.), Les antinomies entre le droit international et le droit interne (*RGDIP* 1968. 346-360) ; Vereshchetin (V.), New Constitutions and the Old Problem of the Relationship between International Law and National Law (*EJIL/JEDI* 1996/1, p. 29-41).

2) Solutions adoptées par les divers ordres juridiques internes

Cassese (A.), Modern Constitutions and International Law (*RCADI*, 1985/III, vol. 192, p. 331-476) ; De Visscher (P.), Les tendances internationales des constitutions modernes (*RCADI*, 1952/I, vol. 80, p. 511-578) ; Giardina (A.), La mise en œuvre au niveau national des arrêts et des décisions internationaux (*RCADI*, 1979/IV, vol. 165, p. 233-352) ; Jacobs (F.G.), Roberts (Sh.), The Effect of Treaties *in* Domestic Law, United Kingdom National Comittee of Comparative law, vol. n° 7, (Londres, Sweet & Maxwell, 1987, 288 p.) ; Lardy (P.), *La force obligatoire du droit international en droit interne. Étude de droit constitutionnel comparé* (Paris, LGDJ, 1966, 279 p.) ; Mirkine-Guetzévitch (B.), Droit international et droit constitutionnel (*RCADI*, 1931/V, vol. 38, p. 307-465) ; Mahiou (A.), La constitution algérienne et le droit international, (*RGDIP*, 1990/2, p. 419-454) ; Nijman (J.) et Nollkamper (A.), New Perspectives on the Divide Between National and International Law, (New York, OUP, 2007, 380 p.) ; Nollkaemper (A.), Internationaly Wrongful Acts *in* Domestic Courts (*AJIL*, 2007/4, p. 760-799) ; Nollkemper (A.), *National Courts and the International Rule of Law* (Oxford, OUP, 2011, 384 p.) ; Palombino (F.M.), Les arrêts de la Cour internationale de Justice devant le juge interne (*AFDI* 2005. 121-139) ; Peyro Llopis (A.), La place du droit international dans la jurisprudence suprême des États-Unis (*RGDIP* 2005. 609-642) ; Rideau (J.), Constitution et droit international dans les États membres des Communautés européennes. Situation dans les États membres autres que la France, (*RFDC*, 1990/3, p. 425-454) ; Shelton (D.) (dir.), *International Law and Domestic Legal Systems, Incorporation, Transformation and Persuasion* (Oxford, OUP, 2011, 752 p.) ; Vallée (Ch.), Note sur les dispositions relatives au droit international dans quelques constitutions récentes, (*AFDI* 1979. 255-280) ; Walbroek (M.), *Traités internationaux et juridictions internes dans les pays du Marché Commun* (Bruxelles, Bruylant, 1969, 364 p.) ; Wengler (W.), Réflexions sur l'application du droit international public par les tribunaux internes, (*RGDIP* 1968. 921-988) ; Les constitutions européennes et le traité de Maastricht (*RFDC* 1992, vol. 12, p. 612-816).

3) En France

a) Le juge national et le droit international

Blaizot-Hazard (C.), Les contradictions des articles 54 et 55 de la constitution face à la hiérarchie des normes (*RD publ.*, vol. 108, 1992, p. 1293-1319) ; Buffet-Tchakaloff (M.F.), L'interprétation des traités par le Conseil d'État. L'arrêt GISTI (*RGDIP*, vol. 95, 1991, p. 109-124) ; Cottrel (Y.), Le contrôle du Parlement sur la politique étrangère de la France sous la Ve République (*RD publ.* 1983. 965-982) ; Dhommeaux (J.), Le rôle du Parlement dans l'élaboration des engagements internationaux : continuité et changement (*RD publ.* 1987. 1449-1488) ; Dubouis (L.), Le juge administratif français et les règles du droit international (*AFDI* 1971. 9-60) ; Favoreu (L.), Le Conseil constitutionnel et le droit international (*AFDI* 1977. 95-126) ; Favoreu (L.), Le contrôle de constitutionnalité du Traité de Maastricht et le développement du droit constitutionnel international (*RGDIP*, vol. 97, 1993, p. 39-66) ; Francescakis (Ph.), Remarques critiques sur le rôle de la constitution dans le conflit entre le traité et la loi interne devant le tribunal judiciaire (*RCDIP* 1969. 425-446) ; Gaïa (P.), *Le Conseil constitutionnel et l'insertion des engagements internationaux dans l'ordre juridique interne* (Paris, Economica, Coll. Droit public positif, 1991, 414 p.) ; Gervais (A.), Constatations et réflexions sur l'attitude du juge administratif français à l'égard du droit international (*AFDI* 1965. 13-39) ; Nguyen Quoc (D.), La Constitution de 1958 et le droit international (*RD publ.* 1959. 515-564) ; Nguyen Quoc (D.), La jurisprudence française et le contrôle de conformité des lois aux traités (*AFDI* 1975. 859-887) ; Nguyen Quoc (D.), Le Conseil constitutionnel français et les règles du droit public international (*RGDIP* 1976. 1002-1036) ; Pellet (A.), Vous avez dit « monisme » ? Quelques banalités de bon sens sur l'impossibilité du prétendu monisme constitutionnel à la française, *in L'architecture du droit. Mélanges Michel Troper* (Paris, Economica, 2006, p. 827-857) ; Rambaud (P.), La reconnaissance par le Conseil d'État de la supériorité des traités sur les lois (*AFDI* 1989. 91-98) ; Rideau (J.), *Droit international et droit interne français* (Paris, A. Colin, 1971, 111 p.) ; Rideau (J.), Constitution et droit international dans les États membres des Communautés européennes. Réflexions générales et situation française (*RFDC*, 1990/2, p. 259-296) ; Scelle (G.), De la prétendue inconstitutionnalité interne des traités (*RD publ.* 1952. 1012-1028) ; Weil (P.), Droit international public et droit administratif, *in Mélanges offerts à Monsieur le Doyen L. Trotabas* (Paris, LGDJ, 1960, p. 511-528 ; Zoller (E.), *Droit des relations extérieures* (Paris, PUF, 1992).

b) Le juge national et le droit communautaire

Abraham (R.), *Droit international, droit communautaire et droit français* (Paris, Hachette Supérieur, Coll. PES, 1989, 223 p. mise à jour 1990) ; Barav (A.), La plénitude de compétence du juge national en sa qualité de juge communautaire, *in L'Europe et le droit. Mélanges offerts à Jean Boulouis* (Paris, Dalloz, 1991, p. 1-20) ; Bechillon (B. de), L'applicabilité des directives communautaires selon la jurisprudence du Conseil d'État (*RD publ.* 1991/3, p. 759-791) ; Colliard (Cl. A.), Le juge administratif français et le droit international communautaire, *in Mélanges offerts à M. Waline. Le juge et le droit public*, vol. 1, (Paris, LGDJ, 1974, p. 187-202) ; Conseil d'État, Étude sur la pénétration du droit communautaire en droit français (*EDCE*, 1981-82, p. 217-397) ; Conseil d'État, *Droit communautaire et droit français* – Étude adoptée par l'Assemblée Générale le 31/12/1982 (Paris, La Documentation française, 1982, 285 p.) ; Conseil d'État, L'importance croissante du droit international et européen, Rapport public (*EDCE* 1989. 11-14) ; Dal Farra (T.), L'invocabilité des directives communautaires devant le juge national de la légalité (*RTD eur.* 1992, vol. 28, p. 631-667) ; Dubouis (L.), Le juge français et le conflit entre normes constitutionnelles et normes européennes, *in L'Europe et le droit. Mélanges offerts à Jean Boulouis* (Paris, Dalloz, 1991, p. 205-219) ; Genevoix (B.), Le Conseil d'État et l'ordre juridique communautaire (*EDCE*, 1979-80, p. 73-95) ; Lambert Abdelgawad (E.), L'exécution de décisions des juridictions européennes (Cour de justice des Communautés européennes et Cour européenne des droits de l'homme) (*AFDI* 2006. 677-724) ; Négrier (E.), Le crépuscule d'une théorie jurisprudentielle : l'écran législatif et les droits communautaires et constitutionnels (*RD publ.*, vol. 106, 1990/3, p. 767-799) ; Simon (D.), Le Conseil d'État et les directives communautaires : du gallicanisme à l'orthodoxie ? (*RTD eur.*, vol. 28, 1992/2, p. 265-283) ; Stirn (B.), Le Conseil d'État et le droit communautaire. De l'application à l'élaboration (*AJDA*, 1993/4, p. 244-246) ; Tallon (D.), Kovar (R.), Lagarde (P.), L'exécution des directives CEE en France (*CDE*, 1970/3, p. 274-302).

4) Le cas particulier du droit communautaire et de l'Union européenne

a) Le droit communautaire / droit de l'UE seul

Autexier (C.), L'hétérogénéité du droit communautaire dérivé (*RIDC* 1982. 337-372) ; Berr (G.), Les dispositions du droit communautaire directement applicables (*CDE* 1970. 3-49) ; Bonichot (J.-Cl.), Convergences et divergences entre le Conseil d'État et la Cour de justice des Communautés européennes (*RFDA* 1989. 579-604) ; Blumann (C.) et Dubouis (C.), *Droit institutionnel de l'Union européenne* (Paris, LexisNexis, 5e éd., 2013, 863 p. ; Constantinesco (L.J.), La spécificité du droit communautaire (*RTD eur.* 1966. 1-30) ; Constantinesco (L.J.), *L'applicabilité directe dans le droit de la CEE* (Paris, LGDJ, 1970, 145 p.) ; Darmon (M.), Juridictions constitutionnelles et droit communautaire (Réflexions sur la jurisprudence constitutionnelle d'Italie, de RFA et de France relative à l'insertion du droit communautaire dans l'ordonnancement juridique interne) (*RTD eur.* 1988. 217-251) ; De Witte (B.), Retour à Costa : la primauté du droit communautaire à la lumière du droit international (*RTD eur.* 1984. 425-454) ; Dero (D.), La réciprocité et le droit des Communautés et de l'Union européenne (Bruxelles, Bruylant, 2006, 572 p.) ; Dubouis (L.), Le juge français et le conflit entre norme constitutionnelle et norme européenne, *in L'Europe et le droit. Mélanges Boulouis* (Paris 1992, p. 204 s.) ; De Witte (B.), Droit communautaire et valeurs constitutionnelles nationales (*Droits. Revue française de théorie juridique*, 1991, vol. 14, p. 87-96) ; Hervouet (F.), Politiques jurisprudentielles de la Cour de Justice et des juridictions nationales. Réception du droit communautaire par le droit interne des États (*RD publ.*, vol. 108, 1992/5, p. 1257-1292) ; Isaac (G.), Blanquet (M.), *Droit communautaire général de l'Union européenne*, 10e éd. (Paris, Sirey, 2012, 560 p.) ; Jacqué (J.-P.), Cours général de droit communautaire (*RCADE*, vol. I/I, 1990, p. 237-360) ; Jacqué (J.-P.), *Droit institutionnel de l'Union européenne* (Paris, Dalloz, 7e éd., 2012, 788 p.) ; Kakouris (J.), La relation de l'ordre juridique communautaire avec les ordres juridiques des États membres (quelques réflexions parfois peu conformistes), *in Du droit international au droit de l'intégration. Liber Amicorum P. Pescatore* (Baden-Baden, Nomos Verlag, 1987, p. 319-346) ; Kovar (R.), Observations sur l'intensité normative des directives, *in Du droit international au droit de l'intégration. Liber Amicorum P. Pescatore* (Baden-Baden, Nomos Verlag, 1987, p. 359-372) ; Leitao (A.R.), L'effet direct des directives : une mythification ? (*RTD eur.* 1981. 425-441) ; Louis (J.V.), *L'ordre juridique communautaire*, 4e éd. (Luxembourg, Commission des Communautés européennes/Office des publications officielles de la CEE, 1988, 170 p.) ; Manin (Ph.), L'invocabilité des directives : quelques interrogations (*RTD eur.* 1990. 669-693) ; Mouton (J.-D.), Réflexions sur la nature de l'Union européenne à partir de l'arrêt Rottmann (CJUE, 2 mars 2010, aff. C-135/08) (*RGDIP* 2010. 257-280) ; Pescatore (P.), L'effet direct des directives communautaires :

une tentative de démythification (*D.* 1980, Chron. XXV, p. 171-176) ; Simon (D.), Les exigences de la primauté du droit communautaire *in L'Europe et le droit. Mélanges offerts à Jean Boulouis*, (Paris, Dalloz, 1991, p. 481-493) ; Teitgen (P.H.), La décision dans la Communauté économique européenne (*RCADI*, 1971/III, vol. 134, p. 589-689).

b) Le droit communautaire / droit de l'UE combiné au droit international

De Witte (B.), Retour à Costa : La primauté du droit communautaire à la lumière du droit international (*RTD eur.* 1984. 425-454) ; Ganshof van der Meersch (W.H.J.), L'ordre juridique des Communautés européennes et le droit international (*RCADI*, 1975/V, vol. 148, p. 1-433) ; Genevoix (B.), Le droit international et le droit communautaire, *in Conseil constitutionnel et Conseil d'État, Colloque des 21-22 janvier 1988* (Paris, LGDJ, 1988) ; Jacot (R.), Guillarmod (O.), *Droit communautaire et droit international public* (Coll. des études suisses de droit international, vol. 16, 1979) ; Pescatore (P.), *Droit international et droit communautaire, essai de réflexion comparative* (Université de Nancy, Publication du centre d'Étude universitaire, Coll. des conférences européennes n° 5, 1969, 32 p.) ; Rideau (J.), Les accords internationaux dans la jurisprudence de la CJCE : Réflexions sur les relations entre les ordres juridiques international, communautaire et national (*RGDIP* 1990. 289-418) ; Rodriguez Iglesias (G.C.), Le droit interne devant le juge international et le juge communautaire, *in Du droit international au droit de l'intégration. Liber Amicorum P. Pescatore* (Baden-Baden, Nomos Verlags, 1987, p. 583-600) ; Tagaras (H.N.), L'effet direct des accords internationaux de la Communauté (*CDE*, 1984, n° 1/2, p. 15-53) ; Vandepoorter (A.), L'application communautaire des décisions du Conseil de sécurité (*AFDI* 2006. 102-136).

CHAPITRE 2
L'APPLICATION DU DROIT INTERNATIONAL DANS L'ORDRE JURIDIQUE INTERNATIONAL

462 ***Introduction*** ◊ Longtemps, l'application du droit international a été abandonnée aux seuls États parce qu'ils en étaient les sujets exclusifs. Aucune institution qui leur soit extérieure ne pouvait leur disputer ce privilège. Ils se livraient ainsi sans conditionnement à l'interprétation des règles énonçant les obligations auxquelles ils voulaient bien se conformer, de même qu'ils appréciaient unilatéralement le comportement des autres États, pour invoquer éventuellement la responsabilité de ces derniers à leur égard s'ils estimaient que leur conduite leur avait porté préjudice. Les États recouraient de plus à des mesures de contrainte ou d'exécution forcée allant des rétorsions aux représailles, s'ils considéraient qu'un autre État leur ayant causé un dommage tardait à en assurer la réparation.

À l'époque contemporaine, il en va toujours largement ainsi, en dépit de l'essor des organisations internationales intergouvernementales et de la multiplication des juridictions internationales. Les États, outre qu'ils conservent la compétence de créer les normes et de les interpréter, restent juges en leur propre cause en se prononçant sur la licéité des conduites des tiers à leur égard, pour invoquer si nécessaire leur responsabilité, voire sanctionner leurs conduites. Pourtant, d'autres facteurs, sans véritablement remettre en cause cette maîtrise exercée par l'État sur les conditions d'invocation, d'interprétation ou d'utilisation, c'est-à-dire, en définitive, d'application du droit à son bénéfice, sont venus en limiter la portée et en abolir le caractère exclusif.

À côté du jeu de la responsabilité internationale des États, à laquelle il convient d'adjoindre désormais celle des organisations internationales intergouvernementales (Section 1), et de l'usage unilatéral des sanctions comme des mesures d'exécution forcée (Section 2), certaines instances tierces sont désormais, à certaines conditions, investies du pouvoir de veiller à l'application du droit international par ses sujets prépondérants. Il s'agit, d'une part, du juge international et, dans une moindre mesure, des arbitres qu'ils ont investis du pouvoir de régler leurs différends. Il s'agit, ensuite, des organisations internationales et de certains organes autonomes, dont les compétences de contrôle tendent à s'étendre et à se diversifier (Section 3).

On doit par ailleurs constater aujourd'hui la confirmation et le développement d'un phénomène dont les premières manifestations remontent aux procès intentés aux grands criminels de guerre nazis et nippons immédiatement après la Seconde Guerre mondiale : les États (et les organisations internationales intergouvernementales) ne sont pas les seuls sujets de droit susceptibles de voir leur responsabilité engagée dans l'ordre international. L'individu lui-même, dont on a vu plus haut qu'il apparaît désormais de plus en plus nettement comme un sujet de droit international, peut voir sa responsabilité pénale engagée pour violation de normes internationales, que cette responsabilité soit appréciée par des juridictions internes ou par des juridictions internationales (Section 4).

SECTION 1. LA RESPONSABILITÉ INTERNATIONALE DES ÉTATS ET DES ORGANISATIONS INTERNATIONALES [1]

463 ***Données fondamentales*** ◊ Dans tout ordre juridique, certaines conséquences légales sont attachées au manquement à la règle de droit. La plus communément admise est celle d'après laquelle l'auteur de la violation d'une obligation juridique doit en « répondre » (du latin « *respondere* ») à l'égard du sujet auquel il a causé préjudice en portant atteinte à ses droits. Le contenu de cette réponse consiste alors principalement pour son auteur dans l'obligation d'en effacer les conséquences dommageables. On peut certes concevoir des systèmes de responsabilité dans lesquels l'obligation de réparer n'est pas nécessairement associée à la violation du droit [2]. Cependant, en règle générale, l'atteinte à la légalité et la création consécutive d'une obligation réparatoire à la charge de son auteur sont très généralement associées ; l'obligation de réparer apparaît comme la sanction ordinaire de la violation du droit. C'est ce qui justifie qu'on étudie la responsabilité au titre de l'application, ou plus exactement des conséquences de la *non*-application du droit international. Cette relation se trouve par exemple dans le droit civil français de la responsabilité individuelle telle qu'énoncée par l'article 1382 du Code civil [3].

1. V. Crawford (J.), Pellet (A.) et Olleson (S.), *The Law of International Responsibility*, Oxford, OUP, 2010, 1296 p.
2. Cas du droit romain des origines, qui, contrairement à ce qu'on dit trop souvent, n'était pas d'abord focalisé sur la faute ou « *culpa* » ou bien encore des systèmes de responsabilité objective ou « sans faute » connus par le droit interne ; V. M. Villey, Esquisse historique sur le mot « responsable », *APD*, t. 22, La responsabilité, Paris, Sirey, 1977, p. 45 s.
3. Article 1382 : « Tout fait quelconque de l'homme, qui cause à autrui un dommage, oblige celui par la faute duquel il est arrivé à le réparer.

Au-delà de ce schéma de base, les droits internes, à bien des égards plus élaborés que le droit international, ont différencié les types et les régimes de responsabilité en fonction notamment de la nature des obligations violées ou des conséquences qui s'y rattachent (responsabilité contractuelle et quasi délictuelle, responsabilité civile, pénale, administrative). Le droit international, quant à lui, s'en est pour l'essentiel tenu jusqu'aux années récentes à la relation simple que l'on vient d'évoquer entre commission d'un fait illicite et création consécutive de l'obligation d'en réparer les conséquences dommageables. Dans un très célèbre arrêt intervenu en l'affaire de l'*Usine de Chorzow*, la CPJI le résumait ainsi : « c'est un principe du droit international, voire une conception générale du droit, que toute violation d'un engagement comporte l'obligation de réparer » [1]. La responsabilité internationale correspond ainsi d'abord à une sorte de responsabilité civile transposée dans l'ordre interétatique. Même si elle connaît à l'heure actuelle certaines remises en cause, l'institution juridique de la responsabilité demeure encore principalement marquée par cette relation élémentaire entre violation de la légalité et obligation de réparation. On aurait cependant grand tort de croire qu'il s'agit d'une institution rudimentaire. Elle est, au contraire, d'une grande complexité et fait appel à des techniques et des raisonnements juridiques aussi subtils que variés.

464 ***Spécificité de la responsabilité internationale*** ◊ La responsabilité internationale est essentiellement conçue comme une institution juridique jouant d'État à État, même si depuis la reconnaissance de leur personnalité juridique internationale, la responsabilité des organisations intergouvernementales, codifiée par la Commission du droit international des Nations Unies en 2011, obéit globalement aux mêmes règles. Celles-ci sont d'origine principalement coutumière. C'est dire que leur application pratique, même si elle n'est pas sans faille, révèle ou manifeste que leur destinataire les considère en principe comme obligatoires.

Pour autant, la mise en œuvre de la responsabilité internationale n'est pas dépourvue d'aléas. À la différence des responsabilités du droit interne, elle échappe en effet largement au juge international et intervient très souvent en pratique hors du cadre contentieux. Ceci reste vrai même à une époque où le juge ou l'arbitre paraissent à nouveau plus souvent appelés à connaître des cas mettant en cause la responsabilité de l'une ou l'autre des parties au litige. Ce phénomène peut être constaté dans la pratique, de plus en plus abondante, de la CIJ mais aussi dans celles des juridictions régionales, tout particulièrement de la Cour européenne des droits de l'homme, laquelle est très fréquemment appelée à statuer sur la responsabilité d'un État partie à la Convention éponyme de 1950.

De plus, comme on le verra à la section suivante, le droit international ne connaît pas (sauf le cas du recours illicite à la force) d'institution centralisée d'exécution forcée ; les mesures prises par les États s'estimant

1. *Rec.* Série A, n° 13, p. 29.

lésés contre ceux qu'ils tiennent pour responsables afin de les obliger à s'acquitter de leurs obligations demeurent ainsi encore largement incontrôlées. Elles restent également mal définies dans leur contenu comme dans leurs modalités.

Historiquement, cette dépendance des conditions de mise en œuvre de la responsabilité à l'égard d'éléments de fait explique d'ailleurs que le droit de la responsabilité internationale se soit très largement formé, à la fin du XXe siècle, à partir des cas de dommages causés à la personne et aux biens des étrangers. Ceci est tellement vrai qu'on eut longtemps du mal à distinguer les règles substantielles régissant le statut des étrangers de celles qui gouvernent, indépendamment du contenu de toute obligation violée, le droit de la responsabilité des États. C'est précisément l'une des nombreuses contributions de la Commission du droit international, sur la base des rapports particulièrement riches et stimulants du professeur R. Ago, que d'avoir bien marqué la distinction entre les règles « primaires » qui déterminent la substance des obligations de « faire » ou « de ne pas faire » posées par le droit international dans les domaines les plus divers, et, d'autre part, les règles qui gouvernent la responsabilité internationale des États, à juste titre qualifiées de « secondaires » parce qu'elles ne procèdent en principe que de la violation des précédentes. Adopté par la CDI en juillet 2001, le texte du projet d'articles sur la responsabilité internationale des États (*GTDIP* n° 9) constitue désormais la référence obligée pour apprécier le droit positif en la matière, même si, dans certaines de ses dispositions, il anticipe sur certaines évolutions encore en cours [1]. On

1. La Commission du droit international (v. ss 382-383) entreprit dès 1956 d'examiner en vue de sa codification le droit international de la responsabilité internationale des États. Son premier rapporteur spécial, Monsieur Garcia-Amador, commit précisément l'erreur de s'enfermer dans l'examen de la responsabilité de l'État à raison des dommages causés sur son territoire à la personne et aux biens des étrangers, confondant ainsi l'examen des règles primaires à l'occasion desquelles une bonne part du droit de responsabilité avait été formé avec l'examen intrinsèque de celui-ci, qui est indépendant de la nature et du contenu de l'obligation violée. C'est ensuite sur la base des sept rapports très remarquables de son nouveau rapporteur spécial, le professeur R. Ago, que la CDI établit, entre 1969 et 1980, date de son adoption en première lecture, la codification et le développement de la première partie du projet, relative à l'« origine de la responsabilité », qui est le fait illicite international. La seconde partie a trait au contenu et à la mise en œuvre de la responsabilité. Elle était largement conditionnée par les options doctrinales du premier rapporteur spécial en ce qui concerne en particulier la conception même de la responsabilité (v. ss 494). Successivement confiée aux professeurs W. Riphagen et G. Arangio-Ruiz, elle a finalement été adoptée en première lecture le 12 juill. 1996. L'ensemble du projet, avec ses trois parties, comporte désormais une numérotation unique, de l'article 1 à l'article 60. L'ensemble du projet a été repris sur la base des rapports très efficaces du professeur James Crawford (v. notamment A. Pellet, Remarques sur une révolution inachevée : le projet d'articles de la CDI sur la responsabilité des États, AFDI 1996. 7-32). Finalement, la CDI a adopté en juill. 2001 le texte définitif de codification (*GTDIP* n° 9) que l'Assemblée générale de l'ONU a « accueilli » favorablement dans sa résolution 56/83, du 12 décembre 2001, sans encore se prononcer sur la question de savoir s'il fera ultérieurement l'objet d'une discussion en conférence diplomatique afin de déboucher sur une convention de codification, à l'instar de ce qui avait été le cas, notamment, pour le droit des traités. Il reste, quel que soit l'avenir réservé au texte adopté par la CDI, qu'il marque une étape importante dans le développement et la clarification du droit international de la responsabilité ; à son tour, il va influencer la pratique et la jurisprudence, comme il a, du reste, déjà commencé à

s'y référera souvent dans les développements qui suivent (ci-après « Projet de 2001 ») [1]. Il a été complété en 2011 par un projet d'articles sur la responsabilité des organisations internationales qui, préparé par G. Gaja, s'inspire très largement du précédent (ci-après « Projet de 2011 ») [2].

La responsabilité internationale n'est pas une institution autonome. Elle n'a d'existence et de raison d'être que comme conséquence de la violation du droit substantiel.

465 ***Plan*** ◊ C'est en partant de cette dernière observation que l'on construira les développements qui vont suivre. On examinera tout d'abord le fait générateur de la responsabilité internationale, puis les règles qui gouvernent l'engagement et, enfin, celles relatives à la mise en œuvre de la responsabilité.

§ 1. **Le fait générateur** [3]

466 ***Notion*** ◊ L'expression de « fait générateur » ou son équivalent n'est couramment employée que dans la technique terminologie juridique française. Les auteurs anglophones, en particulier, préfèrent parler de « l'origine » de la responsabilité. Les deux notions se rejoignent en réalité pour désigner le fait qui donne naissance à la responsabilité d'un sujet de droit international.

On peut considérer, avec la CDI (art. 2 du Projet de 2001 ; art. 4 du Projet de 2011), que le fait générateur est constitué de deux éléments complémentaires dont la réunion est indispensable à sa création : un élément *objectif*, ordinairement constitué par la commission d'une infraction internationale, c'est-à-dire la violation d'une norme établie dans l'ordre

---

le faire, depuis l'arrêt de la CIJ relatif à l'affaire Lagrand, du 26 juin 2001. La CIJ s'y réfère régulièrement depuis comme étant l'expression du droit international coutumier. V. aussi l'avis consultatif de la Chambre pour le règlement des différends relatifs aux fonds marins du 1er févr. 2011, Responsabilités et obligations des États qui patronnent des personnes et entités dans le cadre d'activités menées dans la Zone, § 169.

1. V. P.-M. Dupuy, Quarante ans de codification du droit de la responsabilité internationale des États. Un bilan, *RGDIP*, 2003/2, p. 305 s. ; A. Pellet, Les articles de la CDI sur la responsabilité de l'État pour fait internationalement illicite, *AFDI* 2002. 1-24 ; B. Stern, Et si on utilisait la notion de préjudice juridique ? Retour sur une notion délaissée à l'occasion de la fin des travaux de la CDI sur la responsabilité des États, *AFDI* 2001. 3-44 ; P.-M. Dupuy (dir.) *Obligations multilatérales, droit impératif et responsabilité internationale des États*, Paris, Pedone, Colloque de Florence/IUE, 2002, 289 p. ; Symposium : State Responsibility, *EJIL*, vol. 10, 1999/2. Contributions de G. Abi-Saab, Ch. Dominice, P.-M. Dupuy, A. Gattini, V. Lowe, A. Pellet ; V. aussi J. Crawford, P. Bodeau, J. Peele, La seconde lecture du projet d'articles sur la responsabilité des États de la commission du droit international, *RGDIP*, 2000/4, p. 873-911.

2. Sur ce projet, v. Y. Kerbrat, P. Klein et V. Michel (dir.), La responsabilité des organisations internationales : un état des lieux à l'issue des travaux de la commission du droit international des Nations Unies, dossier spécial de la *RBDI*, vol. 2013/1 ; P. Klein, « Les articles sur la responsabilité des organisations internationales : quel bilan tirer des travaux de la CDI ? », *AFDI* 2012. 1-27.

3. V. P.-M. Dupuy, Le fait générateur de la responsabilité internationale des États, *RCADI*, 1984, t. 188, p. 13-133.

juridique international ; mais également un élément *subjectif*, indissociable du précédent, et constitué par le lien d'imputation unissant cette infraction au sujet de droit considéré, État ou organisation internationale. On examinera successivement l'un et l'autre, qui doivent être intellectuellement bien distingués, même s'ils sont en pratique indissociables.

A. L'élément objectif du fait générateur

467 ***Droit commun et exceptions*** ◊ La responsabilité d'un État ou d'une organisation internationale naît de la méconnaissance d'une obligation mise à sa charge par le droit international. On a suffisamment souligné plus haut le lien essentiel unissant violation du droit et responsabilité pour expliquer le rôle de cette institution dans le contexte général d'application du droit international [1]. Ce lien est si profond qu'en manière générale, la doctrine a rarement analysé le fait générateur en tant que tel, pour ne parler que d'acte ou de « fait illicite international » tant il allait de soi que ce dernier caractère était inhérent au fait à l'origine de la responsabilité. Depuis un peu plus d'une trentaine d'années environ, une certaine doctrine s'est cependant attachée à plaider en faveur de l'existence d'un autre type de responsabilité, dont la codification a d'ailleurs été inscrite à l'ordre du jour de la CDI et fait l'objet de travaux déjà abondants à défaut d'être toujours très rigoureux ; ils sont consacrés à la « responsabilité internationale des États pour les activités non interdites par le droit international ». Ainsi apparaîtrait en certains cas, à côté du fait générateur de droit commun, constitué par l'infraction au « fait illicite international », un autre type de fait générateur, pour « fait licite » correspondant à la « responsabilité sans faute » ou « responsabilité objective » bien connue des droits internes.

1. Le fait illicite, générateur ordinaire de la responsabilité internationale

468 ***Formalisation doctrinale*** ◊ Le droit international positif a en principe évacué la notion de « faute » connue des droits internes pour consacrer celle de « fait illicite ». Cette transformation, aujourd'hui très généralement acceptée non seulement par la grande majorité des auteurs mais aussi dans la pratique des États et dans la jurisprudence internationale [2], a son origine dans une construction doctrinale qui est le fruit de l'école positiviste volontariste, au premier rang de laquelle il faut ici citer le grand

1. Dans les développements qui vont suivre, on se concentrera sur les règles gouvernant la responsabilité internationale des États en admettant, « *mutatis mutandis* », que les mêmes règles sont, à quelques aménagements près, également applicables à la responsabilité des organisations internationales.

2. V. par ex. CIJ, 3 févr. 2012, *Immunités juridictionnelles de l'État (Allemagne c/ Italie)*, § 136 : la « responsabilité se déduit automatiquement du constat de la violation de certaines obligations ».

juriste italien Dionizio Anzilotti. Dans un article paru à *la Revue générale de droit international public* en 1906, il déclare ainsi : « la notion d'acte illicite implique le concours de deux éléments : l'action, c'est-à-dire un fait matériel, extérieur et sensible, et la règle de droit, avec laquelle elle se trouve en contradiction [...]. L'acte illicite international est un acte en opposition avec le droit objectif international ».

Le but essentiel d'une telle définition, comme les raisons de son succès, tiennent au fait qu'elle recherchait avant tout la simplification et donc l'efficacité de la responsabilité internationale. Selon cette conception aujourd'hui consacrée, point n'est besoin d'abord, puisque le fait illicite n'est pas une faute mais un simple manquement au droit, de s'engager dans les méandres de la recherche psychologique des intentions des auteurs de l'acte, recherche qui serait restée nécessaire si l'on avait maintenu la notion de faute en droit international. Cette notion paraît en effet d'autant plus inappropriée que l'État et les organisations internationales, personnes morales, sont une abstraction.

L'économie ainsi faite de la recherche des mobiles de l'acte ou des intentions de ses auteurs individuels a pour grand avantage de faciliter la tâche de la victime. L'apport des preuves qui lui incombent sera considérablement allégé puisqu'il lui suffira de mettre en évidence l'écart objectif existant entre le comportement réel de l'État ou de l'OI et le contenu de son obligation juridique. Cette démonstration permettra de mettre en évidence l'existence du fait générateur. Il est certain que cette théorie comporte une part d'approximation ou, plus précisément, de fiction juridique, car, en bien des cas, en réalité, beaucoup de normes formulant des obligations « primaires » font dépendre la légalité des conduites qu'elles visent de leur conformité à certains mobiles ou à certaines finalités. Cette simplification était, toutefois, le prix payé pour rendre l'institution de la responsabilité plus efficace ; elle est donc très généralement acceptée, même s'il est vrai que la trace de la faute affleure encore parfois dans la conception du fait illicite qu'ont le juge international ou, plus encore, certains membres de la doctrine [1].

On doit cependant préciser que le développement rapide à l'heure actuelle du droit international pénal, qui concerne la responsabilité internationale non des États mais des individus pour la commission de « crimes de droit international » (crimes de guerre et crimes contre l'humanité) (v. ss 518 s.), s'appliquant à la personne physique, réintroduit pleinement la recherche d'intention ; cela se situe en principe dans un cadre il est vrai bien distinct de celui de la responsabilité internationale de l'État, seule étudiée dans la présente section. Quoi qu'il en soit, la Cour internationale de Justice a, en 2007, cru pouvoir, non sans susciter la critique [2], s'inspirer de la recherche

1. V. A. Gattini, Smoking/No Smoking : Some remarks on the Current Place of Fault *in* the ILC Draft Articles on State Responsability, *EJIL* 1999. 397 s.

2. V. P. Gaeta, Génocide d'État et responsabilité pénale individuelle, *RGDIP*, 2007/2, p. 273-285.

de l'*intention* de l'individu criminel, caractérisant tout droit pénal, pour la conjuguer avec le droit international classique de la responsabilité, dont on vient de voir qu'il était en principe seulement fondé sur la technique du simple constat de l'illicite. S'interrogeant sur la question de savoir si la Serbie et Monténégro (RFY) avait été complice des Serbes de Bosnie dans la réalisation du génocide de Srebrenica, la Cour parvient à la conclusion paradoxale qu'il n'y a pas eu complicité de la RFY dans la commission du génocide [1]. La Cour affirme que « la complicité suppose toujours [...] une action positive tendant à fournir aide ou assistance aux auteurs du génocide » ; elle déclare à la suite que la complicité, fut-ce celle d'un État et non plus d'un individu, suppose l'assistance à la commission du crime « en connaissance de cause », c'est-à-dire en sachant quelles étaient les intentions réelles de l'auteur principal ; or, non seulement une complicité peut consister dans le fait de s'abstenir d'intervenir pour empêcher la commission du crime mais l'analyse des faits dont la Cour avait connaissance en l'espèce pouvait laisser penser que la RFY avec bien eu connaissance des intentions des Serbes de Bosnie à Srebrenica (v. ss 476-1). Ce précédent peu convainquant manifeste combien il reste difficile en pratique de faire évoluer la conception « objective » du fait illicite, telle que codifiée à l'article premier du Projet de 2001 de la CDI (3 du Projet de 2011).

469 ***Variété des critères d'appréciation d'illicéité d'un fait de l'État*** ◊ L'appréciation concrète du caractère illicite d'un fait résulte de la prise en compte et de l'évaluation d'un certain nombre de données : d'abord, comme on l'a vu, de la confrontation de la substance de la règle établissant l'obligation primaire à la conduite effective de l'État ou de l'organisation internationale dans la situation considérée. Mais ensuite, aussi, de plusieurs autres éléments.

a) Certains peuvent tenir à la situation concrète de l'État ou de l'organisation auteur de l'acte. Quelle était, par exemple, l'aptitude de l'État à contrôler effectivement le comportement de ses agents ayant porté atteinte à la personne ou aux biens de ressortissants étrangers lors d'une émeute ou d'une guerre civile ?

b) D'autres considérations peuvent avoir trait aux circonstances dans lesquelles le fait s'est produit (ainsi, la Cour internationale de Justice envoya-t-elle une fois sur place une mission d'experts, dans l'affaire du *Détroit de Corfou*, 1949, pour qu'ils établissent si l'on pouvait, depuis la côte albanaise, observer les mouvements des bateaux dans le détroit). De même, dans l'affaire du *personnel diplomatique et consulaire des États-Unis à Téhéran* (1980) la Cour a établi la responsabilité de la République Islamique dans la prise des diplomates américains en otage et leur maintien en détention après avoir constaté que les autorités étaient à la fois conscientes des obligations que leur imposaient les conventions en vigueur et de la nécessité des mesures

1. CIJ, Affaire relative à l'*Application de la convention pour la prévention et la répression du crime de génocide*, arrêt du 26 févr. 2007, § 438.

d'urgence nécessaires à la protection des diplomates qui les avaient appelées à l'aide ; elle a par ailleurs établi que ces autorités avaient les moyens de faire face à la situation. C'est également eu égard aux circonstances dans lesquelles le fait s'est produit que l'on pourra éventuellement faire jouer les causes d'exonération de la responsabilité de l'État ou de l'OI auteur de l'acte. Ainsi, les Projets de 2001 et 2011 énumèrent-ils dans leur première partie, sous l'intitulé générique « circonstances excluant l'illicéité » (chapitre V), un certain nombre de situations dans lesquelles la responsabilité de l'État ou de l'organisation internationale auteur du fait illicite ne sera pas engagée : consentement, légitime défense, contre-mesures, force majeure, détresse, état de nécessité, respect des normes impératives.

Ce faisant, ces textes commettent cependant l'erreur de mêler des situations juridiques qui doivent pourtant être soigneusement distinguées. Dans une première catégorie, en effet, il faut regrouper les cas dans lesquels la responsabilité ne naît pas, tout simplement parce qu'il n'y a pas de fait générateur. Ou, plus exactement, s'il y a bien fait créant un dommage à un autre État ou une organisation internationale, ce fait n'a cependant pas de caractère illicite. Ce sont, typiquement, les cas de « force majeure » dans lesquels la survenance d'un événement extérieur imprévu a rendu matériellement impossible à l'État ou l'OI d'agir conformément à son obligation internationale. Toutes différentes sont les situations dans lesquelles le fait commis par un État ou une organisation internationale revêt bien en lui-même un caractère illicite, mais voit son illicéité effacée parce qu'il répond à un fait illicite commis antérieurement par un autre État ou organisation internationale. On est alors en présence de situations connues du droit international classique sous le vocable de « représailles » et que la CDI englobe dans la catégorie plus large et hétérogène des « contre-mesures » dont il sera plus abondamment question à la section suivante du présent chapitre. L'illustration de ces situations est à trouver par exemple dans le contexte de la détention des diplomates américains en Iran. Pour répondre à cette claire violation du droit international par la République Islamique, les États-Unis décidèrent le blocage de tous les avoirs iraniens dans les banques américaines, mesure en elle-même illicite, mais néanmoins non génératrice de responsabilité parce que prise en réponse à un fait illicite. Cette différence entre les hypothèses dans lesquelles l'illicéité est absente (cas la force majeure) et celles dans lesquelles elle est présente mais couverte par l'existence d'un autre fait illicite n'est pas totalement ignorée dans les projets d'articles de la CDI puisque ces cas sont envisagés dans deux articles distincts (article 22 et 23). La mention de la légitime défense parmi les « circonstances excluant l'illicite » pose néanmoins des problèmes, justement relevés par la doctrine [1], qui tiennent en particulier à ce que les mesures prises en légitime défense ne sont pas en elles-mêmes illicites.

1. V. D. Alland, La légitime défense et les contre-mesures dans la codification du droit international de la responsabilité, *JDI* 1983. 728 s.

470 ***Classification des faits illicites*** ◊ On peut classer les faits illicites de bien des manières, par exemple à raison de la nature, du contenu ou de l'objet des obligations violées, ou encore en considération des caractères propres au fait illicite lui-même. Le choix doit cependant toujours être fait par référence à la diversité des conséquences entraînées quant au régime de la responsabilité. La classification des faits illicites prend de ce fait à l'heure actuelle une importance accrue, parce que la tendance contemporaine va précisément dans le sens d'une différenciation de ces régimes alors que, jusqu'à une époque récente, seule l'obligation de réparation et ses différentes modalités de réalisation étaient à prendre en considération, essentiellement par l'auteur du fait illicite lui-même. Le Projet de 2001, suivi en cela par celui de 2011, établit un certain nombre de distinctions que l'on peut regrouper de la façon suivante :

a) Classification des faits illicites à raison de la situation du fait illicite dans le temps *(ratione temporis)*. Elle est effectuée en fonction de deux questions précises d'une importance pratique indiscutable (notamment, comme on le verra, pour le calcul de la réparation) : *quand* ou à partir de quelle date un fait illicite a-t-il été commis (*tempus delicti commissi*) et *à partir de quand* est déclenchée la responsabilité internationale de l'État auquel ce fait est imputable ? Ceci indique d'emblée que la réponse à la première question n'entraîne pas forcément réponse à la seconde.

Pour s'en tenir au moment de réalisation du fait illicite, il convient de distinguer avec la CDI (art. 14 du Projet de 2001, 12 du Projet de 2011) le fait illicite que les travaux de R. Ago ont conduit à appeler *instantané* (consistant par exemple dans la destruction d'un aéronef civil par les forces armées d'un État) du fait illicite *continu* qui, quoiqu'unique, s'étale dans le temps (l'occupation militaire illicite d'un territoire étranger, comme celle du Koweït par les forces irakiennes d'août 1990 à fin février 1991 par exemple). La sentence arbitrale rendue le 30 avril 1990 dans l'affaire Nouvelle-Zélande contre France a, à cet égard, clairement établi que « la France s'est rendue coupable d'une violation continue de ses obligations sans interruption ni suspension durant toute la période pendant laquelle les deux agents sont demeurés en France dans des conditions contraires à l'accord original » conclu entre les deux États pour le règlement du différend relatif au *Rainbow Warrior* [1]. La Cour internationale de Justice a, de son côté, qualifié de fait illicite continu le manquement du Sénégal à ses obligations découlant de la Convention contre la torture, pour s'être abstenu d'engager des poursuites contre l'ancien président tchadien Hissène Habré à défaut de l'extrader [2]. Une privation de liberté contraire à la Convention européenne des droits de l'homme ou au Pacte

1. V. texte de la sentence relative aux conséquences de la violation par la France de l'accord qui la liait à la Nouvelle-Zélande pour régler l'affaire du *Rainbow Warrior in RGDIP*, 1990, n° 3, p. 838 s. Sur la classification des faits illicites, v. G. Distefano, Fait continu, fait composé et fait complexe dans le droit de la responsabilité, *AFDI*, 2006. 1-54.

2. *Questions concernant l'obligation de poursuivre ou d'extrader (Belgique c/ Sénégal)*, arrêt du 20 juillet 2012, § 121.

relatif aux droits civil et politique est également considérée comme étant constitutive d'un fait illicite continu [1].

Les projets de la CDI identifient en outre, parmi les faits illicites, ceux qui constituent des faits illicites « composites » (art. 15 du Projet de 2001, et 13 du Projet de 2011). Ceux-ci s'étalent également dans le temps mais, contrairement aux précédents, ils sont constitués de plusieurs agissements qui, pris isolement, ne sont pas illicites mais qui, conjugués les uns aux autres, constituent un fait illicite. Il peut en être par exemple ainsi de pratiques systématiquement discriminatoires à l'égard de produits en provenance d'un pays étranger en violation d'obligations antérieurement souscrites par l'État en cause. Le fait illicite est alors supposé avoir commencé « quand se produit l'action ou l'omission qui, conjuguée aux autres actions ou omissions, suffit à constituer le fait illicite ».

Une quatrième et dernière catégorie, celle des faits illicites « complexes », avait été proposée par R. Ago. Elle a cependant donné lieu à des critiques justifiées de la part de plusieurs auteurs, essentiellement à raison de la façon dont la CDI entendait la distinction entre les « obligations de moyens » et les « obligations de résultat » [2]. Celle-ci a bien lieu d'être si l'on s'en tient à l'acception qu'en donnent les droits privés internes, et en particulier le droit privé français. En droit international, il convient en effet également de distinguer entre les obligations de s'efforcer et les obligations d'aboutir, selon l'heureuse expression de Jean Combacau. Cette différenciation, qui est retenue dans la jurisprudence internationale [3], est capitale pour la qualification d'un comportement d'un État ou d'une organisation internationale dont il s'agira de déterminer le caractère illicite ou non. En particulier, une catégorie présente en pratique une importance singulière ; c'est celle des obligations de diligence mises à la charge de l'État. Il s'agit de celles qu'on est en droit d'attendre de la part de « l'État bien gouverné » (« *well governed State* ») selon les règles établies par l'arbitrage de l'Alabama (1872), équivalant dans l'ordre international aux standards de comportement de « bon père de famille » (« *bonus pater familias* ») en droit privé interne. Il s'agit typiquement d'une obligation de comportement au sens d'une obligation de s'efforcer. Ce type d'obligation, dont la pratique contentieuse démontre toute l'importance effective, n'a peut-être pas été traité de façon suffisamment explicite dans les textes de codification finalement adopté par la CDI ; on doit cependant, pour comprendre sa démarche, garder à l'esprit qu'elle voulait éviter de se prononcer sur les règles primaires (de faire ou de ne pas faire) dont la violation entraîne la responsabilité de l'État.

---

1. V., par exemple, CEDH (Gr. chambre), arrêt du 8 juill. 2004, *Ilascu et a. c/ Moldova et Russie*, n° 48787/99.

2. V. J. Combacau, Obligations de résultat et obligations de comportement. Quelques questions mais pas de réponse, *Mélanges Reuter*, p. 181-204 ; J. Salmon, Le fait étatique complexe : une notion contestable ; *AFDI*, 1982. 709-738.

3. V. CIJ, 20 avr. 2010, *Usines de pâte à papier sur le fleuve Uruguay (Argentine c/ Uruguay)* et 5 déc. 2011, *Application de l'Accord intermédiaire du 13 septembre 1995 (Ex-République Yougoslave de Macédoine c/ Grèce)* (spéc. § 70).

b) Classification des faits illicites à raison de la nature et de la portée des obligations violées[1] : elle résulte d'une série d'innovations de première importance, dont la première, abandonnée depuis, fut introduite par la CDI en 1976, sur les rapports du professeur Ago, à l'article 19 du projet qu'elle avait adopté en première lecture en 1996. Elle concernait la distinction des « délits » et des « crimes », ces derniers désignant non des crimes individuels mais des faits illicites éminents, imputables à l'État lui-même. Les premiers désignaient les faits illicites ordinaires, c'est-à-dire ceux qui n'établissent de lien de responsabilité que dans le cadre strictement bilatéral des relations entre l'État auteur du fait et l'État ou l'organisation internationale lésée. L'innovation apparaissait avec les seconds, appelés « crimes », constitués par la méconnaissance d'une obligation que la « communauté internationale dans son ensemble » considère comme essentielle pour la sauvegarde de ses intérêts fondamentaux. Cette qualification de « crime », à tous égards très équivoque et d'autant moins appropriée qu'existent des « crimes internationaux » imputables à l'individu et susceptibles de poursuites devant les juridictions pénales, internes ou internationales (v. ss 516 s.), a été abandonnée dans le Projet de 2001, mais la catégorie qu'elle désigne a été maintenue. On la trouve désormais, à la fin de la seconde partie des Projets d'articles de la CDI dans un chapitre III intitulé « violations graves d'obligations découlant de normes impératives du droit international général », ainsi qu'à l'article 48 du texte de 2001 et 49 de celui de 2011, qui reprennent cette expression. Après bien des atermoiements au sein de la doctrine, la Commission a, en effet, décidé de faire coïncider la catégorie des « crimes » avec celle des normes primaires supérieures (puisque non dérogeables) de droit impératif, en précisant les conséquences spécifiques qui sont attachées à leur violation.

Cette simplification conceptuelle paraît logique, même si on a pu faire observer en doctrine que le *jus cogens* avait initialement été conçu comme une notion entrant exclusivement dans le domaine du droit des traités. Il est vrai que, dans la Convention de Vienne de 1969, c'est au titre des seules causes d'invalidité des traités qu'apparaît le droit impératif. (v. ss 274-284). Cet argument demeure cependant étroitement formel et ne résiste pas à l'analyse. L'existence en droit positif de la catégorie des normes impératives dans l'ordre juridique international a été considérée par ses promoteurs comme constatée, non pas créée, à l'occasion de la codification du droit des traités. Cette démarche résultait de la rencontre d'une volonté doctrinale, présente au sein de la CDI depuis les années cinquante, et d'un choix politique, manifesté lors de la conférence de codification appelée à négocier à partir du projet établi par la Commission (1968-1969). L'examen des travaux des rapporteurs spéciaux successifs sur le droit des traités, à commencer par ceux de Hersch

1. V. en particulier les contributions de M. Spinedi, L. A. Sicilianos et E. Wyler *in* P.-M. Dupuy (dir.) *Obligations multilatérales, droit impératif et responsabilité internationale des États, op. cit.*, Paris, Pedone, 2003.

Lauterpacht suffit à constater qu'ils considéraient eux-mêmes que la pratique internationale avait déjà dégagé, notamment dans l'immédiat après Seconde Guerre mondiale, la volonté des États d'adhérer à la conception selon laquelle ils doivent respecter certains principes, comme celui interdisant le génocide, au-delà du seul cadre conventionnel ; procédant de leur volonté, cette option n'a en tout cas rien à voir avec le droit naturel, auquel ses détracteurs aiment pourtant à la rattacher. En d'autres termes, selon une logique substantielle et non plus seulement formelle, s'il existe en droit positif des normes considérées comme indérogeables, telles celles interdisant le génocide, la torture, la traite des êtres humains ou l'agression, il n'y a pas de raison pour que le droit international interdise qu'on y déroge par traité mais qu'il s'arrête là, et refuse d'organiser concurremment, dans le domaine de la responsabilité, la prise en compte du caractère éminent de la norme violée.

En d'autres termes, la dualité normative existant entre normes simplement obligatoires, auxquelles on peut déroger par accord, et normes impératives, à l'égard desquelles on ne le peut pas, doit (aussi) déboucher sur une différenciation du régime juridique des conséquences attachées à la méconnaissance d'une obligation suivant qu'elle est précisément intersubjective et ordinaire ou impérative et dérogatoire au droit commun. Il est illicite, certes, mais moins grave, au regard de l'ordre public international, de ne pas honorer les termes d'un traité imposant par exemple la libération des échanges commerciaux ou la négociation d'un accord de délimitation frontalière que de pratiquer de façon systématique le viol, la torture, la destruction de l'habitat des populations civiles ou les déplacements de populations dont on aurait sciemment ignoré le droit à disposer d'elles-mêmes.

L'intuition initiale d'Ago était donc juste. Juste mais imprudente par la façon dont il avait introduit la distinction des violations d'obligations intersubjectives ordinaires et celle des obligations envers la « communauté internationale dans son ensemble » ; imprudente aussi par le choix d'un vocable équivoque, celui de crime, et par les exigences spécifiques qu'entraîne une responsabilité supposée pénale de l'État. En effet, la communauté internationale manque de bras ! Entendez ici qu'elle se trouve dépourvue d'un ministère public, habilité à instruire une action contre un État considéré comme « criminel ». Quoiqu'ait pu en dire une doctrine bien peu convaincante, en effet, le « crime » implique ou, à tout le moins, connote toujours l'appel à la sanction proprement pénale.

Or, manifestement, l'état d'avancement du droit international contemporain ne permet pas une innovation de ce type. Si on ne voulait pas donner à la responsabilité pour manquement au droit impératif la dimension d'une responsabilité pénale de l'État, il fallait donc cesser d'appeler sa violation un « crime ». C'est ce que la CDI, sur les rapports très réalistes du professeur James Crawford, a parfaitement compris. Elle a voulu retenir une solution aussi peu insatisfaisante que possible, compte tenu de l'écart existant de toute façon entre l'avancée normative ambitieuse que constitue l'affirmation d'un ordre public international, et le maintien des structures d'un ordre juridique toujours très attaché aux privilèges de souveraineté dont dispose chaque État.

Le premier crédit à porter au bénéfice de la Commission du droit international est donc d'avoir fait disparaître l'appellation de crime tout en maintenant l'affirmation d'une dualité de régimes de responsabilité suivant que l'obligation est ordinaire ou impérative.

Aux termes de l'article 40 (41 du Projet de 2011), constituant l'un des deux seuls articles du chapitre III précité du Projet de 2001, la responsabilité dérogatoire substituée à celle que les projets antérieurs baptisaient responsabilité pour crime est engagée à deux conditions : il convient, d'une part, que soit violée une « obligation découlant d'une norme impérative du droit international général », et l'on est renvoyé ici au problème de l'identification des normes impératives, (v. ss 278) ; il faut, d'autre part, que la violation de telles obligations soit « grave ». L'article 40 (41 du Projet de 2011) tente de définir ce qu'il entend par là en précisant (§ 2), sans doute un peu maladroitement [1], que « la violation d'une telle obligation est grave si elle dénote de la part de l'État responsable un manquement flagrant ou systématique à l'exécution de l'obligation ». Ces deux conditions sont cumulatives et le critère de gravité ne dépend pas, dans une telle conception, de la nature de l'obligation violée mais des conditions dans lesquelles la violation a eu lieu.

471 ***Le régime de la responsabilité pour « violation grave d'obligations découlant d'une norme impérative du droit international général »*** pose néanmoins toujours certains problèmes importants [2] ; même s'il ne présente plus les mêmes difficultés que celui que l'on avait tenté d'associer, dans les états antérieurs du texte de codification du droit de la responsabilité des États, à la commission d'un « crime ». Cela mérite d'être brièvement illustré.

Dans la première partie des années quatre-vingt-dix, lorsqu'il était encore en charge des rapports spéciaux sur le contenu et la mise en œuvre de la responsabilité, le professeur Arangio-Ruiz, avait dû proposer un régime pour la responsabilité pour « crime ». Dans son 7e rapport, il avait alors suggéré un système, certes, très ambitieux, mais en lui-même non dépourvu de cohérence intellectuelle. Il prévoyait l'intervention du Conseil de sécurité, de l'Assemblée générale et de la Cour internationale de Justice dans l'identification et l'incrimination de l'État visé. L'ONU, organisation la plus représentative de « la communauté internationale dans son ensemble » se trouvait ainsi, par l'intermédiaire de plusieurs de ses organes principaux, investie de la fonction de mise en œuvre des manquements aux règles de droit impératif. Logique, ce projet était cependant

1. V. C. Santulli, *AFDI* 2001. 356.

2. V. en particulier les contributions de Ch. Tams et I. Scobbie dans P.-M. Dupuy (dir.), *Obligations multilatérales, droit impératif et responsabilité internationale des États*, *op. cit.*, Paris, Pedone, 2003.

peu réaliste, de l'aveu même de son auteur, qui avait essentiellement voulu montrer par là les implications de la notion de crime. Il fut, en tout état de cause, rapidement abandonné.

Dans son état définitif, le Projet de 2001 est quant à lui beaucoup plus modeste, trop, peut-être ! Ces solutions seront reprises dans le Projet de 2011 relatif à la responsabilité des organisations internationales. L'article 41 (42 du Projet 2011) se contente, en effet, de prévoir deux types de conséquences attachées à la commission d'un tel fait illicite éminent. Elles concernent toutefois, l'une et l'autre, les *obligations des États et organisations affectés par cette violation*, et non celles de l'État ou de l'organisation responsable.

Les États et organisations internationales affectés par la violation de la norme de *jus cogens*, comme y reviendront les articles 48 du Projet de 2011 et 49 du Projet de 2011, sont par définition *tous* les États et organisations internationales : l'obligation violée, étant impérative, présente en effet un caractère *erga omnes*, c'est-à-dire que son respect est dû par chaque État membre de la communauté internationale à tous les autres. En conséquence, la première des obligations à la charge des États autres que l'État responsable est de coopérer, « pour mettre fin, par des moyens licites à toute violation grave au sens de l'article 40 » ; la seconde est de ne pas reconnaître la situation « créée par une violation grave, les États et organisations internationales ne devant prêter aide ou assistance au maintien de cette situation ». Quoi qu'il en soit, des obligations spéciales de l'État pourtant responsable d'une atteinte à l'ordre public international, le texte ne dit tout simplement rien ; sauf à considérer que l'action coordonnée de tous les autres États à son égard placera cet État dans une sorte de situation de bannissement, en le mettant momentanément en marge de la « communauté internationale » ; déduction logique mais pas forcément très réaliste [1]. Ce silence du projet d'articles est d'autant plus préoccupant qu'il ne permet pas de trancher l'une des principales difficultés que soulève le régime spécifique de responsabilité en cas de violation grave d'obligations impératives : celle du droit pour tout État et toute organisation internationale, en particulier, pour ceux qui ne sont pas spécialement lésés, d'adopter des « contre-mesures » à l'encontre de l'auteur d'un tel fait. Tout État et toute organisation peut-il ou peut-elle, par exemple, prendre des sanctions économiques ou diplomatiques à l'égard d'un État qui, par son attitude, se serait rendu complice d'un crime de génocide ou d'un crime contre l'humanité contre sa propre population ? Les textes de la CDI se contentent de réaffirmer que les États et organisations internationales autres qu'un État lésé peuvent, dans ces circonstances, « prendre des mesures licites à l'encontre de [l'auteur du comportement] afin d'assurer

1. On peut considérer avec le professeur A. Pellet, lui-même membre de la CDI, que, réduit à de telles dimensions, ce régime est incomplet tout en n'étant qu'insuffisamment adapté à la spécificité des faits illicites constitués par les « crimes » d'hier et les « violations graves » d'obligations découlant de normes impératives d'aujourd'hui. (*AFDI* 1996. 24-25).

la cessation de la violation ainsi que la réparation dans l'intérêt de l'État ou de l'organisation lésé(e) ou des bénéficiaires de l'obligation violée » (art. 54 du Projet de 2001, art. 57 de celui de 2011). Mais ils se gardent bien de prendre position sur le point de savoir si les contre-mesures font ou non partie de ces « mesures licites ».

On doit également déplorer l'absence de cohérence rigoureuse entre les dispositions traitant des violations d'obligations découlant d'une norme impérative et les articles traitant des violations d'obligations « envers la communauté internationale dans son ensemble », dont on pourrait pourtant penser qu'elles désignent la même chose. Les premières sont énoncées à l'article 40 du Projet de 2001 et 41 du Projet de 2011 à propos des *obligations* des États et organisations internationales autres que le responsable, les secondes, mentionnées aux articles 42 et 48 du Projet de 2001 (43 et 49 du Projet de 2011) pour désigner les *droits* (et non plus les obligations) de certains des États et organisations internationales autres que le responsable. Les unes comme les autres, les obligations dont la violation est concernée sont dues à « la communauté internationale dans son ensemble ». La Commission semble avoir voulu simplifier les choses à l'excès en partant du principe que normes *erga omnes* et normes impératives ne faisaient qu'une seule et même chose, ce qui n'est pourtant pas le cas. L'obligation de respecter le principe de liberté de la navigation en haute mer s'impose, pour chaque État, à l'égard de tous les autres (« *erga omnes* »). Pourtant, ce n'est pas une obligation impérative puisqu'on peut y déroger selon certaines conditions. Il semble bien qu'il y ait là, à tout le moins, défaut d'harmonie conceptuelle et rédactionnelle entre les différents articles des textes de codification évoquant la dimension multilatérale de la responsabilité [1], avec lequel la chambre du TIDM pour le règlement des différends relatifs aux fonds marin s'est néanmoins arrangé dans son avis consultatif du 1er février 2011 relatif aux *Responsabilités et obligations des États qui patronnent des personnes et entités dans le cadre d'activités menées dans la Zone*, en déclarant, non sans une certaine audace, que tout État partie à la Convention des Nations Unies sur le droit de la mer pourrait prétendre à réparation d'un dommage causé à l'environnement de la haute mer ou de la Zone internationale des fonds marins « au vu du caractère *erga omnes* des obligations ayant trait à la préservation de l'environnement » dans ces espaces maritimes (§ 180)

Quoi qu'il en soit, et quelles que soient les réserves que l'on ait pu formuler, d'une façon générale, sur l'opportunité de lancer l'idée d'un double régime de responsabilité selon la nature de l'obligation violée, on pouvait difficilement concevoir de l'abandonner dans le texte de codification. Une telle omission serait allée, dans une large mesure, à l'encontre de l'évolution propre au droit international général dans les deux dernières décennies (v. ss 409 et s).

---

1. V. P.-M. Dupuy (sous la direction de), *Droit impératif et responsabilité internationale des États*, actes du colloque de Florence, déc. 2001 ; Paris, Pedone, 2002.

On observera notamment que, même si ses promoteurs, dont la France, ne l'ont pas délibérément conçu dans cette perspective, le régime très spécifique de la responsabilité de l'Irak pour les dommages qu'il a causés à l'État du Koweït et aux personnes privées placées sur son territoire peut être considéré comme un type particulier de mise en œuvre de responsabilité de ce pays pour crime d'agression [1].

Du point de vue du régime de responsabilité, il est évident que les résultats auxquels est finalement parvenue la CDI dans le Projet de 2001 sont assez maigres ; on ne dira pas décevant, tant on savait la tâche délicate. Les obligations de l'État responsable lui-même sont en effet le grand absent de ce texte ; un résultat paradoxal pourrait être que la codification consacre à la fois ouvertement l'incidence du droit impératif sur le plan de la responsabilité (et ceci renforce indubitablement l'institution juridique du *jus cogens* en droit international) mais qu'en même temps, il risque d'affaiblir la même institution juridique, en ne tirant aucune conclusion particulière quant à l'aggravation des obligations secondaires mises à la charge de l'État auteur de la violation d'une telle « super-norme » ! La victoire du *jus cogens* serait-elle alors une victoire à la Pyrrhus ?

Cette question du régime de la responsabilité pour manquement aux obligations impératives n'est évidemment insolite que si on oublie de la rapporter aux difficultés sinon même aux menaces qui pèsent présentement sur le fonctionnement du système des Nations Unies en général et sur le système de la sécurité collective, régulièrement utilisé depuis les premières années de la décennie 90 pour défendre des principes essentiels du droit international mais également fréquemment paralysé par les divergences et dissensions entre membres permanents du Conseil de sécurité (v. ss 502 et 568 s.). On peut, en effet, redouter que, fort du silence des textes (dont on peut ici difficilement accuser les membres de la CDI, lesquels ne pouvaient pousser trop loin le « développement progressif » du droit en la matière) certains États, à commencer par le plus puissant d'entre eux, s'autorisent, en fonction de l'appréciation toute subjective qu'ils se font de telle ou telle situation particulière, à définir *in concreto* et au cas par cas un type de réaction adapté à la sanction de ce qu'ils auront jugé en l'occurrence comme une atteinte à telle ou telle norme impérative de la part d'un autre État (v. ss 502 et 571 s.). C'est, alors, la sécurité juridique et l'impartialité nécessaires au bon fonctionnement de tout ordre juridique qui se trouveraient mises en cause à l'échelle internationale.

Des précédents tirés de la pratique récente amènent à poser ce genre de question. Il est évidemment hors de doute que la Yougoslavie de Milosevic ou l'Afghanistan des Talibans avaient violé des « obligations découlant de

1. V. notamment G. Christenson, State Responsibility and the UN Compensation Commission, *in* R. Lillich (dir.) *The UN Compensation Commission, 13th Sokol Colloquium*, Transnational Publishers, 1995, p. 311-366 ; comparer M. Frigessi di Rattalma, Le régime de responsabilité internationale institué par le Conseil d'administration de la commission de compensation des NU, *RGDIP* 1997/1, p. 45-90 et surtout A. Kolliopoulos, *La Commission d'indemnisation des Nations Unies et le droit de la responsabilité internationale*, préf. P.-M. Dupuy, Paris, LGDJ, 2001, 484 p.

normes impératives du droit international général » (v. ss 571 s.). Faute de posséder un régime de responsabilité adapté à l'importance et à la « gravité » (au sens de l'article 40 du Projet de 2001), faute également d'investir le système défini la Charte des Nations Unies de la confiance et des moyens nécessaires à une réaction appropriée, on retrouve les problèmes que l'on avait naguère identifiés à propos de l'invention du « crime d'État »[1] : un déséquilibre prononcé entre les avancées normatives et les inerties organiques du système international. Autre façon de désigner l'absence d'une volonté politique conséquente pour rendre applicables les notions généreuses inventées par les États ou les organisations internationales dans de rares moments d'euphorie !

471-1 ***Exceptions à la mise à l'écart de la qualification de « crime » attachée à certains faits illicites étatiques : l'apport de l'arrêt de la Cour internationale de Justice du 26 février 2007*** ◊ Certains faits illicites ont été qualifiés de crimes en particulier par la voie de traités. Ainsi, les États se sont-ils mis d'accord pour qualifier de « crimes » le génocide (convention de 1948, *GTDIP* n° 21) ou l'apartheid (Convention des Nations Unies de 1973). En dehors d'un cadre conventionnel, cette même qualification a également été retenue à propos de l'agression. Seule, la résolution 3314 de l'Assemblée générale (*GTDIP* n° 29) associe explicitement ce qualificatif à un fait illicite *étatique*, et non plus à une faute individuelle, la « guerre d'agression »[2] ; il s'agit cependant là d'une exception à l'option prise par les traités précités : la convention sur le « crime d'apartheid », qualificatif répété à son article premier, se contente de dire que « les États parties [...] déclarent criminels les organisations, les institutions et les individus qui commettent le crime d'apartheid ». Cette disposition ne parle pas explicitement des États, en dépit de la pratique qui sévissait encore au moment de son adoption en Afrique du Sud. Par la suite, les articles 5 et suivants du Statut de Rome instituant la Cour pénale internationale adopté en 1998 (*GTDIP* n° 25) établirent la définition des crimes relevant de la compétence de la Cour ; pourtant, s'agissant de responsabilité pénale internationale, ne sont ainsi désignés dans le Statut de la CPI que des crimes individuels, commis par des personnes physiques, non par des États (v. ss 517 s.). C'est par référence à ce contexte que l'on saisira l'innovation apportée par l'arrêt de la Cour internationale de Justice intervenu le 26 février 2007 dans l'affaire, déjà rencontrée plus haut (v. ss 468) relative à *l'application de la convention pour la prévention et la répression du crime de génocide*, entre la Bosnie-Herzégovine et la Serbie et Monténégro. La convention du 9 décembre 1948 était traditionnellement considérée comme ne faisant pas exception à la règle précitée. Comme son

1. V. P.-M. Dupuy, Observations sur le crime international de l'État, *RGDIP*, 1980/3, p. 449 s.
2. Article 5.2. : « une guerre d'agression est un crime contre la paix internationale. L'agression donne lieu à responsabilité internationale ».

titre lui-même l'indique, ce traité n'énonce explicitement que deux obligations « de faire » : celle de « prévenir » et celle de « punir » ce « crime de droit des gens » qu'est le génocide (art. 1er de la Convention). Pourtant, en 2007, interprétant cet article, la CIJ a déclaré que « l'article premier a pour effet d'interdire aux États parties de commettre eux-mêmes un génocide » ; or, des raisons liées au contexte historique et politique dans lequel ce texte avait été négocié pouvaient laisser penser que les États l'ayant négocié avaient délibérément pris soin de ne pas énoncer explicitement dans cet instrument l'existence d'un « crime d'État » et pas seulement d'un crime individuel [1].

Toujours est-il qu'il existe désormais, à côté de la guerre d'agression (A.G. Res. 3314), un autre « crime d'État », quant à lui désigné par la voie prétorienne. C'est celui de génocide, par ailleurs toujours défini tel un crime contre l'humanité susceptible d'entraîner la responsabilité pénale de ses auteurs individuels (v. ss 517 s.). Dans le cas du génocide, crime contre l'humanité comme dans celui de l'agression, le même fait illicite peut ainsi entraîner deux types de responsabilité : celle de l'État et celle des individus qui, fut-ce en son nom, ont participé à sa commission. Il est vrai que, pour être réalisé, le génocide suppose en fait l'organisation à l'échelle collective d'un plan d'extermination qui s'appuie sur les structures de l'État. L'agression internationale peut quant à elle être décidée par un individu mais elle ne saurait être menée que par une collectivité organisée, généralement étatique (v. ss 572 s.). On peut dès lors, en l'occurrence à propos du génocide, comprendre la position prise par la Cour même si, pour d'autres raisons examinées plus loin, celle-ci a finalement cru pouvoir refuser de reconnaître la Serbie et Monténégro coresponsable ou, au minimum, complice du génocide accompli à Srebrenica.

2. Le fait licite, générateur hypothétique de la responsabilité internationale

472 ***Données du problème*** ◊ Pendant une vingtaine d'années (1977-1997) la CDI a été investie par l'Assemblée générale des Nations Unies d'une mission impossible dont elle n'a finalement pu s'acquitter : la codification du droit d'une responsabilité hypothétique de l'État, celle qui serait la sienne à raison des dommages causés par certaines activités « non interdites par le droit international », c'est-à-dire par certains faits licites. Diverses raisons ont expliqué la formulation de cet étrange mandat.

a) L'une tient à la Commission du droit international elle-même, qui entendit, dès le début de ses travaux sur le droit de la responsabilité, distinguer entre les cas dans lesquels l'obligation de réparer présente

1. V. P.-M. Dupuy, Crime sans châtiment ou mission accomplie ? en ouverture à la série des commentaires de l'arrêt préc., par J.-M. Sorel, P. Gaeta, H. Ascencio et Ph. Weckel *RGDIP*, 2007/2, p. 243 s.

le caractère second, subsidiaire ou média que l'on a déjà signalé (parce qu'elle ne naît que de la violation préalable d'une autre obligation) et ceux où l'obligation de réparer est au contraire elle-même une obligation primaire, parce qu'elle n'est pas subordonnée à la réalisation antérieure d'un illicite initial, mais se trouve fondée sur la notion de risque créé.

b) Une autre raison tient à la détermination avec laquelle, dans les années 1970, en particulier, certains pays, comme le Canada, l'Australie et certains États en développement, ont prôné la promotion d'une responsabilité objective en droit international, à raison de la création de certains types de dommages catastrophiques, en particulier à l'environnement marin, mais aussi terrestre [1]. Ils prenaient appui non dans la pratique, mais dans les écrits de certains auteurs, dont en particulier W. Jenks, qui avait proposé dès 1966 la transposition en droit international de la notion consacrée en « *common law* » de la « *liability for ultra hazardous activities* », correspondant assez fidèlement à la responsabilité pour risque édifiée en France par les juges civils sur la base d'une interprétation dynamique de l'article 1384 du code civil, ou bien encore par le juge administratif à propos des « activités comportant des risques exceptionnels » (affaire *Regnault Desroziers*).

De fait, il est *a priori* tentant de se livrer à une telle transposition. La responsabilité pour risque a fait de longue date ses preuves en droit interne pour protéger les victimes d'accidents industriels à l'origine desquels elles n'ont pas la possibilité de démontrer l'existence d'une faute. Or, à l'échelle internationale, les cas se multiplient dans lesquels les États se livrent à des activités certes en elles-mêmes *a priori* licites, mais génératrices de risques catastrophiques dont la réalisation provoquerait des dommages souvent bien au-delà des frontières nationales : construction de barrages de très grande dimension, lancement d'objets spatiaux, établissement de centrales nucléaires aux frontières, exploitation de plates-formes de forage *off-shore*, etc. toutes activités susceptibles notamment de causer de graves préjudices sur le territoire mais aussi dans le milieu naturel ou l'environnement des États tiers. Effectivement, on a constaté, pour l'essentiel à partir des années 1960, que des conventions internationales établissaient la responsabilité objective de l'opérateur nucléaire en cas de dommage à une centrale (Convention OECE de Paris, 1960, de Vienne AIEA et de Bruxelles, 1963, etc.), ou bien encore celle du propriétaire de navire transportant des hydrocarbures (Convention de Bruxelles OMCI 1969) ou de l'opérateur de plate-forme pétrolière off-shore (1976). Mais toutes ces conventions internationales n'établissent qu'un régime de droit uniforme en droit international privé : la personne responsable, sans qu'on ait à établir l'existence à sa charge d'une faute, y est responsable civilement, directement vis-à-vis des personnes privées ou publiques qu'elle affecte. Ce responsable peut éventuellement être un État, si celui-ci correspond

---

1. V. P.-M. Dupuy, *La responsabilité internationale des États pour les dommages d'origine technologique et industrielle*, Paris, Pedone, 1976.

à la définition du responsable au sens défini par les conventions parce qu'il est, au même titre que pourrait l'être une société privée, opérateur de plate-forme ou de centrale nucléaire par exemple. Autrement dit, l'État, dans l'ensemble de ces traités, n'apparaît pas en tant que personne de droit international public, mais pour ainsi dire en civil, agissant en effet à l'instar d'une personne privée.

Il n'existe en revanche à ce jour qu'une seule convention établissant la responsabilité objective de l'État en droit international public : il s'agit de la convention élaborée dans le cadre des Nations Unies, adoptée en 1971 et entrée en vigueur en 1972, sur la « responsabilité internationale pour les dommages causés par des engins spatiaux ». Elle a été appliquée une fois à la suite d'un dommage causé par la chute d'un satellite soviétique à propulsion nucléaire dans le grand nord canadien où il contamina toute une région. Même dans ce cas, d'ailleurs, l'analyse exacte des règles posées par la convention révèle que la responsabilité de l'État de lancement résulte non pas *stricto sensu* d'une responsabilité pour fait licite mais d'une responsabilité sans nécessité de l'apport d'une preuve de la faute technique éventuellement à l'origine de l'accident, ce qui n'est pas la même chose.

Mais, en dehors du cercle des États parties à cette convention, en droit international coutumier, il n'existe nul principe général de responsabilité objective de l'État, que ce soit pour dommage à l'environnement ou autre. Ceci reste vrai même s'il est exact que l'on trouve certaines situations que beaucoup d'auteurs expliquent par le recours à l'idée de risque, comme celle de la responsabilité internationale de l'État pour les dommages causés par ses agents agissant « *ultra vires* », c'est-à-dire hors de leur compétence [1] ou celle qui apparaît, dans les cas très particuliers de dommages causés à un navire en haute mer, à la suite de son arraisonnement par les navires d'État d'une autre puissance l'ayant soupçonné à tort d'infraction à la législation maritime.

473 ***Causes de l'absence d'un principe général de responsabilité objective en droit international public*** ◊ Elles sont multiples, de caractères à la fois technique et sociologique et l'on ne peut ici que les évoquer brièvement. D'un point de vue proprement juridique, il faut d'abord noter que le problème a souvent été mal posé. Il ne réside pas essentiellement dans une appréciation de licéité, toujours contingente et relative, car la licéité s'apprécie en fonction des conditions dans lesquelles l'activité dangereuse est entreprise par l'État. Celui-ci, précisément parce que l'activité est dangereuse, doit déployer la diligence requise pour en éviter, dans toute la mesure du possible, les conséquences dommageables. La licéité apparaît donc comme un critère aléatoire parce que, pas plus que l'absence d'interdiction, elle n'est une notion intangible. Ce qui n'était pas interdit hier peut être réglementé aujourd'hui ou demain. Les conditions dans lesquelles ont été

1. Cas aujourd'hui codifié dans le texte de codification de la responsabilité internationale des États adopté par la CDI en 2001 à son article 7 (v. *GTDIP* n° 9).

considérablement précisées dans les trente dernières années les modalités d'utilisation du territoire national en vue d'éviter les dommages transfrontières à l'environnement donnent un juste témoignage de ce phénomène. Le problème réel ne réside pas dans une appréciation de licéité mais dans la recherche d'une amélioration du régime des preuves mises à la charge de la victime, afin de faciliter dans toute la mesure du possible son accession aisée à la réparation. La responsabilité internationale de l'État pour des activités comportant des risques exceptionnels pourrait bien, dans l'avenir, connaître des développements ; mais parce qu'elle suppose un certain nombre d'aménagements techniques (tendant en particulier aux conditions de « canalisation » de la responsabilité sur une seule personne déclarée plus ou moins fictivement l'unique responsable, touchant aussi à l'éventuelle limitation du plafond d'indemnisation du dommage à l'extension potentiellement catastrophique), elle ne se développera alors que dans le cadre de conventions spéciales et non sur le plan du droit international général [1].

Consciente de ces obstacles, la CDI a progressivement délaissé le sujet de la « responsabilité internationale pour conséquences préjudiciables découlant d'activités non interdites par le droit international » [2]. Dès 1997, ses travaux ont été réorientés afin de parvenir d'abord à la formulation d'un projet de règles primaires sur la « prévention des dommages transfrontières résultant d'activités dangereuses ». Celui-ci a été adopté en 2001. Attaché, comme son titre l'indique, à la prévention de tels dommages, il vise des obligations primaires « de faire » (comme le principe de coopération, celui d'information-consultation préalable à l'entreprise d'activités dangereuses, ou celui de leur prévention) et ne concerne donc pas les obligations secondaires qui constituent la responsabilité internationale pour les dommages causés par de telles activités. C'est au demeurant un texte utile, qui reprend l'énoncé d'un certain nombre de règles dont une majorité peut en effet être considérée comme faisant d'ores et déjà partie du droit coutumier de la protection internationale de l'environnement, tels qu'on les a examinés plus haut (v. ss 116). Les experts ont parallèlement mis fin à la codification du droit de la responsabilité des États pour leurs activités licites. Un projet, fort modeste, de « principes sur la répartition des pertes en cas de dommage transfrontière découlant d'activités dangereuses » a certes été adopté en 2006. Celui-ci se contente

1. V. rapports de M. Barboza, *ACDI* à partir de 1984. V. aussi P.-M. Dupuy, À propos des mésaventures de la responsabilité internationale des États dans ses rapports avec la protection internationale de l'environnement, *in Les hommes et l'environnement, Études en hommage à Alexandre Kiss*, Paris, Frison-Roche, 1998, p. 269-283 ; J. Brunnée, Of Sense and Sensibility : Reflexions on International Liability Regimes as Tools for Environmental Protection, *ICLQ*, vol. 53, 2004, p. 351-368 ; Y. Kerbrat, Le droit international face au défi de la réparation des dommages à l'environnement, *in* SFDI, *Le droit international face aux enjeux environnementaux*, Paris, Pedone, 2010, p. 125-144.

2. Sur l'évolution des travaux de la CDI, v. G. Hafner et H. L. Pearson, Environmental Issues *in* the Work of the ILC, *Yearbook of International Environmental Law*, vol. 11, 2000, p. 3 s., ainsi que G. Hafner et I. Buffard, Les travaux de la Commission du droit international : de la responsabilité à la prévention des dommages, *in Le droit international face aux enjeux environnementaux*, *op. cit.*, p. 145-164.

cependant de rappeler en préambule que la responsabilité des États est engagée en cas de manquement à leurs obligations de prévention ; pour le reste, il recommande le développement de régimes spéciaux de responsabilité sans faute des exploitants d'activités polluantes.

B. L'élément subjectif du fait générateur : l'imputation [1]

474 ***Données fondamentales*** ◊ Pour être définitivement constitué, le fait générateur de responsabilité ne doit pas seulement s'analyser en une violation d'une norme de droit international. La violation du droit international n'est établie que si elle peut être considérée comme ayant été commise par un sujet relevant de cet ordre, qui soit à la fois destinataire de l'obligation violée et capable de se voir imputer un tel fait.

En droit international, seuls les États et les organisations internationales répondent à ces conditions. Les particuliers, personnes physiques ou morales de droit interne, ne peuvent commettre de fait dommageable constitutif d'un fait internationalement illicite, hormis les cas exceptionnels des crimes internationaux (v. ss 516 s.), car ils ne sont en général pas considérés comme débiteurs d'obligations internationales. C'est au demeurant ce qu'une partie de la doctrine outre-Atlantique ne veut pas voir lorsqu'elle parle indifféremment des « *non-state actors* » comme promoteurs de normes internationales (telles que le sont, en particulier, certaines grandes organisations non-gouvernementales ou destinataires de ces normes) [2]. Or, même si l'on peut voir là un archaïsme de l'ordre juridique international, les entités non étatiques sont encore, sauf exceptions, dépourvues, sinon de personnalité juridique internationale, du moins de capacités internationales. On ne peut, par conséquent, en principe tenir pour responsable internationalement une entreprise multinationale, un mouvement insurrectionnel ou une transnationale du terrorisme comme Al Qaida. Une chose est de prendre conscience qu'il y a, précisément à propos de tels types d'entités non-étatiques, une tendance manifeste de la pratique internationale à les considérer de plus en plus comme si elles disposaient déjà d'une « certaine mesure » de personnalité internationale, réalité vérifiée de longue date dans le droit humanitaire à propos des « entités non étatiques armées ». Une autre est cependant d'anticiper sur cette évolution et de faire déjà comme si cette évolution était parvenue à son terme.

Pour l'heure, sauf exception [3], les « acteurs non étatiques » ne peuvent, quoi qu'il en soit, se voir imputer des faits illicites internationaux, même

1. V. L. Condorelli, L'imputation à l'État d'un fait internationalement illicite : solutions classiques et nouvelles tendances, *RCADI*, 1984, t. 189, p. 13-221.

2. Sur le statut international des ONG, v. Pierre-Marie Dupuy et Luisa Vierucci (dir.) *NGOs in International Law. Efficiency in Flexibility ?*, E. Elgar, Cheltenham, 2008.

3. Exception révélée notamment, outre l'hypothèse d'un crime international, par d'assez nombreuses résolutions du Conseil de sécurité s'adressant, en particulier dans les dix dernières

si, matériellement, leur comportement équivaut à la violation d'une norme internationale. Un fait ne devient internationalement illicite que si, violant une règle de droit international, il est accompli par un sujet qui était tenu de la respecter [1]. Éléments matériel et subjectif se trouvent ainsi conjoints pour constituer l'infraction internationale. Dans cette perspective, la fonction cardinale de l'imputation ne consiste pas seulement à désigner la personne qui répond du dommage subi par les sujets, elle fonde aussi le caractère *internationalement* illicite de l'acte en l'attribuant à un sujet de droit international capable d'engager sa responsabilité. On comprend ainsi pourquoi l'on insistait antérieurement sur le lien quasi consubstantiel qui existe entre éléments objectif et subjectif du fait générateur.

475 ***Droit interne, droit international et imputation*** ◊ L'article 3 du Projet de 2001 énonce un principe parmi les plus solidement établis en droit international lorsqu'il dispose : « la qualification du fait de l'État comme internationalement illicite relève du droit international. Une telle qualification n'est pas affectée par la qualification du même fait comme licite par le droit interne ». Repris à l'article 5 du Projet de 2011, il signifie que droit international et droit interne sont des ordres juridiques distincts, quoique perméables. Du point de vue substantiel, le même fait peut être autorisé par le droit interne, cela ne le rendra pas pour autant nécessairement licite au regard du droit international. On en donnera un exemple : les droits internes introduisent ou maintiennent encore souvent dans bon nombre de pays un certain nombre de ségrégations statutaires ou sociales entre hommes et femmes ; cela n'a pas pour effet de les rendre licites au regard du droit international des droits de la personne humaine, tel qu'il découle, en l'occurrence, de la Charte des Nations Unies elle-même (art. 1er, § 3) puis s'est ensuite consolidé en droit conventionnel (Convention des Nations Unies de 1979 sur l'élimination des discriminations à l'égard des femmes notamment) mais aussi coutumier. Même autorisée par la loi nationale, la discrimination sexuelle demeure interdite par le droit international. Il s'agit là d'une conséquence de la séparation des ordres juridiques dont le droit international de la responsabilité n'est évidemment pas le seul champ d'application ; on en trouvait déjà une première codification dans la Convention de Vienne sur le droit des traités [2].

---

années, à une ou plusieurs factions rivales dans une guerre civile (Somalie, Angola, Sierra Leone, etc.) pour leur adresser des injonctions et leur signifier de respecter les principes élémentaires du droit humanitaire ou des droits de la personne humaine. (v. notamment Ph. Bretton, Actualité du droit international humanitaire applicable dans les conflits armés, *in Mélanges en l'honneur d'Hubert Thierry*, Paris, Pedone, 1998 ; p. 57-72. Sur l'acquisition circonstantielle de personnalité juridique dans l'ordre international par une entreprise privée, v. ss 634, c).

1. V. L. Condorelli, L'imputation à l'État d'un fait internationalement illicite : solutions classiques et nouvelles tendances, *RCADI*, 1984, vol. 189, p. 28 s. ; M. Forteau, L'État selon le droit international : une figure à géométrie variable ?, *RGDIP*, 2007/4, p. 737-770.

2. V. ss 290-1.

Plus loin, abordant les principes généraux relatifs à la réparation (IIe partie, chapitre premier), le Projet de 2001 rappelle à l'article 32 que « l'État ne peut pas se prévaloir des dispositions de son droit interne pour justifier un manquement aux obligations qui lui incombent » en raison de sa commission d'un fait illicite. La validité d'un acte en droit interne est indépendante de celle de son contenu par référence au droit international ; comme le disait déjà la Cour permanente de Justice internationale dans un arrêt de 1926, « au regard du droit international [...] les lois nationales sont de simples faits » [1], ce que la CIJ a rappelé dans un arrêt du 3 février 2006 [2].

Ceci étant dit, un sujet de droit international ne peut voir sa responsabilité engagée qu'en conséquence de ses propres actions ou omissions, c'est-à-dire à raison des actes pouvant être considérés comme accomplis par un organe de l'État ou de l'organisation internationale. Une difficulté particulière apparaît alors : le droit international lui-même ne fournit pas de critère quant à la détermination de ces organes ni, *a fortiori*, quant à la nature et à l'étendue de leur compétence. Ces questions relèvent par principe du droit interne de l'État considéré ou, *mutatis mutandis*, de celui de l'organisation internationale en cause (en effet, par principe, le droit international n'a pas à s'occuper de la manière dont s'organise l'État). On est ainsi en présence de l'un des points de contact les plus intimes entre deux ordres juridiques distincts, interne et international. On peut poser qu'en règle générale, il appartient au droit interne de désigner les personnes revêtant - *de jure* - la qualité d'organes de l'État (v. les art. 4 § 2, 5 et 6 du Projet de 2001).

La part qui revient au droit international est alors plus restreinte sinon marginale. Il attribue à l'État le fait de personnes ayant agi en réalité dans le cadre des relations internationales et pour le compte de ce dernier. C'est ainsi que les déclarations de sa ministre de la Justice sont susceptibles d'engager un État en droit international même si en principe ce sont le chef de l'État et son ministre des Affaires étrangères qui parlent en son nom internationalement. La CIJ a en effet reconnu en 2006 qu'« il est de plus en plus fréquent, dans les relations internationales modernes, que d'autres personnes représentant un État dans des domaines déterminés soient autorisées par cet État à engager celui-ci, par leurs déclarations, dans les matières relevant de leur compétence » [3]. On retrouve cette répartition des fonctions entre les ordres juridiques et les règles qui en découlent dans le chapitre II de la première partie du Projet de 2001 (art. 4 à 11) dont elle constitue certainement l'un des éléments les plus conformes aux

1. CPJI, Aff. relative à *Certains intérêts allemands en Haute Silésie polonaise*, fond, arrêt du 25 mai 1926, *Rec. CPJI*, Série A, n° 7, p. 19.

2. CIJ, *Activités armées sur le territoire du Congo* (nouvelle req.), *RDC c/ Rwanda*, 3 févr. 2006, § 41. V. commentaire F. Latty, *AFDI*, 2005. 213.

3. *Ibid.* § 47 et 48. En l'espèce, la CIJ a considéré que la ministre de la Justice du Rwanda pouvait engager son pays par des déclarations émises devant la Commission des droits de l'homme des Nations Unies.

principes bien établis dans le droit coutumier. La question se pose en des termes légèrement différents s'agissant des organisations internationales.

476 ***Attribution à l'État du comportement de ses organes*** ◊ Aux termes de l'article 4 du Projet de 2001, le comportement de tout organe de l'État est considéré comme un fait de l'État d'après le droit international « que cet organe exerce des fonctions législative, exécutive, judiciaire ou autres, quelle que soit la position qu'il occupe dans l'organisation de l'État, et quelle que soit sa nature en tant qu'organe du gouvernement central ou d'une collectivité territoriale de l'État ».

À partir de cette règle de base, le texte suit la logique que l'on pourrait dire « du rattachement suffisant », conformément à la pratique établie : on entend par là que tous actes accomplis par des organes, mais aussi par des personnes ayant avec l'État un lien suffisant lui sont imputables. Il en est ainsi des comportements des autres entités que l'État lui-même, habilitées par le droit interne à exercer des prérogatives de puissance publique comme par exemple les collectivités publiques territoriales (art. 5), ou de ceux d'un organe mis à la disposition de l'État par un autre État, pour autant que cet organe agisse dans l'exercice de prérogatives de puissance publique (art. 6). Ainsi encore du comportement d'une personne ou d'un groupe de personnes agissant « en fait sur les instructions ou les directives ou sous le contrôle de cet État » (art. 8).

En relation avec cette question, on a relevé à juste titre, même si elle s'explique en bonne part par la différenciation des faits à considérer et les spécificités du droit applicable en droit international pénal, une contradiction de jurisprudence à la fois manifeste et persistante entre deux juridictions des Nations Unis, dont la seconde entend bien marquer qu'elle n'est en rien subordonnée à la première : la CIJ dans l'affaire *Nicaragua c/ États-Unis* de 1986 et le Tribunal pénal international pour l'ex-Yougoslavie dans le second jugement rendu par la Chambre d'appel dans l'affaire *Tadic*, du 15 juillet 1999, confirmé par celui rendu par la même chambre dans l'affaire *Blaskic*, le 3 mars 2000 [1]. Pour réduire les dimensions de cette divergence de jurisprudence à l'essentiel, on retiendra que la Cour internationale de Justice avait retenu une conception stricte et étroite du « contrôle » exercé par les États-Unis à l'égard des opposants nicaraguayens au régime sandiniste en place à Managua. Sur la base d'une telle conception, et en dépit d'une surabondance de preuves

1. V. notamment Cl. Kress, L'organe *de facto* en droit international public, réflexions sur l'imputation à l'État de l'acte d'un particulier à la lumière des développements récents, *RGDIP*, 2001/1, p. 93 s. Sur la jurisprudence *Blaskic*, Ph. Weckel, Chronique de jurisprudence internationale, *RGDIP*, 1999/4, p. 493 et 2000/2, p. 537 s. On notera que si la Chambre d'appel rejette toute subordination de sa jurisprudence à l'égard de celle de la CIJ, en revanche, de façon d'ailleurs fort logique, elle s'attache à garantir que les jugements des chambres de première instance du même Tribunal respectent les décision de leur Chambre d'appel, et s'alignent donc sur sa jurisprudence et non sur celle de la CIJ losqu'il y a divergence. V. sur le critère du « contrôle global », *Aleksovski*, 24 mars 2000 (§ 101) (*RGDIP*. Chron. 2000/3, p. 802) et *Celebici* (*Delalic*), 24 févr. 2001 (*RGDIP*, Chron. 2001/2, p. 454 s.).

du soutien caractérisé des États-Unis au Contras, notamment par l'intermédiaire du financement de leurs opérations et de l'assistance qui leur était offerte par la CIA sur le terrain, la Cour n'a pas voulu imputer aux premiers les agissements des seconds [1]. En revanche, et parce qu'il devait établir que les conflits considérés présentaient un caractère « international », le TPIY dans l'affaire *Tadic* (1999) puis dans l'affaire *Blaskic* (2000) a retenu un critère beaucoup plus souple (et sans doute aussi beaucoup plus conforme à la réalité des faits) ; celui du « contrôle global », en vertu duquel les agissements criminels respectifs des entités armées se réclamant des républiques serbe ou croate de Bosnie-Herzégovine étaient en réalité imputables, dans un cas, à la Yougoslavie (Serbie-Monténégro) et, dans l'autre, à la Croatie. Les termes choisis par l'article 8 du Projet de 2001 ne permettent pas vraiment d'opter entre les deux conceptions, même si le commentaire de la Commission laisse à penser que sa conception est sans doute plus proche de celle de la CIJ que du TPIY. Quoi qu'il en soit, la formule « agit en fait sur les instructions ou les directives ou sous le contrôle de cet État » renvoie en définitive à la façon dont la pratique et la jurisprudence à venir voudront interpréter les preuves qui leur seront fournies de l'implication d'un État dans les agissements substantiellement illicites d'une entité armée.

Dans l'affaire relative aux activités armées sur le territoire du Congo qui opposait la RDC à l'Ouganda (l'affaire parallèle avec le Rwanda ayant été rejetée au stade de la compétence et de la recevabilité), la CIJ a considéré que les actions des Forces de défense du peuple ougandais (UPDF) étaient imputables à l'Ouganda en tant qu'actes d'organes de l'État (art. 4 CDI) et qu'ils devaient par conséquent être considérés comme des faits de l'État [2]. En revanche, dans la même affaire, la Cour a estimé ne pas pouvoir imputer à la RDC les actions du Mouvement de libération du Congo (MDC). Cette entité ne pouvait en effet être considérée ni comme un organe de l'État au sens de l'article 4 du projet de la CDI ni comme une entité exerçant des activités de puissance publique pour le compte de cet État au sens de l'article 5 ; la CIJ a enfin jugé ne pas disposer des éléments de preuve suffisants pour conclure que le même groupement avait agi « sur les instructions ou les directives ou sous le contrôle » de la RDC [3]. S'arrêtant là, elle n'avait pas alors à s'engager dans l'examen des critères du contrôle par référence à sa jurisprudence antérieure, contrairement à ce qu'elle sera amenée à faire un peu plus d'un an plus tard dans l'affaire de l'application de la Convention sur la prévention et la répression du crime de génocide (v. ss 476-1).

Les articles de 2001 rattachent enfin à l'État le comportement d'une personne ou d'un groupe de personnes si elle ou il « exerce en fait des prérogatives de puissance publique en cas d'absence ou de carence des autorités

1. V. *Rec.* CIJ 1986, § 108-109 et 115 de l'arrêt.
2. CIJ, 19 déc. 2005, *Activités armées sur le territoire du Congo (RDC c/ Ouganda)*, § 213 et 243. V. commentaire F. Latty, *AFDI* 2005. 219.
3. *Ibid.*

officielles et dans des circonstances qui requièrent l'exercice de ces prérogatives. » (art. 9). La CDI a ajouté cette disposition dans la version définitive de son texte ; elle est directement inspirée des circonstances ayant donné lieu à l'arrêt de la CIJ en l'affaire des otages (1980) dans laquelle l'Iran avait aussi été déclarée responsable pour avoir cautionné, par la voie de son leader, l'Ayatollah Khomeini, l'action des étudiants islamistes à l'encontre de l'ambassade et des diplomates américains. L'article 11 dispose en effet qu'« un comportement qui n'est pas attribuable à l'État selon les articles précédents est néanmoins considéré comme un fait de cet État d'après le droit international si, et dans la mesure où, cet État reconnaît et adopte ledit comportement comme sien ».

D'une façon générale, il faut souligner le lien existant entre l'opération d'imputation d'un fait illicite à un État et l'exercice effectif par ce même État du contrôle sur un territoire, qu'il s'agisse ou non de son territoire national. C'est ainsi que la Cour européenne des droits de l'homme a appliqué les règles du droit international pertinentes dans le second de ses deux arrêts consacrés à l'affaire *Loizidou* (18 décembre 1996). Dans cette espèce, elle a imputé à la Turquie des agissements que cette dernière prétendait attribuables à un État en réalité fictif, la prétendue République turque de Chypres du Nord, dont la CEDH avait par ailleurs constaté la non-reconnaissance par la communauté internationale (v. ss 46). Ces actes avaient ainsi été accomplis en fait non par cet État fictif mais par les autorités turques elles-mêmes. La Cour européenne des droits de l'homme est parvenue à un résultat semblable dans l'affaire *Ilascu et autres c/ Moldova et Russie* (arrêt du 8 juillet 2004) dans laquelle les juges de Strasbourg ont considéré que la Russie était responsable d'actes commis par des séparatistes de Transnistrie qui s'étaient autoproclamés République moldave de Transnistrie sur le territoire de la République de Moldova, au motif que la Russie, maintenait un contrôle étroit sur le comportement des autorités de cette « République » de Transnitrie.

L'exercice du contrôle territorial peut également expliquer, dans certaines circonstances, qu'un fait illicite apparemment attribuable à une ou plusieurs personnes privées soit imputé à l'État sur le territoire duquel il a été accompli ; du fait, en particulier, que ce dernier n'a pas déployé la diligence due pour l'empêcher (v. ss 90 et v. ss 478).

A contrario, un État ne peut se voir attribuer des actes accomplis par des entités échappant à son contrôle territorial. Ainsi, l'article 14 paragraphe 1er du projet disposait-t-il que « n'est pas considéré comme un fait de l'État d'après le droit international le comportement d'un organe d'un mouvement insurrectionnel établi sur le territoire de cet État ou sur tout autre territoire sous son administration ». Sans avoir disparu de l'état définitif du Projet de 2001, cette règle se retrouve à son article 10 mais énoncée positivement, en indiquant que « le comportement d'un mouvement insurrectionnel qui devient le nouveau gouvernement de l'État est considéré comme un fait de cet État d'après le droit international ».

476-1 ***Imputabilité immédiate ou médiate du fait illicite, et responsabilité internationale de l'État*** ◊ Dans son arrêt relatif à *l'application de la convention pour la prévention et la répression du crime de génocide* (*Bosnie-Herzégovine c/ Serbie et Monténégro*, 26 février 2007, CIJ), déjà rencontré plus haut à propos de l'introduction de la recherche d'intention dans la détermination du fait générateur et de la possibilité normative d'un « crime d'État » pour génocide (v. ss 468 et 471-1), une question centrale était posée : celle de savoir, par référence aux massacres commis à Srebrenica, quel avait été le lien entre la Serbie-et-Monténégro placée sous l'autorité de Slobodan Milosevic (à l'époque des faits République fédérative de Yougoslavie ou RFY), et le génocide de près de 8 000 hommes accompli très systématiquement pendant près d'une semaine par les forces armées de l'entité paraétatique appelée *Republika Srpska*. Les troupes de cette pseudo République serbe de Bosnie, dites VRS, avaient été entraînées et demeuraient continuellement armées par l'armée de la Serbie ; elles étaient, de plus, placées sous l'autorité d'officiers issus de l'armée serbe, sous le commandement d'un général serbe, Ratko Mladic. Au moment des faits, ils touchaient encore leur solde en tant qu'officiers de la Drina, armée de la RFY [1]. Des groupes paramilitaires baptisés « Scorpions », « Bérets rouges », « Tigres » ou « Aigles blancs » agissaient de plus en relation directe avec les troupes bosno-serbes mais aussi avec celles de la RFY. Deux séries d'interrogations, distinctes mais corrélées, étaient alors posées à la Cour. L'une, relative à l'existence d'un fait générateur de complicité dans l'accomplissement d'un génocide a déjà été analysée plus haut (v. ss 468) ; l'autre était celle de savoir si ce fait générateur pouvait être imputé à la RFY, devenue depuis lors Serbie et Monténégro, puis République de Serbie en 2006. L'État demandeur, la Bosnie, avait invoqué l'article 4 du projet précité de la CDI ; selon cette disposition, « le comportement de tout organe de l'État est considéré comme un fait de l'État d'après le droit international » Le demandeur s'appuyait sur les éléments de fait, dont certains rappelés ci-dessus, qui manifestaient l'étroite proximité de la Serbie et Monténégro (RFY) avec les auteurs directs du génocide. La Bosnie voulait ainsi convaincre la Cour qu'en particulier les troupes VRS composant l'armée des Serbes de Bosnie étaient en réalité purement et simplement assimilables à l'armée de la RFY elle-même. L'imputation des actes de l'une à l'autre eut donc été directe. La Cour n'a cependant pas voulu admettre cette démonstration. Toujours en référence à l'article 4 du projet, elle n'a pas davantage accepté de voir dans les groupes paramilitaires répertoriés plus haut de simples « organes de fait » de la RFY. Restait alors à examiner si était invocable l'article 8 selon lequel seraient imputables à un État les agissements de personnes ou de

1. La CIJ n'a d'ailleurs pas hésité à reconnaître dans son arrêt qu'« à l'époque considérée la RFY se trouvait, à l'égard des Serbes de Bosnie qui ont conçu et exécuté le génocide de Srebrenica, dans une position d'influence qui n'était comparable à celle d'aucun des autres États parties à la convention sur le génocide en raison de la puissance des liens politiques, militaires et financiers entre, d'une part, la RFY et, de l'autre, la Republika Srsbska et la VRS » CIJ, arrêt du 27 févr. 2007, § 435.

groupe « qui, sans avoir le statut légal d'organes de cet État, agissent en fait sous un contrôle tellement étroit de ce dernier qu'ils devraient être assimilés à des organes de celui-ci aux fins de l'attribution nécessaire à l'engagement de sa responsabilité ». On pouvait en effet concevoir, compte tenu des faits connus, une imputabilité à la RFY des exactions de ces groupes paramilitaires. C'est à leur propos que la CIJ va alors maintenir la jurisprudence qu'elle avait établie dans l'affaire de 1986 entre le Nicaragua et les États-Unis dont on a vu au paragraphe 476 ci-dessus que la Chambre d'appel du TPIY l'avait écartée en 1999 dans son arrêt *Tadic*. La Cour entend quant à elle maintenir l'interprétation du critère du « contrôle » exercé par l'État sur les entités non étatiques dans le sens strict d'une « totale dépendance ». Elle critique alors ouvertement le TPIY qui s'était satisfait du « contrôle global », lequel permet évidemment d'attribuer beaucoup plus facilement à l'État considéré les agissements criminels des groupes paramilitaires.

Cette jurisprudence de la CIJ semble discutable tant sur la base de l'analyse des faits de l'espèce que sur celle du droit. Les faits montraient à suffisance le lien quasi organique entre le pays dirigé par Slobodan Milosevic et les troupes dirigées par le général Mladic. Le droit pose en réalité autant un problème de détermination des critères de preuves que de conception du degré de contrôle exigible pour prouver la dépendance.

En définitive, cette affaire manifeste une fois de plus l'interdépendance des éléments constitutifs de la responsabilité étatique. La Cour a fait une avancée sur la question de l'affirmation d'existence d'une catégorie de faits illicites en voulant voir dans l'article premier de la convention de 1948 une règle posant l'interdiction du génocide adressée à l'État lui-même (v. ss 471-1). Pour autant, lorsqu'il s'est agi *in concreto* d'imputer à un État souverain un crime de génocide perpétré par des éléments dont tout porte à croire qu'ils étaient très proches de ce même État, elle s'est finalement interdit de franchir le Rubicon. Le crime d'État de génocide est en soi possible mais il n'a pas été perpétré par la Serbie et Monténégro, nous dit-elle. L'arrêt du 26 février 2007 apparaît ainsi à la fois audacieux et en même temps excessivement prudent. On ne doit cependant pas oublier que la jurisprudence internationale, émanant d'organes juridictionnels de caractère collégial, est également le fruit de compromis entre ses membres [1].

477 ***Imputation à une organisation internationale du comportement d'organes d'États membres*** ◊ À l'instar des règles exposées plus haut pour les États, sont imputables à l'organisation internationale les comportements de ses organes et agents (art. 6 du Projet de 2011), mais aussi celui des organes et agents mis à la disposition de l'organisation par un État « pour autant qu'elle exerce un contrôle effectif sur ce comportement ». Cette précision, qui figure dans le projet d'articles adopté par la CDI en 2011 (art. 7), s'avère importante en pratique dans les cas où les agents ou organes prêtés à l'organisation agissent encore pour partie en qualité d'organe de l'État

1. V. la série des articles parus dans la *RGDIP*, 2007/2.

d'envoi. Cette confusion est malheureusement fréquente lors d'opérations de maintien de la paix. Il arrive en effet que les États mettent leurs forces armées à la disposition de l'Organisation des Nations Unies le temps de l'opération « casques bleus » (v. ss 568), mais qu'ils conservent leurs pouvoirs disciplinaires et leur compétence pénale à l'endroit des membres du contingent national. Le critère du contrôle effectif a par exemple permis de déterminer qui de l'État ou de l'ONU devait assumer la responsabilité de tirs, effectués par des soldats pakistanais participant à l'opération ONUSOM II, sur des manifestants somaliens réunis à Mogadiscio en 1993.

Il y a quelques années, la Cour européenne des droits de l'homme a toutefois semblé s'écarter de cette règle dans ses décisions sur la recevabilité dans les affaires *Behrami et Behrami c/ France* et, surtout, *Saramati c/ France, Allemagne et Norvège* du 31 mai 2007 (v. ss 205-1). Cette seconde affaire était relative à une détention extrajudiciaire réalisée par la KFOR, une coalition non intégrée de contingents nationaux des pays membres de l'OTAN. La Cour note que la présence de la KFOR au Kosovo se fonde sur une résolution adoptée par le Conseil de sécurité et en conclut que la KFOR exerce « des pouvoirs que le Conseil de sécurité lui a légalement délégués en vertu du Chapitre VII, de sorte que l'action litigieuse est, en principe, "attribuable" à l'ONU » et non aux États parties à la Convention européenne de 1950. Cette jurisprudence, confirmée dans plusieurs décisions rendues la même année [1], mais sensiblement tempérée avec les arrêts *Al-Jedda* du 7 juillet 2011 (v. ss 172) et *Nada* du 12 septembre 2012 [2], se trompe sur le contenu de telles décisions du Conseil de sécurité. Celles-ci n'obligent pas les États à adopter un comportement déterminé, mais les autorisent seulement à faire usage de la force armée. Autrement dit, elles lèvent l'interdiction énoncée par ailleurs à l'article 2, paragraphe 4, de la Charte. Dans de telles hypothèses, les États n'agissent pas en représentation de l'organisation, mais en leur nom propre ; les violations du droit international leur sont donc imputables. Si l'ONU peut par ailleurs engager sa propre responsabilité lorsqu'elle autorise un État « à commettre un fait qui serait internationalement illicite s'il avait été commis par elle » (art. 17, § 2, du Projet de 2011), cette responsabilité n'est pas exclusive de celle des États membres [3].

---

1. V. *Kasumaj c/ Grèce*, déc. du 5 juill. 2007, n° 6974/05 ; *Gajic´ c/ Allemagne*, déc. du 28 août 2007, n° 31446/02 ; *Beric´ c/ Bosnie-Herzégovine*, déc. du 16 oct. 2007, affaires jointes n° 36357/04, 36360/04, 38346/04, 41705/04, 45190/04, 45578/04, 45579/04, 45580/04, 91/05, 97/05, 100/05, 1121/05, 1123/05, 1125/05, 1129/05, 1132/05, 1133/05, 1169/05, 1172/05, 1175/05, 1177/05, 1180/05, 1185/05, 20793/05 et 25496/05.

2. Grande chambre, n° 10593/08, *Nada c/ Suisse*. Sur cet arrêt v. J. Tavernier, La responsabilité des États au regard de la Convention européenne des droits de l'homme pour la mise en œuvre de résolutions adoptées dans le cadre du Chapitre VII de la Charte des Nations Unies, *RGDIP* 2013. 101-122, ainsi que la Chronique de D. Szymczak et S. Touzé dans l'*AFDI* 2012, spéc. p. 725-730. V. aussi L.-A. Sicilianos, « Le Conseil de sécurité, la responsabilité des États et la Cour européenne des droits de l'homme : vers une approche intégrée ? », *RGDIP* 2015. 779-795.

3. Sur les difficultés d'articulation de la responsabilité de l'ONU avec celle de ses États membres, pour leur passivité lors du génocide de Srebrenica, v. C. Beaucillon, « Responsabilité : ONU et/ou État membre ? Deux décisions de la Cour suprême des Pays-Bas », *AFDI* 2014. 17-43.

478 ***Faits d'organes agissant en dépassement de leur compétence*** ◊ Au-delà des cercles concentriques s'élargissant ainsi autour de la règle centrale d'attribution énoncée ci-dessus, on rencontre la question particulière des organes qui relèvent certes d'un État ou d'une organisation internationale mais qui, en agissant, ont clairement dépassé le cadre de leur compétence tel que défini par le droit national ou le droit interne de l'organisation. Le sujet international, dans de telles situations, est-il encore tenu pour responsable de ces faits, illicites au regard de son propre droit interne ? La réponse, fermement établie dans le droit coutumier, et reprise aux articles 7 du Projet de 2001 et 8 de celui de 2011, est positive. On peut expliquer cette règle par des impératifs de sécurité juridique, en évoquant des notions familières du droit privé interne comme celle de « garde » ; l'on peut également recourir pour l'expliquer à la théorie de l'apparence. Il s'agit ici d'une situation qui n'est il est vrai pas sans rappeler la responsabilité objective dont on a pourtant vu par ailleurs qu'elle est encore généralement inconnue en droit international coutumier (v. ss 472).

479 ***Cas de non-imputation*** ◊ Il résulte *a contrario* de la logique du « rattachement suffisant » que lorsque l'auteur du fait considéré ne satisfait pas à cette exigence de lien suffisant avec la personne étatique, son fait n'est pas attribuable à l'État. C'est le cas des comportements de personnes n'agissant pas pour le compte de l'État ou relevant d'un autre État et ayant agi comme telles et, *a fortiori*, de celles contestant radicalement l'autorité de l'État sur elles, tel un mouvement insurrectionnel.

S'agissant cependant de la première des hypothèses ci-dessus envisagées, celle de l'absence de responsabilité de l'État à raison de faits de particuliers n'agissant pas pour son compte, elle doit être entendue de façon restrictive. Si le fait de ces personnes résulte d'une carence de prévention, d'une insuffisance de contrôle, d'une négligence, bref d'un défaut de diligence de la part des organes de l'État, il lui sera alors imputable ; ceci non pas parce qu'il devrait en répondre en application de l'idée de « garde » ou parce qu'il serait objectivement responsable de tout fait internationalement dommageable émanant des personnes privées placées sous sa juridiction, mais parce que, en laissant s'accomplir de tels actes, l'État a contrevenu lui-même à ses propres obligations internationales de vigilance. Cette règle est importante, notamment, dans le contexte créé par les événements du 11 septembre 2001 aux États-Unis, à propos de la responsabilité que peut entraîner pour un État le fait de n'avoir pas déployé toute la diligence requise pour prévenir des actes de terrorisme préparés sur son territoire et accomplis sur le territoire d'un autre État. Même si les États répugnent parfois à le reconnaître explicitement, ce type de responsabilité de l'État pour défaut de diligence dans la prévention des dommages internationaux causés par des personnes privées sises sur son territoire est potentiellement très fréquent. Outre les cas en liaison avec des actions terroristes précitées, doit être également mentionné le cas des pollutions transfrontières à l'environnement dans un autre pays, à la suite de faits accomplis par une personne privée, par exemple une entreprise industrielle ayant déversé dans un fleuve international des effluents toxiques. La mesure du défaut de diligence constitutif du fait illicite de l'État dépendra alors de l'analyse exacte des règles de droit qu'il devait en l'occurrence respecter ou faire respecter : suivant qu'elles découlaient seulement des normes générales du droit coutumier ou qu'au contraire elles étaient fixées de façon beaucoup plus détaillée dans une source de droit spécial comme par exemple un traité relatif aux eaux frontières (v. ss 116).

§ 2. L'engagement et la mise en œuvre de la responsabilité

480 ***Distinction entre engagement et mise en œuvre de la responsabilité*** ◊ L'analyse doctrinale du déroulement de la responsabilité, y compris au sein des travaux de la CDI en la matière est souvent obscurcie par le fait que l'on ne distingue pas toujours suffisamment les temps successifs qui le constituent. Cette analyse a pourtant une importance théorique qui s'attache notamment à la catégorisation « *ratione temporis* » des différents types de faits illicites (v. ss 478) ; mais elle a aussi une importance pratique, puisqu'elle permet d'apprécier les formes et l'ampleur de la réparation due par l'État ou l'OI responsable. C'est pourquoi il faut clairement distinguer entre l'« engagement » de la responsabilité et sa mise en œuvre proprement dite.

a) L'engagement de la responsabilité doit s'apprécier de deux points de vue : celui de la personne responsable et celui de l'État ou de l'organisation internationale lésé(e). S'agissant de la première, on peut dire que sa responsabilité est engagée à partir du moment où a été commis le fait internationalement illicite. Du point de vue de l'État ou de l'organisation lésé(e), l'engagement de responsabilité a lieu à partir du moment où ce ou cette dernier(e) subit un *dommage* provoqué par le fait illicite de l'autre État ou organisation. Ainsi atteint dans son droit subjectif, l'État ou l'organisation lésé(e) peut alors invoquer la responsabilité propre à l'auteur de la violation. Dans bien des cas, il est vrai, le temps de réalisation du manquement au droit coïncidera exactement avec celui de la création du dommage. Mais il n'en va pas nécessairement toujours ainsi.

b) La question de la *mise en œuvre* est évidemment distincte, quoique trop d'auteurs n'y prennent pas garde : elle ne se pose par définition qu'à partir du moment où la responsabilité est déjà engagée. Elle a trait à la détermination du contenu de l'obligation secondaire que la commission du fait illicite fait naître à la charge de l'État responsable. Elle concerne également l'identification des conditions dans lesquelles l'État ou l'organisation internationale responsable devra réaliser son obligation secondaire. Mais elle pourra aussi s'étendre à l'indication des droits, et, éventuellement, des devoirs du ou des États ou organisations internationales victimes.

Reprenons cette distinction pour en percevoir toute la portée.

A. L'engagement de responsabilité

481 ***Facteur de déclenchement : le dommage*** ◊ Pendant longtemps, et pour une très large part de la doctrine, la production d'un dommage était consubstantielle à la création du fait illicite et aussi indispensable que lui à la naissance de la responsabilité d'un État ou d'une organisation internationale. Paul Guggenheim affirmait ainsi, pour résumer cette évidence, « il faut toujours naturellement qu'il y ait dommage pour qu'il y ait acte illicite » [1]. Pourtant, l'article 1er du Projet de 2001 se contente d'indiquer : « tout fait internationalement illicite de l'État engage sa responsabilité ». Cette affirmation est reprise pour les organisations internationales dans le projet d'articles de 2011 (art. 3). La référence au dommage a donc disparu de la définition même de la responsabilité. Cette élimination est, théoriquement, parfaitement admissible. On indiquait plus haut, dans l'introduction de cette section, le lien direct existant entre responsabilité et atteinte à la légalité internationale et l'on peut abstraitement concevoir que la création de l'infraction suffise en elle-même à faire naître la responsabilité de son auteur, raison pour laquelle cette institution juridique joue un rôle clef dans le système général d'incitation à l'application du droit international. On ne peut cependant, pratiquement, pas s'en tenir là. Une responsabilité sans dommage est condamnée à rester à l'état de virtualité. En effet, la responsabilité ne se résume pas seulement dans l'établissement d'une atteinte intrinsèque à la légalité internationale. Elle fait naître également un nouveau rapport juridique entre son auteur et un *autre sujet de droit*, victime de cette violation. Ce qui permet d'identifier cette victime, c'est le *dommage* qu'elle subit. C'est ainsi le dommage qui donne à la responsabilité de l'auteur de l'infraction l'occasion d'être invoqué. Comme le fait apparaître la définition précitée de l'engagement de responsabilité, celui-ci n'apparaît qu'avec la production du dommage et le droit qu'elle fait naître entre la personne de sa victime d'en demander réparation à son auteur. Sans dommage, pas d'atteinte à un droit subjectif, et sans atteinte à un droit, pas d'intérêt juridique à l'action en responsabilité, même non contentieuse.

Le dommage, en d'autres termes, c'est le déclencheur ou le « fait condition » nécessaire à l'engagement de la responsabilité. Il nous faudra donc successivement étudier, d'une part, la consistance et les caractères du dommage, puis, d'autre part, les types de droit à l'action en responsabilité que le dommage fait naître.

1. Le dommage

482 ***Dommage et fait générateur : le lien de causalité*** ◊ L'imputation, comme on l'a vu, c'est la relation qui unit le fait illicite à la personne de l'État ou de l'organisation internationale. Le lien de causalité, quant à lui, désigne une autre relation : celle qui unit le dommage au fait illicite. En

1. *RCADI*, 1952, I, t. 80, p. 136.

effet, le dommage pas plus que le fait illicite, n'est envisageable en lui-même. Il n'est perçu et pris en compte par le droit international qu'en relation avec le fait générateur. Il ne fait ainsi naître dans le chef de sa victime un droit à en demander réparation que si elle peut démontrer qu'il a été produit par un fait illicite [1].

En règle générale, il faut au sujet lésé, pour qu'il accède à la réparation, démontrer le lien de causalité unissant dommage subi par lui et infraction commise par un autre. Ainsi, dans une affaire opposant les États-Unis à l'Italie à propos du traitement réservé par la seconde à une société contrôlée par des capitaux américains, l'affaire *ELSI* [2], la Chambre de la Cour a refusé de considérer que la réquisition de l'entreprise par les autorités italiennes avait provoqué sa faillite parce que, entre autres éléments, les États-Unis n'avaient pas été à même de démontrer le lien de causalité unissant l'un à l'autre.

483 ***Types de causalité*** [3] ◊ On peut, pour l'essentiel, distinguer au moins deux types de causalité retenus par le droit international :

a) La causalité naturelle est celle que le droit retient conformément à l'évidence, au bon sens, à la déduction logique, élémentaire, ou aux probabilités raisonnables. Autrement dit, elle est utilisée dans les situations les plus simples. Les destructions causées en territoire koweïtien à partir du mois d'août 1990 aux équipements publics et aux propriétés privées sont manifestement la conséquence directe de l'invasion irakienne. Si, par ailleurs, l'Airbus d'Iran Air survolant la zone du Golfe en 1988 s'est abîmé en mer, c'était la conséquence directe de sa destruction par un navire de guerre américain. Il s'agit là de liens de causalités purs, unissant directement le dommage à l'illicite.

Les choses commencent à se compliquer à partir du moment où ce lien n'est plus unique et direct mais constitué d'une chaîne causale dont chacun des éléments entraîne le suivant. Aussi longtemps que l'on pourra mettre en évidence cet enchaînement logique et que la causalité globale sera constituée d'une succession de causalités pures, on pourra encore rester fidèle à la causalité naturelle. On le reverra plus loin, à l'occasion des problèmes posés par le calcul de la réparation. C'est, par exemple, la question classique de la prise en compte du manque à gagner (« *lucrum cessans* ») consécutif au dommage subi (« *damnum emergens* »).

b) Mais il est d'autres cas, plus complexes, dans lesquels la causalité est appréciée davantage ou autant par référence à l'existence des obligations

1. *A contrario*, c'est parce qu'on a voulu éviter à la victime l'apport d'une telle preuve que l'on a établi, dans un régime conventionnel demeuré isolé, un système de responsabilité dans lequel cette exigence n'est plus réclamée. C'est le cas, on l'a vu plus haut, des conditions d'engagement de la responsabilité de l'État de lancement pour les dommages causés au sol par la chute d'un engin spatial.

2. Arrêt du 20 juill. 1989, *Rec.* 1989. 15 s.

3. V. B. Bollecker-Stern, *Le préjudice dans la théorie de la responsabilité internationale*, Paris, Pedone, 1973.

violées que par l'analyse des conditions matérielles et concrètes de production du dommage. On est alors en présence d'une **causalité normative**, dont l'un des meilleurs exemples est encore une fois à trouver dans les préjudices résultant du manquement par l'État à ses obligations de diligence : examinant ainsi en 1980 la situation qui avait permis la prise de contrôle de l'ambassade américaine à Téhéran par les étudiants islamiques, puis la détention des diplomates pris en otages, la Cour internationale de Justice avait constaté que, dans les premiers temps de l'opération, l'attitude du gouvernement iranien traduisait de sa part un grave défaut de vigilance dans la protection des locaux diplomatiques et de leurs occupants [1]. C'est cette attitude qui, non seulement, permettait d'imputer cette action initiale au gouvernement lui-même, mais établissait également un lien de causalité entre les dommages subis par les diplomates et la méconnaissance par l'Iran de ses obligations internationales.

Ce raisonnement ne peut, cependant, être transposé purement et simplement à tous les cas de violation par un État d'une obligation positive. Il a, en effet, été rejeté très explicitement par la Cour internationale de Justice dans l'affaire de l'*Application de la convention sur la prévention et la répression du crime de génocide*. Dans son arrêt du 26 février 2007, la Cour a constaté que la Serbie-Monténégro avait manqué de se conformer à l'obligation qui lui incombait, en vertu de la Convention de 1948, de prévenir la perpétration de crimes de génocide sur le territoire voisin de la Bosnie-Herzégovine. Mais elle n'a pas cru devoir condamner cet État à réparer les conséquences dommageables des crimes effectivement commis dans l'enclave musulmane de Srebrenica. Selon les juges de La Haye, l'obligation de réparer ne s'impose que « s'il existe un lien de causalité suffisamment direct et certain entre le fait illicite, à savoir la violation par le défendeur de l'obligation de prévenir le génocide, et le préjudice subi par le demandeur, consistant en dommages de tous ordres, matériels et moraux, provoqués par les actes de génocide. Un tel lien de causalité ne pourrait être regardé comme établi que si la Cour était en mesure de déduire de l'ensemble de l'affaire, avec un degré suffisant de certitude, que le génocide de Srebrenica aurait été effectivement empêché si le défendeur avait adopté un comportement conforme à ses obligations juridiques » [2]. En l'espèce, il pouvait être aisément démontré que l'Armée de la République serbe de Bosnie, placée sous le commandement du général

---

1. Ce n'est que dans un second temps qu'est apparue la caution explicite apportée par l'Ayatollah Khomeini aux étudiants islamiques dont il a été fait mention plus haut, au § 469. En cette affaire, il y a donc eu cumul de faits illicites, le premier par défaut de diligence de l'État territorial, le second par endossement direct par le gouvernement iranien de l'action des étudiants islamiques, ces derniers apparaissant, dans cette seconde phase, comme des organes ou agents de l'État, puisqu'ils maintenaient à partir de là leur action illicite au nom et sous le contrôle de l'État iranien. Initialement, l'Iran était responsable par ce qu'il avait laissé faire ; il devint ensuite, après les déclarations de son leader, responsable pour ce qu'il faisait. Dans l'un et l'autre cas, cependant, les faits restaient les mêmes : violation des locaux diplomatiques et méconnaissance de leur immunité comme de celles des diplomates qui les occupaient.

2. § 462 de l'arrêt.

Ratko Mladic, agissait sous l'influence des autorités d'ex-Yougoslavie. Il ne pouvait, en revanche, être prouvé qu'une action préventive du gouvernement de Belgrade eût, à coup sûr, empêché que les crimes fussent commis. Cette conception de la causalité, plus proche de la théorie de la causalité adéquate que de celle de l'équivalence des conditions, peut être considérée comme étant excessivement restrictive. Comme il a pu être dit, en prenant une telle position, la CIJ a évité de s'interroger sur les moyens dont disposait la Serbie pour limiter, par son action, l'intensité des crimes commis en Bosnie. Or, la passivité du défendeur a au moins contribué à aggraver le préjudice. L'État défendeur aurait ainsi pu, dans ces proportions, être condamné à réparer [1].

484 ***Dommage matériel, dommage moral et préjudice juridique*** ◊ Le premier est ressenti comme une atteinte aux activités ou aux biens de la victime dont les conséquences économiques sont quantifiables et peuvent à ce titre, comme on le verra, faire l'objet d'une réparation en nature ou surtout, par équivalent pécuniaire.

Le deuxième est en revanche abstrait, immatériel par nature. Il consiste par exemple en l'atteinte portée « à l'honneur » ou « à la dignité » de l'État ou à sa souveraineté, comme le fait de laisser brûler par des manifestants le drapeau d'un État étranger, ou de laisser violer son espace aérien par des aéronefs militaires. Il appelle en principe des réparations de nature et de modalité différentes que l'on examinera plus loin, même si longtemps en pratique la jurisprudence n'a souvent pas voulu faire de distinction entre l'un et l'autre type de préjudice [2].

On peut au demeurant admettre, pour la clarté de l'exposé, d'assimiler en pratique dommage moral et préjudice juridique. À l'inverse du dommage matériel, concret par définition, le préjudice juridique n'est en effet constitué que par l'atteinte à un droit subjectif de l'État ou de l'organisation internationale victime, tel qu'il découle des normes existantes dans l'ordre juridique international. Ceci fait qu'en réalité, tout dommage international ressenti par un sujet international, parce qu'il est par nature la conséquence d'un fait illicite, comporte aussi nécessairement un élément proprement juridique : l'atteinte à un droit constitue l'élément intrinsèque de tout dommage, qu'il revête de surcroît ou non un caractère matériel, c'est-à-dire économiquement appréciable. Dans beaucoup de cas, préjudice juridique et dommage matériel se trouvent concurremment causés par le même fait illicite ; dans d'autres, seul le préjudice juridique demeure, mais le sujet qui l'a subi n'en conserve pas moins le droit d'en demander réparation selon les modalités appropriées. Les projets d'articles de 2001 et 2011 soulignent ce lien entre dommage et violation du droit

1. Ph. Weckel, L'arrêt sur le génocide : le souffle de l'avis de 1951 n'a pas transporté la Cour, *RGDIP*, 2007. 327.
2. V. *Asphalt Cie*, *RSA*, IX, p. 190 ou, pour une admission restrictive de la distinction, CIJ, *Sud-Ouest Africain*, Fond, *Rec.* 1966, p. 32.

en énonçant, dans leur article 31 § 2, que « le préjudice comprend tout dommage, tant matériel que moral, résultant du fait internationalement illicite de l'État ».

485 ***Dommages immédiats et dommages médiats : théorie de la protection diplomatique*** [1] ◊ Il s'agit d'une différence tout à fait importante en pratique. Qu'ils soient seulement juridiques ou également matériels, certains dommages frappent le sujet international lui-même parce que l'on a par exemple offensé son drapeau, mis à sac son ambassade, envahi son territoire, pollué sa mer territoriale, bafoué le caractère exclusif de ses compétences territoriales en exerçant sur son territoire des actes de contrainte, ou refusé de lui accorder l'immunité de juridiction devant les tribunaux internes d'un autre État. Le préjudice qu'il ressent est alors direct, de même que l'est celui qu'il subira lorsque le dommage frappe un de ses agents agissant comme tel.

Le dommage est en revanche médiat lorsqu'il frappe non plus un organe de l'État mais seulement, si l'on peut dire, un de ses ressortissants, personne privée, physique ou morale, possédant sa nationalité : ainsi d'une personne physique arbitrairement détenue en prison par les autorités d'un pays étranger sans possibilité pour elle de se défendre, ou d'une société ayant la nationalité d'un État et nationalisée de manière discriminatoire par un autre.

C'est à propos de ce genre de dommages qu'une part importante du droit de la responsabilité internationale a historiquement pris forme et qu'en particulier a été établie la théorie de la « protection diplomatique », en vertu de laquelle, précisément, le dommage ressenti par la personne privée pourra, à certaines conditions, être considéré par l'État national de cette personne comme subi par lui-même.

L'objet de la protection diplomatique est en effet de substituer un sujet de droit international à une personne privée, victime incapable juridiquement d'obtenir réparation dans l'ordre international, dont elle n'est pas sujet.

Ainsi qu'il est fermement établi en jurisprudence, lorsqu'un État prend ainsi fait et cause pour l'un de ses ressortissants, il y a bien alors novation du litige. Celui-ci n'est plus interne mais international. À partir du moment où la protection est exercée, il oppose non plus un État à un particulier agissant dans son ordre interne, mais deux États, agissant dans l'ordre international. La personne physique ou morale ayant initialement subi le dommage cesse alors juridiquement d'être partie prenante. Elle laisse sa place à son État de nationalité. Libre à lui ultérieurement de lui transmettre tout ou partie de la réparation qu'il aura éventuellement obtenue. Cela n'intéresse pas le droit international.

1. V. C. Dominice, La protection de la personne privée dans le système de la responsabilité internationale des États, *Mélanges Arangio-Ruiz*, pp. 729-748. Comparer J. M. Sorel, L'émergence de la personne humaine en droit international : l'exemple de la jurisprudence de la Cour internationale de Justice, *ibid.*, p. 2169-2198.

On voit ici le témoignage le plus classique mais aussi le plus frappant dans l'ordre juridique international de la dépendance de la personne privée à l'égard de l'État dont elle est nationale. L'État protecteur ne fait pas valoir le droit de son ressortissant mais bien son droit propre, celui qu'il a « de faire respecter en la personne de ses ressortissants, le droit international » [1]. Le préjudice immédiat, celui subi par la victime privée quel que soit son caractère, matériel ou moral, est en effet censé avoir lui-même provoqué un préjudice juridique au détriment de l'État dont cette personne relève, et c'est de ce dernier que l'État agissant en responsabilité entend obtenir réparation.

Il résulte de cette construction juridique que l'État national de la victime privée n'est en lui-même jamais obligé de lui accorder sa protection. C'est à lui-même, en effet, qu'il appartient d'apprécier s'il est pour lui opportun d'exercer sa protection, en fonction de l'idée qu'il se fait de son intérêt politique du moment. Puisqu'en exerçant sa protection c'est son propre droit qu'il défend, il n'a pas non plus à prendre en compte l'éventuel engagement qu'aurait pris son ressortissant, vis-à-vis d'un État étranger, de ne pas invoquer la protection diplomatique de son État national en cas de litige, relatif, par exemple, à l'exécutif d'un contrat de concessions.

C'est ce dernier aspect qui explique que les clauses de renonciation de ce type, dites « clauses Calvo », du nom de leur inventeur, aient toujours été déclarées nulles par la jurisprudence internationale. On ne peut renoncer qu'à ce que l'on détient et le particulier ne détient pas le droit à la protection de son État. Dans son arrêt du 27 juin 2001, en l'affaire *Lagrand* (*Allemagne c/ États-Unis*), la CIJ n'a pas eu à considérer, du moins pour les besoins de la solution du différend, les relations existant entre droits individuels accordés à des ressortissants d'un État par voie conventionnelle, droits dont la violation pourrait entraîner l'exercice par cet État de sa protection diplomatique et droits possédés *en propre* par un individu, sans référence à son État de nationalité, parce qu'il s'agit de droits attachés à la personne humaine (v. ss 197) [2]. Cette question a été cependant l'objet d'une étude approfondie dans le cadre des travaux de la Commission du droit international relatifs à la protection diplomatique [3]. La question de la protection diplomatique a été reposée dans un contexte particulier dans l'affaire *Lagrand* précitée (2001) ainsi que dans l'affaire *Avena*, à propos de laquelle la Cour a rendu son arrêt du 31 mars 2004. Dans l'un et l'autre cas, les faits illicites visés par l'Allemagne puis par le Mexique étaient substantiellement les mêmes : ils concernaient la méconnaissance par les États-Unis de leurs obligations

1. CPJI, *Mavrommatis*, Série A, n° 2, 1924, p. 12. V. J. F. Flauss, *La protection diplomatique. Mutations contemporaines et pratiques nationales*, Bruxelles, Bruylant, 2003, 165 p. ; A. Cancado Trindade, *The Application on the Rule of Exhaution of Local Remedies in International Law*, Cambridge, Cambridge University Press, 1983.

2. Sur cet aspect de l'arrêt *Lagrand*, v. M. Pinto, De la protection diplomatique à la protection des droits de l'homme, *RGDIP*, 2002/3, p. 513 s.

3. V. le septième rapport sur la protection diplomatique du rapporteur spécial John Dugard du 7 mars 2006. A/CN. 4/567.

au titre de l'article 36 de la Convention de Vienne sur les relations consulaires (1963). Cette disposition articule en particulier à son alinéa 1er deux types de droits ; ceux dont sont respectivement titulaires, a), les organes de l'État (ses fonctionnaires consulaires) et, b), les ressortissants de cet État lorsqu'ils sont arrêtés, incarcérés ou mis en état de détention préventive. Les agents consulaires doivent avoir la possibilité de communiquer avec les ressortissants du même pays et pouvoir aussi leur rendre visite (art. 36.1, al. a). Les ressortissants doivent, quant à eux, être informés du fait qu'ils peuvent faire avertir « sans retard » les agents consulaires de leur État de nationalité (al. b). Il en résulte une étroite intrication des droits substantiels propres à l'État et de ceux de ses ressortissants arrêtés ou détenus. En violant l'article 36 dans son ensemble, les États-Unis ont alors porté atteinte *à la fois* aux droits propres de l'État (Allemagne puis Mexique) et aux droits qualifiés d'« individuels » de leurs ressortissants. La mise en œuvre de ces deux catégories de droits relève pourtant de conditions différentes dans l'un et l'autre cas. Les droits propres de l'État peuvent être *immédiatement* invoqués par lui pour demander réparation dans l'ordre international. En revanche, et la Cour l'a rappelé notamment dans l'affaire *Avena*, les droits individuels des ressortissants ne peuvent être invoqués pour accéder à réparation au plan international qu'*après* épuisement des voies de recours interne (§ 40 de l'arrêt et v. ss 486). Il résultait en tout cas de cette intrication des droits de l'État demandeur et de ses ressortissants, dans l'une et l'autre affaire, une *dualité* des actions judiciaires que l'Allemagne puis le Mexique ont entreprises devant la Cour internationale de Justice. L'impossibilité dans laquelle avaient été mis les fonctionnaires consulaires de ces deux pays d'assister chacun de leurs ressortissants respectifs lors de leur procès pénal avait, en effet, abouti à la même conséquence : dans le premier cas, deux allemands, dans le second 51 mexicains avaient été condamnés à la peine de mort, même si dans le second cas, toutes les possibilités judiciaires internes n'avaient pas encore été épuisées à propos de certains des condamnés.

C'est en tout cas dans un tel contexte que l'Allemagne ou le Mexique purent dire qu'en faisant valoir leurs droits, ils n'agissaient pas seulement, et de manière classique, par la voie de la protection diplomatique ; ils agissaient aussi parce qu'ils avaient subi une atteinte dans leurs propres droits substantiels en tant qu'États parties à la convention de 1963. Violations indirectes et violations directes des droits de l'État étaient ainsi réunies ; les premières parce que les citoyens allemands ou mexicains n'avaient pas été informés qu'ils pouvaient prévenir leurs autorités consulaires ; les seconds, par voie de conséquence, parce que, n'ayant pas été informés « sans retard » de l'arrestation et de la détention de leurs ressortissants, ces agents consulaires n'avaient pu porter assistance à leurs concitoyens en détresse. Il demeure, et la Cour y a bien insisté, que dans l'un et l'autre cas, d'une façon procédurale dans le cadre de la protection diplomatique, et substantielle dans celui de l'action directe, ce sont bien ses droits propres que l'État fait valoir devant la Cour.

Derrière la distinction que ces deux affaires ont permis de souligner entre droits de l'État et « droits individuels » de leurs ressortissants, une question fondamentale, non envisagée par la Cour parce qu'elle n'était nécessaire au règlement de ces différends demeure posée. Elle avait déjà été soulevée dès le début de ses travaux devant la CDI par le professeur John Dugard, rapporteur spécial : celle de savoir dans quelle mesure le développement des droits de l'homme a pu avoir une incidence sur le jeu des règles traditionnelles de la protection diplomatique, historiquement conçue pour protéger d'abord la souveraineté. La question a notamment été posée de savoir s'il n'existerait pas désormais un droit individuel à la protection diplomatique et une obligation correspondante des États, lorsqu'un particulier est victime d'une violation de ses droits fondamentaux et qu'il ne dispose pas d'autre voie que la protection diplomatique pour faire valoir ses droits et obtenir réparation de leur violation. La Commission du droit international n'a pas admis l'existence d'une telle obligation pour les États en droit international coutumier, mais elle n'a pas exclu qu'elle puisse exister sur la base d'un traité. Elle s'est même montrée particulièrement accueillante à l'égard de cette thèse à l'article 16 de son projet d'articles de 2006 sur la protection diplomatique, énonçant une recommandation aux termes de laquelle tout État en droit d'exercer sa protection diplomatique devrait envisager un tel exercice notamment lorsque la personne concernée a subi un préjudice important (art. 19). Saisi de cette question le Comité des droits de l'homme a, de son côté, catégoriquement exclu l'existence d'un tel droit individuel à la protection diplomatique dans une décision d'irrecevabilité du 31 octobre 2007, *Schmidl c/ Allemagne* [1]. Réaffirmant que « le droit à la protection diplomatique en droit international appartient aux États et non aux individus », il a rappelé, en effet, que les États sont libres d'exercer ou non ce droit et de déterminer dans quelles circonstances ils accordent cette protection. Il a seulement indiqué que le refus d'exercer la protection diplomatique peut, dans certains cas exceptionnels, constituer une discrimination contraire au Pacte relatif aux droits civils et politiques et être ainsi illicite. Quoique libres, les États ne peuvent pas user ainsi de leur pouvoir discrétionnaire de manière totalement arbitraire ; ils ne peuvent refuser leur protection que dans le respect des règles du droit international des droits de l'homme auxquelles ils sont tenus par ailleurs.

486 ***Les conditions dans lesquelles il peut solliciter une telle protection sans jamais être sûr de l'obtenir sont des plus restrictives*** ◊

a) La première est celle de nationalité (v. ss 96 s.). Appliquée aux personnes morales, elle a été entendue strictement par la jurisprudence internationale. Dans l'affaire de la *Barcelona Traction* [2], la CIJ a refusé

1. V. Y. Kerbrat, Aspects de droit international dans la pratique des comités institués par les Nations Unies dans le domaine des droits de l'homme, *AFDI* 2009, spéc. p. 571-573.
2. *Rec.* 1970, p. 3 s.

d'accorder à la Belgique le droit d'exercer sa protection diplomatique à l'égard de ses actionnaires pourtant très majoritairement belges, parce que la nationalité de la société elle-même était canadienne (v. également v. ss 99). Elle est, au contraire, entendue souplement s'agissant de la protection diplomatique des navires et des personnes qui s'y trouvent. C'est du moins ce qui ressort de la jurisprudence du Tribunal international du droit de la mer, qui estime, au motif de l'unité du navire, qu'un État peut formuler une réclamation au titre des dommages subis par toute personne physique ou morale « impliquée dans l'exploitation » d'un navire battant son pavillon, quand bien même n'a-t-elle pas sa nationalité [1]. Le tribunal arbitral saisi de l'affaire de l'*Artic sunrise* (Pays-Bas c/ Russie) l'a confirmé dans sa sentence du 14 août 2015, liant le droit de réclamer de l'État du pavillon à la compétence exclusive de celui-ci lorsque le navire se trouve en Haute mer ou dans la zone économique exclusive d'un État étranger [2].

b) La deuxième condition concerne la conduite de la personne réclamant la protection. Selon la doctrine dite des « mains propres », elle ne doit pas avoir elle-même, par sa conduite ou son comportement, contribué à la réalisation du dommage qu'elle a subi. Ainsi d'une personne qui aurait agi par négligence ou par ignorance délibérée de la législation interne de l'État étranger sous la juridiction duquel elle se trouvait, ou qui, encore, aurait voulu s'immiscer dans les affaires intérieures de cet État, par exemple en se livrant à l'agitation politique sur son territoire.

c) Enfin, troisième condition, la personne privée ne peut tenter d'obtenir la protection de son État que si elle a au préalable épuisé les voies de recours interne qui lui sont offertes par le droit de l'État dont elle demande réparation. Le caractère fondamental de cette règle a été rappelé par la CIJ, en 1989, dans l'arrêt *ELSI* précité, à l'occasion duquel la Chambre a précisé sa portée. Pour qu'elle soit satisfaite en pratique, il faut que l'État qui prend fait et cause pour son ressortissant démontre que celui-ci a soumis la substance de la demande aux juridictions compétentes et a persévéré aussi loin que le permettaient les lois et procédures locales, sans avoir pour autant obtenu gain de cause [3]. L'État défendeur qui conteste la recevabilité de la réclamation devra, au contraire, convaincre la juridiction saisie « qu'il existait dans son ordre juridique interne des recours efficaces qui n'ont pas été épuisés » [4].

Ce droit de la protection diplomatique, forgé pour l'essentiel au XIXe siècle, protège ainsi surtout la souveraineté des États. Cependant, il reflète aussi l'étroitesse des capacités internationales des particuliers et l'absence de moyens propres d'action dans l'ordre international autres que ceux qui leur sont reconnus sur une base conventionnelle, essentiellement dans le cadre de régimes particuliers de protection des droits de l'homme (v. ss 194).

---

1. Arrêt du 14 avril 2014, affaire du navire « Virginia G » (Panama c/ Guinée Bissau), § 128.

2. Paragraphes 172, 178-179 et 393-396 de la sentence.

3. *Rec.* 1989, p. 46, § 59.

4. CIJ, 24 mai 2007, *Ahmadou Sadio Diallo* (exceptions préliminaires), § 44.

487 ***Protection diplomatique et protection fonctionnelle*** ◊ On présente généralement la protection exercée par une organisation internationale sur la personne de l'un de ses agents agissant ès qualités, tel que le droit en a été reconnu à l'ONU par la CIJ dans son avis sur les réparations du 14 avril 1949 [1], ainsi qu'un équivalent « fonctionnel », de la protection exercée par l'État à l'égard de ses ressortissants. Quoiqu'elle semble trouver un appui dans l'avis précité lui-même, cette assimilation est cependant très contestable. En effet, plus que de protection fonctionnelle de l'organisation internationale à l'égard de son agent, il s'agit d'une situation dans laquelle l'organisation internationale demande réparation d'un dommage immédiat qu'elle a subi elle-même, parce que ses agents sont en réalité assimilables à ses organes, donc à elle-même.

2. Le droit à l'action en responsabilité

488 ***Position du problème*** ◊ On pourrait être surpris, après les développements qui précèdent, qu'il soit nécessaire de revenir sur la question du droit à l'action en responsabilité, envisagé comme celui de l'identification du sujet de droit international habilité à engager la responsabilité d'un autre sujet. On vient en effet d'illustrer suffisamment que c'est précisément le dommage qui apporte à la théorie de la responsabilité le facteur d'individualisation du sujet lésé, qu'il ait subi un préjudice juridique accompagné ou non d'un dommage matériel et que ce dommage soit immédiat ou non.

Si l'on revient cependant sur cette question, c'est pour deux raisons : la première a trait à la précision des conditions auxquelles un tel droit peut être reconnu. Elle est liée à la distinction des droits et des intérêts. La seconde est due aux développements les plus récents du droit de la responsabilité.

489 ***Droits et intérêts*** ◊ Il convient de rappeler la distinction clairement énoncée par la CIJ dans l'affaire de la *Barcelona Traction* (1970) entre droits violés et intérêts touchés. « La responsabilité n'est pas engagée si un simple intérêt est touché ; elle ne l'est que si un droit est violé » [2].

Elle considérera ainsi qu'en l'occurrence les « droits propres des actionnaires n'étaient pas atteints lorsqu'un dommage est causé à la société dont ils détiennent une part du capital, leurs intérêts étant seuls lésés ». Celle solution a été confirmée dans l'arrêt *Diallo* du 24 mai 2007, qui a considéré, en outre, comme non établie l'existence d'une exception qui autoriserait la protection diplomatique des actionnaires par leur État national « par substitution » à la société, lorsque l'État dont la responsabilité est recherchée est l'État de nationalité de celle-ci. Cette forme de protection a, en revanche, été admise dans le projet d'articles sur la protection

1. *Rec.* 1949, p. 174.
2. *Rec.* 1970, p. 35-36, § 44 à 46.

diplomatique adopté en 2006 par la Commission du droit international, mais pour des cas bien précis : lorsque la constitution de la société « dans cet État était une condition exigée par ce dernier pour qu'elle puisse exercer ses activités dans le même État ». L'exception concerne, autrement dit, des hypothèses dans lesquelles l'investissement étranger est subordonné légalement à la constitution d'une société de droit national.

La règle posée dans l'arrêt *Barcelona Traction* n'empêche pas, au demeurant, une action de l'État de nationalité des actionnaires lorsqu'il a été porté atteinte aux droits de ceux-ci, distincts de ceux de la société elle-même. La réparation qui peut être réclamée par l'État de nationalité ne peut alors porter que sur les pertes subies par les actionnaires et non sur celles ressenties par la société elle-même, dont la valeur serait amoindrie en conséquence du fait internationalement illicite [1].

490 ***Droit subjectif et droit objectif à l'action en réparation*** ◊ On se souviendra que lors de la présentation des différentes catégories de faits illicites, on avait insisté sur la distinction d'abord introduite dans la première partie du projet de la CDI, à l'article 19, entre les délits et les crimes, puis repris dans le texte définitif sous les espèces de « violations graves d'obligations découlant de normes impératives du droit international général » (v. ss 470). Pour la suite de l'exposé systématique du droit de la responsabilité, on s'est ensuite placé dans l'hypothèse de très loin la plus fréquente ; celle de ce qu'Ago appelait un « délit », c'est-à-dire de la responsabilité engagée par suite de la commission d'un fait illicite ayant provoqué des dommages à la personne d'un seul autre sujet de droit atteint dans ses droits subjectifs. Mais si l'on se place à présent du point de vue du droit d'action, la notion retrouve un intérêt. Le texte de 2001 consacre, en effet, un élargissement de ce droit dans son article 48, en cas de violation d'une obligation *erga omnes* et, en particulier, de violation d'obligations découlant de normes impératives.

Établissant une distinction, dont il a été maintes fois dénoncé l'imprécision [2], entre États lésés d'une part, visés à l'article 42, et États non lésés d'autre part, concernés par l'article 48, les articles de la CDI envisagent plus précisément deux cas d'invocation de la responsabilité d'un État « par un État autre qu'un État lésé » en cas de violation d'une norme *erga omnes*. Le premier, indiqué au paragraphe 1b de l'article 48, correspond à l'hypothèse de la méconnaissance d'une obligation « due à la communauté internationale dans son ensemble », c'est-à-dire à la violation d'une norme de *jus cogens*. Le Projet de 2001 considère qu'en telle hypothèse l'obligation étant *omnium erga omnes*, tout État peut invoquer la responsabilité de l'État auteur aux fins, au minimum, d'exiger qu'il soit mis fin à la violation. Cette conséquence découle logiquement de l'idée qui sous-tend

1. Voy. *Diallo (République de Guinée c/ RDC)*, arrêt du 19 juin 2012 sur l'indemnisation, § 53.
2. V. notamment P.-M. Dupuy, Le fait générateur de la responsabilité internationale de l'État, *RCADI*, 1984, t. 188.

le jus cogens : les normes qui le composent sont considérées comme si fondamentales que leur violation constitue une atteinte inadmissible à l'ordre public dont chaque État est le garant. Il est néanmoins dommage que la CDI ait utilisé pour l'exprimer la notion peu claire d'État lésé et n'ait pas plus simplement considéré que les normes de *jus cogens* sont créatrice d'obligations objectives, auxquelles répond un « droit objectif » de chaque État à l'action en responsabilité. La jurisprudence internationale n'a, quoi qu'il en soit, jamais confirmé cette hypothèse qui demeure somme toute de réalisation assez exceptionnelle.

Le second cas, mentionné au paragraphe 1a de l'article 48, est en revanche plus usuel. Il correspond à l'hypothèse de l'invocation de la responsabilité d'un État par un autre à raison de la violation par le premier d'une obligation *erga omnes partes*, c'est-à-dire d'une obligation « due à un groupe d'États dont il fait partie, et [...] établie aux fins de la protection d'un intérêt collectif du groupe ». Telles obligations sont fréquentes dans le champ des droits de l'homme et du droit international pénal dans lequel a été établi un réseau d'obligations conventionnelles non-réciproques au respect desquelles chaque État à intérêt. Ainsi que la Cour internationale de Justice l'a souligné, à propos de la convention contre le génocide, puis plus récemment pour la Convention sur la torture [1], les États n'ont pas dans tels traités « d'intérêt propres ; ils ont seulement tous, et chacun, un intérêt commun, celui de préserver les fins supérieures qui sont la raison d'être de la Convention » [2]. Il en résulte, selon la CIJ, que chaque partie peut invoquer la responsabilité de tout autre dans le but, au moins, de faire constater le manquement à de telles obligations. En l'affaire *Questions concernant l'obligation de poursuivre ou d'extrader*, tranchée en juillet 2012, le caractère *erga omnes* des obligations de la Convention contre la torture a ainsi fondé le droit de la Belgique à agir contre le Sénégal afin de faire constater la violation par cet État de plusieurs dispositions de ce traité, pour ne pas avoir poursuivi ni extradé l'ancien président tchadien Hissène Habré pour les actes de torture qu'il avait commis dans son propre pays sur ses propres ressortissants. Les obligations *erga omnes partes* sont également présentes dans le champ du droit des espaces et de l'environnement. La chambre du TIDM pour le règlement des différends relatifs aux fonds marins a, par exemple, qualifié telles les obligations de la Convention de Montego Bay relatives à la préservation de l'environnement en haute mer et dans la Zone ; elle en a déduit que toute partie pourrait demander réparation en cas de dommage consécutif à la violation de l'une d'elles par un autre État [3].

Les solutions dégagées pour les États ont été reprises, *mutatis mutandis*, pour les organisations internationales dans le Projet de 2011 (art. 43 et 49).

1. Arrêt précité Belgique/Sénégal, § 68.
2. Avis du 28 mai 1951, *Réserves à la Convention pour la prévention et la répression du crime de génocide*, *Rec.* 1951, p. 23.
3. Avis consultatif du 1er février 2011, *Responsabilités et obligations des États qui patronnent des personnes et entités dans le cadre d'activités menées dans la Zone*, § 180.

B. La mise en œuvre de la responsabilité internationale

491 ***Position et portée de la question*** ◊ La mise en œuvre de la responsabilité, à laquelle est consacrée la troisième partie du Projet de 2001 et la quatrième partie du projet de 2011, est déclenchée par la notification par l'État ou l'organisation internationale qui s'estime lésé(e) au sujet qu'il considère responsable de sa demande de réparation, accompagnée autant que possible des fondements de droit allégués pour établir la responsabilité du destinataire de la notification et les modalités de la réparation sollicitée. Cette procédure, le plus souvent respectée en pratique, se trouve consignée à l'article 43 des deux textes. La question de la mise en œuvre de la responsabilité pose donc d'emblée la question de l'identification de l'ayant droit à l'action en responsabilité, déjà abordé aux paragraphes précédents. Question devenue difficile parce qu'à côté des règles classiques et fermement consacrées, touchant en particulier aux modalités de la réparation des dommages, d'autres problèmes sont plus récemment apparus ; ils tiennent en particulier aux conséquences du dédoublement des catégories de l'illicite, selon qu'il réalise la méconnaissance d'une obligation intersubjective ordinaire ou d'une obligation découlant d'une norme impérative suivant la qualité de l'obligation violée.

Ce débat a en tout cas permis de mettre davantage en évidence le fait que la détermination des conséquences juridiques de la responsabilité et sa mise en œuvre ne revêtent pas seulement un intérêt pratique, lié comme on l'a longtemps considéré à l'énoncé des seules modalités du dommage, et principalement du dommage matériel. Elle concerne aussi la théorie fondamentale de la responsabilité internationale que l'on ne peut de toute façon plus prétendre ramener purement et simplement à l'allocation d'une réparation intersubjective, en nature ou par équivalent, de l'auteur du fait illicite à la victime du dommage ; tant est important, bien au-delà, le rôle de la responsabilité dans les conditions générales d'application du droit international, ou, si l'on préfère, de respect de la légalité internationale.

On doit en particulier noter, de ce dernier point de vue, deux dispositions de grande importance, théorique et pratique, dans la version définitive des textes de codification de 2001 et 2011. Elles figurent respectivement aux articles 29 et 30.

Le premier est intitulé « maintien du devoir d'exécuter l'obligation » et stipule que « les conséquences juridiques d'un fait internationalement illicite [...] n'affectent pas le maintien du devoir de l'État responsable d'exécuter l'obligation violée ».

Le second a pour titre « cessation et non répétition ». Il reprend deux dispositions distinctes dans la version antérieure du texte, ce qui se justifiait par le fait que ces dernières visaient en réalité deux aspects bien distincts. Le premier aspect réside dans le fait que, si le fait illicite présente un caractère de continuité (v. ss 470, a), il doit y être mis fin en préalable à toute réparation. La réparation serait du reste impossible, du moins intégralement, si cette exigence de cessation n'existait pas. Or, une autre disposition, l'article 31 rappelle bien la règle coutumière selon laquelle « l'État [l'organisation internationale] responsable est tenu[e] de réparer *intégralement* le préjudice causé par le fait internationalement illicite ». La cessation n'est pas un élément de la réparation, elle en est la condition, lorsque du moins le fait générateur de la responsabilité est un fait illicite *continu*.

Le second élément repris par l'article 30 consiste dans le fait « si les circonstances l'exigent », « d'offrir des assurances et des garanties de non-répétition » de la violation du droit à l'origine de la responsabilité de son auteur. La portée de cette disposition nouvelle ne doit nullement être sous-estimée. Elle a en effet pour conséquence de doter désormais la mise en œuvre de la responsabilité d'une portée résolument nouvelle, puisque tournée non plus vers le passé (réparer les conséquences juridiquement et matériellement dommageables d'un fait illicite) mais *vers l'avenir*. La mise en œuvre de la responsabilité ne répare plus seulement ; si nécessaire, elle prévient.

On aurait pu penser qu'une innovation si considérable, introduite dans les débats de la Commission, à l'initiative, essentiellement doctrinale, du professeur Arangio-Ruiz lorsqu'il était encore rapporteur spécial serait généralement considérée comme présentant un caractère marqué de « développement progressif » du droit international ; ceci, par opposition à la codification de la coutume existante, puisque le mandat statutaire de la CDI comporte les deux volets. En d'autres termes, on pouvait douter que la soumission du responsable à la promesse d'une non répétition fît déjà partie du droit positif. Or, un arrêt de la Cour internationale de Justice, l'arrêt *Lagrand*, du 27 juin 2001 est venu très certainement consolider l'ancrage en droit positif de cette règle. Dans cette affaire, qui opposait l'Allemagne fédérale aux États-Unis du fait de la méconnaissance par ces derniers des dispositions de la Convention de Vienne de 1963 sur les relations consulaires, la Cour a fait droit à la requête de l'Allemagne lorsque cette dernière lui demandait d'ordonner aux États-Unis de ne plus violer à l'avenir les obligations qu'ils avaient méconnues en l'espèce : l'obligation de prévenir les autorités consulaires d'un État que l'un de ses ressortissants serait jugé par un tribunal américain et l'obligation de permettre à ce ressortissant d'avoir recours aux autorités consulaires de son État de nationalité pour lui venir en aide lors de son procès devant une juridiction interne américaine [1]. L'arrêt de la Cour, intervenu alors que le

1. Précisons qu'en l'occurrence, cette carence des États-Unis avait directement contribué à la condamnation à mort et à l'exécution des deux frères Walter et Karl Lagrand, pour la commission d'un crime qu'ils avaient commis près de vingt ans auparavant dans l'État d'Arizona. Au paragraphe 124 de l'arrêt, prenant acte des promesses du défendeur, la Cour déclare : « Si, dans le cadre d'une instance, un État fait référence de manière répétée devant la Cour aux activités substantielles auxquelles il se livre aux fins de mettre en œuvre certaines obligations découlant d'un traité, cela traduit un engagement de sa part de poursuivre les efforts entrepris [...]. La Cour estime que l'engagement pris par les États-Unis d'assurer la mise en œuvre des mesures spécifiques adoptées en exécution de leurs obligations au titre de l'alinéa b) du

projet de la CDI n'était pas encore tout à fait achevé, a, immédiatement après, facilité la levée des réticences qui s'étaient exprimées au sein même de la Commission à l'égard de l'introduction définitive de la disposition sur les assurances et garanties de non-répétition dans le Projet de 2001. C'est donc, *de facto* tout au moins, un cas fort intéressant de coopération normative de deux organes des Nations Unies, l'un, principal, à fonction judiciaire, l'autre, subsidiaire, à fonction de codification et développement progressif du droit international.

La jurisprudence ultérieure de la CIJ a permis de consolider l'institution nouvelle [1], mais elle a également montré qu'en pratique, il est exceptionnel qu'un sujet soit considéré comme étant fondé à réclamer des assurances ou garanties de non-répétition. La Cour estime que la bonne foi du sujet déclaré responsable doit être présumée ; elle suppose, en règle générale, qu'il ne répétera pas son comportement illicite et n'ordonne de telles mesures que lorsque des circonstances spéciales le justifient [2]. En outre, même lorsque le comportement antérieur de l'État responsable et la nature de son infraction laissent accroire qu'il recommencera à violer le droit de la même manière la Cour se contente généralement, comme dans l'affaire *Lagrand*, de prendre acte des promesses formulées par l'État responsable au cours de la procédure et n'estime pas nécessaire d'ordonner d'autres assurances ou garanties de non-répétition (v. ss 356).

D'une façon générale, le lien existant entre l'article 29 et l'article 30 des projets de 2001 et 2011 tient en ceci que, l'un et l'autre, qu'il s'agisse de cesser l'infraction ou de ne pas la reproduire, sont inspirés par un souci commun : celui de sauvegarder le respect de l'obligation primaire, et donc la légalité internationale. On doit saluer cette contribution majeure de la CDI à la désignation de l'institution juridique de la responsabilité internationale comme un instrument normatif déterminant pour la défense de la légalité !

492 ***Réparation, restitution, restauration*** ◊ Dans l'arrêt n° 17 rendu par la CPJI dans l'affaire de l'*usine de Chorzow* (série A n° 17, p. 47), la Cour déclarait : « le principe essentiel qui découle de la notion même d'acte illicite et qui semble se dégager de la pratique internationale, notamment de la jurisprudence des tribunaux arbitraux, est que la réparation doit, autant que possible, effacer toutes les conséquences de l'acte illicite et rétablir l'état qui aurait vraisemblablement existé si ledit acte n'avait pas été commis. Restitution en nature ou, si elle n'est pas possible, paiement d'une somme correspondant à la valeur qu'aurait la restitution en nature ».

---

paragraphe 1er de l'article 36 [de la Convention de Vienne de 1963 sur les relations consulaires] doit être considéré comme satisfaisant à la demande de l'Allemagne visant à obtenir une assurance générale de non répétition ».

1. V. en particulier les arrêts *Avena* du 31 mars 2004 et *Activités armées sur le territoire du Congo (RDC c/ Ouganda)* du 19 déc. 2005.

2. V. CIJ, 13 juill. 2009, *Différend relatif à des droits de navigation et des droits connexes (Costa Rica c/ Nicaragua)*, § 150 ; 3 févr. 2012, *Immunités juridictionnelles de l'État (Allemagne c/ Italie)*, § 138.

On s'accorde généralement à reconnaître dans cette formulation l'énoncé du principe de la « *restitutio in integrum* ». Celui-ci a été étudié dans le deuxième rapport à la CDI de Monsieur Riphagen [1] ainsi que dans le rapport préliminaire de Monsieur Arangio-Ruiz [2]. À s'en tenir aux termes de la jurisprudence précitée, il faut voir dans la *restitution in integrum* l'énoncé de l'obligation faite à l'État responsable, non pas seulement de rétablir l'état qui existait avant que la violation du droit n'ait été commise, mais encore celle qui aurait existé en l'absence de toute infraction. Quoi qu'il en soit, ce qui est important est ici de percevoir l'objet de la réparation, entendue au sens large, c'est-à-dire celui de *restauration* : il s'agira en effet de restaurer la situation matérielle de la victime mais aussi de rétablir la situation juridique existant avant la violation du droit.

L'accomplissement du fait illicite constitue en effet généralement une atteinte double : à la règle de droit d'une part, à un intérêt juridiquement protégé d'autre part. Ou, si l'on préfère, le fait illicite équivaut, à la fois, à une méconnaissance du droit et d'un droit. La restauration se place précisément sur ces deux plans, objectif et abstrait d'une part, subjectif et souvent matériel de l'autre. Elle englobe et le rétablissement de l'ordonnancement juridique antérieur aux faits, ceci afin de garantir l'intégrité du droit, et la réparation des préjudices subis, cela pour sauvegarder l'intérêt de la victime.

Dans un grand nombre de cas, ces deux exigences seront satisfaites par la réparation matérielle des préjudices causés, ce qui explique d'autant mieux l'assimilation de l'une et l'autre par la doctrine. Ainsi, lorsqu'un gouvernement reconstruit les locaux d'une ambassade qui ont été mis à sac par certains de ses ressortissants, cette réparation matérielle vaut en même temps reconnaissance du caractère illicite du fait générateur qui lui est imputable (défaut de vigilance). Il y a cependant des cas dans lesquels la restauration n'est pas univoque mais composite parce qu'elle associe constat de l'illicite, cessation de sa persistance et réparation de ses conséquences dommageables, hypothèses qu'à juste titre la Commission a distinguées.

493 ***Formes de la réparation*** ◊ Il résulte de l'analyse de l'objet de la restauration, telle qu'évoquée plus tôt, que l'on distingue généralement trois grandes formes de réparations, au sens large du terme :

- d'une part, la restitution en nature, qui vise les cas dans lesquels il est possible de restaurer la situation de fait et de droit prévalant antérieurement en s'acquittant de certaines prestations matérielles ;
- d'autre part la réparation par équivalent ou compensation, qui s'effectue la plupart du temps par versement d'une certaine somme d'argent ;
- enfin, la satisfaction, généralement considérée comme destinée à répondre à la réparation du préjudice juridique ou « moral ».

1. *ACDI*, 1981, II, 1re partie. 81-107.
2. A/CN.4/416/ADD.1, section 3.

a) La restitution en nature : L'article 35 des projets de 2001 et reprend en substance le principe de Chorzow en disposant : « L'État [ou l'organisation internationale] responsable du fait internationale illicite a l'obligation de précéder à la restitution consistant dans le rétablissement de la situation qui existait avant que le fait illicite ne soit commis, dès lors et pour autant qu'une telle restitution : a) n'est pas matériellement impossible ; b) n'impose pas une charge hors de toute proportion avec l'avantage qui dériverait de la restitution plutôt que de l'indemnisation ». On en a déjà fourni un exemple plus haut en évoquant le cas de la reconstruction ou de la réparation des locaux d'une ambassade étrangère endommagée par des ressortissants de l'État d'accueil, reconstruction en l'occurrence effectuée par les services de ce même État.

La restitution en nature, quoiqu'elle soit généralement considérée comme la réparation parfaite, n'est cependant réalisable que si elle est matériellement possible et si elle ne représente pas une charge disproportionnée pour l'État responsable par rapport aux dommages causés par son fait illicite. De telles conditions sont parfois réunies. La Russie a par exemple été condamnée par un tribunal arbitral en 2015 à restituer aux Pays-Bas les objets qui se trouvaient sur le navire hollandais l'Artic Sunrise ainsi que ceux qui appartenaient aux membres de son équipage, lesquels avaient été immobilisés et arrêtés dans un port russe d'une manière contraire au droit international avant d'être relâchés [1]. Dans les faits, il s'avère toutefois que cette forme de réparation est rarement indiquée. Dans l'affaire *Avena* précitée (v. ss 485) le Mexique entendait obtenir, au titre de la remise des choses en l'état antérieur à la commission des faits illicites imputables aux États-Unis, l'annulation des verdicts de culpabilité rendus et des peines de mort prononcées à l'égard des 51 ressortissants mexicains privés d'assistance consulaire. La Cour n'est pas allée aussi loin, refusant d'assimiler cette situation à celle qu'elle avait connue dans l'affaire du *mandat d'arrêt* (*RDC c/ Belgique*, 2002) ; elle y avait condamné la Belgique à annuler ledit mandat. Dans l'affaire *Avena*, au contraire, ce qui constituait l'illicite, ce n'étaient pas les jugements proprement dits mais les conditions dans lesquelles on y avait abouti. C'est pourquoi la Cour ordonna la révision des jugements selon les moyens choisis par les États-Unis mais en respectant les droits antérieurement méconnus par les États-Unis [2]. La Cour a retenu une solution similaire en 2012 dans l'affaire des *Immunités juridictionnelles de l'État* (*RFA c/ Italie*). Jugeant que l'Italie avait, par l'intermédiaire de ses juridictions, manqué à son obligation de respecter les immunités de l'Allemagne en permettant, en premier lieu, que soit intentées à son encontre

1. Sentence arbitrale du 14 août 2015 en l'affaire de l'*Artic Sunrise* (Pays-Bas c/ Russie), §. 381 s.

2. Il est intéressant de faire le parallèle entre cette affaire et celle rendue par la Cour européenne des droits de l'homme dans l'affaire *Assanidze c/ Géorgie* du 8 avr. 2004 (v. ss 217) dans laquelle, en dépit du caractère en principe seulement déclaratoire de ses jugements, la Cour européenne n'a pas hésité à affirmer que l'État défendeur devait assurer la remis en liberté du requérant dans les plus brefs délais.

des actions civiles et en accordant l'exéquatur à des décisions de juridictions grecques condamnant la RFA à réparation, et en autorisant, en second lieu, des mesures d'exécution en Italie sur des biens appartenant à l'Allemagne (v. ss 130-1), la Cour relève que la restitution ne serait en l'espèce ni matériellement impossible ni disproportionnée et condamne l'Italie à « faire en sorte », par les moyens de son choix, de priver d'effet les décisions de ses juridictions qui contreviennent aux immunités de l'Allemagne.

La CIJ est plus prudente lorsque la restitution conduit à des mesures matérielles d'exécution. Elle n'a pas accepté, ainsi, la demande de *restitutio in integrum* présentée par l'Argentine dans l'affaire des *Usines de pâte à papier.* Cette demande visait à obtenir le démantèlement d'une usine dont la construction avait été autorisée par le gouvernement uruguayen sans que celui-ci ait attendu la fin des négociations avec le gouvernement argentin, en violation des obligations énoncées dans le statut de 1975 sur le fleuve Uruguay. Dans son arrêt du 20 avril 2010, la CIJ note que, « comme les autres formes de réparation, la restitution doit être appropriée au préjudice subi, compte tenu de la nature du fait illicite dont il procède » [1]. Faisant application de cette règle en l'espèce, elle relève qu'en supposant même que l'Uruguay ait respecté ses obligations de caractère procédural, l'échec des négociations avec l'Argentine n'aurait pas eu pour conséquence d'interdire la construction de l'usine. La *restitutio* ne pouvait, dans ces circonstances, être considérée comme une forme de réparation adéquate.

b) La réparation par équivalent peut être quant à elle exigée chaque fois que la restitution en nature s'avère impossible ou qu'elle est préférée à celle-ci par le sujet lésé.

Elle prend alors la forme d'une indemnisation versée par l'État ou l'organisation internationale responsable et calculée afin de couvrir tout dommage susceptible d'évaluation économique, y compris les dommages moraux subis par les nationaux de l'État lésé. Elle couvre en principe également tout manque à gagner découlant du fait internationalement illicite, ce qui suppose bien entendu que l'on puisse disposer de critères pour déterminer l'ampleur du dommage découlant de ce fait. Sans véritablement parvenir à préciser à cet égard les règles d'évaluation de l'indemnisation à verser, la CDI, dans l'état définitif du Projet de 2001, a toutefois précisé que « l'indemnité couvre tout dommage susceptible d'évaluation financière, y compris le manque à gagner dans la mesure où celui-ci est établi » (art. 36 § 2). Plus novateur est peut-être le contenu de l'article 38, qui dispose que « des intérêts sur toute somme principe due [...] sont payables dans la mesure nécessaire pour assurer la réparation intégrale. Le taux d'intérêt et le mode de calcul sont fixés de façon à atteindre ce résultat ». La CDI a, en revanche, écarté en dernière lecture la possibilité de dommages-intérêts « punitifs » [2]. La CIJ a, dans le même

1. § 274 de l'arrêt.
2. V. S. Wittich, Awe of the Gods and Fear of the Priests : Punitive Damages and the Law of State Responsibility, *Austrian Rev. of Int. & Eur. Law,* 1998. 101-157.

ordre d'idées, refusé dans son arrêt sur le génocide de 2007 de condamner la Serbie-Monténégro au versement d'une indemnisation symbolique à la Bosnie-Herzégovine, à raison du non-respect des mesures conservatoires ordonnées par la Cour [1].

Certains types de dommages soulèvent en pratique de grandes difficultés. L'affaire du projet *Gabcikovo-Nagymaros* entre la Hongrie et la Slovaquie et l'arrêt de la CIJ du 25 septembre 1997 l'ont montré relativement aux dommages causés et susceptibles d'être causés à l'environnement (zones humides, nappes phréatiques, réserves d'eau potable). Le plus souvent différés, parfois indirects et même incertains, certains dommages ne peuvent être scientifiquement établis ; tout au plus, leur probabilité peut-elle être établie à partir de méthodes statistiques et de modèles mathématiques. Or, la plupart des juridictions internationales s'en tient encore aux principes hérités des droits privés internes : dommage né, direct et certain. L'arrêt de 1997 de la Cour, peu imaginatif, n'a apporté aucun développement nouveau sur ce point. En revanche, une évolution commence à poindre dans la jurisprudence de la Cour européenne des droits de l'homme qui, dans son arrêt *Tătar c/ Roumanie* du 27 janvier 2009, a ouvert la voie à la preuve statistique de ce type de dommages [2].

Cette évolution ne va pas, toutefois, sans soulever de grandes difficultés pratiques tenant à la place des experts dans les procédures contentieuses et à la complexité des éléments scientifiques dont le juge doit tenir compte. Lors de l'affaire des *Usines de pâte à papier*, tranchée le 20 avril 2010, la CIJ a ainsi été critiquée par les juges Al-Khasawneh et Simma, pour avoir fait montre d'une retenue excessive dans la recherche des éléments de preuve. La Cour s'est, en effet, contentée d'entendre les experts convoqués par les parties à titre de conseil. Elle n'a pas jugé utile de recourir à des sources d'expertise extérieures qui lui auraient permis de mieux comprendre les aspects les plus techniques de l'affaire et d'être éclairée par des études non partisanes.

Il doit être relevé, en outre, que la Cour a rejeté dans cette même affaire la thèse du gouvernement argentin selon laquelle l'approche de précaution, qui doit prévaloir pour l'interprétation des instruments de protection de l'environnement, aurait pour effet de transférer la charge de la preuve à l'État dont le comportement est susceptible de provoquer des dommages à l'environnement [3]. En pratique, il est, en effet, souvent difficile pour l'État qui proteste de connaître précisément l'impact sur l'environnement d'activités envisagées ou exercées sur le territoire d'un autre État, faute de pouvoir disposer d'un accès aux éléments techniques qui pourraient permettre d'évaluer précisément les risques (v. ss 116). Ce n'est que dix-sept ans plus tard, dans son arrêt en l'affaire *Chasse à la baleine dans le Pacifique*

1. § 469.
2. n° 67021/01. V. Y. Kerbrat, Le droit international face au défi de la réparation des dommages à l'environnement, *in* SFDI, *Le droit international face aux enjeux environnementaux*, Paris, Pedone, 2010. 125-144.
3. § 68.

(*Australie c/ Japon*), que la Cour a pour la première fois tenu compte de ces difficultés. Sans toutefois se référer explicitement au principe de précaution, elle a en effet admis par une interprétation courageuse de la Convention baleinière de 1946, qu'il incombait au Japon, qui entendait se prévaloir d'une exception à l'interdiction de la capture et de la mise à mort des cétacés, d'apporter les éléments permettant de prouver que les conditions matérielles pour en bénéficier étaient en l'occurrence réunies. C'est faute d'avoir pu apporter une telle preuve que le Japon a finalement été condamné dans cette affaire [1].

S'agissant, d'une façon plus générale, des conditions d'indemnisation, il faut se référer aux différents types de dommages évoqués plus haut, en retenant l'idée que sera compris dans le calcul de l'indemnisation l'ensemble de ceux qui sont rattachés au fait illicite par un lien de causalité ininterrompu. Il est important de noter que la réparation par équivalent pécuniaire n'est pas exclusivement réservée à l'indemnisation des dommages matériels. Elle peut également, en certains cas, répondre à la réparation d'un préjudice immatériel, dit encore moral, ou juridique (v. ss 484). Ceci a été vérifié encore dans la sentence arbitrale du 30 avril 1990 rendue en l'affaire Nouvelle-Zélande contre France. La sentence réfute l'allégation française selon laquelle la satisfaction est la seule réparation adéquate à apporter à un dommage immatériel (paragraphe 115).

On doit d'ailleurs relever que, dans la phase antérieure de l'affaire, lorsque le Secrétaire général de l'Organisation des Nations Unies avait rendu un règlement obligatoire pour les parties [2], il avait accordé à la Nouvelle-Zélande, pour le préjudice moral, une double réparation, à savoir à la fois une satisfaction sous forme d'excuses officielles adressées par la France, et une réparation, sous la forme de dommages et intérêts d'un montant de sept millions de dollars.

c) La satisfaction [3] : on vient de le voir, elle n'est pas le moyen exclusif de réparation du préjudice moral ou juridique, mais elle en constitue néanmoins une modalité privilégiée. Elle peut prendre des formes diverses, en particulier des excuses, le versement de dommages et intérêts symboliques, ou bien encore le châtiment des personnes responsables, de même que la garantie par l'auteur du fait illicite contre sa non-répétition.

Du point de vue de la théorie générale de la responsabilité, la satisfaction présente cet intérêt particulier de mettre en évidence l'aspect immatériel de toute atteinte au droit subjectif d'un État par la création d'un fait illicite imputable à un autre État. Ainsi qu'on l'a dit plus haut, lorsque cette atteinte au droit subjectif d'un sujet déterminé lui cause un préjudice matériel, la plupart du temps, c'est la réparation en nature ou par équivalent de ce préjudice qui, du même coup, opérera également réparation du préjudice juridique qu'il a subi. Mais lorsque le dommage matériel n'existe

1. Arrêt du 31 mars 2014, § 164.
2. Texte *in RGDIP*, 1987. 1054-1060.
3. V. C. Barthe, Réflexions sur la satisfaction en droit international, *AFDI*, 2003. 105-128.

pas, alors la satisfaction garde toute sa raison d'être parce qu'elle constitue la réponse appropriée à la réparation du dommage immatériel dans ce cas réduit à l'atteinte à un intérêt juridiquement protégé. Cet aspect immatériel de la réparation est également celui dans lequel se rencontrent à la fois les dimensions subjective et objective du dommage, c'est-à-dire l'atteinte à un droit subjectif et l'atteinte à la légalité internationale.

Dans le même ordre d'idées, la réparation du préjudice juridique, lorsqu'elle est effectuée non pas directement à l'initiative du sujet responsable, mais qu'elle est prononcée par un juge ou un arbitre, peut prendre la forme d'un jugement déclaratoire par lequel l'instance saisie établit explicitement le caractère illicite de la conduite incriminée. C'est ce qui fut fait par la CIJ notamment dans l'affaire du *Détroit de Corfou* (1949) lorsque la Cour établit que le Royaume-Uni avait bien violé la souveraineté territoriale de l'Albanie, en entreprenant certaines opérations à l'intérieur de ses eaux territoriales, sans autorisation du gouvernement albanais. Dans l'affaire *Nouvelle-Zélande c/ France*, prenant prétexte du précédent du Détroit de Corfou et aussi du constat que d'après lui la compensation monétaire n'était en l'occurrence pas appropriée, le tribunal a déclaré que « la condamnation de la République française à raison des violations de ses obligations envers la Nouvelle-Zélande, rendue publique par la décision... constitue dans les circonstances une satisfaction appropriée pour les dommages légaux et moraux causés à la Nouvelle-Zélande » (§ 123). Le projet de la CDI, dans sa deuxième partie, tel qu'établi alors par les rapports de M. Arangio-Ruiz, prévoyait d'ailleurs à l'article 10, alinéa 3 que « la constatation de l'illicéité du fait par un tribunal international compétent peut constituer en elle-même une forme appropriée de satisfaction ».

On peut regretter que cette disposition ne figure plus à l'article 37 des textes de codification de 2001 et 2011, relatif à la satisfaction. Il faut en effet constater que le recours au juge est en pratique assez souvent sollicité précisément pour que ce dernier, en établissant objectivement le constat de l'illicite, apporte de ce fait la réparation appropriée à l'État lésé. Au-delà des affaires précitées, l'arrêt de la Cour dans l'affaire *Lagrand* en offre un témoignage. Au contraire du Paraguay dans l'affaire *Bréard*, antérieure seulement de deux ans et portant sur des faits très analogues, l'Allemagne fédérale n'a pas demandé d'indemnisation pour l'exécution de ses ressortissants, Karl et Walter Lagrand, alors même qu'ils n'avaient pu bénéficier de l'assistance consulaire à laquelle ils avaient droit au cours de leur procès. La RFA a considéré que le constat par la Cour de l'illicite américain valait en lui-même réparation, (assortie, comme on l'a vu plus haut, des assurances et garanties de non-répétition). Relève de la même analyse dans cette affaire le constat de la responsabilité internationale des États-Unis pour non-respect des mesures conservatoires ordonnées par la Cour aux fins de suspension de l'exécution de Walter Lagrand.

Il existe cependant des cas dans lesquels la Cour constate que la seule satisfaction par constat de l'illicite ne suffit pas et se prononce pour la prise de mesures concrètes par l'État responsable dans son ordre interne pour réaliser la « restitution ». C'est très exactement ce que l'on trouve dans l'arrêt rendu le 14 février 2002 entre le Congo et la Belgique, en l'affaire du *mandat d'arrêt* du 11 avril 2000. Constatant l'illicéité de ce mandat, délivré par la Belgique à l'égard d'un ressortissant congolais couvert par une immunité de juridiction (il était ministre des Affaires étrangères en exercice au moment où ce mandat avait été émis ; v. ss 126) la Cour a ordonné à la Belgique d'annuler le mandat par les moyens de son choix. Il s'agit d'un cas dans lequel la cessation d'un fait illicite international passe par la prise de mesures de la part de l'État responsable *dans son ordre juridique interne* ; en de telles circonstances, la Cour désigne l'objectif à atteindre en laissant à l'État concerné le soin de choisir les voies internes les plus appropriées (§ 78 de l'arrêt). On en trouve un autre exemple dans l'arrêt *Lagrand* précité, à propos des mesures que les États-Unis devraient prendre s'ils manquaient à nouveau, en dépit des assurances et garanties de non-répétition données, à leurs obligations à l'égard de l'Allemagne concernant leur obligation de notification consulaire. Dans ce cas également, au paragraphe 125 de l'arrêt, la Cour a constaté que la simple expression d'excuses par l'État responsable ne suffirait pas, du moins « dans les cas où les intéressés auraient fait l'objet d'une détention prolongée et de peines sévères » [1].

Dans l'arrêt *Avena*, le Mexique a estimé que la violation par les États-Unis de l'art. 36 de la Convention de Vienne sur les relations consulaires entraînait la nullité des jugements rendus par la suite par les autorités judiciaires américaines. La Cour considérait inacceptable la solution prospectée par le Mexique dans la mesure où elle niait une marge d'appréciation aux États-Unis en qui concerne la définition des modalités concrètes de réparation. « La question de savoir si les violations du par. 1 de l'art. 36 doivent être considérées comme ayant, dans l'enchaînement causal des événements, conduit finalement à des verdicts de culpabilité et à des peines sévères fait partie intégrante des procédures pénales devant les tribunaux des États-Unis et révèle de l'appréciation de ces derniers dans le cadre du réexamen et de la révision » (par. 122). La Cour s'est donc refusé à présumer que l'annulation des jugements serait le seul mode de réparation adéquate. Elle a justifié sa décision de suivre une approche différente par rapport à celui suivi dans l'affaire du *Mandat d'arrêt*, en soulignant que dans l'affaire *Avena*, à la différence de l'affaire du *Mandat d'arrêt*, « ce ne sont pas les verdicts de culpabilité rendus et les peines prononcées à l'encontre des ressortissants mexicains qui doivent être considérés comme une violation du droit international, mais uniquement certains manquements à des obligations conventionnelles qui les ont précédés » (par. 123).

1. La Cour poursuit dans le même paragraphe 125 en précisant : « Dans le cas d'une telle condamnation, les États-Unis devraient permettre le réexamen et la révision du verdict de culpabilité et de la peine en tenant compte de la violation des droits prévus par la convention [...] le choix des moyens doit revenir aux États-Unis. » V. G. Palmisano, Les garanties de non-répétition entre codification et réalisation juridictionnelle du droit à propos de l'affaire *Lagrand*, *RGDIP*, 2002/4, p. 753 s.

Dans son arrêt relatif aux activités armées sur le territoire du Congo entre la RDC et l'Ouganda, la CIJ, s'agissant en particulier de la deuxième demande reconventionnelle de l'Ouganda à l'égard de la RDC, s'est contentée de constater le caractère illicite des agissements de ce dernier pays à l'égard de l'Ouganda ; elle en a tiré la seule conclusion que « la responsabilité de la RDC [était] engagée » [1] considérant ce constat comme constituant lui-même une réparation. De la même manière, dans l'affaire relative à l'application de la Convention de 1948 sur le génocide, la Cour se contente dans son dispositif (§ 471 de l'arrêt) de déclarer que les conclusions selon lesquelles la Bosnie avait violé ses obligations en matière de prévention du génocide ainsi que celle de se conformer aux mesures conservatoires ordonnées en 1993 « constituent une satisfaction appropriée et qu'il n'y a pas lieu en l'espèce que soient versées des indemnités ». S'agissant en l'occurrence d'abstentions dont les conséquences aboutirent à laisser se perpétrer le « crime des crimes », on peut trouver cette conclusion... un peu courte ! En même temps, outre le fait que le « prix de la douleur » (*precium doloris*) est rebelle par nature à toute quantification, on doit constater que dans une affaire de ce type mais aussi dans d'autres cas moins tragiques, la partie requérante demande de plus en plus souvent que justice lui soit rendue par le seul constat de l'illicite des agissements de la Partie adverse, ainsi qu'on l'a vu plus haut à propos de l'affaire *Lagrand*. Dans une affaire comme celle qui opposait la Bosnie à la Serbie et Monténégro, à très forte connotation pénale quoiqu'elle oppose deux États, on peut considérer que le rôle ainsi dévolu à la Cour n'est pas sans rappeler, *mais au niveau interétatique*, celui parfois conféré à des « commissions vérité-réconciliation » (« *truth commissions* ») du type de celle constituée en Afrique du Sud, à propos des individus responsables, au lendemain de l'abolition de l'apartheid. On doit par ailleurs constater que les États parties se contentent souvent de demander à la Cour de constater qu'il y a lieu à réparation en se réservant ensuite le soin de négocier entre elles le montant et les formes appropriées, ce qui, en pratique, est cependant rarement suivi d'effets concrets.

494 ***Obligation du responsable et droits des sujets lésés*** ◊ Dans la théorie classique, l'obligation secondaire de la personne responsable de réparer les dommages causés par son fait illicite n'entraîne pas immédiatement pour le sujet lésé le droit d'agir pour obtenir réparation. Si l'État responsable s'acquitte avec diligence de son obligation secondaire, sa victime aura en quelque sorte ressenti tout aussi passivement, en premier lieu, l'atteinte à son droit, puis, ensuite, la réparation qu'il avait réclamée. Ce n'est ainsi qu'à un troisième stade, si l'État ou l'organisation internationale responsable ne répare pas, que la victime pourra sortir de sa passivité, pour agir.

Elle le fera alors soit en prenant des mesures destinées à contraindre le responsable à la réparation (exécution forcée par voie de représailles ou de légitime défense en cas d'agression), soit en prenant des mesures d'autoprotection,

1. CIJ, arrêt du 19 déc. 2005, § 344.

c'est-à-dire d'exécution forcée, pour obtenir par lui-même réparation du dommage subi ; ainsi, par exemple, en retenant dans ses banques les avoirs appartenant à la personne ou aux ressortissants de l'État responsable.

Dans ce schéma classique, la question des mesures d'exécution, appelées souvent « sanctions » ou aujourd'hui « contre-mesures » est certes connexe mais demeure distincte de la matière de la responsabilité. Cependant, la CDI s'est engagée dès le début de ses travaux dans une autre voie en consacrant une conception beaucoup plus large de la responsabilité. D'après elle, celle-ci recouvre : « toutes sortes de relations nouvelles qui peuvent naître, en droit international, du fait internationalement illicite d'un État, que ces relations se limitent à un rapport entre l'État auteur du fait illicite et l'État directement lésé, ou qu'elles s'étendent aussi à d'autres sujets de droit international... » [1]. Cette conception extensive, qui a été étendue depuis aux organisations internationales, englobe ainsi à la fois l'obligation de réparer faite au sujet responsable et les mesures d'exécution forcée mentionnées plus haut.

Par ailleurs, la relation entre responsables et victimes s'établit dès la commission du fait illicite par le premier ; réciproquement, du moins dans cette conception, les sujets lésés voient naître leur droit à l'action non plus au stade du constat de la carence réparatoire de l'État responsable mais aussitôt que la légalité internationale a été violée. Enfin, la consécration des « contre-mesures » et de la légitime défense par les articles 22 et 21 du projet d'articles de 2001, même si elle est effectuée au titre des « circonstances excluant l'illicéité », achève intellectuellement d'intégrer les réactions des États lésés dans le cadre de cette responsabilité *lato sensu*. Les dangers d'une telle extension du rapport de responsabilité sont divers. Ils sont entretenus par l'imprécision encore considérable du régime de la responsabilité pour « violation d'obligations découlant de normes impératives du droit international général » (v. ss 490) et la confusion entretenue dans les travaux de la CDI comme dans la pratique des États sur les véritables finalités des contre-mesures. C'est notamment la raison pour laquelle, revenant à la conception classique de la responsabilité, on examinera ci-après dans une section distincte, parce qu'on les considère ici comme extérieures au régime de la responsabilité, les sanctions et mesures d'exécution forcée susceptibles d'être prises par les sujets internationaux lésés.

SECTION 2. LES « SANCTIONS » ET LES MESURES D'EXÉCUTION FORCÉE

495 ***Données du problème*** ◊ Dans une société décentralisée, dont chacun des sujets primaires (les États) possède une égale souveraineté et détient

1. *ACDI*, 1973, II, p. 178.

qui plus est le pouvoir de créer le droit comme d'en interpréter la substance, il est assez logique que le « droit de propre justice » ou « de se faire justice à soi-même » soit reconnu à tous lorsqu'ils considèrent qu'ils ont subi un dommage matériel ou un préjudice juridique dont son auteur se refuse, ou tarde seulement, à donner réparation. C'est ici qu'on perçoit le lien déjà évoqué précédemment entre la mise en œuvre de ce droit et celle, distincte quoique connexe, de la responsabilité internationale. L'une et l'autre ont cependant été traditionnellement très clairement distinguées. Ce n'est que depuis quelques années qu'un lien direct voire une intégration des droits des victimes au droit de la responsabilité s'est opéré du fait des conceptions déjà évoquées qui ont prévalu au sein de la CDI.

Jusqu'au développement des organisations internationales consécutif à la Seconde Guerre mondiale, et, en particulier, à la création de l'ONU, l'exercice par un État de mesures aux statuts divers (rétorsions, représailles) destinées à lui permettre de rentrer dans ses droits avait certes été progressivement appréhendé par le droit international. Il avait été soumis à certaines conditions, mais demeurait en pratique dépourvu de tout contrôle international. Cet état de choses n'a que très partiellement changé à l'époque contemporaine et, dans un grand nombre de situations, les États demeurent libres de déterminer les suites qu'ils entendent donner aux violations du droit dont ils s'estiment victimes. On constate qu'ainsi, atteinte initiale à l'illicite et réaction en défense demeurent circonscrits dans un cadre bilatéral très marqué par la logique de la réciprocité.

496 ***Portée limitée de l'apport des organisations internationales*** [1] ◊ Ce n'est en réalité que dans le cadre de certaines conventions, en particulier celles qui instituent des organisations internationales dotées d'organes permanents, que peut en certains cas s'exercer un contrôle institutionnel international sur les conditions dans lesquelles des mesures prises en réaction à l'illicite ont été prises par tel ou tel État membre (v. ss 510). Deux hypothèses doivent cependant être clairement distinguées suivant que les États membres d'une organisation internationale décident eux-mêmes des mesures de réaction à l'illicite qui les affecte ou appliquent une décision de l'organe compétent de l'institution ; la réaction est décentralisée dans le premier cas, centralisée dans le second.

a) Mesures décentralisées : la maîtrise exercée par les organisations internationales sur les réactions à l'illicite décidées par leurs États membres constitue, en théorie, un progrès considérable. Elle aurait dû, en principe, être facilitée par la précision accrue des droits et des obligations des uns et des autres, tels qu'ils sont définis par le droit propre de chaque organisation (droit originaire et droit dérivé). En pratique, une telle maîtrise organique, qui présente l'avantage de soustraire aux États l'utilisation discrétionnaire des réactions à l'illicite, demeure cependant très limitée.

---

1. V. Ch. Leben, *Les sanctions privatives de droits ou de qualité dans les organisations internationales spécialisées*, Bruxelles, Bruylant, 1979.

Il existe de rares cas dans lesquels l'acte constitutif de l'organisation accorde à celle-ci compétence pour habiliter individuellement un des États membres à suspendre à l'égard d'un autre le bénéfice de certains avantages, par exemple de concessions tarifaires. C'est notamment le cas de l'Organisation mondiale du commerce et de l'art. 22 du Mémorandum d'accord sur les règles et procédures régissant le règlement des différends annexé à l'accord institutif de l'Organisation. Dans le système défini par l'article 22, en effet, les contre-mesures ne peuvent être prises par les États lésés que sur habilitation l'Organe de règlement des différends, compte tenu de l'inanité de tentatives antérieures pour parvenir à un règlement du différend.

Toutefois, dans la grande majorité des cas, les mesures prises par les États en réaction à un illicite allégué, même lorsqu'elles s'appuient sur la légalité propre à une organisation déterminée, laissent subsister au bénéfice de l'État qui en prend l'initiative une marge importante de liberté qui atténue souvent considérablement la portée de leur contrôle organique.

Ceci reste vrai tant du moins que l'on ne passe pas dans un autre type de situations bien différenciées : celles dans lesquelles c'est l'organisation elle-même, et non tel ou tel de ses États membres, qui décide des réactions à l'illicite.

b) Mesures centralisées : à l'inverse des cas précédents dans lesquels l'État décidait par lui-même des réactions à l'illicite même si c'était éventuellement sur habilitation de l'organisation, on est ici en présence d'initiatives manifestement corporatives : un État est sanctionné par l'organisation parce qu'il en a enfreint les règles, méconnaissant ainsi ses obligations statutaires [1]. Le cas le plus connu est celui des sanctions décidées par le Conseil de sécurité de l'ONU, dans le cadre du Chapitre VII de la Charte, à l'encontre d'un État ayant porté atteinte à la paix internationale. L'invasion du Koweït à l'été 1990 en a donné la plus frappante illustration, en provoquant en particulier la décision du Conseil, prise dans sa résolution 661, de faire prendre par les États membres la série des sanctions économiques prévues à l'article 41 de la Charte, communément désignées par le terme générique d'« embargo économique », à l'égard de l'Irak. La même résolution instituait du reste un comité chargé de veiller à l'application des sanctions, dont l'autorité, comme celle du Conseil de sécurité dont il est une émanation directe, fut presque parfaitement respectée par les États membres durant toute la durée de la « crise du golfe » et même au-delà. Il s'agit là d'un exemple particulièrement net de sanctions institutionnelles exécutées par les États membres d'une organisation internationale sous son contrôle le plus étroit.

D'une façon plus générale, d'autres dispositions de la Charte, comme par exemple l'article 19 prévoyant la suspension du droit de vote d'un État membre en retard de ses cotisations, ou dans d'autres organisations, notamment techniques, telles l'OACI ou l'AIEA, économiques, telles le

1. V. en particulier la contribution de P. Klein, *in* P.-M. Dupuy (dir.) *Obligations multilatérales, droit impératif et responsabilité internationale des États, op. cit.*, Paris, Pedone, 2003.

FMI ou la Banque mondiale, ou régionales, telle l'Union européenne [1], la suspension des services fournis par l'organisation ou celles des droits possédés par un État membre constituent à l'égard de celui d'entre eux qui méconnaît ses obligations statutaires une sanction directement imputable à l'organisation, même si sa réalisation doit, comme dans le cadre du chapitre VII, s'appuyer sur le concours direct des États membres.

La différence fondamentale qui distingue ces cas des mesures décentralisées envisagées précédemment vient, répétons-le, du fait qu'ici, l'organisation *elle-même* dispose du contrôle des mesures prises sur sa décision par les États membres, à la suite de l'interprétation qu'elle-même, et non chaque État pour son propre compte, a faite de la légalité dont elle est le dépositaire.

C'est d'ailleurs la raison pour laquelle ces sanctions statutaires, dont l'existence et la variété sont certes d'un vif intérêt pour l'évolution des conditions générales d'application du droit international, relèvent davantage d'un point de vue systématique du droit des organisations dont elles émanent. Sans mésestimer leur importance, bien au contraire, on ne les envisagera donc pas davantage dans les développements qui vont suivre.

Il était cependant d'autant plus nécessaire de les distinguer des mesures décentralisées et dégagées de tout contrôle institutionnel en vue de l'application du droit, seules examinées ci-après, qu'une fâcheuse initiative de la CDI, prise, à la fin des années soixante-dix sur les rapports du professeur Ago dans le cadre de ses travaux sur la première partie du projet sur la responsabilité internationale des États, a par la suite incité trop d'auteurs à confondre toutes les catégories de réactions à l'illicite, décentralisées ou non, qu'il s'agisse des représailles classiques ou des sanctions du Chapitre VII de la Charte de l'ONU, sous le vocable fourre-tout de « contre-mesures ».

Pourtant, une jurisprudence arbitrale de 1978 avait réservé l'emploi de ce vocable indécis aux mesures décidées par les États agissant individuellement et pour leur propre compte. C'est ce dernier type de mesures que l'on étudiera ci-après, en distinguant toutefois suivant que les États qui les prennent agissent individuellement ou collectivement, pour la défense de leur droit propre ou celui de la « communauté internationale dans son ensemble ».

§ 1. Les contre-mesures individuelles prises en vue de la satisfaction d'un droit subjectif de leur auteur [2]

497 ***Rétorsions et représailles*** ◊ On distingue traditionnellement en droit international classique les rétorsions des représailles, et ce d'autant

1. V. l'article 7 du TUE, qui prévoit la possibilité de suspendre les droits d'un État membre qui méconnait gravement les valeurs de l'Union.

2. V. L. A. Sicilianos, *Les réactions décentralisées à l'illicite, des contre-mesures à la légitime défense*, Paris, LGDJ, 1990, 532 p. ; D. Alland, *Justice privée et ordre juridique international, Étude théorique de la justice privée en droit international public*, Paris, Pedone, 1994, 503 p. ; C. Focarelli, *Le contromisure nel diritto internazionale*, Milan, Giuffrè, 1994, 531 p.

plus qu'on a trop souvent tendance, là aussi, dans le langage courant, à confondre les deux notions. Elles peuvent, certes, les unes et les autres, avoir un point commun : celui d'être des mesures décidées en réaction à un fait illicite commis par un autre État, et ayant porté atteinte aux droits subjectifs de l'État réactant [1]. D'autres points communs tiennent également à l'objet et au but des rétorsions et des représailles : les unes comme les autres visent à exercer une pression sur un État déterminé afin que ce dernier en vienne à respecter les droits de l'État auquel ses agissements ont porté préjudice. La rétorsion et les représailles s'apparentent de fait étroitement l'une et les autres à des mesures d'exécution forcée prises dans un contexte de réciprocité. Ainsi de la suspension, voire même de la rupture des relations diplomatiques (mesures de rétorsion) ou de l'interruption de réalisation des clauses d'un accord commercial (mesures de représailles).

Mais la différence entre rétorsion et représailles apparaît dans leur contenu même et leur nature juridique : la rétorsion est une mesure intrinsèquement licite, qui s'inscrit dans le cadre d'exercice des compétences reconnues à l'État en droit international. Ainsi en est-il, pour reprendre le type d'exercice qui précède, du rappel de son ambassadeur accrédité par un État auprès d'un pays tiers pour protester contre les agissements de ce dernier.

La mesure de représailles, au contraire, est un acte intrinsèquement illicite, pris par un État lésé en réaction à un acte illicite initial d'un autre État. La définition adoptée par l'Institut de droit international, dans sa résolution de 1934, demeure ainsi valable, d'après laquelle les représailles sont définies comme « des mesures de contrainte, dérogatoires aux règles ordinaires du droit des gens, décidées et prises par un État, en réponse à des actes illicites commis à son préjudice par un autre État, et ayant pour but d'imposer à celui-ci, par pression exercée, au moyen d'un dommage, le retour à la légalité » [2]. La pratique contemporaine en donne bien des exemples, dont en particulier celui fourni par la décision des États-Unis de saisir à titre conservatoire des avoirs publics iraniens dans les banques américaines, aux États-Unis et à l'étranger, en réaction au maintien des diplomates américains en otages [3].

498 ***Nature juridique des représailles*** ◇ Ce qui caractérise la mesure de représailles, on l'a vu, c'est qu'elle est constituée par un fait intrinsèquement illicite. Mais parce que cet illicite n'est qu'un illicite en retour, parce qu'en d'autres termes, il ne fait que répondre lui-même à un manquement initial au droit commis par un autre État, il voit ce caractère non pas éliminé, mais inopérant, c'est-à-dire non constitutif de responsabilité.

1. Encore que l'on ait longtemps réservé en doctrine l'usage des mesures de rétorsion aux seules réponses à des agissements eux-mêmes licites quoique discourtois (v. A. Rivier, *Principes du droit des gens*, Paris, Rousseau, 1899, t. II, p. 189).
2. *Annuaire de l'IDI*, 1934, Paris, Pedone, p. 162-166.
3. V. P. Julliard, Chron. de droit international économique, *AFDI*, 1979. 615-620.

Cette analyse, même si elle parvient aux mêmes conclusions (l'absence d'engagement de la responsabilité), est substantiellement différente de celle qu'en fit la CDI, à la suite de son premier rapporteur spécial, lorsqu'elle retint au titre des « circonstances excluant l'illicite », les « contre-mesures » à l'égard d'un fait international illicite [1]. Elle rejoint cependant celle qui a été retenue dans la sentence arbitrale rendue le 9 décembre 1978 dans l'affaire franco-américaine relative aux ruptures de charges [2] dans laquelle le tribunal a déclaré : « en présence d'une situation qui comporte à son avis la violation d'une obligation internationale par un autre État, un État... a le droit, sous réserve des règles générales du droit international relatives aux contraintes armées, de faire respecter son droit par des contre-mesures ».

Dans la jurisprudence de la CIJ, et par suite d'une évolution du vocabulaire inspirée notamment par les travaux de la CDI, il a également été fait référence à trois reprises à des « contre-mesures » dont il semble bien que la Cour les ait assimilées à la notion classique de représailles : en l'affaire relative au *personnel diplomatique et consulaire des États-Unis à Téhéran*, la notion a été employée pour désigner les mesures « prises par les États-Unis après la capture de leur ambassade par un groupe armé et la détention en otage de membres de leur personnel diplomatique et consulaire qui en est résultée » [3], mesures telles que le blocage des avoirs officiels iraniens ou encore la suspension des échanges commerciaux. La Cour ne s'est cependant pas prononcée sur la légalité de ces mesures. Dans l'affaire des *activités militaires et paramilitaires au Nicaragua et contre celui-ci*, elle a également fait référence au droit à l'exercice des contre-mesures comme circonstances excluant l'illicéité du comportement étatique, à propos de la question de savoir si le caractère illicite d'une mesure pouvait être éliminé au motif qu'elle était exercée en réaction à un fait imputable à un autre État [4]. Enfin, dans l'affaire du projet *Gabcikovo-Nagymaros* (1997) la Cour a également eu l'occasion de revenir sur le régime juridique des représailles.

499 ***Régime juridique des représailles*** ◊ Il est caractérisé par trois éléments. En premier lieu, seules les représailles non militaires sont permises par le droit international ; cela résulte, à l'époque contemporaine, du principe général de non-recours à la force, certes posé à l'article 2 paragraphe 4 de la Charte des Nations Unies, mais également doté d'une valeur coutumière ainsi que la Cour l'a reconnu dans l'affaire *Nicaragua c/ États-Unis*

1. Ch. Leben, Les contre-mesures interétatiques et les réactions à l'illicite dans la société internationale, *AFDI*, 1982. 10 s. ; E. Zoller, Quelques réflexions sur les contre-mesures en droit international public, *Mélanges Colliard*, Paris, 1984, p. 373 s. ; E. Zoller, *Peacetime Unilateral Remedies : an analysis of Counter Measures*, Dobbes Ferry, New York, 1984.
2. Texte *in Revue française de droit aérien*, 1979, p. 486, commentaire J. Dutheil de la Rochère, *AFDI*, 1979. 314-337.
3. *Rec.* 1980, p. 27-28, 53.
4. *Rec.* 1986, p. 106, 201, 110, 210, 127, 248-249, 128 et 252.

précitée. En second lieu, les représailles sont marquées par leur caractère exceptionnel, bien défini dans une affaire arbitrale restée célèbre, relative à l'incident de *Naulilaa* du 31 juillet 1928 [1]. Analysées comme des mesures de contraintes forcées, elles ne peuvent intervenir qu'après l'exercice d'une « sommation restée infructueuse ». Dans sa résolution déjà citée de 1934, l'IDI ne les considère comme admissibles « que dans la mesure où le retour à la légalité ne peut être obtenu par les procédures de règlement pacifique » des différends (art. 5, 1er), cependant que la CDI, dans le contexte précité, ne les envisage qu'à la condition que l'État lésé demande à l'État responsable de s'acquitter de ses obligations et lui notifie sa décision de prendre des contre-mesures (art. 52 du Projet de 2001). Enfin le dernier élément, également systématisé à partir de la sentence de *Naulilaa*, est celui de la « proportionnalité entre l'infraction à laquelle on réagit et la réaction elle-même », condition également soulignée dans les travaux ultérieurs de la CDI sur le contenu et la mise en œuvre de la responsabilité internationale.

Dans son arrêt du 25 septembre 1997, relatif au Projet *Gabcikovo-Nagymaros (Hongrie c/ Slovaquie)* la Cour internationale de Justice a eu l'occasion de passer en revue les éléments qui constituent selon elle le régime des contre-mesures en droit international. Elle s'est pour cela à la fois référé à sa propre jurisprudence dans son arrêt au fond en l'affaire des activités militaires et paramilitaires au Nicaragua et contre celui-ci [2], à la sentence rendue dans le différend franco-américain sur les ruptures de charges [3] et à ce qui était encore à l'époque le projet de codification de la CDI dans sa seconde partie (art. 47 à 50). Elle a ainsi repris les règles déjà citées dont, en particulier, le fait que la contre-mesure ne peut se concevoir que comme une « riposte » à la commission par l'État qu'elle vise d'un fait international illicite (§ 83 de l'arrêt) ; le fait que « l'État lésé doit avoir invité l'État auteur du fait illicite à mettre fin à son comportement illicite ou à en fournir réparation » (§ 84) ; enfin, l'exigence de proportionnalité de la riposte aux « dommages subis compte tenu des droits en cause » (§ 85) : en l'occurrence, le détournement unilatéral du Danube effectué par la Tchécoslovaquie a eu pour effet de priver la Hongrie de son « droit à une part équitable et raisonnable des ressources naturelles du Danube », lesquelles constituent une « ressource naturelle partagée » (v. ss 115). Une telle conséquence, rapportée aux dommages résultant du fait illicite dont la Slovaquie se plaignait de la part de la Hongrie (non-respect de ses obligations en vertu d'un traité bilatéral) a été jugée à bon droit disproportionnée par la Cour internationale de Justice.

Le texte définitif de codification du droit de la responsabilité des États a, dans l'ensemble, su tirer les leçons de la pratique récente qui démontre une tendance dangereuse au retour unilatéral à divers types de contre-mesures, du moins de la part de certains États parmi les plus puissants ;

1. *RSA*, vol. II, p. 1026.
2. *Rec.* CIJ 1986, § 249, p. 127.
3. *RSA*, vol. XVIII, p. 483 s.

elle a aussi tiré les enseignements de la jurisprudence contemporaine, notamment de celle de la Cour internationale de Justice évoquée plus haut ; cette dernière s'attache, par réaction à la pratique évoquée ci-dessus, à rappeler l'usage conditionnel et momentané que le droit autorise à l'égard de telles mesures.

Ainsi, la tonalité générale des dispositions comprises dans le second chapitre de la troisième partie (mise en œuvre de la responsabilité) est-elle délibérément restrictive. C'est d'abord l'*objet* des contre-mesures qui se trouve limité à l'article 49 : « l'État ne peut prendre de contre-mesures à l'encontre de l'État responsable du fait internationalement illicite que pour amener cet État à s'acquitter des obligations qui lui incombent » du fait de l'engagement de sa responsabilité (§ 1er) ; ces mesures sont « limitées à l'inexécution temporaire d'obligations internationales de l'État prenant les mesures envers l'État responsable. »

N'importe quel type de contre-mesures ne peut être pris par un État en butte à un fait ou une série de faits illicites. Ce n'est pas, notamment, parce qu'il aurait lui-même à répondre à des violations graves de règles relatives à la protection des droits fondamentaux de la personne humaine ou à des atteintes aux principes de droit humanitaire excluant les représailles que cet État, aussi affecté soit-il par de tels faits illicites, pourrait violer à son tour des règles du même type (art. 50) [1].

La même disposition, rappelant là aussi des règles de longue date établies en droit coutumier, rappelle que les représailles armées sont interdites, et que « les contre-mesures ne peuvent porter atteinte à l'obligation de ne pas recourir à la menace ou à l'emploi de la force telle qu'elle est énoncée dans la Charte des Nations Unies ». D'une façon générale, au demeurant, aucune norme de droit impératif ne peut être atteinte par l'exercice de contre-mesures (art. 50 § 1 d) et leur utilisation ne saurait délier l'auteur de ces mesures de ses obligations en vertu d'une procédure de règlement des différends applicable entre lui et l'État responsable (*ibid.* § 2).

Enfin, la règle de proportionnalité dont on rappelait plus haut les origines jurisprudentielles anciennes se trouve codifiée à l'article 51, puisque les contre-mesures « doivent être proportionnelles au préjudice subi, compte tenu de la gravité du fait internationalement illicite et des droits en cause ».

Revenant de plus en large mesure sur les aspects choquants de la sentence de 1978 sur les ruptures de charge, l'article 52 précise de façon très claire les conditions procédurales auxquelles le recours aux contre-mesures est possible : un État ne pourra les appliquer qu'après une demande infructueuse faite à l'État responsable et une notification préalable des mesures que leur auteur s'apprête à prendre. Momentanées, comme on l'a dit plus haut, ces mesures devront être suspendues si le fait illicite a cessé ou que le différend qui leur a donné naissance est en cours de règlement arbitral

1. Pour une illustration jurisprudentielle récente, v. le jugement de la seconde chambre de première instance du TPIY, rendu dans l'affaire *Kupreskic*, le 14 janv. 2000. Commentaire Ph. Weckel, Chronique de jurisprudence internationale, *RGDIP*, 2000/2, p. 530 s.

ou judiciaire (art. 52). Elles devront enfin être purement et simplement supprimées « dès que l'État responsable s'est acquitté des obligations qui lui incombent à raison du fait illicite [...] » (art. 53).

500 ***Spécificité relative des contre-mesures dans le domaine des relations internationales économiques*** [1] ◊ Les relations économiques internationales ont longtemps été un domaine de prédilection pour les contre-mesures unilatérales. Leur emploi est destiné à répondre à la lésion d'un intérêt économique dont la protection par le droit international dépend largement du cadre dans lequel la relation économique en cause a pu s'établir entre deux États ; suivant en particulier qu'elle a été plus ou moins précisément définie dans un accord international, bilatéral ou multilatéral, liant l'État réactant à l'État visé par les mesures.

La forme de ces contre-mesures peut varier considérablement. En matière commerciale, un État peut par exemple avoir recours à des mesures tarifaires (augmentation des droits de douane perçus aux frontières), ou à un contingentement des importations ou des exportations, ou des deux, pouvant aller jusqu'à leur tarissement par le recours au boycott ou à l'embargo [2]. De l'existence et des termes de tels accords, en particulier, dépendra la question de savoir si les mesures en cause prennent le caractère de simples rétorsions ou de véritables représailles économiques. On doit, quoi qu'il en soit, remarquer à leur propos que le but des unes et des autres sera généralement de rétablir l'équilibre des prestations entre les parties concernées ; on a vu plus haut qu'en se plaçant du point de vue du droit international général, la sentence rendue en 1978 entre la France et les États-Unis à propos des ruptures de charges avait clairement reconnu la licéité du principe général des contre-mesures dans le cadre des relations économiques internationales.

Cette sentence avait toutefois circonscrit l'objet de telles mesures à la recherche d'une procédure de règlement pacifique du différend afin de parvenir à la restauration de la légalité et de l'équilibre des intérêts. Selon une telle conception, les contre-mesures dans le domaine économique se distingueraient alors dans une certaine mesure de celles qui peuvent intervenir dans d'autres domaines puisqu'elles ne chercheraient pas directement à obtenir elles-mêmes l'exécution par l'État visé de ses obligations à l'égard de l'État réactant. Dans la réalité des faits, cependant, les contre-mesures économiques sont prises pour la réalisation de finalités diverses et peuvent inclure la recherche d'une compensation économique au préjudice subi du fait du manquement de l'État visé à ses obligations, voire même présenter un caractère coercitif en vue d'obtenir la cessation par le partenaire auquel elles sont destinées de son comportement dommageable.

1. V. Laurence Boisson de Chazournes, *Les contre-mesures dans les relations internationales économiques*, Paris, Pedone, 1992, 246 p.
2. V. L. Lucchini, Le boycottage, *in Aspect du droit international économique*, SFDI, Colloque d'Orléans, Pedone, Paris, 1972, p. 67-101 ; L. Dubouis, L'embargo dans la pratique contemporaine, *AFDI*, 1967. 99-152.

Depuis 1995 et l'entrée en vigueur des Accords de Marrakech, les contre-mesures unilatérales sont, quoi qu'il en soit, devenues moins fréquentes dans le domaine économique. Si l'application du Mémorandum d'accord sur le règlement des différends peut conduire l'Organe de règlement des différends de l'OMC à autoriser un État membre ou l'Union européenne à suspendre certains avantages, notamment certaines concessions commerciales, à l'encontre d'un autre membre (v. ss 496), le texte interdit en revanche aux membres de se faire justice eux-mêmes. Ceux-ci doivent impérativement recourir au système multilatéral de règlement des différends lorsqu'ils cherchent à obtenir réparation d'un autre Membre au titre de l'Accord sur l'OMC (article 23 : 1). Cette obligation s'impose, au reste, non seulement dans les situations dans lesquelles un membre estime qu'un autre a méconnu ses engagements, mais aussi lorsque, par son comportement, il annule ou compromet de quelque autre manière les avantages découlant des accords de l'OMC ou entrave la réalisation d'un objectif de l'Organisation. Les membres de l'OMC doivent se plier aux constatations de l'ORD ; ils ne peuvent adopter de mesures de rétorsion qu'après en avoir obtenu l'autorisation (article 23 : 2 b et c du Mémorandum d'accord) [1]. Les contre-mesures préventives sont, en outre, interdites.

§ 2. Les contre-mesures prises en vue de la satisfaction d'un droit objectif propre à chacun des membres de la communauté internationale

501 ***Fondements*** ◇ On a vu plus haut, examinant le droit de la responsabilité et plus précisément les différentes catégories de faits illicites, que la CDI avait distingué, à raison de l'importance et de la nature des obligations violées, les délits des crimes, auxquels furent finalement substituées les « violations d'obligations découlant de normes impératives du droit international général » constitués par l'atteinte à une obligation « *erga omnes* », dont chaque État est débiteur à l'égard de tous les autres (v. ss 471 et 490). On pouvait s'interroger sur le régime de la responsabilité internationale pour crime avant la suppression de ce dernier du texte de la CDI, lorsqu'il envisageait de qualifier ainsi d'autres infractions majeures que l'agression, comme « l'établissement ou le maintien par la force d'une domination coloniale », ou la « violation grave et à une large échelle d'une obligation internationale d'importance essentielle pour la sauvegarde de l'être humain, comme celles interdisant l'esclavage, le génocide, l'apartheid », ou encore une « pollution massive de l'atmosphère ou des mers » (art. 19 du projet CDI établi sur les rapports du professeur R. Ago).

1. V. le rapport du Groupe spécial de l'ORD dans l'affaire *États-Unis - Articles 301 à 310 de la Loi de 1974 sur le commerce extérieur* (22 déc. 1999).

En particulier, une question se posait alors. Celle de savoir si les réactions au crime devaient être centralisées, en émanant d'un organe représentatif de la communauté internationale, ou si chacun des États membres de cette communauté pouvait, unilatéralement, prendre des mesures en réaction au crime. Cette interrogation fondamentale en provoquait à son tour bien d'autres. Si la réponse est institutionnelle, quel sera l'organe compétent ? Confier cette compétence au Conseil de sécurité de l'ONU serait revenu à accroître considérablement, autant qu'à modifier, celles qui lui sont conférées dans la Charte et l'on a vu plus haut que les propositions ultérieurement établies par un autre rapporteur spécial, Monsieur Arangio-Ruiz, furent rapidement abandonnées (v. ss 471). Reconnaître aux États agissant individuellement un « droit de réaction aux crimes » incitait à définir quel serait le but de telles réactions : seraient-elles de simples mesures d'exécution forcée, destinées à contraindre l'État auteur du crime à renoncer à sa continuation et à en effacer les conséquences dommageables ? Seraient-elles des « sanctions » véritables, destinées à punir l'auteur du fait éminemment illicite ? Ces questions se posaient d'autant plus que les travaux de la Commission du droit international incitent, comme on l'a vu, à intégrer les droits des États victimes dans le régime de la responsabilité, ce qui n'était pas le cas dans les conceptions classiques et que la pratique de certains États a pu sembler leur donner quelques éléments de réponse avant même que les travaux de la CDI n'aient abouti.

502 ***Pratiques des États*** [1] ◊ Tout particulièrement au début des années 1980, les États occidentaux ont été amenés à prendre une série de mesures dont le but explicite était de répondre à la violation d'obligations internationales d'importance fondamentale pour la communauté internationale ; fait notable, ils ont pris ces mesures alors même qu'ils n'avaient subi, personnellement, aucun dommage direct du fait de ces actions illicites. Ce fut ainsi le cas des mesures prises à la suite de la prise en otages des diplomates américains à Téhéran, par les États membres de la CE en particulier. Ce fut également le cas des mesures prises par les États-Unis et également les États européens à l'égard de l'URSS consécutivement à l'intervention soviétique en Afghanistan. On retrouve des comportements et des motivations comparables comme suite à la déclaration de « l'état de guerre » en Pologne par le gouvernement de l'époque ou bien encore à l'encontre de l'Argentine en 1982 du fait de l'occupation par celle-ci des îles Malouines.

Ces comportements évoquent directement des actions en répression du crime par leurs motivations, même si elles furent décidées par des États manifestant généralement à l'égard de la notion de responsabilité pour crime une vive réticence de principe. Ceci témoigne de toutes les

1. V. P.-M. Dupuy, Observations sur la pratique récente des sanctions de l'illicite, *RGDIP* 1983. 505 s., D. Alland, Les contre-mesures d'intérêt général, *in* P. M. Dupuy (dir.) *Obligations multilatérales, droit impératif et responsabilité internationale des États*, *op. cit.*, Paris, Pedone, 2003.

ambiguïtés d'initiatives que l'on ne peut manifestement assimiler ni aux représailles s'inscrivant dans un cadre bilatéral et réciproque, ni aux sanctions institutionnelles décidées par le Conseil de sécurité, alors encore paralysé par le *veto* de l'un des membres permanents. Elles soulignaient de ce fait, avant l'évolution radicale des relations Est-Ouest à la fin de la dernière décennie, la paralysie de l'organe de la sécurité collective qui n'a par la suite dû qu'à l'apaisement de la confrontation entre États occidentaux et pays socialistes (URSS et Chine) de pouvoir agir notamment dans le cadre de l'agression irakienne contre le Koweït. On ne peut en tout état de cause pas encore fonder sur de telles pratiques d'éventuels développements de la coutume internationale en matière de réactions à l'illicite. Ces actions n'ont en effet encore acquis ni la constance, ni la cohérence, ni la clarté suffisante pour qu'on leur accorde une réelle portée normative en droit international général.

Tout au plus peut-on remarquer, avec une prudence due à la grande spécificité de la situation prévalant dans l'affaire du Golfe que cette dernière a marqué l'impressionnante discipline des États membres pour appliquer les sanctions décidées par la résolution 661 du Conseil de sécurité à l'égard de l'Irak ; elle a aussi donné lieu aux résolutions 687 et 706, lesquelles organisent pour la première fois une responsabilité techniquement mise en œuvre sous le contrôle direct de l'ONU ; elles fournissaient ainsi, peut-être, l'ébauche de ce que pourrait être, au moins en cas d'agression, la responsabilité d'un État vis-à-vis de l'ensemble de la communauté internationale, représentée par l'ONU [1]. Il reste que ce type de régime, quel qu'il soit, paraît devoir rester très tributaire de la réalisation des conditions politiques nécessaires à sa mise en œuvre. Or celles-ci, par nature, sont très contingentes [2].

503 ***L'état définitif de la codification du droit de la responsabilité internationale des États*** ◊ Il ne fait pas vraiment disparaître les interrogations sur la place réservée aux contre-mesures dans le régime des droits reconnus aux États à l'égard du responsable. La dernière disposition relative à celles-ci dans le texte de 2001 ménage en effet à cet égard certaines ouvertures aux contours assez vagues ; elles ne provoquent que la

1. V. P.-M. Dupuy, Après la guerre du Golfe..., *RGDIP*, 1991/3, p. 621. V. aussi 7e rapport de M. Arangio-Ruiz, CDI, 1995, A/CN.4/469 et Add. 1.

2. Les réactions coordonnées des alliés lors de leur action militaire conjointe au Kosovo, même si elles s'autorisaient de la défense des droits fondamentaux de la personne humaine et des règles élémentaires du droit humanitaire s'inscrivirent cependant dans un cadre juridique relativement différend. Également irréconciliables avec les dispositions organiques de la Charte, elles n'apparaissaient pas comme des représailles armées (en elles-mêmes interdites) mais comme une sorte d'action en légitime défense collective des normes substantielles consacrées par la communauté internationale dans son ensemble mais laissées en déshérence par l'ONU du fait de la réapparition du *veto* paralysant le Conseil de sécurité (v. ss 571). L'action des États-Unis et de leurs alliés contre l'Afghanistan en 2001-2002 s'inspire quant à elle explicitement de la seule légitime défense, il est vrai interprétée sur une base coutumière, distincte de celle fournie par l'article 51 de la Charte (v. ss 572). Quoiqu'il en soit, il y a encore moins de rapports entre cette situation et le recours à des « contre-mesures » au sens où l'ont entendu depuis leur début les travaux de la CDI sur le droit de la responsabilité.

perplexité. L'article 54 établit en effet un lien explicite avec l'article 48, dont on se souviendra qu'il prévoit la possibilité pour ce qu'il appelle improprement « un État autre qu'un État lésé » (v. ss 490) d'invoquer la responsabilité d'un État ayant selon lui violé une obligation « due à la communauté internationale dans son ensemble ».

Cependant, ce même article 48 ne dit nullement que l'État invoquant la responsabilité d'un autre pourrait prendre à son égard des contre-mesures visant à lui faire exécuter son obligation. L'article 48 permet seulement de demander de la part du responsable la cessation du fait internationalement illicite et des assurances et garanties de non-répétition, de même que l'exécution de son obligation de réparation « dans l'intérêt de l'État lésé ou des bénéficiaires de l'obligation violée ». Ce dernier membre de phrase permet cependant de couvrir également tous les membres de la « communauté internationale dans son ensemble ».

Dès lors, la liaison établie entre cette disposition et la partie du Projet de 2001 relative aux contre-mesures autorise à penser que, particulièrement en période de crise du système de la sécurité collective, les défenseurs de l'ordre public international pourraient reprendre, comme ils le firent dans les années quatre-vingt, des contre-mesures unilatérales, individuelles ou collectives sans aucun contrôle international. Ils le feraient en affichant le but d'obliger le fauteur de troubles à respecter ses obligations envers « la communauté internationale dans son ensemble ».

L'enjeu très politique de cette question technique est une nouvelle fois de savoir si la codification du droit international général ne risque pas d'encourager l'unilatéral au détriment de l'institutionnel. On peut craindre que cette jonction normative établie entre le régime embryonnaire de la responsabilité pour atteinte à l'ordre public et contre-mesures, d'autant plus redoutable qu'elle est *allusive* [1] soit utilisée dans l'avenir par des États parmi les plus puissants pour s'ériger en dispensateurs incontrôlés de représailles au nom de ce qu'ils considèrent, selon leur intérêt du moment ou leur culture politique particulière, comme « la loi et l'ordre ». Il serait pourtant fâcheux qu'une codification/développement aussi pondérée du vieux droit des représailles, enfin canalisée dans un corps de règles précises destinées à en consolider les limites débouche *in fine* sur ce qui pourrait être considéré par certains comme l'octroi d'un dangereux blanc-seing universel.

504 ***Conclusion générale*** ◊ Comme par le passé, le droit international contemporain reconnaît aux États victimes de dommages consécutifs à la commission d'un fait illicite par un autre État la possibilité de réagir en prenant des mesures soit intrinsèquement licites (rétorsion), soit

1. L'article 54 qui clôt le chapitre sur les contre-mesures se contente de dire que « le présent chapitre est sans préjudice du droit de tout État, habilité en vertu de l'article 48, paragraphe premier, à invoquer la responsabilité d'un autre État, de prendre des mesures licites à l'encontre de ce dernier afin d'assurer la cessation de la violation ainsi que la réparation dans l'intérêt de l'État lésé ou des bénéficiaires de l'obligation violée ».

même intrinsèquement illicites (représailles) pour obtenir la restauration d'un droit subjectif directement atteint par ces faits et la réparation des préjudices consécutifs qu'ils en ont ressentis. Cette conclusion peut être élargie aux organisations internationales qui, comme l'Union européenne, ont compétence pour prendre de telles mesures à l'encontre d'États non membres.

Ces réactions doivent cependant être à la fois non militaires, proportionnées et consécutives au refus réitéré par l'État responsable de satisfaire à son obligation, soit de mettre fin au fait illicite, soit de réparer. La pratique des contre-mesures ainsi définies doit par ailleurs être très clairement distinguée de celles prises en application d'une décision centralisée émanant de l'organe compétent d'une organisation internationale, par ailleurs représentatif de la communauté internationale. Le Conseil de sécurité, dans le cadre du chapitre VII, constitue à ce jour le seul exemple observable d'un tel type d'organes, même si la lettre du chapitre VII en restreint l'emploi au maintien et au rétablissement de la paix. L'intégration de ces contre-mesures dans le cadre de la mise en œuvre de la responsabilité internationale n'est au demeurant admissible que si l'on retient du rapport de responsabilité la conception large adoptée par la CDI, associant les droits des victimes aux obligations du responsable.

SECTION 3. LE CONTRÔLE INTERNATIONAL

505 ***Introduction*** ◊ Le contrôle international de l'application du droit se décompose en au moins deux éléments : d'une part, la *vérification*, qui est l'opération d'établissement des faits constitutifs d'un comportement ; d'autre part, la *qualification*, qui consiste dans l'appréciation de ce fait au regard du droit afin d'établir s'il lui est conforme. Un troisième élément, la *réaction*, consécutive à la qualification, ne fait pas partie au sens strict du contrôle, elle n'en est qu'une conséquence directe.

Comme on vient de le voir encore à propos de l'usage des contre-mesures, l'une des faiblesses endémiques de l'ordre juridique international vient du fait que les États contrôlent généralement eux-mêmes l'application des normes internationales par leurs partenaires, sans l'intervention d'instances tierces. Dans de telles conditions, le contrôle international est caractérisé à la fois par sa *banalité* (chaque État, parce qu'il est sujet de droit, mais aussi parce qu'il est souverain, peut l'exercer), sa *réciprocité* (il est effectué par les États les uns à l'égard des autres dans le cadre de leurs relations mutuelles) et sa *subjectivité* (chacun ne l'exerce qu'en fonction de la perception qu'il a de ses intérêts).

Nombreux sont les efforts entrepris, surtout depuis un siècle, pour substituer dans toute la mesure du possible à cet auto-contrôle étatique celui qui serait effectué par une autorité extérieure aux États en cause, dotée pour ce faire d'une compétence spéciale et, de la sorte, qualifiée pour exercer un contrôle *objectif* de l'application du droit.

Comme on l'examine par ailleurs (v. ss 530), c'est pour atteindre ce but que se sont développés à partir de la fin du XIXe siècle divers modes de règlements pacifiques des différends internationaux : l'arbitrage et la juridiction internationale, examinés plus loin au titre de ces procédures de règlement, sont ici évoqués dans le contexte de ce qui pourrait être l'ébauche d'une théorie générale du contrôle de l'application du droit international, tentative qui s'avère sans doute aujourd'hui très nécessaire.

L'arbitrage et la juridiction apparaissent alors en tant qu'organes d'exercice d'un premier type de contrôle, le « contrôle contentieux ». On peut ainsi l'appeler parce qu'il est directement lié à la solution d'un litige entre deux États.

Parallèlement un autre type de contrôle s'est développé qu'on peut appeler, par opposition au précédent, « contrôle international non contentieux » ; il présente avec le précédent une similitude fondamentale : celle d'être le plus souvent effectué par une instance tierce et en principe impartiale, également indépendante des divers États dont il s'agit d'apprécier la conduite par référence au droit. Mais là s'arrêtent pour l'essentiel ces ressemblances avec le contrôle contentieux. À sa différence, en effet, ce second type de contrôle n'aboutit pas à un jugement obligatoire. Les conséquences, pour être très souvent non négligeables, peuvent en être variées et, en bien des cas, ne sont d'ailleurs pas exclusivement juridiques. Il présente cependant souvent cet avantage très considérable sur le contrôle contentieux d'être beaucoup plus fréquent, quoique lui aussi généralement soumis à l'assentiment préalable des États en cause. Il en est cependant généralement moins dépendant et s'inscrit en bien des cas dans le cadre de procédures régulières.

§ 1. Le contrôle contentieux

506 ***Arbitrage et juridiction permanente*** ◊ Ainsi qu'on l'examine ci-après (n° 540 s.), deux catégories d'organes sont investies en droit international du pouvoir de contrôler au contentieux la conformité des conduites étatiques au droit international : les tribunaux arbitraux et les juridictions permanentes, compétents à la condition fondamentale que les deux parties au litige y aient préalablement consenti. Ce qui caractérise statutairement les juges ou les arbitres, c'est leur indépendance et leur compétence technique. Ils jugent en droit et s'abstiennent d'appréciation ou d'initiative politique à l'égard des parties. Le contrôle de la légalité du comportement de celle-ci n'est pas l'objectif ultime de leur saisine. Ils n'interviennent que dans le cadre et pour les besoins du règlement du différend qui oppose les États en présence, ce qui limite à la fois l'ampleur et la portée de leur action. C'est ici, pourtant, qu'il convient d'insister sur la bivalence de la fonction judiciaire internationale entendue au sens large.

507 ***« Juris-dictio » et règlement des différends*** ◊ Pour les besoins d'un règlement qui lui est soumis, et parce qu'il est de ce fait amené à opérer le contrôle contentieux tel que défini ci-dessus, le juge est par la force des choses amené à confronter les conduites subjectives aux normes objectives. Le premier aspect pose essentiellement pour lui comme pour les parties le problème de l'apport des preuves tangibles de la réalité des faits. Le second lui impose d'identifier, d'interpréter et d'apprécier la portée des normes en l'occurrence applicables. Le juge doit en d'autres termes « dire le droit » applicable en l'espèce, exercer littéralement la « *jurisdictio* ». C'est en cela, précisément, qu'il ne résout pas seulement un différend individualisé mais, à cette occasion, qu'il contribue souvent aussi à la précision, voire au développement du droit international. Dans le cadre de la fonction judiciaire, le contrôle international présente alors deux caractères fondamentaux : il est, d'une part, associé au règlement d'un différend dont il constitue un préalable indispensable. Il suscite, d'autre part, une interprétation du droit, dont l'autorité, directement fonction de l'organe duquel il émane, sera certainement plus grande lorsqu'elle procède de la Cour, dotée de permanence et intégrée au système des Nations Unies, que lorsqu'il résulte de la sentence d'un tribunal arbitral, en particulier lorsque ce dernier est constitué « *ad hoc* », c'est-à-dire pour les besoins étroits du règlement d'une affaire déterminée.

Le caractère relatif de l'autorité de chose jugée, reconnu pour ce qui est de la Cour à l'article 59 de son Statut (*GTDIP* n° 27, v. ss 36), n'affecte qu'en partie la portée d'un tel contrôle. En effet, ce caractère s'applique essentiellement *au dispositif* de l'arrêt ou de la sentence, c'est-à-dire à la décision finale de l'organe saisi, dispositif qui est spécifiquement rattaché à la solution du litige en cause et dont il constitue l'énonciation. Le caractère relatif de chose jugée ne concerne cependant pas au même degré les *motivations* de la décision, surtout lorsqu'elles sont rédigées dans des termes qui cherchent à souligner la généralité des règles et des principes sur lesquels le tribunal ou la juridiction saisis entendent s'appuyer.

Cette remarque est importante dans la perspective du contrôle, et explique que la fonction judiciaire soit en fait liée à une sorte de fonction législative résiduelle, susceptible de prendre au gré des circonstances une ampleur parfois considérable. À l'occasion du contrôle de la légalité des comportements propres à deux sujets de l'ordre juridique international, certaines des normes et des caractères qui sont propres à ce dernier sont ainsi, et suivant les cas, analysées, interprétées, voire développées pour le profit de toutes les autres personnes de droit intéressées à leur application. De la solution propre à un litige particulier résulte ainsi en bien des cas un apport normatif dont les incidences peuvent être d'autant plus importantes que les interventions du juge ou de l'arbitre demeurent statistiquement fort rares, surtout si on les compare à la constance de l'activité judiciaire dans les ordres internes. On trouve ailleurs dans ce manuel, à l'occasion de l'exposé de la théorie des sources, tout ce que l'identification du droit international coutumier et des principes généraux du droit international doivent au juge international (v. ss 327-329 et 340). Ce n'est pas à dire que la jurisprudence soit au sens classique du terme une « source » de droit. Elle est plutôt en elle-même une occasion de travail sur la norme pour les besoins de son application, dont les bénéficiaires ne se limitent pas aux deux seules parties au différend.

Cet état de choses est naturellement passé sous silence sinon réfuté par toutes les parties intéressées, États comme juges, et cela fort logiquement : les uns ne peuvent pas reconnaître la fonction normative du juge puisque tout État pose en principe le primat de sa souveraineté et ne veut pas reconnaître d'autorité extérieure à lui pour créer, ou simplement développer le droit existant. Les autres, c'est-à-dire les juges, ne peuvent généralement pas davantage reconnaître leur apport à la formation du droit, parce que leur Statut les polarise, sur la base d'une saisine exclusivement consensuelle, sur le règlement des différends, et qu'ils sont peu soucieux, par ailleurs, de risquer d'apparaître pour des concurrents des États dans l'énonciation créative de la norme internationale. Seule la doctrine, en définitive, dans son rôle d'analyste du phénomène juridique, se trouve en position de dire tout haut ce que chacun doit taire à cet égard.

508 ***Le développement du contrôle contentieux dans le droit international contemporain*** ◊ Bien qu'il n'ait pas atteint le niveau de systématicité auquel il est parvenu dans les ordres juridiques internes, le contrôle contentieux s'est beaucoup développé depuis une trentaine d'années en droit international. Ce phénomène peut être observé dans deux domaines en particulier.

Il concerne d'abord la protection internationale des droits de l'homme. Comme il a été vu plus haut (n° 215), l'activité de la Cour européenne des droits de l'homme s'est considérablement accrue, en raison de l'augmentation sensible du nombre d'États parties à la Convention européenne depuis la chute du Mur de Berlin, mais aussi de la connaissance qu'ont aujourd'hui les requérants des procédures qui permettent de la saisir. La pratique des organes de la Convention américaine des droits de l'homme (Commission et Cour interaméricaines) est moins développée, mais elle semble suivre le même chemin. À l'échelle universelle, le système des communications individuelles mis en place par plusieurs instruments de protection des droits de l'homme s'est quantitativement mais surtout qualitativement développé. Le mécanisme s'est, en effet, peu à peu juridictionnalisé. Alors que leur statut ne leur conférait expressément qu'un pouvoir de recommandation, le Comité des droits de l'homme et le Comité contre la torture, qui reçoivent plusieurs dizaines de plaintes par an, considèrent aujourd'hui, sur la base d'une interprétation dynamique des instruments dont ils contrôlent le respect, qu'ils sont investis d'un véritable pouvoir de décision. Leurs observations sont obligatoires pour leurs destinataires (v. ss 218).

Le second domaine est celui des relations économiques. L'unification, voire l'intégration normative, d'un ensemble de règles auparavant dispersées par les accords de Marrakech sous l'égide de l'Organisation mondiale du commerce (v. ss 601) s'est accompagnée d'une innovation importante : l'établissement d'un système renforcé de contrôle du respect de leurs obligations par les États membres. Le Mémorandum d'accord relatif au règlement des différends (*GTDIP* n° 60) établit, au sein de l'Organe de règlement des différends (ORD), un organe d'appel dont, au regard de sa pratique, il est assez vain de contester la fonction quasi-juridictionnelle [1]. On constate, en tout état de cause, que, sur la base d'une manière de jurisprudence, cet organe a, à la fois rapidement et puissamment, renforcé l'unité du système commercial multilatéral [2]. De manière sans doute moins centralisée, la juridictionnalisation a gagné également un second pan du droit des relations économiques internationales : le droit des investissements (v. ss 623 s.). Les arbitrages entre investisseurs et États ont, en effet, proliféré depuis les années quatre-vingt-dix, en raison surtout de l'essor des conventions bilatérales de protection des investissements. Beaucoup d'entre-elles comportent une clause qui permet à la partie privée de demander la constitution d'un organe arbitral pour le règlement des litiges l'opposant à l'État à propos du respect des règles substantielles prévues dans le traité. Ce développement de l'arbitrage a, en outre, été stimulé par la jurisprudence. Favorable aux investisseurs, elle les a, en effet, encouragés à recourir plus fréquemment à ce mode de règlement des litiges commerciaux.

Sorti de ces deux domaines, quoique l'activité de la Cour internationale de Justice soit en pleine expansion, le contrôle contentieux demeure sporadique parce que conditionné par l'accord préalable des États dont on comprend, notamment pour les raisons évoquées ci-dessus, qu'ils ne recourent à lui que rarement. D'où l'intérêt d'autres procédures de contrôle qui, pour n'avoir ni l'autorité ni le plus souvent la cohérence du contrôle contentieux, ont une fréquence d'intervention, voire une régularité beaucoup plus considérables.

§ 2. Le contrôle non-contentieux

509 ***Définition*** ◊ Le contrôle non contentieux de l'application du droit international désigne l'ensemble des procédures par lesquelles sont vérifiés et qualifiés juridiquement les comportements des États hors du cadre d'intervention entre deux ou plusieurs d'entre eux d'une procédure de règlement pacifique des différends. Il vise à assurer le respect et la mise en œuvre effective d'obligations précises antérieurement consenties, généralement par la voie conventionnelle.

1. V., pour une opinion contraire, C. Santulli, Qu'est-ce qu'une juridiction internationale ? Des organes répressifs internationaux à l'ORD, *AFDI*, 2000. 58-82.
2. V., sous ce titre, l'article de Y. Nouvel, *AFDI*, 2000. 654-670.

Une des différences essentielles qui distinguent le contrôle non contentieux de l'action du juge ou de l'arbitre concerne son moment d'intervention. Ce dernier se place en effet dans une majorité de cas avant même la naissance d'un différend entre deux ou plusieurs États intéressés à la mise en œuvre d'un certain corps de règles. Ce type de contrôle consiste le plus souvent en une vérification plus ou moins systématique, organisée sur une base conventionnelle et destinée à vérifier le respect par tous les États parties à un traité ou membres d'une organisation des obligations spécifiques qu'ils ont souscrites. Il n'est pas nécessairement subordonné à la naissance préalable d'un litige interétatique lié à leur application.

Ce contrôle a connu un essor particulier au cours des dernières décennies, notamment dans les domaines des droits de l'homme [1], de la protection de l'environnement [2] et du désarmement, mais on le rencontre également en droit de la mer et en droit international économique. Ainsi que l'illustre notamment le domaine du désarmement, le contrôle est parfois confié à chacun des États parties à l'accord dont on cherche à s'assurer du respect. Les parties peuvent être autorisées à mener des observations de surveillance ou à envoyer des observateurs sur le territoire des autres (v. par exemple l'article 7 du Traité de Washington sur l'Antarctique du 1er décembre 1959, *GTDIP* n° 64, ou 12 du Traité sur l'espace du 27 janvier 1967, *GTDIP* n° 63), Dans d'autres cas, le contrôle peut se limiter à une vérification par les moyens dont l'État dispose dans l'ordre interne. Ainsi, dans le cadre des accords bilatéraux américano-soviétiques (article XV du Traité ABM du 26 mai 1972 ou article XII du Traité de Washington du 8 décembre 1987), la vérification est-elle confiée aux « moyens techniques nationaux » (« *national technical means* ») pour garantir le respect des obligations conventionnelles. Mais on trouve le recours au contrôle national ailleurs (art. III du traité interdisant de placer des armes nucléaires et autres armes de destruction massive sur le fond des mers et des océans ainsi que leur sous-sol du 11 février 1971).

Il s'agit déjà d'un progrès par rapport au contrôle interétatique ordinaire, dans la mesure où les conditions juridiques et matérielles d'exercice d'un tel contrôle sont précisément définies dans l'accord concerné et visent des obligations dont le contenu et la portée sont souvent précisément définis par la convention elle-même. Un progrès substantiel a été réalisé dans le domaine du désarmement lorsque, par suite de l'apaisement des tensions Est-Ouest, il a été possible d'organiser les inspections sur place, à partir du traité du 8 décembre 1987 entre les États-Unis et l'Union soviétique, sur les forces nucléaires à portée intermédiaire (FNI).

1. V. A. Weber, *Les mécanismes de contrôle non contentieux de respect des droits de l'homme*, Paris, Pedone, 2008, 411 p.

2. V. S. Maljean-Dubois, Les procédures de non-respect des conventions internationales de protection de l'environnement, *Juris Classeur Environnement*, fasc. 4930, mars 2012, et T. Treves et al. (dir.), *Non-Compliance Procedures and Mechanisms and the Effectiveness of International Environmental Agreements*, La Haye, TMC Asser, 2009, 586 p.

Pourtant, le contrôle non contentieux, surtout lorsqu'il ne se limite pas à la vérification, ne trouve véritablement son originalité que lorsqu'il est effectué par des entités distinctes et autonomes par rapport aux États. Comme tel, il comporte inévitablement une part plus ou moins forte d'institutionnalisation.

510 ***Causes de l'essor du contrôle international non contentieux*** ◊ Elles sont essentiellement de trois ordres.

Le premier est indiscutablement le développement des organisations internationales intergouvernementales et l'instauration, dans le cadre du droit propre à plusieurs d'entre elles, de procédures périodiques ou exceptionnelles de contrôle des obligations statutaires des États membres. L'OIT a joué à cet égard un rôle exemplaire, puisqu'instituée au lendemain de la première guerre mondiale, elle instaurait déjà une gamme de procédures précises et, pour certaines, rigoureuses, destinées à veiller à l'application par les États des conventions internationales du travail.

Le second facteur qui explique ce développement des procédures institutionnelles de contrôle est l'augmentation très considérable du nombre des conventions multilatérales, universelles ou régionales, réglementant un secteur déterminé de l'activité des États et organisant leur coopération. En particulier dans les deux domaines déjà cités des droits de l'homme et, beaucoup plus récemment, du désarmement, mais aussi dans celui de la protection de l'environnement et du droit international économique, l'organisation du « suivi » des engagements conventionnels par la constitution d'un organe *ad hoc* de contrôle est de plus en plus fréquente. On en donnera des illustrations plus loin.

Le troisième et dernier facteur est le rôle de plus en plus grand joué par certaines organisations non gouvernementales (ONG), particulièrement dans la dénonciation des atteintes aux droits de l'homme ou à l'environnement. Cette tendance est d'autant plus importante que la contribution des ONG à la vérification du respect de leurs obligations internationales par les États est bien souvent déterminante.

Il résulte des observations précédentes qu'en dehors des cas précités où il est confié aux États eux-mêmes, le contrôle non contentieux est assuré soit au sein d'une organisation internationale, soit hors d'institutions existantes par des autorités autonomes à la nature et aux statuts juridiques parfois indécis.

511 ***Contrôle exercé au sein des organisations internationales*** ◊ De longue date déjà, au sein de l'OIT tout d'abord, mais aussi par la suite dans des organisations comme l'OACI, la FAO, l'OMS ou l'Unesco, les États membres sont périodiquement invités à rendre compte des conditions dans lesquelles ils s'acquittent des obligations qui leur sont faites soit dans l'acte constitutif de l'organisation, soit par des instruments juridiques à portée obligatoire pris dans le cadre ou sous les auspices de ces institutions. La production de rapports nationaux est alors l'une des procédures les plus

employées. Elle peut être suivie de consultations entre les autorités compétentes d'un État membre et celles de l'organisation pour que celle-ci recueille plus de renseignements sur les conditions de mise en œuvre de la convention ou pour qu'elle obtienne d'un État déterminé qu'il respecte ses obligations. Le constat de la carence persistante d'un membre est rarement suivi de sanctions directes par l'organisation. Mais il peut provoquer plus souvent la publication par celle-ci de la liste des pays en infraction, ce qui s'avère en pratique un moyen de pression non négligeable. Mal discernable dans le cadre d'analyses strictement juridiques, le besoin d'honorabilité internationale que manifestent les souverainetés, grandes et petites, constitue pourtant un levier de la diplomatie organique pour amener les États plus près du respect des obligations qu'ils avaient pu parfois formellement consentir souvent moins par le fait des convictions profondes de leurs gouvernants que par leur souci de conformisme social international. D'autres mesures de pression institutionnelle sont envisageables et parfois pratiquées, comme le refus d'admettre l'État considéré au bénéfice de certaines prestations dispensées par l'organisation ou de participation à certains organes (FMI). D'une façon générale, chaque organisation possède son système de sanctions pour la violation de son droit propre par les États membres, comprenant notamment le droit de suspension et même d'exclusion de l'État non-respectueux de ses obligations. Des solutions à l'amiable sont cependant très généralement recherchées et pratiquées (v. ss 154). Parmi d'autres exemples, une organisation technique s'est notamment vue reconnaître d'importants pouvoirs d'enquête et de contrôle sur place, c'est-à-dire à l'intérieur même du territoire des États membres. Il s'agit de l'AIEA, à l'égard des installations nucléaires des membres, afin notamment de s'assurer du maintien de l'utilisation *pacifique* des installations considérées et de leur conformité à certaines normes de sécurité établies par l'organisation.

D'une façon générale, les tâches de contrôle sont confiées soit à des organes principaux soit à des organes subsidiaires de l'organisation, comme c'est par exemple le cas pour le Conseil des droits de l'homme des Nations Unies ou le Comité des droits économiques, sociaux et culturels chargé de vérifier l'application du Pacte du même nom, dépendants l'un et l'autre du Conseil économique et social des Nations Unies.

Le résultat annuel de tels contrôles consiste généralement dans la rédaction d'un rapport de synthèse sur l'application des obligations rédigé par les États que l'organe compétent adresse à l'organe principal dont il dépend (v. ss 218) [1].

512 ***Contrôle exercé par des organes autonomes*** [2] ◊ Beaucoup de conventions internationales conclues sous l'égide ou en dehors de toute institution internationale existante comportent des dispositions créant une entité

---

1. V. H. Gherari, Le comité des droits économiques, sociaux et culturels, *RGDIP*, 1992/1, p. 75-102.

2. V. A. Manin, De quelques autorités internationales indépendantes, *AFDI*, 1989. 229 s.

spéciale, chargée de veiller à l'application par les États parties des dispositions de la convention. C'est, parmi beaucoup d'autres exemples, le cas du Traité de Washington précité sur l'Antarctique (art. 9, *GTDIP* n° 64), du Traité américano-soviétique ABM de 1972 (art. 13) ou du Traité de Tlatelolco de 1967 sur l'interdiction des armes nucléaires en Amérique Latine, qui établit à son article 7 une véritable organisation internationale, l'OPANAL, chargée d'assurer le respect des obligations découlant du traité (art. 7) [1]. Mais l'on pourrait également citer la dizaine de conventions multilatérales générales élaborées dans le cadre des Nations Unies relativement à la protection de certains droits de l'homme, qui instituent un comité pour en contrôler le respect par les parties [2]. Un essor particulier des procédures de contrôle est également à noter dans le domaine du droit de l'environnement. Les procédures dites de non-respect font, là aussi, intervenir des organes spécifiques investis de pouvoirs de contrôle, voire de sanction, qu'ils exercent généralement sous la supervision de la conférence des États parties (v. ss 691).

513 ***Dynamique du contrôle*** ◊ Une attention particulière doit être apportée à l'évolution empirique des organes de contrôle, qu'ils relèvent ou non directement d'une organisation internationale préexistante. Sans qu'on puisse parler à leur égard de processus naturel de juridictionnalisation, il faut constater qu'en bien des cas, l'organe compétent, doté de permanence et composé d'experts indépendants et qualifiés, tend à rationaliser les conditions matérielles et procédurales du contrôle qu'il opère et se réfère volontiers à ses propres précédents, ce qui n'est pas sans rappeler la constitution progressive d'une sorte de jurisprudence. Un exemple particulier en est donné par le Comité des droits de l'homme des Nations Unies, organe de contrôle de l'application du Pacte sur les droits civils et politiques des Nations Unies (1966, *GTDIP* n° 13) [3]. Le contrôle ainsi opéré gagne en autorité parce qu'il accroît la prévisibilité des opinions émises et affermit la portée des règles dont le Comité vérifie l'application. D'une façon générale, enfin, il est à noter que les organes ainsi investis d'un pouvoir de contrôle d'une convention déterminée sont naturellement incités par leur fonctionnement à assurer un rôle d'*instance d'interprétation* des normes conventionnelles dont ils contribuent ainsi à asseoir la cohérence et à définir la portée. Ils exercent ainsi une fonction régulatrice du droit dont ils contrôlent la mise en œuvre en même temps qu'ils constituent des mécanismes d'incitation à son application.

514 ***Facteurs déterminants pour l'efficacité du contrôle non contentieux*** ◊ Ils sont à la fois juridiques et matériels. Plus encore que la définition

1. V. la série des études parues dans l'ouvrage La vérification des accords sur le désarmement et la limitation des armements : moyens, méthodes et pratiques, UNIDIR (Institut des Nations Unies pour le désarmement), New York, Nations Unies, 1991.
2. V. Y. Kerbrat, Comité des droits de l'homme des Nations Unies et autres comités mis en place par les conventions conclues dans le cadre de l'ONU, *Juris-Classeur Droit international*, fasc. 121-40, nov. 2012.
3. V. commentaire G. Cohen Jonathan, *AFDI* 1989. 424 s.

exacte de leur mandat par les textes qui les instituent, deux éléments revêtent notamment une importance particulière : leur composition et leur financement. En ce qui concerne la première, l'autorité des organes sera d'autant plus grande que leurs membres seront indépendants des États qu'ils contrôlent. Ceci est en règle générale statutairement le cas (avec certaines exceptions notables dont le Conseil des droits de l'homme des Nations Unies, composée de délégations nationales). Mais il convient aussi que soient reconnues aux membres de tels organes les garanties de leur indépendance, en particulier par l'octroi de privilèges et immunités dont la CIJ a eu l'occasion de marquer la nécessité, dans son avis consultatif du 15 décembre 1989 [1].

Quant au financement, il faut constater que la meilleure solution pratique est celle de son imputation au budget général d'une organisation internationale préexistante (cas du Comité des droits de l'homme des Nations Unies précité). Lorsqu'en revanche leur fonctionnement dépend des cotisations directes des États membres (cas du Comité sur la non-discrimination raciale, du Comité contre la torture, et du Comité des droits de l'enfant), l'expérience prouve que la paralysie de tels organes ou l'entrave à leur pleine efficacité est constituée par les fréquents retards de paiement des parties à la convention.

515 ***Conclusion générale*** ◊ Il est encore difficile et sans doute prématuré de systématiser dans une théorie générale les conditions du contrôle organique de l'application du droit international. Le concept même de contrôle devra d'ailleurs faire l'objet d'une élaboration plus poussée, en tenant compte des conditions concrètes de son exercice. Les organes en cause sont en effet très hétérogènes. Il en va de même des procédures qu'ils mettent en œuvre. L'appréciation de leur incidence concrète sur le comportement des États est de plus aléatoire. Nombre de ces procédures, peu formalisées, sont en effet marquées par leur confidentialité, notamment dans le domaine du désarmement. Or la confidentialité peut être selon les cas une entrave ou au contraire un atout pour l'efficacité des procédures en cause, dont le succès ultime dépendra souvent de la volonté politique des participants.

Quoi qu'il en soit, et quelles que soient les difficultés techniques, politiques ou matérielles qui peuvent gêner le fonctionnement des organes qui en ont la charge, le contrôle non-contentieux de l'application des obligations internationales des États est un phénomène en voie d'expansion. Il vient compléter très utilement, par son ampleur et sa portée, le contrôle contentieux. Ce dernier s'est également beaucoup développé depuis quelques années, mais il demeure seulement consécutif à la violation du droit, même s'il fournit souvent aux juges l'occasion de contribuer de façon beaucoup plus déterminante au développement du droit international. Il reste, en outre, sporadique et plus exceptionnel dans plusieurs domaines du droit international.

1. Avis sur l'applicabilité de la section 22 de l'article IV de la Convention sur les privilèges et immunités des Nations Unies – Affaire *Mazilu*. V. commentaire E. David, *AFDI*, 1989. 298 s.

SECTION 4. LA RESPONSABILITÉ PÉNALE INTERNATIONALE DES INDIVIDUS [1]

516 ***Responsabilité et personnalité*** ◊ La possibilité de désigner certains individus comme individuellement responsables de la violation de normes posées par les États dans l'ordre international existe de longue date, à raison de certaines infractions considérées comme attentatoires à l'ordre public international. Ainsi, la responsabilité internationale du pirate ou celle du marchand d'esclaves furent-elles affirmées bien avant qu'on soit amené à constater que la personne humaine était devenue, en tant que telle, un véritable sujet de droit international, titulaire de droits propres. Cependant, l'affirmation contemporaine de la responsabilité pénale internationale de certains individus, même s'ils ont souvent agi en tant qu'organes de fait ou de droit d'un État, renforce et développe le statut juridique de l'individu en tant que sujet du droit international public, à la fois identifié comme tel par les obligations qu'il viole et par les droits qu'il détient [2].

La commission par des personnes physiques de certaines infractions internationales (§ 1) est susceptible d'entraîner la mise en œuvre de leur responsabilité personnelle devant des juridictions nationales ou internationales (§ 2).

§ 1. Identification des incriminations internationales

517 ***Infractions imputables à des individus agissant à titre purement privé*** ◊ Certaines infractions, reconnues comme telles de longue date, sont établies dans le droit coutumier international, même si le régime de leur répression est précisé par certaines conventions internationales. C'est le cas des deux premières dans la liste qui suit. D'autres trouvent au contraire le fondement unique des conditions juridiques de leur poursuite internationale dans des conventions spéciales ou des résolutions du Conseil de sécurité. C'est le cas des trois autres.

a) La plus ancienne infraction internationale privée est la piraterie en haute mer. Les États voulurent ainsi protéger dès le XVIIe siècle à la fois

1. V. H. Ascensio, E. Decaux, A. Pellet (dir.) *Droit international pénal*, Paris, Pedone, 2e éd. 2012, 1280 p. ; A. Cassese et P. Gaeta, *International Criminal Law*, Oxford, OUP, 3e éd., 2013, 550 p. ; A. Cassese (dir.), *The Oxford Companion to International Criminal Justice*, Oxford, OUP, 2009, 1008 p. ; R. Kolb et D. Scalia, *Droit international pénal*, Bâle et Bruxelles, Helbing Lichtenhahn et Bruylant, 2e éd. 2012, 448 p., O. de Frouville et A.-L. Chaumette, *Droit international pénal*, Paris, Pedone, 2012, 524 p. Consulter de plus, pour les mises à jour jurisprudentielles, la chron. sur l'activité des tribunaux pénaux internationaux par H. Ascensio et R. Maison, paraissant régulièrement à l'*AFDI* ; consulter également le *Journal of International Criminal Justice* (parution trimestrielle depuis 2003).

2. V. V.A. Honrubia, La responsabilité internationale de l'individu, *RCADI*, 1999, vol. 280, p. 135-428.

la sécurité des communications maritimes et le monopole qu'ils entendaient exercer sur les contrôles des navires, à eux rattachés par le pavillon. On retrouve en droit positif une codification des règles coutumières applicables à la piraterie maritime aux articles 100 à 107 de la Convention de Montego Bay sur le nouveau droit de la mer du 10 décembre 1982 (*GTDIP* n° 61) [1]. Ces règles ainsi que leur caractère coutumier ont été rappelées par le Conseil de sécurité dans plusieurs résolutions relatives à la piraterie dans le Golfe de Guinée [2].

b) La traite des esclaves constitue aussi une infraction traditionnelle en droit international public. Également condamnée par la Convention de Montego Bay (art. 99), elle a fait l'objet de plusieurs conventions spécialement attachées à son interdiction et à sa répression, dont celle du 7 septembre 1956, conclue sous les auspices des Nations Unies.

c) Le trafic de stupéfiants est désigné par la Convention de Vienne du 19 décembre 1988, à la suite de toute une série de conventions antérieures, comme une infraction internationalement répressible ; cet instrument est complété à l'échelle régionale par la Convention de Strasbourg du 31 janvier 1995.

d) Les atteintes à la sécurité des communications et, en particulier à l'aviation civile internationale ont fait l'objet d'un encadrement conventionnel particulier [3]. Assimilée à la piraterie maritime par la Convention de 1982 sur le nouveau droit de la mer, la piraterie aérienne est traitée à la fois par la Convention de La Haye du 16 septembre 1970 sur la capture illicite d'aéronefs et par la Convention de Montréal du 23 septembre 1971 sur les actes illicites dirigés contre la sécurité de l'aviation civile internationale, elle-même complétée par le Protocole de Montréal de 1988 pour la répression des actes de violence dans les aéroports. On signalera également la résolution A31-4 de l'Assemblée de l'Organisation de l'aviation civile internationale (OACI) sous les auspices de laquelle les conventions précitées ont été adoptées, qui récapitule les éléments de la politique permanente de cette organisation contre les actes d'intervention illicite.

La répression s'étend aujourd'hui à d'autres formes de communication. Le 23 novembre 2001 a été adoptée, sous l'égide du Conseil de l'Europe, la Convention de Budapest relative à la cybercriminalité.

e) La répression de certains actes de terrorisme est également organisée par un ensemble complexe de traités [4]. Le *corpus* a été progressivement étoffé. La Convention du Conseil de l'Europe du 7 janvier 1977 relative à la

1. V. C. Touret, *La piraterie au XXe siècle - Piraterie maritime et piraterie aérienne*, Paris, LGDJ, 1992, 306 p.
2. V. le préambule des résolutions 2018 (2011), du 31 oct. 2011, et 2039 (2012), du 29 févr. 2012.
3. V. G. Kyriakopoulos, *La sécurité de l'aviation civile en droit international public*, Bruxelles, Bruylant, 1999, 542 p.
4. V. G. Guillaume, Terrorisme et droit international, *RCADI*, 1989-III, vol. 215, p. 289-416 ; Symposium : A war against Terrorism : What Role for International Law ? US and European Perspectives, *EJIL*, 2003, p. 209-375.

répression du terrorisme reste l'un des seuls textes conventionnel de portée générale adoptés sur la question [1]. Mais l'on ne compte plus les traités portant sur des formes spécifiques de terrorisme : la prise d'otage (Convention des Nations Unies du 17 décembre 1979), les attentats commis dans les aéroports ou à bord d'aéronefs (Convention et Protocole de Montréal précités), les actes illicites dirigés contre la sécurité des plateformes pétrolières situées sur le plateau continental (Protocole du 10 mars 1988) ou contre la sécurité des navires (Protocole de Londres du 14 octobre 2005), les attentats à l'explosif (convention du 15 décembre 1997) ou encore le terrorisme nucléaire (convention de New York du 13 avril 2005). Une Convention internationale pour la répression du financement du terrorisme a, en outre, été adoptée le 9 décembre 1999 (*GTDIP* n° 39). Elle liait 187 États en mai 2016, soit la quasi-totalité des membres de l'ONU. S'ajoutent en cette matière plusieurs conventions régionales, dont la Convention du Conseil de l'Europe relative au blanchiment, au dépistage, à la saisie et à la confiscation des produits du crime et au financement du terrorisme, du 16 mai 2005 (*GTDIP* n° 46). Cette convention complète la Convention du Conseil de l'Europe du même jour sur la lutte contre le terrorisme (*GTDIP* n° 45), laquelle a été récemment complétée par un protocole additionnel, signé à Riga le 22 octobre 2015, relatif aux combattants étrangers (non encore en vigueur). Ces divers traités font obligation aux État d'incriminer différentes formes de financement du terrorisme et de poursuivre les auteurs de tels actes. Ils établissent en outre des obligations et mécanismes de coopération entre les États et font également peser sur eux des obligations positives d'agir afin d'être informé de l'existence de tels financements.

Après les attentats très meurtriers du 11 septembre 2001 à New York et Washington, le Conseil de sécurité a demandé aux États membres de l'ONU de ratifier largement ces diverses conventions. Se reconnaissant un pouvoir normatif, il a décidé surtout, dans sa résolution 1373 (2001) du 28 septembre 2001, que les États sont tenus de « prévenir et réprimer le financement des actes de terrorisme » et d'« érige[r] en crime la fourniture ou la collecte délibérée par leurs nationaux ou sur leur territoire, par quelque moyen que ce soit, directement ou indirectement, de fonds que l'on prévoit d'utiliser ou dont on sait qu'ils seront utilisés pour perpétrer des actes de terrorisme » (*GTDIP* n° 40). Depuis, le Conseil de sécurité a adopté d'autres décisions qui ont d'abord concerné les talibans, puis Al Qaïda, pour ensuite viser d'autres groupes terroristes, en particulier Daech. Les résolutions font en particulier obligation aux États d'incriminer et poursuivre les nationaux et les personnes qui depuis leur territoire se rendent dans un État afin d'être enrôlés dans un mouvement terroriste (résolution 2178 de 2014, *GTDIP* n° 42)

f) Il convient de signaler, enfin, que plusieurs traités (en particulier la convention du Conseil de l'Europe du 27 janvier 1999 et la Convention

1. Commentaire Ch. Vallée, *AFDI* 1976. 766-786.

des Nations Unies du 31 octobre 2003) ont érigé en infraction internationale les comportements de **corruption**, lesquels nuisent à la sincérité des échanges commerciaux, empêchent une saine concurrence entre les entreprises et constituent un frein au développement des États les plus pauvres.

518 ***Infractions imputables à un individu agissant à titre d'agent de l'État (droit positif)*** ◊ « Les infractions en droit international sont commises par des hommes et non par des entités abstraites. Ce n'est qu'en punissant les auteurs de ces infractions que l'on peut donner effet aux dispositions du droit international ». Cette affirmation célèbre du Tribunal militaire international de Nuremberg [1] chargé de juger les grands criminels de guerre nazis après l'effondrement du IIIe Reich manifeste bien la volonté des alliés de dépasser la responsabilité de l'État pour atteindre celle des individus ayant agi pour son compte. La « révolution de Nuremberg » introduisait ainsi une double novation, selon que l'on se place du point de vue du droit de la responsabilité internationale, ou de celui du droit pénal international.

a) Du point de vue de la responsabilité internationale, l'affirmation de celle de l'individu-organe apparaît en rupture avec les règles classiques de la responsabilité de l'État, puisqu'en principe, les agissements illicites de l'agent de l'État ayant agi comme tel restent imputés à l'État pour le compte duquel il a exercé ses fonctions. L'agent lui-même, ayant agi dans l'exercice de ses fonctions, était très généralement protégé par un régime d'immunité de juridiction (v. ss 129). Pour autant, le fait que ces individus-organes soient déclarés personnellement responsables n'exonère pas l'État concerné de sa propre responsabilité en droit international. Ainsi, dans l'affaire relative à l'*application de la Convention pour la prévention et la répression du crime de génocide*, la Cour internationale de Justice a estimé en 1996 que l'article 1er de cette convention mettait à la charge de toutes les parties une obligation « de prévenir et punir le crime de génocide » dont la méconnaissance par l'État partie entraînait pour lui une responsabilité internationale distincte de celle des individus ayant accompli ces mêmes actes [2].

b) Du point de vue du droit pénal international, l'Accord de Londres du 8 août 1945 portant statut du TMI introduisait une autre innovation majeure. Jusque-là, en effet, le droit international pénal ne concernait que les infractions commises par les individus à titre privé, telles qu'on les a évoquées au paragraphe précédent et non les infractions commises en tant qu'agent étatique, en raison même du jeu des règles d'imputation rappelées ci-dessus.

519 ***Identification des infractions concernées*** ◊ À la suite des jugements rendus par les tribunaux militaires de Nuremberg et de Tokyo, l'Assemblée

1. TMI, vol. I, p. 223.
2. *Rec.* CIJ 1996. 22.

générale de l'ONU, tout en reconnaissant à la désignation des crimes établie par l'Accord de Londres une portée coutumière, devait demander à la Commission du droit international d'établir un projet unique de Code des crimes contre la paix et la sécurité de l'humanité. Ces derniers se distinguent « par leur caractère particulier d'horreur et de cruauté, de sauvagerie et de barbarie » [1]. Les statuts des deux tribunaux militaires définissaient trois catégories de crimes : les crimes contre la paix, les crimes de guerre et les crimes contre l'humanité. On retrouvera ces infractions (à l'exception du crime contre la paix) dans les statuts respectifs des deux tribunaux « *ad hoc* » constitués à l'initiative du Conseil de sécurité pour la poursuite des crimes respectivement accomplis dans l'ex-Yougoslavie et au Rwanda, dont on a déjà énoncé plus haut le champ des compétences (v. ss 227).

Par référence aux violations graves aux Conventions de Genève de 1949 (art. 2) et aux « lois et coutumes de la guerre » (art. 3), le statut du TPIY établi dans la résolution 827 du Conseil de sécurité (*GTDIP* n° 23) désigne essentiellement comme droit applicable le droit international coutumier. Il en va de même pour le TPIR. Il est, par conséquent, très remarquable que le TPIY ait lui-même adopté une conception dynamique du droit international général applicable en droit humanitaire et en droit pénal international. Sous la conduite du Président A. Cassese, en particulier, le Tribunal, notamment dans le jugement rendu en l'affaire *Kupreskic* du 14 janvier 2000, a développé une interprétation extensive des règles applicables fondée notamment sur deux éléments : d'une part, les « considérations élémentaires d'humanité » déjà invoquées par la CIJ dans trois affaires antérieures ; d'autre part, les termes de la « clause Martens », intégrée au préambule de la Convention IV de La Haye du 18 octobre 1907. Les considérations élémentaires d'humanité, invoquées par la Cour internationale de Justice dans les affaires du *détroit de Corfou* (1949), des *activités militaires entre le Nicaragua et les États-Unis* (1986) et dans l'avis consultatif de 1996 sur la *licéité de la menace et de l'emploi des armes nucléaires*, avaient chaque fois été utilisées par la CIJ non comme principes éthiques empruntés au droit naturel mais comme références permettant d'identifier de véritables règles de droit [2]. La clause Martens, elle aussi évoquée par la CIJ dans l'avis consultatif de 1996, renvoie elle-même aux « principes du droit des gens, tels qu'ils résultent des usages établis entre nations civilisées, des lois de l'humanité et des exigences de la conscience publique ». Fort de ces références désignant autant les finalités que les origines du droit coutumier applicable, la seconde chambre de première instance propose dans l'arrêt *Kupreskic* une conception résolument objectiviste de la coutume (v. ss 323) en attachant à l'*opinio juris* une importance prépondérante par

1. *Ann. CDI* 1983, vol. II, 2e partie, p. 14.

2. V. P.-M. Dupuy, Les considérations élémentaires d'humanité dans la jurisprudence de la Cour internationale de Justice, *in Mélanges N. Valticos*, Paris, Pedone, 1999, p. 117-131. Le Tribunal du droit de la mer a également utilisé cette notion dans l'affaire du *navire Saïga n° 2*, arrêt du 1er juill. 1999, V. Ph. Weckel, Chronique de jurisprudence internationale, *RGDIP* 2000/2, p. 514 s.

rapport à la pratique étatique. Sa méthode « consiste à rechercher dans un premier temps les raisons du droit ou les justifications sociales de la règle pour ensuite examiner les preuves d'une adhésion (« *opino juris* ») à cette règle ». C'est ainsi, par exemple, que « les représailles contre les civils sont, quant à elles, prohibées en droit international coutumier tant que ceux-ci se trouvent au pouvoir de l'adversaire [...] » [1]. Le jugement rendu dans cette affaire est très remarquable également par la conception évolutive de la coutume qu'il retient, laquelle dépasse largement les frontières du seul droit international humanitaire.

C'est la négociation du Statut de la Cour pénale internationale, adopté le 18 juillet 1998 qui a permis une codification plus détaillée du contenu et de la portée des cinq incriminations relevant de la compétence de cette nouvelle juridiction, entrée en vigueur depuis le 1er juillet 2002. Son article 5.1. énonce à cet égard les crimes contre l'humanité, le crime de génocide, les crimes de guerre et le crime d'agression.

a) Ainsi que l'a dit la Cour de cassation française dans son arrêt en l'affaire *Barbie*, « le crime contre l'humanité se définit par la volonté de nier dans un individu l'idée même de l'humanité » [2].

Les crimes contre l'humanité couvrent toute une série d'infractions allant de l'assassinat à la déportation et comportant tout type d'actes inhumains commis contre toutes populations civiles avant ou pendant la guerre, tels la réduction en esclavage, l'emprisonnement, la torture, le viol et la prostitution forcés (art. 7 du Statut de Rome). La même disposition, tirant la leçon des exactions commises dans l'ex-Yougoslavie, inclut dans la définition de ces crimes des actes « perpétrés dans le cadre d'une attaque généralisée ou systématique dirigée contre une population civile et en connaissance de cette attaque » ce qui peut inclure certains conflits armés non internationaux. On notera même, au-delà, que la Chambre d'appel du Tribunal pénal pour l'ex-Yougoslavie (TPIY) a eu l'occasion de souligner dans son premier arrêt en l'affaire *Tadic* que « le droit international coutumier n'exige plus de lien entre les crimes contre l'humanité et le conflit armé » (arrêt du 2 octobre 1995, § 78) ; tel lien ne figure pas, au demeurant dans le Statut du TPIR ni dans celui de la CPI. Dans l'affaire *Kupreskic* précitée, la chambre de première instance a précisé les critères permettant d'identifier, à l'intérieur de la catégorie des crimes contre l'humanité, les « actes inhumains » à partir de la prise en considération des droits fondamentaux de la personne humaine (§ 566 du jugement).

La jurisprudence du TPIY a par ailleurs permis de préciser les types d'infractions constitutives de crimes contre l'humanité. Ainsi, l'affaire *Kunarac, Kova* et *Vukovic*, le jugement du 22 février 2001 rendu par la seconde chambre de première instance a-t-il qualifié de crime contre l'humanité l'organisation systématique de l'esclavage sexuel pratiqué par

1. V. Ph. Weckel, Chronique de jurisprudence internationale, *RGDIP*, 2000/2, p. 530 s.
2. Crim. 20 déc. 1985, *Gaz. Pal.* 8 mai 1986, p. 26.

les forces serbes en Bosnie en 1992 et 1993 [1]. Cet arrêt est particulièrement intéressant en ce qu'il insiste sur la spécificité relative du droit international pénal comparé aux droits de l'homme et au droit humanitaire en analysant la délinquance de guerre.

b) Le génocide est une catégorie particulière de crimes contre l'humanité mais constitue une infraction autonome, qu'il soit commis en temps de paix ou de guerre. Il a fait l'objet en 1948 d'une convention portant spécialement sur sa prévention et sa répression, entrée en vigueur dès 1951 (*GTDIP* n° 21).

L'« épuration ethnique » pratiquée à grande échelle dans l'ex-Yougoslavie par la Serbie a provoqué la condamnation réitérée de l'Assemblée générale des Nations Unies et les ordonnances de la CIJ des 8 avril et 13 septembre 1993 [2] autorisent à y voir un acte de génocide. En reprenant la définition posée à l'article 2 de la convention de 1948, l'ordonnance du TPIY rendue dans les affaires *Karadzic et Mladic* le 11 juillet 1996 (§ 92 s.) fait ressortir le critère d'intentionnalité et la volonté de mettre fin à l'existence d'un groupe humain déterminé, pouvant être manifestée par une conjonction de faits concordants. Dans son arrêt du 19 avril 2004, en l'affaire *Krstic*, la Chambre d'appel du TPIY a confirmé la qualification de génocide à propos des événements intervenus à Srebrenica en juillet 1995. Plusieurs milliers hommes bosniaques de confession musulmane y furent systématiquement rassemblés, conduits en un lieu déterminé par des forces placées directement sous le commandement du général Mladic, puis exécutés par elles. Le fait que les femmes n'aient pas été poursuivies et exécutées n'altère en rien cette qualification. La Chambre n'a toutefois retenu qu'une complicité au sens de l'article 7.1 du Statut du tribunal à l'égard du général Krstic qui commandait les forces régulières yougoslaves ; sous sa direction, celles-ci n'ont pas directement participé au massacre mais, sachant l'usage qui en serait fait, ont toutefois laissé utiliser leurs moyens logistiques pour réaliser cette exécution massive.

Le Tribunal pour le Rwanda (TPIR) dès ses premiers arrêts [3] a adopté les mêmes critères liés à l'intentionnalité que ceux établis par le TPIY. Il a cependant eu à connaître d'un crime particulier, celui d'incitation directe et publique à commettre le crime de génocide. Le TPIR comprend ce crime dans une acception assez large, ainsi que le montre l'arrêt de sa première Chambre, rendu le 3 décembre 2003, dans l'affaire *Ferdinand Nahimana et autres ;* il y constate à juste titre que le génocide rwandais se caractérise, à l'inverse de celui perpétré par les nazis durant la Seconde Guerre mondiale, par une très forte participation de la population Hutu aux meurtres de civils Tutsis. Les discours haineux diffusés par la voie des ondes étaient ainsi directement destinés à inciter les uns à abattre les autres. Quoique

1. V. *RGDIP*, 2001/2, p. 465 s.
2. *Rec.* 1993, p. 3 et 325.
3. V. R. Maison, Le crime de génocide dans les premiers jugements du Tribunal international pour le Rwanda, *RGDIP*, 1999/1, p. 129 s.

n'ayant pas lui-même participé à la tuerie, F. Nahimana a dès lors été condamné pour crime de génocide ; il en a été un instrument déterminant en fondant et utilisant la radio RTLM diffusant quotidiennement des incitations au crime [1].

Les critères de qualification du génocide dégagés par les tribunaux internationaux pénaux *ad hoc*, qui associent un élément intentionnel spécifique (*dolus specialis*) - l'intention de détruire, en tout ou partie, un groupe national, ethnique, racial ou religieux comme tel - et un élément matériel (*actus rei*) - l'accomplissement d'un ou plusieurs des actes décrits à l'article II de la Convention sur le génocide — ont de surcroît été confortés et précisés par la Cour internationale de Justice dans les arrêts qu'elle a rendus sur le fond des deux affaires portées à sa connaissance par la Bosnie-Herzégovine et la Croatie à l'encontre de l'ex-Yougoslavie (devenue Serbie) [2].

c) Le crime d'agression, à l'égard duquel la Cour pénale internationale sera compétente à l'inverse des deux tribunaux pénaux « *ad hoc* » précités, fait écho aux « crimes portant atteinte à la souveraineté et à l'intégrité territoriale de l'État » tels qu'ils avaient été définis à l'article 6.a du Statut du Tribunal de Nuremberg. L'agression constitue évidemment un fait illicite imputable à l'État mais pourra également constituer, selon le Statut de la CPI, une infraction. Les États n'ayant pu s'entendre sur la définition de ce crime lors de la conférence de Rome, il fut décidé que la compétence de la Cour serait subordonnée à la conclusion d'une convention complémentaire. Après plusieurs années de négociation [3], celle-ci a été adoptée le 11 juin 2010 lors de la conférence de révision de Kampala (*GTDIP* n° 25 *bis*). Le crime d'agression est défini comme « la planification, la préparation, le lancement ou l'exécution par une personne effectivement en mesure de contrôler ou de diriger l'action politique ou militaire d'un État, d'un acte d'agression qui, par sa nature, sa gravité et son ampleur, constitue une violation manifeste de la Charte des Nations Unies ». L'acte d'agression s'entend au sens de la Résolution 3314 de l'Assemblée générale des Nations Unies (*GTDIP* n° 29) de 1974 comme « l'emploi par un État de la force armée contre la souveraineté, l'intégrité territoriale ou l'indépendance politique d'un autre État, ou de toute autre manière incompatible avec la Charte des Nations Unies ». Le nouvel article 8 *bis* ne se limite toutefois pas à cette définition générale puisqu'il dresse une liste de sept comportements, allant de l'invasion armée à l'envoi de mercenaires, constitutifs d'un fait d'agression. En mai 2016, toutefois, la Convention de Kampala n'était encore ratifiée que par trente États.

1. V. *RGDIP*, 2004/2, p. 317 s.
2. Arrêts des 26 février 2007, *Application de la convention pour la prévention et la répression du crime de génocide* (Bosnie-Herzégovine c/ Serbie), et 3 février 2015, *Application de la Convention pour la prévention et la répression du crime de génocide (Croatie c/ Serbie).*
3. Sur le crime d'agression et les débats à la CPI, v. les articles de A. Paulus, R. Clark, C. Kress et S. Murphy dans l'*EJIL*, vol. 20, n° 4, 2009. 1099 s.

d) Les crimes de guerre étaient définis dans le Statut du Tribunal de Nuremberg comme ils le sont dans celui du TPIY ainsi que « les violations des lois et coutumes de la guerre ». Les quatre Conventions de Genève du 12 août 1949, conclues sous les auspices du Comité international de la Croix-Rouge, ont confirmé la définition des crimes de guerre donnée par le Statut de Nuremberg et visent l'assassinat, les mauvais traitements ou la déportation des populations dans les territoires concernés, le pillage des biens publics ou privés, etc. On retrouve largement ces éléments à l'article 8 du Statut de Rome (*GTDIP* n° 25) qui détaille de manière très précise et inégalée les comportements constitutifs de crime de guerre [1]. Rentre dans la catégorie des crimes de guerre la destruction volontaire de biens culturels, en particulier lorsqu'ils sont, tels le vieux port de Dubrovnik, inscrits au patrimoine mondial établi par l'Unesco. C'est ce qui ressort de la sentence rendue par le TPIY à l'égard de l'amiral Jokic, le 18 mars 2004. Bien qu'il se soit constitué prisonnier et qu'il ait reconnu les faits, il a été condamné à 7 ans d'emprisonnement pour avoir laissé faire ses subordonnés qui voulaient détruire cet élément du « patrimoine commun de l'humanité tout entière [2] ».

e) Un type spécifique de crime a été constitué par le TPIY lui-même à l'occasion de certaines des affaires qu'il a eu à connaître. Il a pu, en s'appuyant sur les dispositions pertinentes du droit international humanitaire dont il est chargé de sanctionner l'inapplication, condamner le général Galic, commandant des troupes serbes lors du long et meurtrier siège de Sarajevo, pour crime de *terrorisation* de la population civile. C'est lui, en effet, qui avait organisé les ravages provoqués par les tirs sur la population civile dans la ville même de Sarajevo ; qu'il s'agisse d'hommes, de femmes ou d'enfants, plus de 10 000 personnes non combattantes ayant été ainsi abattues en pleine ville. Or, l'article 51.2 du Protocole I de 1977 additionnel aux Conventions de Genève de 1949 mais aussi l'article 3 commun aux mêmes conventions, déjà invoqué dans l'affaire *Tadic*, (arrêt sur la compétence) ont ainsi permis aux juges d'invoquer non seulement le droit international conventionnel mais aussi, s'agissant des dispositions figurant à l'article 3, le droit coutumier dont cette disposition est déclaratoire, ainsi que l'a reconnu la Cour internationale de Justice comme énonciatrice de « principes cardinaux du droit humanitaire » dans son arrêt de 1986 entre le Nicaragua et les États-Unis. L'interdiction d'attaquer la population civile était même considérée, dès l'arrêt *Tadic* précité, comme faisant partie des règles aucune dérogation n'est possible parce qu'elles sont d'ordre public international *(jus cogens)*. La terrorisation de la population civile constitue ainsi l'une des atteintes les plus graves au droit international humanitaire. Il n'est d'ailleurs pas indifférent, dans le

1. V. UNITAR, R. Lee (dir.) *The International Criminal Court*, Kluwer, 1999, special. Chapitre 3, p. 127-143.
2. V. Szurek, La lutte internationale contre le terrorisme sous l'empire du chapitre VII : un laboratoire normatif, *RGDIP*, 2005/1, p. 5-50.

contexte général de la réflexion sur le terrorisme en droit international [1], de souligner que l'article 33 de la Convention de Genève IV mentionne précisément le « terrorisme » en tant que degré supérieur de pression par rapport à l'intimidation, et, à ce titre, fermement prohibé. À l'inverse de la disposition précitée, qui concerne les populations civiles sous le contrôle de l'ennemi, l'article 51.2 du même instrument s'applique quant à lui à la force armée attaquante. Il interdit toute attaque dans le but de répandre la terreur dans la population civile.

Les mêmes faits peuvent-ils faire l'objet d'une double qualification ? La jurisprudence du Tribunal pour le Rwanda comme celle du TPIY ont montré que le « concours idéal d'infractions » (résidant dans des condamnations multiples pour un même fait) pouvait être déclaré en droit international pénal. Dans l'affaire *Celebici* (arrêt du 21 février 2001) après avoir rappelé que seuls des crimes distincts pouvaient donner lieu à un cumul des déclarations de culpabilité, la Chambre d'appel du TPIY avait toutefois précisé qu'« un tel cumul n'est possible, à raison d'un même fait et sur la base de différentes dispositions du Statut, que si chacune des dispositions comporte un élément constitutif matériellement distinct qui fait défaut dans l'autre ». Dans l'affaire *Musema*, la Chambre d'appel, agissant dans le cadre du TPIR a appliqué les mêmes critères à propos des similitudes et des différences entre le crime d'extermination (crime contre l'humanité) et celui de génocide, ce dernier ayant pour spécificité de requérir la preuve de l'intention de détruire. Pour rendre compte de la réalité des agissements de l'accusé, la Chambre d'appel a ainsi doublement qualifié les mêmes faits [2]. Le cumul d'infractions se retrouve également dans la sentence du 28 avril 2005 frappant *Mikaeli Muhimana*, à la fois convaincu de meurtres et de viol en participant directement au génocide des Tutsis [3].

520 ***Caractères des infractions identifiées*** ◊ Outre leur caractère d'imprescriptibilité, également avéré pour les crimes de guerre depuis la convention du 26 novembre 1968 puis réitéré par le Statut de Rome, les infractions précitées présentent notamment deux caractères. Loin d'être contradictoires, ils apparaissent au contraire comme complémentaires. Il s'agit d'actes entrant dans le cadre d'une action collective, mais ils ont été commis intentionnellement par l'individu concerné, ce qui justifie sa responsabilité personnelle, distincte de celle de l'État pour lequel il a agi.

La jurisprudence du TPIY a, certes, insisté sur l'importance du lien de connexité devant exister entre l'acte individuel et la criminalité collective (voir, par ex. la position de la Chambre de première instance II dans son arrêt du 14 juillet 1997 en l'affaire *Tadic*, § 477 ou celle de la Chambre

1. V. Chronique de jurisprudence internationale, *RGDIP*, 2004/2, p. 536-538.
2. Cet individu avait en l'occurrence amené des hommes armés dans la région de Bisesero, leur avait ordonné le massacre des personnes qui y avaient trouvé refuge et avait personnellement participé aux tueries. V. Ph. Weckel, Chronique de jurisprudence internationale, *RGDIP*, 2002/3, p. 708-710.
3. V. Chronique de jurisprudence internationale, *RGDIP*, 2005/3, p. 723-724.

de première instance du TPIR dans l'affaire *Akayesu*, jugement du 2 septembre 1998). Des crimes contre l'humanité et, notamment, des actes entrant dans la réalisation d'un génocide supposent un plan concerté à large échelle, dont seule une autorité étatique ou paraétatique peut être matériellement capable. Toutefois, il n'est même pas nécessaire de prouver que l'acte individuel faisait partie d'une stratégie propre à l'une des parties belligérantes si cet individu faisait partie des forces armées. C'est notamment ce qu'a jugé la Chambre de première instance I du TPIY dans l'importante affaire *Furundzija* du 10 décembre 1998 (§ 65) [1].

D'une façon générale, le fait que la notion de crime contre l'humanité comprenne un élément d'organisation collective n'empêche nullement la responsabilité individuelle de la personne agissant sciemment pour la réalisation de l'objectif criminel poursuivi par la collectivité à laquelle il a prêté son concours. Les infractions concernées sont commises par des individus, qui agissent en connaissance de cause et avec l'intention de nuire.

En conséquence, des considérations telles que le fait qu'ils aient agi sur ordre, dans le cadre d'une action collective de plus ou moins grande ampleur, et pour le compte d'un État ou d'une entité collective prétendant à la qualité étatique (comme la pseudo-République serbe de Bosnie entre 1992 et fin 1995) ne sauraient les exonérer de leur responsabilité personnelle. En revanche, la jurisprudence du TPIY a montré que le supérieur hiérarchique des hommes ayant accompli de tels crimes ne peut lui-même être tenu responsable de ces agissements que s'il possédait lui-même le « contrôle effectif » de ses hommes au moment où ils ont perpétré leur crime (*Kunarac*, jugement du 22 février 2001, seconde chambre, § 399) [2]. Toutefois, l'arrêt *Kronjelac* du 17 septembre 2003 prononcé par la Chambre d'appel a confirmé l'emploi par le Tribunal de la notion de « participation criminelle ». Elle a considéré que la déportation de prisonniers à leur sortie de prison était constitutive d'un crime contre l'humanité dont le directeur de l'établissement pénitentiaire était en l'occurrence co-auteur quoiqu'il n'ait joué aucun rôle dans la destination de ces transferts. L'accusé ne peut en tel cas se réfugier dans l'argument d'ignorance du sort réservé aux prisonniers [3].

L'affaire *Kunarac* précitée, ayant fait l'objet d'un appel, a permis à la Chambre d'appel, dans un arrêt du 12 juin 2002, de préciser le sens et la portée de certains crimes, tels que les « lois et coutumes de la guerre »

---

1. Il semble qu'il subsiste cependant certaines divergences d'appréciation entre les chambres de première instance sur l'importance de l'élément de planification dans l'appréciation d'agissements tels que les attaques contre la population civile en tant que crimes contre l'humanité (comparer le jugement *Kunarac* du 14 janv. 2000 de la seconde chambre, § 551-552 au jugement *Blaskic* du 3 mars 2000 de la première chambre, § 203-205, 254 et 257. V. Ph. Weckel, Chron. *RGDIP*, 2001/2, p. 466.

2. V. 12 nov. 2002, *Enver Hadzihazanovic* : une Chambre de première instance du TPIY a pu préciser que la responsabilité indirecte du supérieur hiérarchique peut s'appliquer dans des conflits armés non internationaux ; v. Chronique de jurisprudence internationale, *RGDIP*, 2003/3, p. 747 s.

3. Arrêt *Krnojelac* du 17 sept. 2003. V. Chronique de jurisprudence internationale, *RGDIP*, 2003/4, p. 994 s.

les définissaient au moment de leur commission ; façon de rappeler que ces définitions peuvent elles-mêmes connaître des évolutions au cours du temps. Ainsi, pour ce qui est du « crime de guerre », il peut avoir été commis dans le « théâtre » de la guerre, notion plus large que celle de région des combats. Ceci permet d'incriminer des agissements (en l'occurrence des viols systématiques et des tortures) accomplis à un moment et à un endroit où ne se déroulait aucun combat. Quant au crime contre l'humanité, toujours dans la même affaire examinée en appel, la condition posée à l'article 5 du Statut du TPIY selon laquelle un lien doit exister entre la commission d'exaction contre une population civile et un conflit armé a été entendue dans un sens large par la Chambre d'appel ; cette condition est satisfaite « dès lors qu'est prouvée l'existence d'un conflit armé et qu'il est admis qu'il existait un lien objectif du point de vue géographique et temporel entre les actes de l'accusé et le conflit armé » (§ 83) [1]. Ce faisant, la Chambre d'appel est cependant allée moins loin que dans son arrêt *Tadic* du 2 octobre 1995, dans lequel on se souviendra (v. ss 519) qu'elle ne requérait plus aucun lien entre le crime et le conflit armé pour que le premier soit qualifié de « crime contre l'humanité ». On retrouvera pour l'essentiel ces éléments dans la définition des crimes entrant dans la compétence de la Cour pénale internationale [2].

Du point de vue de la maîtrise des sources du droit applicable par le Tribunal, la jurisprudence du TPIY a suscité un temps l'inquiétude en raison d'applications pour le moins maladroites de la coutume internationale. Alors que celle-ci constituait l'essentiel du droit applicable, il est apparu que les juges, pour beaucoup peu familiers de cette source, ont été réticents à son application [3]. Il ne faisait pourtant aucun doute que les règles énoncées à l'article 3 commun aux quatre Conventions de Genève, (par. 1, lettres a) et c), avaient déjà acquis l'autorité de normes coutumières, comme la Cour internationale de Justice l'avait au demeurant reconnu dès 1986 en consacrant l'existence de « principes généraux de base du droit humanitaire » [4].

La pratique du TPIY et, particulièrement, celle de son Procureur l'ont incité, en s'inspirant du droit pénal des pays de *common law*, à accepter de passer des accords avec certains accusés prêts à plaider coupable (« *plea*

1. V. Ph. Weckel, Chronique de jurisprudence internationale, *RGDIP*, 2002/4, pp. 970-978.

2. Toutefois, la doctrine a notamment pu critiquer la formulation de son article 33 du Statut de Rome : tout en reprenant la règle désormais coutumière selon laquelle « le fait qu'un crime relevant de la compétence de la Cour a été commis sur ordre d'un gouvernement ou d'un supérieur [...] n'exonère pas la personne qui l'a commis de sa responsabilité pénale », l'article 33 l'assortit d'exceptions qu'on peut en effet juger trop nombreuses ou définies trop largement par rapport à la pratique jurisprudentielle. V. Paola Gaeta, The Defence of Superior Orders : The Statute of the International Criminal Court versus Customary International Law, *EJIL*, 1998/1, p. 172-192.

3. V. en particulier l'arrêt *Vasiljevic* du 29 novembre 2002 et la Chronique de jurisprudence internationale, *RGDIP*, 2003/3, p. 751-759.

4. Au demeurant, la Chambre présidée par le juge Jorda n'avait, quant à elle, dans son arrêt du 3 mars 2000 (*Blaskic*), eu aucune difficulté à voir dans l'article 3.1 a) (atteintes à la vie ou à l'intégrité corporelle) l'énonciation d'une règle coutumière internationale. V. § 182 de l'arrêt.

bargaining »). Cette pratique présente, en effet, certains avantages : elle supprime tout doute quant à la culpabilité ; la collaboration de l'accusé avec le Tribunal permet à ce dernier d'obtenir des informations et des preuves qu'il aurait du mal à établir par d'autres moyens. Les juges épargnent ainsi du temps et, souvent, des dépenses considérables. L'aveu de culpabilité peut, de plus, faciliter la réconciliation entre les personnes et les groupes séparés par des événements par définition tragiques. Momir Nikolic avait ainsi, en plaidant coupable, fourni au Tribunal un témoignage capital sur le rôle et la responsabilité de Radovan Karadzic et Ratko Mladic dans l'exécution de 4000 prisonniers musulmans bosniaques dans le village de Zvornik, son propre rôle ayant été de préparer les installations et les soldats à pratiquer cette tuerie, ce qu'il avoua. Dans sa sentence du 2 décembre 2003, tout en reconnaissant les avantages précités, la Chambre de première instance a cependant manifesté qu'elle n'estimait pas être liée par l'allégement de peine requis par le Procureur au bénéfice de l'accusé. Exprimant ses réserves à l'égard de ce genre d'accords passés entre accusé et Ministère public, elle a en particulier fait remarquer qu'ils étaient peu compatibles avec le jugement de crimes caractérisés par une telle gravité que le génocide. Soulevant ainsi la question de l'opportunité du « *plea bargaining* », elle a maintenu qu'un tribunal pénal de caractère international se devait d'écarter toute opacité de la justice rendue ; d'autant plus que l'égalité entre les accusés reste pour les juges une préoccupation constante [1].

521 ***Mise à l'écart du régime ordinaire des immunités*** ◊ La dissociation de la responsabilité de l'individu de celle de l'État pour des infractions connexes est également illustrée par la mise à l'écart de la règle coutumière de l'immunité de juridiction des chefs et agents de l'État. Les statuts respectifs de chacun des deux tribunaux pénaux « *ad hoc* » ou celui de la CPI à son article 27 posent le principe du défaut de pertinence de la qualité officielle de « chef d'État ou de gouvernement, de membre d'un gouvernement ou d'un parlement, de représentant élu ou d'agent d'un État » comme cause éventuelle d'exonération de responsabilité. Dans le contexte du nouveau droit international pénal, en effet, les actes de la fonction sont en quelque sorte considérés comme dénaturés par leur caractère criminel. L'illustration la plus spectaculaire de cette spécificité a été donnée le 27 mai 1999 par l'inculpation puis le jugement d'un chef d'État en exercice, Slobodan Milosevic, par le Procureur du TPIY, pour les exactions qu'il a ordonnées sur une partie de son territoire national, le Kosovo.

Cette mise à l'écart des immunités, pour l'instant posée dans des instruments obligatoires spécifiques (les deux statuts des tribunaux pénaux « *ad hoc* » établis par des résolutions obligatoires du Conseil de sécurité de l'ONU ainsi que celui de la CPI) tend toutefois actuellement à gagner une dimension coutumière, malgré la réticence encore évidente des tribunaux internes à l'appliquer.

---

1. V. Chronique de jurisprudence internationale, *RGDIP* 2004/2, p. 524-530.

Les deux jugements rendus en 1998 et 1999 par la Chambre des Lords du Royaume-Uni dans l'affaire *Pinochet* en portent témoignage. Ils ont, par deux fois, autorisé l'extradition vers un pays tiers de cet ancien chef d'État et sénateur à vie, accusé de crimes contre l'humanité [1]. C'est cependant précisément ce passage du droit pénal international au droit international général qui a été contesté et même nié par la Cour internationale de Justice dans son arrêt du 14 février 2002 relatif au mandat d'arrêt du 11 avril 2000 (§ 58 s.). On peut néanmoins douter qu'un arrêt de la Cour suffise à renverser une tendance dont il n'est pas certain qu'elle ait elle-même bien voulu prendre toute la mesure. Il reste qu'il est loisible à la haute juridiction de considérer que son rôle consiste à ne cautionner les évolutions de la pratique que lorsqu'elles sont consolidées, ce qui n'est certainement pas encore le cas à l'heure actuelle en droit positif (v. ss 131). En insistant, dans sa déclaration individuelle sous l'arrêt, sur la territorialité de la compétence pénale de l'État (c'est-à-dire sur la restriction du champ d'exercice de cette compétence à l'égard de crimes et délits accomplis sur son territoire ou en relation directe avec lui) le président G. Guillaume a peut-être trop perdu de vue le fait que ce qui caractérise les auteurs de crimes internationaux, c'est précisément qu'en agissant ainsi, ces individus ont enfreint, par eux-mêmes, c'est-à-dire sans être forcément appréhendés par référence à leur État de nationalité ou un autre, des obligations de droit international. Ce qui compte, en d'autres termes, face à de tels crimes, et pour des raisons d'ordre public international, c'est l'efficacité des poursuites à l'égard des individus auteurs d'infractions internationales dont la commission ne doit pas rester impunie. Cet objectif est au moins aussi important que le respect de la souveraineté de l'État sur le territoire duquel les crimes ont été commis. Il y a là un équilibre à définir. On doit espérer que la jurisprudence à venir permettra progressivement de le trouver.

§ 2. Mise en œuvre de la responsabilité internationale pénale des individus

522 *Cadre de mise en œuvre* ◊ L'existence de juridictions internationales pénales chargées de juger les auteurs de crimes internationaux est un phénomène récent, quoiqu'il réponde à une aspiration lointaine exprimée entre les deux guerres mondiales, en particulier par des pénalistes (H. Donnedieu de Vabres, Saldaña ou Vespasien Pella). Son point de départ se situe juste après le second conflit mondial avec l'institution des éphémères tribunaux militaires internationaux de Nuremberg et Tokyo, pour le jugement des grands criminels nazis et de leurs alliés japonais. Mais ce n'est que cinquante ans plus tard qu'il a pris une véritable ampleur, avec la création des

1. V. l'éditorial de P.-M. Dupuy et les articles de M. Cosnard et Ch. Dominice parus à la *RGDIP* 1999/2, p. 289 s.

deux tribunaux pénaux internationaux pour l'Ex-Yougoslavie (1993) et le Rwanda (1994), et surtout la conclusion du Statut de Rome de 1998 sur la Cour pénale internationale. Celui-ci a, en effet, marqué une avancée significative vers un système répressif universel. L'évolution est en marche ; un nombre toujours plus important d'États, dont la France, est aujourd'hui partie à son statut (124, en mai 2016). La quête d'universalité reste toutefois encore inachevée ; de grands pays sont encore tiers à cette institution, dont les États-Unis, la Russie, la Chine, Israël, ainsi que de nombreux États en développement. C'est notamment ce qui explique que la tâche de poursuivre et de réprimer les infractions désignées comme telles par des normes internationales soit le plus souvent confiée à des juridictions internes [1].

A. Mise en œuvre de la responsabilité internationale pénale des individus par les juridictions internes

523 ***Détermination des juridictions compétentes*** ◊ Les juridictions compétentes peuvent être déterminées par le lieu de l'infraction ou par la nationalité de la victime. Dans le premier cas, ordinaire, seront compétents les tribunaux de l'État sur le territoire duquel le crime a été commis, conformément à la territorialité de la loi pénale. Dans le second, auront compétence les tribunaux de l'État dont les victimes ont la nationalité, si elle se trouve sur le territoire de cet État.

Il existe cependant une troisième possibilité : celle selon laquelle tout autre État que l'État territorial ou l'État de nationalité pourra soit extrader soit poursuivre lui-même (*aut dedere aut judicare*). C'est celui de la compétence dite universelle.

524 ***Compétence universelle établie par voie conventionnelle*** [2] ◊ Les États disposent en principe de compétences pour protéger leurs propres intérêts. Cependant, le droit international leur attribue aussi, dans des cas déterminés, le pouvoir de protéger, par la voie de la répression pénale, les intérêts de la communauté internationale et de l'humanité [3]. C'est ce qu'on appelle la compétence universelle, dont il faut ainsi bien prendre conscience du caractère dérogatoire au droit commun des compétences étatiques.

---

1. V. les observations générales de J. Verhoeven dans l'*AFDI* 1999. 55 : Vers un ordre répressif universel ?

2. V. G. Guillaume, La compétence universelle. Formes anciennes et nouvelles, *Mélanges Levasseur*, 1992, p. 33 s. Comparer, A. Cassese, Is The Bell Tolling for Universality A Plea for a Sensible Notion of Universal Jurisdiction, G. Abi-Saab, The Proper Role of Universal Jurisdiction, *Journal of International Criminal Justice*, vol. 1, n° 3, December 2003, respectivement p. 589-595 et 596-603 ; M. Henzelin, *Le principe de l'universalité en droit pénal international : droit et obligation pour les États de poursuivre et juger selon le principe de l'universalité*, Bruxelles, Bruylant, 2000 ; L. Reydams, *Universal Jurisdiction : International and Municipal Perspectives*, Oxford, OUP, 2003, 258 p.

3. V. P.-M. Dupuy, Humanité, communauté et efficacité du droit, *Mélanges R.-J. Dupuy*, 1991, p. 133 s.

Deux types d'intérêts communs peuvent relever de cette compétence : ceux qui concernent tous les États comme tels, et ceux qui touchent aux intérêts de l'humanité. On peut ranger, par exemple, dans les premiers, la poursuite des divers types d'actes de piraterie ou de terrorisme. Les conventions citées plus haut (v. ss 517) conclues pour lutter contre ces fléaux, telles la Convention de La Haye (1970) pour la répression de la capture illicite d'aéronefs, celle de Montréal (1971) pour lutter contre les actes illicites dirigés contre la sécurité de l'aviation civile, ou encore celle de New York (1979) concernant la prise d'otages établissent parmi bien d'autres une compétence universelle à l'usage de tous les États parties.

Dans la seconde catégorie, celle qui intéresse la défense des droits de l'humanité, on peut notamment citer la Convention de Nations Unies sur la répression du crime d'apartheid du 30 novembre 1973 ou la Convention sur la torture de 1984, invoquée à ce titre en 1998 par le juge espagnol pour demander à la Grande-Bretagne l'extradition du général Pinochet. En revanche, la convention de 1948 sur le génocide ne prévoit qu'une obligation d'exercer sa compétence territoriale. On notera au demeurant que les modalités d'exercice de la compétence universelle sont loin d'être uniformes. Elles varient au contraire d'une convention à l'autre. Certaines ne prévoient qu'une obligation d'établir dans l'ordre interne une telle compétence des juridictions répressives (cas, par exemple de la Convention sur l'apartheid, dans laquelle son usage n'est que facultatif), d'autres font obligation en outre aux États de l'exercer (Convention contre la torture, par exemple). Dans quelques cas, enfin, comme celui des Conventions de Genève de 1949 sur les crimes de guerre, la compétence universelle est directement établie en droit international par la convention elle-même. Elle peut donc être considérée comme d'applicabilité directe en droit interne, sans qu'il y soit nécessaire de prévoir des mesures complémentaires de mise en œuvre [1].

Une question se pose au-delà : celle de savoir si la compétence universelle peut être également invoquée, toujours au bénéfice des droits de l'humanité, en l'absence de toute convention la prévoyant.

525 ***Compétence universelle et coutume*** ◊ Le problème a été souvent posé en doctrine de savoir si l'on pouvait attacher à la poursuite de certaines infractions particulièrement graves, tels en particulier les crimes contre l'humanité, la possibilité d'exercer la compétence universelle sur une base coutumière [2]. La pratique des juridictions internes invite encore à cet égard à la prudence puisque les juges internes sont généralement

1. V. E. David, *Principes de droit des conflits armés*, Bruxelles, éd. ULB, 4e éd., 2008, 1117 p., spéc. p. 915 s.

2. V. par exemple J. A. Carrillo Salcedo et J. A. Frowein, *Les aspects juridiques du terrorisme international*, Académie de droit international de La Haye, Centre de recherche de droit international, 1988.

réservés, y compris à l'égard de la mise en œuvre de la compétence universelle prévue par voie conventionnelle [1]. Il a pu un moment sembler que la tendance s'affirme en faveur de la thèse coutumière ; c'est en tout cas la conclusion que l'on pouvait être incité à tirer en particulier après l'arrêt très novateur rendu par la Chambre de première instance I dans l'affaire *Furundzija* du 10 décembre 1998. Dans cette affaire, le TPIY établit un lien direct entre « la valeur de *jus cogens* reconnue à l'interdiction de la torture par la communauté internationale » et le fait que « tout État est en droit d'enquêter, de poursuivre et de punir ou d'extrader les individus accusés de torture, présents sur son territoire » (§ 156). Il se place ainsi au-delà des dispositions de la Convention de 1984 sur l'interdiction de la torture précitée pour rejoindre, en le citant, le raisonnement qu'avaient déjà suivi la Cour suprême d'Israël dans l'affaire *Eichmann* [2] ou une juridiction des États-Unis (Ohio) dans l'affaire *Demjaniuk*. Selon ces tribunaux internes, « c'est le caractère universel des crimes en question qui confère à chaque État le pouvoir de traduire en justice et de punir ceux qui y ont pris part ». Cette affirmation, qu'on pourrait résumer par la formule « à crime universel, compétence de même nature » n'est sans doute pas encore ancrée dans la mentalité des juges internes. Il n'est cependant pas exclu qu'elle y fasse plus ou moins rapidement son chemin [3]. En France, toutefois, on a déjà vu plus haut (v. ss 129) que la Cour de cassation a cassé un arrêt de la Cour d'appel de Paris du 20 octobre 2000 qui avait écarté les immunités de juridiction d'un chef d'État en exercice. Dans son arrêt du 13 mars 2001, la Cour de cassation a retenu une conception beaucoup plus classique de l'immunité en affirmant que « la coutume internationale s'oppose à ce que les chefs d'État en exercice puissent, en l'absence de dispositions internationales contraires s'imposant aux parties concernées, faire l'objet de poursuites devant les juridictions pénales d'un État étranger ». La Cour relève ensuite que le crime invoqué (de terrorisme par destruction d'aéronef) « ne relève pas des exceptions au principe de l'immunité de juridiction des chefs d'État étranges ». Ces deux extraits laissent comprendre que la Cour ne voit ces exceptions que dans le champ conventionnel et non dans le droit coutumier. La question de l'immunité des agents de l'État est, certes, une chose et celle de la compétence universelle une autre ; il convient de les distinguer. Il demeure que la seconde, même au cas où elle est admise en principe par les juridictions françaises, est rendue inopérante par le maintien de la conception classique de l'immunité, du moins chaque fois que des poursuites sur la base d'une telle compétence sont tentées à

1. V. Conseil de l'Europe, *La compétence extraterritoriale en matière pénale*, 1990, 44 p. ; A. Cassese et M. Delmas-Marty (dir.) *Crimes internationaux et juridictions internationales*, Paris, PUF, 2002, 267 p. ; sous la direction des mêmes auteurs, *Juridictions nationales et crimes internationaux*, Paris, PUF, 2002, 674 p.

2. *ILR*, vol. 36, p. 298.

3. V. B. Stern, La compétence universelle en France : le cas des crimes commis en ex-Yougoslavie et au Rwanda, *GYIL*, 1997. 280-299.

l'étranger contre des chefs ou agents de l'État en exercice [1]. À cet égard, la loi belge du 10 février 1999 organisant la répression des crimes internationaux selon une conception particulièrement large de la compétence universelle (absence de lien territorial ou personnel) était une exception. Elle a fait, depuis, l'objet de deux révisions successives qui l'ont privée d'une très large part de sa portée [2].

La pratique des juridictions internationales n'est pas plus éclairante. La Cour internationale de Justice a eu plusieurs occasions de se prononcer sur l'existence d'une règle coutumière en la matière mais s'en est toujours abstenue. La question avait, ainsi, été posée dans l'affaire du *Mandat d'arrêt (Congo c/ Belgique)* de savoir si la Belgique avait outrepassé la compétence que le droit international reconnaît aux États en engageant, sur le fondement de sa loi de compétence universelle, des poursuites contre les auteurs présumés de violations graves du droit humanitaire commises à l'étranger sur la personne de ressortissants étrangers. La Cour n'y a pas répondu, préférant fonder la solution du différend sur les règles du droit international général relatives à l'immunité des ministres des Affaires étrangères en exercice (v. ss 131) [3]. La question a été posée une nouvelle fois au cours de l'affaire *Questions concernant l'obligation de poursuivre ou d'extrader*. La Belgique soutenait, en effet, qu'en s'abstenant d'engager des poursuites contre l'ancien président tchadien Hissène Habré pour des actes de torture commis dans son pays, le Sénégal avait manqué, non seulement à ses obligations conventionnelles découlant de la Convention contre la torture de 1984, mais également à l'obligation coutumière pour tout État de poursuivre pénalement les auteurs de crimes contre l'humanité. Dans son arrêt du 20 juillet 2012, la Cour a reconnu la méconnaissance des premières ; elle s'est en revanche déclarée incompétente pour statuer sur les manquements allégués du droit coutumier (§ 55) [4].

En l'état incertain du droit international coutumier, il paraît en tout cas possible d'affirmer que la compétence universelle à l'égard des « crimes de droit international » accomplis par des individus existe non comme obligation mais comme faculté mais sous une forme néanmoins conditionnelle : un État autre que celui de la nationalité de l'auteur ou celui sur le territoire duquel l'acte a été accompli ne peut entreprendre de poursuite que si le criminel présumé se trouve sur son territoire ou si l'une au moins

---

1. La position de la haute juridiction française n'est nullement isolée. On la retrouve par exemple en Espagne dans la jurisprudence de l'Audiencia Nacional en l'affaire *Fidel Castro* (4 mars 1999, n° 1999/2723).

2. V. P. D'Argent, L'expérience belge de la compétence universelle : beaucoup de bruit pour rien ?, *RGDIP* 2004/3, p. 597-632.

3. Il reste néanmoins fort intéressant de consulter l'opinion individuelle des juges Higgins, Kooijmans et Burgenthal sous cet arrêt ; elle reconnaît l'importance des indices existant « selon lesquels la compétence universelle pour certains crimes internationaux n'est certainement pas illicite » (§ 46) ; la très substantielle opinion dissidente de la juge « *ad hoc* » belge Van den Wyngaert va dans le même sens.

4. Ce qui a été fermement critiqué par le juge Abraham dans une opinion individuelle jointe à l'arrêt.

des victimes a sa nationalité, ou, à défaut, si aucune action judiciaire offrant suffisamment de garantie d'indépendance n'a été entreprise dans l'État du lieu du crime ou dans celui de la nationalité de l'auteur. Dans cette mesure, on peut estimer, à l'instar des trois juges ayant émis une opinion individuelle sous l'arrêt de la CIJ dans l'affaire du mandat d'arrêt [1], que l'affermissement de la compétence universelle des juridictions pénales internes peut utilement contribuer à l'administration de la justice internationale sans perturber à l'excès les relations interétatiques [2].

B. Mise en œuvre de la responsabilité internationale pénale des individus par des juridictions internationales

526 ***Les juridictions pénales ad hoc comparées à la Cour pénale internationale*** ◊ On a déjà rencontré à plusieurs reprises les deux tribunaux internationaux pénaux « *ad hoc* » c'est-à-dire ceux qui ont été spécialement constitués pour juger les crimes commis pour l'un, dans l'ex-Yougoslavie sans limitation *rationae temporis*, pour l'autre, au Rwanda jusqu'au 31 décembre 1994.

a) Le premier élément de différenciation entre les deux tribunaux et la Cour pénale tient aux instruments juridiques qui les ont respectivement constitués. L'un comme l'autre, les deux tribunaux ont été établis par la voie d'actes unilatéraux à portée obligatoire, décisions prises par le Conseil de sécurité en application du Chapitre VII de la Charte des Nations Unies. Il devait à la fois en résulter une immédiateté et une quasi-universalité de leur autorité : constitués dès l'adoption de leur Statut, ils se sont imposés à tous les États membres de l'ONU. Ce mode de création signait également leur précarité : constitués par une décision du Conseil, ils pouvaient être dissouts par le même moyen. Ce sera bientôt chose faite ; les fonctions du TPIY et du TPIR cessent progressivement depuis le 1er juillet 2012. La compétence de ces deux juridictions ne s'étend plus désormais qu'aux affaires déjà ouvertes. Une juridiction internationale transitoire, dénommée *Mécanisme pour les Tribunaux pénaux internationaux*, a été instituée par le Conseil de sécurité en décembre 2010 pour parachever leurs travaux [3].

Il n'en va pas de même de la CPI. Créée par voie de convention et constituant une organisation internationale distincte de l'ONU, elle n'a été établie qu'une fois son Statut entré en vigueur, le premier juillet 2002 après

---

1. Les juges R. Higgins, Koojmanns et Buergenthal, not. § 59 s. V. aussi A. Cassese, Y a-t-il conflit insurmontable entre souveraineté des États et justice pénale internationale ? *in* A. Cassese et M. Delmas-Marty, *Crimes internationaux et juridictions internationales*, Paris, PUF, 2002, p. 23 s.

2. Pour une illustration de cette conception tirée d'une jurisprudence nationale, v., en Espagne, la décision du Tribunal suprême dans l'affaire des *Généraux de Guantanamo*, commentaire H. Ascensio *in Journal of International Criminal Justice*, vol. 1, n° 3, déc. 2003, p. 690-702.

3. En application de la résolution 1966 du 22 décembre 2010.

le dépôt du 60e instrument de ratification (*GTDIP* n° 25). Elle n'a de force obligatoire qu'à l'égard des États parties. Ceux-ci sont toutefois de plus en plus nombreux (124 en mai 2016). La Cour peut, en outre, être saisie par le Conseil de sécurité des Nations Unies d'une situation susceptible d'intéresser un État non partie aux conditions établies à l'article 13b de son Statut. Le Conseil a utilisé cette faculté à deux reprises depuis la création de la Cour : il a d'abord saisi le Procureur en 2005 de la situation au Darfour (Sud Soudan) [1], puis déféré en 2011 les crimes et exactions commis sur ordre ou sous le contrôle du régime libyen de Kadhafi au cours de la révolution démocratique débutée en Libye au printemps 2011 [2]. Le Conseil peut aussi, en vertu de l'article 16, suspendre les enquêtes et poursuites qu'elle aurait entreprises pendant 12 mois. Le paradoxe est ainsi que les deux TPI, quoiqu'organes subsidiaires du Conseil de sécurité lui-même, furent en fait plus indépendants à son égard qu'une Cour pourtant constituée de façon autonome.

b) La seconde différence importante a trait aux compétences des deux tribunaux et de la Cour par rapport à celles des États. L'article 9.2 du Statut du TPIY indiquait explicitement qu'il avait « la primauté sur les juridictions nationales ». En revanche, l'article premier du Statut de la Cour précise d'emblée que sa compétence est seulement « complémentaire » des juridictions pénales nationales. Compétente pour juger des quatre catégories de crimes précités (génocide, crimes contre l'humanité, crimes de guerre et crimes d'agression) elle n'en poursuivra les auteurs que dans la mesure où ils ne l'auraient pas été par les États qui sont susceptibles d'intenter les poursuites. Or, s'il est vrai que le Statut de Rome encourage les parties à adapter leurs droits pénaux internes à la poursuite des crimes concernés, leur diligence n'est nullement assurée ; ceci ne veut pas dire pour autant qu'en pratique, tout au moins, la CPI pourra toujours agir à leur place.

c) La Cour elle-même ne peut être saisie que par deux catégories d'États (art. 12.2) : soit celui « sur le territoire duquel le comportement en cause s'est produit », soit celui « dont la personne accusée du crime est un national » ; ceci interdit qu'on y voie une juridiction pratiquant elle-même une sorte de compétence universelle. Encore ne peut-il s'agir que d'États parties au Statut ou ayant reconnu exceptionnellement la compétence de la Cour par déclaration spéciale (art. 12.3), ce qu'a fait par exemple la Côte d'Ivoire par une déclaration du 18 avril 2003, confirmée les 14 décembre 2010 et 3 mai 2011. Ceci est une grave limitation à l'universalité de la juridiction de la Cour. Il est, en effet, peu probable que, demain, la Corée du Nord, la Chine, les États-Unis ou la Russie ratifient la Convention de Rome, à moins de révision déchirante de leurs conceptions respectives en matière de respect des droits de l'homme et du droit humanitaire ou d'immunité de leurs forces armées (États-Unis).

1. Résolution 1593 (2005) du 31 mars 2005.
2. Résolution 1970 (2011) du 26 févr. 2011 (*GTDIP* n° 30).

d) Par ailleurs, la dépendance de la CPI à l'égard des États paraît *a priori* plus forte que celle dans laquelle se trouvent les deux tribunaux spéciaux. Les uns comme les autres dépendent de la coopération que les États voudront bien leur apporter. Cependant, les tribunaux pouvaient pour l'organisation de leur fonctionnement interne, dont la pratique a prouvé qu'elle était déterminante, concevoir et modifier à leur guise leur Règlement de procédure et de preuves. Au contraire, la CPI voit son Règlement négocié et amendé par les États eux-mêmes. De plus, comme on l'a déjà vu, du fait que la CPI, à l'inverse des deux tribunaux, est également compétente pour connaître des crimes d'agression, sa saisine comme son fonctionnement demeurent sous le contrôle étroit du Conseil de sécurité. Ce dernier peut faire de la Cour une sorte de tribunal pénal à sa disposition permanente en vue du maintien de la paix, ou, au contraire, en neutraliser le fonctionnement lorsque la poursuite des crimes concernés lui semble poser des problèmes politiques délicats.

e) Le Procureur commun aux deux TPI pouvait, en toute liberté, ouvrir une information d'office ; il se prononçait, seul, sur l'opportunité d'engager des poursuites. En revanche, le Procureur de la CPI, s'il considère opportun d'ouvrir une enquête, doit présenter à une « Chambre préliminaire » composée de juges de la Cour une demande d'autorisation en ce sens « accompagnée des éléments justificatifs recueillis » (art. 15.3., CPI). La Chambre peut repousser la demande du Procureur. Cette possibilité a déjà été utilisée à deux reprises par le Procureur de la CPI. En mars 2010, la Chambre préliminaire II a autorisé le Procureur à ouvrir une enquête *proprio motu* sur la situation au Kenya, partie au Statut depuis 2005 ; le 4 octobre 2011, la Chambre préliminaire III a fait droit à la requête du Procureur d'ouvrir une enquête de sa propre initiative concernant la situation en Côte d'Ivoire, quoique cet État n'ait ratifié le statut qu'en février 2013.

f) Le Statut de Rome présente cependant certains avantages techniques par rapport à ceux des deux tribunaux « *ad hoc* », en particulier en ce qui concerne la protection des droits des victimes, y compris à la réparation (art. 75). Il garantit, en outre, la pérennité de l'institution.

527 ***Signification et portée de la création de la Cour pénale internationale*** [1] ◊ Malgré ses nombreuses imperfections techniques, dues aux compromis entre des conceptions souvent très opposées, dont celle existant entre États-Unis, d'une part, (qui ont tardé à signer le texte de la Convention de Rome puis ont ensuite innové en annonçant leur volonté... de retirer leur signature) et celle d'un grand nombre d'États européens, d'autre part, la signification et la portée de la convention adoptée le 17 juillet 1998 restent considérables. Cette convention confirme et consolide le dispositif juridique déjà existant pour permettre à la communauté

1. V. A. Cassese, The Statute of the International Criminal Court : Some Preliminary Reflections, *EJIL*, 1999/1, p. 144-171 et, sous la direction du même auteur, *The Rome Statue of The International Criminal Court*, deux volumes, Oxford, OUP, 2002.

internationale de garantir les « droits de l'humanité ». Comme on l'indique par ailleurs, les années soixante-dix avaient connu l'affirmation de ce qu'on pourrait appeler les « droits réels » de l'humanité, en désignant certains espaces, tels le fond des mers, comme appartenant à son « patrimoine commun ». La dernière décennie du vingtième siècle aura vu renforcer le dispositif normatif et institutionnel en faveur de la défense de ses « droits personnels ». On entend par là la défense des droits de chacun à voir respecter en lui-même la part d'humanité dont il est à la fois titulaire et dépositaire. Ce mouvement consacre le rapprochement des fondements respectifs des droits de l'homme, affirmés seulement depuis la fin de la Seconde Guerre mondiale à l'échelle universelle, et du droit humanitaire, apparu quant à lui, dans un contexte purement interétatique, un siècle auparavant. L'efficacité organique de la Cour reste néanmoins à démontrer par les conditions concrètes dans lesquelles elle pourra fonctionner. Le premier jugement de culpabilité rendu le 14 mars 2012 au sujet des agissements criminels de Thomas Lubanga et de la situation en RDC, suivi d'un autre deux ans plus tard (le 7 mars 2014) à propos de la même situation mais d'un autre criminel (Germain Katanga) est un signe encourageant, mais il n'a pas dissipé à lui seul les doutes qui pèsent encore sur la capacité de la Cour à conduire une justice réellement utile et efficace, qui ne soit pas prisonnière du bon vouloir des grandes puissances et des puissances régionales. Le coup de semonce des États africains qui, réunis en octobre 2013 à Addis-Abeba en conférence extraordinaire de l'Union africaine, ont appelé la Cour à mettre un terme aux procédures en cours contre le président et le vice-président du Kenya et demandé qu'aucune poursuite ne soit plus jamais engagée contre un chef d'État en exercice, est venu rappeler en outre la fragilité de l'édifice qui, tributaire dans une large mesure de la coopération des États, pourrait ne pas résister longtemps aux attaques dont elle fait régulièrement l'objet.

528 *Indications bibliographiques complémentaires* ◊

1) La responsabilité internationale et les mesures d'exécution forcée

Abi-Saab (G.), De la sanction en droit international, essai de clarification, *in Mélanges Skubiszewski* (Kluwer, La Haye, 1996, p. 61-79) ; Ago (R.), Le délit international (*RCADI*, 1939/II, vol. 68, p. 415-554) ; Akehurst (M.B.), International Liability for Injurious Consequences Arising out of Acts not Prohibited by International Law (*NYBIL*, 1985, vol. XVI, p. 3-16) ; Arangio-Ruiz (G.) *et al.*, Counter-Measures and Dispute Settlement : The Current Debate Within the I.L.C. (*JEDI/EJIL*, 1994/1, p. 20-119) ; Asociación Española de Profesores de Derecho Internacional La responsabilidad internacional. Aspectos de derecho internacional público y derecho internacional privado (Alicante, Asociation Española de Profesores de Derecho Internacional y Relaciones Internacionales, 1990, 660 p.) ; Bailly (V.), *La cessation de l'illicite en droit international* (Paris, Dalloz, 476 p.); Barboza (J.), La responsabilité causale devant la CDI (*AFDI* 1988, 513-522) ; Barboza (J.), International Liability for the Injurious Consequences of Acts not Prohibited by International Law and Protection of the Environment, (*RCADI*, 1994, III, t. 247, p. 291-406) ; Boisson de Chazournes (L.),

Condorelli (L.), De la « responsabilité de protéger », ou d'une nouvelle parure pour une notion déjà bien établie (*RGDIP*, 2006/1, p. 11-18) ; Caubet (C.G.), Le droit international en quête d'une responsabilité pour les dommages résultant d'activités qu'il n'interdit pas (*AFDI* 1983. 99-120) ; Cohn (G.), La théorie de la responsabilité internationale (*RCADI*, 1939/II, vol. 68, p. 207-325) ; Combacau (J.), Alland (D.), Primary and Secondary Rules *in* the Law of State Responsiability : Categorizing International Obligations (*NYBIL*, 1985, vol. XVI, p. 81-109) ; D'Argent (P.), Le droit de la responsabilité internationale complété ? Examen des principes fondamentaux et directives concernant le droit à un recours et à réparation des victimes de violations flagrantes du droit international des droits de l'homme et de violations graves du droit international humanitaire (*AFDI* 2005. 27-55) ; De Visscher (Ch.), La responsabilité des États (Leyden, Bibliotheca Visseriana dissertationum ius internationale illustrantum, 1924, Tome II, : p. 89-119) ; Dipla (H.), *La responsabilité de l'État pour violation des droits de l'homme. Problèmes d'imputation* (Paris, Pedone, 1994, 116 p.) ; Distefano (G.), Fait continu, fait composé et fait complexe dans le droit de la responsabilité (*AFDI* 2006. 1-54) ; Dopagne (F.), *Les contre-mesures des organisations internationales* (Louvain, Anthémis, 2010, 488 p.) ; Dubin (L.), Les garanties de non-répétition à l'aune des affaires LaGrand et Avena : la révolution n'aura pas lieu (*RGDIP*, 2005/4, p. 859-888) ; Dominicé (Ch.), *Observations sur les droits de l'État victime d'un fait internationalement illicite* (Cours et travaux de l'IHEI, Paris, Pédone, 1982, p. 1-70) ; Dumberry (P.), New State Responsibility for Internationally Wrongful Acts by an Insurrectional Movement (*JEDI/EJIL*, 2006/3, p. 605-621) ; Dupuy (P.-M.), Action publique et crime international de l'État. À propos de l'article 19 du projet de la CDI sur la responsabilité des États (*AFDI* 1979. 539-554) ; Dupuy (P.-M.), Faute de l'État et fait internationalement illicite (*Revue Droit*, n° 5, 1987, p. 51-63) ; Forcese (C.), The Capacity to Protect : Diplomatic Protection of Dual Nationals *in* the War of Terror (*JEDI/EJIL*, 2006/2, p. 315-347) ; Forlati (S.), Protection diplomatique, droits de l'homme et réclamations « directes » devant la Cour internationale de Justice - Quelques réflexions en marge de l'arrêt Congo/Ouganda (*RGDIP*, 2007/1, p. 89-116) ; Forteau (M.), *Droit de la sécurité collective et droit de la responsabilité internationale de l'État* (Paris, Pedone, 2006, 699 p.) ; Frowein (J.), Reactions by Not Directly Affected States to Breaches of Public International Law (*RCADI*, 1994, IV, t. 248, p. 345-438) ; Garibian (S.), Vers l'émergence d'un droit individuel à la protection diplomatique ? (*AFDI* 2008. 119-141) ; Gattini (A.), La notion de faute à la lumière du projet de convention de la Commission du droit international sur la responsabilité internationale (*JEDI/EJIL*, 1992/2, vol. 3, p. 253-284) ; Gowlland-Debbas (V.), Security Council Enforcement Action and Issues of State Responsibility (*ICLQ*, 1994/1, p. 55-98) ; Graefrath (B.), Responsibility and Damages Caused : Relationship between Responsability and Damages (*RCADI*, 1984/II, vol. 185, p. 9-150) ; Haggenmacher (P.) (dir.), La responsabilité internationale, *in Répertoire des décisions et des documents de la procédure écrite et orale de la CPJI et de la CIJ Série 1 : la CPJI*, (Genève, Droz/IUHEI, 1989, 1639 p., Publication n° 54-Tome 5) ; Hurwitz (B.), State Liability for Outer Space Activities *in* Accordance with the 1972 Convention on International Liability for Damage Caused by Space Objects (Dordrecht, MNP, 1991, 245 p.) ; Kerrest (A.), La responsabilité des États du fait de la destruction de satellites dans l'espace (*AFDI*, t. LV 2009, p. 615-626) ; Lahorgue (M.-B.), Vingt ans après Tchernobyl : un nouveau régime international de responsabilité civile (*JDI*, 2007/1, p. 103-124) ; Migliorino (L.), Sur la déclaration d'illicéité comme forme de satisfaction. À propos de la sentence arbitrale du 30 avril 1990 dans l'affaire du *Rainbow Warrior*

(*RGDIP*, 1992/1, vol. 96, p. 61-74) ; Milanovic (M.), State Responsibility for Genocide (*JEDI/EJIL*, 2006/3, p. 553-604) ; Joergensen (N.), A Reappraisal of Punitive Damage *in* International Law (*BYBIL*, 1997, p. 247-266) ; Joergensen (N.) *The Responsibility of States for International Crimes* (Oxford, Oxford University. Press, 2000, 325 p.) ; Netherland Yearbook of international law Symposium on State Responsibility and Liability for Injurious Consequences Arising out of Acts not Prohibited by International Law (*NYBIL*, 1985, vol. XVI, p. 3-300) ; ONU, La responsabilité internationale, Travaux et rapports de la CDI. Rapports de M. Garcia-Amador (1956-1961), R. Ago, Le fait internationalement illicite, source de responsabilité internationale (1969-1980), W. Riphagen, Le contenu, les formes et les degrés de la responsabilité internationale (2e partie du projet) (1981-1986), G. Arangio-Ruiz (1988-1996), 7 rapports publiés à l'*Ann. CDI*, II, première partie ; ONU, La responsabilité internationale pour les conséquences préjudicielles découlant d'activités qui ne sont pas interdites par le droit international, Rapports et travaux de la CDI : rapports de R.Q. Quentin-Baxter (1981-1984), J. Barboza (1986-1991), publiés à l'*Ann. CDI*, II, première partie ; Palmisano (G.), Les causes d'aggravation de la responsabilité des États et la distinction entre « crimes » et « délits » internationaux (*RGDIP*, 1994/3, p. 629 s.) ; Pauwelyn (J.), The Concept of a Continuing Violation of an International Obligation : Selected Problems (*BYBIL*, 1995, p. 416-450) ; Piernas (C.J.) (dir.), *La responsabilidad internacional*, (XIIIe journées de l'Association espagnole des professeurs de droit international, Alicante, Publications de l'Université, 1990, 660 p.) ; Pisillo-Mazzeschi (R.), The Due Diligence Rule and the Nature of the International Responsibility of States, (*GYBIL*, 1992, vol. 35, p. 9-51) ; Quigley (J.), Complicity *in* International Law : a New Direction *in* the Law of State Responsibility (*BYBIL*, 1986, vol. LVII, p. 77-131) ; Randelzhofer (A.) et Tomuschat (Ch.) (dir.), *State Responsibility and the Individual Reparation in Instances of Grave Violations of Human Rights* (Dordrecht, MNP, 1999, 296 p.) ; Reuter (P.), Le dommage comme condition de la responsabilité internationale, *in Estudios de derecho internacional. Homenaje al profesor Miaja de la Muela*, (Madrid, Éditorial Tecnos, 1979, vol. 2, p. 837-846) ; Revue générale de droit international public, L'arrêt de la Cour internationale de Justice dans l'affaire relative à l'application de la Convention pour la prévention et la répression du crime de génocide (*RGDIP*, 2007/2, p. 243-331) ; Salmon (J.), Le fait étatique complexe : une notion contestable (*AFDI* 1982. 708-738) ; Salmon (J.), *Les circonstances excluant l'illicéité*, (Cours et travaux de l'IHEI), (Paris, Pedone, 1987, p. 89-225) ; Société française pour le droit international, *La responsabilité dans le système international. Colloque de Montpellier*, 1990, (Paris, Pedone, 1991, 336 p.) ; Sicilianos (L.A.), *Les réactions décentralisées à l'illicite : des contre-mesures à la légitime défense*, (Paris, LGDJ, 1990, 532 p.) ; Simon (D.), Sicilianos (L.A.), La contre-violence unilatérale. Pratiques étatiques et droit international (*AFDI* 1986. 53-78) ; Smith (B.D.), *State Responsibility and the Marine Environment : the Rules of Decision*, (Oxford, Clarendon Press, 1988, 281 p.) ; Starace (V.), La responsabilité résultant de la violation d'obligations à l'égard de la communauté internationale (*RCADI*, 1976/V, vol. 153, p. 263-318) ; Stern (B.), La responsabilité internationale aujourd'hui... demain..., *in Perspectives du droit international et européen* (Paris, Pedone, 1992, p. 76 s.) ; Stahn (C.), Responsibility to Protect : Political Rhetoric or Emerging Legal Norm ? (*AJIL*, 2007/1, p. 99-120) ; Tomkiewicz (V.) (dir.), *Organisation mondiale du commerce et responsabilité* (Paris, Pedone, 2014, 270 p.) ; Touzé (S.), La protection des droits des nationaux à l'étranger. Recherches sur la protection diplomatique (Paris, Pedone, 2007, 514 p.) ; Wyler (E.), *L'illicite et la condition des personnes privées : La responsabilité internationale en droit coutumier et dans la Convention européenne des droits de l'homme* (Paris, Pedone, 1996, 361 p.) ; Zemanek (K.), *La responsabilité des États pour faits internationalement illicites ainsi que pour faits internationalement licites*, (Cours et travaux de l'IHEI), (Paris, Pedone, 1987, p. 1-88).

2) La responsabilité internationale pénale de l'individu, la répression des crimes internationaux et la Cour pénale internationale pénale

Outre la série des articles parus à la *RGDIP* 1999 n° 1, 3 et 4 déjà mentionnés, V. ceux parus *in JEDI/EJIL* 1999 n° 1 et à l'*AJIL*, 1999, vol. 93, n° 1 ; Ascensio (H.), Lambert-Abdelgawad (E.) et Sorel (J.-M.), Les juridictions pénales internationalisées (Paris, Société de législation comparée, 2006, 383 p.) ; Ascensio (H.), Maison (R.), L'activité des juridictions pénales internationales (2005), (*AFDI* 2005. 235-269) ; Azar (A.), Le tribunal spécial pour le Liban : une expérience originale ? (*RGDIP*, 2007/3, p. 643-658) ; Barboza (J.) International Criminal Law (*RCADI*, 1999, vol. 278, p. 9-299) ; Begbeder (Y.), Judging Criminal Leaders. The Slow Erosion of Impunity (La Haye, Kluwer, 2002, 229 p.) ; Boas (G.) Comparing the ICTY and the ICC : Some Procedural and Substantive Issues (*NYIL*, 2000, p. 267-291) ; Charney (J.), Progress *in* International Criminal Law (*AJIL*, 1999/2, p. 452-464) ; Cosnard (M.), Quelques observations sur l'immunité de juridiction pénale de l'ancien chef d'État (à propos du cas Pinochet) (*RGDIP*, 1999/2 n° 2, p. 309-328) ; David (E.), Éléments de droit pénal international et européen (Bruxelles, Bruylant, 2009, 566 p.) ; *EJIL/JEDI*, Symposium : Genocide, Human Rights and the ICJ (*EJIL/JEDI*, 2007/4, p. 591-713) ; S. Garibian, *Le crime contre l'humanité au regard des principes fondateurs de l'État moderne* (Bruxelles, Bruylant, 2009, 578 p.) ; Jain (N.), A Separate Law for Peacekeepers : The Clash Between the Security Council and the International Criminal Court (*JEDI/EJIL*, 2005/2, p. 239-254) ; Kherad (R.), La question de la définition du crime d'agression dans le Statut de Rome entre pouvoir politique du Conseil de sécurité et compétence judiciaire de la CPI (*RGDIP*, 2005/2, p. 331-361) ; Lamb (S.), The Powers of Arrest of the International Criminal Tribunal for the Former Yugoslavia (BYBIL, 1999, p. 165-244) ; E. Lambert-Abdelgawad, Le dessaisissement des tribunaux nationaux au profit des tribunaux pénaux internationaux : un encadrement abusif par le droit international de l'exercice de la compétence judiciaire interne ? (*RGDIP*, 2004/2, p. 407-438) ; Lee (R.S.) (Ed.), The International Criminal Court, the Making of the Rome Statute (La Haye, Kluwer, 1999, 637 p.) ; Meron (T.), Reflections on the Prosecution of War Crimes by International Tribunals (*AJIL*, 2006/3, p. 551-579) ; Politi (M.), and Nesi (G.) (dir.), The Rome Statute of the International Criminal Court, A Challenge to Impunity (Ashgate/Dartmouth, 2001, 319 p.) ; Roulot (J.F.), Le crime contre l'humanité, (Paris, L'Harmattan, 2002, 442 p.) ; Remiro Brotons (A.), El caso Pinochet, los limites de la impunidad (Madrid, Biblioteca Nueva, 1999, 252 p.) ; Robinson (P.), Ensuring Fair and Expeditious Trials at the International Criminal Tribunal for the Former Yuguslavia (*JEDI/EJIL* 2000, vol. 11, p. 569-589) ; Schabas (W.), Genocide *in* International Law (Cambridge, Cambridge University Press, 2000, 624 p.) ; Schabas (W.), The International Criminal Court : a Commentary on the Rome Statute (Oxford, OUP, 2010, 1259 p.) ; Schabas (W.) et Bernaz (N.) (dir.), Rootledge handbook of international criminal law (Oxon, Rootledge, 2011, 461 p.) ; Verdirame (G.) The Genocide Definition *in* the Jurisprudence of the *ad hoc* Tribunals (*ICLQ*, 2000, vol. 49, p. 578-598) ; Villalpando (S.) L'affaire Pinochet : beaucoup de bruit pour rien ? L'apport au droit international de la décision de la Chambre des Lords du 24 mars 1999 (*RGDIP*, 2000/2, p. 393-427) ; Zappala (S.), Human Rights *in* International Criminal Proceedings (Oxford, OUP, 2003, 280 p.). Zappala (S.), Developments *in* International Criminal Law (*AJIL*, 1999/1, p. 1-123).

QUATRIÈME PARTIE

DOMAINES ET FINALITÉS DU DROIT INTERNATIONAL

529 ***Introduction générale*** ◊ Il est exact que le droit international contemporain est traversé par des courants idéologiques divers, qu'il est utile de prendre en considération pour comprendre la physionomie particulière de certaines des normes qui en constituent la résultante juridique. Quelques-uns des principes fondamentaux de la Charte des Nations Unies, ou la plupart des règles en matière de protection des droits de l'homme, en droit humanitaire ou en droit du développement en portent témoignage. Il entre donc bien dans le propos d'une analyse positive du phénomène juridique international d'en examiner toutes les composantes, y compris celles qui, telle l'émergence d'une catégorie normative supérieure *(jus cogens)* peuvent contraindre la doctrine à réviser ses conceptions les plus établies en matière de rapports entre les divers types de règles générales [1].

Il serait, certes, hasardeux d'assigner *a priori* au droit international la réalisation de certaines « fins humaines » prédéfinies idéalement, même si l'affirmation du non recours à la force et celle des droits de l'homme introduisent des données désormais fondamentales dans l'ordre juridique

---

1. V. P.-M. Dupuy, L'unité de l'ordre juridique international, cours général de droit international public, *RCADI* vol. 297, 489 p.

international. À l'inverse, il serait tout aussi contestable, du point de vue d'un positivisme juridique bien compris, de contester la réalité de tendances nouvelles, telles celle qui va dans le sens d'une affirmation plus marquée des moyens d'action juridique reconnus, par les États eux-mêmes, aux individus ou aux personnes morales privées (entreprises ou organisations non gouvernementales) sous le prétexte que ces évolutions éloigneraient dangereusement le système juridique international de l'époque idéale, symbolisée par l'arrêt du *Lotus* (CPJI, 1927), où le droit international se ramenait à celui de la coexistence entre entités formellement égales ; ce travers nostalgique est pourtant manifeste ou sous-jacent dans une part de la doctrine, notamment d'expression française (v. ss 367 s.). En réalité, l'ordre juridique international est travaillé, depuis l'adoption de la Charte des Nations Unies et les divers développements normatifs auxquels elle a donné lieu, par deux types d'unité, formelle et matérielle, à certains égards antagoniques, sur lesquelles on a attiré l'attention dès le propos introductif de ce livre [1].

Envisagé comme technique normative principalement au service des relations de coexistence et de coopération entre États (ce qui recouvre en certains domaines les relations de ces derniers avec leurs ressortissants) le droit international a, quoi qu'il en soit, manifesté dans les dernières décennies son égale aptitude à réguler les champs les plus divers de l'activité internationale. Ensemble d'instruments dotés d'une grande plasticité, propre à s'adapter à la spécificité des matières très diverses qu'on lui donne à traiter, le droit international n'a pas de vocation limitative. On ne devra donc pas prendre les divers domaines recensés et traités dans la suite de cette partie comme un inventaire exhaustif et clos des questions soumises à son intervention régulatrice.

On peut tout au plus constater qu'il s'est forgé et développé à la faveur de la normalisation de certains domaines, dont le traitement, pour être privilégié, n'est cependant pas exclusif. C'est particulièrement le cas de l'interdiction du recours à la force et du règlement pacifique des différends (Chapitre 1), puis du droit international des échanges économiques et du développement (Chapitre 2) enfin, de celui, à la fois très ancien et très novateur, de l'utilisation des espaces d'usage international et de la gestion des ressources de l'humanité (Chapitre 3).

1. V. ss 26.

CHAPITRE 1
LE RÈGLEMENT PACIFIQUE DES DIFFÉRENDS ET L'ÉVICTION DU RECOURS À LA FORCE

530 ***Introduction*** ◊ Il existe un lien logique et historique entre l'un et l'autre. Deux mythes fondateurs ont en effet permis, depuis la fin du XIXe siècle jusqu'à aujourd'hui, l'évolution radicale de la réglementation juridique du recours à la force, sans pour autant que la société internationale cesse d'être violente. Le premier est celui de la « paix par le droit » en vertu duquel on substituerait le recours aux tiers impartiaux à l'utilisation de la force, ainsi qu'il est de principe dans les sociétés internes. Le second, symétrique, est celui de la « mise de la guerre hors-la-loi », en vertu duquel le recours à la force et la « compétence de guerre » cesseraient d'être légaux, alors qu'ils ont constitué, pendant la majeure partie de l'histoire de l'humanité, la procédure ordinaire de règlement des différends…

Dans l'ordre international, la recherche de la paix par le droit s'est surtout développée à partir du dernier tiers du XIXe siècle. Elle a abouti à la systématisation et au perfectionnement des procédures diplomatiques de règlement dont certaines étaient déjà très anciennes. Elle a également permis l'instauration de procédures judiciaires ou quasi judiciaires avec, d'une part, la substitution de l'arbitrage juridique technique à l'arbitrage politique, et, d'autre part, l'institutionnalisation de la juridiction internationale, complétée par la formalisation des différents modes de règlement.

Quant à l'éviction du recours à la force, amorcée encore timidement dans le Pacte de la Société des Nations, elle fut ensuite développée dans le Pacte Briand-Kellog de 1928, puis réaffirmée et raffermie dans le cadre de la Charte des Nations Unies.

Règlement pacifique et interdiction du recours à la force convergent et se complètent. L'un, à vrai dire, explique l'autre. C'est parce que la guerre est désormais conçue comme un mode de règlement illicite que le recours aux procédures pacifiques de règlement devient une nécessité incontournable.

L'effort de rationalisation inspirant la poursuite de ces deux objectifs a connu une nouvelle phase avec l'instauration des Nations Unies. L'objet principal de la Charte de l'ONU est en effet de mettre au service tant de l'interdiction du recours à la force (art. 2 4) que du règlement pacifique des différends (art. 33) tout l'appareil institutionnel d'une organisation vouée d'abord et avant tout au maintien de la paix. Le Conseil de sécurité, en particulier, hérite, en tant qu'organe représentatif de l'intérêt commun, de l'usage légal de la force à laquelle ont renoncé les États membres.

Règlement pacifique des différends et maintien ou rétablissement de la paix internationale font d'ailleurs, logiquement, l'objet de deux chapitres successifs au sein de la Charte ; ce sont, respectivement, les chapitres VI et VII.

Dans le premier d'entre eux, on retrouve les procédures classiques de règlements des différends bilatéraux, mais avec une ingérence plus ou moins marquée de l'organe international de la sécurité collective, c'est-à-dire le Conseil de sécurité, dans le déroulement de ces procédures. Dans le second (chapitre VII), est établie une centralisation de l'appréciation des dangers internationaux engendrés par les crises localisées mais surtout une coordination institutionnelle des réactions engendrées par les ruptures de la paix ou les menaces pesant sur elle. On doit donc insister sur la continuité et la complémentarité entre le système général de règlement des différends et l'administration de la sécurité collective établie dans la Charte des Nations Unies.

Le schéma d'ensemble établi par la Charte était ainsi très cohérent : parce qu'ils renonçaient à la force dans leurs relations internationales, les États membres s'engageaient du même coup à soumettre leurs différends à des voies de règlement pacifiques, en même temps qu'ils attribuaient à l'Organisation universelle les pouvoirs coercitifs destinés à maintenir la police internationale, nécessaire pour éliminer les menaces à la paix ou trouver des solutions aux situations belligènes. Il est important de souligner la mutation radicale que la Charte tentait ainsi d'instituer dans les structures de la société internationale ainsi que dans les normes de son droit.

Pour autant, le règlement pacifique des différends internationaux continue encore largement aujourd'hui à s'exercer en dehors des cadres institutionnels fixés par les Nations Unies, pour s'inscrire dans le contexte classique des relations interindividuelles entre États. Au contraire, le système de la sécurité collective ne peut se réaliser que par le biais de l'organisation. Ceci explique que les contraintes et les paralysies auxquels l'ONU a été confrontée aient largement stérilisé ledit système jusqu'à l'année 1990, caractérisée au contraire par la disparition spectaculaire des blocages politiques qui entravaient auparavant l'utilisation du chapitre VII, mais qui sont depuis régulièrement réactualisées, s'agissant tout particulièrement de la situation au Moyen-Orient.

On examinera successivement dans le présent chapitre le règlement pacifique des différends et l'éviction du recours à la force.

SECTION 1. LE RÈGLEMENT PACIFIQUE DES DIFFÉRENDS

531 ***Introduction*** ◊ C'est à l'article 33 de la Charte des Nations Unies que l'on trouve un inventaire non limitatif des modes de règlement des différends

proposés aux États (*GTDIP* n° 1). Dans cette disposition, ils sont classés par ordre d'autorité croissante et en fonction de la maîtrise, plus ou moins grande, que les États ont de la solution du litige.

Comme tel, l'article 33 précise les modalités d'application de l'obligation générale de règlement pacifique déjà posée à l'article 2, § 3. Il est ordonné autour du principe du libre choix des moyens de règlement, depuis réaffirmé notamment dans la Déclaration de Manille, également proclamée dans le cadre des Nations Unies, en 1982 (première partie, paragraphe 3). Il a également été consacré dans la partie 15 de la Convention des Nations Unies du 10 décembre 1982 sur le nouveau droit de la mer (art. 280, *GTDIP* n° 61). C'est ainsi en fonction de la physionomie et des caractères propres à chaque litige que les parties conviendront des moyens pacifiques les plus appropriés.

À l'inverse de l'article 33, qui établit un lien direct entre le règlement des différends et le maintien de la paix et de la sécurité internationale, la Déclaration de Manille prévoit que l'obligation de règlement pacifique s'applique à tous les différends internationaux, quelle que soit leur gravité ou leur nature. Elle se contente de préciser que si les parties ne sont pas parvenues à régler un différend par les moyens traditionnels et que sa prolongation est susceptible de menacer le maintien de la paix, le Conseil de sécurité en sera alors obligatoirement saisi (première partie, paragraphe VII).

On a coutume de classifier les divers modes de règlement en fonction d'une distinction fondamentale, celle des modes diplomatiques, qui laissent en principe les parties libres d'accepter ou de refuser la solution, éventuellement proposée par un tiers ; celle des modes juridictionnels, qui regroupent l'arbitrage et le recours à la juridiction internationale proprement dite. Contrairement aux précédents, ils obligent les parties au différend à accepter, avec autorité de chose jugée, la solution élaborée par le juge ou l'arbitre.

§ 1. Les procédures diplomatiques de règlement des différends

532 ***Définition*** ◊ Les procédures diplomatiques appartiennent à l'arsenal des modes de règlement les plus classiques et les plus anciens. Elles sont utilisées le plus souvent en dehors de tout cadre institutionnel pour régler des différends soit d'importance mineure, soit au contraire jugés politiquement trop importants pour rendre possible l'intervention d'une organisation internationale. Leur but est de rapprocher les points de vue des parties en présence jusqu'à la détermination d'une solution acceptable. Elles ne sont pas spécifiquement juridiques et permettent de s'appuyer sur toutes considérations, de fait comme de droit, politiques comme juridiques. Certaines demeurent placées sous le contrôle exclusif des parties aux différends ; d'autres au contraire font intervenir un tiers. Il convient cependant d'emblée de signaler que les distinctions formelles traditionnellement établies entre les divers modes de règlement diplomatiques ne

sont pas exemptes d'académisme. Dans la réalité de la vie internationale, il est souvent difficile de qualifier avec précision une procédure diplomatique, et il n'est pas rare que telle ou telle d'entre elles combine par exemple les caractères de la médiation et de la conciliation, ou bien encore passe insensiblement des bons offices à la conciliation. Toutes sont dérivées ou inspirées de l'esprit général de la négociation.

533 ***Négociation*** [1] ◊ La négociation est le mode initial et le plus ordinaire de règlement des différends. On peut la définir comme toute rencontre en vue de parvenir à un accord. Elle peut bien entendu s'établir dans un cadre bilatéral ou multilatéral. Elle est généralement considérée comme un préalable au recours à tout autre mode de règlement, qui n'apparaîtra utile que dans la mesure où elle a échoué. Elle paraît par ailleurs indispensable pour permettre de bien définir les positions en présence et les arguments respectifs des parties. En application du principe général de règlement des différends posé à l'article 2 paragraphe 3 de la Charte, on peut considérer qu'il existe pour les États membres une obligation générale de ne pas se soustraire à la négociation qui leur est offerte par un autre État avec lequel ils sont en litige. Cette obligation est certaine dans le cadre strict de la Charte entre les États membres. Mais il y a tout lieu de penser qu'elle fait également partie du droit international général à l'époque contemporaine.

En application du principe de la bonne foi, « les parties ont l'obligation de se comporter de telle manière que la négociation ait un sens » [2]. La négociation, une fois entreprise, doit en particulier être menée avec la volonté réelle d'aboutir. Les négociations ne sauraient se résumer « à une simple opposition entre les opinions ou intérêts juridiques des deux parties » ; la notion de négociation ne se confond pas, ainsi, avec celle de « différend » [3]. On doit cependant bien préciser que l'obligation de négocier n'équivaut pas à une obligation de conclure ; elle est une obligation de moyen et non pas une obligation de résultat.

Ainsi que l'a posé la Cour permanente de Justice internationale dans l'affaire *Mavrommatis* (30 août 1924, série A, n° 2), il existe un lien entre le blocage des négociations et la naissance d'un différend justiciable, c'est-à-dire un différend susceptible de faire l'objet d'un règlement par voie de recours au juge international. Il peut exister en certains cas, sur la base d'obligations généralement définies dans des traités liant les deux parties, des obligations qualifiées de négocier, comme par exemple celle de ne pas recourir à des mesures dilatoires.

---

1. V. A. Plantey, *La négociation internationale, principes et méthodes*, Paris, CNRS, 1980, 657 p.

2. CIJ, 20 févr. 1969, *Plateau continental de la Mer du Nord (RFA c/ Danemark et Pays-Bas)*, § 85, rappelé dans l'arrêt du 20 avr. 2010, *Usines de pâte à papier sur le fleuve Uruguay (Argentine c/ Uruguay)*, § 146, ainsi que dans l'arrêt du 5 déc. 2011, *Application de l'Accord intermédiaire du 13 septembre 1995 (Ex-République Yougoslave de Macédoine c/ Grèce)*, § 132.

3. CIJ, arrêt du 1er avr. 2011, *Application de la Convention internationale sur l'élimination de toutes les formes de discrimination raciale (Géorgie c/ Russie)* (exceptions préliminaires), § 157. Les négociations ne sauraient non plus se limiter à « une série d'accusations et de réfutations, ni même à un échange de griefs et de contre-griefs diamétralement opposés » *(ibid.)*.

534 ***Les bons offices et la médiation*** ◊ Il n'y a entre ces deux procédures qu'une différence de degré. Elles se différencient l'une et l'autre de la négociation par l'intervention d'un tiers dans la tentative de règlement du litige. Cette intervention est plus discrète dans le cas des bons offices, plus active dans celui de la médiation. Le médiateur, en effet, propose une solution aux parties, mais celle-ci n'a pas de caractère obligatoire. Les talents personnels du médiateur, mais aussi, dans certains cas, les pressions politiques de l'État qu'il représente peuvent jouer un rôle déterminant dans le succès d'une telle procédure. On a tenté au cours du XIXe siècle de généraliser leur usage et la première Convention de La Haye pour le règlement pacifique des conflits internationaux les a codifiées pour la première fois.

Plusieurs exemples historiques peuvent en être donnés comme la médiation de la France pour la conclusion du traité de paix de Paris le 10 décembre 1898 entre les États-Unis et l'Espagne, celle des États-Unis pour la conclusion du traité de paix de Porthsmouth du 5 décembre 1905 entre la Russie et le Japon, celle encore des États-Unis entre la France et la Tunisie en 1958, ou bien encore celle de l'Union soviétique en 1965 dans le conflit entre l'Inde et le Pakistan. Dans le grave litige ayant opposé les États-Unis à l'Iran consécutivement à la prise des otages américains, l'Algérie a également joué un rôle de médiateur ; elle permit la conclusion des accords d'Alger sur le règlement du différend entre ces deux États. Un autre exemple de médiation est donné par celui du Saint-Siège entre le Chili et l'Argentine à propos de l'affaire du *Canal de Beagle* [1]. Dans le cadre des missions de bons offices, on a enfin assisté à l'affirmation du rôle du secrétaire général de l'ONU, Monsieur Perez de Cuellar, agissant à la fois à titre personnel et avec la caution comme l'autorité que lui donnaient ses fonctions, par exemple pour négocier durant l'été de 1991 avec certaines milices au Proche-Orient la libération des otages étrangers. Plus récemment, c'est une médiation de l'ancien Secrétaire général de l'ONU, Monsieur Kofi Annan, qui, appuyé par le Conseil de sécurité et la Ligue arabe, a permis la conclusion en avril 2012 d'un cessez-le-feu en Syrie entre les forces gouvernementales du président Bachar el-Assad et les partisans de la rébellion débutée dans ce pays au printemps 2011, puis l'envoi d'observateurs par le Conseil de sécurité de l'ONU pour en surveiller l'application [2], avant que la situation se détériore de nouveau.

535 ***L'enquête et la conciliation*** [3] ◊ On distingue parfois l'enquête et la conciliation des modalités préalablement évoquées parce qu'elles apparaissent comme des procédures instituées. Il est exact que la Convention de La Haye précitée (1907), l'acte général d'arbitrage de 1928 ou bien encore, dans un cadre régional, le Pacte de Bogota de 1948 ou la Convention

---

1. V. A. Brouillet *AFDI* 1979. 47 s.
2. V. les résolutions 2042 (2012) et 2043 (2013) des 14 et 21 avr. 2012.
3. Sur l'enquête, v. T. Bensalah, *L'enquête internationale dans le règlement des conflits*, Paris, LGDJ, 1976, 269 p. ; sur la conciliation, v. J.-P. Cot, La conciliation internationale, Paris, Pedone, 1968, 389 p.

européenne pour le règlement pacifique des différends de 1957 établissent des procédures d'enquête et de conciliation afin d'en permettre aisément l'utilisation par les États parties.

L'enquête n'a en principe pour objet que d'établir des faits. Le but de la conciliation est en revanche plus large : il est d'orienter les parties vers une solution sans toutefois, là non plus, que celle-ci soit obligatoire.

On constate aujourd'hui que la procédure d'enquête connaît des développements avec l'accroissement du contrôle des organisations internationales sur le comportement des États membres (v. ss 509). Il est rare, toutefois, que, dans ce contexte, une enquête soit décidée pour régler un différend. L'enquête et la conciliation sont, en effet, le fait de commissions composées de personnes ayant la confiance des parties. Aucune de ces procédures ne peut être effectivement mise en œuvre sans le consentement et même la coopération de l'État concerné. Ceci explique qu'en certaines circonstances, en particulier en ce qui concerne les procédures d'établissement des faits reprochés à certains États, notamment dans le domaine de la violation des droits de la personne humaine ou du *jus in bello*, les initiatives prises par certaines organisations internationales ou organes d'organisation se soient heurtées aux fins de non-recevoir des États concernés. Les réactions au rapport rendu public le 15 septembre 2009 par la Mission d'établissement des faits sur le conflit à Gaza, ont par exemple été très vives en Israël. Cette mission, mise en place par le Conseil des droits de l'homme et présidée par le juge Goldstone, a relevé que des agissements susceptibles d'être qualifiés de crime de guerre, voire de crime contre l'humanité, pouvaient être imputés tant à Israël qu'au Hamas [1]. Les conclusions, publiées le même mois par la Mission d'enquête internationale indépendante sur le conflit en Géorgie n'ont pas été mieux accueillies. Chargés par le Conseil de l'Union européenne de faire la lumière sur les circonstances du confit en Ossétie du Sud en 2008, les experts ont constaté que chacune des parties avait commis des violations de la règle d'interdiction du recours à la force énoncée à l'article 2, paragraphe 4, de la Charte des Nations Unies [2].

§ 2. Règlement des différends et diplomatie multilatérale

A. Cadre universel

536 ***Rôle de l'ONU*** [3] ◊ L'idée centrale sur laquelle est fondée l'ONU, celle d'après laquelle le maintien de la paix est une cause d'intérêt public international, justifie son intervention dans un certain nombre de conflits

1. V. *RGDIP* 2009. 924.
2. V. O. Corten, Le rapport de la Mission d'enquête internationale indépendante sur le conflit en Géorgie : quel apport au *jus contra bellum ?*, *RGDIP* 2010. 35-61.
3. V. L.M. Goodrich, A.P. Simons, *The United Nations and the Maintenance of International Peace and Security*, Westport, Greenwood Press, 1974.

internationaux, potentiels ou effectifs, afin de désamorcer toutes les atteintes à la paix internationale. Prolongeant et systématisant certaines des tentatives déjà faites dans le Pacte de la SDN, le chapitre VI, en particulier, permet au Conseil de sécurité et à l'Assemblée générale de jouer un rôle actif dans le règlement pacifique des différends entre États.

On retrouve dans les articles 34 à 38 de la Charte la gamme des procédures déjà évoquée plus haut dans le cadre des relations interétatiques telles que par exemple l'enquête, dont il est prévu à l'article 34 qu'elle peut être menée par le Conseil de sécurité à propos de tout différend ou toute situation susceptible d'entraîner un désaccord entre nations (*GTDIP* n° 1).

L'article 36 permet au Conseil de sécurité de recommander à l'égard de différends ou de situations, tels qu'ils sont mentionnés dans les articles antérieurs, les procédures ou méthodes d'ajustement appropriées. On est ainsi placé en face d'une sorte de médiation institutionnelle dont la pratique a offert de nombreux exemples.

De plus, l'article 37 prévoit que si les parties à un différend potentiellement conflictuel ne réussissent pas à le régler par les moyens divers énoncés à l'article 33, c'est-à-dire les procédures classiques de règlement diplomatiques du différend, elles le soumettront au Conseil de sécurité. Celui-ci pourra alors recommander les termes de règlement qu'il jugera appropriés, ce qui l'investit ainsi d'un véritable rôle de conciliation [1].

L'ensemble du chapitre VI ainsi brièvement décrit repose sur une distinction qui s'est avérée difficilement utilisable ; c'est celle qu'il établit entre « différends » et « situations ». Appartiennent à la catégorie des différends les cas dans lesquels les États ont articulé des prétentions qui s'excluent mutuellement ou lorsque l'un d'entre eux a rejeté les prétentions d'un autre. Tous les autres cas de tension internationale peuvent être considérés comme des situations [2]. Plusieurs auteurs ont considéré que cette distinction est sans importance, car la notion de différend est suffisamment étendue pour inclure tout ce qui pourrait être envisagé comme situation.

Même si l'on peut considérer que l'avis consultatif donné par la Cour internationale de Justice le 21 juin 1971 sur l'affaire de la *Namibie* [3] donne une certaine importance à cette distinction, les travaux portant sur l'élaboration de la résolution 43/51 du 5 décembre 1988 (« Déclaration sur la prévention et l'élimination des différends et des situations qui peuvent menacer la paix et la sécurité internationale et sur le rôle de l'Organisation des Nations Unies dans ce domaine ») sembleraient confirmer le bien-fondé de l'opinion doctrinale précitée. Cette déclaration ajoute au demeurant aux termes de « différends » et « situations » celui d'« affaires », repris de l'article 99 de la Charte.

---

1. V. les commentaires des art. 36 et 37 de D. Momtaz et M.F. Labouz *in* J.-P. Cot, A. Pellet et M. Forteau (dir.), *La Charte des Nations Unies, Commentaire article par article*, 3e éd. Paris, Economica, 2005, p. 1091-1124.
2. Michel Virally, *L'organisation mondiale*, Coll. U, Armand Colin, Paris, 1972, p. 429.
3. *Rec.* CIJ 1971. 22-23.

Ceci est une façon de souligner, dans le contexte actuel, l'importance que les États reconnaissent au rôle joué par le Secrétaire général de l'Organisation dans la prévention des conflits. En effet, l'article 99 permet à ce dernier d'« attirer l'attention du Conseil de sécurité sur toute affaire, qui, à son avis, pourrait mettre en danger le maintien de la paix et de la sécurité internationales » [1].

L'idée de base de la Déclaration de 1988 précitée est que dans la phase où les différends et situations n'existent qu'à un stade potentiel, la discrétion et la souplesse sont essentielles pour les désamorcer. Il en résulte que le rôle du Conseil de sécurité mais également celui du Secrétaire général sont plus importants que celui de l'Assemblée générale dont les activités relatives au maintien de la paix, fondées sur les articles 11 et 12 de la Charte, ne présentent évidemment pas le même caractère de discrétion [2]. Le paragraphe 10 de la Déclaration indique que le Conseil de sécurité, lors des consultations menées aussitôt que possible avec les parties à un différend « devrait envisager d'employer les méthodes officieuses qu'il juge appropriées, y compris l'établissement par son président de contacts confidentiels ».

Par ailleurs, le Secrétaire général « a à se mettre en rapport avec les États directement concernés... pour tenter d'empêcher que le différend ou la situation en question ne mettent en danger le maintien de la paix et de la sécurité internationale » (paragraphe 21). Au cours des années 1980, l'accroissement de l'influence du secrétaire général de l'ONU s'est manifesté non seulement sur la base de l'article 99, qui permet au Secrétaire général d'attirer l'attention du Conseil de sécurité sur toute affaire susceptible de mettre en danger le maintien de la paix et de la sécurité internationales, mais du fait de l'autorité personnelle acquise par Monsieur Perez De Cuellar lui-même. C'est ainsi qu'il a été amené à intervenir de façon plus ou moins directe dans le règlement d'un certain nombre de conflits localisés et que dans un autre cas, il a même été choisi comme médiateur, par la France et la Nouvelle-Zélande, pour régler le différend qui les opposait à propos de l'affaire du *Rainbow Warrior*. Il a d'ailleurs été à cette occasion saisi d'une mission qui va au-delà de la médiation classique puisque les deux parties ont prévu que les problèmes nés de l'incident du Rainbow Warrior lui seraient soumis en vue d'un règlement obligatoire alors que l'une des caractéristiques de la médiation est précisément le caractère facultatif de la solution proposée [3]. De la même manière M. K. Annan a joué un rôle décisif dans le dénouement de la crise ouverte, au début de l'année 1998, entre l'Irak et les États-Unis à propos des entraves mises par Bagdad à l'accomplissement de la mission de la Commission spéciale des Nations Unies sur le désarmement de l'Irak. Peu à peu, les activités du Secrétaire général en faveur du règlement des différends se sont

---

1. V. comment. J. Cardona LLorens et M. Aznar Gomez, *in La Charte des Nations Unies...*, *op. cit.*, p. 2051-2082.
2. V. Tullio Treves, *AFDI*, 1988. 447.
3. V. Jean Charpentier, Le règlement de l'affaire *Greenpeace*, *AFDI* 1986. 873-885.

ainsi sensiblement développées, au point que celui-ci apparaît aujourd'hui comme le véritable moteur de l'action de l'ONU en ce domaine.

537 ***Rôle de l'Assemblée générale de l'ONU*** ◊ Au même titre que le Conseil de sécurité, l'Assemblée générale peut, sur la base de l'article 35 alinéa 1er de la Charte, être saisie par tout membre de l'Organisation sur un différend ou une situation susceptibles de menacer le maintien de la paix ou de la sécurité internationale. L'Assemblée générale possède également un pouvoir d'enquête, de discussion et de recommandation, mais celui-ci ne résulte pas aussi explicitement de la Charte que les attributions qui sont conférées au Conseil de sécurité en matière de règlement des différends par le chapitre VI.

En réalité, les compétences de l'Assemblée en matière de règlement des différends (que l'on retrouvera lorsque l'on examinera le système du maintien de la paix lié à celui de l'interdiction du recours à la force et de la sécurité collective) découlent implicitement des termes beaucoup plus généraux des articles 10 et 14.

Ce dernier, en particulier, prévoit de « recommander les mesures propres à assurer l'ajustement pacifique de toute situation, quelle qu'en soit l'origine, qui lui semble de nature à nuire au bien général ou à compromettre les relations amicales entre nations ». Dans la pratique, l'Assemblée générale a tendu à avoir une conception particulièrement large de ses compétences en la matière, jusqu'à respecter de façon très souple l'obligation qui lui est pourtant faite de manière très explicite à l'article 12 alinéa 1 d'après laquelle « tant que le Conseil de sécurité est saisi d'un différend ou d'une situation quelconque, elle ne doit faire aucune recommandation à leur égard ». Ce fut notamment le cas au début des années 1960 à propos de l'affaire du Congo, comme plus tard, à propos de celle de la Rhodésie.

B. Cadre régional

538 ***Articulation du système universel et des systèmes régionaux de règlement des différends*** ◊ Dans la pensée initiale de ces promoteurs, l'ONU devait essentiellement, sous l'égide des grandes puissances dotées du droit de *veto* au sein du Conseil de sécurité, régler l'essentiel des différends ou situations susceptibles de menacer la paix et la sécurité internationale dans le cadre de l'Organisation universelle.

Néanmoins, lors de la conférence de San Francisco, des pressions se sont exprimées pour ménager une part aux modes institutionnels de règlement des différends dans un cadre régional. On en trouve un témoignage dans l'article 52 al. 3, aux termes duquel « le Conseil de sécurité encourage le développement du règlement pacifique des différends d'ordre local par le moyen des accords et des organismes régionaux, soit sur l'initiative des États intéressés, soit sur renvoi du Conseil de sécurité ». L'interprétation de cette disposition a provoqué de nombreuses difficultés, notamment pour déterminer si le Conseil a simplement une faculté ou, au contraire, une véritable obligation de transmettre en priorité les différends susceptibles d'un règlement local ou régional aux instances régionales concernées [1].

Dans l'arrêt de la CIJ sur sa compétence dans l'affaire des *Activités militaires et paramilitaires au Nicaragua et contre celui-ci*, la Cour a déclaré, d'une façon générale, que les accords régionaux, même multilatéraux, conclus pour le règlement pacifique des différends entre États par ailleurs membres des Nations Unies « sont toujours subordonnés aux dispositions de l'article 103 de la Charte de l'ONU ». Or celui-ci fait prévaloir ses propres dispositions sur celle de toutes autres conventions en vigueur entre États membres, en cas de contradictions entre l'une et les autres [2].

539 ***Compétence des organisations régionales en matière de règlement des différends*** ◊ Plusieurs organisations régionales, dont en particulier l'Organisation des États américains (OEA), la Ligue arabe et l'Organisation de l'Unité africaine (OUA) devenue Union africaine (UA) en 2002, prévoient dans leur charte constitutive des dispositions relatives aux règlements pacifiques des différends entre leurs membres.

a) Dans le cadre de l'OEA, un traité américain pour le règlement pacifique des différends, dit Pacte de Bogota, a été conclu en 1948 ; il a recueilli quatorze ratifications provenant toutefois exclusivement d'États sud-américains. Ce traité, en particulier son article 31, a été invoqué à plusieurs reprises comme base de la compétence de la Cour internationale de Justice : par le Nicaragua pour plusieurs des différends qui l'ont opposé ou l'opposent à ses voisins (le Honduras [3], la Colombie [4] et le Costa Rica [5]), mais également par le Costa Rica [6], l'Équateur [7], le Honduras [8], le Pérou [9] et la Bolivie [10]. La Colombie, mécontente de l'arrêt rendu par la CIJ dans le différend qui l'oppose au Nicaragua [11], l'a malheureusement dénoncé le 29 novembre 2012.

1. V. E. Jimenez de Arechaga, La coordination des systèmes de l'ONU et de l'OEA pour le règlement pacifique des différends et la sécurité collective, *RCADI*, 1964, III, t. 111, p. 419-526.3

2. *Rec.* 1984. 440.

3. V. CIJ, *Actions armées frontalières et transfrontalières*, arrêt du 20 déc. 1988 sur la compétence et la recevabilité, comment. E. Decaux, *AFDI*, 1988. 147 s. ; CIJ, arrêt du 8 oct. 2007, *Différend territorial et maritime entre le Nicaragua et le Honduras dans la mer des Caraïbes*.

4. V. les arrêts de 2007 et 2012 en l'affaire *Différend territorial et maritime*. Deux autres affaires ont été introduites en 2013 contre ce même État : *Violations alléguées de droits souverains et d'espaces maritimes dans la mer des Caraïbes*, et *Question de la délimitation du plateau continental entre le Nicaragua et la Colombie au-delà de 200 milles marins de la côte nicaraguayenne*.

5. Affaire *Construction d'une route au Costa Rica le long du fleuve San Juan*, introduite en déc. 2011.

6. Affaires *Certaines activités menées par le Nicaragua dans la région frontalière* et *Délimitation maritime dans la mer des Caraïbes et l'océan Pacifique*, introduites contre le Nicaragua en 2010 et 2014.

7. Affaire *Epandages aériens d'herbicides*, introduite en mars 2008 contre la Colombie, rayée du rôle en septembre 2013.

8. Affaire *Certaines questions en matière de relations diplomatiques*, introduite contre le Brésil en oct. 2009 et rayée du rôle en mai 2010.

9. Affaire *Différend maritime*, introduite en janv. 2008, *c/ le Chili*.

10. Affaire *Obligation de négocier un accès à l'océan Pacifique* introduite en 2013 contre le Chili.

11. *Différend territorial et maritime*, arrêt du 19 novembre 2012.

La crise centre-américaine a cependant montré les limites du système de règlement des différends inter-américains et n'a pas notamment été l'occasion pour le Comité inter-américains pour le règlement des différends d'intervenir [1]. À partir de 1983, la rencontre des ministres du Mexique, du Panama, du Venezuela et de la Colombie, organisée dans le groupe dit de Contadora a constitué une procédure de médiation et de conciliation collective à laquelle fit suite, à partir d'août 1987, à l'initiative du président Arias du Costa Rica, celle dite de Esquipulas [2]. L'une comme l'autre, ces procédures se sont cependant déroulées en dehors du cadre formel de l'OEA, même si le secrétaire général de cette organisation a été amené à faire usage de ses pouvoirs implicites [3]. Il est néanmoins intéressant de noter que par l'accord de Tela, conclu en août 1989, les présidents du Honduras et du Nicaragua ont décidé de mettre sur pied une force internationale de paix destinée à faciliter le retour des opposants nicaraguayens dits *Contras* sur leur territoire d'origine. Cette force fut placée sous le patronage conjoint du Secrétaire général des Nations Unies et du Secrétaire général de l'OEA, ce qui constitue un exemple assez rare de coopération entre l'Organisation universelle et une organisation régionale pour le règlement d'un différend régional. L'Organisation des États américains est intervenue également à plusieurs reprises pour faciliter le règlement de différends territoriaux entre États membres (entre le Guatemala et le Belize ou le Pérou et l'Équateur). L'Assemblée générale de l'Organisation a décidé le 6 juin 2000, de créer un Fonds pour la paix, destiné à aider les États qui en font la demande à assumer les coûts liés au règlement de tels différends [4].

b) Dans le cadre régional africain, la Charte de l'OUA avait prévu pour le règlement pacifique des différends le recours aux procédures classiques de la négociation, de la médiation, de la conciliation et de l'arbitrage (article III, paragraphe 4) de même que l'établissement d'une Commission de médiation, de conciliation et d'arbitrage par la voie d'un protocole séparé. Celui-ci a été adopté en 1964 au Caire et institue une commission de 21 membres, élus par la Conférence des chefs d'État et de gouvernement qui peut être saisie par les parties aux fins de médiation, conciliation et arbitrage. Cet organisme a été effectivement saisi de certains différends frontaliers entre États africains, comme la Somalie et l'Égypte, ou le Maroc et l'Algérie. Dans l'ensemble cependant, les efforts de règlements institutionnalisés des différends en Afrique ont été très largement décevants. Un

1. V. l'ONU et la situation en Amérique centrale, Études du CEDIN, 1988, n° 4.
2. V. J.R. Hernandez Alcerro, La crise centre américaine et les négociations de Contadora, *AFDI* 1985. 272-277 ; A.A. Cancado Trindade, Mécanismes de règlement des différends en Amérique centrale : de Contadora à Esquipulas II, *AFDI*, 1987. 798 s. ; F. Orrego Vicuna, Nouvelles mesures en vue du rétablissement de la paix et de la sécurité dans le cadre du droit international : le groupe d'observateurs des Nations Unies en Amérique centrale, *AFDI* 1989. 572 s.
3. V. à ce sujet H. Caminos, *AFDI* 1989. 189-203.
4. Résolution AG/RES. 1 756 (XXX-O/00), confirmée par la résolution AG/RES. 2 525 (XXXIX-O/09).

cas particulier, celui du différend frontalier entre le Mali et la Haute-Volta devenue à partir de 1986 le Burkina Faso, présente l'intérêt d'avoir successivement suscité l'intervention de la Commission de médiation de l'OUA en 1975 dont les efforts de règlement furent vains, puis consécutivement aux affrontements armés intervenus entre les deux États à la Noël 1985, la médiation de l'ANAD (Accord de non-agression et d'assistance en matière de défense, découlant du traité du 9 juillet 1977, conclu entre les États membres de la Communauté économique de l'Afrique de l'Ouest). Les efforts de médiation déployés par les chefs d'État et de gouvernement des pays membres de l'ANAD ont permis le rétablissement d'un cessez-le-feu et la libération des prisonniers. Cet exemple est d'autant plus intéressant qu'il intervenait entre deux États par ailleurs parties, au même moment, à un contentieux devant une Chambre de la Cour internationale de Justice.

L'OUA a été remplacée par l'Union africaine en 2002. La Commission de médiation n'a pas été maintenue, mais un Conseil de paix et de sécurité de l'Union africaine a été institué par un protocole à l'Acte constitutif de l'Organisation du 9 juillet 2002. Ce nouvel organe, qui fonctionne de manière permanente, peut, en vertu de l'article 8.5 du protocole, décider de la création de comités *ad hoc* de médiation, de conciliation ou d'expertise composés d'un ou plusieurs États parties afin de favoriser le règlement des différends qui présentent un risque d'évolution vers un conflit armé ou pourraient conduire à de graves violations des droits de l'homme ou du droit humanitaire. Ce protocole était ratifié par 49 États africains en janvier 2016. L'action du Conseil de paix et de sécurité a conduit, en particulier, à une médiation de l'Union africaine dans le différend, aux allures de conflit armé, qui oppose Soudan et Sud Soudan depuis la création de ce dernier comme nouvel État le 9 juillet 2011. Le Conseil de paix et de sécurité de l'UA est également intervenu pour le rétablissement de la paix au Mali et en République centrafricaine. Il a, en particulier, décidé en juillet 2013 de mettre sur pied une opération de maintien de la paix (la MISCA) dans ce dernier État, avant d'ailleurs que le Conseil de sécurité des Nations Unies ne donne son aval à cette opération et à son élargissement aux troupes françaises (v. ss 574-1) [1].

c) Dans le cadre régional européen, enfin, deux séries d'initiatives sont particulièrement remarquables. L'une a connu un développement largement empirique ; elle se situe parmi les tentatives menées par la Communauté européenne pour résoudre le conflit armé consécutif à la désagrégation de la Yougoslavie socialiste. L'autre, de portée beaucoup plus large, prend sa place dans le cadre de la coopération paneuropéenne, au sein de la CSCE (Conférence sur la sécurité et la coopération en Europe) puis de l'OSCE. Examinons-les tour à tour :

– Dans la Déclaration sur la Yougoslavie du 27 août 1991, relative à la Conférence pour la paix placée initialement sous la présidence de Lord

1. Résolution 2127(2013) du 5 décembre 2013.

Carrington et gérée par la Commission des Communautés européennes, il était prévu de mettre en place une procédure d'arbitrage, à l'objet au demeurant fort imprécis. Sur la base de cet instrument formellement non juridiquement liant, un organe fut toutefois créé : la « Commission d'arbitrage ». Réunissant initialement les présidents des juridictions constitutionnelles de France, Allemagne, Italie, Belgique, Espagne et Belgique, et présidée par M. Robert Badinter, elle fut en réalité rapidement sollicitée par Lord Carrington puis par le Conseil des ministres des Douze de rendre non des sentences arbitrales mais des *avis consultatifs* dont son acte constitutif ne lui donnait pourtant pas explicitement la compétence [1]. Elle a rendu une série d'avis importants et novateurs, portant en particulier sur les conditions juridiques de la succession et sur celle de la reconnaissance d'États (v. ss 71) ; elle a également adopté des positions très intéressantes sur la portée du principe d'intangibilité des frontières, la nature des droits des minorités et les conditions d'exercice du droit des peuples à disposer d'eux-mêmes (v. ss 50) [2].

- Dans le cadre de l'Organisation sur la sécurité et la coopération en Europe (OSCE), ancienne CSCE, structure de concertation entre Europe occidentale (plus États-Unis et Canada) et pays socialistes européens, différentes tentatives infructueuses avaient été faites, notamment par la Suisse, pour promouvoir un système de règlement des différends partiellement affranchi des contraintes du consensualisme. Elles visaient en effet à permettre le déclenchement des procédures, concernant les litiges politiques aussi bien que juridiques, à *l'initiative unilatérale* de l'un des États en litige. Un tel objectif apparaissait en rupture avec la situation prévalant ordinairement, marquée au contraire par l'exigence de l'accord préalable des États directement en cause (généralement au nombre de deux) pour saisir une instance tierce de règlement. Toutes ces tentatives échouèrent cependant devant l'intransigeance soviétique. Après 1989, l'effondrement du bloc socialiste en Europe orientale a cependant permis de débloquer la situation. On est finalement parvenu à un *système complexe de procédures* dans lequel la saisine unilatérale d'un organe de règlement par un requérant étatique et non par accord préalable des parties demeure quoi qu'il en soit l'exception [3].

En matière de conciliation, la possibilité en est d'abord offerte par le texte de La Valette (Malte) qu'adopta le premier Conseil des ministres des Affaires étrangères de la CSCE en 1991. Mais la procédure retenue demeure à la fois supplétive, restrictive et complexe, quoiqu'elle ait été en partie simplifiée [4].

1. V. A. Pellet, Note sur la Commission d'arbitrage de la Conférence européenne pour la paix en Yougoslavie, *AFDI*, 1991. 329 s.
2. Texte des principaux avis *in RGDIP*, 1992/1, p. 264 s. et *RGDIP*, 1993/2, p. 564 s.
3. V. L. Caflisch, Vers des mécanismes paneuropéens de règlement pacifique des différends, *RGDIP*, 1993/1, p. 1-36.
4. Ch. Leben, La création d'un organisme CSCÉpour le règlement des différends, *RGDIP*, 1991/4, p. 857 s. complété par L. Caflisch, *op. cit.* p. 18.

D'autres textes, établissant chacun des procédures de conciliation distinctes, ont cependant été également adoptés dans le cadre de la CSCE, lors de la conférence de Stockholm, en décembre 1992 [1]. Le premier, d'inspiration britannique, prévoit la possibilité pour les États participant à la CSCE de saisir une commission de conciliation dans un contexte davantage marqué par le cadre institutionnel de la CSCE. Ses conditions d'établissement et sa procédure ont l'avantage d'être beaucoup plus simples que celles émanant du texte de La Valette : la possibilité d'une *requête unilatérale* s'y retrouve, mais seulement au cas où le litige opposerait deux États ayant préalablement reconnu, par voie de déclarations unilatérales concordantes, la compétence d'un organe conciliatoire. Ce dernier, non permanent, sera constitué par les parties à partir d'une liste de conciliateurs établie à l'avance sous le contrôle du directeur du Centre de prévention des conflits (CPC) de la CSCE ; la commission de conciliation ainsi formée, au cas où son rapport serait rejeté par les parties au différend, le transmettra au Comité des Hauts fonctionnaires (CHF) sans toutefois que soient précisées les conséquences d'une telle transmission. De plus, le texte adopté à Stockholm renforce le poids de l'institution naissante de la CSCE en permettant à son Conseil ou à son Comité des hauts fonctionnaires (CHF) de contraindre les États en litige à recourir à la conciliation.

Toutefois, le dispositif le plus complet adopté à Stockholm est encore distinct des mécanismes précités. Il est établi par la convention de 1995 issue d'une initiative française, bientôt soutenue par l'Allemagne ; elle est relative à la constitution d'une *Cour de conciliation et d'arbitrage* au sein de la CSCE, aujourd'hui de l'OSCE, seulement compétente pour régler les différends entre États parties à la convention ou entre deux ou plusieurs d'entre eux et un ou plusieurs États membres de l'OSCE mais non parties à la convention : en ce qui concerne la première des deux voies de règlement ouvertes par la convention, à savoir la conciliation, ici encore, l'objectif fondamental des négociateurs était d'instituer la *saisine unilatérale* de l'organe de conciliation. Elle est effectivement établie à son article 20. La procédure, prévue de toute façon pour n'intervenir que dans les cas où d'autres modes de règlement ne seraient pas choisis par les États en cause, s'inscrit dans un cadre institutionnel assez pesant. Il est constitué par la « Cour de conciliation et d'arbitrage », elle-même dotée d'une commission de conciliation dont deux membres seront désignés par les parties au litige, trois par le Bureau de la Cour.

Comme son nom l'indique, la Cour est cependant également compétente en matière d'arbitrage, à la différence toutefois que cette seconde voie n'est ouverte que sur la base d'un *accord réciproque* entre parties au litige. Il s'agit cependant non plus d'une voie diplomatique mais d'une procédure quasi judiciaire, qu'à ce titre on retrouvera dans le cadre défini ci-après.

---

1. V. l'ensemble des textes adoptés à Stockholm *in RGDIP*, 1993/1.

§ 3. Les modes juridictionnels de règlement [1]

540 ***Critères distinctifs*** ◊ Comme les procédures diplomatiques, les modes juridictionnels de règlement des différends sont fondés sur la volonté des parties. En dépit de diverses tentatives faites à plusieurs reprises au cours du XXe siècle pour instaurer un recours obligatoire des États au juge ou à l'arbitre, l'État souverain n'est soumis au jugement d'un tiers que s'il y a consenti, soit directement, avant le règlement d'un litige déterminé, soit auparavant par une clause générale figurant dans l'instrument conventionnel qui déterminera la nature et l'extension des litiges concernés. À la différence cependant des modes diplomatiques, les modes juridictionnels de règlement entraînent pour les États qui s'y soumettent *l'obligation* d'appliquer la décision de l'organe dont elle émane. Deux types d'organes sont susceptibles de rendre des décisions obligatoires : soit des tribunaux arbitraux, soit une juridiction permanente.

A. L'arbitrage

541 ***Historique et portée actuelle de l'arbitrage*** ◊ On fait traditionnellement remonter l'arbitrage moderne à l'affaire de *l'Alabama* consécutive à la guerre de Sécession (1872). À la fin du XIXe siècle et au début du XXe siècle, plusieurs sentences importantes ont été rendues, telle celle de l'affaire des *Phoques de la mer de Behring* (1893), celle des *Pêcheries de l'Atlantique Nord* (1910) ou bien encore de l'*Île de Palmas* (1928). En dépit de certaines tentatives faites notamment dans l'Acte général d'arbitrage de 1928, l'arbitrage international entre États reste cantonné au règlement de différends de nature juridique. Ces derniers sont réglés « sur la base du droit ».

a) On s'accorde à reconnaître qu'il existe à l'heure actuelle un certain regain d'intérêt des États pour l'arbitrage après une période de relative défaveur. C'est ainsi, notamment, qu'en matière de délimitation territoriale, plusieurs affaires ont été soumises à l'arbitrage dans un passé récent (*Délimitation du plateau continental* entre la France et le Royaume-Uni, décision du 30 juin 1977 et du 14 mars 1978 ; affaire du *Canal de Beagle* entre l'Argentine et le Chili, décision du 22 avril 1977 ; *Délimitation de la frontière maritime* entre la Guinée et la Guinée-Bissau, sentence du 4 février 1985 ; sentence relative aux *Différends frontaliers concernant l'enclave de Taba* entre l'Égypte et Israël du 29 septembre 1988). Le 10 juin 1992, un tribunal arbitral constitué à l'initiative de la France et du Canada a tranché leur différend relatif à la délimitation maritime entre le Canada et les îles françaises de Saint-Pierre-et-Miquelon [2]. C'est également par l'arbitrage qu'ont été fixées les frontières entre l'Érythrée, d'une part, et

1. V. C. Santulli, *Droit du contentieux international*, Paris, Montchrestien, 2005, 584 p.
2. V. commentaire H. Ruiz-Fabri, *RGDIP*, 1993/1, p. 67.

le Yémen [1] et l'Éthiopie [2], d'autre part. On ne saurait cependant réduire le domaine de l'arbitrage interétatique au règlement de ce type de litiges, comme en témoigne la sentence du 9 décembre 1978 relative à l'interprétation de l'*Accord aérien* entre la France et les États-Unis du 27 mars 1946, ou plusieurs arbitrages récents portant sur des aspects de protection de l'environnement ou de gestion de ressources partagées [3]. En outre, plusieurs procédures d'arbitrage interétatique ont abouti ou sont actuellement pendantes sur le fondement de la partie XV de la Convention des Nations Unies sur le droit de la mer de 1982, s'agissant de la délimitation d'espaces maritimes, de l'établissement d'une zone de protection, de la gestion de stocks halieutiques, de l'exploitation de ressources naturelles, ou de l'arraisonnement et de l'immobilisation de navires. L'arbitrage constitue le mode de règlement par défaut prévu par cette Convention, à laquelle 166 États et l'Union européenne sont parties. Il connaît un succès certain dans ce contexte.

Le regain d'intérêt pour l'arbitrage semble être dû en grande partie à la souplesse qui s'attache à ce type de procédure de règlement à l'égard duquel, en particulier, les États concernés conservent l'entière maîtrise de la composition de l'organe dont émanera la décision juridictionnelle. L'arbitrage paraît à cet égard plus respectueux de l'entière volonté des parties que le recours à la juridiction permanente, préconstituée.

b) Un autre domaine qui ne concerne pas à strictement parler le droit international public a connu dans les 25 dernières années un recours accru à l'arbitrage. Il s'agit de celui du règlement des différends survenus entre un État et une personne privée étrangère liés l'un à l'autre par un contrat, notamment un contrat de concession, portant généralement sur l'exploitation de ressources naturelles [4]. Inspiré par l'arbitrage international entre personnes privées autant que par l'arbitrage interétatique, l'arbitrage transnational a donné lieu à une série de sentences importantes notamment consécutives à la nationalisation des sociétés privées chargées dans plusieurs pays de l'exploitation des ressources pétrolières. La nationalisation des pétroles libyens, en particulier, a donné lieu à trois sentences rendues par trois arbitres différents et consacrant des solutions

---

1. Sentence du 17 déc. 1999 sur la délimitation maritime entre l'Érythrée et le Yémen, comm. G. Distefano, *AFDI* 2000. 255-284.

2. Décision de la Commission de délimitation du 13 avr. 2002 sur la délimitation de la frontière et l'Érythrée et l'Éthiopie. V. L. Lucchini, *AFDI* 2004. 389-415.

3. V. la sentence du 2 juill. 2003 dans l'affaire de l'*Accès à l'information en application de l'article 9 de la Convention OSPAR* (*Irlande c/ Royaume-Uni*), comm. Y. Kerbrat, *AFDI* 2004. 607-623. V. aussi la sentence rendue le 24 mai 2005 dans l'affaire du *Rhin de fer* (*Belgique c/ Pays-Bas*), et P. D'Argent, De la fragmentation à la cohésion systémique : la sentence arbitrale du 24 mai 2005 relative au « Rhin de fer » (Ijzeren Rijn), *in Droit du pouvoir, pouvoir du droit. Mélanges offerts à Jean Salmon*, Bruxelles, Bruylant, 2006, p. 1113-1137.

4. V. B. Oppetit, Les États et l'arbitrage : esquisse de systématisation, *Revue de l'arbitrage* 1985/4, p. 493 s. ; B. Audit, *L'arbitrage transnational et les contrats d'État : bilan et perspectives*, Centre d'Études et de Recherches de l'Académie de droit international de La Haye, Martinus Nijhoff 1987 ; K.H. Böckstiegel, Arbitration and State Enterprises, ICC, 1989.

distinctes en dépit de l'identité de la clause de droit applicable dans chacune de ces affaires (sentences BP, 10 octobre 1973, *Texaco-Calasiatic*, 19 janvier 1977, *LIAMCO*, 12 avril 1977). Ces affaires, comme la sentence *AMINOIL* rendue le 24 mars 1982, posent de difficiles problèmes aux arbitres, en particulier en ce qui concerne l'application à ce type de différends des règles et principes du droit international public conçus pour normaliser les rapports entre États [1].

C'est précisément pour apporter des solutions adaptées à la spécificité du règlement des différends entre États et personnes privées étrangères que la Convention de Washington du 18 mars 1965 (*GTDIP* n° 54) a établi sous les auspices de la Banque mondiale (BIRD), un Centre international pour le règlement des différends relatifs aux investissements (CIRDI). Particulièrement destiné à l'origine à faciliter les relations entre pays en développement et entreprises publiques ou privées étrangères, le CIRDI, après un démarrage assez lent, connaît aujourd'hui une activité très importante. Près de deux cents affaires étaient pendantes devant lui en 2014, après un accroissement spectaculaire des cas qui lui ont été soumis depuis les années 1990. On examine plus loin en détail les causes de ce phénomène [2] (v. ss 632 s.).

On doit enfin signaler l'expérience particulière offerte par l'accord intervenu entre les États-Unis et l'Iran, le 20 janvier 1981, pour le règlement de l'important contentieux existant entre les deux pays [3]. Le Tribunal ainsi institué a été appelé à se prononcer sur les réclamations de ressortissants américains contre l'Iran et de ressortissants iraniens contre les États-Unis. Mais, il pouvait également connaître des réclamations de chacun des deux États contre l'autre. Le tribunal irano-américain a rendu plusieurs sentences importantes dont l'influence dépassera sans doute le cadre strict du règlement des différends entre ces deux États (sentence *Amoco*, 1988).

542 ***Fondement de l'arbitrage*** ◊ Ainsi qu'on l'a dit, l'arbitrage trouve son fondement dans la libre volonté des États intéressés. Celle-ci peut s'exprimer de trois façons différentes, par voie de compromis, de clause compromissoire ou par celle d'un traité d'arbitrage permanent.

Le compromis est un accord international aux termes duquel deux États conviennent de confier à un tiers, arbitre unique, organe collégial *ad hoc* ou tribunal préconstitué, le règlement d'un litige déjà né. Quelle qu'en soit la dénomination, le compromis est un traité soumis comme tel aux

1. V. B. Stern, Trois arbitrages, un même problème, trois solutions, *Revue de l'arbitrage*, 1980, n° 1, p. 3.
2. V. G. Delaume, Le Centre international pour le règlement des différends relatifs aux investissements (CIRDI) *JDI* 1982. 775 s. ; pour la jurisprudence du CIRDI, V. la série des articles de P. Rambaud à l'*AFDI*, à partir de 1982. Sur les modalités particulières du contrôle des sentences du CIRDI, V. de plus la contribution de Ph. Kahn au Colloque de Lyon de la SFDI sur la juridiction internationale permanente, Paris, Pedone, 1987, p. 363 s.
3. V. B. Audit, Les accords d'Alger du 19 janv. 1981 tendant au règlement des différends entre les États-Unis et l'Iran, *JDI* 1981. 713 s. ; B. Stern, À propos d'une décision du Tribunal des différends irano-américains, *AFDI* 1982. 425 s.

conditions de forme et de fond régissant la conclusion des engagements internationaux. La validité du compromis est essentielle, sa nullité entraînant celle de toute la procédure ultérieure.

La clause compromissoire vise, à la différence du compromis, non un litige né et actuel, mais les différends éventuels susceptibles de survenir entre des États contractants ; elle est tantôt générale, tantôt spéciale.

Enfin, le traité d'arbitrage permanent a pour objet d'établir une clause compromissoire d'application générale entre les parties.

L'instrument établissant le consentement des parties à recourir à l'arbitrage détermine généralement l'objet du litige. Ainsi qu'on l'a vu, celui-ci est très généralement de régler les différends d'ordre juridique sur la base de l'application du droit. Il arrive que les États assortissent l'expression de leur consentement de certaines réserves dont l'objet sera de limiter la portée du champ d'application de l'arbitrage. Ainsi en est-il pour la mise à l'écart des conflits mettant en jeu les intérêts vitaux, l'indépendance ou l'honneur des États contractants, réserve subjective et imprécise. À l'époque contemporaine, un effort important a cependant été fait pour limiter les réserves. Outre l'objet du litige, la clause compromissoire ou le traité d'arbitrage déterminent également la composition de l'organe arbitral, ses pouvoirs ainsi que son mode de fonctionnement.

543 ***L'organe arbitral*** ◇ L'arbitrage par chef d'État a longtemps été pratiqué et il subsiste aujourd'hui de façon exceptionnelle (affaire de la *Frontière des Andes*, 1966 et affaire du *Canal de Beagle* précitée, 1977, dans lesquelles la sentence rendue par un tribunal composé de jurisconsultes éminents l'a été néanmoins au nom de la reine d'Angleterre). En règle générale, cependant, l'organe arbitral est aujourd'hui constitué d'un tribunal dont les différents membres sont choisis par les parties.

Deux questions concernent les pouvoirs du tribunal arbitral, relativement d'une part à sa compétence, et d'autre part au droit à appliquer. Il est de jurisprudence constante et conforme à la pratique de considérer que l'organe arbitral est juge de sa propre compétence et a le pouvoir d'interpréter à cet effet les actes qui gouvernent celle-ci. Toutefois, toute interprétation abusive du compromis, tout examen non compris dans celui-ci, toute méconnaissance de ses dispositions quant aux règles à appliquer peuvent constituer un excès de pouvoir susceptible de frapper d'inexistence juridique la sentence intervenue dans de telles conditions ; il est en effet de jurisprudence internationale constante que l'arbitre qui excède sa compétence voit sa sentence dénuée de toute valeur juridique.

Une fois sa compétence établie, le tribunal doit statuer sur les bases de droit déterminées par les parties, soit que le compromis indique comment le tribunal statuera (règles de droit, principes d'équité ou combinaison des deux éléments), soit qu'il établisse des règles spéciales constituant une législation *ad hoc* uniquement valable pour le litige à résoudre. Ce fut le cas des célèbres règles de Washington du 8 mai 1871 sur la neutralité maritime dans l'affaire de *l'Alabama*. Le compromis peut également attribuer au tribunal des pouvoirs plus larges que ceux d'un juge ordinaire en l'autorisant à statuer comme amiable compositeur, c'est-à-dire à apporter une solution transactionnelle au litige, inspirée de considérations extra-juridiques d'ordre politique ou d'opportunité. Dans certains cas beaucoup plus exceptionnels, l'arbitre a pu être chargé d'établir un règlement pour l'avenir, surtout dans certaines matières techniques. C'est ce qui fut réalisé dans la sentence arbitrale du 15 août 1893 relative à l'affaire des *Phoques de la mer de Behring* ou dans la sentence rendue le 7 septembre 1910 par la Cour Permanente d'Arbitrage, dans l'affaire anglo-américaine des *Pêcheries de l'Atlantique Nord*.

544 ***La procédure arbitrale*** ◊ Elle est très souvent établie par l'arbitre lui-même. La procédure écrite est de règle, le débat oral ayant toujours un caractère facultatif, quoiqu'il soit en pratique presque toujours organisé. La procédure par défaut ne se conçoit pas : l'arbitrage étant un mode de règlement essentiellement volontaire, le défaut d'une partie révèle alors son refus de se soumettre à la procédure arbitrale. Les règles de procédures sont souvent empruntées à la Convention de La Haye de 1907. La Commission du droit international des Nations Unies a certes adopté en 1953 un projet de convention sur la procédure arbitrale, mais il est généralement considéré comme composé de règles trop contraignantes pour être retenues par l'arbitre et acceptées par les parties.

545 ***La sentence arbitrale*** ◊ Elle est obligatoire et définitive mais non exécutoire.

Elle est tout d'abord obligatoire pour les parties dans la mesure où elle est conforme au compromis. Ce principe fondamental que l'on a souvent justifié par un appel à la règle *Pacta sunt servanda* a été rappelé à diverses reprises par la jurisprudence internationale. Pour être valable, la sentence n'a pas besoin de l'acceptation des parties et aucune ratification n'est nécessaire. Elle obéit au principe de la relativité de la chose jugée et ne produit ainsi d'effet qu'à l'égard des parties et pour la seule espèce en cause. Une fois la sentence rendue, la mission du tribunal est terminée et ses pouvoirs cessent. Les États parties au litige sont dans l'obligation de se conformer à la sentence et de prendre toutes les mesures propres à en assurer la mise en œuvre.

Le caractère définitif de la sentence n'empêche pas que certaines voies de recours soient ouvertes aux parties. Il existe d'abord un recours en interprétation en cas de désaccord entre celles-ci sur le sens véritable de la sentence. Dans l'affaire de la *Mer d'Iroise*, entre la France et la Grande-Bretagne (1977) il était prévu par le compromis que chaque Partie pourrait, dans les trois mois suivant la décision prise, déférer au tribunal toutes contestations entre elles quant à l'interprétation et la portée de la décision. Cette faculté a été effectivement exercée par le Royaume-Uni et une sentence interprétative a été rendue par le tribunal le 14 mars 1978 [1]. Il est

1. E. Zoller, Observations sur la révision et l'interprétation des sentences arbitrales, *AFDI* 1978. 327 s.

parfaitement concevable d'admettre un recours en réformation, notamment en cas d'erreur de fait ou même de droit qui aurait été commise par l'arbitre. Le recours en révision, en cas de découverte postérieurement au prononcé de la sentence d'un fait nouveau qui, s'il avait été connu de l'arbitre, eût été de nature à exercer une influence décisive sur la sentence est également envisageable. En revanche, on est confronté à une situation beaucoup plus difficile en cas de vice de la sentence arbitrale dû par exemple à l'excès de pouvoir ou à un défaut grave de la procédure. Par une requête du 23 août 1989, la Guinée-Bissau a introduit devant la Cour internationale de Justice un recours en inexistence et, à titre subsidiaire, en nullité, de la sentence arbitrale rendue par un tribunal constitué sur la base de l'accord entre les deux parties, sentence rendue le 31 juillet 1989. Le requérant fondait sa requête en inexistence sur le fait que la majorité du tribunal composé de deux arbitres sur trois n'aurait été en réalité qu'apparente puisque, par une déclaration annexe, l'un des deux arbitres concernés, qui plus est président du tribunal, avait exprimé une opinion en contradiction avec celle apparemment votée. La Cour a rejeté les conclusions de la Guinée-Bissau, à l'unanimité en ce qui concerne l'allégation d'inexistence de la sentence, à la majorité en ce qui concerne l'allégation de nullité. La sentence a donc été déclarée par la Cour applicable aux deux parties, Sénégal et Guinée-Bissau [1].

Contrairement aux arbitrages soumis à un droit interne, les sentences arbitrales rendues dans un cadre interétatique n'ont pas de caractère exécutoire. On entend par là que l'exécution des sentences arbitrales par les États est essentiellement volontaire. Elle obéit au principe général de la bonne foi, le refus d'exécution n'étant concevable qu'au cas d'excès de pouvoir. On doit cependant constater que dans la très grande majorité des cas, les sentences arbitrales sont effectivement exécutées par les parties. La contestation de leur autorité par l'une d'entre elles revêt un caractère tout à fait exceptionnel. La multiplication des arbitrages sans la présence de la partie défenderesse, sur le fondement de la Convention des Nations Unies sur le droit de la mer, augmente toutefois le risque d'inexécution des sentences arbitrales, et pourrait avoir à terme un effet négatif sur la perception par les États de l'utilité de l'arbitrage comme mode de règlement de leurs différends dans ce contexte.

B. Les juridictions internationales permanentes [2]

1. Aperçu général

546 ***Juridictions à compétences restreintes et juridiction à compétence générale*** ◊ Dans le système juridique international actuel, le recours au juge constitue encore une exception. Ainsi qu'on l'a rappelé par

1. Arrêt du 12 nov. 1991, *Rec.* 1991, p. 52.
2. V. Colloque de la SFDI (Lyon, 1986), *La juridiction internationale permanente*, Paris, Pedone, 1987, 440 p.

ailleurs, il demeure de toute façon subordonné à l'assentiment des États. L'aspiration à soumettre les différends interétatiques, ou d'une façon plus générale, les manquements aux droits allégués à l'encontre d'un État au jugement d'une autorité tierce a cependant connu un développement certain au cours des dernières décennies, notamment à l'échelon régional.

Ainsi examine-t-on par ailleurs, en ce qui concerne la protection internationale des droits de l'homme, les compétences de la Cour européenne des droits de l'homme instituée par la Convention européenne des droits de l'homme de 1950 qui a elle-même servi de modèle à la Cour interaméricaine des droits de l'homme (v. ss 215 s.). Un exemple de juridiction internationale régionale particulièrement développée est par ailleurs fourni par la Cour de justice de l'Union européenne (CJUE) à laquelle sont reconnues, à la différence des autres juridictions internationales, des compétences très diversifiées. Elle a en effet non seulement le pouvoir d'interpréter les traités et les actes de l'Union, mais aussi celui d'annuler ou d'apprécier la validité des actes pris par les organes communautaires. Elle connaît des recours en manquement des États membres à leurs obligations, comme des constats de carence dans l'exercice par les organes communautaires des compétences qui leur sont dévolues par les traités institutifs. Elle est également susceptible d'apprécier la responsabilité extracontractuelle de l'Union européenne de même qu'elle juge des différends entre les fonctionnaires européens et l'UE. Elle peut être saisie par voie de citation directe, soit par la Commission soit par les États, soit même, ce qui est tout à fait exceptionnel, mais à certaines conditions il est vrai limitatives, par les particuliers (art. 263 TFUE), soit encore, dans le cadre du recours en interprétation ou en appréciation de validité, par les juridictions nationales (art. 267 TFUE). Le cas de la CJUE demeure cependant tout à fait particulier : il est marqué par les caractéristiques propres à l'ordre juridique communautaire (v. ss 446).

On peut également citer le cas du Tribunal européen sur l'immunité des États, compétent pour statuer sur les différends relatifs à la Convention européenne sur l'immunité des États. Les parties à cette convention peuvent exclure de sa compétence les requêtes des particuliers mais non les requêtes étatiques s'ils ont par ailleurs souscrit au Protocole additionnel à la Convention mis en place en 1985 [1].

Dans le cadre des organisations internationales à vocation universelle de la famille des Nations Unies, il faut par ailleurs signaler l'existence de juridictions administratives destinées à régler des différends survenus entre les organisations internationales, qu'ils concernent leurs fonctionnaires ou agents. Le premier fut le Tribunal administratif de l'Organisation internationale du travail (TAOIT) créé en 1927 et ouvert à plusieurs autres institutions spécialisées ayant accepté sa juridiction (Unesco, OMS, FAO, OMM, etc.). Le second est le Tribunal administratif des Nations Unies (TANU)

1. En mai 2014, le protocole n'était toutefois ratifié que par six États. Sur la convention et le tribunal, V. l'étude de M.O. Wiederkehr, *AFDI* 1974. 924 s., complétée par la note sur la mise en place effective du Tribunal *in AFDI* 1985. 390.

établi en vertu d'une résolution du 24 novembre 1949 de l'Assemblée générale de l'ONU, compétent pour examiner les requêtes des fonctionnaires et agents de l'ONU contre les décisions du Secrétaire général les concernant. Il a été remplacé en 2009 par le Tribunal du contentieux administratif (v. ss 191). Enfin, un Tribunal administratif, dont le statut est entré en vigueur le 1er juillet 1980, a été créé pour les institutions financières du système des Nations Unies (la Banque mondiale et le FMI) [1].

Dans le cadre universel, il faut également citer aujourd'hui le Tribunal international du droit de la mer établi par la Convention des Nations Unies sur le droit de la mer de 1982 (*GTDIP* n° 61, partie XV et annexe VI). Son fonctionnement était cependant subordonné à l'entrée en vigueur de cette convention, condition réalisée depuis le 15 novembre 1994, 60 États ayant alors ratifié la Convention. Il est entré en fonction le premier août 1997 et a été saisi d'une première demande de règlement d'un différend dès le mois de février 1998. Il comporte une Chambre pour le règlement des différends relatifs aux fonds des mers et a également compétence pour donner des avis consultatifs sur les questions juridiques pouvant se poser dans le cadre des activités de « l'Autorité ». Il est prévu par la Convention que la juridiction du Tribunal n'est obligatoire que si les États parties aux différends ont exprimé leur accord sur sa saisine. Sa compétence s'étend donc au contentieux de tous différends relatifs à l'interprétation et à l'application de la Convention de Montego Bay et de tout accord se rapportant au but de cette convention (art. 228). Elle peut également s'étendre à des litiges transnationaux susceptibles de survenir entre l'Autorité du fond des mers et les entreprises privées chargées par elle de l'exploitation du fond des mers [2].

Au nombre des juridictions internationales de création récente dans le cadre des Nations Unies, on doit également compter les deux tribunaux chargés respectivement de juger les violations graves du droit international humanitaire en ex-Yougoslavie et le génocide au Rwanda, progressivement remplacé par le *Mécanisme pour les Tribunaux pénaux internationaux*, la Cour pénale internationale ou les tribunaux spéciaux pour la Sierra Leone et le Liban (v. ss 227). Deux différences fondamentales séparent toutefois ces tribunaux de ceux qui ont été désignés jusqu'ici aussi bien que de la Cour internationale de Justice : d'une part, à l'exception notable de la CPI, il ne s'agit pas de juridictions internationales *permanentes*, mais de tribunaux pénaux *ad hoc* qui disparaîtront en principe après l'accomplissement de leur tâche judiciaire ; d'autre part, toutes ces juridictions sont destinées à juger des personnes physiques et non des États souverains.

547 ***Problèmes posés par la multiplication des juridictions internationales*** ◊ La multiplication des juridictions internationales permanentes

1. V. A. Pellet, Les voies de recours ouvertes aux fonctionnaires internationaux, *RGDIP*, 1981/2, p. 253-312 et 1981/4, p. 657-792.
2. V. R. Ranjeva, Le règlement des différends relatifs au nouveau droit de la mer, *in Traité du nouveau droit de la mer*, Paris, Economica/Bruylant, 1985, p. 1105-1167.

pourrait, à terme, poser certains problèmes [1]. Ils sont de caractère institutionnel mais aussi substantiel. Est en effet en cause en particulier le maintien d'une suffisante *unité de jurisprudence* quant à l'interprétation et l'application du droit international général mais aussi des diverses conventions internationales faisant l'objet d'examen judiciaire. Une telle contrariété de jurisprudence, déjà sensible entre juridictions universelles (CIJ) et régionales (par exemple, La Cour de justice de l'Union européenne ou la Cour européenne des droits de l'homme) dans des domaines comme les conditions d'octroi et d'opposabilité internationale de la nationalité aux personnes physiques (CJUE) ou l'opposabilité des réserves aux conventions internationales (CEDH), a connu une illustration notable entre deux juridictions internationales relevant des Nations Unies : le Tribunal international pénal pour l'ex-Yougoslavie et la Cour internationale de Justice (CIJ). Dans sa décision du 7 mai 1999 rendue sur l'appel du jugement au fond dans l'affaire *Tadic*, la Chambre d'appel du TPIY a très ouvertement pris le contre-pied de la position qu'avait antérieurement adoptée la CIJ dans l'arrêt au fond rendu en 1986 en l'affaire ayant opposé le Nicaragua aux États-Unis pour ce qui se rapporte aux conditions d'imputation à un État des actions (et exactions) commises par une entité non étatique armée. Le TPIY n'a pas hésité à imputer les actions de l'armée serbe de Bosnie à la République fédérale de Yougoslavie, alors qu'en 1986, la Cour n'avait pas voulu imputer les menées du mouvement des Contras contre le gouvernement du Nicaragua aux États-Unis, alors même que, dans l'un et l'autre cas, des liens de fait manifestes existaient entre État et entité armée. Cette prise de position du TPIY a été ultérieurement critiquée par la CIJ qui, dans son arrêt de 2007 sur l'affaire du génocide, a confirmé sa jurisprudence de 1986 (v. ss 476).

On peut également désormais rencontrer de véritables phénomènes de concurrence de procédures contentieuses, amplifié par une tendance au *forum shopping*, s'agissant du règlement de différends portant sur les mêmes faits mais susceptibles de relever de la compétence de deux juridictions internationales distinctes [2]. C'est ainsi que, dans le différend opposant l'Irlande au Royaume-Uni au sujet de la construction d'une usine de fabrication de combustible nucléaire MOX, le tribunal arbitral constitué sur la base de l'annexe VII de la Convention des Nations Unies sur le droit de la mer, après avoir, dans un premier temps, rendu une ordonnance en mesures conservatoires [3] a ensuite décidé, en juin 2003, abordant le fond de l'affaire, de suspendre l'instance en cours afin de laisser régler par la Cour de justice des Communautés européennes la question de savoir si celle-ci serait compétente pour connaître du même différend au cas où

1. *SFDI, La juridictionnalisation du droit international*. Colloque de Lille, Paris, Pedone, 2003, 548 p.

2. V. Y. Kerbrat (dir.), *Forum Shopping et concurrence des procédures contentieuses internationales*, Bruxelles, Bruylant, 2011, 310 p.

3. Ord. du 3 déc. 2001. V. Chronique de jurisprudence internationale, *RGDIP*, 2002/1, p. 196-206.

elle serait saisie par la Commission. En cas de réponse positive, en effet, cet état de choses serait susceptible d'écarter la compétence du tribunal arbitral en application de l'article 282 de la Convention sur le droit de la mer. On notera cependant que la décision du tribunal se réfère à la courtoisie et à l'existence d'une connexité procédurale, non à l'application d'une règle juridique imposant de prévenir la contrariété entre les jugements émanant de deux systèmes juridictionnels concurrents [1].

L'expérience des dernières années manifeste cependant d'ores et déjà que les alarmes relatives à la fragmentation du droit international du fait de jurisprudences discordantes, pour ne pas être dénuées de fondement, ne se sont cependant pas confirmées de façon déterminante. Au contraire, on constate que, depuis le début des années 2000 (il est probable que l'avertissement lancé à la tribune de l'Assemblée générale des Nations Unies par le président de la CIJ, Gilbert Guillaume, ait eu une incidence très favorable [2]), les juridictions internationales hésitent de moins en moins à se référer les unes aux autres ; elles veillent même jusqu'à présent à une sorte d'harmonisation d'ensemble de leurs jurisprudences respectives sur des sujets identiques ou voisins. La Cour internationale de Justice, qui évitait traditionnellement de s'appuyer explicitement sur les décisions prises par d'autres juridictions, prend soin depuis quelques années d'étayer ses avis et arrêts par des références à des décisions ou observations générales du Comité des droits de l'homme (avis consultatif de 2004 sur la question des conséquences de la construction du mur en territoire palestinien et avis consultatif de 2012 relatif au *jugement n° 2867 du Tribunal administratif de l'Organisation internationale du travail sur la requête contre le Fonds international de développement agricole* [3]), à des jugements du TPIY (arrêt de 2007 sur l'affaire du génocide) à des sentences arbitrales (arrêt du 3 février 2009 en l'affaire de la *Délimitation maritime en Mer noire*, § 198) [4], des arrêts de la Cour de justice de l'Union européenne (arrêt du 5 décembre 2011, *Application de l'Accord intermédiaire du 13 septembre 1995* [5] ; arrêt du 3 février 2012, *Immunités juridictionnelles de l'État* [6]) ou des décisions des cours européenne et interaméricaine des droits de l'homme (arrêt du 19 juin 2012, *Diallo* [7]). Mais c'est surtout de la part des cours régionales des droits de l'homme, inter-américaine et européenne, que l'on constate un effort, relatif mais certain, d'harmonisation dans l'application des règles du droit international général (v. ss 227). Ce dernier, qui plus est, apparaît reconnu dans sa prééminence sur les ordres

1. Décision du 13 juin 2003. V. Ph. Weckel, *RGDIP*, 2003/4, p. 984 s., et Y. Kerbrat, *AFDI* 2004. 607-623.
2. Discours du 27 oct. 2000.
3. Avis du 1er févr. 2012, spéc. § 39.
4. V. aussi l'arrêt du 5 déc. 2011, *Application de l'Accord intermédiaire du 13 septembre 1995 (Ex-République de Macédoine c/ Grèce)* § 132.
5. § 109.
6. § 72, 90 ou 96.
7. *République de Guinée c/ RDC* (arrêt sur l'indemnisation).

juridiques régionaux, comme le manifeste l'arrêt surprenant rendu par le Tribunal de première instance de la Communauté européenne dans ses arrêts du 21 septembre 2005 dans les affaires *Yusuf et Al Barakaat International Foundation* et *Kadi* [1], avant que la solution fût réformée en appel (v. ss 149). S'instituant en quelque sorte juge de droit commun de la conformité des résolutions du Conseil de sécurité au droit impératif international ou *jus cogens* trouvé en l'occurrence dans certaines règles de droits de l'homme, le Tribunal s'appuie, certes (au § 242 du jugement) sur une disposition de droit communautaire pour reconnaître l'autorité de ces résolutions ; il n'hésite pourtant pas non plus à se référer (§§ 235 à 253) aux articles 25 et 103 de la Charte pour reconnaître la portée de telles résolutions sur les États membres de l'Union européenne. Nulle trace, par conséquent, d'une autonomie radicale du droit de l'Union par rapport à l'ordre juridique international, qui serait poussée jusqu'à en faire un « régime autosuffisant » [2]. Tout au contraire, l'affirmation claire et nette d'une hiérarchie des normes internationales à raison, notamment, de leur contenu. Ce type de comportement juridictionnel n'est, certes, pas le seul à pouvoir apaiser les tensions entre juridictions internationales. Il est néanmoins l'un des plus efficaces pour y parvenir et constitue une novation dans les relations entre juridictions internationales. On doit par conséquent considérer avec circonspection le décalage d'un certain discours doctrinal par rapport à la jurisprudence, notamment la plus récente.

D'une façon plus générale, l'exigence d'unité d'interprétation des règles communes a inspiré, dans des ordres juridiques plus intégrés, tel, en particulier, l'ordre juridique communautaire, des solutions procédurales spéciales, comme le recours en interprétation. Il investit la juridiction commune, c'est-à-dire la Cour de justice de l'Union européenne, d'un pouvoir exclusif d'interprétation des règles communautaires. Les questions d'interprétation peuvent lui être soumises, de manière préjudicielle, par les juridictions internes des États membres. Cette possibilité se transforme en obligation pour les juridictions de dernier recours.

Un tel système est-il transposable en droit international ? Auquel cas il pourrait être instauré au bénéfice de la Cour internationale de Justice. C'est une proposition notamment faite en doctrine [3]. Un tribunal international pourrait ainsi surseoir à statuer dans l'attente de la réponse à la question qu'il aurait posée à la CIJ sur la détermination, l'interprétation ou l'application d'une règle conventionnelle ou coutumière de droit international public dont il estime nécessaire l'élucidation pour rendre son propre jugement. Pour très intéressante et imaginative qu'elle soit, cette solution, théoriquement concevable, se heurterait cependant en pratique à de sérieux obstacles. Ils seraient à la fois d'ordre technique,

1. V. Ph. Weckel, *RGDIP*, 2005/4, p. 957.
2. V. la position critique de l'avocat général M. Poiares Maduro à l'égard de l'arrêt *Kadi*.
3. V. G. Guillaume, Quelques propositions concrètes à l'occasion du cinquantenaire de la Cour internationale de Justice, *RGDIP*, 1996/2, p. 323-334.

psychologique, mais également politiques. Il paraît dans ces conditions peu probable qu'une procédure de ce type ou approchante soit consacrée à plus ou moins brève échéance. On peut en revanche sans doute penser à l'instauration de procédures plus souples et moins formalisées. Tel serait le cas de rencontres périodiques entre juges des différentes juridictions concernées, pour veiller à l'harmonie d'interprétation des normes intéressées. Un tel système se pratique déjà, à l'échelle européenne entre juridictions constitutionnelles nationales, pourtant tributaires les unes et les autres de systèmes juridiques différents.

De manière globale, on peut considérer que la multiplication des juridictions internationales constitue désormais un élément de première importance dans l'évolution de la structure de l'ordre juridique international. Elle devrait inciter la Cour internationale de Justice à renouer avec une politique juridique plus active en fait d'identification et d'interprétation des règles de droit international, comme la CIJ l'avait pratiquée en particulier dans son arrêt relatif au *Plateau continental de la mer du Nord* (1969) ou dans sa décision concernant les *Activités militaires et paramilitaires au Nicaragua et contre celui-ci* (1986). C'est, il faut bien le dire, à cette condition, certes exercée dans le cadre et les limites imposées par son Statut, qu'elle pourra conserver la plénitude de son autorité et qu'elle persistera à être reconnue non seulement par les États mais aussi par les autres juridictions internationales comme la principale juridiction à l'échelle universelle. L'étendue de ses compétences, comparées à celles des juridictions spécialisées est, par définition, un atout. Il est à cet égard significatif de constater que, dans sa décision relative aux mesures prises par la communauté européenne concernant la viande aux hormones, du 16 janvier 1998, l'instance d'appel de l'organe de règlement des différends de l'OMC n'ait pas hésité à se référer à l'arrêt de la CIJ du 25 septembre 1997 dans l'affaire du *Projet de Gabcikovo*. Il l'a fait pour constater que la Cour s'était abstenue de se prononcer sur le caractère d'ores et déjà coutumier du principe de précaution en droit international de l'environnement (v. ss 116). Il y a sans doute là l'expression d'une reconnaissance du magistère de la CIJ, par ailleurs favorisée par sa place d'« organe judiciaire principal des Nations Unies ». Il s'agit d'une question dont l'avenir révélera sans doute l'importance pour le maintien de l'unité substantielle de l'ordre juridique international [1].

Quoi qu'il en soit de toutes ces créations de juridictions internationales permanentes, aucune d'entre elles ne possède la plénitude des compétences qui sont reconnues à la Cour internationale de Justice, seule véritable juridiction internationale universelle à compétence générale.

---

1. Société française pour le droit international (SFDI), Colloque de Lille. *La juridictionnalisation du droit international*, Paris, Pedone, 2003, 548 p. ; V. P.-M. Dupuy, *Le maintien ou la disparition de l'unité du système juridique international, in Harmonie et contradictions en droit international*, Rencontres internationales de la faculté des sciences juridiques, politiques et sociales de Tunis, Paris, Pedone, 1996, p. 17-54 et, d'une façon générale, du même auteur, L'unité de l'ordre juridique international, Cours général de droit international public, *RCADI* 2002, t. 297, partic. IVe partie et conclusion générale.

2. La Cour internationale de Justice [1]

548 ***Historique*** ◊ La Cour internationale de Justice a été créée en juin 1945 et a commencé son activité l'année suivante. Elle apparaît cependant à bien des égards comme le successeur de la Cour permanente de Justice internationale (CPJI) créée par l'article 14 du Pacte de la Société des Nations dont le Statut, distinct du Pacte, remonte à 1920 et entra en vigueur en 1921. Dans l'entre-deux-guerres la CPJI a rendu une trentaine d'arrêts et presque autant d'avis consultatifs dont certains furent d'une grande importance.

Après la Seconde Guerre mondiale, les initiateurs de l'ONU ont entendu développer le rôle de l'organe juridictionnel en l'intégrant de façon beaucoup plus étroite à l'Organisation mondiale. C'est le cas de la Cour internationale de Justice, qui a hérité du statut légèrement modifié de la CPJI (*GTDIP* n° 27). Elle est en effet l'un des organes principaux de l'ONU aux termes de l'article 7 de la Charte et constitue l'organe judiciaire principal de l'Organisation (art. 92, *GTDIP* n° 1) [2]. Son Statut est annexé à la Charte, de sorte que tous les États membres de l'ONU sont automatiquement partie à celui-ci.

549 ***Organisation de la Cour*** [3] ◊

a) Composition : la CIJ est composée de quinze membres permanents élus pour cinq ans par un vote simultané de l'Assemblée générale et le Conseil de sécurité de l'Organisation des Nations Unies. Ils sont choisis de manière à assurer une représentation géographique mais également culturelle des différentes régions du monde comme des divers systèmes juridiques existants. Pas plus d'un juge ne peut avoir la même nationalité. En matière contentieuse, une institution complémentaire héritée des origines arbitrales de la justice internationale permet à toute partie qui n'a pas de juge de sa nationalité sur le siège, de désigner un juge *ad hoc* (art. 31 du Statut). Celui-ci n'a pas forcément la nationalité de l'État qui l'aura investi.

La Cour nomme son président pour trois ans. Son rôle est essentiel. Il préside toutes les séances de la Cour ; il dirige ses travaux et contrôle ses services. En matière contentieuse, sa voix est prépondérante en cas de partage des voix.

b) Statut des juges : deux traits caractérisent le statut des juges, leur indépendance et leur compétence notoire en matière de droit international. Le Statut (art. 2) indique qu'ils doivent être choisis « parmi les

---

1. V. G. Guillaume, *La Cour internationale de Justice à l'aube du XXIe siècle. Le regard d'un juge*, Paris, Pedone, 2003, 344 p. ; G. Fitzmaurice : *The Law and Procedure of the International Court of Justice*, Cambridge, Grotius Publications, 1986, 2 vol. ; R. Kolb, *La Cour internationale de Justice*, Paris, Pedone, 2014, 1356 p.

2. V. M. Lachs, The United Nations and the International Court of Justice, *in Pensamiento jurídico y sociedad internacional. Libro-homenaje al profesor D.A. Truyol y Serra*, Madrid 1986, vol. 2, p. 635 s.

3. A. Zimmermann, Ch. Tomuschat, K. Oellers-Frahm, *The Statute of the International Court of Justice*, Oxford University Press, 2006, 1 578 p.

personnes jouissant de la plus haute considération morale, et qui réunissent les conditions requises pour l'exercice, dans leurs pays respectifs, des plus hautes fonctions judiciaires, ou qui sont des jurisconsultes possédant une compétence notoire en matière de droit international ». Leur indépendance est garantie par leur irrévocabilité pendant toute la durée de leur mandat, sauf jugement unanime de leurs pairs. Les membres de la Cour, qu'ils soient d'ailleurs permanents ou *ad hoc*, jouissent en outre des privilèges et immunités diplomatiques.

c) Formations de jugement : la Cour rend ordinairement ses arrêts en formation plénière. Toutefois, comme beaucoup de juridictions permanentes, elle comporte également des formations restreintes, les chambres [1]. Par détermination de son Statut, les chambres sont de différents types. L'article 29 prévoit la constitution d'une chambre de 5 juges, dite « de procédure sommaire » ; l'article 26, § 1, permet à la Cour de constituer des chambres spéciales composées au moins de 3 juges pour connaître de genres particuliers d'affaires, concernant par exemple les transports ou les communications. Cependant, c'est un troisième type de chambres qui a été utilisé à six reprises depuis 1984 [2]. Il s'agit des Chambres *ad hoc*, prévues à l'article 26, § 2 du Statut, dont l'attrait pour les États justiciables a été renouvelé par les révisions de son Règlement, opérées par la Cour en 1972 et 1979 [3]. L'originalité de ces formations vient du fait qu'elles ne sont pas pré-constituées mais composées cas par cas, pour juger d'une affaire déterminée. La modification précitée du Règlement de la Cour a eu pour objet de laisser la possibilité aux parties d'influer sur leur composition en exprimant leurs vues sur ce point au président, qui en avise la Cour, laquelle décide au scrutin secret (art. 17 Règlement). Il est cependant parfaitement normal qu'elle avalise en pratique le choix des parties, au risque, sinon, de les voir recourir à un tribunal arbitral.

Ce système a indiscutablement correspondu à un renouveau de l'institution des Chambres et a même constitué un moyen de rehausser l'attrait de la Cour tout entière, à une époque où elle était moins sollicitée qu'à l'heure actuelle. Il a été souvent salué par la doctrine comme une sorte d'intermédiaire entre l'arbitrage et la juridiction [4]. À ce titre, il a même

---

1. V. G. Guillaume, *Les formations restreintes des juridictions internationales, Contentieux 1*, Cours de l'IHEI, Paris, Pedone, 1992, 92 p.

2. Délimitation de la frontière maritime dans la région du golfe du Maine (*Canada c/ États-Unis*) *Rec.* 1984, p. 246 ; *Différend frontalier* (*Burkina Faso c/ Mali*) *Rec.* 1986, p. 554 ; *Elettronica Sicula S.p.A. (ELSI)* (*Italie c/ États-Unis*) *Rec.* 1989, p. 15 ; *Différend frontalier terrestre, insulaire et maritime (El Salvador c/ Honduras)*, 1992 ; Demande en révision de l'arrêt du 11 sept. 1992 rendu en l'affaire du *Différend frontalier terrestre, insulaire et maritime* (*El Salvador c/ Honduras*), 2003 ; *Différend frontalier (Bénin c/ Niger)*, 2005.

3. V. R.-J. Dupuy, La réforme du Règlement de la CIJ, *AFDI* 1972. 274 ; E. Jimenez de Arechaga, The Amendments to the Rules of Procedure of the ICJ, *AJIL* 1973. 2 ; M. Lachs, The Revised Procedure of the ICJ, *in Essays in Memory of H. van Panhuys*, 1980. 43.

4. V. E. Zoller, La constitution d'une chambre spéciale de la Cour internationale de Justice, *RGDIP* 1982. 311 ; A. Pillepich, Les chambres, *in La juridiction internationale permanente, colloque SFDI*, *op. cit.* suivi des remarques du juge M. Bedjaoui, p. 45-78 ; S. Schwebel, *Ad hoc*

fait l'objet de critiques de la part de certains juges [1]. Nul doute, cependant, qu'il constitue en pratique un moyen efficace d'accroître la souplesse d'adaptation de la Cour aux divers types de différends qui lui sont soumis. Sans qu'on doive ainsi voir nécessairement dans l'institution remaniée des chambres *ad hoc* un mode privilégié de l'action contentieuse de la juridiction internationale à l'avenir, on peut estimer, avec le recul du temps, que la révision du Règlement de la Cour a produit dans l'ensemble des conséquences heureuses pour l'accroissement de l'audience internationale de la Cour, sans aucunement nuire à son prestige.

550 ***Compétences de la Cour*** ◊ La Cour exerce deux compétences distinctes dont une seule s'exerce dans le cadre juridictionnel, c'est la compétence contentieuse destinée au règlement des différends entre États. L'autre est la compétence consultative qu'il convient néanmoins d'examiner ici en raison du fait que lorsqu'elle l'exerce, la Cour ne se départit pas des règles essentielles qui dirigent son activité en tant que tribunal [2].

a) Compétence contentieuse. La Cour est compétente pour trancher des différends entre États qui ont consenti à sa juridiction.

La *qualité pour agir* dans le cadre de la compétence contentieuse est, ainsi, réservée aux États (article 34 du Statut). Les États membres des Nations Unies sont *ipso facto* parties au Statut de la Cour (article 93 de la Charte). Cependant, les États non membres de l'ONU (catégorie réduite aujourd'hui à un très petit nombre de cas) peuvent également devenir parties au Statut à certaines conditions fixées par l'Assemblée générale sur recommandation du Conseil de sécurité (art. 93, § 2) [3], réunies notamment par l'Allemagne fédérale, alors non membre de l'ONU à propos du différend qui l'opposait aux Pays-Bas et au Danemark, et qui donna lieu à l'arrêt relatif au *Plateau continental de la Mer du Nord* de 1969.

Le consentement des États nécessaire à la compétence de la Cour peut être exprimé de diverses manières : il peut naître, en premier lieu, par la voie d'un *compromis*, c'est-à-dire d'un accord conclu entre les deux États pour saisir la Cour du différend qui les oppose. À bien des égards, ce compromis possède des traits communs avec le compromis d'arbitrage en ce sens qu'il désigne également l'objet du différend et peut dans une certaine mesure préciser les règles de droit qu'il demande à la Cour d'appliquer. L'avantage de ce mode de saisine vient du fait que sur cette

Chambers of the International Court of Justice, *AJIL* 1988. 556 ; S. Oda, Further Thoughts on the Chamber Procedure of the International Court of Justice, *AJIL* 1988. 556 ; Sir Robert Jennings, Chambers of the International Court of Justice and Courts of Arbitration, *in Humanité et droit international, Mélanges R.-J. Dupuy*, Paris, Pedone, 1991, p. 197.

1. V. les opinions dissidentes des juges Morozov et El Khani dans l'affaire du *Golfe du Maine*, ord. du 20 janv. 1982, *Rec.* 1982, p. 3 s. ; *op.* diss. Juge Shahabuddeen dans l'affaire du *Différend frontalier, insulaire et maritime (Honduras c/ Salvador)* ord. du 28 févr. 1990, *Rec.* 1990, p. 3 s.

2. V. *CPJI*, *Affaire de la Carélie orientale*, série B n° 5, p. 29.

3. Cette faculté a été utilisée par la République de Nauru dans le différend qui l'opposa à l'Australie (1992).

base la compétence de la Cour ne saurait être contestée par l'une et l'autre Partie puisque l'une et l'autre l'ont reconnue spécifiquement dans le compromis. En pratique cependant, on constate qu'en bien des affaires, des divergences apparaissent entre les parties quant à l'interprétation des clauses qu'il comporte. Ce fut notamment le cas dans l'affaire du *plateau continental Tunisie c/ Libye*, jugée en 1982, et dans celle qui opposa le Honduras au Salvador, relativement à la mission de la Cour à l'égard des espaces maritimes intéressant les deux pays (1992). Les parties déterminent dans le compromis les questions posées à la Cour et la compétence de celle-ci pour en connaître. Leur liberté n'est toutefois pas totale ; elles ne sauraient, en effet, excéder les limites de la fonction judiciaire de la Cour telles qu'elles sont définies dans le Statut. La CIJ l'a rappelé en 2013 à l'occasion de l'affaire du *Différend frontalier Burkina Faso/Niger*, en refusant, pour ce motif, une demande qui tendait à ce qu'elle incorpore dans le dispositif de son arrêt une solution convenue par traité entre les parties ; la fonction de la Cour étant de trancher des différends, elle n'est pas de donner autorité de chose jugée à une solution librement choisie par les parties dont elle doit seulement prendre acte [1].

La base de la juridiction de la Cour peut, en deuxième lieu, être fournie par tout traité, soit général et portant sur le règlement des différends, comme c'est en particulier le cas de l'Acte général d'arbitrage de 1928 invoqué à l'encontre de la France par l'Australie et la Nouvelle-Zélande dans l'affaire des *essais nucléaires* de 1973, soit un traité bilatéral, par exemple un traité d'amitié et de commerce du type de celui qui liait les États-Unis et le Nicaragua (affaire des *Activités militaires et paramilitaires au Nicaragua et contre celui-ci*, arrêt sur la compétence de la Cour du 26 novembre 1984).

En troisième lieu, la compétence de la Cour peut être établie sur la base du système dit de la clause facultative de juridiction obligatoire résultant de l'article 36 paragraphe 2 du Statut (*GTDIP* n° 27). La déclaration d'acceptation de la juridiction de la Cour permet à l'État de prendre, à l'avance, l'engagement de soumettre à la Cour les litiges qui l'opposeraient à un autre État ayant lui-même souscrit à la même clause.

La compétence de la Cour en vertu de l'article 36 paragraphe 2 implique ainsi la réciprocité, qu'il n'est nul besoin de rappeler explicitement dans le texte des déclarations elles-mêmes [2]. Il est admis en pratique que les déclarations des États en application de l'article 36 paragraphe 2 peuvent être assorties de réserves limitant le champ d'application de la compétence ainsi reconnue à la Cour. C'est ainsi par exemple que la France, dans la dernière déclaration de reconnaissance de juridiction qu'elle ait faite, en date du 20 mai 1966, excluait de la compétence de la Cour « les différends concernant des activités se rapportant à la défense nationale » [3]. C'est

---

1. Arrêt du 16 avril 2013, § 35-59.
2. V. J. Charney, Compromissory Clauses and the Jurisdiction of the International Court of Justice, *AJIL* 1987/4, p. 855-887.
3. Texte *in AFDI* 1966. 61.

l'existence de cette réserve qui explique qu'à la suite des ordonnances rendues par la CIJ en 1973 dans l'affaire des *essais nucléaires*, le gouvernement français ait abrogé sa déclaration de 1966, mettant ainsi fin à son acceptation de la juridiction obligatoire. La même attitude a été adoptée par les États-Unis après l'arrêt précité du 26 novembre 1984 en signe de protestation contre la déclaration par la Cour de sa compétence dans l'affaire qui les opposait au Nicaragua [1].

Une question a été souvent posée en doctrine et présente un intérêt pratique certain. C'est celle de savoir quelle est exactement la *nature juridique* de la clause de l'article 36.2. Doit-on l'analyser comme un acte unilatéral, puisqu'elle émane de la libre décision d'un seul État, ou au contraire comme la mise en œuvre d'un système établi par voie d'accord (le Statut de la Cour internationale de Justice) ? Dans son arrêt précité de 1984 entre les États-Unis et le Nicaragua, la Cour internationale de Justice a pris position sur ce point non sans laisser subsister une certaine ambiguïté : « le caractère unilatéral des déclarations n'implique pourtant pas que l'État déclarant soit libre de modifier à son gré l'étendue et la teneur de ses engagements solennels ». Elle poursuit un peu plus loin : « En fait, les déclarations, bien qu'étant des actes unilatéraux, établissent une série de liens bilatéraux avec les autres États qui acceptent la même obligation par rapport à la juridiction obligatoire en prenant en considération les conditions, réserves et stipulations de durée » [2].

Pourtant, dans son arrêt du 4 décembre 1998 en l'affaire de la *Compétence en matière de pêcheries*, opposant l'Espagne au Canada, la Cour semble bien avoir infléchi sa jurisprudence antérieure pour mettre à nouveau plutôt l'accent sur la liberté du déclarant quant à la formulation de sa réserve. Après avoir confirmé la nature mixte de la déclaration, acte unilatéral établissant néanmoins un lien consensuel avec les autres États ayant eux-mêmes reconnu la juridiction de la Cour (§ 46), elle a rejeté la thèse de l'Espagne. Cette dernière, invoquant l'illégalité de la réserve affectant la déclaration formulée par le Canada, s'appuyait sur l'argument selon lequel, constituant une réserve à un traité (le Statut de la Cour lui même mais, également, la Charte des NU à laquelle il est associé) cette réserve devait rester compatible avec l'objet et le but de ces deux traités ; c'est précisément ce qu'elle mettait en cause dans le cas de la déclaration canadienne telle qu'affectée d'une réserve. Impliquant dans ses termes l'emploi éventuel de la contrainte armée à l'égard des navires étrangers, elle avait en effet été spécialement destinée à écarter la compétence de la Cour dans un cas dont le Canada savait par avance qu'il constituait une violation du droit international (en l'occurrence, l'arrestation d'un navire étranger en haute mer). La Cour a répondu en déclarant : « il existe une distinction

1. Pour les réactions diverses provoquées par l'arrêt au fond *Nicaragua c/ États-Unis* de 1986, V. la série des contributions parues dans l'*AJIL* 1987/1, à comparer avec J. Verhoeven, Le droit, le juge et la violence, *RGDIP* 1987/4, p. 1159-1239.

2. *Rec.* 1984, p. 418, 59 et 60.

fondamentale entre l'acceptation par un État de la juridiction de la Cour et la compatibilité de certains actes avec le droit international. L'acceptation exige le consentement. La compatibilité ne peut être appréciée que quand la Cour examine le fond, après avoir établi sa compétence et entendu les deux parties faire pleinement valoir leur moyen en droit. » (§ 55).

On doit constater, en quatrième et dernier lieu, concernant les conditions d'établissement de la compétence de la Cour, que celle-ci s'est satisfaite dans certains cas d'une expression non formalisée de la volonté des parties de lui soumettre leurs différends. Elle accepte ainsi la possibilité du *forum prorogatum*, lorsque le défendeur a, par sa conduite devant la Cour ou dans ses relations avec la partie défenderesse, agi de manière telle qu'il a montré accepter la compétence de la Cour. Cette hypothèse s'est réalisée, par exemple, dans l'affaire du *Détroit de Corfou* (seconde phase, 1948), ou dans celle des *Parcelles frontalières entre la Belgique et les Pays-Bas* (1959). Elle peut également être saisie sur la base de l'article 38, § 5, du Règlement de la Cour, qui permet à un État qui ne peut se prévaloir d'aucun titre de compétence, de déposer une requête qui ne sera enregistrée que si l'État mis en cause accepte la compétence de la Cour. Cette faculté, utilisée dans deux affaires introduites respectivement en 2003 et 2006 contre la France, est assimilée par la Cour à un cas de *forum prorogatum* [1]. L'étendue de la compétence de la Cour est, dans cette hypothèse, déterminée en croisant la déclaration d'acceptation du défendeur avec la requête du demandeur, afin d'identifier « ce qui est commun dans l'expression de leur consentement respectif » [2].

Le fondement consensuel de la compétence de la Cour internationale de Justice est une exigence qui ne souffre aucune exception. En particulier, la Cour a bien pris soin, tant dans son arrêt relatif au *Timor oriental* (1995) que bien plus tard, en 2006, de distinguer entre caractère universel, *erga omnes* et impératif d'une norme et reconnaissance de la juridiction de la Cour pour connaître de sa violation alléguée par un État. Ainsi, dans son arrêt relatif à sa compétence et à la recevabilité de la requête dans l'affaire des *Activités armées sur le territoire du Congo* (*RDC c/ Rwanda*) [3], la Cour a, pour la toute première fois, reconnu elle-même explicitement l'existence du *jus cogens*, en affirmant le caractère impératif de la règle interdisant le génocide. Cette innovation de sa part représente à n'en pas douter un atout majeur du point de vue du constat substantiel de l'existence en droit positif de cette catégorie normative dont il est vrai que la réalité ne faisait pas de doute de longue date sans pour autant que la CIJ se soit jusque-là décidée à l'attester elle-même (v. ss 409 s.). Pour autant, du point de vue procédural, le CIJ a bien pris soin à nouveau de préciser : « le fait qu'un différend porte sur le respect d'une norme possédant un tel caractère, ce

1. Arrêt du 4 juin 2008, *Certaines questions concernant l'entraide judiciaire en matière pénale* (*Djibouti c/ France*), § 63. V. Ph. Weckel, *RGDIP* 2008. 907-914, et I. Prezas, *AFDI* 237-273.
2. *Ibid.*, § 65.
3. CIJ, 3 févr. 2006.

qui est assurément le cas de l'interdiction du génocide, ne saurait en lui-même fonder la compétence de la Cour pour en connaître » (§ 64) [1].

La Cour a « la compétence de sa compétence ». Cela signifie qu'il lui appartient de trancher les contestations relatives à la portée de l'accord sur la base duquel elle est saisie. Dans l'arrêt relatif à la *Délimitation maritime et aux questions territoriales* du 1er juillet 1994 entre Qatar et Bahreïn [2], elle a manifesté à cet égard, comme elle l'avait notamment fait auparavant à propos de l'article XXXI du Pacte de Bogota de 1948 dans l'affaire des actions frontalières entre le Nicaragua et le Honduras [3], une très grande liberté d'appréciation. Dans ces deux cas, en particulier, on a pu se demander si elle respectait véritablement l'intention de l'une ou l'autre des parties à l'instance, dont le respect scrupuleux est pourtant indispensable au respect du fondement consensuel de sa compétence [4]. Plusieurs conventions multilatérales générales prévoient aussi la possibilité pour les États de soumettre les différends relatifs à leur interprétation ou à leur application à la Cour internationale de Justice. Cependant, par souci de ne pas heurter l'Union soviétique et les pays socialistes qui jusqu'à leur effondrement refusèrent d'être liés par de telles dispositions, la compétence de la Cour prévue dans ces traités était soit susceptible de réserves, soit établie dans des protocoles annexes.

b) Compétence consultative. Mise comme on vient de le voir à la disposition des seuls États pour le règlement de leurs différends, la Cour n'en est pas moins l'organe judiciaire principal des Nations Unies. À ce titre, elle joue un rôle important dans la régulation du système institutionnel établi après 1945.

La compétence consultative de la CIJ concerne bien sûr d'abord l'ONU elle-même. En application de l'article 96 de la Charte, l'Assemblée générale ou le Conseil de sécurité peuvent lui demander un avis consultatif sur toute question juridique, possibilité qui fut très fréquemment utilisée, en particulier au début de la vie de l'Organisation. Mais, de plus, tous les autres organes de l'ONU et des institutions spécialisées, autorisés à cet effet par l'Assemblée générale des Nations Unies, peuvent également lui demander un avis. Cette faculté a été mise en œuvre notamment par l'Organisation maritime consultative internationale (OMCI), par l'OIT, l'Unesco et l'OMS. Les États, quant à eux, ne peuvent pas demander d'avis consultatif.

Les avis, à l'inverse des arrêts rendus par la Cour au contentieux, ne possèdent pas de portée obligatoire. Par exception, il arrive qu'un avis consultatif acquière une force obligatoire en vertu d'un acte ou d'un instrument distinct du Statut de la CIJ. Cette hypothèse est prévue à l'article

1. V. commentaire F. Latty, *AFDI* 2006. 235.
2. *Rec.*, p. 127.
3. Arrêt du 20 déc. 1988, *Rec.* 1988, p. 82, 28 s.
4. V., sur la seconde des affaires précitées, commentaire M.F. Buffet-Tchakaloff, *RGDIP* 1989/3, p. 623-654.

XII de l'annexe au Statut du Tribunal administratif de l'OIT qui dispose que le conseil exécutif d'une organisation internationale dont le contentieux relève de la compétence du Tribunal, peut contester la validité d'une décision rendue par le TAOIT en formulant une demande d'avis à la CIJ ; l'avis rendu par la Cour a dans ce cas force obligatoire.

Dans la pratique, plus encore que sa devancière la CPJI, la Cour internationale de Justice a été amenée à rendre une série d'avis particulièrement importants, notamment pour l'interprétation des dispositions de la Charte des Nations Unies. Nombre d'entre eux présentent également un intérêt pour la théorie générale des organisations internationales (v. ss 163).

Quoiqu'ouverte exclusivement aux organisations internationales, la procédure consultative permet aux États membres de l'organisation concernée de faire valoir devant la Cour leur opinion quant aux problèmes juridiques ayant suscité la demande d'avis. L'intérêt juridique en fonction duquel ils accèdent alors au prétoire de la Cour est constitué par leur seule situation statutaire d'États membres de l'Organisation ; ils n'ont dès lors pas besoin, à l'inverse de ce qui est le cas au contentieux, de pouvoir justifier d'un droit subjectif directement mis en cause par les faits à l'origine d'un litige les opposant à un autre État.

Dans le cadre de la procédure consultative, la situation de la Cour est ainsi à bien des égards fort différente de celle qui est la sienne au contentieux. Il ne s'agit pas ici de régler un différend, fût-ce entre l'organisation requérante et ses États membres, mais d'interpréter le droit de l'organisation, à la lumière principalement des règles imposées dans sa charte constitutive. On ne peut donc pas assimiler les avis consultatifs à l'exercice véritable d'un contentieux de la légalité des actes des organes de l'institution en cause ou de ses États membres, au regard du « droit propre » à l'organisation, au contraire de ce qui peut se passer dans le cadre communautaire européen devant la CJUE. Il est cependant arrivé, dans certaines circonstances, qu'une demande d'avis consultatif soit en réalité liée à l'existence d'un véritable différend entre États [1].

On constate au demeurant qu'en pratique la Cour elle-même n'établit pas de différenciation fondamentale entre les principes juridiques qu'elle applique dans le cadre contentieux et dans le cadre consultatif.

551 ***Déroulement de la procédure contentieuse*** ◊ À l'inverse de la situation prévalant en matière d'arbitrage, la procédure échappe largement à la volonté des parties, même si celles-ci, tout au long de son déroulement, peuvent faire valoir auprès du président de la Cour les souhaits qui sont les leurs en matière procédurale. Les règles qui gouvernent la procédure se trouvent dans le chapitre III du Statut de la Cour ; elles sont également définies par le Règlement dont la Cour s'est dotée et qu'elle a modifié à plusieurs reprises en vertu de l'article 30 du Statut, notamment en 1972 et en

1. V. affaire de la Carélie orientale, *CPJI*, série B, n° 5, 1923 et affaire du Sahara occidental, *Rec.* 1975, p. 12., ainsi que v. ss 148.

1978 [1]. Depuis octobre 2001, la Cour édicte par ailleurs des instructions de procédure à l'usage des États se présentant devant elle.

a) Saisine de la Cour [2] **:** la Cour peut être saisie soit par notification d'un compromis, soit par requête unilatérale lorsqu'il y a eu engagement préalable de juridiction de la part des États parties au différend. Dans cette hypothèse, la requête, en application de l'article 38 du Règlement de la Cour, indique l'objet du différend ainsi que les moyens de droit sur lesquels le demandeur prétend fonder la compétence judiciaire. Elle précise en outre la nature de la demande et contient un exposé succinct des faits et moyens sur lesquels cette demande repose. Dans ses conclusions, le requérant indique très clairement les demandes qu'il formule à l'égard de la Cour.

La Cour ne peut être saisie, d'une manière ou de l'autre, qu'après la naissance d'un *différend* entre les parties, généralement avérée par le blocage des négociations et l'impossibilité de les relancer, encore moins, de les faire aboutir (v. ss 553).

b) Phases de la procédure : Deux phases se succèdent, l'une écrite et l'autre orale. La procédure écrite comprend la communication aux juges et à l'autre partie des mémoires, contre-mémoires et éventuellement répliques ainsi que de toutes pièces et documents à l'appui. On constate d'ailleurs en pratique que le volume des annexes aux différentes pièces de la plaidoirie écrite tend à croître dans la pratique actuelle. Un principe fondamental domine le déroulement de la procédure, c'est celui de la *rigoureuse égalité* entre les parties. Il concerne aussi bien la phase orale que la phase écrite. La procédure orale consiste dans l'audition par la Cour des témoins, experts, agents, conseils et avocats de l'une et l'autre partie. Les débats sont dirigés par le président de la Cour. L'audience est publique, à moins qu'il n'en soit décidé autrement par la Cour et il est tenu de chaque audience un procès-verbal sous la responsabilité du greffier.

Tout au long de la procédure, les parties sont représentées devant la Cour par des agents assistés de conseils. Alors que la CPJI n'avait jamais eu à statuer par défaut, la CIJ a dû à plusieurs reprises affronter le *défaut de participation* à l'instance de l'une des parties. Ce fut le cas dès la première affaire dont elle ait eu à connaître, celle du *Détroit de Corfou* (arrêt du 15 décembre 1949 pris par défaut de l'Albanie dans la phase finale). Dans les années 1970 et 1980, les cas de défaut de l'une des parties se sont multipliés [3]. C'est ainsi, notamment, que la France fit défaut dans l'affaire des essais nucléaires parce qu'elle contestait la compétence de la CIJ et que, pour les mêmes raisons, la Turquie refusa de comparaître dans l'affaire du *plateau continental de la Mer Égée* (1978). Dans l'affaire du *personnel*

1. G. Guyomar, Le nouveau Règlement de procédure de la Cour internationale de Justice, *AFDI* 1978. 321 s.

2. V. M. Forteau, La saisine des juridictions internationales à compétence universelle, *in* H. Ruiz Fabri et J. M. Sorel (dir.), *La saisine des juridictions internationales*, Paris, Pedone, 2006, p. 9-87.

3. V. Cl.A. Colliard, La non-comparution, *in Colloque SFDI* (Lyon 1986), *La juridiction internationale permanente*, *op. cit.*, p. 167 s.

diplomatique et consulaire des États-Unis à Téhéran, la Cour fut confrontée au défaut de l'Iran (1980) cependant qu'en 1986, dans l'affaire des *activités militaires au Nicaragua et contre celui-ci*, les États-Unis, bien qu'ayant participé à la procédure ayant trait aux mesures conservatoires et aux exceptions préliminaires, refusèrent de participer à la suite de l'instance. L'article 53 du Statut prévoit que « [l]orsqu'une partie ne se présente pas, ou s'abstient de faire valoir ses moyens, l'autre partie peut demander de lui adjuger ses conclusions ». Mais il ajoute qu'avant d'adjuger ses conclusions à la partie non défaillante, la Cour doit « s'assurer non seulement qu'elle a compétence aux termes des articles 36 et 37, mais que les conclusions sont fondées en fait et en droit ». Ce qui signifie que la Cour doit soulever d'office les moyens qu'aurait pu invoquer la partie qui fait défaut.

c) Administration de la procédure : La Cour, elle-même ou par l'intermédiaire de son président, dispose de pouvoirs importants dans la conduite de la procédure. Elle rend des ordonnances pour la direction du procès, la détermination des formes et des délais dans lesquels chaque Partie doit finalement conclure. Elle peut ainsi décider de joindre plusieurs affaires connexes, dans l'intérêt d'une bonne administration de la justice et des impératifs d'économie judiciaire [1]. Elle prend également toutes les mesures que comporte l'administration des preuves. Elle peut elle-même décider, ce qu'elle a rarement fait en pratique, de confier une enquête ou une expertise à toute personne ou organes de son choix. Lors de l'affaire des *Usines de pâte à papier* (Argentine/Uruguay), tranchée en avril 2010, certains juges ont critiqué cette attitude réservée de la Cour et l'ont appelé à recourir plus fréquemment à des experts indépendants lorsque, comme en l'espèce, elle est conduite à apprécier des éléments scientifiques complexes pour trancher un différend [2].

552 ***Mesures conservatoires*** ◊ La Cour est par ailleurs habilitée par son Statut à fixer des mesures conservatoires du droit de chacune des parties, et ceci à tout moment de l'instance [3].

Deux problèmes se sont longtemps posés à propos des mesures conservatoires. L'un se rapporte à l'autorité de ces mesures à l'égard des parties et l'autre concerne la question de savoir si la Cour peut les ordonner avant de s'être pleinement assurée de sa compétence. En ce qui concerne le premier point, l'article 41, du moins dans sa version française, qui était la langue originale du Statut de la Cour permanente de Justice internationale dont

---

1. V. les ordonnances du 17 avril 2013 portant jonction des affaires *Certaines activités menées par le Nicaragua dans la région frontalière (Costa Rica c/ Nicaragua)* et *Construction d'une route au Costa Rica le long du fleuve San Juan (Nicaragua c/ Costa Rica)*, et le commentaire de H. Azari dans *AFDI* 2013, vol. LIX, pp. 85-99.

2. V. l'opinion dissidente des juges Al-Khasawneh et Simma. Sur l'expertise dans les procédures contentieuses internationales, v. plus largement E. Truilhé-Marengo (dir.), *La relation juge-expert dans les contentieux sanitaires et environnementaux*, Paris, La documentation française, 2011, 394 p.

3. D'une façon générale, v. F. Poirat et J.-M. Sorel (dir.) *Les procédures incidentes devant la Cour internationale de Justice : exercice ou abus de droit ?* Paris, Pedone, 2001, 158 p.

il est issu déclare en effet que « la Cour a le pouvoir d'indiquer les mesures conservatoires ». Le texte anglais de la même disposition, « *ought to be taken* », semblait confirmer que dans l'esprit des rédacteurs du Statut ces mesures n'avaient pas à proprement parler l'autorité de la chose jugée. C'est essentiellement en s'appuyant sur cet argument de texte que les États-Unis, dans l'affaire *LaGrand* qui les opposait à la République fédérale d'Allemagne, entendaient éviter de se voir déclarés responsables pour non-respect des mesures conservatoires que la Cour avait ordonnées dans cette même affaire (en demandant au défendeur de surseoir à l'exécution d'un condamné à mort d'origine allemande tant que la CIJ n'aurait pas jugé l'affaire introduite par la requête de la RFA). Dans son arrêt du 27 juin 2001, la Cour n'a pas suivi les États-Unis ; tranchant un débat doctrinal qui durait pratiquement depuis l'adoption du Statut de sa devancière, la CPJI, elle a très clairement déclaré que les mesures conservatoires qu'elle « ordonnait » avaient une portée obligatoire et que leur non-respect entraînait par voie de conséquence leur responsabilité. Cette décision, confirmée depuis [1], est particulièrement importante également pour signifier aux plaideurs potentiels que la CIJ n'est pas moins bien dotée que le Tribunal international du droit de la mer pour administrer une justice prompte en cas d'urgence [2]. On peut même dire qu'elle a eu une influence hors du seul cadre d'interprétation et d'application du Statut de la Cour internationale de Justice, ainsi que le montre en particulier la décision rendue le 25 septembre 2001 entre un État et une personne privée étrangère dans le cadre du Centre international de règlement des différends (CIRDI) [3], ou l'arrêt de la CEDH du 6 février 2003, *Mamatkulov et a. c/ Turquie* [4], confirmé en Grande chambre le 4 février 2005.

Sur le second point, qui a trait à la question de savoir si la Cour peut ordonner de telles mesures sans être encore certaine de sa compétence (question qui ne se posait pas dans l'affaire *LaGrand* précitée), il ressort de la jurisprudence que la Cour n'ordonne des mesures conservatoires que s'il lui semble *prima facie* qu'il existe une base sur laquelle sa compétence pourrait être fondée. Le contrôle que la CIJ réalise à ce stade sur sa propre compétence est moins approfondi que celui auquel elle est susceptible de se livrer ultérieurement lors de l'examen des exceptions préliminaires ; il arrive, en conséquence, que la Cour ordonne des mesures conservatoires dans une affaire pour laquelle elle constatera plus tard qu'elle n'était pas

---

1. V. l'arrêt du 19 déc. 2005, *Activités armées sur le territoire du* Congo (*République démocratique du Congo c/ Ouganda*), § 263, ou l'ord. du 15 oct. 2008, *Application de la Convention internationale sur l'élimination de toutes les formes de discrimination raciale* (*Géorgie c/ Fédération de Russie*).
2. V. Ph. Weckel, *RGDIP*, 2001/3, p. 763 s.
3. Sur le CIRDI, v. ss 632. Décision rendue dans l'affaire *Victor Pey Casado et Fondation Président Allende c/ Chili* ; v. Ph. Weckel, *RGDIP*, 2002/3, p. 682 s.
4. V. H. Trigoudja, La force obligatoire des mesures provisoires indiquées par la Cour européenne des droits de l'homme. Observations sous l'arrêt du 6 févr. 2003, *Mamatkulov c/ Turquie*, *RGDIP* 2003. 601-633.

compétente. Cette situation s'est notamment produite dans l'affaire relative à l'*Application de la Convention internationale sur l'élimination de toutes les formes de discrimination raciale (Géorgie c/ Russie)* [1].

Pour que des mesures conservatoires puissent être ordonnées, il convient en outre que la Cour soit convaincue de l'urgence, c'est-à-dire de l'imminence d'un préjudice irréparable aux droits en litige et de l'existence d'un risque d'aggravation du différend [2]. Il faut également que les droits allégués au fond apparaissent au moins plausibles [3] et qu'il existe un lien entre les droits dont la protection est recherchée et les mesures demandées [4]. C'est, par exemple, parce que ces conditions ne lui paraissaient pas remplies que la Cour a rejeté la demande de la Grèce dans l'affaire du *Plateau Continental de la Mer Égée* (ord. du 11 septembre 1976) [5] ou dans l'affaire introduite par la République du Congo contre la France dans l'affaire relative à certaines procédures pénales [6]. La Cour a par ailleurs rejeté la demande en indication de mesures conservatoires formulées par la Guinée-Bissau contre le Sénégal aux motifs qu'elle portait sur la protection de droits distincts de ceux visés par l'objet de l'instance principale pendante devant la Cour sur le fond de l'affaire (ord. du 2 mars 1990). Les mesures conservatoires présentent de toute façon un caractère provisoire en attendant l'arrêt définitif (art. 41 § 2 du Statut).

La seconde requête introduite par la République démocratique du Congo contre le Rwanda, en 2002, dans l'affaire des activités militaires sur le territoire du Congo, offre cette grande originalité d'avoir permis à la Cour, tout en rejetant la demande pour défaut de compétence [7], de formuler à l'égard des parties des recommandations touchant au fond du différend [8].

---

1. Ord. du 15 oct. 2008 et arrêt du 1er avr. 2011 sur les exceptions préliminaires.

2. Ord. du 28 mai 2009, *Questions concernant l'obligation de poursuivre ou d'extrader* (*Belgique c/ Sénégal*), § 62. V. aussi ord. du 16 juillet 2013, aff. jointes *Certaines activités menées par le Nicaragua dans la région frontalière (Costa Rica c/ Nicaragua)* et *Construction d'une route au Costa Rica (Nicaragua c/ Costa Rica)*, § 30 et 35.

3. Ord. du 28 mai 2009, *Questions concernant l'obligation de poursuivre ou d'extrader* (*Belgique c/ Sénégal*), § 57. V. aussi ord. du 8 mars 2011, *Certaines activités menées par le Nicaragua dans la région frontalière (Costa Rica c/ Nicaragua)*, § 53, et ord. du 3 mars 2014, *Questions concernant la saisie et la détention de certains documents (Timor-Leste c/ Australie)*,§ 22.

4. V. ord. du 28 mai 2009, *Questions concernant l'obligation de poursuivre ou d'extrader* (*Belgique c/ Sénégal*), § 56. V. aussi ord. du 8 mars 2011, *Certaines activités menées par le Nicaragua dans la région frontalière (Costa Rica c/ Nicaragua)*, § 54, et, et ord. du 3 mars 2014, *Questions concernant la saisie et la détention de certains documents (Timor-Leste c/ Australie)*,§ 23 et 30.

5. V. commentaire de M. Bettati, *in AFDI* 1978. 303 s. Plus généralement, V. L. Gross, Some Observations on Provisional Measures, *in International Law at a Time of Perplexity, Essays in Honour of Shabtai Rosenne*, Dordrecht, MNP, 1989, p. 307-323.

6. Ord. du 17 juin 2003. V. Chronique de jurisprudence internationale Ph. Weckel, *RGDIP*, 2003. 741 s.

7. Par défaut de consentement à la juridiction de la Cour de la part du Rwanda.

8. V. E. Lagrange, Libres propos sur la juridiction internationale permanente. Autour de l'ordonnance rendue par la Cour internationale de Justice le 10 juill. 2002, *RGDIP*, 2003. 89-109 ; Y. Kerbrat, De quelques aspects des procédures incidentes devant la Cour internationale de Justice, *AFDI* 2002. 343-361.

La circonstance est d'autant plus remarquable que le Conseil de sécurité, saisi au même moment des graves événements qui se produisaient alors en RDC et nécessitaient une action immédiate, n'avait pas encore adopté de résolution sur la question. C'est ce qui a justifié l'opinion dissidente du juge Burghental, lequel a vu dans cette ordonnance, à la fois négative par le rejet de la demande, et comportant de la part de la Cour l'initiative d'injonctions directes aux parties (de respecter les règles élémentaires du droit humanitaire) une substitution de l'organe judiciaire des Nations Unies à celui investi d'une « responsabilité principale » dans le cadre du maintien de la paix. Conception en tout cas dynamique de la fonction de la Cour, dont l'initiative semble devoir se rapporter à la gravité des événements concernés, cette ordonnance n'est cependant pas sans précédent. On trouvait en effet une attitude analogue de la Cour en 1999 ; son rejet des mesures conservatoires demandées par la République fédérale de Yougoslavie à l'encontre des États alliés au sein de l'OTAN dans leur action militaire au Kosovo était accompagné d'un rappel solennel des règles se rapportant notamment à l'interdiction du recours à la force (ordonnance du 2 juin 1999).

Lorsque les conditions de l'indication de mesures conservatoires sont réunies, la CIJ dispose d'une grande liberté. Elle peut ordonner des mesures qui sont totalement ou partiellement différentes de celles sollicitées. Elle peut également indiquer des mesures qui s'adressent à la partie même dont émane la demande [1]. La Cour a notamment usé de ce pouvoir lors du différend entre le Cambodge et la Thaïlande relatif à l'interprétation de l'arrêt du 15 juin 1962 en l'affaire du *Temple de Préah Viéhar* [2]. Faisant état d'affrontements armés dans la zone du Temple et le long de la frontière entre les deux pays après le classement du monument sur la liste du patrimoine mondial de l'Unesco, le Cambodge avait demandé à la Cour qu'elle ordonne un retrait immédiat et inconditionnel des forces thaïlandaises des parties cambodgiennes de la zone du Temple ainsi que l'interdiction de toute activité militaire de la Thaïlande dans cet espace contesté. Allant au-delà de ces demandes, la Cour a, de manière audacieuse, défini précisément une zone provisoire autour du Temple et interdit toute présence de forces armées, y compris cambodgienne, dans celle-ci ; elle a, de surcroît, obligé les deux parties à poursuivre la coopération qu'elles avaient engagée dans le cadre de l'ASEAN. La Cour a, de nouveau, utilisé ce pouvoir d'ordonner des mesures conservatoires en tout ou partie différentes de celles qui ont été sollicitées en novembre 2013 dans le contexte des affaires qui opposent le Costa Rica et le Nicaragua à propos d'une zone humide située à la frontière des deux États, en décidant, sans qu'une demande en ce sens lui ait été spécifiquement adressée, d'autoriser le Costa Rica à prendre dans les espaces contestés, après consultation du secrétariat de la

---

1. V. l'ord. précitée du 8 mars 2011, *Certaines activités menées par le Nicaragua dans la région frontalière (Costa Rica c/ Nicaragua)*, § 76.
2. Ord. précitée du 18 juill. 2011, § 60-66.

Convention Ramsar, toutes les mesures nécessaires pour empêcher qu'un préjudice irréparable soit causé à l'environnement du territoire litigieux [1].

553 ***Exceptions préliminaires*** ◊ Ainsi que l'indique l'article 36 paragraphe 6 de son Statut, la Cour est juge de sa propre compétence. Procéduralement, celle-ci peut être contestée par les parties par voie d'exceptions préliminaires. Celles-ci peuvent s'appuyer sur divers types d'arguments.

L'incompétence *ratione personae*, tout d'abord, est soulevée par un État qui estime qu'il n'a pas consenti à la juridiction de la CIJ pour l'affaire dont elle est saisie ou considère que l'autre n'a pas qualité pour agir devant la Cour. On peut y rattacher l'exception soulevée par une Partie sur la base de la jurisprudence de la CIJ dans l'affaire de l'*Or monétaire pris à Rome* en 1943. D'après ce précédent, la Cour ne peut statuer toutes les fois que sa décision aurait pour objet même un prononcé de droit sur la légalité du comportement d'un État tiers à l'instance et n'ayant pas consenti à sa juridiction pour en juger. Cette jurisprudence, quoiqu'elle ait été invoquée assez souvent pour des parties défenderesses désirant démontrer l'incompétence de la Cour, a cependant été écartée à plusieurs reprises par la CIJ. Celle-ci a en effet retenu une conception restrictive du champ d'application d'un tel précédent, en s'appuyant notamment sur l'individualisation de la responsabilité propre à chaque État pour les faits illicites qui lui sont imputables dans l'ordre international [2]. La Cour a en particulier marqué dans l'affaire relative à *Certaines terres à phosphate à Nauru* [3] la différence existant entre « l'incidence » qu'un arrêt est susceptible d'avoir sur la situation juridique du tiers et les cas limites dans lesquels leurs droits et obligations constituent l'objet même du différend. Pourtant, dans l'affaire relative au *Timor oriental*, elle a considéré dans son arrêt du 30 juin 1995 qu'elle ne pouvait se prononcer sur la responsabilité internationale de l'Australie à l'égard du Peuple du Timor oriental et de sa puissance administrante (Portugal) sans le faire du même coup sur les droits et obligations d'une partie indispensable à l'instance mais absente, du fait de son refus de reconnaître la juridiction de la Cour, l'Indonésie. Elle s'est en conséquence déclarée incompétente pour connaître de l'affaire au fond. Cet arrêt a marqué ainsi à nouveau nettement les limites imposées à la juridiction de la Cour par le respect du consensualisme qui se trouve à son fondement (v. ss 550). Il demeure, comme l'a souligné le juge Shahabudden dans son opinion individuelle, qu'il est difficile de

---

1. Ord. du 22 novembre 2013, aff. jointes *Certaines activités menées par le Nicaragua dans la région frontalière (Costa Rica c/ Nicaragua)* et *Construction d'une route au Costa Rica (Nicaragua c/ Costa Rica)*.

2. V. en particulier *Plateau continental (Jamahiriya arabe libyenne c/ Malte)*, *Rec.* CIJ 1984, p. 25, 40 ; *Activités militaires et paramilitaires au Nicaragua et contre celui-ci (Nicaragua c/ États-Unis d'Amérique)*, *Rec.* CIJ 1984, p. 431, 88 ; *Différend frontalier (Burkina Faso c/ Mali)*, *Rec.* 1986, p. 579, 49 ; *Différend frontalier terrestre, insulaire et maritime (El Salvador c/ Honduras)*, *Rec.* CIJ 1990, p. 114-116, 54-56 et 122, 73 ; *Certaines terres à phosphates à Nauru (Nauru c/ Australie)*.

3. *Rec.* CIJ 1992, p. 259-262, 55.

situer avec précision le point à partir duquel l'incidence d'un arrêt sur la situation juridique du tiers devient telle que cette situation en viendrait à constituer « l'objet même » de la décision de la Cour. Le juge dispose à cet égard d'une incontestable marge d'appréciation. Rien de moins objectif, par conséquent, que cet objet-là [1] !

L'incompétence *ratione materiae*, ensuite, concerne l'inexistence d'un différend juridique actuel et de caractère international. Pour que la Cour soit compétente, il doit, en effet, exister un différend entre deux États, c'est-à-dire, selon la définition qu'en a donnée la CPJI en 1925 dans son arrêt *Mavrommatis* [2] et constamment reprise [3], « un désaccord sur un point de droit ou de fait, une contradiction, une opposition de thèses juridiques ou d'intérêts ». À cette fin, la Cour se contente généralement de constater qu'il existe, au moment où elle statue, une opposition entre les deux parties sur les questions qui constituent l'objet de la demande qui lui est présentée. Dans son arrêt rendu le 1er avril 2011, la CIJ s'est toutefois montrée plus exigeante (*Application de la Convention internationale sur l'élimination de toutes les formes de discrimination raciale*). Revenant sur sa jurisprudence antérieure, elle a souligné, tout d'abord, que le requérant doit rapporter la preuve qu'un différend existait au moment où la requête a été soumise à la Cour [4]. Elle s'est départie ensuite, selon les termes employés par le juge Abraham dans son opinion individuelle (§ 24), d'une « approche "substantielle" du différend pour lui substituer une approche plus "formelle" » en recherchant si le demandeur avait, avant l'introduction de son action, fait connaître au défendeur qu'il tenait son comportement pour illicite en lui en indiquant les raisons et avait formulé une réclamation qui s'était heurté à l'opposition manifeste de la partie défenderesse (§ 31). Cette conception restrictive et formaliste du différend justiciable a été vivement critiquée par plusieurs des juges de la Cour et ne doit pas être tenue pour définitive. La CIJ l'a toutefois confortée dans son arrêt du 20 juillet 2012 sur l'affaire *Belgique/Sénégal* [5]. Se plaçant à la date du dépôt de la requête, elle a par un raisonnement similaire, considéré « au vu de la correspondance diplomatique échangée par les parties » antérieurement à sa saisine, qu'elle était incompétente pour connaître d'une partie de la requête belge : celle qui tendait à faire constater la violation du droit international coutumier par le Sénégal pour ne pas avoir poursuivi pénalement l'ancien président tchadien, Hissène Habré, pour

1. V.-E. Jouannet, Le principe de l'or monétaire, à propos de l'arrêt du 30 juin 1995 dans l'affaire du *Timor-Oriental*, *RGDIP*, 1996. 673-714.

2. *Rec. CPJI*, *Concession Mavrommatis en Palestine*, 26 mars 1925, Série A, n° 5.

3. V. notamment *Personnel diplomatique et consulaire des États-Unis à Téhéran (États-Unis c/ Iran)*, *Rec.* CIJ, 1980, p. 26-28 ; *activités militaires au Nicaragua et contre celui-ci*, *Rec.* CIJ 1984, p. 427-429 ; *Plates-formes pétrolières* (*Iran c/ États-Unis*), arrêt du 6 nov. 2003, § 107 ; *Application de la Convention internationale sur l'élimination de toutes les formes de discrimination raciale (Géorgie c/ Russie)*, arrêt (exceptions préliminaires) du 1er avr. 2011, § 30.

4. Arrêt préc. § 30. V. aussi *Questions concernant l'obligation de poursuivre ou d'extrader (Belgique c/ Sénégal)*, arrêt du 20 juillet 2012, § 46 et 48.

5. Arrêt préc. § 52-55.

des faits qualifiables de crimes contre l'humanité. La Cour n'a accepté sa compétence dans cette affaire qu'en ce qui concerne la méconnaissance par cet État de la Convention des Nations Unies sur la torture. Cette conception du différend a été également reprise dans l'arrêt du 17 mars 2016 sur les exceptions préliminaires dans l'affaire *Violations alléguées de droits souverains et d'espaces maritimes dans la Mer des Caraïbes*, qui oppose le Nicaragua à la Colombie [1].

Dans le même ordre d'idées que l'existence d'un différend, la Cour est également incompétente si le différend a déjà été réglé par une décision revêtue de l'autorité de chose jugée. Le principe de l'autorité de chose jugée (v. ss 556) s'oppose en effet à ce qu'une même affaire soit soumise deux fois à la même juridiction. La répétition est caractérisée par le fait que l'affaire concerne les mêmes parties, le même objet et la même base juridique qu'une affaire déjà tranchée. Mais elle tient aussi au contenu de la première décision rendue. La CIJ a ainsi précisé, dans un arrêt du 17 mars 2016, que, pour apprécier le bien fondé d'une exception d'incompétence fondée sur le principe de l'autorité de chose jugée, elle ne peut se contenter de constater que des demandes identiques lui ont été présentées. Il lui faut « rechercher si et dans quelle mesure la première demande a déjà été tranchée définitivement », à la lumière du dispositif mais aussi des motifs de sa première décision [2].

L'incompétence, toujours, mais *ratione temporis*, enfin, peut être invoquée à raison de l'expiration de la durée de validité d'un engagement unilatéral ou conventionnel ou encore parce que les faits en cause auraient été accomplis avant l'engagement de juridiction obligatoire souscrit par l'une des deux parties.

Les exceptions d'incompétence doivent être clairement distinguées de celles qui touchent à *l'irrecevabilité* d'une requête, lesquelles peuvent être examinées par la Cour sans que la compétence de la Cour soit contestée ou indépendamment de cette contestation. Elles peuvent être notamment soulevées parce que les voies de recours internes n'auraient pas été préalablement épuisées (affaire de l'*Interhandel* 1959), soit parce qu'il n'y aurait pas eu, avant la mise en mouvement de la voie contentieuse, épuisement des voies diplomatiques en cours ou exigées par la clause compromissoire. En ce qui concerne cette dernière condition cependant, la Cour a manifesté une grande souplesse dans plusieurs affaires. C'est ainsi que dans l'affaire du *personnel diplomatique et consulaire des États-Unis à Téhéran*, elle a considéré que le fait qu'une question soit soumise au Conseil de sécurité ne devait pas l'empêcher d'en connaître et que les deux procédures pouvaient être menées parallèlement [3]. Elle a confirmé cette position

1. 75 s.
2. Arrêt sur les exceptions préliminaires dans l'affaire *Question de la délimitation du plateau continental entre le Nicaragua et la Colombie au-delà de 200 milles marins de la côte nicaraguayenne* (Nicaragua c/ Colombie), § 59.
3. *Rec.* 1980, p. 21 et 40.

dans l'affaire des activités militaires au Nicaragua [1] ainsi que, plus récemment, dans celle de l'application de l'accord intermédiaire du 13 septembre 1995 entre la Grèce et l'ex-République yougoslave de Macédoine [2], en considérant que l'existence même de négociations actives auxquelles les parties pourraient participer ne pouvait l'empêcher d'exercer les fonctions distinctes qui lui sont conférées par son Statut.

La Cour doit examiner ces objections à sa compétence ou à la recevabilité avant d'examiner le fond de l'affaire, sauf lorsqu'elle considère devoir joindre une exception au fond. Tel est le cas lorsque la Cour ne dispose pas de tous les éléments lui permettant de se prononcer sur les moyens soulevés par le défendeur ou lorsque le fait de répondre à une exception préliminaire conduirait à trancher le différend, ou certains de ses éléments, au fond [3]. En outre, lorsqu'aucune partie n'a soulevé d'objection à sa compétence, la Cour peut néanmoins l'examiner d'office dans son arrêt au fond [4].

554 ***Procédures d'intervention*** [5] ◊ Deux modalités distinctes d'intervention d'un État tiers à l'instance principale sont prévues dans le Statut de la Cour.

— Une procédure d'intervention *a minima* est envisagée à l'article 63 : lorsque le différend principal met en cause l'interprétation d'une convention à laquelle ont participé d'autres États que les parties à l'instance, ceux-ci peuvent demander à intervenir. En tel cas, leur intervention est de droit ; la Cour vérifie seulement que le traité en question est effectivement en cause et en vigueur dans les relations avec le tiers [6]. Mais l'intervention est alors limitée à l'interprétation de cette convention, ce qui explique que cette première procédure soit rarement utilisée en pratique. C'est néanmoins récemment sur cette base que la Nouvelle Zélande est intervenue dans le différend entre l'Australie et le Japon relatif à la chasse à la baleine

1. *Rec.* 1984, p. 440 et 106.
2. Arrêt du 5 déc. 2011, § 57.
3. V. *Différend territorial et maritime (Nicaragua c/ Colombie)*, arrêt sur les exceptions préliminaires du 13 déc. 2007, § 51 ; Obligation de négocier un accès à l'océan Pacifique (Bolivie c/ Chili), arrêt sur les exceptions préliminaires du 24 sept. 2015, § 53.
4. V. *Immunités juridictionnelles de l'État (Allemagne c/ Italie)*, 3 févr. 2012, § 40.
5. V.-E. Decaux, L'intervention, *in* Colloque *SFDI* (Lyon 1986), *La juridiction internationale permanente*, *op. cit.* p. 219 s. ; G. Sperduti, Note sur l'intervention dans le procès international, *AFDI* 1984. 273, et L'intervention de l'État tiers dans le procès international : une nouvelle orientation, *AFDI* 1985. 286 s. ; E. Lagrange, Le tiers à l'instance devant les juridictions internationales à vocation universelle (CIJ et TIDM), *in* H. Ruiz Fabri et J.-M. Sorel (dir.), *Le tiers à l'instance devant les juridictions internationales*, Paris, Pedone, 2005, p. 9-72 ; P. Jacob, L'intervention devant la Cour internationale de Justice à la lumière des décisions rendues en 2011 : lente asphyxie ou résurrection ?, *AFDI* 2011, p. 213-234.
6. El Salvador n'a, par exemple, pas réussi à faire admettre son droit à l'intervention sur ce fondement dans l'affaire des *Activités militaires et paramilitaires au Nicaragua* dans la mesure où sa demande avait été formulée dès la phase de l'examen de la compétence de la Cour dans cette affaire, à un stade où les conventions à propos desquelles il souhaitait intervenir n'étaient pas encore en cause. V. l'ordonnance de la CIJ du 4 octobre 1984.

dans le Pacifique [1]. Lorsque l'intervention est fondée sur l'article 63, l'État intervenant, quoique demeurant tiers au différend, est lié par l'interprétation contenue dans l'arrêt de la Cour (art. 63.2).

– L'article 62 prévoit, ensuite, une procédure d'intervention plus large ; il permet à un État qui « estime que, dans un différend, un intérêt d'ordre juridique est pour lui en cause, [d']adresser à la Cour une requête, à fin d'intervention ». En tel cas, pour faire admettre son intervention l'État doit prouver l'existence d'un tel intérêt ainsi que le caractère juridique de celui-ci. La Cour internationale de Justice a précisé, dans un arrêt rendu le 4 mai 2011, que l'intérêt est juridique « dans le sens où cet intérêt doit faire l'objet d'une prétention concrète et réelle de cet État, fondée sur le droit, par opposition à une prétention de nature exclusivement politique, économique ou stratégique » [2].

En pratique, l'article 62 a été invoqué à plusieurs reprises mais les demandes d'intervention ont rarement été accueillies, la Cour s'étant toujours montrée réticente à admettre trop facilement l'existence d'un tel intérêt. C'est ainsi qu'elle refusa l'intervention de Malte, dans l'affaire du *Plateau Continental Tunisie-Libye* [3], celle de l'Italie dans l'affaire du *Plateau Continental Libye-Malte* [4] ou encore celle des Philippines dans l'affaire de la *Souveraineté sur Pulau Ligitan et Pulau Sipadan* [5]. La Cour, dans chacune de ces affaires, a craint que la procédure ainsi utilisée aboutisse à étendre indirectement sa compétence sans que soit respecté le principe du consentement préalable des États ayant accepté sa juridiction dans un différend précis. Une chambre *ad hoc*, constituée pour juger le différend qui opposa le Honduras au Salvador à propos notamment du statut juridique des eaux du Golfe de Fonseca, a en revanche, pour la première fois, accepté dans un arrêt du 13 septembre 1990 l'intervention d'un troisième pays, le Nicaragua, également riverain du même golfe. Elle a considéré à cet effet que cet État avait bien un intérêt d'ordre juridique susceptible d'être affecté par toute décision qu'elle rendrait sur le régime des eaux de ce golfe [6]. L'admission de l'intervention du Nicaragua a permis, dans le même temps, de repousser la prétention de cet État de faire entrer l'affaire dans le cadre d'application de la jurisprudence de l'Or monétaire pris à Rome en 1943 [7] au motif que l'intérêt dont il se prévalait eût constitué « l'objet même de la [...] décision » qu'elle serait amenée à prendre pour régler le différend entre le Honduras et le Salvador. Selon la solution de l'Or *monétaire*, la chambre eût dû en telle hypothèse se déclarer incompétence (v. ss 553).

---

1. Chasse à la baleine dans le Pacifique (*Australie c/ Japon*), demande d'intervention de la Nouvelle-Zélande, Ordonnance du 6 février 2013.
2. Différend territorial et maritime (*Nicaragua c/ Colombie*), Requête du Costa Rica à fin d'intervention, § 26.
3. 14 avr. 1981, *Rec.* 1981, p. 19.
4. 21 mars 1984, *Rec.* 1984, p. 1.
5. 23 oct. 2001, *Rec.* 2001, p. 575.
6. *Rec.* 1990, p. 92 s.
7. *Rec.* 1954, p. 32.

Postérieurement à cet arrêt, la Cour internationale de Justice elle-même, dans sa formation plénière, a accepté à quelques reprises l'intervention d'un État dans un différend dont elle était saisie. Par ordonnance du 21 octobre 1999, elle a, tout d'abord, admis l'intervention de la Guinée équatoriale dans l'affaire de la frontière terrestre et maritime entre le Cameroun et le Nigeria. Dans cette affaire, ce sont les prétentions du Cameroun à un tracé de délimitation maritime entre lui et le Nigeria négligeant la présence de la Guinée équatoriale dans la région à délimiter qui a suscité la demande d'intervention de la Guinée. Par ordonnance rendue le 4 juillet 2011 elle a accepté, ensuite, l'intervention de la Grèce dans l'affaire des *immunités juridictionnelles de l'État (Allemagne c/ Italie)*. L'affaire mettait en cause des intérêts d'ordre juridique de cet État dans la mesure où elle portait en partie sur la violation alléguée des immunités de l'Allemagne du fait de l'exécution en Italie de décisions rendues par des juridictions helléniques à l'encontre de la République fédérale allemande dans l'affaire *Distomo* (v. ss 130-1). Dans les deux cas, les pays intervenants ont pris soin de préciser qu'ils entendaient intervenir à titre de tiers au différend et qu'ils ne désiraient pas devenir parties à l'affaire principale. L'intervention n'est alors ni une jonction d'instance, ni un moyen d'ouverture d'une instance nouvelle. C'est seulement le biais par lequel un État, tiers à un différend, provoque une procédure incidente, dont le seul objet est d'informer la Cour sur la façon dont il perçoit « l'intérêt d'ordre juridique » qui est pour lui en cause dans une affaire à laquelle il est et restera procéduralement tiers. Il ne sera donc pas lié par l'autorité de chose jugée, qui ne s'applique qu'aux parties au principal. Dûment informée par l'intervenant, la Cour pourra rendre son arrêt en toute connaissance de cause. Mais, au cas où une partie de cet arrêt paraîtrait à l'intervenant incompatible avec ses droits, rien ne lui ferait obligation de le respecter [1]. Dans son arrêt du 10 octobre 2002 dans l'affaire *Cameroun c/ Nigeria*, la Cour a d'ailleurs bien fait droit aux attentes de l'État intervenant et a interrompu le tracé de la ligne divisoire des espaces maritimes entre les parties au point au-delà duquel elle aurait risqué d'empiéter sur les zones maritimes revendiquées par le tiers intervenant [2].

L'intervention peut cependant être également demandée par un État qui souhaite intervenir en tant que partie. La Cour en a admis le principe dans son arrêt du 4 mai 2011 relatif à la requête à fin d'intervention du Honduras dans l'affaire du différend territorial et maritime entre le Nicaragua et la Colombie [3]. Dans ce cas l'intervention ne peut être acceptée que si l'État intervenant peut prouver, non seulement qu'un intérêt d'ordre juridique est pour lui en cause, condition dont la réalisation faisait

1. V. S. Torres Bernardez, L'intervention dans la procédure de la Cour internationale de Justice, *RCADI*, 1995, t. 256, p. 197-457.

2. 10 oct. 2002, *Frontières terrestres et maritimes*, notamm. § 291. V. P. Palchetti, La protection des intérêts d'États tiers par la Cour internationale de Justice : l'affaire de la Frontière terrestre et maritime entre le Cameroun et le Nigeria, *RGDIP* 2003/4, p. 865-885.

3. Arrêt préc., § 27-30.

en l'espèce défaut, mais également qu'il existe une base de compétence entre lui-même et chacune des parties à la procédure principale. Dans une telle hypothèse, lorsque l'intervention en tant que partie est admise, il se produit une novation du différend en ce sens que l'État intervenant devient partie à celui-ci. Il agit dans la procédure en tant que telle et se trouve lié, *in fine*, par l'autorité de chose jugée de l'arrêt rendu par la Cour.

555 ***Droit applicable*** ◊ Le droit applicable par la Cour est déterminé à l'article 38 de son Statut. La mission de cette dernière est de régler conformément au droit international les différends qui lui sont soumis, ce qui n'interdit pas aux États de l'inviter à accorder une importance particulière à telle ou telle source de droit qu'ils pourraient notamment indiquer dans le texte du compromis sur la base duquel elle est saisie lorsque cette technique est choisie.

La Cour ne peut statuer en équité (*ex aequo et bono*) que lorsqu'elle y est autorisée par les parties. Elle est néanmoins amenée à se référer en certaines circonstances à la notion d'équité en tant qu'elle fait partie intégrante des conditions d'interprétation et d'application de la règle de droit (affaire du *Plateau continental de la Mer du Nord*) (v. ss 362).

Ainsi qu'elle l'a indiqué dans son arrêt du 2 décembre 1963, dans l'affaire du *Cameroun septentrional* [1], « sa fonction est de dire le droit mais elle ne peut rendre des arrêts qu'à l'occasion de cas concrets dans lesquels il existe, au moment du jugement, un litige réel impliquant un conflit d'intérêts juridiques entre les États ». Ceci conduit la Cour à refuser en général de prononcer des jugements de caractère seulement déclaratoire dont l'objet est simplement de constater l'existence de la violation d'une norme de droit international par un État. Ce refus n'est toutefois pas absolu ; la CIJ se réserve le pouvoir de prononcer un tel jugement lorsqu'elle l'estime approprié [2], en particulier lorsqu'une décision déclaratoire peut permettre de « faire reconnaître une situation de droit une fois pour toutes et avec effet obligatoire entre les parties, en sorte que la situation juridique ainsi fixée ne puisse plus être mise en discussion, pour ce qui est des conséquences juridiques qui en découlent » [3]. L'exercice d'un tel pouvoir reste néanmoins exceptionnel. Le plus souvent, lorsque la Cour constate dans un arrêt le caractère illicite des agissements d'un État c'est aux fins d'établir la responsabilité internationale de celui-ci. Le constat judiciaire de la violation du droit constitue alors un élément de la réparation, une forme de satisfaction souvent sollicitée par le demandeur dans les affaires en responsabilité soumises à la Cour. Parmi d'autres exemples, on peut ainsi relever celui offert en 2001 par l'arrêt *LaGrand*, entre l'Allemagne et les États-Unis, dans lequel la Cour a effectivement donné satisfaction au

1. *Rec.* 1963, p. 33-34.
2. V. arrêt., 2 déc. 1963, *Cameroun septentrional*, et 5 déc. 2011, *Application de l'Accord intermédiaire du 13 septembre 1995 (Ex-République Yougoslave de Macédoine c/ Grèce)*, spéc. § 49.
3. CPJI, n° 11, 16 déc. 1927, *Interprétation des arrêts n° 7 et 8 (usine de Chorzów)*, *Rec.*, Série A, n° 13, p. 20.

demandeur sur ce point fondamental de sa demande (comme elle allait du reste le faire sur les autres) (v. ss 493).

556 ***Arrêt de la Cour*** ◊ L'arrêt de la Cour est adopté à la majorité des juges présents. En cas de partage égal des voix, celle du président ou de celui qui le remplace est prépondérante. Un arrêt de la Cour est divisé en trois parties. La première a trait à l'individualisation de l'affaire et comporte notamment l'analyse des faits qui lui ont donné lieu ainsi que la reproduction des conclusions et la synthèse des arguments de l'une et l'autre Partie. La seconde partie de l'arrêt comporte l'exposé des motifs auxquels la Cour est tenue de procéder. Il s'agit de la présentation par la Cour de l'argumentation juridique en fonction de laquelle elle parvient à ses conclusions. Ces dernières figurent dans la troisième partie de l'arrêt, le dispositif, c'est-à-dire l'exposé de la décision par laquelle la Cour tranche le différend. Les juges de la minorité peuvent faire connaître leurs opinions séparées, soit individuelles lorsque le dissentiment ne porte que sur la motivation de l'arrêt, soit dissidentes lorsque le désaccord porte sur le dispositif. Ces opinions sont jointes à l'arrêt et publiées dans les recueils des arrêts de la Cour. Elles présentent souvent un grand intérêt juridique. On peut cependant poser la question de savoir si l'ampleur prise par cette pratique, héritée des juridictions des pays de *common law*, ne nuit pas à l'esprit de collégialité sinon à l'autorité de ces arrêts, et ce, surtout qu'elle s'accompagne aujourd'hui d'une tendance de certains juges à rédiger des opinions comme des « arrêts *bis* ».

L'arrêt de la Cour présente un caractère obligatoire et définitif pour les parties. Elles doivent prendre toutes les mesures nécessaires pour se conformer de bonne foi au dispositif. Cette exigence ne s'impose toutefois que comme une obligation de résultat [1], ce qui signifie que les parties ont en principe le libre choix des moyens pour y parvenir. En outre, aux termes de l'article 59 du Statut, l'arrêt ne jouit que de l'autorité relative de chose jugée, c'est-à-dire qu'il n'oblige que les parties en litige et pour le seul cas tranché. L'autorité de chose jugée s'attache non seulement au dispositif de l'arrêt mais également aux motifs qui en constituent le support nécessaire [2].

L'autorité de chose jugée empêche que la même affaire soit de nouveau examinée par la Cour (v. ss 553) mais elle ne fait pas obstacle à ce que l'une ou l'autre partie introduise un recours en interprétation ou en révision de l'arrêt. Le premier peut être introduit en cas de contestation sur le sens et la portée d'un arrêt (art. 60 du Statut), c'est-à-dire lorsqu'il existe une « divergence d'opinion ou de vues » entre les parties sur le sens ou la

1. V. CIJ, arrêt du 19 janv. 2009, Demande en interprétation de l'arrêt du 31 mars 2004 en l'affaire *Avena (Mexique c/ États-Unis)*, § 27, et CIJ, 3 févr. 2012, *Immunités juridictionnelles de l'État (Allemagne c/ Italie)*, § 137.

2. V. CIJ, arrêt du 4 mai 2011, *Différend territorial et maritime (Nicaragua c/ Colombie), requête du Honduras à fin d'intervention*, § 70.

portée à attribuer au dispositif d'un arrêt ou aux motifs qui en sont inséparables [1]. Ce recours n'est enfermé dans aucun délai [2]. Il peut, en outre, être accompagné d'une demande de mesures conservatoires dans l'attente de l'interprétation qui sera fournie par la Cour [3]. L'interprétation ne peut porter que sur l'arrêt et ne peut être l'occasion de demandes nouvelles. Elle est réalisée par la Cour à la lumière des éléments qui ont été versés au dossier initial ; la pratique des parties postérieure au prononcé de l'arrêt est sans pertinence pour l'interprétation [4]. Quant au recours en révision, il n'est recevable que si le requérant apporte la preuve d'un fait « nouveau » de nature à exercer une influence décisive et qui, avant le prononcé de l'arrêt, était inconnu de la Cour et de la Partie qui demande la révision (art. 61 du Statut). Consécutivement à l'arrêt intervenu à propos de la délimitation du Plateau continental entre la Tunisie et la Libye, la Tunisie a introduit une demande en révision et en interprétation de l'arrêt du 24 décembre 1982. Elle a effectivement obtenu l'interprétation mais non la révision de son arrêt par la Cour [5]. Deux arrêts intervenus en 2003 ont encore confirmé le caractère rigoureux et très restrictif (car cumulatif) des conditions posées au Statut de la Cour pour obtenir la révision de l'un de ses arrêts. Ont été repoussées aussi bien la requête aux fins de révision introduite par El Salvador à propos de l'arrêt de 1992 qui avait réglé son différend « frontalier, insulaire et maritime » avec le Honduras que la demande identique auparavant formulée par la Yougoslavie dans l'affaire qui l'oppose à la Bosnie-Herzégovine dans l'affaire de l'application de la Convention pour la répression du crime de génocide [6]. Cette sévérité de la Cour est pleinement justifiée par la nécessité de protéger l'autorité de la chose jugée et de décourager les demandes hasardeuses faites pour la contourner.

On constate en pratique que dans la quasi-totalité des cas, les arrêts de la Cour sont effectivement respectés par les parties. La décision de la Colombie de ne pas donner effet à l'arrêt rendu en novembre 2012 sur le différend territorial et maritime l'opposant au Nicaragua, fait ainsi figure d'exception. L'article 94, al. 2 de la Charte des Nations Unies prévoit qu'au cas où une Partie en litige ne satisfait pas aux obligations qui lui incombent en vertu d'un arrêt rendu par la Cour, l'autre peut recourir au Conseil de sécurité. Celui-ci pourra faire des recommandations ou décider des mesures à prendre pour faire exécuter l'arrêt. Mais, du fait

---

1. V. CIJ, ord. 18 juill. 2011, *Demande en interprétation de l'arrêt du 15 juin 1962 en l'affaire du Temple de Préah Vihéar (Cambodge c/ Thaïlande) et demande en indication de mesures conservatoires*, § 22 et 23.

2. V. l'ord. préc., 18 juill. 2011, § 37. La demande en interprétation de l'arrêt du 15 juin 1962 en l'affaire du Temple de Préah Vihéar a été introduite par le Cambodge presque cinquante ans après le prononcé de cet arrêt.

3. V. CIJ, ord. du 8 juill. 2011 préc.

4. CIJ, *Demande en interprétation de l'arrêt du 15 juin 1962 en l'affaire du temple de Préah Vihéar (Cambodge c/ Thaïlande)*, arrêt du 11 novembre 2013, § 75.

5. *Rec.* 1985. 192.

6. Arrêt du 3 févr. 2003 dans l'affaire *Bosnie c/ Yougoslavie* (Chron. des faits internationaux, *RGDIP* 2003/2, p. 465 s.) ; arrêt du 18 déc. 2003 dans l'affaire *El Salvador c/ Honduras*.

de l'autorité effective des arrêts, cette disposition, au demeurant assez difficile à faire appliquer, n'a jamais été mise en œuvre. Invoquée une fois, précisément par le Honduras constatant, en 2002, la non-application de l'arrêt de 1992 par El Salvador, elle n'a alors suscité la prise d'aucune mesure concrète, pas même d'une résolution, par le Conseil de sécurité. L'ambiguïté de ses termes interdit au demeurant que l'on voie dans l'article 94 paragraphe 2 de la Charte l'amorce d'un véritable système d'exécution forcée des décisions judiciaires en droit international [1].

557 ***Importance de l'activité de la Cour*** ◊ On examine par ailleurs le rôle déterminant du juge dans l'application du droit international mais également dans l'interprétation et le développement des règles qu'il comporte (v. ss 507). Pour s'en tenir ici à quelques observations touchant à l'évolution du rôle contemporain de la Cour [2], on doit observer qu'il existe globalement un accroissement du nombre mais aussi de l'importance des affaires qui lui sont soumises (quoiqu'avec des périodes creuses, comme à l'heure actuelle). En dépit des critiques qui lui sont adressées par certains États la trouvant selon les cas, soit trop progressiste, soit au contraire trop conservatrice, la Cour internationale de Justice n'a aujourd'hui rien perdu de son prestige et de son autorité morale, bien au contraire. En mai 2016, la CIJ avait été saisie de plus de 130 affaires depuis sa création ; près de la moitié a été enregistrée au cours des vingt dernières années.

Cette intensité de l'activité de la Cour est d'abord la confirmation de l'attrait manifesté à l'égard de la juridiction internationale par les États sud-américains, mais aussi certains États issus de la décolonisation (par ex. Burkina-Faso, Libye, Mali, Guinée-Bissau, Tchad, Nauru, Congo, Namibie, Malaisie, Bénin, Niger, Indonésie, République démocratique du Congo, Cambodge, Timor-Leste, etc.). Ceci se comprend notamment par la plus forte représentativité au sein de la Cour des différents courants de pensée et des différentes régions du monde que par le passé. L'instauration en 1989 d'un « Fonds d'affectation spéciale pour aider les États à régler leurs différends par l'intermédiaire de la CIJ », destiné à aider les États les plus démunis à faire face aux dépenses de justice internationale a participé à favoriser davantage encore leur recours effectif à la Haute juridiction [3].

Mais cette croissance de l'activité contentieuse de la Cour trouve également son explication dans la conjonction de deux phénomènes apparus après la chute du mur de Berlin. En premier lieu, plusieurs États qui dépendaient autrefois du bloc de l'Est, traditionnellement réfractaire à la CIJ, se tournent aujourd'hui vers elle pour le règlement de leurs différends (Hongrie, Roumanie, Ukraine, Géorgie, Bosnie-Herzégovine, Croatie, Macédoine, etc.). En second lieu, les réticences des États occidentaux à

1. V. A. Azar, *L'exécution des décisions de la Cour internationale de Justice*, Bruxelles, Bruylant, 2003, 329 p.
2. V. G. Abi-Saab, De l'évolution de la Cour internationale, *RGDIP* 1992/2.
3. V. présentation D. Vignes, *AFDI* 1989. 321 s.

l'égard de la Cour se sont, dans l'ensemble, atténuées. Plusieurs d'entre eux, dont l'Allemagne, l'Australie, le Japon et le Royaume-Uni, ont déposé une déclaration en application de l'article 36, paragraphe 2, du Statut (ils étaient 66 au total en avril 2010). La France, absente depuis 1974 et l'affaire des *Essais nucléaires*, a accepté la compétence de la Cour à deux reprises au cours de la période récente pour des affaires relatives à des poursuites pénales engagées par les juridictions françaises [1]. Les trois plus grandes puissances (les États-Unis, la Russie et la Chine) répugnent toutefois encore à se voir entraînées à comparaître devant la CIJ.

SECTION 2. **L'ÉVICTION DU RECOURS À LA FORCE** [2]

558 ***Introduction : un système à la fois stable et en évolution*** ◊ Il faut d'abord rappeler encore une fois le lien direct existant entre interdiction du recours à la force et règlement pacifique des différends. L'une comme l'autre, ces règles constituent pour chacun des États de la communauté internationale des obligations individuelles fondamentales dans la conduite de leurs relations internationales, cependant qu'ils doivent tous ensemble coopérer au sein des différentes organisations internationales et d'abord de l'ONU, pour garantir collectivement le maintien de la paix et de la sécurité internationales.

On a pu un temps considérer que l'interdiction du recours à la force, en particulier, ne s'imposait véritablement qu'aux États membres de l'ONU, à titre d'obligation conventionnelle. La CIJ a eu cependant l'occasion d'indiquer clairement en 1986, dans l'affaire des *activités militaires au Nicaragua*, que « le principe du non-emploi de la force peut être considéré comme un principe de droit international coutumier, non conditionné par les dispositions relatives à la sécurité collective », la conviction juridique ou *opinio juris* des États s'étant dégagée à son égard indépendamment même du jeu des normes et des institutions établies par la Charte [3].

Quoi qu'il en soit, il demeure que le système de la sécurité collective institué dans la Charte constitue un élément décisif de l'ordre juridique international de l'après-guerre. Sans que, d'un point de vue juridique, les termes des articles pertinents de la Charte aient jamais été modifiés, le contexte politique dans lequel ces articles ont été invoqués a, quant à

1. Il s'agit des affaires *Certaines procédures pénales engagées en France* (*République du Congo c/ France*), rayée du rôle en 2010, et *Certaines questions concernant l'entraide en matière pénale* (*Djibouti c/ France*), tranchée en 2008.
2. V. O. Corten, Le droit contre la guerre, Paris, Pedone, 2ᵉ ed. 2014, 932 p. ; M. Weller (dir.), *The Oxford Handbook of the use of force in international law*, Oxford, Oxford University Press, 2015, 1280 p.
3. *Rec.* 1986, p. 100, 189.

lui, subi de profondes évolutions depuis les origines des Nations Unies. Il est donc indispensable d'avoir une connaissance suffisante de l'histoire des relations internationales contemporaines pour bien comprendre les mutations qu'a connues le système dit de la « sécurité collective [1] ». Aussi bien, la démarche qui sera suivie ci-après pour décrire son cadre juridique et analyser ses modalités d'application successives sera-t-elle nécessairement chronologique.

Une première période étalée sur près de quarante-cinq ans (1945-1990), fut caractérisée par une série de blocages partiels dus à l'accroissement des rivalités entre les blocs ; ceci provoqua des déformations et des vicissitudes multiples ayant largement obéré l'efficacité de l'ONU. Avec l'affaiblissement puis la disparition du bloc soviétique, en revanche, l'Organisation mondiale a ensuite connu une véritable relance, entre l'été 1990 et le dénouement de la crise bosniaque, à la fin de 1995. Les prémisses en étaient à trouver dans la façon dont fut en particulier restaurée l'autorité du Conseil de sécurité pendant la plus grande partie de la crise du Golfe (1990-1991) qui opposa un État, l'Irak, à la quasi-totalité de la communauté internationale agissant sous l'égide de l'ONU pour contraindre ce pays à évacuer le territoire du Koweït qu'il avait investi par la force, en violation de l'article 2 paragraphe 4 de la Charte [2]. Le système de la sécurité collective, en quelque sorte emporté un moment par les succès rencontrés à l'occasion de ce qu'on appela alors la seconde « guerre du golfe [3] », a connu une sorte de surchauffe jusqu'à 1995, en étant sollicité y compris dans des cas où le constat de la « menace à la paix internationale » opéré par le Conseil de sécurité pouvait davantage sembler inspiré par le souci de défendre certains principes cardinaux de la Charte que d'éteindre les foyers de conflit. Quoi qu'il en soit, une troisième phase s'est ouverte après l'échec, relatif mais certain, des Nations Unies à ramener la paix en Bosnie. La conclusion des accords de Dayton (1995), puis l'initiative d'intervention militaire alliée à propos de la crise du Kosovo (1999), les conditions dans lesquelles le recours à la force a également été utilisé en Afghanistan après les événements du 11 septembre 2001 et, plus encore, celles dans lesquelles l'action militaire américano-britannique contre l'Irak a été déclenchée en mars 2003, ou les positions ouvertement hostiles au Conseil de sécurité adoptées actuellement par certains États, incitent aujourd'hui à poser la question de savoir si le système de la sécurité collective ne traverse pas une nouvelle crise, peut-être plus importante encore que les précédentes, à moins qu'il s'agisse d'un processus lent de corrosion, bien entendu tout aussi préoccupant, non, certes, par dogmatisme juridique mais par réalisme politique. Il est évident qu'il

1. V. S. Sur, *Relations internationales*, Paris, Montchrestien, 6e éd. 2011, 593 p.

2. V. P.-M. Dupuy, Le Maintien de la Paix, *in Manuel sur les organisations internationales*, Académie de droit international de La Haye, 2e éd. 1998.

3. La première s'était déroulée entre l'Irak et l'Iran pendant les années 1980 et elle s'est soldée par plus d'un million de morts.

s'agit là d'une question d'importance majeure pour l'ensemble du système juridique international mis en place au lendemain de la Seconde Guerre mondiale.

On étudiera donc successivement le système de la Charte et son évolution jusqu'à la guerre du Golfe (§ 1) ; la relance et l'élargissement de la sécurité collective à partir du début des années 1990 (§ 2) ; les remises en cause contemporaines du système et la persistance de sa fragilité (§ 3).

§ 1. Le système de la Charte et son évolution jusqu'aux années 1990

A. La cohérence du système établi par la charte

559 ***La notion de sécurité collective*** ◊ Empruntée par la Charte au Pacte de la Société des nations, elle s'est efforcée d'en corriger les lacunes et les imperfections. L'idée que la paix est un bien indivis, partagé par tous les États membres de la communauté internationale, y a été reprise et amplifiée en partant d'un constat : tout conflit ou menace de conflit international, même localisé, est susceptible de dégénérer en menace ou rupture de la paix internationale à l'échelle mondiale. Dans une telle conception, tous les États membres de l'Organisation universelle sont à la fois susceptibles de porter atteinte à cette paix et destinés à collaborer, entre eux et avec l'institution, pour faire cesser la menace ou l'atteinte à la paix.

Sur cette base, la Charte a établi une sorte de *contrat social international*, aux termes duquel chaque État membre (mais tous les États existants étaient appelés à le devenir et de fait presque tous sont aujourd'hui membres des Nations Unies) doit, d'une part, renoncer à l'usage de la force dans ses relations avec les autres États (art. 2, § 4) ; d'autre part, contrepartie logique de cet abandon individuel, reconnaître à l'organe principal du maintien de la paix, le Conseil de sécurité, véritable agent de la sécurité collective, les moyens de la coercition militaire nécessaire à l'accomplissement de sa mission de police internationale (*GTDIP* n° 1).

560 ***Le chapitre VII de la Charte*** ◊ Spécifique au système de la sécurité collective, il confère au Conseil de sécurité une série de compétences dont toutes ne sont pas établies sans ambiguïté (par ex. à l'art. 40) mais qui demeurent liées les unes aux autres par un lien sinon par une progression logique dont l'effet est d'en faire un tout globalement cohérent [1].

Quoique l'Assemblée générale ne soit pas dépourvue de compétence aux termes du chapitre IV pour « discuter de toutes questions se rattachant au maintien de la paix » dont elle aurait été saisie (art. 11, § 2) et qu'elle puisse

---

1. V. J.-P. Cot, M. Forteau, A. Pellet (dir.), *La Charte des Nations Unies, Commentaire article par article*, Paris, Economica, 3e éd., 2005 avec bibliographie du ch. VII ; B. Conforti, *Le Nazione Unite*, 7e éd., Padoue, CEDAM, 2005, 360 p.

même « recommander les mesures propres à assurer l'ajustement pacifique de toute situation... de nature à nuire au bien général » (art. 14), c'est le Conseil de sécurité, en tant qu'organe principal du maintien de la paix (art. 24) qui est investi de la gamme des compétences énoncées au chapitre VII.

- À cette fin, il doit d'abord (art. 39) *constater* « l'existence d'une menace contre la paix, d'une rupture de la paix, ou d'un acte d'agression ». Cette constatation, qu'il réalise de manière totalement discrétionnaire, constitue l'acte-condition (J. Combacau) indispensable à la mise en œuvre des pouvoirs qui lui sont conférés par le même chapitre.

- « Afin d'empêcher la situation de s'aggraver », il peut d'abord « inviter les parties intéressées à se conformer aux mesures provisoires qu'il juge nécessaires et souhaitables ». La formule est ambiguë quant à sa portée juridique si on rapporte cette « invitation » au pouvoir de « décision » reconnu au Conseil mentionné au même article et défini dans d'autres (art. 39, 41, 42).

- Si de telles mesures s'avèrent insuffisantes, il peut décider ensuite de mesures de sanction qui peuvent revêtir deux formes nettement différenciées.

La première est non coercitive, elle est prévue à l'article 41 et s'inspire directement non seulement des antécédents du Pacte de la Société des Nations, mais également des représailles non militaires pratiquées de longue date individuellement par les États, bien avant la création des institutions de la sécurité collective (notamment, interruption complète ou partielle des relations économiques, des communications ou rupture des relations diplomatiques). Ces mesures « peuvent » être décidées par le Conseil, auquel cas elles auront bien évidemment pour les États membres un caractère obligatoire en vertu de l'article 25 de la Charte. Mais cette terminologie signifie également que lesdites mesures pourront aussi bien ne faire l'objet de sa part que d'une recommandation. Il eût été raisonnable de considérer que les mesures non coercitives dussent viser par priorité les simples « menaces » à la paix. Mais, ainsi que la pratique l'a montré, rien n'interdit qu'elles puissent également être prises à l'égard de situations qualifiées par le Conseil de véritables « ruptures » de la paix.

La seconde catégorie est celle des mesures coercitives, dont on a déjà dit que, dans la logique du système de la Charte, cet organe a le monopole, en conséquence de l'abandon par les États membres de leur droit individuel de recourir à la force. Le Conseil de sécurité peut ainsi « entreprendre, au moyen de forces aériennes, navales ou terrestres toute action qu'il juge nécessaire au maintien ou au rétablissement de la paix » (art. 42). La Charte avait prévu, pour la réalisation de telles actions, la mise à disposition du Conseil par les États de forces armées (art. 43) et la création d'un comité d'État-major (art. 43). Les accords spéciaux qui eurent permis la constitution de cette force des Nations Unies n'ont toutefois jamais été conclus. Le Conseil s'est, pour cette raison, orienté vers l'habilitation des États à faire usage de la force dès la crise de Corée en 1950.

Les sanctions susceptibles d'être prises par le Conseil en application des articles 41 et 42 de la Charte ne présentent pas un caractère répressif ou en tout cas pénal [1]. Quoique nécessairement dirigées en pratique contre un, voire plusieurs États, elles ne visent pas en principe à le punir pour avoir enfreint les principes de la Charte. Le Conseil de Sécurité détient au contraire proprement un pouvoir de *police internationale* dont l'objet est de faire disparaître la menace ou de faire cesser la « rupture » de la paix. Cette remarque est importante pour comprendre que le chapitre VII, contrairement à ce qui a été parfois avancé, ne constitue pas en lui-même un régime particulier ou « auto-suffisant », « *self-contained regime* », de responsabilité internationale pour menace ou rupture de la paix internationale, encore moins pour une méconnaissance par un État de son obligation générale de non-recours à la force. Il est cependant exact que la pratique et le contexte politique général au sein duquel elle intervient peuvent donner à l'action internationale ordonnée par le Conseil de sécurité à l'égard d'un État contrevenant à la loi commune une connotation afflictive plus ou moins marquée.

561 ***Contraintes et faiblesses du système*** ◊

a) En premier lieu, de façon au demeurant très explicable pour des raisons historiques et politiques, l'ensemble du système de la sécurité collective est fondé sur la nécessité de l'accord des Cinq Grands bénéficiant au sein du Conseil de sécurité du droit de *veto*. Ce dernier, souvent critiqué par la suite, s'explique aisément si l'on songe que l'Organisation des *Nations Unies* repose sur le pari que l'alliance qui était parvenue à triompher des puissances de l'Axe (Allemagne nazie et Japon) pendant la Seconde Guerre mondiale allait pouvoir se maintenir après la guerre pour garantir la paix.

Le système de la sécurité collective, en effet, n'est pas seulement fondé sur un contrat social dont les termes ont été définis plus haut. Il repose également sur l'institutionnalisation d'un directoire des Grands, eux-mêmes assurés par la détention du *veto* de pouvoir paralyser les décisions du Conseil de sécurité (art. 23, § 3) et d'échapper à son emprise tout en restant maître de son fonctionnement à l'égard des autres.

À l'inverse de ce qui apparaît dans d'autres domaines, et surtout d'autres organes de l'ONU, le système de la sécurité collective ne repose ni sur le respect de l'intégrité des compétences classiquement reconnues à l'État souverain (puisque ce dernier renonce à la force) ni sur le principe de l'égalité des États qui joue pourtant par ailleurs un rôle si fondamental dans l'ordre international et au sein même des Nations Unies, particulièrement à l'Assemblée générale. C'est en fonction de ces éléments qu'il faut prendre conscience du caractère radicalement novateur d'un tel système lors de sa création.

b) En second lieu, il a été souvent relevé comme une faiblesse inhérente à la Charte qu'elle prévoit à son article 51 le maintien pour les États membres de l'obligation de recourir individuellement ou collectivement à la force en cas de *légitime défense*. Il est cependant réaliste et logique de

1. V. J. Combacau, *Le pouvoir de sanction de l'ONU, Étude théorique de la coercition non militaire*, Paris, Pedone, 1974.

considérer qu'à partir du moment où le droit international interdisait aux États le recours ordinaire à la force, il devait maintenir corrélativement une sorte de soupape de sûreté, en organisant de façon conditionnelle et restrictive les modalités d'un droit de légitime défense destiné à permettre à un État en butte à la violence illicite de réagir à son tour pour se défendre, à proportion de l'agression subie [1].

Le caractère du droit de légitime défense et les conditions auxquelles il est reconnu par la Charte en font une faculté provisoire et proportionnée de riposte armée immédiate à l'agression, dans la mesure et pendant la durée nécessaires à la prise par le Conseil de sécurité des mesures indispensables pour maintenir la paix et la sécurité internationales. L'action en légitime défense, aux termes de l'article 51, doit être immédiatement portée à la connaissance du Conseil de sécurité, lequel conserve la possibilité « d'agir à tout moment, de la manière qu'il juge nécessaire, pour maintenir ou rétablir la paix et la sécurité internationales ».

On voit qu'ainsi, selon l'économie de la Charte, la mise en œuvre du droit de légitime défense, dont il fut rapidement admis qu'il pouvait s'exercer de façon individuelle ou collective (dans le cas et par le jeu de la mise en œuvre des accords de défense mutuelle) demeure intégrée dans le système de la sécurité collective ; il reste sous le contrôle de son organe, le Conseil de sécurité.

Il se trouva cependant très tôt dans la vie de l'Organisation que la paralysie partielle de cet organe-clef devait libérer en pratique l'invocation comme l'exercice de la légitime défense de tout contrôle institutionnel effectif (v. ss 564). Le maintien du recours à la violence dans les relations internationales devait évidemment s'en trouver facilité.

B. La pratique et l'évolution ultérieure du système

562 ***La paralysie du système jusqu'aux années 1990*** ◊ Elle a une explication essentiellement politique. La réalisation de la condition première du fonctionnement du système, à savoir le maintien après-guerre de l'alliance entre les Grands, s'avéra comme on le sait rapidement illusoire. Avec le développement de la guerre froide, l'usage immodéré du *veto*, utilisé tantôt par l'URSS tantôt par les Occidentaux, a interdit tout d'abord le fonctionnement des moyens techniques de la coercition collective (Comité d'État-Major de l'article 47). Il empêcha ensuite l'exercice par le Conseil des pouvoirs qui lui étaient conférés par le chapitre VII, l'exception constituée par la décision d'engagement militaire des Nations Unies en Corée (1950) contre les troupes de la Chine Populaire n'ayant été permise que par une conjoncture hautement exceptionnelle (le délégué soviétique au Conseil de sécurité avait en effet refusé de siéger pour manifester la désapprobation de son pays à l'égard de l'attitude des pays occidentaux en matière d'admission des nouveaux États

1. V. A. Cassese, *in La Charte des NU, commentaire op. cit.*, p. 771-792.

au sein de l'organisation ; la décision du Conseil d'envoyer des troupes en Corée n'était ainsi plus bloquée par suite de l'abstention soviétique) [1].

563 ***Les conséquences de ce blocage furent multiples*** ◊ **Sur un plan institutionnel**, tout d'abord, le blocage du Conseil a conduit à accroître le rôle dévolu à l'Assemblée générale en matière de maintien de la paix. Par le jeu de la résolution 377 (V) de l'Assemblée générale, dite « Union pour le maintien de la paix » prise à l'initiative des États-Unis, celle-ci décidait le 3 novembre 1950 que, « dans le cas où paraît exister une menace contre la paix ou une rupture de la paix ou un acte d'agression, et où, du fait que l'unanimité n'a pas pu se réaliser parmi ses membres permanents, le Conseil de sécurité manque à s'acquitter de sa responsabilité principale dans le maintien de la paix et de la sécurité internationales, l'Assemblée générale examinera immédiatement la question afin de faire aux membres les recommandations appropriées sur les mesures collectives à prendre, y compris, s'il s'agit d'une rupture de la paix ou d'un acte d'agression, l'emploi de la force armée en cas de besoin pour maintenir ou rétablir la paix et la sécurité internationales » (*GTDIP* n° 28).

Le fonctionnement de ce transfert de compétence du Conseil de sécurité à l'Assemblée générale posa en pratique de nombreux problèmes. Certains États, dont la France et l'URSS, soulevèrent ultérieurement le problème de sa légalité au regard des dispositions de la Charte, et refusèrent pour cette raison de payer leur contribution aux dépenses que sa mise en œuvre entraînait. La résolution 377 fut néanmoins fréquemment utilisée pour contourner la paralysie du Conseil de sécurité [2].

Sur un plan opératoire, ensuite, incapables de mettre en œuvre les moyens coercitifs de maintien de la paix à leur disposition, les Nations Unies se sont orientées vers la mise en place d'**opérations de maintien de la paix**, opérations de caractère non coercitif, déclenchées en application de simples recommandations avec l'accord des États intéressés en vue de garantir un cessez-le-feu sur le terrain, à l'initiative soit de l'Assemblée générale (sur la base de la résolution 377), soit du Conseil de sécurité, lorsque les conditions politiques de son fonctionnement sont réunies [3]. Ces opérations de caractère en principe temporaire ont été d'abord entreprises en 1956 dans l'affaire de *Suez* avec la création de la force d'urgence des Nations Unies (FUNU), puis au Congo (ONUC) lors des événements graves provoqués par la sécession katangaise, consécutive à l'indépendance de l'ancienne colonie belge (1960-1963). La formule fut notamment reprise avec la force des Nations Unies à Chypre (UNFICYP) en 1964, puis à la

1. V. M.-F. Labouz, *L'ONU et la Corée, Recherches sur la fiction en droit international public*, Paris, Presses Univ. de Paris, 1980, 382 p.

2. V. J.-F. Guilhaudis, Considérations sur la pratique de « l'Union pour le maintien de la paix », *AFDI* 1981. 382 s. et J. Leprette, Le Conseil de sécurité et la Résolution 377 A, *AFDI* 1988. 424-435.

3. J. Ballaloud, *L'ONU et les opérations de maintien de la paix*, Paris, Pedone, 1971, 232 p. ; Ph. Manin, *L'ONU et le maintien de la paix. Le respect du consentement de l'État*, Paris, LGDJ, 1971, 343 p.

suite de la « guerre d'octobre » en 1973, en Proche-Orient (FUNU 2) dans le Sinaï et FNUOD dans le Golan, consécutivement à un accord entre Israël et la Syrie (1974) ; à la suite de l'intervention israélienne au Sud-Liban, en mars 1978, a été établie la force intérimaire des Nations Unies au Liban (FINUL), cependant que, en application de la résolution du Conseil de sécurité 598 (1987) était constitué en 1988 le GOMNUII, groupe d'observateurs militaires des Nations Unies pour l'Iran et l'Irak (août 1988).

564 ***Invocation de la légitime défense*** ◊ Une troisième conséquence particulièrement importante de la paralysie du Conseil de sécurité est de caractère normatif : elle concerne l'évolution de la notion de *légitime défense* en droit international contemporain et l'invocation extensive qui en a été faite. Comme on le reverra plus loin, en examinant les symptômes de la remise en cause la plus récente du système de la sécurité collective, depuis 1999 en particulier, l'interprétation du droit de légitime défense tel qu'il est compris par les États membres, toujours tentés d'en donner une interprétation extensive, est une question absolument fondamentale pour le maintien sinon même la survie du système (v. ss 572 s.). Dans la phase initiale, tandis que la rivalité Est/Ouest favorisait la création des pactes régionaux de défense mutuelle (OTAN, Pacte de Varsovie, Traité de Rio, Otase, etc.) propres à la mise en œuvre, à la demande d'un État agressé membre d'une alliance, de la légitime défense collective, plusieurs tentatives ont déjà été faites pour élargir le champ d'application de la légitime défense, dont on a vu que l'article 51 la limitait strictement à la réaction contre une « agression ». Israël, en particulier, en plusieurs occasions, invoqua la légitime défense préventive, notamment en 1967 contre l'Égypte, en 1975 contre les camps palestiniens au Liban, en 1981 à l'encontre de l'Irak pour justifier la destruction sur le territoire de cet État d'un réacteur nucléaire susceptible d'utilisation militaire. Cette conception fut généralement condamnée non seulement par les pays socialistes et « non alignés », mais aussi par les grandes puissances occidentales, notamment parce que l'appréciation du danger justifiant l'action préventive était effectuée par celui-là même qui s'en prévalait [1].

Une autre tentative d'extension consista à invoquer la légitime défense contre des infiltrations militaires ou toute « agression indirecte » (en particulier par les États-Unis au Vietnam ou lors de l'opération à la Grenade, et par Israël contre les camps palestiniens, en 1975). La légitime défense fut aussi invoquée pour la protection des ressortissants nationaux à l'étranger (v. la justification israélienne du raid de Entebbe en 1976). Quoique cette argumentation s'apparente à certains égards à celle qui a trait à l'intervention pour cause humanitaire, elle fut cependant repoussée, notamment par la France.

Par ailleurs, durant de nombreuses années, au moment des guerres de libération coloniale, les pays du Tiers-monde ont affirmé au sein de l'ONU

1. V. J. Combacau, Self-Defence *in* the UN Practice, *in* A. Cassese (dir.), *The Current Legal Regulation of the Uses of Force by Individual Subjects*, Leiden, MNP, 1985, chap. 13.

la légitimité du recours à la force pour défendre les peuples colonisés et leur permettre d'exercer leur droit à disposer d'eux-mêmes. On ne trouve cependant pas de consécration directe de cette thèse dans la Déclaration 2625 sur les relations amicales entre les États (1970) ni dans la définition de l'agression donnée par la résolution 3314 de l'Assemblée générale (1974) (*GTDIP* n° 6 et 29). Le même sort fut réservé à la prétention d'appliquer la légitime défense à « l'agression économique ou idéologique également défendue un certain temps par les pays du “sud” » [1].

565 ***L'exercice de la légitime défense collective obéit aux mêmes conditions que celui de la légitime défense individuelle*** ◊ Le droit pour un État non directement atteint par une agression d'intervenir au nom des accords de défense le liant au pays agressé a été souvent invoqué. Il le fut aussi bien par les États-Unis au Liban en 1958, au Vietnam et à Saint-Domingue, dans les années 1960, ou à l'encontre du Nicaragua en 1985, que par l'Union soviétique pour justifier ses interventions en Tchécoslovaquie (1968) et en Afghanistan (1979). On constatait de plus que les invocations de la légitime défense (1982) ne s'accompagnaient pas de l'acceptation du contrôle du Conseil de sécurité prévu par l'article 51 [2]. Celui-ci était par ailleurs incapable de substituer son action, coercitive ou non, à celle de l'État agissant en défense de ses propres intérêts.

Un argument généralement avancé pour justifier cette mise à l'écart des dispositions de la Charte était fondé sur le caractère « inhérent » ou « naturel » du droit de légitime défense tel qu'énoncé à l'article 51, qualificatif indiquant notamment, selon certains auteurs (notamment D. Bowett), que le droit de légitime défense n'est pas purement conventionnel et inscrit dans le système de la Charte mais que l'article 51 ne fait que reconnaître et déclarer sa préexistence à cet accord au titre de normes coutumières.

L'arrêt de la CIJ dans l'*Affaire des activités militaires au Nicaragua* (1986) a accordé à cette question comme à plusieurs autres des développements fort intéressants : il consacre certes le caractère restrictif du droit de légitime défense, notamment collective, rappelant l'importance des critères de nécessité et de proportionnalité. Il s'appuie pour ce faire notamment sur les termes dans lesquels la Déclaration 2625 de l'Assemblée générale relative aux principes du droit international touchant les relations amicales entre les États (1970) réitère l'interdiction du recours à la force. Pourtant, à d'autres égards, la même décision élargit dans une certaine mesure le champ et les modalités de la légitime défense. Elle le fait de deux façons. D'une part, en admettant, sur la base de la résolution 3314 de l'Assemblée générale qu'est assimilable à l'agression armée, seule susceptible de justifier l'exercice de la légitime défense, « l'envoi par un État ou en son nom de bandes et de groupes armés [...] contre un autre État d'une gravité telle qu'il équivaut à une véritable agression accomplie par

1. V. J. Zourek, La notion de légitime défense en droit international, *AIDI* 1975. 1-80.

2. V. P.-M. Dupuy, L'invocation de la légitime défense dans la justification des États, *in* J.F. Guilhaudis et M. Torrelli (dir.), *Force armée et diplomatie II*, Dordrecht, MNP, 1985, p. 126-145.

des forces régulières » ; d'autre part, et surtout, l'arrêt consacre la thèse du caractère coutumier du droit de légitime défense [1]. Ceci justifie entre autres selon la Cour qu'un État ou un groupe d'États puissent prétendre exercer la légitime défense en dehors du cadre de la Charte et donc des contraintes institutionnelles établies à l'article 51 de cette dernière.

Dans le droit international contemporain, en dépit d'une résistance assez forte de la communauté internationale à l'égard des tentatives d'interprétation extensive des motifs justifiant l'exercice du droit de légitime défense, celui-ci a néanmoins pris une place beaucoup plus considérable que la part résiduelle et conditionnée qui lui était réservée par l'article 51 dans la Charte.

L'importance prise par l'argument de légitime défense à la pratique des États ne devrait pas remettre pas en cause la place centrale du principe de non-recours à la force dans le droit international actuel, ne serait-ce que parce que cette invocation s'opère en exception à ce même principe d'interdiction. C'est en ce sens que l'on peut comprendre la remarque faite par la Cour dans l'affaire des *activités militaires au Nicaragua* (1986) lorsqu'elle déclarait : « si un État agit d'une manière apparemment inconciliable avec une règle reconnue mais défend sa conduite en invoquant des exceptions aux justifications contenues dans la règle elle-même, il en résulte une confirmation plutôt qu'un affaiblissement de la règle et cela que l'attitude de cet État puisse ou non se justifier en fait sur cette base » [2]. L'importance accrue de l'argument de légitime défense constituait alors une conséquence directe de la paralysie du système de la sécurité collective due à la mésentente des Grands. Dans ces conditions, les tensions entre les blocs s'apaisant du fait de la disparition des blocs, antérieure même à la dissolution de l'Union soviétique, il était finalement peu surprenant que l'agression irakienne à l'égard du Koweït, en août 1990, vienne manifester la relance spectaculaire et l'élargissement des buts assignés au système de la sécurité collective.

§ 2 La relance et l'élargissement de la sécurité collective à partir des années 1990 [3]

566 ***La restauration de l'autorité du Conseil de sécurité lors de la « crise du Golfe »*** [4] ◊ Précédée par la débilitation progressive de

1. *Rec.* 1986, p. 102, 193.
2. *Rec.* 1986, p. 102, 193.
3. G. Gaja, Réflexions sur le rôle du Conseil de sécurité dans le nouvel ordre mondial, *RGDIP* 1993/2, p. 627 s. ; Ph. Weckel, Le chapitre VII de la Charte et son application par le Conseil de sécurité, *AFDI* 1991. 165 s. V. aussi Académie de droit international de La Haye, Le développement du rôle du Conseil de sécurité, Colloque (21 au 21 juill. 1992), MNP 1993, en partic. communications de S. Sur (p. 13-40) ; M. Bothe (67-82) ; T. Franck (83-110) ; M. Sahovic (339-374) ; M. Reisman (399-424). V. aussi SFDI, Colloque de Rennes (1994), *Le chapitre VII de la Charte des NU*, Paris, Pedone, 1995. V. aussi D. Caron, The Legitimacy of the Collective Authority of the Security Council, *AJIL* 1993/4, p. 552 589.
4. V. O. Schachter, United Nations Law *in* the Gulf Conflict, *AJIL* 1991/3, p. 452-473, et Agora : The Gulf Crisis *in* International and Foreign Relations Law, *ibid.* p. 506-535 ;

l'Union soviétique révélée à partir de sa décision d'invasion de l'Afghanistan, au tournant de l'année 1979, cette nouvelle phase doit son apparition à la réalisation des conditions politiques de l'efficacité du Conseil, déjà plusieurs fois mentionnées : la cohésion des cinq membres permanents du Conseil de sécurité, ici confortée par la convergence des positions de la plupart des membres de l'ONU. En effet, même si, durant cette période, l'opinion, dans les pays arabes, a souvent violemment manifesté son soutien à la politique de Saddam Hussein en relation avec le maintien illégal d'Israël dans les territoires occupés, la quasi-totalité des États membres de l'Organisation a soutenu activement les décisions du Conseil de sécurité. La détermination de cet organe s'est fait sentir presque immédiatement après le déclenchement de la crise, par l'adoption des résolutions 660 et, surtout, 661 décidant (avec force obligatoire pour les États membres) un ensemble de sanctions politiques, diplomatiques et économiques à l'égard de l'Irak en vue d'obtenir l'évacuation du territoire koweïtien. Entre août et novembre 1990, le Conseil a été capable d'adopter douze résolutions accentuant graduellement la pression sur l'Irak jusqu'à lui lancer un *ultimatum* effectivement suivi d'effet, et autorisant les États membres à user de tous les moyens nécessaires (ce qui revenait à les habiliter à utiliser la force armée) si, au-delà du 15 janvier 1991, le gouvernement de Bagdad maintenait sa présence au Koweït (Rés. 678). Or, à l'exception de cette dernière résolution (abstention de la Chine, n'empêchant pas son adoption) toutes ont été votées avec l'accord unanime des membres permanents.

Qui plus est, en application de la résolution 661, le Conseil de sécurité, comme il l'avait naguère également pratiqué à l'égard de la Rhodésie du Sud (1968), a institué un comité chargé d'aider à la mise en œuvre des sanctions par les États membres. Cet organe a été scrupuleusement consulté par ces derniers tout au long de la crise et que ses délibérations ont été respectées [1]. En outre, au lendemain de l'interruption des opérations militaires consécutives à la persistance du refus irakien d'évacuer le Koweït, le Conseil de sécurité a joué un rôle déterminant dans la mise en œuvre des conditions de rétablissement de la paix qu'il a pratiquement imposées au gouvernement de Bagdad (Rés. 687) [2]. C'est sous son autorité retrouvée qu'a été coordonnée l'action des États membres et celle des institutions internationales, notamment en vue d'intervenir à

J. Verhoven, États alliés ou Nations Unies ? L'ONU face au conflit entre l'Irak et le Koweït, *AFDI* 1990. 145 s. ; P.-M. Dupuy, Après la guerre du golfe..., *RGDIP,* 1991. 621-638 ; colloque du CEDIN, *Les aspects juridiques de la crise et de la guerre du Golfe,* Aspects de droit international public et de droit international privé, Paris, Montchrestien 1991, Cahiers du CEDIN n° 6. V. aussi Symposium : The Gulf War and its Aftermath, Ch. Dominice, B. Conforti, P. Malenczuk, *in JEDI* 1991. 85-132 ; El Sayegh, *La crise du Golfe. De l'interdiction à l'autorisation, du recours à la force,* Paris, LGDJ, 1993, 544 p. Les principales résolutions pertinentes du Conseil de sécurité sont reproduites dans les *GTDIP.*

1. V. M. Koskenniemi, le Comité des sanctions créé par la résolution 661-1990 du Conseil de sécurité, *AFDI* 1991. 119 s.

2. V. les articles de S. Sur et G. Cottereau *in AFDI* 1991. 25 s. et 99 s.

l'intérieur même du territoire irakien, pour apporter une aide humanitaire et protéger les populations irakiennes chiites (Rés. 688) et kurdes gravement menacées par les troupes irakiennes et veiller à la destruction des armements et du potentiel nucléaire irakien (commission d'enquête de l'AIEA). Or l'ensemble de ces résolutions, dont certaines, par leur contenu, sont sans précédent notable dans l'histoire de l'ONU (spécial. Rés. 687) s'appuie, explicitement ou non, sur les dispositions du chapitre VII de la Charte.

567 ***La réactivation du chapitre VII de la Charte*** ◊ est, sans doute, le phénomène le plus remarquable de cette période, étant donné les entraves qui avaient expliqué sa paralysie sinon sa déformation durant la période des quarante années précédentes. Durant l'ensemble de la crise du Golfe, qui couvre en réalité trois phases, avant, pendant et après les actions armées entreprises par les alliés, les dispositions du chapitre VII ont été tour à tour consacrées, réinterprétées et dépassées.

a) La consécration concerne les douze premières résolutions adoptées à cette période soit de la 660 à la 678. Le Conseil s'est, dans la majorité de ces textes, référé globalement au chapitre VII sans préciser lequel de ses articles est plus spécialement sollicité. La résolution 661, qui décide des sanctions à l'égard de l'Irak fut cependant une application claire de l'article 41. Cette pratique de référence globale au Chapitre VII a perduré après la crise du Golfe.

b) La résolution 678 autorisant l'emploi de la force en cas de non-retrait irakien au-delà du 15 janvier, ne peut être considérée comme une application pure et simple de l'article 42. Le Conseil y habilite les États membres à recourir à la force afin de rétablir l'ordre international. Les actions militaires qu'elle autorise ainsi n'ont pas été menées sous le commandement du Comité d'État-Major prévu dans le chapitre VII mais sous l'autorité des États membres eux-mêmes. Cette technique de l'habilitation constitue une interprétation souple des termes de la Charte. Elle a été maintes fois utilisée depuis.

c) Après la fin des hostilités, le chapitre VII a bel et bien été dépassé par les résolutions ultérieures, prises pour mettre un terme à la crise. C'est en particulier le cas de la résolution 687, déjà mentionnée parce qu'elle imposait très fermement à l'Irak les conditions de la paix, et de la 688, examinée par ailleurs (v. ss 120 c et v. ss 568) parce qu'elle a autorisé un type d'intervention humanitaire à l'intérieur même du territoire irakien, dont la pratique antérieure de l'Organisation ne fournissait pas de précédent notable. Enfin, il convient également de remarquer que les dispositions prises, sur la base de la résolution 705, pour organiser sous le contrôle direct de l'ONU l'indemnisation des victimes des exactions irakiennes ont constitué également une innovation considérable. Pour la première fois, en effet, la communauté internationale, représentée par l'ONU, établissait les éléments d'un régime spécial de réparation imposé à un État convaincu d'avoir violé l'un des principes majeurs de l'ordre public international, celui du non-recours à la force (v. ss 496).

568 ***L'élargissement du champ de la sécurité collective*** ◇ L'évolution de la pratique du chapitre VII de la Charte à partir de la fin de la guerre du Golfe a permis de confirmer la tendance à l'élargissement de la sécurité collective esquissé pendant cette crise. Le Conseil devait en effet continuer, du moins pendant un certain temps, à tirer parti de la disparition des tensions entre les cinq grands pour s'affirmer non seulement comme l'« organe principal du maintien de la paix », ce qu'il est aux termes de l'article 24, mais aussi comme une sorte d'organe exécutif de la communauté internationale, dont il serait censé traduire les aspirations profondes comme les impulsions immédiates.

a) Les causes de cette montée en puissance du Conseil de sécurité sont évidemment politiques : face à une situation internationale profondément déstabilisée par l'effondrement des pays socialistes, les États-Unis d'abord, et, dans une moindre mesure, la France ainsi que les autres membres permanents à l'exception de la Chine ont alors manifesté la volonté de faire jouer un rôle majeur aux Nations Unies ; ceci pour la stabilisation des crises, la diffusion universelle des valeurs démocratiques et la protection internationale des droits de l'homme, missions auxquelles s'est ajoutée la promotion du développement dans le respect de l'environnement [1]. La déclaration du président du Conseil de sécurité faite à la suite de la réunion des chefs d'État et de gouvernement des États membres de cet organe, réunis pour la première fois en son sein en janvier 1992, marque bien cette volonté d'élargissement des cadres de l'action de l'Organisation mondiale : « la paix et la sécurité internationales ne découlent pas seulement de l'absence de guerre et de conflits armés. D'autres menaces de nature non militaire à la paix et à la sécurité trouvent leur source dans l'instabilité qui existe dans les domaines économique, social, humanitaire et écologique » [2].

Dans ce contexte général, le Conseil de sécurité trouvait naturellement à jouer un rôle non pas exclusif mais cependant tout à fait prédominant. Il s'agit en effet du seul organe doté par la Charte de la possibilité d'agir à la fois rapidement et fermement, par la voie de résolutions obligatoires pour tous les États membres. Il ne peut toutefois le faire sans contestation par les États membres que dans le cadre du chapitre VII. Or ce dernier est lui-même affecté en principe à une fin exclusive, le maintien de la paix. Dès lors, à moins de réformer la Charte, ce qui a paru jusqu'à présent techniquement difficile et politiquement aléatoire, il fallait donner à la

1. V. *Aspects du système des Nations Unies dans le cadre de l'idée d'un nouvel ordre mondial* (1991), et *Actualité des conflits internationaux* (1992), deux Colloques IEP Aix-en-Provence Paris, Pedone, 1991 et 1992, respectiv. 205 p. et 203 p.
2. Texte *in RGDIP*, 1992/1, p. 256 s.

notion de « maintien de la paix » une acception suffisamment large pour y faire rentrer la diversité des buts ainsi assignés à l'ONU et poursuivis grâce à l'action prioritaire du Conseil de sécurité ; cet organe est alors apparu bien maîtrisé par le véritable directoire que constitue aujourd'hui le groupe des membres permanents, habitués à coordonner leur action pour la rendre plus efficace.

b) Les manifestations de cette évolution furent diverses. Quatre sont notamment à signaler :

- En premier lieu, l'accélération du rythme de création des *opérations entreprises par les Nations Unies.* Entre 1988 et 1992, l'ONU a lancé autant d'opérations que pendant les quarante ans qui avaient précédé. Mais surtout, on a assisté en certains cas à une véritable *mutation* de la nature des missions qui leur sont confiées : on connaissait des opérations aujourd'hui devenues classiques, mises en œuvre au terme d'un conflit de caractère international pour s'interposer à titre transitoire entre les anciens belligérants, avec leur accord et dans le respect total de leurs affaires intérieures. Ces opérations classiques, toujours utilisées, ne visent qu'à permettre aux parties intéressées de trouver elles-mêmes par la négociation les moyens du rétablissement de la paix (v. ss 563) [1]. Or, à côté d'elles, on a vu de plus en plus apparaître des actions d'un tout autre type. Elles se déroulent en effet dans le cadre *non plus international mais interne* d'un pays déterminé, afin de veiller directement à l'établissement de régimes politiques stables et authentiquement démocratiques ; ceci notamment par voie d'assistance électorale, destinée à permettre le déroulement régulier des opérations de vote. De telles « actions de service public », selon l'expression d'Y. Daudet, s'inscrivent de plus en plus souvent dans le cadre d'opérations de grande envergure. Elles encourageraient à conclure que le droit des Nations Unies sinon même le droit international général sont désormais de moins en moins indifférents à la nature des choix politiques assumés par chaque État [2]. Tel fut notamment le cas en Namibie ou au Cambodge [3], deux pays dans lesquels l'ONU s'est vue respectivement investie d'un véritable rôle de construction ou de reconstruction des structures étatiques défaillantes. Dans de tels cas, les Nations Unies ont assumé elles-mêmes la responsabilité non plus seulement du maintien de la paix « *peace keeping* » mais aussi du rétablissement de la paix « *peace making* » et même, en certains cas, de la reconstruction des structures juridiques et économiques propres à la garantir « *peace building* ». De telles missions furent également confiées aux opérations de maintien de la paix déployées

1. V. V.Y. Ghebali et G. Abi-Saab *in Le Trimestre du Monde* 1992/4, p. 67 et 87.

2. Une telle ingérence institutionnelle dans les choix politiques internes démentirait au moins sur ce point les affirmations par ailleurs toujours d'actualité de la Déclaration sur les relations amicales entre États (Rés. AG 2625/XXV) (*GTDIP* n° 6) qui avoue ici son âge (1970).

3. V. le texte des résolutions 745, 766 et 783 *in RGDIP* 1992. 459, 1089 et 1091, et P. Isoart, L'ONU et le Cambodge, *RGDIP* 1993/3.

ultérieurement au Timor oriental (MINUTO) [1], au Libéria (MINUL) [2], en Côte d'Ivoire (ONUCI) [3] ou en Libye (MANUL) [4].

- En second lieu, on doit constater la persistance au-delà de la crise du Golfe du *recours aux sanctions* décidées par le Conseil de sécurité sur la base du Chapitre VII. Ce fut le cas à propos de la Libye, accusée d'avoir soutenu des actions terroristes internationales ayant notamment entraîné la perte d'avions civils. La résolution 748 du Conseil, adoptée le 31 mars 1992 à l'initiative des États-Unis et de la Grande-Bretagne, a décidé ainsi d'une série de mesures comportant l'interruption des relations et de la coopération aériennes avec elle, ainsi que l'interdiction des ventes d'armements, associées à une réduction des missions diplomatiques et consulaires libyennes à l'étranger. Ces sanctions ont été renforcées en février 2011 par la résolution 1970 (2011) en réponse à la répression sanglante conduite par les autorités libyennes contre les auteurs de la rébellion commencée quelques jours plus tôt dans la ville de Benghazi (*GTDIP* n° 30). Elles ont été assouplies en septembre 2011 par la résolution 2009 après la chute du régime Kadhafi et la fin de l'intervention multilatérale en Libye (v. *infra*). Dans le cas de l'affaire yougoslave, le Conseil a d'abord décidé un embargo sur les armes à l'égard de tous les belligérants par sa résolution 713 (1991) [5]. Devant la poursuite et l'aggravation des combats, il étendra ensuite la gamme des sanctions économiques, politiques et diplomatiques visant la Yougoslavie (Serbie-Monténégro) par la résolution 757 du 30 mai 1992 dans des proportions d'une ampleur très analogue à celle des mesures décidées près de deux ans auparavant contre l'Irak ; son importance sera encore accentuée par les résolutions 787 (16 novembre 1992) et 820 (17 avril 1993) [6]. À propos de la Libye comme de la Yougoslavie, un comité des sanctions, créé à l'instar de celui établi à l'égard de l'Irak durant la guerre du Golfe, est chargé de veiller à l'application effective des mesures s'imposant à tous les États membres. Un des motifs de préoccupation résidait déjà toutefois dans le constat d'un respect de moins en moins rigoureux des sanctions par certains États membres tel que dans le cas de l'Irak. Ceci pouvait s'expliquer par le contexte politique et diplomatique différent de ces crises respectives mais confirme le très net danger d'érosion de l'autorité d'un Conseil de sécurité soupçonné par beaucoup de partialité parce que dominé par le directoire des Grands, lui-même sous étroite obédience occidentale, pour ne pas dire américaine.

- En troisième lieu, on constate l'association ou, suivant les cas, la subordination de certaines opérations décidées par le Conseil de sécurité

1. V. en particulier la résolution 1246 (1999) du 11 juin 1999.
2. V. en particulier la résolution 1 938 (2010) du 15 sept. 2010.
3. V. notamment les résolutions 1528 (2004) du 27 févr. 2004 et 1609 (2005) du 24 juin 2005.
4. V. la résolution 2 009 (2011) du 15 sept. 2010.
5. Texte *in RGDIP* 1992/1, p. 246 s.
6. Textes *in RGDIP* 1992/4, p. 1038 et s ; 1993/1, p. 188 ; 1993/2, p. 541.

à des *actions d'assistance humanitaire* de grande envergure. L'exemple en avait été donné par la résolution 688 prise à l'intention des populations kurdes poursuivies par la vindicte de Saddam Hussein. La pratique en a été poursuivie à propos de la Bosnie-Herzégovine par la résolution 770 (13 août 1992) dans laquelle le Conseil exhorte en particulier les États membres à prendre toutes les mesures nécessaires pour faciliter l'acheminement des secours aux victimes du conflit interethnique et exige l'accès pour le Comité international de la Croix-Rouge et les autres organisations humanitaires compétentes à tous les camps d'internement ouverts dans la région [1]. On sait du reste que, par la suite, l'action des contingents de « casques bleus » de la FORPRONU, elle-même initialement conçue comme une force d'interposition classique, a été élargie à l'action humanitaire, pour se concentrer même sur elle, du moins en Bosnie-Herzégovine.

Mais c'est davantage encore avec l'opération « Restaurer l'espoir » en Somalie, décidée par la résolution 794 du 3 décembre 1992, et, près de dix ans plus tard, avec l'opération « Protecteur unifié » en Libye, autorisée par la résolution 1973 du 17 mars 2011 (*GTDIP* n° 31) que, toujours dans le cadre du chapitre VII, le Conseil de sécurité a décidé, avec la première, d'une action humanitaire dans un pays réduit à la famine par la guerre civile et, avec la seconde, d'une opération militaire menée par l'OTAN afin, d'une part, de protéger les civils libyens des frappes de l'armée libyenne et, d'autre part, de mettre fin à la répression sanglante par les autorités libyennes des partisans de la révolte démocratique débutée en Libye un mois auparavant.

À l'inverse de la résolution 770, la 794 ne décide pas d'abord de confier les opérations militaires de protection des convois humanitaires à des forces de l'ONU ; elle reconduit au contraire la formule déjà pratiquée à l'égard de l'Irak par la résolution 678 ; c'est celle de l'habilitation octroyée aux États membres d'intervenir sous le couvert des Nations Unies, en acceptant l'offre faite par les États-Unis de faire débarquer près de 30 000 hommes pour mener à bien l'opération, prenant ainsi le relais des 3 500 casques bleus de l'ONUSOM, incapables de faire face aux pillages perpétrés par les bandes rivales se disputant le pouvoir. Par la suite, les hommes des Nations Unies ont à nouveau succédé aux contingents alliés, non sans se trouver eux-mêmes engagés dans d'aventureuses actions de représailles (juin 1993) en réponse aux attaques dont ils avaient fait l'objet, plaçant ainsi l'Organisation dans une situation difficile et sans véritable précédent. Cette résolution 794, intervenant après la série des résolutions condamnant les violations massives des droits de l'homme et des peuples dans l'ex-Yougoslavie, renforçait encore le lien, déjà antérieurement établi, entre respect du droit humanitaire et maintien de la paix internationale. Ceci est d'autant plus remarquable que l'opération décidée se déroulait dans un seul pays, sans danger manifeste d'internationalisation du conflit.

---

1. Texte *in RGDIP* 1992/4, p. 1055.

La résolution 1973 du 17 mars 2011 confirme et parachève cette évolution. Condamnant la violation flagrante et systématique des droits de l'homme, y compris les détentions arbitraires, disparitions forcées, tortures et exécutions sommaires, et soulignant que les attaques généralisées et systématiques commises en Libye contre la population civile peuvent constituer des crimes contre l'humanité, le Conseil, agissant au titre du chapitre VII de la Charte, autorise - selon la formule consacrée - les États membres à prendre toutes les mesures nécessaires pour protéger les populations et zones civiles menacées d'attaque en Jamahiriya arabe libyenne. La résolution 1973 décide, en outre et aux mêmes fins, une zone d'exclusion aérienne dans tout l'espace aérien Libyen et autorise les États qui ont adressé aux Secrétaires généraux de l'Organisation des Nations Unies et de la Ligue des États arabes une notification à cet effet à prendre toutes mesures nécessaires pour faire respecter cette interdiction de vol. Sur ces bases, une opération militaire aérienne de grande envergure a été engagée par l'OTAN à partir du 22 mars 2011. Soutenus par les forces de l'Organisation du traité de l'Atlantique nord, les rebelles ont rapidement progressé vers la victoire. Entrés dans Tripoli le 20 août, ils s'emparent de Syrte le 21 octobre, le lendemain de la mort de Mouammar Kadhafi. Cet événement a signé la chute du régime établi par ce dernier et la fin des combats. L'OTAN a mis un terme à son intervention militaire le 28 octobre ; un Gouvernement de transition a été composé le 22 novembre 2011.

- Enfin, en quatrième et dernier lieu, l'extension du cadre d'intervention du chapitre VII est marquée par son utilisation pour justifier la décision arrêtée dans les résolutions 808 (22 février 1993) et 955 (8 novembre 1994) d'établir sous l'égide de l'ONU des tribunaux pénaux internationaux chargés de juger les crimes internationaux perpétrés en Ex-Yougoslavie et au Rwanda. C'était une nouvelle fois affirmer que le maintien de la paix internationale peut être légitimement considéré comme mis en cause par les violations graves et massives des droits de l'homme. Ces résolutions, peut-être plus encore que les précédentes, ont cependant suscité de divers côtés des interrogations sur la légalité d'une interprétation aussi extensive de la Charte.

- *Du point de vue normatif*, la conception large, c'est-à-dire *polymorphe* du maintien de la paix retenue depuis la crise du Golfe ne constitue pas une véritable innovation. Elle réalise plutôt un retour à la lettre et à l'esprit de la Charte ; il suffit pour s'en convaincre de relire l'article premier de cette dernière. On y retrouvera le lien explicitement établi entre, d'une part, le maintien de la paix, strictement perçu comme le silence des armes (alinéa 1er) et, d'autre part, le respect des droits des peuples (alinéa 2), la coopération internationale pour résoudre « les problèmes internationaux d'ordre économique, social, intellectuel ou humanitaire » et enfin la protection des droits de l'homme (alinéa 3). L'article premier n'est du reste pas le seul dans lequel soit développée l'idée selon laquelle la paix ne résulte pas seulement du renoncement à la force mais procède également des efforts conjoints des États membres pour éradiquer les facteurs belligènes d'origines politique, économique et sociale. Cette conviction irradie en réalité toute la Charte pour justifier notamment les attributions de l'Assemblée générale (v. l'enchaînement des articles 12 à 14), et émerger plus nettement encore au chapitre IX, consacré à la coopération économique et sociale internationale dont l'article 55 réitère les conditions durables des « relations pacifiques et amicales » entre États. On les y retrouve fondées sur les mêmes principes que ceux énoncés à l'article premier, respect des droits des peuples, développement « dans l'ordre économique et social », « respect universel et effectif des droits de l'homme et des libertés fondamentales pour tous... » [1]. Dans l'action du Conseil de sécurité illustrée aussi bien par la déclaration du président du Conseil de sécurité de janvier 1992 que par l'« Agenda pour la paix » rédigé à sa suite par le Secrétaire général [2], il n'y a donc, du point de vue normatif, qu'un retour aux sources de la Charte, à la fois dans sa lettre et dans son esprit. Ce qui est vrai, c'est qu'il existe dans la Charte deux dimensions de la paix internationale : une *structurelle*, dont on vient d'évoquer les illustrations, et dont la prise en charge relève d'abord de l'Assemblée générale, du Conseil économique et social et du Secrétaire général ; une *sécuritaire*, ensuite, dont la prise en charge relève spécifiquement du Conseil de sécurité, organe du maintien de l'ordre international. Deux durées distinctes correspondent de plus à ces deux dimensions de la paix : la première est destinée à se réaliser sur le long terme, par une coopération multiforme entre États et organisations concernées ; la seconde se situe dans l'urgence. Elle suppose des capacités de réaction rapide, en principe permises au Conseil, organe restreint susceptible de siéger en permanence pour agir en fonction des menaces ou des ruptures de la paix qui caractérisent une situation concrète [3].

– *Du point de vue organique*, cette pratique s'est alors avérée très riche parce qu'elle mêlait ces deux dimensions et ces deux temps de réalisation de la paix, le Conseil de sécurité semblant vouloir parfois récupérer à son bénéfice la maîtrise non seulement du maintien de l'ordre mais aussi la sauvegarde de l'« ordre public » constitué des normes structurant l'ordre et le système juridiques internationaux, et, dans certains cas (Namibie, Cambodge, Somalie, Haïti) la réalisation ou le contrôle des conditions politiques, économiques et sociales nécessaires au rétablissement de la paix (« *peace building* »).

1. C'est même sur de telles prémisses qu'est établi le système des Nations Unies tout entier, c'est-à-dire le réseau des liens établis entre l'ONU elle-même et les différentes institutions spécialisées dont chacune est appelée à apporter sa contribution à l'œuvre commune, qui est la réalisation d'une communauté internationale pacifique.

2. Doc. A/47/277 du 17 juin 1992.

3. V. P.-M. Dupuy, Sécurité collective et construction de la paix dans la pratique contemporaine du Conseil de sécurité, *in Festschrift für R. Bernhardt*, Berlin, Springer, 1995, p. 41-57.

§ 3. Remises en cause et pérennité de la sécurité collective

569 ***Plan*** ◊ Après une décennie d'actions tous azimuts, le Conseil de sécurité a dû faire face, au tournant du XXIe siècle, à de nouveaux blocages et à des contestations nouvelles qui sont venus rappeler la fragilité de l'édifice onusien de la sécurité collective (A). Le système s'avère néanmoins pérenne quoiqu'il soit constamment confronté à de nouveaux défis (B)

A. Les remises en cause de la sécurité collective

570 ***Trois interventions armées sans autorisation du Conseil de sécurité, sur trois théâtres d'opération, Kosovo (1999), Afghanistan (2001) et Irak (2003)*** ◊ Trois séries d'événements, qui ont sonné comme autant de coup de boutoir contre la sécurité collective, ont amené entre 1999 et 2003 une coalition d'États occidentaux, emmenés par les États-Unis, à recourir à la force en dehors d'une habilitation expresse du Conseil de sécurité et de la légalité définie par la Charte. Il s'agit d'abord des opérations menées par l'OTAN entre mars et juin 1999 à l'encontre de la Yougoslavie en relation avec les événements du Kosovo, des réactions militaires déclenchées après les attentats du 11 septembre 2001 ensuite, de l'intervention américano-britannique de mars 2003 enfin.

571 ***L'intervention des États membres de l'OTAN au Kosovo*** ◊ Au cours de l'année 1998, la détérioration de la situation politique et humanitaire au Kosovo et l'exode d'une population nombreuse vers les frontières de l'Albanie, amena l'OSCE, appuyée par l'ONU, à intervenir pour tenter d'apaiser les tensions entre les communautés serbe et albanaise. Entre mars 1998 et mars 1999, le Conseil de sécurité prit plusieurs résolutions « en vertu du chapitre VII de la Charte » (Rés. 1160 en mars, Rés. 1199 en septembre, Rés. 1203 en octobre). Pourtant, tout en constatant que la situation au Kosovo constituait une menace à la paix internationale, aucune d'entre elles ne comportait d'habilitation à prendre des mesures de coercition militaire à l'égard de la Yougoslavie, faute d'un accord de la Chine et la Russie. *La seule référence au Chapitre VII étant insuffisante à autoriser les États membres à recourir à la force*, fût-ce à l'égard d'un État persistant dans une atteinte à la paix internationale [1], c'est donc sans habilitation du Conseil de sécurité que le secrétaire général de l'OTAN donna l'ordre au commandant suprême des forces alliées en Europe de lancer des opérations aériennes contre des objectifs ciblés sur le territoire de la République fédérale de Yougoslavie. Quatorze pays membres de l'Alliance atlantique s'asso-

1. V. O. Corten et F. Dubuisson, L'hypothèse d'une règle émergente fondant une intervention militaire sur une autoristion implicite du Conseil de sécurité, *RGDIP* 2004. 873 s., et D. Dormoy, Réflexions à propos de l'autorisation implicite de recourir à la force, *in* SFDI, *Journée franco-tunisienne, Les métamorphoses de la sécurité collective*, Paris, Pedone, 2005, p. 223-230.

cièrent aux opérations, dont la Belgique, la France et les États-Unis. Les bombardements de l'OTAN prirent fin en juin, après l'annonce du retrait des forces militaires serbes au Kosovo et l'acceptation par le gouvernement yougoslave du déploiement d'une force internationale dans cette région.

Outre l'argument de l'autorisation implicite donnée par le Conseil de sécurité, dont on a vu qu'il n'était pas fondé, la justification principale à cette intervention a été recherchée dans les évolutions contemporaines de la pratique en faveur de l'action humanitaire internationale [1]. Certains États, se faisant l'écho de positions doctrinales apparues dès la fin de la crise du Golfe, n'ont en effet pas hésité à affirmer l'existence d'une exception nouvelle à l'interdiction du recours à la force et à se ranger du côté de ceux qui, dans la doctrine, suggèrent que si la communauté internationale devait se trouver confrontée à une situation de violation massive des droits de l'homme, dans un ou plusieurs États s'avérant incapable(s) de prévenir la commission des crimes contre l'humanité ainsi perpétrés, alors que, par ailleurs, le Conseil de sécurité des Nations Unies est paralysé par le *veto*, le recours proportionné aux armes pourrait être envisagé dans la stricte mesure nécessaire à la cessation des atrocités qu'il cherche à empêcher [2]. Cette thèse consistait, d'une certaine façon, à faire prévaloir un argument de légitimité, fondé sur la prééminence de certaines valeurs éthiques, incorporées dans des normes juridiques estimées impératives, sur la légalité stricte établie dans le texte de la Charte quant aux conditions du recours à la force. D'une certaine façon, la substitution d'action qu'elle organise, extrinsèque à l'Organisation, contrairement à celle qu'avait inaugurée en 1950 la résolution 377 de l'Assemblée générale dite « Union pour le maintien de la paix » (*GTDIP* n° 28), part de l'idée que la sécurité collective organisée au chapitre VII ne saurait être durablement assurée par la violation persistante des principes substantiels de la Charte, parmi lesquels figure en premier lieu le respect des droits de l'homme et des libertés fondamentales. Cette thèse présente indiscutablement un vif intérêt. Elle se heurte toutefois en partie à l'hétérogénéité de la pratique, avérée, en particulier, par la faiblesse des réactions ultérieurement suscitées par l'accumulation de crimes de guerre et contre l'humanité accomplis en d'autres lieux, notamment en Tchétchénie, au Sud-Soudan ou en Syrie. La décision prise par

1. *Ex injuria ius oritur* : Are We Moving towards International Legitimation of Forcible Humanitarian Countermeasures *in* the World Community ?, *EJIL* vol. 10, 1999, n° 1, p. 23-31. Comparer à B. Simma, NATO, the UN and the Use of Force : Legal Aspects, *EJIL* 1999 n° 1, p. 1-22 ; V. aussi M. Kohen, L'emploi de la force et la crise du Kosovo : vers un nouveau désordre juridique international ?, *RBDI* 1999/1, p. 122-148. Ph. Weckel, L'emploi de la force contre la Yougoslavie ou la Charte fissurée, *RGDIP* 2000/1, p. 19-36 ; S. Sur, L'affaire du Kosovo et le droit international : points et contrepoints, *AFDI* 1999. 280-291.

2. V. A. Cassese, Ex injuria ius oritur : Are We Moving towards International Legitimation of Forcible Humanitarian Countermeasures *in* the World Community ?, *EJIL* vol. 10, 1999. 23-31. Comparer à B. Simma, NATO, the UN and the Use of Force : Legal Aspects, *EJIL* 1999. 1-22 ; V. aussi M. Kohen, L'emploi de la force et la crise du Kosovo : vers un nouveau désordre juridique international ?, *RBDI* 1999. 122-148 ; Ph. Weckel, L'emploi de la force contre la Yougoslavie ou la Charte fissurée, *RGDIP* 2000. 19-36 ; S. Sur, L'affaire du Kosovo et le droit international : points et contrepoints, *AFDI* 1999. 280-291.

la France en septembre 2013 d'ajourner au tout dernier moment l'intervention militaire aérienne qu'elle avait projetée dans ce dernier État par crainte, notamment, des critiques qui se feraient montre quant à la licéité d'une telle opération, fragilise encore davantage cette thèse.

572 ***Les réactions militaires aux attentats du 11 septembre 2001 et l'argument de la légitime défense*** ◊ Les événements intervenus le 11 septembre 2001 aux États-Unis [1] ont provoqué une condamnation unanime des actes terroristes de très grande ampleur accomplis par les membres d'une entité non-étatique, Al Quaïda. Cette réprobation fut notamment exprimée par l'adoption, dès le lendemain de la destruction des tours jumelles de Manhattan, par l'adoption de la résolution 1368 du Conseil de sécurité des Nations Unies, bientôt confirmée et très substantiellement complétée par la résolution 1373, du 28 septembre (*GTDIP* n° 40) ; cette dernière, prise en application du chapitre VII de la Charte, constitue un véritable programme d'action contre le terrorisme, obligatoire pour tous les États membres ; elle constitue un instrument très remarquable, puisqu'elle vient quasi instantanément préciser de façon détaillée le contenu des obligations de diligence de tous les États pour lutter contre le terrorisme, désigné comme un fléau planétaire.

Quoi qu'il en soit, aucune de ces deux résolutions, ni la 1368 ni la 1373, ne comportait d'autorisation formelle de recourir à la force. Elles se contentaient l'une et l'autre, dans leur préambule, de reconnaître « le droit inhérent à la légitime défense individuelle ou collective conformément à la Charte ». En liaison avec un tel rappel, à la fois liminaire et resté volontairement très général quoiqu'effectué par référence explicite au droit de l'Organisation, les actions armées entreprises par les États-Unis et leurs alliés contre les forces armées du régime Taliban et celles de la faction terroriste Al Quaïda soulèvent un certain nombre d'interrogations.

La principale eut trait à la *qualification* des actes du 11 septembre par les deux résolutions du 12 et du 28 septembre 2001 et au fondement de l'intervention militaire qui s'ensuivit. En l'absence d'une définition internationalement consacrée du terme de « terrorisme », les résolutions précitées assimilèrent « tout acte de terrorisme international » à « une menace à la paix et à la sécurité internationales ». On aurait pu penser que, fort d'une telle constatation, le Conseil de sécurité s'apprêtât alors à entreprendre une action sur la base du chapitre VII de la Charte, fût-ce en utilisant la formule de l'habilitation donnée aux États membres de

1. V. L. Condorelli, Les attentats du 11 sept. et leurs suites : où va le droit international ?, *RGDIP* 2000. 829 s. ; O. Corten et F. Dubuisson, Opération « liberté immuable » : une extension abusive du concept de légitime défense, *RGDIP* 2002. 51 s. ; K. Banelier, T. Christakis, O. Corten, B. Delcourt (dir.) *Le droit international face au terrorisme. Après le 11 septembre 2001*, Préface G. Guillaume, Paris, Pedone, 2002, 356 p. ; Symposium : A War against Terrorism : *What Role for International Law ? US and European Perspectives*, avec des contributions de A. Sofaer, M. Bothe, S. von Schorlemer, G.-L. Neuman, J. Klabbers, D. Vagt, F. Mégret, S. Murphy, J.-M. Sorel, *EJIL* 2003. 209-375.

recourir à la force, inaugurée avec la résolution 678 lors de la guerre du Golfe (v. ss 567). Or, il n'en fut rien. Les États-Unis, soucieux de ne pas placer l'opération « justice immuable » sous le contrôle international des Nations Unies et de garder les coudées franches, entendirent rester dans le cadre d'une référence très générale à un droit de légitime défense « inhérent » (pour reprendre les termes de la version anglaise de l'article 51 de la Charte, dont le texte français emploie l'épithète « naturel »), et c'est sur ce fondement que fut conduite l'opération militaire de l'OTAN en Afghanistan d'octobre 2001 jusqu'à la chute du gouvernement taliban cinq semaines plus tard.

Cette utilisation de la légitime défense devait pourtant poser problème, s'agissant en particulier de l'existence en l'occurrence d'un acte d'agression subi par les États-Unis. La première condition, selon l'article 51, pour qu'un État puisse répondre lui-même par le recours dérogatoire à la force, est en effet qu'il ait été victime d'une « agression » (« armed attack » dans la version anglaise). Or la violence destructrice des attaques terroristes du 11 septembre ne peut, en soi, suffire à les qualifier telle. Dans son acception juridique, ce terme est réservé à des actions menées par un État à l'encontre d'un autre. Pour désigner comme « agression » l'attaque du 11 septembre, il fallait partant, soit considérer qu'on peut assimiler le réseau transnational terroriste Al Quaïda à un État, ou, à tout le moins, à un sujet de droit international, soit assimiler son action à celle menée par cet État *de fait* que constituait alors vraisemblablement l'Afghanistan sous contrôle des Talibans [1]. La première option était exclue : à l'évidence, Al Quaïda ne répondait nullement à la définition de l'État en droit international (v. ss 35). La seconde option semble, en revanche, avoir été avalisée par ce qu'il est convenu d'appeler « la communauté internationale », à savoir une majorité d'États à commencer par les alliés des États-Unis : talibans et Al Quaïda, même combat ! Cette prise de position semblait résoudre, du moins pour le temps des opérations militaires en Afghanistan, la question de l'imputation des faits illicites en assimilant ou, pour le moins, en associant très étroitement les actes terroristes perpétrés le 11 septembre sur le sol américain et l'appui manifeste accordé par les Talibans au mouvement Al Quaïda. Cette assimilation temporaire de deux faits illicites distincts conduisait du même coup à confondre leurs auteurs respectifs, l'internationale terroriste d'Oussama Ben Laden et le régime du Mollah Omar ; comme si la première agissait telle un agent de la seconde. Il s'agissait sans doute là d'une position stratégiquement défendable, mais qui n'allait cependant nullement de soi sur le plan juridique. Elle ne pouvait de toute façon prétendre à s'appliquer qu'aussi longtemps que les combats contre les terroristes équivalaient sur le terrain

1. État de fait, car le régime taliban n'avait pas fait l'objet d'une reconnaissance internationale. Les Nations Unies n'ont de plus jamais admis la substitution d'une délégation « talibane » à celle qui représentait l'Afghanistan auprès de l'Organisation avant la prise de contrôle de la majeure partie du territoire afghan par le régime du mollah Omar.

à une lutte pour la reconquête des zones du territoire afghan contrôlées par les talibans ; la même position demeure en revanche très difficilement applicable aux attaques du 11 septembre proprement dites, difficilement imputables au gouvernement afghan, ce que, du reste, les Américains eux-mêmes n'ont pas tenté de faire au lendemain des attaques ayant frappé leur territoire.

On pourrait tout au plus tenter de considérer que l'appui apporté par le régime taliban aux terroristes, en leur fournissant assistance et bases arrières, était lui-même une agression, suivant ainsi une voie semble-t-il ouverte par la résolution 3314 de l'Assemblée générale des Nations Unies portant définition de l'agression (*GTDIP* n° 29) [1]. Dans l'affaire *Nicaragua c/ États-Unis*, dans laquelle, ironie de l'histoire, ces derniers étaient alors accusés, entre autres, d'avoir soutenu très activement les activités terroristes des « Contras » nicaraguayens, la Cour avait toutefois refusé l'argument américain de légitime défense employé pour justifier ce que les États-Unis appelaient alors une riposte à l'aide apportée par les autorités nicaraguayennes aux groupes irréguliers opérant au Salvador ; la Cour avait précisément refusé à cette aide, qu'elle soit ou non avérée, le caractère d'une agression [2].

En d'autres termes, en l'état actuel du droit positif, que le soutien apporté par un État à des groupes armés opérant sur le territoire d'un État étranger soit un fait international illicite et qu'il entraîne consécutivement sa responsabilité internationale ne fait absolument aucun doute [3]. Que, pour autant, ce même comportement soit inévitablement assimilable à une agression demeure une tout autre assertion, à l'appui de la validité de laquelle il serait encore bien difficile de relever aujourd'hui encore une « *opino juris* » fermement établie. La jurisprudence postérieure de la Cour internationale de Justice, en particulier son arrêt du 19 décembre 2005 relatif aux *Actions armées sur le territoire du Congo* entre la RDC et l'Ouganda [4], devait du reste confirmer l'ensemble des observations qui précèdent (v ss 573).

---

1. Généralement reconnu par la Cour internationale de Justice telle l'« expression du droit international coutumier » dans l'affaire *Nicaragua c/ États-Unis* (1986), ce texte assimile en effet à une agression « l'envoi par un État ou en son nom de bandes ou de groupes armés, de forces irrégulières ou de mercenaires qui se livrent à des actes de force armée contre un autre État d'une gravité telle qu'ils équivalent aux actes énumérés ci-dessus… ».

2. *Rec.* CIJ 1986, p. 118 s. § 227 s.

3. Ceci ressort notamment du principe énoncé à la résolution 2 625 (XXV) de l'Assemblée générale (déclaration relative aux principes du droit international touchant les relations amicales et la coopération entre États), auquel la résolution 1 373 du Conseil de sécurité (28 sept. 2001) se réfère, en rappelant qu'il avait déjà été réitéré par sa résolution 1 189 du 13 août 1998. Ce principe paraît ainsi traité, dans le contexte de la résolution 1 373, par les membres du Conseil de sécurité, agissant à l'unanimité, *comme incorporant une règle désormais coutumière*. Il est formulé de la façon suivante dans la Déclaration sur les relations amicales (rés. 2625 A.G. précitée) : « Chaque État a le devoir de s'abstenir d'organiser et d'encourager des actes de guerre civile ou des actes de terrorisme sur le territoire d'un autre État, d'y aider ou d'y participer, ou de tolérer sur son territoire des activités organisées en vue de perpétrer de tels actes, lorsque les actes mentionnés dans le présent paragraphe impliquent une menace ou l'emploi de la force. »

4. Spéc. § 147 de l'arrêt. V, commentaire F. Latty, *AFDI* 2005. 226 s.

La vérité tient sans doute dans le fait que, soucieux de réagir vite à l'attaque terroriste et conscients du caractère atypique de la crise, les membres du Conseil de sécurité ont préféré rester en lisière du chapitre VII, notamment pour contourner les difficultés soulevées par les questions de qualification (agression ou pas) autant que d'imputation des faits illicites par la désignation des responsables (étatiques, par talibans interposés, transnationaux si l'on considère la vraie nature d'Al Quaïda). Toutefois, acceptant ce faisant un droit de légitime défense situé en dehors des prévisions de la Charte ils ont pris le risque de remettre directement en cause tout le « contrat social » dont on disait plus haut qu'il constituait pourtant l'essence de la sécurité collective : substitution de la réaction de tous représentés par un organe commun au recours incontrôlé par quelques-uns à la force armée (v. ss 559 s.) [1]. Ils ont ouvert la porte au recours unilatéral à la force armée qui se produira quelques mois plus tard avec l'intervention américano-britannique en Irak (v. ss 573).

Les suites de l'opération militaire alliée ont également soulevé des questions liées à l'applicabilité du droit humanitaire aux prisonniers faits par les forces américaines parmi les combattants d'Al Quaïda. Sans craindre la contradiction, les dirigeants américains, après avoir déclaré aux lendemains du 11 septembre que les États-Unis étaient désormais « en état de guerre » contre le terrorisme, puis qu'il s'agissait d'un conflit armé international (discours Bush du 10 novembre 2001) ont ensuite déclaré que les personnes détenues à Guantanamo sur une base militaire n'étaient pas des prisonniers de guerre et ne pouvaient à ce titre bénéficier des garanties offertes par la quatrième Convention de droit humanitaire de Genève (1949). Cette position étant en parfaite contradiction avec les prescriptions du droit humanitaire a finalement dû être atténué par le président Bush lui-même. Cet épisode met en tout cas en évidence l'importance de la réglementation du recours à la force, au sein de laquelle le droit humanitaire occupe une place essentielle.

573 ***L'intervention américano-britannique en Irak à partir de mars 2003 et l'argument de la légitime défense préventive*** [2] ◊ Le système de la sécurité collective établi par la Charte des Nations Unies devait encore subir un très sérieux coup de boutoir avec l'intervention décidée et mise en œuvre unilatéralement en Irak, en mars 2003, par les États-Unis et le Royaume-Uni, rejoints après la bataille par des forces auxiliaires de quelques autres pays.

En 1999, l'opération alliée au Kosovo avait encore pu s'appuyer sur la violation continue et répétée de certains principes fondamentaux de la

1. L. Condorelli, Les attentats du 11 septembre et leurs suites : où va le droit international ? *RGDIP* 2001/4, p. 829-848, spécial. p. 843.

2. V. notamment Ph. Weckel, L'usage déraisonnable de la force, *RGDIP* 2003/2, p. 377-401 ; F. Nguyen-Rouault, L'intervention armée en Irak et son occupation au regard du droit international, *RGDIP* 2003/4, p. 835-864 ; K. Ambos/J. Arnold (dir.) *Der Irak Krieg und das Völkerrecht*, Berlin, Berlin Wissenschafts-Verlag, 2004, 530 p.

Charte, dont le respect des droits de l'homme et celui du droit des peuples, pour en appeler à une primauté de la légitimité sur la légalité formelle (v. ss 571) ; en 2001, l'intervention en Afghanistan, tout en prétendant conforter sa légitimité dans l'union sacrée contre le terrorisme transnational, a pu s'autoriser de l'acquiescement du Conseil de sécurité au recours à la légitime défense, même si cette référence posait autant de problèmes juridiques qu'elle prétendait résoudre de problèmes pratiques (v. ss 572). En 2003, en revanche, l'opération anglo-américaine n'a pu disposer, quelle que fut leur fragilité, d'aucun des arguments matériels ou formels dont les précédents recours à la force tentaient de tirer parti pour justifier l'interprétation laxiste que leurs auteurs avaient retenue de la Charte. C'est ainsi en parfaite contradiction avec les règles conventionnelles et coutumières du *jus ad bellum* qu'elle s'est déroulée.

Aucune des justifications avancées par les initiateurs de l'action armée contre l'Irak n'a résisté à l'analyse. Constatant l'attachement général des États comme d'une bonne part de l'opinion publique mondiale au respect du droit des Nations Unis, les États-Unis ont d'abord tenté d'invoquer la violation de résolutions prises par le Conseil de sécurité à l'occasion et depuis le déroulement de la « guerre du Golfe » de 1990-1991 (v. ss 567-568). Cependant, si la résolution 678 adoptée en novembre 1990 comportait bien un mandat conféré aux États membres pour rétablir la légalité (v. ss 567), elle ne visait que les actions de l'Irak accomplies durant l'été 1990 pour envahir le Koweït. Rien, dans son texte comme son contexte, ne permettait de conclure à un blanc-seing permanent, laissé aux États pour agir au nom du Conseil de sécurité à l'égard d'infractions commises par le régime de Saddam Hussein autres que celles qui avaient frappé le Koweït. Les autres résolutions, en particulier la résolution 687, qui prévoyait le désarmement complet de l'Irak, et la résolution 1441 du 8 novembre 2002, qui laissait à l'Irak une « dernière chance » pour s'acquitter de son obligation de désarmement, n'autorisaient pas davantage, ne serait-ce qu'implicitement, le recours à la force.

Visiblement peu confiants dans la solidité de l'argument d'une autorisation qui leur eût été donnée par le Conseil, les gouvernements américain et britannique firent au demeurant valoir d'autres justifications à leur intervention ; ils invoquèrent alternativement un soi-disant droit de représailles armées, pourtant manifestement incompatible avec la Charte (v. ss 497 et 501), et surtout un prétendu droit de légitime défense, mais dans une version « préventive » qui ne trouve pas non plus confirmation en droit international. Comme on l'a vu (v. ss 564), les références à la « légitime défense préventive » se sont en effet toujours heurtées à un rejet par la pratique internationale. En droit coutumier comme, *a fortiori*, dans le droit des Nations Unies, la légitime défense, pour être « naturelle », est conçue comme un droit d'exception, dont l'usage doit être proportionné à l'offense, centré sur la personne de l'État auteur de l'agression directe, et réduit dans le temps comme dans l'espace. C'est en tout cas ce qui ressort de la jurisprudence de la Cour internationale de Justice qui est toujours restée fidèle à une interprétation stricte des termes de l'article 51 de la Charte. Elle a eu l'occasion de le montrer à plusieurs reprises depuis l'intervention américano-britannique.

La Cour l'a rappelé, d'abord, dans son arrêt du 6 novembre 2003 relatif à l'affaire des *Plates-formes pétrolières*. Cette affaire opposait l'Iran, demandeur, aux États-Unis ; ces derniers avaient détruit durant la guerre Irak-Iran (en 1987 et 1988) des plates-formes iraniennes en invoquant leur droit inhérent à la légitime défense à la suite d'attaques dont certains de leurs navires avaient été l'objet, selon eux, de la part de l'Iran à partir de ces plates-formes. S'appuyant sur les termes de son arrêt de 1986 dans le différend opposant alors le Nicaragua aux États-Unis, la Cour a rejeté la thèse américaine en précisant que « ...pour établir qu'ils étaient en droit d'attaquer les plates-formes iraniennes dans l'exercice du droit de légitime défense individuelle, les États-Unis d[evai]ent démontrer qu'ils ont été attaqués et que l'Iran était responsable des attaques et que celles-ci étaient de nature à être qualifiées d'"agression armée" » tant au sens de l'article 51 de la Charte des Nations Unies que selon le droit coutumier en matière d'emploi de la force [1]. Ces conditions n'avaient, en l'occurrence, pas été satisfaites, les preuves apportées par les États-Unis de l'initiative de l'Iran à l'origine des attaques dont leurs navires avaient été l'objet n'ayant pas été jugées suffisamment convaincantes. La Cour a également insisté sur le fait que « l'exigence que pose le droit international, selon laquelle des mesures prises au nom de la légitime défense doivent avoir été nécessaires à cette fin est rigoureuse et objective, et ne laisse place à aucune liberté d'appréciation » [2]. La CIJ a, de plus, rappelé sa jurisprudence de 1986 précitée dans laquelle elle avait déjà affirmé : « la licéité de la riposte à l'agression (armée) dépend du respect des critères de nécessité et de proportionnalité des mesures prises au nom de la légitime défense » [3].

Dans son avis consultatif sur les conséquences juridiques de l'édification d'un mur dans le territoire palestinien occupé, du 9 juillet 2004, la Cour a, de même, refusé l'argument fondé sur la légitime défense invoqué par Israël. La position de la Cour est d'un intérêt particulier, compte tenu du fait qu'Israël invoquait les nécessités de la lutte contre le terrorisme en s'appuyant sur les résolutions du Conseil de sécurité adoptées à la suite immédiate de l'attentat contre les tours de Manhattan de septembre 2001 [4]. La Cour note en effet que l'article 51 de la Charte n'envisage l'usage de la légitime défense qu'en cas d'agression imputable à un État alors qu'Israël ne prétend pas que les attentats dont il est victime soient fomentés par un État

1. Arrêt du 6 nov. 2003, § 51.
2. *Ibid*, § 73.
3. *Ibid*, § 74 citant l'arrêt de 1986 *(Nicaragua c/ États-Unis)*, *Rec.* CIJ p. 103, § 194.
4. V. O. Corten et F. Dubuisson, Opération « liberté immuable » : une extension abusive du concept de légitime défense, *RGDIP* 2002. 51 s. ; J. Verhoeven, Les « étirements » de la légitime défense, *AFDI* 2002. 49-80 ; H. Tigroudja, Quel(s) droit(s) applicables à la « guerre au terrorisme » ? *AFDI* 2002. 81-102.

étranger [1]. La Cour observe aussi que la menace qu'invoque Israël vient de *l'intérieur même* du territoire qu'il contrôle en tant que puissance occupante et non de l'extérieur de celui-ci. Certes, Israël a le droit et même le devoir de veiller à la sécurité des populations placées sous son contrôle territorial. « Les mesures prises n'en doivent pas moins demeurer conformes au droit international applicable ». (§ 141).

Enfin, dans son arrêt du 19 décembre 2005, à propos de l'affaire des *Activités armées sur le territoire du Congo* entre la République démocratique du Congo et l'Ouganda, la Cour a maintenu que « l'article 51 de la Charte ne peut justifier l'emploi de la force en légitime défense que dans les limites qui y sont strictement définies. Il n'autorise pas, au-delà du cadre établi, l'emploi de la force par un État pour protéger des intérêts perçus comme relevant de la sécurité ». (§ 148). Certes, pas plus que dans ses arrêts précédents, la Cour n'aborde directement la question de la légitime défense préventive [2] ; en particulier parce que cet argument n'a pas été comme tel invoqué par l'une ou l'autre partie. On voit cependant mal, sur la base des positions citées plus haut, comment elle aurait pu assouplir sa position à cet égard si elle avait été convaincue par le défendeur de l'existence du danger pesant sur sa sécurité du fait des activités de forces irrégulières. À propos de l'importance des éléments de preuve dans l'appréciation des conditions de fait, déterminantes dans le cas de justification de la légitime défense, la Cour rappelle que leur apport incombe naturellement à l'État qui invoque cette excuse et que cette preuve doit être particulièrement étayée pour emporter l'assentiment du juge international.

Sans doute doit-on observer que la Cour ne ferme pas forcément toutes les issues à l'invocation d'un recours à la force « dans des circonstances caractérisées par la nécessité ». On remarquera à cet égard que le « groupe des personnalités de haut niveau » constitué par le Secrétaire général pour présenter des réflexions sur l'évolution du système des Nations Unies et son éventuelle réforme en vue du sommet mondial de 2005 (*GTDIP* n° 2), convoqué à l'occasion de la session de l'Assemblée générale de 2005 s'est également penché sur la question de la légitime défense, y compris dans sa dimension éventuellement préventive. Après avoir rappelé les termes de l'article 51 de la Charte, le rapport du groupe ajoute : « Toutefois, traditionnellement, en droit international, un État menacé peut lancer une opération militaire à condition que l'agression dont il est menacé soit imminente, qu'il n'y ait pas d'autre moyen d'écarter la menace et que l'intervention militaire soit proportionnée ». On aura reconnu ici la célèbre formule de Webster, du nom du secrétaire d'État américain qui avait énoncé, lors de la vieille affaire de la Caroline en 1837,

1. V. J. M. Gomez Robledo, L'avis consultatif de la CIJ sur les conséquences juridiques de l'édification d'un mur dans le territoire palestinien occupé : timidité ou prudence ?, *RGDIP* 2005. 526 s. ; comparer avec les différents commentaires parus dans l'*AJIL* vol. 99, n° 1, janv. 2005, p. 1-141 ; A. Sofer, On the Necessity of Pre-emption, *EJIL*, 2003. 210.
2. V. Ph. Weckel, Chronique de jurisprudence internationale, *RGDIP* 2006. 178 s.

que la réaction armée doit être « *instant, overwhelming, leaving no choice of means and no moment for deliberation* » [1]. Cette formule, si l'on y voit souvent l'expression de la coutume internationale en matière de légitime défense, ne peut cependant désormais être lue qu'en relation étroite avec un autre principe. Il n'existait nullement en 1837, mais la Cour observait en 1986 à son propos qu'il était lui-même devenu coutumier ; c'est, bien entendu, celui de l'interdiction du recours à la force. Autant dire qu'à la restriction des termes employés par Webster s'ajoute aujourd'hui celle de cet interdit posé à l'article 2 § 4 de la Charte, auquel beaucoup s'accordent à reconnaître qui plus est un caractère impératif *(jus cogens)*. Extrêmement restreinte paraît donc la place laissée par le droit coutumier à une interprétation élargie de la légitime défense jusqu'à son usage anticipé par rapport au déclenchement de l'attaque armée à laquelle il est censé faire face [2]. Tout au plus, le droit de légitime défense, dont la CIJ tout en reconnaissant qu'il existait en droit coutumier déclarait aussi qu'il est « influencé » par la Charte des Nations Unies [3], autorise-t-il l'État victime d'une agression à réagir à celle-ci sans attendre d'en subir les effets. Tout serait alors question d'appréciation sur la question de savoir à partir de quand on peut considérer qu'un État agresseur « a franchi le Rubicond » [4]. Mais rappelons que précisément, dans une formule déjà citée plus haut, la Cour indiquait à cet égard qu'il n'existe aucune liberté d'appréciation.

B. La fragile pérennité de la sécurité collective

574 ***Confirmation du rôle central du Conseil de sécurité*** ◊ Durement malmené par l'intervention des États-Unis et de leurs alliés en Irak, mais également, quoique dans une moindre mesure, par les actions de l'OTAN au Kosovo et en Afghanistan, le système de sécurité collective mis en place par la Charte a néanmoins résisté et reste pour la plupart des États, y compris les membres permanents du Conseil de sécurité, un mécanisme incontournable et d'une incontestable utilité. C'est finalement ce qu'auront montré, de manière sans doute paradoxale, les épisodes de remise en cause de la sécurité collective dont il est fait mention ci-dessus, puisqu'ils se sont tous terminés par un appel à l'aide des Nations Unies et un retour au système de la Charte. C'est ainsi que, sur la demande des États membres de l'OTAN, le Kosovo a été placé par le Conseil de sécurité, agissant au titre du Chapitre VII, sous administration directe de l'ONU (v. ss 171). En

1. J.B. Moore, *Digest*, t. 1, p. 681.
2. V. notamment T. Christakis, Vers une reconnaissance de la notion de guerre préventive ?, *in* K. Bannelier, T. Christakis, O. Corten, P. Klein, *L'intervention en Irak et le droit international*, CEDIN, *Cahiers internationaux* n° 19, Paris, Pedone, 2004. Comparer, dans la même parution, avec L. Condorelli, Vers une reconnaissance d'un droit d'ingérence à l'encontre des « États voyous ? », et R. Kolb, Le droit relatif au maintien de la paix internationale, *Cours et travaux IHEI Paris II*, n° 4, Paris, Pedone, 2005.
3. Arrêt du 27 juin 1986, *Nicaragua/ États-Unis*, § 176.
4. V. Y. Distein, *War, aggression and self-defense*, Cambridge Univ. Press, 3e ed. 2002, p. 172.

Afghanistan, le Conseil de sécurité fut appelé à intervenir dès le renversement du régime Taliban ; il légalisa la situation en décidant la mise en place de la Force internationale d'assistance et de sécurité (FIAS), dotée du droit d'utiliser la force armée afin « d'aider l'Autorité intérimaire afghane à maintenir la sécurité à Kaboul et dans ses environs, de telle sorte que l'Autorité intérimaire afghane et le personnel des Nations Unies puissent travailler dans un environnement sûr » (résolution 1386 du 20 décembre 2001). En Irak, le Conseil fut sollicité juste après la chute du régime de Saddam Hussein alors que les troupes américaines commençaient à s'enliser face à une guérilla de plus en plus meurtrière. Il autorisa en octobre 2003 le déploiement d'une force multinationale sur le fondement du Chapitre VII, ce qui eut pour effet d'asseoir juridiquement l'occupation américano-britannique (résolution 1511), puis organisa, avec la résolution 1546 du 8 juin 2004, la transition politique du pays jusqu'aux premières élections démocratiques de janvier 2005 et le retrait des derniers soldats américains du pays en octobre 2011.

La tendance à sa remise en cause n'aura finalement été que de courtes durées. En témoigne le document final du Sommet de 2005, adopté au siège des Nations Unies et diffusé le 24 octobre 2005 (*GTDIP* n° 2). De caractère politique, ce texte informait cependant sur l'esprit dans lequel l'ensemble des États existants a pu trouver un accord quant aux perspectives dans lesquelles devait s'inscrire l'avenir du système de la sécurité collective. Ces États y déclaraient au paragraphe 72 : « Nous réaffirmons notre volonté de travailler à une doctrine de sécurité commune, fondée sur cette constatation que de nombreuses menaces sont étroitement imbriquées, que le développement, la paix, la sécurité et les droits de l'homme sont interdépendants, qu'aucun État ne peut se protéger en ne comptant que sur lui-même et que tous les États ont besoin d'un système de sécurité collective efficace et actif, conformément aux buts et aux principes consacrés dans la Charte ».

La pratique ultérieure à 2003, surtout, a globalement confirmé l'attachement de la communauté internationale aux règles de la sécurité collective établies à San Francisco en 1945 [1]. Les opérations militaires menées en Côte d'Ivoire à partir de 2005 afin de garantir la paix et le respect de la démocratie dans ce pays en crise, comme l'intervention de l'OTAN en Libye au printemps 2011 destinée à apporter une assistance aux populations civiles brutalement réprimées (v. ss 568), ont, ainsi, toutes été autorisées par le Conseil de sécurité des Nations Unies. L'intervention *Serval* conduite par l'armée française au Mali à partir du 11 janvier 2013 pour repousser la rébellion islamiste au nord du pays et s'opposer à l'indépendance de l'Azawad a suscité des interrrogations sur sa licéité, du fait que le gouvernement français a, pour fonder son opération, alternativement

1. V., O. Corten et A. Verdebout, « Les interventions militaires récentes en territoire étranger : vers une remise en cause du *jus contra bellum* ? », *AFDI* 2014. 135-169.

invoqué : une résolution du Conseil de sécurité (la résolution 2085 du 20 décembre 2012) qui toutefois ne comportait pas l'autorisation de telles actions ; la légitime défense mais pour des actes qui, là encore, ont été commis par des groupes non étatiques avec le soutien d'Al Quaida au Maghreb islamique (AQMI) ; une demande d'aide et assistance militaire qui lui a été adressée par le président malien le 9 janvier 2011. Or, en droit, la dernière justification suffisait [1]. Si hésitation il pouvait y avoir, celle-ci a, quoi qu'il en soit, cessé après que, dans sa résolution 2100 du 25 avril 2013 (*GTDIP* n° 35), le Conseil de sécurité a « salu[é] la célérité avec laquelle les forces françaises sont intervenues, à la demande des autorités de transition maliennes » et a explicitement autorisé « l'armée française dans la limite de ses capacités et dans ses zones de déploiement, à user de tous moyens nécessaires, à partir du commencement des activités de la MINUSMA jusqu'à la fin du mandat autorisé par la présente résolution » [2].

La lutte contre le terrorisme et l'expansion territoriale de l'État islamique (Daech) en Syrie et en Iraq a toutefois ravivé les craintes d'un nouvel affaiblissement du système de sécurité collective, certes largement favorisé dans cette affaire par l'attitude ambiguë et bloquante au Conseil de sécurité de la Russie. Depuis août 2014, les États-Unis mènent en Syrie et en Iraq une campagne active de bombardement contre ce groupe d'insurgés qui prétend agir au nom du monde musulman tout entier et s'est soi-disant constitué en État. Les frappes sont justifiées par appel, de nouveau, à l'article 51 de la Charte. La motivation diffère toutefois de celle qui avait prévalu lors de l'intervention en Iraq contre le régime de Saddam Hussein. Elle s'appuie en effet sur la théorie de l'État « réticent ou incapable » (« *unwilling or unable* ») développée dans la doctrine américaine, selon laquelle des mesures militaires nécessaires et proportionnées pourraient être prises pour éliminer la menace que fait courir pour la sécurité d'un État et celle de ses citoyens un groupe non étatique implanté dans un autre État qui n'a pas l'intention ou les moyens de prendre les mesures nécessaires pour l'en empêcher. La France mène également des actions militaires aériennes dans la région depuis septembre 2014. Celles-ci ont été limitées dans un premier temps au territoire d'Iraq et réalisées à la demande de celui-ci. Elles n'ont été élargies au territoire Syrien qu'un an plus tard, en septembre 2015. La justification des frappes françaises en Syrie a évolué [3] : motivées dans un premier temps par la légitime défense collective et la demande d'assistance formulée par l'Iraq, qui s'estimait victime d'attaques perpétrées depuis le territoire syrien par l'État islamique, elles sont désormais fondées sur la légitime

1. Sur le régime de l'intervention consentie, v. O. Corten, *Le droit contre la guerre* préc., spéc. p. 409 s.

2. Sur cette intervention, v. R. van Steenberghe, « Les interventions française et africaine au Mali au nom de la lutte contre le terrorisme », *RGDIP* 2014. 273-302.

3. V., F. Alabrune, « Fondements juridiques de l'intervention militaire française contre Daech en Irak et en Syrie », *RGDIP* 2016. 39-50.

défense individuelle. La France a informé à cette fin le Conseil de sécurité qu'elle tenait les attentats sanglants qui ont frappé Paris le 13 novembre 2015 pour un acte d'agression armée de l'État islamique contre la France. Pour étayer sa position, le gouvernement français s'est également appuyé sur le caractère exceptionnel de Daech et « la menace mondiale d'une gravité sans précédent contre la paix et la sécurité internationales » qu'il représente, reconnus par le Conseil de sécurité dans sa résolution 2249 du 20 novembre 2015 (*GTDIP* n° 43). Si l'on comprend la nécessité et la légitimité d'une réaction ferme contre Daech pour mettre fin aux menaces graves qu'il fait peser sur la sécurité des États et des peuples, il convient néanmoins de souligner que ces utilisations de la force en Syrie reposent, comme celles des États-Unis et de leurs alliés en Afghanistan et en Irak en 2001 et 2003, sur une conception extensive tant de la légitime défense, utilisée de nouveau de manière essentiellement préventive, que de la notion d'agression, employée une nouvelle fois pour qualifier des actes de barbarie commis par des acteurs non étatiques. Cette réitération de la pratique manifeste un nouvel abaissement du rôle du Conseil de sécurité [1], dont la fonction est désormais essentiellement cantonnée à la lutte contre le financement du terrorisme. Il conduit, en outre, à s'interroger sur le contenu du droit international en la matière et sur le point de savoir si la réitération de la pratique étatique n'aurait pas induit une évolution du droit coutumier de la légitime défense s'agissant de la lutte contre les groupes terroristes internationaux.

574-1 ***L'appui de l'action de l'ONU sur les organisations régionales*** ◊ L'un des grands enseignements de ces dernières années, particulièrement depuis le conflit en Ex-Yougoslavie, est que la paix ne peut être efficacement garantie, et le système de sécurité collective correctement fonctionner, sans une action des organisations régionales en sus ou au soutien de celle du Conseil de sécurité. Cette collaboration entre le Conseil et les organisations régionales a été prévue dans la Charte qui, d'une part, reconnaît « l'existence d'accords ou d'organismes régionaux destinés à régler les affaires qui, touchant au maintien de la paix et de la sécurité internationales, se prêtent à une action de caractère régional » (art. 52, al. 1), et qui indique, d'autre part, que « le Conseil de sécurité encourage le développement du règlement pacifique des différends d'ordre local par le moyen de ces accords ou de ces organismes régionaux, soit sur l'initiative des États intéressés, soit sur renvoi du Conseil de sécurité » (art. 52, al. 3). Aucune définition juridique de ces « accords » ou « actions » à l'échelle régionale n'a cependant été donnée par la lettre de la Charte ou la pratique de l'organisation. Dans son « agenda pour la paix » rédigé en 1992, le Secrétaire général de l'ONU a consacré tout un chapitre à l'action souhaitable des organisations régionales, dans le cadre du chapitre VIII

1. V., F. Latty, « Le brouillage des repères du *jus contra bellum* », *RGDIP* 2016. 11-39.

de la Charte. Il opte pour une interprétation large de la notion d'« accord régional » visée par ce chapitre. Il souhaite y comprendre désormais des organismes de défense mutuelle comme l'OTAN, jusque-là généralement rattachés au chapitre VII, au titre de l'organisation de la légitime défense collective (art. 51). Il y inclut également des institutions intergouvernementales de développement économique régional ; telle, par exemple, la CEDEAO en Afrique de l'Ouest. Il y associe de même des groupes d'États créés éventuellement de façon spécifique pour régler un problème donné. Ces vues seront par la suite largement avalisées par le Conseil de sécurité, conscient que l'ONU ne saurait toute seule faire face à la totalité des situations mettant en cause la paix internationale. Ainsi, en Amérique centrale l'ONU a collaboré avec l'OEA, en Somalie avec l'OUA, la Ligue des États arabes et la Conférence islamique, en Sierra Leone et en Côte d'Ivoire avec la CEDEAO, au Soudan avec La Ligue des États arabes et l'Union africaine. Dans les Balkans, elle a coopéré avec la Conférence pour la paix en Yougoslavie, constituée à l'initiative de l'Union européenne, avec la CSCE devenue par la suite OSCE, mais aussi et surtout avec l'OTAN [1]. Cette collaboration entre une pluralité d'organisations devait d'ailleurs faciliter la conclusion des accords de paix dans l'ex-Yougoslavie, dits « accords de Dayton ». Dans leur volet militaire, ces accords, d'une rare complexité, établissaient une force multinationale de mise en œuvre de la paix (IFOR), relayée en 1997 par la SFOR, puis en 2004 par l'Eufor Althéa [2]. Ces forces, dont la création a été avalisée par le Conseil de sécurité (Rés. 1031 du 15 décembre 1995 notamment) ont remplacé celle mise en place antérieurement par l'ONU (FORPRONU). Elles sont placées sous la direction du Conseil de l'Atlantique nord « via la chaîne de commandement de l'OTAN » même si des contingents émanant de pays d'Europe centrale et orientale extérieurs à l'OTAN y participent [3]. Pour le Mali, le Conseil de sécurité s'est appuyé, outre sur la France, sur la CEDEAO et l'UA, qui ont alimenté les deux opérations de maintien de la paix qui se sont succédé sur le terrain (MISMA et MINUSMA), ainsi que sur l'Union européenne qui a lancé une mission militaire (EUTM) le 17 janvier 2013 en vu de participer à la formation des forces armées maliennes régulières. Un autre exemple de collaboration du Conseil de sécurité avec des organisations régionales est celui de la Centrafrique. Alarmé par des informations faisant état de graves exactions, aux allures de génocide, commises par des milices chrétiennes d'auto-défense, les « anti-balaka », à l'encontre de la population musulmane de ce pays, le Conseil de paix et de sécurité de l'Union africaine a décidé le 19 juillet 2013 la création d'une opération maintien de la paix (MISCA). Elle sera déployée en décembre après que le Conseil de sécurité l'a

1. V. M. Perrin de Brichambaut, Les relations entre les Nations Unies et les systèmes régionaux, *in Le chapitre VII de la Charte des NU*, colloque SFDI, Paris, Pedone, 1995, p. 97-106.
2. Conformément à la résolution du Conseil de sécurité n° 2123 du 12 novembre 2013.
3. V. J.-M. Sorel, L'accord de paix sur la Bosnie-Herzégovine du 14 déc. 1995 : un traité sous bénéfice d'inventaire, *AFDI* 1995. 65-69.

autorisée dans sa résolution 2127, en même temps que l'opération *Sangaris* des forces françaises, qui débutera dans la nuit du 5 au 6 décembre (*GTDIP* n° 36). Le Conseil autorisa ensuite, le 28 janvier 2014 (résolution 2134, *GTDIP* n° 37), une opération en Centrafrique de l'Union européenne (EUFOR RCA) chargée de sécuriser la région de Bangui et assurer la protection des civils et d'un espace sécurisé pour l'accès de l'aide humanitaire, avec droit de « prendre toutes les mesures nécessaires, dans la limite de ses capacités et dans ses zones de déploiement », tandis qu'était parallèlement soutenue par le Conseil la recherche d'une solution politique par la Communauté économique des États de l'Afrique centrale (CEEAC). Trois organisations régionales ont ainsi été impliquées dans le rétablissement de la paix à la demande et/ou avec le soutien du Conseil de sécurité.

En réalité, la gestion du maintien ou du rétablissement de la paix au niveau régional prévue au chapitre VIII de la Charte de l'ONU présente de nombreux avantages, quoiqu'elle suppose l'assentiment politique des membres permanents du Conseil de sécurité. Le Conseil de sécurité les a solennellement rappelés dans ses résolutions 1631 (2005), 2033 (2012) et 2167 (2014), respectivement des 17 octobre 2005, 12 janvier 2012 et 28 juillet 2014, affirmant qu'il importe notamment de resserrer les relations de l'ONU avec les organisations régionales et sous-régionales, en particulier l'Union africaine, afin de mieux prévenir et combattre les menaces contre la paix et la sécurité internationales.

574-2 ***Les évolutions de la sécurité collective et le défi de légitimité du Conseil de sécurité*** ◊ S'appuyant sur les termes délibérément larges sinon même équivoques dans lesquels le texte du chapitre VII, à commencer par son article 39, définit ses pouvoirs (v. ss 560), le Conseil de sécurité a toujours veillé à conserver la grande liberté que lui donne la Charte et n'a jamais défini les standards en fonction desquels on pourrait préciser des notions aussi vagues que celle de « menace à la paix » sur le constat de laquelle il articule, au coup par coup, bon nombre de ses décisions [1]. Libéré de toute contrainte quant à l'appréciation du champ d'application des mesures relatives au maintien de la paix, il a par exemple toute liberté, comme il le fit à propos de la situation prévalant en Haïti, ou plus récemment en Libye et en Centrafrique, pour décider qu'une situation de guerre civile constitue une menace à la paix internationale justifiant l'habilitation donnée aux États membres d'y accomplir une intervention militaire [2]. Qualifiant l'épidémie d'Ebola en Afrique de menace pour la

1. V. J.-M. Sorel, Colloque de Rennes, *op. cit.*, p. 34-44. À l'inverse, le résultat le plus tangible de la définition détaillée de l'agression par la résolution 3 314 de l'Assemblée générale est que ce qualificatif n'est jamais usité par le Conseil, pas même dans le cas de l'invasion des Malouines par l'Argentine (1982) ou de celle du Koweït par l'Irak (1990).

2. Pour Haïti, v. la résolution 940, du 31 juill. 1994, texte *in RGDIP* 1994/3, p. 861 ; V. O. Corten, La résolution 940 du Conseil de sécurité autorisant une intervention militaire en Haïti ; l'émergence d'un principe de légitimité démocratique en droit international ?, *JEDI* 1995. 116-134. Sur la Libye, v. ss 568.

paix et la sécurité internationales dans sa résolution 2177 (2014) [1], il avait également tout loisir de recommander aux États des mesures propres à endiguer ce fléau. Lorsqu'il décide d'agir, il peut également indiquer de façon plus ou moins précise les bases juridiques en fonction desquelles il intervient, et la pratique manifeste qu'il use de cette faculté avec la plus grande liberté, se contentant le plus souvent d'invoquer la « menace à la paix » et d'affirmer qu'il agit « en vertu du chapitre VII de la Charte », sans désigner la disposition précise en application de laquelle il décide.

Libre d'agir, il l'est aussi de ne rien faire, même si toutes les caractéristiques d'une situation donnée permettraient objectivement de ranger ladite situation soit dans la catégorie des « menaces à la paix » soit même dans celle des « ruptures de la paix » prévues à l'article 39. Son abstention pourra heurter la conscience mais pas le droit, car il n'existe pour lui aucune obligation de faire ni aucun recours en carence dont quiconque puisse le menacer [2]. L'empirisme et l'appréciation de l'opportunité politique gouvernent seuls ses initiatives. Ainsi, le pouvoir d'action détenu par le Conseil de sécurité est-il aussi indéterminé que son pouvoir de qualification [3]. L'un et l'autre reposent sur des concepts dont beaucoup sont délibérément vagues et ne sont soumis à aucun contrôle, pas plus juridictionnel que politique.

C'est en relation avec ces données qu'il faut considérer aujourd'hui comme hier, le second élément, à la fois institutionnel et politique. On sait que le paradoxe voulu par la Charte consiste à faire fonctionner un organe censé agir dans l'intérêt universel de la communauté internationale tout entière en le soumettant pourtant à la logique hégémonique du privilège de quelques-uns, les « Cinq Grands » (v. ss 559). Ce système a évidemment ses justifications historiques, stratégiques et politiques. Cependant, la représentativité du Conseil et donc son autorité risquent d'être mises à mal, lorsque l'action de cet organe apparaît à tort ou à raison davantage guidée par le souci de garantir les intérêts des Grands ou même du plus puissant d'entre eux que de promouvoir conformément au discours officiel les intérêts universels de la communauté internationale ou le respect du droit. Or, en plusieurs occasions, qu'il s'agisse des pressions exercées sur la Libye pour qu'elle déroge aux dispositions d'une convention internationale en vigueur [4], des dérapages du contingent américain d'ONUSOM 2 en Somalie, de l'intervention des troupes des États-Unis en Haïti à l'automne

1. Adoptée le 18 septembre 2014.

2. V. S. Sur, Colloque de Rennes, *op. cit.*, p. 314.

3. V. J. Combacau, Le chapitre VII de la Charte des NU : résurrection ou métamorphose, *in Les nouveaux aspects du droit international, colloque de Tunis* (14-16 avr. 1994), Paris, Pedone 1994, p. 144-147.

4. Sur les circonstances de cette affaire et ses suites judiciaires, V. J.-M. Sorel, Les ordonnances de la CIJ du 14 avr. 1992 dans l'affaire relative à des questions d'interprétation et d'application de la Convention de Montréal résultant de l'incident aérien de Lockerbie (*Libye c/ Royaume-Uni* et *Libye c/ États-Unis*) *RGDIP* 1993/3, p. 689-726 ; Comparer avec M. Reisman, Acad. de droit international de La Haye, *op. cit.* p. 399-424 ; V. Gowlland-Debbas, The Relationship between the ICJ and the Security Council *in* the light of the Lockerbie Case, *AJIL* 1994/4, p. 643-678.

1994, voire de l'implication indirecte autant qu'inefficace de l'OTAN aux côtés de la FORPRONU en Bosnie, ou même de l'action de l'ONU au Kosovo, en Irak ou en Afghanistan, beaucoup ont cru pouvoir retirer des initiatives du Conseil l'impression qu'elles étaient trop directement liées à la réalisation des buts de politique étrangère de la Superpuissance ou de certains de ses alliés. L'impression d'arbitraire est renforcée quand s'y ajoute le constat des occasions dans lesquelles l'idéologie universelle affirmée par ailleurs aurait laissé prévoir une initiative du Conseil alors qu'il n'a rien fait ou peu, et tard : pour empêcher le génocide au Rwanda au printemps 1994 [1], ou les massacres en Syrie depuis 2011.

À cette sélectivité de l'action du Conseil, qui peut donner le sentiment d'un certain arbitraire, s'ajoute un certain brouillage du rôle et des fonctions qui lui sont dévolues. On a déjà dit que la Charte a confié un cet organe une mission de police internationale qu'il remplit en principe au cas par cas, en fonction du constat qu'il opère d'une situation qui, à son avis, constitue une menace à la paix ou une rupture de la paix (v. ss 559). Or depuis 1999 et la résolution 1267 qui a établi un mécanisme de sanctions ciblées contre les talibans et Al Qaïda, substantiellement révisé en 2014 avec la résolution 2161 (*GTDIP* n° 41) et étendu à Daech par la résolution 2253 en 2015 (*GTDIP* n° 44), le Conseil tend à agir comme un véritable législateur international, édictant des normes ayant un caractère à la fois général et permanent qui lui permettent au besoin de contourner la relativité des normes conventionnelles. La fameuse résolution 1373 de 2001 (*GTDIP* n° 40) établissant un mécanisme général de sanctions contre les personnes soupçonnées de participer au terrorisme international l'a aussi montré. L'importante résolution 1540 (2004) (*GTDIP* n° 50), dont il sera question plus loin (v. ss 590) est un autre exemple de cette tendance s'agissant de la lutte contre la prolifération des armements. Elle comporte une série de mesures de nature réglementaire, imposées à tous les États membres de l'ONU, et destinées à renforcer les règles et les procédures nationales de lutte contre la prolifération et l'acquisition d'armes de destruction massive par des entités non-étatiques. C'est pour ne pas avoir respecté cette résolution en laissant utiliser des armes chimiques sur son territoire que la Syrie a été accusée en 2013 de violation du droit international, quand bien même n'était-elle pas alors partie à la Convention des Nations Unies sur l'interdiction des armes chimiques de 1993.

Ces différents éléments cumulés expliquent depuis quelques années que le Conseil de sécurité soit en proie à des critiques de plus en plus nombreuses. Les contestations proviennent de l'intérieur, de la part d'États qui, comme la Chine, contestent l'élargissement de la sécurité collective

1. Ce n'est que le 22 juin 1994 que le Conseil de sécurité, par sa résolution 929, a consenti à autoriser pour une période de 2 mois sans la nommer la France, comme elle le lui demandait depuis déjà plusieurs semaines, à entreprendre, sous commandement français mais en collaboration avec le secrétaire général de l'ONU, l'Opération turquoise, à finalité strictement humanitaire. Les informations relatives à l'ampleur du génocide des Tutsis par les Hutus étaient cependant connues depuis le mois d'avril.

et son évolution vers la protection des droits de l'homme et la promotion du droit humanitaire dans les conflits armés ; elles sont pour beaucoup dans les blocages que connaît actuellement le Conseil de sécurité au sujet de la Syrie [1]. Mais les protestations se font surtout entendre à l'extérieur, de la part d'États qui dénoncent la partialité du Conseil et voient dans son action une forme d'hégémonisme occidental teinté de néo-colonialisme. La décision de l'Arabie Saoudite de refuser, le 17 octobre 2013, la qualité de membre non-permanent alors qu'elle venait juste d'être élue au Conseil au motif, prétendument, de l'existence d'un double standard dans l'action du Conseil et des injustices qui s'ensuivraient, a constitué une manifestation particulièrement spectaculaire de ces oppositions.

Dans ce contexte, une réforme du Conseil de sécurité qui donnerait davantage de pouvoirs aux États du Sud serait hautement souhaitable. Promue depuis plus de quinze ans par les secrétaires généraux successifs de l'Organisation, elle se heurte toutefois au refus persistant de certains membres permanents, en particulier des États-Unis. Elle paraît, en tout cas, hautement irréaliste dans les conditions politiques actuelles. Dans ces circonstances, on doit regarder avec intérêt l'initiative de la France, annoncée par le président F. Hollande dans son discours à l'Assemblée générale des Nations Unies le 24 septembre 2013, qui, réaffirmant la résolution de la France de prendre ses responsabilités dans le cadre d'une Organisation capable elle-même d'« intervenir vite et efficacement pour faire respecter le droit international », appelle à l'adoption d'un « code de bonne conduite », par lequel les cinq membres permanents du Conseil de sécurité renonceraient collectivement à user de leur droit de *veto* en cas de « crimes de masse ». La proposition n'est pas nouvelle, elle soulève de nombreuses questions, en particulier quant aux contours de la notion de crime de masse, mais elle pourrait, si elle était mise en œuvre, permettre au Conseil de mieux répondre aux situations d'urgence, à défaut de pouvoir résoudre son problème de représentativité.

SECTION 3. **LA RÉGLEMENTATION DU RECOURS PERSISTANT À LA FORCE** [2]

575 ***Position du problème*** ◊ Héraclite d'Éphèse disait que la guerre est la mère du droit des gens. De fait, la relation belliqueuse étant l'une des plus naturelles entre les peuples, l'idée d'en réglementer les conditions

---

1. V. F. Couveinhes Matsumoto, La critique des principales orientations du Conseil de sécurité par la République populaire de Chine, *RGDIP* 2013. 233-280.
2. E. David, *Principes de droits des conflits armés*, Bruxelles, Bruylant, 5e éd., 2012, 1152 p. ; A. Clapham et P. Gaeta (dir.), *The Oxford Handbook of international law in armed conflict*, Oxford, Oxford University Press, 2014, 909 p.

d'exercice est très ancienne. En dépit des efforts faits notamment au Moyen Âge par l'Église pour distinguer entre les guerres justes et celles qui ne l'étaient pas, le droit international s'est longtemps partiellement confondu avec le droit de la guerre, ainsi d'ailleurs qu'en atteste l'œuvre célèbre de Grotius et son fameux *De Jure Belli Ac Pacis* (1625, profondément remanié en 1631). L'intérêt pour le droit de la guerre date cependant plus précisément de la seconde moitié du XIXe siècle. Il s'est manifesté par un mouvement particulièrement précoce de codification et de développement des règles relatives à l'usage de la force armée.

On pourrait cependant déduire des développements contenus dans la section précédente qu'il y a quelque paradoxe dans la société internationale actuelle à laisser subsister un droit de la guerre alors que l'une des normes fondamentales de l'ordre juridique contemporain réside précisément dans l'interdiction de l'usage de la force. Concevable tant que la compétence de guerre était légalement reconnue à l'État souverain, la persistance du droit de la guerre n'encourage-t-elle pas aujourd'hui la violation du principe de non-recours à la force ? Pour être logique, cette déduction n'en est pas moins irréaliste. En effet, ne serait-ce qu'en raison des interprétations laxistes du principe de légitime défense, le recours à la violence armée demeure dans la société internationale actuelle une donnée incontournable qu'il serait irréaliste de méconnaître. Il résulte cependant de l'évolution générale du droit international comme de la modification des techniques de conflit armé que cette réglementation minimaliste a connu elle-même dans un passé récent certaines mutations importantes. On est ainsi passé du droit de la guerre à celui des conflits armés, lui-même indissociable de l'affermissement et du développement du droit humanitaire.

§ 1. Du droit de la guerre au droit des conflits armés

576 ***Sources*** ◊ Étant comme on l'a vu un droit particulièrement ancien, le droit de la guerre est largement constitué encore à l'heure actuelle sur une base coutumière. Néanmoins, à partir de la seconde moitié du XIXe siècle, les coutumes existantes ont été dans une large mesure codifiées en même temps que les traités internationaux relatifs au recours à la force tentaient de réglementer les aspects nouveaux du recours à la force armée dus à l'évolution des techniques militaires.

A. La codification du droit de la guerre

577 ***Les étapes antérieures à la Seconde Guerre mondiale*** ◊ La codification s'oriente principalement dans deux directions. L'une concerne la réglementation, proprement militaire, des pratiques de guerre. L'autre vise, si l'on peut dire, à leur humanisation, à l'égard des combattants et des populations civiles.

a) 1856-1899 : puissances alliées lors de la guerre de Crimée, la France et la Grande-Bretagne prirent l'initiative avec la Déclaration de Paris de 1856 d'harmoniser certaines règles de conduite de la guerre navale en interdisant la guerre de course, l'effectivité du blocus et la protection des marchandises neutres (« le pavillon couvre la marchandise neutre »), sauf s'il s'agit de contrebande de guerre.

Pour sa part, la Convention de Genève de 1864 est due à l'initiative d'Henri Dunant, en vue de prévoir un régime juridique destiné à assurer la protection minimale des blessés, des malades et du personnel sanitaire. La Déclaration de Saint-Pétersbourg de 1868 poursuit également l'humanisation du droit de la guerre en voulant interdire certaines armes susceptibles d'aggraver inutilement les souffrances des combattants. La déclaration de Bruxelles (1874) comporte quant à elle certaines règles relatives à la guerre sur terre ; elle inspira certains documents nationaux à l'usage des officiers et fut utilisée par l'Institut de droit international en 1880 pour établir un Manuel des lois de la guerre qui servit de référence lors de la première conférence de La Haye de 1899.

b) Les deux conférences de La Haye de 1899 et 1907 marquent du point de vue normatif une étape importante. Elles ont en effet abouti à l'adoption de plusieurs conventions relatives au droit de la guerre sur terre et sur mer. La première conférence (1899) permit la conclusion de deux conventions et de trois déclarations, remplacées mais non abrogées par de nouveaux textes en 1907. La seconde conférence (1907) à laquelle participait un nombre beaucoup plus considérable d'États, développa cette œuvre codificatrice.

Cependant, la portée des Conventions de La Haye comme leur efficacité était fortement limitée par la clause de solidarité (« *si omnes* ») selon laquelle chaque convention n'est applicable qu'entre les parties contractantes, si et seulement si les belligérants sont tous parties à cette même convention. Quoiqu'en principe cette règle ne vaille qu'à l'égard des dispositions créant du droit nouveau et non vis-à-vis des règles coutumières, elle a en pratique obéré dans une assez large mesure l'application des Conventions de La Haye lors de chacun des deux conflits mondiaux. Les Conventions de Genève de 1949, que l'on étudiera au paragraphe suivant, ont formellement répudié la clause « *si omnes* » en disposant que si l'une des puissances en guerre n'est pas partie à la Convention, les parties contractantes sont cependant liées par elles dans leurs rapports réciproques ainsi que vis-à-vis de la puissance non partie si cette dernière accepte et applique les dispositions de la Convention.

578 ***Les Conventions de Genève de 1949*** ◊ Adoptées sous l'égide du Comité international de la Croix-Rouge (CICR), elles ont abouti à la révision de trois conventions préexistantes relatives au sort des blessés, des malades et des prisonniers de guerre dans le cadre de la guerre sur terre comme sur mer. Ces révisions avaient été rendues indispensables en raison notamment des nombreuses violations commises par l'Allemagne

au détriment des prisonniers alliés. Elles ont également tendu à adapter le droit de la guerre traditionnel à des situations nouvelles résultant en particulier de la guerre menée par les partisans. De plus, une convention spéciale sur la protection des personnes civiles en temps de guerre fut également adoptée.

579 ***Postérieurement aux Conventions de Genève*** ◊ Une convention de 1954 conclue sous les auspices de l'Unesco vise à assurer la protection des biens culturels en cas de guerre. Les parties contractantes s'engagent à respecter ces biens sur leur territoire en ne les utilisant pas à des fins susceptibles de les exposer à la destruction ou à la détérioration. Elles ont également l'obligation de prévenir ou faire cesser tout acte de vol, de pillage, de détournement ou de vandalisme à l'égard des biens culturels.

Une convention et trois protocoles de 1981 interdisent, ou limitent suivant les cas, à l'égard des civils, l'emploi de certaines armes classiques considérées comme produisant des effets traumatiques excessifs ou frappant sans discrimination (armes incendiaires, pièges et mines anti-personnels, éclats non localisables ou rayons X).

Il faut signaler qu'à la suite de l'usage répété et avéré des gaz asphyxiants dans le conflit irano-irakien, la France a pris l'initiative de convoquer à Paris, en janvier 1989, une conférence internationale qui a décidé la négociation d'une nouvelle convention sur l'interdiction des armes chimiques, elle sera adoptée le 13 janvier 1993 (v. ss 590). On notera enfin l'adoption en 1997 de la Convention sur les mines antipersonnel et en 2008 d'un traité sur les armes à sous-munitions (v. ss 590).

B. Les caractères du droit de la guerre classique et leur évolution

580 ***Formalisme*** ◊ Correspondant à la réglementation de l'exercice d'une compétence légale, le formalisme se manifestait en particulier dans les conditions de manifestations de l'intention de guerre, s'affirmant comme une procédure formelle de création, par voie unilatérale, d'une nouvelle situation juridique. Ainsi cette intention devait-elle s'exprimer, aux termes de la Convention III de La Haye du 18 octobre 1907, par un « avertissement préalable et non équivoque » (déclaration de guerre). De même, la guerre devait en principe se conclure par un traité de paix.

Les distinctions fondamentales sur lesquelles s'appuyait le droit classique différenciaient l'état de guerre et l'état de paix, les combattants et les non-combattants, les belligérants et non-belligérants. Enfin, le droit de la guerre était traditionnellement interétatique, et ne concernait pas les conflits internes (guerre civile) [1]. Comme on le reverra, notamment

1. V. M. Bettati, *Droit humanitaire*, Paris, Seuil, coll. Points, 2000, 276 p., spec. p. 35 s.

sous l'effet de l'évolution des techniques de combat, ces distinctions ont été pour beaucoup d'entre elles profondément altérées.

581 *Contenu* ◊ En l'état actuel, il subsiste néanmoins de ce droit classique certains éléments fondamentaux, ayant trait notamment aux rapports entre les parties au conflit. Ces rapports subissent une novation juridique du fait de l'intervention de ce dernier.

a) Entre belligérants : la première conséquence classique de l'état de guerre est la rupture automatique des relations diplomatiques entre les États concernés. Chaque belligérant charge un État tiers de défendre ses intérêts sur le territoire de son adversaire. D'une façon plus générale, l'ensemble des relations juridiques, économiques et commerciales entre les États en guerre s'interrompt.

C'est essentiellement le « droit de La Haye » qui concerne la conduite des hostilités pour limiter le choix des « moyens de nuire à l'ennemi » (art. 22 de la Convention II de La Haye de 1899). La réglementation concerne tout d'abord la conduite des hostilités sur terre et l'interdiction ou la réglementation de l'usage de certaines armes. La réglementation de la guerre sur mer inclut les principes généraux applicables aux hostilités terrestres mais comporte également un certain nombre de règles spécifiques, comme en particulier celles qui assimilent les sous-marins aux bâtiments de surface (traité de Londres du 22 avril 1930). La capture des navires de commerce ennemis est autorisée selon certaines procédures : c'est le « droit de prise ». Les hostilités aériennes, peu réglementées, obéissent aux principes généraux du droit de la guerre définis pour d'autres milieux.

– *En matière d'occupation de guerre*, les Conventions de La Haye reconnaissent à l'occupant des compétences étendues sur le territoire conquis lorsqu'il se trouve placé de fait sous l'autorité de l'armée ennemie (Convention IV, art. 42).

– L'occupation n'opère cependant pas par elle-même transfert de souveraineté. L'avis consultatif de la Cour internationale de Justice sur les Conséquences juridiques de l'édification d'un mur dans le territoire palestinien occupé, du 9 juillet 2004 apporte à cet égard d'intéressants développements. La Cour a considéré que « les territoires situés entre la Ligne verte [...] et l'ancienne frontière orientale de la Palestine sous mandat ont été occupés par Israël en 1967 au cours du conflit armé ayant opposé Israël à la Jordanie. Selon le droit international coutumier, il s'agissait donc des territoires occupés dans lesquels Israël avait la qualité de puissance occupante. Les événements survenus depuis lors dans ces territoires [...] n'ont rien changé à cette situation. L'ensemble de ces territoires (y compris Jérusalem-Est) demeurent des territoires occupés et Israël y a conservé la qualité de puissance occupante » (par. 78). Tous les juges ont estimé que la construction de la clôture de sécurité incorporant la plupart des implantations israéliennes situées sur le territoire palestinien de Cisjordanie était contraire au droit international. À ce propos, la Cour a affirmé que le droit international humanitaire, y compris la quatrième Convention de Genève, et le droit international relatif aux droits de l'homme s'appliquent au territoire palestinien occupé et doivent en conséquences être fidèlement observées par Israël. Notamment en ce qui concerne le respect des droits de l'homme, la Cour a examiné successivement les obligations d'Israël en application du Pacte des Nations Unies sur les droits civils et politiques, celui sur les droits économiques et sociaux et de la Convention sur les droits de l'enfant pour en conclure à leur applicabilité dans les territoires occupés, contestée par Israël.

La résolution 1483 du Conseil de sécurité adoptée le 22 mai 2003 à propos de l'Irak a reconnu, dans son préambule, « les pouvoirs, responsabilités et obligations spécifiques [des États de la coalition] en tant que puissances occupantes agissant sous un commandement unifié en vertu du droit international applicable ». En effet, l'intervention militaire en Irak en mars 2003 pouvait être considérée comme un conflit armé interétatique au sens de l'article 2 commun aux quatre Conventions de Genève et plus précisément comme une occupation militaire au sens de la IVe Convention. Cette qualification est confirmée au paragraphe 5 de la résolution précitée. En application de la IVe Convention, à laquelle sont notamment partie les États-Unis, l'Irak et le Royaume-Uni, ces deux pays avaient dès lors l'obligation d'assurer la protection de « toutes les personnes qui ne participent pas directement aux hostilités ». Du fait de l'occupation militaire dont il est devenu l'objet, l'Irak, en tant qu'État doté d'une personnalité juridique internationale propre, n'avait nullement disparu. Mais ce sont les forces d'occupation qui étaient investies, non seulement en fait mais en droit, du devoir de faire régner l'ordre et la sécurité publics. La résolution 1483, prise en application du chapitre VII, a précisé qu'ils avaient à charge de « promouvoir le bien-être de la population irakienne en assurant une administration efficace du territoire, notamment en s'employant à rétablir la sécurité et la stabilité et à créer les conditions permettant au peuple irakien de déterminer librement son avenir politique ». De fait, des tâches comme l'approvisionnement de la population en eau, en électricité, nourriture et médicaments incombaient aux puissances occupantes, de même que la remise en fonctionnement des principaux services publics. Les États-Unis ont cependant rapidement voulu associer les Nations Unies à de telles entreprises à vocation humanitaire, particulièrement difficiles à réaliser de façon satisfaisante.

Les résolutions 1483 et 1511 du Conseil de sécurité, adoptées respectivement en mai et octobre 2003 et, plus encore, la façon dont elles ont été appliquées par les forces d'occupation posent néanmoins de sérieux problèmes quant à leur pleine compatibilité avec les règles conventionnelles et coutumières du droit des conflits armés. Elles attribuaient en effet à l'« Autorité », c'est-à-dire aux puissances occupantes des pouvoirs d'intervention dans la vie économique et politique du pays d'une étendue considérable. Non seulement les États-Unis se sont vus arroger le droit de réorienter et réorienter la législation, la politique et l'économie nationale irakiennes mais ils étaient également autorisés à utiliser les ressources naturelles irakiennes bien au-delà de ce qui est, coutumièrement, reconnu comme nécessaire à la survie de la population locale comme à celle des troupes établies sur le territoire considéré [1]. Ce sont ainsi les règles codificatrices de la coutume que sont le Règlement relatif au droit applicable à la guerre terrestre (art. 43) et la quatrième Convention de La Haye du 18 octobre 1907 à laquelle il est annexé dont le respect s'est trouvé ainsi mis en cause par ces résolutions du Conseil de sécurité.

Au-delà même, se demandant si l'on ne rencontrait pas là une nouvelle forme de protectorat [2], la doctrine a pu à bon droit s'interroger sur les limites des pouvoirs du Conseil pour établir un statut d'occupation aussi manifestement dérogatoire au droit commun des conflits armés. C'est en effet le droit du peuple irakien à l'autodétermination qui s'est trouvé ainsi largement remis en cause (lequel n'était pas seulement satisfait par l'organisation d'élections libres, en l'occurrence effectives). Or, on sait que ce droit se voit généralement reconnu un caractère impératif *(jus cogens)* c'est-à-dire, précisément, insusceptible de dérogations [3]. Il faut cependant aborder cette question sans dogmatisme. On doit certainement tenir compte du fait que le Conseil de sécurité, dont les résolutions en cause ont d'ailleurs fait l'objet d'âpres négociations, devait tenter de concilier des objectifs en partie contradictoire : d'une part, la restauration de la paix et de la reconstruction de la société irakienne après vingt-cinq ans de dictature ; d'autre part, le respect des règles établies du droit humanitaire comme du droit des peuples. Les unes comme les autres fournissent quoi qu'il en soit des limites précises à la liberté réglementaire du Conseil, lequel doit lui-même respecter non seulement le droit des Nations Unies (art. 24.2 de la Charte) mais aussi le droit international général dans son ensemble, particulièrement dans ses normes dotées d'impérativité. Dans le cas irakien, la situation créée par les résolutions en cause et les pouvoirs dérogatoires conférés aux forces d'occupation étaient d'autant plus préoccupantes que nul mécanisme de contrôle de la légalité de leurs actes d'application n'a été institué [4]. Enfin, pour ce qui concerne la résolution ultérieure, 1546, la façon dont elle prétendait mettre fin au statut d'occupation du territoire irakien, outre le fait qu'elle usait largement de fictions juridiques, n'était pas compatible avec les conditions dans lesquelles un tel statut peut légalement prendre fin [5].

1. V. Ph. Sands, L'exploitation des ressources naturelles en Irak, *in*. Bannelier, Th. Christakis, O. Corten et P. Klein, (dir.). *L'intervention en Irak et le droit international*, CEDIN, Cahiers internationaux, n° 19, Paris, Pedone, 2004, p. 319 s.
2. M. Kohen, Vers une nouvelle forme de protectorat ?, *ibid*. p. 301 s.
3. V. notamment M. Starita, L'occupation de l'Iraq, le Conseil de sécurité, le droit de la guerre et le droit des peuples à disposer d'eux-mêmes, *RGDIP* 2004/4, p. 883-917.
4. V. La guerra contro l'Iraq et le degenerazioni dell'unilateralismo, *RivDI*, 2003. 329 s.
5. V. F. Dopagne et P. Klein, L'attitude des États tiers et de l'ONU à l'égard de l'occupation de l'Irak, *in* L'intervention en Irak et le droit international, *op. cit*., p. 329 s. ; M. Starita, L'occupation de l'Irak. Le Conseil de sécurité, le droit de la guerre et le droit des peuples à disposer d'eux-mêmes, *RGDIP* 2004. 883 916.

Les forces de la coalition ont également, en vertu de la Convention III de Genève, des obligations précises à l'égard des prisonniers de guerre, auxquels elles doivent garantir un traitement notamment exempt de tout traitement inhumain ou dégradant. Des préoccupations très vives ont été manifestées par le Secrétaire général des Nations Unies et par le Comité international de la Croix-Rouge sur le traitement réservé à certains prisonniers irakiens par les forces armées américaines [1]. Les révélations ultérieures sur le traitement réservé aux prisonniers de la prison d'Abu Graïb n'ont fait que confirmer la justesse des craintes que le commandement américain n'a pas été suffisamment vigilant pour éviter que ne soit commise une telle méconnaissance du droit des prisonniers de guerre.

D'une façon générale, il est utile de comparer le comportement effectif des troupes d'occupation en Irak, quelle que soit la terminologie fluctuante sous laquelle les résolutions du Conseil de sécurité les désignent, avec le rappel opéré par la Cour à deux reprises, et à pratiquement un an d'intervalle, successivement dans l'avis précité de 2004 et dans l'arrêt du 19 décembre 2005 sur les *Activités armées sur le territoire du Congo* (*RDC c/ Ouganda*). Dans un cas comme dans l'autre, avec plus de netteté peut-être encore dans le second, la Cour rappelle l'étendue des devoirs des forces d'occupation à l'égard des populations civiles. Dans cet arrêt (§ 179), la Cour souligne que l'Ouganda, puissance occupante de l'Ituri, vaste territoire placé en RDC, aurait dû déployer toute la diligence requise pour éviter que soit porté atteinte aux droits de l'homme et du droit international humanitaire « par d'autres acteurs présents sur le territoire occupé, en ce compris les groupes rebelles agissant pour leur compte ». Pour les mêmes raisons, l'Ouganda se voit imputé tous les dommages causés aux ressources naturelles du territoire occupé, en particulier lorsque leur exploitation illicite était effectuée par des éléments de l'armée ougandaise. (§ 214).

– Une autre initiative des États-Unis dans les années récentes, à propos du traitement des prisonniers faits principalement en Afghanistan consécutivement aux opérations armées menées par les forces alliées, tient à un refus, difficilement justifiable en droit, d'appliquer aux 600 personnes accusées de terrorisme et détenues sur la base américaine de Guantanamo, le statut de prisonniers politiques au sens de la Convention III de Genève. En cas de doute sur le statut juridique des détenus, l'article 5 de la troisième Convention prévoit qu'ils doivent être traités comme des prisonniers de guerre jusqu'à ce qu'un tribunal compétent ait statué sur leur qualité ; même au cas où ils seraient déclarés combattants illégaux, ils bénéficieraient, au titre de la Convention IV, de la protection due à la population civile. De plus, l'article 3 commun aux quatre Conventions de Genève leur garantit en principe une garantie incompressible. C'est pour échapper à ce corps articulé d'obligations que l'administration américaine a décidé, de façon totalement arbitraire, de les placer dans un statut *sui generis* inventé

1. V. doc. ONU S/2003/715, 18 juill. 2003.

pour la circonstance, eu égard à leur appartenance supposée au terrorisme international [1]. Ce refus d'appliquer à ces prisonniers les garanties prévues dans les Conventions de Genève a finalement été levé en juillet 2006.

Les règles du droit de la guerre ou des conflits armés sont complétées par celles relatives au droit humanitaire que l'on examinera plus loin (v. ss 584).

b) Entre belligérants et non-belligérants : il s'agit des règles gouvernant le droit de la neutralité. Tout État peut se proclamer neutre. En fonction de l'évolution du conflit, il peut à tout moment réviser son attitude ainsi que le firent par exemple les États-Unis au cours de chacun des deux conflits mondiaux. Les textes fondamentaux relatifs au droit de la neutralité sont la Déclaration de Paris de 1856 sur la guerre maritime, le Traité anglo-américain de Washington de 1871 conclu en vue de l'arbitrage de l'Alabama ainsi que les deux Conventions de La Haye III et XIII de 1907.

Le droit de la neutralité a cependant depuis lors profondément évolué, au détriment de l'extension des droits des pays neutres [2]. La neutralité de guerre ou neutralité occasionnelle doit être clairement distinguée de la neutralité perpétuelle souvent garantie par un traité multilatéral. Ce dernier type de neutralité concerne à l'heure actuelle notamment la Suisse (Acte final de la conférence de Vienne de 1815, réaffirmé par les traités de paix de 1919), l'Autriche (Traité d'État de 1955) ou Malte qui s'est déclarée perpétuellement neutre en 1981.

L'État neutre a essentiellement l'obligation d'impartialité et celle d'abstention. Quoique conservant en principe le droit de commercer librement avec les belligérants, ce dernier se trouve très largement limité. Il ne peut en particulier alimenter l'effort de guerre des uns ou des autres et les navires de guerre des belligérants ont le droit de contrôler les navires neutres en haute mer et d'exercer leur droit de prise sur les produits interdits constitutifs de la « contrebande de guerre ». Les belligérants doivent bien entendu pour leur part respecter la neutralité des États neutres ce que l'Allemagne fit respecter à l'égard de la Suisse mais jamais à l'égard de la Belgique lors des deux derniers conflits mondiaux.

C. L'affirmation contemporaine du droit des conflits armés

582 ***Les raisons de l'évolution*** ◊ Les distinctions rigides sur lesquelles était fondé le droit classique de la guerre avaient le mérite de la clarté. Elles ont cependant été progressivement remises en cause à l'époque contemporaine.

En premier lieu, le recours à la force s'est de plus en plus dégagé du formalisme de la déclaration de guerre, ainsi que les attaques japonaises contre

---

1. V. Ph. Weckel, Le statut incertain des détenus sur la base américaine de Guantanamo, *RGDIP* 2002. 357 s. ; L. Vierucci, Prisoners of War or Protected Persons qua Unlawful Combatants ? The Judicial Safeguards to which Guantanamo Bay Detainees are Entitled, *Journal of International Criminal Justice*, vol. I, n° 2, 2003, p. 284-315.

2. V. M. Torrelli, La neutralité en question ?, *RGDIP* 1992. 5.

Port-Arthur en 1904, et Pearl-Harbour en 1941 l'avaient déjà prouvé. Ceci pose la question de savoir à partir de quand se produit la novation juridique évoquée plus haut, dont dépend dans le temps la date d'applicabilité des règles gouvernant le recours à la force. Ce problème a été récemment soulevé par les attentats terroristes du 11 septembre 2001 aux États-Unis [1].

La généralisation des guerres de partisans qui doivent savoir se mouvoir dans la société civile comme « un poisson dans l'eau » (Mao Tsé-Toung) rend par ailleurs souvent fort malaisée la distinction entre combattants et non-combattants. De plus, à partir des années 1950, le développement des guerres de libération nationale liées à la décolonisation a montré la précarité de la distinction entre conflits internes et guerres internationales. C'est ainsi en particulier, qu'alors que le gouvernement provisoire de la République algérienne constitué en 1958 entendait placer la guerre qui l'opposait à la France au niveau interétatique, les tribunaux français affirmaient au contraire, en accord avec le pouvoir politique, qu'il n'y avait pas en Algérie de guerre internationale mais seulement une insurrection armée. Le droit de la guerre était donc inapplicable aux rebelles, et les juridictions militaires en particulier ne voulaient pas appliquer à ceux capturés par les troupes françaises l'article 4, alinéa 3, de la troisième Convention de Genève du 12 août 1949 (traitement des prisonniers de guerre). Enfin la volonté d'accroître autant que faire se peut la protection des populations civiles encouragea l'abandon de la notion classique de guerre, pour consacrer celle, beaucoup plus large, de « conflits armés ». La distinction entre conflits armés internes et internationaux demeure quant à elle tout à fait déterminante. Les pays en développement ont en particulier beaucoup agi durant les années 1970 afin que l'on reconnaisse l'applicabilité aux guerres de libération nationale des règles gouvernant le droit de la guerre.

583 ***Portée de l'évolution*** ◇ À l'époque actuelle, la guerre interétatique n'est plus que l'une des catégories des deux conflits armés internationaux [2]. Ceci est consacré notamment dans le protocole additionnel aux Conventions de Genève du 12 août 1949, relatif à la protection des victimes des conflits armés internationaux. Adopté en 1977 et entré en vigueur l'année suivante, son article 2 couvre à la fois « tout conflit interétatique y compris la guerre et toute forme d'occupation », mais aussi « les conflits armés dans lesquels les peuples luttent contre la domination coloniale et [...] contre les régimes racistes dans l'exercice du droit des peuples à disposer d'eux-mêmes ». Une semblable option est également retenue dans la Convention de 1981 sur l'interdiction ou la limitation de l'emploi de certaines armes classiques. Pour sa part, la protection des victimes des conflits armés non internationaux a fait l'objet de développements complémentaires à ceux de l'article 3 de chacune des Conventions de Genève de 1949, dans

1. L. Condorelli, Les attentats du 11 septembre et leurs suites, où va le droit international, *RGDIP* 2001. 845-847.
2. V. M. Sassoli, A. Bouvier (dir.), *Un droit dans la guerre ?*, 2 vol. Genève, CICR, 2003, 1688 p.

le protocole II de 1977. L'un et l'autre seront examinés ci-après. En effet, l'une des marques du droit des conflits armés contemporains est qu'il est indissociablement lié à celui qui est relatif à la protection et aux garanties à accorder aux individus en période de conflits armés. Plus encore aujourd'hui que par le passé, on ne peut dissocier droit des conflits armés et droit humanitaire.

§ 2. L'affermissement du droit humanitaire

A. Genèse et développement

584 ***Genèse*** ◊ « Le droit humanitaire est une branche du droit international public qui s'inspire du sentiment d'humanité et qui est centré sur la protection de la personne humaine » (Jean Pictet). Ainsi qu'on l'a dit plus haut, c'est à l'initiative d'Henri Dunant, atterré par le spectacle du champ de bataille de Solferino que l'on doit la création du « Comité international de secours aux blessés », futur Comité international de la Croix-Rouge dont la première réalisation fut en 1864 la réunion d'une conférence internationale qui aboutit à l'adoption la même année d'une « Convention pour l'amélioration du sort des militaires blessés dans les armées en campagne ». Cette première Convention de Genève, qui donnait naissance au droit international humanitaire fut ensuite complétée, en 1899 à La Haye, par une convention adaptant à la guerre maritime les principes de 1864. Les dispositions de cette dernière sont à leur tour améliorées et complétées en 1906 et, en 1907, la IVe Convention de La Haye définit le cercle des combattants ayant droit au statut de prisonniers de guerre en cas de capture. Ils bénéficient d'un traitement particulier pendant toute la durée de leur captivité. Ces trois conventions seront réaffirmées et développées en 1929. En 1949, sont adoptées les quatre Conventions de Genève actuellement en vigueur. Outre l'adoption d'une « Convention relative à la protection des personnes civiles en temps de guerre », les Conventions de Genève de 1949 permettent la révision des conventions antérieures dont les textes sont harmonisés. Elles constituent aujourd'hui encore le socle juridique sur lequel est établi l'ensemble du droit humanitaire.

Ainsi qu'on l'a déjà vu en examinant les droits de l'homme, la CIJ a eu l'occasion d'indiquer en 1986, lors de son arrêt au fond dans l'affaire opposant le Nicaragua aux États-Unis, qu'une part importante des dispositions de ces conventions avait d'ores et déjà une valeur coutumière au moment de leur adoption, et que, dès lors, ces traités multilatéraux généraux avaient, pour ce qui se rapporte à ces dispositions, une valeur simplement déclaratoire [1]. Dans son avis consultatif sur la *Licéité de la menace ou de l'emploi d'armes nucléaires* du 8 juillet 1996, elle a ajouté qu'« un grand

1. *Rec.* 1986, p. 218.

nombre de règles du droit humanitaire applicable dans les conflits armés sont si fondamentales pour le respect de la personne humaine et pour des "considérations élémentaires d'humanité" [...], qu'elles s'imposent [...] à tous les États, qu'ils aient ou non ratifié les instruments conventionnels qui les expriment, parce qu'elles constituent des principes intransgressibles du droit international coutumier »[1]. Il est de surcroît nécessaire d'observer que les Conventions de Genève ont bénéficié d'un nombre très important de ratifications, concernant la quasi-totalité des États existants.

585 ***Les protocoles additionnels de 1977*** ◊ En février 1974, le gouvernement suisse, dépositaire des Conventions de Genève de 1949 convoqua une conférence diplomatique pour discuter les deux projets de protocoles additionnels établis par le CICR (Comité international de la Croix-Rouge, organisation non gouvernementale mais dotée d'un statut particulier)[2]. Au terme de la dernière session de cette conférence (juin 1977), les 102 articles du Protocole I relatifs à la protection des victimes des conflits armés internationaux et les 28 articles du Protocole II relatifs à la protection des victimes des conflits armés non-internationaux furent adoptés par les plénipotentiaires des 102 États présents. Ils sont l'un et l'autre en vigueur depuis 1978.

a) Le Protocole I, relatif aux conflits armés internationaux, s'attache tout d'abord à protéger les civils contre les effets des hostilités en développant les dispositions comprises dans la Convention IV de Genève (1949). Cette adaptation a été notamment rendue nécessaire par l'expansion de la guerre de guérilla au cours de laquelle la population civile, souvent mêlée malgré elle aux combattants est rendue particulièrement vulnérable. Le Titre IV du Protocole I protège à la fois les personnes et les biens civils, lesquels sont définis par opposition aux objectifs militaires. Il interdit expressément d'attaquer la population civile en tant que telle, comme de pratiquer sur elle des représailles. Il prévoit des dispositions relatives aux secours en faveur de la population civile et cette règle s'applique en toutes circonstances, même lorsqu'il s'agit d'une population ennemie ou vivant en territoire occupé. En outre, les biens indispensables à la survie (zones agricoles, bétail, réserves d'eau potable, récoltes, etc.) sont protégés, de même que les installations contenant des forces dangereuses (centrales électriques et nucléaires, etc.). Le Protocole I n'a pas pu être invoqué à propos de l'occupation militaire exercée par les États membres de la coalition en Irak. En effet, à l'inverse de la Grande-Bretagne, ni les États-Unis ni l'Irak ne l'ont ratifié.

La protection de la IVe Convention de Genève en faveur des personnes civiles au pouvoir d'une partie au conflit est étendue, dans le Protocole I, à certaines catégories qui n'étaient pas couvertes jusqu'alors (apatrides et réfugiés). Alors que les Conventions de Genève de 1949 accordent une immunité

---

1. *Rec.* 1996 (I), p. 257, § 79.

2. V. P. Reuter, La personnalité juridique internationale du Comité international de la Croix-Rouge, *in Études en l'honneur de J. Pictet*, La Haye, MNP, 1984, p. 785 s.

aux personnels et aux établissements sanitaires militaires, le Protocole I élargit cette protection aux personnels et aux établissements sanitaires civils.

Le Protocole I adopte par ailleurs une nouvelle définition du prisonnier de guerre incluant tous les membres des forces armées, des groupes et unités armées placées sous un commandement responsable. Les guérilleros sans uniforme, même s'il s'agit d'entités non reconnues par la Partie adverse, bénéficient également de ces dispositions. En revanche, les espions et les mercenaires n'ont en aucun cas droit au statut de prisonniers de guerre lorsqu'ils sont capturés, mais ils sont toutefois admis au bénéfice d'une garantie minimale de traitement humain. Deux conventions spécifiquement consacrées au statut des mercenaires ont par ailleurs été adoptées dans le cadre de l'OUA en 1985 et des Nations Unies en 1989 [1].

b) Le Protocole II a été adopté par consensus à l'issue de la conférence diplomatique qui complète et développe de manière substantielle l'article 3 commun aux quatre Conventions de Genève de 1949, seule disposition applicable jusqu'alors aux conflits armés de caractère non international. Cet article reste au demeurant toujours en vigueur. Le Protocole II est applicable dans les conflits armés « qui se déroulent sur le territoire d'une Haute Partie contractante entre ses forces armées et les forces armées dissidentes ou des groupes armés organisés qui, sous la conduite d'un commandement responsable, exercent sur une partie de son territoire un contrôle tel qu'il leur permette de mener des opérations militaires continues et concertées et... d'appliquer le présent Protocole ». Les garanties fondamentales du respect de la personne humaine sont renforcées et complétées par le Protocole II. Il consacre également le principe général de protection de la population civile.

586 ***Action des ONG*** ◊ Il convient par ailleurs de signaler le développement tout à fait considérable de l'action des organisations non gouvernementales à objectif humanitaire. Dans les trente dernières années, en particulier, des organisations comme Médecins sans Frontières ou Médecins du Monde ont apporté leurs soins d'urgence à des populations frappées aussi bien par des catastrophes naturelles que par des conflits armés (Mexique, Salvador, Afghanistan, Liban, Soudan, Arménie, etc.).

À l'initiative de la France a été adoptée le 8 décembre 1988 une résolution relative au nouvel ordre humanitaire international et prévoyant l'assistance humanitaire aux victimes des catastrophes naturelles et situations d'urgence du même ordre (*GTDIP* n° 15). Cette résolution de l'Assemblée générale invite tous les États qui ont besoin d'une assistance humanitaire à faciliter aux organisations non gouvernementales ou intergouvernementales l'accès aux victimes. Elle est à rapprocher de celle qui a été adoptée par un organisme non gouvernemental prestigieux de codification, l'Institut de droit international lors de sa session

1. V. T. Treves, La Convention de 1989 sur les mercenaires, *AFDI* 1990. 520, et A. Cassese, Mercenaries : Lawful Combatants or War Criminals ?, *ZaöRV*, 1980. 1.

de Saint-Jacques-de-Compostelle en 1989. L'article 5 de cette résolution, relative à la protection des droits de l'homme et au principe de non-intervention dans les affaires intérieures des États, prévoit : « l'offre par un État, un groupe d'États, une organisation internationale ou un organisme humanitaire impartial tel que le Comité international de la Croix-Rouge (CICR) de secours alimentaires ou sanitaires à un État dont la population est gravement menacée dans sa vie ou sa santé ne saurait être considérée comme une intervention illicite dans les affaires intérieures de cet État ». Comme l'a en particulier confirmé la résolution 688 du Conseil de sécurité, prise au lendemain des hostilités ayant opposé la coalition alliée à l'Irak consécutivement au refus d'obtempérer aux décisions antérieures du Conseil, la préoccupation humanitaire a pris une importance particulière, en relation avec l'évocation d'un « droit d'assistance humanitaire ». Cette question reste d'actualité, bien que les débats aient eu tendance depuis à se déplacer sur le terrain de la « responsabilité de protéger » (v. ss 120) [1].

B. Apport et signification du droit humanitaire

587 ***Constat*** ◊ Né au cœur du XIXe siècle, dans une société internationale dont on a souvent répété qu'elle était caractérisée par la juxtaposition des seuls États souverains, le droit humanitaire affirma, avant même l'essor des droits de l'homme proprement dit, l'importance de la personne humaine, quelle que soit sa nationalité, en tant que dépositaire de droits définis dans l'ordre international. Par là, il annonçait, avec pratiquement un siècle d'avance, certains des développements les plus récents du droit international caractérisé par l'avènement des notions de « communauté internationale » et surtout d'humanité, lesquelles invitent à dépasser une vision de l'ordre juridique international ramenée à la régulation des rapports interétatiques [2]. C'est ainsi que, dès 1864, les grandes conventions de droit humanitaire ont été conçues comme des instruments voués à l'universalité et destinés à rentrer dans le droit international général.

Le droit humanitaire est caractérisé par la mise à l'écart du lien d'allégeance entre l'individu à protéger et l'État soumis à l'obligation de protection. Dès l'article 6 de la Convention de 1864, il était disposé que « les militaires blessés ou malades seront recueillis et soignés à quelque nation qu'ils appartiennent ». Ainsi chaque État s'engageait-il internationalement à garantir certains droits à tous les individus, y compris ses propres ressortissants. On est ainsi mis en présence d'une véritable préfiguration du système normatif développé par la suite dans le cadre de la protection internationale des droits de l'homme et conduisant à la mise à l'écart

1. V. M. Bettati, *Le droit d'ingérence*, Paris, O. Jacob, 1996, 384 p. et F. Lattanzi, *Assistenza umanitaria e intervento di umanità*, Torino, Giappichelli, 1997.

2. V. L. Condorelli, Le droit international humanitaire en tant qu'atelier d'expérimentation juridique, *in Mélange en l'honneur de D. Schindler*, Bâle/Francfort, Helping et Lichtenhahn, 1989, p. 193-200.

du principe de réciprocité, quant à lui conçu en fonction des seuls rapports entre États (v. ss 200). Une confirmation en sera ensuite donnée à l'article 60 de la Convention de Vienne sur le droit des traités, concernant l'extinction d'un traité ou la suspension de son application comme conséquence de sa violation. La règle de l'exception d'inexécution est écartée par le paragraphe 5 de cet article à propos des dispositions « relatives à la protection de la personne humaine contenues dans des traités de caractère humanitaire, s'agissant notamment des dispositions excluant toute forme de représailles à l'égard des personnes protégées par lesdits traités ».

Par ailleurs, bien avant l'affirmation par la Cour internationale de Justice de l'existence d'obligations *erga omnes*, le droit humanitaire établissait qu'une infraction grave commise par un État ne rendait pas seulement celui-ci responsable d'un fait internationalement illicite à l'égard de celui qui en aurait subi le préjudice direct, mais également à l'égard de tous les autres si toutefois la norme violée présente un caractère coutumier. C'est ce qui résulte en particulier de la rédaction de l'article 1 commun aux quatre Conventions de Genève de 1949, repris par l'article premier du Protocole additionnel I de 1977. Abandonnant le système de conditionnement établi antérieurement par la clause *si omnes* (v. ss 577), cet article engage les États « à respecter et à faire respecter » le droit humanitaire en toutes circonstances. Plusieurs auteurs ont discerné également dans cette branche du droit international l'apparition des premières règles correspondant à la notion de norme impérative *(jus cogens)* dans la mesure où y est consacrée l'invalidité des accords en conflit avec les « principes généraux de base du droit humanitaire ». Cela résulte en particulier de la disposition commune des conventions de 1949 (art. 51, 52, 131 et 148) ; les normes de droit humanitaire ont été conçues bien avant la lettre pour consacrer des valeurs dont « la communauté internationale dans son ensemble » reconnaît le caractère essentiel [1].

Il n'est, par conséquent, pas surprenant qu'établissant un lien entre l'article premier, commun aux quatre conventions précitées, et l'article 3 des mêmes conventions concernant certaines règles devant être appliquées dans les conflits armés ne présentant pas un caractère international, la Cour internationale de Justice, dans l'affaire des *activités militaires au Nicaragua* (1986) ait conclu que les États-Unis avaient l'obligation de « respecter » et même de « faire respecter » ces conventions « en toutes circonstances » car « une telle obligation ne découle pas seulement des conventions elles-mêmes mais des principes généraux du droit humanitaire dont les conventions ne sont que l'expression concrète » [2]. C'est ici que l'on doit établir le lien avec les remarques faites plus haut (v. ss 227) en relation avec la question de la hiérarchisation des droits de l'homme.

1. L. Condorelli et L. Boisson de Chazournes, Quelques remarques à propos de l'obligation des États de « respecter et faire respecter le droit international humanitaire 'en toutes circonstances' », *in Études en l'honneur de J. Pictet, op. cit.* p. 19 s.
2. *Rec.* 1986, p. 114, 219-220.

Il convient en effet d'insister sur le rapprochement observé aujourd'hui entre droits de l'homme et droit humanitaire, les uns et les autres se voyant assigner une place importante non plus seulement dans le droit international conventionnel mais également coutumier. C'est ainsi que le droit applicable par les tribunaux pénaux spéciaux institués par le Conseil de sécurité de l'ONU pour juger les violations graves des règles du droit humanitaire est essentiellement constitué parce que la Chambre d'appel du Tribunal pénal international institué pour juger les responsables de telles violations sur le territoire de l'ex-Yougoslavie appelle le « droit international humanitaire général » (arrêt *Tadic* du 2 octobre 1995) (v. ss 227). On a vu que, dans cette sentence, le Tribunal s'est livré à un relevé très systématique de la pratique internationale confirmant l'existence en droit positif de telles règles. Il en a conclu qu'elles lui permettent de juger les infractions énoncées à l'article 3 de son Statut, tel qu'il a été adopté par la résolution 827 du Conseil de sécurité. Il a fait de même dans son examen au fond de la même affaire (arrêt *Tadic* du 7 mai 1997) s'agissant de l'enracinement et de la portée, en droit coutumier, de la notion de « crime contre l'humanité » (§ 557-660 de l'arrêt).

Cet effort d'identification et de consolidation du droit international humanitaire général est bien entendu à mettre en rapport avec l'importante observation faite par la Cour internationale de Justice dans son avis du 8 juillet 1996 relatif à la licéité de la menace ou de l'emploi d'armes nucléaires. En raison de « considérations élémentaires d'humanité », notion empruntée à l'arrêt relatif au *Détroit de Corfou* [1] il existe selon la Cour des « principes intransgressibles du droit international coutumier » [2]. Cette notion, à rapprocher nécessairement des « principes généraux de base du droit humanitaire » évoqués dans l'arrêt précité de 1986, semblerait assigner à des règles jugées aussi fondamentales une importance déterminante dans l'ordre juridique international. Pour des raisons tenant essentiellement aux réserves très nettes émanant de certains des juges de la Cour, la notion d'« intransgressibilité » a été préférée ici à celle d'« impérativité », caractéristique des normes de *jus cogens* (v. ss 276 et s). Il ne fait cependant guère de doute que, du moins dans l'esprit des juges de la majorité, acquise en l'occurrence par la voix prépondérante du président de la Cour, les deux notions se rejoignent substantiellement. La CIJ a finalement reconnu explicitement l'existence de la catégorie normative du *jus cogens* en 2006, précisément à propos de l'interdiction du « crime des crimes » qu'est le génocide [3]. Elle l'a confirmé un an plus tard et a, de plus, affirmé que celui-ci constituait un « crime d'État » autant qu'il était un crime individuel [4] (v. ss 471).

---

1. *Rec.* CIJ, 1949, p. 22.
2. *Rec.* CIJ 1996, § 79 de l'avis.
3. CIJ, aff. des *Activités armées sur le territoire du Congo* (*RDC c/ Rwanda*) (Nouvelle requête) compétence et recevabilité, arrêt du 3 févr. 2006, § 64.
4. CIJ, aff. de l'*Application de la Convention sur la prévention et la répression du crime de génocide*, (*Bosnie-Herzégovine c/ Serbie et Monténégro*), arrêt du 26 févr. 2007, §§ 166 et 179.

587-1 ***Droits de l'homme, droit humanitaire et droits des États*** ◇ On a déjà insisté plus haut sur le rapprochement contemporain de ces deux droits (v. ss 227) [1]. Dans son avis consultatif du 9 juillet 2004 sur les conséquences juridiques de l'édification d'un mur dans le territoire palestinien occupé (au § 105), la Cour a eu l'occasion d'écarter une nouvelle fois l'argument, qui lui avait déjà été opposé lors de l'avis de 1996, selon lequel les instruments relatifs aux droits de l'homme ne s'appliqueraient pas dans les circonstances de conflits armés. Tout au contraire, la protection apportée par ces conventions subsiste dans les limites d'application d'éventuelles clauses dérogatoires comme celle figurant à l'article 4 du Pacte international sur les droits civils et politiques. Il en résulte, dit la Cour en 2004, trois types de rapports possibles entre droits de l'homme et droit humanitaire. Certains droits peuvent relever exclusivement des premiers ; d'autres, exclusivement des seconds ; d'autres enfin, « peuvent relever à la fois de ces deux branches du droit international ». Il s'agit là d'un constat important. Il attire l'attention sur un phénomène dont il ne fait nul doute qu'il sera encore amplifié dans l'avenir, comme il l'est d'ores et déjà, par l'apport de la jurisprudence émanant des juridictions pénales internationales et par celle des cours régionales de protection des droits de l'homme, c'est ce qu'attestent, par exemple, l'arrêt *Furundzija* (1998) du TPIY et l'arrêt *Issaïeva, Youssoupova et Bazïeva c/ Russie* (2005) de la Cour européenne des droits de l'homme (v. ss 227 a). Même si l'on peut trouver qu'il n'a pas su aller assez loin pour clarifier le droit en ce domaine, l'avis de la CIJ relatif aux conséquences juridique de la construction du mur est d'ailleurs important à plus d'un titre pour le droit humanitaire, notamment dans ses rapports, vérifiés en l'espèce, avec le droit des peuples à disposer d'eux-mêmes [2].

Dans beaucoup de ces cas, au demeurant, la jurisprudence internationale, plus audacieuse que beaucoup d'auteurs, désigne, implicitement ou non, les normes en cause, en particulier lorsqu'elles appartiennent à l'une et l'autre branche du droit international, comme présentant une importance fondamentale pour la communauté internationale, ce qui laisse présumer qu'elles appartiennent au droit impératif. C'est précisément ce type de phénomène qui témoigne de la recherche tâtonnante par le droit international contemporain d'une unité matérielle, fondée non plus sur des formes mais aussi sur des valeurs énoncées dans des normes juridiques, phénomène examiné par ailleurs [3].

1. V. aussi G. Gaggioli, *L'influence mutuelle entre les droits de l'homme et le droit international humanitaire à la lumière du droit à la vie*, Paris, Pedone, 2013, 614 p.

2. V. Juan-Manuel Gomez Robledo, L'avis de la CIJ sur les conséquences juridiques de l'édification d'un mur dans le territoire palestinien occupé : timidité ou prudence ?, *RGDIP* 2005/3, p. 521 s.

3. V. P. M. Dupuy, L'unité de l'ordre juridique international, cours général de droit international public, *RCADI*, t. 297, 2003, 487 p.

On retrouve au demeurant la conjonction de la violation des droits de l'homme et du droit humanitaire constatée dans l'arrêt que la Cour a rendu le 19 décembre 2005 dans l'affaire sur les *activités armées sur le territoire du Congo (RDC c/ Ouganda)*. Elle a estimé avoir en sa possession des preuves suffisantes pour conclure que les troupes sous le contrôle de l'Ouganda avaient commis des « meurtres, des actes de torture et d'autres formes de traitement inhumain à l'encontre de la population civile » de même « qu'elles ont manqué d'établir la distinction entre cibles civiles et militaires et de protéger la population civile lors d'affrontements avec d'autres combattants » (§ 211) [1].

En ce qui concerne à la place du droit humanitaire par rapport à d'autres branches du droit international, dans son avis précité de 1996, la Cour, elle-même en l'occurrence assez divisée, était cependant parfaitement consciente que le fait de reconnaître en son sein l'existence de « principes intransgressibles » ne pouvait que se heurter à la persistance des « droits fondamentaux des États », fondés quant à eux sur le primat de la souveraineté. C'est précisément tout l'intérêt de l'avis du 8 juillet 1996 précité, souvent mal jugé en doctrine, de rendre compte d'une telle contradiction, inhérente non d'abord à la jurisprudence de la Cour, mais au droit qu'il lui était demandé d'identifier.

Toujours est-il, qu'il résulte de la jurisprudence croisée de l'arrêt de la Cour dans l'affaire opposant le Nicaragua aux États-Unis (1986) et des avis précités, en particulier celui de 1996, qu'il existe effectivement en droit positif une catégorie éminente de « principes généraux de base du droit humanitaire » [2] qu'on ne peut qu'identifier à celle des « principes cardinaux » de ce même droit, déclarés qui plus est intransgressibles [3]. Même si les principes nommément désignés sous l'une et l'autre dénomination ne sont pas substantiellement les mêmes, ils procèdent directement de la même inspiration [4]. C'est ici qu'il faut relier ces développements contemporains du droit international humanitaire à ceux qui caractérisent son système de sources sinon même ses finalités (v. ss 529).

On notera enfin, en accord avec Luigi Condorelli, que les caractères précités du droit humanitaire n'ont pas seulement de conséquences à l'égard des règles primaires ou des obligations de faire et de ne pas faire qui l'énoncent, mais également au stade des règles « secondaires concernant la responsabilité des États pour faits internationalement illicites ». C'est ainsi qu'on constate un élargissement considérable des règles d'imputation de la responsabilité à l'État pour violation des normes de droit humanitaire. Celui-ci est en effet responsable non pas seulement des violations commises par ses organes, agissant en tant que tels, mais également si les

1. V. Ph. Weckel, Chronique de jurisprudence internationale, *RGDIP* 2006/1, p. 182-183.
2. Arrêt, *Rec.* 1986, § 218.
3. Avis, *Rec.* 1996, §§ 78 et 79.
4. V. P.-M. Dupuy, Les considérations élémentaires d'humanité dans la jurisprudence de la Cour internationale de Justice, *in Mélanges N. Valticos*, Paris, Pedone, 1998, p. 117-130.

personnes en question n'avaient pas agi en qualité d'organes, en dehors de leurs fonctions officielles (v. Convention IV de La Haye, 1907, article 3 ; Protocole I, 1977, article 91). On constate par ailleurs, ainsi qu'il a déjà été mentionné plus haut, que plusieurs dispositions de la Convention IV de Genève de 1949 établissent l'obligation pour la puissance occupante d'assurer une protection minimale de la population en territoire occupé, non pas seulement face à ses propres forces armées mais également à l'encontre des dangers venant des personnes privées. En ce qui concerne par ailleurs les circonstances excluant l'illicéité, ni le consentement de la victime, ni la légitime défense, ni l'état de nécessité ne constituent de faits justificatifs d'une exemption de responsabilité, conséquence logique de l'éviction du principe de réciprocité en ce domaine et du caractère *erga omnes* des obligations de droit humanitaire.

Le 16 décembre 2005, l'Assemblée générale des Nations Unies a adopté une résolution intitulée « Principes fondamentaux et directives concernant le droit à un recours et à réparation des victimes de violations flagrantes du droit international des droits de l'homme et de violations graves du droit humanitaire ». (*GTDIP* n° 17). Ce texte, quoiqu'il pose un certain nombre de problèmes techniques, notamment du point de vue du droit de la responsabilité internationale des États [1], présente un grand intérêt substantiel et confirme les évolutions normatives indiquées ci-dessus.

SECTION 4. LA LUTTE CONTRE LA PROLIFÉRATION ET LA RÉGLEMENTATION INTERNATIONALE DES ARMEMENTS

588 ***Introduction*** [2] ◇ On a déjà pu constater à la section antérieure qu'au titre de la réglementation du droit de la guerre certaines conventions avaient eu pour objet, dès les conférences de La Haye en 1899 et 1907, de proscrire ou de limiter l'usage de certains armements.

D'une tout autre ampleur, au demeurant plus conforme à l'interdiction générale du recours à la force stipulé à l'article 2 paragraphe 4 de la Charte des Nations Unies, est la coopération qui assigne aux États la réalisation progressive d'un véritable désarmement destiné en particulier à priver les uns et les autres des moyens techniques du recours offensif à la violence militaire. Cette ambition déjà ancienne prend une signification particulière à l'âge nucléaire, caractérisé par un paradoxe. L'arme nucléaire est en

1. V. le commentaire de P. d'Argent, *AFDI* 2005. 27-55.
2. V. J.-M. Lavieille, *Droit international du désarmement*, Paris-Montréal, L'Harmattan, 1997, 368 p.

effet par excellence un moyen de destruction massive ayant atteint une puissance d'anéantissement quasiment planétaire. Mais elle s'est avérée également, du moins entre les Super Puissances et leurs blocs respectifs, un facteur de stabilisation sinon de paix. Selon la logique bien connue de l'équilibre de la terreur, chacun des camps ne peut y recourir sans risquer aussitôt de provoquer sa propre destruction.

De fait, en dépit de la multiplication des conflits régionaux ou locaux depuis la Seconde Guerre mondiale (dont le nombre actuel avoisine la vingtaine) la dissuasion nucléaire a été un élément déterminant de la paix entre les blocs depuis quarante-cinq ans.

Paix cependant surarmée, fondée sur l'escalade de la concurrence dans le développement des moyens de destruction dont la gamme s'est dangereusement diversifiée, du fait de l'avancement des technologies militaires. Les armes nucléaires de longue mais aussi de moyenne et de courte portée ont été progressivement déployées au sein des deux blocs jusqu'à risquer de remettre en cause l'équilibre précité en rendant chacun capable de frappe « chirurgicale » ou en tout cas modulée. Parallèlement, les armements dits classiques atteignaient des degrés de sophistication et des volumes démontrant la précarité des vastes ambitions en fait de désarmement général, énoncées notamment dans le document final adopté en 1978 par l'Assemblée générale de l'ONU lors d'une session spéciale destinée à définir les principes des Nations Unies dans ce domaine [1].

Au-delà du cadre juridique défini par la Charte des Nations Unies, le développement de la coopération internationale en matière de désarmement et de limitation des armements constitue un apport non négligeable au maintien et au renforcement de la sécurité internationale. Il est cependant plus difficile d'affirmer l'existence en droit international d'une obligation générale de désarmement ; sur la base de la règle reconnaissant à certaines conditions le droit de légitime défense, chaque État conserve un droit à la sécurité l'autorisant à se doter des moyens de défense qu'il juge appropriés. On doit toutefois relever, du moins en ce qui concerne le désarmement nucléaire, la position très ferme que la Cour internationale de Justice a adopté au terme de son avis consultatif du 8 juillet 1996, sur la *licéité de la menace ou de l'emploi d'armes nucléaires*. Elle y affirme : « Il existe une obligation de poursuivre de bonne foi et de mener à terme des négociations conduisant au désarmement nucléaire dans tous ses aspects, sous contrôle international strict et efficace » (§ 105). La Cour avait précisé un peu plus haut dans sa décision que « la portée juridique de l'obligation considérée dépasse celle d'une simple obligation de comportement ; l'obligation en cause ici est celle de parvenir à un résultat précis – le désarmement nucléaire dans tous ses aspects – par l'adoption d'un

1. En relation avec ce document, V. H. Thierry, La nouvelle politique française du désarmement, *AFDI* 1978. 512 s. ; N. Ronzitti, *Diritto internazionale dei conflitti armati*, G. Giappichelli. Torino, 289 p.

comportement déterminé, à savoir la poursuite de bonne foi de négociations en la matière » (§ 98). Cette prise de position intervenait consécutivement aux constats successifs effectués par la CIJ selon lesquels ni le droit international coutumier ni le droit international conventionnel n'autorisent ni n'interdisent la menace ou l'emploi des armes nucléaires, mais que « la menace ou l'emploi d'armes nucléaires serait généralement contraire aux règles du droit international applicable dans les conflits armés, et spécialement aux principes et règles du droit humanitaire » [1]. Cette obligation des États d'œuvrer en faveur du désarmement nucléaire pourrait connaître un nouvel élan avec la requête des Iles Marshall, déposée le 25 avril 2014 contre neuf États dont l'Inde, le Pakistan et le Royaume-Uni [2], qui demande à la CIJ de constater qu'en ne poursuivant pas activement et de bonne foi des négociations sur des mesures efficaces relatives à la cessation de la course aux armements nucléaires et au désarmement nucléaire, ces États ont manqué et continuent de manquer à leurs obligations internationales conventionnelles et coutumières.

Pas d'obligation générale de désarmement néanmoins et un impératif pour les États d'assurer leur sécurité et celle de leur population, c'est ce qui explique que le droit du désarmement, dont il est encore très difficile de tirer des enseignements généraux pour l'évolution d'ensemble du droit international, soit à la fois caractérisé par la diversité des négociations et l'hétérogénéité des résultats obtenus.

§ 1. Diversité des négociations

589 ***Les cadres des négociations internationales relatives au désarmement*** sont eux-mêmes très variés à la fois universels, bilatéraux et régionaux.

a) Au plan universel, l'Organisation des Nations Unies s'est efforcée de longue date de favoriser les négociations relatives au désarmement. Cependant, alors que le Pacte de la Société des Nations comportait des dispositions détaillées en matière de désarmement, la Charte de l'ONU se borne à charger le Conseil de sécurité d'élaborer des plans « en vue d'établir un système de réglementation des armements » (art. 26). L'objectif de « désarmement général et complet sous un contrôle international efficace » défini par l'Assemblée générale s'est toujours heurté à la divergence des conceptions entre les deux blocs. À l'occasion de la session extraordinaire sur le désarmement de l'Assemblée générale (1978), les structures de la négociation dans le cadre des Nations Unies ont été assez profondément remaniées avec la mise en place d'un organe délibérant, la Commission du

1. V. *Revue internationale de la Croix-Rouge*, numéro spécial, janv.-févr. 1997, n° 139, 126 p. et les articles de M. Perrin de Brichambaut et V. Coussirat-Coustère à l'*AFDI* 1996. 315-356 ; SFDI, *Le droit international des armes nucléaires*, Paris, Pedone, 1998, 206 p.

2. Faute d'une base de compétence, les requêtes introduites contre les six autres ont peu de chance de prospérer.

Désarmement, composée de tous les membres de l'Organisation et d'un Comité du Désarmement, organe de négociation, réduit à la participation de quarante membres. Auparavant toutefois, le Comité des dix-huit puissances sur le désarmement, établi au sein de l'ONU, avait encouragé ou organisé directement la négociation d'un certain nombre de traités internationaux importants, comme en particulier le traité sur la non-prolifération des armes nucléaires de 1968 ou celui interdisant les armes nucléaires sur le fond des mers, également engagé au sein du Comité des dix-huit et poursuivi à la Conférence du comité du désarmement (1971, entré en vigueur en 1972). Le Comité du Désarmement a été également saisi à plusieurs reprises de la question de la limitation et de l'interdiction des armes chimiques. L'ONU est plus ou moins directement associée aux différentes négociations qui se poursuivent dans des cadres variés et poursuit des études en matière de désarmement par l'intermédiaire de l'UNIDIR (Institut des NU pour la recherche sur le désarmement) [1].

Toujours dans le cadre universel, il faut également noter la conférence de Vienne sur les MBFR (*Mutual Balanced Forces Reduction*) entre pays membres de l'OTAN et du Pacte de Varsovie (1973-1989). La France n'a pas participé à ces deux négociations placées sous l'hégémonie des deux Super Grands. La négociation sur les MBFR a été remplacée en 1989 par les NSC (Négociations sur la Stabilité Conventionnelle en Europe) elles-mêmes placées dans le prolongement de la Conférence sur la sécurité et la coopération en Europe (CSCE).

b) Dans le cadre régional, c'est justement la CSCE qui a permis l'adoption de l'Acte final d'Helsinki de 1975 prévoyant des mesures de « confiance » comme en particulier la notification préalable des manœuvres militaires d'envergure et l'échange d'observateurs. Les conférences périodiques de « suivi » ou d'« évaluation » qui se sont successivement tenues depuis lors à Belgrade, Madrid et Vienne, ont permis d'engager des négociations détaillées sur les armements conventionnels dits classiques. La conférence de Stockholm tenue en 1986 a permis l'adoption d'un document final comportant lui aussi certaines dispositions sur les mesures de confiance et de sécurité et sur le désarmement en Europe. Ce document réaffirme d'une façon particulièrement solennelle l'engagement des participants dont il faut rappeler qu'il regroupe, outre les pays européens de l'Est et de l'Ouest, les États-Unis et le Canada, en faveur du principe du non-recours à la menace ou à l'emploi de la force en même temps qu'il détaillait un certain nombre de mesures nouvelles notamment relatives à la notification préalable de certaines activités militaires. Les principes plus généraux adoptés par la CSCE dans la Charte de Paris pour une nouvelle Europe, du 21 novembre 1990, confirment et consolident les engagements pris antérieurement. Lors de la même conférence de la CSCE a été adopté le

1. V. P. Dahan, La Conférence du désarmement : fin de l'histoire ou histoire d'une fin ?, *AFDI* 2002. 196 s.

Traité de Paris sur les forces armées conventionnelles en Europe. Il fixe des plafonds numériques précis aux dotations collectives en armements. Bien que d'ores et déjà dépassé par les événements, il a surtout le mérite de fournir une assise juridique à la renonciation par l'ex-URSS à toute prétention hégémonique en Europe [1].

L'ONU elle-même favorise le désarmement à l'échelle régionale. C'est ainsi que, par exemple, grâce à l'action du Comité consultatif permanent des Nations Unies chargé des questions de sécurité en Afrique centrale, établi par le Secrétaire général des Nations Unies en 1992 conformément à la résolution 46/37 du 6 décembre 1991 de l'Assemblée générale, a été négocié et conclu le 30 avril 2010, par les dix États membres de la Communauté économique des États de l'Afrique centrale (CEEAC) et le Rwanda, la convention de Kinshasa qui tend à prévenir et éliminer le commerce et le trafic illicites de des armes légères et de petit calibre en Afrique centrale et renforcer la coopération des États de la région à ce sujet.

c) Enfin, il faut remarquer l'importance déterminante des **négociations bilatérales** directes entre les États-Unis et l'URSS, en particulier en ce qui concerne le contrôle des armements stratégiques à longue et moyenne portées. C'est ainsi qu'ont pu être conclus successivement les accords de SALT I et II (*Strategic Arms Limitation Talks*). Les accords de SALT I concernent la limitation des systèmes défensifs antimissiles et provisoirement de certains systèmes offensifs (1972). Ils furent complétés par un accord de 1974 sur la réduction des sites de missiles antimissiles. Enfin, l'accord de SALT II, adopté en 1979 mais jamais ratifié par les États-Unis qui ont néanmoins déclaré le respecter, prévoyait la limitation quantitative et qualitative des systèmes offensifs.

Les négociations soviéto-américaines sur le désarmement relatif aux missiles nucléaires à moyenne portée, dits aussi euromissiles du fait de leur installation en Europe (Pershing et missiles de croisière américains, SS 18 et 20 soviétiques) ont abouti à l'adoption par les deux pays de l'important traité de Washington du 8 décembre 1987 sur l'élimination des missiles à portée intermédiaire [2].

Les négociations START sur la limitation et la réduction du stock des armes nucléaires stratégiques, engagées depuis juin 1982, après avoir connu un début difficile, ont finalement abouti à la signature du traité de Moscou du 31 juillet 1991. Ce traité a constitué une étape importante, car c'est la première fois qu'une négociation soviéto-américaine a abouti non plus seulement à ralentir la course aux armements stratégiques mais à les limiter en volume (le nombre des têtes nucléaires américaines devrait

1. V. V.H. Ghebali, Le traité sur les forces armées conventionnelles en Europe, *RGDIP* 1991/4, p. 833 s.

2. G. Fischer, Élaboration et aperçu de l'accord américano-soviétique sur les euromissiles, *AFDI* 1987. 33 s. ; S. Sur, Problèmes de vérification dans le traité américano-soviétique du 8 décembre 1987 sur l'élimination des missiles à portée intermédiaire et à plus courte portée, *AFDI* 1987. 69 s.

diminuer de 15 % contre 25 % pour l'Union soviétique). Sur le plan politique, l'accord START a marqué en outre de façon spectaculaire la fin des affrontements rigides entre les deux blocs

Par la suite, est intervenu le traité russo-américain dit START II, signé également à Moscou, le 3 janvier 1993. Sans abandonner le traité START précédent, il en abaisse encore les plafonds quantitatifs, en prévoyant la réduction du nombre d'ogives à un nombre situé entre 3 000 et 3 500, et élimine tous les missiles balistiques intercontinentaux porteurs de charges multiples. Ce traité n'est toutefois jamais entré en vigueur, la Russie ayant conditionné son engagement à la ratification, qui n'a finalement jamais été réalisée par les États-Unis, d'un protocole qui reportait à 2007 (au lieu de 2003) la date limite de mise en œuvre des objectifs.

Un autre traité a cependant été conclu le 24 mai 2002 par le président américain George W. Bush et le président russe Vladimir Poutine. Appelé SORT (*Strategic offensive réduction treaty*), il engage les deux États à réduire de deux tiers leur arsenal d'armes nucléaires stratégiques (6 000 têtes nucléaires environ à 1 700/2 200 chacun d'ici 2012). Il est en retrait par rapport au traité START II, en particulier parce qu'il réserve à chaque pays le droit de décider de la façon dont il détruit son arsenal, comme le souhaitait le gouvernement américain.

Parallèlement, des négociations ont été engagées en mars 1997 par les présidents américain et russe, en vue de parvenir à la conclusion d'un nouveau traité START avant décembre 2009, date de terminaison de l'accord START I. Longtemps entravées par le différend opposant les deux États quant au programme de bouclier anti-missile du gouvernement américain, elles ont été relancées après le discours de Prague du Président Obama d'avril 2009. Un accord dit « *Start follow-on* » a finalement été signé dans la capitale tchèque le 8 avril 2010. Les deux États prévoient de réduire leur arsenal à 1 550 ogives ; ils disposeront de sept ans pour y parvenir après l'entrée en vigueur de l'accord, subordonnée à la ratification de celui-ci par chacun d'eux. Le gouvernement américain a informé, début mai 2010, que les États-Unis disposaient de 5 113 armes nucléaires encore opérationnelles.

590 *Diversité de l'objet des négociations et des instruments relatifs au désarmement* ◊

a) Plusieurs instruments dont on peut également parler au titre du droit des conflits armés, visent à l'interdiction, pour des raisons humanitaires, de certains types d'armes. C'est notamment le cas du Protocole de Genève de 1925, interdisant l'utilisation des armes biologiques et chimiques ainsi que l'emploi de gaz asphyxiants, toxiques ou similaires. Certains États, comme les États-Unis, n'ont ratifié ce protocole que fort tard, en 1975 ; d'autres l'ont assorti de réserves concernant notamment le droit de riposter à un premier emploi de ces armes, dont la Déclaration finale adoptée à l'issue de la conférence de Paris tenue en janvier 1989 réitère la prohibition sur la base du Protocole de Genève, tout en ébauchant les grandes lignes de ce que devrait être une nouvelle convention en la matière [1]. La mise au point, la fabrication et le stockage des armes biologiques et des toxines sont interdits par le traité du 10 avril 1972, ratifié notamment par la France, les États-Unis et l'ex-Union soviétique.

Les armes chimiques ont fait l'objet au sein des Nations Unies de nombreux travaux ayant en particulier donné lieu à l'adoption de deux résolutions importantes : la première du 13 décembre 1982 (résolution 37/98 D) est relative aux procédures provisoires visant à maintenir l'autorité du Protocole signé à Genève en 1925. Elle établit, dans des conditions qui ont d'ailleurs donné lieu à controverses entre les États membres de l'ONU et parties au Protocole, la compétence du Secrétaire général pour enquêter avec le concours d'experts qualifiés, sur « les informations qui pourraient être portées à l'intention de l'Assemblée générale par un État membre concernant des activités pouvant constituer une violation du Protocole et des règles du droit coutumier international applicable en l'espèce ». Cette résolution a été complétée par celle du 12 décembre 1984 (résolution 39/65 E). Le 13 janvier 1993 a été adopté le texte de la nouvelle convention sur l'interdiction, de la mise au point, de la fabrication, du stockage et de l'emploi des armes chimiques et sur leur destruction (*GTDIP* n° 49). Cette convention a été justement remarquée par l'ambition de ses objectifs [2]. Elle est également remarquable par l'ampleur et la relative nouveauté des moyens dont elle investit l'organisation internationale de contrôle qu'elle institue afin de garantir sa mise en vigueur efficace (v. ss 593). Tout en énonçant, contrairement au Protocole de 1925, la définition des armes chimiques, la convention pose avant tout le principe du renoncement par tous les États membres à la fabrication, acquisition, au stockage ou à la conservation d'armes chimiques. Chaque État partie doit détruire les armes chimiques dont il est possesseur ou qu'il a abandonnées sur le territoire d'un autre État partie. Chacun doit également déclarer à l'organisation de contrôle s'il est propriétaire ou détenteur d'armes chimiques et indiquer leur emplacement exact. Les réserves à la convention, sinon à ses annexes, sont interdites. La convention était ratifiée par 192 États en mai 2016, ses règles principales peuvent en outre être considérées comme étant désormais coutumières. Tel est le cas, au moins, de l'interdiction de l'emploi d'armes chimiques et de l'obligation pour tout État de prendre des mesures de lutte contre leur prolifération, qui s'imposent quoi qu'il en soit à tout État en application des décisions du Conseil de sécurité [3].

b) Dans le domaine de la limitation et de l'interdiction d'emploi des mines, deux instruments particulièrement remarquables ont été adoptés,

---

1. V. commentaire de N. Ronzitti *in AFDI* 1989. 149-157.
2. V. présentation et analyse de N. Ronzitti, *RGDIP* 1995/4, p. 881-928.
3. Voy. ses résolutions 1540 (2004) du 28 avril 2004 (*GTDIP* n° 50) et 2118 (2013) du 27 septembre 2013 relative à la situation en Syrie.

qui ont marqué une évolution importante en la matière. On doit être conscient du fait que la dissémination des mines anti-personnel dans de très nombreuses régions du monde constitue une sorte de catastrophe humanitaire permanente par le nombre des personnes qu'elle frappe aveuglément chaque année, souvent longtemps après la fin des conflits qui ont causé leur dispersion. L'interdiction complète de telles mines n'a pas été obtenue par l'adoption du Protocole de Genève du 3 mai 1996 dont les ONG humanitaires, en particulier, mais aussi la doctrine ont critiqué sévèrement les insuffisances et les ambiguïtés ; elles sont dues notamment à des définitions incomplètes et à un régime juridique fragmentaire [1]. L'interdiction des mines anti-personnel a en revanche été admise dans le cadre de la Convention d'Ottawa, organisée sous l'égide des Nations Unies, adoptée le 4 décembre 1997 et ratifiée depuis par 162 États dont la France. Plusieurs grandes puissances, cependant, en considération de leurs difficultés à garantir le respect de leurs frontières, tels les États-Unis, la Russie ou la Chine ont jusqu'ici refusé de signer ce texte, réduisant, ainsi, son efficacité. Le dispositif institutionnel établi par la Convention d'Ottawa est moins ambitieux que celui dont la convention précitée de 1993 a pu doter le contrôle de l'élimination des armes chimiques. Les moyens de contrôle sont également moins intrusifs, privilégiant les rapports périodiques des États parties, sans permettre les enquêtes sur place. Il faut au demeurant noter l'importance du rôle joué par de très nombreuses organisations non-gouvernementales dans la négociation de la convention et son issue positive l'hommage explicite qui leur est rendu dans le texte même de la convention. Des problèmes juridiques délicats sont posés par la compatibilité de l'adoption par les mêmes États du Protocole de Genève de 1996 et de la Convention d'Ottawa de 1997 étant donné que la seconde interdit alors que le premier se contente de réglementer. Les promoteurs de la convention ont cependant voulu conserver les deux textes, afin qu'à défaut d'une adoption de la seconde par certains États, ces derniers puissent au minimum s'engager en faveur du premier.

c) Non moins redoutables que les mines antipersonnel par leurs effets à retardement, les armes dites à « sous-munitions » font également désormais l'objet d'une réglementation internationale. Composées de multiples bombes qui peuvent exploser plusieurs années après leur dissémination, ces armes se sont révélées dangereuses et très traumatisantes pour les populations civiles d'États confrontés un temps à la guerre. Les enfants en sont généralement les premières victimes, comme l'a montré l'affaire *Behrami*, portée à la connaissance de la Cour européenne des droits de l'homme et plus connue pour avoir permis une clarification des règles relatives à la répartition de la responsabilité entre organisations internationales et États (v. ss 172). Un protocole à la Convention des Nations Unies sur l'interdiction ou la limitation de l'emploi de certaines armes classiques a

1. V. analyse de M. Bettati, *AFDI* 1996. 187-205.

d'abord été adopté le 28 novembre 2003. Il prévoit, entre autres, l'obligation pour les parties de nettoyer leur territoire des restes explosifs de guerre qui s'y trouvent. Sous la pression de la société civile internationale, une Convention sur les armes à sous-munitions a ensuite été adoptée à Dublin le 30 mai 2008 [1]. Fin avril 2016, elle était ratifiée par 100 États, dont la France. Les obligations des parties ressemblent beaucoup à celles qu'impose aux États la Convention d'Ottawa relative aux mines anti-personnel. Il leur est interdit d'utiliser des armes à sous-munitions, mais aussi de les posséder et de les stocker. Les parties disposent d'un délai de 8 ans, qui peut être porté à 16 ans, pour détruire les stocks en leur possession. Les États doivent en outre enlever et détruire tous les résidus d'armes qui pourraient se trouver sur leur territoire ou dans des zones sous leur juridiction ou leur contrôle. Pour la réalisation de ces obligations, la Convention prévoit, comme la Convention de 1997, que les États parties s'engagent à fournir une assistance technique et financière aux États affectés qui sont en mesure de procéder au nettoyage ou à la destruction des armes existantes. De manière plus originale, la Convention sur les armes à sous-munitions a créé de surcroît un devoir d'assistance aux victimes, largement entendues, qui va de la fourniture de soins médicaux à la réinsertion sociale et professionnelle. Le texte de 2008 n'est, en revanche, guère plus ambitieux que celui de 1997 s'agissant des contrôles de son application. Ils se limitent, pour l'essentiel à l'examen du rapport que les parties doivent communiquer annuellement au Secrétaire général des Nations Unies. L'assemblée des États parties, qui peut émettre des recommandations, n'a pas le pouvoir d'envoyer une mission d'inspection, ni même une mission d'établissement des faits, pour vérifier *in situ* la réalité des informations transmises par les États.

d) C'est la réglementation de l'utilisation des armes nucléaires qui a fait l'objet de l'attention la plus considérable au cours des cinquante dernières années [2]. Comme il a été exposé plus haut, des négociations bilatérales russo-américaines ont permis l'adoption des plusieurs accords de limitation ou de réduction des arsenaux nucléaires des deux États [3]. Mais les efforts entrepris pour enrayer la course aux armements ont également porté sur les techniques d'expérimentation et le cantonnement géographique de la possession de ces armes.

S'agissant de l'expérimentation, le traité de Moscou de 1963 interdit les expériences nucléaires dans l'atmosphère, dans l'espace extra-atmosphérique et sous l'eau. Le traité de New York du 10 septembre 1996 relatif à l'interdiction complète des essais nucléaires, prohibe plus largement toute explosion expérimentale d'arme nucléaire [4]. Cette dernière convention a

1. V. E. David, *RGDIP* 2009. 785-806.

2. V. Le droit international des armes nucléaires, *op. cit.*, n° 588.

3. V. M.-F. Furet, Limitation et réduction des armements stratégiques en 1992, *RGDIP*, 1992/3, p. 603 s. ; J.J. Roche, Le traité START, *AFDI* 1991. 315 s.

4. V. P. Tavernier, L'adoption du traité d'interdiction complète des essais nucléaires, *AFDI* 1998. 118-136.

été critiquée de divers côtés au moment de son adoption. En dépit du fait qu'elle a en principe opté pour « l'option zéro », elle n'exclut cependant pas les expériences en laboratoire ni la simulation. Le démantèlement des sites d'essais n'est pas davantage prévu. On peut donc dire que, s'il constitue un pas décisif dans la voie de la non-prolifération « latérale », ce traité de 1996 n'empêche nullement la prolifération « verticale », c'est-à-dire le développement de l'armement nucléaire des États qui en sont déjà pourvus. C'est notamment la raison de l'opposition persistante de l'Inde à cet accord, laquelle contribue à rendre son avenir incertain. Le traité d'interdiction complète des essais nucléaire est actuellement ratifié par plus de 150 États, mais il n'est toujours pas en vigueur. L'article XIV requiert à cet effet la ratification de 44 États nommément désignés, parmi lesquels figurent les États-Unis et Israël qui refusent toujours de s'engager. Peut-être est-ce là le revers d'une trop grande ambition de ses rédacteurs. La convention prévoit en effet la constitution d'une véritable organisation internationale chargée de vérifier son application en s'appuyant sur divers types de contrôle (système de surveillance international, moyens de vérification techniques nationaux, inspections sur place).

Pierre angulaire du régime international de lutte contre la prolifération, le TNP (Traité sur la non-prolifération) de 1968 consacre le monopole des États dotés d'armes nucléaires (*GTDIP* n° 47). Ceux-ci s'engagent à ne pas aider les autres États à en acquérir et ces derniers y renoncent pour leur part et acceptent le contrôle de l'Agence internationale de l'énergie atomique (AIEA). En contrepartie, les premiers doivent faciliter les échanges avec les États non-nucléaires afin qu'ils puissent bénéficier autant que possible des utilisations pacifiques de l'énergie atomique. Le TNP avait été conclu initialement pour une durée de 25 ans. La première conférence des parties au traité, qui est convoquée depuis tous les cinq ans, a toutefois décidé par consensus sa prorogation pour une durée indéfinie [1].

Le régime du TNP, solide en apparence grâce au pouvoir de vérification *in situ* conféré à l'AIEA, est fortement remis en cause depuis une quinzaine d'années sous couvert d'un discours dénonçant l'hégémonie des puissances nucléaires et les entraves au développement impliquées par le système. L'Inde et le Pakistan persistent dans leur refus de ratifier le TNP et ont réalisé leurs premiers essais nucléaires au printemps 1998. La Corée du Nord a annoncé son retrait du traité en 2003 et a procédé à sa première expérimentation en 2006. L'Iran a relancé en 2006 son programme de production d'uranium enrichi et refusé les contrôles de l'AIEA sur ses sites [2]. Ces initiatives, qui ont montré les faiblesses du régime, ont poussé le Conseil de sécurité à s'investir davantage. Dès 1992, celui-ci établit un lien explicite entre non-prolifération

1. Texte *in AFDI* 1995. 182.
2. V. A.-S. Millet-Devalle, Non-prolifération nucléaire : le régime de non-prolifération, mouvements d'ensemble et mouvements partiels, *RGDIP* 2007. 435-448.

et maintien de la paix [1]. En 1995, il adopte la résolution 984 relative aux garanties de sécurité accordées par les puissances nucléaires aux États dépourvus d'armes atomiques, parties au TNP. Tout État partie non doté de l'arme nucléaire pourra appeler immédiatement l'attention du Conseil de sécurité en cas d'agression à son encontre. Le Conseil pourra alors envisager la prise de mesures urgentes afin de fournir, conformément à la Charte, une assistance à l'État victime. Les États membres permanents s'engagent aussi à obtenir du Conseil une telle assistance. En 2004, qualifiant la prolifération de menace contre la paix, le Conseil adopte dans sa résolution 1540 une série de mesures de nature réglementaire, destinées à renforcer les règles et les procédures nationales de lutte contre la prolifération et l'acquisition de matières fissibles par des entités non-étatiques, et met en place un comité chargé d'en contrôler le respect (*GTDIP* n° 50). En 2009, le Conseil vote la résolution 1887 qui apparaît comme une véritable « charte » de la non-prolifération (Ph. Weckel) (*GTDIP* n° 51). Il affirme notamment sa responsabilité principale en la matière. Il souligne aussi que toute situation de non-respect des obligations en matière de non-prolifération doit être portée à son attention, de manière à ce qu'il puisse apprécier si cette situation constitue une menace pour la paix et la sécurité internationales et adopter les mesures permettant d'y remédier. En pratique, ce lien entre non-prolifération et maintien de la paix a permis au Conseil de sécurité d'adopter depuis des sanctions (embargo et gel d'avoirs) à l'encontre de l'Iran et de la Corée du Nord, qui sont d'autant plus remarquables que cette dernière a dénoncé le TNP en 2003. Il lui a permis, ce faisant, d'exercer une pression constante sur l'Iran qui a abouti le 14 juillet 2015 à la conclusion d'un accord historique, un « plan d'action », entre cet État, d'une part, et les États-Unis, la Russie, la Chine, la France, le Royaume-Uni et l'Allemagne, d'autre part. Cet accord, qui dans la forme ressemble à un traité de paix, établit un équilibre remarquable entre contrôle et vérification du respect des exigences substantielles du TNP par l'Iran et facilitation de l'acquisition par cet État du nucléaire civil. L'accord prévoit une levée progressive des sanctions à l'encontre de l'Iran en contrepartie des progrès réalisés par lui pour se plier aux exigences convenues dans le plan d'action. Il en confie la réalisation au Conseil de sécurité, lequel a entériné l'accord dans sa résolution 2231 du 20 juillet 2015 (*GTDIP* n° 53).

e) Les armes classiques ont, par comparaison avec les précédentes, suscité un moindre intérêt des États pour une réglementation internationale. Si les États coopèrent de longue date pour le contrôle des exportations d'armements, ils se sont montrés longtemps réticents à inscrire leur pratique dans un cadre conventionnel stricte et à dépasser, sur le plan normatif, les règles du droit humanitaire qui peuvent encadrer leurs utilisations. Une évolution semble toutefois avoir été amorcée il y a quelques années, à l'échelle régionale d'abord, avec la conclusion, le 30 avril 2010, de la convention de Kinshasa sur le contrôle des armes légères et de petit

1. V. la déclaration du Conseil de sécurité du 31 janv. 1992.

calibre en Afrique centrale (v. *supra*). Au niveau universel une avancée importante a été réalisée ensuite avec l'adoption par l'Assemblée générale des Nations Unies, le 2 avril 2013, du Traité sur le commerce des armes (*GTDIP* n° 52). Souhaité par de nombreuses ONG œuvrant pour la paix, négocié pendant plusieurs années sous l'égide de l'organe plénier de l'ONU, ce texte a pour objectif d'éliminer le commerce illicite d'armes classiques en empêchant leur détournement à des fins illicites et/ou criminelles. Il oblige chaque partie à se doter d'un mécanisme de contrôle des exportations et importations d'armes et à évaluer, avant toute transaction, si les armes vendues risquent d'être utilisées pour contourner un embargo international ou commettre un crime international (génocide, crime contre l'humanité, crime de guerre), des attaques contre des civils ou des biens de caractère civil ou des actes terroristes. Si l'évaluation fait ressortir l'existence d'un risque « prépondérant » d'utilisation des armes à de telles fins, la transaction doit être interdite par l'État d'exportation qui pourrait, sinon, engager sa responsabilité internationale. L'application du traité sera réalisée sous le contrôle d'un secrétariat institué spécialement, auquel les États devront faire rapport périodiquement sur les mesures prises par eux pour mettre en œuvre leurs obligations. Le traité sur le commerce des armes est entré en vigueur le 24 décembre 2014 ; il était ratifié par 82 États en mai 2016 [1].

591 ***Démilitarisation par zones*** ◊ À côté de l'interdiction ou de la réglementation par type d'armes, certaines zones ont été dotées d'un statut spécial de démilitarisation. C'est en premier lieu le cas de l'Antarctique sur la base du traité de Washington du 1er décembre 1959 dont le paragraphe 1er dispose que « seules les activités pacifiques sont autorisées dans l'Antarctique ».

Ce traité a servi de modèle notamment pour la démilitarisation de l'espace extra-atmosphérique. Le traité du 27 janvier 1967 sur l'Espace dispose que les États parties « s'engagent à ne mettre sur orbite autour de la terre aucun objet porteur d'arme nucléaire ou de tout autre type d'arme de destruction massive, à ne pas installer de telles armes sur des corps célestes et à ne pas placer de telles armes de toute autre manière dans l'espace atmosphérique ». On interprète généralement cette disposition en concluant que les satellites non nucléaires exerçant certaines fonctions militaires ou même que les armes antisatellites non nucléaires ne sont pas prohibés en droit. Les satellites d'observation militaire sont quant à eux autorisés, notamment parce qu'ils permettent de faciliter la vérification du respect des accords de désarmement du type SALT I et II. Les dispositions du

1. Sur ce traité, v. Simonet (L.), *Le traité sur le commerce des armes. Genèse, analyse, enjeux et perspectives du premier instrument juridique consacré à la réglementation des transferts internationaux d'armes conventionnelles*, Paris, Pedone, 2015, 220 p., et A. Biad, « Le traité sur le commerce des armes classiques : entre accord de maîtrise des armements et instrument à dimension humanitaire », *AFDI* 2014. 195-215.

traité de 1967 ont été complétées par celles de l'accord du 5 décembre 1979, adopté, comme le précédent, dans le cadre des Nations Unies et consacré plus particulièrement aux activités des États sur la lune et les autres corps célestes. L'article 3 alinéa 3 de ce traité interdit de mettre sur orbite autour de la lune ou sur une autre trajectoire en direction ou autour de la lune, tout objet porteur d'armes nucléaires ou de tout autre type d'arme de destruction massive. Il est de même interdit de placer ou d'utiliser de telles armes à la surface ou dans le sol de notre satellite. L'initiative de défense stratégique prise par le président Reagan avait relancé la controverse entre les États-Unis et l'Union soviétique sur l'interprétation des dispositions de ces accords et en particulier du traité de 1967, comme du traité ABM du 26 mai 1972 qui interdit le développement, l'expérimentation et le déploiement des armes antimissiles dans l'espace.

Le fond des mers et des océans est également démilitarisé par les dispositions du traité du 11 février 1971. Il interdit d'y placer des armes nucléaires ou de destruction massive ainsi que des constructions destinées au stockage, aux essais ou à l'utilisation de telles armes. Ces limitations ne concernent cependant pas la mer territoriale adjacente aux côtes jusqu'à une distance de 12 milles marins.

Certaines régions sont également dénucléarisées. C'est en premier lieu le cas de l'Amérique du Sud sur la base du traité de Tlatelolco du 14 février 1967 interdisant la dissémination des armes nucléaires et organisant le contrôle par l'intermédiaire d'un organisme (OPANAL) chargé de vérifier que les explosions à des fins pacifiques ne sont pas détournées de leur but. Le traité de Tlatelolco est complété par deux protocoles additionnels concernant respectivement les territoires latino-américains relevant de puissances extérieures à l'Amérique Latine, ce qui vise directement la Guyane française et les garanties données par les puissances nucléaires. La France est partie à l'un comme à l'autre de ces instruments. La zone du Pacifique Sud est également promise à la dénucléarisation par l'accord approuvé le 6 août 1985 par l'Australie, la Nouvelle-Zélande et les petits États insulaires qui les entourent. Il s'agit du traité de Rarotonga. Comme le traité de Tlatelolco, ce dernier a servi de modèle à deux autres conventions, dont l'objet est également la dénucléarisation par zone. Le premier est le traité de Bangkok, du 15 décembre 1995. Il est entré en vigueur le 27 mars 1997. Il vise la région de l'Asie du Sud-Est. Le second est le traité de Pelindaba, signé au Caire le 11 avril 1996 et entré en vigueur le 15 juillet 2009. Ces traités n'atteindront leur pleine efficacité que si les États tiers possesseurs de l'arme nucléaire acceptent, par le biais de l'adoption des protocoles qui leur sont annexés, d'appliquer les dispositions fondamentales du traité à tous les territoires de la zone considérée placés sous leur juridiction. Les puissances nucléaires ont longtemps contesté qu'il puisse exister un droit des États de la zone à obtenir des garanties. Ils ont par ailleurs toujours manifesté leur attachement à la liberté de circulation, particulièrement dans les zones de haute mer, liberté au demeurant explicitement reconnue dans chacun des deux traités. Cependant, les conditions nouvelles créées par l'adoption du traité d'interdiction complète des essais nucléaires (v. ss 590) ont permis la ratification par les puissances nucléaires des protocoles du traité de Rarotonga et, sans doute, dans l'avenir, de ceux des traités de Bangkok et de Pelindaba.

La dénucléarisation dans l'ensemble de ces zones est placée sous contrôle international, notamment celui de l'AIEA et des organes constitués par chacun des traités, lesquels établissent à la charge des États parties le devoir périodique de faire rapport sur les conditions d'exécution de leurs obligations mais aussi le droit de porter plainte auprès des organes compétents à l'encontre d'un autre État partie, pour violation alléguée des obligations conventionnelles ; ceci déclenche une procédure d'informations et pourra même provoquer une inspection sur place [1].

§ 2. Hétérogénéité des résultats

592 ***Constats*** ◊ Il est extrêmement malaisé de faire un bilan d'ensemble et, *a fortiori*, de tirer des enseignements de portée générale de la masse à la fois complexe, hétérogène et, à certains égards, confuse des accords conclus et des négociations en cours en fait de désarmement. D'un traité à l'autre, d'un cadre de négociation à l'autre, les concepts, les techniques de coopération, la nature des engagements, varient trop pour qu'on puisse dégager des principes généraux.

À l'heure actuelle, plus de quarante ans après la conclusion du traité sur la non-prolifération des armes nucléaires (1968, *GTDIP* n° 47), un problème particulièrement épineux est posé par les dangers accrus de dispersion des armements nucléaires en dépit du nombre très important des États ayant ratifié le traité de 1968 qui accorde des pouvoirs de contrôle non négligeables à l'AIEA sur les sites nucléaires afin de s'assurer de leur utilisation à des fins strictement pacifiques. On sait cependant qu'un certain nombre d'États parvenus à la maîtrise de la technologie nucléaire sont d'ores et déjà à même d'utiliser les armes de destruction massive, notamment à l'échelle régionale comme l'ont prouvé les essais indiens et pakistanais du printemps 1998 ou les essais nord-coréen de 2006 et 2009. La dispersion des armements ne concerne d'ailleurs pas seulement les armes nucléaires. La possession par certains États en développement de missiles à courte et moyenne portée les rend tout à fait à même de frapper leur adversaire en utilisant des armes chimiques et bactériologiques. En dépit des efforts accomplis dans le cadre des rapports Est-Ouest et des résultats qu'on peut en attendre, la négociation sur le désarmement constituera donc dans les prochaines décennies un enjeu d'une importance particulière.

---

1. V. S. Szurek, De Rarotonga à Bangkok et Pelindaba, *AFDI* 1996. 164-186.

593 ***Vérification*** [1] ◊ S'il est malgré tout un point de référence et un problème commun à la plus grande partie des négociations comme des accords relatifs au désarmement, c'est bien celui de la vérification du respect des obligations souscrites par les États parties à ces divers instruments. On a déjà noté les efforts particuliers qui ont été faits à propos des armes chimiques et bactériologiques dans le cadre des Nations Unies ; remarquable est sur la base de la résolution 37/98 D (1982) le pouvoir d'enquête conféré au Secrétaire général des Nations Unies sur toutes les informations relatives à l'usage d'armes prohibées qui pourraient être portées à son attention par un État membre. Quoique la réalisation de telles enquêtes soit soumise à bien des conditions et en particulier à l'acceptation par les États membres de désigner préalablement les experts et les laboratoires susceptibles de les mener, il faut constater que la résolution précitée reconnaît un intérêt universel à l'action en faveur du déclenchement de telles procédures. On retrouve ainsi dans ce domaine précis une tendance à la globalisation des droits comme à l'affirmation du caractère objectif des intérêts juridiques ainsi en cause, tendance que l'on avait notée dans des domaines bien différents (v. ss 409).

Il n'est sans doute pas abusif de considérer que le pouvoir d'enquête ainsi reconnu au Secrétaire général dans le domaine du contrôle de l'application des protocoles de 1925 relatifs aux armes chimiques et bactériologiques est conçu comme une sorte d'action d'*ordre public*. Pour se rattacher à certaines des évolutions les plus novatrices de l'ordre international, cette tendance demeure néanmoins en accord avec certains des présupposés sur lesquels est établi le système de la sécurité collective (v. ss 559).

L'affinement et le développement des techniques de vérification se retrouvaient à propos d'un accord tout à fait différent puisqu'il s'inscrit dans un cadre étroitement bilatéral, le traité américano-soviétique de Washington relatif à l'interdiction des euromissiles ou missiles à portée intermédiaire (1987). À l'inverse de ce qui était prévu dans le cadre de la résolution de 1982, il ne s'agissait pas ici de confier à un organe international un pouvoir d'enquête susceptible d'être déclenché par tous les États membres mais d'instaurer une diversité de procédures de vérification réciproque menée à l'égard de l'autre Partie par chacun des deux cocontractants.

Pendant les quinze premières années consécutives à la fin du second conflit mondial, le problème de la vérification avait constitué un obstacle insurmontable pour l'entreprise du désarmement. À partir des années 1960, et jusqu'à la crise qui a suivi l'échec de l'accord SALT II, période correspondant à la politique dite de « maîtrise des armements », ce sont essentiellement les satellites lancés individuellement par chacune des Superpuissances qui ont permis d'obtenir des informations que les

1. V. S. Sur, Une approche juridique de la vérification en matière de désarmement ou de limitation des armements, *in Guy Ladreit de Lacharrière et la politique juridique extérieure*, Paris, Masson, 1989, p. 324-369 ; UNIDIR, La vérification des accords sur le désarmement et la limitation des armements : moyens, méthodes et pratiques, Nations Unies, 1991 ; D. Den Dekker, *The Law of Arms Control. International Supervision and Enforcement*, La Haye, MNP, 2001, 404 p.

parties jugeaient adaptées au cadre des accords conclus, tout en respectant la souveraineté territoriale des États.

Depuis le début des années 1980, ainsi que le note Serge Sur, une troisième phase a été amorcée, qui met à nouveau l'accent sur la nécessité de « procédures intrusives ». Le traité de Washington précité comportait à cet égard une innovation radicale en prévoyant l'inspection *in situ*, c'est-à-dire sur le lieu même des installations et par conséquent à l'intérieur du territoire de chacune des deux parties. L'inspection sur place est réglementée de façon détaillée sur la base de l'article XI du traité ainsi que du protocole concernant les inspections classées en six catégories distinctes. Les moyens techniques nationaux (satellites de télédétection) jouent un rôle complémentaire mais néanmoins important. Le principe de l'inspection sur place adopté dans cet accord a été reconduit, entre autres moyens de vérification, dans le traité START de 1991. Il n'est plus considéré, notamment par la Russie, qu'il s'agit là d'une atteinte territoriale et à la sécurité nationale.

La Convention de 1993 sur l'interdiction des armes chimiques (v. ss 590) est souvent désignée comme un modèle à cet égard [1] : le système de contrôle institué repose sur l'obligation, déjà signalée, qui est faite aux États membres de déclarer les stocks d'armes chimiques dont ils ont la responsabilité, à un titre ou un autre. Le contrôle de ces déclarations est assuré par des vérifications systématiques au moyen d'inspections sur place, effectuées par des inspecteurs désignés par l'organisation que la convention institue. La sévérité des vérifications dépend de la classification des armes, établie en fonction de leur dangerosité. La destruction des armes chimiques, qui doit intervenir dans les dix ans suivant l'entrée en vigueur de la convention, est également soumise à vérification. De plus, à l'initiative des États parties, d'autres contrôles peuvent être déclenchés afin de régler « toute question qui susciterait un doute quant au respect de la convention ». L'État mis en cause doit très rapidement (10 jours) fournir les informations demandées ; il en suivra, si nécessaire, intervention du Conseil exécutif de l'organisation, lequel pourra demander la convocation d'une session spéciale de la Conférence des parties. Enfin, également à l'initiative d'une Partie suspectant une violation substantielle de la convention, une inspection sur place par mise en demeure et *sans autorisation préalable de l'État inspecté* pourra être décidée. Sur base des conclusions de l'équipe d'inspection, le Conseil exécutif pourra alors prendre toutes mesures qu'il jugera appropriées. Or, il est important de constater que cette extension novatrice des pouvoirs de contrôle par l'organisation se double d'une compétence de *sanction*, elle aussi sans véritable précédent en matière de désarmement.

Confrontée à un constat de violation, la Conférence des parties peut ordonner à l'encontre de l'État en infraction avec la convention la

1. V. J. Clerckx, *La vérification de l'élimination de l'arme chimique. Essai d'analyse et d'évaluation de la convention de Paris du 13 janvier 1993*, LGDJ, Public. de l'Université de Rouen, 2001, 307 p.

restriction ou la suspension des droits et privilèges dont ce dernier jouit en sa qualité de membre de l'organisation créée par la même convention. La Conférence peut également ordonner des « mesures collectives, conformément au droit international », ce qui lui laisse une grande latitude quant au choix de contre-mesures collectives. Le même organe peut également, « si la situation est particulièrement grave et urgente » saisir l'Assemblée générale et le Conseil de sécurité de l'ONU (art. 8 § 36).

On est donc en présence d'un système international de contrôle particulièrement avancé, appuyé, qui plus est, sur un régime de responsabilité institutionnalisé à mettre en relation avec des tendances du même type apparues dans d'autres domaines du droit international, comme celui de la protection de la couche d'ozone (v. ss 691 et, d'une façon plus générale, v. ss 509 s.). La spécificité absolue de la convention sur les armes chimiques vient cependant du caractère authentiquement inquisitorial des pouvoirs de contrôle dont sont investis les organes constitués pour veiller à son application.

C'est sans doute dans le domaine de la vérification que le droit du désarmement est porteur de facteurs d'évolution intéressant l'ensemble du système international.

594 *Indications bibliographiques complémentaires* ◊

1) Le règlement pacifique des différends

Abi-Saab (G.), De l'évolution de la Cour internationale. Réflexions sur quelques tendances récentes (*RGDIP*, 1992/2, vol. 96, p. 273-298) ; Alexandrov (S.), *Reservations in Unilateral Declarations Accepting the Compulsory Jurisdiction of the International Court of Justice* (Dordrecht, MNP, 1995, 176 p.) ; Bardonnet (D.) (dir.), *Le règlement pacifique des différends internationaux en Europe. Perspectives d'avenir. (Colloque de l'Académie de droit international de La Haye, 6-8 septembre 1990)* (Dordrecht, MNP, 1991, 688 p.) ; Bardonnet (D.), Quelques observations sur le recours au règlement juridictionnel des différends interétatiques, *in Mélanges Skubiszewski* (La Haye, Kluwer, 1996, p. 737-752) ; Bell (C.), Peace Agreements : Their Nature and Legal Status (*AJIL*, 2006/2, p. 373-412) ; Ben Achour (R.) et Laghmani (S.) (dir.), *Justice et juridictions internationales, colloque de Tunis* (Paris, Pedone, 2000, 336 p.) ; Benouna (M.), La création d'une juridiction pénale internationale et la souveraineté des États (*AFDI*, vol. 36, 1990, p. 299-306) ; Boisson de Chazournes (L.), Sands (Ph.), *International Law, the International Court of Justice and Nuclear Weapons* (Cambridge University. Press, 1999, 592 p.) ; Boisson de Chazournes (L.), Kohen (M.) et Vinuales (J.) (dir.), *Diplomatic and Judicial Means of Dispute Settlement* (Leiden/Boston, MNP, 2013, 337 p.) ; Bowett (D.) et al., The International Court of Justice Efficiency of Procedures and Working Methods (*ICLQ* 1996/1, Supplément, 35 p.) ; Brus (M.), Muller (S.), Wiemers (S.) (dir.), *The United Nations Decade of International Law. Reflections on International Dispute Settlements* (Dordrecht, MNP, 1991, 168 p.) ; Burton (J.W.), *Conflict : Resolution and Prevention* (Londres, Macmillan, 1990, 295 p.) ; Caflisch (L.), L'avenir de l'arbitrage interétatique (*AFDI* 1979. 9-45) ; Caflisch (L.), Valeur et effet des déclarations faites par les juges ou arbitres internationaux, *in Mélanges Jimenez de Aréchaga* (Montevideo, FCU, 1995, p. 1159-1180) ; Charney (J.), The Implications of Expanding International Dispute Settelment Systems : The 1982 Convention on the Law of the Sea (*AJIL*

1996/1, p. 69-75) ; Charney (J.), Is International Law Threatened by Multiple International Tribunals ? (*RCADI*, 1998, vol. 271, p. 101-382) ; Cocatre-Zilgien (A.), Justice internationale facultative et justice internationale obligatoire (*RGDIP* 1976. 689-737) ; Constantopoulos (dir.) *Pacific Settlement of Disputes* (Salonique, Institut de droit international public, 1991, 622 p.) ; L.F.Damrosch (dir.), *The International Court of Justice at a Crossroads* (Dobbs Ferry, N.Y. Transnational Publishers, 1987, 511 p.) ; Daniele (L.), L'ordonnance sur la demande d'examen de la situation dans l'affaire des essais nucléaires et le pouvoir de la CIJ de régler sa propre procédure (*RGDIP*, 1996/3, p. 653-671) ; Decaux (E.), et Sicilianos (L.A.) (dir.), *La CSCE : dimension humaine et règlement des différends* (Paris, Montchrestien, 1993, 284 p.) ; Économides (K.), La déclaration de Manille sur le règlement des différends internationaux (*AFDI* 1982. 613-633) ; Eiriksson (G.) The International Tribunal for the Law of the Sea (La Haye, MNP, 2000, 387 p.) ; Eyffinger (A.), *The International Court of Justice 1946-1996* (La Haye, Kluwer, 1996, 428 p.) ; François (J.P.A.), La Convention européenne pour le règlement pacifique des différends (29 avril 1957) (*AE* 1958. 54-66) ; Gautier (Ph.) La procédure devant le Tribunal international du droit de la mer (s*Espaces et ressources maritimes*, 1998, n° 12, p. 24-43) ; Gross (L.), *The Future of the International Court of Justice*, (New York/Dobbs Ferry, Oceana publication Inc, 1976, 2 volumes, 862 p.) ; Hallström (P.), *The GATT Panels and the Formation of International Trade Law* (Stockholm, Juristförlaget, 1994, 259 p.) ; Janis (M.W.), *International Court for the Twenty-First Century* (Dordrecht, MNP, 1992, 272 p.) ; Jennings (R.), The International Court of Justice After Fifty Years (*AJIL*, 1995/3, p. 493-505) ; Jennings (R.), The Internal Judicial Practice of the International Court of Justice (*BYBIL* 1988, vol. 59, p. 31-47) ; Jimenez de Arechaga (E.), The Work and the Jurisprudence of the International Court of Justice, 1947-1986 (*BYBIL* 1987, vol. 58, p. 1-38) ; Jiri Malenovsky, L'indépendance des juges internationaux (*RCADI*, vol.349, p. 9-276) ; Jouannet (E.), Le juge international face aux problèmes d'incohérence et d'instabilité du droit international. Quelques réflexions à propos de l'arrêt CIJ du 6 novembre 2003, affaire des Plates-formes pétrolières (*RGDIP*, 2004/4, n° 4, p. 917-948) ; Lachs (M.), La CIJ dans le monde d'aujourd'hui (*RBDI*, 1975/2, p. 548-561) ; Lauterpacht (E.), The Judicial and the Meta-Judicial *in* International Law, *in Mélanges Skubiszewski* (La Haye, Kluwer, 1996, p. 215-235) ; Lauterpacht (E.), *Aspects of the Administration of International Justice*, Hersch Lauterpacht memorial lectures, vol. IX (Cambridge, Grotius Publications Ltd, 1991, 166 p.) ; Leben (Ch.), La mise en place de la Cour de conciliation et d'arbitrage au sein de l'OSCE (*RGDIP*, 1996/1, p. 135-148) ; Leben (Ch.), La juridiction internationale (*Revue Droit* n° 9, 1989, p. 143-155) ; Marion (L.) La saisine de la CIJ par voie de compromis (*RGDIP*, 1995/2, p. 257-300) ; Mc Whinney (E.), Judicial Settlement of Disputes Jurisdiction and Justiciability (*RCADI*, 1990/II, vol. 221, p. 9-194) ; Merrills (J.G.), *International Dispute Settlement*, 4e ed., (Cambridge, Grotius Publications Ltd, 2005, 387 p. ; Merrills (J.G.), Interim Measures of Protection *in* the Recent Jurisprudence of the ICJ (*ICLQ*, 1995/1, p. 90-146) ; Muller (A.S.), RAIC (D.) (dir.), *The International Court of Justice. Its Future Role After Fifty Years* (La Haye, MNP, 1996, 433 p.) ; Oda (S.), The International Court of Justice Viewed from the Bench (1976-1993) (*RCADI*, 1993, VII, t. 244, p. 9-190) ; Oda (S.), The Compulsory Jurisdiction of the International Court of Justice : A Myth ? (*ICLQ*, 2000/2, p. 251-277) ; ONU, La procédure arbitrale, Rapports et travaux de la CDI, rapports de G. Scelle (1950-1958), *Ann. CDI* ; Pazartzis (P.), *Les engagements internationaux en matière de règlement pacifique des différends entre États* (Paris, LGDJ, 1992, 349 p.) ; Pellet (A.), Le glaive et la balance. Remarques sur le rôle de la CIJ en matière de maintien de la paix et de la sécurité internationales, *in International Law at a Time of*

Perplexity. Essays in Honor of Sh. Rosenne (Dordrecht, MNP, 1989, p. 539-566) ; Politis (N.), L'avenir de la médiation (*RGDIP* 1910. 136-163) ; Quéneudec (J.-P.), E.T. à la CIJ : méditation d'un extra-terrestre sur deux avis consultatifs (*RGDIP*, 1996/4, p. 907-914) ; Reuter (P.), Les modes de solution des conflits internationaux, Cours de Doctorat (Paris, Les cours de droit-Doctorat, 1957-58, 370 p.) ; Rolin (H.), La conciliation internationale (Rapporteur), *Annuaire de l'IDI., Session de Neuchâtel*, (vol. 48/I, p. 5-130, Rapport définitif), (Bâle, Éd. juridiques et sociologiques S.A., 1959) ; Rosenne (S.), The World Court. What it is and How it Works, 6e completely revised ed., Leyden, MNP, 2003, 332 p. ; Rosenne (S.), Article 59 of the Statute of the ICJ, *in Mélanges Jimenez de Aréchaga* (Montevideo, FCU, 1995, p. 1129-1158). ; Rosenne (S.), Establishing the International Tribunal for the Law of the Sea (*AJIL* 1995/4, p. 806-814) ; Rosenne (S.), Controlling Interlocutory Aspects of Proceedings *in* the International Court of Justice (*AJIL*, 2000/2, p. 307-317) ; Ruiz-Fabri (H.), La Conférence de sécurité et de coopération européenne et le règlement des différends : l'élaboration d'une méthode (*AFDI*, vol. 37, 1991, p. 297-314) ; Salerno (F.), La demande reconventionnelle dans la procédure de la Cour internationale de Justice (*RGDIP*, 1999/2, p. 329-378) ; Szurek (S.), La composition des juridictions internationales permanentes : de nouvelles exigences de qualité et de représentativité (*AFDI* 2010. 41-78) ; Thirlway (H.), The Law and Procedure of the International Court of Justice, 1960-1989, part six (*BYBIL* 1994. 1-102) ; Thirlway (H.), The Law and Procedure of the International Court of Justice (*BYBIL* 1998. 1-83) ; Thirlway (H.), The Law and Procedure of the International Court of Justice (*BYBIL* 1999. 1-63) ; Umbricht (V.), Principles of International Mediation. The case of the East African Community (*RCADI*, 1984/IV, vol. 187, p. 307-390) ; Umbricht (V.), Une expérience de médiation : le cas de l'ancienne communauté de l'Afrique orientale (*AFDI* 1984. 129-159) ; Yasseen (M.K.) (Rapporteur), Les commissions internationales d'enquête (Rapporteur-rapport final), *Annuaire de l'IDI., Session de Cambridge*, (rapport final, vol. 60/II, p. 313-386), (Paris, Pedone, 1984).

2) L'éviction du recours à la force et la sécurité collective

Alexandrov (S.), Self-Defence Against the Use of Force *in* International Law (La Haye, Kluwer, 1996, 359 p.) ; Albaret (M.), Decaux (E.) et a., *Les grandes résolutions du Conseil de sécurité des Nations Unies* (Paris, Dalloz, 2012, 613 p.) ; American Society of International Law, Implementing Limitations on the Use of force : The Doctrine of Proportionnality and Necessity. Comptes rendus de la 86e session, Washington April 1-4 1992, Washington, 1992, p. 39-69 ; Asrat (B.), Prohibition of Force Under the UN Charter : A Study of Art. 2 (4) (Uppsal, lustus Förlag, 1991, 275 p.) ; Bermejo (R.), *El marco jurídico internacional en materia de uso de la fuerza : ambigüedades y limites* (Madrid, Ed. Civitas, 1993, 422 p.) ; Brownlie (I.), *International Law and the Use of Force by States* (Oxford, Clarendon Press, 1963, 532 p.) ; Brus (M.), Muller (S.), Wiemers (S.) (dir.), *The United Nations Decade of International Law. Reflections on International Dispute Settlement* (Dordrecht, MNP, 1991, 160 p.) ; Calogeropoulos-Stratis (S.), *Le recours à la force dans la société internationale* (Paris, LGDJ, 1986, 191 p.) ; Cannizzaro (E.), Entités non-étatiques et régimes international de l'emploi de la force – une étude sur le cas de la réaction israélienne au Liban (*RGDIP*, 2007/2, p. 333-354) ; Cassese (A.) (dir.), *United Nations Peace-Keeping. Legal Essays* (Alphen aan den Rijn, A.W. Sijthoff, 1978, 255 p.) ; Cassese (A.), *The Current Legal Regulation of the Use of Force* (Dordrecht, MNP, 1986, 536 p.) ; Chetail (V.) (dir.), *Lexique de la consolidation de la paix* (Bruxelles, Bruylant, 2009, 574 p.) ; Christakis (T.), *L'ONU, le chapitre VII et la crise yougoslave* (Paris, Montchrestien, Coll. Perspectives internationales

CERDIN, 1996, 231 p.) ; Corten (O.), The Controversies Over the Customary Prohibition on the Use of Force : A Methodological Debate (*JEDI/EJIL*, 2005/5, p. 803-822) ; Denis (C.), *Le pouvoir normatif du Conseil de sécurité des Nations Unies : portée et limites* (Bruxelles, Bruylant, 2004, 408 p.) ; Flory (M.), L'ONU et les opérations de maintien de la paix (*AFDI* 1965. 446-468) ; Forteau (M.), La levée et la suspension des sanctions internationales (*AFDI* 2005. 57-84) ; Franck (T.), The Secretary-General's Role *in* Conflict Resolution : Past, Present and Pure Conjecture (*EJIL/JEDI*, 1995/3, p. 360-387) ; Glennon (M. J.) et Sur (S.) (dir.), *Terrorisme et droit international* (Martinus Nijhoff Publ., 2008, 813 p.) ; Guérin (X.), L'ONU, l'OTAN et le maintien de la paix (*AFDI* 1994. 171-175) ; Gray (Ch), *International Law and the Use of Force*, 3e éd. (Oxford University Press, 2008, 455 p.) ; Higgins (R.), Peace and Security. Achievements and Failures (*EJIL/JEDI*, 1995/3, p. 425-445) ; Jimenez de Aréchaga (E.), Le traitement des différends internationaux par le Conseil de sécurité (*RCADI*, 1954/I, vol. 85, p. 1-105) ; Kamto (M.), *L'agression en droit international* (Paris, Pedone, 2010, 464 p.) ; Kalpiris (E.) (dir.), *Les sanctions des Nations Unies dans le conflit de l'ex-Yougoslavie, La coopération OSCE/Union européenne* (Bruxelles/Paris, Bruylant/LGDJ, 1995, 191 p.) ; Kamto (M.), Le rôle des « accords et organismes régionaux » en matière de maintien de la paix et de la sécurité internationales à la lumière de la Charte des Nations Unies et de la pratique internationale (*RGDIP*, 2007/4, p. 771-802) ; Karaosmanoglu (A.L.), *Les actions militaires coercitives et non coercitives des Nations Unies* (Genève, Libr. Droz, 1970, 323 p.) ; Kerbrat (Y.), *La référence au chapitre VII de la Charte des Nations Unies dans les résolutions à caractère humanitaire du Conseil de sécurité* (Paris, LGDJ, 1995, travaux et recherches de l'université de Paris 2, 120 p.) ; Kolb (R.), *Ius contra bellum, précis de droit international relatif au maintien de la paix* (Bâle/Bruxelles, Helbing & Lichtenhahn/Bruylant, 2003, 313 p.) ; Kretzmer (D.), Targeted Killing of Suspected Terrorists : Extra-Judicial Executions or Legitimate Means of Defence ? (*JEDI/EJIL*, 2005/2, p. 171-212) ; Moore (J.M.), *Crisis in the Gulf : Enforcing the Rule of Law* (N.Y. Oceana Publications, 1992, 677 p.) ; Mouton (J.-D.) La crise rwandaise de 1994 et les Nations Unies (*AFDI* 1994. 214-242) ; Murphy (J.E.), *The United Nations and the Control of International Violence. A Legal and Political Analysis* (Manchester, Manchester University Press, 1982, 212 p.) ; The Asil, Implementing Limitations on the Use of force : The Doctrine of Proportionnality and Necessity (comptes rendus de la 86e session, Washington April 1-4 1992) (Washington, 1992, p. 39-69) ; Murphy (S.D.), Self-Defense and the Israeli Wall Advisory Opinion (*AJIL*, 2005/1, p. 62-76) ; Ochoa-Ruiz (N.) and Salamanca-Aguado (E.), Exploring the Limits of International Law relating to the Use of Force *in* Self-Defence (*JEDI/EJIL*, 2005/3, p. 499-524) ; Ratner (S.), Image and Reality *in* the UN's Peaceful Settlement of Disputes (*JEDI/EJIL* 1995/3, p. 426-444) ; Reisman (W.M.), Armstrong (A.), The Past and Future of the Claim of Preemptive Self-Defense (*AJIL*, 2006/3, p. 525-550) ; Ronzitti (N.), Le droit humanitaire applicable aux conflits armés en mer (*RCADI* 1993, V, t. 242, p. 1-96) ; Sicilianos (L.-A.), Entre multilatéralisme et unilatéralisme : l'autorisation par le Conseil de sécurité de recourir à la force (*RCADI*, 2008, vol. 339, p. 9-436) ; Sloan (J.), The Dayton Peace Agreement : Human Righs Guarantees and their Implementation (*EJIL/JEDI* 1996/2, p. 207-226) ; Szurek (S.), La lutte internationale contre le terrorisme sous l'empire du chapitre VII : un laboratoire normatif (*RGDIP*, 2005/1, p. 5-49) ; Light (T.), Treatment of a Complex Problem : The Law of Self-Defence *in* the Wall Case (EJIL, 2005/5, p. 963-978) ; Tavernier (P.), Les casques bleus (Paris, PUF, 1996, Que sais-je ? n° 3169, n° 3169, 128 p.) ; Torrelli (M.), Les zones de sécurité (*RGDIP*, 1995/4, p. 787-848) ; Tournaye (C.),

Kelsen et la sécurité collective (Paris, LGDJ, travaux et recherches de l'Université Paris 2, 1995, 121 p.) ; UNITAR, *Role of the United Nations in Settlement of International Disputes* (Dobbs Ferry/New York, Oceana Publication, 1977, 500 p.) ; UNITAR, *The United Nations and the Maintenance of International Peace and Security* (Dordrecht, MNP/UNITAR, 1987, 452 p.) ; Waldock (C.H.M.), The Regulation of the Use of Force by Individual States *in* International Law (*RCADI*, 1952/II, vol. 81, p. 451-517) ; Warner (D.) (dir.), *New Dimensions of Peacekeeping* (La Haye, MNP, 1995, 210 p.) ; Weckel (P.), Le Conseil de sécurité des Nations Unies et l'arme nucléaire (*AFDI* 2006. 178-197) ; Wengler (W.), L'interdiction de recourir à la force. Problèmes et tendances (RBDI, 1971/2, p. 401-450) ; White (N.D.), *The United Nations and the Maintenance of the International Peace and Security* (Manchester, Manchester University Press, 1990, 240 p.) ; Wilson (H.A.), International *Law and the Use of Force by National Liberation Movements* (Oxford, Clarendon Press, 1988, 209 p.).

3) La réglementation du recours à la force (droit de la guerre et droit humanitaire)

Abi-Saab (G.), *Droit humanitaire et conflits internes : origines et évolution de la réglementation internationale* (Paris, Pedone, 1986, 280 p.) ; Abresch (W.), A Human Rights Law of Internal Armed Conflict : The European Court of Human Rights *in* Chechnya (*JEDI/EJIL*, 2005/4, p. 741-767) ; Beigbeder (Y.), *The Role of Status of International Humanitarian Volunteers and Organizations* (Dordrecht, MNP, 1991, 414 p.) ; Bettati (M.), Un droit d'ingérence ? (*RGDIP*, 1991/3, vol. 95, p. 639-670) ; Bettati (M.), *Le droit d'ingérence. Mutation du droit international* (Paris, Odile Jacob, 1996, 384 p.) ; Boustany (K.) et Dormoy (D.), *Génocides* (Bruxelles, Bruylant, 1999, 518 p.) ; Bothe (M.), Macalister-Smith (P.), Kurzidem (T.) (dir.), *National Implementation of International Humanitarian Law* (Dordrecht, MNP, 1990, 286 p.) ; Bretton (Ph.), Remarques sur le *jus in bello* dans la guerre du Golfe (1991) (*AFDI*, vol. 37, 1991, p. 139-164) ; Bretton (Ph.), *Le droit de la guerre* (Paris, A. Colin, 1970, 95 p.) ; Cassese (A.), On the Current Trend Towards Criminal Prosecution and Punishment of Breaches of International Humanitarian Law (*JEDI/EJIL*, 1998/1, p. 2-18) ; Cassese (A.), The Martens Clause : Half a Loaf or Simply Pie *in* the Sky ? (*JEDI/EJIL* 2000/1, p. 187-216) ; Castillo (M.), La compétence du tribunal pour la Yougoslavie (*RGDIP*, 1994/1, p. 67-87) ; Chetail (V.) *La Convention de Genève du 28 juillet 1951*[re]*lative au statut de réfugiés cinquante ans après : bilan et perspectives* (Bruxelles, Bruylant, 2001, 436 p.) ; Chinkin (Ch.), The Yougoslav Crisis : New International Law Issues (*JEDI/EJIL*, 1994/3, p. 326-400) ; Condorelli (L.), Le statut des forces de l'ONU et le droit international humanitaire (*RivDI*, 1995/4, p. 881-906) ; Condorelli (L.) *et al.* (dir.), *Les Nations Unies et le droit international humanitaire, Actes du colloque de Genève* de, *1995* (Paris, Pedone, 1996, 506 p.) ; Crawford (J.) The ILC's Draft Statute for an International Criminal Tribunal (*AJIL*, 1994/1, p. 140-152) ; David (E.), *Principes de droit des conflits armés*, 5e éd. (Bruxelles, Bruylant, 2012, 1152 p. ; Delissen (A.J.M.), Tanja (G.J.) (dir.), *Humanitarian Law of Armed Conflict : Challenges Ahead. Essays in honour of Frits Kalshoven* (Dordrecht, MNP, 1991, 668 p.) ; Dennis (M.J.), Application of Human Rights Treaties Extraterritoriality *in* Times of Armed Conflict and Military Occupation (*AJIL*, 2005/1, p. 119-141) ; Dinstein (Y.), *War, agression and self-defence* (Cambridge, Grotius Publications Ltd, 1988, 292 p.) ; Domestici-Met (M.J.), Aspects récents de l'assistance humanitaire (*AFDI* 1989. 117-148) ; Emmanuelli (C.) (dir.), *Le droit international humanitaire : droit international des conflits armés* (Québec, Université Laval, Centre québécois de relations internationales, 1992, p. 718-960 *in* Études internationales, vol. 23, 1992/4) ; Emmanuelli (C.), *Les actions militaires de l'ONU et le droit international humanitaire* (Montréal, Wilson et Lafleur, 1995, 112 p.) ; Finaud (M.), L'abus de la notion de « combattant illégal » : une atteinte au droit international humanitaire (*RGDIP*, 2006/4, p. 861-890) ; Gill (T.) et Dieter Fleck (DF.), *The Handbook of the International Law of Military Operations* (2e éd., Oxford, Oxford University Press, 2015,743 p.) ; Goodman (R.), Humanitarian Intervention and Pretexts for War (*AJIL*, 2006/1, p. 107-141) ; Green (L.C.), *Essays on the Modern Law of War* (Dobbs Ferry, Transnational Publishers, 1985, 281 p.) ; Greenwood (Ch.) International Humanitarian Law and the Tadic Case (*JEDI/EJIL*, 1996/2, p. 265-283) ; Guellali (A.), *Lex specialis*, droit international humanitaire et droits de l'homme : leur interaction dans les nouveaux conflits armés (*RGDIP*, 2007/3, p. 539-575) ; Haupais (N.), Les obligations de la puissance occupante au regard de la jurisprudence et de la pratique récente (*RGDIP*, 2007/1, p. 117-146) ; Institut français de droit humanitaire, *Le droit international humanitaire. Problèmes actuels et perspectives d'avenir* (Clermont-Ferrand/Bordeaux, IFDH/Les cahiers de droit public, 1987, 173 p.) ; Kolb (R.), *Ius in bello, précis de droit international des conflits armés* (Bâle/Bruxelles, Helbing & Lichtenhahn/Bruylant, 2e éd., 2009, 552 p.) ; Kolb (R.) et Vite (S.), *Le droit de l'occupation militaire. Perspectives historiques et enjeux juridiques actuels*, (Bruxelles, Bruylant, 2009, 482 p.) ; Knoll (B.), From Benchmarking to Final Status ? Kosovo and The Problem of an International Administration's Open-Ended Mandate (*JEDI/EJIL*, 2005/4, p. 637-660) ; Koutroulis (V.), *Le début et la fin de l'application du droit de l'occupation* (Paris, Pedone, 2010, 334 p.) ; Kretzmer (D.), The Advisory Opinion : The Light Treatment of International Humanitarian Law (*AJIL*, 2005/1, p. 88-102) ; Meron (T.), Is International Law Moving towards Criminalization ? (*JEDI/ EJIL* 1998/1, p. 18-32) ; Meron (T.) The Humanization of Humanitarian Law (*AJIL*, 2000/2 p. 239-278) ; Meron (T.), Revival of Customary Law (*AJIL*, 2005/4, p. 817-834) ; Meyrowitz (H.), La guerre du golfe et le droit des conflits armés (*RGDIP*, 1992/3, vol. 96, p. 551-601) ; Mourgeon (J.), L'intervention internationale à titre humanitaire (*JDI*, 1994/3) ; Mubiala (M.), Le tribunal international pour le Rwanda : vraie ou fausse copie du tribunal pénal international pour l'ex-Yougoslavie ? (*RGDIP*, 1995/4, p. 929-954) ; Nahlik (S.), Droit de Genève et droit de La Haye. Unité ou dualité ? (*AFDI* 1978. 9-28) ; Paye (O.), *Sauve qui peut ? Le droit international face aux crises humanitaires* (Bruxelles, Bruylant, 1996, 315 p.) ; Pease (K.K.) et Forsythe (D.P.), Humanitarian Intervention and International Law (*AJPIL*, 1993/1, vol. 45, p. 1-20) ; Pellet (A.), *Droit d'ingérence ou devoir d'assistance humanitaire ?* (Paris, La documentation française, 1995, 133 p.) ; Pellet (A.), Le tribunal criminel international pour l'ex-Yougoslavie. Poudre aux yeux ou avancée décisive ? (*RGDIP*, 1994/1, p. 7-60) ; Pictet (J.), *Les principes du droit international humanitaire* (Genève, CICR, 1966, 63 p.) ; Pictet (J.), *Développements et principes du droit international humanitaire* (Genève/Paris, Institut Henri Dunant/Pedone, 1983, 120 p.) ; Pictet (J.), *Études et essais de droit international humanitaire et de principes de la Croix-Rouge., En l'honneur de Jean Pictet* (Dordrecht/Genève, MNP/Comité international de la Croix-Rouge, 1984, 1143 p.) ; Ratner (St.) Does International Law Matter *in* Preventing Ethnic Conflict ? (*NYUIJLP*, 2000/3, p. 591-698) ; Ratner (S.), Foreign Occupation and International Territorial Administration : The Challenges of Convergence (*JEDI/ EJIL*, 2005/4, p. 695-717) ; Roberts (A.), Transformative Military Occupation : Applying the Laws of War and Human Rights (*AJIL*, 2006/3, p. 580-622) ; Rousseau (Ch.), *Le droit des conflits armés* (Paris, Pedone, 1983, 630 p.) ; Sassòli (M.), Legislation and Maintenance of Public Order and Civil Life by Occupying

Powers (*JEDI/EJIL*, 2005/4, p. 661-674) ; Schwebel (S.M.), Agression, Intervention and Self-Defence *in* Modern International Law (*RCADI*, 1972/II, vol. 136, p. 411-497) ; Société Française pour le droit international, *Le droit international et les armes.*, *Colloque de Montpellier* 1982 (Paris, Pedone, 1983, 366 p.) ; Stahn (C.), « Jus ad bellum », « jus *in* bello »... « jus post bellum » ? Rethinking the Conception of the Law of Armed Force (*JEDI/EJIL*, 2006/5, p. 921-943) ; Tavernier (P.), La guerre du golfe. Quelques aspects récents du droit des conflits armés et du droit humanitaire (*AFDI* 1984. 43-64) ; Torrelli (M.), *Le droit international humanitaire* (Paris, PUF, Que sais-je ?, 2e éd., 1989, 128 p.) ; Torrelli (M.), La neutralité en question (*RGDIP*, 1992/1, vol. 96, p. 5-43) ; Treves (T.), La convention de 1989 sur les mercenaires (*AFDI*, vol. 36, 1990, p. 520-535) ; Unesco, *International Dimensions of Humanitarian Law* (Dordrecht, MNP/Unesco/Institut Henry Dunant, 1988, 328 p.) ; Vité (S.), *Les procédures internationales d'établissement des faits dans la mise en œuvre du droit international humanitaire* (Bruxelles, Bruylant, 1999, 485 p.)

CHAPITRE 2

LA RÉGULATION DES ÉCHANGES ET LA PROMOTION DU DÉVELOPPEMENT ET DES INVESTISSEMENTS

595 ***Introduction générale*** ◊ Le droit international de la régulation des échanges commerciaux, des relations monétaires, des flux d'investissements et de la promotion du développement, que l'on désigne aussi, globalement mais de façon équivoque, par l'expression de droit international économique, a pris seulement son véritable essor après la constitution du système international de l'après-guerre (1945) [1].

Depuis lors, son expansion n'a cessé de s'affirmer, notamment avec la préoccupation croissante du développement des pays du « Sud », pour beaucoup issus de la décolonisation. Jusqu'à une période encore récente, la mondialisation des échanges et l'interdépendance croissante des économies étaient entravées par la subsistance des partitions idéologiques, politiques et stratégiques entre pays occidentaux, pays socialistes et pays en développement. Ce serait aller vite en besogne que de prétendre, depuis l'écroulement du bloc socialiste et la disparition du COMECON, que ces entraves ont désormais totalement disparu. On observe cependant, depuis le début des années 1990, une tendance profonde des anciens pays socialistes mais aussi des pays en développement qui avaient choisi la « voie socialiste » au lendemain des indépendances à s'orienter vers la mise en pratique des principes et méthodes de l'économie de marché. Une majorité des pays antérieurement socialistes, comme la Pologne, la Hongrie, la Roumanie ou les républiques tchèque et slovaque sont devenus membres de l'Union européenne au cours de la première décennie du siècle. Il en est d'ailleurs résulté certaines difficultés dans le domaine du droit international des investissements du fait de la subsistance de traités bilatéraux de protection des investissements conclus antérieurement entre ces nouveaux membres de l'Union et plusieurs autres membres de l'Union alors que le droit communautaire dispose en principe lui-même, du moins selon la

1. V. D. Carreau et P. Juillard, *Droit international économique*, Dalloz, Précis, 5e édition 2013, 802 p. ; P. Daillier, G. de La Pradelle et H. Gherari, *Droit de l'économie internationale*, Paris, Pedone, 2004, 1119 p. ; A. F. Lowenfeld, *International Economic Law*, Oxford, OUP, 2e éd., 2008, 956 p. ; V. aussi les chroniques paraissant à l'*AFDI* sous la rubrique consacrée au droit international économique (Ph. Maddalon, Analyse des rapports spéciaux de l'Organe d'appel de l'OMC et à partir de 2008, F. Latty, avec P. Jacob à partir de 2012, Arbitrage transnational et droit international général).

lecture qu'en fait la Commission européenne, de son propre droit de protection des investissements [1]. Au demeurant, même antérieurement à la dislocation du bloc socialiste, l'ensemble de l'économie internationale, en ce qui concerne en particulier la structure des échanges commerciaux et des flux d'investissements, obéissait en réalité de longue date à la logique d'une économie de marché. La loi de l'offre et de la demande y contrarie largement la volonté des gouvernements d'instituer de façon volontariste, par le droit, un certain « ordre économique » international destiné à corriger le déséquilibre des échanges et les écarts de développement.

Dans ce contexte général, le rôle joué par les États souverains et donc par le *droit public* international demeure ainsi important mais reste néanmoins partiel et limité. Ceci est d'autant plus vrai que les transactions économiques internationales portant sur les marchandises, les capitaux, la technologie et les services (banques, transports, assurances, communications) sont très largement le fait d'acteurs privés agissant directement par voie de contrats soumis au droit privé ou, plus exactement, aux droits privés établis dans le cadre national par chacun des États dont ces personnes relèvent.

Le droit international économique comporte certes, particulièrement dans le domaine du développement, un ensemble plus ou moins cohérent de mécanismes prétendant à la régulation, la correction ou la promotion d'une production et d'une circulation des richesses, voulues selon les cas plus efficaces ou plus équitables. Mais la place reconnue par ailleurs à l'autonomie de la volonté des opérateurs économiques y demeure considérable, ainsi que l'atteste en particulier le succès croissant de l'arbitrage international, commercial ou assimilé, pour le règlement des litiges liés à l'exécution des contrats internationaux.

La large autonomie des agents économiques privés est renforcée dans le cas des sociétés implantées sur le territoire de plusieurs États dites aussi *entreprises multinationales* ; les différentes filiales, jouant bien souvent sur la disparité des droits internes au mieux de leurs intérêts, obéissent à une stratégie industrielle et commerciale définie par la société mère.

Du point de vue monétaire, la crise de l'euro manifesta les difficultés d'instauration d'une monnaie internationale par voie de traité. D'ordinaire, les monnaies sont en effet nationales ; elles relèvent par conséquent du seul droit interne, à l'inverse de l'euro qui, monnaie commune aujourd'hui à 17 des États membres de l'Union européenne, a été établie par le traité de Maastricht de 1992 pour être initialement commune à onze pays le 1er janvier 1999.

Le problème révélé par l'ampleur de la dette européenne prise globalement vient du fait qu'elle est constituée des dettes qui pèsent sur chacun des États membres de l'« Euroland » ; ces dettes, nationales, sont ainsi libellées

1. V. notamment B. Poulain et M.Raux, Actualité du droit européen des investissements internationaux, *RGDIP* 2011/1, p. 113-140 et S.Robert-Cuendet, Les investissements intra-communautaires entre droit communautaire et accords internationaux sur l'investissement : concilier l'inconciliable ?, *RGDIP* 2011/4, p. 853-897.

dans une seule monnaie, quant à elle internationale. Les États européens liés par la monnaie unique ont pour leur part confié à la Banque centrale européenne (BCE) la capacité de battre monnaie en zone euro, cependant qu'eux-mêmes en demeurent les garants en gardant, chacun dans son ordre interne, la responsabilité de l'établissement de son système national de paiement dans cette monnaie pourtant commune. La BCE, quant à elle, doit avant tout lutter contre l'inflation mais ne peut pas en principe financer le budget des États membres par l'octroi de facilités financières. Dans les faits, la BCE rachète pourtant bel et bien des obligations étatiques (ou dettes d'États membres de la zone euro) mais par l'intermédiaire du « marché secondaire » des banques privées européennes.

Dans un tel système, chaque dette nationale reste une partie d'une dette globale dont sont tenus solidairement tous les membres de la zone euro : ceci aboutit en réalité à faire supporter le plus grand poids à l'État dont l'économie est la plus forte, à savoir l'Allemagne ; il est dès lors compréhensible que ce soit là le pays qui a tant insisté pour que soient renforcés les mécanismes mis en place en 1997 par le Pacte de stabilité et de croissance. Tel a été en particulier le but recherché par l'adoption du Traité « sur la stabilité, la coordination et la gouvernance », dit aussi « Pacte budgétaire européen », que 25 des 27 pays de l'Union, donc bien au-delà des seuls États de la zone euro, avaient adopté au début de mars 2012. Ce traité conforte la discipline budgétaire et la coordination des politiques économiques des États concernés. Il exige également l'inscription dans les textes constitutionnels de la « règle d'or » de l'équilibre budgétaire, sans pour autant prévoir explicitement une politique de croissance autre qu'appuyée sur des réformes structurelles, ce que lui reprochent beaucoup d'observateurs [1].

596 ***Ambivalence du rôle de l'État*** ◊ D'une manière générale, il faut insister sur le fait qu'à l'époque contemporaine, le rôle joué par l'État dans l'économie internationale est double : il demeure d'une part responsable de l'économie nationale. À ce titre, dans son ordre juridique interne comme dans le développement de sa coopération avec les autres États, au sein ou en dehors des organisations intergouvernementales, il agit pour encadrer par des règles juridiques le mécanisme des échanges comme la promotion des investissements. D'autre part, se mettant alors bien souvent en civil, c'est-à-dire agissant comme le font les personnes privées, il réalise lui-même des transactions commerciales voire des investissements, et ceci qu'il se réclame par ailleurs de l'économie de marché ou d'un modèle plus ou moins dérivé du socialisme. À la fois puissance publique et gestionnaire privé, il favorise ainsi, par la conjonction de ces tâches, l'entremêlement du droit public et du droit privé.

Les observations qui précèdent ne signifient pas que le droit international économique échappe au droit international public, mais qu'une partie seulement en relève directement, une autre étant constituée par le droit

1. V. C. Santulli, L'Euro, analyse juridique de la « crise de la dette », *RGDIP* 2011/4, p. 833-853.

interne des différents États existants ce qui, rappelons-le, inclut le « droit international privé », et un troisième, enfin, par une combinaison de règles publiques et privées, auquel on donne parfois, par commodité de langage, le nom de « droit transnational ». Cette expression désigne en particulier, mais pas exclusivement, le corps des normes forgées plus ou moins empiriquement pour gouverner les relations entre États et personnes privées étrangères, particulièrement en matière d'investissements internationaux.

Sous le bénéfice des observations qui précèdent, les développements qui vont suivre seront prioritairement axés sur les aspects du droit international économique relevant plus directement du droit international public. On étudiera à ce titre ceux qui ont trait à la régulation des échanges (Section 1), et au droit du développement (Section 2). On examinera pour conclure un domaine placé à certains égards au point de convergence des deux précédents et plus encore qu'eux, marqué par la multiplicité de ses rapports avec le droit privé : le droit international des investissements (Section 3).

SECTION 1. LA RÉGULATION DES ÉCHANGES

597 ***Définition*** ◊ Il faut ici prendre le terme d'« échanges » dans un sens large. Ils ne concernent pas seulement les transactions internationales de caractère commercial, mais également l'ensemble des flux transfrontières de capitaux, de services et de technologies. La réglementation des échanges internationaux a été, depuis l'après-guerre, d'abord établie dans le cadre universel instauré au sein du système des Nations Unies. Celui-ci a ensuite été complété au plan régional par diverses organisations au sein desquelles les Communautés européennes occupent une place très spécifique à raison de leur objectif d'intégration des économies des États membres. L'examen des techniques juridiques mises en œuvre par cette branche du droit international économique présente d'autant plus d'intérêt qu'elles ont influencé l'évolution d'ensemble du droit international actuel.

§ 1. La structure institutionnelle

598 ***Au plan universel***, les fondateurs du système des Nations Unies ont entendu stabiliser les échanges économiques comme ils désiraient par ailleurs le faire des relations politiques entre les États. Le lien entre le maintien de la paix et le développement harmonieux de l'économie internationale, encouragé par la coopération internationale, est au demeurant marqué dans la Charte des Nations Unies (art. premier, § 3).

À cet effet, l'ordre économique de l'après-guerre, fortement marqué par l'idéologie du libéralisme que lui ont imprimé les États-Unis et la Grande-Bretagne, entendait reposer d'abord sur trois institutions respectivement chargées des régulations monétaire, financière et commerciale nécessaires au développement des échanges internationaux. Il s'agissait d'établir un nouveau système économique international aux règles du jeu clairement définies. Trois institutions furent à cet effet constituées : le Fonds monétaire international (FMI), la Banque internationale pour la reconstruction et le développement (BIRD) devenue par la suite Banque mondiale et le GATT, établi sur les dépouilles d'une organisation conçue mais jamais réalisée, l'OIC (Organisation internationale du commerce). Chacune de ces organisations a par la suite connu une évolution sensible.

L'ONU elle-même, initialement orientée en priorité vers la coopération politique, a vu son rôle accru dans le domaine économique à partir de la fin des années 1950, sous le double effet de ses insuccès dans le domaine du maintien de la paix et du rôle considérable joué en son sein par les pays en voie de développement qui en firent leur forum de revendications privilégié.

Dès les années 1950, et d'abord en Europe occidentale, les organisations économiques régionales se mettaient par ailleurs en place.

A. FMI, Banque mondiale et OMC

599 ***Le FMI, garant du système monétaire international*** [1] ◊ La volonté d'établir un système international de régulation des relations monétaires avait été affirmée dès la conférence de Bretton Woods par les alliés en juillet 1944. Les Statuts du Fonds entrèrent en vigueur le 27 décembre 1945, le FMI groupe aujourd'hui plus de cent cinquante membres et il s'est ouvert à partir de la dernière décennie du XXe siècle à de nouveaux pays, issus notamment du démembrement de l'Union soviétique. Au titre de l'article VIII des Statuts du FMI, les pays membres s'engageaient à maintenir un système de change ne comportant ni restrictions sur les paiements et transferts afférents à des transactions internationales courantes, ni pratique de taux de change multiples, ni mesures discriminatoires à l'égard de monnaies, sauf autorisation du Fonds. Le maintien de la convertibilité des monnaies était également un objectif clairement défini. Chaque pays membre devait fixer une parité pour sa monnaie en terme d'or ; elle ne pouvait être modifiée par lui qu'après consultation du Fonds monétaire.

D'une façon générale, le FMI fut conçu comme une institution à caractère permanent, offrant un cadre de coopération en matière de régulation monétaire internationale. Mais le Fonds fut également muni de moyens

---

1. V. D. Carreau, *Le système international*, Aspects juridiques, Paris, A. Colin, 1972 ; K.W. Dam, *Le système monétaire international*, Paris, PUF, 1985 ; J. Gold, Developments *in* the International Monetary System, the International Monetary Fund and International Monetary Law since 1971, *RCADI* 1982, I, t. 174, p. 107 s. ; G.P. Nicoletopoulos, Le Fonds Monétaire International et le droit international économique, *in Colloque de Nice de la SFDI, Les Nations Unies et le droit international économique*, Paris, Pedone, 1986, p. 295 s. ; Les mécanismes d'accès aux ressources du FMI, *Probl. éco.*, 25 oct. 1989, n° 2, 2-146, p. 17 s. ; G. Burdeau, L'exercice des compétences monétaires par les États, *RCADI* 1988, t. 212, p. 215 s. ; D. Carreau, *Le Fonds Monétaire International*, Paris, Pedone, 2009, 200 p.

financiers substantiels, susceptibles d'être mis à la disposition des États membres confrontés à des problèmes de balance des paiements. Deux amendements aux Statuts furent par la suite adoptés. Le premier (1969) permettait au Fonds de créer des droits de tirages spéciaux (DTS) qui pourraient être alloués périodiquement aux pays membres, le Fonds étant ainsi investi d'une fonction importante en matière de gestion des liquidités internationales. Le DTS apparaît désormais comme un nouvel instrument de réserves destiné à compléter les deux principales monnaies de réserves utilisées dans le commerce international, le dollar américain et, très marginalement aujourd'hui, la livre britannique. Pour la gestion des DTS, le Fonds a été doté d'un compte de tirage spécial. Tous les membres du Fonds ont choisi d'y participer.

Le deuxième amendement, entré en vigueur le 1er avril 1978, consacrait une évolution très sensible du système monétaire international que beaucoup considèrent en crise endémique depuis le début des années 1970. En effet, le système des Statuts du Fonds avait été conçu sur la base de parités fixes en termes d'or ou de dollar. Mais à partir de 1971, les États-Unis suspendirent la convertibilité officielle du dollar en or, ce qui équivalait à la fin du système de Bretton Woods, en provoquant le flottement des monnaies, légalisé depuis par le deuxième amendement. Désormais, les pays membres sont libres d'adopter le régime de change de leur choix. Ils ont cependant certaines obligations touchant à leur politique de change, placée sous la surveillance directe du Fonds monétaire. Le DTS est devenu sur cette base le principal instrument de réserve du système monétaire international, l'or ayant cessé de constituer le moyen de paiement obligatoire pour les transactions entre le Fonds et ses pays membres.

Le Fonds se voyait ainsi reconnaître trois fonctions principales : à côté de la fonction de réglementation destinée à permettre le respect par les pays membres du code de conduite instauré par les Statuts, et de la fonction financière qu'il exerce en gérant la masse des ressources financières à laquelle les pays membres peuvent avoir accès pour faire face à des besoins de balance des paiements, le Fonds possède une troisième fonction, celle de gestion des liquidités internationales par le biais d'allocation de DTS.

Dans la pratique, les contrôles et l'influence exercés par le FMI sur la politique de change, mais plus largement encore sur l'ensemble de la politique économique des États membres se sont fait clairement sentir, notamment dans les deux dernières décennies, tant à l'égard des pays en développement que des pays développés. Ils ont d'ailleurs fait l'objet de nombreuses critiques, en particulier par des économistes du Tiers-Monde accusant non sans raison le Fonds d'obéir essentiellement à une conception inspirée des modèles de l'économie libérale, du moins telle que conçue aux États-Unis. L'octroi d'une aide financière par le Fonds destinée à aider un pays membre à résoudre ses problèmes de balance des paiements est en effet subordonné à l'instauration par le pays demandeur des conditions jugées nécessaires par le FMI à la stabilité financière, à la croissance économique et à un niveau élevé de l'emploi. La plupart des concours financiers du Fonds sont fournis sur la base d'un accord passé entre le FMI et l'État concerné, dans lequel celui-ci s'engage à mettre en œuvre la politique économique d'ajustement exposée dans la « lettre d'intention » qu'il a communiquée au Fonds. Dans bien des cas, on a pu constater que les mesures très rigoureuses imposées par le FMI, notamment à plusieurs pays en développement, en ce qui concerne en particulier la vérité des prix, ont provoqué des difficultés sociales très sérieuses chez plusieurs d'entre eux.

Le FMI possède d'importants pouvoirs de contrôle et de sanction sur les États membres. Il exerce un contrôle annuel, global, sur la politique économique de chacun d'entre eux sur la base d'un ensemble d'informations qu'ils sont tenus de lui donner. Les sanctions de l'inobservation par les États de leurs obligations vont de la contrainte morale à la suspension du droit à l'aide monétaire, ce qui s'est en pratique produit plus souvent ces dernières années, plusieurs États ayant été déclarés inéligibles à l'utilisation des ressources du Fonds, en raison d'arriérés de paiement souvent considérables.

La « souveraineté économique » des États membres, revendiquée par tous et en particulier par les pays en développement, trouve ainsi des limites très précises pour les États contraints de faire appel à l'aide financière de cette institution.

Comme déjà dix ans auparavant, lors de la crise économique qui avait alors secoué l'Asie, la crise financière et économique majeure que l'ensemble du système international a connue depuis la seconde partie de l'année 2007 a révélé la nécessité d'entreprendre des réformes profondes notamment au sein du Fonds monétaire international. À coté du maintien de la fonction du dollar dans les échanges internationaux, le rôle croissant de la Chine, principal créancier des États-Unis, d'abord, mais aussi de l'Inde et du Brésil et même de la Russie (au moins en matière énergétique) a révélé le poids économique et politique croissant de ces pays, désignés par commodité sous le terme de BRIC [1]. Les réformes des quotes-parts et de la représentation des États membres du Fonds adoptées en 2008 sont entrées en vigueur le 3 mars 2011, à la suite de la ratification de l'amendement des Statuts relatif aux voix et à la représentation par 117 pays membres détenant 85 % des voix attribuées. Cet amendement renforce la représentation, au sein du FMI, des économies dynamiques et accroît la participation et la représentation des pays à faible revenu. D'autres réformes des quotes-parts et de la représentation ont suivi en 2010 qui devraient, à leur entrée en vigueur, aboutir à un nouveau transfert de plus de 6 % des quotes-parts aux pays émergents et en « développement dynamique ».

Par ailleurs, une meilleure information des partenaires économiques sur les activités du Fonds reste indispensable au raffermissement de sa crédibilité dans un contexte désormais largement dominé par les créanciers privés et les marchés financiers qu'ils animent. Lors du Sommet des Vingt

1. Brésil, Russie, Inde, Chine.

(G 20) [1] convoqué en avril 2009, le renforcement des institutions financières internationales s'est soldé par un triplement des ressources du FMI. [2]

Sur le plan technique, un certain nombre d'aménagements ont également été apportés aux règles du FMI ; elles touchent notamment à la modernisation de la conditionnalité. De plus, une nouvelle ligne de crédits modulables (LCM), renouvelables, vise à améliorer la prévention des crises. Elle est destinée aux États membres disposant de fondamentaux économiques solides, définis à partir de critères préétablis. On a également procédé à une réorganisation des accords de confirmation, outil déterminant du Fonds, notamment à l'égard des États qui ne pourraient satisfaire aux exigences requises pour bénéficier de LCM. D'une façon générale, les instruments de prêt à la disposition du FMI ont été simplifiés.

600 ***La Banque mondiale*** [3] ◊ Ainsi qu'on a pu le constater, les fonctions du FMI ne sont pas seulement monétaires mais également financières. Elles visent cependant davantage l'évolution globale des politiques économiques et s'inscrivent généralement dans le court et le moyen terme. À ce titre, l'action du FMI complète celle de la Banque mondiale, principale institution destinée au financement des opérations à long terme destinées à promouvoir le développement. La Banque internationale pour la reconstruction et le développement, créée en même temps que le FMI, était d'abord destinée à favoriser la reconstruction des économies des pays membres ravagés par la guerre. Son action s'est par la suite de plus en plus orientée vers l'assistance aux pays en développement. Elle est complétée et prolongée par celle de ses filiales, la Société Financière Internationale (SFI), créée en 1956 et chargée d'encourager l'initiative privée dans les pays en développement, et l'Association Internationale pour le Développement (AID), spécifiquement destinée à l'aide au développement puisqu'elle consent des crédits à des conditions particulièrement avantageuses. Les trois institutions constituent ainsi la Banque mondiale, principal organisme de financement du développement à l'échelle universelle.

La Banque mondiale est amenée à passer différents types d'accords avec les États membres, soit pour leur consentir des prêts aux conditions générales qu'elle a elle-même fixées, qui ont trait notamment au retrait des fonds, au remboursement du prêt et au choix des devises. Les prêts

1. États-Unis, Japon, Allemagne fédérale, Royaume-Uni, France, Italie, Canada, Russie, Argentine, Australie, Brésil, Chine, Inde, Indonésie, Mexique, Arabie Saoudite, Afrique du Sud, Corée du Sud, Turquie, Union européenne.

2. 500 milliards de dollars supplémentaires ont été affectés aux ressources de liquidités, afin de mieux pouvoir assister les pays frappés par la crise ; 250 milliards ont été alloués aux droits de tirage spéciaux et 250 autres à un programme de relance du commerce international, destiné aux industries exportatrices.

3. V. G. Delaume, La Banque mondiale et la mise en œuvre du droit international économique, *in Colloque de Nice de la SFDI*, Paris, Pedone, 1986, *op. cit.*, p. 311 s. ; H. Bretaudeau, Répondre aux besoins en financement du développement. La Banque mondiale : instruments financiers en expansion et innovation permanente, *in* Z. Haquani (dir.), *Commerce et développement à l'horizon 2000*, Paris, Economica, 1991, p. 39 s.

ainsi consentis ont pour objet de financer des projets de développement clairement définis dont les conditions de réalisation sont établies par l'État emprunteur, en concertation avec la Banque, l'un et l'autre liés par un accord de garantie destiné à assurer le remboursement du prêt et à doter l'entité responsable de la réalisation du projet des moyens budgétaires et administratifs nécessaires.

La Banque est amenée à intervenir dans le financement de projets particulièrement complexes, associant non seulement une pluralité d'États mais également d'organisations internationales. Des entreprises multinationales sont très souvent associées à la réalisation des projets. Ceux-ci peuvent être très variés et porter aussi bien sur la réalisation d'infrastructures lourdes (équipements hydroélectriques, irrigation, projets industriels miniers et ferroviaires, etc.) que sur la réalisation d'objectifs sanitaires (v. le Programme de lutte contre la cécité des rivières, intéressant les États du bassin de la Haute-Volta et auquel sont associés, outre la Banque, l'OMS, la FAO et le PNUD, programme des Nations Unies pour le développement).

Les accords ainsi passés par la Banque relèvent en premier lieu du droit international public, et plus particulièrement du droit défini par la Banque elle-même, notamment au titre des « Conditions générales » évoquées plus haut. Les dispositions de ces accords présentent dans la plupart des cas un grand degré d'uniformité. L'appel peut également être fait au droit national des États emprunteurs, notamment pour consentir à la Banque des sûretés réelles ou personnelles.

Par l'intermédiaire de deux institutions autonomes, le CIRDI (Centre International pour le Règlement des Différends Internationaux) et, dans une moindre mesure, l'AMGI (Accord multilatéral sur la garantie des investissements), la Banque mondiale joue également un rôle tout à fait déterminant en matière d'investissements internationaux. Il sera examiné plus loin (v. ss 632).

La crise économique et financière déclenchée en 2007 a également eu des incidences sur les institutions du groupe de la Banque mondiale dont le G 20 d'avril 2009 a aussi prévu l'augmentation des moyens financiers. L'accent a notamment été mis sur la nécessité d'une meilleure collaboration entre la Banque, l'ONU mais surtout le FMI et les autres banques multilatérales de développement. La Banque mondiale est ainsi engagée dans un vaste processus d'*aggiornamento* ; il s'est notamment traduit, en décembre 2009, par l'adoption de mesures destinées à améliorer la transparence sur ses activités, et, plus particulièrement, à diffuser l'information sur les grands projets qu'elle finance comme sur les délibérations de son Conseil des Gouverneurs. Cette information vise en particulier les autres banques multilatérales de développement, les bailleurs de fonds et la société civile internationale (les ONG jouant à cet égard comme à d'autres un important rôle de contrôle critique à l'égard de ses activités). Cette réforme est effectivement entrée en vigueur en 2010. La Banque mondiale cherche également à améliorer la gestion de ses prêts d'investissement dont elle veut mieux gérer les risques [1].

601 ***L'Organisation mondiale du commerce, successeur du GATT*** ◊ À côté du FMI et de la Banque mondiale, le troisième pilier de l'ordre international constitué dans l'après-guerre devait être l'OIC (Organisation internationale du commerce) dont le projet fut adopté dans la Charte de La Havane en 1948. Cette organisation n'a cependant jamais vu le jour du fait de la non-ratification de la Charte de La Havane par les États-Unis et d'autres États signataires. Cependant, dès le 1er janvier 1948, un accord international sur le commerce entrait en vigueur, le GATT, sur la base duquel, quoi qu'on en dise encore parfois en doctrine, une véritable organisation internationale s'est consolidée progressivement [2]. Le GATT et les codes de conduite négociés sous ses auspices ont favorisé la liberté du commerce international des marchandises pendant près de cinquante ans ; le résultat de la dernière négociation multilatérale générale entreprise sous son égide durant plus de sept ans (1987-1994) a eu toutefois pour conséquence l'instauration d'une nouvelle organisation, l'OMC (Organisation mondiale du commerce) qui est à la fois différente de l'OIC initialement prévue et du GATT créé en 1947. Ce dernier ne disparaît pas pour autant. Il est intégré à présent dans l'ensemble des « accords commerciaux multilatéraux » dont l'OMC doit veiller à la mise en œuvre, en s'appuyant notamment sur un « mécanisme d'examen des politiques commerciales » et un nouveau système de règlement des différends du commerce international : ainsi, à côté du GATT rénové ou « GATT de 1994 », toujours consacré au commerce des marchandises, existent désormais l'Accord sur le commerce des services (abréviation anglaise GATS), l'Accord sur les aspects des droits de propriété intellectuelle qui touchent au commerce (TRIP) ainsi que l'Accord relatif aux mesures concernant les investissements et liées au commerce (TRIM).

Tous les États membres de l'OMC sont obligatoirement parties à ces accords commerciaux multilatéraux. L'OMC étend cependant également sa compétence à la mise en œuvre des « accords commerciaux *plurilatéraux* » (portant respectivement sur le commerce des aéronefs civils, sur les marchés publics, sur le secteur laitier et sur la viande bovine). À la

1. Sur la crise financière et ses incidences sur le système financier international et, plus largement, la régulation économique internationale, v. Ghérari (H.) (dir.), *Les dérèglements économiques internationaux : crise du droit ou droit des crises ?*, Paris, Pedone, 2014.

2. V. D. Luff, *Le droit de l'Organisation mondiale du commerce*, Bruxelles-Paris, Bruylant-LGDJ, 2003, 1277 p. ; Th. Flory, *Le GATT, droit international et commerce mondial*, Paris, LGDJ, 1968 ; O. Long, La place du droit et ses limites dans le système commercial multilatéral du GATT, *RCADI* 1983, IV, p. 9 s. ; Th. Flory, L'évolution des régimes juridiques du GATT depuis les accords du Tokyo Round de 1979, *JDI* 1986. 329 ; J. Jackson, *The World Trading System, Law and Policy of International Economic Relations*, MIT, 1989 et du même auteur, *Restructuring the GATT System*, Chatham House Papers, *The Royal Institute of International Affairs*, Pinter Publishers, London, 1990. J. H. Jackson, *The World Trade Organization. Constitution and Jurisprudence*, The Royal Institute of International Affairs, London, 1998.

différence des accords multilatéraux, ces accords plurilatéraux ne sont obligatoires que pour les États qui les ont acceptés. L'aboutissement de l'« *Uruguay Round* » a de plus permis l'adoption d'un nouveau Code des subventions, et un démantèlement progressif du système particulier au commerce international des textiles (accord multifibres) [1]. On s'achemine donc en principe vers un système global d'organisation du commerce international, dominé, géré et coordonné par l'OMC, avec le maintien d'un système souple d'interprétation, de dérogations, d'exceptions et d'amendement tant en faveur des accords commerciaux que de la Charte de l'OMC, dont le régime est conçu en fonction du double impératif d'adaptabilité et de sauvegarde des principes fondamentaux (v. à cet égard les procédures de vote établies aux articles IX et X de la Charte de l'OMC, *GTDIP* n° 59).

Quoi qu'il en soit, avant d'examiner la structure de l'OMC et son nouveau système de règlement des différends, il convient de rappeler les principes fondamentaux régissant le commerce de marchandises.

a) Les trois principes cardinaux du GATT sont les suivants : celui de non-discrimination, d'après lequel chaque partie doit appliquer le même traitement au commerce avec toutes les autres parties contractantes, celui de l'ouverture des marchés interdisant toutes les formes de protectionnisme à l'exception des tarifs douaniers dont on doit progressivement abaisser les montants par la voie de négociations, et celui de la loyauté du commerce (interdiction des subventions à l'exportation des produits manufacturés et limitation des subventions à l'exportation des produits primaires). En relation avec le principe de non-discrimination, le système de la clause de la nation la plus favorisée, d'après lequel les avantages commerciaux consentis à un pays signataire doivent également bénéficier aux autres, constitue l'instrument privilégié du libre-échangisme généralisé que l'OMC s'efforce de promouvoir.

Ce système de règles est cependant caractérisé par une très grande souplesse, permettant des exceptions à chacun de ces principes. C'est ainsi par exemple que sont autorisées les unions douanières et les zones de libre-échange en dérogation au principe de non-discrimination, autorisation dont on verra que les États font d'ailleurs très largement usage. De plus, ainsi qu'on le reverra dans le cadre du droit international du développement, depuis 1971, au titre du Système des préférences généralisées, les pays développés membres du GATT peuvent accorder des préférences tarifaires

1. Les règles sur les subventions et sur les textiles font partie de l'annexe 1A de l'accord instituant l'OMC qui contient tous les accords multilatéraux régissant le commerce des marchandises, c'est-à-dire l'accord général sur les tarifs douaniers et le commerce de 1994, l'accord sur l'agriculture, l'accord sur l'application des mesures sanitaires et phytosanitaires, l'accord sur les textiles et les vêtements, l'accord sur les obstacles techniques au commerce, l'accord sur les mesures concernant les investissements et liées au commerce, l'accord sur la mise en œuvre de l'article VI de l'Accord général sur les tarifs douaniers et le commerce de 1994, l'accord sur la mise en œuvre de l'article VII de l'Accord général sur les tarifs douaniers et le commerce de 1994, l'accord sur l'inspection avant expédition, l'accord sur les règles d'origine, l'accord sur les procédures de licences d'importation, l'accord sur les subventions et les mesures compensatoires et l'accord sur les sauvegardes.

aux pays membres en voie de développement. Par ailleurs, l'Accord général admet la prise de mesures d'urgence concernant la réglementation de l'importation de certains produits et il autorise des restrictions à l'importation, notamment dans le cas de difficultés de balance des paiements.

Une fois clarifiés le contenu des règles matérielles concernant la circulation de marchandises, on peut examiner l'architecture de l'Organisation qui veille sur leur application.

b) Contrairement au GATT de 1947, construction institutionnelle empirique, l'OMC issue de l'Accord de Marrakech du 15 avril 1994 est une véritable organisation internationale, dotée de la personnalité juridique (v. ss 169-170) comme de privilèges et d'immunités par l'article VIII de sa Charte [1]. La relative complexité de sa structure (art. IV) est liée à la diversité des accords et des objectifs dont elle doit assurer la coordination. À côté de la Conférence ministérielle réunie tous les deux ans, le « Conseil général », siégeant mensuellement, apparaît doté d'une compétence générale de contrôle ; une série de conseils spécialisés correspondent à chacun des accords établis en annexe (Conseils du commerce des marchandises, du commerce des services, des aspects des droits de propriété intellectuelle qui touchent au commerce). Un organe est doté d'une importance toute particulière. C'est l'Organe de règlement des différends (ORD). Le nouveau système de règlement des différends établi à l'annexe 2 couvre en effet désormais l'ensemble des accords issus de la négociation [2]. Il s'inscrit à la fois dans la continuité des procédures inventées par le GATT de 1947 (système de la conciliation institutionnalisée par le recours aux comités d'experts ou « panels ») et une innovation radicale, de type franchement juridictionnel [3]. Elle se manifeste par la création d'un organe d'appel dont le rapport final sera réputé accepté sans condition par les parties au différend « à moins que l'ORD ne décide par consensus de ne pas adopter le rapport établi en appel dans les trente jours suivant sa distribution aux Membres ». Ceci aura pour effet de renforcer singulièrement les effets de la procédure jusqu'à leur conférer une sorte d'autorité proche de « l'autorité de chose jugée » caractérisant les procédures juridictionnelles ordinaires (v. ss 540 s.).

Certes, le système de recours aux « groupes spéciaux » (ou encore « panels » selon la terminologie anglaise le plus souvent usitée) était également prévu

1. V. J. Jackson, Observations sur les résultats du cycle de l'Uruguay, *RGDIP* 1994/3, p. 675-688 ; Th. Flory, Chron. de droit international économique *AFDI* 1993, p. 752-762 ; E.U. Petersmann, The Transformation of the World Trading System through the 1994 Agreement Establishing the World Trade Organization, *EJIL* 1995/2, p. 161-221 ; P.J. Kuijper, The Conclusion and Implementation of the Uruguay Round Results by the European Community, *ibid.* p. 222-245 ; *SFDI*, Colloque de Nice (1995), *La réorganisation mondiale des échanges (problèmes juridiques)*, Paris, Pedone, 1996.

2. *GTDIP* n° 60. V. E. Canal-Forgues, *Le règlement des différends à l'OMC*, Bruxelles, Bruylant, 2003, 161 p. ; E. Canal-Forgues, Le système de règlement des différends de l'OMC, *RGDIP* 1994/3, p. 689-708 et *SFDI*, colloque de Nice (1995) *op. cit.* ; A.F. Lowenfeld, Remedies along with Rights : Institutional Reform *in* the New GATT, *AJIL* 1994/3, p. 477-488 ; B. Stern, L'intervention des tiers dans le contentieux de l'OMC, *RGDIP* 2003/2, p. 257 s.

3. V. E. Canal-Forgues, La procédure d'examen en appel de l'OMC, *AFDI* 1996. 845 s.

par l'accord GATT'47 ; il y a cependant une nouveauté importante dans le système mis en place par les accords de Marrakech. Selon l'article 6 du mémorandum d'accord sur les règles et procédures régissant le règlement de différends, ces groupes spéciaux peuvent être saisis d'une affaire après la requête unilatérale d'une partie au différend. Cette requête doit être accueillie à moins que l'ORD ne décide par consensus de la rejeter. Cette disposition marque un changement radical par rapport au système GATT'47 qui prévoyait un consensus positif de toutes les parties contractantes, y compris de la partie défenderesse, afin d'instituer un groupe spécial.

Un autre élément important également introduit par l'annexe 2 de l'accord instituant l'OMC correspond au mécanisme détaillé de surveillance de mise en œuvre des recommandations et décisions de l'ORD ; il permet à la partie lésée de saisir de nouveau un « panel » et éventuellement l'Organe d'appel pour vérifier si la partie responsable a pris des mesures appropriées pour se conformer aux accords OMC. Dans le cas où le panel ou l'Organe d'appel constateraient que la mesure contestée continue à violer les accords OMC, la partie lésée pourrait demander à l'ORD l'autorisation de suspendre, à l'égard du Membre concerné, l'application de concessions ou d'autres obligations au titre des accords visés. D'après le mémorandum, cependant, la question de savoir si la suspension des concessions est subordonnée à l'adoption d'une décision par le panel ou l'Organe d'appel demeure confuse. Cette ambiguïté a produit une des crises les plus graves qu'ait connue l'OMC depuis sa mise en place. En 1999, en effet, les États-Unis ont demandé la suspension de concessions à l'égard de la Communauté européenne ; d'après eux, celle-ci ne s'était pas conformée à la décision de l'Organe d'appel concernant son régime d'importation de bananes. La CE a réagi en affirmant qu'elle avait adopté un règlement pour se conformer aux accords OMC et que les États-Unis ne pouvaient pas prendre de contre-mesures avant une vérification par l'ORD de l'existence éventuelle d'une incompatibilité. Les États-Unis n'ont pas accepté le raisonnement de la CE et ont pris des contre-mesures sans attendre l'autorisation de l'ORD. Celui-ci est intervenu ensuite pour ratifier ex post l'action unilatérale du gouvernement américaine. Même si aucune partie contractante n'a suivi l'exemple des États-Unis, cet épisode s'est avéré crucial pour la vie institutionnelle de cette jeune organisation ; il a, en effet, mis en évidence la fragilité d'un mécanisme de réglementation des différends qui, tout en étant très avancé, continue à dépendre, en ce qui concerne l'exécution de ses décisions, de la bonne volonté des parties contractantes [1].

Cela dit, en dépit de critiques croissantes, le succès remporté par ce nouveau système est indéniable et salué comme tel par la doctrine et la pratique [2]. Dès son entrée en vigueur, l'ORD a enregistré un nombre

---

1. V. à cet égard, C.M. Valles et B.P. McGivern, The Right to Retaliate under the WTO Agreement. The « Sequencing » Problem, *Journal of World Trade*, vol. 34/2, 2000, p. 63 s.

2. V. H. Ruiz-Fabri, Le juge de l'OMC : ombres et lumières d'un figure judiciaire singulière, *RGDIP* 2006/1, p. 39-84.

record de demandes dont la grande majorité est d'ailleurs réglée dès le stade de la conciliation. Au printemps 2016, environ la moitié seulement des 507 affaires avaient atteint le stade de la procédure de groupe spécial complète. La plupart des autres ont été notifiées comme ayant été réglées à l'amiable ou restent au stade de la phase de consultation prolongée. La rigueur des délais procéduraux a été dans l'ensemble jusqu'ici très bien respectée. L'Organe d'appel a été lui-même saisi souvent. Dès son premier rapport, dans l'affaire dite des « normes concernant l'essence nouvelle et anciennes formules » (*États-Unis c/ Brésil et Venezuela*), il devait manifester sa volonté d'appliquer les règles du droit international public, comme son mandat lui en fait, du reste, obligation [1] ; c'est, en l'occurrence, en matière d'interprétation des traités internationaux qu'il s'est appuyé sur les règles consignées aux articles 31 à 33 de la Convention de Vienne sur le droit des traités. Cette attitude fut confirmée par beaucoup de décisions ultérieures ; les membres de l'Organe d'appel y ont fait référence aux règles du droit international public concernant non seulement le droit des traités, mais aussi d'autres, comme le droit international de la responsabilité [2].

Cette ouverture du droit de l'OMC au droit international public a été l'objet de réserves et de perplexités de la part de certaines parties contractantes ; elles ont considéré la décision des juges de l'OMC d'appliquer un corps de règles qui n'est pas explicitement prévu par le mémorandum comme un élargissement indu de leurs compétences. Les membres de l'Organe d'appel en ont tenu compte et ont pondéré cette pratique. En même temps, compte tenu de l'existence objective de lacunes normatives dans le droit de l'OMC et de la nécessité de coordonner les normes OMC avec d'autres domaines matériaux tels que le droit de l'environnement ou bien les droits de l'homme, le problème se pose de savoir comment réaliser ces taches sans compromettre la répartition des compétences entre le législateur et le juge.

En perspective, un de principaux défis auxquels l'OMC est appelée à faire face est justement celui de créer un équilibre entre la production de normes et leur application [3]. Jusqu'à présent, cette dernière a pu être exercée avec efficacité grâce à un certain degré de centralisation de la fonction quasi-judicaire. On ne peut cependant pas affirmer la même chose de la fonction normative. L'accord instituant l'OMC subordonne en effet l'adoption des décisions modifiant ou précisant la portée des accords OMC à une majorité au sein de la Conférence ministérielle respectivement de deux tiers et de trois quarts [4]. Compte tenu que les États membres sont à présent 162, la possibilité de satisfaire ces deux conditions s'avère

1. V. E. Robert, L'affaire des normes américaines relatives à l'essence, *RGDIP* 1997/1, p. 91-141.
2. V. à cet égard, J. Pauwelyn, *Conflict of Norms in Public International Law : How WTO Law Relates to Other Rules of International Law*, Cambridge, Cambridge University Press, 2003.
3. V., à cet égard, W.J. Davey, The WTO : Looking Forwards, *Journal of International Economic Law*, 2006, pp. 3 29.
4. V., notamment, l'art. IX, § 2 et l'art. X de l'accord instituant l'OMC.

très difficile. Cette difficulté est confirmée par le fait que, depuis 1995, les accords OMC n'ont été amendés qu'une seule fois [1].

Aussi la question de la réforme de cette organisation est-elle à l'ordre du jour sans pouvoir cependant déboucher sur des résultats tangibles. Comme à propos du FMI et de la Banque mondiale, les critiques relatives à l'idéologie résolument libérale de l'OMC ont redoublé après le déclenchement de la crise de 2007. Elles n'émanent pas seulement de la société civile internationale via des ONG d'inspiration tiers-mondiste plus ou moins marquée mais également de plusieurs prix Nobel d'économie politique dont Joseph Stiglitz et Paul Krugman. La croyance dans l'idée selon laquelle la libéralisation des échanges emporte quasi automatiquement tous les bienfaits est de plus en plus battue en brèche même si chacun voit également les dangers perpétuels de la renaissance des protectionnismes plus ou moins dissimulés. On retrouve par ailleurs des critiques également formulées contre le FMI et la Banque mondiale : transparence insuffisante de ses modes de décision ; insuffisante efficacité économique, insuffisante prise en considération des besoins propres aux pays en développement. On reproche également à l'OMC d'empiéter sur d'autres domaines, comme ceux de la santé ou de l'environnement, pour vouloir englober tout dans une logique de marché.

L'OMC connaît de plus la concurrence croissante des accords régionaux et bilatéraux de commerce, dont le nombre dépassant quatre centaines crée un réseau complexe de règles et menaçant la réalisation même de l'objectif d'unification des règles commerciales que s'étaient assignés les accords de Marrakech [2].

Le système de règlement des différends a été lui aussi mis en cause, mais ce genre de critique cache souvent des arrière-pensées, notamment de la part d'auteurs s'autorisant quant à eux d'une vision hostile à ce qui pourrait nuire à la liberté d'initiative des États membres. C'est notamment le cas du thème de « l'activisme » quasi judiciaire reproché à l'Organe d'appel, à certains égards victime des succès qui ont marqué sa mise en œuvre [3]. On évoque de plus régulièrement la proposition d'une professionnalisation des groupes de travail (panels) cependant que certains tenants, souvent brouillons, du courant dit « *law and economics* » s'accommodent mal de l'inscription du droit de l'OMC dans le

---

1. Le Conseil général avec la décision du mois de décembre 2005 (WT/L/641, 8 déc. 2005) a modifié l'accord TRIPs de façon telle à incorporer la décision de l'année 2003 qui donnait exécution à la Déclaration de Doha de l'année 2001 sur l'accord TRIPs et la santé publique. La décision produira effets juridiques quand elle sera ratifiée par deux tiers des parties contractantes. Sur l'importance de valoriser la fonction normative et sur la possibilité d'utiliser à cette fin notamment l'art. IX, v. C.-D. Ehlermann et L. Ehring, The Authoritative InterprÉtation under Article IX :2 of the Agreement Establishing the World Trade Organization : Current Law, Practice, and Possible Improvements, *Journal of International Economic Law*, 2005, pp. 803-824

2. V. B. Remiche, H. Ruiz-Fabri (dir.), *Le commerce international entre bi et multilatéralisme*, Bruxelles, Larcier, 2009.

3. V. la chron. paraissant à l'*AFDI* sur les rapports des groupes spéciaux et de l'Organe d'appel de l'OMC ; *AFDI* (2008), p. 445-465.

cadre de l'Ordre juridique international, ce qui le rend, comme on l'a dit plus haut, accessible à l'application des règles et principes généraux du droit international public [1].

c) Le Cycle de Doha est le tout dernier cycle de négociations commerciales entre les Membres de l'OMC. Engagé déjà en 2001, il visait à réformer en profondeur le système commercial international par la réduction des obstacles au commerce et des règles commerciales révisées. Le programme de travail comprend environ 20 domaines. L'un de ses objectifs principaux est d'améliorer les échanges commerciaux des pays en développement. On doit toutefois constater, plus de dix ans après le début de ces vastes négociations multilatérales, qu'elles demeurent dans l'impasse, principalement en raison de l'opposition entre les positions des États-Unis et celles des pays en développement y compris les pays émergents. Les mises en garde répétées du Directeur général de l'OMC sur les conséquences potentiellement très dangereuses pour l'ensemble de l'organisation de l'échec du cycle de Doha n'avaient toujours pas permis, au printemps 2016, une reprise prometteuse des négociations. On constate par ailleurs, d'une façon générale, une certaine tendance à la reprise de politiques protectionnistes ou assimilables (comme certaines restrictions à l'exportation) qui vont à l'encontre du principe même de l'OMC dont l'avenir paraît ainsi difficile à bien des observateurs. Dans le cadre de la 9e Conférence ministérielle ordinaire de l'OMC qui s'est déroulée en décembre 2013, les membres de l'OMC ont conclu les négociations sur une série de sujets du Cycle de Doha (paquet de Bali). Ce paquet de Bali contient un nouvel accord sur la facilitation des échanges ainsi que des décisions dans le domaine de l'agriculture et du développement. De plus, les membres de l'OMC se sont engagés à poursuivre leurs efforts en vue d'éliminer les subventions à l'exportation et d'établir des règles pour les mesures d'effet équivalent. Quatre décisions prises en faveur des pays les moins avancés (PMA) ont également permis de tenir compte de l'objectif du Cycle de Doha d'améliorer l'accès de ces pays aux marchés. Elles ont concerné la poursuite de la mise en œuvre d'un accès au marché hors taxes et hors quotas pour les PMA, des recommandations pour des règles simplifiées, un traitement préférentiel dans le domaine des services, ainsi que davantage de transparence et une meilleure surveillance des aspects touchant le commerce du coton. De plus, les pays en développement devaient profiter d'une plus grande souplesse lors de l'octroi de certaines subventions en faveur de la sécurité alimentaire. La conclusion du « paquet de Bali » a représenté sans doute un pas en avant dans le développement du cadre réglementaire multilatéral mais a laissé encore sans solution bien des problèmes. La conférence de Nairobi de décembre 2015 n'a pas permis de relancer les négociations du cycle de Doha. Sans doute

---

1. V. P.P. Kelly, Judicial Activism at the WTO : Developing Principles of Self-Restraint, *Northwestern Journal of Int'l L and Business*, vol. 22, 2002, p. 353-388 ; R.H. Steinberg, Judicial Lawmaking at the WTO : Discursive, Constitutional, and Political Constraints, *AJIL*, 2004. 247 s.

un accord important concernant les subventions aux exportations du secteur agricole a-t-il été trouvé. Aux termes de celui-ci, les pays développés devraient y renoncer dès à présent et les pays en développement à partir de 2018. Mais la conférence a échoué sur tous les autres sujets, y compris sur celui de l'entrée en vigueur de l'accord sur la facilitation des échanges conclu à Bali... Le cycle de Doha semble désormais voué à l'échec.

d) On doit par ailleurs constater que les échecs relatifs de l'OMC, en particulier du fait de l'extrême lenteur des progrès du « cycle de Doha », ont incité les États-Unis d'abord, bien d'autres États ensuite, à poursuivre et à amplifier leur politique de conclusions d'accords commerciaux bilatéraux ou régionaux dont les dispositions comportent au demeurant souvent des règles touchant aussi à l'investissement, la concurrence et la protection de l'environnement. Ainsi, les États-Unis ont-ils conclu un partenariat transpacifique avec onze États du pourtour pacifique. La Chine négocie de son côté un *Regional Comprehensive Economic Partnership* (RCEP) avec l'Inde et quatorze autres pays asiatiques, tandis que les cinquante-quatre membres de l'Union africaine discutent depuis 2015 d'une *Continental Free Trade Area* (CFTA). En 2016, l'Union européenne poursuivait de son côté les négociations en vue de la conclusion, d'une part, d'un accord de libre-échange avec le Canada (CETA) et, d'autre part, d'un accord de partenariat avec les États-Unis (TAFTA ou TIPP). Les négociations de ce dernier se heurtent encore à de nombreux obstacles d'ordre à la fois politique, technique et culturel entre les deux premiers partenaires régionaux du commerce international. Si elle devait aboutir, cette négociation, dont il est souvent dénoncé qu'elle soit menée dans un certain secret, confirmerait néanmoins une évolution préoccupante à plusieurs titres. S'inscrivant dans la course aux mégazones de libre-échange lancée au milieu des années 2000, elle contribuerait certainement à remettre en cause l'équilibre, déjà très fragile, et l'efficacité générale du système multilatéral de libéralisation du commerce et des échanges établi sur la base des accords de Marrakech. Les accords régionaux sont, certes, prévus, notamment par l'article XXIV du GATT de1994, mais ils présentent par nature un caractère discriminatoire ; celui-ci est difficilement compatible avec le maintien du respect du principe de la « nation la plus favorisée », pierre d'angle du système multilatéral établi dans le cadre de l'OMC dont l'avenir se trouve ainsi à bien des égards assez incertain !

B. Le rôle de l'ONU en matière économique [1]

602 ***La Charte*** ◊ Elle donne en premier lieu une compétence générale à l'ONU pour s'occuper de la coopération économique et sociale internationale (*GTDIP* n° 1).

1. V. P. Juillard, *Rapport au colloque de Nice de la SFDI sur les Nations Unies et le droit international économique*, Paris, Pedone 1986, p. 101 s.

Au-delà de la disposition très générale de l'article 1 paragraphe 3, le chapitre IX est consacré à cet objet et l'article 55, a et b, engage les Nations Unies à favoriser « le relèvement des niveaux de vie, le plein-emploi et des conditions de progrès et de développement dans l'ordre économique et social ». L'affirmation de l'obligation de coopérer dans le domaine économique faite aux États membres manifeste la volonté collective de parvenir à la réalisation de buts communs dont on a déjà rappelé précédemment les liens qu'ils entretiennent avec l'objectif prioritaire de l'Organisation qui est la réalisation de la paix internationale. Au titre de l'article 63, le Conseil économique et social, organe restreint spécialement affecté au sein de l'ONU au développement de la coopération économique, peut conclure des accords avec toute institution spécialisée compétente en ce domaine. L'autonomie des institutions spécialisées est cependant reconnue par l'Organisation.

603 ***La pratique*** ◊ Les deux organisations monétaire et financière, le FMI et la Banque mondiale, ont souvent manifesté leur volonté de faire respecter une indépendance statutaire reconnue dans leurs chartes constitutives respectives. L'Assemblée générale s'est même heurtée à plusieurs reprises à une très vive résistance de la part de ces deux institutions et notamment de la Banque mondiale, lorsqu'elle avait manifesté le désir d'influer sur sa politique d'octroi des prêts et garanties aux pays en développement. Ainsi qu'on le verra plus loin, c'est cependant dans le domaine du droit du développement que l'ONU, tant par l'intermédiaire de l'Assemblée générale que par celui du Conseil économique et social, a voulu jouer un rôle de coordination des différentes institutions intéressées.

Au-delà de son rôle de coordination, l'ONU s'est affirmée à partir des années 1960 comme le principal forum de discussion, mais aussi de conception de notions et de stratégies dans le domaine du droit international économique lié au développement des pays les plus démunis. Ceci s'explique aisément du fait du poids acquis par ces derniers au sein de l'Assemblée générale et du système de votation qui s'y trouve établi.

À l'inverse, les organisations financières comme le FMI et la Banque obéissant au principe de la pondération des voix en fonction du nombre des parts acquises par chacun des États membres sur le capital de l'organisation, placent les pays en développement dans une situation d'infériorité statutaire. Ceci contribue à expliquer qu'on ait eu souvent l'impression, en particulier dans les décennies 60 et 70, qu'il y avait nettement au sein de la « famille des Nations Unies » deux types d'organisations très distinctes correspondant à deux courants de pensée et deux philosophies économiques, à certains égards presque antagoniques. On a vu combien les organisations conçues à Bretton Woods étaient marquées par le libéralisme économique. Tout au contraire, l'Assemblée générale de l'ONU et les débats qui se prolongent au sein de sa seconde Commission ont développé des thèses beaucoup plus interventionnistes ; elles étaient fondées sur une certaine conception de la solidarité internationale, destinée à compenser les écarts de développement entre les membres par l'instauration de mécanismes corrigeant les défauts engendrés par le libre jeu des mécanismes de l'économie de marché. Cette tendance sera renforcée par la création de la CNUCED et de l'ONUDI (Organisation des Nations Unies pour le développement industriel), l'une et l'autre à l'origine organes subsidiaires de l'Assemblée générale (la seconde étant devenue depuis une institution spécialisée) créées et contrôlées par les pays en développement par la voie de résolutions.

Il faut par ailleurs signaler l'existence de commissions économiques régionales établies par le Conseil économique et social et placées sous son autorité. La Commission économique pour l'Europe (CEE/ONU), créée en 1947, a joué un rôle non négligeable dans le maintien et l'essor de la coopération Est-Ouest en Europe durant les quarante ans de scission provoqués par l'existence du « rideau de fer », notamment dans le domaine de l'économie, des transports et de l'environnement.

604 ***Compétence normative*** ◊ Une autre fonction importante de l'ONU en matière économique est la fonction normative. Elle s'est exercée essentiellement par voie de résolutions ; c'est dans une large mesure à propos des plus importantes d'entre elles que le débat sur la portée juridique de ces instruments formellement non obligatoires s'est trouvé posé (v. ss 399). On examinera au paragraphe suivant l'importance revêtue, notamment dans le domaine économique international, par les instruments de « droit vert » (*Soft Law*, v. ss 406 s.) dont beaucoup sont issus des travaux de l'Assemblée générale ou de ses organes subsidiaires.

L'ONU a également servi de cadre à l'élaboration d'instruments formellement obligatoires, conventions multilatérales générales au titre desquelles on peut sans doute citer la Convention des Nations Unies sur le droit de la mer, dont la partie XI, consacrée à l'établissement de l'Autorité du fond des mers et aux conditions d'exploitation des fonds marins, a un objet essentiellement économique.

Sans forcément déboucher sur des décisions spécifiques, les organes de l'ONU, en particulier l'Assemblée générale, servent de cadre à des forums périodiques d'évaluation des orientations et des besoins de l'économie à l'échelle mondiale. Ainsi en juin 2009, l'AG de l'ONU avait-elle tenté un premier bilan de la crise financière grave dont les économies des États membres venaient de connaître le premier volet. On avait en particulier noté l'intervention de M. Joseph Stiglitz, prix Nobel d'économie et président de la Commission d'experts mise en place par le président de l'Assemblée générale de l'ONU sur la réforme du système monétaire et financier international. Il avait alors estimé que cette crise montrait le haut degré d'interdépendance des économies à travers le monde et souligné qu'en l'absence de collaboration, le risque était grand de voir chaque pays recourir à son propre plan de relance sans égard suffisant pour les conséquences qu'une telle attitude pourrait avoir sur les pays partenaires. Il revient notamment à l'ONU, d'un commun accord avec le FMI et la Banque mondiale, d'inciter les États membres au renforcement de la coopération économique internationale en vue de la coordination de leurs politiques de relance.

605 ***Assistance technique*** ◊ Une fonction de caractère directement opérationnel est assumée par le Programme des Nations Unies pour le développement (PNUD). Il mène lui-même certaines opérations d'assistance, il en finance d'autres, exécutées par les institutions spécialisées et il coordonne l'ensemble de l'aide technique du système des Nations Unies. Les bureaux régionaux et locaux du PNUD constituent un réseau très largement implanté dans les pays en développement.

C. Organisations régionales

606 ***Diversité du phénomène*** ◊ Il ne saurait être question ici de décrire, fût-ce succinctement, les efforts de coordination et de coopération ou d'intégration des économies qui ont été consentis depuis la Seconde Guerre mondiale dans différentes régions du monde. Le phénomène affecte à des degrés et selon des modalités diverses les cinq continents.

a) L'Asie, longtemps restée à l'écart, comporte elle-même également aujourd'hui plusieurs structures de coopération dont l'ASEAN (regroupant la Malaisie, les Philippines, la Thaïlande, l'Indonésie, Singapour et Brunei) ou, à un moindre degré la SAARC (*South Asia Association for Regional Cooperation*), créée à Dacca (Bengladesh) en 1985 et qui regroupe le Bhoutan, l'Inde, les Maldives, le Népal, le Pakistan et le Sri-Lanka. Dans le domaine exclusivement économique, la Banque Asiatique du Développement, dont la création remonte à 1966, groupe aujourd'hui plus de quarante membres. Enfin, dans un cadre élargi à l'Océanie, sur initiative de l'Australie, on envisage également aujourd'hui la création d'une organisation de coopération économique de l'Asie et du Pacifique (APECO).

b) Les autres régions du monde, l'Europe, d'abord, mais aussi l'Amérique latine et l'Afrique comme le monde arabo-islamique, connaissent une assez grande variété d'organisations économiques régionales dont il faut bien dire que les succès ont été jusqu'ici très divers. En dehors du cadre très privilégié des Communautés européennes dont l'intégration économique et le rôle politique s'affirment de façon croissante, les efforts d'intégration tentés plus ou moins sur ce modèle, ou ceux qui visent plus modestement l'établissement de zones de libre-échange, notamment en Amérique Latine, n'ont pas encore permis de réaliser les objectifs qui leur étaient assignés à leur création (v. les expériences très médiocres de l'ALALC, Association latino-américaine de libre-échange, du Pacte andin, de l'ALADI, association latino-américaine d'intégration). Ceci est notamment dû à l'hétérogénéité existant entre les économies des États membres souvent confrontées, mais à des degrés divers, à des problèmes de développement tout à fait considérables. La remarque est encore plus justifiée s'il se peut à l'égard des expériences africaines (Conseil de l'Entente entre la Côte d'Ivoire, le Bénin, le Burkina-Faso, le Niger et le Togo, ou les diverses unions douanières et économiques de l'Afrique de l'Ouest comme l'UTEAO, l'UMOA ou encore, il est vrai peut-être à un moindre degré, la CEDEAO, Communauté économique des États de l'Afrique de l'Ouest, créée par le Traité de Lagos du 28 mai 1975).

Deux continents sont vraisemblablement promis à des évolutions à court ou moyen terme importantes en ce domaine : l'Europe, d'une part, avec l'élargissement progressif du nombre des pays membres de la CE ou étroitement associés à elle, ce qui ne pourra qu'avoir des incidences directes sur son fonctionnement interne et sa physionomie générale sinon sa vocation première ; la dernière née des organisations européennes à vocation économique est la BERD (Banque européenne pour la reconstruction et le développement) sur la base d'un accord du 29 mai 1990 [1]. Elle a largement contribué à favoriser les investissements publics et surtout privés, en vue de permettre aux pays de l'Est en transition de s'adapter à l'économie de marché [2] ; l'Amérique du Nord, d'autre part, après la conclusion d'un accord de libre-échange entre les États-Unis et le Canada, puis d'un autre entre les États-Unis et le Mexique, a établi une étroite coopération économique et surtout commerciale, avec l'accord de libre-échange nord-américain en 1992 (ALENA) et les négociations complémentaires portant notamment sur l'harmonisation des législations nationales de ces trois pays en matière sociale et d'environnement, achevées durant l'été 1993.

D. Les organisations de production [3]

607 ***Constat*** ◊ Pour être complet, un panorama des différents types d'organisations internationales à vocation économique devrait faire place à la mention des organisations instituées pour la production et la régulation d'un marché relatif à certaines matières premières, dont il faut cependant reconnaître que l'efficacité s'est révélée dans l'ensemble assez décevante. Même si différentes organisations internationales se préoccupent des problèmes posés par des produits de base, au premier rang desquels l'ONU et la CNUCED ou le GATT, des efforts avaient été accomplis dans les dernières décennies du XXe siècle pour instituer des accords internationaux spécifiques sur les produits de base, conclus entre pays exportateurs et pays importateurs. C'était le cas pour le sucre (1973), le blé (1971), pour l'étain (1976), pour les textiles, le cacao, le café, l'huile d'olive, le caoutchouc naturel et les bois tropicaux. À chacun de ces accords, périodiquement renouvelés, correspondait une organisation internationale particulière généralement dotée d'une assemblée ou conseil et d'un comité exécutif restreint. Certaines de ces institutions sont toujours chargées de gérer un stock régulateur institué pour lutter contre les fluctuations des cours.

1. Texte *in RGDIP* 1991/1, p. 234.
2. V. IHEI, *La BERD et les mutations en Europe centrale et orientale*, Travaux et recherches, Panthéon-Assas, Paris II, LGDJ, 1994, 316 p.
3. V. P.-M. Eisemann, *L'organisation internationale du commerce des produits de base*, Bruxelles, Bruylant, 1982, 409 p.

Ces accords doivent être dissociés de ceux exclusivement conclus entre producteurs et visant une sorte de cartellisation dont on a d'ailleurs pu douter de la légalité, en particulier au regard des règles du GATT. C'est dans le domaine de la production pétrolière que de telles organisations ont été établies. Elles sont constituées essentiellement de l'Organisation des pays exportateurs de pétrole (OPEP), instituée en 1960, et de l'Organisation des pays arabes exportateurs de pétrole (OPAEP), dont la création est plus récente (1968).

Les promoteurs de ces institutions avaient initialement espéré qu'elles constitueraient un instrument efficace de promotion d'un nouveau type de rapports avec les États consommateurs. Les succès très mitigés de l'OPEP, incapable de maîtriser dans des proportions satisfaisantes les cours du pétrole, de même que l'échec patent de certains des accords, comme celui sur l'étain, ont cependant montré les limites d'une telle solution [1]. La situation du marché des matières premières reste aujourd'hui instable, et demeure en grande partie tributaire de la fluctuation des cours. Au niveau régional, on constate par exemple que l'Union européenne est de plus en plus dépendante des importations de matières premières pour son industrie. En 2102, le taux de dépendance pour les minerais varie de 48 % pour le minerai de cuivre à 78 % pour le nickel et atteint 100 % pour des matériaux comme le cobalt, le platine ou le titane. Du fait de cette situation, la stratégie de l'UE s'efforce de lutter contre les restrictions à l'exportation, ce qui comprend les taxes, les interdictions d'exporter et la régulation. Le conflit porte en particulier sur les restrictions chinoises à l'égard de l'exportation des terres rares. Cette politique européenne qui vise notamment à lutter contre de telles restrictions dans les pays en développement engendre cependant à son tour les doléances de nombreux d'entre eux, notamment en Afrique. L'OMC, quant à elle, ne possède aucun accord spécifique pour réglementer le commerce des matières premières et de nombreuses questions s'y rattachant sont en fait gérées en dehors de ses structures. C'est notamment le cas des questions telles que la propriété des ressources naturelles, les politiques d'investissement, la protection de l'environnement et la lutte contre la corruption dans les transactions commerciales internationales. On retrouve ici encore l'importance du cycle de Doha mentionné plus haut (v. ss 601) et la gravité du blocage des négociations destinées à le faire aboutir.

§ 2. Les techniques juridiques

608 ***Sur l'autonomie du droit international économique*** ◊ Le lieu n'est pas ici de rouvrir le vieux débat, qui plus est largement dépassé, sur l'autonomie du droit international économique par rapport au droit international

1. V. P.-M. Eisemann, Crise du Conseil international de l'étain et insolvabilité d'une organisation internationale, *AFDI* 1985. 730 s.

général [1]. Beaucoup des caractères qui ont semblé marquer à ses débuts l'ensemble des normes internationales assignées à une finalité macro-économique, désignées généralement comme droit international économique, au sein duquel il faut aussi inclure le droit du développement, ont par la suite affecté d'autres branches du droit international telle, par exemple, celle qui a trait à la protection de l'environnement, ou plus largement, beaucoup des techniques juridiques actuelles en matière de coopération internationale, quel que soit par ailleurs son objet.

C'est, à bien des égards, une antériorité plus qu'une spécificité du droit international économique en fait d'affirmation des techniques juridiques nouvelles qu'il convient de souligner ainsi qu'on l'a examiné plus haut en détail, lorsqu'on étudiait les modes contemporains de formation du droit (v. ss 405). C'est en particulier le cas d'instruments juridiques non formellement obligatoires du type « code de conduite » tels celui adopté relativement aux conférences maritimes, ou celui se rapportant au transfert de technologies [2], ou les déclarations programmatoires adoptées par voie de résolutions, substitués aux traités internationaux classiques déterminant avec précision le contenu des obligations souscrites par les parties. Sans doute, encore aujourd'hui, plus que d'autres domaines du droit international, le droit international à finalité économique est-il caractérisé par la volonté de ses promoteurs de sauvegarder à leurs engagements réciproques un caractère souple et évolutif que la seule adoption de procédures formelles de révision des accords ou la prévision de dérogations à certaines obligations conventionnelles (clauses de sauvegarde), quoiqu'ici souvent utilisées, ne suffiraient pas toujours à garantir. Plus, sans doute, que d'autres secteurs du droit international, le droit international économique paraît se situer dans une sorte de négociation permanente au sein de laquelle la fixation d'objectifs programmatoires joue souvent un rôle important, quoiqu'évidemment non exclusif.

Il est commun d'affirmer que le droit international économique se caractérise par sa mixité ou sa pluridisciplinarité, mêlant à la fois du droit international proprement public (intéressant les rapports entre États ou les institutions internationales) et du droit international privé (concernant en particulier l'organisation par chaque droit interne des conditions d'établissement des relations d'échanges entre les nationaux et les étrangers, l'investissement des capitaux étrangers sur le territoire national, le règlement des litiges entre partenaires économiques de nationalités différentes, etc.). De fait, cette vicinité du droit public et du droit privé est ici particulièrement accentuée. Un tel état de choses se retrouve cependant

1. V. en particulier le rapport présenté par P. Weil, Le droit international économique : mythe ou réalité au Colloque d'Orléans de la SFDI, Paris, Pedone 1972, p. 3-34 ; D. Carreau, Le droit international économique face aux crises, *Mélanges C.A. Colliard*, Paris, Pedone, 1984, p. 105 s.

2. V. M. Bettati, Réflexions sur la portée du code international de conduite pour les transferts de technologies, *in Mélanges C.A. Colliard*, Paris, Pedone 1984, p. 83 s. ; M. Bedjaoui, L'Humanité en quête de paix et de développement, Cours général de droit international public (2004), *RCADI*, t. 325, 2006, 2e partie, p. 139-375.

d'une façon plus générale, par exemple à propos de l'ensemble des règles concernant la condition internationale des personnes et des biens.

SECTION 2. LE DROIT INTERNATIONAL DU DÉVELOPPEMENT [1]

609 ***Introduction*** ◊ Les pays en développement représentaient en janvier 2012 80 % de la population mondiale pour seulement 20 % du revenu mondial ; cependant leur poids dans l'économie mondiale ne cesse de croître. Perçus comme des marchés potentiels ou, d'ores et déjà, pour certains d'entre eux, comme de redoutables concurrents par les États développés (par exemple dans le domaine des textiles), ces pays revendiquent un rôle plus important au sein des institutions internationales et, particulièrement, de la Banque mondiale, du FMI et de l'OMC. Cette revendication est à mettre en perspective avec l'ensemble de celles que ces mêmes pays, au demeurant très disparates dans leurs niveaux de développement respectifs, ont articulées depuis près de cinquante ans. La dimension juridique de cette exigence a été baptisée dès les années soixante, notamment en France, du nom de « droit du développement », expression aujourd'hui moins utilisée que par le passé et, fait significatif, sans équivalent dans la doctrine anglo-saxonne au sein de laquelle le mot d'ordre inspiré par l'économie libérale reste plus près du célèbre « *trade not aid* » que de l'idée d'une assistance au développement par aide financière ou autre.

Inspiré d'une certaine idéologie des relations sociales entre les membres de la communauté internationale, le droit du développement est historiquement apparu comme un droit de revendication, très marqué par le contexte politique et économique dans lequel il s'est progressivement affirmé (1960-1980). Ici, le droit, en tant que technique normative, est perçu, au nom d'une certaine conception de la justice et de la solidarité internationale, comme un instrument actif de transformation des rapports entre États. Il est donc très éloigné des conceptions du positivisme volontariste classique. Cette ambition réformatrice a culminé au milieu de la décennie des années 1970, avec la revendication d'un « Nouvel ordre économique international ». Avec le recul du temps et l'échec manifeste d'un tel mot d'ordre, alors que la situation à laquelle il était censé remédier n'a fait depuis lors à bien des égards que s'aggraver, on peut formuler une première conclusion : pas plus qu'il n'avait suffi jadis à garantir par lui-même la paix [2], le droit ne saurait promouvoir à lui seul le développement. Cependant, même s'il connaît actuellement une perte de crédit certaine, due notamment à la crise de

1. V. G. Feuer et H. Cassan, *Droit international du développement*, Paris, Précis Dalloz, 2e éd. 1991, 612 p. ; SFDI, *Droit international et développement (colloque de Lyon)*, Paris, Pedone, 2015.

2. Mythe de « la paix par le droit », particulièrement cultivé à la fin du XIXe et au début du XXe siècle... avant les deux conflits mondiaux !

l'idéologie qui fut à son origine, le droit international du développement mérite qu'on en rappelle ici les caractères premiers, à la fois parce qu'il a marqué une étape importante du droit international de la seconde moitié du XXe siècle et parce que la persistance des déséquilibres économiques auxquels il entend remédier appelle d'une manière ou d'une autre son actualisation, fut-ce sous les espèces du développement durable, terme sous lequel on désigne l'objectif de conciliation entre nécessité du développement et impératif de protection de l'environnement. On doit du reste constater, à partir de l'année 2000, avec l'adoption des objectifs pour le millénaire, une volonté de relance de l'action des Nations Unies en faveur de l'action pour le développement. On retrouve la même volonté affirmée dans le document final adopté en octobre 2005 par 191 pays à l'issue du sommet mondial ayant réuni les chefs d'État et de gouvernement lors de la session annuelle de l'Assemblée générale (*GTDIP* n° *2*). Il fait lui-même référence aux objectifs du Millenium, au Consensus de Monterey issu de la Conférence internationale sur le financement du développement, tenue au Mexique en mars 2002, ainsi qu'au Rapport du sommet mondial pour le développement durable adopté à la conférence de Johannesburg en septembre de la même année. Le paragraphe 23 du document final de 2005 souligne que « la mobilisation de ressources financières en faveur du développement et l'utilisation rationnelle de ces ressources dans les pays en développement et dans les pays en transition sont essentielles à un partenariat mondial au service du développement ». La déclaration de 2005 a de plus été complétée par une série de promesses de la part des pays développés. Ils se sont notamment engagés à achever les objectifs du Millenium en faveur de la réduction de moitié de la pauvreté mondiale avant la fin de l'année 2015, en promettant de plus une cinquantaine de millions de dollars additionnels par an jusqu'à 2010 afin de combattre la pauvreté. La possibilité d'une élimination totale de la dette des pays pauvres parmi les plus gravement endettés reste envisagée [1]. La question est cependant de savoir, derrière l'emploi de cette phraséologie solennelle et de ces renvois successifs à des déclarations dont aucune n'a de portée juridique obligatoire, quelle est la volonté politique de promouvoir les objectifs affichés, en particulier de la part des pays du G8.

Dans le nouveau contexte dit de « globalisation » des échanges, on doit au demeurant constater que les pays en développement, loin de s'opposer forcément de façon frontale aux thèses du libéralisme, aimeraient au contraire que les pays industrialisés observent plus scrupuleusement ces mêmes principes à leur propre égard. Pour prendre un exemple concret, en 2002, un pays comme le Mali, qui compte parmi les PMA (« pays les moins avancés ») mais qui est aussi le second producteur de coton du continent africain après l'Égypte, aurait bien aimé pouvoir écouler librement sa production sur le marché international, sans se heurter au protectionnisme

1. Les pays en voie de développement ont pris seulement l'engagement de rédiger avant la fin de l'année 2006, des plans d'action nationaux afin d'achever les objectifs de la Déclaration du Millenium sur le développement.

redoublé des États-Unis, eux-mêmes premiers producteurs de coton au monde. La revendication du droit au développement, loin d'avoir perdu de son actualité, prend au contraire des dimensions nouvelles, au sein même du contexte de libéralisation (théorique) des échanges censés caractériser la globalisation. On comprend, dans ces conditions, que les trois derniers cycles de négociations multilatérales de l'OMC dont en particulier celui de Doha, malheureusement dans l'impasse depuis plusieurs années, aient été appelés à se pencher tout particulièrement sur la situation des pays en développement sur le marché mondial.

Pour illustrer l'actualité de la revendication du développement et des moyens juridiques propres à favoriser son essor, on rappellera que, dans son rapport du 12 septembre 2000 intitulé « attaquer la pauvreté », la Banque mondiale avait déjà constaté : « durant les quarante dernières années du XXe siècle, l'écart entre pays riches et pays pauvres a tout simplement doublé, même si le nombre des États ayant accompli leur décollage économique durant la même période n'est pas négligeable ». La revendication du droit « au développement », quoiqu'elle ne soit plus exprimée sous cette forme, n'a donc rien perdu de son actualité, tout au contraire [1], même si elle est rendue aujourd'hui plus complexe dans le contexte de la montée en puissance de grands pays émergents comme la Chine, l'Inde ou le Brésil. Ces pays conjuguent en effet des performances économiques enviables par les pays occidentaux avec le maintien, dans bien des secteurs, des caractéristiques de pays en développement. Aujourd'hui, la revendication du développement s'exprime, en outre, selon des conceptions qui associent développement et protection de l'environnement sous l'égide du concept de « développement durable ». Les organisations internationales telles la Banque mondiale ou le FMI insistent aussi sur l'idée générale de « bonne gouvernance » [2] dont l'une des traductions concrètes est la lutte contre la corruption, à laquelle une convention de l'OCDE de 1997 et une Convention des Nations Unies du 31 octobre 2003 sont consacrées.

Au demeurant, le droit international du développement tel qu'il est né dans les années soixante et s'est affermi jusqu'à maintenant est loin de se couper de tous les acquis du droit international classique. Parce que ce dernier est par excellence protecteur de la volonté de l'État souverain, les pays en voie de développement l'invoqueront en bien des cas pour revendiquer une égalité formelle avec les États développés. Mais parce que cette égalité formelle, tout autant sinon davantage encore dans l'ordre international qu'interne, avoue ses insuffisances et sa précarité, ils en appellent aussi à son dépassement par la référence à la solidarité sans laquelle ils ne sauraient accéder, dans l'ordre matériel, à la réduction progressive des inégalités concrètes, c'est-à-dire économiques.

---

1. V. G. Feuer, Libéralisme, mondialisation et développement, À propos de quelques réalités ambiguës, *AFDI* 1999, 148-164.

2. V. J. Lenoble et M. Maesschlack, *Towards a theory of Governance : The Action of Norms*, La Haye, Kluwer, 2003, 362 p.

§ 1. Souveraineté et égalité

610 ***Données du problème*** ◊ Les nouveaux États arrivés dans la société internationale après la décolonisation des années 1960 ne constituent pas à eux seuls la catégorie des pays en développement, tant s'en faut [1]. Ce sont cependant ces États arrivés tard dans le concert des nations qui, à défaut d'en avoir déjà l'expérience, se sont d'autant plus prévalus de la qualité d'États souverains pour affirmer leur identité. À cette qualité s'attache en effet, par application du droit international le plus classique, tout un faisceau de compétences déjà examinées par ailleurs. Ils s'en prévaudront bien sûr dans les relations avec les autres États, ceux qui existaient avant eux et avaient constitué l'ordre international au sein duquel ils surgissent. Ils utiliseront également cette qualité pour devenir membres des principales institutions internationales, universelles ou régionales, afin d'exercer en leur sein tous les droits qui s'attachent à la qualité de membre. Ils vont même, par le poids de leur nombre, acquérir le contrôle des majorités au sein des organes pléniers de ces institutions dont ils feront les tribunes privilégiées de leurs doléances (v. ss 377-379).

A. Droit des peuples et souveraineté sur les ressources naturelles

611 ***Revendication de la souveraineté formelle*** ◊ On a déjà présenté plus haut au titre de la théorie générale de l'État en droit international les liens existant entre souveraineté et égalité des États ainsi que les corollaires qui s'y rattachent, en particulier le caractère général et exclusif des compétences que l'État exerce sur son territoire, ainsi que l'obligation corrélative des tiers de ne pas s'ingérer dans ses affaires intérieures. Tous ces apanages de la souveraineté sont ainsi revendiqués par les nouveaux États. L'indépendance est à l'origine de la souveraineté nouvellement acquise mais la souveraineté elle-même, entendue au sens le plus classique du terme, est aussi la première garante de cette indépendance.

612 ***Droit des peuples et souveraineté réelle*** ◊ Dans le contexte établi par la Charte des Nations Unies, l'indépendance des États issus de la décolonisation a été acquise en invocation du « droit des peuples à disposer d'eux-mêmes », déjà énoncé, mais sans indication de ses implications pratiques, à l'article premier alinéa 2 de la Charte de l'ONU (v. ss 50). Le 14 décembre 1960, l'Assemblée générale de l'ONU adoptait la résolution 1514 (XV) intitulée « Déclaration sur l'octroi de l'indépendance aux pays et peuples coloniaux » (*GTDIP* n° 5). Elle y affirme que « tous les peuples

---

1. Différentes classifications des pays en développement ont été définies notamment au sein d'organisations internationales telles que le GATT, l'ALALC ou la CNUCED. Elles ont été établies par référence à différents critères dont le premier est le niveau de développement. V. G. de Lacharrière, Identification et statut des pays « moins développés », *AFDI* 1971.

ont le droit de libre détermination », après avoir rappelé que le maintien de la domination coloniale constitue un « déni des droits fondamentaux de l'homme, qu'il est contraire à la Charte des Nations Unies et compromet la cause de la paix et de la coopération mondiale ».

Le peuple, alors assimilé de façon exclusive aux populations colonisées, vient au secours de la conception classique de la souveraineté pour rappeler que celle-ci s'exerce non seulement sur le territoire national mais aussi sur les ressources naturelles qu'il contient. Cette affirmation, explicitée notamment de façon particulièrement solennelle, par les résolutions 1515 (XV) de 1960 et 1803 (XVII) du 14 décembre 1962 (*GTDIP* n° 57), puis en 1974, par la Charte des droits et devoirs économiques des États (*GTDIP* n° 58), était déjà impliquée par la conception classique des compétences territoriales. Mais elle se grève ici d'une portée ouvertement revendicative sinon révolutionnaire. Sur cette base, en effet, les pays en développement vont ensuite entreprendre de récupérer, le plus souvent par la nationalisation des sociétés étrangères affectées à leur exploitation, la maîtrise effective de ces ressources naturelles, généralement minières (v. ss 625).

Ainsi, qu'ils procèdent ou non directement de la vague de la décolonisation des années cinquante à soixante-cinq, les pays en voie de développement affirment la globalité de la souveraineté, à la fois politique et économique. Dans ce processus, le concept de « peuple » vient relayer en même temps qu'il étaye la souveraineté en donnant à celle-ci une légitimité nouvelle. Ils voudront dès lors affecter le principe du droit des peuples d'une valeur normative suprême en l'admettant par excellence au nombre des règles indérogeables parce qu'impératives *(jus cogens)* (v. ss 277).

B. Égalité formelle et pouvoir de la majorité

613 ***Traités et résolutions*** ◇ Au titre de l'égalité formelle, les nouveaux États ne répugnent pas à utiliser l'instrument classique du traité international, moyen le plus sûr de créer pour toutes les parties contractantes des obligations au contenu clairement défini, identiques pour tous. Cet intérêt pour l'instrument conventionnel s'est notamment manifesté lors de la négociation de la Convention de Vienne de 1969 sur le droit des traités, dont on sait tout ce que la partie V, relative aux nullités, doit à l'apport des pays en développement (v. ss 268). De fait, s'ils pouvaient être garantis de l'acceptation par les pays industrialisés à économie de marché des principales de leurs revendications en matière de développement au sein de conventions multilatérales générales, les pays en voie de développement recourraient plus volontiers à ces instruments. Chaque fois que les conditions le permettent, et notamment dans le cadre bilatéral, ils recourent ainsi à l'accord, soit pour établir avec un pays développé les modalités de leur coopération, soit pour constituer des organisations régionales, soit encore pour définir les modalités de protection et de garantie des investissements des ressortissants des États développés sur leur propre territoire.

Pourtant, comme on l'a vu par exemple à propos du droit des peuples à disposer d'eux-mêmes et de la souveraineté sur les ressources naturelles, c'est par voie de résolution que les grands principes du droit du développement ont pour la plupart été établis. La raison en est simple et bien connue : à défaut d'obtenir l'accord formel des pays industrialisés par voie conventionnelle, particulièrement durant la période couvrant les décennies soixante à quatre-vingt-dix du siècle dernier, les pays en voie de développement ont utilisé le pouvoir de la majorité qu'ils détiennent au sein des organes pléniers des organisations et d'abord de l'Assemblée générale des Nations Unies pour affirmer de tels principes. Afin de triompher de la portée formellement non obligatoire de tels instruments, ils ont entendu faire prévaloir leur contenu sur leur nature juridique. Pour l'avoir examiné par ailleurs, on ne reprendra pas ici l'exposé des thèses en présence, relativement à la valeur juridique des résolutions des Nations Unies ni les conditions auxquelles on s'accorde généralement aujourd'hui à leur reconnaître une certaine portée (v. ss 395) [1].

614 ***La revendication du Nouvel ordre économique international*** ◊ Cet appel militant à l'égalisation des conditions économiques effectives entre le Nord et le Sud peut avec le recul du temps sembler à certains égards bien décalé par rapport à la situation présente ; non que les objectifs qu'il se fixait aient été atteints, bien au contraire, mais parce qu'il se situait à une époque où les pays en développement avaient encore pu affirmer et sauvegarder pour un temps une cohésion suffisante au sein des instances délibérantes des principales organisations internationales, à commencer par l'ONU elle-même. Il est cependant nécessaire, pour comprendre l'une des étapes du développement du droit international dans le dernier tiers du XXe siècle, de savoir de quoi était faite cette revendication, dont le contenu substantiel est loin d'être forcément dépassé. Le lancement du mot d'ordre du « nouvel ordre économique international » s'est précisément fait pour l'essentiel par voie de résolutions internationales et on lui doit en partie la fortune de la « *soft law* » (v. ss 405 s.). Deux textes présentaient à cet égard une importance particulière : la Déclaration concernant l'instauration d'un Nouvel ordre économique international, Résolution 3201 (SVI) de l'Assemblée générale de l'ONU (1er mai 1974), associée à un programme d'action concernant l'instauration du Nouvel Ordre adopté le même jour, et la Charte des droits et devoirs économiques des États, Résolution 3281 (XXIX) du 12 décembre 1974 (*GTDIP* n° 58). La conjoncture particulière offerte par les suites du premier choc pétrolier (1973) avait en effet rendu possible l'adoption de ces textes. On y retrouve sous une forme solennelle et un ton particulièrement revendicatif la quintessence des principes du droit international du développement déjà affirmés dans la phase antérieure. Les principes d'égalité souveraine, de non-ingérence dans les

1. V. aussi G. de Lacharrière, *Tendances contradictoires en matière de consentement des États*, colloque SFDI de 1974, *L'élaboration du droit international*, Paris, Pedone, 1975, p. 183 s.

affaires intérieures, de souveraineté sur les ressources naturelles et l'obligation générale de coopération pour le développement, notamment par le transfert des technologies, y sont détaillés. Il est d'ailleurs à noter que chacun de ces deux textes a fait l'objet de réserves, ce qui peut paraître surprenant étant donné que cette technique est par excellence réservée au droit international des conventions multilatérales [1]. La Charte des droits et devoirs économiques des États fut même adoptée dans des conditions encore plus particulières puisqu'elle avait été discutée et votée article par article. Ce texte marque l'apogée de la revendication émanant des pays en développement dont la cohésion, au sein de l'Assemblée générale, était alors particulièrement forte. L'ampleur des désaccords existant entre les pays en développement d'une part et les pays industrialisés à économie de marché d'autre part était alors à son comble.

Par la suite, le retournement de la conjoncture économique, et particulièrement des prix du pétrole ainsi que d'autres matières premières, a considérablement affaibli les positions des pays en développement dont l'entente s'est de plus profondément lézardée. La Déclaration sur le nouvel ordre économique international comme la Charte des droits et devoirs économiques des États marquent ainsi les limites du pouvoir tribunitien des pays en développement et celles de l'efficacité normative des résolutions. Elles présentent néanmoins l'intérêt de regrouper différentes revendications autour du mot d'ordre du NOEI, concernant en particulier l'organisation des moyens techniques de compenser les inégalités par l'appel à la solidarité internationale.

§ 2. Inégalités compensatoires et solidarité

615 ***Dépassement de l'égalité formelle*** ◊ L'affirmation initiale de la souveraineté avait amené les nouveaux États à s'appuyer sur les acquis du positivisme volontariste classique pour sauvegarder leur indépendance au nom de l'égalité formelle entre États. La volonté de sortir du sous-développement les incite également, de façon apparemment paradoxale mais en réalité complémentaire, à proclamer leur différence, non pas seulement ni même d'abord culturelle, mais avant tout économique. Dénonçant les conceptions libérales qui avaient présidé à la création des grandes institutions internationales économiques de l'après-guerre (FMI, BIRD et GATT), les "nouveaux États" et plus largement l'ensemble des pays en développement n'hésiteront pas à demander, à partir notamment de la création de la CNUCED (Conférence des Nations Unies pour le commerce et le développement) en 1964, la mise en place, grâce au droit, de mécanismes et de normes compensatoires destinés à prendre en compte leurs inégalités réelles pour mieux en venir à bout.

---

1. V. B. Stern, *Un nouvel ordre économique international ?*, Paris, Economica, 1983. Recueil de textes et de documents précédés d'une présentation substantielle.

Les textes « programmatoires » sur lesquels se fondent ces revendications émanent d'abord de l'Assemblée générale de l'ONU mais aussi des instances plus directement constituées par et pour les pays en voie de développement eux-mêmes : d'abord le mouvement des non-alignés, dont les réunions vont ponctuer la période allant de 1965 à 1975 et joueront un rôle déterminant dans l'articulation des revendications du NOEI, ensuite le « groupe des 77 » du nom donné à leur coalition au sein de la CNUCED, organisation subsidiaire créée à leur initiative par voie de résolutions dans le cadre de l'ONU, et destinée ouvertement à combattre le « laissez-faire, laissez-passer » qui prévaut en matière commerciale sous l'égide du GATT.

Dans la perspective du « NOEI » le devoir de solidarité n'était plus seulement fondé sur la charge d'aide que l'histoire aurait léguée aux anciennes puissances coloniales. Dans l'esprit du NOEI, qui constituait d'abord l'orchestration diplomatique d'une idéologie normative, cette obligation gagnera globalement l'ensemble des rapports du Nord avec le Sud, au nom de l'appartenance de tous les États à une même « communauté internationale » dont René-Jean Dupuy a bien montré que la vertu mobilisatrice tenait précisément à sa nature partiellement mythique [1]. On remarquera d'ailleurs la concordance des dates : l'invocation militante de la solidarité au nom de la communauté, favorisée par la convocation des deux premières CNUCED en 1964 et 1968, correspond dans l'ordre économique à son émergence sur le plan strictement normatif, dans la codification de l'une des parties les plus classiques du droit international, à l'article 53 de la Convention de Vienne sur le droit des traités (relatif au *jus cogens*) en 1969 [2].

A. Les inégalités compensatoires

616 ***Dualité des normes juridiques ?*** ◇ L'instauration d'inégalités compensatoires a été conçue en particulier pour traiter différemment les exportations des pays en voie de développement de celles des États développés, afin de rétablir les conditions d'une concurrence équilibrée avec les produits des pays industrialisés. Pour parvenir à cet objectif, les pays qu'on disait alors du « groupe des 77 », demandaient une différenciation des règles applicables aux États du Nord et à ceux du Sud, en avançant l'idée d'un « double standard de droits » ou d'une dualité des normes. Ce projet n'a pourtant été réalisé, de façon au demeurant très imparfaite, que dans un nombre assez restreint de cas, intéressant le commerce international. On ne saurait dès lors retenir l'idée que la dualité des normes constitue un principe général du droit international contemporain, ni même du seul droit international du développement. Sa généralisation serait au demeurant dangereuse pour le maintien de l'unité et de la cohésion de l'ordre juridique international.

---

1. V. R.-J. Dupuy, *La Communauté internationale entre le mythe et l'histoire*, Paris, Economica/Unesco, 1986, 182 p.

2. V. G. de Lacharrière, L'influence de l'inégalité de développement sur le droit international, *RCADI* 1973, vol. 139, p. 227-268.

Pourtant, dans certains domaines, comme notamment celui du droit de la responsabilité, la prise en considération du niveau de développement pourrait éventuellement constituer, du moins dans certains cas envisagés concrètement, un facteur à prendre en considération pour établir la mesure du manquement par un État à ses obligations internationales. Certains juristes originaires des pays en développement, tels en particulier M. Bedjaoui, ont toutefois eux-mêmes critiqué la conception d'un « droit international à deux vitesses » qui risquerait d'entrer en contradiction directe avec la revendication concomitante d'égalité souveraine articulée par les mêmes États démunis. En dehors du domaine du commerce international, une manifestation plus récente d'un double standard de droit a été donnée en matière de protection de l'environnement, par le Protocole de Montréal sur la protection de la couche d'ozone, adopté en 1987 et révisé depuis. Elle se retrouve dans les deux conventions adoptées à la Conférence des Nations Unies tenue à Rio en juin 1992, l'une sur la protection du climat, l'autre sur la conservation des ressources biologiques (v. ss 690 s.).

617 ***Vers un droit « situationnel » ?*** ◊ On s'est plutôt orienté vers l'élaboration d'un droit de l'État situé, dans laquelle, secteur par secteur, il est tenu compte des spécificités réelles de certains d'entre eux. C'est notamment sur cette base qu'ont été établies les classifications des pays en développement comme par exemple, en droit de la mer, la catégorie des « États en développement, géographiquement désavantagés ou, d'une façon plus générale, celle des pays les moins avancés » (PMA). Ces catégories, conçues le plus souvent dans le contexte des Nations Unies, tentent de combiner la revendication d'égalité formelle des États souverains avec la prise en compte des disparités effectives de développement.

618 ***Tentatives de protection du commerce des pays en développement*** [1] ◊ Différents types de mesures furent tentés depuis les années soixante pour améliorer le commerce des pays en développement. Comme on l'a vu plus haut, l'effort a porté en premier lieu sur les produits de base dont les économies des pays concernés, insuffisamment diversifiées, sont encore très largement dépendantes. Il s'agit de lutter contre les fluctuations des cours du marché mondial et contre la détérioration des termes de l'échange [2]. Avec l'encouragement de la CNUCED, fut conclue, de 1965 à 1983, la série des accords sur les produits de base déjà mentionnée au titre des institutions internationales économiques (v. ss 607) [3]. Ces accords ont généralement recours à deux procédés : d'une part, le contingentement

1. V. Z. Haquani, *Le Nouvel ordre commercial international*, Paris, Economica 1984 et, sous la direction du même auteur, *Commerce et développement à l'horizon 2000*, Paris, Economica, 1991.

2. Les prix des matières premières exportées par les PVD diminuent en effet alors que ceux des produits manufacturés exportés par les pays industrialisés augmentent.

3. V. Cl.-A. Colliard, *Institutions des relations internationales*, Paris, Dalloz, 1990, p. 779 s. Les accords concernent le sucre, le blé, l'étain, les textiles, le cacao, le café, l'huile d'olive, le caoutchouc naturel et les bois tropicaux.

des exportations et d'autre part l'instauration d'un stock régulateur. Dans certains cas, comme par exemple pour l'accord sur le cacao de 1975, ils combinent les deux méthodes. D'autres initiatives furent également prises en faveur de la commercialisation des produits de base dans le cadre de la CNUCED comme en particulier l'instauration du « Programme intégré pour les produits de base » doté d'un Fond commun pour financer les stocks internationaux de produits de base, également destinés à la régulation des marchés. Cependant, le Programme a connu de grandes difficultés de réalisation, dues notamment à la réticence active des États-Unis, et l'accord prévoyant la création du fond commun, qui remonte à juin 1980, n'est finalement entré en vigueur que le 19 juin 1989 [1].

Les résultats obtenus sur cette base ont été dans l'ensemble assez décevants et c'est plutôt dans le cadre des Conventions de Lomé, conclues entre la CE et les États ACP (Africains, Caraïbes et du Pacifique) que le bilan a été plus favorable. Ces conventions comportaient également des mécanismes de stabilisation des recettes d'exportations pour un certain nombre de produits déterminés. Il s'agissait du STABEX relatif à la compensation des déficits de recettes d'exportations des pays en développement ACP, et du SYSMIN, plus spécialement affecté à la commercialisation de la production minière. L'un comme l'autre ont été profondément rénovés par l'accord de Cotonou qui est entré en vigueur au mois d'avril 2003. Le mécanisme général de compensation des déficits de recettes d'exportation a été maintenu mais il a été simplifié. Les systèmes STABEX et SYSMIN ont été unifiés et la possibilité de compensation a été admise pour n'importe quel produit d'exportation [2]. Le succès de ces instruments par rapport aux accords sur les produits de base est lié à deux facteurs qui rendent la compensation des déficits de recettes d'exportation plus flexible. Premièrement, les systèmes conçus par la CE ne prévoient pas la création de stocks régulateurs. D'ici la possibilité de les utiliser aussi pour la stabilisation de prix des produits périssables. Deuxièmement, cette formule de compensation a l'avantage de ne pas influencer la loi naturelle du marché.

S'agissant du commerce des articles manufacturés, l'une des préoccupations fondamentales des pays en développement a été de longue date la mise à l'écart des règles classiques du GATT, fondé sur la clause de la nation la plus favorisée, pour instaurer un système de préférence tarifaire en faveur des produits exportés par les pays en développement. Les parties contractantes du GATT'47 décidèrent donc d'ajouter à l'accord originaire une Partie IV, qui prévoyait que des pays industrialisés n'attendraient pas de réciprocité pour les engagements pris par eux dans des négociations commerciales avec les pays en développement. Toutefois ces dispositions ne créaient pas d'obligations directement contraignantes à la charge des États membres de l'accord. Elles étaient subordonnées à l'achèvement des négociations commerciales entre

1. V. A. Mezgari *in Commerce et développement à l'horizon 2000*, Paris, Economica, 1991, p. 53 s.

2. V. D. Dormoy, Lomé IV, les négociations et l'accord, *RGDIP* 1990. 635 s. V. B. Martenczuk, From Lomé to Cotonou : The ACP-EC Partenership Agreement *in* Legal Perspective, *European Foreign Affairs Review*, 2000, p. 479.

les parties intéressées. Pour concrétiser cet objectif, un accord est intervenu dans le cadre de la CNUCED en 1970, pour la mise en place effective d'un « système généralisé de préférence », accordé aux pays en développement par les pays industrialisés, sans réciprocité ni discrimination. Ce système a été incorporé dans le cadre du GATT en 1971 sous forme de dérogation temporaire de la durée de 10 ans à l'art. I du GATT, dérogation qui est devenue permanente en 1979 grâce à une décision des parties contractantes adoptée par consensus appelée *Enabling clause*.

Les négociations de l'Uruguay Round et les accords qui ont été conclus à l'occasion de l'institution de l'OMC signent un changement d'approche important par rapport au passé. Le système OMC, en effet, en principe, ne prévoit pas un double régime de normes pour régir les relations entre Pays industrialisés d'un côté et Pays industrialisés et Pays en voie de développement de l'autre. Toutes les parties, quel que soit leur niveau de développement économique sont en principe tenues de respecter l'ensemble des règles OMC. L'absence, de manière générale, d'un double régime normatif est significative ; elle témoigne d'un choix de volonté de relancer le libéralisme en tant qu'instrument de réglementation des relations commerciales à l'échelle mondiale.

Cette approche générale n'exclut pas la possibilité de prévoir des dérogations spécifiques en faveur des pays moins développés. Ces dérogations acquièrent toutefois, dans le contexte de l'OMC une signification différente de celles prévues dans le cadre du GATT 47. Dans l'OMC, la dérogation est structurellement temporaire de façon à permettre aux PVD dans un laps de temps plus long de s'insérer pleinement dans le marché libre mondial. On parle à ce propos d'une réglementation entre Nord et Sud fondée sur le principe de la gradualité. Les accords OMC prévoient aussi la possibilité de pondérer le traitement préférentiel en fonction du niveau de développement de l'État intéressé. Jusqu'à présent, ce principe de différenciation à l'intérieur du bloc des Pays du Sud a connu une certaine difficulté à être appliqué en raison de l'absence de critères objectifs dans le cadre de l'OMC pour classifier les parties contractantes en fonction de leur niveau de développement. Cela dit, il y a désormais un consensus assez large sur la liste de pays qui tombent dans la catégorie des pays moins avancés [1].

619 ***Transferts de technologie*** ◊ Ce secteur, qui a été l'un des éléments les plus importants de la revendication du « nouvel ordre » à partir des années soixante, n'a cependant, lui non plus, pas connu de succès considérables. C'est particulièrement la question des transferts de technologies qui a occupé pendant de nombreuses années différentes instances internationales dont en particulier la CNUCED, sans toutefois que l'on puisse parvenir à l'adoption d'une convention multilatérale acceptable par tous. Cette question est pourtant de première importance. D'une façon générale en effet, les pays en développement n'ont qu'une maîtrise très incomplète des

1. V. P. Picone et A. Ligustro, *Diritto dell'Organizzazione mondiale del commercio*, Padoue, Cedam, 2002, p. 459-463.

différentes formes de technologies ou de savoir-faire dont la connaissance est pourtant nécessaire, notamment au développement industriel. Ils sont ainsi contraints d'acquérir, souvent à des coûts très élevés, les licences et droits d'exploitation de certains procédés techniques ou marques de fabrique. C'est la raison pour laquelle, dès 1964, les pays en développement réclamèrent des mesures appropriées dans ce domaine. La rédaction d'un code de conduite sur les transferts de technologies fut confiée à un groupe d'experts qui parvint à élaborer un texte relativement détaillé au début des années 1980 [1]. Le commerce des services est aujourd'hui couvert par l'un des nouveaux accords multilatéraux du commerce, l'Accord général sur le commerce des services (GATS) qui comporte certaines dispositions en faveur des pays en développement (Art. IV).

Le recours à la formule des codes de conduite est relativement fréquent en droit international économique. Ces textes énoncent une série de lignes directrices ou règles de comportement souvent destinées à une multiplicité de partenaires, publics et privés, en fonction de leur activité comme agents économiques. Sauf exception, comme ce fut le cas pour le code de conduite des conférences maritimes, adopté sous forme conventionnelle le 6 avril 1974, ils ne sont pas intégrés dans un traité international. On peut ainsi citer les Principes directeurs de l'OCDE à l'intention des entreprises multinationales, la Déclaration des principes tripartites sur les entreprises multinationales et la politique sociale adoptée par le BIT ou bien encore, entre autres exemples, le Code international pour la commercialisation des substituts des laits maternels voté par l'Assemblée mondiale de la santé [2].

En l'occurrence, l'adoption définitive du code sur les transferts de technologies s'est heurtée aux dissensions profondes existant entre pays en développement et pays industrialisés à économie de marché, tant à propos du contenu du code que surtout, de sa nature juridique. Luttant ici à fronts renversés, c'étaient les pays en développement qui étaient et demeurent favorables à l'adoption du code sous une forme conventionnelle, alors que les pays occidentaux se prononcent au contraire en faveur d'un texte facultatif de quelque type qu'il soit, pourvu qu'il soit dépourvu de sanctions juridiques et ne se substitue pas aux droits existants tant internes qu'internationaux. L'insuccès du code sur le transfert des technologies est bien davantage dû à la persistance de ce désaccord qu'à l'imprécision inhérente à ce type d'instruments quant à sa portée juridique. Il n'est pas rare en effet, dans le domaine économique, que des normes de référence adressées à l'ensemble des agents économiques concernés par une branche d'activité aient une influence certaine sur leur comportement. La difficulté que la doctrine juridique classique éprouve à appréhender les codes de conduite ne suffit pas à les disqualifier. C'est ainsi qu'en dépit

1. Y. Daudet et R.-F. Bizec, *Un code de conduite pour le transfert de technologie*, Paris, Economica, 1980 ; A.A. Yusuf, L'élaboration d'un code international pour le transfert des technologies : bilan et perspectives, *RGDIP* 1984. 781 s.

2. V. Nguyen Huu Tru, Les codes de conduite : un bilan, *RGDIP* 1992/1, p. 45.

de ses déboires divers, le projet de code de conduite sur les transferts de technologies a influencé directement le contenu d'un certain nombre de législations nationales dans ce même domaine [1].

Dans un domaine distinct mais connexe, on notera que lors de la conférence de Doha, en novembre 2001, les États membres de l'OMC sont parvenus à un accord sur l'assouplissement du droit des brevets sur les médicaments, en vue de protéger la santé publique. La définition des exceptions à la règle du brevet est élargie au traitement des pandémies comme le SIDA. Le lien avec les transferts de technologie tient en ceci que les médicaments efficaces peuvent désormais être copiés à bas prix, grâce au système de licence obligatoire.

B. Le droit de solidarité

620 ***Droit au développement*** [2] ◊ Au cours de la décennie des années 1980, l'effort d'articulation du droit à des fondements éthiques s'est traduit par l'affirmation progressive d'un droit au développement consacré par la résolution 41/128 de l'Assemblée générale de l'ONU, adoptée le 4 décembre 1986. Cette résolution énonce que « l'être humain est le sujet central du développement et doit donc être le participant actif et le bénéficiaire du droit du développement » (v. ss 212). Ce texte opérait par lui-même une évolution intéressante. Alors que le droit du développement constitue en très large mesure un catalogue de revendications des États du Sud à l'égard de ceux du Nord, le droit au développement, en recentrant la croissance économique autour de la personne humaine, affirme le développement comme un droit de l'individu face à son propre État, autant sinon davantage que comme une interpellation d'États à États, effectuée à sens unique. Il n'est pas certain que tous les dirigeants des pays en développement aient toujours voulu percevoir les implications, notamment internes, de cette Déclaration à l'adoption de laquelle certains États occidentaux, dont la France, ont d'ailleurs pris une part non négligeable. On doit cependant constater que, plus de cinq ans après son adoption, cette Déclaration n'a pas pour l'instant donné lieu à des évolutions véritablement tangibles.

621 ***Le problème de la dette*** [3] ◊ Dans les dernières décennies, au-delà des déboires et des déconvenues engendrés par l'insuccès de la stratégie du NOEI, c'est en grande partie autour du problème du traitement de la dette des pays en développement envers les États et les banques privées du monde occidental que s'est manifestée l'idée de solidarité pour le développement.

1. V. M. Bettati, Réflexions sur la portée du Code international de conduite pour le transfert de technologies : éloge de l'ambiguïté, *in Études offertes à Cl.-A. Colliard*, Paris, Pedone, 1984, p. 83 s. ; E. Decaux, La forme et la force obligatoire des codes de bonne conduite, *AFDI* 1983. 81 s.
2. V. G. Abi-Saab, Le droit au développement, *ASDI* 1988. 5 s.
3. V. *L'endettement international*, Paris, OCDE, 1988, 190 p. ; Ch. Saint-Étienne, De la dette des PVD au développement de l'Afrique, et A. Miroux, Le développement malgré la dette ?, *in Commerce et développement à l'horizon 2000, op. cit.*, respectiv. p. 163 s. et p. 177 s.

Le service de la dette a pris en effet des proportions telles qu'il obère largement les maigres capacités financières des pays sur lesquelles elle pèse. Dès le début des années 1980, le FMI et la Banque mondiale ont alors encouragé une politique dite d'« ajustement structurel », en fonction de laquelle la poursuite de l'aide et l'allégement ou le rééchelonnement de la dette sont conditionnés par la mise en œuvre, dans les pays concernés, d'une politique de réforme à long terme, destinée à assainir leur économie nationale. Cette conditionnalité anime également les négociations directes entre banques privées créditrices et pays débiteurs encouragées par le plan Brady, proposé par les États-Unis en 1989. À la suite du sommet des sept pays les plus industrialisés (G7) de Toronto (1988), des mesures d'annulation et de rééchelonnement de la dette des pays les plus pauvres et les plus endettés furent mises en œuvre sous l'égide du « Club de Paris », assemblée de leurs principaux créditeurs. Plusieurs pays occidentaux, dont la France et les États-Unis, ont consenti unilatéralement des remises de dettes totales ou partielles à plusieurs reprises depuis. Le Japon s'est également aligné sur ce type d'initiative, notamment en avril 2000 avant le sommet du G8 de Okinawa (juillet 2000). À l'échelle multilatérale, les deux grandes institutions financières internationales, Fond monétaire international (FMI) et Banque mondiale ont mis en œuvre un programme de réduction de la dette des pays les plus pauvres marqué par une forte conditionnalité. C'est ainsi qu'à la fin de l'an 2000, les deux institutions ont examiné le cas de 22 États pouvant espérer réduire leur dette des deux tiers, à l'issue d'une période probatoire variant d'un à trois ans. Il est prévu que l'argent ainsi économisé grâce au non remboursement de la dette devra être investi par les États bénéficiaires dans des programmes de santé et d'éducation publique. Le respect des droits de l'homme, l'éradication de la corruption, le règlement des différends avec des voisins (cas du conflit entre l'Éthiopie et l'Érythrée) sont pris par les institutions internationales comme conditions de « bonne gouvernance » dont la satisfaction est indispensable à la poursuite des politiques de remise multilatérale des dettes des pays les plus pauvres [1].

La crise financière et économique déclenchée à partir de l'automne 2008 a durement frappé les pays en développement, même s'ils ont été atteints avec un certain retard. L'intégration croissante d'un grand nombre d'entre eux dans l'économie mondiale, facteur en lui-même positif, a en l'occurrence eu pour conséquence de les exposer davantage aux effets de la crise et seule une minorité a pu lui faire face avec un certain succès. Les flux commerciaux et financiers ont constitué le facteur de propagation principal de la crise. Les pays en développement n'ont en effet, dans l'ensemble, pas les mêmes moyens que les États industrialisées pour stimuler la conjoncture mais certains ont intensifié leur coopération réciproque et réclament avec insistance d'être associés plus étroitement à l'élaboration des règles de l'économie mondiale. Dans un tel contexte, la remise de la dette n'a rien perdu de son actualité.

---

1. V. Christina Holmgren, *La renégociation multilatérale des dettes : le club de Paris au regard du droit international*, Bruxelles, Bruylant, 1998, 350 p.

622 ***Le bilan du droit international du développement*** est au bout de près de cinquante ans, à bien des égards, paradoxal. Il a certes manifestement encouragé certaines des mutations caractérisant en particulier les modes contemporains de formation du droit, liées au renforcement des notions de communauté internationale, d'humanité, donc d'ordre public et de solidarité internationale. Au-delà de cet apport normatif, il n'est pourtant vraiment parvenu ni à l'instauration d'une dualité des normes applicable aux États en fonction de leur croissance économique, ni, d'une façon plus générale, à une remise en cause de l'ordre économique instauré dans l'après-guerre. Du fait des évolutions à l'Est intervenues dans la dernière décennie du siècle dernier et de l'échec de la plupart des voies socialistes vers le développement, on peut dire que cet ordre est sans doute promis à un nouvel élan. Désormais, ainsi que l'a clairement démontré la Conférence des Nations Unies sur l'environnement tenue à Rio en juin 1992, la problématique du développement devrait être étroitement liée à celle de la protection du milieu naturel dans la perspective du « développement durable », destiné à réconcilier promotion du développement et protection de l'environnement. Les oppositions entre le Nord et le Sud demeurent vives à cet égard (v. ss 690 s.). Les travaux de bilan accomplis à la veille du sommet « Rio + 20 » tenu au printemps 2012 étaient cependant extrêmement préoccupants puisque, dans bien des domaines, la situation de l'environnement mondial s'est encore gravement détériorée au cours des vingt ans qui ont séparé les deux sommets, sans d'ailleurs que la faute puisse en être exclusivement attribuée, tant s'en faut, aux pays en développement.

D'une façon générale, la prise en considération de la spécificité des besoins propres aux pays en développement, même si elle pose toujours à bien des égards les mêmes problèmes concrets que dans les années soixante et soixante-dix, s'envisage aujourd'hui dans un contexte économique renouvelé par la tendance générale à la globalisation de l'économie et des échanges dont la crise financière et économique ayant éclaté à partir de 2008 a renouvelé la donne. L'Organisation mondiale du commerce (OMC), et, à l'échelle inter-régionale, l'Union européenne dans ses rapports avec les États ACP s'affirment aujourd'hui comme deux des institutions privilégiées au sein desquelles peuvent être réalisées les conditions du développement économique des États les moins favorisés. Environnement et développement, et développement et commerce mondial constituent, dans un tel contexte, deux des enjeux principaux [1]. À Doha, ce dernier enjeu a été l'objet d'une Déclaration adoptée par la conférence ministérielle de l'OMC au mois de novembre 2001. Cette Déclaration prévoyait un mandat pour des négociations portant sur toute une gamme de sujets touchant la relation entre développement et commerce, notamment le

1. V. L. Boisson de Chazournes et M.M. Mbengue, La Déclaration de Doha de la Conférence ministérielle de l'Organisation mondiale du commerce et sa portée dans les relations commerce/environnement, *RGDIP* 2002/4, p. 855 s. ; G. Feuer, Un nouveau paradigme dans les relations entre l'Union européenne et les États ACP. L'accord de Cotonou du 23 juin 2000, *RGDIP* 2002/2, p. 269 s.

problème de l'élimination des subsides à l'agriculture, l'ouverture de marchés agricoles des pays développés aux produits des pays moins développés, le traitement commercial spécial et, plus favorable, les problèmes de l'assistance technique aux pays moins avancés. Pendant la conférence ministérielle de Cancun de l'année 2003 les pays développés n'ont été capables de s'accorder avec les pays en voie de développement (les soi-dits G20). La conférence ministérielle de Hong Kong du mois de décembre 2005 a été par contre capable d'approuver une Déclaration que beaucoup ont considérée comme une avancée. Les pays plus avancés en effet ont convenu une date limite pour l'élimination des subsides aux exportations de produits agricoles qui correspond à l'année 2013. La conférence de Nairobi a permis un accord sur l'élimination des subventions à l'exportation dans le domaine agricole favorable aux pays en développement. Le réalisme de ces objectifs est cependant globalement remis en cause depuis la crise de l'économie mondiale de 2008. Les politiques d'austérité entraînées par la crise financière déclenchée cette année-là dans les pays occidentaux ont eu pour effet de réduire considérablement le volume de l'aide consentie par eux aux pays en développement. Ceci est notamment vérifié dans les relations entre l'Union européenne et les États ACP.

Quoi qu'il advienne, incitant à un dépassement du droit de la coexistence et à un approfondissement du devoir de coopération inter-étatique, le droit du développement a pourtant ravivé l'attachement de tous les États, nouveaux autant qu'anciens, au respect de leur volonté souveraine. Il convient au demeurant d'observer que, dans leurs rapports réciproques, même s'ils en appellent à la coopération Sud-Sud, manifeste par exemple dans l'adoption en 1988 de l'accord relatif au système global de préférences commerciales entre pays en développement [1], les pays en développement demeurent eux-mêmes attachés aux formes les plus classiques du volontarisme. Ils privilégient ainsi en particulier le traité sur tout autre instrument lorsqu'il s'agit d'établir, entre eux, des engagements déterminés.

SECTION 3. POINT DE RENCONTRE ENTRE LES ÉCHANGES ET LE DÉVELOPPEMENT : LE DROIT INTERNATIONAL DES INVESTISSEMENTS [2]

623 ***Données générales*** ◊ Les flux de capitaux et de services entre pays industrialisés et pays en développement présentent un intérêt économique

1. V. Z. Haquani, *RGDIP*, 1989. 884 s.
2. V. A. de Nanteuil, *Droit international de l'investissement*, Paris, Pedone, 2014, 431 p. ; Ch. Leben (dir.), *Droit international des investissements et de l'arbitrage transnational*, Paris, Pedone, 2015, 1142 p. ; R. Dolzer/Ch. Schreuer, *Principles of International Investment Law*,

considérable pour les uns et les autres. Aux premiers, l'investissement dans les pays encore peu ou insuffisamment développés offre l'accès direct aux matières premières, une main-d'œuvre locale peu onéreuse et l'ouverture de nouveaux marchés. Aux seconds, l'apport de capital mais aussi de technologie étrangère est indispensable pour réussir leur démarrage ou consolider leur croissance. En raison même de ces enjeux, la question de la réglementation internationale des investissements étrangers sur le territoire des pays en développement a fait l'objet d'un intérêt précoce. Les grands pays industrialisés, exportateurs de capitaux, ont toujours désiré investir à l'étranger avec le minimum de contrainte, qu'il s'agisse de la fiscalité, des conditions de rapatriement des bénéfices réalisés, et, d'une façon plus générale, du traitement réservé à leurs investissements par les autorités du pays dans lequel ils prenaient le risque d'investir. Les pays d'accueil de l'investissement, tout au contraire (qu'il s'agisse d'ailleurs des États en développement ou d'autres pays industrialisés), veulent au contraire contrôler les conditions économiques, fiscales, sociales, environnementales de l'investissement étranger. Les flux de capitaux ont cependant tendance à devenir multidirectionnels. Les grands pays émergents, au premier rang desquels se trouvent la Chine, suivie de l'Inde et du Brésil, s'ils continuent eux-mêmes à accueillir des investissements importants, sont également devenus des exportateurs de capitaux et de gros investisseurs, non seulement dans les pays à économies moins développées mais aussi dans les pays occidentaux industrialisés. La mondialisation de l'économie joue en tous sens, ou presque...

Les uns comme les autres ont cependant intérêt à s'entendre ; quoi qu'il en soit, les fluctuations de l'économie internationale comme les tendances lourdes de son évolution ont tour à tour semblé donner l'avantage aux investisseurs, le plus souvent privés, de capitaux ou, au contraire, aux États d'accueil de l'investissement. Les seconds, en particulier, ont cru un moment, après le choc pétrolier intervenu au début des années soixante-dix, que la dépendance énergétique des pays industrialisés à l'égard des ressources pétrolières rendrait possible l'édification d'un « nouvel ordre économique international » plus équilibré entre le « Nord » et le « Sud ». Pour autant, les manifestations récentes de la « globalisation » tendent au contraire à laisser penser que la dépendance des États, notamment des pays en développement, à l'égard de l'afflux de capitaux est décidément plus forte que celle des pays très développés à l'égard des sources d'énergie, notamment pétrolière. Aussi la réglementation internationale de l'investissement, directement liée à l'évolution des rapports de force entre les uns et les autres, a-t-elle connu une évolution heurtée, en particulier durant les trente dernières années.

Une première phase, au cours des années soixante-dix et jusqu'au milieu des années quatre-vingt, fut caractérisée par l'affrontement direct entre les pays hôtes des investissements privés et les États de nationalité de ces

---

Oxford, OUP, 2e éd., 2012, 456 p. ; M. Bungenberg, J. Griebel, S. Hobe, A. Reinisch (dir.), *International Investement Law*, Baden-Baden/Munich/Oxford, Nomos, Beck et Hart, 2015, 1952 p. V. Aussi la chron. de P. Jacob, F. Latty et A. de Nanteuil à l'*AFDI* (dep. 2008).

derniers ; à son paroxysme, cette opposition tranchée mit en péril l'accord un moment dessiné entre les uns et les autres. On a pu ensuite espérer, à partir de 1985, date de la création de l'Agence multilatérale de garantie des investissements sous l'égide de la Banque mondiale, que l'on pourrait s'acheminer vers un remembrement progressif du droit international des investissements autour de quelques principes généraux et de certaines pratiques, bilatérales et multilatérales, organisées par voie d'accords. L'un des paradoxes du droit international des investissements encore présent à l'heure actuelle vient pourtant du fait qu'en dépit de son développement considérable, il reste insuffisamment unifié, avec pour conséquence une certaine insécurité juridique. Une première cause de ce phénomène réside dans ses sources, caractérisées par un nombre restreint de conventions multilatérales contrastant avec un volume croissant d'accords bilatéraux de protection des investissements dont les dispositions sont loin d'être toutes standardisées ainsi que l'atteste, par exemple, la définition même de l'investissement donnée par chacun d'entre eux. Une autre cause de l'hétérogénéité relative du droit international des investissements est liée à l'abondance, elle aussi en constante augmentation, de la jurisprudence arbitrale ; elle émane de tribunaux *ad hoc* même si beaucoup sont constitués dans le cadre d'institutions permanentes comme le Centre international pour le règlement des différends internationaux (CIRDI), constitué dans le cadre de la Banque mondiale, ou la Cour permanente d'arbitrage (CPA), organisation remontant à 1907 mais connaissant aujourd'hui un spectaculaire regain d'intérêt. Même si certains courants jurisprudentiels se dessinent à propos de telle ou telle des questions fondamentales posées par les différends entre investisseurs privés et États d'accueil de l'investissement, il n'existe cependant pas de règle du précédent et chaque tribunal demeure libre d'adopter à propos des mêmes types de questions la solution qui lui paraît la plus appropriée. Le droit international des investissements demeure marqué encore aujourd'hui par les oppositions d'intérêt signalées plus haut entre la plus grande liberté voulue par les investisseurs étrangers et la volonté de l'État d'accueil de préserver son pouvoir normatif et administratif de contrôle sur les conditions de l'investissement.

§ 1. Souveraineté permanente contre droits acquis

624 ***Le principe de la souveraineté permanente sur les ressources naturelles***, déjà exposé antérieurement (v. ss 89), a longtemps constitué le socle de revendication de la souveraineté économique énoncée par les pays en développement, qu'ils aient ou non acquis de longue date leur indépendance politique. En son nom, avant même les années 1960, intervinrent les premières nationalisations [1]. Quoi qu'il en soit, le contrôle par l'État d'accueil de l'investissement des agissements des firmes étrangères est d'autant plus

1. V. l'affaire de *l'Anglo-Iranian Oil Company* devant la CIJ, 22 juill. 1952, *Rec.* 1952, p. 93.

malaisé que la plus grande partie d'entre elles est constituée d'émanations d'entreprises multinationales dont les filiales locales obéissent en fait aux directives des sociétés mères, indifférentes, parce que pour l'essentiel inaccessibles à la législation de l'État d'accueil [1].

625 ***Le contrôle des entreprises multinationales*** ◊ Beaucoup d'espoir fut longtemps mis dans l'adoption au sein des Nations Unies d'un « Code de conduite sur les sociétés transnationales » [2] destiné à normaliser le comportement des investisseurs autour de quelques principes simples dont le respect de la souveraineté économique du pays d'accueil et la prise en compte de ses objectifs de développement constitueraient l'inspiration essentielle, à l'instar de ce qui se trouve déjà énoncé dans les « Principes directeurs de l'OCDE », adoptés pour la première fois en 1976 et révisés plusieurs fois depuis, sous forme de recommandations adressées par les pays membres de cette organisation aux entreprises multilatérales qui opèrent sur leur territoire.

Dans le contexte Nord-Sud cependant, la question s'est avérée beaucoup plus difficile en raison de la persistance de désaccords profonds tant à nouveau sur la nature juridique du Code (les occidentaux étant favorables à un instrument purement incitatif alors que les pays en développement veulent une convention) que sur son contenu : quelle définition retenir des sociétés multinationales, le Code doit-il porter autant sur les devoirs des États hôtes que sur les obligations des entreprises ? Lancés en 1976, les travaux de la Commission des sociétés transnationales de l'ONU n'ont jamais abouti. Ils sont cependant aujourd'hui relayés par des initiatives diverses lancées pour promouvoir la « responsabilité sociale des entreprises » en les engageant à concourir à la promotion d'un développement durable dans le respect des droits politiques, sociaux et culturels des populations concernées par leurs investissements. Cette démarche, fondée sur le partenariat et la coopération entre États, entreprises et composantes de la société civile paraît à certains égards plus prometteuse que celle des années soixante-dix. La pression sociale muée en dynamique de marché pourrait en effet inciter davantage les entreprises à l'autorégulation comme à la négociation ou renégociation de relations plus équilibrées avec les États hôtes. Il ne faut cependant pas sous-estimer les difficultés de ce genre de démarche, largement tributaire de l'évolution des mentalités.

626 ***La querelle sur les conditions d'indemnisation des biens nationalisés*** risqua bien, quant à elle, de prendre la dimension d'un affrontement tout aussi radical entre Nord et Sud, dont l'apogée se situe au plus fort de la revendication du NOEI, en 1974. La doctrine classique du respect des droits acquis par leurs entreprises, en application de la législation nationale du

1. V. J.-P. Laviec, *Protection et promotion des investissements*, Paris, PUF, 1985, 331 p.
2. V. G. Feuer et H. Cassan, *Droit international du développement*, *op. cit.* ; et E. Berg, *in* Colloque de Nice de la SFDI, *op. cit.*, p. 219.

pays hôte, servit en effet à l'origine aux pays occidentaux pour contester la légalité des nationalisations dont leurs ressortissants furent victimes, souvent à la suite d'une rupture brutale de la légalité dans le pays d'accueil, due à un changement révolutionnaire (v. ss 74).

Quoi qu'il en soit, les pays industrialisés modifièrent rapidement leurs positions. La doctrine des droits acquis, manifestement dépassée, pouvait servir de base à l'exigence d'une indemnisation équitable, non au refus de reconnaître le droit de tout État à nationaliser sur son territoire les biens privés étrangers. Un équilibre entre les positions en présence parut atteint en 1962 avec l'adoption à une large majorité de la Résolution 1803, relative à la souveraineté permanente sur les ressources naturelles (*GTDIP* n° 57). Son paragraphe IV prévoit d'une part que le *motif* de la nationalisation doit être l'utilité publique, et, d'autre part, que l'indemnisation sera effectuée « en conformité du droit international ». L'évolution de la conjoncture politique et économique entre pays en développement et pays occidentaux entraîna cependant une dégradation de leurs rapports et une rupture de l'équilibre entre les positions en présence, manifestée par la Résolution 3201 (S VI) du 1er mai 1974 (Déclaration sur le NOEI) et la Résolution 3281 du 12 décembre 1974 (Charte des droits et devoirs économiques des États, *GTDIP* n° 58). L'article 2.c de ce dernier texte scellait le désaccord entre les uns et les autres. Après la réaffirmation virulente du droit de nationaliser, il ne parle plus que d'« indemnité adéquate », calculée par référence à la seule législation interne de l'État auteur de la nationalisation, mais sans plus de référence au respect des règles du droit international. Les conditions du vote de ce texte permirent cependant de constater qu'il était refusé par les principaux pays exportateurs de capitaux, dont tous les sept États occidentaux les plus industrialisés. Les évolutions récentes tendent à montrer qu'aujourd'hui, une certaine convergence se manifeste entre les uns et les autres sur les critères et méthodes d'évaluation de la valeur des biens indemnisables (v. ss 634) même si de nouvelles tendances apparaissent également.

627 ***Délocalisation et internationalisation des contrats dans la jurisprudence arbitrale*** ◊ La série des nationalisations intervenue dans les différents pays en développement, et notamment l'Iran, l'Arabie Saoudite, le Mexique, l'Algérie, la Libye, les Émirats Arabes, provoqua jusqu'au début des années 1980 un important contentieux des expropriations. Beaucoup de ces nationalisations intéressaient la rupture de contrats passés non entre personnes privées étrangères mais entre un État ou l'une de ses émanations et une entreprise de la nationalité d'un État tiers. Une série de sentences importantes, dont en particulier celles intéressant l'*Aramco* contre l'Arabie Saoudite (1958), la *Saphir International Petroleum* contre l'Iran (1963), et trois affaires ayant opposé trois sociétés étrangères à la Libye (sentences *BP*, 1973, *Texaco-Calasiastic*, et *Liamco* 1977), enfin la sentence *Aminoil* contre Koweït (1982) marquent des étapes importantes ; quoique consacrant, sur la base de raisonnements souvent très différents,

des solutions diverses, elles ont permis de dégager quelques grandes tendances intéressant le droit international des investissements [1].

D'une part, et quoiqu'avec des nuances de l'une à l'autre, ces sentences consacraient généralement la *délocalisation* totale ou partielle des contrats entre États et personnes privées étrangères, c'est-à-dire la soustraction de leurs régimes juridiques à l'emprise du droit national de l'État hôte. La présence, dans les clauses de droit applicables existant au sein de ces contrats, de la référence aux principes généraux, même ceux consacrés aussi bien par les droits internes que par le droit international, tel celui de la bonne foi, *a fortiori* la mention même indirecte des règles et principes du droit international furent considérés par les arbitres comme des indices de la volonté des parties de soustraire au moins partiellement le contrat aux règles du droit interne [2]. La délocalisation des contrats s'accompagnait aussi dans ces sentences d'une internationalisation concomitante de leur régime juridique. En conséquence, le contrôle de la légalité des mesures de nationalisation s'opérait en application des principes qui avaient été retenus non dans la Charte des droits et devoirs économiques des États, témoignage du désaccord entre occidentaux et pays en développement, mais de la résolution 1803, considérée elle-même comme l'ultime expression de « l'assentiment d'un grand nombre d'États représentant l'ensemble des régions géographiques, mais également l'ensemble des systèmes économiques » (Sentence *Texaco*). Le motif d'intérêt général, la non-discrimination entre sociétés étrangères et l'indemnisation juste, prompte et équitable en application du droit international sont ainsi les normes en fonction desquelles les nationalisations soumises à l'arbitrage furent appréciées et, généralement, jugées illégales [3], non par elles-mêmes, mais parce que les conditions concrètes de leur réalisation aboutissaient à une violation jugée injustifiable du contrat liant l'État à la personne privée étrangère.

La position très dure adoptée par les pays en développement comme en particulier le Chili, en application de la théorie des bénéfices excessifs (à propos de la nationalisation des cuivres chiliens, 1973), que l'on retrouve dans les grandes résolutions de 1974 sur le NOEI, n'a donc pas été consacrée par les arbitres.

Une sentence arbitrale rendue dans le cadre spécifique du Tribunal établi sur la base des accords d'Alger de 1980 pour apurer l'énorme contentieux commercial américano-iranien (consécutif à la rupture par la République islamique des contrats passés antérieurement par les organismes publics

1. V. B. Audit, L'arbitrage transnational et les contrats d'État, Centre d'Étude et de Recherche de droit international et de relations internationales de l'Académie de droit international de La Haye, 1987 ; sur les trois sentences libyennes, V. notamment B.P. Stern, Trois arbitrages, un même problème, trois solutions, *Revue de l'arbitrage*, 1980, n° 1, p. 3 s. ; J.-M. Jacquet, L'État, opérateur du commerce international, *JDI* 1989, n° 3, p. 621 s.

2. V. notamment la sentence *Texaco, JDI* 1977. 350-389, avec notamment le commentaire de G. Cohen Jonathan, *in AFDI* 1977. 452 s.

3. V. cependant la solution très équilibrée consacrée dans la sentence *Aminoil*, commentée par G. Burdeau, *in AFDI* 1982. 454 s.

iraniens, à l'époque du Shah, avec des entreprises privées américaines) présente un intérêt particulier : c'est celle rendue dans l'affaire *Amoco* par une Chambre du Tribunal, présidée par le professeur M. Virally le 14 juillet 1987. Dans la ligne des solutions déjà ébauchées par la sentence *Aminoil* de 1982, elle précise notamment les conditions du calcul de l'indemnisation des biens expropriés, que la nationalisation soit licite, comme c'était le cas en l'espèce, ou illicite [1]. Il en va de même des « Principes directeurs pour le traitement de l'investissement », adoptés en 1992 sous l'égide de la Banque mondiale (v. ss 633).

628 ***Le problème du tiers ordre juridique***, dans lequel s'inscriraient ainsi ces contrats d'États (« *State contracts* »), passés entre la puissance publique et les personnes privées étrangères, a quant à lui posé des problèmes théoriques importants qui ont déchaîné les controverses doctrinales [2], aujourd'hui un peu apaisées à défaut d'avoir été résolues !

Sauf dans la sentence Texaco en effet, les sentences n'aboutissaient pas à appliquer aux cas considérés un « droit international des contrats » qui ferait partie intégrante du droit international public. En revanche, combinant à la fois des principes généraux tirés des droits internes et du droit international public, elles furent interprétées par certains, tel le professeur Berthold Goldman, comme reflétant l'application empirique des usages consacrés de longue date par une sorte de « loi des marchands » *(lex mercatoria)* inassimilable à un ordre juridique préexistant. Sans reprendre ici l'examen du débat théorique tenant notamment à l'identification de « l'ordre juridique de base » (*grundlegung*) duquel ces contrats tireraient leur caractère obligatoire [3] on notera qu'en pratique, l'enjeu véritable de la question était celui de savoir si la soustraction des « contrats d'État » au droit national de l'État d'accueil était désormais de règle, en l'absence de détermination contraire et explicite de la volonté des parties. Comme on le verra plus loin, cette question, fort important en pratique, se pose encore souvent à l'heure actuelle mais dans un contexte normatif et des bases théoriques profondément renouvelés (v. ss 634-1).

Toujours est-il que la pratique plus récente des contrats d'État, durant les années quatre-vingt notamment, postérieure à celle des contrats dont la rupture était examinée par les sentences précitées semblait en réalité consacrer bien souvent un retour à l'emprise du droit local. Il est vrai qu'entre-temps, après s'être d'abord dotés dans l'ordre interne de « codes des investissements » très sévères pour les intérêts des firmes étrangères, les pays en développement avaient été amenés par le ralentissement considérable des flux d'investissements à réviser leur législation nationale pour

1. V. commentaire P. Juillard, *in* Chron. de droit international économique - Investissements -, *AFDI* 1988. 573-582.
2. On en trouvera un témoignage dans différentes études offertes à Berthold Goldman, *Le droit des relations économiques internationales*, Paris, Litec, 1982.
3. V. P. Mayer, *in Études offertes à B. Goldman, op. cit.*, p. 199.

la rendre plus attrayante auprès des capitaux étrangers [1]. Ils manifestaient ainsi la volonté d'abandonner les positions très offensives des textes fondateurs de la revendication du NOEI pour chercher à nouveau les voies d'une conciliation.

§ 2. L'ébauche transitoire d'un remembrement du droit international des investissements

A. L'essor des conventions bilatérales de protection des investissements et leur influence sur le droit international des investissements

629 ***Les réglementations bilatérales des investissements*** ◊ Elles font pièce, de longue date, au développement des législations nationales dont il vient d'être question. Souvent influencés par le projet de Convention de l'OCDE sur la protection de la propriété étrangère de 1967, jamais entré en vigueur, ces traités bilatéraux dont les premiers, passés par l'Allemagne fédérale, remontent à 1959, ont souvent tempéré la rigueur des législations nationales par l'aménagement négocié de régimes plus favorables. Ils occupent plus que jamais aujourd'hui une place tout à fait importante dans l'encadrement normatif de l'investissement international. Le secrétariat de la Conférence des Nations Unies pour le commerce et le développement (CNUCED) tient à jour un site répertoriant ces accords, dont le nombre est aujourd'hui nettement supérieur à 2 400 [2].

Se détournant partiellement de la formule classique des *conventions d'établissement*, ou traités d'amitié, de commerce et de navigation, les pays en développement et les pays industrialisés occidentaux ont en effet commencé à tisser depuis trois décennies un important réseau de conventions bilatérales en vue de la protection des investissements. Ainsi, la France elle-même a-t-elle conclu depuis 1972 plus d'une centaine d'accords de ce type, commençant notamment avec l'Égypte en 1974, Singapour ou les Philippines, respectivement en 1975 et 1976, ou bien encore Israël en 1983 et la Chine en 1984. Son réseau conventionnel s'est par la suite encore étendu, notamment en direction des pays de l'Est [3].

Plus éloignés des préoccupations politiques et des stratégies normatives collectives que de la perception empirique des nécessités d'une entente entre partenaires économiques aux intérêts complémentaires, les traités bilatéraux, conclus en termes explicites de réciprocité, s'efforcèrent de parvenir à un équilibre entre investisseurs privés et États hôtes. Ils

1. V. Ch. Leben, Les investissements miniers internationaux dans les pays en développement : réflexions sur la décennie écoulée (1976-1986), *JDI*, 1986, n° 4, p. 895 s. ; N. David, Les clauses de stabilisation dans les contrats pétroliers. Questions d'un praticien, *JDI*, 1986, n° 1, p. 79 s.
2. http://investmentpolicyhub.unctad.org/IIA.
3. V. P. Juillard, Chroniques de droit international économique, *AFDI* 1988. 572 et 1989. 671.

consacrent une définition généralement large de l'investissement et comportent le plus souvent l'engagement des pays développés d'accorder leur garantie financière aux investissements consentis par les entreprises de leur nationalité. Quant à eux, les investisseurs privés, n'acceptent en effet souvent en pratique d'investir dans des pays à risques qu'en obtenant l'assurance auprès d'organismes fréquemment contrôlés par l'État (telles la COFACE ou la BFCE en France) que ceux-ci leur rembourseront les sommes investies en cas d'impossibilité de réaliser l'investissement, par suite, notamment, des risques politiques élevés existant dans des pays souvent instables.

En échange, l'État de nationalité des investisseurs obtient de l'État d'accueil la reconnaissance de son droit de subrogation dans ceux de son ressortissant au cas où celui-ci aurait fait jouer sa garantie. Cependant, en pratique, ce système équivaut de la part du pays industrialisé à mettre en œuvre une politique d'incitation à l'investissement et donc d'aide au développement (comme aussi d'influence politique et économique) puisqu'elle encourage les flux de capitaux et de services (transferts de technologies notamment) vers des États qui en sont si largement démunis.

En contrepartie, les pays hôtes s'engagent à ménager aux investisseurs ressortissants de l'autre partie un traitement juste, équitable et non discriminatoire, au moins égal à celui qui est reconnu par chaque partie à ses nationaux, et en tout cas conforme aux standards du droit international. Le droit de nationaliser y est réaffirmé mais il demeure subordonné aux règles énoncées dans la résolution 1803 évoquée plus haut. Le libre transfert par l'entreprise étrangère des produits de l'investissement et le recours aux procédures adéquates de règlement des différends (souvent par la clause CIRDI dont il sera question plus loin), constituent les clauses types de ce genre d'accord.

630 ***À l'échelle régionale*** ◊ Les Conventions de Lomé, entre CEE et États ACP, ont toutes successivement comporté des dispositions chaque fois de plus en plus précises en matière de protection des investissements. La Convention de Lomé III comportait déjà reconnaissance par les ACP de l'encouragement nécessaire aux investissements privés. La Convention de Lomé IV, en reprenant les dispositions sur la promotion, les paiements courants, et le régime applicable aux entreprises, les accompagne d'une déclaration conjointe d'après laquelle les parties contractantes s'engagent notamment à étudier les principales clauses d'un accord type de protection. Le régime de Lomé n'était évidemment pas exclusif du jeu concomitant des conventions bilatérales d'ores et déjà conclues entre certains États membres de la Communauté (huit sur douze) et trente-huit des pays ACP. À partir de 2000, l'Accord de Cotonou a élargi les conditions de la coopération en renforçant le volet politique et en élargissant les conditions économiques et financières de l'aide. La crise financière internationale a cependant considérablement affecté son volume à partir de la fin de 2008.

631 ***Portée des conventions bilatérales et régionales*** ◊ Cette concordance partielle des conventions bilatérales entre elles ainsi qu'avec le système de Lomé a été analysée par certains auteurs, et notamment le professeur P. Juillard comme régénératrice d'un mouvement de remembrement coutumier du droit international des investissements autour de quelques principes clés [1]. Quoique cette thèse ait ses détracteurs, compte tenu notamment des disparités sensibles persistant entre les termes des conventions comparées les unes aux autres, elle a eu du moins le mérite d'attirer l'attention sur l'orientation qu'on peut dire convergente d'une certaine pratique étatique en la matière, pratique dont on a vu par ailleurs en analysant les modes de formation du droit international général qu'elle peut activement contribuer à la formation de la coutume générale (v. ss 300).

Dans le domaine particulier des indemnisations, la thèse de l'unification substantielle du droit international des investissements a été encore renforcée par l'existence d'assez nombreux accords de compensation forfaitaire consécutifs à des mesures de nationalisation ou « *lump-sum agreements* », ce qui témoigne du fait que l'indemnisation est bien perçue et réalisée par référence au droit international et non pas seulement par renvoi au droit interne de l'État opérant l'expropriation. Lors d'un contentieux résolu dans le cadre d'un arbitrage CIRDI (v. ss 632) le tribunal a eu l'occasion de préciser la portée d'une convention bilatérale de protection des investissements sur la responsabilité internationale du pays d'accueil. L'affaire visait le cas d'un dommage grave causé aux biens de l'investisseur privé étranger par suite d'une opération militaire du gouvernement sri-lankais contre des rebelles (sentence du 27 juin 1990, *Société Asian Agricultural Products Ltd c/ Sri Lanka*). S'appuyant sur les termes de la convention bilatérale en vigueur entre le Sri Lanka et l'État de nationalité de l'investisseur privé, mais aussi sur les règles du droit international général de la responsabilité des États, le tribunal a interprété l'engagement conventionnel de l'État d'accueil (rédigé dans des termes quasi standards d'une convention bilatérale à l'autre) : l'obligation pour lui de réserver une « protection et une sécurité complète à l'investisseur » ne peut s'entendre comme établissant une obligation stricte de résultat, dont la violation déboucherait sur une véritable responsabilité objective de l'État en cause (v. ss 472-473). Fût-ce au prix d'une interprétation contestée des dispositions de la convention bilatérale concernée, le tribunal confortait par là à juste titre l'applicabilité de la règle classique de « diligence due » par l'État (v. ss 134 et 470) à l'égard des biens des personnes privées étrangères placées sur son territoire [2]. Par la suite, nombreuses furent les sentences faisant référence, au-delà de la règle primaire de diligence, au droit des obligations secondaires de réparation ou, plus largement encore, au droit

1. V. P. Juillard, *Rapport au Colloque de la SFDI sur les Nations Unies et le droit international économique*, Paris, 1986, Pedone, p. 101 s., particulièrement p. 124 et 125.

2. V. P. Rambaud, Des obligations de l'État vis-à-vis de l'investisseur étranger, *AFDI* 1992. 501-510.

international coutumier de la responsabilité internationale de l'État dans son ensemble, ici transposé du cadre interétatique à celui des relations entre État et investisseur privé étranger.

Cet effort bilatéral et régional de rapprochement des positions respectives du Nord et du Sud, en lui-même insuffisant pour générer une véritable relance d'une stratégie du développement à l'échelle globale, doit cependant être rapproché des mesures allant dans le même sens au plan universel dont les premières manifestations remontent au milieu des années soixante et se sont poursuivies jusqu'à une époque encore relativement récente.

B. La régulation multilatérale des investissements [1]

632 ***Le CIRDI*** [2] ***et l'AMGI*** ◊ À l'initiative de la Banque mondiale, le Centre International pour le Règlement des différends relatifs aux investissements a été établi par la Convention de Washington de 1965 (*GTDIP* n° 54). Son but est d'améliorer les procédures de règlement des différends entre États et investisseurs privés étrangers. C'est donc un système spécialement adapté à la nature hybride des contrats d'État. Il établit en effet une série d'innovations dont l'une des plus importantes est d'éviter aux entreprises les aléas inhérents à la protection diplomatique qu'elles ne sont jamais sûres d'obtenir de leur État de nationalité [3].

D'une façon générale, le consentement des parties à l'arbitrage CIRDI doit être considéré comme impliquant renonciation à tout autre mode de règlement (art. 26). Concernant la reconnaissance et l'exécution des sentences, la convention dispense les sentences CIRDI de toute procédure d'« *exequatur* » dans les États contractants où la reconnaissance d'une sentence est recherchée, ceci représente un avantage considérable par rapport à l'arbitrage international classique. Une sentence CIRDI doit être assimilée à un jugement définitif d'un tribunal de l'État contractant dans lequel l'exécution en est demandée. Cependant, à propos d'un différend déterminé, seul un consentement exprès de l'État concerné par un différend peut l'obliger à recourir au CIRDI.

Le CIRDI peut être saisi d'une requête en vue d'arbitrage (ou de conciliation) aussi bien par l'État que par la partie privée, mais, en pratique, seule une affaire a été introduite sur requête étatique. Après un démarrage assez lent, le système a progressivement connu un succès tel qu'il est aujourd'hui presque en état de surchauffe, si l'on entend par là le fait que son secrétariat, qui gère la constitution et le fonctionnement des

1. V. Zachary Douglas, *The International Law of Investments Claims*, CUP, 2009 ; J. Alvarez, The Public International Law Regime Governing International Investment, *RCADI*, t. 344, 2011, p. 193-542.

2. V. G. Delaume, *La Banque Mondiale et la mise en œuvre du droit international économique*, *in* Colloque de Nice SFDI préc., p. 311 s. et, du même auteur, le CIRDI, *JDI* 1982. 775 s.

3. V. Ch. Schreuer, *The ICISD Convention : A Commentary*. Cambridge University Press/ ICSID, 2001.

tribunaux constitués en son application a parfois du mal à faire face à une demande en hausse constante. En effet, de nombreuses conventions bilatérales de protection des investissements du type de celles que l'on vient de décrire comportent une clause type, dite « clause CIRDI » ; elle renvoie au mécanisme établi par cette organisation pour le règlement des différends entre investisseurs privés étrangers et autorité publique nationale d'accueil de ces investissements. Les possibilités offertes par le CIRDI avaient d'ailleurs été encore accrues à partir de 1978 par le « mécanisme supplémentaire ». Le nombre des affaires portées devant le CIRDI en 2003 était de 30 ; en 2004, de 27, en 2005, de 26. Cet accroissement du volume des affaires s'est par la suite poursuivi puisque l'on constatait que la moitié des cas enregistrés par le CIRDI à la fin de 2008 l'avaient été dans les cinq années précédentes, même si l'on enregistre une certaine décrue à partir de la même année. C'est cependant très considérable si l'on songe que pendant les trente premières années de vie du système, le nombre des sentences rendues n'avait pas été supérieur à 28. Il faut dire que les années 2003 et suivantes ont été marquées par plusieurs dizaines d'affaires occasionnées par les mesures d'urgence économique prises par l'Argentine en 2001-2002 [1]. En 2015, 52 affaires ont encore été portées devant le CIRDI ; plus de cinq cents affaires avaient au total été enregistrées. Environ 40 % des instances CIRDI font l'objet d'un règlement amiable ou d'un désistement avant même que ne soit rendue une décision définitive. Par ailleurs, dans les cas où le tribunal a, à ce jour, rendu une sentence, celle-ci a fait droit, en tout ou partie, aux demandes des investisseurs dans environ 50 % des cas. Pourtant, le CIRDI n'apparaît plus aujourd'hui comme étant l'instance forcément privilégiée par les plaideurs pour régler les différends relatifs aux investissements internationaux. La Cour permanente d'arbitrage, appliquant les règles de l'UNCITRAL, exerce désormais une concurrence certaine à son égard comme cadre juridictionnel de l'arbitrage international entre investisseurs privés étrangers et États d'accueil de l'investissement. En 2016, elle avait enrôlé soixante-neuf demandes d'arbitrage État investisseur.

Dans le cadre du CIRDI, on doit constater une complexité croissante des procédures. Les plaideurs utilisent en effet tout l'éventail des possibilités offertes par la Convention de Washington de 1965 instituant le CIRDI. C'est ainsi que s'est multiplié le nombre des demandes en annulation. Le Centre connaît également désormais de demandes en interprétation, comme dans l'affaire *Wena c/ Égypte* introduite en 2005. Des demandes de révision ont aussi été déposées en 2008 (affaires *Siemens c/ Argentine* et *Pey Casado c/ Chili*).

On observe également que la question de la compétence des tribunaux constitués dans le cadre du CIRDI suscite de plus en plus de contentieux ; elles suscitent des jurisprudences intéressantes mais nullement unifiées, notamment à propos de la question de savoir si le requérant peut faire usage

1. V. E. Gaillard, CIRDI, Chron. des sentences arbitrales, *JDI*, janv.-févr.-mars 2006, 219 s.

de la clause de la nation la plus favorisée établie dans un traité bilatéral de protection des investissements pour bénéficier d'une clause de règlement des différents plus avantageuse pour lui mais figurant dans un autre traité du même type (affaires *Maffezini, Plama, Siemens, Telenor, Wintershall*). Il est notable que certains tribunaux continuent à cultiver une interprétation très large du consentement de l'État à l'arbitrage par l'extension qu'ils jugent possible du mécanisme de la clause au règlement des différends (*Hoch Tief c/ Argentine* encore en 2011) alors qu'un nombre croissant d'États, tels que, dès le premier tiers de la décennie 2000, les États-Unis, le Canada, l'Argentine, mais aussi, en 2012, la Corée du Sud, la Chine et le Japon tiennent quant à eux à bien préciser que la clause de la nation la plus favorisée doit rester restreinte aux domaines qu'elle vise expressément, ce qui laisse à l'écart les procédures de solution des litiges. D'une façon générale, la question de la compétence des tribunaux soulève souvent des questions fondamentales comme celle de la définition de l'investissement (affaire *Joy Mining* pour ne prendre qu'un exemple). C'est du reste dans le cadre du contentieux sur la compétence qu'a été soulevée la question de la portée des *umbrella clauses* examinée plus loin (v. ss 634-2). L'annulation spectaculaire, le 20 avril 2016, par un tribunal de district de La Haye de la sentence arbitrale rendue en juillet 2014 dans l'affaire *Yukos*, qui avait condamné la Russie à une réparation de 50 milliards de dollars, est venue rappeler les difficultés de l'établissement de la compétence des tribunaux arbitraux et du consentement à l'arbitrage des États.

Le CIRDI est une organisation internationale dotée de la pleine personnalité juridique internationale. Il en est de même de l'Agence multilatérale de garantie des investissements, créée par une convention du 11 octobre 1985 dont l'initiative revient également à la Banque mondiale [1] (*GTDIP* n° 55). Rapidement entrée en vigueur, la convention a été ratifiée par la France.

L'AMGI (ou MIGA selon son sigle anglais), créé en 1985, a été conçue à bien des égards comme une institution complémentaire du CIRDI. Elle poursuit, comme lui, l'objectif de promouvoir les investissements privés dans les pays en développement. Elle le fait par la voie de la garantie ou assurance des investissements contre des risques tels que l'inconvertibilité des bénéfices d'exploitation, les expropriations ou les conséquences des conflits armés, à l'instar de beaucoup de systèmes nationaux de garantie déjà évoqués plus haut (assurances-crédit). L'assurance est cependant ici fournie par un mécanisme multilatéral puisque l'Agence est dotée d'un capital d'un milliard de dollars américains ou équivalant à un milliard de DTS. L'AMGI perçoit des primes correspondant aux risques encourus. Elle ne concurrence pas les systèmes privés ou publics de garanties des investissements existant par ailleurs mais elle est destinée au contraire à collaborer avec eux. L'Agence n'est pas seulement conçue comme un

1. V. J. Touscoz, Les opérations de garantie de l'Agence Multilatérale de Garantie des Investissements, *JDI*, 1987, n° 4, p. 901 s. ; I.F.I. Shihata, The Multilateral Investment Guarantee Agency and the Legal Treatment of Foreign Investment, *RCADI*, 1987, t. 203, p. 95-320.

organe de garantie mais aussi comme une institution devant contribuer à la relance du dialogue et à la reconstitution d'un climat de confiance entre pays industrialisés et en développement. En pratique, cependant, force est de constater que l'AMGI, quoiqu'ayant joué dans sa phase initiale un rôle important pour rapprocher les points de vue en présence, n'a pas connu, pour différentes raisons techniques et politiques, un succès aussi notable que celui du CIRDI, tant s'en faut.

633 ***Tendances contradictoires dans la régulation du droit des investissements*** ◊ Deux événements, intervenus dans les années quatre-vingt-dix, ont témoigné l'un et l'autre des efforts de régulation multilatérale des investissements à l'échelle universelle [1], bien qu'ils ne fussent pas orientés vers le même objectif. Si le premier tendait à trouver un juste équilibre entre intérêts des investisseurs et protection de la souveraineté économique des États d'accueil, notamment en développement, le second, inspiré par les États-Unis et d'autres États exportateurs de capitaux, cherchait au contraire à accorder une priorité à l'investissement privé.

a) Le premier remonte déjà à deux décennies en arrière, en 1992. Il est constitué par l'adoption cette année-là, sous l'égide, de la Banque mondiale, des « Principes directeurs pour le traitement de l'investissement étranger » (*Guidelines for the Treatment of Foreign Direct Investment*) [2]. Face au nombre sans cesse croissant des conventions bilatérales de protection des investissements et dans l'attente d'un « nouvel instrument » sur les investissements sous l'égide de l'OCDE finalement avorté (l'Accord multilatéral sur les investissements qui n'a jamais vu le jour), la Banque mondiale est alors parvenue à faire adopter un texte de compromis entre les positions des pays en développement et celles des États développés. Quoique non juridiquement liants, et appartenant typiquement à la « *soft law* » (v. ss 405-408), ces principes directeurs se situent dans une perspective évolutive. Sans aller aussi loin que les suggestions françaises, qui allaient dans le sens de la rédaction d'une véritable convention de codification des règles générales du droit des investissements, ces « *guidelines* » visaient à dresser un catalogue de pratiques recommandées en matière d'investissements internationaux en prenant garde (pour des raisons purement diplomatiques) à ne pas les présenter pour ce à quoi ce texte ressemble pourtant fort, c'est-à-dire à une récapitulation des principes généraux du droit international des investissements.

Ces « principes directeurs » offrent tout de même, encore aujourd'hui, un précieux repère dans le processus du remembrement normatif en la matière, déjà signalé plus haut à propos de la convergence substantielle du plus grand nombre des conventions bilatérales et régionales de protection des investissements (v. ss 631) ; ils confirment décidément

1. V. P. Juillard, L'évolution des sources du droit des investissements, *RCADI*, t. 250, 1994-VI, p. 13-215.
2. V. P. Juillard, Chron., *AFDI* 1992. 779-800, *GTDIP* n° 56.

que le temps n'est plus à la recherche de l'affermissement des principes revendicatifs caractérisant l'ère du « Nouvel ordre économique international », aujourd'hui révolue. Leur intérêt est d'autant plus grand que leur rédaction résultait d'un effort très considérable d'information et de réflexion sur les pratiques en cours, alimenté par la participation d'un grand nombre d'États développés et en développement ainsi que de représentants des organisations universelles ou régionales intéressées à leur élaboration. Ces « principes directeurs » mettent en évidence la compétence de l'État d'accueil de l'investissement en ce qui concerne son *admission ;* ils encouragent en même temps l'État d'accueil à faciliter la constitution de l'investissement par la suppression des entraves administratives et procédurales trop lourdes ; ils mettent également en évidence que certaines pratiques nationales peuvent produire un effet dissuasif et non incitatif. Les dispositions relatives au *traitement* de l'investissement consacrent, tout comme les conventions bilatérales ou régionales de protection, les principes du traitement juste et équitable, celui de la généralisation du traitement accordé à l'investisseur ressortissant de la nation la plus favorisée et celui de l'extension du traitement national à l'investisseur international. Les « *Guidelines* » recommandent de plus un certain nombre de règles touchant en particulier au libre transfert des bénéfices d'exploitation ou au traitement social et fiscal. Elles confirment évidemment le *droit d'expropriation* ou de modification unilatérale des contrats au bénéfice de l'État d'accueil mais aux conditions désormais bien connues touchant les motifs de la mesure (but d'utilité publique) et les conditions de l'indemnisation (prompte, adéquate et efficace). Il est à ce propos utile de noter que les méthodes d'évaluation de la juste valeur marchande de l'actif exproprié et du calcul de l'indemnité sont indiquées de façon relativement technique et détaillée. Sans qu'on puisse à proprement parler de codification des principes et des règles juridiques gouvernant l'investissement international, puisque telle n'était pas l'intention officielle des rédacteurs, ces « principes directeurs » offrent assurément un utile cadre de référence pour identifier les « standards de comportement » constitutifs de la pratique la plus appropriée, que ne désavouerait certainement pas le droit international coutumier applicable en la matière !

b) Le deuxième événement, plus récent, concernant la normalisation multilatérale de l'investissement international fut l'adoption, parmi les accords multilatéraux du commerce adoptés à l'issue du Cycle d'Uruguay en même temps que la Charte de l'OMC (v. ss 601), de l'Accord relatif aux mesures concernant les investissements et liées au commerce (TRIMS). Son objet est d'interdire toutes les mesures qui, de façon détournée, contreviendraient au GATT de 1994 (il concerne par conséquent le commerce international des seules marchandises). L'accord en fournit une liste indicative, donnant des exemples de mesures illicites car incompatibles avec l'obligation d'accorder le traitement national au commerce international, ou parce qu'elles constitueraient une entrave à l'élimination générale des restrictions quantitatives. La règle générale posant l'interdiction de ces mesures est cependant assortie d'exceptions et de dérogations, en particulier en ce qui concerne les pays en développement. Ces derniers, pour lutter contre la forte dégradation de leur balance des paiements, peuvent, aux termes de l'accord, édicter provisoirement de telles mesures en limitant au maximum leur incidence néfaste sur le commerce international. L'application de l'accord est placée sous le contrôle du Conseil du commerce des marchandises, organe de l'OMC.

On a pu voir dans ce dispositif l'amorce d'une évolution du droit international des investissements, dans laquelle l'OMC jouerait un rôle important pour mettre désormais l'accent sur la liberté de circulation des investissements et donc leur liberté d'établissement, l'État d'accueil voyant alors son pouvoir d'acceptation et de réglementation de l'investissement étranger sur son territoire sinon pratiquement éliminé, du moins considérablement réduit [1]. Cette tendance paraît aujourd'hui en nette voie de consolidation, bien au-delà du cadre de l'accord précité, conclu dans le cadre de l'OMC. Ce dernier n'intéresse en effet par définition que ceux des investissements qui sont liés au commerce international. Or, l'objectif actuellement poursuivi par les principaux pays exportateurs d'investissement dépasse largement ce champ d'application. Depuis la disparition du bloc socialiste et l'alignement, relatif mais confirmé, des pays en développement sur un modèle économique directement inspiré du schéma libéral, les préoccupations de sécurité des investissements se conjuguent désormais avec le but d'*assurer la liberté maximale de circulation et d'établissement des investissements*, au risque que, du même coup, soit remis en cause le « compromis historique » laborieusement réalisé entre les intérêts divergents des États en développement et des États investisseurs, tel qu'il avait été plus qu'ébauché par la Banque mondiale en 1992 (v. ss 633 a). Ce compromis consistait, comme on l'a vu, à préserver, d'un côté, la souveraineté territoriale des pays en développement, libres d'accepter ou de refuser à leurs conditions les investissements étrangers, ce qui générait certaines « contraintes d'exploitation » (« *performance requirements* ») pesant sur l'investisseur ; de l'autre à protéger la sécurité des investissements constitués par les ressortissants des pays développés. Aujourd'hui, l'enjeu, pour les pays exportateurs d'investissement consiste pourtant à se débarrasser des contraintes d'exploitation ou « prescriptions de résultat » imposées par les pays d'accueil, que ces contraintes soient liées au commerce ou non.

Telle était déjà la finalité principale de la négociation lancée sous l'égide des États-Unis au milieu des années quatre-vingt-dix, destinée à la conclusion de l'accord multilatéral sur les investissements (AMI). Elle était directement inspirée des accords de libre-échange précédemment conclus dans un cadre régional, en particulier l'accord de libre-échange ente le Canada et les États-Unis puis l'accord portant création de la zone de libre-échange

1. V. communication du professeur P. Juillard *in* Colloque SFDI 1995, *La réorganisation mondiale des échanges*, Paris, Pedone, p. 113-130.

nord américaine (ALENA, qui joint le Mexique aux deux précédents). Partant de l'idée que doivent être identiques les conditions dans lesquelles l'investisseur étranger et l'investisseur national exercent leurs activités, cette négociation visait en définitive à la généralisation du traitement national ; ou, si l'on préfère, à l'abolition de toute discrimination dans le traitement mais aussi dans l'accueil de l'investissement. Elle ne pouvait donc résulter que d'un *accord multilatéral*, puisqu'elle aboutissait à limiter grandement voire à faire disparaître le pouvoir qu'a encore l'État d'accueil d'en conditionner l'acceptation.

Pour cette raison, ce furent les pays naguère les plus réticents à l'égard de la régulation multilatérale des investissements, tels les États-Unis, qui paraissaient les plus favorables à l'adoption d'un instrument multilatéral global, couvrant non plus seulement les conditions de la protection des investissements (qu'ils préféraient jusqu'ici négocier au cas par cas dans le cadre de conventions bilatérales) mais aussi celles de l'accès des investisseurs au plus grand nombre possible de pays, en s'affranchissant au maximum des contraintes d'exploitation. Mené dans le cadre restreint des pays industrialisés membres de l'OCDE, ce projet de convention s'est pourtant heurté à la vive résistance d'États en développement mais, aussi, de pays développés, dont la France ; leurs objections ont été très efficacement relayées par certaines organisations non gouvernementales de protection de l'environnement et du développement ; l'échec de l'AMI marque sans doute la première manifestation tangible de la prise d'influence de la « *société civile internationale* » dans les grandes négociations économiques et sociales à l'échelle internationale. L'ensemble des critiques du projet d'AMI redoutait en particulier le démantèlement des politiques menées au plan national ou régional pour protéger certains types de productions ou de milieux à l'écologie menacée. Il en est résulté un arrêt et un échec définitif de la négociation de cet accord, très significatifs, notamment, de la vigilance nouvelle des ONG à l'égard de ce type de négociations [1].

La même tendance générale à la multilatéralisation du droit des investissements était déjà avérée dans un autre instrument, sans véritable précédent, puisqu'il vise toutes les sources d'énergie. Il a été également conclu dans un cadre régional large, celui de la coopération paneuropéenne entre les États membres de l'Union européenne et les pays en transition d'Europe centrale et orientale, y compris la Russie. Il est également destiné à s'ouvrir aux États-Unis, qui ont joué un rôle actif dans sa négociation mais ne l'avaient pas encore ratifié au printemps 2001. Il s'agit du traité conclu à Lisbonne le 17 décembre 1994, aujourd'hui en vigueur. Relatif à la promotion de la Charte européenne de l'énergie adoptée dès 1991, il vise à « promouvoir un nouveau modèle de coopération à long terme dans le

1. V. SFDI/IHEI, *Un accord multilatéral sur l'investissement : d'un forum de négociation à l'autre ?*, Paris, Pedone, 1999, 140 p. s. P. Juillard, À propos du décès de l'AMI, *AFDI* 1998. 595-612.

domaine de l'énergie à l'échelon paneuropéen et mondial »[1]. Cette vaste et complexe convention multilatérale mérite l'attention. Son article 45 avait déjà permis son application à titre provisoire entre les États qui, tels la France, sans forcément l'avoir encore ratifiée, en avaient adopté le texte.

Comme le faisait le projet d'accord multilatéral sur l'investissement (AMI), le Traité de Lisbonne pérennise les principes généraux relatifs au traitement de l'investissement (non-discrimination, traitement national, standard international minimum, expropriations pour seules causes d'utilité publique, indemnisation prompte et équitable du préjudice subi par l'investisseur). Il n'aborde cependant pas de front l'abolition des contraintes imposées par l'État d'accueil à l'admission de l'investissement. Cependant, comme on le verra plus loin, l'un de ses apports essentiels vient de son article 26, relatif au règlement des différends entre État d'accueil et investisseur privé étranger[2].

§ 3. **Primauté accordée aux intérêts de l'investisseur privé sur les intérêts publics définis par l'État d'accueil ?**[3]

634 ***Évolution du contentieux soumis à l'arbitrage : expropriation indirecte***[4] ***; traitement de l'investissement***[5] ◊

a) Un premier aspect de l'évolution du contentieux est lié à l'importance prise par la notion d'« expropriation indirecte ». Cette tendance va dans le sens d'un élargissement de la notion d'expropriation. La comparaison avec le contentieux des années soixante-dix et quatre-vingt, pour l'essentiel lié à des mesures d'expropriation directe par nationalisation du bien privé étranger, est à cet égard très frappante. En particulier, dans plusieurs sentences rendues dans le cadre de l'ALENA (sentence *Ethyl*, de 1998, sentences *Pope and Talbot*, du 10 avril 2001 et 31 mai 2002, comme déjà dans la sentence *Myers* (sentence partielle du 12 novembre 2000), on a pu constater que la simple adoption, en l'occurrence par le Canada, d'une réglementation ayant des effets restrictifs à l'exportation ou à l'importation pouvait être interprétée, sur la base de l'article 1110 de l'ALENA, comme équivalant à une spoliation de l'investissement étranger affecté.

1. V. R. Baradji, Le traité sur la charte européenne de l'énergie, *AFDI* 1996. 872-893.

2. V. F. Poirat, L'article 26 du traité relatif à la charte de l'énergie : procédure de règlement des différends et statut des personnes privées, *RGDIP* 1998/2, p. 45-82.

3. T. Wälde, Nouveaux horizons pour le droit international des investissements dans le contexte de la mondialisation de l'économie, *Cours et travaux de l'IHEI*, Paris, Pedone, 2004, 77 p.

4. V. Sabrina Robert-Cuendet, Droits de l'investisseur étranger et protection de l'environnement. Contribution à l'analyse de l'expropriation indirecte, Leiden, MNP, 2010, 530 p. ; A. de Nanteuil, *L'expropriation indirecte en droit international de l'investissement*, Paris, Pedone, 2014, 650 p.

5. V. S. Manciaux, *Investissements étrangers et arbitrage entre États et ressortissants d'autres États, trente années d'activité du CIRDI*. Paris, Litec, 2004, 727 p.

Ces affaires illustrent ainsi une évolution au demeurant vérifiée bien au-delà de l'accord de libre-échange nord américain. Elle se dessine en faveur de l'admission, très favorable à l'investisseur mais pas à l'État d'accueil, de « mesures équivalant à une expropriation » [1].

Dans ce type de contentieux, ce qui est d'abord pris en compte n'est plus la légalité intrinsèque de la mesure prise par l'État d'accueil, laquelle ne frappe souvent l'investissement que de façon indirecte. Ce que retiennent les arbitres, c'est davantage le critère matériel de la réalité du préjudice économique subi par l'investisseur en liaison avec l'initiative prise par l'État d'accueil. Certes, les deux critères, juridique et économique, se rejoignent parfois. Cela s'établit notamment par référence aux termes de la convention bilatérale de protection des investissements qui lie l'État d'accueil à l'État national de l'investisseur privé. Ainsi dans l'affaire *A. Goetz* (1999) entre un entrepreneur belge et l'État du Burundi, le tribunal reconnaît le droit de l'État de modifier unilatéralement sa réglementation fiscale ou douanière. Cependant, eu égard aux dispositions de la convention bilatérale de protection des investissements liant la Belgique et le Burundi, les arbitres concluent à la violation par le Burundi de son obligation conventionnelle de n'adopter « aucune mesure ayant un effet similaire à une privatisation ou à une restriction du droit de propriété ». La prise en compte de l'intérêt effectif de l'investisseur conduit déjà à élargir le champ des dommages indemnisables. Allant toutefois plus loin encore, dans d'autres sentences, comme en l'affaire *Pope and Talbot* précitée, c'est essentiellement le critère matériel du préjudice économique subi par l'investisseur qui est retenu, sans même le secours du constat d'une rupture formelle de la légalité établie entre État d'accueil et État national de l'investisseur. Le Canada a pris une réglementation nationale dont l'effet était de restreindre les possibilités de l'investisseur d'exporter du bois aux États-Unis. Cela a paru suffisant au tribunal pour conclure à la réalité d'une mesure équivalant à une expropriation ; les vrais intérêts en cause, dit-il, sont les avoirs sur lesquels repose l'investissement. Cette tendance à l'admission élargie du dommage à l'investissement équivalant à son expropriation est d'autant plus nette que plusieurs sentences récentes insistent sur un fait : il n'est pas nécessaire qu'il y ait eu transfert effectif du bien à l'État auteur de la mesure pour qu'on soit en face d'une situation d'équivalence à une expropriation (v. sentence *CME Czech Republic B.* V de 2001, citée par Y. Nouvel, *op. cit.*). Dans l'affaire *Metalclad* (30 avril 2000) résolue sur la base du traité ALENA, il a suffi au tribunal de constater que l'investisseur avait été légitimement déçu dans ses espoirs de bénéfice pour admettre qu'il avait subi un dommage patrimonial. On va ainsi très loin dans la protection de l'intérêt privé, alors même qu'en principe, la notion d'investissement comporte par essence à sa charge une dimension de risque ou de pari sur l'avenir.

---

1. V. Y. Nouvel, Les mesures équivalant à une expropriation dans la pratique récente des tribunaux arbitraux, *RGDIP* 2002/1, p. 79 s.

b) Plusieurs des affaires précitées sont également intéressantes du point de vue de la définition des règles de traitement de l'investissement. Elles vont également dans un sens favorable à la protection de l'investisseur privé. Ainsi la sentence de mai 2002 rendue dans l'affaire Pope and Talbot insiste sur le fait que le traitement « juste et équitable » requis par le droit international coutumier des investissements est désormais distinct du seul « traitement minimum ». Ce faisant, la sentence contredit volontairement les termes de l'article 1105 § 2 de l'ALENA qui disposait que le « traitement équitable » n'allait pas au-delà des exigences du « traitement minimal », (tel qu'il avait été dégagé par des précédents remontant à 1920). Dans la sentence *Mondev c/ États-Unis*, du 11 octobre 2002, le tribunal a constaté l'existence en droit international coutumier d'un « traitement minimal » ; mais ce dernier est susceptible d'évolution et il comprend désormais, sur la base de la pratique internationale, le « traitement juste et équitable ».

Dans quelle mesure, face à une telle extension de la notion de dommage indemnisable, l'État d'accueil peut-il encore justifier les initiatives prises et échapper à la mise en œuvre de sa responsabilité ? On se souviendra notamment que, dans le cadre du contentieux classique de l'expropriation, tel qu'illustré par les trois sentences libyennes, le critère, emprunté à la résolution 1803 de l'Assemblée générale, était celui du motif d'intérêt général (v. ss 627). Qu'en est-il aujourd'hui ? La finalité poursuivie par l'État auteur de la mesure est, certes, en principe toujours déterminante. Elle doit être prise dans l'intérêt public prééminent. On trouve toujours la mention d'une telle exception justifiant l'expropriation du bien privé étranger dans de nombreuses conventions bilatérales de protection des investissements (v. ss 629). Dans la conclusion de telles conventions, les grands États exportateurs de capitaux ont cependant soin de limiter au maximum l'inclusion de ce type d'exception dans les conventions de protection qu'ils passent avec des États d'accueil. Cela est vrai y compris pour ce qui concerne la protection de l'environnement, même si l'article 1114 de l'ALENA comporte, en principe, une disposition de ce type [1]. L'affaire *Metalclad* précitée démontre pourtant que cet article n'est pas interprété comme pourvoyant l'État d'accueil d'une véritable possibilité de se prémunir contre les réclamations d'un investisseur privé parvenant à démontrer la réalité du préjudice économique qu'il a subi du fait d'une mesure visant à la protection de l'environnement. Le but poursuivi par l'État d'accueil a beau être légitime, il devra tout de même indemniser l'intérêt privé affecté par la réglementation d'intérêt public que cet État a prise. Il a le droit de préférer établir un parc naturel à l'endroit antérieurement assigné à une usine de déchets, mais pas de décider l'un sans dédommager l'investisseur initialement chargé de construire l'autre.

Dans la phase antérieure du contentieux international relatif à l'expropriation de type classique, on sait que le critère du caractère discriminatoire

1. V. A. Lemaire Le nouveau visage de l'arbitrage entre État et investisseur étranger : le chapitre 11 de l'ALENA, *Revue de l'arbitrage*, 2001/1, p. 80.

ou non-discriminatoire de la mesure était déterminant pour se prononcer sur sa légalité (v. ss 627). Il n'en va plus de même dans ce contentieux, ainsi que l'illustre par exemple l'affaire *Pope and Talbot* précitée. Il est jusqu'aux mesures prises par l'État en application d'une autre obligation internationale qui sont écartées comme motif justificatif d'une exemption de sa responsabilité : dans l'affaire *Myers* (2000), le Canada, partie à la Convention de Bâle sur le contrôle des mouvements transfrontières de déchets dangereux, était de ce fait amené à restreindre certaines exportations de l'investisseur américain. Mais, sous le prétexte que les États-Unis ne sont eux-mêmes pas partie à la même convention, le tribunal, qui n'illustre sans doute pas par là une grande largeur de vue, s'est contenté de constater la contrariété du comportement canadien au regard de l'ALENA avec celle qui était la sienne en vertu de la Convention de Bâle. Il y avait pourtant d'autres façons de statuer, comme l'avait par exemple montré, dans un contexte à bien des égards comparables, la dernière sentence rendue dans l'affaire du *plateau des Pyramides*, entre un investisseur de Hong Kong et le gouvernement égyptien : le fait que le site des pyramides de Guiseh ait été classé sur le patrimoine mondial de l'Unesco avait été pris en compte pour conclure que l'espérance de gain de l'investisseur n'était pas indemnisable, compte tenu du fait que la protection du site était devenue une obligation internationale de l'Égypte à partir de 1979 [1]. Si l'on revient un instant sur la question de l'expropriation indirecte, on constatera au demeurant que la jurisprudence arbitrale n'est pas unifiée à cet égard. On rencontre ainsi des sources d'inspiration dans l'appréciation par les arbitres de la réalité d'une expropriation qui prennent effectivement en compte la vocation de l'État hôte à sauvegarder l'intérêt général. Ainsi, dans la sentence *Methanex c/ États-Unis d'Amérique*, du 3 août 2005, le tribunal a-t-il fait prévaloir la « *police power doctrine* » qui appelle à ne prendre en compte que la finalité de la mesure mise en cause par l'investisseur. Si cette mesure ne présente pas de caractère discriminatoire et qu'elle est manifestement prise pour un motif d'intérêt public ; que, de plus, les voies de droit sont ménagées dans l'ordre interne pour l'attaquer en justice, elle n'est pas considérée comme constituant une expropriation et ne donne pas lieu à compensation. On peut être ainsi porté à mettre en balance l'intérêt général de la population considérée et l'intérêt particulier de l'investisseur étranger. Un test de proportionnalité est alors pratiqué par certains tribunaux arbitraux envisageant l'une et l'autre considération. Pour apprécier la charge imposée à l'investisseur rapportée à l'objet de la mesure prise en vue de l'intérêt général, il est important de prendre en compte l'ampleur du dommage qui lui est causé par la dite mesure. On trouvera illustration de cette démarche dans la sentence *Tecnicas Medioambientales Tecmed* du 29 mai 2003.

c) *Parmi les principes de traitement*, il en est un qui apparaît de plus en plus clairement dans la jurisprudence arbitrale comme fondamental.

---

1. Sentence du *Plateau des Pyramides* (1993), *ILM*, 1993, vol. XXXII, p. 933 s.

C'est celui du « traitement juste et équitable » en application du droit international. Énoncé en particulier dans les principes directeurs de la Banque mondiale déjà cités (v. ss 633 a) on le retrouve toujours dans les traités bilatéraux et multilatéraux de protection des investissements. Il fait aussi manifestement partie du droit international coutumier. C'est typiquement un « *standard* », au sens où il s'agit d'un principe général dont il appartient aux parties d'abord, aux arbitres ensuite, en cas de litige, de déterminer les conditions d'application. Ils le feront chaque fois en fonction de la situation concrète, de l'environnement normatif, de la situation économique de l'État hôte, de même que des « attentes légitimes » de l'investisseur mais aussi de celles de la puissance publique qui l'accueille aux fins de développement économique national. Ce principe s'articule lui-même, plus ou moins étroitement selon les cas, à d'autres règles de traitement déjà citées, comme celles du traitement national ou de non-discrimination. Une sentence rendue sous la présidence de Sir Arthur Watts le 17 mars 2006 dans l'affaire *Saluka Investments BV c/ République Tchèque* dans le cadre de la Cour permanente d'arbitrage et en application des règles de la CNUCED (« *UNCITRAL Rules* ») est, à cet égard comme à d'autres, exemplaire [1]. Elle met notamment en évidence, en relation avec la règle du traitement juste et équitable, de la prise en considération des « attentes légitimes » de l'investisseur (§ 302).

Le nouveau cycle de négociations multilatérales ouvert à Doha en novembre 2001 dans le cadre de l'OMC, si toutefois il aboutit, devrait en principe faire plus de place à la prise en considération des préoccupations propres aux pays en développement ; il est par exemple intéressant de noter que la Déclaration de Doha, adoptée par la conférence ministérielle de l'OMC reprend à son compte la notion de « responsabilités communes mais différenciées » dont on constatera plus loin (v. ss 693) qu'elle occupe également une place importante dans la Déclaration finale adoptée au Sommet de Johannesburg, dix ans après la conférence de Rio sur la protection de l'environnement et le développement durable (v. ss 691) [2] ; il s'affirme également plus ouvert à la recherche d'une compatibilité accrue entre protection de l'environnement et investissement ou commerce international. Ces bonnes résolutions auront-elles pour effet de rééquilibrer le droit international des investissements ? Il n'est sans doute pas totalement interdit de l'espérer. Mais sans trop d'illusions, ainsi que l'a démontré le blocage rapide et vraisemblablement définitif du « cycle

1. V. www.pca-cpa.org. V.C. Schreuer, Fair and Équitable Treatment *in* Arbitral Practice, *The Journal of World Investment and Trade*, 2005, p. 357 ; OCDE, *The Fair and Équitable Treatment Standard in International Investments Law*, sept. 2004 ; I. Tudor, *The Fair and Équitable Treatment Standard in the International Law of Foreign Investment*, Préface P.M. Dupuy, Oxford University Press, 2008, 315 p.

2. Sur la nature juridique, le sens et la portée de la Déclaration de Doha, v. L. Boisson de Chazournes et M.M. Mbengue, La Déclaration de Doha de la Conférence ministérielle de l'Organisation mondiale du commerce et sa portée dans les relations commerce/environnement, *RGDIP* 2002/4, p. 855-892.

de Doha », notamment lié à l'affrontement entre pays occidentaux et pays en voie de développement dont certains très avancés, tels le Brésil ou l'Inde, sur la question des subventions à l'agriculture.

634-1 *Responsabilité internationale publique de l'État et droit international des investissements* ◊

a) L'évolution des modes de règlement des différends entre État et personne privée étrangère. Dans les conventions bilatérales de protection des investissements se trouve désormais très fréquemment ce qu'il est convenu d'appeler « la clause CIRDI ». Elle permet à des investisseurs de saisir le CIRDI (v. ss 632) pour la violation alléguée par l'État d'accueil des obligations auxquelles il a souscrit. Or, depuis un arbitrage rendu en application de cette clause, précisément, en l'affaire *AAPL c/ Sri Lanka* [1] il a été admis qu'il suffisait que la demande d'arbitrage par l'investisseur privé se fonde non pas sur le contrat d'État mais sur le seul traité bilatéral (et inter-étatique) de protection des investissements ; non pas, en d'autres termes comme il était jusque-là nécessaire, sur une clause compromissoire liant cette personne privée à l'État d'accueil, mais du fait de la seule invocation par l'entreprise étrangère de l'engagement pris par cet État d'accueil dans la convention bilatérale conclue avec l'État national de cette entreprise. Certes, cet investisseur, personne privée, n'est et ne peut pas être, à raison même de sa nature juridique, partie au traité bilatéral, seulement conclu entre États. Néanmoins, depuis la jurisprudence *AAPL c/ Sri Lanka*, l'investisseur est considéré en quelque sorte comme un « ayant droit ». Tout se passe désormais comme s'il avait reçu, du seul fait de la présence de la « clause CIRDI » dans le traité, le droit d'invoquer la violation de celui-ci pour venir porter, devant cette institution de règlement, le différend qui l'oppose à l'État d'accueil. Dans un raisonnement de ce type, la clause CIRDI, véritable stipulation pour autrui, une sorte d'« invocabilité directe » du traité bilatérale de protection des investissements est ainsi offerte à l'investisseur privé aux fins du recours à l'arbitrage.

Ce n'est pas une révolution copernicienne, mais c'est néanmoins une évolution capitale lorsqu'on sait que plus de 1 200 traités bilatéraux de protection des investissements comportent la « clause CIRDI ».

La même possibilité offerte à l'investisseur privé de disposer d'un droit direct d'action en arbitrage sans plus s'appuyer sur le contrat mais sur le traité auquel son État de nationalité est partie se retrouve aussi dans l'accord de libre-échange nord américain (ALENA) à son article 1120 [2]. De plus, la multilatéralisation du même droit de recours direct est également réalisée par le traité de Lisbonne précité à son article 26 aux termes duquel l'entreprise peut porter le différend soit devant les tribunaux internes de l'État, soit utiliser les mécanismes de règlement des litiges antérieurement prévus par les parties, soit encore avoir recours à ceux

1. V. E. Gaillard, *JDI* 1992. 216-232.
2. Texte *in ILM* 1993, p. 643.

prévus dans le traité lui-même (en particulier l'arbitrage). Cela veut dire, par exemple, que le traité sur la Charte de l'énergie permettrait à un entrepreneur suisse d'attraire directement la France devant un tribunal arbitral constitué en application du système CIRDI. La même possibilité, à quelques nuances près, était prévue dans le projet avorté d'AMI précité. On retrouve la même ouverture aux investisseurs privés d'un accès direct à des procédures permettant de régler certains de leurs différends avec des États étrangers dans le cadre latino-américain du MERCOSUR. À côté de facilités offertes à des règlements de différends inter-étatiques, ce mécanisme permet notamment le règlement de contentieux liés au respect des obligations établies au titre d'autres conventions internationales relatives aux investissements, comme l'ALENA précité. C'est ainsi par exemple que, en application de la procédure établie au chapitre XI de l'ALENA déjà mentionnée plus haut, le CIRDI a été appelé à faire jouer le mécanisme supplémentaire, notamment dans une affaire ayant opposé les actionnaires d'une société américaine à l'État mexicain [1].

Cette « arbitralisation » du droit des investissements ne va pas, au demeurant, sans une contestation d'une partie de l'opinion publique qui voit dans ce développement extraordinaire de l'arbitrage transnational l'expression d'un libéralisme débridé. Les réactions qui entourent les négociations d'un accord de partenariat transatlantique (TAFTA ou TIPP) entre l'Union européenne et les États-Unis le montrent. Un certain nombre de voix, dont celle du président Hollande, militent en faveur de mécanismes de règlement des différends qui soient confiés à des juges permanents et qui comportent des voies de recours. Cette idée semble avoir déjà triomphé dans le cadre des négociations, également en cours, d'un accord de libre-échange entre l'Union européenne et le Canada (dénommé « *Comprehensive Economic and Trade Agreement* », CETA). Dans le projet d'accord rendu public au printemps 2016, le CETA prévoit en effet un système de règlement des litiges États-investisseurs confié à un tribunal composé de 15 juges, nommés pour des mandats de cinq ou dix ans par les autorités canadiennes et européennes. Ces juges devraient justifier de qualifications juridiques et d'une expertise en droit international de l'investissement. Pour limiter le risque de conflit d'intérêts, le président du tribunal (tiré au sort pour deux ans) leur assignerait des affaires aléatoirement et selon un principe de rotation, comme dans un tribunal public national. Au lieu d'être payés par la défense et l'accusation, ils recevraient, en outre, des honoraires financés par le gouvernement Canadien et l'Union européenne. La décision rendue par le tribunal pourrait faire l'objet d'un appel dans des conditions qui restent à définir.

Ce nouveau mécanisme pourrait apaiser certaines craintes, largement infondées, mais il ne remettrait pas fondamentalement en cause ce mouvement, qui paraît inexorable, de facilitation de l'accès à la justice internationale

1. Robert *Azinian and Co. c/ Mexique*, 1er nov. 1999 ; V. aussi *Waste Management c/ Mexique*, commentaire Ph. Weckel, Chronique de jurisprudence internationale, *RGDIP* 2000/4, p. 1045 s.

des investisseurs privés, cette évolution qui a en outre contribué a faire émerger l'entreprise privée comme sujet du droit international public [1].

b) Lorsqu'on rapporte en effet cette évolution procédurale à la question substantielle du droit applicable prévu par les clauses des conventions bilatérales et multilatérales précitées, on constate qu'il s'agit le plus souvent du droit international. Les clauses renvoient aux règles établies par le traité dont elles font partie ainsi qu'aux « règles pertinentes du droit international ». Jointe à l'invocabilité directe de l'arbitrage précédemment décrite, cette phase nouvelle du remembrement coutumier du droit international des investissements confirme ainsi l'existence d'un droit international public des investissements dont la consolidation est également associée à une jurisprudence de plus en plus riche, en particulier dans le cadre du CIRDI. Cette évolution rappelle à certains égards celle qu'avait annoncée l'arbitre unique dans la sentence *Texaco* lorsqu'il discernait l'existence d'un « droit international des contrats » faisant partie du droit international public (v. ss 627). On doit toutefois noter la différence. À l'époque contemporaine, contrairement à ce qui se passait dans les années 1960 à 1990, la voie principale par laquelle le droit international public s'affirme de plus en plus comme droit applicable ne passe pas l'« internationalisation » des contrats eux-mêmes telle qu'évoquée plus haut (v. ss 627). Elle se manifeste par le fait que les requêtes d'arbitrage introduites par les investisseurs se fondent *elles-mêmes* sur la violation alléguée par l'État hôte d'un instrument de droit international public créant à son égard des obligations dans l'ordre international : le traité bilatéral qui le lie à l'État national de l'investisseur pour la protection des investissements (qu'on désigne généralement sous les initiales anglaises BIT - pour « *bilateral investment treaty* »).

Du point de vue du droit applicable, encore, beaucoup des sentences appliquent purement et simplement le droit de la responsabilité internationale des États tels que codifié (et développé) par la Commission du droit international dans son projet de 2001 sans trop se soucier du fait que ce droit s'applique en principe aux relations *interétatiques* et non à celles établies entre États et personnes privées étrangères. Il est vrai que nombre de règles de la responsabilité internationale ont historiquement émergé dans le droit international coutumier à l'occasion des dommages causés aux ressortissants étrangers. Pour autant, les faits illicites, dont ces dommages étaient la conséquence, engageaient la responsabilité de l'État vis-à-vis d'un *autre État*, l'État national de ces personnes privées. Dans le droit international des investissements, au contraire, on tend aujourd'hui à considérer que la responsabilité *directe* de l'État hôte peut s'établir à l'égard de l'investisseur étranger sur une base de droit international public

1. F. Poirat précitée, et Ch. Leben, « Retour sur la notion de contrat d'État et sur le droit applicable à celui-ci », *Mélanges offerts au professeur H. Thierry*, Paris, Pedone, 1998 ; P. Dumberry, « L'entreprise, sujet de droit international ? Retour sur la question à la lumière des développements récents du droit international des investissements », *RGDIP*, 2004/1, p. 103 s.

lorsque cet État a violé une obligation le liant pourtant non à ce particulier mais à un autre État, l'État national de l'investisseur, auquel il est lié par un traité bilatéral de protection des investissements (dont le tribunal arbitral aura retenu qu'il a violé telle ou telle disposition). Il s'agit là, quoi qu'il en soit, d'une transposition ou d'une extension de l'application d'un droit interétatique à une relation transnationale. Selon cette dynamique, tout se passe comme si l'investisseur étranger, déjà doté d'un moyen de recours direct contre l'État d'accueil du fait de l'évolution de la jurisprudence CIRDI (v. ss 634-1 a), se voyait aussi, au-delà des possibilités procédurales qui lui sont ainsi ouvertes, reconnaître une personnalité juridique internationale le rendant dépositaire de droits substantiels et lui permettant de relever de l'application des mêmes règles de fond que celles conçues pour la responsabilité entre États. Pour autant, la doctrine majoritaire rejette généralement l'idée que les investisseurs privés soient des personnes de droit international public. En définitive, s'agissant de l'applicabilité des règles de la responsabilité internationale des États telles que codifiées par la Commission du droit international dans ses articles de 2001 dans le cadre du contentieux entre États et investisseurs privés étrangers, elle doit se faire avec précaution et discernement ; il convient de distinguer selon les règles dont il s'agit. Celles se rapportant à l'identification du « fait illicite » de l'État (première partie du projet) sont parfaitement applicables dans le cas de la violation par l'État hôte de l'investissement des dispositions établies dans le traité bilatéral ou multilatéral de protection des investissements applicable en l'espèce. À l'inverse, celles qui concernent la mise en œuvre de la responsabilité (troisième partie du projet) sont clairement établies par la CDI pour ne jouer que dans un cadre interétatique ; quant aux dispositions relatives au contenu de la responsabilité de l'État (deuxième partie du projet), elles concernent en particulier les conditions de la réparation. Leur applicabilité doit être envisagée *mutatis mutandis*, c'est-à-dire en s'en inspirant mais sans oublier qu'elles ont été formées initialement dans un cadre interétatique. Il en va notamment ainsi du fameux adage tiré de l'arrêt de la Cour permanente de Justice internationale dans l'affaire de l'*Usine de Chorzow* selon lequel la réparation devrait effacer toutes les conséquences dommageables entraînées par la commission du fait illicite et rétablir sa victime dans la situation qui existait à l'apparition de ce dernier [1]. Comme prit soin de l'indiquer l'arrêt de la Cour permanente lui-même, le dommage subi par un individu, (ou, plus largement, une personne privée) n'est pas identique à celui ressenti par un État. Ainsi, contrairement à ce qu'ont tendance à faire nombre de tribunaux arbitraux, la référence rituelle à l'arrêt intervenu dans l'affaire précitée ne suffit-elle pas à justifier l'application des règles contenues dans la deuxième partie du projet de la CDI, en particulier celle de la *restitutio in integrum* (art. 31).

1. CPJI, (Série A), n° 17 (Fond), p. 28.

Il en va d'autant plus ainsi lorsque ces tribunaux tirent leur compétence de la Convention CIRDI, laquelle permet un recours direct de l'investisseur à l'encontre de l'État étranger ayant accueilli son investissement, situation relevant de l'article 33.2 du projet, lequel prévoit explicitement que ses dispositions sont « sans préjudice de tout droit que la responsabilité internationale de l'État peut faire naître directement au profit d'une personne ou d'une entité autre qu'un État ».

Pour s'en tenir aux règles matérielles gouvernant la réparation, on peut notamment envisager que son contenu varie selon la nature mais aussi le degré de gravité de l'obligation violée : ainsi, selon que l'État aura été reconnu responsable pour la violation du principe du traitement juste et équitable de l'investissement, ou qu'il aura procédé à une véritable expropriation de l'investissement, qu'elle soit ou non directe. L'expropriation ruine la propriété de l'investissement alors que l'atteinte au principe du traitement juste et équitable ne fait que porter atteinte à sa réalisation. Il en résulte que l'on pourra généralement utiliser la technique d'évaluation du dommage dite de la *fair market value* (ou valeur au prix du marché) dans le cas de l'expropriation mais que le recours à cette même méthode d'évaluation ne sera pas possible dans le cas d'atteinte au traitement équitable, à moins que ce dernier n'aboutisse, du fait de sa gravité particulière, à une situation concrètement équivalente à celle d'une expropriation.

634-2 ***Une distinction désormais fondamentale : « treaty claims » contre « contract claims »*** ◊ Du fait des facilités offertes, pour l'investisseur, par l'« invocabilité directe » de la violation du droit international dont il allègue qu'elle a été commise par l'État hôte, le contentieux des investissements internationaux tend ainsi de plus en plus à se déplacer pour se mettre en très large mesure sous l'orbite du droit international. Contrairement à ce qu'il faisait auparavant, l'investisseur dépose ainsi une requête fondée sur la violation du BIT, c'est-à-dire une « *treaty claim* », de préférence à une demande invoquant la méconnaissance du contrat qui le lie au même État (« *contract claim* »). L'investisseur est d'autant plus porté à agir ainsi que les contrats entre État et personne privée étrangère continuent le plus souvent à comporter quant à eux une clause soumettant les différends auxquels ils peuvent donner lieu non à un système de règlement international mais aux tribunaux nationaux de l'État d'accueil et au droit local. Pour tenter de court-circuiter les juridictions internes, présumées trop conciliantes à l'égard de l'État dont elles sont un organe, introduire une « *treaty claim* » apparaît désormais un moyen sûr, à la condition, du moins, que le tribunal international saisi se déclare compétent. Cette faculté de saisine directe est d'autant plus avantageuse pour l'investisseur demandeur qu'il ne faut pas oublier un grand avantage du système CIRDI (mais également ALENA ou Charte de l'énergie) : ils permettent non seulement à l'investisseur de demander la constitution d'un tribunal international mais il peut le faire *sans avoir à épuiser au préalable les voies de recours internes*. Il se trouve ainsi dans une situation totalement différente de celle du droit commun ou droit coutumier international et cette situation est beaucoup plus avantageuse pour lui (v. ss 485- 486).

On comprend, dès lors, que la tendance privilégiant les « *treaty claim* » se confirme d'année en année. Ainsi, en 2016, 60 % des cas portés devant le CIRDI l'ont été sur la base d'arguments invoquant la violation du traité. Plusieurs d'entre eux sont d'ailleurs à la fois fondés sur la violation du traité bilatéral et sur celle de la Charte de l'énergie, confirmant ainsi l'invocation de plus en plus fréquente de cet instrument comme base de compétence d'un tribunal international [1]. Il demeure que, dans ces cas-là, l'État défendeur, comme c'est le cas, entre autres, dans les nombreuses affaires introduites contre l'Argentine, soulève ordinairement *l'incompétence* du tribunal constitué sur la requête du requérant privé. Il le fait en invoquant différents motifs ; mais, notamment, en invoquant l'existence dans le contrat le liant à l'investisseur ou à l'une de ses filiales d'une clause de droit applicable et/ou de compétence prévoyant le recours aux tribunaux internes en cas de litige. Cette tendance à la prééminence écrasante des « *treaty claims* » sur les demandes fondées sur une convention d'arbitrage classique (clause compromissoire ou compromis) ou sur celles fondées sur une législation nationale s'est confirmée depuis lors [2].

Les arbitres sont alors exposés à la question de savoir s'ils doivent faire prévaloir le traité sur le contrat. De tels problèmes se sont par exemple rencontrés dans des affaires ayant donné lieu à des sentences sur la compétence telles que *CMS c/ Argentine*, du 17 juillet 2003, *Azurix Corp. c/ Argentine*, du 8 décembre 2003, *Eron c/ Argentine*, du 14 janvier 2004, ou *AES Corp. c/ Argentine*, du 26 avril 2005. Dans cette dernière affaire, le tribunal, comme du reste tous les précédents cités, a repoussé l'argument évoqué par le défendeur argentin. Il soulignait en effet la présence aux contrats liant les filiales du requérant à l'État argentin (ou à une entité étatique) d'une clause prévoyant la compétence des tribunaux internes. Ceci n'a pas été considéré comme un obstacle à leur compétence par les différents tribunaux saisis pour connaître de l'affaire au fond. Dans l'affaire *AES* précitée, le tribunal déclare : « En fait, l'argumentation de l'Argentine est inexacte en ce qu'elle repose sur une confusion entre deux ordres juridiques distincts : l'ordre juridique international et l'ordre juridique interne. Ce qui est en cause est une violation alléguée des obligations internationales de l'Argentine découlant du traité bilatéral de protection des investissements conclu entre les États-Unis et l'Argentine dont AES, en tant que ressortissant des États-Unis, peut demander directement réparation en application du mécanisme de règlement du CIRDI » [3].

1. V. E. Gaillard, *JDI*, janv.-févr.-mars 2006, p. 220 ; V. Z.Douglas, *The Law of Investment Claims*, Cambridge Univ. Press, 2009, p. 96s. ; J. Crawford, Investment Arbitration and the ILC Articles on State Responsibility, *ICSID Review/F.I.L.J.*, vol. 25, n° 1, 2010, p. 127s.
2. V. E. Gaillard, *La jurisprudence du CIRDI*, vol. II (2004-2008), Paris, Pedone, 2010, p. 3.
3. V. la traduction de la sentence par E. Gaillard, *JDI* 2006. 224.

a) « Clauses parapluie » [1]. Le type de raisonnement qui précède, en séparant nettement le contentieux *international*, lié au comportement de l'État d'accueil de l'investissement, du contentieux interne, lié au contrat unissant cet État à l'entreprise étrangère risque bien entendu de laisser sans réponse les doléances de cette dernière à l'égard des violations du contrat dont elle allègue souvent l'existence en plus de celle dont elle se plaint sur la base du traité de protection. Beaucoup d'États ont souhaité protéger au maximum leurs investisseurs de ce type d'aléas. C'est le cas, notamment, de l'Allemagne, de la Suisse ou les États-Unis [2]. Ils ont ainsi introduit un type spécifique de clauses dans leurs traités de protection des investissements. Celles-ci, dites techniquement « *clauses de respect des engagements* », disposent, en des termes plus ou moins généraux selon les cas, que les États doivent respecter leurs contrats avec les investisseurs de la nationalité de l'autre Partie. Ainsi, par exemple, à l'article 11 du traité bilatéral entre la Suisse et l'Ukraine, peut-on lire : « Chacune des parties contractantes assure en permanence le respect de ses engagements à l'égard des investissements de l'autre Partie contractante ». [3]

De telles clauses, prises au pied de la lettre, ont un effet redoutable pour l'État hôte : elles élèvent en effet quasi automatiquement toute violation du contrat au niveau d'une violation du traité (puisque celui-ci prévoit lui-même que le contrat devra être respecté). Ainsi, loin d'être une inutile réitération du principe général selon lequel les engagements sont liants pour ceux qui les ont pris (« *pacta sunt servanda* »), ces clauses placent directement le contrat sous la protection du traité bilatéral relatif aux investissements ou « *BIT* ». Telles sont les raisons pour lesquelles, faisant image, on les appelle « clauses parapluies » (« *umbrella clauses* ») quand on ne parle pas à leur égard de « clauses miroir », la méconnaissance du contrat étant reflétée dans celle du traité lui-même.

Quoiqu'existant de longue date, puisque les premières sont signalées dès 1959, ces clauses, du fait de l'invocabilité directe du *BIT* par la personne privée, ont beaucoup plus récemment donné lieu à des jurisprudences contradictoires ; la troisième sentence parmi celles qu'on va citer a tenté de surmonter cet affrontement stérile. Ce problème, c'est tout simplement celui de savoir quel effet donner à de telles clauses : un plein effet, pas d'effet du tout, ou une certaine incidence ? La sentence rendue le 6 août 2003 dans l'affaire *SGS c/ Pakistan* soulignait les conséquences drastiques pour l'État hôte que risquait d'avoir une « clause parapluie ». Prudent, il constata alors que la partie demanderesse n'avait pas rapporté la preuve

1. V. P. Weil, Problèmes relatifs aux contrats passés entre un État et un particulier, *RCADI* 1969. 96-240 ; Ch. Leben, La théorie du contrat d'État et l'évolution du droit international des investissements, *RCADI* 2003, vol. 302, 197-386 ; Th. Wälde, The « Umbrella Clause » *in* Investment Arbitration. A comment on Original Intentions and Recent Cases, *J. World Inv. & Trade, 2005*, vol. 6, p. 183.

2. Mais non la France. V. Ch. Leben, La responsabilité internationale de l'État sur le fondement des traités de promotion et de protection des investissements, *AFDI* 2004. 703.

3. *Ibid.*

que la clause litigieuse soit assez spécifique et explicite pour emporter mutation de la violation du contrat en violation du traité. La sentence *SGS c/ Philippines*, du 29 janvier 2004, voulut systématiquement critiquer sa devancière. Elle donna au contraire, en théorie tout au moins, son plein effet à la clause, tout en décidant finalement de surseoir à statuer dans l'attente de la fixation du montant de la réparation tel qu'il serait fixé par les juridictions internes. La sentence *Noble Ventures c/ Roumanie*, du 12 octobre 2005 quant à elle, rappelle explicitement l'indépendance de l'ordre juridique international par rapport aux ordres juridiques internes [1], qui sont pour lui de simples faits. Elle explique ensuite que la violation du contrat peut, en l'absence même de toute clause parapluie, constituer, en même temps, une méconnaissance par l'État de ses obligations en droit international public si ce comportement s'analyse comme une atteinte aux droits de la personne privée étrangère tels que protégés par le droit international résultant du *BIT* et/ou du droit coutumier. Quant à l'interprétation qu'il faut donner à la clause en elle-même lorsqu'elle figure dans le *BIT* en cause, elle dépend avant tout de la volonté des parties telle qu'elle est exprimée par les termes employés dans le contrat. Compte tenu du fait que la clause établit une exception au principe général rappelé plus haut (celui de la séparation claire entre les ordres juridiques interne et international) elle ne peut produire l'effet de transformer la violation du contrat en violation du traité que si ses termes sont d'une généralité telle, dans la formulation de l'obligation de respecter les engagements, que son interprétation en faveur d'un plein effet ne saurait faire de doute ; ceci se trouve, en l'espèce, réalisé [2]. La sentence fournit ainsi à la fois une analyse de la clause telle qu'on doit la situer par rapport au droit international public et des critères pour son interprétation et son application. Cette sentence [3], dont le sens a semble-t-il été mal compris puisqu'elle ne faisait droit à la clause que sur le constat de la volonté expresse des parties telle que manifestée par l'extrême généralité des termes employés par le texte du traité, a fait l'objet d'une critique sans nuance dans une décision sur la compétence rendue dans l'affaire *El Paso Energy International Company c/ République Argentine* en avril 2006, rejointe par la décision *Pan American* du 27 juillet de la même année et émanant d'un tribunal comportant une composition pour majorité identique. Ces deux décisions n'ont elles-mêmes pas emporté l'adhésion de la critique [4], d'autant qu'elles étaient confrontées à une rédaction de la clause parapluie aussi générale que celle dont avait

1. V. le commentaire des deux sentences par E. Gaillard *in* La jurisprudence du CIRDI, *op. cit.*, respectivement p. 815-828 et 882-835 (pour *SGS/Pakistan*) et 865-892 et 896-906 (pour *SGS Philippines*).

2. V. commentaire E. Gaillard, *JDI*, janv.-févr.-mars 2006, p. 339 s.

3. Dont un devoir de loyauté exige de préciser qu'elle a été rendue par un tribunal dans lequel siégeait P.M. Dupuy.

4. V. en particulier E. Gaillard, *La Jurisprudence du CIRDI*, vol. II, Paris, Pedone, 2010, p. 274-284.

traité la sentence *Noble Venture*. Elles manifestent cependant que la question de la portée des *umbrella clauses* n'est sans doute toujours pas parfaitement stabilisée.

b) Sur l'influence de la notion de « puissance publique » à l'égard du régime de la responsabilité des États au titre de la violation d'un traité de protection des investissements. Dans une sentence du 22 décembre 2003, en l'affaire *RFCC c/ Maroc*, le tribunal s'est appuyé sur l'idée que, s'agissant d'une « *treaty claim* », il n'était susceptible de sanctionner que les faits de l'État accomplis en sa qualité de puissance publique, par opposition à ceux qu'il avait accomplis comme aurait pu le faire un simple particulier. Un commentateur averti note à juste raison que cette position semble avoir été adoptée par les arbitres pour limiter une compétence qu'en l'absence même d'une clause de respect des engagements [1], ils avaient établie de telle façon qu'elle aurait pu leur permettre de connaître d'allégations se rapportant pourtant seulement au contrat. Ils cherchaient ainsi à restreindre par d'autres moyens une compétence dont ils estimaient eux-mêmes qu'elle était trop large. La distinction entre les actes accomplis « *jure imperii* » (ou actes de puissance publique) et les actes réalisés « *jure gestionis* » ne parait cependant pas pertinente. Elle est en effet trop souvent difficile à tracer en pratique et, en tout cas, étrangère au droit international de la responsabilité de l'État. Le tribunal constitué dans l'affaire *Noble Venture c/ Roumanie* précitée l'a d'ailleurs explicitement réfutée en s'appuyant quant à lui sur le projet d'articles de la CDI (*GTDIP* n° 54) qui ignore la distinction entre les deux types d'actes dont on ne retrouve la trace, d'ailleurs mouvante sinon incertaine, qu'à propos des immunités de l'État (v. ss 129) [2].

634-3 ***Les mutations économiques en cours et leur incidence potentielle sur le droit des investissements*** ◊ Une grande majorité des traités bilatéraux et multilatéraux de protection des investissements ont été conçus et conclus, comme il a été dit plus haut, dans un contexte économique Nord/Sud, c'est-à-dire, très schématiquement, avec l'idée que les investisseurs venaient de l'un des hémisphères et que les États d'accueil se trouvaient dans l'autre. Cet « échange inégal » n'est cependant pas forcément destiné à se perpétuer. L'un des effets de la globalisation est de permettre à des puissances économiques émergentes, comme le Brésil, l'Argentine (v. affaire *Mafezzini*) ou la Chine d'investir dans les pays du « Nord ». Le principe de réciprocité qui présidait jusqu'ici très formellement à la conception des traités bilatéraux et multilatéraux en ce domaine pourrait ainsi être amené à prendre une signification bien réelle. De la même manière, il n'est pas impossible que certaines notions apparues à propos de l'interprétation des standards de traitement de l'investissement, comme celles d'attentes légitimes de l'investisseur s'appliquent tout autant à la prise en considération des expectatives de

1. V. commentaire E. Gaillard, *JDI*, janv.-févr.-mars 2006, p. 347.
2. *Ibid.* p. 349.

l'État accueillant l'investissement [1]. Une telle perspective est notamment ménagée à l'article 13 de l'importante résolution adoptée lors de la session tenue à Tokyo en 2013 par l'Institut de droit international (IDI) relativement aux *aspects juridiques du recours à l'arbitrage par un investisseur contre les autorités de l'État hôte en vertu d'un traité interétatique*, sur les rapports du professeur A. Giardina [2]. On aurait par conséquent tort de croire que le droit international des investissements sera nécessairement destiné à agir en sens unique en protégeant exclusivement l'investisseur contre l'État d'accueil, même s'il reste vrai que le premier demeure souvent exposé aux aléas de décisions prises unilatéralement par un État prétendant toujours qu'il agit comme il le fait dans l'intérêt général. Le meilleur encouragement à l'investissement étranger reste de toute façon pour l'État qui désire l'attirer d'éviter les comportements arbitraires et imprévisibles. La stabilité du cadre juridique est un atout majeur pour favoriser l'investissement. La résolution précitée de l'IDI insiste d'ailleurs dès son préambule sur « la nécessité d'assurer une protection équilibrée entre les intérêts des parties concernées, garantissant la protection des droits des investisseurs et le droit des États de poursuivre, de manière non discriminatoire, leurs propres fins publiques et réglementaires » [3]. C'est de la réussite des négociateurs à parvenir à un tel équilibre dont dépend aujourd'hui l'avenir des négociations ouvertes entre l'Union européenne et les États-Unis en vue de la conclusion d'un accord de libre-échange transatlantique (Tafta ou TIPP). Les divergences de vue entre les deux partenaires étaient toutefois encore trop grandes au printemps 2016, particulièrement au sujet du mécanisme de règlement des différends États-investisseurs, pour qu'une issue positive en ce sens puisse être présagée.

34-4 *Indications bibliographiques complémentaires* ◇

1) La régulation des échanges

Arup (C. h), *The New Word Trade Organisation Agreements, Globalizing Law through Services, and Intellectual Property*, (Cambridge University. Press, 2000, 340 p.) ; Bedjaoui (M.), *Pour un nouvel ordre économique international* (Paris, Unesco, 1979, 295 p.) ; Burdeau (G.), Les engagements d'autolimitation et l'évolution du commerce international, (*AFDI*, vol. XXXVII, 1991, p. 748-753) ; Castañeda (G.), La Charte des droits et devoirs des États : note sur son processus d'élaboration (*AFDI*, 1974, p. 31-56) ; Cazala (J.), L'OMC à la carte ? Les aménagements conventionnels aux obligations des membres permis par le droit conventionnel de l'Organisation mondiale du commerce (*RGDIP* 2009. 45-74) ; Dicke (D.C.) (dir.), Foreign investment *in* the present and a new international economic order

1. V. la sentence *International Thunderbird Gaming Corporation c/ Mexique*, du 26 janv. 2006, avec l'opinion séparée du professeur Th. Wälde, commentée dans la chron. des sentences arbitrales du professeur Gaillard, *JDI*, 2006/2.
2. *Annuaire de l'Institut de droit international* 2103, Pédone, 2014.
3. V. Pierre-Marie Dupuy and Julie Maupin, On Wit, Wisdom, and Balance *in* International Law. Reflections on the Tokyo Resolution of the Institut de Droit International, à paraître au *Liber Amicorum Charles Brower*, 2014.

(Fribourg, University Press, 1987, 356 p.) ; Dicke (D.C.) (dir.), *Foreign trade and a new international economic order* (Fribourg, University Press, 1988, 427 p.) ; Dupuy (R.-J.) (dir.), *Le nouvel ordre économique international. Aspects commerciaux, technologiques et culturels* (Dordrecht, MNP/Académie de droit international de La Haye, 1981, 395 p.) ; Flory (T.), Remarques à propos du système commercial mondial issu des accords du cycle d'Uruguay (*JDI*, 1995/4, p. 877-891) ; Garcia (T.), Faut-il changer l'Organisation mondiale du commerce ? Propos relatifs au rapport sur l'avenir de l'OMC (*RGDIP*, 2005/3, p. 665-679) ; Gazzini (T.), The Legal Nature of WTO Obligations and the Consequences of their Violation, (*JEDI/EJIL*, 2006/4, p. 723-742) ; Ghérari (H.), Règles de l'Organisation mondiale du commerce et accords commerciaux régionaux (*RGDIP* 2008. 255-293) ; Hilpold (P.), Human Rights and WTO Law : From Conflict to Coordination, (Archiv des Völkerrechts, 2007/4, p. 484-516) ; Jackson (J.), The World Trade System, 2nd ed., The MIT Press, 1997, 441 p. ; Jackson (J.), The Jurisprudence of GATT and WTO. Insights on Treaty Law and Economic Relations, Cambridge Univ. Press, 2000, 797 p. ; Khavand (K.), Le nouvel ordre commercial international. Du GATT à l'OMC, Paris, Nathan, 1995, 192 p. ; Kuijper (P.), The Conclusion and Implementation of the Uruguay Round Results by the European Community, *EJIL/JEDI* 1995/2, p. 222-244 ; Lesaffre (H.), *Le règlement des différends au sein de l'OMC et le droit de la responsabilité internationale* (Paris, LGDJ, 2007, 610 p.) ; Maddalon (Ph.), Les faits économiques dans les rapports de l'organe d'appel de l'OMC (*RGDIP* 2009. 305-331) ; Mahiou (A.), Les implications du nouvel ordre économique international et le droit international (*RBDI*, 1976/2, p. 421-450) ; Martin (P.-M.), Le nouvel ordre économique international (*RGDIP* 1976. 502-535) ; Matringe (J.), *Le droit international des échanges entre unité et pluralité* (Paris, Pedone, 2009, 122 p.) ; McCahery et al. (dir.), International Regulatory Competition and Coordination. Perspectives on Economic Regulation *in* Europe and the United States, (Oxford, Clarendon Press, 1996, 538 p.) ; Petersmann (E.U.), The Transformation of the World Trading System through the 1994 Agreement Establishing the World Trade Organization, (*EJIL/JEDI*, 1995/1, p. 161-221) ; Petersmann (E.U.), Reforming the World Trading System : Legitimacy, Efficiency, and Democratic Governance, (Oxford University Press, 2005, 569 p.) ; Ruiz Fabri (H.), Le juge de l'OMC : ombres et lumières d'une figure judiciaire singulière, (*RGDIP*, 2006/1, 39-83) ; Sacerdoti (G.), Structure et fonction du système de règlement des différends de l'OMC : les enseignements des dix premières années, (*RGDIP*, 2006/4, p. 769-800) ; Schwarzenberger (G.), The Principles and Standards of International Economic Law, (*RCADI*, 1966/I, vol. 117, p. 1-98) ; Seidl-Hohenveldern (I.), International Economic Soft Law, (*RCADI*, 1979/II, vol. 163, p. 165-246) ; Seidl-Hohenveldern (I.), International Economic Law, (*RCADI*, 1986/III, vol. 198, p. 9-264) ; Shihata (I.), The Word Bank *in* a Changing Word. Selected Essays, (MNP, 1995, 802 p.) ; Skarczyk (J.), Principles of a New International Economic Order (Dordrecht, MNP, 1988, 368 p.) ; Sorel (J.-M.), Sur quelques aspects juridiques de la conditionnalité du FMI et leurs conséquences, (*JEDI/EJIL*, 1996/1, p. 42-66) ; Sorel (J.-M.), L'évolution des institutions financières internationales : entre redéploiement et fragilité, une restructuration systématique en chantier, (*AFDI* 2006. 481-504) ; Trachtman (J.), Trade and... Problems, Cost-benefit Analysis and Subsidiarity, (*JEDI/EJIL*, 1998/1, p. 32-86) ; Vadcar (C.), Le traitement spécial et préférentiel. Plaidoyer contre les systèmes de préférences généralisées, (*JDI*, 2005/2, p. 315-339) ; Verloren van Themaat (P.), *The changing structure of international economic law : a contribution of legal history of comparative law and of general legal theory to the debate on a new international economic order* (La Haye, MNP, 1981, 395 p.) ; Verwey (W.D.), The

Principles of a New International Economic Order and the Law of the General Agreement on Tariffs and Trade (GATT), (LJIL, 1990/2, vol. III, p. 117-142) ; Virally (M.), La Charte des droits et devoirs économiques des États : Note de lecture (*AFDI* 1974. 57-77) Waibel (M.), Opening Pandora's Box : Sovereign Bonds *in* International Arbitration, (*AJIL*, 2007/4, p. 711- 759).

2) Le droit du développement

Blanc (G.), Peut-on encore parler d'un droit du développement ?, (*JDI*, 1991/(4), vol. 118, p. 903-946) ; Bedjaoui (M.), *Pour un nouvel ordre économique international*, Paris, Unesco, 1979, 295 p. ; Bouveresse (J.), *Droit et politiques du développement et de la coopération*, (Paris, PUF, 1990, 316 p.) ; Castañeda (G.), La Charte des droits et devoirs des États : note sur son processus d'élaboration, (*AFDI* 1974. 31-56) ; De Waart (P.J.I.H.) et Peters (P.), *International Law and Development*, (Dordrecht, MNP, 1988, 457 p.) ; Dicke (D.C.) et Petersmann (E.U.) (dir.), *Foreign Trade in the Present and a New International Economic Order*, Fribourg, Fribourg University Press, 1988, 426 p. ; Dupuy (R.-J.) (dir.), *Le nouvel ordre économique international. Aspects commerciaux, technologiques et culturels. Colloque de La Haye 1980*, (Dordrecht, MNP/Académie de droit international de La Haye, 1981, 395 p.) ; Dupuy (R.-J.) (dir.), *Le droit au développement au plan international. Colloque de La Haye* 1979, (Dordrecht, MNP/Académie de droit international, 1980, 458 p.) ; Elian (G.), Le principe de la souveraineté sur les ressources nationales et ses incidences juridiques sur le commerce international, (*RCADI* 1976/I, vol. 149, p. 1-86) ; Faculté d'Aix en Provence, *La formation des normes en droit international du développement. Table ronde franco-maghrébine d'Aix-en-Provence de 1982*, (Éd. du CNRS, 1984, 393 p.) ; Feuer (G.) et Cassan (H.), *Droit international du développement*, (Paris, Dalloz, 2e éd., 1991, 642 p., 2e éd.) ; Flory (M.), Souveraineté des États et coopération pour le développement, (*RCADI*, 1974/I, vol. 141, p. 255-330) ; Paul (J.), The United Nations and the Creation of an International Law of Development, (*Harvard Int'l L. J.*, 1995/2, p. 307-328) ; Pellet (A.), *Droit international du développement*, (Paris, PUF, Coll. Que sais-je ?, n° 1731, 2e éd., 1987, 128 p.) ; Rosenberg (D.), *Le principe de souveraineté des États sur leurs ressources naturelles*, (Paris, LGDJ, 1983, 395 p.) ; Verloren van Themaat (P.), *The Changing Structure of International Economic Law : a Contribution of Legal History of Comparative Law and of General Legal Lheory to the Debate on a New International Economic Order*, (La Haye, MNP, 1981, 395 p.) ; Virally (M.), Vers un droit international du développement, (*AFDI* 1965. 3-12) ; Virally (M.), La notion de programme. Un instrument de coopération technique multilatéral, (*AFDI* 1968. 530-553) ; Virally (M.), La deuxième décennie pour le développement, (*AFDI* 1970. 9-33) ; Virally (M.), La Charte des droits et devoirs économiques des États : Note de lecture, (*AFDI* 1974. 57-77).

3) Le droit des investissements, entreprises multinationales

Audit (M.), Bollée (S.) et Callé (P.), *Droit du commerce international et des investissements étrangers* (Paris, LGDJ-Lextenso, 2014, 768 p.) ; Ben Hamida (W.), Clause de la nation la plus favorisée et mécanismes de règlement des différends : que dit l'histoire ? (*JDI* 2007. 1126-1162) ; Ben Hamida (W.), La prise en compte de l'intérêt général et des impératifs de développement dans le droit des investissements (*JDI* 2008. 999-1033) ; Bodeau-Livinec (P.) (dir.), *Les fonds souverains : entre affirmation et dilution de l'État face à la mondialisation* (Paris, Pedone, 2014, 160 p.) ; Cazala (J.), Les dénonciations de la Convention de Washington établissant le CIRDI (*AFDI* 2012. 551-565) ; Christakis (T.), Quel remède à l'éclatement de la jurisprudence CIRDI sur les investissements en Argentine ? La décision du comité *ad hoc* dans l'affaire *CMS c/ Argentine*, (*RGDIP* 2007. 879-896) ; El Boudouhi (S.), L'intérêt général et les règles substantielles de protection des investissements, (*AFDI* 2005. 542-563) ; Fouchard (Ph.), *L'OHADA et les perspectives de l'arbitrage en Afrique*, (Bruxelles, Bruylant, Travaux du Centre R.-J. Dupuy pour le droit et le développement, 2000, 310 p.) ; Fietta (S), Expropriation and the « Fair and Équitable » Standard, The Developing Role of Investors « Expectations », (*Journal of International Arbitration*, 2006/5, p. 375-399) ; Gaillard (E.), L'arbitrage sur le fondement des traités de protection des investissements, (*Revue de l'arbitrage*, 2003/3, p. 853-875) ; Gaillard (E.), *La jurisprudence du CIRDI*, (Paris, Pedone, 2004, 1105 p.) et *La jurisprudence du CIRDI (vol. 2)*, (Paris, Pedone, 2009, 750 p.) ; Ghérari (H.) et Kerbrat (Y.), L'entreprise dans la société internationale, (Paris, Pedone, 2010, 242 p.) ; Gilles (A.), *La définition de l'investissement international* (Bruxelles, Larcier, 2012, 534 p.) ; Hellio (H.), L'État, un justiciable de second ordre ? À propos des demandes étatiques dans le contentieux arbitral transnational relatif aux investissements étrangers (*RGDIP* 2009. 589-620) ; Juillard (P.), L'évolution des sources du droit des investissements, (*RCADI*, 1994/VI, vol. 250, p. 9-216) ; Kamminga (M.) and Zia Zarifi (S.) *Liability of Multinational Corporations under International Law*, Kluwer, 2000, 408 p. ; Leben (C.), La théorie du contrat d'état et l'évolution du droit international des investissements, (*RCADI*, 2003/II, vol. 302, p. 197-386) ; Leben (C.), La responsabilité internationale de l'État sur le fondement des traités de promotion et de protection des investissements, (*AFDI* 2005. 683-714) ; Leben (C.) (dir.), *Le contentieux arbitral transnational relatif à l'investissement, Nouveaux Développements*, LGDJ, 2006, 400 p. ; Manciaux (S.), Les mesures équivalentes à une expropriation dans l'arbitrage international relatif aux investissements, *in* F. Horchani (dir.), *Où va le droit international de l'investissement ? Désordre normatif et recherche d'équilibre. Actes du colloque organisé à Tunis les 3 et 4 mars 2006* (Pedone, 2007, p. 73-94) ; Mann (F.A.), Money *in* public international law (*RCADI*, 1959/I, vol. 96, p. 1-128) ; Nwogugu (E. I.), Legal problems of foreign investments (*RCADI*, 1976/V, vol. 153, p. 167-262) ; Mayer (P.), Contract claims et clauses juridictionnelles des traités relatifs à la protection des investissements, (*JDI* 2009. 71-96) ; A. de Nanteuil, L'application du droit international public dans l'arbitrage transnational (*RGDIP* 2014. 31-70) ; Poulain (B.), Développements récents du droit communautaire des investissements internationaux (*RGDIP*, 2009, p. 873-895) ; Radi (Y.), The Application of the Most-Favoured-Nation Clause to the Dispute Settlement Provisions of Bilateral Investment Treaties : Domesticating the "Trojan Horse", (*JEDI/EJIL*, 2007/4, p. 757-774) ; Robert-Cuendet (S.), *Droits de l'investisseur étranger et protection de l'environnement. Contribution à l'analyse de l'expropriation indirecte* (Leiden, Martinus Nijhoff, 2010, 530 p.) ; Shany (Y.), Contract Claims vs. Treaty Claims : Mapping Conflicts Between ICSID Decisions on Multi Sourced Investment Claims, (*AJIL*, 2005/4, p. 835-851) ; Schreuer (C.H.), *The ICSID Convention : a commentary on the Convention on the Settlement of Investment Disputes between States and Nationals of Other States*, Cambridge, Cambridge University Press, 2001, 1466 p. ; Shihata (I) *The World Bank in a Changing World*, (MNP, 2000, 1028 p.) ; Shihata (I.F.I.), L'AMGI (*AFDI* 1987. 601-613) ; Société française pour le droit international, *Un accord multilatéral sur l'investissement : d'un forum de négociation à l'autre ?*, (Paris, Pedone, 1999, 140 p.) ; Sorel (J.-M.) (dir.), Le droit international économique à l'aube du XXIe siècle (Paris, Pedone, 2009, 268 p.) ; Stern (B.), La protection diplomatique des investissements internationaux. De la

Barcelona Traction à Électronica Sicula ou les glissements progressifs de l'analyse, (*JDI*, 1990/4, p. 897-948). ; Wescott (T.J.), Recent Practice on Fair and Équitable Treatment, *Journal of World Investment and Trade*, 2007/3, p. 409-430.

V. aussi le dossier spécial de la *RGDIP* 2015 sur *les techniques conventionnelles du droit international des investissements* (p. 5-242), ainsi que les références citées(v. ss 138).

CHAPITRE 3

L'UTILISATION DES ESPACES D'USAGE INTERNATIONAL ET LA GESTION DES RESSOURCES DE L'HUMANITÉ Y COMPRIS L'ENVIRONNEMENT

635 ***Introduction générale*** ◊ Les « espaces d'usage international » se répartissent en deux grandes catégories : d'une part, ceux que l'on qualifie ordinairement d'« internationalisés », c'est-à-dire les espaces qui sont placés *hors* de toute juridiction nationale ; d'autre part, ceux que nous appellerons « territorialisés », c'est-à-dire placés au contraire sous la compétence, en principe exclusive, d'un État déterminé.

Mais les espaces de cette seconde catégorie, contrairement au territoire terrestre national proprement dit, sont néanmoins destinés, soit par leur situation géographique (cas des zones maritimes littorales) soit par leurs caractères physiques (espace aérien) à être utilisés par tous les États.

Il existe ainsi, au-delà de différences marquantes, une problématique commune à ces différents types d'espaces d'usage international. Elle n'est généralement pas suffisamment mise en valeur par l'étude distincte des deux catégories, celle de la seconde étant renvoyée la plupart du temps dans l'exposé des éléments constitutifs du territoire national. Cette optique fractionnelle ne rend pas suffisamment compte des lignes de force et des tensions existant entre les deux sortes d'espaces que l'on vient de désigner. C'est la raison pour laquelle on s'en affranchira ici.

636 ***Espaces et droit international*** [1] ◊ On peut dire, reprenant le mot de Georges Scelle, que l'État a « l'obsession du territoire » [2]. D'une façon générale, l'espace, quel qu'il soit, a été perçu par l'État comme le champ d'exercice de ses activités, qu'il souhaite pouvoir mettre en œuvre en toute liberté.

Deux solutions s'offrent alors, d'un point de vue juridique. Soit consacrer le droit de chaque État à l'utilisation libre d'un espace considéré (ce qui, inévitablement, s'accompagnera dans des proportions variables des contraintes de la coexistence entre les utilisateurs) soit, beaucoup plus

1. V. D. Alland, Les représentations de l'espace en droit international public, *APD*, vol. 32, *Le droit international*, 1987, p. 163-178.
2. Georges Scelle, Obsession du territoire. Essai d'étude réaliste du droit international, *in Symbolae, J.H.W. Verzijl*, La Haye, Nijhoff, 1958, p. 347-361.

spontanément pour chaque État, chercher à acquérir à son profit exclusif et soumettre à son seul pouvoir l'aire ou le milieu en cause. Cette seconde tendance est naturelle à la souveraineté, expansionniste par le jeu d'une dynamique inhérente, exclusiviste par sa logique même.

Ainsi, deux tendances, deux dynamiques opposées, se sont toujours affrontées à propos des espaces dans l'ordre international.

L'une est celle de la conquête individuelle et de l'accaparement. Elle fut longtemps prédominante. Menée à son terme, elle aboutit à la réduction de l'espace jusque-là non approprié à l'état de parcelle ou, au mieux, de démembrement du territoire national. La puissance souveraine bénéficiaire y exercera alors librement la plénitude de ses compétences territoriales (*dominium*, v. ss 87).

L'autre, déjà présente en droit romain (*res communis*), cultivée ensuite par les juristes théologiens du XVIe siècle (Vitoria, Suarez) puis systématisée par l'école du droit naturel refondée par Grotius, consiste au contraire à réaliser un effort pour triompher au profit de tous du déchaînement contradictoire et nécessairement belliqueux d'avidités territoriales concurrentes. La haute mer, affectée au libre usage de tous, ouverte à la liberté de navigation pour tous les pavillons, en constitue à la fois le premier exemple historique et l'illustration encore aujourd'hui la plus marquante.

Une ambiguïté fondamentale a cependant toujours altéré cette internationalisation fonctionnelle : la « *res communis* » en cause risque très vite d'être en effet perçue comme une « *res nullius* », laquelle, n'étant à personne, est d'abord conçue comme le libre champ d'exercice des licences que chacun s'y octroiera, sans que les uns et les autres se soucient autrement de la sauvegarde du bien de tous [1]. La liberté laissée aux uns et aux autres porte ainsi en elle les germes de dégénérescence favorisant l'action des plus forts ou des moins scrupuleux. La désaffectation patrimoniale permet en d'autres termes la liberté d'utilisation mais ne garantit pas forcément contre la résurgence des appétits individuels.

Depuis une quarantaine d'années, cependant, un troisième type de solutions juridiques a été conçu, il consiste à récupérer les vertus de l'affectation patrimoniale en les liant à la réalisation du bien collectif que s'assignait depuis toujours l'internationalisation des espaces. L'espace international concerné, mais aussi, sinon surtout, les ressources qu'il contient, est alors attribué à un patrimoine, certes, mais à un patrimoine commun à l'ensemble des composantes de la communauté internationale, à la fois passée, actuelle et à venir, désignée sous le vocable générique et global d'« humanité » [2].

Cette technique a jusqu'ici été le plus systématiquement poussée à propos du fond des mers. L'exploitation de ses ressources est en principe

1. V. P.-M. Dupuy, Technologies et ressources naturelles, « nouvelles » et « partagées » *in Études offertes à Claude Albert Colliard*, Paris, Pedone, 1984, p. 207-231.

2. V. R.-J. Dupuy, La notion de patrimoine commun de l'humanité appliquée aux fonds marins, *in Études offertes à C.-A. Colliard, op. cit.* note précédente, p. 197 s. ; v., plus généralement, *Humanité et droit international, Mélanges R.-J. Dupuy*, Paris, Pedone, 1991, 382 p.

confiée par la convention issue des travaux de la Troisième Conférence des Nations Unies sur le droit de la mer (1982) à une agence centralisée, l'Autorité du fond des mers. La Convention sur le droit de la mer est entrée en vigueur en 1994. L'autorité du fond des mers, dont le siège est Kingston (Jamaïque) a commencé à fonctionner en tant qu'organisation internationale dès le mois de juin 1996. En mai 2016 elle avait conclu vingt-quatre contrats d'exploration de nodules et sulfures polymétalliques, ou d'agrégats ferromanganèses riches en cobalt dans les grands fonds marins (encroûtements cobaltifères de ferromanganèse), pour une durée de 15 ans chacun. Mais le patrimoine commun de l'humanité comporte également d'autres éléments comme la lune (article XI alinéa 1 du traité du 5 décembre 1979) ou certains des principaux sites et monuments inscrits sur une liste tenue par l'Unesco, au titre de la Convention sur la protection du patrimoine mondial culturel et naturel, adoptée en 1972, à laquelle étaient parties 191 États en août 2014. En mai 2016, 1 031 biens étaient inscrits sur la liste du Patrimoine mondial de l'Unesco [1].

637 ***Espaces d'usage international et « nouvelles ressources »*** ◇ Ce qu'on appelle parfois des « nouvelles ressources » sont en fait des ressources rendues accessibles depuis relativement peu de temps par l'essor technologique, tels par exemple les nodules polymétalliques qui reposent sur le fond des mers. L'apparition et l'exploitation de telles ressources en droit international jouent dans deux sens : d'une part, elles ont contribué à donner un sang nouveau à la dynamique de l'accaparement ; c'est ce que l'on verra en constatant l'avancée des zones placées sous la compétence exclusive de l'État riverain aux fins d'exploitation (plateau continental et zone économique exclusive). Mais par ailleurs le développement des techniques est aussi à l'origine de la création de la notion de patrimoine commun elle-même.

La perception des espaces est ainsi en pleine évolution. Ils ne sont plus seulement envisagés comme le support plane des communications mais également ainsi que des réservoirs de richesse. Le droit des espaces d'utilisation internationale s'enrichit alors, au sens propre, d'une dimension nouvelle ; il n'est plus seulement un droit d'utilisation mais également un droit d'exploitation.

638 ***Plan*** ◇ Comme on vient de l'observer, la distribution des espaces d'usage international en zones aux statuts juridiques différenciés s'explique à titre principal par la tension qui s'exerce entre l'attraction territoriale et l'internationalisation. Les espaces qui sont soumis à la première sont à des degrés et selon des modalités diverses placés sous la compétence territoriale d'un État, en fonction de la logique d'une adjacence plus ou moins marquée des espaces considérés au territoire terrestre national. Au-delà, et lorsque cette attraction prend fin, sont situés les espaces juridiquement

1. Dont 802 sites culturels, 197 naturels et 32 mixtes.

internationalisés. On verra cependant que cette distribution zonale est parfois contrariée ou pondérée en fonction de diverses considérations, expliquant alors en bien des cas une concurrence des compétences nationales suivant qu'elles s'exercent notamment sur l'espace ou sur ses utilisateurs. Enfin, comme évoqué plus haut, une tendance nouvelle s'efforce de combiner les avantages de l'affectation individualisée et de la gestion internationale.

On examinera ainsi en trois sections successives l'attraction territoriale exercée sur certains espaces d'usage international, l'utilisation libre des espaces internationalisés et, enfin, la gestion organisée des ressources communes.

SECTION 1. L'ATTRACTION TERRITORIALE

639 ***Notion générale*** ◊ On est ici en présence de l'assimilation plus ou moins marquée du régime juridique de certains espaces à celui qui caractérise le territoire terrestre sur lequel l'État exerce une compétence territoriale dont on sait qu'elle est caractérisée par sa généralité et son exclusivité (v. ss 89). Le titre de compétence possédée par l'État sur chacun de ces espaces (même et y compris la Zone économique exclusive) trouve ainsi son origine et son fondement légal dans celui qu'il possède sur le territoire terrestre adjacent. Ces différents espaces apparaissent en définitive comme des accessoires du territoire terrestre même si on hésite traditionnellement à les reconnaître comme tels.

Les deux caractères de généralité et d'exclusivité des compétences s'y retrouvent mais dans des proportions variables en fonction de la nécessité plus ou moins marquée de concilier leur exercice avec le respect concomitant des droits reconnus à d'autres catégories d'États, identifiés non plus à partir de la notion à la fois spatiale et réelle de territoire mais de celle, personnelle, d'utilisation.

Ainsi en va-t-il tout particulièrement, et de longue date, à propos de la navigation sur les fleuves et les lacs, mais aussi dans les divers espaces maritimes adjacents aux côtes. Aussi constate-t-on, en termes d'intensité normative, si l'on peut dire, une sorte de dégradé de la compétence territoriale exercée par l'État riverain sur les différentes catégories d'espaces maritimes qui se succèdent en allant de la côte vers large ; ce sont respectivement les eaux intérieures, la mer territoriale, la zone contiguë et même, au-delà, la Zone économique exclusive et le plateau continental. On peut ainsi dire sommairement que plus l'espace est éloigné du territoire terrestre, plus le respect des droits des tiers y prend une place prépondérante.

On examinera ci-après les différentes catégories d'espaces concernées en fonction de la proportion croissante dans laquelle le droit international compense l'exercice classique de la souveraineté territoriale par la sauvegarde des droits des autres États.

§ 1. Les voies d'eau internationales

640 ***Liberté de navigation*** ◊ Les fleuves internationaux ou plus largement les voies d'eau internationales, incluant les lacs, sont situés sur le territoire de plusieurs États, soit que leur cours marque la frontière entre eux, soit qu'ils coulent successivement sur deux ou plusieurs d'entre eux (distinction classique des fleuves « contigus » et « successifs »). Depuis le Congrès de Vienne de 1815, le principe de leur ouverture à la navigation internationale, en faveur des États riverains mais aussi des États tiers, antérieurement déjà proclamé par le Conseil exécutif de la République française en 1792, n'a pas fondamentalement été remis en cause. C'est pour faire droit à la navigation sur les fleuves internationaux que certaines des plus anciennes institutions internationales, comme la Commission centrale du Rhin et la Commission européenne du Danube, ont été mises en place dès la première moitié du XIXe siècle. Cette dernière s'était même vue reconnaître des pouvoirs réglementaires exceptionnels qui disparurent après la deuxième guerre mondiale.

Dans la perspective de la navigation, le fleuve international apparaît certes traditionnellement comme une portion du territoire terrestre national, sur laquelle l'État souverain exerce aussi bien son *dominium* que son *imperium*, c'est-à-dire, en d'autres termes, son pouvoir général et exclusif respectivement sur l'espace envisagé comme un bien et sur les personnes qui s'y trouvent. Pour autant, la reconnaissance du principe de la liberté internationale de la navigation a été accompagnée très tôt d'un conditionnement de la souveraineté ; de longue date, celle-ci ne pouvait en principe apporter d'entraves injustifiées à l'utilisation par tous du fleuve comme voie de communication. Le fleuve international n'est donc en aucune manière un espace internationalisé mais seulement une aire d'exercice de la souveraineté territoriale conditionnée par des règles de droit international posées la plupart du temps dans le cadre d'un traité.

Le principe général de la navigation internationale, encore réaffirmé à la conférence de Barcelone tenue immédiatement après la première guerre mondiale sous l'égide la SDN, a été renforcé par une jurisprudence de la CPJI qui lui est largement favorable [1]. Néanmoins, la mise en œuvre concrète et les modalités pratiques de la liberté de la navigation sur les fleuves internationaux ont été organisées dans un grand nombre de conventions spéciales propres à chacune des voies d'eau considérées. L'une des caractéristiques de la matière est en effet qu'il est difficile de pousser très loin l'affirmation de règles générales, en raison de la diversité des situations concrètes, à tel point que l'on a pu douter qu'il existât vraiment un droit international commun, c'est-à-dire coutumier, de la navigation

1. Avis n° 14, 1927, sur la Commission européenne du Danube, *Rec. CPJI*, série B, n° 14 et Arrêt n° 16 de 1929 sur la Commission internationale de l'Oder, série A, n° 23, même si, dans l'affaire *Oscar Chinn*, la juridiction reconnaît à la Belgique le droit d'exercer certaines mesures discriminatoires sur le Congo (1934, série A/B, n° 63).

sur les voies d'eau internationales. Ces doutes ont encore été récemment exprimés par le juge Guillaume dans sa déclaration jointe à l'arrêt de la CIJ du 13 juillet 2009 relatif à l'affaire des *Droits de navigation et droits connexes* (*Costa Rica c/ Nicaragua*) [1].

641 ***Canaux et détroits internationaux*** ◊ Les remarques qui précèdent peuvent être transposées, *mutatis mutandis* aux canaux internationaux. Il s'agit de voies d'eau artificielles établissant la communication entre deux portions de la mer libre (haute mer ou zone économique exclusive). Ils sont entièrement inclus dans le territoire d'un État et en principe considérés comme des eaux intérieures soumises à ce titre à la souveraineté territoriale de celui-ci. Cependant, leur régime a été souvent internationalisé par voie conventionnelle afin de garantir la liberté de passage aux navires étrangers. C'est notamment le cas pour les trois plus importants canaux, le Canal de Kiel sur la base des articles 380 à 386 du Traité de Versailles de 1919 [2], le Canal de Suez, internationalisé par la Convention multilatérale de Constantinople de 1888, « acceptée » par Déclaration unilatérale du gouvernement égyptien de 1957, et, enfin, le Canal de Panama dont un traité entre les États-Unis et le Panama en 1977 a prévu le transfert de la gestion aux autorités panaméennes en l'an 2000, alors qu'elle était auparavant placée sous le contrôle de la Commission du Canal, organisme américain.

En ce qui concerne les détroits internationaux, la troisième partie de la Convention de 1982 sur le nouveau droit de la mer reconduit le principe du droit de passage en transit pour tous les navires et aéronefs « à seule fin d'un transit continu et rapide » (art. 38) aux conditions détaillées à l'article 39.

642 ***Tendances nouvelles*** ◊ Elles sont liées à la diversification des usages des eaux douces. Leur ampleur s'est accrue dans les dernières décennies dans des proportions telles qu'elles ont en particulier provoqué de graves problèmes pour le maintien de la qualité des eaux utilisées, après épuration, pour l'alimentation des populations en eau potable. Les problèmes de pollution agricole et industrielle ont une importance d'autant plus considérable qu'ils affectent également la nappe phréatique elle aussi d'importance vitale pour les populations. Certaines questions relèvent de la politique industrielle et de l'aménagement du territoire de plusieurs États, comme celle intéressant par exemple l'implantation simultanée de plusieurs centrales nucléaires dans différents pays mais sur le même fleuve, au risque d'un accroissement général de la pollution thermique. Elles ont clairement montré la nécessité d'une coopération accrue des co-riverains. En pratique, une large part de la problématique actuelle du

1. Pour sa part, la Cour n'a pas jugé utile de se référer au droit coutumier pour trancher le différend qui lui était soumis. V. Ph. Weckel, *RGDIP* 2009. 931-940.
2. V. CPJI, 1923, arrêt du *Vapeur Wimbledon*, 1923, série A, n° 1.

droit international de l'environnement, et en particulier la nécessité de dépasser l'étroitesse des doctrines fondées sur la souveraineté absolue de l'État territorial, indifférent aux conséquences transfrontières de ses actes, a vu le jour à propos de la gestion des fleuves internationaux. C'est ainsi, notamment, que fut d'abord abandonnée la doctrine dite « Harmon », du nom d'un président de la Cour suprême des États-Unis, qui, peu après le milieu du XIXe siècle, avait considéré que les États-Unis étaient libres de dériver comme ils l'entendaient les eaux du Colorado, sans se soucier des conséquences dommageables qu'une telle initiative pourrait avoir sur le Mexique, riverain d'aval. C'est également à propos d'un autre problème de dérivation des eaux, survenu au sujet d'une rivière partagée par la France et l'Espagne, qu'un tribunal arbitral, dans l'affaire du *Lac Lanoux* (1957) a défini la portée de l'obligation de négocier pour deux États voisins, antérieurement à l'entreprise par l'un d'entre eux d'une action susceptible d'avoir sur l'autre des conséquences dommageables [1] (v. ss 116).

643 ***Vers un droit international général des utilisations des voies d'eaux internationales à des fins autres que la navigation*** ◊ À la suite d'une recommandation de l'Assemblée générale de l'ONU de décembre 1970 (Résolution 2669-XXV), la CDI a entrepris « l'étude du droit relatif aux utilisations des voies d'eaux internationales à des fins autres que la navigation en vue du développement progressif et de la codification de ce droit ». Les travaux de codification entrepris depuis lors par la Commission se sont appuyés aussi bien sur un recensement systématique de la pratique des États que sur les efforts déjà entrepris au sein de deux institutions privées de codification, l'Institut de droit international et l'ILA. Ils ont abouti à l'adoption d'un projet de codification en 1994 soumis ensuite à une conférence de codification ; le 21 mai 1997, l'Assemblée générale des Nations Unies a adopté, par sa résolution 51/229, la convention sur le droit relatif aux utilisations des cours d'eau internationaux à des fins autres que la navigation qui consacre l'essentiel des règles proposées dans le projet.

Très tôt fut retenue l'idée de définir les grands principes constitutifs d'un accord cadre relatif aux règles générales applicables à tous les cours d'eaux internationaux, chacun d'entre eux faisant de toute façon l'objet d'un « accord de cours d'eau », destiné à préciser les modalités concrètes d'application des règles générales.

644 ***Définition du cadre conceptuel de la codification*** ◊ La négociation de tels accords de systèmes renvoie à la difficulté d'identification et de définition du concept juridique de base en la matière. Au sens étroit, en effet, le « fleuve international » tel qu'on l'entendait au XIXe siècle concerne

1. Sentence du 16 nov. 1957, *RSA* XII, p. 285. Pour une illustration des problèmes posés par la pollution des fleuves internationaux, V. A.-Ch. Kiss, « Tchernobâle » ou la pollution accidentelle du Rhin par des produits chimiques, *AFDI* 1987. 719.

les seuls États riverains du fleuve. La notion de voie d'eau internationale préférée dès la conférence de Barcelone (1921) ou *a fortiori* le concept de « bassin » ou de « système de cours d'eau international », beaucoup plus large mais conforme à la réalité physique de l'unité hydrographique d'un bassin fluvial, impliquent au contraire que puissent être parties aux accords d'utilisation non pas seulement les riverains du fleuve, mais aussi ceux de ses affluents, même strictement nationaux (cas, par exemple, du Neckar par rapport au Rhin). Malgré la préférence, rationnelle, de la CDI et de ses rapporteurs pour l'adoption d'une conception large, une majorité d'États a opposé sa vive réticence, voire même parfois son refus catégorique de consacrer notamment le concept de bassin. Les concepts finalement retenus sont ceux de « cours d'eau international » et d'« État du cours d'eau ». Un « cours d'eau » y est défini comme « un système d'eaux de surface et d'eaux souterraines constituant, du fait de leurs relations physiques, un ensemble unitaire et aboutissant normalement à un point d'arrivée commun ». Un « État de cours d'eau » s'entend d'un État « dans le territoire duquel se trouve une partie d'un cours d'eau international ». On peut donc estimer que la conception générale retenue est en définitive très proche des celle du « bassin », et favorise une conception opportunément large du cadre matériel de la coopération.

645 ***La voie d'eau internationale : « ressource naturelle partagée » ou fragmentée entre différentes souverainetés territoriales ?*** ◊ Sur le rapport de Monsieur Schwebel, la CDI avait proposé de consacrer à propos de l'utilisation des voies d'eaux internationales la notion de « ressource naturelle partagée », déjà consacrée par divers instruments internationaux non liants dont la Charte des droits et devoirs économiques des États (1973) ou un projet du Programme des Nations Unies pour l'environnement (PNUE) datant de 1978 [1]. Cette notion insiste par elle-même sur l'interdépendance entre les différents États partageant les eaux d'un même bassin hydrographique international. Elle met l'accent sur la solidarité active et les obligations réciproques que cette dernière implique. C'est précisément pourquoi elle avait été refusée par une majorité d'État, peu soucieux de consacrer une logique juridique allant à l'encontre de l'exercice le moins conditionné de leur souveraineté territoriale sur une portion de la voie d'eau considérée. Il est dans ces conditions d'autant plus notable que la Cour internationale de Justice, présidée par M. Schwebel, ancien rapporteur spécial à la CDI, n'ait pas hésité à utiliser à nouveau la notion de « ressource naturelle partagée » à propos du Danube, dont elle a constaté que le détournement unilatéral par la Tchécoslovaquie, continué par la Slovaquie, constituait un grave fait illicite (§ 85 de l'arrêt, v. ss 116). On peut estimer que cette initiative contribuera à réhabiliter un concept adéquat à la réalité physique et humaine auquel il s'applique.

1. V. P.-M. Dupuy, La gestion concertée des ressources naturelles partagées. À propos du différend entre l'Argentine et le Brésil, relatif au barrage d'Itaipu, *AFDI* 1978. 866.

On a cependant préféré mettre l'accent dans la nouvelle convention sur une notion plus neutre qui vise non la qualification de l'espace concerné mais les modalités de sa gestion : il s'agit de la règle dite de « l'utilisation équitable » déjà consacrée de façon implicite ou expresse aussi bien par de nombreux accords internationaux que par des instruments programmatoires à valeur incitative. Un tel principe s'appuie de plus sur un corps de droit coutumier largement inspiré par la doctrine, et reprenant l'esprit de la maxime du droit romain, « *sic utere tuo ut alienum non laedas* », d'après laquelle chacun ne doit utiliser son bien que sans porter préjudice au droit des tiers.

Le principe d'utilisation non dommageable du territoire que l'on peut en retirer, dont la positivité peut s'autoriser d'un énoncé général fait en des termes particulièrement solennels par la CIJ dans l'affaire du détroit de Corfou (1949) est d'application évidemment beaucoup plus générale qu'en matière fluviale (v. ss 115). Il trouve cependant ici une occasion privilégiée d'exercice. Le principe de l'utilisation équitable apparaît par ailleurs dans la droite ligne de la notion de « communauté d'intérêts » définie par la CPJI à propos des pouvoirs de la Commission internationale de l'Oder (arrêt n° 16, série A, n° 23, p. 27). Inaugurant la seconde partie de la nouvelle convention, consacrée aux « principes généraux », les articles 5 et 6 sont respectivement consacrés aux principes d'« utilisation et participation équitable et raisonnable » des cours d'eau internationaux. La première de ces deux dispositions désigne l'utilisation équitable du fleuve comme une façon de garantir son « utilisation optimale » et « durable » (v. ss 116). L'article 7 énonce quant à lui, à la suite des instruments juridiquement non contraignants antérieurement consacrés par l'OCDE et les organes privés de codification (Institut de droit international ou *l'International Law Association*) un certain nombre d'éléments à prendre en considération pour apprécier l'équité d'une situation ou d'une solution envisagée : facteurs géographiques, hydrologiques, écologiques, économiques et démographiques. On notera qu'à son article 10, la convention stipule qu'aucune utilisation d'un cours d'eau n'a en soi priorité sur d'autres utilisations.

La consécration d'un tel principe dans la nouvelle convention aboutit logiquement à l'affirmation renouvelée de l'existence d'une obligation générale de coopération entre les différents États intéressés à l'utilisation d'une même voie d'eau internationale, dont on peut dire qu'elle s'appuie sur une pratique particulièrement abondante, non seulement en Europe occidentale ou entre les États-Unis et le Canada, mais aussi en Asie et en Afrique [1]. Les modalités précises de la coopération ne peuvent bien entendu être fixées que sur la base des accords de

1. V. par exemple Ch. Caubet, Le Traité de coopération amazonienne, *AFDI* 1984. 803 ; Nguyen Quoc Dinh, l'Internationalisation du Mékong, *AFDI* 1962. 91 ; J. Cl. Gautron, L'Aménagement du fleuve Sénégal, *AFDI* 1967. 690.

système. Elles font souvent appel en pratique à une structure commune de concertation, commission fluviale ou de bassin dotée parfois de pouvoirs non négligeables de recommandations aux États parties, afin de parvenir à l'utilisation optimale du bassin ou, plus largement, à sa gestion rationnelle (v. par ex. le cas de la Commission conjointe établie entre les États-Unis et le Canada par le traité de 1909, de la Commission franco-suisse pour la gestion des eaux du Lac Léman ou de l'Autorité du Bassin du Niger).

Cependant, la convention définit un certain nombre de principes généraux de coopération dont on peut d'ailleurs considérer qu'ils ne sont pas spécifiques de la matière fluviale mais s'appliquent plus généralement à la protection internationale de la nature et des biens d'environnement : échanges réguliers de données et d'informations ; notification des mesures projetées dans l'un des États riverains et susceptibles d'avoir des incidences sur les autres (dont l'affaire du *lac Lanoux* précitée avait dès 1957 affirmé toute l'importance) devant déboucher sur l'ouverture de négociations en cas de difficultés réelles ; notification des accidents ou situations d'urgence et coopération adaptée aux circonstances. Une attention particulière est apportée dans le texte de la convention aux mesures à prendre en vue de la protection, de la préservation et de la gestion des cours d'eau internationaux (art. 20 à 26). Elles visent en particulier la prévention, la réduction et la maîtrise de la pollution et invitent les États à planifier la mise en valeur durable des voies d'eau concernées. On peut, là encore, considérer une large part de ces dispositions comme une systématisation de la pratique étatique. L'adoption de la convention, avant même son entrée en vigueur (conditionnée par la réunion préalable de 35 instruments de ratification) ne sera sans doute pas sans effet positif sur la consolidation définitive de ces principes dans le droit international coutumier de l'environnement, dont on a vu plus haut qu'il est déjà substantiel (v. ss 116).

Appuyé sur une pratique plus ou moins abondante suivant les régions, sur une doctrine largement concordante et des résolutions programmatoires tout à fait convergentes émanant tant d'organes internationaux intergouvernementaux (ONU, OCDE) que d'organisations non gouvernementales (IDI, ILA) en même temps que supportée par un certain nombre d'espèces jurisprudentielles déjà évoquées, la nouvelle convention risque cependant, en pratique, de se heurter pendant encore un certain temps aux résistances actives de nombreux États. L'arrêt rendu en avril 2010 dans l'affaire des *Usines de pâte à papier* n'a malheureusement pas permis de lever toutes les incertitudes. Si la Cour internationale de Justice se réfère à plusieurs reprises au principe d'utilisation raisonnable des ressources naturelles partagées, elle n'a pas pour autant confirmé la valeur coutumière des règles énoncées dans la convention de codification de 1997, hormis les principes déjà acquis de prévention et d'utilisation non-dommageable du territoire (v. ss 116).

§ 2. Les espaces maritimes adjacents aux côtes [1]

646 ***Introduction*** ◇ Ils illustrent de façon particulièrement nette le conflit d'intérêts entre deux catégories d'États : l'État côtier qui tend naturellement à accroître au maximum le champ livré à l'exercice de sa compétence exclusive, et l'État du pavillon, intéressé au contraire à garantir à ses navires la navigation sans entrave sur les espaces les plus étendus. À l'époque contemporaine, le problème s'est compliqué du fait de la diversification des usages de la mer et de la perception croissante des espaces maritimes comme le support de la navigation, mais aussi comme un réservoir de richesse biologique (pêche) et minière (pétrole « offshore » en particulier). Des espaces nouveaux ont alors été placés sous la dépendance de la puissance riveraine. Ils sont venus s'ajouter à ceux qui étaient traditionnellement, de façon plus ou moins marquée, sous son emprise directe.

A. Les espaces traditionnellement annexés au territoire terrestre

1. Annexion totale : les eaux intérieures

647 ***Rappel*** ◇ Elle caractérise les « eaux intérieures », c'est-à-dire les espaces maritimes complètement enclos dans le territoire terrestre, comme les mers fermées mais aussi ceux qui, bordant son littoral, sont liés à lui de façon suffisamment intime du fait de la configuration des côtes et de l'usage qui en est traditionnellement fait par les riverains pour qu'on puisse les assimiler aux territoires terrestres (eaux historiques). Le régime juridique des eaux intérieures se définit très aisément en posant qu'il est pratiquement identique à celui du territoire terrestre. L'État riverain y exerce de la même manière la plénitude et l'exclusivité de ses compétences territoriales (v. ss 88 s.).

648 ***Délimitation des eaux intérieures*** ◇ La délimitation des eaux intérieures, comme celle des eaux territoriales, à laquelle elle est directement liée, est opérée unilatéralement par l'État riverain, précisément parce qu'il est seul compétent pour le faire. Mais, pour être opposable aux États tiers, elle doit respecter les règles posées par le droit international ainsi que l'a clairement établi la Cour internationale de Justice dans l'affaire des *Pêcheries* [2] : « la délimitation des espaces maritimes a toujours un aspect international ».

Les « lignes de base » ainsi tracées par l'État côtier séparent les eaux intérieures de la mer territoriale. Elles peuvent être de deux sortes : ordinairement, lorsque la configuration de la côte ne présente pas d'accident

1. V. J.-P. Pancracio, *Droit de la mer*, Paris, Dalloz (Précis), 2010, 520 p.
2. *Royaume-Uni c/ Norvège*, arrêt du 18 déc. 1951, *Rec.* 1951, p. 116.

extraordinaire, la ligne de base est constituée par la « laisse de basse mer » courant le long du littoral, telle qu'elle est indiquée sur les cartes marines à grande échelle « reconnues officiellement par l'État côtier ». Lorsqu'en revanche la côte est « profondément échancrée et découpée », ou s'il existe un chapelet d'îles le long des côtes ou à proximité immédiate de celles-ci, comme c'était par exemple le cas de la côte norvégienne dans l'affaire précitée, la méthode des lignes de base droite reliant des points appropriés peut être utilisée pour établir une sorte de stylisation du littoral ; cette opération peut en effet être rendue nécessaire parce que c'est à partir de cette suite de lignes droites que sera calculée la largeur de la mer territoriale, dont la limite extérieure reproduira ainsi le tracé pour marquer la limite avec les autres zones maritimes ouvertes à la liberté de la navigation internationale. Les principes fermement établis par la Cour dans l'affaire de 1951, repris par la Convention de Genève de 1958 sur la mer territoriale (art. 4, al. 2) mais aussi par la Convention de 1982 sur le nouveau droit de la mer (*GTDIP* n° 61, art. 7, al. 3) font aujourd'hui indiscutablement partie du droit international coutumier. Le tracé des lignes de base droites « ne doit pas s'écarter sensiblement de la direction générale de la côte » et « les étendues de mer situées en deçà doivent être suffisamment liées au domaine terrestre pour être soumises au régime des eaux intérieures ».

Dans son arrêt du 16 mars 2001, dans l'affaire de la délimitation maritime et des questions territoriales entre Qatar et Bahreïn, la CIJ a eu l'occasion de réaffirmer la règle selon laquelle la laisse de basse mer est la ligne de base normale (§ 179 de l'arrêt) [1].

649 ***Les baies*** [2] ◊ Un cas particulier, souvent très important en pratique parce qu'il concerne l'extension des eaux intérieures comme le tracé de la mer territoriale, est constitué par le cas des baies, échancrures de la côte dont la superficie est au moins égale à celle d'un demi-cercle ayant pour diamètre la droite tracée en travers de leur entrée (Conv. Genève, art. 7, al. 2, Conv. 1982, art. 10, al. 2). Les eaux encloses dans la baie ne seront en principe intérieures que si celle-ci a moins de 24 milles d'ouverture. Dans le cas contraire, une ligne de base ayant au maximum cette longueur peut être tirée par l'État riverain à l'intérieur de la baie, en deçà de laquelle se trouveront les eaux intérieures. L'exception à la règle précitée, également tirée de l'affaire des *Pêcheries* de 1951, est constituée par une configuration spéciale de la côte ayant généré de longue date un lien intime entre la population riveraine et les eaux limitrophes (théorie des baies « historiques »). La démonstration du caractère historique de ces baies s'appuie

1. V., E. Decaux, Affaire de la Délimitation maritime et des questions territoriales entre Qatar et Bahreïn, Fond, *AFDI* 2001. 177-241. J. Salmon et I. Sinclair, Affaire de la délimitation maritime et des questions territoriales entre Qatar et Bahreïn, l'arrêt de la CIJ du 16 mars 2001, *Mélanges Arangio-Ruiz*, p. 1167-1242.

2. V., L. J. Bouchez, *The Regime of Bays in International Law*, Leyde, Sythoff, 1964 ; L. Lucchini et M. Voelckel, *Droit de la mer*, I, Paris, Pedone, 1990, p. 186-192 ; t. 2, *Délimitation, Navigation et Pêche*, Paris, Pedone, 1996, vol. 1, p. 24 s.

sur une tolérance très ancienne, sinon « immémoriale » par les États tiers de l'annexion des espaces maritimes ainsi concédés au territoire de l'État côtier. L'arrêt rendu par une Chambre de la CIJ dans l'affaire du différend frontalier, terrestre, insulaire et maritime entre le Honduras et El Salvador du 11 septembre 1992 illustre le cas, à tous égards exceptionnel, d'une baie historique n'appartenant pas à un mais à trois États riverains, El Salvador, Honduras et Nicaragua. Ces trois co-riverains exercent à son égard un condominium (ou souveraineté conjointe) au-delà de 3 milles nautiques à partir de la côte. Dans la sentence rendue par un tribunal arbitral le 9 octobre 1998 dans l'affaire du différend insulaire entre le Yémen et l'Érythrée, le tribunal a pris soin de bien distinguer entre les concepts de « baie historique » et de « titre historique » [1].

650 ***États archipels*** ◊ Certains États insulaires ont saisi l'occasion de la Troisième Conférence des Nations Unies sur le droit de la mer pour formuler la prétention d'annexer les eaux situées entre les formations insulaires constituant leur territoire. On ne peut cependant pas encore considérer cette revendication comme faisant d'ores et déjà partie du droit coutumier. Toutefois, dans la convention de 1982 à l'article 47, l'État constitué d'îles se voit autorisé à tracer entre elles des « lignes de base archipélagiques » d'une longueur inférieure à 100 milles, à la condition que le rapport de superficie de la terre à la mer, à l'intérieur de la surface ainsi délimitée, n'excède pas 1/9e [2].

2. Annexion conditionnée : la mer territoriale et la zone contiguë

651 ***La mer territoriale*** [3] ◊ Ainsi que le traduisent tant le texte de l'article 1 de la Convention de Genève que l'article 2.1 de la Convention de 1982 (*GTDIP* n° 61), l'État riverain exerce sa « souveraineté » sur la mer territoriale ; c'est assez dire que cette zone maritime est, au même titre que le territoire terrestre dont elle constitue un prolongement maritime, une aire d'exercice de ses compétences souveraines. Ceci ne signifie cependant pas que l'État riverain soit exempt de toute obligation légale imposée par le droit international en vue de respecter les droits des tiers. De longue date enracinée dans le droit coutumier, la condition majeure ainsi imposée à l'exercice de la souveraineté a trait au respect de la navigation internationale dans cet espace adjacent à la haute mer.

C'est le principe du « passage inoffensif dans la mer territoriale » qui traduit cette concession faite par l'État territorial aux droits et intérêts des

1. V. comment. G. Distefano, *RGDIP* 1999/4, p. 851 s.
2. V., R. Lattion, *L'archipel en droit international*, Lausanne, Payot, p. 1984.
3. V., R.-J. Dupuy, La mer sous compétence nationale, *in* R.-J. Dupuy et D. Vignes, *Traité du nouveau droit de la mer*, Paris, Economica, 1985, p. 224-236 ; L. Lucchini et M. Voelckel, *Droit de la mer*, I, *op. cit.*, p. 162-194.

tiers. Ce principe impose à l'État côtier l'obligation de ne pas entraver le passage inoffensif des navires étrangers dans ses eaux territoriales, ce qui ne l'empêche pas de prendre les mesures nécessaires à sa protection et sa sécurité. Le passage inoffensif, quant à lui, est strictement défini.

a) Il s'agit en premier lieu d'un « passage », au sens où le navire battant pavillon étranger peut *traverser* la mer territoriale sans faire escale, se rendre dans les eaux intérieures (ports en particulier) ou bien encore les quitter.

b) Pour sa part, le caractère innocent est entendu restrictivement, en particulier à l'article 19 de la Convention de 1982, qui reprend en les affinant les critères traditionnels. Le passage doit être « continu et rapide » et ne pas porter atteinte « à la paix de l'État côtier » entendue au sens large, puisqu'outre toute menace ou emploi de la force sont également proscrites les opérations qui pourraient y préparer comme le « lancement, l'appontage ou l'embarquement d'aéronefs », de même que les pratiques de contrebande ou la pollution grave ou délibérée des eaux territoriales.

À la condition de respecter ces règles, les États dont le navire possède le pavillon conservent sur celui-ci, alors même qu'il est en transit à l'intérieur de la mer territoriale d'un autre État, l'usage de leur compétence personnelle. Ceci explique notamment que l'État côtier ne puisse exercer sa juridiction civile et pénale sur le navire étranger en passage, sauf si ce dernier a commis des actes attentatoires à sa sécurité (y compris, en particulier, des faits de pollution). On est bien en présence d'une situation où l'intérêt de maintenir les communications maritimes internationales limite en droit l'exercice par l'État territorial de la plénitude de ses compétences.

652 *Extension et délimitation* ◊

a) Pendant longtemps, la difficulté majeure concernant la mer territoriale n'a pas concerné son statut juridique mais son extension. Par souci de garantir à la liberté totale de la navigation les espaces les plus larges, la souveraineté de l'État était pendant des siècles cantonnée à la zone littorale placée à la portée des canons qu'il pouvait disposer sur la côte, généralement considérée comme n'excédant pas trois ou quatre milles nautiques.

Par la suite, des considérations nouvelles incitèrent les puissances riveraines à élargir cette zone (apparition d'armements nouveaux, lutte contre la contrebande et, plus récemment, volonté de protéger l'équilibre des ressources biologiques et de l'environnement marin dans les zones adjacentes aux côtes). Cependant, ni la première conférence de codification de 1930, ni même les conférences de codification de 1958 et 1960 ne parvinrent à l'adoption d'une largeur acceptée par tous. Ce n'est que lors de la Troisième Conférence des Nations Unies sur le droit de la mer qu'un consensus s'est dessiné autour de la règle des 12 milles nautiques de mer territoriale à partir des lignes de base.

Il n'a cependant pu être obtenu qu'au prix de l'apparition de nouvelles zones, permettant l'extension partielle des compétences du riverain, zones contiguës à partir de 1958, et, surtout, depuis le milieu des années

1970, avant même que la Troisième Conférence ne soit arrivée à son terme, zones économiques exclusives.

b) La délimitation des mers territoriales entre États dont les côtes sont adjacentes ou se font face se fait en principe en traçant la ligne d'équidistance entre les points les plus proches des lignes de base de chacun d'entre eux, sauf dans les cas où existent au profit de l'un ou l'autre des titres historiques ou d'autres circonstances spéciales. Cette méthode de délimitation peut être considérée comme coutumière ; elle est reprise à l'article 15 de la Convention sur le droit de la mer de 1982, lequel dispose que « lorsque les côtes de deux États sont adjacentes ou se font face, ni l'un ni l'autre de ces États n'est en droit, sauf accord contraire entre eux, d'entendre sa mer territoriale au-delà de la ligne médiane dont tous les points sont équidistants des points les plus proches des lignes de base à partir desquelles est mesurée la largeur de la mer territoriale de chacun des deux États. Cette disposition ne s'applique cependant pas dans le cas où, en raison de l'existence de titres historiques ou d'autres circonstances spéciales, il est nécessaire de délimiter autrement la mer territoriale des deux États ».

C'est ici, comme on peut le constater que la technique du tracé des lignes de base, déjà rencontré à propos de la délimitation des eaux intérieures, trouve aussi toute son importance. Dans l'affaire entre Qatar et Bahreïn jugée par la CIJ le 16 mars 2001, en refusant en l'espèce le recours au procédé des lignes de base droites, la Cour rejetait du même coup la position défendue par Qatar ; ce dernier se prévalait du critère dit de la « masse terrestre » et aurait voulu faire l'économie de la prise en considération des petites formations insulaires, rocheuses, coralliennes ou sablonneuses ainsi que des hauts fonds découvrants aux fins du tracé de la ligne d'équidistance entre les côtes des deux États. La Cour a également rappelé que c'est « la situation territoriale terrestre qu'il faut prendre pour point de départ pour déterminer les droits d'un État côtier en mer ».

Cet arrêt a également servi à rappeler qu'en application de l'article 121 de la Convention sur le droit de la mer (1982), chaque île, quelles que soient ses dimensions, a droit à ses propres espaces maritimes. Une île constitue un territoire susceptible de faire l'objet d'appropriation. La question de la définition juridique des îles devient alors de prime importance. Leur définition coutumière est reprise à l'article 121 précité, désignant une île comme « une étendue naturelle de terre entourée d'eau qui reste découverte à marée haute ». Dans ces conditions, un haut fond découvrant, formation immergée à marée haute, n'est pas une île. La Cour a considéré dans la même affaire que ces hauts fonds ne sont pas pris en compte dans le tracé des lignes de base droite. Ils ne peuvent par conséquent pas être retenus pour le tracé de la ligne d'équidistance dans la zone de chevauchement des mers territoriales (§ 209 de l'arrêt) [1].

1. V., A. Pastor Palomar, La qualification juridique des formations maritimes dans l'arrêt du 16 mars 2001 en l'affaire *Qatar c/ Bahreïn*, *RGDIP* 2002/2, p. 329 s.

653 ***Zone contiguë*** ◊ La zone contiguë à la mer territoriale, déjà consacrée par la Convention de Genève de 1958, ne peut s'étendre au-delà de 24 milles marins des lignes de base à partir desquelles est mesurée la largeur de la mer territoriale. Elle constitue une première concession faite à l'époque aux partisans d'une extension des zones placées, fût-ce partiellement, sous contrôle de l'État riverain afin de prévenir les infractions à sa législation nationale dans les domaines douanier, fiscal, sanitaire et d'immigration. Aujourd'hui consacrée par la pratique, elle n'a pas empêché l'apparition de nouveaux espaces placés sous la dépendance de l'État côtier.

B. Les extensions plus récentes des zones de compétence de l'État côtier

654 ***Causes du phénomène*** ◊ Elles sont essentiellement de caractère économique et tiennent à la volonté des riverains de contrôler directement l'exploitation des ressources minérales et biologiques recélées par les espaces placés dans le prolongement de leur territoire. Deux vagues de revendications se sont succédé, l'une et l'autre assez rapidement couronnées de succès en dépit des vives réticences initiales de beaucoup d'États. La première concerne le plateau continental, la seconde, la Zone économique exclusive.

1. Le plateau continental [1]

655 ***Définition et limite extérieure*** ◊ C'est le président américain Harry Truman qui, le premier, invoqua dans une célèbre déclaration (1945) le droit pour les États-Unis de considérer les ressources du sous-sol du lit de la mer du plateau continental, recouvert par la haute mer mais contigu à la côte des États-Unis, comme leur appartenant. Il s'appuyait pour cela sur l'existence de données naturelles et sur l'idée d'un *prolongement naturel* du territoire terrestre sous la mer. Les terres émergées reposent en effet sur un socle peu profond, ordinairement composé de trois portions d'inégales longueurs, le plateau continental proprement dit, descendant en pente douce sous la mer jusqu'à une profondeur située autour de 200 mètres ; le « talus continental », à la pente plus brève et plus saccadée, et enfin, le « glacis précontinental » qui descend à nouveau plus doucement vers les grands fonds.

Prenant en compte la pratique déjà très abondante des législations nationales ayant suivi l'exemple américain, la Convention de Genève de

1. V. G. Scelle, Plateau continental et droit international, *RGDIP* 1955. 5 ; Ch. Vallée, *Le plateau continental dans le droit positif actuel*, Paris, Pedone, 1971, 359 p. ; A. Reynaud, *Le plateau continental de la France*, Paris, LGDJ, 1984, 431 p. ; T. Trèves, La limite extérieure du plateau continental. Évolution récente de la pratique, *AFDI* 1989. 724 s. ; J.-F. Pulvénis, Le plateau continental, définition et régime, *in* R.-J. Dupuy et D. Vignes, *Traité du nouveau droit de la mer, op. cit.*, p. 275 à 336 ; L. Lucchini et M. Voelckel, *Droit de la mer*, I, *op. cit.*, p. 231 à 266 et t. II, vol. 1 et 2.

1958 spécialement consacrée au plateau continental allait en donner une définition juridique qui ne fait que partiellement droit aux données de la nature. Elle retenait deux critères d'identification du plateau continental ; l'un est bathymétrique, c'est celui de « l'isobathe » ou ligne de profondeur de 200 mètres, marquant sa limite externe ; l'autre critère est technologique, c'est celui de « l'exploitabilité ». Chacun croyait alors que l'on ne pourrait avant longtemps exploiter rentablement les hydrocarbures à de plus grandes profondeurs. Pourtant, très rapidement, il apparut que la présence des nodules polymétalliques, bien au-delà du plateau, sur le fond de la mer, modifiait les données de l'exploitabilité par ailleurs accrue du fait des progrès techniques. Il fallut donc redéfinir l'acception légale du plateau continental, ce qui fut l'une des tâches importantes de la Troisième Conférence des Nations Unies sur le droit de la mer.

La convention de 1982 est pourtant loin d'avoir simplifié la définition du plateau continental (*GTDIP* n° 61). On y retrouve, mais selon un arrangement différent, une combinaison de plusieurs critères : d'une part, un élément forfaitaire animé par l'idée d'allouer des droits d'exploitation aux riverains, quelle que soit par ailleurs la configuration véritable de leur plateau continental (certains en étant même en vérité totalement dépourvus) ; d'autre part, la prise en compte des réalités de la morphologie des fonds sous-marins, lorsque le plateau continental d'un État excède effectivement une certaine distance à la côte. Reprenons ces deux points :

a) Tout État côtier est assuré de disposer au minimum, au large de ses côtes, d'une zone de fonds marins allant jusqu'à 200 milles marins des lignes de base à partir desquelles est mesurée la largeur de la mer territoriale. On a ainsi substitué un critère de distance à la côte à un critère de profondeur (celui des 200 mètres dans la convention de 1958). Ainsi, même si un État riverain, du fait des caprices de la nature, ne dispose d'aucun plateau continental naturel ou ne possède qu'un plateau continental dont la marge continentale est en deçà des 200 milles à la côte, il pourra cependant exploiter les ressources situées sur le sol et dans le sous-sol sous-marin dans la zone ainsi définie forfaitairement. Dans de tels cas, faute d'avoir une existence physique, le plateau a une existence juridique.

b) La géomorphologie apparaît cependant à plusieurs titres. D'une part, la définition même du plateau légal en est à certains égards plus proche qu'en 1958, puisqu'il est décrit comme comprenant « les fonds marins et leurs sous-sols [...] sur toute l'étendue du prolongement naturel du territoire terrestre jusqu'au rebord externe de la marge continentale » (art. 76, al. 1).

D'autre part, au-delà de la définition forfaitaire des 200 milles à la côte, si le plateau continental naturel s'étend effectivement plus loin sur les grands fonds marins, l'État côtier définit lui-même le rebord externe de la mer continentale.

Cette définition très hybride est le fruit d'une conciliation entre les intérêts de ceux qui, n'ayant pas du tout de plateau continental, voulaient cependant se voir reconnaître des droits exclusifs d'exploitation sur les richesses des fonds voisinant leurs côtes, et ceux qui, tout au contraire, voulaient voir consacrer la définition du plateau continental la plus conforme à la morphologie parce qu'ils ont la chance de disposer d'un vaste prolongement naturel sous-marin à leur territoire terrestre.

c) La liberté de l'État côtier n'est cependant pas totale. Tout d'abord, la détermination de ce rebord extérieur ne peut en aucun cas excéder une distance de plus de 350 milles nautiques à partir des lignes de base ; la limite extérieure doit même intervenir avant la distance précitée si, à l'intérieur de l'espace intermédiaire ainsi considéré, se trouve, en profondeur, l'isobathe de 2 500 mètres. En tel cas, la limite extérieure du plateau légal ne peut être tracée par l'État riverain au-delà d'une distance de 100 milles nautiques à partir de cette ligne isobathique. Dans cette ultime hypothèse, on le voit, critère de distance à la côte et critère de profondeur sont ainsi combinés.

Ensuite, l'extension du plateau continental au-delà de 200 milles marins des lignes de base est subordonnée à la saisine préalable par l'État côtier de la Commission des limites du plateau continental (art. 76, al. 8), dont le statut et les fonctions sont fixés dans l'Annexe II à la Convention des Nations Unies sur le droit de la mer. Composée d'experts en matière de géologie, de géophysique ou d'hydrographie élus par les États parties, la Commission est chargée d'examiner les données scientifiques et techniques réunies par les États aux fins de fixation de la limite extérieure de leur plateau continental. Après analyse de ces documents, la Commission adresse des recommandations sur la base desquelles chaque État côtier détermine unilatéralement et définitivement la limite extérieure de sa zone. La Commission a adopté des directives scientifiques et techniques à caractère général le 13 mai 1999 et a été saisie d'une première demande en décembre 2001 ; 76 autres demandes lui ont été présentées depuis lors. Fin mai 2016, elle avait formulé des recommandations à propos de 24 d'entre elles [1]. Sur la base des recommandations de la Commission, la France a ainsi, par décrets du 25 septembre 2015, étendu son plateau continental et fixé de nouvelles limites extérieures au large du territoire de la Martinique et de la Guadeloupe, de la Guyane, des îles Kerguelen et de la Nouvelle-Calédonie.

656 ***Délimitation concertée*** ◊ Si la définition du plateau continental est, on l'a vu, consubstantiellement liée à sa délimitation vers le large, les délimitations concrètes entre plateaux continentaux d'États dont les plateaux sont limitrophes ou se font face ont acquis en pratique une importance considérable, en raison des enjeux économiques en cause. De très nombreux accords de délimitation ont été passés entre États et certains des litiges les plus couramment soumis à la Cour internationale de Justice ou à l'arbitrage ces dernières années se sont rapportés à la délimitation des plateaux continentaux entre États.

1. Les travaux de la Commission peuvent être consultées le site http://www.un.org/depts/los/clcs_new/clcs_home.htm.

a) Position du problème : la délimitation ici concernée naît du chevauchement des titres que deux États possèdent, chacun sur le sol et le sous-sol sous-marin adjacent à son territoire. Ces deux États dont les territoires sont suffisamment proches, ont chacun droit à une certaine portion du sol et du sous-sol sous-marin adjacents à leur territoire. La frontière à déterminer amputera nécessairement la part qui reviendrait à chacun d'eux si l'autre n'existait pas ; elle devra cependant reconnaître à l'un comme à l'autre tout ce à quoi ils ont droit.

Se prononçant en 1969 à propos d'un différend relatif aux principes applicables à la délimitation du plateau continental entre trois États riverains de la Mer du Nord, l'Allemagne Fédérale, les Pays-Bas et le Danemark, la CIJ avait alors bien indiqué, tirant les conséquences juridiques de la notion de « prolongement naturel » du territoire terrestre sous la mer déjà utilisée dans la déclaration Truman, qu'il ne s'agissait ni d'un partage, ni d'une attribution de territoire sous-marin à chacune des parties en cause. De toute façon, en effet, disait-elle, chacune d'elles possède des droits *ab initio* et *ipso facto* c'est-à-dire des droits inhérents sur sa part du plateau. L'État côtier, en d'autres termes, a un droit à un plateau continental parce qu'il a un territoire terrestre et que, toujours selon le même arrêt, « la terre domine la mer » [1].

b) Les solutions consacrées sont essentiellement de caractère jurisprudentiel. Très tôt furent partiellement écartées celles qui avaient été consacrées à l'article 6 de la convention de 1958 sur le plateau continental ; ce fut précisément le cas de l'arrêt de 1969 précité. Quant à la Convention de Montego Bay de 1982, elle ne comporte pour sa part que des dispositions minimales sur lesquelles on reviendra. C'est essentiellement la CIJ et, dans une moindre mesure, l'arbitrage, qui ont décidé de l'évolution du droit de la délimitation, en accordant curieusement très peu d'importance à la pratique des États pourtant fort abondante dans les dernières décennies, sous la forme d'accords spéciaux de délimitation [2].

Les solutions jurisprudentielles ont elles-mêmes considérablement évolué même si apparemment chaque arrêt de la CIJ s'efforce de se situer dans le sillage tracé par ses devanciers. C'est particulièrement vrai si l'on compare les arrêts rendus par la CIJ en 1969 (*Mer du Nord*) et 1982 (*Tunisie/Libye*). Le premier s'était efforcé de définir sinon une théorie générale, du moins un corps de principes et de critères permettant aux États appelés à délimiter de trouver une solution adéquate. Il s'appuyait essentiellement, on l'a dit, sur l'idée du prolongement naturel et l'on privilégiait alors la prise en compte des données morphologiques de la géographie littorale et du sol sous-marin. L'arrêt de 1982 a en revanche

1. Affaire du *Plateau continental de la Mer du Nord*, *Rec.* 1969, p. 31 et 43 s. V. également TIDM, *Différend relatif à la délimitation de la frontière maritime entre le Bangladesh et le Myanmar dans le golfe du Bengale (Bangladesh/Myanmar)*, arrêt du 14 mars 2012, § 185.

2. Sur l'ensemble de ces questions, V. P. Weil, *Perspectives du droit de la délimitation maritime*, Paris, Pedone, 1988, 319 p.

écarté purement et simplement la théorie du prolongement naturel. Il a fait des données morphologiques, notamment celles de la géographie, un usage largement arbitraire et alors unanimement critiqué [1]. Un arrêt ultérieur, celui de 1984 rendu par une Chambre de la Cour, dans l'affaire du *Golfe du Maine (États-Unis/Canada)*, a accentué encore l'affaiblissement des règles générales posées par la Cour en 1969, en énonçant que chaque cas est un « *unicum* », c'est-à-dire une situation particulière, inassimilable aux autres, et requérant des solutions spécifiques [2], position extrême dont la Cour semble avoir d'ailleurs perçu depuis les dangers, en opérant une sorte de recentrage dont il sera question plus loin.

Il existe certes des raisons pour expliquer cette tendance au nominalisme juridique ; la difficulté majeure qui se présente en la matière est effectivement de trouver l'équilibre entre, d'une part, l'énonciation de principes suffisamment généraux pour répondre aux exigences de stabilité propres à toute norme juridique, et, d'autre part, l'adaptation à chaque espèce de ces règles générales, en prenant dûment en considération ses caractéristiques propres. La tâche est rendue malaisée par l'extraordinaire variété des situations concrètes. On peut cependant tenter de dégager les grandes lignes d'un droit de la délimitation maritime qui a progressivement émergé de la jurisprudence en dépit de ses tâtonnements multiples.

657 *Bilan des acquis de la jurisprudence* ◊

a) La première affirmation concerne à la fois l'*instrument juridique* de la délimitation concertée et la *finalité* à laquelle cet instrument est assigné. La délimitation des plateaux continentaux entre deux ou plusieurs États dont les côtes sont adjacentes ou se font face doit être assurée par voie d'*accord* entre les États intéressés afin de parvenir à une *solution équitable*. Cette règle, déjà posée très clairement par la Cour dans l'affaire du *Plateau continental de la Mer du Nord*, n'a jamais été remise en cause par les espèces ultérieures. Elle a, au contraire, été formellement consacrée à l'article 83 alinéa 1 de la Convention de Montego Bay de 1982. L'« *obligatio contrahendi* » (obligation de contracter) qu'elle comporte inclut évidemment elle-même une « *obligatio negociandi* » (obligation de négocier) et fait indiscutablement partie du droit international coutumier. La recherche d'une solution équitable a même été désignée par le juge de 1984 (aff. du *Golfe du Maine*) comme la « règle fondamentale » en matière de délimitation maritime. Elle vaut à l'égard de tous les espaces maritimes, qu'il s'agisse de délimiter les mers territoriales, zones économiques exclusives ou plateaux continentaux. On observe d'ailleurs en pratique, sans qu'il s'agisse là de l'application d'une règle de droit, que les États préfèrent souvent utiliser le même tracé pour la délimitation de ces différends espaces lorsqu'ils sont conjointement à délimiter.

1. V. E. Zoller, Recherche sur les méthodes de délimitation du plateau continental : à propos de l'affaire *Tunisie/Libye*, *RGDIP* 1982. 645.
2. *Rec.* 1984, p. 290 et 81.

b) *Le fondement ou, plutôt, l'origine* du titre juridique possédé par chaque État sur son plateau continental est toujours à trouver dans celui que la puissance côtière possède sur son propre territoire terrestre. On peut cependant affirmer que, notamment du fait de l'évolution jurisprudentielle déjà évoquée et de l'opposition entre les arrêts de 1969 et 1982, la Cour a substitué l'idée de projection juridique du territoire terrestre sous la mer à celle de prolongement naturel qui était pourtant à l'origine des revendications étatiques sur le plateau continental (déclaration Truman de 1945). Cette substitution n'est certes pas intégrale et il n'est pas exclu que, dans des affaires ultérieures, la Cour ou un tribunal arbitral soient amenés à faire jouer un rôle à certaines données de la morphologie sous-marine. Mais alors elle le fera plus vraisemblablement à un autre titre, celui des « *circonstances pertinentes* » examinées ci-après, ou par référence à la définition composite et fort complexe du plateau continental donnée à l'article 76 de la Convention de Montego Bay (1982) telle qu'exposée plus haut (v. ss 655).

c) Quant à la méthode de *délimitation*, elle n'est pas générale. Chaque cas particulier peut trouver ses solutions propres, à la condition de parvenir à un résultat équitable. La mise à l'écart, en 1969, du recours à l'équidistance comme méthode ordinaire, pourtant énoncée à l'article 6 de la Convention de 1958 sur le plateau continental, demeure d'actualité. Elle n'a pas été remise en cause par les arrêts ultérieurs qui ont tous affirmé à sa suite que l'équidistance était une méthode de délimitation parmi d'autres mais certainement pas une règle juridique s'imposant aux États sur un fondement coutumier (et ce, en dépit du recours en pratique très fréquent des États, dans leurs accords de délimitation, à cette méthode, au minimum à titre auxiliaire). On verra toutefois ci-après que les juridictions internationales partent désormais très généralement de la ligne d'équidistance pour fixer la ligne de délimitation quoiqu'elles en corrigent dans un second temps les effets aboutissant à un résultat non équitable.

d) L'appel à l'équité, pour désigner l'exigence fondamentale à laquelle doit répondre toute délimitation concertée, reste également conforme à la philosophie qu'en donna la Cour en 1969. Elle y situait alors l'usage qu'elle faisait de l'équité par rapport à deux polarités dont elle est également distante. Il ne s'agit ni d'un recours à l'équité comme substitut au droit, c'est-à-dire l'équité « *ex aequo et bono* » (arrêt de 1969, § 88), ni d'un recours à l'équité « simplement comme une représentation de la justice abstraite » (1969, § 85) (v. ss 361).

D'une part, en effet, l'équité dont il est question ici est incorporée à la règle de droit, dont elle gouverne la mise en œuvre : « la notion juridique d'équité est un principe général directement applicable en tant que droit » (arrêt de 1982, *Tunisie/Libye*, § 71), bien que l'équité ne soit pas non plus « une méthode de délimitation mais uniquement un objectif qu'il convient de garder à l'esprit en effectuant celle-ci » (arrêt de 2001, *Cameroun c/ Nigeria*, § 294).

Cette intégration habile et au demeurant justifiable de l'équité dans le droit permet en pratique au juge de conserver une très large marge de manœuvre dans l'appréciation des conditions concrètes de sa mise en œuvre [1].

D'autre part, le recours à cette équité infra-légale, précisément parce qu'il se veut autre chose qu'une représentation de la justice abstraite, ne peut se comprendre séparément de l'application des « *principes équitables* ». Sans être eux-mêmes très clairement définis, ils se résolvent essentiellement dans la prise en considération, cas par cas, des « *circonstances pertinentes* » dont l'arrêt de 1969 avait tenté d'ébaucher une typologie faisant notamment référence à la configuration générale des côtes, sans qu'il y ait en réalité « de limites juridiques aux considérations que les États peuvent examiner afin de s'assurer qu'ils vont appliquer des principes équitables » (1969, § 93).

e) Le paradoxe du droit de la délimitation maritime réside ainsi dans sa faible normativité, essentiellement concentrée dans la directive générale de recherche d'une solution *équitable*. Mais ni la méthode ni les circonstances pertinentes à prendre en considération dans chaque espèce ne sont véritablement légalisées. Toutefois, certains auteurs, dont le professeur Prosper Weil dans l'ouvrage précité, prenant en considération le caractère de la pratique conventionnelle internationale en matière de délimitation maritime et la volonté manifeste de la Cour, en 1985, dans l'affaire *Libye/Malte*, de rééquilibrer quelque peu sa jurisprudence par rapport au nominalisme radical des arrêts de 1982 et 1984, ont cru pouvoir discerner une sorte de pondération opérée entre les méthodes de délimitation et l'équité.

Cette évolution s'est très clairement confirmée dans la pratique juridictionnelle ultérieure [2]. Elle a pour effet de désigner le recours à la méthode de l'équidistance comme une première étape dans le processus général de recherche d'une solution équitable, qui en comporte trois [3]. Le juge établit d'abord une ligne médiane, déterminée à l'aide d'éléments purement géographiques, la seule difficulté étant à ce stade d'identifier avec précision les côtes prises en compte pour cette opération (les « côtes pertinentes ») et de choisir les points de base sur ces côtes qui serviront de point de départ pour la fixation de cette ligne provisoire. Dans son arrêt du 3 février 2009 relatif à l'affaire de la *Délimitation maritime en Mer noire*, la Cour indiqué à cet égard que ces points doivent être « les plus pertinents des côtes des deux

1. V. J. Cazala, Retour sur les méthodes de délimitation juridictionnelle d'espaces maritimes mises en œuvre dans quelques affaires récentes, *AFDI* 2008. 411-427.

2. Pour la jurisprudence de la CIJ, v. les arrêts *Frontière terrestre et maritime entre le Cameroun et le Nigeria* (10 oct. 1992, spéc. § 288), *Différend territorial entre le Nicaragua et le Honduras dans la mer des Caraïbes* (8 oct. 2007) et *Délimitation maritime en Mer noire* (*Roumanie c/ Ukraine*, 3 févr. 2009) ; pour la jurisprudence arbitrale, v. les sentences *Barbade c/ Trinité et Tobago* (11 avr. 2006) et *Guyana/Suriname* (17 sept. 2007) ; pour celle du TIDM, v. 14 mars 2012, *Différend relatif à la délimitation de la frontière maritime entre le Bangladesh et le Myanmar dans le golfe du Bengale (Bangladesh/Myanmar)*, § 239 s. Pour la jurisprudence arbitrale, v. spécialement la sentence du 7 juillet 2014 dans l'affaire de la *frontière maritime du Golfe de Bengale (Bangladesh c/ Inde)*, §. 336 s.

3. V. CIJ, *Différend territorial et maritime (Nicaragua c/ Colombie)*, arrêt du 19 novembre 2012 ; § 190-193 ; CIJ, *Différend maritime (Pérou c/ Chili)*, arrêt du 27 janvier 2014, § 180.

États concernés, en prêtant une attention particulière aux points saillants les plus proches de la zone à délimiter » [1]. Dans sa sentence du 7 juillet 2014 en l'affaire de la *frontière maritime du Golfe de Bengale (Bangladesh c/ Inde)*, le tribunal arbitral s'est référé à cette règle pour écarter comme points de base pertinents les hauts fonds découvrants situés à moins de 12 milles marins des côtes, quand bien même il peut en être tenu compte de la laisse de basse mer autour de ces élévations naturelles pour tracer la ligne de base à partir de laquelle est calculée la largeur de la mer territoriale (article 13 de la Convention de Montego Bay) [2]. Cette première étape ne peut être écartée que pour « des raisons impérieuses propres au cas d'espèce » [3]. Cette mise à l'écart est justifiée, par exemple, lorsque le profil des côtes est si changeant que le tracé d'une ligne d'équidistance serait totalement artificiel, voire arbitraire (*Différend territorial et maritime entre le Nicaragua et le Honduras dans la Mer des Caraïbes*, 8 octobre 2007).

Étant donné les résultats aberrants que le tracé strict de la ligne d'équidistance est effectivement susceptible de donner dans certaines situations, en particulier lorsqu'elle aboutit à attribuer à certaines configurations côtières ou insulaires un effet disproportionné dans le tracé divisoire, le résultat ainsi obtenu est, dans un deuxième temps, confronté aux circonstances pertinentes de l'espèce. Au cas où la ligne ainsi tracée ne correspondrait pas aux exigences légales de l'équité, on l'aménagerait en prenant concrètement en considération toutes les circonstances propres à la situation considérée. Les circonstances qui peuvent conduire les juges à modifier le tracé de la ligne provisoire obtenu par la méthode de l'équidistance ont été précisées peu à peu par la jurisprudence, bien qu'il ne soit pas possible d'en dresser un liste complète définitive tant elles sont dépendantes des circonstances de fait de chaque affaire. Elles peuvent tenir, tout d'abord, à une disproportion significative entre longueur des côtes respectives des deux États [4]. La CIJ a toutefois exclu, dans son arrêt de 1993 sur la délimitation maritime entre le Groenland et l'île de Jan Mayen, la pertinence d'un test de proportionnalité entre les longueurs respectives des côtes des deux États pour la détermination de l'emplacement de la ligne provisoire [5]. La disproportion ne peut jouer, tout au plus, que pour rectifier le tracé de la ligne obtenue par application de la méthode de l'équidistance [6]. Peuvent, ensuite, intervenir comme circonstances pertinentes la présence d'une île ou d'un îlot [7], ainsi que les exigences de la navigation

1. § 117.
2. § 261.
3. § 116.
4. Arrêts *Jan Mayen*, § 78, ainsi que *Délimitation maritime en Mer noire*, § 163 s. et *Différend territorial et maritime (Nicaragua c/ Colombie*, § 209-2011.
5. *Jan Mayen*, § 61-71, et *Délimitation maritime en Mer noire*, § 163. V. aussi la sentence *Barbade c/ Trinité et Tobago* précitée, § 233 s.
6. Pour une application, v. TIDM, 14 mars 2012, *Différend relatif à la délimitation de la frontière maritime entre le Bangladesh et le Myanmar dans le golfe du Bengale (Bangladesh/Myanmar)*, § 497 s.
7. V. l'arrêt préc. dans l'affaire de la *Délimitation maritime en Mer noire*.

et de son contrôle [1]. L'ajustement de la ligne provisoire d'équidistance peut également être justifié par la nécessité d'atténuer les effets d'amputation excessifs que peut produire la concavité d'une côte [2], ou par celle de tenir compte des activités économiques et, en particulier, des pratiques de pêche dans la zone pertinente [3]. Dans son arrêt sur la délimitation maritime entre le Groenland et l'île de Jean Mayen (Danemark/Norvège) du 14 juin 1993, la Cour a énoncé en ce sens qu'une solution équitable comporte l'accès raisonnable de chacun des deux États aux ressources détenues par les espaces maritimes à délimiter [4]. La jurisprudence témoigne toutefois d'une certaine prudence à admettre la présence de telles circonstances économiques, préférant rechercher, dans tels cas, si le comportement des deux parties atteste l'existence d'un accord tacite entre elles en faveur de leur prise en considération [5]. Elle ne tient compte en particulier des ressources naturelles dans la zone contestée que lorsque cette circonstance présente un caractère exceptionnel, ce qui n'était par exemple pas le cas de la présence de pétrole et de gaz dans la mer des Caraïbes pour la délimitation de la frontière maritime entre le Nicaragua et la Colombie [6].

Enfin, dans une troisième et dernière étape, la juridiction saisie vérifie que le résultat auquel elle est parvenue au terme de la deuxième n'est pas inéquitable, c'est-à-dire que la ligne d'équidistance, telle qu'ajustée ou déplacée en fonction des circonstances spéciales n'a pas pour effet de créer « une disproportion marquée entre les espaces maritimes attribués à chacune des Parties dans la zone pertinente, par rapport à la longueur de leurs côtes pertinentes respectives » [7]. Il ne s'agit pas à ce stade d'attribuer à chaque État un espace en proportion de la longueur de ses côtes, mais d'éviter une iniquité manifeste. La CIJ l'a souligné en 2009 : « [l]'objet de la délimitation est de parvenir à un résultat équitable et non à une répartition égale des espaces maritimes » [8]. Il en résulte que le calcul du rapport de proportion réalisé lors de cette ultime étape ne vise pas la précision mais doit rester « approximatif » [9]. En pratique, il est au demeurant tout à fait exceptionnel que le tracé de la ligne provisoire établie à l'issue de la deuxième étape soit rectifié au cours de ce troisième et dernier stade.

1. V. la sentence précitée dans l'affaire entre le Guyana et le Surinam.
2. V. TIDM, 14 mars 2012, *Différend relatif à la délimitation de la frontière maritime entre le Bangladesh et le Myanmar dans le golfe du Bengale (Bangladesh/Myanmar)*, § 290 s., ainsi que la sentence précitée dans l'affaire *frontière maritime du Golfe de Bengale (Bangladesh c/ Inde)*, §. 402 et s.
3. V. *Délimitation maritime dans la région située en le Groenland et Jan Mayen*, arrêt préc., § 76.
4. 72-78. V. aussi la sentence précitée dans l'affaire de la *frontière maritime du Golfe de Bengale (Bangladesh c/ Inde)*, §. 423.
5. V. la sentence préc., *Barbade c/ Trinité et Tobago*, notamment § 269.
6. V. arrêt préc. du 19 novembre 2012, § 223.
7. CIJ, arrêt préc. dans l'affaire *Différend territorial et maritime (Nicaragua c/ Colombie)*, § 193. V. aussi les arrêts préc. dans les affaire *Délimitation maritime en Mer noire*, § 122, et *Différend maritime (Pérou c/ Chili)*, § 192 s.
8. Arrêt préc. *Délimitation maritime en mer Noire (Roumanie c/ Ukraine)*, § 111.
9. Arrêt préc. *Différend maritime (Pérou c/ Chili)*, § 193.

Malgré cet affinement des règles de délimitation et l'existence aujourd'hui d'une jurisprudence stabilisée, les notions de « principes équitables » ou de « circonstances pertinentes » conservent de manière inhérente une large part d'indétermination préalable ; leur vertu est précisément de permettre au négociateur, au juge ou à l'arbitre de les adapter aux situations concrètes [1].

658 ***Régime juridique du plateau continental*** ◊ Le régime juridique du plateau continental est nettement marqué par ses origines, qui ont en fait une sorte de démembrement immergé du territoire terrestre. L'État riverain possède en effet sur son plateau continental des « droits souverains » aux fins de son exploitation et de l'exploitation de ses ressources naturelles (art. 2 al. 1 de la Convention de Genève de 1958). Ces droits présentent un caractère « exclusif » (art. 77 al. 1 de la convention de 1982), ce qui signifie spécifiquement qu'ils ne peuvent être exercés par un autre État qu'avec le consentement de celui auquel ils appartiennent. Ces droits souverains exclusifs s'étendent non seulement à l'exploitation des ressources minières du plateau continental, dont l'État réglemente le régime d'exploitation comme il l'entend, mais aussi à celle des ressources biologiques qui demeurent organiquement dans la dépendance directe du plateau (espèces sédentaires incapables de se déplacer autrement qu'en restant constamment en contact avec le fond ou le sous-sol). L'emprise de l'État côtier sur son plateau continental est donc très considérable. Elle est cependant limitée, dans une certaine mesure. Le régime du plateau continental ne préjuge pas de celui de la colonne d'eau surjacente ni n'affecte celui de l'espace aérien. C'est ainsi que les installations de forage qu'il peut être amené à établir en haute mer pour exploiter son plateau continental ne doivent pas apporter d'entraves à la navigation ni en gêner l'exercice de manière significative. Il ne peut, par ailleurs, s'opposer à l'utilisation de son plateau pour la pose par d'autres pays de pipe-lines ou de câbles sous-marins, dont le tracé doit cependant être par lui agréé.

2. La Zone économique exclusive [2]

659 ***Genèse*** ◊ La Zone économique exclusive adjacente à la mer territoriale est située au-delà de celle-ci jusqu'à une distance de 200 milles marins à partir des lignes de base. Elle correspond chronologiquement à la deuxième vague des revendications territoriales sur les espaces maritimes émanant

---

1. V. L. Delabie, « Le fragile équlibre entre prévisibilité juridique et opportunité judiciaire en matière de délimitation maritime : l'arrêt de la Cour internationale de Justice dans l'affaire du *différend territorial et maritime (Nicaragua c/ Colombie)* », *AFDI* 21012, p. 223-252.

2. V. E. Francks et Ph. Gautier (dir.) *La zone économique exclusive et la convention des Nations Unies sur le droit de la mer, 1982-2000 : un premier bilan de la pratique des États*, Bruxelles, Bruylant, 2003, 247 p. ; R. J. Dupuy, La mer sous compétence nationale, *in* R. J. Dupuy et D. Vignes, *Traité du nouveau droit de la mer, op. cit.*, p. 224-236 ; L. Lucchini et M. Voelckel, *Droit de la mer*, I, *op. cit.*, p. 201 à 229. V. aussi t. II, 1996, vol. 1 et 2.

des États côtiers, après celle qui avait abouti à la consécration de la notion et du régime juridique du plateau continental dans les années cinquante, sans réussir à apaiser l'appétit des souverains du littoral.

À peu près vingt ans plus tard, les initiatives, soit individuelles, soit collectives émanant de ces derniers permirent l'éclosion rapide au cœur même de la Troisième Conférence des Nations Unies sur le droit de la mer d'une notion nouvelle ; la rapidité avec laquelle elle inspira les pratiques étatiques devait rapidement avérer son enracinement coutumier.

On peut expliquer un tel succès par différentes raisons, dont le caractère apparemment conciliatoire de cette notion entre, d'une part, la consécration des droits exclusifs des riverains sur une large zone adjacente à leur côte et, d'autre part, la prise en compte des intérêts de la communauté internationale, tant en ce qui concerne la protection des ressources biologiques et écologiques de la mer que la navigation, dont la liberté est en principe garantie par référence au régime non de la mer territoriale mais de la haute mer. Comme on l'a dit plus haut, c'est, de plus, en considération de cette satisfaction des revendications des États côtiers que le vieux débat sur la largeur de la mer territoriale, ayant désormais perdu une large part de son intérêt, a pu être clos en fixant d'un commun accord sa distance à la côte (lignes de base) à 12 milles nautiques.

On verra qu'en réalité le régime juridique de la Zone économique exclusive (ZEE) qui emprunte à celui du plateau continental la notion de « droits souverains » et « exclusifs » du riverain, en accroît encore considérablement la portée. De fait, plus qu'un équilibre entre les exigences des uns et des autres, il s'agit en réalité bel et bien d'une extension légalisée de l'emprise des riverains sur une portion des espaces maritimes, acquise au détriment des zones internationalisées.

La revendication sur le plateau continental avait correspondu au désir de pouvoir exploiter les ressources minérales qu'il contient ; celle qui devait aboutir à la consécration de la ZEE s'inspirait essentiellement de la volonté de sauvegarder au profit des riverains les ressources biologiques situées dans les eaux adjacentes à leurs côtes, mises en danger par l'efficacité redoutable des technologies modernes de la pêche possédées par les pays industrialisés.

660 ***Régime*** ◊ Analysé sans *a priori*, le régime juridique de la ZEE s'apparente de très près, précisément par le caractère exclusif des droits souverains que l'État y possède comme par l'extension de leur objet, à celui de la compétence territoriale. Cette compétence est certes conditionnée ; mais faut-il encore rappeler que c'est également le cas de la juridiction que l'État exerce au regard du droit international sur son propre territoire ?

Une différence importante existe entre le régime du plateau et celui de la zone exclusive : alors que les droits souverains et exclusifs de l'État sur son plateau continental ne s'exercent, on l'a vu, que sur celui-ci, à l'exclusion de la colonne d'eau surjacente, le régime consacré par l'article 56 de la Convention de Montego Bay (*GTDIP* n° 61) les étend dans la ZEE à l'exploration et l'exploitation des ressources naturelles, biologiques et non biologiques, *tant dans les « eaux surjacentes aux fonds marins » que sur ces derniers et leurs sous-sols*. L'emprise spatiale générée par le régime juridique de la ZEE est ainsi caractérisée par sa globalité. Quant à l'extension matérielle des compétences du côtier, il faut également ajouter que la juridiction concernant toute autre activité d'exploitation, à des fins économiques aussi bien que scientifiques ou de protection du milieu marin, est aussi exercée par l'État riverain.

On est donc confronté à un régime pour l'essentiel d'ores et déjà coutumier qui fait bien plus que consacrer les seuls « droits de pêche préférentiels sur les eaux surjacentes en faveur de l'État riverain qui se trouve dans une situation de dépendance à l'égard de ses pêcheries côtières » [1].

C'est cependant effectivement à propos de la conservation des ressources biologiques de la mer que les droits du riverain sont marqués dans la partie V de la Convention de Montego Bay avec le plus de force. Leur consécration a été favorisée par l'argument avancé au sein de la Troisième Conférence, d'après lequel, dans cette zone, l'État côtier n'agirait pas seulement pour la satisfaction de ses intérêts propres mais (par la voie du dédoublement fonctionnel mis en évidence par G. Scelle) ainsi qu'un mandataire de la communauté internationale, dont il est de l'intérêt que les ressources biologiques de la mer, surtout présentes à proximité des côtes, soient effectivement protégées.

C'est ainsi qu'en application de l'article 61 de la convention de 1982, « l'État côtier fixe le volume admissible des captures » et « prend des mesures appropriées pour sauvegarder les ressources biologiques contre la surexploitation ». Les pêcheurs des États tiers sont soumis à sa juridiction tant en ce qui concerne la délivrance des licences de pêche qu'à propos des différents aspects de la réglementation nationale en matière de pêche. On notera de plus qu'au titre de la partie XII de la Convention relative à la protection et préservation du milieu marin, et plus particulièrement de l'article 208, les États côtiers se voient reconnaître un pouvoir général de réglementation « afin de prévenir, réduire et maîtriser la pollution du milieu marin, qui résulte directement d'activités relatives au fond marin » [2].

661 ***Spécificité*** ◊ On serait alors tenté de poser la question de savoir ce qui différencie vraiment le régime de la ZEE de la territorialisation pure et simple, telle qu'elle est affirmée, aux nuances près que l'on a vues plus haut, à propos de la mer territoriale. Le contenu de la réponse n'est pas négligeable, même si, de toute façon, on doit constater l'ampleur très considérable de l'emprise ainsi exercée par le riverain :

a) En premier lieu, la première différence tient au fait que le régime général de la navigation dans la ZEE est, comme on l'a dit, rattaché à

1. CIJ, affaire des *Pêcheries islandaises, Royaume-Uni c/ Islande* et *RFA c/ Islande*, 25 juill. 1974, *Rec.* 1974. 3 et 175.
2. V. P.-M. Dupuy et M. Rémond, La préservation du milieu marin, *in Traité du nouveau droit de la mer*, *op. cit.* p. 979-1029.

celui de la haute mer et non pas de la mer territoriale. C'est dire que les navires battant pavillon des États tiers peuvent y naviguer en principe sans aucune entrave. Les règles conditionnant la liberté du passage innocent, qui concernent la mer territoriale, ne s'appliquent pas ici. Ce rattachement implique aussi la liberté de survol (alors que l'espace aérien au-dessus de la mer territoriale fait partie du territoire aérien de l'État côtier) et les diverses libertés de pose de câbles et pipe-lines sous-marins. La liberté de navigation comporte aussi le droit de protester en mer, y compris dans la zone économique exclusive d'un État étranger. Le tribunal arbitral constitué dans l'affaire de l'*Artic sunrise* l'a précisé dans sa sentence du 14 août 2015. Les arbitres ont condamné la Russie dans cette affaire pour avoir arraisonné en *mer de Barents*, dérouté vers le port de Mourmansk puis immobilisé l'*Artic surnise*. Le navire, qui battait pavillon hollandais, avait été affrété par l'association Greenpeace et conduisait des actions de protestation contre des projets de forages dans cette zone particulièrement sensible [1].

b) En second lieu, mais tout porte à croire qu'en pratique cela sera beaucoup moins important, les États tiers et, plus particulièrement, deux catégories d'entre eux, les « États sans littoral » et les « États géographiquement désavantagés » se voient respectivement reconnaître par les articles 69 et 70 de la Convention de Montego Bay des droits résiduels à « l'exploitation d'une partie appropriée du reliquat des ressources biologiques des ZEE des États côtiers de la même sous-région, dont les modalités seraient à fixer entre les États intéressés ».

Quel que soit le scepticisme que l'on puisse entretenir à l'égard de l'efficacité de telles dispositions, ce n'est pas à dire que l'instauration du régime de la ZEE ne laisse aucune voie à la coopération internationale entre États concernés par la protection des ressources biologiques, tant s'en faut : en matière de réglementation de la capture des espèces migratrices, par exemple, ou de régulation des stocks entre États aux zones économiques voisines, mais plus encore, peut-être, à propos de la lutte concertée contre la pollution des mers, notamment celle provenant des navires (art. 211), une coopération importante est établie entre l'État côtier, les États du pavillon (c'est-à-dire ceux qui exercent leur juridiction sur les navires d'une autre nationalité que celle de l'État côtier (art. 217) et « l'État du port » (art. 218), c'est-à-dire tout État dans un port ou une installation terminale duquel un navire en transit peut faire relâche.

Il est important d'examiner la pratique internationale depuis l'adoption de la Convention des Nations Unies sur le droit de la mer et, même, depuis son entrée en vigueur, consécutive à l'accord relatif à sa partie XI (*GTDIP* n° 61 et 61 *bis*). On doit à ce propos constater la persistance des préoccupations des États côtiers en ce qui concerne la gestion rationnelle des stocks de poissons et, en particulier, des poissons grands migrateurs. Ils transitent en effet par leurs ZEE respectives mais font l'objet de captures, que les côtiers jugent très souvent excessives, hors de ces zones.

1. V. les §. 227 s. de la sentence.

C'est ainsi que, depuis 1991, des États comme le Chili, l'Argentine, le Pérou ou le Canada, s'autorisant à nouveau souvent explicitement de la théorie scelienne du « dédoublement fonctionnel », prétendent agir à la fois pour le bien commun et pour leur propre intérêt. Ils ont ainsi adopté des législations nationales prévoyant l'application du régime national de protection des pêches hors de leurs zones de juridiction nationales. Ces textes prévoient aussi l'arraisonnement de navires de pêche hauturière hors de leur zone de juridiction nationale. La législation canadienne de 1994 établit même, en de telles situations, l'autorisation d'user de la force si nécessaire. Le Canada en a du reste fait usage, en mars 1995, à l'encontre de navires de pêche espagnols. Ceci a provoqué une réaction très vive et solidaire de l'Union européenne et l'introduction par l'Espagne d'une action en responsabilité devant la Cour internationale de Justice contre le Canada. De tels agissements, intervenant en haute mer, sont en effet totalement incompatibles avec les obligations des États côtiers en application du droit de la mer, coutumier et conventionnel [1]. Le Canada lui-même en est d'ailleurs bien persuadé, raison pour laquelle il a réaménagé sa déclaration de reconnaissance de la juridiction de la CIJ de manière à en exclure précisément les différends liés à la protection de pêches dans la zone de l'OPAN. C'est ce qui explique que l'affaire entre lui et l'Espagne pose d'abord un problème de compétence (aff. de la *compétence en matière de pêcheries*).

L'adoption, le 4 août 1995, de l'accord relatif à la conservation et la gestion des stocks de poissons chevauchants et grands migrateurs par une conférence convoquée par l'ONU a permis, après son entrée en vigueur le 11 décembre 2001, d'apaiser quelque peu les tensions entre les éternels rivaux que sont les États côtiers et les États du pavillon des navires de pêche. Elle comptait 83 parties au 1er juin 2016.

Reconnaissant au moins implicitement l'intérêt spécial de l'État côtier, l'accord, qui s'inscrit pour l'essentiel dans la continuité de la Convention de 1982 sur le droit de la mer, prévoit notamment une définition plus précise des obligations et pouvoirs de police de l'État du pavillon et un accroissement de la coopération avec les États côtiers, en particulier dans le cadre des nombreux organismes et arrangements de gestion des pêches existant au plan régional [2].

662 ***Rapports entre plateau continental et ZEE*** ◊ Envisagés du point de vue de leur définition spatiale et de leurs régimes juridiques respectifs, le plateau continental et la ZEE entretiennent évidemment des rapports très étroits. En réalité, il résulte de l'extension des droits souverains de l'État côtier à l'ensemble des ressources contenues dans sa zone, minérales comme biologiques, que, pour les États dont le plateau continental

1. V. L. Lucchini, La loi canadienne du 12 mai 1994, *AFDI* 1994. 864-875 ; T. Treves, Intervention en haute mer et navires étrangers, *AFDI* 1995. 651-675.

2. V. D. Momtaz, L'accord relatif à la conservation et la gestion des stocks de poissons chevauchants et grands migrateurs, *AFDI* 1995. 676-699.

ne s'étend de toute façon pas au-delà de 200 milles marins au-delà de leur ligne de base, le plateau continental se trouve pratiquement *absorbé* par la ZEE, l'État côtier exerçant l'exclusivité de ses droits, aussi bien sur la colonne d'eau surjacente et la surface de celle-ci que sur le sol et le sous-sol sous-marin.

Ainsi, d'une certaine façon, l'instauration de la ZEE (qui, il est vrai, n'a pas été réalisée en bordure de toutes les côtes existantes, puisqu'elle épargne en particulier celles des mers fermées ou semi-fermées, v. art. 122 et 123) réalise en pratique dans la majorité des cas une unification des espaces maritimes en deçà des 200 milles sous la juridiction du côtier. Il en résulte en particulier qu'en fait de délimitation concertée des zones économiques entre États dont les côtes sont adjacentes ou se font face, on tend à faire droit aux mêmes règles que celles qui ont émergé à propos des plateaux continentaux.

§ 3. L'espace aérien [1]

663 ***Introduction*** ◊ Contrairement au régime juridique des espaces maritimes, celui des espaces aériens n'a été défini qu'à une période historiquement très récente, née avec l'apparition des aéronefs. Ceci explique qu'à l'inverse de ce qui se constate en droit de la mer, la coutume n'y joue qu'un rôle résiduel, alors que l'essentiel en est établi par voie conventionnelle. La question principale est celle des conditions de la navigation aérienne internationale, à laquelle est liée notamment celle du commerce international par la voie des airs. Ainsi qu'on le verra, on ne trouve pas en droit aérien un principe général de liberté de la navigation par rapport auquel se définiraient toutes les limitations ou exceptions établies par le droit international.

À certains égards, le régime de la navigation aérienne est nettement marqué par son internationalisation, et même son institutionnalisation, en raison des pouvoirs reconnus à l'institution spécialisée des Nations Unies compétente en la matière, qui est l'OACI (Organisation de l'aviation civile internationale, dont le siège est à Montréal). À d'autres égards, cependant, ce régime juridique subit le phénomène multiforme de l'attraction territoriale, puisque chaque État dispose d'un territoire aérien national. Ce dernier caractère paraît suffisamment déterminant pour qu'on rende compte ici du régime juridique de l'espace aérien, y compris de l'espace international, dans sa globalité.

664 ***Définition*** ◊ La définition des espaces aériens arrêtée consécutivement à la première guerre mondiale distingue entre l'espace aérien national et les espaces internationalisés. Contrairement aux vues qui, au tout début du

1. V. J. Naveau, M. Godfroid et P. Frülhing, *Précis de droit aérien*, Bruxelles, Bruylant, 2ᵉ éd. 2006, 504 p.

siècle, avaient été exprimées en particulier par l'internationaliste français Paul Fauchille, partisan d'une internationalisation générale de l'espace aérien, la Convention de Paris de 1919 « territorialise » l'espace aérien en attribuant un territoire aérien à chaque État, correspondant à son territoire terrestre, y compris les eaux territoriales. Cette solution a notamment été reprise aussi bien par la Convention sur le nouveau droit de la mer (Montego Bay, 1982, art. 2 al. 2) que par la Convention de Genève de 1958 sur la mer territoriale (art. 2) ; ceci, négativement, veut dire que le territoire aérien d'un État ne s'étend pas à l'espace placé au-dessus de son plateau continental et de sa Zone économique exclusive. Au-delà du territoire aérien de chaque État ainsi défini s'étend l'espace aérien international qui surplombe la haute mer.

Une grosse lacune concernant la définition de l'espace aérien provient de l'absence de délimitation juridique de celui-ci par rapport à l'espace extra-atmosphérique. Cela pose un certain nombre de problèmes difficiles, liés notamment aux techniques de télécommunication et de télédétection par satellite [1].

665 ***Statut juridique des espaces aériens*** ◊ Après la Convention de Paris de 1919, la conférence de Chicago de 1944 a permis l'adoption de trois instruments établissant le régime général : la Convention relative à l'aviation civile internationale, l'Accord relatif au transit des services aériens internationaux et l'Accord relatif au transport aérien international. La première des trois, la Convention relative à l'aviation civile internationale, est entrée en vigueur en 1947 (l'URSS y a adhéré en 1967). Elle constitue l'instrument le plus important. Le régime général de la navigation aérienne qu'elle établit s'appuie par ailleurs également sur un très important réseau d'accords bilatéraux passés directement entre les États, conformément aux principes qu'elle définit. Ces accords bilatéraux ou régionaux ont notamment trait au renforcement de la sécurité. La Convention Eurocontrol du 13 décembre 1960, remaniée en 1981, en fournit un exemple. La Convention de Chicago établit par ailleurs une véritable « autorité mondiale de l'air », l'OACI dotée comme on le verra d'importants pouvoirs de réglementation [2].

666 ***Dans l'espace aérien national, l'État est libre de réglementer, voire d'interdire le survol de son territoire*** ◊ Tout survol non autorisé constitue dès lors une atteinte à sa souveraineté ainsi que la CIJ a eu l'occasion de le rappeler dans son arrêt de 1986 entre les États-Unis et le Nicaragua [3]. La puissance territoriale est autorisée par la Convention de Chicago à intercepter tout aéronef survolant son territoire sans autorisation et à l'obliger à

1. V. D. Goedhuis, The Problem of the Frontiers of Outer and Air Space, *RCADI*, 1982, I, vol. 174, p. 367-408.
2. V. A. Manin, *L'OACI*, Paris, LGDJ, 1970 ; N. Mateesco-Matte, La Convention de Chicago, quarante ans après, *Ann. droit maritime et aérien*, VIII, p. 187-197.
3. *Rec.* 1986, 251.

atterrir. Toutefois, le Protocole de Montréal, adopté le 10 mai 1984 dans le cadre de l'OACI définit plus précisément les limites dans lesquelles s'exerce la compétence de l'État à l'intérieur de l'espace aérien national, en insistant notamment sur la nécessité de la proportionnalité des mesures qu'il peut être amené à prendre [1].

La sécurité de la navigation aérienne civile ne peut jamais être remise en cause [2]. L'OACI a eu l'occasion de le rappeler à la suite de la destruction par un navire de guerre américain, le 3 juillet 1988, d'un Airbus d'Iran Air, avec 290 personnes à bord [3]. La rigueur avec laquelle est comprise la nécessité de maintenir en toute situation la sécurité de la navigation aérienne s'explique par la volonté d'éviter le renouvellement d'incidents dramatiques comme celui du Boeing de la Korean Airlines, abattu au-dessus du territoire soviétique (qu'il avait, semble-t-il, survolé par erreur) en septembre 1983 [4]. Les États parties à la Convention de Chicago, qui constituent aujourd'hui l'écrasante majorité, concèdent la liberté de transit sans escale et la liberté d'escale non commerciale à tous les aéronefs civils n'assurant pas un service de transport « commercial ». La puissance territoriale peut cependant toujours, même à leur égard, définir des zones interdites au survol, à titre soit permanent, soit temporairement (art. 9).

D'après la même convention, les avions assurant un service de transport commercial régulier possèdent les mêmes libertés mais se voient reconnaître de plus des libertés strictement commerciales (droit de débarquer et d'embarquer des passagers, courrier et marchandises, à destination ou en provenance de tout autre État contractant).

667 ***Espace aérien international*** ◊ Dans l'espace aérien international, le régime de la navigation aérienne est essentiellement dominé par le principe de liberté. Toutefois, les aéronefs qui s'y trouvent restent placés sous différentes compétences concurrentes : en premier lieu, celle de l'OACI, en tant qu'autorité régulatrice de la navigation aérienne, réglemente les conditions dans lesquelles celle-ci s'exerce dans l'espace aérien international. En second lieu, l'État d'approche contrôle les aéronefs se dirigeant vers son territoire. Enfin, l'immatriculation les rattache à un troisième

1. V. J.-C. Piris, L'interdiction du recours à la force contre les aéronefs civils, l'aménagement de 1984 à la Convention de Chicago, *AFDI* 1984. 711-732.

2. G. Kyriakopoulos, *La sécurité de l'aviation civile en droit international public*, Bruxelles, Bruylant, 1999, 542 p.

3. V. le dossier publié à ce sujet dans *AJIL*, vol. 83, 1989, n° 2, p. 318-341. V. aussi G. Guillaume, Les suites internationales de l'incident aérien américano-iranien du 3 juill. 1988, *Revue française de droit aérien*, vol. 170, n° 3, 1989, p. 351 s. On notera que, suivant la décision dite d'« embargo aérien », prise à l'égard de l'Irak dans la résolution adoptée par le Conseil de sécurité des Nations Unies en date du 25 septembre 1990, (Rés. 670) les États membres recevaient l'obligation d'interdire le survol de leur territoire à tout avion à destination de l'Irak ou du Koweït, sauf ceux autorisés par l'Organisation à des fins humanitaires. Mais, renvoyant explicitement à la Convention de Chicago, elle ne permet pas aux États membres d'abattre les avions interceptés par contravention à l'interdiction de survol précitée.

4. V. J.-D. de La Rochère, *AFDI*, 1983. 750 772 ; G. Guillaume, *Revue française de droit aérien*, 1984. 215-226.

ordre juridique, celui dont ils possèdent la nationalité par la voie de l'immatriculation dont les conditions sont réglementées par l'OACI. En ce qui concerne les appareils d'État, définis par l'article 3 de la Convention de Chicago comme les appareils militaires, de douane et de police, ils ne relèvent pas, même dans l'espace international, de la réglementation OACI, seulement applicable à l'aviation civile.

668 *OACI* ◊ L'OACI veille à la fois à l'application et au développement du régime juridique unifié de la navigation aérienne. Son organe plénier, l'Assemblée, se réunit tous les trois ans, mais l'organe restreint qu'est le Conseil détient les pouvoirs les plus importants. C'est lui qui nomme le secrétaire général ainsi que les membres de différents organes dont ceux de la Commission de la navigation aérienne et ceux du Comité du transport aérien. Surtout, il exerce d'importantes fonctions de réglementation dont très peu d'équivalents existent dans d'autres organisations internationales, particulièrement au plan universel (v. ss 180). En application de l'article 37, il adopte les « pratiques recommandées et procédures internationales » applicables à la navigation aérienne internationale, selon la modalité des « annexes » à la convention, arrêtées à la majorité des deux tiers des membres du Conseil ; si, dans les soixante jours qui suivent, un État membre n'a pas transmis au Conseil une « notification de différence » indiquant ses réserves ou les divergences de sa réglementation nationale avec le standard adopté, ce dernier deviendra pour lui obligatoire dans les trois mois consécutifs à son adoption. On notera que cette procédure simplifiée d'acceptation revient à conférer à l'acte unilatéral qu'est le règlement OACI une nature néanmoins conventionnelle.

En pratique, de telles notifications sont rares. En cas de différend entre l'Organisation et un État membre, le Conseil, muni de véritables pouvoirs quasi juridictionnels, peut statuer. Sa décision est susceptible d'appel devant un tribunal *ad hoc* ou la CIJ, ce qui s'est produit en 1972 lorsque l'Inde a soumis à la Cour un litige l'opposant au Pakistan à propos d'une requête et d'une plainte que ce dernier avait déposées contre une décision de survol de son territoire prise par l'Inde. À cette occasion, la Cour a reconnu la compétence juridictionnelle du Conseil [1].

Ceci n'exclut pas pour les États membres la possibilité de recourir à un tribunal arbitral pour régler leurs différends relatifs à la navigation internationale ainsi qu'il est advenu par deux fois entre la France et les États-Unis [2]. Une autre affaire a opposé les États-Unis à l'Iran à propos de l'annexe à l'accord aérien du 6 février 1948 qui donna lieu à une sentence du 17 juillet 1965 [3].

1. Arrêt du 18 août 1972, *Rec.* 1972. 46. V. A. Manin, *AFDI* 1973. 290-319 et J. Hutzinger, *RGDIP* 1974. 975-1016.

2. *Interprétation de l'accord aérien du 27 mars 1946*, sentence du 17 juill. 1965, *RGDIP* 1965. 189, commentaire J.-P. Cot, *AFDI* 1965. 352-383 ; affaire de la *Rupture de charges*, sentence du 9 déc. 1978, *RSA* XVIII, p. 354, commentaire J. de la Rochère, *AFDI* 1979. 314-337.

3. *RGDIP* 1968. 461, commentaire S. Metzger, *AJIL* 1967. 1007-1011.

669 ***Tentatives d'appropriation aberrantes, facilitées par l'absence de définition des limites supérieures de l'espace aérien : la revendication des États équatoriaux sur les orbites géostationnaires*** ◊ L'orbite géostationnaire est ainsi appelée parce qu'un satellite qui s'y trouve placé paraîtra fixe à l'observateur terrestre se trouvant 36 000 km plus bas. Cette orbite est la plus favorable aux satellites de télécommunications spatiales. En conséquence, certains États équatoriaux, le Brésil, la Colombie, le Congo, l'Équateur, l'Indonésie, le Kenya, l'Ouganda et le Zaïre, profitant de l'absence de délimitation supérieure de l'espace aérien national, ont adopté une Déclaration commune le 3 décembre 1976 par laquelle ils affirmaient que cette orbite, placée au-dessus de leurs territoires respectifs, constituait une « ressource naturelle rare » sur laquelle ils exerçaient leur souveraineté. À la suite de cette revendication... astronomique, l'Assemblée générale des Nations Unies a affirmé la nécessité de « l'utilisation rationnelle et équitable de l'orbite géostationnaire » en tant que « ressource naturelle limitée » (résolution 38/80 du 15 décembre 1983). Cette affirmation déplut aux États industrialisés qui, à la suite des États-Unis, avaient jusque-là adopté le principe en tous points élémentaire « premier arrivé, premier servi », menant à terme à l'exclusion probable des utilisations de l'orbite par des États n'arrivant que tardivement à la maîtrise des technologies nécessaires. Organisée par l'Union internationale des télécommunications, la Conférence administrative mondiale de la radio communication de 1988, compétente pour l'allocation entre les États membres des ondes de fréquence, est parvenue à définir les moyens d'un accès équitable de tous les États à l'orbite géostationnaire, satisfaisant l'essentiel des revendications des pays en développement sans rencontrer l'opposition des pays technologiquement avantagés [1]. Le caractère aberrant des revendications des États équatoriaux manifeste, si besoin en était, la nécessité de recourir à l'égard de certains espaces aux techniques de l'internationalisation.

SECTION 2. **LA LIBERTÉ D'UTILISATION DES ESPACES INTERNATIONALISÉS**

670 ***Données générales*** ◊ La façon à la fois la plus simple et la plus précise de définir un espace « internationalisé » consiste tout simplement à le caractériser comme un espace légalement insusceptible d'appropriation nationale. Ainsi en est-il, et de longue date, de la haute mer, modèle des espaces internationalisés, dont la Convention de Montego Bay déclare qu'« aucun État ne peut légitimement soumettre une partie quelconque [...] à sa souveraineté » (art. 89). Les espaces internationaux s'opposent

1. V. M.L. Smith, *AJIL* 1989, vol. 83, p. 597-599.

donc en principe radicalement par leur statut juridique à ceux que l'on vient d'examiner, puisque ces derniers sont, à des titres et des degrés divers, on l'a vu, rattachés au contraire à un territoire national.

Symétriquement, l'absence d'appropriation nationale correspond à la *liberté d'utilisation* de l'espace considéré par *tous* les États. Chacun d'entre eux pourra ainsi exercer ses compétences, non pas territoriales mais personnelles, sur les instruments matériels de cette utilisation. Ces derniers lui sont rattachés par un lien juridique équivalant à la nationalité (ainsi du « pavillon » pour les navires en haute mer, de l'immatriculation pour les aéronefs dans l'espace aérien international ou les objets spatiaux dans l'espace extra-atmosphérique).

Cette liberté d'utilisation s'accompagne également de l'obligation pour les États de faire respecter l'ensemble de la réglementation internationale régissant l'espace considéré par les opérateurs individuels qui relèvent de leur compétence. Chaque État, ici encore selon le mécanisme du « dédoublement fonctionnel », contribue ainsi à l'exercice d'une police internationale. Cette dernière, à l'époque contemporaine, reste d'abord vouée à l'abstention de création ou à la levée de toutes les entraves à la liberté d'utilisation. Mais elle tend progressivement, quoique dans une mesure limitée, à faire droit à la protection des intérêts collectifs, identifiés à ceux de la « communauté internationale ». Ainsi en est-il notamment en matière de coopération internationale pour la lutte contre la pollution marine.

Pour autant, les espaces internationalisés au sens défini plus haut ne font l'objet que d'une « internationalisation négative » dans la mesure où, précisément, le respect des règles de droit international caractérisant leur régime est confié à chaque État utilisateur, pris individuellement.

Ils se distinguent ainsi des espaces dotés d'un régime d'« internationalisation positive », dont il n'existe à vrai dire pour l'instant qu'un exemple virtuel, celui du fond des mers, destiné par la Convention de Montego Bay (1982) à être placé sous la compétence d'une institution centrale, l'Autorité du fond des mers, que l'on étudiera seulement à la section suivante (v. ss Section 3).

Les espaces négativement internationalisés, auxquels se limite pour l'instant notre étude, sont essentiellement constitués par la haute mer, l'espace extra-atmosphérique et, dans une dimension plus restreinte (à raison du nombre des États participants) l'Antarctique.

§ 1. La haute mer [1]

671 ***Définition*** ◊ La définition de la haute mer ne présente plus aujourd'hui qu'un caractère résiduel, du fait de la multiplication des espaces maritimes gagnés par l'attraction territoriale des États côtiers (v. ss 639).

1. V. D. Momtaz, La haute mer, *in* R.-J. Dupuy et D. Vignes (dir.), *Traité du nouveau droit de la mer, op. cit.*, p. 337 à 374 ; Lucchini et Voelckel, *Droit de la mer*, I, *op. cit.* p. 267 à 293, t. II, *Délimitation, navigation et pêche*, 1996, vol. 1 et 2.

L'article 86 de la Convention de Montego Bay la désigne ainsi comme constituée de « toutes les parties de la mer qui ne sont comprises ni dans la ZEE, la mer territoriale ou les eaux intérieures d'un État, ni dans les eaux archipélagiques d'un État archipel » (les eaux placées au-dessus du plateau continental au-delà de la ZEE font ainsi toujours bien entendu partie de la haute mer, *GTDIP* n° 61). Pour être résiduelle, la définition contemporaine de la haute mer n'en désigne pas moins en pratique des espaces très considérables, étant donné l'immensité des océans à l'échelle planétaire.

672 ***Régime juridique*** ◊ Le principe de la liberté de la navigation en haute mer, repris notamment à l'article 90 de la Convention de Montego Bay, constitue sans doute l'archétype de la règle coutumière enracinée de très longue date dans la pratique des États. Son affirmation reste attachée au nom de Grotius, plaidant au XVIIe siècle en faveur du « *Mare liberum* », par opposition aux théories territorialistes de l'anglais Selden (« *Mare clausum* »), partisan de la souveraineté britannique sur de larges portions de l'Atlantique Nord. Les thèses de ce dernier n'ont jamais triomphé.

La mer, longtemps considérée comme le support privilégié des communications, est ouverte à la navigation de tous les États, côtiers ou sans littoral. Le régime de liberté déborde d'ailleurs la seule navigation pour s'étendre, sous certaines conditions, à d'autres activités (survol, pose de câbles et de pipe-lines sous-marins, pêche, construction d'îles artificielles et recherche scientifique).

673 ***Pouvoir de chaque État utilisateur sur les personnes et les biens relevant de sa juridiction*** ◊ En haute mer, chaque État exerce sa compétence personnelle sur les navires et autres objets qu'il a immatriculés.

Sur les navires auxquels l'État accorde son pavillon, il exerce à la fois sa compétence normative, ou de réglementation, et sa compétence opérationnelle. Au titre de la compétence normative, l'État du pavillon voit ses obligations réglementaires accrues par la Convention de Montego Bay (en particulier art. 94), pour lutter contre les pratiques dangereusement laxistes des « pavillons de complaisance ». Tout État doit notamment, en vertu de cette disposition, tenir un registre maritime et prendre à l'égard de ses navires toute mesure nécessaire pour assurer la sécurité en mer. Au titre de la compétence opérationnelle, les navires de guerre de l'État du pavillon ont le pouvoir légal de faire respecter les règles concernées, y compris si nécessaire par voie d'arraisonnement et de visite d'inspection.

En cas d'abordage, seul l'État du pavillon du navire (ou, si elle diffère, l'État de la nationalité du membre de l'équipage responsable de l'accident) peut exercer sa responsabilité pénale. Cette règle aujourd'hui reconnue coutumièrement écarte ainsi la jurisprudence, déjà à l'époque très controversée, de la CPJI dans la célèbre affaire du *Lotus* (7 septembre 1927, série A, n° 10) dans laquelle la Turquie s'était vue reconnaître juridiction sur un officier français déclaré responsable de l'abordage en haute mer d'un navire turc par le Lotus, unité battant pavillon français. L'une des tendances nouvelles concernant le renforcement des obligations de diligence de l'État du pavillon, nettement affirmée dans la Convention de Montego Bay, concerne le domaine de la protection des ressources biologiques (art. 117) et, surtout, de la lutte contre la pollution du milieu marin (art. 217).

674 ***Pouvoir de tous les États*** ◊ Il est remarquable qu'il existe en haute mer certains pouvoirs de police internationale également de longue date reconnus à tous les États à l'égard de certains actes illicites commis à des fins privées par des individus agissant à titre personnel, de telle manière qu'ils sont considérés comme constituant une menace pour l'ensemble de la communauté des États. Il s'agit là des « *pirates* », agissant contre un navire ou un aéronef, ou contre des personnes ou des biens à leur bord, en haute mer. Ayant l'obligation de coopérer avec les autres États à la répression de la piraterie, tout État peut, en haute mer, saisir un navire ou un aéronef pirate et ses tribunaux se prononcer sur les peines à infliger (cas de « juridiction universelle ») [1]. Ce pouvoir reconnu à tout État, indépendamment de la nationalité du navire et des personnes qui s'y trouvent, reste absolument nécessaire à l'époque contemporaine pour lutter contre un phénomène en pleine expansion, particulièrement dans le Golfe d'Aden au large des côtes somaliennes, ainsi que dans le Golfe de Guinée. Le pouvoir d'arrestation en haute mer s'est même révélé insuffisant. Les pirates disposent aujourd'hui de moyens techniques qui leur permettent de regagner très rapidement la mer territoriale et les côtes d'un État qui n'est matériellement pas en mesure de lutter efficacement contre de tels agissements. Le Conseil de sécurité a décidé pour cette raison, dans sa résolution 1816 du 2 juin 2008 (*GTDIP* n° 34), d'autoriser les États qui collaborent avec le gouvernement somalien à entrer dans le territoire de la Somalie pour réprimer les actes de piraterie et les vols à main armée en utilisant, si nécessaire, la force armée [2]. Il convient, toutefois, de se garder de voir dans cette décision les prémisses d'un élargissement de la règle traditionnelle. Le Conseil prend soin de souligner dans sa résolution que cette autorisation « s'applique à la seule situation en Somalie et n'affecte pas les droits, obligations ou responsabilités dérivant pour les États Membres du droit international [...] et [...] qu'elle ne peut être regardée comme établissant un droit international coutumier » (§ 9). Quoique nécessaire, ce pouvoir des États doit néanmoins être encadré pour éviter des utilisations abusives. La piraterie maritime ne concerne que les actes menés depuis un navire contre un autre navire. Elle n'intègre pas les actes dirigés contre la sécurité de plates-formes pétrolières, lesquels font l'objet de règles spécifiques du droit international pénal [3].

---

1. V. B. Pelletier, De la piraterie maritime, *Ann. droit maritime et aérien*, IX, 1987, p. 217-235, et L. Hardy de Beaulieu, La piraterie maritime à l'aube du XXIᴱ siècle, *RGDIP* 2011. 653-674.

2. V. J.-C. Martin, « La répression des actes de piraterie maritime : développements récents en matière de poursuites et détention des pirates somaliens », *AFDI* 2010. 497-527.

3. V. la sentence arbitrale du 14 août 2015 en l'affaire de l'*Artic Sunrise* (Pays-Bas c/ Russie), §. 238 s.

Des dispositions d'inspiration analogue concernent dans la Convention de 1982 la lutte contre le transport d'esclaves, de trafics illicites de stupéfiants, et les émissions radiodiffusées non autorisées, diffusées depuis la haute mer.

675 ***Pouvoirs des États côtiers*** ◊ Ils sont en principe bannis de la haute mer, seul espace à échapper totalement à leur emprise rampante vers le large ! Quoi qu'il en soit, il existe une circonstance dans laquelle il est traditionnellement reconnu à un État côtier le droit d'agir en haute mer et elle est reprise sans changement notable par l'article 111 de la Convention de 1982 : il s'agit de l'exercice du *droit de poursuite* qui obéit à des conditions bien précises : « la poursuite d'un navire étranger peut être engagée si les autorités compétentes de l'État côtier ont de sérieuses raisons de penser que ce navire a contrevenu aux lois et règlements de cet État ». Il faut de plus que cette poursuite ait commencé déjà lorsque le navire poursuivi se trouvait dans l'une des zones maritimes placées sous la juridiction de l'État côtier et de plus qu'entre-temps elle n'ait pas été interrompue [1]. Le droit de poursuite cesse dès que le navire poursuivi entre dans la mer territoriale de l'État dont il relève ou d'un autre État.

676 ***Conclusion*** ◊ La haute mer reste ainsi aujourd'hui l'archétype de l'espace internationalisé. Les tendances exprimées en particulier dans la Convention de 1982 incitent à passer d'une conception exclusivement fondée sur la liberté d'utilisation à une conception favorisant la gestion collective de la haute mer, fondée sur certaines considérations d'ordre public. La plus claire manifestation en est donnée par les dispositions de la Convention de Montego Bay relatives à la coopération de l'État du pavillon, de l'État côtier et de l'État de transit appelé « État du port » pour lutter contre la pollution des mers par les navires (art. 217 à 220) déjà mentionnées, même si ces articles concernent non seulement la haute mer mais aussi d'autres zones maritimes. On s'approcherait alors davantage d'une conception de la haute mer proche de la notion de « domaine public international », chère à Georges Scelle. On est cependant encore assez loin de l'achèvement d'une telle évolution.

§ 2. L'espace extra-atmosphérique [2]

677 ***Genèse*** ◊ Alors que le statut juridique de la haute mer fait partie des règles les plus anciennement établies du droit international, le second des espaces internationalisés est de création beaucoup plus récente, puisqu'il s'est développé à partir du début des années soixante ; le droit des utilisations de l'espace extra-atmosphérique est à la fois original par les

1. V. la sentence arbitrale du 14 août 2015 en l'affaire *Artic Sunrise* (Pays-Bas c/ Russie), spéc. §. 246 s.
2. V. J. Dutheil de la Rochère, *Droit de l'espace*, Paris, Pedone, 1988, 370 p.

conditions de sa création et, à bien des égards, relativement classique si l'on compare les principaux traits de son régime juridique à ceux qui caractérisaient avant lui d'autres espaces internationaux, en particulier la haute mer. Sa création est caractérisée par sa rapidité et la relative aisance avec laquelle la communauté internationale a su se mettre d'accord sur un corps de principes fondamentaux, peu de temps après l'envoi du premier satellite (le « spoutnik » lancé par l'URSS en octobre 1957), puis du premier homme dans l'espace (le Soviétique Gagarine, en 1961). Dès le 13 décembre 1963, l'Assemblée générale des Nations Unies était à même d'adopter à l'unanimité la Déclaration des principes juridiques régissant les activités des États en matière d'exploration et d'utilisation de l'espace extra-atmosphérique (Res. 1962/XVIII du 13 décembre 1963). Entre 1966 et 1979, quatre accords fondamentaux ont été négociés puis adoptés dans le cadre des Nations Unies. Les principes qu'ils énoncent sont consacrés par la pratique, en dépit de certaines divergences ou ambiguïtés quant à l'interprétation que l'on peut donner de certains d'entre eux, comme celui d'utilisation pacifique. Le traité fondamental est celui du 27 janvier 1967 (*GTDIP* n° 63). Entré en vigueur en octobre suivant, il a été complété successivement par l'Accord sur le sauvetage des astronautes du 22 avril 1968, la Convention sur la responsabilité internationale pour les dommages causés par des objets spatiaux du 29 mars 1972, puis celle du 14 janvier 1975 sur l'immatriculation des objets lancés dans l'espace extra-atmosphérique et, enfin, par l'Accord régissant les activités des États sur la lune et les autres corps célestes, du 18 décembre 1979.

678 ***Causes de la fécondité normative*** ◊ La première est le constat du vide juridique existant à l'orée des activités spatiales. Il suscita les craintes très vives ressenties par tous à l'idée d'une mainmise de l'une ou l'autre des grandes puissances sur une partie de l'espace ou sur tel ou tel corps céleste.

La seconde circonstance ayant facilité l'adoption rapide de règles générales est l'existence de régimes juridiques susceptibles de servir de sources d'inspiration. L'un est bien entendu celui de la haute mer, caractérisé comme on l'a vu par sa liberté d'utilisation et l'interdiction de son appropriation. L'autre était presque contemporain des premières négociations du Comité des utilisations pacifiques de l'espace extra-atmosphérique créé par l'Assemblée générale de l'ONU. Il s'agit de celui de l'Antarctique que la Convention de Washington adoptée le 1er décembre 1959 organisait entre un nombre restreint d'États en le dotant d'un statut considéré comme « objectif », c'est-à-dire opposable aux tiers (v. ss 293). Il consacrait la démilitarisation, la non-appropriation territoriale et, entre les parties contractantes puis adhérentes, la liberté de recherche scientifique [1]. Ces principes ont par la suite été repris et précisés dans deux conventions, la

1. V. F. Francioni et T. Scovazzi, *Droit international de l'Antarctique*, Milan, Giuffre, 1987, 532 p. R. Bermejo, *L'Antarctique et ses ressources minérales*, Paris, PUF, 1990, 205 p. F. Orrego Vicuña, *Derecho internacional de la Antártica*, Santiago, Dolmen, 1994, 685 p.

Convention de Canberra, du 20 mai 1980, sur la conservation de la faune et de la flore marine à l'Antarctique, et la Convention de Wellington, de juin 1988, sur l'exploitation des ressources minérales (ultérieurement remise en cause par plusieurs des États parties et remplacée par le Protocole adopté à Madrid à l'automne 1991).

Enfin, la négociation des règles principales du droit de l'espace a été facilitée par le fait que, multilatérales dans leur principe et universelles par vocation, elles ont d'abord fait l'objet d'un accord entre les deux premières puissances immédiatement intéressées à l'utilisation de l'espace : l'URSS et les États-Unis. Aujourd'hui, les utilisateurs comme les utilisations de l'espace se sont diversifiés ; l'Europe occidentale (Agence spatiale européenne, Ariane Espace), la Chine, le Japon, l'Inde envoient des engins dans l'espace au même titre que les Russes et les Américains et les satellites servent à surveiller les espaces survolés, à repérer les ressources naturelles terrestres et maritimes (télédétection), à localiser les navires, à observer la météorologie, à développer les recherches astronomiques, etc. même si le projet de « guerre des étoiles » paraît pour l'instant connaître une relative éclipse.

La diversité de ces activités explique le développement de la coopération bilatérale régionale ou interrégionale et universelle en matière d'utilisation de l'espace. Ainsi, les États-Unis et l'ex-URSS ont-ils passé plusieurs accords bilatéraux de coopération. Dans le cadre régional, après un mauvais départ, la coopération européenne est devenue particulièrement efficace dans le cadre de l'Agence spatiale européenne (convention du 30 mai 1975) responsable en particulier du projet Ariane et du système de positionnement par satellite Galileo, complété par EUTELSAT en matière de télécommunication et de télédiffusion par satellites et EUMETSAT pour les satellites météorologiques [1].

Sur le plan inter-régional, on peut citer les accords américano-européens relatifs à la station spatiale internationale dont celui du 29 septembre 1988, adopté à Washington [2]. Dans le cadre universel, le Comité des utilisations pacifiques de l'espace extra-atmosphérique des Nations Unies, duquel sont issues les quatre conventions générales précitées, continue à être actif. Dans les domaines plus techniques des télécommunications, qui ont connu un grand développement dans la période récente, l'UIT mais aussi INTELSAT et INMARSAT regroupent un nombre croissant d'États membres. La diversification des usages de l'espace est d'ailleurs appelée à s'accentuer dans un assez proche avenir, puisqu'on envisage très sérieusement de développer certaines industries à bord d'engins séjournant durablement dans l'espace [3].

1. V. S. Courteix et A. Manin, *La coopération spatiale européenne*, Paris, La Documentation française, 1988, 120 p.
2. V. G. Lafferranderie, Les accords relatifs à la station spatiale internationale, *RGDIP* 1989. 318 s.
3. V. M. Bourely, Les tendances actuelles du droit de l'espace, *Rev. française de droit aérien*, 1988, vol. 165, p. 11-27.

679 ***Statut juridique de l'espace*** ◊

a) L'espace extra-atmosphérique n'est qu'imparfaitement défini du fait de l'absence déjà mentionnée de détermination légale de la frontière qui le séparerait de l'espace aérien national et international. Il comprend l'espace proprement dit et l'ensemble des corps célestes. Le traité de 1979 sur la lune précise qu'il faut entendre par « corps célestes » les objets naturels et solides tels que les planètes et leurs satellites, les astéroïdes, les comètes, étoiles et météorites. À l'inverse du traité général de 1967, toutefois, l'accord de 1979 ne s'applique qu'aux corps célestes compris dans le système solaire, ce qui, on en conviendra, fait déjà beaucoup !

L'espace n'est pas encore perçu, en 1967, date du traité général, comme le patrimoine mais comme « l'apanage de l'humanité tout entière », ce qui a des implications directes sur les conditions de son utilisation. En revanche, la lune et les corps célestes compris dans le système solaire, seront désignés en 1979 comme faisant partie du « patrimoine commun de l'humanité ».

b) Dans un cas comme dans l'autre, on retrouve à propos du statut juridique de l'espace extra-atmosphérique, les éléments « d'internationalisation négative » qui caractérisaient déjà la haute mer, à savoir la non-appropriation, établie par la Déclaration de 1963 et reprise à l'article II du traité de 1967, et la liberté d'utilisation affirmée à l'article 1er du même traité.

À ces deux principes, il convient d'ajouter celui de l'utilisation pacifique, c'est-à-dire exercée « conformément au droit international y compris la Charte des Nations Unies » (traité de 1967, article IV, *GTDIP* n° 63) [1]. Ceci est cependant généralement entendu comme permettant l'utilisation de l'espace à des fins d'observation militaire (satellites espions), cependant que l'interdiction formelle de la mise en orbite d'objets porteurs d'armes nucléaires (traité de 1967, article IV) laisserait à certains la possibilité de considérer que n'est pas interdite la mise en orbite de satellites porteurs d'armes « classiques ». Une telle interprétation paraît cependant très difficilement compatible avec l'idée que l'utilisation de l'espace vise à « maintenir la paix et la sécurité internationales », ce à quoi les développements actuels et à venir, en matière de désarmement (avec l'utilisation des satellites pour le contrôle des opérations de désarmement) donnent une occasion privilégiée d'exercice [2].

680 ***Régime des activités spatiales*** ◊ De façon plus marquée qu'à propos de la haute mer, l'accent a été mis dès le début des activités spatiales sur l'obligation de coopérer des États utilisateurs, notamment en matière de

1. Il est vrai qu'une telle précision ne différencie pas aujourd'hui le statut de l'espace de celui de la haute mer dont l'article 88 de la Convention de Montego Bay déclare qu'elle est « affectée à des fins pacifiques ».

2. V. les études de l'UNIDIR, Institut des Nations Unies pour la Recherche sur le Désarmement, Disarmament : Problems related to Outer Space, U.N., New York, 1987, et La guerre des satellites : enjeux pour la communauté internationale, U.N. New York, 1988.

sauvetage des astronautes (accord précité du 22 avril 1968). Cette coopération s'est développée notamment pour la construction de stations orbitales dans l'espace, dont l'importance impose, même aux grandes puissances économiques, de mettre leurs efforts en commun [1].

a) Pour l'essentiel cependant, l'espace extra-atmosphérique reste un lieu d'exercice de la *compétence personnelle des États lanceurs* d'engins. Par le biais de l'immatriculation, ils exercent leur juridiction sur l'objet et le personnel à bord, ainsi que le précise l'accord de 1975 sur l'immatriculation. Une analogie directe entre l'État d'immatriculation dans l'espace et au cours du retour sur terre et l'État du pavillon en haute mer peut à cet égard être établie.

b) *La responsabilité* pour les dommages causés par les objets spatiaux s'exerce en fonction du lieu de lancement de l'objet spatial. Chaque État est internationalement responsable des activités spatiales conduites à partir de son territoire. Il doit en particulier veiller à la conformité des activités entreprises par les personnes privées dans l'espace avec les règles pertinentes du droit positif.

La convention de 1972 établit un régime original de responsabilité pour les dommages causés au sol par la chute des objets spatiaux. Elle rend un État de lancement « objectivement » responsable des dommages, c'est-à-dire sans nécessité de l'apport par la victime de la preuve d'une faute technique ou d'une négligence dans la conduite de l'engin spatial (article II). Cette responsabilité est en même temps « absolue » dans la mesure où il n'est pas pris en compte de cause d'exonération [2]. L'action en responsabilité n'est par ailleurs pas subordonnée à l'épuisement par la victime des voies de recours internes offertes par l'État de lancement. Elle est ouverte à l'État de nationalité de la victime mais aussi à celui sur le territoire duquel le dommage a été subi, ou à défaut, à celui dont la victime est un résident permanent (article VIII). En pratique, la convention a trouvé lieu à s'appliquer une fois jusqu'à présent, à la suite de la désintégration du satellite soviétique Cosmos 954 au-dessus du Canada en 1978 [3]. Toutefois, lorsque l'accident a lieu et produit ses effets en vol et non au sol, l'État de lancement n'est responsable que si le dommage est imputable à sa faute ou à celle des personnes dont il doit répondre (articles III et IV).

La responsabilité des organisations internationales lançant un objet dans l'espace est redevable des dispositions de la Convention visant la responsabilité des États, mais de plus, l'article XXII de la convention de 1972 prévoit la responsabilité solidaire des États membres parties à la convention au cas où l'organisation internationale se révélerait insolvable pour assumer la réparation.

---

1. A. Kerrest, Le système global de satellites pour les recherches et le sauvetage, COSPAS-SARSAT, *RGDIP* 1989, n° 4, 831-856 ; N. Mateesco Malte, L'ère des stations spatiales : coopération internationale et implications juridiques, *Ann. Droit aérien et spatial*, 1988, p. 279 s.
2. V. P.-M. Dupuy, *La responsabilité internationale des États pour les dommages d'origine technologique et industrielle*, Paris, Pedone 1976.
3. V. S. Courteix, *AFDI* 1978. 905-919.

681 ***Conclusion*** ◊ Le droit de l'espace extra-atmosphérique n'en est encore qu'à ses débuts. Il a vocation à s'étendre, notamment en vue de répondre à deux des principaux enjeux auxquels la communauté internationale est confrontée : la privatisation croissante des activités spatiales et la création d'une véritable « industrie de l'espace », qui a débuté avec la commercialisation de plusieurs vols touristiques. Ces évolutions appelleront sans doute une précision accrue des obligations de réglementation et de surveillance mises à la charge des États dont les entreprises privées d'activités spatiales relèvent [1].

SECTION 3. LA GESTION ORGANISÉE DES RESSOURCES COMMUNES

682 ***Données du problème*** ◊ Depuis plus d'une trentaine d'années, la communauté internationale s'efforce de développer le concept et les implications juridiques, à la fois normatives et institutionnelles, de la notion d'*humanité* comme sujet actif du droit international. Cette tentative a déjà provoqué des réactions de rejet, tant elle apparaît à terme en elle-même incompatible avec le maintien de l'individualisme et de l'autonomie intégrale des États souverains. Elle est cependant véhiculée par une puissante idéologie « *solidariste* », elle-même engendrée par la prise de conscience de plus en plus vive de l'interdépendance de fait des États et des peuples.

L'idéologie de l'humanité a reçu un accueil particulièrement chaleureux et trouvé un instrument actif de promotion dans l'Organisation des Nations Unies, principalement son Assemblée générale. Ceci s'explique par le fait qu'à ses origines, à la fin des années 1960, la promotion des intérêts de l'humanité a été directement liée par ses initiateurs à l'impératif du développement économique des nations les plus défavorisées. Ainsi, l'affectation du fond des mers au « patrimoine commun de l'humanité » a-t-elle d'abord été conçue dans l'idée d'éviter le détournement des ressources qu'il contient par les pays riches en capitaux et en technologies au détriment des peuples les plus pauvres. Il n'est cependant pas exclu, particulièrement en matière de protection de l'environnement humain à l'échelle globale, qu'à plus ou moins brève échéance, le développement des droits de l'humanité s'avère également lourd de conséquences pour le conditionnement des moyens laissés aux pays démunis afin de promouvoir leur propre développement. Les modalités classiques de la croissance industrielle s'avèrent en effet désormais beaucoup trop dangereuses pour le maintien des grands équilibres naturels directement menacés.

---

1. V. H. L van Traa-Engelman, Commercial Utilization of Outer Space : Legal Aspects, Haveka, 1989, 316 p. ; M. Bourely, *La commercialisation des activités spatiales : aspects juridiques*, Ann. Fac. Droit, Toulouse, t. XXXVII, 1989, p. 43 s. ; P.-M. Martin *Droit des activités spatiales*, Paris, Masson, 1992, 214 p.

683 ***Société internationale, communauté internationale et humanité*** ◊ Ces trois termes sont loin d'être interchangeables. Ils désignent trois façons de percevoir l'ensemble de la population humaine. Chacun d'entre eux est historiquement daté. Le grand tort serait pourtant de croire qu'ils sont substitutifs, en projetant sur leur usage respectif le schéma de lecture d'une sorte de nouvelle « loi des trois états » selon laquelle le droit de l'humanité succéderait à celui de la communauté comme le droit de la communauté aurait lui-même fait suite à celui de la société internationale. En réalité, ils coexistent et rendent compte par leurs différences de principe de certaines des tensions majeures qui animent les systèmes politiques et juridiques internationaux actuels.

La notion de société internationale renvoie d'abord à la réalité, toujours fondamentale, d'une coexistence d'États souverains. Forgée il y a plusieurs siècles, elle n'a rien perdu de son actualité puisque le nombre des États s'est très considérablement accru dans les cinquante, et même vingt dernières années.

La notion de communauté est beaucoup plus récente. Allant plus loin que celle de collectivité internationale, qui indiquait déjà l'idée d'un lien d'appartenance unissant entre eux les différents États, elle intègre en même temps qu'elle dépasse la notion unitariste d'État, pour suggérer une identité d'intérêts, de droits et de devoirs entre les différents peuples qui composent la famille des nations.

La notion d'humanité, enfin, élargit encore la perspective. Elle ne se situe plus seulement dans le temps présent car, si elle désigne, comme la communauté, la solidarité des peuples en dépit de la persistance des identités et des rivalités étatiques, elle y ajoute une dimension transtemporelle, en englobant les générations passées, présentes, mais aussi futures. L'expression anglaise traduit d'ailleurs mieux que son homologue français cette dimension en parlant de « *Common heritage of mankind* ».

Il devrait logiquement en résulter des obligations importantes, compte tenu des obligations actuelles des États, perçus moins comme possesseurs ou, selon les cas, simples utilisateurs de certains espaces que comme les *gestionnaires* d'un bien qu'ils auraient à charge de transmettre en toute intégrité à leurs descendants. On conçoit aisément que cette logique du mandataire aura bien du mal à rivaliser avec celle du souverain, même si elle reste circonscrite à la gestion de certains espaces.

Appliquée à celle d'espaces attribués à l'humanité, cette conception appelle bien sûr un encadrement normatif de l'activité des États. Mais il pourra en bien des cas paraître hasardeux de s'en remettre pour ce faire aux seules modalités de « l'internationalisation négative », laissant à chacun le soin de veiller à l'application par ses nationaux, voire même des tiers, de la réglementation internationale. On complète alors le recours à la technique du « dédoublement fonctionnel » par celle d'une concentration organique des compétences de gestion attribuées à une institution unique. On en vient ainsi à imaginer des formules beaucoup plus ambitieuses d'« *internationalisation positive* » dans lesquelles seront confiés à un organe représentant les intérêts de l'humanité, comme symbolisation de la communauté transtemporelle des peuples et des États, les pouvoirs nécessaires à la gestion de l'espace considéré et des ressources qu'il contient. Il s'agit de tirer parti des avantages de l'affectation patrimoniale sans subir les inconvénients d'un accaparement individualiste.

Plusieurs raisons incitent cependant à envisager le droit de l'humanité avec la plus grande attention, même si l'on peut considérer qu'en l'état actuel, il n'a que faiblement pénétré dans la sphère du droit positif [1].

La première raison tient à l'importance et à la précision technique du premier régime d'exploitation des ressources attribuées au patrimoine commun de l'humanité, celles du fond des mers, à la gestion desquelles fut consacrée la part la plus novatrice de la Troisième Conférence des Nations Unies sur le droit de la mer dont les résultats sont consignés à la partie XI de la Convention de Montego Bay. Sa portée révolutionnaire explique d'ailleurs que l'ensemble de la Convention soit entré en vigueur tardivement. La seconde raison tient à la place importance que la référence aux droits de l'humanité semble incitée à jouer dans plusieurs autres secteurs de la réglementation internationale. Déjà présente, sur la base de la Convention de l'Unesco de 1972, dans le domaine de la protection du patrimoine naturel et culturel mondial, elle sera appelée à jouer un rôle important à tout le moins comme inspiratrice du droit de la protection de l'environnement à l'échelle globale. Ce dernier aspect étant cependant hautement évolutif, on se contentera d'en indiquer, pour finir, les tendances principales.

§ 1. La gestion du fond des mers

684 ***Genèse*** ◊ Déjà en juillet 1966, le président américain L. B. Johnson déclarait qu'il fallait « faire en sorte que le fond de la mer et des océans soit et demeure le patrimoine commun de l'humanité ». Cette idée fut reprise et proposée à l'ordre du jour de l'Assemblée générale des Nations Unies l'année suivante par l'ambassadeur A. Pardo, délégué de Malte. L'Assemblée générale créa en 1968 un « Comité des utilisations pacifiques du fond des mers et des océans au-delà des limites de la juridiction nationale », dit « Comité des fonds marins », dont les travaux permirent à l'Assemblée générale d'adopter deux importantes résolutions [2]. La première, en 1969 (Rés. 2574 D. XXIV), décidait d'un « moratoire » d'exploitation des ressources du fond des mers par toute personne physique ou morale dans l'attente d'un régime international. Aucun État développé ne vota en faveur de cette résolution. La seconde, du 17 décembre 1970 (Rés. 2749 XXV), fut intitulée « Déclaration des principes régissant le fond des

1. V. *Humanité et droit international, Mélanges R.-J. Dupuy*, Paris, Pedone, 1991.
2. V. A. de Marfy, *La genèse du nouveau droit de la mer* – Le Comité des fonds des mers –, Paris, Pedone, 1980.

mers et des océans, ainsi que leur sous-sol, au-delà des limites de la juridiction nationale ». Adoptée par 108 voix et 14 abstentions, elle fixa les grands principes du régime d'exploitation du fond des mers dans lequel on retrouve les règles de non-appropriation nationale et d'affectation à des fins pacifiques, déjà rencontrées à propos de la haute mer et de l'espace extra-atmosphérique. Mais, à l'inverse de ces précédents, la Déclaration ne permet pas de liberté d'utilisation et elle affecte le fond des mers et les ressources qu'il contient au « Patrimoine commun de l'humanité ». La Convention de Montego Bay (partie XI) les reprendra en substance. Mais elle ajoutera aux règles du régime général celles établissant l'organisation institutionnelle de la gestion du fond des mers [1].

A. Le régime général

685 ***Définition*** ◊ Aux termes de l'article 1er de la Convention de Montego Bay (*GTDIP* n° 61), les fonds marins et leurs sous-sols au-delà des limites de la juridiction nationale constituent la « Zone ». Il sera donc important, ainsi que le prévoit l'article 134, que chaque État rende publiques lesdites limites par la publication de cartes et de coordonnées géographiques précises. Les *ressources* de la Zone sont constituées par les ressources minérales se trouvant sur et sous les fonds marins. Elles recouvrent donc aussi bien les nodules polymétalliques que les ressources solides, liquides ou gazeuses enfouies dans le sous-sol du fond des mers.

686 ***Caractères principaux*** ◊ Comme déjà noté, le régime juridique du fond des mers, directement inspiré à certains égards de ceux de la haute mer et de l'espace extra-atmosphérique, comporte comme eux le principe de non-appropriation nationale (art. 137) et celui d'utilisation pacifique (art. 138 et 141). Mais sa caractéristique essentielle, directement reprise de la Déclaration de 1970 précitée, tient à son affectation au « Patrimoine commun de l'humanité ». En d'autres termes, la non-appropriation nationale se double ici d'une appropriation communautaire. C'est « l'humanité tout entière » qui est « investie de tous les droits sur les ressources de la Zone ». On doit toutefois noter que le régime comporte des lacunes. Ainsi, la définition des ressources de la Zone ne comprend pas les ressources biologiques, puisque tout demeure centré sur les ressources minérales. Ceci laisse sans réponse la question du régime approprié pour les activités d'exploration et utilisation de ces ressources : on peut songer à l'assimiler à celui de patrimoine commun de l'humanité en élargissant alors la compétence de l'Autorité du fond des mers ; on peut aussi envisager de créer un régime juridique distinct, qu'il soit fondé sur le principe de liberté d'exploitation ou non, notamment dans le cadre de la Convention de Rio sur la biodiversité. Les discussions à ce sujet sont ouvertes depuis déjà de nombreuses années.

---

1. V. R.-J. Dupuy et D. Vignes, (dir.), *Traité du nouveau droit de la mer*, *op. cit.*, 3e partie, p. 499-686 ; Lucchini et Voelckel, *Droit de la mer*, *op. cit.*, p. 294-319.

a) La première, c'est que les États parties à la convention doivent, comme c'est le cas dans la haute mer et l'espace extra-atmosphérique, veiller à ce que les entrepreneurs d'activités dans la zone relevant de leur compétence respectent l'ensemble des règles énoncées dans la convention se rapportant au régime du fond des mers. Ils seront eux-mêmes responsables du manquement à leur obligation de diligence en ce domaine. Il s'agit là très clairement d'une responsabilité de type classique, pour manquement au droit, l'illicite étant ici constitué par la non-réalisation d'une obligation de comportement et non pas de résultat, ainsi que l'attestent explicitement les termes de l'article 139 alinéa 2 puisque l'État dont les ressortissants agissent dans la Zone n'est pas tenu responsable « s'il a pris toutes les mesures nécessaires et appropriées pour assurer le respect effectif de la partie XI ». Les responsabilités et obligations des États qui patronnent des personnes et entités dans le cadre d'activités menées dans la Zone ont, par ailleurs, été précisées par le Tribunal international du droit de la mer dans un avis consultatif du 1er février 2011 (v. ss 689 b).

b) La seconde conséquence est qu'au-delà de cette police internationale exercée par chacun des États pour le compte de l'humanité, cette dernière se voit dotée elle-même d'un organe de gestion, l'Autorité du fond des mers.

B. L'organisation institutionnelle de la gestion

687 ***Caractères généraux de l'Autorité*** ◊ L'Autorité du fond des mers est une institution internationale dotée de caractères profondément originaux. La négociation qui lui fut consacrée lors de la Troisième Conférence des Nations Unies sur le droit de la mer fut particulièrement âpre, démontrant la nette opposition des conceptions entre, d'une part, les pays en développement, partisans d'une organisation très forte dotée de pouvoirs autonomes de réglementation et de gestion, et, d'autre part, les pays industrialisés, au premier rang desquels les États-Unis, soucieux de conserver une liberté aussi grande que possible dans l'exploitation directe du fond des mers par les opérateurs privés relevant de leur compétence. C'est en raison de la persistance de l'opposition des États-Unis et de certains autres pays industrialisés à l'égard des pouvoirs de cette institution et du système de gestion placé sous son contrôle que la convention n'est entrée en vigueur que le 15 novembre 1995, le plancher des ratifications par 60 États ayant alors été enfin atteint. Ce résultat n'a toutefois pu être obtenu qu'en raison de l'adoption d'un « Accord relatif à l'application de la partie XI de la Convention », appliqué à titre provisoire avant même d'avoir pu réunir le nombre des ratifications nécessaires à son entrée en vigueur proprement dite (*GTDIP* n° 61 *bis*). Cet accord, du 29 juillet 1994, se borne apparemment à donner une interprétation de certaines des dispositions de la Partie XI. En réalité, accompagné d'une annexe qui en fait partie intégrante, il aboutit à une authentique révision du texte

initial sur un certain nombre d'éléments essentiels du régime de gestion du fond des mers prévu dans la Convention de 1982. En effet, aux termes de l'article 2.1 de l'accord, les règles qu'il établit et celles qui figurent dans la Convention « doivent être interprétées et appliquées ensemble comme un seul et même instrument » ; mais l'accord va au-delà puisqu'il prévoit qu'il a la primauté en cas d'incompatibilité ou de contradiction entre lui et la Convention de 1982 (art. 2).

Cette révision, effectuée selon des modalités très inusitées, avait été rendue nécessaire en raison de divers facteurs, dus en particulier à la révision des perspectives d'exploitation des ressources du fond des mers (repoussées au début du siècle prochain) ; de même a joué le changement profond du climat économique et idéologique entre le volontarisme de la fin des années soixante-dix, encore très marquées par les revendications des pays en développement en faveur d'un Nouvel ordre économique international (v. ss 614) et la période consécutive à l'effondrement du bloc socialiste, au contraire caractérisée par un recentrage autour des conceptions classiques du libéralisme économique, défendu sans véritable esprit de concession par les États-Unis et la Grande-Bretagne, en particulier. En tout état de cause, c'est à la lumière des dispositions de l'accord du 29 juillet 1994 qu'il faut désormais lire la Partie XI de la Convention de 1982 [1].

Dans le système institué par la partie XI, deux traits manifestent en particulier la spécificité de l'Autorité du fond des mers.

a) En premier lieu, et ceci la singularise à vrai dire par rapport à toutes les institutions internationales existantes, elle est dotée par son acte constitutif d'une authentique *compétence territoriale*, puisque c'est elle qui assume, dans et sur la Zone, l'exercice des droits de l'humanité (art. 137). Elle se voit ainsi conférer une sorte de *dominium* sur de très vastes espaces, événement sans précédent véritable dans l'histoire du droit et des institutions internationales.

b) En second lieu, elle est investie de compétences directes et « immédiates » sur les opérateurs agissant à l'intérieur de la Zone, sujets de droit interne relevant pourtant par nature de la compétence de leur État de nationalité. Contrôlant leur activité sans passer par la médiation de ces États, l'Autorité s'affirme en principe comme une organisation proprement « supranationale ». Même s'il en existe d'autres exemples, il s'agit là d'une caractéristique exceptionnelle par rapport à la grande majorité des organisations internationales existantes, tout particulièrement dans le cadre universel. Ce caractère a toutefois été tempéré par l'Accord précité de juillet 1994.

688 ***Structures*** ◊ L'Autorité comprend une Assemblée, organe plénier, un Conseil de trente-six membres, un Secrétariat et l'« Entreprise », organe opérationnel destiné à mener directement pour le compte de l'Autorité

1. V. J.-P. Quéneudec, Le nouveau droit de la mer est arrivé !, *RGDIP* 1994/4, p. 865-870 ; J.-P. Lévy, Les bons offices du secrétaire général des Nations Unies en faveur de l'universalité de la convention sur le droit de la mer, *ibid.*, p. 871-898.

des activités d'exploitation des ressources. En outre, les articles 279 et suivants de la Convention instituent un Tribunal international du droit de la mer directement inspiré du modèle de la CIJ. Alors que la Convention sur le droit de la mer établissait l'Assemblée de l'Autorité comme l'organe suprême (art. 160), l'Accord insiste sur les responsabilités du Conseil. Pour toutes questions d'ordre administratif et financier ou à propos desquelles les deux organes ont des compétences parallèles, les décisions de l'Assemblée ne pourront être prises que sur recommandation du Conseil. Il a de plus été établi par l'Accord une nouvelle Commission des finances de 15 membres comprenant les plus grands contributeurs au budget de l'Autorité (Japon, Allemagne, Russie, France).

C'est le Conseil dont la composition et surtout les pouvoirs avaient fait l'objet des débats les plus vifs lors de la négociation de la convention. Organe restreint de trente-six membres, sa composition posait la question de savoir comment définir les critères de représentativité de ses membres. À l'idée, aujourd'hui classique, de « répartition géographique équitable », s'ajoutent d'autres critères de désignation. Le Conseil est l'organe exécutif de l'Autorité. Il surveille et coordonne l'application des règles relatives au statut du fond des mers. Il possède des pouvoirs de décision et de contrôle en matière d'exploitation des ressources de la Zone (art. 162). La Convention de 1982 avait défini des mécanismes de décision au sein du Conseil qui avaient un défaut objectif, du moins pour certains pays industrialisés dont les États-Unis : il risquait de les placer dans la situation de devoir accepter des décisions en faveur desquelles ils n'auraient pas voté. Aussi l'Accord prévoit-il que les décisions de fond au sein du Conseil se prendront par consensus, ou, à défaut, à la majorité des deux tiers des membres présents et votants à condition que ces décisions ne suscitent pas l'opposition de la majorité au sein de l'une quelconque des chambres créées en remplacement des catégories d'États prévues à l'article 161 de la Convention. Qu'il s'agisse de la première d'entre elles (constituée des 4 États représentant les plus grands consommateurs de minéraux y compris la Russie) ou de la seconde (comprenant 4 États choisis parmi les plus grands investisseurs dans la Zone internationale des fonds marins) les grands États industrialisés parviendront toujours ainsi à l'obtention d'une majorité de blocage.

C. Régime d'exploitation des ressources

689 ***Caractères généraux*** ◊ Le régime d'exploitation prévu par la Convention est à la fois lourd et complexe. Contrairement à ce qui prévaut en haute mer ou dans l'espace, il est aux antipodes d'un système libéral qui laisserait à chacun la possibilité d'entreprendre des opérations d'exploration et d'exploitation.

Ici, au contraire, tout est décidé sur base d'une autorisation d'exploitation délivrée par l'Autorité du fond des mers, en fonction de critères économiques précis et de modalités qui ont été précisées, depuis, dans des règlements adoptés par l'Autorité. C'est le résultat de l'importance des intérêts en jeu et de l'affrontement des conceptions des pays en voie de développement et des pays industrialisés lors de la négociation. On sait que, liant l'affectation du fond des mers au patrimoine commun de l'humanité avec la revendication d'un nouveau type de promotion du développement, fondé sur une attribution prioritaire des résultats d'exploitation aux pays les plus démunis, les pays en développement voulaient un régime totalement contrôlé et mis en œuvre par la seule Autorité du fond des mers. Les pays industrialisés, tout en étant d'accord sur les principes clés du régime de ces espaces, voulaient au contraire conserver le droit d'exploiter les ressources en cause, directement ou par l'intermédiaire de leurs opérateurs privés. Un compromis savant en est résulté, définissant deux modes d'exploitation.

a) Le premier est ouvert aux États parties et aux personnes physiques ou morales patronnées par eux. Les uns comme les autres doivent faire acte de candidature à l'exploitation en présentant à l'Autorité, c'est-à-dire plus précisément au Conseil, un plan de travail portant sur la zone qu'ils envisagent. Ils doivent diviser celle-ci en deux secteurs, dont l'un, au choix de l'Autorité, est réservé à une exploitation par l'Entreprise (*Banking System*, Annexe III, 8). L'Autorité désigne les exploitants sur la base de critères objectifs et non discriminatoires, de nature essentiellement économique et technique. Le contrat obéit à des clauses types ménageant de la part de l'exploitant le respect des intérêts des pays en développement, notamment en matière de transfert des technologies.

Comme indiqué plus haut (n° 636), l'Autorité du fond des mers avait passé au total 24 contrats d'exploration au premier mai 2016 L'octroi de tels permis s'accompagne d'obligations importantes pour les États « patrons ». Ils doivent agir positivement afin que l'environnement des espaces concernés soit préservé et que les règles de la Convention de Montego Bay, ainsi que les actes contractuels et réglementaires dérivés de l'Autorité, soient respectés [1]. L'Autorité est, en effet, dotée d'un certain pouvoir normatif. En 2000, elle a ainsi adopté le Règlement relatif à la prospection et à l'exploration des nodules polymétalliques dans la Zone ; en 2001, elle a publié des recommandations à l'intention des contractants en vue de l'évaluation d'éventuels impacts sur l'environnement liés à l'exploration des nodules polymétalliques dans la Zone ; en 2010 elle a pris un deuxième Règlement relatif, cette fois, à la prospection et à l'exploration des sulfures polymétalliques dans la Zone. Un règlement relatif à la prospection et à l'exploration des encroûtements ferro-manganésifères enrichis en cobalt a, enfin, été adopté par l'Assemblée de l'Autorité en 2012 [2].

---

1. Avis consultatif du 1er févr. 2011 de la Chambre pour le règlement des différends relatifs aux fonds marins du TIDM, *Responsabilités et obligations des États qui patronnent des personnes et entités dans le cadre d'activités menées dans la Zone*.

2. Ces textes et projet sont disponibles sur le site de l'Autorité : http://www.isa.org.jm/fr/home.

b) La deuxième modalité est l'exploitation directe par l'Entreprise, principalement dirigée par le Conseil d'administration, organe intégré dont les quinze membres, élus par l'Assemblée selon le principe de la répartition équitable, agissent à titre personnel. Elle intervient aussi suivant les plans de travail agréés par l'Autorité, notamment dans le secteur relevant du *Banking System*, auquel son activité n'est cependant pas limitée. Elle peut confier la réalisation de ces opérations à un exploitant qualifié, en passant avec lui un contrat de service lui laissant la propriété des fruits d'exploitation.

Ce régime d'exploitation a également été amendé pour faire droit aux exigences des pays industrialisés les plus réfractaires à la Convention. D'un point de vue organique, l'Entreprise voit ses prérogatives limitées et prises initialement en charge par le secrétariat de l'Autorité. Elle devra mener ses premières opérations dans le cadre d'entreprises conjointes et l'obligation des États parties de financer un site minier, telle qu'elle était prévue dans la convention, a été abandonnée. C'est au Conseil de l'Autorité qu'il appartiendra ultérieurement de décider quand l'Entreprise pourra fonctionner indépendamment du secrétariat. Les dispositions de la Convention concernant le transfert obligatoire de technologies sont par ailleurs purement et simplement supprimées. Les dispositions de la Convention prévoyant un système complexe de clauses financières sont annulées et remplacées par des principes généraux sur la base desquels le Conseil devra adopter un certain nombre de règles. Il est par ailleurs vrai que l'Accord comporte l'énoncé de principes généraux se référant au système GATT/OMC, notamment à propos de l'octroi de traitements préférentiels en faveur des pays en développement ; un fonds d'assistance économique est de plus destiné à aider les pays producteurs terrestres de minéraux affectés par la production des mêmes minéraux tirés des fonds marins ; mais il demeure que l'inspiration générale de l'Accord est largement revenu sur les conceptions beaucoup plus généreuses qui avaient prévalu lors de l'adoption de la Convention de 1982 et a terni beaucoup l'idéologie de redistribution des richesses à l'échelle planétaire qui avait marqué les premiers temps de l'affectation du fond des mers au patrimoine commun de l'humanité.

D'une manière générale, sans être remise en cause comme telle, l'affectation du fond des mers au patrimoine commun de l'humanité n'est finalement pas parvenue, du fait des changements économiques et politiques fondamentaux intervenus depuis la date d'adoption de la Convention, à faire obstacle à la logique traditionnelle de l'investissement privé et de la recherche individualiste du profit.

§ 2. La gestion de l'environnement humain [1]

690 ***Données générales*** ◊ On est ici confronté à un domaine très évolutif et pour partie prospectif, dont on peut espérer qu'il constituera le champ

1. V. P.-M. Dupuy et J. Vinuales, *Introduction au droit international de l'environnement*, Bruxelles, Bruylant, 2015, 500 p. ; A. Kiss et J.-P. Beurier, *Droit international de l'environnement*,

privilégié d'expansion du « droit de l'humanité ». Quelles que soient en effet les réticences très vives de beaucoup d'États à envisager les problèmes en des termes potentiellement attentatoires à l'absolu de leur souveraineté, la prise de conscience s'accroît, en tout cas au sein d'une large part de l'opinion, d'abord dans les pays les plus industrialisés, des menaces pesant sur l'environnement à l'échelle globale, ou si on préfère, planétaire [1].

a) À partir des années 1970, on avait d'abord abordé la normalisation du traitement international de l'environnement en partant d'une *perspective transfrontalière*. Même si la Première Conférence des Nations Unies sur l'environnement humain, tenue à Stockholm en 1972, avait pour devise « nous n'avons qu'une seule Terre », le droit international de l'environnement pouvait alors sembler ce qu'il demeure encore partiellement aujourd'hui, c'est-à-dire dérivé dans une large mesure du droit international du voisinage.

Les problèmes de pollution du milieu naturel paraissaient encore relativement localisés à certains éléments comme les cours d'eau internationaux, vecteurs du dommage écologique d'un territoire national à un autre, ou à des régions données (c'est ainsi que, par emprunt à la notion de bassin fluvial, on est parfois amené à parler de « bassin d'air » pour désigner une région partagée entre plusieurs États intéressés au maintien ou au rétablissement de la qualité de l'air surplombant leur territoire). Les États ont été ainsi incités, par voie d'instruments souples (résolutions et recommandations génératrices de « *soft law* ») ou formellement liants (traités) à définir un certain nombre de normes de comportement destinées à prévenir ou à combattre la pollution transfrontière à partir de leur territoire ou à protéger certains espaces ou certaines espèces à raison de leur importance écologique. Plusieurs d'entre elles ont acquis l'autorité de normes coutumières, dans le cadre régional européen tout d'abord, puis dans le cadre universel (v. ss 116), grâce en particulier à leur réitération par un texte formellement non juridiquement liant mais néanmoins doté d'une signification considérable pour la définition d'une « *opinio juris* » générale : la Déclaration de Rio sur l'environnement et le développement, adoptée à la Conférence des Nations Unies sur l'environnement, le 5 juin 1992 [2].

b) Cette dimension du droit international de l'environnement n'a évidemment rien perdu de son actualité ; elle demeure d'ailleurs encore lacunaire et imparfaitement appliquée, en raison des contraintes de droit et de fait qu'elle fait peser sur l'exercice des compétences territoriales de chaque État souverain (v. ss 114 s.). Elle est cependant désormais complétée par

---

4e éd. Paris, Pedone, 2010, 590 p. ; Ph. Sands et J. Peel, *Principles of International Environmental Law*, 3e éd., Cambridge University Press, 2012, 992 p. ; P. Birnie, A. Boyle et C. Redgwell, *International Law and the Environment*, Oxford, OUP, 3e éd., 2009, 851 p. ; SFDI, *Le droit international face aux enjeux environnementaux*, Paris, Pedone, 2010, 489 p.

1. V. E. Brown Weiss (dir.), *Environmental Change and International Law, new challenges and dimensions*, United Nations University Press, 1992, 493 p. ; Ph. Sands (dir.), *Greening International Law*, The New Press, N.Y., 1994, 414 p.

2. *GTDIP* n° 65, comment. A. Ch. Kiss, *AFDI* 1992.

une autre, qui dépasse le plan local ou régional, fût-il continental, pour s'étendre à la biosphère terrestre elle-même. En particulier, les observations et les analyses scientifiques ont clairement mis en évidence que, du fait des activités humaines, essentiellement industrielles, l'excessive émission de certains gaz, dont en particulier les chlorofluorocarbones (CFC), avait pour effet de porter gravement atteinte à la couche d'ozone située à 25 kilomètres autour de la Terre, indispensable pour filtrer les rayonnements solaires. Par ailleurs, l'accumulation dans l'atmosphère d'autres substances, dont le gaz carbonique, en empêchant certains échanges gazeux, contribue également à la création d'un « effet de serre » qui provoque ou en tout cas accélère un réchauffement général de l'atmosphère terrestre aux conséquences déjà visibles (désertification, augmentation des phénomènes climatiques d'intensité exceptionnelle : ouragans, typhons, etc.) et potentiellement catastrophiques (relèvement du niveau des mers par suite de la fonte des banquises, en particulier). Ce phénomène est de plus favorisé par la désagrégation provoquée des forêts tropicales et subtropicales, dont le maintien est pourtant indispensable à l'oxygénation de l'atmosphère terrestre.

Face à une telle situation, une coopération à l'échelle globale est tout simplement indispensable. Elle appelle à la fois à un conditionnement et une coordination accrue des politiques nationales et, du moins dans la logique des choses, à une institutionnalisation partielle de cette coopération planétaire.

691 ***Protection de l'environnement terrestre*** [1] ◊ La première manifestation de cette nouvelle approche globale de l'environnement humain a été fournie par la Convention de Vienne pour la protection de la couche d'ozone adoptée le 12 mars 1985, rapidement entrée en vigueur entre un grand nombre d'États. Elle ne comporte encore que des obligations très générales, concernant les politiques nationales de contrôle des émanations toxiques et le développement de la coopération, particulièrement dans le domaine scientifique, afin d'améliorer rapidement la connaissance des effets d'un certain nombre d'émissions gazeuses sur la couche d'ozone. C'est autant un acte politique que juridique, marquant la prise de conscience de la nécessité d'une action internationale d'envergure.

Cette Convention ne prend cependant véritablement tout son sens qu'associée à son Protocole additionnel, adopté à Montréal le 16 septembre 1987. Il est particulièrement intéressant à un double titre ; en premier lieu, s'adressant notamment à la production des CFC, il en stabilise dans un premier temps la production nationale pour chaque partie au niveau atteint en 1986, puis établit un calendrier progressif des réductions

1. V. P.-M. Dupuy, Où en est le droit international de l'environnement à la fin du siècle ?, *RGDIP* 1997/4, p. 873-904 ; Pour une présentation claire des principaux instruments pertinents, V. L. Boisson de Chazournes, R. Desgagné, C. Romano, *Protection internationale de l'environnement : Recueil d'instruments juridiques*, Paris, Pedone, 2e éd., 2005, 808 p.

des émissions de CFC de 50 % de 1987 à 1998. En second lieu, il autorise les pays en voie de développement à surseoir pendant dix ans à l'observation des obligations précédentes, tout en respectant un certain plafond de production. Or l'une des clefs de la question de la protection de l'atmosphère terrestre tient précisément à la disparité de la situation des pays industrialisés et des pays en développement, tant en ce qui concerne la responsabilité des émissions passées, qui incombent essentiellement aux premiers, que pour ce qui a trait au désir d'émissions futures, les seconds réclamant le droit de produire eux aussi des substances associées à leur développement industriel. Le Protocole a été ratifié par la quasi-totalité des États (197 au 3 juin 2016, y compris en 1990 par la Chine et l'Inde, gros producteurs potentiels de CFC). Il a de plus encouragé chez certaines grosses entreprises chimiques des pays développés l'incitation à devancer le calendrier des réductions de production de CFC. La réunion des parties contractantes à Londres, en juin 1990, a décidé de l'accélération des modalités d'élimination progressive des polluants. Elle permit également l'adoption des amendements au protocole de Montréal en faveur d'un transfert de technologie et la création d'un fonds placé sous le contrôle d'un comité de 15 membres choisis parmi les pays développés et en développement. Le système actuellement mis en place pour l'application de la Convention de Vienne et le protocole de Montréal se caractérise par une grande souplesse de gestion : les États parties se concertent régulièrement à la faveur de réunions périodiques ou de la convocation de groupes restreints. C'est en réalité un processus de révision continue destiné à adapter l'action des parties contractantes à l'évolution de la situation révélée par les observations scientifiques constantes [1]. Près de trente ans après la conclusion du Protocole de Montréal, on peut se réjouir de son succès. L'accumulation totale en substances appauvrissant la couche d'ozone a commencé à décroître. Selon les prévisions, la couche d'ozone devrait être, en grande partie, reformée vers le milieu du XXIe siècle.

Quoiqu'elle ait été loin de donner tous les résultats escomptés, c'est cependant, en juin 1992, la conférence de Rio déjà citée qui a permis d'adopter sous l'égide des Nations Unies des textes qui ont fourni un début de réponse appropriée aux menaces écologiques globales [2]. Cette conférence, d'une ampleur jamais égalée, par le nombre des participants et la présence de nombreux chefs d'État (on l'a appelée « le Sommet de la Terre ») a d'abord été l'occasion d'une confrontation directe des points de vue respectifs des pays en développement et des États industrialisés quant aux modalités d'un « développement durable », destiné à réconcilier la croissance économique, priorité pour les premiers et la protection

1. V. D. Caron, La protection de la couche d'ozone stratosphérique, *AFDI* 1990. 704-726. V. aussi A.C. Aman, The Montreal Protocol on Substances that Deplete the Ozone Layer : Providing Prospective Remedial Relief for Potential Damage to the Environmental Commons, *in International Responsibility for Environmental Harm*, F. Francioni and T. Scovazzi (dir.), Londres, Graham & Trotman, 1991, p. 185-206.

2. V. P. Sand, *JEDI* 1993/3.

de l'environnement, préoccupation majeure des seconds [1]. En plus de l'« Agenda 21 », vaste programme de travail proposé à la communauté internationale pour la décennie qui vient, trois textes d'inégale portée y ont en particulier été adoptés : la Déclaration de Rio sur l'environnement et le développement, la Convention sur les changements climatiques et la Convention sur la diversité biologique (*GTDIP* n° 66, 67 et 68).

a) La première fait écho à la Déclaration de Stockholm, adoptée vingt ans plus tôt lors de la précédente Conférence des Nations Unies sur l'environnement. Mais elle présente une tonalité différente, et ceci à plusieurs égards : d'abord, elle insiste de façon beaucoup plus nette que sa devancière sur l'équilibre à rechercher entre « droit au développement », réaffirmé au principe 3, et devoir de protection de l'environnement international, réitéré au principe 2. Ensuite, elle affirme les besoins particuliers des pays pauvres de même qu'elle insiste sur les « responsabilités conjointes mais différenciées des États ». À ce titre, les pays développés reconnaissent les devoirs qui leur incombent dans la recherche du développement durable, « eu égard aux pressions que leurs sociétés exercent sur l'environnement mondial et aux technologies et ressources financières dont ils disposent » (principe 7). De plus, elle affirme ce qu'il est convenu d'appeler le « *principe de précaution* », déjà introduit dans plusieurs autres conventions récentes, selon lequel « l'absence de certitude scientifique absolue ne doit pas servir de prétexte pour remettre à plus tard l'adoption de mesures de protection » (principe 15). La déclaration entend également promouvoir la généralisation de la prise en charge des coûts de pollution par les pollueurs : *principe du pollueur-payeur*, affirmé au principe 15, après avoir été d'abord appliqué dans le cadre de l'OCDE et des Communautés européennes dès les années 70 [2]. Elle affirme enfin la nécessité de traiter les questions d'environnement « avec la participation de tous les citoyens concernés, au niveau qui convient » (principe 10).

Cependant, tous ces accents nouveaux, qui viennent compléter de façon encore purement incitative la reprise d'autres règles déjà par ailleurs largement incorporées dans le droit coutumier (v. ss 116 et 690) se trouvent replacés dans la perspective planétaire d'un « partenariat global », fondé sur la reconnaissance « que la Terre, foyer de l'humanité, constitue un tout marqué par l'interdépendance » (Préambule).

b) La même inspiration « humanitariste » se retrouve dans la plus importante des deux conventions par ailleurs adoptées lors de la conférence de Rio, l'une et l'autre en vigueur. La Convention sur les changements climatiques, tout d'abord, est une *convention-cadre*, moins remarquable par les principes et les objectifs trop généraux qu'elle pose que par les structures institutionnelles qu'elle établit pour mettre en

---

1. V. W. Lang (dir.) *Sustainable Development and International Law*, Londres, Dordrecht, Graham and Trotman/MNP, 1995, 307 p.

2. V. H. Smets, Le principe pollueur-payeur, un principe économique érigé en principe de droit de l'environnement ?, *RGDIP* 1993/2, p. 339 s.

œuvre et développer ultérieurement les règles qu'elle énonce (*GTDIP* n° 66) [1]. En effet, fruit d'un compromis approximatif entre différentes catégories d'États (dont celle des « petits pays insulaires », plus directement exposés aux risques d'une remontée générale du niveau des océans), son contenu normatif met tout au plus à la charge des États parties l'obligation de coopérer pour la mise en œuvre d'un éventail de mesures visant à atténuer les changements climatiques. Un protocole additionnel a été adopté à Kyoto en décembre 1997. Il s'agissait d'un texte novateur au moment de sa conclusion. Il fixe des objectifs quantifiés de réduction des émissions de six gaz à effet de serre, principalement à la charge des pays développés. Il prévoit des mécanismes souples, tels des permis négociables d'émission obéissant aux lois du marché et des mécanismes dits de développement propre, destinés à soutenir les pays en développement dans la lutte contre les changements climatiques. Mais le Protocole de Kyoto a été l'objet d'une opposition d'intérêts entre les États-Unis et l'Union européenne, les premiers refusant de le ratifier, les seconds, au contraire, représentés à la Conférence des parties par une délégation unique placée sous la direction de la Commission, ayant ratifié le protocole en juin 2002. Le Japon a fait de même au même moment et l'entrée en vigueur du Protocole s'est donc faite sans la participation américaine. Ceci nuit évidemment de façon considérable à l'efficacité de cet instrument, puisque les États-Unis produisent à eux seuls près du tiers des gaz à effet de serre. Le Protocole de Kyoto est en vigueur depuis le 16 février 2005 après que la Russie l'a finalement ratifié. Consécutivement à la première réunion des parties, le Protocole est devenu opérationnel grâce à l'adoption des Accords de Marrakech et la mise en place du système de contrôle et facilitation ou « *non-compliance system* ». Au 1er juin 2016, il liait 192 parties (États et organisations régionales d'intégration économique), mais aucun État d'Amérique du Nord, après le retrait du Canada devenu effectif au 1er décembre 2012. La dénonciation du Protocole de Kyoto par cet État a marqué, de fait, l'acte de mort du système imaginé en 1997, fondé sur un mécanisme d'échange et de marché qui n'a pas produit les résultats escomptés. Dans son dernier rapport de 2014, le GIEC constatait une dégradation constante de l'environnement depuis l'adoption de la Convention des Nations Unies sur les changements climatiques et une augmentation continue des émissions de gaz à effet de serre. Il était devenu urgent qu'un nouvel accord soit conclu. Après plusieurs réunions manquées, c'est désormais chose faite, depuis la 21e conférence des parties à la Convention cadre de 1992. L'accord adopté à Paris le 12 décembre 2015 par 196 États et signé depuis par 176 États, ainsi que par l'Union européenne, laisse sans doute en suspens de nombreuses questions, mais constitue néanmoins une étape historique dans la lutte contre les changements climatiques (*GTDIP* n° 66 bis). L'Accord entrera en vigueur lorsque 55 pays représentant 55 % des émissions globales l'auront ratifié, mais il ne deviendra pleinement opérationnel qu'en 2020. Le texte fixe un objectif chiffré de limitation de l'élévation de

---

1. V. commentaire W. Lang, *RGDIP* 1993/2, p. 321 s.

la température moyenne de la planète à 2°C par rapport aux niveaux préindustriels, en prévoyant que les États doivent néanmoins poursuivre leurs efforts pour limiter l'élévation des températures à 1,5 °C. Pour y parvenir, chaque État partie doit notifier une « contribution déterminée au niveau national » (NDC), c'est-à-dire prendre un engagement chiffré individuel de réduction, dont l'accord indique qu'il doit « *correspond[re] à son niveau d'ambition le plus élevé possible, compte tenu de ses responsabilités communes mais différenciées et de ses capacités respectives, eu égard aux contextes nationaux différents* ». 188 États représentant 97 % des émissions mondiales avaient présenté leur NDC la veille de la 21e COP. L'accord de Paris précise que les NDC seront consignées dans un registre rendu public et devront être actualisées périodiquement. Elles seront établies selon des méthodes qui auront été approuvées par la Conférence de parties sur la base de recommandations d'experts. Les données et méthodes utilisées par les États pour fixer leur NDC seront, en outre, rendues publiques et évaluées par des experts indépendants. La Conférence des parties appréciera, enfin, les progrès accomplis globalement et par chacune des parties pour se conformer aux objectifs. Elle sera assistée à cette fin par un conseil scientifique et technologique.

L'Accord de Paris n'a pas reconduit le mécanisme de contrôle et de sanction (dit de « *non-compliance* ») qui avait été mis en place dans le contexte du Protocole de Kyoto. Le respect des engagements reposera principalement sur la transparence et le contrôle exercé par l'opinion publique sur les rapports des États. La place des experts indépendants dans le régime climat est, toutefois, un gage important de réussite ; elle permet de dépasser les clivages politiques et de faire prévaloir sur ceux-ci une démarche scientifique. L'Accord prévoit enfin un financement et un mécanisme de facilitation qui contribueront au succès de l'ensemble, notamment dans les pays en développement.

La construction conventionnelle à plusieurs vitesses caractéristique du régime international du climat, dotée initalement d'un appareil institutionnel rendant également possible le contrôle de l'application des dispositions plus contraignantes du protocole, est imitée des conventions régionales consacrées par l'UNEP à la protection des mers régionales. Elle fut ensuite adoptée par la Convention de Vienne sur la protection de la couche d'ozone. Elle se retrouve également dans la structure et le contenu normatif de la seconde convention adoptée à Rio, celle relative à la *diversité biologique* dont les enjeux ne sont pas seulement écologiques mais également économiques, commerciaux et technologiques [1].

Décriée pour l'imprécision de ses dispositions normatives, la technique de la convention-cadre complétée par un dispositif institutionnel

1. Sur cette convention, ainsi que les protocoles de Nagoya, Carthagène et Kuala Lumpur adoptés sur son fondement, v. M.-A. Hermitte, S. Maljean-Dubois et E. Truilhé-Marengo, Actualités de la Convention sur la diversité biologique : science et politique, équité, biosécurité, *AFDI* 2012. 399-437.

permettant son développement par étapes présente l'avantage diplomatique de permettre l'adhésion progressive des « pays du Sud » à un système différencié d'obligations [1]. Elle n'a toutefois pas totalement démontré son efficacité, largement conditionnée par les transferts financiers en provenance des pays riches, jusqu'à présent. Un autre aspect caractéristique des conventions relatives à la protection de l'environnement, particulièrement celles établies au niveau universel, est à trouver dans l'émergence de nouvelles procédures de mise en œuvre et, surtout, de *contrôle de l'application des obligations conventionnelles* (v. ss 509 s.) en particulier par le recours aux rapports périodiques présentés par les États aux organes de « suivi » institués par les conventions et comportant souvent des comités d'experts indépendants. Ainsi, pour reprendre l'exemple de la coopération internationale pour la protection de la couche d'ozone, en novembre 1992, la quatrième réunion des parties au protocole de Montréal a défini des modalités très souples d'examen par le secrétariat du Protocole des cas dans lesquels on doit constater la « non-conformité » du comportement d'un État partie avec ses obligations conventionnelles. Le comité d'application, composé d'États contractants, a alors recours à des moyens diplomatiques pour permettre à l'État en cause de mettre fin à cette situation. Il peut décider de mesures d'assistance, notamment financières, pour l'aider à respecter ses obligations. Il n'est toutefois pas exclu, face à son refus persistant de respecter ses engagements, que la conférence des parties contractantes autorise le recours à des mesures en réaction (telles que la suspension ou le retrait de mesures d'assistance préalablement approuvées). Ainsi, le comité d'application et la réunion des parties au Protocole assortissent assistance technique, aide financière, prévention des différends par la multilatéralisation de la coopération avec les États en situation de « non conformité », enfin, le cas échéant, décision de recourir à certaines de formes de *sanctions économiques*, obligatoires pour tous les États parties et visant l'État persistant dans l'irrespect de ses engagements [2]. Cette procédure de non-respect, qui allie mesures d'aide et sanctions, a été depuis instituée pour une quinzaine d'instruments internationaux de protection de l'environnement [3].

On doit également souligner la place croissante faite aux organisations non gouvernementales dans les procédures de mise en œuvre des obligations conventionnelles en matière de protection de l'environnement [4]. Ainsi, dans le cadre de la Convention de Aarhus (*GTDIP n° 68*) le système

---

1. V. A. Ch. Kiss, Les traités-cadres, une technique juridique caractéristique du droit international de l'environnement, *AFDI* 1993. 792-798.

2. C'est ainsi qu'à sa réunion du 15 décembre 1995, la Réunion des parties contractantes a décidé, par consensus, et en dépit de la vive opposition de la Russie, État précisément visé par ces mesures, d'interdire avec lui le commerce des substances dommageables à la couche d'ozone qu'il continue à produire après le 1er janv. 1996, en violation de ses obligations conventionnelles.

3. V. T. Treves et a. (dir.), *Non-Compliance Procedures and Mechanisms and the Effectiveness of International Environmental Agreements*, La Haye, TMC Asser, 2009, 634 p.

4. V. L. Boisson de Chazournes, La mise en œuvre du droit international dans le domaine de la protection de l'environnement : enjeux et défis, *RGDIP* 1995/1, p. 37-75.

de contrôle de l'application de la Convention, doté d'un comité dit de « non conformité », va jusqu'à permettre la participation directe des organisations non gouvernementales au comité et permet aussi la soumission d'information par tout public [1].

c) On doit enfin signaler, dans le prolongement de la conférence de Rio, la création d'institutions nouvelles au sein des Nations Unies destinées à promouvoir la gestion concertée de l'environnement à l'échelle globale : il s'agit en particulier de la *Commission pour le développement durable*, organe subsidiaire du Conseil économique et social doté de 54 membres, d'abord chargé de veiller à la mise en œuvre par les États membres et les organisations internationales concernées du programme d'action contenu dans l'« Agenda 21 ». La Commission sur le développement durable examine notamment les informations fournies par les États membres dans le cadre de mise en œuvre des mesures prévues dans les 18 chapitres constituant l'Agenda 21 ; elle se penche tout particulièrement sur les problèmes de transfert de technologie et les questions financières. Son objet n'est pas de se substituer au Programme des Nations Unies pour l'Environnement (PNUE) dont les activités ont toutefois été recentrées. Elle coopère également avec le Comité inter-institutionnel pour le développement durable, chargé de coordonner les activités de l'ONU et des différentes institutions spécialisées de la famille des Nations Unies pour la mise en œuvre des engagements juridiques et programmatoires pris lors de la conférence de Rio [2]. La Commission fonctionne également comme organe de suivi pour le *Plan d'action de Johannesburg* (2002) et pour celui de Maurice (2005) relatif à la protection des petits États insulaires en développement. Dépendante toutefois du très politisé Conseil économique et social, la Commission n'a jamais réussi a remplir efficacement les missions qui lui ont été confiées. Elle a été remplacée en septembre 2013 par un Forum politique de haut niveau pour le développement. Placé sous les auspices de l'Assemblée générale, il est appelé, selon les termes de la déclaration finale de la Conférence Rio+20, à constituer une « plateforme » chargée d'impulser un « dialogue régulier » entre les États Membres et « élaborer un programme pour le développement durable » renforçant l'intégration de ses trois dimensions : économique, sociale et environnementale. Il est encore trop tôt pour savoir si ce nouvel organe conduira plus utilement sa mission.

Un autre aspect de ces mécanismes de suivi mérite une attention particulière. Il vise non plus le contrôle mais l'incitation financière adressée aux pays démunis pour les aider à mettre en œuvre leurs obligations et concerne les procédures et mécanismes de transfert financier en faveur de ces pays. Un organisme déjà cité est destiné à jouer à cet égard un

1. V. Ph. Orliange, La Commission du développement durable, *AFDI* 1993. 820-832.

2. Décision I/7 « Examen du respect des dispositions », UN Doc. ECE/MP. PP/2/Add.8, 2 avr. 2004. V. J. Wates, *NGOs and the Aarhus Convention, in* T. Treves, *Civil society, international courts and compliance bodies*, The Hague : T.M.C. Asser Press, 2005, 167-185. E. Morgera, An Update on the Aarhus Convention and its Continued Global Relevance, *Review of European Community and International Environmental Law*, vol. 14/2, 2005, p. 138-147.

rôle en principe déterminant. Il s'agit du Fonds pour l'environnement mondial (FEM ou *Global Environment Facility*). Déjà créé en 1990 à l'initiative de l'Allemagne et de la France, il est alimenté par des contributions volontaires et géré par la Banque mondiale, le PNUD et le PNUE, en vue de financer des actions de protection de l'environnement mondial, en particulier dans les domaines du changement climatique et de la diversité biologique (dans le cadre des deux Conventions de Rio) mais aussi des eaux internationales et de l'appauvrissement de la couche d'ozone. Il a fait l'objet d'une restructuration, adoptée en mars 1994 par les 73 États alors parties à son acte constitutif. Ils sont aujourd'hui 181 membres. Son rôle est de co-financer des programmes et projets « axés sur les pays, fondés sur les priorités nationales et destinés à soutenir le développement durable ». On ne doit cependant pas se dissimuler que d'assez vives critiques s'élèvent à l'heure actuelle, notamment au sein de la Banque mondiale, à l'égard des conditions de gestion et de l'efficacité présente de ce Fonds qui suppose de toute façon que d'autres ressources soient associées à ses contributions pour financer les projets auxquels il participe [1].

Les remarques qui précèdent appellent l'attention sur l'importance du mouvement général de regroupement du droit international de l'environnement autour des idées plutôt que des principes du « développement durable », dont on constate qu'elles organisent la relance d'un dialogue Nord-Sud rendu longtemps atone par l'échec de la stratégie du « Nouvel ordre économique international » (v. ss 116).

Ce recentrage normatif, qui fait pendant à la diversification des systèmes conventionnels partiellement autogérés du type de ceux créés pour la protection de la couche d'ozone, celle du climat mondial et celle de la diversité biologique appelle à son tour une centralisation relative, à l'échelle universelle, des organes et des procédures de gestion des transferts financiers et technologiques aptes à favoriser la lutte pour la sauvegarde de l'environnement, désormais cerné dans sa globalité. La Banque mondiale semble, à cet égard, appelée à jouer un rôle important.

La conférence de Rio, dans laquelle on peut voir la première tentative importante de relance du dialogue Nord-Sud depuis l'adoption de l'AMGI, en 1985 (v. ss 633) est de plus intéressante par les illustrations qu'elle donne de l'interpénétration croissante entre lignes directrices programmatoires ou incitatives (« *soft law* »), d'une part, et instruments juridiques formellement obligatoires (conventions), d'autre part (v. ss 405 s.). Elle est marquée par l'apport important des organisations non gouvernementales, déjà si actives en matière de droits de l'homme, à l'éveil de la vigilance écologique internationale (v. ss 222).

En dépit de ces multiples actions, force est cependant de constater que, dans la majeure partie des cas, la situation globale de l'environnement

1. Laurence Boisson de Chazournes, The Global Environment Facility (GEF) : A Unique and Crucial Institution, *Review of European Community and International Environmental Law* 14/3, 2005, p. 193.

humain s'est encore détériorée, souvent dans des proportions très considérables, depuis la conférence de 1992. Les rapports successifs du GIEC (le Groupe d'experts intergouvernemental sur l'évolution du climat), dont le plus récent de 2014, l'ont démontré en mettant au jour une augmentation spectaculaire des émissions de gaz à effet de serre au cours des trente dernières années. L'un des grands enjeux des années à venir sera notamment celui de la compatibilité accrue des politiques de « développement durable » avec la continuation de la politique de libération des échanges.

692 ***Environnement planétaire et environnement national*** ◊ Dans l'ensemble des textes évoqués ci-dessus, le concept juridique d'humanité est perçu dans un contexte et vraisemblablement, à terme, avec des implications juridiques toutes différentes de celles qui sont les siennes dans le domaine de l'exploitation des richesses du fond des mers. Ici, l'humanité n'est plus d'abord perçue dans la perspective économique d'une promotion prioritaire du développement des pays les plus démunis. Elle est désignée moins comme le possesseur d'un bien exploitable que comme le titulaire d'une créance transtemporelle sur la communauté internationale et les États qui la structurent. Les pays en développement se voient certes reconnaître un titre particulier à bénéficier de l'aide des États industrialisés, mais c'est pour pouvoir s'acquitter à leur tour, et comme les autres, de leur devoir incontournable de sauvegarder les moyens de régénérescence de la biosphère. Le fond des mers a pu d'autant plus être attribué au Patrimoine de l'humanité que, sous-jacent à la haute mer, il n'était à personne. La biosphère, elle, est à tous, et certains biens d'importance vitale pour sa salubrité sont en principe seulement à l'État sur le territoire duquel ils sont placés. En vertu du droit international classique, les États territoriaux concernés exercent ainsi sur ces ressources un *dominium* exclusif et absolu.

Dans sa dimension écologique, et non plus seulement économique, le Patrimoine commun de l'humanité définit moins les pays en développement comme les bénéficiaires d'un patrimoine d'affectation que comme les débiteurs assistés d'une obligation générale de coopération et de lutte contre la détérioration des conditions de survie générale de l'humanité. Celle-ci apparaît en d'autres termes moins comme un facteur de leur développement que comme le générateur de nouvelles contraintes pesant sur les choix et les moyens de leur expansion économique.

Un exemple en est fourni par les conditions d'exploitation des forêts tropicales et équatoriales dont la forêt amazonienne est l'archétype mais pas le seul exemple. La survie et même déjà la restauration de ces forêts sont indispensables au maintien des grands équilibres de la biosphère. Elle demeure cependant localisée intégralement sur le territoire de plusieurs États dont en particulier le Brésil. Ces États, au nom de leur souveraineté sur leurs ressources naturelles, affirmée si solennellement dans les années 1960, en particulier sur la base de la résolution 1803 de l'Assemblée générale, revendiquent le droit à la maîtrise de l'exploitation exclusive de ces forêts (*GTDIP* n° 57). Ils l'ont réaffirmé notamment avec force dans la Déclaration de Manaus, proclamée le 6 mai 1989 par les États amazoniens, ou dans la Déclaration de Brasilia sur l'environnement, adoptée le 3 mars de la même année, par les États latino-américains et des Caraïbes [1]. L'état alarmant des forêts tropicales incite pourtant à considérer que leur exploitation devrait être rationalisée et faire désormais l'objet d'une coopération sinon d'un contrôle international. On perçoit donc le conflit potentiel existant ici entre droit de l'humanité et droit des États souverains concernés. D'un côté, l'affirmation impérative d'un devoir de coopération dans l'intérêt global de la communauté internationale actuelle et des générations futures, dimension sans autre précédent que celui du fond des mers, mais avec on l'a vu des applications bien différentes. De l'autre, l'intérêt national perçu d'abord par référence à l'espace enclos dans les frontières internationales de l'État jaloux de sa souveraineté [2]. L'incapacité des délégations à la conférence de Rio d'adopter autre chose qu'un document programmatoire fort décevant, les quinze principes pour un « consensus global relatifs à la gestion, la conservation et au développement durable de tous les types de forêts » laissait mal augurer de l'adoption d'une nouvelle convention-cadre relative à la lutte contre la désertification. Cette dernière a cependant pu être adoptée en 1996. Elle pose un cadre normatif général, inspiré par les principes du développement durable et des responsabilités communes mais différenciées (entre pays développés et pays en développement) dont on peut espérer qu'elle permettra certains progrès, notamment par l'adoption de protocoles additionnels précisant les droits et obligations des partenaires en présence [3]. Malgré les réunions successives du Forum des Nations Unies sur les forêts (FNUF), les pays participants ne sont toujours pas parvenus à un accord sur le renforcement de l'arrangement international sur les forêts qui soit réellement contraignant. Ils se sont seulement mis d'accord en 2005 sur quatre objectifs globaux consistant à accroître de manière importante la surface des aires forestières protégées et des forêts gérées de manière durable, partout dans le monde ; inverser le déclin enregistré dans l'aide publique pour le développement (APD) destinée à la gestion durable des forêts (GDF) ; inverser l'érosion du couvert forestier ; enfin, améliorer les avantages économiques, sociaux et environnementaux fondés sur les forêts. Ils ont également accepté en principe de négocier, ultérieurement, les éléments d'un code volontaire ou d'un accord international ainsi que les moyens de son exécution [4]. Par la suite, les États sont parvenus en

1. V. *ILM*, vol. XXVIII, n° 5, sept. 1989.

2. V. J. Cameron, Forests, *Yearbook of International Environment Law*, n° 2, 1991, p. 213 s.

3. V. M.A. Bekhechi, Une nouvelle étape dans le développement du droit international de l'environnement : la convention sur la désertification, *RGDIP* 1997/1, p. 5-44.

4. V. M.-A. Hermitte, La convention sur la diversité biologique, *AFDI* 1992. 844-870. Pour une mise à jour, v. Hama Arba Diallo, Challenges to Implementing International Sustainable Development Law on Desertification, *in* Marie-Claire Cordonier Segger & C.G. Weeramantry, *Sustainable justice : Reconciling Economic, Social and Environmental law*, Leiden [etc.] : Nijhoff, 2005, 157-162.

2007 à l'adoption d'un ensemble de principes et objectifs non contraignants, aux ambitions somme toute assez limitées [1]. Aujourd'hui, il faut malheureusement constater que la déforestation de la planète continue à un rythme soutenu [2].

Une autre illustration des difficultés d'un compromis entre le respect de la souveraineté des États sur leurs ressources naturelles et la promotion des intérêts de la communauté internationale est donnée par la convention sur la diversité biologique déjà évoquée (*GTDIP* n° 67). Une large part de ces ressources se trouve en effet dans des pays en développement, cependant que les préoccupations et les technologies de protection mais aussi les capitaux et intérêts commerciaux (industries pharmaceutiques notamment) sont encore le plus souvent situés dans les pays développés. Ainsi, se rencontrent des problèmes complexes de conservation, de transferts de biotechnologies et donc de droits de propriété intellectuelle, de circulation de l'information scientifique, de commerce international et de souveraineté nationale, la question principale étant devenue celle de savoir qui peut avoir accès à ces ressources pour en faire des prélèvements (et, ultérieurement, des usages scientifiques mais aussi commerciaux). Les premiers projets qui avaient été établis pour l'élaboration d'une telle convention, émanant des milieux scientifiques internationaux, étaient essentiellement conçus en termes de protection. Dans le texte finalement adopté, l'orientation est cependant beaucoup plus utilitariste. Prenant en compte le principe de précaution consacré dans la Déclaration de Rio (v. ss 691), il couvre l'ensemble des écosystèmes, terrestres, marins et autres, placés à l'intérieur des zones de juridiction nationale des États parties. L'objectif de conservation reconnu à l'article premier de la convention aurait dû en principe passer par la reconnaissance sur les territoires nationaux de zones d'intérêt mondial à l'intérieur desquelles la souveraineté nationale n'aurait été exercée que dans le cadre de normes de préservation de la diversité biologique et sous contrôle international. Un tel système fut cependant refusé par les pays en développement sur le territoire desquels sont localisées les ressources, au nom du respect dû à la souveraineté qu'ils détiennent sur leurs ressources naturelles. Ils s'engagent toutefois à intégrer la protection de la diversité biologique dans leurs stratégies nationales de protection de l'environnement et de développement, en constituant en particulier des zones protégées. Les États en développement sont ainsi parvenus à faire consacrer le principe du consentement préalable de l'État territorial à l'accès aux ressources (art. 15). Ils ont de plus obtenu des assurances en matière de transfert de technologies (art. 16). Un partage des charges de la protection des ressources biologiques est en outre organisé entre pays développés et pays en développement possédant les ressources.

---

1. V. la résolution 62/98 de l'Assemblée générale des Nations Unies portant adoption d'un Instrument juridiquement non contraignant concernant tous les types de forêts.

2. V. le rapport du Secrétaire général à la 10e session du Forum des Nations Unies sur les forêts d'avril 2013, doc ONU E/CN.18/2013/2.

Signe de l'érosion relative de l'idéologie communautariste caractéristique de la phase antérieure, on notera que la diversité biologique n'est pas désignée comme patrimoine commun de l'humanité mais seulement comme « préoccupation commune à l'humanité » [1].

Le sommet de Johannesburg sur le développement durable (Rio + 10) n'a pas vraiment permis d'apporter de progrès décisifs sur la majeure partie des interrogations, encore accrues par la détérioration de l'environnement durant la décennie écoulée [2]. Certes, il faut tenir compte des objectifs modestes du Sommet. Il n'a pas eu d'ambition proprement normative, et s'est seulement achevé par l'adoption d'une déclaration politique (55/199), rédigée en termes aussi généraux que généreux ; leur but n'était pas de modifier ou, encore moins, de compléter les principes adoptés dans la Déclaration de Rio. Il s'agissait tout au plus d'en recadrer le sens et d'en renforcer la portée. Cela a été tenté dans le Plan d'action [3] (lequel ne se substitue pas à l'Agenda 21) autour de trois principes déjà préexistants adoptés dix ans plus tôt : ceux de « responsabilités communes mais différenciées » ; de précaution et de modification des modes de production et de consommation. Seuls les deux premiers sont susceptibles de recevoir une traduction juridique relativement précise : le premier fait écho au Principe 7 de la Déclaration de Rio (*GTDIP* n° 65). Il réintroduit d'une certaine façon dans le droit de l'environnement contemporain certaines des préoccupations et revendications exprimées trente ans plus tôt par les pays réunis au sein du « Groupe des 77 » pour la revendication du droit du développement. Il est intéressant de comparer la notion de « responsabilités communes mais différenciées » à celle des « inégalités compensatoires » telle qu'elle fleurissait dans les années soixante et soixante-dix (v. ss 616-617). L'une et l'autre en appellent à une diversification des droits et des obligations en fonction du degré différent de développement des États concernés.

Le second des principes, celui de précaution, a fait l'objet d'affrontements assez infructueux entre, d'un côté, la Norvège et les pays de l'Union européenne, de l'autre, les États-Unis et le Japon, les uns défendant l'existence d'un véritable principe d'ores et déjà établi en droit positif (v. ss 116), les autres voulant plus prudemment promouvoir une « approche » de précaution.

S'il est remarquable, ce « Sommet » l'est sans doute par l'implication accrue des membres de la « société civile internationale », représentés et

1. http://www.biodiv.org/programmes/areas/forest/default.asp.

2. V. Barral, Johannesburg 2002 : quoi de neuf pour le développement durable ? *RGDIP* 2003/2, p. 415-433 ; S. Maljean-Dubois, Environnement, développement durable et droit international. De Rio à Johannesburg, et au-delà ? *AFDI* 2002. 592-623. M. Molinier-Dubost, Le mécanisme pour un développement propre : une nouvelle voie de coopération et de transferts nord/sud, *RGDIP*, 2004/4, p. 963-986.

3. Composé de 10 chapitres : élimination de la pauvreté ; modification des modes de consommation et de production non viables ; protection et gestion des ressources naturelles aux fins du développement économique et social ; le développement durable à l'ère de la mondialisation ; santé et développement durable ; développement durable des petits États insulaires en développement ; initiatives en faveur du développement durable en Afrique ; autres initiatives régionales ; moyens d'exécution ; cadre institutionnel du développement durable.

animés d'abord par certaines grandes organisations non gouvernementales, telles Greenpeace, en faveur de la protection de l'environnement planétaire. Leur engagement n'est pas nouveau. Ce qui l'est plus, c'est l'affirmation du « partenariat global » entre les États, les acteurs économiques (notamment les entreprises privées désignées dans le « Global Compact » adopté sous l'égide du Secrétaire général des Nations Unies en l'an 2000) [1] et, enfin, les associations privées, internationales, nationales, régionales et locales, attachées à la protection de l'environnement.

D'une façon générale, le Sommet de Johannesburg s'est néanmoins terminé sur un bilan préoccupant. Il a insisté, sans doute à juste titre, sur le fait que le « développement durable », sorte de matrice conceptuelle à géométrie variable, repose sur trois fondements : le développement économique, le développement social et la protection de l'environnement. Néanmoins, en semblant nettement redonner la préférence au premier sur les deux autres, il révèle l'immaturité des dirigeants réunis à Johannesburg, manifestement peu conscients que certaines échéances écologiques d'importance vitale pour l'environnement mondial, telle la protection des forêts tropicales, ne permettent tout simplement plus de tergiverser. On notera que le texte de Johannesburg relatif à l'environnement se retrouve dans le document final du sommet mondial de l'ONU adopté le 12 octobre 2005 (*GTDIP n° 2*, § 48 et suivants).

693 ***Rapports Commerce/Environnement*** [2] ◊ Une des questions centrales pour l'avenir de la protection de l'environnement à l'échelle globale apparaît être celle de *l'harmonisation des rapports entre régulation de la protection de l'environnement et organisation du commerce mondial*. L'Accord général sur les tarifs et le commerce (GATT) comprend, dans sa version de 1994 comme dans celle de 1947, une possibilité pour chaque État membre de déroger aux règles du libre commerce en vue de protéger la santé des personnes (art. XX b). De plus, en application de l'article XX g), un État membre de l'OMC est également autorisé à prendre des mesures restrictives aux échanges pour la conservation des ressources naturelles épuisables. Lors de la conférence de Marrakech qui a institué la nouvelle Organisation mondiale du commerce (OMC), une Déclaration sur le commerce et l'environnement a été adoptée et un Comité relatif au même objet a été constitué ; ceci, notamment, afin que l'on dépasse l'approche négative seulement fondée sur les restrictions prévues à l'article XX du GATT, pour intégrer commerce et environnement dans la perspective dynamique de la promotion du « développement durable ».

Par la suite, la Déclaration adoptée à Doha le 14 novembre 2001 avait semblé marquer à cet égard une phase nouvelle dans la prise de conscience

---

1. V. le site http://www.unglobalcompact.org. V. aussi L. Boisson de Chazournes et E. Mazuyer (dir.), *Le Pacte mondial des Nations Unies 10 ans après. The Global Compact of the United Nations 10 years after*, Bruxelles, Bruylant, 2011, 206 p.

2. V. S. Maljean-Dubois (dir.), *Droit de l'Organisation mondiale du commerce et protection de l'environnement*, Bruxelles, Bruylant, 2003, 535 p.

des États membres. Elle avait sans doute été facilitée par certaines grandes affaires portées devant l'Organe d'appel de l'OMC, telle celle ayant fait l'objet du Rapport du 12 octobre 1998 de cet organe, à propos du différend relatif à la prohibition à l'importation de certaines crevettes par les États-Unis.

Déjà, à l'issue de la réunion ministérielle de Singapour, en 1996, un instrument dénommé « Consensus de Singapour » avait été adopté. Il prévoyait notamment que l'OMC appuie les solutions multilatérales aux problèmes environnementaux mondiaux et transfrontières alors que les actions unilatérales doivent être proscrites ; il indiquait de plus que les restrictions commerciales peuvent en certains cas être admises, à l'échelle multilatérale, cette fois, en vue de protéger l'environnement dans les « accords environnementaux multilatéraux » (AEM).

La Déclaration de Doha de 2001 va formellement plus loin ; elle réaffirme en effet « avec force » l'engagement des États membres « en faveur du développement durable ». La Déclaration reconnaît également, notamment sous la pression des pays en développement, qu'en vertu des règles de l'OMC, aucun pays ne devrait être empêché de prendre des mesures pour assurer la protection de la santé et de la vie des personnes et des animaux, la préservation des végétaux ou la protection de l'environnement, aux niveaux jugés appropriés ; ceci, sous la réserve que ces mesures ne soient pas appliquées de façon à constituer soit un moyen de discrimination arbitraire entre des pays où les mêmes conditions existent, soit une restriction déguisée aux dispositions des Accords de l'OMC (§ 6 de la Déclaration).

On retrouve là la traduction des apports de la jurisprudence de l'Organe d'appel dans l'affaire des crevettes précitée ou dans celle relative à l'amiante, d'avril 2001. On a cependant souligné à juste titre les ambiguïtés de la Déclaration de Doha à propos des rapports entre libéralisation du commerce et protection de l'environnement [1]. L'OMC paraît bien s'en tenir à la primauté de la première sur la seconde. Le cycle de Doha, rapidement bloqué par les confrontations auxquelles ont notamment donné lieu les débats sur le commerce des produits agricoles, n'a pas encore permis de dégager la voie vers une amélioration normative et institutionnelle des rapports entre les deux domaines concurrents du commerce et de l'environnement. Certains progrès ont peut-être été accomplis sur le thème de l'harmonisation du commerce et de l'environnement à la réunion ministérielle de Hong Kong tenue en décembre 2005. Aux § 30-32 de la Déclaration ministérielle du 22 décembre 2005, les États réunis « réaffirment le mandat énoncé au paragraphe 31 de la Déclaration ministérielle de Doha » À l'annexe D (§ 9), les ministres renouvellent leur engagement « en faveur du renforcement du soutien mutuel du commerce et de l'environnement ». Faut-il cependant voir là plus qu'un vœu pieux ?

---

1. V. L. Boisson de Chazournes et M. M. Mbengue, La Déclaration de Doha de la Conférence ministérielle de l'OMC et sa portée dans les relations commerce/environnement, *RGDIP* 2002/4, p. 855-892.

On le voit, l'issue reste, là aussi, très incertaine ; à terme, peut-être à très court terme, à l'échelle de l'histoire de la planète, les dommages à l'environnement terrestre risquent pourtant bel et bien d'être irréparables, pour tous. Le calendrier des politiques et des diplomates n'est pas encore adapté à celui des évolutions écologiques accélérées auxquelles est actuellement soumise la planète. L'échec à Copenhague, en décembre 2009, des négociations visant à l'adoption d'un instrument réellement efficace pour remplacer le protocole de Kyoto, l'a encore montré. Son souvenir n'a, au demeurant, pas été effacé pas les timides avancées qu'a représenté la conclusion des accords, qui sonnent comme de simples promesses, de Cancún (décembre 2010) et Durban (décembre 2011), ni par l'ouverture d'une seconde période d'engagement du protocole de Kyoto pour la période 2013-2020. La Conférence Rio+20 qui s'est tenue en juin 2012 n'incite guère plus à l'optimisme. Quoiqu'elle se soit conclue par la prévision d'un renforcement de la gouvernance globale de l'environnement, en particulier par des moyens accrus pour le PNUE et la création d'un nouvel organe d'impulsion, le Forum politique de haut niveau pour le développement (v. ss 691 b), la déclaration finale intitulée « l'avenir que nous voulons » se contente essentiellement de belles promesses qui, au demeurant, reprennent principalement les anciennes. Pas plus qu'en d'autres domaines, cependant, le droit international ne peut à lui seul fournir de solution. Qu'est-il, sinon un instrument technique de formalisation des volontés politiques ?

694 *Indications bibliographiques complémentaires* ◊

1) Le territoire maritime

Apollis (G.), *Les frontières maritimes en droit international. Mutations et perspectives* (Centre national pour l'exploitation des océans. Rapport économique et juridique n° 7, Montpellier, Faculté de droit et de sciences économiques, 1979, 156 p.) ; Apollis (G.), *L'emprise maritime de l'État côtier* (Publ. *RGDIP* n° 36, Paris, Pedone, 1981, 296 p.) ; Boisson (P.), Le pouvoir de police en matière de navigabilité : État du port et État du pavillon (*Espaces et Ressources Maritimes*, n° 12, 1998, p. 78-92) ; Charney (J.), Rocks that Cannot Sustain Habitation (*AJIL*, 1999/4, p. 863-878) ; Jagota (S.P.), Maritime Boundary (*RCADI*, 1981/II, vol. 171, p. 81-224) ; Kamto (M.), Regard sur la jurisprudence du tribunal international du droit de la mer depuis son entrée en fonctionnement (1997-2004) (*RGDIP* 2005/4, p. 793-828) ; Kelsen (H.), *Contiguity as a Tittle to Territorial Sovereignty in* Schatzel (W.), Schlochauer (H.J.) (dir.), *Rechtsfragen der internationalen Organisation. Festschrift fur Hans Wehberg zu seinem 70 Geburstag*, (Frankfurt, Klostermann, 1956, p. 200-210) ; Levy (J.-P.), De quelques « modifications » et « interprétations » de la Convention sur le droit de la mer (*RGDIP*, 2007/2, p. 435-448) ; *La mer et son droit, Mélanges offerts à Laurent Lucchini et J.P. Quéneudec*, (Paris, Pedone, 2003, 712 p.) ; Lucchini (L.), De l'emprise à la gestion : existe-t-il une politique française de la mer ? (*JDI* 1982. 567-624) ; ONU, *Le régime de la mer territoriale*, Rapports et travaux de la CDI ; Oxman (B.H.), The Territorial Temptation : A Siren Song at Sea (*AJIL*, 2006/4, p. 830- 851) ; Pazarci (H.), Le concept de zone contiguë dans la Convention sur le droit de la mer de 1982 (*RBDI*, 1984-85/1, vol. XVIII, p. 249-271) ; Rousseau (Ch.), La condition juridique des espaces adjacents au territoire français, *in Multitudo legum Ius Unum. Mélanges en l'honneur de W. Riphagen*, 2 volumes, (Berlin, Inter recht, 1973, vol. 1 : Allgemeine Rechtslehre und Völkerrecht, p. 369-373) ; Scovazzi (T.), La convention sur la protection du patrimoine culturel subaquatique (*AFDI* 2002. 579-592) ; Weckel (P.), Les premières applications de l'article 290 de la Convention sur le droit de la mer relatif à la prescription de mesures conservatoires (*RGDIP*, 2005/3, p. 829-858).

2) Le domaine fluvial

Académie de droit international de La Haye (Centre d'étude et de recherche de droit international), *Droits et obligations des pays riverains des fleuves internationaux* (*Bilan de recherches*) (Dordrecht, MNP, 1991, 101 p.) ; Andrassy (J.) (Rapporteur), L'utilisation des eaux internationales non maritimes en dehors de la navigation, Session de Neuchâtel (*Ann. IDI. Session de Neuchâtel* 1959, vol. 48/1, - Bâle, Éd. juridiques et sociologiques, 1959, p. 131-358) Rapport provisoire : p. 131-212, Rapport définitif : p. 319-339 ; Barberis (J.), Le régime juridique international des eaux souterraines (*AFDI* 1987. 129-162) ; Baxter (A.A.), *The Law of International Waterways. Interoceanic Xanals* (Cambridge, Harvard University Press, 1964, 371 p.) ; Buirette (P.), Genèse d'un droit fluvial international général (*RGDIP*, 1991/ (1), vol. 95, p. 5-70) ; Bruhács (J.), *The Law of Non-Navigable Uses of International Watercourses* (Dordrecht, MNP, 1993, 251 p.) ; Caflisch (L.), Règles générales du droit des cours d'eau internationaux (*RCADI*, 1989/VII, vol. 219, p. 9-226) ; Colliard (C.-A.), Évolution et aspects actuels du régime juridique des fleuves internationaux (*RCADI*, 1968/III, vol. 125, p. 337-442) ; Dipla (H.), Les règles de droit international en matière de délimitation fluviale : une remise en question ? (*RGDIP*, 1985/3, p. 586-624) ; McCaffrey (S.C.), The International Law Commission and its Efforts to Codify the International Law of Waterways (*ASDI*, 1990, vol. XLVII, p. 32-58) ; McCaffrey (S.C.), The Évolution of the Law of International Watercourses (*AJPIL*, 1993/2, vol. 45, p. 87-112) ; ONU, Le droit relatif aux utilisations des voies d'eaux internationales à des fins autres que la navigation, Rapports et travaux de la CDI : rapports de S. Schwebel (S.) (1979-1981), J. Evensen (J.) (1983-1984), S. McCaffrey (S.) (1985-1991), à l'*Ann. CDI*, II, première partie ; Polakiewicz (J.G.), La responsabilité de l'État en matière de pollution des eaux fluviales ou souterraines internationales (*JDI*, 1991/2, p. 283-347) ; Ruiz-Fabri (H.), Règles coutumières générales et droit international fluvial (*AFDI*, 1990 vol. 36, p. 818-842) ; Sette-Camara (H.E.J.), Pollution of International Rivers (*RCADI*, 1984/III, vol. 186, p. 117-218) ; Vitanyi (B.), *The International Regime of River Navigation* (Alphen aan den Rijn, A.W. Sijthoff, 1979, 441 p.) ; Wolfrom (M.), *L'utilisation à des fins autres que la navigation des eaux des fleuves, lacs et canaux internationaux* (Paris, Pedone, 1964, 263 p.) ; Zacklin (R.), Caflisch (L.), *Le régime juridique des fleuves et des lacs internationaux* (La Haye, MNP, 1981, 415 p.).

3) Le domaine aérien de l'État

Bentivoglio (L.M.), Conflicts Problems *in* Air Law (*RCADI*, 1966/III, vol. 119, p. 69-181) ; Berezowski (C.), Le développement progressif du droit aérien (*RCADI*, 1969/III, vol. 128, p. 1-94) ; Cartou (L.), *Droit aérien*, (3e éd., Coll. Que sais-je ? n° 1011, Paris, PUF, 1981, 126 p.) ; Charney (J.), et Alexander (L.M.), *International Maritime Boundaries, The American Society of International Law*, (2 vol., Dordrecht, MNP, 1993, 2138 p.) ; Geouffre de la Pradelle (P.), Les frontières de l'air (*RCADI*, 1954/II, vol. 86, p. 117-202) ; McNair (Lord), *The Law of the Air* (3e éd., Londres, Stevens & Sons, 1964, 588 p.) ; G. Kyriakopoulos, Statut des espaces maritimes et régime juridique de la navigation aérienne, (*RGDIP* 2001, p. 307-331) ; Park (K.G.), *La protection de la souveraineté aérienne* (Paris, Pedone, 1991, 403 p.) ; Pépin (E.), Le droit aérien (*RCADI*, 1947/II, vol. 71, p. 477-548).

4) Zone économique exclusive et espaces internationalisés

Colliard (Cl.-A.), Espace extra-atmosphérique et grands fonds marins, *in Humanité et droit international. Mélanges R.-J. Dupuy* (Paris, Pedone, 1991, 382 p.), p. 99-111.

a) La haute mer et la ZEE, la pêche

Attard (B.J.), *The Exclusive Economic Zone in International Law* (Oxford, Clarendon Press, 1987, 350 p.) ; Bardonnet (D.), Virally (M.) (dir.), *Le nouveau droit international de la mer* (Paris, Pedone, 1983, 384 p.) ; Barnier (C.), Nouveaux développements sur la légalité des essais nucléaires dans la haute mer (*JDI* 1984. 567-576) ; Touret (C.), *La piraterie au* XXe *siècle. Piraterie maritime et aérienne* (Paris, LGDJ, 1993, 306 p.) ; Churchill (R.R.), Lowe (A.V.), *The Law of the Sea* (2e éd., Manchester, Manchester University Press, 1988, 370 p.) ; Combacau (J.), *Le droit international de la mer* (Coll. Que sais-je ? n° 2257, Paris, PUF, 1985, 128 p.) ; Dupuy (R.-J.), Vignes (D.) (dir.), *A Handbook on the New Law of the Sea* (Dordrecht, MNP, 1991, 858 p., vol. II, p. 833-1691 p.) ; Gallala (I.), La notion de caution raisonnable dans la jurisprudence du tribunal international du droit de la mer (*RGDIP*, 2001/4, p. 931 s.) ; Hey (E.), *The Regime of the Exploitation of Transboundary Marine Fisheries Ressources : The United Nations Law of the Sea at Cooperation Between States* (Dordrecht, MNP, 1989, 306 p.) ; Kwiatkowska (B.), *The 200 Mile Exclusive Economic Zone in the New Law of the Sea* (Dordrecht, MNP, 1989, 397 p.) ; Mahinga (G.), La compétence de l'État du port en droit international public (*JDI*, 2005/4, p. 1093-1130) ; Marotta Rangel (V.), Le plateau continental dans la Convention de 1982 sur le droit de la mer (*RCADI*, 1985/V, vol. 194, p. 269-428) ; Morell (J.B.), *The Law of the Sea : an Historical Analysis of the 1982 Treaty and Its Rejection by the United States* (Jefferson, NC, Mc Farland, 1992, 482 p.) ; Nordquist (H.) and Morton Moore (J.) (dir.), *Oceans Policy. New Institutions, Challenges and Opportunities* (MNP, 1999, 344 p.) ; Nordquist (M.H.), *United Nations Convention of the Law of the Sea 1982 : a Commentary* (5 volumes, Dordrecht, MNP, 1985-1991) ; Orrego Vicuña (F.), La ZEE : régime et nature juridique dans le droit international (*RCADI*, 1986/IV, vol. 199, p. 9-170) ; Orrego Vicuña (F.), La ZEE dans la législation et la pratique des États (*in Droit de la Mer*, 2, Cours IHEI, Paris, Pedone, 1990, p. 5-65) ; Oxman (B.), The Rule of Law and the United Nations Convention on the Law of the Sea (*EJIL/JEDI*, 1996/3, p. 353-371) ; Quéneudec (J.-P.), Les rapports entre zone de pêche et ZEE (*GYBIL*, 1989, vol. 32, p. 138-155) ; Simmonds (K.R.), The European Economic Community and the New Law of the Sea (*RCADI*, 1989/VI, vol. 218, p. 9-166) ; Société française pour le droit international, *Perspectives du droit de la mer à l'issue de la 3e Conférence des Nations Unies. Colloque de Rouen 1983* (Paris, Pedone, 1984, 342 p.) ; Tanja (G.J.), *The Legal Determination of International Maritime Boundaries. The Progressive Development of Continental Self, EFZ and EEZ Law* (Deventer, Kluwer Law and Taxation Publishers, 1990, 360 p.) ; Treves (T.), Codification du droit international et pratique des États dans le droit de la mer (*RCADI*, 1990/IV, vol. 223, p. 303-416) ; Vignes (D.), Cataldi (G.), Casado Raïgon (R.), *Le droit international de la pêche maritime* (Bruxelles, Bruylant, 2000, 616 p.) ; Yturriaga (J.A. de), *The International Regime of fisheries. From UNCLOS 1982 to the Presential Sea* (La Haye, MNP, 1997, 326 p.).

b) L'espace extra-atmosphérique

Ballarino (T.), *Diritto aeronautico spaziale* (Milan, Giuffre, 1988, 879 p.) ; Böckstiegel (K.H.) et Benko (M.), *Space Law, Basic Legal Documents* (vol. 1, Dordrecht, MNP, 1992) ; Benko (M.), Space Law *in* the United Nations (Dordrecht, MNP, 1985, 256 p.) ; Catalano Sgrosso (G.), *La responsabilita degli Stati pear le attivita svolte nello spazio extra-atmosferico* (Padoue, Cedam, 1990, 191 p.) ; Christol (C.Q.), *The Modern International Law of Outer Space* (New York, Pergamon Press, 1984, 932 p.) ; Courteix (S.), L'accord régissant l'activité des États sur la Lune et les autres corps célestes (*AFDI* 1979. 203-222) ; Courteix (S.), De l'accès équitable à l'orbite des satellites géostationnaires (*AFDI* 1985. 790-802) ; Couston (M.) *Droit spatial économique - Régime applicable à l'exploitation de l'espace* (Paris, SIDES, 1994, 282 p.) ; Deleau (O.), La responsabilité pour dommages causés par les objets lancés dans l'espace extra-atmosphérique (*AFDI* 1968. 747-755) ; Deleau (O.), La Convention sur la responsabilité internationale pour les dommages causés par les objets spatiaux (*AFDI* 1971. 876-888) ; Dutheil de la Rochère (J.) (dir.), *Aspects récents du droit de l'espace* Paris, Pedone, 1988, 370 p. ; Goedhuis (D.), The Problems of the Frontiers of the Outer Space and Air Space ? (*RCADI*, 1982/I, vol. 174, p. 367-408) ; Gorove (S.), International Space Law *in* Perspectives - Some Major Issues, Trends and Alternatives (*RCADI*, 1983/III, vol. 181, p. 349-410) ; Jasani (B.) (dir.), *Outer Space : a Source of Conflict or Cooperation*, (Tokyo, United Nations University Press, 1991, 270 p., publié en coopération avec le Stockholm International Peace Research Institute) ; Jenks (W.) Le droit international des espaces célestes (Rapporteur), (*Annuaire de l'IDI, Session de Bruxelles*, vol. 50/I, p. 128-496, vol. 50/II, p. 60-187, Bâle, Éd. juridiques et sociologiques S.A., 1963) ; Kiss (A. Ch.), La protection de l'atmosphère : un exemple de mondialisation des problèmes (*AFDI* 1988. 701-708) ; Korovine (E.), La conquête de la stratosphère et le droit international (*RGDIP* 1934. 675-686) ; Lachs (M.), The International Law of Outer Space (*RCADI*, 1964/III, vol. 113, p. 1-115) ; Lachs (M.), *The Law of Outer Space. An Experience in Contemporary Law-Making* (Leyden, A.W. Sijthoff, 1972, 196 p.) ; Malanczuk (P.), Space Law as a Branch of International Law (*NYIL*, 1994, p. 143-180) ; Marcoff (M.G.), Sources du droit international de l'espace (*RCADI*, 1980/III, vol. 168, p. 9-122) ; Martin (P.-M.), *Le droit de l'espace* (Coll. Que sais-je ? n° 883, Paris, PUF, Coll. Que sais-je ? n° 883, 1991, 125 p.) ; Martin (P.-M.), *Les textes du droit de l'espace* (Paris, Masson, 1992, 214 p.) ; Reijnen (G.C.), Graaff (W de), *The Pollution of Outer Space, in Particular of the Geostationary Orbit* (Dordrecht, MNP, 1989, 163 p.) ; Mirmina (S.A.), Reducing the Proliferation of Orbital Debris : Alternatives to a Legally Binding Instrument (*AJIL*, 2005/3, p. 649-662) ; Société française pour le droit international, *Le droit de l'espace et la privatisation du droit international*, Journée d'études sous la direction d'A. Kerrest (Paris, Pedone, 2003, 96 p.) ; Wassenbergh (H.A.), *Principles of Outer Space Law in Hindsight* (Dordrecht, MNP, 1991, 173 p) ; Zhukov (G.P.), Tendances contemporaines du développement du droit spatial international (*RCADI*, 1978/III, vol. 161, p. 229-328) ; Zwaan (T.L.) (dir.), *Space Law : Views of the Future* (Dordrecht, Kluwer law and Taxation Publishers, 1988, 204 p.).

5) La gestion organisée des ressources communes (fond des mers, environnement)

a) Le fond des mers

Bekkouche (A.), La récupération du concept de patrimoine commun de l'humanité par les pays industrialisés (*RBDI*, 1987/1, vol. XX, p. 124-137) ; Brown (E.D.),

Sea-bed Energy and Mineral Ressources and the Law of the Sea, 3 volumes (Londres, Graham and Tratman, 1984-86) : Tome 1 : *The Areas within National Jurisdiction* (1984), Tome 2 : *The Area Beyond the Limits of National Jurisdiction* (1986), Tome 3 : *Selected Documents, Tables and Bibliography* (1986) ; Brownlie (I.), Legal status of natural resources *in* international law cases (Some aspects) (*RCADI*, 1979/I, vol. 162, p. 245-318) ; Camarda (G.) et Scovazzi (T.) *The Protection of the Underwater Cultural Heritage, Legal Aspects* (Milan, Giuffre, 2003, 453 p.) ; Dupuy (R.-J.) (dir.), *La gestion des ressources pour l'humanité : le droit de la mer. Colloque de La Haye de 1981* (Dordrecht, MNP/Académie de droit international de La Haye, 1982, 448 p.) ; Dupuy (R.-J.), Picquemal (A.), (dir.), *Espaces et ressources maritimes*, Université de Nice, CERDAM, n° 1 : 1986, 250 p. - n° 2 : 1987, 291 p.) ; Faculté de droit de Bordeaux, *Utilisation des fonds marins et responsabilité internationale* (ouvrage collectif - Colloque de Bordeaux de *Colloque de Bordeaux 1982*, Centre d'Études et de recherches sur le droit de la mer de la Faculté, 1985, 394 p.) ; Game de Fontbrune (V.), *L'exploitation des ressources minérales des fonds marins. Législation nationale et droit international* (Paris, Pedone, 1985, 260 p.) ; Kiss (A. Ch.), La notion de patrimoine commun de l'humanité (*RCADI*, 1982/II, vol. 175, p. 99-256) ; Kojanec (G.), *Le régime international de l'exploitation des ressources du lit de la mer et du sous-sol des régions sous-marines*(Comunicazioni studi vol. 13, 1969, p. 163-204) ; Momtaz (D.), La commission préparatoire de l'Autorité internationale des fonds marins et du Tribunal international du droit de la mer *in Droit de la Mer*, 2, cours IHEI 1990 (Paris, Pedone, p. 59-134) ; Oda (Sh.), International law of the ressources of the sea (*RCADI*, 1969/II, vol. 127, p. 355-484) ; Oda (Sh.), *International Control of Sea Ressources*, 2e éd. (Dordrecht, MNP, 1989, 215 p.) ; Reverdin (J.), Le régime juridique des grands fonds marins (*ASDI*, 1983, p. 105-133) ; Sucharitkul (S.), Évolution continue d'une notion nouvelle : le patrimoine commun de l'humanité, *in International Law at a Time of Perplexity. Essays in Honour of Sh. Rosenne*(Dordrecht, MNP, 1989, p. 887-908) ; Schreiber (H) (Ed.), *Law of the Sea, The Common Heritage and Emerging Challenges* (La Haye, MNP, 2000, 311 p.)

b) La gestion de l'environnement humain [1]

Ball (S.), *Environmental Law : The Law and Policy Relating to the Protection of the Environment* (London, Blackstone Press, 1991, 381 p.) ; Ballenegger (J.), *La pollution en droit international : la responsabilité pour les dommages causés par la pollution transfrontalière* (Genève, Libr. Droz, 1975, 268 p.) ; Blanc Altemir (A.), *El patrimonio común de la humanidad* (Barcelone, Bosch, 1992, 280 p.) ; Bodansky (D.), Brunée (J.) et Hey (E.) (dir.), *The Oxford Handbook of International Environmental Law*, (Oxford, OUP, 2007, 1080 p.) ; Boisson de Chazournes (L.), Desgagné (R.), Mbengue (M.), Romano (C.), *Protection internationale de l'environnement* (Paris, Pédone, 2e éd., 2005, 808 p.) ; Bothe (M.), et Sand (P.), *Le droit international de l'environnement. De la réglementation aux instruments économiques* (La Haye, MNP, 2003, 923 p.) ; Carroll (J.E.) (dir.), *International environmental diplomacy* (Cambridge, Cambridge University Press, 1990, 291 p.) ; Carron (D.D.), La protection de la couche d'ozone stratosphérique et la structure de l'activité normative internationale en matière d'environnement (*AFDI*, vol. 36, 1990, p. 704-726) ; Dias Varella (M.), Le rôle des organisations non-gouvernementales dans le développement du droit international de l'environnement (*JDI*, 2005/1, p. 41-76) ; Dupuy (P.-M.), Sur des tendances récentes dans le droit international de l'environnement (*AFDI* 1974. 816-829) ;

1. V. aussi les références citées, v. ss 115.

Dupuy (P.-M.), Où en est le droit international de l'environnement à la fin du siècle ? (*RGDIP* 1997. 873-885) ; Dupuy (R.-J.) (dir.), *L'avenir du droit international de l'environnement. Colloque de La Haye 1984* (Dordrecht, MNP/Académie de droit international, 1985, 536 p.) ; Economic Commission for Europe, Assessment of Long-Range Transboundary Air Pollution, *Report Prepared Within the Framework of the Convention on Long-Range Transboundary Air Pollution* (New York, United Nations, 1991, 94 p.) ; Flaesch-Mougin (C.), Charles-Le Bihan (D.), Lequesne (C.) *La politique européenne de la pêche : vers un développement durable ?* (Rennes, Apogée, 2003, 270 p.) ; Francioni (F.), Scovazzi (T.) (dir.), *International Responsibility for Environmental Harm* (Dordrecht, MNP, 1991, 500 p.) ; Franck (T.), Ozone Depletion and Global Warming : Instances of Fairness *in* International Law, *(in Mélanges Jimenez,* 1995, p. 849-862) ; French (D.), Trade and the Environment (*Netherland International Law Review,* 2000/1, p. 1-26) ; Gauthier (P.), L'annexe VI au protocole de Madrid relatif à la protection de l'environnement de l'Antarctique : « responsabilité découlant de situations critiques pour l'environnement » *(AFDI* 2006. 418-431) ; Hermitte (M.-A.) (dir.), La convention sur la diversité biologique a quinze ans (*AFDI* 2006. 351-390) ; Hurrell (A.), Kingsbury (B.) (dir.), *The International Politics of the Environment, Actors, Interests and Institutions* (Oxford/New York, Clarendon Press/Oxford University Press, 1992, 492 p.) ; Kerbrat (Y.) et Maljean-Dubois (S.) (dir.), *The Transformation of International Environmental Law,* Paris et Oxford, Pedone et Hart, 338 p. ; Kilian (M.), *Umweltschutz durch internationaler Organisationen* (Berlin, Duncker & Humblot, 1987, 479 p.) ; Kiss (A. Ch.), *Le droit de l'environnement* (Paris, Pedone, Coll. Études internationales, 1989, 354 p.) ; Kiss (A. Ch.), Environnement et développement ou environnement et survie ? (*JDI,* 1991/2, p. 263-282) ; Lang (W.), Les mesures commerciales au service de la protection de l'environnement (*RGDIP,* 1995/3, p. 545-566) ; Maljean-Dubois (S.) et Mehdi (R.), *Les Nations Unies et la protection de l'environnement : la promotion d'un développement durable* (Paris, Pedone, 1999, 208 p.) ; Maljean-Dubois (S.), La mise en route du protocole de Kyoto à la convention-cadre des Nations Unies sur les changements climatiques (*AFDI* 2005. 433-463) ; Maljean-Dubois (S.) et Rajamani (L.), *La mise en œuvre du droit international de l'environnement* (La Haye, Leiden, Boston, Martinus Nijhoff, 2011, 812 p.) ; Marr (S.), The Southern Bluefin Tuna Case : The Precautionary Approach and Conservation and Management of Fish Ressources (*JEDI/EJIL,* 2000/4, vol. 11, p. 815-831) ; Pacht (L.), Commerce international du bois tropical et protection de l'environnement : chronique d'une scission annoncée ? (*RGDIP,* 2001/3, p. 647) ; Palmer (G.), New Ways to Make International Environmental Law (*AJIL,* 1992/2, vol. 86, p. 259-283) ; Petit (Y.) (dir.), Le Protocole de Kyoto, mise en œuvre et implications (Presses universitaires de Strasbourg, 2002, 247 p.) ; Perrez (F.X.), *Cooperative Sovereignty. From Independence to Interdependance in the Structure of International Environmental Law* (La Haye, Kluwer, 2000, 395 p.) ; Ponte Iglesias (M.T.), El crimen ecológico internacional : problemas y perspectivas de futuro (*REDI,* 1989/2, vol. XLI, p. 423-432) ; Reijnen (G.C.), Graaff (W. de), *The Pollution of Outer Space, in Particular of the Geostationary Orbit* (Dordrecht, MNP, 1989, 163 p.) ; Rémond-Gouilloud (M.), *Du droit de détruire, essai sur le droit de l'environnement* (Paris, PUF, 1989, 304 p.) ; Sadeleer (N. de), *Les principes du pollueur-payeur, de prévention et de précaution, Essai sur la genèse et la portée juridique de quelques principes du droit de l'environnement* (Bruxelles, Bruylant, 1999, 437 p.) ; Robert-Cuendet (S.), *Droits de l'investisseur étranger et protection de l'environnement. Contribution à l'analyse de l'expropriation indirecte* (Leiden, Martinus Nijhoff, 2010, 530 p.) ; Sands (Ph.), International Law *in* the Field of Sustainable Development (*BYBIL,* 1994, p. 303-381) ; Sands (Ph.),

International Environmental Law, (Oxford, OUP, 2nd Ed., 2003, 850 p.) ; Smith (B.D.), *State Responsibility and the Marine Environment : The Rules of Decision* (Oxford, Clarendon Press, 1988, 281 p.) ; Sohnle (J.), L'environnement marin en Europe : de la diversité normative vers un droit commun panrégional (*AFDI* 2005. 411-432) ; Sucharitkul (S.), Évolution continue d'une notion nouvelle : le patrimoine commun de l'humanité, *in International Law at a Time of Perplexity. Essays in Honour of Sh. Rosenne* (Dordrecht, MNP, 1989, p. 887-908) ; Tabau (A.-S.), *La mise en œuvre du Protocole de Kyoto en Europe, interactions des contrôles international et communautaire* (Bruxelles, Bruylant, 2011, 519 p.) ; Treves (T.) Pineschi (L.) Fodella (A.), *Droit international et protection des régions de montagne* (Milan, Giuffré, 2002, 325 p.) ; Wolfrum (R.), Purposes and Principles of International Environmental Law (GYBIL, 1990, vol. 33, p. 308-330).

INDEX ALPHABÉTIQUE

(Les chiffres renvoient aux numéros de paragraphe)

D

G

H

I

J

O

P

R

S

V

Y

Z

INDEX DE LA JURISPRUDENCE

(Les chiffres renvoient aux numéros de paragraphe)

1° CPJI

ARRÊTS (et ordonnances)

AVIS

2° CIJ

ARRÊTS (et ordonnances)

AVIS CONSULTATIFS

TRIBUNAL INTERNATIONAL DU DROIT DE LA MER

ORGANE D'APPEL (Organe de règlement des différends de l'Organisation mondiale du commerce)

SENTENCES ARBITRALES (contentieux interétatique)

SENTENCES ET DÉCISIONS ARBITRALES (contentieux transnational, Entreprise privée c/ État)

COUR ET TRIBUNAUX PÉNAUX INTERNATIONAUX

1° TPIY (pour le jugement des responsables de violations graves du droit international humanitaire commis sur le territoire de l'ex-Yougoslavie)

2° TPIR (pour le jugement des responsables du génocide au Rwanda)

3° Tribunal spécial pour la Sierra Leone

4° Cour pénale internationale

COUR DE JUSTICE DES COMMUNAUTÉS EUROPÉENNES – UNION EUROPÉENNE

TRIBUNAL DE PREMIÈRE INSTANCE DE LA COMMUNAUTÉ EUROPÉENNE – UNION EUROPÉENNE

COMMISSION ET COUR EUROPÉENNES DES DROITS DE L'HOMME

COUR INTERAMÉRICAINE DES DROITS DE L'HOMME

COMITÉ DES DROITS DE L'HOMME

JURISPRUDENCES NATIONALES

Allemagne

Belgique

Canada

États-Unis

France

Grèce

Italie

Royaume-uni

TABLE DES MATIÈRES